Schriftenreihe zur Philosophischen Praxis

Odo Marquard

Transzendentaler Idealismus
Romantische Naturphilosophie
Psychoanalyse

Schriftenreihe zur Philosophischen Praxis
Band 3
Verlag für Philosophie Jürgen Dinter Köln

2. Tausend

CIP-Kurztitelaufnahme der Deutschen Bibliothek

Marquard, Odo:
Transzendentaler Idealismus, Romantische Naturphilosophie, Psychoanalyse / Odo Marquard.
– 1.–2. Tsd. – Köln : Verlag für Philosophie Dinter, 1987.
. (Schriftenreihe zur philosophischen Praxis ; Bd. 3)
ISBN 3-924794-03-0
NE: GT

Buchholzstr. 8–10. D-5000 Köln 80
Umschlag: Christof Šubik und Sebastian Rasbornig
Gesamtherstellung: Laupp & Göbel, Tübingen
ISBN 3-924794-03-0

Inhalt

Problem

Zwischenkapitel

Antezedenzen

Zur Transzendentalphilosophie

Position der Unentschiedenheit

Metamorphose des esse commune

Transzendentale Genealogie

Ohnmacht der transzendentalen Vernunft

Zwischenkapitel „Depotenzierung“

Konsequenzen

Zur Depotenzierung der Transzendentalphilosophie

Wende zur Ästhetik

Wende zur Naturphilosophie

Entzauberung der Romantiknatur

Therapeutischer Psychologismus

Einige Folgerungen

Anmerkungen

Vorwort 1986

Die Schrift, die hier unter dem Titel „Transzendentaler Idealismus, romantische Naturphilosophie, Psychoanalyse“ erstmals gedruckt erscheint, wurde unter dem Titel „Über die Depotenzierung der Transzendentalphilosophie – einige philosophische Motive eines neueren Psychologismus in der Philosophie“ Anfang 1963 – also vor fast einem Vierteljahrhundert – auf Vorschlag von Joachim Ritter von der Philosophischen Fakultät der Westfälischen Wilhelms-Universität Münster als Habilitationsschrift angenommen. Sie blieb damals ungedruckt. Sie erscheint jetzt – die einzige Ausnahme ist die Änderung des Titels – unverändert. Darum möchte ich in diesem nachträglichen Vorwort ganz kurz folgende drei Fragen beantworten: 1. Warum wurde die Arbeit damals geschrieben? 2. Warum wurde sie damals nicht gedruckt? 3. Warum erscheint sie jetzt unverändert?

1. Warum wurde diese Arbeit damals – zwischen 1960 und 1962 (gefesselt hatte mich ihr Problem schon seit 1948; ein erster Entwurf zu ihr entstand 1952) – geschrieben? Sie entstand als Versuch der Antwort auf eine Frage, die, wie ich es 1984 in meiner Dankrede für die Verleihung des Sigmund-Freud-Preises für wissenschaftliche Prosa durch die Deutsche Akademie für Sprache und Dichtung formuliert habe, sich dadurch ergab, „daß ich – irgendwann früh im Studium – im Bücherschrank meiner Tante zufällig auf Freuds ‚Vorlesungen zur Einführung in die Psychoanalyse‘ stieß, zufällig in jenem Semester, in dem – durch seine Ästhetikvorlesung – mein philosophischer Lehrer Joachim Ritter mich für seine Art zu denken einnahm (wie sich herausstellen sollte: einigermaßen lebenslänglich). Ich war damals erstaunt über die Ähnlichkeit einiger Grundmuster des psychoanalytischen Konzepts und seiner Philosophie, die doch, im weitesten Sinn, aus dem deutschen Idealismus herkam, und ich fragte mich: woran liegt das? Zur Beantwortung dieser Frage habe ich – damals war Freud hierzulande in der Philosophie noch kaum ein Thema – meine Habilitationsschrift über die Psychoanalyse als Aggregatzustand des deutschen Idealismus geschrieben, eben mit der These: der „zweite Psychologismus“, also die heutige allgemeine Wirksamkeit der Psychoanalyse, ist die entzauberte Wiederkehr der naturphilosophischen Wendung des deutschen Idealismus und so eine Form des auf skeptische Weise praktisch gemachten deutschen Idealismus.

2. Warum wurde diese Arbeit damals nicht gedruckt? Das hatte ganz triviale Gründe. Der junge Privatdozent, der – als einer, dessen Texte sonst um so kürzer wurden, je länger er daran schrieb – sich ohnehin schwertat mit dem Vorlesungmachen, mußte alsbald einen Lehrstuhl vertreten und übernahm – zwei Jahre nach seiner Habilitation: ab 1965 – die ordentliche Professur für Philosophie II in Gießen und bekam daraufhin noch mehr zu tun. Er fand einfach nicht die Zeit, das zustande zu bringen, was mir damals nötig schien: das Buch – das umfangreich

geworden war, weil ich vor seinem Abschluß, d.h. dem Ausgang des Habilitationsverfahrens, Angst hatte und darum immer noch weiterschrieb, um diesen Abschluß hinauszuzögern, und auch, weil ich wenigstens einmal ein Buch schreiben wollte, mit dem man seine Rezensenten notfalls auch physisch behelligen kann – zu kürzen, im Interesse eines Minimums an darstellerischer Eleganz. Außerdem begann nun – in der zweiten Hälfte der 60er Jahre – die philosophische Freud-Welle zu rollen, die bald – im Bannkreis der Frankfurter Schule und noch ehe Freud strukturalistisch zum Thema wurde – auf einen Freud-Marxismus hinauswollte und Freud als den besseren oder schlechteren Marx traktierte. Es hätte eines großen Arbeitsaufwandes bedurft, meinen Interpretationsversuch in ein – immer kritischer werdendes – Verhältnis zu diesen freud-marxistischen Trends zu setzen: dazu hatte ich einfach nicht die Zeit und alsbald – weil das philosophische Interesse an der Psychoanalyse zunächst endgültig in den Linkshegelianismus abzuwandern schien, während ich selber auf eine endlichkeitsphilosophisch-usualistische Form des Skeptizismus mich zubewegte – auch nicht mehr die Lust. Darum blieb die Arbeit schließlich unüberarbeitet und ungedruckt liegen.

3. Warum erscheint diese Arbeit jetzt unverändert? Gewiß ist sie nicht das Buch, das ich heute über diesen Gegenstand schreiben würde. So hätte, um diese Arbeit auf den heutigen Stand meiner Philosophie zu bringen, bloße Umarbeitung nicht genügt: ein ganz neues Buch hätte geschrieben werden müssen, und dazu – wiederum – fehlt die Zeit, denn das Leben ist kurz. Doch in der Philosophie ist der neueste Stand nicht unbedingt der anregendste Stand. Ohnehin meinen nur die fortschrittlichsten Fortschrittsphilosophen, daß man immer das Neueste sagen und tun und jeden überholen und stets ganz vorn sein muß. Die Skeptiker hingegen dürfen bummeln: sie bringen das Zweitneueste oder noch Ältere vor und warten gelassen, bis der fortschrittstrunkene Weltlauf – von hinten überrundend – wieder bei ihnen vorbeikommt. Vorübergehend gelten sie dann – durch die modern sich beschleunigende Weltveränderung in immer kürzeren Abständen – bei denen, die überhaupt mit Avantgarden rechnen, sogar mit ihrem Ältesten wieder als Spitzengruppe. Weil in unserer Welt das Neueste immer schneller zum Alten wird, kann das Alte immer schneller zum Neuesten werden: vielleicht ist gerade das die heutige Chance für einige Gedanken und Thesen dieses Buchs. Im übrigen ist das Buch zugleich eine Art Zeitdokument für den Zustand der bundesrepublikanischen Philosophie zu jenem Zeitpunkt, als ihr – nach dem zweiten Weltkrieg – Freud erneut interessant zu werden begann. Immerhin war diese Arbeit in Deutschland damals eine der ersten Unternehmungen, die dieses Interesse nicht in eine Psychoanalyse (mir schien das Leben auch ohne eine solche schon schwer genug), sondern in eine Philosophie umsetzte, und es mag lehrreich sein, zu sehen, wie so etwas damals aussah. Außerdem hatte meine Arbeit Wirkungen. Es gibt Bücher, die gedruckt, aber nicht gelesen werden; meine Habilitationsschrift – umgekehrt – war nicht gedruckt, aber sie wurde gelesen, schließlich sogar von denen, die mir die Ehre erweisen, sich meine Schüler zu nennen, und denen ich dafür dankbar zu sein habe, daß sie das tun. Es war Gerd B. Achenbach, der mir vorschlug, meine

Habilitationsschrift in den von ihm herausgegebenen „Schriften zur philosophischen Praxis“ zu veröffentlichen: vielleicht hat er ja recht, daß einige jener Motive, die ihn selber dazu brachten, die „Philosophische Praxis“ zu erfinden, in meiner Arbeit schon angelegt waren (aber man muß wohl die „Philosophische Praxis“ erst erfunden haben, um diese Motive in meiner Arbeit wirklich entdecken zu können). Die Würde eines Ahnen honoris causa der „Philosophischen Praxis“ nehme ich natürlich gern an; und so hat Gerd B. Achenbach meine Zustimmung zu seinem Publikationsplan auch gern erhalten, zumal er – zusammen mit Ellen und Jürgen Dinter – die Last der Korrekturarbeit ganz und gar übernommen hat. Jürgen Dinter hat für die Herstellung gesorgt und trägt das verlegerische Risiko. Ihnen allen sage ich für ihr mich ehrendes Engagement meinen herzlichen Dank.

O. M.

Vorbemerkung

‚Die Verdrängung fundamentaler Lebensbezüge des Menschen durch die Versachlichung der modernen Welt erzwingt als Ersatzbildung die ästhetische Subjektivität.' Dieser Satz will eine philosophische Aussage sein – und gebraucht psychoanalytische Kategorien. Zweierlei ist möglich:

Entweder ist der Gebrauch dieser Kategorien etwas Unphilosophisches: dann impliziert das, daß jener Satz keine philosophische Aussage ist.

Oder jener Satz ist eine philosophische Aussage: dann impliziert das, daß psychoanalytische Kategorien ‚in gewisser Hinsicht philosophische Kategorien' sind.

Die hier vorgelegte Arbeit geht von diesem Tatbestand aus. Sie neigt zur Annahme des zweiten Falles. Sie glaubt also, daß bestimmte Kategorien der Psychoanalyse – Unbewußtes, Verdrängung, Wiederkehr des Verdrängten, Ersatzbildung, Kompromißbildung, Sublimierung, Kompensation, Regression, Fixierung, Abwehr, Widerstand, Aufhebung der Amnesien usf. – ‚in gewisser Hinsicht philosophische Kategorien' sind. Und wenn sie das sind – muß sich das aufweisen lassen. Es schien dem Verfasser sinnvoll, und es schien ihm Sache einer philosophischen Überlegung zu sein, einen Beitrag zu einem derartigen Aufweis zu versuchen. Dabei ergaben sich vor allem zwei Aufgaben.

Erstens war zu zeigen, daß es sich hier um kein beliebiges Problem handelt. Die Frage ist vielmehr wichtig und dringlich. Das Ausgangsphänomen ist nicht ausgedacht, die Fragestellung entspricht keiner privaten idée fixe, das Interesse an ihr keiner puren Verstiegenheit. Denn: der philosophische Gebrauch psychoanalytischer Kategorien – oder solcher Kategorien, die sich ohne weiteres durch psychoanalytische Kategorien ersetzen lassen – ist kein nur beläufiges und vereinzeltes, sondern ein allgemeines und repräsentatives Phänomen der geschichtswilligen Gegenwartsphilosophie. *Die philosophische Attraktivität bestimmter zentraler Elemente der Theorie Freuds gehört – als ‚ein' Phänomen – zu jenem Tatbestand, den man die ‚Wiederkehr des Psychologismus' nennen und an dem man bemerken kann, daß er trotz der Psychologismuskritik Husserls und im Zusammenhang der nach-phänomenologischen Neuzuwendung zur Geschichtsphilosophie sich entwikkelt, und zwar genau dort, wo diese Philosophie zögert, „die Vernunft in der Geschichte" zu erkennen, und eben darum versucht ist, ‚Natur' in ihr zu finden:* also just dort, wo sie Neigung hat, zur – wie diese Arbeit sagt – ‚geschichtsfernen Geschichtsphilosophie' zu werden. Das zu zeigen versucht das erste Kapitel (Zur Wiederkehr des Psychologismus).

Zweitens war die eigentliche Aufgabe in Angriff zu nehmen. Sie erhält gerade durch dieses erste Ergebnis Dringlichkeit und Gewicht. Es war zu zeigen, daß in der Tat bestimmte Elemente der Psychoanalyse ‚philosophische' Elemente sind. Das nachzuweisen und zu diskutieren versucht diese Arbeit in ihrem zweiten, dritten, vierten und fünften Kapitel. Sie tut das – was überraschen mag – dadurch, daß sie die Transzendentalphilosophie und dasjenige ihrer Schicksale untersucht, das diese Arbeit mit einem Begriffe Schellings die „Depotenzierung" der Transzendentalphilosophie nennt: also dadurch, daß sie über Kant, Fichte, Schiller, Schelling, Carus und beiläufig sogar über Kierkegaard, Schopenhauer, Nietzsche, Dilthey spricht, und darum dann schließlich auch über Freud. Dieses nicht selbstverständliche Verfahren mag dadurch gerechtfertigt sein, daß es zu einem Ergebnis führt, und zwar im wesentlichen zu folgendem: *Die betreffenden psychoanalytischen Elemente sind philosophische Elemente, weil sie philosophische Elemente waren, bevor sie zu psychoanalytischen Elementen wurden. Das Erstaunliche an ihnen ist also nicht, daß sie zu philosophischer Geltung drängen, sondern, daß sie aufhören konnten, philosophische Geltung zu haben; und das eigentliche Problem liegt nicht darin, wie psychoanalytische Elemente zu philosophischen, sondern umgekehrt darin, wie philosophische Elemente zu psychoanalytischen haben werden können. Denn sie waren philosophische Elemente: Elemente zumindest der transzendentalphilosophischen Naturphilosophie. Sie wurden zu psychoanalytischen Elementen: durch die ‚Entzauberung' dieser transzendentalphilosophischen Naturphilosophie. Die gegenwärtige Attraktivität, der philosophische Glanz der psychoanalytischen Theorie beruht im wesentlichen auf diesen Elementen, die Zusammenhang haben mit der transzendentalphilosophischen Naturphilosophie und die darum jenem Trend entgegenkommen, der die geschichtswillige Gegenwartsphilosophie Motiven jener Naturphilosophie geneigt macht.* Freilich: diesen Zusammenhang seiner Theorie mit der transzendentalphilosophischen Naturphilosophie hat Freud selbst weder gesucht noch bemerkt; das zeitgenössische Mediziner-Mißtrauen gegen die „Naturphilosophie" blockierte seine Aufmerksamkeit. Auch aus den unmittelbaren „historischen Grundlagen der Psychoanalyse", d. h. aus den Beeinflussungen durch Lehrer, Freunde und Lektüre läßt sich, scheint es, dieser Zusammenhang in keiner erheblichen Weise belegen. Dessenungeachtet besteht dieser Zusammenhang – und zwar deswegen, *weil Freuds Theorie in wesentlichen Hinsichten als Antwort auf ein Problem sich entwickelt, das selbst als Konsequenz der Transzendentalphilosophie und ihrer Wende zur Naturphilosophie entsteht, d. h. durch die ‚Depotenzierung der Transzendentalphilosophie' genetisch charakterisiert werden kann: wie leben mit der Natur, wo sie Macht hat über die Geschichte, wenn doch nicht mehr ‚ästhetisch'?* Das alles freilich mußte gezeigt werden, und zwar durch detaillierte Analysen. Solche Analysen versuchen die vier Hauptkapitel dieser Untersuchung.

Das zweite Kapitel (Zwischenkapitel) will zeigen: es ist – aus Gründen, die im Zusammenhang dieser Arbeit nicht befragt und nicht geklärt, sondern einfach vorausgesetzt werden – eine philosophische Situation entstanden, in der es weder gelingt, die Metaphysik zu vollziehen, noch auch, die Metaphysik zu verabschieden; eine philosophische Situation, in der es zugleich weder gelingt, die Geschichtsphilosophie zu ergreifen, noch auch, sie zu vermeiden. Unter diesen Bedingungen vermag sich die Philosophie weder eindeutig durch das (betrachtungszielige) Interesse am Immerstimmenden und Immerseienden, noch eindeutig durch das (veränderungszielige) Interesse am geschichtlichen Erreichen einer heilen Welt zu definieren, sondern eindeutig allein durch die Furcht vor einer Herrschaft der ‚Triebnatur'.

Das dritte Kapitel (Zur Transzendentalphilosophie) will zeigen: aus dieser Situation entsteht die Transzendentalphilosophie – die Theorie nicht mehr des „esse commune", die Theorie noch nicht der „Geschichte", sondern die Theorie der Grundbestimmung des Übergangs und der Unentschiedenheit zwischen beiden: die Theorie des „Ich". Die Transzendentalphilosophie ‚säkularisiert' das Theodizeeproblem zu dem der „transzendentalen Deduktion", sie etabliert das ‚Nötigkeitsprinzip', das Denken nicht von „Gegebenheiten", sondern von „Vermittlungen", sie begreift das Ich ‚genetisch', nämlich als die vernünftige Geschichte seiner Selbstvermittlungen. Sie faßt es aber – und all das zeigt sich der Analyse von Kants Vernunftkritik, von Fichtes Wissenschaftslehre, von Schellings System des transzendentalen Idealismus und einem kurzen Ausblick auf den Marburger Neukantianismus – sie faßt es nur als ‚geschichtsferne Geschichte', denn die transzendentale Vernunft ist eine ‚zu unmittelbare Vernunft': sie bringt zu wenige Vermittlungen ins Spiel, sie führt zu keiner kompletten Philosophie des „Endzwecks" dieser Geschichte und der Mittel seiner Verwirklichung. Sie ist ohnmächtig. Darum gehört zu ihr die beginnende und sich steigernde Neigung zum Geschichtspessimismus, das zunehmende Bedürfnis, der Geschichte die ‚politische' Definition zu ersparen und sie durch eine von der politischen ‚verschiedene' (ästhetische, pädagogische, mythologische, naturtheoretische, psychologische, theologische, linguistische) Definition zu ersetzen, der wachsende Drang, Geschichtsphilosophie auf Anamnese – auf Bewußtmachung der unbewußten Vergangenheit des Ich – zu beschränken, d. h. auf ‚Genealogie' zu reduzieren und damit den philosophischen Zukunftsaspekt der ‚Verwirklichung' zugunsten des Vergangenheitsaspekts der ‚Erinnerung' preiszugeben. Zu ihr gehört die sich verstärkende Tendenz, exakte ‚Vernunft nur der Mittel' und moralische ‚Vernunft nur der Zwecke' als isolierte Sonderbereiche geschichtsunabhängig zu machen und außer Beziehung aufeinander zu bringen; zu ihr gehört der daraus erwachsende Zwang, außerhalb ihrer Reichweite eine Unmittelbarkeit – eine Wirklichkeit ohne vernünftige Vermittlungen – sich selbst und einer potentiellen Herrschaft der Triebnatur zu überlassen: die Transzendentalphilosophie ist genetische-geschichtliche Theorie des Ich – aber faktisch führt sie zu einer (indirekten) Ermächtigung des Nicht-Ich: ihr vernunftwilliger Ansatz treibt in sein Gegenteil.

Das vierte Kapitel (Zwischenkapitel) diskutiert die Konsequenzen: die Transzendentalphilosophie muß sich zu diesem Tatbestand verhalten; sie stellt sich zu dieser ihrer problematischen Konsequenz: die transzendentale, diese zu unmittelbare, diese ohnmächtige Vernunft gibt sich ein Verhältnis zu jenem von ihr (indirekt) ermächtigten Nicht-Ich, indem sie es unter der Bestimmung ‚Möglichkeit' – als das ‚Ästhetische' und das ‚Natürliche' – gelten läßt und seine Ermächtigung eben so ‚betreibt' wie ‚verzögert'.

Das fünfte Kapitel (Zur Depotenzierung der Transzendentalphilosophie) will das konkretisieren: die Transzendentalphilosophie, ergibt sich, versucht in großem Stile, durch dieses von ihr ermächtigte Nicht-Ich, durch dieses Unmittelbare und Andere zur Vernunft doch noch – also indirekt d. h. durch Nicht-Vernunft – zur Vernunft zu kommen. Sie versucht – und das wird hier von Kants Urteilskraftkritik über Schillers philosophische Schriften und über die Naturphilosophie Schellings bis zur Psychologie von Carus verfolgt – sie versucht zunächst, das Erlittene zum Gewollten, diese Not ihrer Ohnmacht zur Tugend zu erheben und den Verlust an vernünftigem Zweck und Mitteln zum Gewinn an Unmittelbarkeit, den Verlust an Politischem zum Gewinn an Ästhetischem, den Verlust an Wirklichkeit zum Gewinn an Möglichkeit, den Verlust an Verwirklichung zum Gewinn an Erinnerung, den Verlust an Zukunft zum Gewinn an Vergangenheit, kurz: den Verlust an vernünftiger Geschichte zum Gewinn an heiliger Natur und diese zum Rettenden zu verklären. Diese Verklärung, diese ‚Verzauberung' der Natur zur ‚Romantiknatur' lebt von der Fähigkeit zum ästhetischen Blick. Sie gelingt also nur, solange dieser ästhetische Blick die Wirklichkeit zu erreichen glaubt, sie mißlingt, sobald er sich enttäuscht von dieser Wirklichkeit auf sich selber zurückzieht und zu einem separierten und ironischen Raffinement des Scheiterns wird. Die Natur wird ‚entzaubert': das ermächtigte Nicht-Ich enthüllt sich – exemplarisch in den Thesen Schopenhauers und Nietzsches – als Wille, Trieb und Drang; die Romantiknatur demaskiert sich als Triebnatur. Der Gewinn an Unmittelbarkeit erweist sich jetzt – als nach-romantisch – als Verlust des vernünftigen Endzwecks und seiner Mittel, der Gewinn an Ästhetischem als Verlust des Politischen, der Gewinn an Möglichkeit als Verlust der vernünftigen Wirklichkeit, der Gewinn an Erinnerung als Verlust der Verwirklichung, der Gewinn an Vergangenheit als Verlust der Zukunft, kurz: der vermeintliche Gewinn an heiler Natur wird flagrant als Verlust der Geschichte und ihrer Vernunft. Das Gewollte erweist sich als Leiden, die vermeintliche Tugend als Not: die Natur, die die Rettung sein sollte, zeigt sich massiv als Gefahr. Das Scheitern ihrer ästhetischen Verzauberung läßt die Natur nackt als das auftreten, was zu sein ihr nun bleibt: als das Ensemble der vom Menschen geschichtlich unaufgelösten Tödlichkeiten. Wie auskommen, wie leben mit dieser Natur, wenn doch nicht mehr ‚ästhetisch'? – das ist fortan das Problem.

Der „Psychologismus" ist in wesentlichen seiner Tendenzen eine Stellung zu diesem Problem. Er ist damit in gewisser Beziehung der Konkursverwalter der romantisch-ästhetischen Naturverzauberung. Auch er bringt die Abhängigkeit des Menschlichen von einer Natur in Anschlag, die teils noch zu sehr Wesen ist, um schon Geschichte, und teils schon zu sehr Geschichte, um noch Wesen zu sein. Seine Wahrheit ist, daß er sich ihrem Probleme stellt; seine Unwahrheit ist, daß er nicht die Mittel hat, es zu lösen. In dieser Stellung wird er seinem Probleme umso gerechter, je mehr er in jener Natur nicht sosehr das Fundament, als vielmehr die Schwierigkeiten sieht. Wo er das aber tut, da müssen zwangsläufig Alternativen der gescheiterten ‚ästhetischen Lösung' wichtig werden. Alternativ zur ästhetischen Lösung etabliert sich seit der Romantik als eine zweite humane Präsenz der Natur mit philosophischer Geltung die Medizin. Freuds Theorie setzt auf diese ‚therapeutische Lösung'. Ihre philosophische Geltung führt zu einem ‚therapeutischen Psychologismus'. Aber dieser Psychologismus steht sosehr ‚innerhalb' der hier skizzierten philosophischen Bewegung, daß er – um sich seinem Probleme zu stellen – auf jene Elemente der transzendentalphilosophischen Naturphilosophie zurückgreift, die deren Entzauberung überlebten – mit Modifikationen, die diese Entzauberung erzwang. Der Beginn mit der Natur, ihre Definition und anamnestische Bewußtmachung als unbewußte Vorgeschichte des Ich, die Beseitigung von Selbsttäuschungen als wesentlicher Ertrag, die Prävalenz der Erinnerung, jene Form des Gedankens der indirekten Vernunft, der die Vergeistigung und Kultur von den Hemmungen eines unmittelbaren Naturtriebs erwartet, der Primat eines unbestimmt-unfestgelegten Grundtriebes, die Zweiprinzipienlehre überhaupt, die Gewohnheit schließlich, auf das Geschichtliche der Natur zu achten und das Zufällige nicht gelten zu lassen, insgesamt der genealogische Aspekt, d. h. das Bestreben, Jegliches durch seine Genese zu begreifen – all das sind nicht weniger Elemente der Transzendentalphilosophie und ihrer romantischen Naturphilosophie als der Theorie Freuds. So sehr gehören all diese Elemente nicht nur der Psychoanalyse, sondern dieser ganzen philosophischen Tradition, daß philosophische Neigung zu ihnen nicht schlechtes Psychologisieren, sondern Inklination zu ebendieser Tradition anzeigt: Freudrezeption ist gegenwärtig – zumindest in erheblichem Maße und nicht zuletzt auch und gerade dort, wo Freud als Marx-Ersatz diskutiert wird – ein Indiz für den Zwang einer Philosophie, in transzendentalphilosophisch-naturphilosophische Richtung sich zu wenden; und die Psychoanalyse ist – unter diesem Gesichtspunkt ihrer philosophischen Attraktivität betrachtet – eine entzauberte und prekäre Präsenz der transzendentalphilosophischen Naturphilosophie. *Der – wiederkehrende – Psychologismus ist demnach kein ‚Gegensatz', sondern ein ‚Zustand' der Transzendentalphilosophie.*

So sind die betreffenden psychoanalytischen Elemente für die Philosophie nichts Fremdes: sie kann in diesem scheinbar Fremden sich selbst, ihre eigene Tätigkeit und Sache, ihre eigene Arbeit und Tradition, ihre eigenen Schwierigkeiten erkennen: der philosophische Gebrauch psychoanalytischer Elemente ist im wesentlichen die mittelbare Aneignung philosophischer Elemente. Das Verbot ihres Gebrauchs impliziert also die Gefahr, daß die Philosophie sich sich selbst verbietet. Die Erlaubnis ihres Gebrauchs hinwiederum ist alles andere als eine Lizenz zu störungsfreier Bewältigung ihrer Zentralprobleme, vielmehr einzig die Lizenz zum Einstieg in eine ganz und gar aporetische Verfassung. Darum bemerkt diese Arbeit am philosophischen Einwand gegen den Psychologismus nur einerseits die Unbereitschaft, eine Belastung als philosophische anzunehmen, die doch aus der Philosophie – und nicht leichtfertig – entstand. Zugleich aber und andererseits räumt sie ein, daß die Bedeutung und Kraft dieses Einwandes weiterreicht. Wenn der auf Wiederkehr bedachte Psychologismus in den Spuren der transzendentalphilosophischen Naturphilosophie und damit auf Wegen jener Philosophie geht, die weder Metaphysik, noch Geschichtsphilosophie, noch die Versöhnung beider zu sein vermochte: dann nimmt er teil an der doppelten – und mit dem Fortgang ihrer Depotenzierung wachsenden – Insuffizienz dieser Philosophie und aller philosophischen ‚Genealogie', am progressiven Verlust eines zureichenden Verhältnisses einerseits zum Immerstimmenden bzw. Immerseienden, andererseits zum vernünftig-Geschichtlichen. Freilich: Psychologismuskritik, die nur den Psychologismus kritisiert und nicht seine Motive in ihrer Gesamtgenese – sie tut zu wenig. Eine Kritik ist nur so stark wie ihre Fähigkeit, das Bedürfnis nach dem Kritisierbaren aufzulösen; und es scheint unbillig, vom philosophischen Psychologismus das Verschwinden zu verlangen, solange die Bedingungen fortdauern, unter denen er unvermeidlich wurde. Hier liegen die Gründe, warum diese Arbeit selbst sich einem Verfahren verschreibt, zu dessen Kritik sie doch beiträgt.

Das im wesentlichen sind die Thesen der hier vorgelegten Arbeit. Sie enthält – jedenfalls nach Absicht und Meinung ihres Verfassers – ausschließlich Aussagen über Philosophisches und Philosophie, nämlich über die Transzendentalphilosophie und das Schicksal ihrer ‚Depotenzierung'. Sie enthält Aussagen über den philosophischen Psychologismus und seine Wiederkehr, sofern sie als Phase in dieses Schicksal gehören. Und sie enthält Aussagen über die Psychoanalyse nur, sofern sie für dieses Schicksal in dieser Phase bedeutsam ist. Nicht Freuds Theorie will sie deuten, sondern ihre philosophische Attraktivität. Die Arbeit enthält also keine psychologischen Aussagen; sie enthält auch keine philosophischen Aussagen über ‚die Psychologie' oder irgendeine Psychologie. An keiner Stelle dieser Arbeit interessiert die Psychoanalyse als sie selbst – als therapeutisches Unternehmen, als Psychologie, gar als „Weltanschauung" oder dgl. –, sondern sie interessiert allein als Arsenal philosophischer Denkmittel, also einzig nur als „topos" der Philosophie: als sedes argumentorum et methodorum philosophiae. Wie es zur Psychoanalyse kam und was sie leistet und nicht leistet – nicht das ist ihre Frage, sondern allein diese: wie es zum philosophischen Interesse an einer gewissen Optik der Freudschen Theorie hat kommen können und müssen. Das ist, glaubt sie, eine ganz und gar philosophische Frage, und als solche ist sie hier behandelt – im übrigen nicht „historisch", sondern „systematisch": wenn anders „systematisch" diejenige „historische" Betrachtung heißen darf, die sich auf den Versuch beschränkt, eine philosophische Gegenwartsmöglichkeit durch eine gegenwärtig vollziehbare Nötigkeitsdiskussion zu überprüfen.

Mit dieser ‚Beschränkung auf Systematisches' hängt es zusammen, daß diese Arbeit keine Vollständigkeitsprätentionen hat. Sie hat sich mit nur ‚einigen' philosophischen Motiven der Psychologismuswiederkehr befaßt. Eine Fülle von einschlägigen Fragen und Phänomenen blieb unberücksichtigt. So wurde z. B. die für den Zusammenhang wichtige Analyse der Ansätze C. G. Jungs und A. Adlers einfach ausgeklammert, die ausführlichere Recherchierung etwa von Freuds Nietzscheverhältnis – trotz S. 441ff. Anm. 152 – beiseitegelassen, die für den Zusammenhang immerhin einschlägige Betrachtung der Thesen z. B. G. H. v. Schuberts, L. Feuerbachs, E. v. Hartmanns, L. Klages' usf. ausgespart; eine eigene Analyse Herbarts und Fechners schien – angesichts der vorliegenden Arbeit von Marianne Dorer: vgl. unten S. 259f. – hier entbehrlich. All diese Ausklammerungen waren in erster Linie Verteidigungsmaßnahmen der hier versuchten Überlegung im Zuge ihrer beständigen Notwehr gegen drohenden Absturz ins Uferlose. Was schließlich ihre Entscheidung für den Versuch einer philosophieimmanenten, quasi nur ‚ideengeschichtlichen' Interpretation betrifft: auch sie ist durchaus nur als – eingestandenermaßen problematische – technische Beschränkung zu verstehen und keinesfalls Ausdruck eines methodologischen Dogmas.

Die Fragen und Thesen der folgenden Überlegung beschäftigen ihren Verfasser seit 1951. Eine zeitlang war er der Meinung, ein noch unerkundetes Feld zu untersuchen; diese Meinung hat er korrigieren müssen[1]. In verschiedensten Hinsichten verdankt er anderen Autoren Anregung, Belehrung, Möglichkeiten zur Auseinandersetzung – so insbesondere Th. W. Adorno, E. Bloch, A. Gehlen, K. Gründer, F. Kaulbach, H. Lübbe, G. Lukács, Th. Mann, H. Marcuse, L. Marcuse, O. Most, L. Oeing-Hanhoff, W. Schulz, B. v. Wiese. Vor allem jedoch bewegt sich diese Überlegung in einem Problemgebiet, das ihm zuerst und am nachhaltigsten durch die Ästhetikvorlesungen Joachim Ritters erschlossen worden ist: Abhängigkeit besteht in vielen wesentlichen Punkten der Fragestellung und in einer Vielzahl von Ergebnissen. Nächst diesem ist der Ansatz der Arbeit wohl am meisten Anregungen der Freiburger Zeit ihres Verfassers – Gedanken Max Müllers und Wilhelm Szilasis – verpflichtet. „Die hier folgenden Interpretationen sind aus diesen zwei Wurzeln unserer Tradition gewachsen, doch darf, was an ihnen unzulänglich ist, nicht unsere Lehrer belasten. Wir haben gelernt, daß wir das, was in uns das Beste ist, der Tradition zu verdanken haben. Unsere Fehler aber sind unsere eigenen"[2].

Münster/Westf., 11. 3. 1960–18. 4. 1962. O. M.

Zur Wiederkehr des Psychologismus

Wiederkehr des Psychologismus

Die Frage dieser Untersuchung entsteht angesichts eines Phänomens, das *Wiederkehr des Psychologismus* genannt werden kann. Was ist gemeint?

1. Erster Psychologismus

1900 publiziert Edmund *Husserl* die Prolegomena seiner „Logischen Untersuchungen"[1]. Sie kritisieren den „Psychologismus". „Der Bekämpfung der ... vom Verf. als ‚Psychologismus' bezeichneten Ansicht ist der größte Teil des Buches gewidmet; und es dürfte ihm gelungen sein, diese heute so selbstgewiß auftretende, durch eine Reihe in ihrer Art schätzbarer Arbeiten seit Jahrzehnten festgewurzelte Meinung ernstlich zu erschüttern, indem er sich nicht darauf beschränkt, sie durch eine knappe, gleich aufs Zentrum losgehende Deduktion als unhaltbar zu erweisen, sondern es nicht spart, sie gleichsam von allen Seiten zu umstellen, in alle Schlupfwinkel ihrer versuchten Begründung zu verfolgen, und ihr so jeden Rückzug abzuschneiden"[2].

Diesen Psychologismus hatte Husserl anfänglich – in seinen Arbeiten von 1897 („Über den Begriff der Zahl") und 1891 („Philosophie der Arithmetik") – selbst vertreten und angenommen, daß „die Ergebnisse derselben (sc. Psychologie) auch für die Metaphysik und Logik von Bedeutung sein müssen"[3]. Er war also „von der herrschenden Überzeugung ausgegangen, daß es die Psychologie sei, von der, wie die Logik überhaupt, so die Logik der deduktiven Wissenschaften ihre philosophische Aufklärung erhoffen müsse"[4]. „Diese psychologische Fundierung wollte mir" – schreibt Husserl – „in gewissen Zusammenhängen nie recht genügen"[5]. So formulieren die „Prolegomena zur reinen Logik" von 1900 den „prinzipielle(n) Zweifel, wie sich die Objektivität der Mathematik und aller Wissenschaft überhaupt mit einer psychologischen Begründung des Logischen vertrage"[6], und werden zu einer „freimütige(n) Kritik ... der psychologistischen Logik und Erkenntnistheorie"[7]. Diese Kritik hat Husserl in zahlreichen Zusammenhängen in der Mehrzahl seiner späteren Schriften wiederholt, neu formuliert und weiterentwickelt[8].

„Psychologismus" ist für Husserl die „Verwertung der Psychologie zu transzendentalen Zwecken“[9]: *der „Psychologismus“ erhebt eine „Tatsachenwissenschaft“ – die Psychologie – zur Theorie der Möglichkeitsbedingungen allgemeinverbindlicher Vollzüge.* Denn der Psychologismus machte die (empirische) Psychologie sowohl – davon hat Husserl nur beiläufig gehandelt – zur Theorie der Grundlagen des sittlichen Handelns, also zur sog. „Ethik“; und der Psychologismus macht die (empirische) Psychologie – und das hatte Husserls eigentliches Interesse – zur Theorie der Grundlagen wahrer Erkenntnis, also zur sog. „Erkenntnistheorie“. Als eine solche Erkenntnistheorie bzw. „Logik“ will der Psychologismus Erkenntnis im strengsten Sinne, nämlich wissenschaftliche d. h. allgemeingültige Erkenntnis begründen – und das, meint Husserl, gelingt ihm nicht. Denn die (empirische) Psychologie gibt als „Tatsachenwissenschaft“ keine Möglichkeitsbedingungen strenger Wissenschaft, sie gibt – zeigt Husserl – nur ‚Realbedingungen‘ und damit Bedingungen her, die – werden sie unter Ausschluß anderer zu Wissenschaftsgrundlagen erhoben – allgemeingültige Erkenntnis d. h. strenge Wissenschaft vielmehr negieren. Psychologismus, zeigt Husserl, ist ein Unternehmen zur fundamentalen Verhinderung des Erstrebten – und insofern eine „Verfälschung des Triebes zur Konstitution strenger philosophischer Wissenschaft“[10]. „Der schwerste Vorwurf, den man gegen eine Theorie, und zumal gegen eine Theorie der Logik, erheben kann, besteht darin, daß sie gegen die evidenten Bedingungen der Möglichkeit einer Theorie überhaupt verstoße. Eine Theorie aufstellen und in ihrem Inhalt ... den Sätzen widerstreiten, welche den Sinn und Rechtsanspruch aller Theorie überhaupt begründen – das ist nicht bloß falsch, sondern von Grund aus verkehrt“[11]. Und just zu solchem „Widersinn“[12] führt der Psychologismus. Er verwechselt die Frage des Erkennend-seins des Erkennens mit der Frage nach dem Zustandekommen und Ablaufen des Erkennens, das Wesensproblem der „Intentionalität“ der Erkenntnis mit dem Tatsachenproblem ihrer Genese, die Frage der Erkenntnis als Sachmeinens und seiner idealen Bedingungen mit der Frage der Erkenntnis als Vollzugs einer Zugehörigkeit (zu einer so und so beschaffenen psychischen Organisation) und seiner Ablaufregeln[13]. Das ist, wie Husserl zeigt, ein mehr oder minder verkappter „Empirismus“[14] und führt zu einem „skeptischen Relativismus“[15] und in dessen Schwierigkeiten: *der Psychologismus führt zur Leugnung der Möglichkeit allgemeingültiger d. h. streng wissenschaftlicher Erkenntnis, die er selbst doch gerade begründen will und voraussetzen muß.* Er lebt zugunsten und von der These, die er liquidiert; er liquidiert die These, zugunsten derer und von der er lebt – das ist Widersinn. Und auf solchen Widersinn führt der Psychologismus nicht allein in der Frage der Logikbegründung und Erkenntnisbegründung, sondern in *jeder* philosophischen Frage, die er mit seinen Mitteln angeht. „Es ist nun klar, daß in diesem prägnanten Sinn jede Theorie logisch widersinnig ist, welche die ... Prinzipien aus irgendwelchen Tatsachen ableitet“[16], d. h., *die Prinzipienfrage zur Tatsachenfrage einer Genealogie macht.* Das ist das Ergebnis der Prolegomena Husserls[17].

Das für den Zweck dieser Arbeit Wichtige sei hervorgehoben. *Husserl protestiert gegen den Versuch, Philosophie zur Genealogie zu machen.* ‚Genealogie‘ wird für die folgenden Überlegungen ein zentraler Begriff sein. Genealogie heißt zunächst einfach Herkunftskunde. In die neueste Philosophie hat diesen Begriff Nietzsche eingebracht[18] und dabei gezeigt, daß es offenbar nicht nur (der Tendenz nach) legitimierende, sondern auch kompromittierende Genealogien gibt. Die folgende Überlegung versteht – im Blick auf diese Zusammenhänge – unter *Genealogie (mindestens) die Theorie eines Zugehörigkeitsvollzugs.* Demzufolge wäre eine Erkenntnisgenealogie die Theorie der Erkenntnis als des Vollzugs einer Zugehörigkeit: Aussagen – alle oder die wichtigen, auf die es ankommt – werden nicht deswegen gemacht und so gemacht, wie sie gemacht werden, weil, was sie aussagen, so ist, wie sie es aussagen, sondern deswegen, weil, wenn sie nicht gemacht und so gemacht würden, wie sie gemacht werden, eine Zugehörigkeit preisgegeben würde (der Mensch nicht mehr Mensch, seine Psyche nicht mehr seine Psyche, ein Mensch nicht mehr Mitglied dieser Gruppe, nicht mehr Angehöriger einer bestimmten Zeit sein würde usf.). Das schließt ein, daß für eine Erkenntnisgenealogie nicht die ‚Sachentsprechung', sondern die – im weitesten Sinn verstandene – ‚Nötigkeit' einer Aussage der entscheidende Gesichtspunkt ist: *im Reiche der Genealogie herrscht das Nötigkeitsprinzip: Genealogie ist wesentlich Nötigkeitsnachweis.* Auch und gerade der von Husserl bekämpfte Psychologismus ist in diesem Sinne eine Genealogie – eine Erkenntnisgenealogie, eine Bewußtseinsgenealogie. Und er wurde von Husserl bekämpft, *weil* er eine solche Genealogie war: Husserl hat den Psychologismus nicht primär als ‚Naturwissenschaft vom Bewußtsein"[19] angegriffen und dabei nolens volens die Genealogie (und das Geschichtlichkeitsmoment, das in der Genealogie steckt) mitgetroffen, sondern er hat den Psychologismus als Erkenntnisgenealogie und *darum* dann auch als „Naturwissenschaft vom Bewußtsein" angegriffen. Es ist nicht überflüssig, das zu betonen[20].

Husserls „Argumentation ist wuchtig, ja vernichtend"[21]: der Psychologismus hatte, scheint es, fortan sein Spiel verloren. *Husserls Kritik bedeutet, scheint es, die entscheidende Niederlage des Psychologismus in der Philosophie*[22]. An seine Stelle treten Husserls „Versuche zur Neugründung der reinen Logik und Erkenntnistheorie"[23]. „Gegen den herrschenden Psychologismus gewendet, suchen die ‚Prolegomena' also die Idee einer reinen Logik neu zu beleben, aber auch neu zu gestalten. Sie führen zur Abgrenzung einer theoretischen, von aller Psychologie und Thatsachenwissenschaft unabhängigen Wissenschaft"[24] – der „reinen Phänomenologie"[25]. Die späteren Schriften Husserls sichern diese reine Phänomenologie durch die Theorie der „phänomenologischen Reduktionen"[26] und klären ihren Sinn: sie erforscht die „Intentionalität"[27] und nicht die Genese der Erkenntnis; sie ist keine Tatsachenwissenschaft, sie ist Wesenswissenschaft. Husserls Argumente – und die mit ihnen korrespondierende Kritik späterer Autoren – haben den Psychologismus in der Tat „ernstlich erschüttert"[28]. Der Effekt der Kritik der „Logischen Untersuchungen" ist dem von Kants Vernunftkritik vergleichbar. Wie Kant für die Schulmetaphysik zum Alleszermalmer wurde, so Husserl für den Psychologismus[29]. Und wie die Schulmetaphysik – sozusagen – ihre Vernichtung gleichsam aus Versehen für einige Zeit überlebte, so auch der Psychologismus: darum wurde es nötig, ihn wiederholt über sein Schicksal aufzuklären, und vor allem, ihn aus noch behaupteten Reservaten – z. B. Ethik – zu vertreiben[30]. Grundsätzlich aber war das Schicksal dieses Psychologismus, der später von Husserl als „naturalistische Philosophie"[31] und „philosophischer Naturalismus"[32] bezeichnet worden ist und im Zusammenhang dieser Arbeit der *erste Psychologismus* genannt werden soll, durch Husserls Argumente besiegelt. Sein Sterbejahr war das Jahr 1900.

2. *Zweiter Psychologismus*

Im gleichen Jahr 1900 erscheint Sigmund *Freuds* „Traumdeutung"[33]. Das ist zunächst nur ein zufälliges Zusammentreffen, nicht einmal besonders auffällig, denn dieses Jahr 1900 war ja insgesamt nicht gerade arm an bemerkenswerten Ereignissen.

Freud. Freuds „Traumdeutung"[34] ist ein Buch, das Ernest Jones unter Berufung auf den „general consensus" und auf Freud selbst „Freud's major work" und „Freud's most original work" nennt[35]. Es entwickelt und belegt die These, „der Traum sei die (verkappte) Erfüllung eines (verdrängten) Wunsches ... der Traum (ist) gebaut wie ein neurotisches Symptom, er ist eine Kompromißbildung zwischen dem Anspruch einer verdrängten Triebregung und dem Widerstand einer zensurierenden Macht im Ich. Infolge der gleichen Genese ist er auch ebenso unverständlich wie das Symptom und in gleicher Weise der Deutung bedürftig"[36]. Die Ergebnisse der „Traumdeutung" werden von Freud 1901 in einer kleinen Schrift „Über den Traum" zusammengefaßt und in späteren Schriften – unter geringfügigen Korrekturen – befestigt[37]. Vorangegangen waren Arbeiten des Studenten, des jungen Arztes, des Dozenten und des isoliert wirkenden Psychoanalytikers Freud zur Physiologie, zur Neurologie und zur Neuropathologie[38]. Zu den letzteren gehören die gemeinsam mit Breuer verfaßten Schriften: die „Vorläufige Mitteilung" von 1893[39] und die „Studien über Hysterie"[40], zu ihnen gehören andere Frühschriften der Psychoanalyse[41] – Arbeiten aus dem medizinisch orientierten Interessengebiet der Psychopathologie. Und ganz im Zusammenhang dieses medizinisch-therapeutischen Interesses scheint sich auch die Traumdeutung zu halten. Traumdeutung hilft der Therapie, „der Traum leistet ... ein Stück von dem, was früher der Hypnose auferlegt war"[42]. „Die Analyse verwertet ihn"[43]. „Indem ich" – schreibt Freud in der Vorbemerkung zur ersten Auflage der „Traumdeutung"[44] – „hier die Darstellung der Traumdeutung versuche, glaube ich den Umkreis neuropathologischer Interessen nicht überschritten zu haben".

Und doch, für Freud wurde die „Traumdeutung" zur großen Wende, und er weiß es und sagt es: „Der überragende Wert der Traumdeutung ... liegt aber nicht in der Unterstützung, die sie der analytischen Arbeit (leiht), sondern in einer anderen Eigenschaft derselben. Bisher hatte die Psychoanalyse sich nur mit der

Auflösung pathologischer Phänomene beschäftigt und zu deren Erklärung oft Annahmen machen müssen, deren Tragweite außer Verhältnis zur Wichtigkeit des behandelten Stoffes stand. Der Traum aber, den sie dann in Angriff nahm, war kein krankhaftes Symptom, er war ein Phänomen des normalen Seelenlebens, konnte sich bei jedem gesunden Menschen ereignen. Wenn der Traum so gebaut ist wie ein Symptom, wenn seine Erklärung die nämlichen Annahmen erfordert, die der Verdrängung von Triebregungen, der Ersatz- und Kompromißbildung, der verschiedenen psychischen Systeme zur Unterbringung des Bewußten und Unbewußten, dann ist die Psychoanalyse nicht mehr eine Hilfswissenschaft der Psychopathologie, dann ist sie vielmehr der Ansatz zu einer neuen und gründlichen Seelenkunde, die auch für das Verständnis des Normalen unentbehrlich wird. Man darf ihre Voraussetzungen und Ergebnisse auf andere Gebiete des seelischen und geistigen Geschehens übertragen; der Weg ins Weite, zum Weltinteresse, ist ihr eröffnet“[45]. Die psychologie-betreffende Bedeutung dieses Vorgangs zu erörtern, ist nicht Sache dieser Arbeit. Wohl aber beachtet sie dieses: durch die Theorie des Traumes erhebt die Psychoanalyse im Jahr 1900 erstmals so etwas wie einen Anspruch auf philosophische Relevanz[46].

Die für diese Überlegung wichtige psychoanalytische „Eroberung“ des „normalen“ Seelenlebens und „geistigen Geschehens“ vollzieht sich in zwei Schüben. Der erste, in Publikationen greifbar seit 1898[47], versucht eine „Tiefenpsychologie“[48] von „normalen“ Einzelereignissen. Dahin gehört die „Traumdeutung“ selbst. Dahin gehören die Arbeiten über die Fehlleistungen und den Witz[49] und eine Reihe kleinerer Abhandlungen zu verschiedenen Themen[50]. Der zweite, in Publikationen greifbar seit 1908[51], versucht eine Tiefenpsychologie der geschichtlichen Gesamtlage. Dahin gehören zunächst Freuds Überlegungen zu einer soziologischen Psychologie der Primitivkulturen[52]. Dahin gehören dann vor allem die psychoanalytischen Theorien des gegenwärtigen Zeitalters[53]. Den Anregungen beider Unternehmungen sekundierte und folgte die Freud-Schule, deren erste Anfänge in die Zeit kurz nach der Jahrhundertwende reichen, und die sich alsbald durch Kräche und Sezessionen als echte Schule auswies[54]. Sie untersucht Fragen der Ethnologie, Soziologie, Ästhetik, Ethik, Religionswissenschaft[55]: *die Psychoanalyse entdeckt und diskutiert die Probleme des geschichtlichen Daseins. Sie konnte das, weil und insofern nicht die Nähe zu einer ‚mechanistischen‘ Naturwissenschaft, sondern die Nähe zum geschichtlichen Denken das philosophisch erhebliche Kennzeichen dieser Psychologie ist.* Der häufig vorgebrachte und gewiß nicht leichtzunehmende Einwand, sie verfehle die Deutung menschlichen Lebens durch ihm unangemessene – nämlich mechanistisch-naturwissenschaftliche – Kategorien trifft ihre unergiebigen, schwachen, ihre zweifellos vorhandenen, aber vielleicht – und jedenfalls für den Zusammenhang dieser Überlegung – unspezifischen Seiten. Denn nicht, daß die Psychoanalyse sich naturwissenschaftlicher Denkweise bediente, sondern, daß sie sie so veränderte, daß diese Denkweise für die geschichtlichen Phänomene und die mit ihnen verbundenen philosophischen Themen empfindlich wurde, macht das Kennzeichen dieser Psychologie. Zu dieser Veränderung, zu ihrem Weg heraus

aus ihren Ausgangspositionen und Anfangskonzeptionen gehört gewiß Merkwürdiges und Dubioses: die philosophischen Hilflosigkeiten, Verstiegenheiten, das Gespräch mit problematischen Konzeptionen[56] und das oftmals selbst Problematische mancher ihrer Theorien; zu ihm gehört die Neigung zum Sektierertum und der philosophische Dilettantismus. Aber all das gibt es auch sonst (und gibt es oft) in der Philosophiegeschichte – in die die Psychoanalyse gehört als *der Versuch zu einer genealogischen Philosophie unter dem Eindruck der Einsicht: nicht das Bewußtsein ist Fundament und Instanz des Bewußtseins, sondern seine (gegf. unbewußte) Geschichte.* „Nichts verhinderte aber, mit diesem jetzt in mir sich-bewußten Ich auf einen Moment zurückzugehen, wo es seiner noch nicht bewußt war, – eine Region jenseits des jetzt vorhandenen Bewußtseins anzunehmen und eine Tätigkeit, die nicht mehr selbst, sondern nur durch ihr Resultat in das Bewußtsein kommt." „Allerdings nun indem das Ich ... wird ... erinnert es sich nicht mehr des Wegs, den es bis dahin zurückgelegt hat, denn da das Ende dieses Wegs eben erst das Bewußtsein ist, so hat es ... den Weg zum Bewußtsein selbst bewußtlos und ohne es zu wissen zurückgelegt ... (es) findet in seinem Bewußtsein nur noch gleichsam die Monumente, die Denkmäler jenes Wegs, nicht den Weg selbst. Aber eben darum ist es nun Sache der Wissenschaft ... jenes Ich des Bewußtseins mit Bewußtsein zu sich selbst, d. h. ins Bewußtsein, kommen zu lassen. Oder: die Aufgabe der Wissenschaft ist ... eine Anamnese". Diese Sätze stehen nun allerdings nicht bei Freud, sondern sie finden sich bei *Schelling*[57]. Und: „Was sind die Träume, die Ticks, die unüberwindlichen Zwänge und überhaupt das ganze neurotische Arsenal anders als bewußtlose Produkte der Selbsttätigkeit des Ich, die sich ihm entfremden und als Übermacht gegenübertreten, und die nun die Analyse auflöst, indem sie sie ‚bewußtmacht', in ihrer Genesis und Entstehungsgeschichte nachvollzieht, so die Freiheit und Verfügungsgewalt des Ich über seine eigenen Nachtgeburten wiederherstellend?" Das ist „die ... *Fichte*sche Formel von der ‚verlorenen Freiheit', von der Entfremdung und anscheinenden, täuschenden Übermacht des von uns Erzeugten. In psychologischer Anwendung ist diese Fichtesche Formel, ohne daß jemand dies bemerkt hätte, weltpopulär geworden: in Freud". Diesen Fichte-Bezug betont Arnold Gehlen[58]. Offenbar besteht Anlaß zu der Vermutung: nicht daß Freud bei Brücke d. h. in der Helmholtz-Tradition[59], nicht, daß er bei Meynert d. h. in der Herbart-Tradition[60] begann, sondern daß er faktisch in der Nähe einer Tradition des Denkens endete, zu der die großen Namen der Transzendentalphilosophie gehören, ist das philosophisch Denkwürdige der Psychoanalyse. Darum wird sie hier – besonders im letzten Kapitel[61] – besprochen, darum interessiert sie hier.

Philosophische Rezeptionsdisposition. Freuds Psychoanalyse interessiert hier nicht als therapeutisches Unternehmen, nicht als Psychologie, auch nicht als „Weltanschauung" und dgl. Und was hier bisher über sie gesagt wurde: all das gehört nur bedingt zu dem von dieser Überlegung gemeinten Phänomen. Auch die nicht psychopathologischen, nicht unmittelbar therapiezieligen Arbeiten Freuds und seiner engeren und weiteren Schule – das interessiert hier weniger als es selbst, interessiert vielmehr als ein *Angebot an die Philosophie.* Der erregende, der der Frage und Untersuchung werte Tatbestand, das Phänomen, von dem diese Arbeit ausgeht und das sie meint, ist dieses: *daß dieses Angebot von der gegenwärtigen Philosophie – Husserl zum Trotz – angenommen wurde und angenommen wird.* Die Frage muß dringlich werden: warum eigentlich? Mit welchem Recht? *Nicht Freuds Psychoanalyse, sondern ihre Attraktivität für die Gegenwartsphilosophie, die Disposition dieser Philosophie zur Rezeption psychoanalytischer Denkvoraussetzungen, Denkweisen und Denkmittel ist das Phänomen, das die folgende Untersuchung meint und um das sie sich kümmert.* Diese ,Rezeptionsdisposition' interessiert. Sie ist nachweisbar aus den philosophischen Kontakten mit der Psychoanalyse, aus den mancherlei Formen der Auseinandersetzung und Aneignung – auch der ungewollten und ungewußten Aneignung. Hier können Hinweise genügen; und diese Hinweise werden das Phänomen umso treffender beleuchten, je mehr sie sich auf Philosophien beziehen können, die *ohnehin* bereits im philosophischen Gespräch sind. Man kann *drei* Rezeptionsgruppen unterscheiden.

Es gibt philosophische Versuche, Wahrheiten der Psychoanalyse mit ,metaphysischem Vorbehalt' anzueignen. Wo die Philosophie im zweiten und dritten Jahrzehnt unsres Jahrhunderts philosophisch bedeutsame Konzeptionen der sogenannten Einzelwissenschaften rezipiert hat, dort war fast durchweg Max *Scheler* maßgeblich beteiligt. Und so hat er – unter anderem – auch den Versuch unternommen, der Psychoanalyse ihre Wahrheit abzuwerben: ihr in der Philosophie bessere Bedingungen zu bieten, als die Psychoanalyse selbst ihr zu bieten vermochte[62]. Das ist umso bemerkenswerter, als Scheler einer der wirkungsvollen Mitstreiter Husserls im Kampf gegen den Psychologismus gewesen ist[63]. Es ist der späte Scheler, der Husserls Gebot zur Ausschaltung der „Generalthesis der natürlichen Einstellung" d. h. das Interesse an den Realvorgängen in der Philosophie übertrifft und seine theoretische Aufmerksamkeit – im Rahmen seiner anthropologischen Arbeiten – gerade diesen realen Bedingungen des „Geistes" zuwendet[64]. Dabei wird u. a. Freuds Trieblehre interessant. Sie ist für Scheler eine Spielart der dritten von den fünf wirksam gewordenen Konzeptionen des Menschenwesens, eine „naturalistische" Form der „,homo-faber'-Lehre"[65]. Die These vom Menschen als „Triebwesen"[66] führt allerdings zu einer „negativen Theorie des Geistes"[67]. Das wehrt Scheler ab. Er läßt diese Lehre nicht als Theorie der Konstitution des Geistes, er läßt sie nur als Theorie seiner Realisation zu: der von Hause aus ohnmächtige Geist verwirklicht sich durch Sublimierung der Triebe[68]. Und so wird die phänomenologische „Wesensschau" zu einer wirklichkeitskundigen „Anthropologie" auf dem Weg einer Sublimierung der Psychoanalyse[69].

Diese Freud-Rezeption bleibt auch dort möglich, wo Schelers Anthropologie unter Ausklammerung seiner Geist-Philosophie weitergeführt wird: z. B. in Arnold *Gehlens* „Mängelwesen"-Theorie und Anthropologie des „Entlastungsprinzips"[70]. Dort ist freilich das Herrschaftsgebiet des ,metaphysischen Vorbehalts' bereits verlassen. So gibt es *philosophische Versuche, sich Wahrheiten der Psycho-*

analyse ohne ‚metaphysischen Vorbehalt' anzuvertrauen. Gehlen selbst freilich hat andere, durchaus massive Vorbehalte[71].

Aber seine Rezeption ist nicht die für diese Gruppe primär repräsentative und schon gar nicht die einzige – wie denn seine Philosophie auch nicht die einzige ist, die den Menschen als „Mängelwesen" versteht, sondern nur diejenige, die die menschliche Defektstruktur durch eine biologistische Begründung verewigt. Denn in gewissem Sinne „Mängelwesen" ist der Mensch auch als „pour-soi", das – im Blick auf das „en-soi" – durch „néantisation" bestimmt ist[72]; und in gewissem Sinne „Mängelwesen" ist der Mensch auch als das durch „Repression" „beschädigte Leben"[73]. Von jenem handelt Jean Paul *Sartre,* von diesem Theodor *W. Adorno.* So gehört in diesen Zusammenhang die Pariser existenzielle Ontologie und die Frankfurter philosophische Soziologie. Für diese Ansätze werden die Kategorien der Psychoanalyse interessant, weil sie existenzielle bzw. politische – also weil sie philosophische Kategorien geworden sind[74], und zwar durch den Gang der Dinge in der Wirklichkeit. Mit dieser Wirklichkeit ist die Phänomenologie Husserls außer Kontakt geraten; dieser Wirklichkeit hat sie – durch ihre Epoché – die philosophische Aufmerksamkeit verweigert. Beide genannten Ansätze – sie stehen in engem Gespräch mit Husserl: Sartre ist Freiburger Hörer gewesen und nennt sein Hauptwerk einen „essai d'ontologie phénoménologique"[75]; Adorno promovierte mit einer Husserl-Arbeit[76] und schrieb jüngst ein kritisches Husserlbuch[77] – beide Ansätze wollen das korrigieren und etablieren sich husserlkritisch: die Wesensphänomenologie wird ersetzt durch eine Existenzphänomenologie, die „erste Philosophie" durch eine „letzte"[78]. Beiden Ansätzen sekundieren gewichtige Arbeiten – so die von Maurice *Merleau-Ponty*[79] und von Herbert *Marcuse*[80]. Sowohl die „psychanalyse existencielle" Sartres[81], als auch der psychoanalytische Linkshegelianismus des Horkheimerkreises[82] vollziehen diese Wende unter Einsatz Freudscher Kategorien und Anregungen. Sie assimilieren im übrigen – und das unterscheidet sie von Arbeiten, die im gleichen Zusammenhang genannt werden könnten[83] – Freuds Theorie auf dem Wege ihrer Verwandlung zu einer milden Form von Marxismus. Freud wird ihnen zum Marx-Ersatz dort, wo der etablierte Marxismus zum unexistenziellen bzw. undialektischen verfälscht, wo er aus einer Theorie der Befreiung zum Herrschaftsinstrument geworden ist. Auf diese Ansätze wird diese Überlegung zurückkommen müssen[84].

Schließlich ist da, vielleicht am folgenreichsten, das, was man die *unbewußte Aneignung der Psychoanalyse durch die Philosophie* nennen kann – wobei jeweils offenbleiben mag, ob es sich um ungewollte und unkontrollierte Rezeptionen, oder ob es sich einfach um Parallelvorgänge handelt. Psychoanalytische Denkweisen und Denkmittel werden philosophisch bedeutsam für die gegenwärtig mit der Geschichte befaßten Philosophien, sei es, daß diese Philosophien mit ihrer Hilfe *verstehen,* sei es, daß sie mit ihrer Hilfe selbst *verstehbar werden* und interpretiert werden können. Gedacht ist hier *nicht* an das Instrument der „Pathographie" – das wird vielmehr, und zwar ausgiebig, innerhalb der Philosophie nicht zuletzt von ältesten ‚Gegnern' der Psychoanalyse gehandhabt[85]. Sondern es handelt sich um einen elementaren Befund: jede gegenwärtige Philosophie der Geschichte interpretiert die Geschichte mit Hilfe von Begriffen, die entweder psychoanalytische Begriffe *sind*, oder durch ihre Übersetzung in psychoanalytische Begriffe *verdeutlicht* werden können. Verdrängung und Wiederkehr des Verdrängten – das ist eine Ereignisfigur, die nicht nur die Neurose, sondern z. B. auch die Romantik und ihre „ästhetische Versöhnung" bestimmt[86], die das Verhältnis von modernen „Naturwissenschaften" und „Geisteswissenschaften"[87] nicht weniger regiert als z. B. das von „Positivismus" und „Existenzphilosophie", und die auch das in diesem Kapitel dieser Arbeit diskutierte Phänomen beherrscht. Insuffizienz und Kompensation[88], Bedarf bzw. Defekt (Trauma) und Ersatz bzw. Surrogat – diese Phänomene gehören zum Deutungsrepertoire jeder gegenwärtigen Entfremdungskritik. Der Fluchtbegriff, ob er nun offen oder inkognito eingesetzt wird: er ist aus der zeitkritischen Gegenwartsphilosophie auch des hohen Niveaus nicht wegzudenken[89]. Aber z. B. auch Vaterbindung – Emanzipation – Wiederherstellung: diese Figur beleuchtet gleicherweise das Ödipusschicksal und das der Aufklärung[90]. Nicht nur der Patient, auch das gegenwärtige Zeitalter „leidet an Reminiszenzen"[91] und „Anamnese" ist das fällige Geschäft[92]. Verdrängung, Ersatzbildung, Entwicklung von Abwehrmechanismen, Kompromißbildung, Widerstand, Regression, Zensur, Sublimierung und dgl. sind Begriffe, die unter diesen oder anderen Namen zum Begriffsensemble jeder derzeitigen Geschichtsphilosophie gehören. Das gilt auch und gerade dann, wenn sie über ihr Verhältnis zur Psychoanalyse wenig oder gar keine Auskunft gibt. Das ist freilich fast die Regel. Marxismus und „Eksistenzphilosophie" schweigen[93]. Gewiß: Widersprüche der „sterbenden bürgerlichen Gesellschaft" oder das „Hineingehaltensein ins Nichts" oder Sein: das sind nicht gerade Probleme speziell für den Seelenarzt, es sind politische und „jemeinige" Fragen, Fragen außerhalb der Kompetenz der psychoanalytischen Therapie, auch wenn sie dem politischen[94] oder dem existenziellen Zusammenhange sich zuzuwenden beginnt[95]. Aber allerlei Bedenken erschließt man eher, als daß man sie ausgesprochen findet. Nur dort, wo die Ansätze von Marxismus und Existenzphilosophie sich treffen und ihre Motive sich verbinden, gibt es ausdrückliche Auseinandersetzung: bei Ernst Bloch[96]. Fast scheint es, als sei umgekehrt proportional der Ausdrücklichkeit solcher Rechenschaftslegung die faktische Nähe zur psychoanalytischen Denkweise. Das „Zurückweichen"[97] ist ebenso wie die „indirekte Apologie"[98] ein – verschieden interpretierbares – Phänomen eines „Widerstands". Daß ein Denken bestimmt ist durch die Geschichte, die ihm seine Probleme aufzwang – und zwar auch dann, wenn es selbst diese Geschichte nicht oder nur unzureichend reflektiert – und daß man diese Geschichte verstehen müsse, um jenes Denken zu verstehen: das ist in der Gegenwartsphilosophie weitgehend akzeptiert. Daß es – und zwar in großem Stile – so etwas gibt wie ein durch zensurierende Mächte (welcher Art auch immer) entstelltes Selbstverständnis, daß man dementsprechend an einem Ansatz die ihm selbst „unbewußten" Antriebe untersuchen müsse und also einen Denker „besser verstehen" könne „als er sich selbst versteht"[99]: das wird selbst dort vorausgesetzt, wo eine Philosophie prononciert sich darauf beschränkt, nur diejenigen Positionen besser zu verstehen als sie sich selbst, die vom Zwange gejagt sind, andere Ansätze besser zu verstehen als diese sich selbst. Vor allem aber: was „Entfremdung" genannt wird[100] und was „Seinsvergessenheit"[101], erfüllt pünktlich den Tatbestand der „Verdrängung" und ihrer Folgen, des von sich selbst Verschiedenseins, und verlangt von der Philosophie die Leistung mindestens der Erinnerung[102]. Das ist denn auch keineswegs unbemerkt geblieben. „Heidegger geht wie ein Tiefenpsychologe vor", sagt Löwith und zeigt das[103]. Nur deswegen konnten – umgekehrt – auch die sogenannte „Daseinsanalyse" und „Existenzanalyse" und verwandte Ansätze seiner Philosophie Einsichten unmittelbar entnehmen. All dieses dokumentiert die Nähe der gegenwärtig geschichtsinteressierten Philosophie zur von Freud herkommenden Denkweise. Das hängt freilich zu einem nicht geringen Teil damit zusammen, daß heute kaum eine Philosophie, die mit der Geschichte sich befaßt, geneigt ist, sich dem Einfluß Nietzsches zu entziehen: schon dadurch kommt ein Denkstil zum Zuge, der – und dies nicht zufällig – in die Nähe zum psychoanalytisch geprägten Denken führt. Nicht zuletzt ist auf die Sprechweise der gegenwärtigen Zeitkritik hinzuweisen. Jede Philosophie ist metaphernpflichtig; aber welches „Bildfeld"[104] sie wählt, ist nicht selbstverständlich. Darum ist es aufschlußreich, daß die Sprache des ärztlichen Heilens die Szene beherrscht[105]: die „Diagnose" der Zeit entdeckt ihre „Krankheit" und sucht nach „Therapien"[106]; es ist von „Inkubationszeit" die Rede[107] und von „Virulenz"; auch und gerade dort, wo die Philosophie nicht zum lamentierenden Denken wird, kann sie nicht darauf verzichten, nach den „symptomatischen" Beständen Ausschau zu halten.

Damit sind nur einige Beispiele genannt. Sie mögen hinreichen, das gemeinte Phänomen in einer vorläufigen Weise zu kennzeichnen. Denn all dieses gehört zusammen; all dieses dokumentiert die Disposition der Gegenwartsphilosophie zur Rezeption gewisser in der Psychoanalyse eingesetzter Denkweisen und Denkmittel. *Philosophie und Psychoanalyse treffen einander (mindestens) beim Versuch, Denken nicht unmittelbar aus dem Denken und Gedachten zu verstehen, sondern aus seiner Geschichte, und dieses ernstzunehmen, nicht das Bewußtsein ist Fundament und Instanz des Bewußtseins, sondern seine (gegf. unbewußte) Geschichte.* Es gehört all dieses in den Zusammenhang eines *neuen Trends zum Versuch, das Denken – vor allem auch das philosophische – durch seine Genese zu definieren.* Das bedeutet und dokumentiert eine *faktische Niederlage von Husserls Psychologismuskritik.* Die phänomenologische Epoché, die gegen den naturwissenschaftlich orientierten – ersten – Psychologismus (den Versuch, die dunkel geahnte Geschichtlichkeit des Menschen am falschen Ort zu suchen) erfolgreich war, scheitert – auch beim späten Husserl und seinen Schülern selbst[108] – am vielleicht legitimen Bedürfnis der Philosophie, die menschliche und ihre eigene Geschichtlichkeit zu begreifen. Dabei kommt u. a. psychoanalytische Begrifflichkeit und Denkweise zum Zuge. Der Psychologismus kehrt wieder: er besetzt das Gebiet der Philosophie, er erobert das Feld ihrer Probleme. Diese denkwürdige Okkupation der Philosophie durch psychologische Verfahren und psychologische Begriffe kann –

im Unterschied zu dem von Husserl bekämpften ‚ersten' – der *zweite Psychologismus* genannt werden.

3. Folgerungen

Was bedeutet dieser zweite Psychologismus? Was geht vor? *Der Psychologismus kehrt wieder: das philosophische Interesse an der Genese und die Bereitschaft, der Genealogie entscheidende Bedeutung zuzusprechen, kehren wieder. Ist das eine Wiederkehr zu Recht erledigter und begrabener Irrtümer? Oder ist es eine Wiederkehr des zu Unrecht Verdrängten?*

Doch was immer es sein mag: eine Antwort wird gewiß nicht erreicht dadurch, daß man das Phänomen dieser Wiederkehr unbeachtet läßt, und ebensowenig dadurch, daß „der Einbruch" „des Psychologischen" „ins Philosophische" diskussionslos zurückgewiesen wird. Nicht schon dadurch ist ein philosophischer Ansatz disqualifiziert, daß man ihm vorwerfen kann, „psychologisch" zu sein. Daß Psychologie „nur ontisch" sei, sollte nicht nur behauptet werden. Pauschaler Hinweis auf philosophische Insuffizienz einzelwissenschaftlicher Methoden genügt nicht. Das Pochen aufs Ressort ist unfruchtbar. Die Metabasis eis allo genos ist nicht allemal ein Fehltritt. Methodendiebstähle führen oft zu Sternstunden der Wissenschaft. Und die Bastarde sind nicht selten die intelligenten und schließlich gern legitimierten Kinder der Philosophie. Die diskussionslose Zurückweisung „des Psychologischen" verläßt sich zudem im wesentlichen immer noch auf Husserls Argumente – oft ohne sie zu repetieren. Sie verläßt sich also auf die Unverändertheit der Gesprächssituation zwischen Philosophie und Psychologie. Aber da liegen Probleme. Die Gesprächssituation muß überprüft werden. Denn seither ist – in weit umfangreicherem Maße, als diese Arbeit dem bei ihrer begrenzten Zielsetzung Rechnung tragen kann – die Psychologie anders geworden[109]. Es ist zu prüfen, was es bedeutet, daß die Psychologie, an der der zweite Psychologismus sich in besonderer Weise orientiert, nicht mehr primär durch die Nähe zur Naturwissenschaft, sondern durch ihre Nähe zur geschichtlichen Frage definiert werden kann. Und auch die Philosophie ist seither anders geworden[110]. Es ist zu prüfen, was es bedeutet, daß die Philosophie seither sich ebendieser geschichtlichen Frage zugewandt hat. Daß die Gesprächssituation unverändert geblieben sei, ist alles andere als evident. Der Psychologismus verdient in der Philosophie mehr als bloße Nekrologe. Er ist nicht tot. Er ist wiedergekehrt.

Die Frage der folgenden Untersuchung entsteht angesichts dieses Phänomens. Denn es ist immer bemerkenswert und aufregend, wenn vermeintlich längst Vernichtetes und Gestorbenes noch immer lebt und da ist, und wenn es gedeiht und blüht, sei es in gleicher, sei es in modifizierter Gestalt. Es liegt dann die Frage nahe, warum das so ist und mit welchem Recht das so ist.

Wesensphilosophie und Geschichtsphilosophie

Die phänomenologische Kritik des ersten Psychologismus und ihr Votum für die Philosophie als Wesensforschung verhindert also nicht, sie gestattet vielmehr und begünstigt offenbar das Aufleben eines zweiten, eines in vielen Bezügen psychoanalytisch orientierten Psychologismus. Das Ereignis dieses Auflebens ist gemeint, wenn von der Wiederkehr des Psychologismus die Rede ist.

1. Frage

Und dieses Ereignis wird hier zum Problem. Es nötigt zu mindestens *zwei* Fragen:

1) zu einer quaestio causae, zu einer genealogischen, zu einer *Motivfrage:* wie kommt es zu diesem Ereignis? Welches sind seine Motive? Was veranlaßt, was erzwingt den zweiten Psychologismus? Wieso wird er nötig? Unter welchen Bedingungen kommt es zur Wiederkehr des Psychologismus?

2) zu einer quaestio juris, zu einer richterlichen, zu einer *Rechtsfrage:* mit welcher Berechtigung kommt der Psychologismus wieder? ist der zweite Psychologismus philosophisch zulässig? Darf Philosophie erneut zum Psychologismus werden? Ist das legitim? Mit welchem Recht wird Philosophie erneut zum Psychologismus?

Das sind die Fragen: die erste die Motivfrage, die zweite die Rechtsfrage. *Die folgende Untersuchung erörtert die Motivfrage.* Diese Frage aber scheint eine geschichtliche, eine Frage für Historiker zu sein. Eine Frage für Philosophen ist – und scheinbar allein – die Rechtsfrage. So entsteht eine Schwierigkeit. Die Untersuchung will philosophisch fragen: sie ist eine philosophische Untersuchung; ein eigenständig historisches Forschungsziel hat sie *nicht.* Gleichwohl fragt sie geschichtlich, gleichwohl verfolgt sie die Motivfrage. Ein philosophisches Unternehmen ist das offenbar nur dann, wenn die Motivfrage eine Bedeutung für die Rechtsfrage hat und wenn die Motivfrage im Blick auf diese Bedeutung erörtert wird. Die Motivfrage im Dienste der Rechtsfrage – das scheint eine philosophische Aufgabe. Aber ist sie es? Kann die Diskussion der Motivfrage der Rechtsfrage überhaupt einen nennenswerten Dienst leisten? Und welchen? Welche Bedeutung hat die Motivfrage für die Rechtsfrage? Und weil die Motivfrage allemal auf eine *genealogische* und die Rechtsfrage allemal auf eine *philosophische* Antwort hinauswill, ist diese Frage gleichbedeutend mit dieser: *welche Bedeutung hat die Genealogie für die Philosophie und ihre Aussagen?*

Es ist gut, diese Frage wenigstens kurz zu überlegen, damit das Vorhaben dem Vorwurf entgeht, nicht zu wissen, was es tut. Und es ist gut, das mit einiger Behutsamkeit zu tun: das Ensemble der akuten Antworten ist zu mustern, damit die eigene Rolle definiert werden kann. Denn das gegenwärtige philosophische Gespräch hat mehrere Einschätzungen der fraglichen Rolle hervorgebracht. Die Frage nach dieser Bedeutung – in Kierkegaards Formulierung[1] das Problem „Kann es einen geschichtlichen Ausgangspunkt geben für ein ewiges Bewußtsein; inwiefern vermag ein solcher mehr als bloß geschichtlich zu interessieren"?, d. h. das Problem, ob „der Augenblick ... entscheidende Bedeutung" habe[2], und insgesamt die Frage nach der Rolle des Geschichtlichen in der Philosophie – diese Frage ist immer noch ein Problem, im Blick auf das die Gegenwartsphilosophien sich gruppieren. Die Bedeutung oder Bedeutungslosigkeit der Geneaologie für die Philosophie hängt ab von der Abhängigkeit oder Unabhängigkeit der Wahrheit ihrer Aussagen von ihrer Genese. *Ist die Wahrheit philosophischer Aussagen abhängig oder unabhängig von ihrer Genese?* Mehrere Möglichkeiten einer Stellungnahme zu dieser Frage sind gegenwärtig im Spiel.

2. *Wesensphilosophie und Geschichtsphilosophie.*

Es kann versucht werden, diese Möglichkeiten mit Hilfe der Titel ‚Wesensphilosophie' und ‚Geschichtsphilosophie' zu sortieren und zu charakterisieren.

Wesensphilosophien. Die Philosophie, die auf – unbeschränkter oder beschränkter – *Unabhängigkeit der Wahrheit philosophischer (und anderer) Aussagen von ihrer Genese* besteht, kann ‚*Wesensphilosophie*' genannt werden. Nicht jede Wesensphilosophie ist Metaphysik, aber jede Metaphysik ist Wesensphilosophie. Denn sie intendiert Wesensaussagen d. h. sie will über das, was immer ist, etwas – und möglichst alles – sagen, was immer stimmt: *Wesensphilosophie sagt Immerstimmendes über Immerseiendes*[3]. Ihre Rede ist also (erstens) ‚Rede über...', die man versteht, wenn man versteht, ‚was' sie über ihre Sache sagt, und wenn man versteht und einsieht, daß sie es deswegen sagt, weil es wahr ist d. h. mit der Sache übereinstimmt. Und ihre Rede ist (zweitens, und darum) ‚allgemeingültige' d. h. für immer und für alle gültige d. h. in einem ausgezeichneten und strengen Sinn ‚wissenschaftliche' Rede.

Rigoros wird man eine Wesensphilosophie nennen dürfen, die daraus folgert: die Genese bzw. ihre Erforschung, die Genealogie, – also vor allem auch die Geschichte – darf *keine* Bedeutung für die Philosophie und ihre Aussagen haben. Wesensphilosophie will allgemeingültige Aussagen. Genealogie aber interpretiert diese Aussagen als ‚Vollzug einer Zugehörigkeit' d.h. begründet sie in Besonderem: damit zerstört sie mögliche Allgemeingültigkeit. So darf sie keine Bedeutung haben. Und sie hat keine: jede gegenteilige und zugleich wissenschaftswillige d.h. auf Allgemeingültigkeit zielende These setzt voraus, was sie bestreitet. Folglich ist die Genese und ihre Erforschung, die Genealogie und ihre Motivfrage, folglich auch die Geschichte ohne Bedeutung für die Wesensphilosophie. Allenfalls wird sie beiläufig und dabei besonders als Motiv für Irrtümer interessant: Geschichte hat allenfalls *irritierende* Bedeutung[4]. Mit diesen Thesen und Argumenten steht die ‚rigorose Wesensphilosophie' in der Tradition des „Essentialismus"[5].

Konziliant wird man dagegen eine Wesensphilosophie nennen dürfen, die ‚geschichtsphilosophische' Intentionen aufnimmt, weil sie sich mit dem ‚rigorosen' Ansatz nicht zufriedengibt. Sie macht ein zusätzliches Problem geltend. Wesensphilosophie sagt ihrer Absicht nach – Immerstimmendes über Immerseiendes. Aber keine Wesensphilosophie spricht über alles Immerseiende, und keine sagt über das, worüber sie spricht, alles Immerstimmende. Darum gibt es das Problem, warum sie just über das spricht, worüber sie spricht, und warum sie darüber just das Wahre sagt, das sie darüber sagt. Es ist das Problem der (wie man es nennen kann) *Entdeckungs- und Verdeckungsdeterminanten.* Diese Determinanten sind Sache der Genese: die Geschichte produziert sie, die Genealogie und ihre Motivfrage enthüllt sie. Sie haben Bedeutung, folglich hat die Genese, folglich hat die Genealogie, folglich hat die Motivfrage Bedeutung: die Geschichte hat Bedeutung für die Philosophie. Sie hat (kann man sagen) für die Philosophie die Bedeutung, die für den Einzelnen der Lehrer und sein Schicksal hat[6]: Geschichte hat *maieutische* Bedeutung[7]. Offenbar geht dieser Ansatz über den rigorosen hinaus; er assimiliert ‚geschichtsphilosophische' Intentionen: konziliante Wesensphilosophie ist – und zwar offenbar im Zusammenhang philosophischer Ansätze, die in der Tradition einer Betonung des „Seinsaktes" stehen – ‚Wesensphilosophie in Richtung auf Geschichtsphilosophie'.

Geschichtsphilosophien. Die Philosophie, die auf – unbeschränkter oder beschränkter – *Abhängigkeit der Wahrheit philosophischer (und anderer) Aussagen von ihrer Genese* besteht, kann ‚*Geschichtsphilosophie*' genannt werden. Der Titel Geschichtsphilosophie ist dabei – unter Ausklammerung anderer Bedeutungen wie z.B. ‚Ontologie der Region Geschichte' – als abkürzende Benennung für geschichtliche d.h. sich an die Geschichte bindende und mit der Geschichte als der Grundwirklichkeit befaßte Philosophie gemeint und wird in der Folge in diesem Sinne gebraucht. Geschichtsphilosophie intendiert also nicht nur Aussagen über Geschichte, sondern auch geschichtliche Aussagen: sie will so denken, daß ihr Denken ‚Vollzug einer Zugehörigkeit' ist und daß es wahr ist, wenn es die betreffende Zugehörigkeit vollzieht, und daß es unwahr ist, wenn es das nicht tut. Diese Philosophie lebt und sie versteht *sich* und sie versteht *anderes* Denken und andere Philosophien (gleichgültig, ob diese selbst sich so verstehen oder nicht) als Vollzug einer Zugehörigkeit d.h. durch Reduktion auf den Zusammenhang ihrer Genese:

durch Geneaologie, durch Erörterung von Motivfragen, also im Blick auf die Geschichte. *Geschichtsphilosophie ist Verständnis eines Zugehörigkeitsvollzugs d. h. mindestens Genealogie.* Sie begreift ein Denken – das eigene oder das andere – indem sie seine Fälligkeit oder Nötigkeit begreift; in ihrem Felde herrscht das *Nötigkeitsprinzip*, ihre Untersuchungen sind wesentlich *Nötigkeitsnachweise* – und dafür braucht sie die Motivfrage: sie enthüllt Zugehörigkeiten, sie läßt Denken und Reden, sie läßt vor allem auch philosophische Rede sehen als ‚plädierende Rede‘[8], die man versteht, wenn man ihr ‚wozu‘ versteht d. h. mindestens: wenn man sie als ‚Rede für ... gegen ...‘ durchschaut; und das gelingt, wenn man die Zugehörigkeit durchschaut, deren Vollzug sie ist; denn Zugehörigkeit – Geschichtlichsein – bedeutet Gehören zu Besonderem d. h. Sich-Unterscheiden im konkreten Sinne mindestens des ‚für‘ und ‚gegen‘ Seins[9]. Daß in diesem Sich-Unterscheiden wesentlich das Unterscheiden eines ‚vorher‘ und ‚seitdem‘ und damit der Zeit-Charakter des Geschichtlichen steckt[10], kann hier nur beiläufig angemerkt werden. Zugleich wird das Problem des Grundes d. h. möglicher *Vernünftigkeit der Zugehörigkeit* dringlich.

Rigoros wird man eine Geschichtsphilosophie nennen dürfen, die einen solchen Grund, eine solche Vernünftigkeit leugnet, die vielmehr auf der puren *Faktizität der Zugehörigkeit* besteht. Geschichtliche Zugehörigkeit ist (meint sie) eben grundsätzlich eine Zugehörigkeit, die nicht zwangsläufig (notwendig) besteht. So ist sie – nach der Deutung dieses Ansatzes – wesentlich nur „faktisch“. Diese Faktizität kann dabei verschieden gedeutet werden. Die Zugehörigkeit kann durch ‚Entscheidung‘ (Dezision) oder durch ‚Immer schon Innestehen‘[11] oder dadurch zustandekommen, daß sie einen ereilt und trifft[12] – also etwa durch ‚Begegnung‘. Zugehörigkeit d. h. Geschichtlichsein entsteht durch *Dezision*, durch Stehen in einer *konkreten Ordnung* (Tradition) oder durch (gegf. Seins-) *Geschick*[13]. So gibt es für die rigorose Geschichtsphilosophie *keine Instanz für die Zugehörigkeit als die Zugehörigkeit selbst.* Zugleich ist die Zugehörigkeit Instanz ihres und jedes Vollzugs und so auch Instanz der Philosophie und (der Wahrheit) ihrer Aussagen: es hat die Genese bzw. die Genealogie und damit die Geschichte *fundamentale* Bedeutung. Diese rigorose Geschichtsphilosophie kann *Faktizitätstheorie* genannt werden.

Konziliant wird man eine Geschichtsphilosophie nennen dürfen, die ‚wesensphilosophische‘ Intentionen aufnimmt, weil sie sich mit dem ‚rigorosen‘ Ansatz und seiner Antwort d. h. Negation jeder Antwort auf die Frage nach dem (vernünftigen) Grund der Zugehörigkeit nicht zufriedengibt. Begründet, also nicht allein „faktisch“, sondern vernünftig ist eine Zugehörigkeit, wenn ein Zusammenhang besteht und aufweisbar ist zwischen dieser Zugehörigkeit bzw. ihrem Vollzug und dem, was *alle* (Menschen) angeht. Ein solcher Zusammenhang besteht mindestens dann und vielleicht auch nur dann, wenn die betreffende Zugehörigkeit eine Zugehörigkeit ist zu einer Potenz (Besonderheit), die im Dienste dessen steht, worauf *alle* hinauswollen – sie mag dabei als Schritt, Instrument, Vermittlung, Organ usf. gedeutet werden. Das wird in irgendeinem Sinn immer darauf hinauslaufen, daß von der ‚*geschichtlichen Möglichkeit der Entgeschichtlichung*‘ die Rede ist; und erst in diesem Zusammenhang und gerade in ihm wird das Problem der „Herkunft“ (der Bewahrung des Geschichtlichseins) und „Zukunft“ (der Auflösung des Geschichtlichseins) akut[14]. Um eine solche Möglichkeit als Potenz im allgemeinen Dienste sehenzulassen, muß diese Philosophie freilich eine eigene Theorie dessen mitbringen oder ausbilden, worauf alle hinauswollen, eine Theorie (wie man sagen kann) des „Endzwecks“: des Geschichtssinnes, des Geschichtsziels – worunter hier allein das verstanden werden soll, was ermöglicht, geschichtliche Vollzüge und Ereignisse als ‚vernünftig‘, als ‚nötig‘ anzusprechen[15]. In diesem Sinn ist bereits die einfache Theorie eines „Subjekts der Geschichte“ – wenigstens implizit – eine Endzwecktheorie; ja, die einfache Unterscheidung dessen, was in der Geschichte „wesentlich“ ist und was „unwesentlich“, setzt sie voraus[16]. Freilich wird eine solche konziliante Geschichtsphilosophie leicht in die Gefahr geraten, die Zugehörigkeit auf Kosten des Endzwecks (Faktizitätstheorien) oder den Endzweck auf Kosten der jeweils konkret gegebenen Zugehörigkeit (Normatizismus, Utopismus, postulatorische Philosophie) zu denken. Beidem sein Recht zu geben – Endzweck und Zugehörigkeit, „Sollen“ und „Sein“ – : das erst macht eine Geschichtstheorie wirklich zur konzilianten Geschichtsphilosophie. Offenbar geht ihr Ansatz über den rigorosen hinaus. Er assimiliert wesensphilosophische Intentionen: konziliante Geschichtsphilosophie ist – grundsätzlich mit fortschrittstheoretischem Aspekt – ‚Geschichtsphilosophie in Richtung auf Wesensphilosophie‘.

3. Folgerungen

Vier Möglichkeiten sind also – nach Meinung dieser Überlegung – gegenwärtig im Spiel: es gibt rigorose, es gibt konziliante Wesensphilosophien; es gibt rigorose, es gibt konziliante Geschichtsphilosophien. All diese Ansätze geben der Genese bzw. Geschichte eine je andere Bedeutung für die Philosophie; sie geben damit der Motivfrage eine je andere Bedeutung für die Rechtsfrage. Die hier beabsichtigte Untersuchung aber will eine Motivfrage klären im Dienste einer Rechtsfrage: im Sinne welches dieser Ansätze versteht sie ihre Bemühung? Welche philosophische Bedeutung glaubt sie ihrer Motivforschung, ihrer genealogischen Arbeit geben zu müssen? D. h. welche philosophische Bedeutung gibt sie der Genealogie?

Welche Bedeutung hat die Genealogie für die Philosophie und ihre Aussagen? Dieses – wie man es nennen kann – ‚Genealogieproblem‘ war also hier gestellt als Frage nach dem philosophischen Sinn des genealogischen *Verfahrens* der folgenden Untersuchung. Allein: eben dieses Genealogieproblem war letztenendes auch die Frage Husserls und als diese *Gegenstand* dieser Untersuchung. So sieht sich die hier beabsichtigte Überlegung in einer merkwürdigen Lage. Sie ist nicht nur, was ihr Thema angeht, sie ist auch, was ihre eigenen Voraussetzungen anlangt, betroffen vom ‚Genealogieproblem‘: *für die folgende Untersuchung ist die Frage, die ihr*

Thema bildet, identisch mit der Frage, die über ihr Verfahren entscheidet[17]. Als ‚Thema' aber ist diese Frage – das Genealogieproblem – eine zu behandelnde, also eine wesentlich ‚unentschiedene' Frage. Einerseits: Husserls Psychologismuskritik (von der im vorangegangenen Abschnitt die Rede war) und Husserls Historizismuskritik (von der im folgenden Abschnitt die Rede sein wird) entschied ‚gegen' eine philosophische Bedeutung der Genealogie. Andererseits: die Wiederkehr des Psychologismus (die der vorangegangene Abschnitt zu skizzieren suchte) und die Wiederkehr des Historizismus (die der folgende Abschnitt zu beschreiben versuchen wird): sie zeigen, daß diese Entscheidung offenbar der Endgültigkeit noch entbehrt. Das Genealogieproblem ist augenscheinlich immer noch kontrovers, hat immer noch als unentschieden zu gelten. Was bedeutet das für die folgende Untersuchung? Offenbar dieses: *sie selber muß* – wenn anders sie ihr Problem als ‚Problem' ernstnehmen will – *unter die Bedingung dieser Unentschiedenheit treten*[18].

Demnach hängt der Frageernst der folgenden Arbeit ab von ihrer Fähigkeit, ihr eigenes genealogisch-philosophisches Verfahren unter die Bedingung der Unentschiedenheit des Genealogieproblems zu stellen; die Fruchtbarkeit aber und Wirksamkeit ihres Unternehmens hängt ab von ihrer Fähigkeit, aus der Not dieser Unentschiedenheit die Tugend einer – wenn auch noch so bescheidenen – festumrissenen philosophischen Aufgabe und eines präzisen philosophischen Verfahrens zu machen. Die folgende Arbeit fragt also durchaus ‚mit bestimmtem philosophischem Ziel' genealogisch – unter der Bedingung jener Unentschiedenheit.

Das führt sie *einerseits* zu einer – gewiß nicht unproblematischen – methodischen Enthaltsamkeit gegenüber den zuvor aufgeführten Ansätzen. Es handelt sich dabei nicht nur um Abstinenz gegenüber den ‚rigorosen' Thesen: die beabsichtigte Untersuchung vermeidet also nicht nur, die Genealogie als Verfahren zur Ausschaltung geschichtlicher Irritierungsmotive zugunsten einer Freiarbeitung zeitloser Aussagen, und sie vermeidet auch nicht nur, die Genealogie als Verfahren zur Reduktion geschichtlicher Phänomene auf eine unantastbare Grundentscheidung und -faktizität zu handhaben. Denn darüberhinaus übt sie Enthaltsamkeit auch gegenüber den ‚konzilianten' Aufträgen der Genealogie – weil und insofern sie diese beiden Aufträge (noch) nicht als ‚einen' in einer durchsichtigen Weise ‚identischen' Auftrag anzueignen vermag. So gelingt es ihr zugleich weder, das Geschichtliche als – unter gewissen Bedingungen fälligen – Beitrag zum Fundus immerstimmender Wahrheiten, noch, das Geschichtliche als – an bestimmter Geschichtsstelle fällige – Bedingung (Vermittlung) des Endzwecks zu diskutieren. Die Überlegungen der folgenden Untersuchung vollziehen sich also ohne definierte Bezugnahme auf die ‚Wahrheit': auf das im Blick auf Immerseiendes Immerstimmende oder auf den Endzweck. Damit freilich riskiert diese Arbeit ein außerordentlich schwaches und unbestimmtes Verhältnis ihrer Überlegungen zur Wahrheitsfrage; sie riskiert ein ungemein zerbrechliches Verhältnis ihrer Diskussionen zur ‚Rechtsfrage'; sie riskiert eine nur prekäre philosophische Relevanz ihrer Unternehmungen.

Darum setzt sie *andererseits* auf die These, daß der Mangel eines Bezugs auf die

Wahrheit den Bezug auf ihr Gegenteil nicht ausschließt. Etwas nicht in Bezug auf die Wahrheit besprechen – das kann immer noch heißen: es in Bezug auf die Unwahrheit diskutieren. Wo nicht in hinreichender Weise festliegt, was – hinsichtlich der Wahrheit und der Mittel, ihr Wirklichkeit zu verschaffen – das Vernünftige ist, kann doch wenigstens offenkundig sein, was das Unvernünftige ist: die via negativa hat auch und gerade für geschichtliche Fragen Bedeutung. Wo man nicht zu sagen vermag, ‚was' in der Geschichte Wahrheit hat und ‚wohin' die Geschichte vernünftigerweise will, da kann man immer noch sagen, ‚was unwahr ist' und ‚wovon sie wegwill' und die Phänomene im Blick darauf diskutieren – nicht mehr als ‚Positionen für ...', wohl aber als ‚Positionen gegen ...', als „bestimmte Negationen"[19], als nötig und zugehörig zum Vollzug einer Abwehr des Unvernünftigen, also zwar nicht mehr als ‚Wege', wohl aber als *Auswege*. Das ‚Gespräch über die Auswege' hat philosophischen Sinn; es hat nicht nur berichtende, es hat auch prüfende, hat auch richtende Kapazität. Denn das Unwahre ist das Gericht seiner selbst und der Auswege. So hat ‚das Gespräch über die Auswege' die Möglichkeit mindestens der kritischen Frage, ob oder ob nicht – bzw. inwieweit und inwieweit nicht – ein philosophischer Ansatz in jene Situation der Unwahrheit und Unvernunft zurückführe, der er gerade entgehen wollte. Indem die folgende Untersuchung bei ihren Überlegungen diese kritische Frage jeweils mitstellt, tut sie das, ‚was man philosophisch wenigstens tun kann': *sie ist eine ‚philosophische' Genealogie als die ‚immanente Prüfung von Auswegen'*[20].

Wiederkehr des Historizismus

Die Frage dieser Untersuchung erhält ihre bestimmte Richtung angesichts eines Phänomens, das *Wiederkehr des Historizismus* genannt werden kann. Was ist gemeint?

1. Erster Historizismus

Der Psychologismus ist nicht der einzige Gegner der Phänomenologie. In seinem Logosaufsatz von 1910[1] kritisiert Husserl nicht nur die „naturalistische Philosogie“d. h. den Psychologismus[2]. Er attackiert zugleich das, was er „Historizismus“ nennt[3]. Es ist zu vermuten, daß die Auseinandersetzung mit diesem Historizismus und mit der „Weltanschauungsphilosophie“[4] für Husserl dringlich wurde im Zusammenhang der seit der Dingvorlesung[5] eingeleiteten Entdeckung der Lebensweltproblematik[6]. Der Psychologismus bedroht die Philosophie primär in ihrer Eigenschaft als „strenge Wissenschaft ... die den höchsten *theoretischen* Bedürfnissen Genüge leistet“, der Historizismus bedroht sie primär in ihrer Eigenschaft als „strenge Wissenschaft ... die ... in ethisch-religiöser Hinsicht ein von reinen Vernunftnormen geregeltes *Leben* ermöglicht“[7]. So wird der Historizismus erst dann ernsthaft zum Gegner, wenn diesem Leben und seiner Welt das phänomenologische Forschungsinteresse sich zuzuwenden beginnt[8].

„Historizismus“ ist bei Husserl Titel für eine „Schwächung des philosophischen Wissenschaftstriebes“[9]. Er ist eine Folge der Philosophie Hegels – meint Husserl – und eine Folge ihres Zusammenbruchs[10]. „Wir erfassen die zu ihm hindrängenden Motive“ – schreibt er – „am leichtesten, wenn wir ... Diltheys Darstellung folgen ... ‚die Ausbildung des geschichtlichen Bewußtseins (zerstört) gründlicher noch als der Überblick über den Streit der Systeme den Glauben an die Allgemeingültigkeit irgendeiner der Philosophien, welche den Weltzusammenhang in zwingender Weise durch einen Zusammenhang von Begriffen auszusprechen unternommen haben.‘“[11]: der „Historizismus“ will die Geschichte ernstnehmen, und er tut das, indem er die Geschichtsgebundenheit der Philosophie durchschaut; die Folge ist Skeptizismus: eine allgemeingültige d. h. streng wissenschaftliche Philosophie erklärt er für unmöglich; denn jede Philosophie ist zeitgebunden. Also bleibt Philosophie möglich einzig als zeitbedingte Antwort auf die Probleme jeweils ihrer

Zeit, als Zwischenbilanz ihrer Epoche, als Zusammenfassung ihrer – und nur ihrer – Kenntnisse und Wünsche, kurz: als „Weltanschauungsphilosophie“[12]. „Die Weltanschauungsphilosophie der Neuzeit ist ... ein Kind des historizistischen Skeptizismus“[13], ein Kind der These: *jede Philosophie ist zeitgebunden; eine streng wissenschaftliche d. h. zeitlos-allgemeingültige Philosophie ist unmöglich.* Das ist die These des von Husserl so genannten „Historizismus“. Er wird im Zusammenhang dieser Untersuchung der *erste Historizismus* genannt[14].

Husserl bekämpft ihn. Denn die These dieses ersten Historizismus, die These der Zeitgebundenheit jeder Philosophie, die These der Unmöglichkeit allgemeingültiger Erkenntnis will selbst nicht zeitgebunden und will selbst allgemeingültig sein. So ist sie „widersinnig“: sie liquidiert ihre eigenen Voraussetzungen.

Dazu – meint Husserl – ist sie gezwungen. Denn „der Historizismus nimmt seine Position in der Tatsachensphäre des empirischen Geisteslebens“[15]. Das hält er zwar für seine Tugend – aber es ist sein proton pseudos. Er interpretiert Philosophie „als Kulturerscheinung“[16] d. h. als Vollzug einer Zeit-Zugehörigkeit; er bindet sie an ihre Genese: von der Geschichte soll die Philosophie und sollen ihre Aussagen abhängen. „Aber historische Gründe können nur historische Folgen aus sich hergeben“[17], keine philosophischen – also nur Tatsachen-Konsequenzen, keine prinzipiellen. „Aus Tatsachen Ideen sei es begründen oder widerlegen wollen, ist Widersinn ... Die Historie kann danach wie gegen die Möglichkeit absoluter Gültigkeiten überhaupt, so im besonderen gegen die Möglichkeit einer absoluten, d. i. wissenschaftlichen Metaphysik und sonstigen Philosophie nichts Relevantes vorbringen“[18]: der Historizismus ist im Unrecht, sein skeptisches Votum gegen die Idee allgemeingültiger Philosophie überschreitet seine Kompetenz. Dieses Argument ist eine erneute Stellungnahme Husserls gegen den Versuch, „Ideen“ bzw. „Prinzipien“ d. h. Wesensaussagen durch ihre Genese zu legitimieren oder zu diskreditieren. Mit anderen Worten: *Husserl wiederholt seinen Protest gegen den Versuch, Philosophie zur Genealogie zu machen.* Und dieser Protest richtet sich hier – im Falle der Historizismuskritik – nicht mittelbar, sondern unmittelbar gegen die enge Bindung der Philosophie an die Geschichte.

Die Philosophie – meint Husserl überdies – hat es auch gar nicht nötig, eine solche Bindung an die Geschichte einzugehen und dabei ihre strenge Wissenschaftlichkeit zu riskieren. Denn sie verfügt inzwischen auch tatsächlich über eine zureichende und gesicherte Möglichkeit, ihrer Idee zu entsprechen, strenge Wissenschaft zu sein d. h. allgemeingültige Aussagen zu machen. Diese Möglichkeit hat ihr die Phänomenologie eröffnet. Durch „phänomenologische Reduktion“[19] macht sie die Philosophie geschichtsunabhängig, entzieht sie sie ihrer Genese. Durch Verzicht auf (genealogische) Tatsachenaussagen gewinnt sie die Fähigkeit zu Prinzipienaussagen; durch Verzicht auf (historische) Empirie gewinnt sie die Kapazität für „Ideen“; durch Verzicht auf Daseinsaussagen erreicht sie die Legitimation für Wesensaussagen. Ihr Forschungsgebiet ist das Immerseiende, ihr Forschungsertrag sind immerstimmende Aussagen. Ihr Revier ist das „reine Bewußtsein“[20], die „transzendentale Subjektivität“[21]. Diese sorgsam „reduzierte“ Wesensphänomenologie ist ausschließlich Aprioriforschung, sie ist keine Tatsachenforschung, keine Daseinskunde, also wesentlich keine Genealogie. „Reine Phänomenologie als Wissenschaft kann ... *nur* Wesensforschung und gar nicht Daseinsforschung sein“[22]: *Phänomenologie ist – rigorose – Wesensphilosophie.*

2. *Zweiter Historizismus*

Aber diese Wesensphilosophie hat – an diesem Punkte ihrer Entwicklung d.h. als „klassische“, als reine Bewußtseinsphänomenologie – *den Historizismus nur widerlegt; sie hat – wenigstens zunächst – versäumt, ihm seine Wahrheit abzuwerben.*

HUSSERL. *Dabei hat sie zugleich mit Eifer und Gespür all denjenigen Motiven zur Geltung verholfen, die gerade diese Wahrheit unterstützen und dringlich machen.* Nur einiges sei genannt. Sie hat die Erforschung der „Intentionalität“ d.h. der fixierend zugreifenden Akte mit dem Idealziel der „Identifizierung“[23] auf die Analyse der Horizonterfahrung hin überschritten[24]. Sie hat die bereits in den „Logischen Untersuchungen“ virulente Frage der nicht vom Urteil her zu bestimmenden Wahrheit verfolgt und im Zusammenhang damit die Analyse der „vorprädikativen Erfahrung“ und der nicht-„apophantischen“ Urteile vorangetrieben[25]. Sie hat – anfangs im Interesse einer Klärung der Logik exakter Wissenschaft – zunächst beiläufig und dann immer intensiver die alltägliche Erfahrungswelt untersucht und das „Problem der Lebenswelt“ schließlich zum „philosophischen Universalproblem“ erhoben[26]. Sie hat sich im Blick aufs „Feld der Phänomenologie“ d.h. aufs „reine Bewußtsein“[26a] über die zögernd eingeführte Frage nach seiner „Wandelbarkeit“[27] zur Entdeckung der „transzendentalen Geschichtlichkeit“[28] vorgearbeitet. Sie hat die Konstitutionsproblematik zum Forschungspensum einer „genetischen Phänomenologie“ radikalisiert[29]. Sie hat die Theorie der „phänomenologischen Reduktionen“ immer wieder überprüft[30], hat dabei die „Wege in die transzendentale Phänomenologie“ multipliziert[31] und durch historische Einführungen in die Phänomenologie mit Hilfe einer „kritischen Ideengeschichte“ ergänzt[32]. Sie hat dabei die Konzeption eines zeitlos absoluten Anfangs der Philosophie schließlich in Frage gestellt[33] und sich an die Erarbeitung eines „radikalen Selbstverständnisses“ der Philosophie durch „eingehende historische und kritische Rückbesinnungen“ auf ihre Geschichte gemacht[34]. Sie hat die „transzendentale“ Aprioriforschung – die gegenüber der „natürlichen Einstellung“ unnaive – selbst als „naiv“ deklariert[35] und einer „apodiktischen Reduktion“ d.h. selbst einer kritischen Instanz unterworfen und damit potentiell in geschichtliche Bewegung gebracht[36]: sie hat die „Aufgabe einer Kritik der transzendentalen Erfahrung“ entdeckt, die „weitere und letzte Problematik der Phänomenologie ... die Problematik ihrer Selbstkritik“[37]. Husserls Phänomenologie – kann man sagen – verdient nicht, sie *ist* eine „Metakritik der Erkenntnistheorie“[38]; es geschieht letztenendes nicht gegen ihren Ansatz, sondern in seinem Sinne, daß ihre „Fragen über sich

Intentionalität ist nicht psychol. Determinanten des Gesagten, sondern Inhalt des Gesagten untersucht.

selbst und schließlich ihre ganze Sphäre hinaustreiben"[39] – ins Problemfeld der Geschichte. Diese Phänomenologie ist an sich und schließlich auch für sich in Bewegung – sie ist ,*Wesensphilosophie unterwegs zur Geschichtsphilosophie*'.

HUSSERLSCHULE. Die Husserlschule hat an dieser Bewegung in mannigfacher Art teilgenommen, hat sie unterstützt, hat ihr vorgearbeitet, hat sie radikalisiert, hat sie ausdrücklich gemacht[40]. Zu diesen teilnehmenden und kritisch fördernden Arbeiten gehören die Untersuchungen von Schapp und Szilasi.

Wilhelm *Szilasi* wählt die konziliante Form einer Husserl-Interpretation[41]. Er bespricht den Übergang von der „natürlichen" zur „transzendentalen Erfahrung"[42]. Vor allem aber bemüht er sich eindringlich um „die zweite Stufe phänomenologischer Forschung ... die Kritik der transzendentalen Erfahrung"[43]: das – als transzendental Erfahrendes erfahrene – „transzendentale Ego" wird der Kritik durch die „Stellungnahme" des „reinen Ego ... in bezug auf die Adäquatheit der transzendentalen Erfahrungen mit den in ihr gemeinten Zusammenhängen"[44] d. h. möglicher Revision, möglicher Veränderung unterworfen. Die transzendentale Einstellung des „transzendentalen Ego" – im Blick worauf wird über seine Angemessenheit oder Unangemessenheit[45] entschieden? Jedenfalls eines ist klar: nicht im Blick aufs einfachhin transzendentale Ego: *nicht das „Bewußtsein" ist Fundament und Instanz des Bewußtseins, sondern* – das wird bei Szilasi anvisiert[46] – *die Geschichte.*

Was Szilasi so als Fundament und Instanz des Bewußtseins im subtilen Gespräch mit Husserl und der Situation der von ihm geprägten Philosophie entwickelt, geht Wilhelm *Schapp* in methodischer d. h. reflektierter Naivität und so dem Scheine nach unmittelbar, zugleich in ausdrücklich kritischer Distanz zur „klassischen Phänomenologie" an[47]. Nicht der Blick auf „Wesen" und „Sachverhalte" erschließt uns Menschen, ihre Mitwelt und Mitdinge, sondern der Blick auf „die Geschichte", in denen sie „auftauchen" und „verstrickt" sind: nicht das „Wesen", sondern „die Geschichte steht für den Mann"[48] – „wir meinen damit, daß wir den letztmöglichen Zugang zu dem Menschen über Geschichten von ihm haben"[49]. So erklärt auch und gerade dieser Ansatz *die Geschichte zur entscheidenden Wirklichkeit.* Das Ernstmachen mit diesem Ansatz, meint Schapp, bedeute eine vierte Revolution der Denkungsart[50]. Und durch sie d. h. „vom sicheren Phänomen der Geschichten, in die wir verstrickt sind", aus kann Schapp dann auch die Frage erörtern, „was haben wir in der Zwischenzeit in dem Abendlande gemacht als Philosophen", „um in diesem Bereich den strengen Wissenschaften, ebenso, wie den Ansprüchen der sieben Weisen und ihrer Nachfolger den beschiedenen Platz aufzusuchen"[51].

Szilasi und Schapp – beide haben gemeinsame philosophische Intentionen, Schüler und Schicksale. Beide erwirkten und fördern, beide repräsentieren das, was H. Lübbe „das Ende des phänomenologischen Platonismus" genannt hat[52]. Beide haben das gemeinsame Schicksal, daß ein früh entwickelter Ansatz verhältnismäßig spät publik wird. Beide haben das gemeinsame Schicksal, daß ihre eigentliche Wirkung auf das philosophische Gespräch noch aussteht. Und beide haben die gemeinsame *Intention, die Wesensphänomenologie in Geschichtsphänomenologie zu verwandeln.*

Diese Intention verbindet sie mit den beiden früh und schnell wirksam gewordenen Ansätzen der mittelbaren Husserlschule, mit den Philosophien Max *Schelers* und Martin *Heideggers.* Die Arbeiten der sogenannten „mittleren Periode" Schelers[53] und die Dissertationsphase Heideggers[54] dokumentieren die Identifizierung beider Denker mit der Phänomenologie. Beide aber arbeiten bereits vor und dann vor allem in den zwanziger Jahren für die *Rehabilitierung des in der Wesensphänomenologie Abgewiesenen, für die – bessere – Wiederkehr des Geschichtsproblems. Ihr Thema ist die geschichtliche Fundierung des Wesensbewußtseins.* Das Bewußtsein ist das Bewußtsein des Menschen; der Mensch aber ist durch die Geschichte bestimmt. Und weil das Problem dieser Geschichte sich an den Fragen der Gesellschaft oder an denen des Einzelnen orientieren kann, führt die Ausarbeitung dieses Themas einerseits – bei Scheler – u. a. zur *Wissenssoziologie,* andererseits – bei Heidegger – zu einer als „Hermeneutik der Faktizität"[55] verstandenen Art der *Existenzphilosophie*[56]. Die parallelen Schicksale beider Ansätze – des existenz-philosophischen und des wissenssoziologischen – seien hier wenigstens andeutungsweise charakterisiert. *Mit mancherlei zeitlicher Verschiebung und Verwerfung durchläuft jeder dieser beiden Ansätze drei Stadien, ein „ontologisches", ein „typologisches"* – an der die Max-Weber-Schule, den Prinzipien ihrer Wissenschaftslehre[57] entsprechend, hervorragenden Anteil hat – *und ein „konkret-historisches".*

EXISTENZPHILOSOPHIE. Der Hinweis auf einschlägige Grundzüge des ‚existenzphilosophischen' Ansatzes kann sich an die Philosophien von Martin Heidegger und Karl Jaspers halten.

Heidegger, der bereits in seiner Scotusschrift[58] die Begründung der Kategorienlehre durch eine geschichtliche Philosophie des „lebendigen Geistes" verlangt[59], kann sich in der Folge nur deswegen weiter als Phänomenologe verstehen, weil er die Phänomenologie als „Standpunkt" und „Richtung" zugunsten ihrer Bedeutung als „Methode" und Forschungs-„Maxime"[60] und den „vulgären" zugunsten eines sogenannten „phänomenologischen Phänomenbegriffs"[61], kurz: weil er die Phänomenologie als (husserlsche) „Wirklichkeit" zugunsten der Phänomenologie als „Möglichkeit" negiert[62]. „Sein und Zeit" fragt also in einer eigenartigen Weise phänomenologisch, und zwar nach dem „Sinn von Sein"[63] d. h. nicht nur ‚was bedeutet das ‚ist'?'; sondern: was entscheidet darüber, welche Bedeutungen des ‚ist' zur Debatte stehen können und welche nicht? Das ist die Frage nach dem „Horizont des Seinsverständnisses"[64]. Ihre Behandlung führt auf die „Zeit" und zur „Auseinanderlegung des Problems der Geschichte"[65]: das ist husserlkritisch und „aus der Aneignung der Arbeit Diltheys erwachsen"[66]. Wer Sein und Seinsverständnis verstehen will, darf nicht nur „Seiendes" und nicht nur „Bewußtsein" und jedenfalls auch nicht nur „Wesen", er muß vielmehr „Dasein" und d. h. „Geschichtlichkeit" verstehen wollen. „Das Interesse, Geschichtlichkeit zu verstehen, bringt sich vor die Aufgabe einer Herausarbeitung der ‚generischen Differenz zwischen Ontischem und Historischem'"[67] d.h. der „ontologischen Differenz"[68] und d.h. der „fundamentalontologischen" Frage: warum wird das ‚ist' in der Tradition der abendländischen Metaphysik stets vom „Seienden" und nicht von der Geschichte her verstanden?[69] Mit anderen Worten: warum wird das ‚ist' „mit Rücksicht auf einen bestimmten Zeitmodus, die ‚Gegenwart', verstanden"[70] und nicht mit Rücksicht auf das Gesamtphänomen der geschichtlichen Zeit? Der neuzeitliche Übergang zur Bewußtseinsphilosophie und zuletzt zur Bewußtseinsphänomenologie ist das Symptom der Insuffizienz einer Ontologie nur vom Seienden, vom Wesen, d.h. von der isolierten und verabsolutierten Gegenwart her[71]. Für eine zureichende Ontologie bedarf es daher einer „ursprünglichen" Interpretation von Geschichte und Zeit[72]. Was aber Zeit und Geschichte sind, wird durchsichtig im Blick auf die distanzierenden und entscheidungsfordernden Phänomene wie „Sorge", „Angst", „Tod" und „Gewissensruf"[73]. Denn Zeit, denn Geschichte entspringt als Entscheidung: durch Scheidung von der Entscheidungslosigkeit des „alltäglichen" Daseins, durch „Entschlossenheit" des „alltäglichen" Daseins, durch „Entschlossenheit" mindestens zur „Dimension" der Entscheidung[74].

Ontologie, Bewußtsein, jedenfalls „das Vernünftige": es setzt also voraus „das Andere, das Nichtvernünftige"[75]: Geschichte als Dimension der Entscheidung. Dabei entsteht die Frage nach dem Inhalt der Entscheidung. Darum kümmert sich Karl *Jaspers*. Auch er geht von den entscheidungsfordernden, den „Grenzsituationen" aus, versucht aber von dorther eine Inventur der Entscheidungsmöglichkeiten. Nicht nur seine ausdrücklich als typologische Bestandsaufnahmen gemeinten Frühwerke[76], auch und gerade seine philosophischen Grundschriften[77] sind Typologien. So ist die zentrale Lehre von den „Weisen des Umgreifenden"[78] eine zur Ontologie stilisierte Inventur philosophisch-geschichtlicher Gegenwartsmöglichkeiten. Interpretieren heißt hier dechiffrieren. „Dasein", „Bewußtsein überhaupt", „Geist", „Welt", „Transzendenz": das sind keine fünf in unmittelbarer Erfassung aufgewiesenen „Ursprünge", sondern fünf fast durch Zitate deklarierte Losungen philosophischer Möglichkeiten der Gegenwart. Die biologistisch-ökonomische Philosophie des Kampfs ums „Dasein", die Wissenschaftstheorie als Selbstverständnis des – wie Kant sagte – „Bewußtseins überhaupt", die durch Hegel oder Dilthey geprägte Philosophie des „Geistes", die an der Stellung des Menschen in ihr oder an ihrem Aufbau interessierte Ontologie der „Welt", die kirchlich gebundene oder ungebundene Theologie der „Transzendenz" – sie alle und ihre Zentralbegriffe sind durch je eine Weise des Umgreifenden in der Philosophie von Jaspers vertreten[79]. Auch in ihrer existenzphilosophischen Phase, ja auch wo sie sich als „philosophische Logik" versteht, bleibt Jaspers' Philosophie eine „Psychologie der Weltanschauungen" – also Typologie[80]. „Vernunft" ist dann die Verpflichtung und Fähigkeit zur transzendierenden Distanz und „Schwebe", „Existenz" die Kraft der Bindung durch Entscheidung oder geschenkhafte Bewegung. Philosophie „ist nicht Anweisung zu einem Verhalten"[81], aber sie klärt Möglichkeiten und setzt den Einzelnen sich selbst und der Geschichte aus.

Wer sagt: die Wirklichkeit des Bewußtseins ist der Mensch, das Wesen des Menschen aber ist die Geschichte – der sagt, radikal gewendet: es ist unwesentlich, den Tatbestand, daß die Geschichte sein Wesen ist, es ist wesentlich, die Geschichte darzulegen. Es darf nicht bei der bloßen Einsicht in die ontologische Bedeutsamkeit der Geschichte bleiben, es muß vielmehr dazu kommen, daß diese Geschichte selbst begriffen und bestanden wird. Das ist die Konsequenz der bisherigen Thesen – sie wurde und wird unter dem sehr mißverständlichen Titel „Kehre" diskutiert[82]. Die Ontologie menschlicher Geschichtlichkeit und die Inventur der Gegenwartsmöglichkeiten – beide lassen gewissermaßen das eigentliche Geschäft der Geschichtsphilosophie ‚wegen Eröffnung geschlossen', wenn auch der Inventurversuch es wenigstens zur Besichtigung freigibt. Beide sind ‚ungeschichtliche Weisen des Geschichtsdenkens'. Diese relative Ungeschichtlichkeit seines eigenen Frühwerks und der Bemühungen von Jaspers überwindet der *späte Heidegger:* das geschichtliche „Denken" wird für ihn zum Bericht der „Seinsgeschichte" und all jener „ontologischen Grundstellungen", die „schickend" das „Sein" sich „verbirgt" und „entbirgt"[83]. Philosophie wird zum „andenkenden" Denken an das „Sein" als das „Schickende" der Geschichte. Aber dieses Denken auf Kredit und zugunsten des Seins verwirklicht sich nicht als Denken des Seins, sondern primär als Kritik des metaphysisch-„seinsvergessenen" „Vorstellens" d. h. als Entlarvung und Explikation des „Nihilismus" der „Metaphysik"[84]. Das Dienstverhältnis zwischen dem „Worumwillen" dieser Philosophie und ihrer kritischen Anstrengungen kehrt sich um: die Kritik bleibt nicht das reine Mittel im Dienste des Seins – fast ist umgekehrt das Sein in den Dienst der Metaphysikkritik geraten[85]. Das ist eine Art *ontologischer Mißweisung:* das „Sein" ist der echte, aber die „Seinsvergessenheit" ist der magnetische Pol des Begreifens. Je ferner das Sein, desto mehr Kritik: zur „Dürftigkeit" und „Vorläufigkeit" dieses Seinsdenkens[86] gehört die Schärfung des Blicks für das Ausbrechen aus der Problematik der Geschichte. Statt die Geschichte zu begreifen und bestehen, entlarvt es die, die es ebenfalls nicht tun[87].

SOZIOLOGIE. Der Hinweis auf einschlägige Grundzüge des soziologischen bzw. wissenssoziologischen Ansatzes kann sich an die Philosophien von Max Scheler, von Karl Mannheim und von Theodor W. Adorno halten.
Scheler, der bereits in seinem Formalismusbuch die „Person" als „überbewußtes Sein" interpretiert und damit ein Präzedenzphänomen entdeckt hat, vor dem das gegenständliche Denken versagt[88], konzediert in der Folge – im Blick auf andere Zusammenhänge – ein Mitbestimmungsrecht der Geschichte: „eine absolute geschichtliche Konstanz ‚menschlicher' Vernunftformen und -prinzipien, die der größte Teil aller bisherigen Erkenntnistheorie als unwandelbaren Gegenstand ihrer Forschung naiv vorausgesetzt hat, ist ... ein Idol"[89]. In der Wandelbarkeit der Vernunftformen – meint er – bekundet sich die Geschichtsbestimmtheit des Menschen. „Eine ‚konstante' Vernunftorganisation ... gibt es ... keineswegs; sie unterliegt vielmehr dem geschichtlichen Wandel"[90] – und für diesen Wandel sind in einer entscheidenden Weise die „Realfaktoren" verantwortlich. Ihre Bedeutung

muß erkannt und in Bezug auf das Menschenwesen und den Geist richtig eingeschätzt werden. Weder ist – wie die „klassische" Theorie es meinte – der Geist unabhängig von ihnen, noch – wie die „negative Theorie des Geistes" es meint – ableitbar aus ihnen[91]. Aber sie haben das Mitbestimmungsrecht, die Mitbestimmungsmacht: ihnen fällt die Aufgabe der „Realisierung" des „von Haus aus" „ohnmächtigen" Geistes zu[92]. Damit ist eine beschränkte Bedeutung seiner ‚Genese' für den Geist zugestanden. Diese Genese, die geschichtlichen Realfaktoren werden – unter anderem – in der „Wissenssoziologie" erforscht, so „daß sie die ganze Fülle des ... menschlichen ... Lebensinhaltes ... analysiert und deskriptiv wie kausal ausschließlich nach seiner *tatsächlichen* ... Determiniertheit durch die zeitlich sukzessiven und gleichzeitigen Verbindungs- und Beziehungsformen erforscht, die zwischen Menschen ... bestehen, das heißt also in einer solchen Art, die in keiner Weise in das ‚Bewußtsein von etwas' der beteiligten Menschen zu fallen braucht"[93]. Schelers Anthropologie[94] erkennt und seine Wissenssoziologie zeigt konkret: Menschsein ist Mitbestimmtsein durch Geschichte. Und nicht nur, aber in einem entscheidenden Sinne im Blick auf dieses geschichtliche Sein wird Schelers Satz verständlich: „Ja, in letzter Linie gilt für uns durchaus der Satz von Karl Marx, daß es das Sein des Menschen sei (freilich nicht nur ihr ökonomisches, ‚materielles' Sein, wie Marx gleich mitsetzt), nach dem sich auch all ihr mögliches ‚Bewußtsein', ‚Wissen', ihre Verstehens- und Erlebnisgrenzen richten"[95].

Die Geschichte ist die Wirklichkeit des Bewußtseins. Es kommt also darauf an, zu sehen, „wie Menschen wirklich denken"[96]; und wie sie wirklich denken, das richtet sich nach dem „Standort", dem „gesellschaftlichen Ursprung" des Denkens[97]: es sind die „Sozialprozesse, die den Erkenntnisprozeß lenken"[98]. Mit dieser „Lehre von der ... ‚Seinsverbundenheit' des Wissens"[99] radikalisiert Karl *Mannheim* Schelers Ansatz[100]. Er besteht auf Geltungsrelevanz der Genese[101] – auf philosophischer Relevanz einer soziologischen Genealogie. „Mit der zum Apriori erhobenen Feststellung, daß aus der Tatsachenwelt nichts aufsteigen könne, was geltungsrelevant wäre, sperrt man sich vor der Beobachtung, daß ursprünglich dieses Apriori selbst eine ... Hypostasierung eines Faktizitätszusammenhanges gewesen ist, das an einem bestimmten Typus von Aussagen" – „am exakt-naturwissenschaftlichen Denkparadigma"[102] – „abgelesen wurde ... aber von hier aus ... zum noologisch-erkenntnistheoretischen Axiom erhoben wurde"[103]. So drängt die Wissenssoziologie zur „Revision der These, daß die Genesis unter allen Umständen geltungsirrelevant sei"[104]. Es kommt vielmehr gerade darauf an, das Denken als Zugehörigkeitsvollzug zu durchschauen d. h. zu „relationieren" und zu „partikularisieren"[105]. Nur so erblickt man die im wirklichen Spiele befindlichen Möglichkeiten des Denkens (etwa: konservatives, liberales, sozialistisches Denken und dgl.) und kann sie sortieren. Mannheims Ansatz ist offensichtlich bewegt durch den Impuls des Übersichtgewinnenwollens[106] – er ist das Prolegomenon eines Inventurversuchs, dessen eigene geschichtliche Rolle präzis zu bestimmen allerdings sogar für Mannheim selbst mit Schwierigkeiten verbunden ist[107].

Wer sagt: die Wirklichkeit des Bewußtseins ist der Mensch, das Wesen des

Menschen aber ist die Geschichte – der sagt, radikal gewendet: es ist unwesentlich, den Tatbestand, daß die Geschichte sein Wesen ist, es ist wesentlich, die Geschichte darzulegen. Es darf nicht bei der bloßen Einsicht in die ontologische Bedeutsamkeit der Geschichte bleiben, es muß vielmehr dazu kommen, daß diese Geschichte selbst begriffen und bestanden wird. Das ist die Konsequenz der bisherigen Thesen – ihr Vollzug hat mancherlei Ähnlichkeit mit der sogenannten „Kehre" Heideggers[108]. Die (anthropologisch-wissenssoziologische) Theorie menschlicher Geschichtlichkeit und die Inventur der Gegenwartsmöglichkeiten – beide lassen gewissermaßen das eigentliche Geschäft der Geschichtsphilosophie ‚wegen Eröffnung geschlossen', wenn auch der Inventurversuch es wenigstens zur Besichtigung freigibt. Beide sind ‚ungeschichtliche Weisen des Geschichtsdenkens'. Das macht Theodor *W. Adorno* geltend[109]. Er bestimmt Philosophie als Repressionskritik, als Kampf fürs Subjektseinkönnen des Menschen d. h. für seine Möglichkeit, „ohne Angst anders (zu) sein"[110] – gegen den Rückfall der Befreiungsbewegung der „Aufklärung", an der dieses Subjektseinkönnen hängt, in Natur, Mythologie und Barbarei[111]. Geschichtlich wird das Geschichtsdenken erst dort, wo die Überwindung des ungeschichtlichen Denkens zur Entfremdungskritik, zur Herrschaftskritik wird – wo sie die Geschichte als Kampf-Prozeß des (sozialen) Seins, das sich Identität von Denken und Sein („Aufklärung") leisten will, gegen das Sein, das das nicht kann – wo sie die Geschichte als diesen Kampf nicht nur *weiß*, sondern *führt* und dadurch ihre „Dialektik" besteht. Aber diese Philosophie zugunsten des heilen Lebens verwirklicht sich nicht als Theorie des heilen Lebens, sondern einzig als Kritik des unheilen. Das Dienstverhältnis zwischen Geschichtsziel und Kritik kehrt sich um: die Kritik ist nicht mehr Instrument fürs Ziel, das Ziel ist Instrument der Kritik geworden[112]. Diese Inversion der Kritikfunktion ist eine Art *ontologischer Mißweisung:* das heile Leben ist der echte, aber das „beschädigte" ist der magnetische Pol des Begreifens. Je weniger Ziel, desto mehr Kritik: zur unbestimmt werdenden Geschichtszieltheorie, zur unsicher werdenden Theorie seiner Mittel gehört die Schärfung des Blicks für das Ausbrechen aus der Problematik der Geschichte. Statt die Geschichte zu begreifen und zu bestehen, entlarvt er die, die es ebenfalls nicht tun[113].

Resultat. So weit sei die Analyse geführt. Sie hat nur einige der symptomatischen Ansätze berücksichtigt. Dies ist das Ergebnis: *Husserls ageschichtliche Phänomenologie schlägt um in den Versuch der Geschichtsphilosophie.* Was zeigt sich daran? Offenbar dieses: der „Historizismus" kehrt wieder. Freilich tut er das nicht in unveränderter Gestalt. War der Historizismus Diltheys ‚ästhetisch' orientiert, so ist es der wiederkehrende ‚existenziell' oder ‚politisch'. *Der „Historizismus" kehrt wieder mindestens in der Doppelform der Existenzphilosophie und der philosophischen Soziologie, und er erreicht seine repräsentative Gestalt nicht im ‚ontologischen' und nicht im ‚typologischen', sondern im ‚konkret-historischen' Stadium.* Der Historizismus kehrt wieder. Er besetzt das Gebiet der Philosophie, er erobert das Feld ihrer Probleme. Diese denkwürdige Okkupation der Philosophie durch

Geschichtsfragen, durch genealogische Probleme, und die Verwandlung der Philosophie zur Geschichtsphilosophie kann – im Unterschied zu dem von Husserl bekämpften ‚ersten' – der *zweite Historizismus* genannt werden.

Anthropologie. Zu dieser Neuzuwendung zur Geschichtsphilosophie gehört nun aber – scheint es – zugleich so etwas wie eine immanente Unzufriedenheit. Es gehört zu ihr eine Reaktion auf sie selber dadurch, daß in einer charakteristischen Weise gegenüber dem Geschichtlichen das „Natürliche" geltend gemacht wird, ohne daß dies eine Rückkehr zur wesensphilosophisch-wesensphänomenologischen Position bedeutete. Es ist nicht Aufgabe dieser Arbeit, das im Detail zu analysieren; immerhin aber gehört ein Hinweis auf diesen eigenartigen Bedeutungsaufschwung des ‚Natürlichen' innerhalb eines allgemeinen Klimas der Schätzung des ‚Geschichtlichen' zu ihrem Thema: denn daß gleichzeitig mit dem ‚zweiten Historizismus' und geradezu ‚innerhalb' seiner Neuzuwendung zur Geschichte Positionen entstehen, die das ‚Natürliche' betonen – der Hinweis darauf ist selbst noch eine Aussage über den zweiten, den wiederkehrenden Historizismus. Er ist das in einer besonders nachhaltigen Weise deswegen, weil dieser Zug zum ‚Natürlichen' sich sowohl innerhalb des ‚existenzphilosophischen' (S. 33f.) als auch innerhalb des ‚soziologischen' (S. 35f.) Ansatzes meldet.

Repräsentativ für den Zug zum ‚Natürlichen' innerhalb der *existenzphilosophischen* Wende zur Geschichte sind die Fragen und Thesen von Karl *Löwith* und Gerhard *Krüger*. Beide partizipieren am Geschichtlichkeitsdenken der Heideggerschule[114] und zugleich an dem einer dialektisch-personalistisch gewendeten Theologie[115]. Aber: „bestimmt sich das Sein und der ‚Sinn' der Geschichte überhaupt aus ihr selbst, und wenn nicht woraus dann?" – fragt Löwith schon 1939[116]; und er konstatiert: „Das Wissen um die Natur des Menschen hat sich in unserer Zeit in das Verstehen seiner Existenz verlegt. Die Überzeugung von einer immer gleichen Natur des Menschen gilt dem modernen, historisch-gebildeten und geschichtlichen Denken als ein unzeitgemäßer Rückfall in einen längst überwundenen Naturalismus"[117]. Doch hegt Löwith den Verdacht: der Ausgang von der Geschichte ist ein „moderne(s) Vorurteil"[118]. Zur Genese dieses „Vorurteils" gibt er zwei Thesen. Erstens: „Der letzte historische Grund für diesen Ausgang (sc. von der Geschichte) liegt aber darin, daß sie (sc. die Geschichtsphilosophien) alle noch innerhalb der biblischen Tradition stehen"[119]. Zweitens: „Der Glaube an die Geschichte ist ein Ergebnis unserer Entfremdung von der natürlichen Kosmotheologie des Altertums und von der übernatürlichen Theologie des Christentums, die beide der Geschichte einen Rahmen gaben und einen nicht-geschichtlichen Horizont der Erfahrung und des Verständnisses. Erst der Verlust dieser Begrenzung und Begründung der Geschichte in der klassischen Kosmologie und in der christlichen Theologie hat die Geschichte zu jener absoluten Relevanz erhoben, die wir nun wie etwas Selbstverständliches hinnehmen, obwohl sie das Allerfragwürdigste ist. Denn was könnte fragwürdiger sein als die moderne Voraussetzung, daß die Geschichte *die* Dimension der menschlichen Existenz ist, wobei man von der ganzen natürlichen Welt, dem physischen Kosmos absieht“[121]. Dieser These Löwiths sekundiert Krüger durch die Frage: „ist es wirklich wahr, was man heute ... immer selbstverständlicher findet: daß der Mensch von Grund auf geschichtlich lebt?“[122]; und er antwortet: nein. Die Geschichte ist weder das „dringendste“ noch das „umfassendste Problem“ des Menchen[123]: „Wichtiger als die Frage, was kommen wird und gekommen ist, ist auch heute die Frage ... was immer ist“[124]; denn der „Mensch kann nicht Mensch sein, ohne irgend eine Ewigkeit, wo immer er sie suchen mag“[125]. „Weder“ – sagt Löwith – „sind Welt und Weltgeschichte einander gleichgestellt, noch ist der von Natur aus lebende Mensch einfachhin eine geschichtliche Existenz. Wer wirklich, und nicht nur dem Worte nach, das Seiende im Ganzen bedenkt, wie es die Philosophie seit jeher beansprucht hat, der kann die Welt nicht auf Weltgeschichte einengen, ohne sein Thema zu verfehlen“[126]: er muß vielmehr „die Frage nach der Natur des Menschen innerhalb der natürlichen Welt“[127] stellen.

Es kommt hier nicht darauf an, Löwiths und Krügers Thesen einem bestimmten – von ihnen gewiß als zu eng empfundenen – philosophischen Intentionen- und Disziplinennamen zu unterwerfen. Gleichwohl ist es nicht unwesentlich, daß beide – Löwith wie Krüger – ihre Suche nach der über der Geschichte vergessenen Natürlichkeit des Menschen im Zusammenhang eines besonderen Interesses für *Anthropologie* begonnen haben. Ihre Habilitationsschriften sind nicht die einzigen, aber sie sind gewichtige und aufschlußreiche Belege dafür: Löwiths im Ausgang von Feuerbach gestellte Frage nach dem Individuum in der Rolle des Mitmenschen[128] ist nicht weniger ein Zeugnis dafür wie Krügers Votum für Kants „anthropologische“ Wendung der Frage nach „der menschlichen Natur“ und ihrer Geschichtsüberlegenheit[129]. Überhaupt ist – das zeigt sich auch an den einschlägigen Arbeiten Bollnows[130], Staigers[131] und Binswangers[132] – *innerhalb des Geschichtsdenkens der Heideggerschule das* – von Heidegger selbst unerwünschte[133] – *„anthropologische“ Interesse so etwas wie ein Ausfalltor aus der Geschichte zum philosophischen Wege temperierter Beachtung der ‚Natürlichkeitscharaktere‘ des Menschendaseins.* Die Thesen des späteren Löwith und des späteren Krüger sind nur Verstärkungen, Radikalisierungen dieser „anthropologischen“ Tendenz zum ‚Natürlichen‘.

Repräsentativ für den Zug zum ‚Natürlichen‘ innerhalb der *soziologischen* Wende zur Geschichte ist die – besonders in letzter Zeit philosophisch attraktiv gewordene – Theorie des „Menschen“ von Arnold *Gehlen,* die sich ausdrücklich und betont als *Anthropologie* versteht[134]. Sie nimmt – darauf wurde schon hingedeutet[135] und es gibt da Berührungspunkte mit Thesen *Plessners*[136] – aus dem metaphysisch-anthropologischen Ansatze *Schelers*[137] jene Züge auf, die den Menschen als biologisch mangelhaftes Wesen kennzeichnen[138]. Dabei wird für Gehlen die menschliche „Weltoffenheit“ zunächt nur als Indiz für physische Bedrohtheit des Menschen wichtig[139]. Der Mensch hat seine biologische „Sonderstellung“[140] als „Mängelwesen“[141]: seine physische Defektverfassung zwingt und sein „Antriebsüberschuß“[142] befähigt dazu, „daß der Mensch sich entlasten, d.h. die Mängelbedingungen seiner Existenz eigentätig in Chancen seiner Lebensfristung umarbeiten muß und kann[143]. Unterm Druck der „Frage: wie ist dieses mit jedem Tier wesentlich unvergleichbare Wesen lebensfähig?“[144] müssen sich alle menschlichen Leistungen dem „Entlastungsprinzip[145] unterwerfen und als Beiträge zu „Entlastungssystemen“ d.h. wesentlich als „Handlungen“ und Maßnahmen der „Zucht“[146] ausweisen – auch der „Geist“[147], wenn er nicht „unwirklicher Geist“ sein und dadurch sich selber diskreditieren will[148]. Dieser Ansatz erlaubt Gehlen, die Kultur insgesamt als Kompensat der physischen Bedrohtheit des Menschen zu deuten[148a]. Entsprechend wird im Blick auf den physisch am meisten bedrohten, den „Urmenschen“, das, was Kultur, was „Institutionen“ sind und somit auch das, was „Spätkultur“ ist, am eindringlichsten verständlich[149]. Die ganze Geschichte und alles, was an sozialen Leistungen zu ihr gehört, wird für Gehlen durchsichtig als Antwort des Menschen auf die Belastungslage seiner mangelhaften Physis: die Geschichte wird nicht ‚innergeschichtlich‘, sondern im Blick auf ‚Natur‘ verstanden[149a]: *zu Gehlens „Anthropologie“ gehört, daß nicht die Geschichte, sondern die ‚Natur‘ sagt, was die Geschichte ist.* Zu diesem Ansatz gehört eine beträchtliche soziologische Forschungsenergie[150] und beiläufig auch die merkwürdige Fähigkeit, gewesene Fichteforscher und Schellingdeuter unter ihrem Banner zu versammeln und – wenigstens vorübergehend – festzuhalten[151].

Diese beiden Hinweise – auf den Zug zum Natürlichen innerhalb der ‚existenzphilosophischen‘ und der ‚soziologischen‘ Wende zur Geschichte – haben die Beziehungen der erwähnten Ansätze zur *Anthropologie* besonders betont. Nun kann „Anthropologie“ ohne jeden Zweifel in nüchtern-sachlicher Weise ein ganz und gar unemphatischer Disziplinentitel sein – etwa der für eine (medizinische, biologische, ethnologische etc.) „empirische“ Tatsachendisziplin und der für jene „philosophische“ Diziplin, die nach dem „Wesen“ des Menschen fragt. Im hier analysierten Falle aber liegt das anders. „Anthropologie“ ist hier nicht nur die Bezeichnung für eine philosophische Disziplin, sondern darüberhinaus eine emphatische philosophische Losung. Für sie bezeichnet „Anthropologie“ das fällige philosophische Zentralthema: „Anthropologie“ wird zum Synonym für Philosophie überhaupt. Das hat es nicht immer gegeben. Allerdings gibt es das zugleich gegenwärtig nicht zum ersten Mal. Eine *erste* Konjunktur der „Anthropologie“ gab es – unmittelbar nach Hegel, nämlich bei *Feuerbach* und anderen[153] – dort, wo es nötig schien, das philosophische Wirklichkeitsverständnis der ‚Theologie‘ zu entreißen: „Anthropologie“ insistierte emphatisch auf einem nicht-theologischen Verständnis der Menschenwelt. Dieser anti-theologische Impuls der Anthropologie ist für ihre gegenwärtige *zweite* Konjunktur weitgehend unerheblich geworden. Die gegenwärtige „Anthropologie“ entzündet sich nicht mehr am Gegensatz zur ‚Theologie‘[154]; sondern: *‚Anthropologie‘ ist gegenwärtig die Losung jener Philosophien, die innerhalb der Wende zur Geschichte und im Gegenzug zu ihrer philosophischen Prävalenz die menschliche und weltliche ‚Natürlichkeit‘ zur Geltung bringen wollen,* und zwar ohne dabei im traditionellen Sinne Metaphysik und Wesensphilosophie zu werden[155] und ohne das Interesse an den geschichtlichen

Tatbeständen preiszugeben. *‚Anthropologie' ist demnach die Losung einer Distanzierung der Wende zur Geschichte von sich selbst, der Kampfruf einer bestimmten Art des ‚Geschichtsfernwerdens' des philosophischen Geschichtsdenkens.* Darum ist die Konjunktur der „Anthropologie" ein Symptom für die Lage dieses Geschichtsdenkens. Es hat offenbar hinreichend Mißtrauen in die Wesensphilosophie, um der Geschichtsphilosophie sich zuzuwenden, aber zugleich auch hinreichend Mißtrauen in die Geschichtsphilosophie, um von ihr sich zu distanzieren und auf Natur zu rekurrieren. Das ist eine Struktur, der diese Arbeit wiederbegegnen wird[156]. Offenbar ist die Tatsache einer nicht geringen Anziehungskraft der „Anthropologien"[157] Anzeichen zugleich für das Ausmaß des – teilweise nur geheimen – gegenwärtigen philosophischen Bedarfs an Kategorien und theoretischen Elementen, die ‚Geschichtsdenken' mit ‚Naturdenken' zu verbinden in der Lage sind.

Diese (parenthetische) Zwischen-Betrachtung über den gegenwärtigen Trend der Philosophie zur „Anthropologie" ist hier nicht als Aussage über die „Anthropologie", sondern als Aussage über den zweiten, den wiederkehrenden Historizismus wichtig. Sie zeigt: wo die nach-phänomenologisch neuentwickelte ‚Geschichtsphilosophie' Bedenken trägt, „die Vernunft in der Geschichte"[158] zu erkennen und ebendarum das ‚Wesen' und ‚Immerseiende' in ihr vermißt oder verwirft, ist sie geneigt, auf die ‚Natur' in ihr zu achten. Diese symptomatische Neigung zu vollstrecken ist die Funktion der „Anthropologie" innerhalb des wiederkehrenden Historizismus. *Nur* in diesem Zusammenhang steht sie hier zur Debatte. Der Hinweis auf die „Anthropologie" und ihre Funktion hat im Zuge der Überlegungen dieses Abschnitts einzig die Bedeutung einer weiteren – einer indirekten – Aussage über die ‚Wiederkehr des Historizismus'. *Zur ‚Wiederkehr des Historizismus' gehört eine „anthropologisch"-natürlichkeitszielige Abkehr vom ‚Historizismus'.*

3. Folgerungen

Die Tatsache des gegenwärtigen Aufschwungs der Anthropologie gehört also zum ‚zweiten Historizismus' – als Phänomen eines Verlustes seiner Identität mit sich selbst. Was bedeutet das? Und was bedeutet dieser ‚zweite Historizismus' selber? Was geht vor? *Der Historizismus kehrt wieder, d. h. das philosophische Interesse an der ‚Genese' und die Bereitschaft, der Genealogie entscheidende philosophische Bedeutung zuzusprechen: sie kehren wieder. Ist das eine Wiederkehr zu Recht erledigter und begrabener Irrtümer? Oder eine Wiederkehr des zu Unrecht Verdrängten?*

Was immer es ist: die phänomenologische Kritik des ersten Historizismus und ihr Votum für die Philosophie als Wesensforschung verhindert augenscheinlich nicht, sie gestattet vielmehr und begünstigt offenbar das Aufleben eines zweiten, eines geschichtsphilosophisch orientierten Historizismus[159]. Das Ereignis dieses

Auflebens ist gemeint, wenn von der Wiederkehr des Historizismus die Rede ist. Und auch dieses Ereignis muß zum Problem werden. Freilich: dieses Problem ist nicht eigentlich das dieser Untersuchung. Sie läßt es beiseite, sie klammert es weitgehend aus. Sie diskutiert nicht, sie konstatiert nur die Wiederkehr des Historizismus.

Doch seien fünf wichtige Züge dieses Ereignissses noch einmal eigens betont, fünf Tatbestände, die zugleich die Zwiespältigkeit der Historizismuswiederkehr, die Ambivalenzen der Ablösung und vielleicht gar Verdrängung der Wesensphilosophie durch Geschichtsphilosophie dokumentieren. Da ist erstens der Vorgang der Historizismuswiederkehr selbst. Da ist zweitens die nur gedämpfte Neigung, die Wesensfrage zugunsten der Geschichtsfrage zu verlassen, der nur zögernde Abschied von der Wesensforschung, so daß zunächst einzig die Betonung fundamentaler Bedeutung der Geschichte für das ‚Wesen' des Menschen und eine Theorie des ‚Wesens' der Geschichte, also einzig eine Philosophie der ‚Geschichtlichkeit' zustandekommt[160]. Da ist drittens die Abneigung, die Wesensfrage ins Terrain der Geschichtsfrage mitzunehmen, die Unbereitschaft oder gar Unfähigkeit des wiederkehrenden Historizismus zu einer Theorie des Geschichtsziels, des Endzwecks[161]. Da ist viertens – als Zwischenspiel – der vorsichtige Versuch des Auswegs in die Typologie[162]. Und da ist fünftens das Phänomen der „Anthropologie": der massive Versuch eines Auswegs durch Wende zur Natur[163]. *Der erste der genannten Tatbestände bringt den Anspruch des Geschichtsproblems zur Geltung; der zweite bezeugt die Persistenz des Anspruchs der Wesensfrage: der dritte dokumentiert die Schwierigkeit, ihn auf dem Boden der gegenwärtigen Geschichtsphilosophie zu befriedigen[165]; der vierte und fünfte manifestiert die Nötigung zu einer Suche nach Auswegen.* All das ist nicht unerheblich für die weitere Untersuchung.

Problem

Parallel zur Wiederkehr des Psychologismus läuft also eine Wiederkehr des Historizismus. Oder besser umgekehrt: parallel zur Wiederkehr des Historizismus läuft die Wiederkehr des Psychologismus. Was bedeutet das? Was bedeutet es im Zusammenhang des Problems dieser Arbeit, d. h. im Zusammenhang der Frage ‚unter welchen Bedingungen kommt es zur Wiederkehr des Psychologismus?'. Es bedeutet – und das wird an dieser Stelle durchaus nur als Arbeitshypothese formuliert – es bedeutet wohl mindestens dreierlei.

1. Zweiter Psychologismus als Geschichtsphilosophie

Die Psychologismuswiederkehr ist ein Seitenphänomen der Historizismuswiederkehr. *Wiederkehr des Historizismus und Wiederkehr des Psychologismus gehören zusammen.* Der entscheidende sachliche Beleg dafür ist dieser: beide Bewegungen – zweiter Historizismus und zweiter Psychologismus – wiederholen und wiederbeleben die Überzeugung, daß die Genese entscheidende Bedeutung für das Bewußtsein und das Wesen, daß die Genealogie entscheidende Bedeutung für die Philosophie und ihre Aussagen hat. Das ist der sachliche Grund ihrer Zusammengehörigkeit. Wiederkehr des Historizismus und Wiederkehr des Psychologismus gehören zusammen.

Dafür gibt es zusätzliche Indizien. Prominente ‚Vertreter' und prominente ‚Kritiker' beider Bewegungen bezeugen in gewissem Maße ihre Zusammengehörigkeit. Als ‚Kritiker' sei der späte *Husserl* zitiert. In einem Berliner Vortrag nimmt er 1931 zur Wiederkehr des Historizismus – gemeint, wenn auch nicht genannt, ist Heidegger – Stellung und kritisiert sie als Rückfall in den Psychologismus[1]. Er deutet sie als „Hinwendung zu einer philosophischen Anthropologie"[2]. „Wilhelm Diltheys Lebensphilosophie, eine Anthropologie neuartiger Gestalt, übt jetzt eine starke Wirkung aus"[3]. „Eine völlige Umkehrung der prinzipiellen Stellungnahme wird ... vollzogen. Während die ursprüngliche Phänomenologie ... jeder wie immer gearteten Wissenschaft vom Menschen die Beteiligung an der Fundamentierung der Philosophie versagt und alle darauf bezüglichen Versuche als Anthropologismus und Psychologismus bekämpft, soll jetzt das strikte Gegenteil gelten: die phänomenologische Philosophie soll völlig neu vom menschlichen Dasein her aufgebaut werden. In diesem Streit kehren in modernisierter Gestalt die alten Gegensätze" – zwischen Phänomenologie und den „anthropologistischen (oder psychologistischen)" „Richtungen"[4] – „zurück"[5]. Und bereits 1930 schreibt Husserl[6] von den „Gegenströmungen der Gegenwart", die „an die ursprünglich-konkrete, die praktisch-tätige Subjektivität und an die Probleme der sogenannten ‚Existenz'" besser herankommen wollen als die Phänomenologie[7]: „Sie beruhen alle auf Mißverständnissen und letztlich darauf, daß man meine Phänomenologie auf das Niveau zurück deutet, das zu überwinden ihren ganzen Sinn ausmacht ... daß man ... in einer, sei es empiristischen oder apriorischen, Anthropologie steckenbleibt ... die für Philosophie anzusehen ein Verfallen in den ‚transzendentalen Anthropologismus' bzw. ‚Psychologismus' bedeutet"[8]. Als ‚Vertreter' sei zunächst *Scheler* zitiert. Scheler, der seine geschichtlich-wissenssoziologischen Überlegungen zugunsten seiner Anthropologie vorantreibt[9], entwickelt sie im Zusammenhang einer von Freud nicht unbeeinflußten Geist-und-Drang-Philosophie[10] und schreibt: „der Kundige (wird) das enge Band bemerken, das den Verfasser (sc. des Werkes ‚Die Wissensformen und die Gesellschaft') mit den Arbeiten seiner medizinischen Freunde aus der jugendkräftig emporstrebenden Psychopathologie verbindet"[11]. Und als ein weiterer ‚Vertreter': auch *Heidegger* glaubt sich in gewisser Hinsicht mit dem Psychologismus einig. „Sein und Zeit" protestiert gegen die „ontologisch ungeklärte Trennung des Realen und Idealen ... (I)st mit Rücksicht auf das ‚wirkliche' Urteilen des Geurteilten die Trennung von realem Vollzug und idealem Gehalt überhaupt berechtigt? Wird die Wirklichkeit des Erkennens und Urteilens nicht in zwei Seinsweisen und ‚Schichten' auseinandergebrochen, deren Zusammenstückung die Seinsart des Erkennens nie trifft? Hat der Psychologismus darin nicht recht, daß er sich gegen diese Trennung sperrt...?"[12]. Und schließlich – ebenfalls als ‚Vertreter' – *Schapp:* „So wie die Dinge heute stehen, finden wir die meisten Berührungspunkte bei den Lehren von Freud, Jung und Adler ... mit Freud und seinen Nachfolgern verbindet uns, daß auch sie von Geschichten ausgehen"[13]. Husserl und Scheler, Heidegger und Schapp – sie alle bringen den Historizismus, den sie kritisieren oder vertreten, mit dem Psychologismus zusammen. Sie dokumentieren die Zusammengehörigkeit von Historizismuswiederkehr und Psychologismuswiederkehr.

Also: Wiederkehr des Historizismus und Wiederkehr des Psychologismus gehören zusammen. In gewissem Sinne sind beide das gleiche Ereignis. Der zweite Psychologismus gehört in den Zusammenhang einer Bewegung zur Geschichtsphilosophie. *Die Wiederkehr des Psychologismus ist ein Phänomen im Zusammenhang des Schicksals der Geschichtsphilosophie. Der zweite Psychologismus ist der Tendenz nach Geschichtsphilosophie.*

Diese Zusammengehörigkeit deutet auf Herkunftsgleichheit, auf Bedingtheit durch gleiche Motive. Und so könnte die Frage ‚wie kommt es zur Wiederkehr des Psychologismus?' eine vorläufige, freilich recht *unspezifische* Antwort finden. Zur Wiederkehr des Psychologismus kommt es, weil es zur Wiederkehr des Historizismus kommt: *die Bedingungen der Historizismuswiederkehr sind zugleich Bedingungen der Psychologismuswiederkehr.*

2. *Zweiter Psychologismus als geschichtsferne Geschichtsphilosophie*

Durch diese Antwort würde die Untersuchung zu einer bestimmten Richtung finden. Denn sie hätte sich fortan auf das Problem zu konzentrieren, das diese unspezifische Antwort *offenläßt.* Ihr Blick würde frei fürs spezifische Problem.

Dieses spezifische Problem wird jetzt in voller Schärfe sichtbar. Warum – das wäre die Frage – *warum, wenn doch der zweite Psychologismus unter den Bedingungen der Historizismuswiederkehr auflebt und selber der Tendenz nach Geschichtsphilosophie ist: warum verwirklicht er diese Tendenz dann nicht ‚als Geschichtsphilosophie'?* Denn das tut er offensichtlich nicht. Der *zweite Psychologismus aktualisiert seine geschichtsphilosophische Tendenz in Anlehnung nicht an die Geschichte, sondern eine (mit Naturaussagen operierende) Psychologie. Warum?* Er etabliert die Geschichtsphilosophie in Abhängigkeit von einer Seelen- und Triebellehre. Warum? Er installiert die Geschichtstheorie mit Naturkategorien. Warum? Er ist der merkwürdige und denkwürdige Versuch, zugleich Geschichtsphilosophie und keine Geschichtsphilosophie zu sein, ein ambivalenter Ansatz, der im Blick auf die Geschichtsphilosophie Zuwendung und Vermeidung verbindet. Warum? Er ist ein zum Psychologismus herabgemildeter, ein reservierter Historizismus. Warum? *Der zweite Psychologismus ist eine ‚geschichtsferne Geschichtsphilosophie'. Wie kommte es dazu? Wieso wird sie nötig?* Das ist die spezifische Frage.

Sie ist keine beliebige Frage. Denn: diese Tendenz zum Geschichtsfernwerden der Geschichtsphilosophie – das ist kein beiläufiges, kein bloßes Randphänomen der Gegenwartsphilosophie, sondern markiert, scheint es, eine ihrer repräsentativen Neigungen. Was an den Positionen der Historizismuswiederkehr bemerkt wurde[14] – die nur gedämpfte Neigung, die Wesensfrage zugunsten der Geschichtsfrage zu verlassen, der zögernde Abschied von der Wesensforschung, so daß zunächst einzig eine Philosophie der ‚Geschichtlichkeit' zustandekommt; weiter: die mangelnde Kapazität, die Wesensfrage im Terrain der Geschichtsfrage wiederzufinden, die Unbereitschaft oder gar Unfähigkeit zu einer Theorie des Geschichtsziels (Endzwecks); schließlich: die Suche nach Auswegen, etwa der zaghafte Versuch eines Ausweichens in die Typologie, oder – vor allem – der massive Versuch einer „anthropologischen" Neuzuwendung zur Natur: all das scheint eben dieses zu bezeugen: *der Trend zum Geschichtsfernwerden der Geschichtsphilosophie ist gegenwärtig alles andere als ein ‚beliebiges' Phänomen. Gerade dieser Trend aber ist es, der – unter anderem – das erneute Interesse an einem ‚Psychologismus' aktiviert.* Denn – um es zu wiederholen: der zweite Psychologismus – gerade er – ist eine ‚geschichtsferne Geschichtsphilosophie'. Die Frage muß sein: wie kommt es dazu? Wieso wird sie *nötig?*

Es liegt angesichts der vorangegangenen Überlegungen nahe, die Lösung dieser Frage im Zusammenhang der Wiederkehr des Historizismus, im Felde des Auflebens der Geschichtsphilosophie, im Umkreis des Übergangs von der Wesensphilosophie zur Geschichtsphilosophie zu suchen. Und es liegt nahe, dabei auf die *Schwierigkeiten* dieses Übergangs, auf seine Hemmungen, seine Störungen zu achten. Eine solche Hemmung und Störung würde für jemanden wirksam, dem weder eine *Verbindung* von Wesens- und Geschichtsphilosophie, noch eine *Entscheidung* zwischen beiden gelänge. Er erlitte damit ein vergleichsweise repräsentatives Schicksal. Er würde zu sehr Geschichtsphilosoph sein, um Wesensphilosoph zu bleiben, und zugleich zu sehr Wesensphilosoph, um Geschichtsphilosoph zu werden. Seine Aporie wäre: die Wesensphilosophie ist zu wenig Geschichtsphilosophie und darum als Position problematisch; die Geschichtsphilosophie ist zu wenig Wesensphilosophie und darum als Position problematisch. Diese Aporie ist die *Aporie der ausbleibenden Versöhnung von Wesensphilosophie (Metaphysik) und Geschichtsphilosophie. Sie zwingt zur Suche nach einer philosophischen Möglichkeit ‚statt jener Versöhnung', zur Suche nach einer ersatzweisen und provisorischen Legierung von Wesensphilosophie und Geschichtsphilosophie.* Diese Ersatz-Lösung zwänge den, der an ihr teilnimmt, zu einer doppelten Zuwendung und Zurückhaltung. Die Wesensphilosophie wäre für ihn so wenig Position, daß er zur Geschichtsphilosophie fände, und zugleich doch so viel, daß er es nur zu einer geschichtsfernen Geschichtsphilosophie brächte. Die Geschichtsphilosophie wäre also für ihn so wenig Position, daß er bei der Wesensphilosophie bliebe, und zugleich doch so viel, daß er es nur zu einer wesensfernen Wesensphilosophie brächte. Die Lösung seines Problems, der Ausweg aus seiner Aporie läge also – provisorisch – in der *Ausarbeitung einer geschichtsfernen Geschichtsphilosophie durch Einarbeitung eines wesensfernen Wesensbegriffs.* Wesen d. h. essentia konnte in der philosophischen Tradition „natura" genannt werden[15]. *Ein wesensferner Wesensbegriff wäre also ein Naturbegriff, der sich aus der essentia-Tradition gelöst hat: ein ‚essentiaferner Naturbegriff' d. h. der Begriff einer ‚essentiafernen Natur'.* Dieser wesensferne Wesensbegriff, der essentiaferne Naturbegriff wäre in gewissem Sinne der Zentralbegriff, der eigentlich ‚springende Punkt' der geschichtsfernen Geschichtsphilosophie. So hätte eine Untersuchung, die sich um diese geschichtsferne Geschichtsphilosophie kümmert, weil sie sich für den zweiten Psychologismus als Form einer solchen geschichtsfernen Geschichtsphilosophie interessiert, zunächst und primär nach diesem essentiafernen Naturbegriff zu fragen und seine Struktur, seine Bedingungen, sein Schicksal zu klären. Und das will diese Überlegung[16].

Der Übergang von der Wesensphilosophie zur Geschichtsphilosophie; – die Hemmung dieses Übergangs; – der Ausweg in die Ausarbeitung einer geschichtsfernen Geschichtsphilosophie durch Einarbeitung eines wesensfernen Wesensbegriffs d. h. eines essentiafernen Naturbegriffs: das ist die Motivgruppe, die die folgende Untersuchung im Interesse ihres Problems verfolgen muß.

Aber die Theorie dieser Motivgruppe wäre eine immer noch *unspezifische* und darum noch unzureichende Klärung der Frage dieser Arbeit.

Sie ist unzureichend nicht primär deswegen, weil sie abstrakt ist. Gewiß, sie ist abstrakt, sie ist es sogar in mancherlei Hinsicht. Sie ist abstrakt (erstens) im Sinne des – noch – Unbestimmten: so ist im folgenden nähere Bestimmung nötig. Sie ist abstrakt (zweitens) im Sinne des – scheinbar – Konstruierten: so ist im folgenden phänomenale Sättigung erforderlich. Sie ist abstrakt (drittens) im Sinne des ‚bloß Ideengeschichtlichen': so wäre das Problem der „Realfaktoren" hinzuzunehmen[17]. Sie ist abstrakt schließlich (viertens) im Sinne des Provinziellen: das Problem des internationalen, vor allem des angelsächsischen Schicksals des zweiten Psychologismus bleibt weitgehend unbesprochen. So ist die hier versuchte Theorie der genannten Motivgruppe in mancherlei Hinsicht – teils noch, teils überhaupt – abstrakt; und es ist wohl richtig, das – als Ausgangspunkt möglicher Korrekturen und Ergänzungen – offen vorwegzusagen. „Wovon bei einer Theorie abgesehen und nicht abgesehen wird, das macht ihre Qualität aus"[18]. Die hier versuchte sieht von manchem ab. Nicht freilich von folgendem:

Die betreffende Motivgruppe versammelt Motive nicht nur des zweiten Psychologismus. *Auf Grund einer Hemmung des Übergangs von der Wesensphilosophie (Metaphysik) zur Geschichtsphilosophie den Ausweg in die Ausarbeitung einer geschichtsfernen Geschichtsphilosophie durch Einarbeitung eines wesensfernen Naturbegriffs zu nehmen: das kennzeichnet zugleich Situation und Schicksal der* (wie sie diese Arbeit nennen wird) *‚transzendentalphilosophischen Naturphilosophie'*, also einer Philosophie, die dem sogenannten „deutschen Idealismus" und der sogenannten „Romantik" zugehört[19] und durch die Bewegung eines Problems geprägt ist, das Kants Kritik der reinen und praktischen Vernunft, Fichtes Wissenschaftslehre und Schellings System des transzendentalen Idealismus sowohl hervorgetrieben als auch zugrundegerichtet hat, und das ebenso Kants Urteilskraftkritik wie Schellings Naturphilosophie, und ebenso Schellings Kunstphilosophie wie Schopenhauers und Nietzsches Willensphilosophie in Atem gehalten hat. Über dieses Problem inhaltlich und differenziert zu reden, werden die folgenden Kapitel dieser Überlegung versuchen.

Sie werden das tun: nicht obwohl, sondern gerade *weil* es dieser Arbeit um den zweiten, den wiederkehrenden Psychologismus geht. Denn wenn die Frage nach diesem Psychologismus auf die nämliche Motivgruppe führt wie die nach der transzendentalphilosophischen Naturphilosophie: dann liegt der Gedanke nahe, *daß eine geheime Verwandtschaft besteht zwischen dem (psychoanalytisch orientierten) ‚zweiten Psychologismus' und ‚tranzendentalphilosophischer Naturphilosophie' bzw. zwischen Psychologismuswiederkehr und Genese jener Naturphilosophie.* Dieser Verwandschaft – die nicht notwendigerweise identisch sein muß mit nachweisbarer Abhängigkeit – soll in den folgenden Kapiteln nachgegangen werden. Daß das im Blick auf jene eine und nämliche Motivgruppe möglich ist – daran zeigt sich nun freilich, daß deren Theorie zu allgemein, zu unspezifisch ist, um Theorie gerade und nur des zweiten Psychologismus zu sein. So bedarf es einer zusätzlichen Frage, dieser: *warum – wenn doch jene Motivgruppe (auch und zunächst) zur Ausbildung der transzendentalphilosophischen Naturphilosophie geführt hat: warum und unter welchen (weiteren) Bedingungen führt sie zu einem „Psychologismus"? Wie kommt es dazu und unter welchen Bedingungen geht das vor sich, daß die Bewegung zur transzendentalphilosophischen Naturphilosophie in das Interesse an einem (zweiten) Psychologismus übergeht? Unter welchen Bedingungen wird die zunächst als transzendentalphilosophische Naturphilosophie aktualisierte geschichtsferne Geschichtsphilosophie zum (zweiten) Psychologismus?* Das ist die Frage, das spezifische Problem. Der zweite Psychologismus kann und er soll in den folgenden Kapiteln als *Metamorphose der transzendentalphilosophischen Naturphilosophie* begriffen werden. Die Bedingungen, die Motive, die Antriebe und Stationen dieser Metamorphose sind aufzuspüren und ans Licht zu bringen.

Daß diese Untersuchung auf diese – und sogar nur auf diese – Frage sich einläßt, bezahlt sie damit, daß sie unempfindlich wird für bestimmte andere Fragemöglichkeiten in Bezug auf das von ihr diskutierte Phänomen, die ‚Wiederkehr des Psychologismus'. Daß es sich da um ‚einzelwissenschaftliche' Begriffe und Methoden handelt, die der Philosophie mit geringerer oder größerer Attraktivität sich anbieten – das wird, wenn man so fragt wie diese Arbeit, in bestimmter Hinsicht bemerkenswert uninteressant. Mit welchem Recht erhebt hier psychologisch-Einzelwissenschaftliches philosophischen Anspruch? – nicht das ist jetzt die Frage dieser Arbeit, sondern die umgekehrte: aus welchem Grund sind zentrale philosophische Probleme, Begriffe und Denkweisen zu denen einer selbst nicht unumstrittenen Abteilung einer Einzelwissenschaft geworden? Diese Arbeit wird auf dem Weg dieser Frage hellhörig für das *Philosophische* von Problemen und Beständen, die ein nicht unbeträchtlicher Umfang der Gegenwartsphilosophie als „psychologisch" oder „bloß psychologisch" zu bezeichnen pflegt – und damit diskreditieren will. Demgegenüber steht hier weitgehend die *problembewahrende Funktion des „Psychologismus"* zur Debatte. Ein Terrain wird nicht zum Unphilosophischen allein schon dadurch, daß auch die Psychologie, und wird es nicht einmal dadurch, daß auch die Psychoanalyse auf ihm siedelt. So führt in nicht wenigen Fällen die Stellungnahme gegen sie am Ende nur dazu, daß bestimmte Probleme und Begriffe von der Philosophie abgewehrt, nicht angenommen, nicht ernstgenommen werden, die im Grunde aus der eigenen Arbeit der philosophischen Tradition herkommen. Die Philosophie verschmäht es, ihre eigene Leistung zu akzeptieren: sie erkennt sich selbst nicht wieder. Ihr eigenes Produkt wird ihr zur fremden Gegebenheit und zum schlimmen Angriff auf ihr Leben und Wesen. Auch dieses merkwürdige Phänomen des offiziellen Protests gegen Probleme und Begriffe, die insgeheim sich anzueignen die Philosophie dann doch nicht umhinkann, gehört zum Thema dieser Arbeit. Und so scheint ihr das Problem des ‚zweiten Psychologismus' nicht primär das des philosophischen Anspruchs und der philosophischen

Wirksamkeit einer Einzelwissenschaft, die mit ihren Methoden und Begriffen als etwas von Haus aus Anderes und Fremdes in die Philosophie und ihr Problemgebiet einbricht. *Es ist vielmehr das Problem einer Philosophie, die aus der Existenzform der Philosophie – der transzendentalphilosophischen Naturphilosophie – unter gewissen, zu suchenden Bedingungen in die Existenzform der Einzelwissenschaft und medizinischen Praxis – der Psychoanalyse – sich abgesondert hat und nun wieder in den Zusammenhang der philosophischen Diskussion zurückkehrt:* das Problem eines Sohnes, der zum vielleicht verlorenen Vater zurückkommt. Diese Frage soll in den folgenden Kapiteln diskutiert werden.

4. Stand der Überlegung

Der Stand der Überlegung ist also dieser: die Untersuchung sucht Antwort auf die genealogische, auf die Motivfrage ‚unter welchen Bedingungen kommt es zur Wiederkehr des Psychologismus?'. Sie fragt nach den ‚philosophischen' d. h. nach denjenigen Motiven des ‚zweiten Psychologismus', die ihn als einen Vollzug, zugehörig zu einem ‚philosophischen' Gesamtversuch einer Abwehr des (bisher nicht näher charakterisierten) ‚Unvernünftigen', bestimmen, und die ihm im Zusammenhang dieser Abwehr seine Stelle anweisen und seine Tauglichkeit definieren. Diese Frage hat sich erwiesen als Nötigung *mindestens*[20] zu einer dreifachen Theorie:

1) zu einer Theorie der Bedingungen der Historizismuswiederkehr und fernerhin des Übergangs von der Wesensphilosophie (Metaphysik) zur Geschichtsphilosophie;

2) zu einer Theorie der Motivgruppe: Hemmung des Übergangs von der Wesensphilosophie zur Geschichtsphilosophie – Ausweg in die Ausarbeitung eines geschichtsfernen Naturbegriffs;

3) zu einer Theorie der Metamorphose der transzendentalphilosophischen Naturphilosophie.

Die hier versuchte Überlegung klammert den Fragenkomplex des ersten Punktes aus. Sie versucht nicht zu klären, sie konstatiert nur den Übergang von der Wesensphilosophie (Metaphysik) zur Geschichtsphilosophie, und sie erörtert ihre Probleme unter der Voraussetzung dieses Übergangs. So versuchen die folgenden vier Kapitel Beiträge zur Untersuchung der Fragenzusammenhänge des zweiten und dritten Punktes. Die Fragen sind also diese: *Wie kommt es zur geschichtsfernen Geschichtsphilosophie? Wie kommt es – aus dieser heraus – zur transzendentalphilosophischen Naturphilosophie? Wie kommt es – von dieser aus – zum (zweiten) Psychologismus?*

Zwischenkapitel

Antezedenzen

Wie kommt es zur geschichtsfernen Geschichtsphilosophie? Wie kommt es – aus dieser heraus – zur transzendentalphilosophischen Naturphilosophie? Wie kommt es – von dieser aus – zum (zweiten) Psychologismus?

In diesem zweiten Kapitel steht zunächst allein die erstgenannte Frage zur Debatte – genauer: es wird einiges Vorbereitende zu ihr gesagt.

1. Interregnum

Wenn Philosophie und philosophische Genealogie das Gespräch über Abwehr und Auswege sein will[1], muß sie sich kümmern um die *Situation, die Abwehr und Auswege nötig macht.* Und wenn dabei Philosophie in irgendeinem Sinne doch Rede über das „Allgemeine" ist und ihrem „Weltbegriffe" nach „jedermann notwendig interessieren" soll[2], dann muß es sich dabei um eine recht allgemeine Situation handeln. Solch eine allgemeine Situation – allgemein und geworden zugleich und dabei mit Schwierigkeiten belastet, die Auswege nötig machen – solch eine Situation ist die Situation des Menschen ‚unter den Bedingungen der modernen Welt'. Was ist das für eine Situation?

Sie ist verschieden charakterisierbar und verschieden charakterisiert worden[3]. Die hier versuchte Überlegung klammert die Frage nach ihren verschiedenen Kennzeichnungen aus, läßt die Frage nach der umfassend ‚richtigen' Kennzeichnung offen und beschreibt diese Situation für die Zwecke ihres Themas in einer Weise, die durch die Erörterung des ersten Kapitels naheliegt. Sie begreift diese Situation als – unter anderem – geprägt durch den *Übergang von der Wesensphilosophie (Metaphysik) zur Geschichtsphilosophie*[4].

Die Untersuchung motiviert nicht, sie konstatiert diesen Übergang. Er hat Motive, gewiß. Zu denken ist – bestimmt nicht nur, aber sicher doch auch – an die von langer Hand vorbereitete Trennung der Theologie von der Philosophie. Wo es repräsentativ so etwas wie einen „theologischen Positivismus"[4a] gibt, wo der Willensgott sich vom Vernunftgott distanziert, wo der Gott Abrahams, Isaaks, Jakobs aufhört, der Gott der Philosophen und der Gelehrten zu sein[15]: da bedeutet das eine theologische Entmächtigung der Wesensvernunft, der Metaphysik. Sie wird in bestimmter Weise hinfällig. Und das „Mißlingen aller philosophischen Versuche in der Theodizee“[6] d.h. das Mißlingen im Grunde eines erneuten Brückenschlags zwischen Vernunft und Gott, zwischen Philosophie und Theologie scheint das Schicksal der metaphysischen Wesensvernunft zu besiegeln: der Übergang zu einer anderen, neuen Form der Vernunft wird akut. Aber von all dem ist hier nicht die Rede, all das soll hier nicht untersucht werden[7]. Denn die fragliche, die moderne, die in einem gewissen Sinne – aber durchaus nicht notwendigerweise endgültig – ‚nachmetaphysische‘ Situation wird hier nicht motiviert, sondern nur konstatiert. Was diese Situation prägt, wird einfach hingenommen: der Übergang von der Metaphysik (Wesensphilosophie) zur Geschichtsphilosophie, von der Wesensvernunft zur Geschichtsvernunft.

Die Überlegung betrachtet diesen Übergang, soweit es für ihr Problem nötig ist. Sie versucht, seine Schwierigkeiten zu bemerken. Sie versucht zu sehen, was es bedeutet, daß die Metaphysik (Wesensphilosophie) nicht mehr, die Geschichtsphilosophie noch nicht die herrschende Philosophie ist. Es bleibt die Frage beiseite, ob die Metaphysik wirklich und gut geherrscht habe, und ob sie überhaupt in der Lage sei, gut zu herrschen; und es bleibt die Frage beiseite, ob die Geschichtsphilosophie wirklich und gut herrschen werde, und ob sie überhaupt in der Lage sei, gut zu herrschen. Es interessiert hier einzig der *Zustand, in dem beide nicht herrschen. Das ist offenbar der Zustand eines ‚philosophischen Interregnums‘. Ein solches Interregnum aber ist die Situation möglicher Zwischenherrschaft.*

Die hier versuchte Überlegung interessiert sich für diejenigen Versuche einer solchen Zwischenherrschaft, die sich an den Begriff einer nicht mehr metaphysisch konzipierten ‚Natur‘ knüpfen. Es handelt sich dabei um jenen wesensfernen, aus der natura-essentia-Tradition gelösten Naturbegriff, von dem schon zu Abschluß des ersten Kapitels die Rede war[8]. Im Zeichen dieses Naturbegriffs stehen gewisse Versuche einer Zwischenherrschaft dort, wo die Wesensvernunft und Metaphysik zumindest dem Anscheine nach nicht mehr, die Geschichtsvernunft und Geschichtsphilosophie zumindest dem Anscheine nach noch nicht die dominierende philosophische Macht ist.

2. Drei Naturbegriffe

Es ist plausibel, daß eben da, wo die Vernunft ins Wanken gerät und in einem gewissen Sinne ausfällt, die *Natur* – und gerade sie – zum Zuge kommt. Die Menschenwelt, traditionell die Sphäre der animalia rationalia (eine politische, eine Stadt-Welt), das Seinsfeld also vernünftiger ‚Naturwesen‘, gerät unter die Botmäßigkeit ihrer Naturhaftigkeit, wenn die Vernunft problematisch, wenn sie hinfällig, wenn sie irgendwie aktionsunfähig wird. Das hat nun zugleich für diese Natur und ihren Begriff selbst bestimmte Folgen, die eben dadurch umschrieben werden können, daß man – wie das hier bereits getan worden ist – von der *essentiafernen*

Natur spricht[9]. Der Naturbegriff selbst erleidet Veränderungen, wenn die Vernunft die menschliche Natur verläßt, und zwei fundamentale seien hier eigens hervorgehoben.

Die *erste* dieser Veränderungen: die essentiaferne Natur ist, von der Vernunft gelöst, in einem genauen Sinn nicht mehr die ‚vernünftige' – aber es läßt sich die Vernunft beim Menschen nicht einfach von seiner menschlichen Natur folgenlos subtrahieren; denn, wenn man es scheinbar paradox und jedenfalls aristotelisch formulieren will, die menschliche Natur ist ‚von Natur nicht von Natur' – sie gewinnt ihre Wirklichkeit nur durch ein im konkretesten Sinne Vernünftigsein: menschliche Natur ist nur als vernünftige ‚wirklich', ihre Verwirklichung ist an die Vernunft und das, was die Vernunft ausmacht und zum Zuge kommen läßt, gebunden. Der Mensch „ist das Wesen, das zur Verwirklichung seiner Natur auf sie verwiesen ist ... weil nur sie in der Bestimmung steht, der menschlichen Natur in einem menschlichen Leben Wirklichkeit zu geben und so den Menschen zum aktuellen Stande des Menschseins zu bringen ... Wo es sie nicht gibt ... da treibt die menschliche Natur in sich selbst zu ihrer Verwirklichung, ohne sie finden zu können"[10]: menschliche Natur ist dann nicht mehr „aktuale Natur", sondern bloß „potentiale Natur"[11], die den Menschen nur „an sich" und nicht „an und für sich" Mensch sein läßt – oder wie immer man das sonst ausdrücken mag[12]. So wird die Potentialität zum Signum dieser ‚emanzipierten Natur': *der Grundcharakter der ‚essentiafernen Natur – und zwar aller ihrer Formen – ist die (bloße) ‚Möglichkeit'.* Das ist die erste Veränderung des Naturbegriffs, und es wird noch hinreichend Gelegenheit sein, sie konkreter zu fassen[13].

Die *zweite* und von der ersten abhängige Veränderung: die essentiaferne Natur ist, von der Vernunft gelöst, die ‚mögliche' – und hat doch Wirklichkeit, sie hat Präsenz, Geltung, Macht, Dasein: sie hat offenbar eine nur relative, wenn auch eminent effektive Wirklichkeit. Dazu gehört nun, daß diese relative Aktualität der Natur alles andere als eindeutig und einförmig ist. *Die essentiaferne Natur ist polymorph, es gibt mindestens drei essentiaferne Naturbegriffe.* So kann der Versuch gemacht werden – und er muß es, wenn aus keinen anderen Gründen, dann aus Gründen der Übersichtlichkeit – wenigstens in vorläufiger Weise diese drei Naturbegriffe auseinanderzuhalten und gesondert zu benennen.

TRIEBNATUR. Da ist erstens die *Triebnatur:* Natur ist Titel für das durch Begierde – durch Bedürfnis oder trieblichen Überdruck – geprägte, für das die Not und Unlust fliehende, die Befriedigung, die Macht und Lust suchende „sinnliche" und dabei zur individuellen oder Gruppenexistenz ‚vereinzelte' Interessendasein der Lebewesen, speziell des Menschen. Als Zeuge für diesen Naturbegriff kann man *Hobbes* benennen; er hat diesen Naturbegriff dort im Blick, wo er in seinem Leviathan[14] „the Naturall Condition of Mankind"[15] untersucht mit dem Ergebnis, „that Nature ... dissociate, and render men apt to invade, and destroy one another"[16] – getrieben durch „passions" und „desire"[17], „so that in the nature of man, we find ... principal causes of quarrel"[18], „but neither of us accuse mans nature in it. But Desires, and other Passions of man, are in themselves no Sin"[19] – sie vollstrecken vielmehr „the Right of Nature" d. h. „Liberty, each man hath, to use his own power, as he will himselfe, for the preservation of his own Nature; that is to say, of his own Life; and consequently of doing any thing, which in his own Judgement, and Reason, hee shall conceive to be the aptest means thereunto"[20] – „no more are the Actions, that proceed from those Passions, till they know a Law that forbids them"[21]. „Hereby it is manifest, that during the time men live without a common Power to keep them all in awe, they are in that condition, which is called Warre; and such a warre, as is of every man, against every man"[22], ein „Warre, where every man is Enemy to every man"[23], eine „condition of warre one against another"[24]. „Howsoever, it may be perceived what manner of life there would be, where there were no common Power to feare; by the manner of life, which men that have formerly lived under a peacefull government, use to degenerate into, in a civill Warre"[25]. „Whatsoever therefore is consequent to a time of Warre, where every man is Enemy to every man; the same is consequent to the time, wherein men live without other security, than what their own strength, and their own invention shall furnish them withall. In such condition, there is ... continuall feare, and danger of violent death. And the life of man, solitary, poore, nasty, Brutish and short"[26]. Diese „ill condition, which man by meer Nature is actually placed in"[27]ist in der Tat „Misery"[28]. Nun, „it may peradventure be thought, there was never such a time, nor condition of warre as this"[29] – aber diese „Naturall Condition of Mankind"[30] meldet sich im „civill Warre"[31], und ihre ständige temperierte, ihre stete *milde* Präsenz ist das, was die neuere Philosophie die ‚Gesellschaft' nennt und vom Staat unterscheidet: *die Triebnatur ist (temperiert) präsent als Gesellschaft.*

KONTROLLNATUR. Da ist zweitens die *Kontrollnatur:* Natur ist Gegenstand der exakten Naturwissenschaft, die mit gezielter, geplanter Beobachtung, mit Experiment und Mathematik die Natur unter Kontrolle zu bringen d. h. voraussagbar und manipulierbar zu machen sucht. Diese Natur ist nicht allein die bloß „sinnliche", sie ist vielmehr die Natur der Verstandesgesetze und Regeln: die Natur der Naturgesetze. In Bezug auf diese Natur nennt *Descartes* den Menschen den „maître et possesseur de la nature"[32], und *Kant* gibt ihre klassische Definition: „Natur ist das Dasein der Dinge, sofern es nach allgemeinen Gesetzen bestimmt ist"[33], also „in formeller Bedeutung ... der Inbegrifff der Regeln, unter denen alle Erscheinungen stehen müssen, wenn sie in einer Erfahrung als verknüpft gedacht werden sollen"[34] d. h. die „Gesetzmäßigkeit aller Gegenstände der Erfahrung"[35], und „materialiter betrachtet ... der Inbegriff aller Gegenstände der Erfahrung"[36]. Die „Natur wird von den Gesetzen der Möglichkeit der Erfahrung überhaupt abgeleitet und ist mit der bloßen allgemeinen Gesetzmäßigkeit der letzteren völlig einerlei"[37]: „die Möglichkeit der Erfahrung überhaupt ist also zugleich das allgemeine Gesetz der Natur, und die Grundsätze der ersteren sind selbst die Gesetze der letzteren"[38]. So „ist Natur und mögliche Erfahrung ganz und gar einerlei"[39] d. h. – wie

Cohen das zutreffend interpretiert hat – „Natur (ist) nur als Naturwissenschaft gegeben“[40]: Kontrollnatur ist die als Entwurf, Methode, Resultat und Anwendung der exakten Naturwissenschaft (in der Technik) gegenwärtige Natur: *die Kontrollnatur ist präsent als exakte Naturwissenschaft.*

ROMANTIKNATUR. Da ist drittens die *Romantiknatur:* Natur ist die vornehmlich als Organismus gesehene erhabene oder schöne und jedenfalls heile außergeschichtliche Lebendigkeit – sie ist Landschaft, fruchtbare Wildnis, Verfassung der Unschuld und Naivität: das Feld der Innerlichkeit, ihres Fühlens und Sehnens, die harmonische Kondition ihres (verlorenen) intakten Seins, das *Rousseau* dem Urzustande zuspricht[41]. Sie ist Sujet der Klage, Gefilde der Phantasie, Thema der Poesie – die Natur der Wanderungen und Gemütsaufschwünge. So hat die Romantik, so hat etwa *Novalis* die Natur gesehen und gedichtet. „Der Poet“ – schreibt Novalis – „versteht die Natur besser wie der wissenschaftliche Kopf“[42]. Denn dieser letztere: unter seinen „Händen starb die freundliche Natur und ließ nur tote, zuckende Reste zurück, dagegen sie vom Dichter, wie durch geistvollen Wein, noch mehr beseelt, die göttlichsten und muntersten Einfälle hören ließ und, über ihr Alltagsleben erhoben, zum Himmel stieg, tanzte und weissagte, jeden Gast willkommen hieß und ihre Schätze frohen Muts verschwendete. So genoß sie himmlische Stunden mit dem Dichter und lud den Naturforscher nur dann ein, wenn sie krank und gewissenhaft war ... Wer also ihr Gemüt recht kennen will, muß sie in der Gesellschaft der Dichter suchen, dort ist sie offen und ergießt ihr wundersames Herz“[43] – und darum ist die echte „Physik ... nichts als die Lehre von der Phantasie“[44]: „je poetischer, je wahrer“[45]: Romantiknatur ist poetische Natur; diese Natur wird ästhetische, sie wird durchs Gemüt, durch die Dichtung, durch die Kunst erschlossen: *die Romantiknatur ist präsent als Kunst und Gefühl.*

RESULTAT. Das sind die drei Naturbegriffe. Alle drei – Triebnatur, Kontrollnatur, Romantiknatur – sind ‚essentiaferne Naturbegriffe‘. Alle drei tragen Möglichkeitszüge. Und alle drei sind Prätendenten jener Zwischenherrschaft, von der die Rede war. Das Unternehmen Zwischenherrschaft steht im Zeichen des Streites darum; der gekennzeichnete Zustand des anscheinenden ‚Nicht mehr‘ der metaphysischen, des anscheinenden ‚Noch nicht‘ der geschichtlichen Vernunft, also *das skizzierte philosophische Interregnum ist der Kampfplatz dieser drei (essentiafernen) Naturbegriffe.*

3. Vernunft

An diesem Kampfe zeigt sich nun ein bemerkenswerter Tatbestand, der auf den Zusammenhang der *Vernunft* führt.

Es verhält sich nämlich so, daß in jenem Augenblick, in dem die metaphysische Vernunft der essentiafernen Natur das Feld zu überlassen beginnt, diese abtretende metaphysische Vernunft in den Verdacht gerät, unlautere Waffe im Interessenkampfe d. h. ein Phänomen im Zusammenhang der Triebnatur zu sein. Darum gilt es fortan, von ihr loszukommen, von der „vetus opinio"[46] sich zu befreien, von alter Autorität und Tradition sich zu reinigen. Es gehört zu dieser *ersten Reinigung*[47], daß die metaphysische Vernunft und ihre Tradition nicht mehr unter ihrem eigenen Gesichtspunkt diskutiert, nicht mehr mit ihrem eigenen Maße gemessen, nicht mehr auf Grund ihrer eigenen Kriterien kritisiert wird: diese Kritik der metaphysischen Vernunft ist darum nicht eigentlich mehr Kritik der metaphysischen Vernunft, sondern ein Sich-Inachtnehmen der Triebnatur vor sich selbst. Das ist bemerkenswert. Eine gewisse Nötigkeit dieses Vorgangs ist plausibel: denn wo die Menschenwelt zur Welt der entzauberten Bedürfnisse und enthemmten Begierden und Interessen, zur „sinnlichen" Welt der rivalisierenden Individuen und Gruppen, des Dranges zur Macht, der Angst vor den Anderen, der Sorge und des Kampfes ums eigene Überleben und Gelten zu werden droht, wo die Menschenwelt sich uneingeschränkt als ‚Gesellschaft' definiert, wo sie also Gefahr läuft, zum Hobbes'schen Naturzustande zu werden, kurz: wo sie in die Verfassung der freigesetzten Triebnatur übergeht – da ist sie eine schlimme Welt, eine *Situation der Hilferufe*. Die Abwehr dieser Situation muß zum zentralen Problem werden; die Auswege werden zu dringlichsten Desideraten. Die Leidenschaft des Nicht-getäuscht-werden-wollens ist da verständlich: sie gehört zur elementaren Notwehr. Diese Begierde des nüchternen und klaren Kopfes ist da freilich nur ein erster Schritt. Aber auch die weiteren sind Neutralisierungsschritte: gegen die Gebundenheit des Interessenlebens und Interessendenkens erhebt sich der Wille zum Neutralen und „Reinen" – zur Reinheit der Voraussetzungslosigkeit und zur Reinheit der Unschuld. Die Hoffnungen liegen – zunächst – bei der vorurteilslosen Einsicht in die exakte Gesetzlichkeit und bei der Versenkung in die ursprüngliche Poesie des Daseins. Das sind Versuche einer Überwindung (Bewältigung) der freigesetzten Triebnatur durch ihre Verwandlung – ihre Übersetzung – in die Verfassung der anderen Naturbegriffe: Kontrollnatur und Romantiknatur werden in je anderer Weise zur ‚Natur gegen die Triebnatur': zu ihnen gehört der Kampf gegen den „Subjektivismus" des Interessendenkens und den „Materialismus" des Interessenlebens. Bereits an diesen Bewegungen zeigt sich, *daß die Triebnatur offenbar nicht aufzutreten vermag ohne das Bedürfnis ihrer Negation.* In diesem Bedürfnis, als diese Negation, als Bewegung der loskommenden Befreiung und Reinigung meldet sich die *Vernunft.* Wo die erste Reinigung, die von Tradition und Metaphysik nun einmal geschehen ist, hat die Vernunft die Möglichkeit einzig des Wegs dieser *zweiten Reinigung:* Vernunft ist sie fortan wesentlich nur auf dem Weg über die „reine Vernunft"; und keine Kritik der reinen Vernunft ist weiterhin legitim, die es nicht zugunsten einer in besserer Weise „reinen" Vernunft zu sein versuchte[48]. Denn Vernunft ist jetzt diese Reinigung: das Sichfreiarbeiten und Sichfreileben von der absoluten Interessenwelt der freigesetzten Triebnatur.

All diesem nach läßt sich zusammenfassend sagen: *die Situation des Übergangs von der Metaphysik (Wesensphilosophie) zur Geschichtsphilosophie ist eine ‚Situa-*

tion, die Abwehr und Auswege nötig macht' mindestens durch die Gefahr einer Herrschaft der Triebnatur. Die Abwehr dieser Gefahr, der Ausweg aus dieser Situation führt über die ‚reine Vernunft'. Davon geht die folgende Überlegung aus.

Von dorther ergibt sich für ihren Zusammenhang auch eine vorläufige Bestimmung der Vernunft. Denn in zureichender Weise wäre die Vernunft ‚rein', am meisten und besten wäre sie dieser Situation gewachsen, am sichersten wäre sie Herr des „Sinnlichen" und Nicht-Vernünftigen der Triebnatur und Negation des Unvernünftigen ihrer Herrschaft, am meisten und besten also wäre sie Ausweg aus der Anarchie der absoluten Triebnatur, wenn sie ein allgemeinverbindliches ‚Wohin' des Ausweges markieren könnte: ein Ziel für alle, einen *Endzweck*. Das ergibt eine formale Fundamentalbestimmung der Vernunft. *Vernunft ist das Vermögen des Endzwecks*[49], sie ist es in einem doppelten Sinn: der Endzweck vermag etwas; und es gibt ein Organ für diesen Endzweck. Zu diesem Endzweck würde es gehören müssen, derart leitend und herrschend zu sein, daß er ‚alles' in Ordnung, d. h. ‚alles' ins rechte Verhältnis bringt, daß er ‚alles' zu seinem Recht, und d. h. zunächst einmal: ‚alles' zu Wort und Begriff kommen läßt. Und weil so der Endzweck Endzweck von *allem* wäre, würde zur Vernunft gehören müssen das Prinzip *Totalität.* Die Vernunft ist optimal Ausweg aus der Belastungslage der freigesetzten Triebnatur als Vermögen des Endzwecks d. h. als Macht des Prinzips Totalität.

Aber was ist mit dieser Vernunft? Ist sie (metaphysische) Wesensvernunft? Oder ist sie Geschichtsvernunft? Das kann kontrovers sein, und es gehört zum Signum der skizzierten Situation, daß es unentschieden, daß es ein insgeheim offenes Problem ist. Angesichts der Gefahr einer Herrschaft der Triebnatur ist also gerade dies das *primäre* Problem: ob die Vernunft, die diese Gefahr bannen soll, als Wesensvernunft oder als Geschichtsvernunft, d. h. ob sie durch Metaphysik oder durch Geschichtsphilosophie definiert werden muß. Diese Frage kann unentschieden bleiben, weil die Metaphysik (Wesensphilosophie) zu wenig ‚noch', die Geschichtsphilosophie zu wenig ‚schon' im Spiel ist – gerade das gehört ja zum Signalement der geschilderten Situation. Darum ist diese, gerade diese Situation die Ausgangssituation für eine Philosophie der *Unentschiedenheit* zwischen beiden Formen der Vernunft – für die *geschichtsferne Geschichtsphilosophie.*

4. Stand der Überlegung

Wie kommt es zur geschichtsfernen Geschichtsphilosophie? Diese Frage steht zur Debatte. Aber im strengen Sinn hat ihre Erörterung hier noch nicht begonnen. Denn was bis zu diesem Punkte gesagt wurde, war die – abstrakte – Beschreibung der Szene, die Vorstellung einiger dramatis personae und ein gewisser – abstrakter – Hinweis auf das „bien souhaité"[50] dieses nun wahrlich (wie sich zeigen wird) nicht undramatischen Geschehens, auf die Vernunft. Und ebenso steht der zentrale

„opposant“[50] fest: die Triebnatur und die Gefahr ihrer Herrschaft. Das Spiel selber aber, das Drama dieser „forces orientées“[50] hat bisher, hat für diese Arbeit noch nicht begonnen. Erst jetzt, erst an dieser Stelle erhält dieses Spiel – in der hier versuchten Inszenierung – das Zeichen zum Anfang. Erst an dieser Stelle setzt die Betrachtung des Geschehens, das hier verfolgt werden soll, ein. Und es beginnt damit, daß einer der zentralen Akteure, daß die ‚geschichtsferne Geschichtsphilosophie‘ ihr Stichwort erhält.

Warum das just in dieser Situation geschieht, wird nach dem Bisherigen plausibel sein: gerade dort, wo die Metaphysik nicht mehr, die Geschichtsphilosophie noch nicht zur dominierenden philosophischen Macht geworden ist – gerade dort kommt die Zeit dieser Philosophie, die zuviel Geschichtsphilosophie ist, um noch Metaphysik, und die zuviel Metaphysik ist, um schon Geschichtsphilosophie zu sein: die Zeit der geschichtsfernen Geschichtsphilosophie. Eine solche Philosophie – meint diese Arbeit, und sie wird sich bemühen, es im folgenden zu zeigen – eine solche geschichtsferne Geschichtsphilosophie ist die *Transzendentalphilosophie.*

Zur Transzendentalphilosophie

Position der Unentschiedenheit

Wie kommt es zur geschichtsfernen Geschichtsphilosophie? Wie kommt es – aus dieser heraus – zur transzendentalphilosophischen Naturphilosophie? Wie kommt es – von dieser aus – zum (zweiten) Psychologismus?

In diesem dritten Kapitel steht vorerst weiterhin allein die erstgenannte Frage, die Frage der Genealogie geschichtsferner Geschichtsphilosophie zur Debatte – und darum die *Transzendentalphilosophie Kants, Fichtes, Schellings.* Denn Transzendentalphilosophie ist Metaphysik – und ist es nicht mehr, weil sie zuviel Geschichtsphilosophie ist: und Transzendentalphilosophie ist Geschichtsphilosophie – und ist es noch nicht, weil sie zuviel Metaphysik ist: *Transzendentalphilosophie ist die Grund- und Ausgangsform der geschichtsfernen Geschichtsphilosophie.* Das soll erläutert und gezeigt werden.

1. Position der Unentschiedenheit.

Vernunft – wurde gesagt[1] – ist das Vermögen des Endzwecks. Die Aufgabe, diesen Endzweck zu begreifen und ihm philosophisch zur Geltung zu verhelfen, wird unter den Bedingungen der skizzierten Situation der Transzendentalphilosophie übertragen. Ist sie dieser Aufgabe gewachsen? Diese Arbeit glaubt das – mit Behutsamkeit und Respekt – in Zweifel ziehen zu müssen; sie wird von der *Ohnmacht der transzendentalen Vernunft* sprechen[2]. Gerade diese Ohnmacht der transzendentalen Vernunft – glaubt sie – ist es, die als Konsequenz diejenigen Phänomene hervortreibt, denen die weiteren Fragen dieser Arbeit gelten. Um diese Phänomene in der rechten Weise zu verstehen, muß die Ohnmacht der transzendentalen Vernunft verstanden werden. Und damit das möglich ist, muß zunächst einmal Klarheit darüber erreicht werden, was das eigentlich ist – transzendentale Vernunft bzw. Transzendalphilosophie.

Gerade für die Zwecke dieser Überlegung ist das wichtig. Denn es scheint doch, als gehöre der (zweite) Psychologismus, um den sie sich letztenendes kümmert, und der bereits im ersten Kapitel als ‚geschichtsferne Geschichtsphilosophie' angesprochen wurde[3], eben weil er das ist (in einer noch näher zu bestimmenden Weise) in die Tradition dieser Transzendentalphilosophie, und als ließe er sich als Phase in deren Schicksal bestimmen. Nur durch eine genauere Untersuchung der Transzendentalphilosophie aber läßt sich ermitteln, in welchem Sinne und Maße Motive des (zweiten) Psychologismus bereits in dieser Philosophie wirksam sind: nicht, damit die Transzendentalphilosophie als Psychologismus, sondern, damit der (zweite) Psychologismus als irgendwie in der Tradition der Transzendentalphilosophie stehend sich erweist. Daß solche Motive in dieser Philosophie wirksam sind – darauf deutet, daß sie mit „psychologistischen" Ansätzen hat verwechselt und verglichen werden können. Die Transzendentalphilosophie ist immer wieder einmal teils durch Anhänger – man denke an die Fries'sche Schule[4] – und teils durch Kritiker – man denke an den Husserl der Jahrhundertwende[5] – mit Psychologismen verwechselt worden. Und gerade kürzlich ist von Gehlen[6] auf eine gewisse Ähnlichkeit speziell der „Wissenschaftslehre" mit der Theorie Freuds hingewiesen worden – um einmal ganz abzusehen von der schon angedeuteten Bereitschaft psychoanalytischer Konzeption, sich in gegenwärtiges transzendentales Denken einzupassen[7]. Das alles dokumentiert eine gewisse, eine freilich mit starker Vorsicht und nicht unerheblichen Vorbehalten zu erwägende Verwandschaft zwischen Transzendentalphilosophie und – vor allem dem zweiten – Psychologismus: und diese Verwandschaft muß analysiert werden. Gerade dafür aber bedarf es genauerer Bestimmung, eingehender Interpretation der Transzendentalphilosophie.

Transzendentalphilosophie – was ist das für eine Philosophie? Es ist für die Zwecke dieser Überlegung nicht nötig, eine „Definition", es genügt für sie vollauf *Kriterien der Transzendentalphilosophie* zu finden. Dabei muß *zunächst* von der Betrachtung Kants ausgegangen werden. Was ist in seinem Sinne Transzendentalphilosophie[8]? Der Begriff der Transzendentalphilosophie führt auf den der transzendentalen Erkenntnis[9] und dieser auf den der transzendentalen Methode. Dieser Begriff der transzendentalen Methode ist freilich kein Begriff Kants und – soweit ich sehe – auch kein Begriff des sogenannten Deutschen Idealismus, sondern einer, der erst im Gegenzug zu diesem in der späteren Kantdeutung geprägt und diskutiert worden ist[10]. Es wird also dienlich sein, zur Beratung dieses Begriffs auch Kantdeutungen hinzuzuziehen. All diese Deutungen sind nun – darf man sagen – über mindestens zweierlei einig: erstens, *daß Transzendentalphilosophie „Aprioriforschung"*[11] *ist,* und zweitens, daß *diese Bestimmung nicht ausreicht.* Es gilt also, den spezifischen Charakter dieser Aprioriforschung zu erkunden.

Der Zweck, der Ansatz und die ersten Ergebnisse dieser Arbeit legen es nahe, eine weiterführende Bestimmung aus dem Zusammenhang des Problems Metaphysik/Geschichtsphilosophie zu erwarten. Aprioritäten sind offenbar ‚irgendwie' Elemente der Vernunft. Welcher Vernunft? Offenbar der transzendentalen Vernunft. Aber: *ist diese transzendentale Vernunft metaphysische Wesensvernunft oder Geschichtsvernunft?* Ist Transzendentalphilosophie Metaphysik oder Geschichtsphilosophie? „Die Transzendentalphilosophie ... hat zu ihrem Zweck die Gründung einer Metaphysik"[12], sie will „nicht ... dem Skeptizism, der mit der ganzen Metaphysik kurzen Prozeß macht, das Wort reden; vielmehr ist die Kritik die notwendige vorläufige Veranstaltung zur Beförderung einer gründlichen Metaphysik als Wissenschaft"[13] – gewiß; aber sind diese transzendentalphilosophischen „Prolegomena zu einer jeden künftigen Metaphysik, die als Wissenschaft wird auftreten können" nicht vielmehr zur Philosophie der „Stadien der reinen Vernunft"[14], zur Theorie der „Geschichte der reinen Vernunft"[15] geworden? Ist diese transzendentalphilosophische „Metaphysik von der Metaphysik"[16] nicht vielmehr zur Einübung der Geschichtsphilosophie und zu dieser selbst, zur „pragmatischen Geschichte des menschlichen Geistes"[17], zur „Geschichte des Selbstbewußtseins"[18] geworden? Was ist die Transzendentalphilosophie? Ist sie Metaphysik (Wesensphilosophie) oder Geschichtsphilosophie? Was ist sie – angesichts dieser Alternative? Aber vielleicht ist diese Alternative unangemessen? Womöglich ist Transzendentalphilosophie gerade die Verweigerung dieser Alternative? Die hier versuchte Überlegung glaubt gerade das gefunden zu haben – und will es im folgenden zeigen: *Transzendentalphilosophie ist die Position der Unentschiedenheit.*

2. *Deutungsfragen*

Erst nach und nach kann hier diese These aus einer gewissen Unbestimmtheit heraustreten, nicht zuletzt deswegen, weil eine ‚Position der Unentschiedenheit' ohnehin von vornherein mit allerlei Unbestimmtheit belastet ist. Zunächst einige vorbereitende Bemerkungen über Indizien (S. 65f.), Gewährsleute (S. 67f.) und Schwierigkeiten (S. 70f.) bei der Durchführung dieser Theorie.

Indizien. Dafür, daß die Transzendentalphilosophie eine ‚Position der Unentschiedenheit' zwischen Metaphysik und Geschichtsphilosophie ist, sprechen einige Indizien. Vor allem eines sei hervorgehoben, das dem Umkreis der Rezeption der Transzendentalphilosophie angehört.

Augenscheinlich gibt es in der gegenwärtigen Philosophie eine eigenartige und bemerkenswert gesteigerte Aufmerksamkeit auf die Transzendentalphilosophie. *Diese neue ‚Konjunktur der Transzendentalphilosophie' gehört als ein weiteres Seitenphänomen zur ‚Wiederkehr des Historizismus' und zur ‚Wiederkehr des Psychologismus'*[19]. *Im Anschluß u. a. an die „transzendentale Phänomenologie" des späteren Husserl*[20] und im Anschluß an den – wie man ihn nennen kann –, ‚Transzendentalthomismus' im Gefolge *Maréchals*[21] ist diese neue und betonte Schätzung der Transzendentalphilosophie entstanden. Sie gehört offenbar zusammen mit einer delikaten Lage des Problems ‚Metaphysik und Geschichte' in der Gegenwartsphilosophie[22]: es gibt so etwas wie einen Aufschwung der Transzendentalphilosophie offenbar gerade dann, wenn dieses Problem dringlich wird, ohne zu einer Entscheidung zu kommen. Transzendentalphilosophie wird dann – scheint es – die Metaphysik derer, die zuviel Geschichtsphilosophen sind, um ‚orthodox' Metaphysiker zu sein, und die Geschichtsphilosophie derer, die zuviel Metaphysiker sind, um ‚orthodox' Geschichtsphilosophen zu sein: sie verdankt gerade dieser

Unentschiedenheit ihre Bedeutung und ist, auch und gerade heute, eine gewisse Umschlags- und Übergangsphilosophie für Geschichtsphilosophen, die zur Metaphysik, und für Metaphysiker, die zur Geschichtsphilosophie neigen[23] – eine Position der Unentschiedenheit.

Es ist verständlich, daß diese Position Anschluß an die „klassische" Transzendentalphilosophie sucht. Das geschieht auf dem Wege der Rezeption und Interpretation. Dadurch wird die Gesamtlage der Deutung dieser „klassischen" Transzendentalphilosophie betroffen. Das zeigt sich exemplarisch an der Kantdeutung. Diese Deutung hatte im Gegenzug zu den fast ausschließlich „wissenschaftstheoretischen" Ansätzen der Neukantianer – unterm Eindruck der „Auferstehung der Metaphysik"[24] in der ersten Hälfte unseres Jahrhunderts – den „Metaphysiker" Kant in den Vordergrund gerückt. Eingeleitet wurde sie vor allem von Paulsen; gefördert und getragen wurde und wird sie u. a. von Heimsoeth, Wundt, Krüger, de Vleeschauwer, Martin[25]. Auch in dieser Deutung wirken divergierende Interessen; gleichwohl kann sie zusammengesehen und zusammenfassend benannt werden – als Rezeption und Interpretation der *Metaphysikkantianer.* Ihre Deutung ist dabei, die Unentschiedenheit und Mehrdeutigkeit der Königsberger Transzendentalphilosophie in Eindeutigkeit und Entschiedenheit aufzulösen, sie in die Rolle des Verteidigers der Metaphysik zu drängen. Viele gute Gründe sprechen für diesen Versuch – auch die hier versuchte Überlegung kann nicht umhin, ihm in zentralen Punkten recht zu geben: sie wird das an späterer Stelle zum Ausdruck bringen[26]. Allein: je mehr die Metaphysikkantianer die *Metaphysik* bei Kant hervorheben, desto mehr wird ihnen die – so ganz anders geartete – *Wirksamkeit* Kants zum Rätsel. „Nimmt man die Absicht Kants auf eine neue Grundlegung der Metapysik einmal ernst, so muß zunächst festgestellt werden, daß seine faktische Wirkung das Gegenteil seiner Absicht gewesen ist"[27]. Aber die Wirksamkeit einer Philosophie gehört zur Definition dieser Philosophie, die Wirksamkeit Kants zur Definition der Transzendentalphilosophie. Gerade der ‚wirksame' Kant muß interessieren, wo die Transzendentalphilosophie in neuer Weise bedeutsam wird und wo sie von der „klassischen" Transzendentalphilosophie Kants und seiner Nachfolger in eigener Sache Belehrung erhofft.

Darum ist es inzwischen zu Deutungs- und Aneignungsformen gekommen, die auf den Weg jener Interpretation und Rezeption zurückkehren, ‚gegen' die der Metaphysikkantianismus sich etabliert hatte: auf den Weg der altkantischen und auch neukantischen *Transzendentalkantianer* – auf den Weg Fichtes und Cohens[28]. Das geschieht wiederum (erstens) im Anschluß an den „transzendentalen" Husserl, wie es u. a. die Arbeiten Szilasis zeigen[29]. Und es geschieht ebenso (zweitens) im Anschluß an den „transzendentalen" Thomismus im Blick auf die Vorarbeiten Maréchals[30]. Diese Versuche wollen das „transzendentale Motiv"[31] bewahren, das verlorenzugehen scheint, wo man der Transzendentalphilosophie – etwa in Richtung auf die Metaphysik – Entschiedenheit zumutet.

GEWÄHRSLEUTE. Die hier beabsichtigte Deutung knüpft an die letztgenannten Versuche an; sie setzt – in verschiedener Weise – auf Fichte und Cohen; sie glaubt Gründe zur Annahme zu haben, daß das Verständnis der Transzendentalphilosophie Kants an das Verständnis der Transzendentalkantianer gebunden ist. Damit folgt sie dem Urteil und wiederholten Hinweise *Hegels.* „Die Kantische Philosophie" – schreibt Hegel[32] – „hatte es bedurft, daß ihr Geist vom Buchstaben geschieden, und das rein spekulative Prinzip aus dem Übrigen herausgehoben wurde, was der raisonnierenden Reflexion angehörte, oder für sie benutzt werden konnte. In dem Prinzip der Deduktion der Kategorien ist diese Philosophie echter Idealismus; und dies Prinzip ist es, was Fichte in reiner und strenger Form herausgehoben, und den Geist der Kantischen Philosophie genannt hat". „Fichte'sche Philosophie ist Vollendung der kantischen Philosophie"[33]; „Fichte hat eine große Aufregung seiner Zeit gegeben, den Kantianismus vollendet"[34] – und dabei geholfen hat ihm Schelling, teils weil und solange er Fichtianer war[35], teils weil er es nicht blieb[35a]. Kant, Fichte, Schelling – das sind die Gewährsleute der Transzendentalphilosophie: „Kantische, fichte'sche und schelling'sche Philosophie. In diesen Philosophien ist die Revolution als in der Form des Gedankens niedergelegt und ausgesprochen, zu welcher der Geist in der letzten Zeit in Deutschland fortgeschritten ist; ihre Folge enthält den Gang, welchen das Denken genommen hat"[36]. So erschließt sich der „Geist" der Kantischen Transzendentalphilosophie durch das Studium Fichtes und Schellings; ihre Philosophie gibt – trotz Kants Protest[37] – die authentische Interpretation der Transzendentalphilosophie: was die Königsberger ist, kommt (wenn man dem Hinweise Hegels folgt: und das will diese Arbeit) heraus in der Jenenser Philosophie; was Kants transzendentales Denken will, zeigt sich im Denken Fichtes und Schellings: *die Transzendentalphilosophie Kants ist bei sich selbst als Wissenschaftslehre und System des transzendentalen Idealismus; darum ist Kantinterpretation, wo sie Theorie der Transzendentalphilosophie sein will, wesentlich Aneignung der Philosophie Fichtes und Schellings.* Und nicht obwohl, sondern *weil* sie das ist, muß sie – horribile dictu – zugleich zu einer gewissen Aneignung der Cohen'schen Kantdeutung werden. Damit ist die ‚Deutungsposition' dieser Überlegung in vorgreifender und vorläufiger Weise gekennzeichnet.

Zugleich läßt sich in einer ebenso vorgreifenden und vorläufigen Weise einiges zur chronologischen Umgrenzung dessen sagen, was diese Arbeit historisch meint, wenn sie in den folgenden Paragraphen von ‚Transzendentalphilosophie' spricht. Sie tut das in einem dreifachen Sinn.

1) Von Transzendentalphilosophie spricht diese Arbeit erstens in einem engeren Sinne und meint dann nur das, was sie auch als *klassische Transzendentalphilosophie* bezeichnet: die das „Ich" zum Prinzip machende Philosophie Kants, Fichtes, Schellings primär innerhalb des Zeitraums zwischen 1781[38] und 1800[39] – und zwar unter Ausklammerung der Urteilskraftkritikprobleme Kants[40], der Naturphilosophie – und Kunstphilosophieprobleme Schellings[41] und der ‚theologischen' Ansätze vor allem des späteren Fichte[42] und des späteren Schelling[43]. Es handelt sich da also um eine Epoche, deren erstes großes Werk Kants „Kritik der reinen Ver-

nunft“[44] und deren letztes großes Werk Schellings „System des transcendentalen Idealismus“ ist; – um eine Epoche, als deren zentrale Werke neben Kants erster Kritik und den mit ihr zusammenhängenden Schriften[45] (1781 ff.) vor allem Kants Geschichtsschriften (ab 1784)[46], seine „Grundlegung zur Metaphysik der Sitten“ (1785) und „Kritik der praktischen Vernunft“ (1788)[47], Fichtes „Grundlage der gesammten Wissenschaftslehre“ (1794) und die dazugehörigen erläuternden[48] und ausführenden Arbeiten[49], und schließlich die einschlägigen Schriften Schellings gelten dürfen; vor allem die Abhandlung „Vom Ich als Prinzip der Philosophie“ (1795), die „Philosophische(n) Briefe über Dogmatismus und Kritizismus“ (1795), die „Abhandlungen zur Erläuterung des Idealismus der Wissenschaftslehre“ (1796/97) und eben das „System des transcendentalen Idealismus“[50]; – um eine Epoche also eines Ansatzes, den – in der Form der Ergänzung oder der Preisgabe – sowohl Kant (ab 1790), als auch Fichte (ab 1800), als auch Schelling (ab 1797) teils in ästhetisch-naturphilosophischer, teils in theologischer Richtung verändert haben[51]. Wenn in den folgenden Abschnitten als Beleg für charakteristische Tendenzen dieser Epoche vereinzelt auch aus Schriften zitiert wird, die später erschienen sind, so geschieht das – jeweils mit aller Behutsamkeit und kritischen Vorsicht – deswegen, weil (und nur in dem Maße wie) Motive des ‚klassischen‘ Ansatzes in das spätere Denken eingegangen sind: es ist vielleicht gut, das ausdrücklich und bereits an dieser Stelle zu bemerken. Die ‚zentrale‘ Figur der in angegebener Weise chronologisch definierten „klassischen“ Transzendentalphilosophie ist *Fichte:* ihre Darstellung in dieser Arbeit betrifft nur jenen Kant, der von Fichte ausgearbeitet worden ist[52], und allein jenen Schelling, der „nur Fichtes System erklären“ wollte[53]. Als ‚Bilanz‘ dieser ‚klassischen‘ Transzendentalphilosophie aber nimmt diese Arbeit Kants „Einleitung“ zur „Kritik der Urteilskraft“ – obwohl diese in anderer Hinsicht gerade der Ausgangspunkt Fichtes und Schellings war[54]. Vor allem von dieser ‚klassischen Transzendentalphilosophie‘ handelt in einem für ihre Sache nötigen Umfang dieses Kapitel der Arbeit.

2) Von Transzendentalphilosophie spricht diese Überlegung zweitens in einem weiteren Sinne und meint dann auch all das, was sie auch *depotenzierte Transzendentalphilosophie* bezeichnet: von den durch ihn selber sachlich erzwungenen Veränderungen des klassischen Ansatzes der Transzendentalphilosophie meint sie damit all diejenigen, die nicht zu einer eindeutig politisch-geschichtsphilosophischen oder theologisch-metaphysischen Position geführt haben, also vor allem die transzendentalphilosophische Wende zur „Ästhetik“[55] und zur spekulativen „Naturphilosophie“[56]: zunächst und primär das, was Kants „Kritik der Urteilskraft“ (1790), Schellings Naturphilosophie – greifbar zuerst und besonders in den „Ideen zu einer Philosophie der Natur“ (1797), der Schrift „Von der Weltseele“ (1798) und dem „Ersten Entwurf eines Systems der Naturphilosophie“ (1799) – und Schellings Kunstphilosophie – wie sie im 6. Hauptabschnitt des „Systems des transcendentalen Idealismus“ (1800)[57] entwickelt und in den kunstphilosophischen Vorlesungen (1802–1805) ausgeführt worden ist[58] – in besonderer Weise kennzeichnet, Probleme und Thesen also, die unter vielen Anderen etwa Schiller[59] und

Carus[60] bewegt haben. Im übrigen wird diese Untersuchung sich in ihrem letzten Kapitel bemühen zu zeigen, in welchem Sinne und Maße die entzaubernden Fragen Schopenhauers und Nietzsches[61] und gewisse Themen und Thesen der Psychoanalyse Freuds[62] in den Zusammenhang dieser Bewegung hineingehören. Ob darüberhinaus die ‚theologische' Wende der klassischen Transzendentalphilosophen in diesen Zusammenhang gehört, sie mag nun bereits in Kants Religionsschriften[63] oder erst beim „Berliner" Fichte (1800 ff.)[64] oder gar erst beim „späteren" Schelling – sei es seit dem „Identitätssystem" (1801)[65], sei es erst seit „Philosophie und Religion" oder gar erst seit Schellings Übersiedlung nach München (1806)[66] – angesetzt werden: das braucht diese Arbeit für ihre Zwecke nicht zu entscheiden, sie darf es offenlassen. So ist das, was sie in ihrem letzten Kapitel als die ‚Depotenzierung der Transzendentalphilosophie' besprechen wird, nur eine Auswahl ihrer Probleme und Schwierigkeiten.

3) Von Transzendentalphilosophie spricht diese Überlegung drittens dann auch im Blick auf die Versuche, im Gegenzug zu ihrer ‚Depotenzierung' die ‚klassische' Transzendentalphilosophie durch den Rückgriff auf Kant zu wiederholen. Sie meint dann den *Neukantianismus* vor allem – aber nicht nur – der „Marburger Schule": Liebmanns programmatische Schrift[67] erscheint 1865, Cohens entscheidendes Buch über „Kants Theorie der Erfahrung" 1871; einen gewissen Abschluß findet diese Form der Transzendentalphilosophie in der Zeit um den ersten Weltkrieg[68]. Von diesem Ansatz wird diese Arbeit mehr beiläufig sprechen, um ihren – unselbstverständlich gewordenen – Zusammenhang mit dem ‚klassischen' Ansatz der Transzendentalphilosophie zu betonen[69].

An dieser Stelle der Arbeit war nur von ‚chronologischen Definitionen' die Rede – nicht von ihrer ausführlichen Rechtfertigung. Sie und die mit ihnen zusammenhängenden Periodisierungen sind nicht Thema, sondern Instrument dieser Arbeit. So kommt es also vornehmlich darauf an, sie „offenzulegen". Von ‚Transzendentalphilosophie' spricht diese Überlegung in allen drei Zusammenhängen natürlich deswegen, weil sie meint, daß sie zusammengehören. Die im ersten und dritten Punkt genannten Ansätze nennen sich selbst „Transzendentalphilosophie"; an ihnen ist ebenfalls ihre Zusammenschau unüblich geworden. Mehr schon kann es problematisch scheinen, daß auch die im zweiten Punkt genannten Ansätze – obwohl sie sich selbst überwiegend nicht so nennen – als Formen der ‚Transzendentalphilosophie' diskutiert werden. Sie haben hier ihre Bezeichnung als ‚konsequente Folgen' des ‚klassischen' Ansatzes der Transzendentalphilosophie erhalten.

Am meisten freilich wird es merkwürdig scheinen, daß diese Überlegung in diesem ganzen Zusammenhange *Hegel* ungenannt läßt. Was Hegel betrifft, dessen Hinweisen diese Arbeit ja folgt, so bleibt er in der Tat aus ihrer Betrachtung ausgeklammert. Das geschieht freilich nicht aus Willkür. Die neuere Deutung hat Protest erhoben gegen den Usus, Hegel ohne weiteres als den „Vollender" der Transzendentalphilosophie und des Deutschen Idealismus zu sehen. Das ist aus verschiedenen Gründen geschehen[70]; darüber zu berichten ist nicht Sache dieser Arbeit[71]. Das gewiß am wenigsten beabsichtigte, ebenso gewiß aber eindrucksvollste Resultat dieser Periode ist, daß (erstens) der Begriff des Deutschen Idealismus dabei ist, sich zu zersetzen, und daß (zweitens) Hegel endgültig in eine Sonderstellung gerät. Die folgende Überlegung ist gewillt, gerade dieses Ergebnis zu respektieren. *Die Entlastung Hegels von der Rolle des ‚Vollenders' des Deutschen Idealismus gibt ihn frei für die des ersten entscheidenden ‚Kritikers' dieser Philosophie.* Als dieser, als der klassische, als der zugleich intime und entschiedene Kritiker der Transzendentalphilosophie und ihrer Naturphilosophie ist Hegel dieser Untersuchung wichtig und gegenwärtig; er wird in ihr nicht selbst thematisch[72], aber er wird ständig konsultiert.

SCHWIERIGKEITEN. Transzendentalphilosophie – wurde versuchsweise gesagt[73] – ist die ‚Position der Unentschiedenheit'; sie ist zugleich ‚noch' und ‚nicht mehr' Metaphysik, und sie ist zugleich ‚schon' und ‚noch nicht' Geschichtsphilosophie. Sie ist „Aprioriforschung"[74] – als diese unentschiedene Position: sie erforscht die ‚Aprioritäten' aber nicht (mehr) als *Prinzipien des Seienden,* (noch) nicht als *Momente der Geschichte,* sondern als *Selbstvermittlungen (Setzungen) des Ich.* Daraus folgt vorläufig: *Transzendentalphilosophie ist „Aprioriforschung" als Theorie des sich ‚vermittelnden' Ich.* So kommt offenbar alles darauf an, dieses „Ich" in einer zureichenden Weise zu begreifen. Das aber bereitet Schwierigkeiten. Denn:

Einerseits ist dieses „Ich" – nimmt man es als Grundprinzip ernst – unableitbar und das ‚Wofür' aller Nötigkeiten d.h. die Instanz aller Nötigkeitsnachweise. „Darin" – sagt Fichte[75] – „besteht nun das Wesen der kritischen Philosophie, daß ein absolutes Ich als schlechthin unbedingt und durch nichts Höheres bestimmbar aufgestellt werde" – als „erste(r), schlechthin unbedingte(r) Grundsatz"[76], von dem Fichte sagt, er könne „nicht bewiesen, noch abgeleitet werden"[77]: „beweisen oder bestimmen läßt er sich nicht, wenn er absolut-erster Grundsatz sein soll"[78]. Und Schelling, der selber „Vom Ich als Prinzip der Philosophie" spricht[79], nennt ihn einen „schlechthin an sich selbst unbedingte(n) Grundsatz"[80], der „etwas ist, das ursprünglich schlechthin gesetzt ist, dessen Gesetztsein durch nichts außer ihm bestimmt ist"[81]: „Müßte man, um zu seinem Denken zu gelangen, ein anderes denken, so wäre dieses höher als das Höchste, was sich widerspricht: um zum Höchsten zu gelangen, brauche ich nichts, als dieses Höchste selbst – das Absolute kann nur durchs Absolute gegeben werden"[82].

Andererseits glaubt diese Untersuchung – sie hat darüber keinen Zweifel gelassen[83] – zu ‚begreifen' nur in dem Maße, wie sie ableitet und Nötigkeitsnachweis führt: nur so kann sie im Ernste ‚genealogisch' interpretieren.

Wie verträgt sich das? Wie kann die Instanz aller Nötigkeitsnachweise als nötig nachgewiesen, wie kann das Unableitbare (genealogisch) abgeleitet werden? Wie ist das möglich? Gar nicht. Es ist nicht möglich[84]. Möglich ist allein dieses: unter *Voraussetzung* des Prinzips die Nötigkeit seiner amtierenden Gestalt nachzuweisen. Es ist nicht möglich, (genealogisch) abzuleiten, daß das Ich Prinzip ist; möglich aber ist es, (genealogisch) abzuleiten, daß das Prinzip Ich ist, daß es auf Grund gewisser Bedingungen zum Ich wird: unter der Voraussetzung, daß es zuvor schon in anderer Gestalt in Kraft und Geltung war – und das war es; es war in der Tradition der Metaphysik in Kraft und Geltung als das *Sein*. Daraus ergibt sich die Aufgabe der genealogischen Interpretation der Transzendentalphilosophie, die Aufgabe der Genealogie des transzendentalen Ich: *die Transzendentalphilosophie zu begreifen als Metamorphose der metaphysischen Seinslehre, das „Ich als Prinzip der Philosophie" zu erkennen als ‚Metamorphose des esse commune'*. Einen Versuch dazu macht der folgende Abschnitt.

Metamorphose des esse commune

Wie kommt es zur geschichtsfernen Geschichtsphilosophie? Antwort geben soll eine Genealogie der Transzendentalphilosophie – und einen Beitrag dazu eine Theorie der Verwandlung der metaphysischen Seinslehre, eine Theorie der Metamorphose des esse commune.

1. Sein, Ich, Geschichte

So ist es für diese Untersuchung nötig, eine Analyse der metaphysischen Seinslehre voranzuschicken – und es ist zugleich unmöglich. Nötig: sie kann nicht darauf verzichten, die Transzendentalphilosophie als Verwandlung der Seinslehre zu begreifen. Unmöglich: sie würde ins Uferlose geraten. Diese Schwierigkeit löst sie durch einen vielleicht nicht ganz unbedenklichen Kunstgriff: sie ersetzt die Analyse der metaphysischen Seinslehre durch eine ‚methodisch vertrauensselige' Konsultation derjenigen Gruppe ihrer Interpretation, die zugleich der Transzendentalphilosophie geneigt ist, die also vom Aufspüren der Verwandtschaften und Zusammenhänge zwischen metaphysischer Seinslehre und Transzendentalphilosophie sozusagen lebt[1]. Es handelt sich dabei vor allem um Interpretation der Philosophie Thomas v. Aquins, um Interpretationen der oben so genannten ‚Transzendentalthomisten': ihre Deutungen werden hier zugrundegelegt, befragt, ausgewertet – und dabei verläßt sich diese Arbeit insbesondere auf die einschlägigen Studien Oeing-Hanhoffs[2].

METAPHYSISCHE SEINSLEHRE. Daß gerade die Thomas-Interpretation – und nicht die der klassischen griechischen Metaphysik – die metaphysische Seinslehre erschließt, ist, nach Meinung ihrer Deuter – und zu ihnen gehört Gilson[3] – nicht zufällig: die griechische Metaphysik, die des Platon und Aristoteles, sie hatte keine Seinslehre im strengen Sinn, konnte sie nicht haben[4]. Die metaphysische Seinslehre ist wesentlich ‚nachchristlich': denn die Prinzipienlehre des „esse commune" – des erstgeschaffenen, nicht-subsistierenden Seins, das im Vollzug der „similitudo Dei" die Dinge konstituiert[5] – ist in gewissem Sinn die durch das Denken der Metaphysik hindurchgegangene christliche Schöpfungstheologie. Es wird dienlich sein, von

esse ipsum non subsistens

vornherein darauf Acht zu haben, daß es eine ‚Geschichte' – die Schöpfungsgeschichte – ist, die da in die Philosophie eingebracht wurde und eine Theorie des Seinsprinzips erzwang, so daß gerade diese durch eine Theorie des esse commune bestimmte Prinzipienlehre am ehesten das ist, was in der Metaphysik ‚schon' nicht mehr Metaphysik, was in ihr in einem gewissen Sinne ‚schon' Transzendentalphilosophie und Geschichtsphilosophie ist – sozusagen ‚Transzendentalphilosophie vor der Transzendentalphilosophie' und ‚Geschichtsphilosophie vor der Geschichtsphilosophie'[6].

Gleichwohl – und das liegt ebenso in diesen Aussagen – ist diese metaphysische Seinslehre ‚noch' keine Transzendentalphilosophie, ‚noch' keine Geschichtsphilosophie. Das zeigt sich vor allem daran, daß sie (erstens) über das Sein als ein in gewisser Hinsicht Immerseiendes Immerstimmendes sagen will, und daß sie (zweitens) die klassische Grundfrage der Metaphysik, die Frage nach dem „Seienden als Seiendem" nicht nur in Geltung läßt, sondern gerade erst eigentlich zur rechten Geltung bringt: die Theorie des esse commune gehört zur Lehre von den Prinzipien des *Seienden* und seiner Erkenntnis[7]. Zum Seienden (ens) aber gehört – um gleich auf den Punkt der entscheidenden Differenz zur Transzendentalphilosophie und Geschichtsphilosophie hinzuweisen – zentral seine *Selbständigkeit* gegenüber dem Prozeß seiner Begründung: das esse commune ist das prävalierende Konstituens innerhalb eines Konstitutionsprozesses, der das Konstituierte als ihm gegenüber ‚Selbständiges' konstituiert. Der Grund dieser Selbständigkeit ist das *Wesen* (essentia), das bei den endlichen Dingen[8] durch die Verbindung von *forma* und *materia prima* sich ergibt[9]. Dieses Wesen bewahrt das Endliche (ens creatum) davor, im Sein – im allgemeinen actus essendi – sich aufzulösen und in ihm zu vergehen, zur bloßen Setzung, zum bloßen Momente zu werden: das Wesen erreicht, daß dem Endlichen das Sein nur „zukommt" und daß, indem das Sein mit diesem Wesen „zusammenwächst", das resultierende „concretum" zum wirklich ‚in sich selbst' stehenden Seienden in der Bestimmung der *Substanz* mit Akzidentien wird[10]. In diesen, gerade und vor allem in diesen Bestimmungen meldet sich der Unterschied metaphysischer Seinslehre gegenüber der Transzendentalphilosophie bzw. Geschichtsphilosophie, auf den es hier allein ankommt: *die metaphysische Seinslehre ist Theorie der Konstitution des ‚Seienden', das kraft seines ‚Wesens' dem Sein nicht ausgeliefert ist, sondern dem Prozeß seiner Konstitution zur Selbständigkeit entwächst d. h. „an sich" ist als ‚Substanz'.* Diese metaphysischen Fundamentalbegriffe ‚Seiendes', ‚Wesen', ‚Substanz'[11] – gerade sie dokumentieren die Eigenart dieser metaphysischen Theorie, gerade sie zeigen, daß sie *nicht* die Theorie des Prozesses der Konstitution von ‚Nötigem' (Vermittlungen) ist; sie ist – um auf Späteres vorgreifend zu reden – vielmehr ‚Transzendentalphilosophie bzw. Geschichtsphilosophie ohne das Nötigkeitsprinzip'. Freilich: was es mit diesem Nötigkeitsprinzip auf sich hat und in welchem Sinne und Maße die Eigenart der Transzendentalphilosophie und Geschichtsphilosophie an diesem Nötigkeitsprinzip hängt, das muß an dieser Stelle noch im Dunkeln bleiben, darüber kann erst im folgenden Abschnitt gesprochen werden[12].

Schwierigkeiten. Hier genügt diese kurze und grobe Skizze der metaphysischen Seinslehre. Ihre fast unzumutbare Unvollständigkeit und Undifferenziertheit muß nicht erst betont werden. Aber eines läßt sie nun doch wohl erkennen: daß diese metaphysische Prinzipienlehre von vornherein mit einem fundamentalen Problem belastet ist, diesem: durch das esse commune als Prinzip liegt der Sinn des ‚ist' fest fürs Istsagen in Bezug auf Seiendes; von ihm her wird bestimmt, was beim Seienden heißt, es ‚sei'. Aber doch auch von diesem esse commune, dem esse ipsum non subsistens – und von den anderen Prinzipien – wird gesagt, es ‚sei' und sie ‚seien': was heißt das? Was meint *dieses* ‚ist'? Woher bekommt es seinen Sinn? Wie soll man danach fragen? D.h. was definiert das Feld der möglichen, der erwartbaren, der diskutablen Antworten, auf dem diese Frage Fuß fassen kann[13]? Es ist dies eine ganz nüchterne, ganz elementare Schwierigkeit. *Wie ‚ist' das esse commune, wie ‚sind' die Prinzipien?*

Die Ansätze zu einer Antwort auf diese Frage, die sich bei Thomas finden, hat u.a. M. Müller herauszuarbeiten versucht[14]. Er wirft das Problem des „Seins der Gründe" auf[15] und spricht – Thomas interpretierend – von der „Vorexistentialität und Vorindividualität der prinzipiellen Realität"[16]. „Das principium ist als solches real und doch als solches auch nicht-existent ... Das Entitativ-Reale als Existentes ist konstitutierte Realität, das Prinzipiell-Reale ist konstitutive Realität"[17]. Müller betont dabei „die Dialektik von principium und principiatum"[18]: „Als principia, die nur principia sind und in keiner Weise principiata, besteht ihr Sein im principiare selbst"[19] – „der Grund existiert und ‚ist' als Grund nicht in sich, nicht er selbst, sondern er ist als Grund, d. h. in seinem Begründen, schon das Andere, das Begründete, indem er es dauernd gründet und wirkt"[20]: die Prinzipien – als Gründe des Seienden und seiner Erkenntnis[21] ‚sind sie' und ‚sind sie nicht' das Begründete. Müller zeigt und verlangt, daß diese „Dialektik zwischen Grund und Gegründetem und das mit ihr verbundene Problem der beiden Realitäten, des Prinzipiell-Realen und des Entitativ-Realen, in jeder eigentlichen Philosophie in irgendeiner Form wieder erscheine. Entscheidend ist immer ..., daß aus der eindeutigen Alternative: Gedankliches, Nur-Logisches, Abstraktes, von uns Gebildetes, d. h. also Nur-Subjektives ... einerseits oder: Existierendes, Insichseiendes, Als-Substanz-Seiendes herausgegangen wird und zu einer ‚Objektivität' ... vorgestoßen wird, die jenseits dieser Alternative liegt. Innerhalb des thomistischen Systems ist diese Objektivität, die weder nur subjektiv-gedanklich noch aber auch nach der Weise des Existierenden ‚ist', das ens quo, das Prinzipiell-Reale als Nichtexistentes oder besser: Vorexistentes"[22]. Es sind dies Aussagen, die sich in der Transzendentalphilosophie wiederholen[23]; Müller weist ausdrücklich darauf hin[24].

Was ergibt sich aus diesen Aussagen? Sie betonen das ‚nicht im Sinne des Seienden sein' der Prinzipien, der entia quibus. Aber führen sie zu einer eindeutigen, ‚konkreten', phänomenal prallen Bestimmung des Seins der Prinzipien, vor allem des Seins des esse commune? Gerade indem sie das Problem dieses Seins der Prinzipien thematisch machen, beheben sie nicht, sondern dokumentieren sie eine grundsätzliche *Unbestimmtheit der Seinsweise der Prinzipien, insbesondere des esse*

Prinzip kann in übergreifender Ordnung selbst nur Bedingtes (Prinzipiat) sein *commune.* Auch Müller scheint dieser Ansicht beigetreten zu sein[25] – und am Ende sogar die Geschichte der Prinzipienlehre selbst.

FOLGEN. Denn diese Unbestimmtheit der Seinsweise der Prinzipien, diese Unbestimmtheit der Seinsweise des nichtsubsistierenden Seinsprinzips führt zur Unsicherheit über diese Seinsweise. Sie eröffnet ein Feld fruchtbarer oder gefährlicher Mißverständnisse. Vor allem: sie macht die metaphysische Seinslehre insgesamt labil. So hat diese Unbestimmtheit und Unsicherheit *Konsequenzen.* Weil diese Unsicherheit bestand, konnte es u. a. dazu kommen, daß – wie seine Deuter betonen – Thomas mit einigen der entscheidendsten seiner ontologischen Thesen in diese Geschichte der Prinzipienlehre nicht wirksam einzugreifen vermochte.

Denn es verhält sich eben so, „daß in der thomistischen Metaphysik der Akt des Existierens, das Sein, einen gewissen Primat besitzt"[26]: die Metaphysik des Aquinaten ist Seinsmetaphysik. Wenn aber die Interpreten, auf die diese Überlegung sich stützt, richtig sehen, dann hat nicht die Seinsmetaphysik, sondern die des *Wesens* die spätere metaphysische Tradition beherrscht[27]. Es ist nicht Sache dieser Arbeit, zu entscheiden, ob das mit dem Interesse dieser späteren Metaphysik an im allerstrengsten Sinne ‚allgemeinen' Aussagen – die unabhängig von aller Existenz und in jeder möglichen Welt zutreffen sollen[28] – zusammenhängt und damit, daß das esse commune als ein ‚irgendwie' vom Schöpfungsakt Tangiertes für ein derartiges Interesse am Ende ‚zu kontingent' sein könnte, so daß nur das aller Existenz überlegene und gegen sie indifferente „Wesen", die bloße ‚Möglichkeit zu existieren', einem solchen allgemeinheitswilligen Interesse genügt. Dieser Grund und andere Gründe mögen zur späteren Machtergreifung des Prinzips Wesen geführt haben: jedenfalls ist unbestreitbar, daß der ‚klassischen' Transzendentalphilosophie die Metaphysik unmittelbar und leibhaftig in der Form nicht der Seinsmetaphysik, sondern in der der Wesensmetaphysik, des „Essentialismus" vorgegeben war. Die hier ‚klassisch' genannte Transzendentalphilosophie beginnt mit dem Protest gegen die Verpflichtung der Philosophie, Theorie nur mehr der Essenz, des „Denklichen" und widerspruchsfrei „Möglichen" zu sein; sie beginnt mit Kants Absage an die exakte Möglichkeits- und Wesensphilosophie *Wolffs* zugunsten einer Philosophie der „Wirklichkeit" – und zwar spätestens in den „vorkritischen" Schriften von 1763[29]. Die ‚klassische' Transzendentalphilosophie ist – was immer sie sonst sein mag – zunächst einmal Absage an den metaphysischen „Essentialismus" zugunsten einer Philosophie des „Aktes" – des Aktes „Ich", des Aktes „Selbstbewußtsein". „Das Selbstbewußtsein ist ein Akt" – sagt Schelling[30]: er „ist das Seyn selbst"[31]: *Die Transzendentalphilosophie steht der Metaphysik des „actus essendi" bei Thomas näher als jeglicher „Wesensmetaphysik"*[32].

Zur nach-thomistischen Machtergreifung des Prinzips ‚Wesen' gehört nun eine weitere, mindestens ebenso wesentliche Konsequenz. Die Machtergreifung des Prinzips ‚Wesen' vertreibt das Prinzip ‚Sein' aus der Verfassung der „prinzipiellen Realität", gibt es preis an andere, ihm die prinzipielle Realität absprechende Deutungen. So konnte die von Müller warnend charakterisierte Alternative[33] zum

Zuge kommen: es konnte das esse ipsum non subsistens zum subsistierenden erklärt, als Substanz interpretiert, also zum Dinge verfälscht, *verdinglicht* werden – *direkt*, indem es mit Gott identisch gesetzt, oder *indirekt*, indem es als Substanz-,Begriff' eines nichtexistenten Dinges also als Fiktion gedeutet wurde. Es kann und soll hier nicht in extenso die Rede sein von Pantheismus oder Atheismus als den Konsequenzen; immerhin sind es aber gerade diese Konsequenzen – der Pantheismus in der extremen Form des *Spinoza*, der potentielle Atheismus des positivistischen Empirismus bei *Hume* – die unter dem Namen des „Dogmatismus" oder des indirekten Dogmatismus, des „Skeptizismus" zum entscheidenden, zum am entschiedensten ernstgenommenen Gegenspieler – ja, nun nicht mehr der metaphysischen Seinslehre, sondern der ‚Transzendentalphilosophie' Kants, Fichtes, Schellings geworden sind[34]: *die (direkte oder indirekte), ‚Verdinglichung' des Seinsprinzips provoziert die Transzendentalphilosophie; Transzendentalphilosophie ist wesentlich der Protest gegen diese Verdinglichung des Seinsprinzips, den „Dogmatismus"*. Denn eben diese Verdinglichung ist die eigentliche Definition des „Dogmatismus": „Das Unbedingte" – sagt Schelling[35] – „im Objekt, im Ding suchen ... muß ... so viel heißen, als das Unbedingte in einem absoluten Objekt suchen ... (Prinzip des vollendeten Dogmatismus)". Daß es darüberhinaus dieses Ding auch noch einzig als das Objekt exakter Methoden sein sollte, verschärfte diesen Dogmatismus zu jener Unerträglichkeit, die dann Kant als erster so empfunden hat, daß er kritische Konsequenzen zog. Diese Konsequenzen formuliert Schelling so: „Prinzip des Dogmatismus ist ein vor allem Ich gesetztes Nicht-Ich ... Das Prinzip des Dogmatismus widerspricht sich selbst ... denn es setzt ein unbedingtes Ding, d. h. ein Ding, das kein Ding ist, voraus"[36]. „Unbedingt nämlich ist das, was gar nicht zum Ding gemacht ist, gar nicht zum Ding werden kann. Das Problem also, das wir zur Lösung aufstellen, verwandelt sich nun in das bestimmtere, etwas zu finden, das schlechterdings nicht als Ding gedacht werden kann. Das Unbedingte kann also ... nur in dem, was gar kein Ding werden kann, d. h. ... nur im *absoluten Ich* liegen"[37]. Die Transzendentalphilosophie protestiert gegen die Verdinglichung des Seinsprinzips durch den Dogmatismus; sie vermag aber das vormals als ‚Sein' präsente Prinzip in seiner „prinzipiellen Realität, in seiner nichtdinglichen Existenzweise nicht mehr als ‚Sein', sie vermag es einzig als *Ich* zu retten[38].

In der Form dieser beiden Proteste – dem gegen das absolute Wesensdenken und dem gegen das absolute Substanzdenken der unmittelbar überlieferten Metaphysik – ergreift in der philosophischen Prinzipienlehre das Prinzip Ich die genaue Nachfolge des Prinzips Sein. Weil sich dabei alsbald zeigt, daß damit eine Schwierigkeit (Seinsweise des Seins) durch eine andere Schwierigkeit (Seinsweise des Ich) abgelöst wurde, treibt dieser Prozeß weiter dahin, daß sich das Ich konkretisiert zur ‚Geschichte'. *Das ‚esse commune' in der Metaphysik, das ‚Ich' in der Transzendentalphilosophie, die ‚Geschichte' in der Geschichtsphilosophie: sie haben den gleichen ‚ontologischen Stellenwert'*. Das heißt nicht, daß sie simpel ‚dasselbe' sind, daß da einfach nur verschiedene Namen für den selben Tatbestand gebraucht werden.

Aber sie sind ‚dasselbe' hinsichtlich ihrer Rolle als principium primum der genannten Philosophien, und sie sind als Statthalter der ‚prinzipiellen Realität' jeweils Rechtsnachfolger voneinander und das eine des anderen Erbe. Im übrigen aber liegt ganz zweifelsfrei eine Veränderung vor: eine *Metamorphose des esse commune.*

2. *Theodizee durch kopernikanische Wende*

Vom Sein zum Ich, vom Ich zur Geschichte – das also ist, wenn diese Überlegung richtig sieht, der Weg dieser Metamorphose. Damit rückt das Ich in die Stellung ‚zwischen' metaphysischem und geschichts-philosophischem Prinzip, in jene Zwischenstellung also, die für die Transzendentalphilosophie insgesamt charakteristisch zu sein scheint. Aber – diese Frage ist noch offen – wieso ist es gerade das Ich, das in diese Stelle rückt?

THEODIZEE UND KOPERNIKANISCHE WENDE. Aus den mancherlei Gründen dafür will die hier versuchte Überlegung nur einen hervorheben. Die Verwandlung der metaphysischen Seinslehre zur Transzendentalphilosophie, die Metamorphose des esse commune, die Überwindung der Zwischenphase des Essentialismus und Dogmatismus, die Erhebung gerade des ‚Ich' zum Prinzip der Philosophie, kurz: die *kopernikanische Wende* – sie hat nach Meinung dieser Arbeit in entscheidender Weise mit dem *Theodizeeproblem* zu tun. Dafür zunächst zwei Indizien.

1) Da ist einmal der Tatbestand, daß sich die Transzendentalphilosophie in einer besonderen und ausgeprägten Weise *„juristisch"* versteht und bereits dadurch in eine gewissen Nähe zum ‚Rechtshandel' der Theodizee gerät. Denn die Transzendentalphilosophie adoptiert – keineswegs nur in ihrer kantischen Form – in großem Stile die Metaphorik der Rechtswelt: sie wird „Rechtshandel"[39] d.h. „Prozess"[40] also Verfahren vorm „Gerichtshof" der Vernunft[41] in Erwartung ihres Richterspruchs, ihrer „Sentenz"[42]; sie wird wesentlich zur Entscheidung der Frage „quid juris?" d.h. in ihrem zentralen Stücke transzendentale „Deduktion" im Wortverstande der „Rechtslehrer" – und das transzendentale Deduzieren, oder, wie dann Fichte, Schelling und auch Hegel abgekürzt sagen: das „Deduzieren" hat eben diesen juristischen Sinn des Rechtfertigens, Legitimierens. Dieser richterliche Sinn wird für die gesamte Transzendentalphilosophie verbindlich: sie – und daraufhin dann auch die Geschichte – wird im Rechtssinne „Prozeß" und „Weltgericht"[43]. Dabei kann gar nicht scharf genug betont werden, daß „Prozess" auch und gerade noch bei Hegel nicht die blasse Bedeutung einer ‚Bewegung irgendwie überhaupt', sondern die bestimmte eines ‚juristischen' Verfahrens hat. Es läßt sich die These wagen: *diesen juristischen Charakter übernimmt die Transzendentalphilosophie aus dem Verfahrenszusammenhang der Theodizee.*

2) Da ist zum anderen der Tatbestand, daß das zentrale Problem der Transzen-

dentalphilosophie, das Freiheitsproblem, von ihr – mindestens der Zeit nach zuerst – aus dem Diskussionszusammenhang der Theodizee aufgenommen wird. Ist Gott oder ist der Mensch verantwortlich für das Schlimme der Welt, d. h. ist der Mensch Gott gegenüber ‚frei' genug, um für dieses Schlimme verantwortlich zu sein? – das ist die Ausgangsfrage[44]. Vor allem die Untersuchungen Heimsoeths haben gezeigt, daß das Freiheitsproblem nicht nur bei Kant[45], sondern auch bei Fichte[46] zunächst das der Vereinbarkeit göttlicher Voraussicht bzw. Vorausbestimmung mit menschlicher Freiheit gewesen ist: das ‚Problem in diesem Problem' aber ist das Theodizeeproblem. Unmittelbar ‚nach' der ‚klassischen' Phase der Transzendentalphilosophie aber kehrt ihr Freiheitsproblem in diesen Ansatz und Zusammenhang zurück – nicht nur beim Schelling der Freiheitsschrift[47], auch beim Hegel der Geschichtsphilosophie stellt sich das Freiheitsproblem in ausdrücklicher Form als Theodizeeproblem wieder her[48]. Wenn aber so die Freiheitsdiskussion der Transzendentalphilosophie von der ‚Theodizeeformel' des Freiheitsproblems ausgeht und zu ihr zurückkehrt, wenn sie also – wie man übertreibend formulieren kann – die Herrschaft dieser ‚Theodizeeformel' des Freiheitsproblems gewissermaßen nur ‚unterbricht': dann liegt es nahe, anzunehmen, *daß die Transzendentalphilosophie selbst (mindestens ‚auch') eine Epoche in der Geschichte dieser ‚Theodizeeformel' des Freiheitsproblems ‚ist'.*

So scheint es sinnvoll, die zentralen Gedanken der Transzendentalphilosophie – wenigstens versuchsweise – von dorther zu verstehen und darum zu vermuten: *auch und gerade die Erhebung des „Ich" zum Prinzip hängt zusammen mit der Theodizee.*

„Unter einer Theodizee" – schreibt Kant[49] – „versteht man die Verteidigung der höchsten Weisheit des Welturhebers gegen die Anklage, welche die Vernunft aus dem Zweckwidrigen in der Welt gegen jene erhebt". Wenn aber irgendwo, dann scheint dieses „Zweckwidrige in der Welt" greifbar im Tatbestand der *Antinomien:* sie scheinen Güte und Vernünftigkeit Gottes in Frage zu stellen. Es zeichnet sich die Gefahr ab, daß jene Verfassung, für deren Überlegung noch Descartes eigens einen „genius malignus" glaubte bemühen zu müssen, die selbstverständliche und herrschende Verfassung der Welt ist: die antinomische, die „dialektische"[50], die der *Unvernunft.* Darum sind die Antinomien, darum ist „dieses Produkt der reinen Vernunft ... das merkwürdige Phänomen derselben, welches auch unter allen am kräftigsten wirkt, die Philosophie aus ihrem dogmatischen Schlummer zu erwecken"[51]: die Reflexion des Antinomienfaktums führt zur Transzendentalphilosophie; die kopernikanische Wende wird erzwungen durchs Antinomienfaktum[52]. Durch Antinomien wird die Welt zur widersprüchlichen, schlimmen, schrecklichen, zur unvernünftigen Welt; sie wird zur fremden Welt; mit ihr sich zu „versöhnen"[53] wird – angesichts der Antinomien – gerade demjenigen unmöglich, der zur Vernunft hält. Seine Klage über und gegen diese Welt wird – und zwar in besonderem Maße dort, wo ihr Prinzip „dogmatisch" mit Gott gleichgesetzt und Gott selbst zu ihrem unmittelbaren Subjekt geworden ist – zur Klage über und gegen Gott.

Der Versuch einer „Rechtfertigung Gottes" aber muß dazu führen, Gott von der Verantwortung, von der Urheberschaft für diese Welt bzw. ihre schlimme Verfassung freizusprechen. Das gelingt dadurch, daß die Rolle des Verantwortlichen und Urhebers dieser Welt von Gott an den Menschen übergeht. Das Antinomienfaktum verlangt diesen Subjektwechsel, denn: quod licet bovi non licet Jovi, nämlich Antinomien: der „intellectus archetypus"[54] darf kein antinomienträchtiger Verstand sein, allein einem „intellectus ectypus"[54] können Antinomien zugemutet werden. Gottes Welt darf keine Welt der Widersrpüche sein, nur die in einer grundsätzlichen Weise ‚menschliche' Welt darf Widersprüche aufweisen. Nicht also aus irgendeiner „Hybris", sondern aus dieser *Rücksicht* auf Gott und „Zärtlichkeit für die ... Dinge" an sich[55] kommt es zur „kopernikanischen Wende", kommt es zur Transzendentalphilosophie – zunächst in ihrer kantischen Gestalt – mit der These „transzendentaler Idealität" d. h. zumindest betonter Menschenbezogenheit, Ich-bestimmtheit der „Erscheinungswelt": *die kopernikanische Wende d. h. die transzendentalphilosophische Erhebung des „Ich" zum Prinzip hat einen Theodizeegrund. Die Transzendentalphilosophie entsteht aus der Verbindung des ‚Prinzipienproblems' mit dem ‚Theodizeeproblem', aus der Verbindung des Motivs der metaphysischen Seinslehre mit dem Motiv des ersten großen philosophischen „Rechtshandels" der Neuzeit, der Theodizee, und zwar im Blick aufs Antinomienfaktum: Transzendentalphilosophie* – zuerst diejenige Kants, aber nicht nur sie – *ist ‚Theodizee durch kopernikanische Wende'.*

Exkurs. Von dieser These her zeigt sich – das sei hier in Parenthese gesagt – das gemeinsame Recht einander entgegengesetzter Kantdeutungen. Es zeigt sich, daß Kant der ‚Kant der Metaphysikkantianer'[56] und der ‚Kant der Transzendentalkantianer' gleichermaßen war und sein mußte. Denn wenn diese These recht hat, steckt in der Transzendentalphilosophie gerade Kants eine gewisse Zweideutigkeit.

Einerseits verteidigt sie Gott, die Welt als Schöpfungswelt und damit in gewisser Hinsicht eine theologisch orientierte Substanz-Metaphysik[57]. Gott und die Substanzengemeinschaft der „Dinge an sich" – die göttliche Schöpfungswelt also, das „Reich der Zwecke"[58] – entkommt der Belastung durch Antinomien und dem Zugriff der Kategorien aus dem Reich der Mittel bzw. aus der exakten Erscheinungswelt, der Kontrollnatur. Für diese sozusagen apologetische Funktion der Kantischen Kritik haben vor allem Heimsoeth[59] und Krüger[60] eindrucksvolle Belege beigebracht. Die Deutung beider kann als repräsentativ für die der ‚Metaphysikkantianer' gelten. Ihre Kantinterpretation glaubt – fast durchgängig – die Schöpfungswelt der „Dinge an sich" als die von Kant ‚eigentlich' gemeinte und verteidigte Wirklichkeit und die traditionell-theologische Metaphysik als die von Kant ‚eigentlich' gemeinte und verteidigte Philosophie ansetzen zu dürfen – und glaubt es mit guten Gründen: „Die Sache der alten Metaphysik bleibt also gerade erhalten"[61]; das Neue bei Kant ist allein dies, daß nun der modernen und exakten Wissenschaft ausdrücklich untersagt wird, sich in diese Sache einzumischen.

Andererseits führt gerade diese Verteidigung Gottes, der Schöpfungswelt und

Metaphysik zu ihrer *Entwirklichung*. Das Unbestimmtwerden ihres Begriffs innerhalb der Interpretationen ist dafür nur ein beiläufiges Indiz. Kants Transzendentalphilosophie führt – als Theodizee angesichts des Tatbestandes von Antinomien – zum Freispruch Gottes. Aber dieser Freispruch kommt in gewisser Hinsicht einer Verbannung gleich. Gott ist fortan nicht oder nicht mehr vollziehbar der Gott der Welt, in der es Antinomien und das Problem ihrer Auflösung gibt: also – wenn doch späterhin die Antinomienhaltigkeit geradezu zum Kriterium der Wirklichkeit werden kann[62] – in einem vertretbaren Sinne nicht mehr Gott der wirklichen Welt. Gott gerät ins Jenseits[63], er ist unterwegs, der „ganz Andere" zu werden[64]: seine Schöpfung, die Substanzenwelt des Seienden, der „Dinge an sich" hört auf, die menschliche Problemwelt zu sein; sie wird zu der von der menschlichen Alltagswelt abgetrennten Sonntagswelt und gewissermaßen zur guten Stube des Daseins, die zwar – nur zögernd und selten – philosophisch vorgezeigt, aber nicht mehr wirklich bewohnt wird: Gott hört auf, das Zentrum der menschlichen Probleme zu sein[65].

So ergibt sich der merkwürdige Tatbestand, daß die Transzendentalphilosophie Kants als ‚Theodizee durch kopernikanische Wende' gerade dadurch, daß sie die ‚theologische' Sache der Metaphysik verteidigen wollte und verteidigt hat, zum Sachwalter ihres Untergangs geworden ist: *Kants Angriff fiel die dogmatische Schulmetaphysik der Aufklärung zum Opfer, Kants Verteidigung die Metaphysik der klassischen Tradition.* Dadurch öffnete sich der Weg zu einer – mehr oder minder metaphysikfernen und mehr oder minder geschichtsfernen – Geschichtsphilosophie. Die Königsberger Transzendentalphilosophie wurde paradoxerweise *gerade dadurch,* daß sie die Metaphysik verteidigte, zum Wegbereiter ihres Untergangs. Anders gesagt: *gerade dies, daß Kant der Kant der ‚Metaphysikkantianer' wirklich war, zwang ihn dazu, der Kant der ‚Transzendentalkantianer' zu werden*[66].

Von der Theodizee zur transzendentalen Deduktion. *‚Die Theodizee durch kopernikanische Wende' führte zum ‚Freispruch Gottes' durch den Verzicht, die Welt als Schöpfung Gottes anzusehen, weil und solange sie Antinomien enthält*[67]. Freilich: das bedeutet keine Lösung des Problems dieser Welt und dieser Antinomien. Die der Unvernunft verdächtige Welt wird nicht zur vernünftigen, einzig weil Gott aus der Verantwortung für diese Welt ausscheidet. Die Welt ist die antinomische, widersprüchliche, die in scheinbar blinder Zufälligkeit feindliche Welt, in die der Mensch als in ein ihm gegenüber gleichgültiges Schicksal „geworfen" ist, sie ist die „fremde" weil schlimme Welt: das *bleibt* die Klage und Anklage auch und gerade dort, wo nicht mehr Gott es ist, an den oder wohl gar gegen den sie gerichtet werden möchte. Diese Klage verstummt nicht, diese Anklage wird nicht zur unberechigten allein dadurch, daß Gott – durch kopernikanische Wende – von ihr freigesprochen wird. *Der Freispruch Gottes beseitigt nicht, er verschärft vielmehr den Tatbestand der Antinomien und die Klage über diesen Tatbestand d.h. die Unbereitschaft, die durch ihn geprägte Welt zu akzeptieren.*

Es gibt freilich die Möglichkeit, dieses *Problem des Akzeptierens der Welt* zurückzuweisen. Das kann aufs neue theologische Gründe ins Feld führen oder andere. Das Problem wird dann beendet durch Verweis auf die *Faktizität:* die Welt muß akzeptiert werden, weil es sie gibt, weil sie nun einmal da ist, auf Grund ihrer „Gegebenheit" – oder weil es in dieser Welt und für diese Welt Faktizitäten gibt, um derentwillen sie „gerechtfertigt" ist. Etwa: diese Welt ist die, in die Gott seinen Sohn gesandt hat; die Welt und ihre Antinomien sind das Kreuz, das der Mensch auf sich nehmen muß, weil Gott es so will[68]. Oder: diese Welt ist die, in der es diesen ganz bestimmten Menschen (Du), oder diese ganz bestimmte Gruppe von Menschen gibt, deren Existenz die Übel der Welt aufwiegt; usf. Daß das Akzeptieren der Welt auch nur zur Frage wird – bereits das erscheint dann als ein Verstoß gegen diese Faktizität. „Den Geist mit der ... Wirklichkeit versöhnen"[69] – das auch nur als Problem zu empfinden, wird dann zur Superbia. Wer auf diesem Problem besteht, verfällt in die Sünde wider die Faktizität. Das tut nun allerdings die Transzendentalphilosophie: *für die Transzendentalphilosophie ist die ‚Faktizität' keine Antwort.* Nicht als ein der Welt ohne Vorbehalt Preisgegebener[70] ist der Mensch mit der Welt „versöhnt"; nicht als die nur hinzunehmende, dem Menschen bloß zustoßende, nicht als die nur „gegebene", nur „positive" ist diese Welt akzeptabel. Aber wie sonst kann sie gerechtfertigt werden?

Das also – dieses ‚Problem des Akzeptierens der Welt' angesichts ihrer Antinomien – *bleibt* ein Problem nicht nur auch, sondern in ganz zentraler Weise *gerade nach* dem Freispruch Gottes. Das Verfahren der Theodizee – kann man sagen – überdauert den Freispruch Gottes. Die verhandelte Klagesache ist eben keineswegs erledigt. Nur *eine* Entscheidung ist gefallen, das *eine* steht jetzt fest: es handelt sich um eine Streitsache, die nicht mehr in Bezug auf Gott und die von ihm „geschaffene" Welt zur Verhandlung steht. Vielmehr handelt es sich jetzt und fortan um eine Klage, die der Mensch *mit sich selbst* auszumachen hat: um einen „Rechtshandel" des Menschen nicht mehr mit Gott, sondern – um dieselbe Sache: um die bedrohte Vernünftigkeit und in diesem Sinn um die Leidlichkeit, die Güte des Wirklichen – *mit sich selbst.* Nicht mehr Gott, sondern der Mensch selber ist es, der sich im Prozeß in Sachen Vernünftigkeit des Wirklichen vor seiner eigenen Anklage zu verantworten hat. Ein „Prozeß" aber um die Vernünftigkeit der Welt – um das Akzeptable, um die „Legitimität" der entscheidenden Kategorien dieser Welt, – ein solcher „Rechtshandel", in dem nicht mehr Gott, sondern der Mensch zur Verantwortung gezogen wird – das ist die „transzendentale Deduktion"[71]: *die „transzendentale Deduktion" d. h. das Kernstück der Transzendentalphilosophie ist so etwas wie eine ‚säkularisierte', eine ‚Theodizee ohne Gott', eine ‚Theodizee nach dem Freispruch Gottes'*[72].

Ich. Nicht mehr Gott, sondern der Mensch selbst ist es also, der sich – in Sachen Akzeptabilität, in Sachen Vernünftigkeit der Welt – vor seiner eigenen Anklage zu verantworten hat. Freilich: wer sich soll verantworten können – der muß *verant-*

wortlich sein; er muß sich – wie die mildere Formulierung lautet – Verantwortlichkeit wenigstens „zuschreiben"[73]. Der Mensch, der das tut – nur der – ist *Ich.* Aus diesem Ansatz, der Gott das Schöpfersein für eine schlimme Welt zu ersparen sucht[74], folgen die zentralen Thesen der Transzendentalphilosophie und ihres „Idealismus". Kant hat sie vorsichtig, Fichte hat sie radikal, Schelling hat sie schön formuliert. Es sind im wesentlichen drei, diese:

1) Der Mensch ist – anstelle Gottes – ‚verantwortlich' für seine Welt. Im strengen Sinne ‚verantwortlich' ist jemand nur für das, was er tut – für seine eigene *Handlung*[75]. Daraus folgt: der Mensch ist ‚verantwortlich' für seine Welt genau dann, wenn diese Welt identisch ist mit seiner Handlung.

2) ‚Verantwortlich' ist der Mensch für seine Handlung – aber nur für die Handlung, die wirklich ‚seine' Handlung ist und nicht die eines Anderen, für die Handlung also, die wirklich seinem ‚eigenen' Gesetz gehorcht und nicht einem fremden[76]. Die Verfassung eines Menschen, durch die seine Handlung wirklich ‚seine' Handlung ist, ist die *Freiheit* („Autonomie"). Daraus folgt: der Mensch ist ‚verantwortlich' für seine Welt genau dann, wenn diese Welt identisch ist mit seiner freien Handlung.

3) Es gibt nur eine Handlung, die ausschließlich ‚frei' ist, nur eine, die niemals die Handlung eines Anderen werden kann, sondern unabtretbar ‚meine' Handlung ist: diejenige, durch die der Mensch sich als „Ich" akzeptiert – das *Selbstbewußtsein*[77]: also – wie die Transzendentalphilosophen auch sagen – das „in sich zurückgehende Handeln"[78] oder die „Selbstanschauung"[79] oder „Selbstsetzung"[80] oder „intellektuale Anschauung"[81] oder der „Geist"[82] oder auch einfach das „Ich"[83] usf. Daraus folgt: der Mensch ist ‚verantwortlich' für seine Welt genau dann, wenn diese Welt identisch ist mit der freien Handlung seines Selbstbewußtseins.

„Das Selbstbewußtsein" – schreibt Schelling und faßt damit in klarer Weise diese drei Thesen zu einer zusammen – „... ist Ein absoluter Akt, und mit diesem Einen Akt ist nicht nur das Ich selbst mit allen seinen Bestimmungen, sondern ... auch alles andere gesetzt, was für das Ich überhaupt gesetzt ist"[84]: *der Mensch – und nicht mehr Gott – ist ‚verantwortlich' für seine Welt d. h. er ist „Ich" genau dann, wenn diese Welt identisch ist mit jener Handlung, durch die er sich als Ich akzeptiert.* Unter Voraussetzung dieser These wird die „Theodizee" zur „transzendentalen Deduktion"; kraft dieser These ist der Mensch – und nicht mehr Gott – der Angeklagte in jenem Rechtshandel, der zuvor als Theodizee geführt wurde; unter der Bedingung dieser These geht das Ich nicht mehr mit Gott, sondern mit sich selber ins Gericht, macht es nicht mehr Gott, sondern sich selber den Prozeß. Freilich: das Menschen-Ich ist der Angeklagte, nicht schon der Freigesprochene dieses Rechtshandels; er ist einstweilen der Schuldige, nicht der Gerechtfertigte dieses Prozesses. Einem Freispruch, einer Rechtfertigung widersetzen sich die Antinomien: sie hindern, daß der Mench sich wirklich akzeptiert, sie machen ihn – den Täter der Antinomien – sich selber zum Unakzeptablen. So wird die Handlung „Selbstbewußtsein" – diese Abstrakt-Form aller Geschichte – erst dann wirklich zu der, durch die der Mensch sich als Ich akzeptiert, wenn sie zu jener Handlung wird, die Antinomien nicht nur hervorbringt, sondern auch auflöst. Die „transzendentale Deduktion“ führt zu keiner Rechtfertigung, d. h., der Mensch ist nicht wirklich Ich (sondern Nicht-Ich), die Welt ist nicht wirklich identisch mit der Handlung des Selbstbewußtseins, nicht wirklich „Subjekt-Objekt“ (sondern bloßes, fremdes Objekt), sie ist nicht wirklich eins mit jener Handlung, durch die das Ich sich akzeptiert, wenn diese Handlung nicht eins ist mit sich selbst d. h. wenn sie nicht zur Auflösung der Antinomien führt. Darum wird für Kant die Antinomienauflösung zur eigentlichen „Gegenprobe der Wahrheit des Resultats“ „dieser Deduction“[85], und bei Fichte und Schelling wird sie zur Grundoperation und durchgängigen Figur ihres philosophischen Verfahrens. Die „transzendentale Deduktion“ ist erst dann gelungen, die Welt ist erst dann wirklich identisch mit der Handlung Ich – sie ist erst dann wirklich ‚akzeptabel‘, wirklich „gerechtfertigt“ und der Mensch mit ihr „versöhnt“ – wenn diese Handlung Ich wirklich die seines Sich-Akzeptierens ist: wenn sie nicht nur Produktion, sondern Auflösung der Antinomien ist. *Die Rechtfertigung der Welt hängt fortan an der Rechtfertigung des Ich und diese an seiner Kapazität zur Antinomienauflösung.*

Mit diesen Bestimmungen gibt die Transzendentalphilosophie dem Menschen eine ungemein anspruchsvolle Rolle. So ist auch im Blick auf diese Philosophie von Vermessenheit, von Hybris gesprochen worden[86]. Dies freilich kaum zu Recht. Wenn die vorangegangenen Überlegungen richtig sehen, hat die Transzendentalphilosophie dem Menschen die Rolle des Verantwortlichen für seine Welt – die des „transzendentalen Ich“ – nicht aus Übermut und Vermessenheit, sie hat sie ihm vielmehr – angesichts einer argen Welt – aus Rücksicht auf Gott und aus Notwehr zugespielt. Sie hat ihn mit dieser Rolle weniger erhoben als vielmehr *belastet.* Aber es gibt im Ernst keine Alternative. Die Frage kann fernerhin nicht sein, ob es sich um eine überhebliche Rolle handle, sondern einzig, wie es möglich sei, dieser Rolle in etwa gewachsen zu sein.

Transzendentale Genealogie

Der vorangegangene Abschnitt hat einige allgemeine Grundthesen zur Transzendentalphilosophie dargelegt. Es sind in Bezug auf das besondere Thema dieser Arbeit *unspezifische* Thesen[1]. Sie enthalten aber Bestimmungen, für die sich diese Arbeit – im Blick auf ihr besonderes Thema – *spezifisch* interessieren muß. Von diesen spezifischen Bestimmungen soll nunmehr die Rede sein.

1. Nötigkeitsprinzip

Der Mensch – wurde gesagt – ist selber verantwortlich für seine Welt d. h. er ist „Ich" genau dann, wenn diese Welt ‚identisch' ist mit jener Handlung des Selbstbewußtseins, durch die sich der Mensch als Ich akzeptiert. Was folgt aus dieser These? Dieses: die Welt muß nachgewiesen werden können als dieserart ‚identisch' mit der Handlung „Selbstbewußtsein". Die Transzendentalphilosophie ‚ist' dieser Nachweis. Was bedeutet das? Die Transzendentalphilosophie muß und will die Welt d. h. alles, was sie zu begreifen sucht, nachweisen als *zugehörig zum Vollzug des Ich und als Vollzug dieser Zugehörigkeit: die Transzendentalphilosophie ist Philosophie dieses Zugehörigkeitsvollzugs.* Damit aber erfüllt sie – früheren Überlegungen[2] zufolge – die Definition der ‚Genealogie', Theorie eines Zugehörigkeitsvollzugs zu sein: *Transzendentalphilosophie ist – als Philosophie ausschließlich der Vollzüge der Zugehörigkeit zum „Ich" wesentlich (mindestens) ‚Genealogie'. Der Rechtfertigungsakt ihrer „transzendentalen Deduktion" besteht in einer genealogischen Operation*[3]*:* gerechtfertigt d. h. „transzendental deduziert" ist die Welt und sind ihre prägenden und apriorischen Elemente genau in dem Maße, in dem sie nachgewiesen werden können als ‚identisch' mit dem Akt Selbstbewußtsein d. h. als zugehörig zum Vollzug Ich und als Vollzug dieser Zugehörigkeit.

Diese Zugehörigkeit kommt zur Aussage durch den Begriff „Bedingungen der Möglichkeit": ‚zugehörig zum' Vollzug „Ich" und ‚Vollzug dieser Zugehörigkeit' sind seine „Möglichkeitsbedingungen". Gerade dieser Begriff wird also für die Transzendentalphilosophie in besonderer Weise bedeutsam. Im Unterschied zu anderen von Kant, Fichte, Schelling im gleichen Problemzusammenhang eingesetzten Begriffen – etwa „a priori", „transzendental", „Synthesis", „ideal" etc. – ist er der Transzendentalphilosophie durchaus eigentümlich; es ist also zu erwarten, daß ihr Spezifisches an diesem Begriff hängt. Freilich ist er einer der mißhandelten Begriffe neuerer Philosophie; gegenwärtig wird er häufig gebraucht, wenn es darauf ankommt, unbestimmt zu reden und ‚etwas zu sagen ohne etwas zu sagen'. Im Zusammenhang der Transzendentalphilosophie dagegen hat er eine ganz präzise und eindeutige Funktion; er ist der entscheidende Begriff bei der Formulierung ihres Verfahrens-„Prinzips". Kant hat es in eingeschränkter Weise aufgestellt: „Die transzendentale Deduktion aller Begriffe a priori hat also ein Principium, worauf die ganze Nachforschung gerichtet werden muß, nämlich dieses: daß sie als Bedingungen a priori der Möglichkeit der Erfahrung erkannt werden müssen. Begriffe, die den objektiven Grund der Möglichkeit der Erfahrung abgeben, sind eben darum notwendig"[4] – und „Erfahrung" meint dabei eine entscheidende Weise des Ich-seins des Ich. Bei Fichte bestimmt sich die „Methode des vollständigen transzendentalen Idealismus, den die Wissenschaftslehre aufstellt"[5], in allgemeiner Weise nach diesem Prinzip: „Er zeigt, daß das zuerst als Grundsatz Aufgestellte und unmittelbar im Bewußtsein Nachgewiesene nicht möglich ist, ohne daß zugleich noch etwas anderes geschehe, und dieses andere nicht, ohne daß zugleich etwas drittes geschehe; solange, bis die Bedingungen des zuerst Aufgewiesenen vollständig erschöpft, und dasselbe, seiner Möglichkeit nach, völlig begreiflich ist. Sein Gang ist ein ununterbrochenes Fortschreiten vom Bedingten zur Bedingung; jede Bedingung wird wieder ein Bedingtes, und es ist ihre Bedingung aufzusuchen"[6]: „das schlechthin Postulierte ist nicht möglich, erweist er, ohne die Bedingung eines zweiten, und dieses zweite nicht, ohne die Bedingung eines dritten usf."[7]. All das aber ohne welches das Erste, das Ich, nicht Ich sein könnte, ist so wahr als Ich – als seine Möglichkeitsbedingung ist es gerechtfertigt, ist es deduziert, ist es vernünftig.

Elemente der Wirklichkeit bzw. „apriorische" Elemente der Wirklichkeit als „Bedingungen der Möglichkeit" rechtfertigen, das bedeutet demnach etwas Eigentümliches, es heißt: ihre legitimierende Qualität (ihre Vernünftigkeit) nicht in einer Sachentsprechung, nicht in der Invarianz[8] und nicht in der Erfahrungsunabhängigkeit suchen und sehen – sondern in der *Nötigkeit:* sie sind „Bedingungen der Möglichkeit" d.h. sie sind „unentbehrlich"[9], sie sind ‚nötig' fürs Ich-sein des Ich: der Mensch hat sie nötig, um Ich zu sein. Das „Principium" der transzendentalen Deduktion, das das so festlegt und durchsetzt, soll hier das *Nötigkeitsprinzip* heißen: „transzendental deduzieren" oder – abgekürzt – „deduzieren" (also Rechtfertigen: für die der Unvernunft angeklagten Elemente vorm „Gerichtshof" der „Vernunft" einen Freispruch erwirken) heißt auf Grund dieses Nötigkeitsprinzips: Nötigkeit nachweisen, Unentbehrlichkeit dartun, das Bedingung-sein fürs Ich-sein des Ich durchsichtig machen. *Das Nötighaben wird die entscheidende Rechtfertigungskategorie, der Nötigkeitsnachweis der entscheidende Legitimationsakt*[10]. Die zentrale transzendentale Frage wird die nach der Nötigkeit, also eine Wozu-Frage. Das Nötigsein aber ist die Eigenart von *Mitteln.* Die Transzendentalphilosophie rechnet also mit einem *Zweckzusammenhang:* sie rechtfertigt, „deduziert" die (apriorischen) Elemente als Mittel für den Zweck Ich und durchs Verbot ihrer Zweckentfremdung[11]: *Transzendentalphilosophie ist* – eben gerade weil sie mit dem Zentralbegriff der „Möglichkeitsbedingungen" arbeitet – *Theorie einer ‚Vermittlung' des Ich;* sie will „die außer dem unmittelbaren Bewußtsein gesetzten Dinge ... als *Vermittlungen* jenes Aktes der Selbstsetzung nachweisen"[12]. Dabei hat ‚Vermittlung' den vierfachen Sinn: die in Frage stehenden Zusammenhänge (so die „Aprioris") werden mit dem Ich zusammengebracht (vermittelt), indem sie zu Mitteln gemacht (vermittelt) werden und das Ich zum Zwecke des Ich-seins mit diesen Mitteln versehen (vermittelt) und dadurch mit sich selbst zusammengebracht (vermittelt) wird. Als Theorie der „Möglichkeitsbedingungen" etabliert die Transzendentalphilosophie das ‚Nötigkeitsprinzip' und wird zur Theorie der Vermittlung des Ich durch sich selbst; das Ich „setzt" bedeutet dann: es verschafft sich die nötigen Mittel, um Ich zu sein, es bildet sich diese Mittel aus. *Transzendental deduzieren heißt also: nicht Gegebenheiten, sondern ‚Vermittlungen' denken.* Darin steckt tatsächlich so etwas wie eine Pragmatisierung – *die Transzendentalphilosophie ist, unter Leitung des Nötigkeitsprinzips und mit dem Begriff der „Möglichkeitsbedingungen", eine Art ‚Pragmatismus ohne pragmatistisches Pragma'*[13] *– ein Pragmatismus der Freiheit.*

Transzendentalphilosophie – wurde oben gesagt[14] – ist, den Deutungen zufolge, irgendwie „Aprioriforschung". Nach dem jetzt Gesagten zeigt sich, wie unspezifisch diese Bestimmung ist. In jener Anmerkung, in der Heidegger den Ausdruck „Aprioriforschung" prägt, sagt er denn auch: „Der ‚Apriorismus' ist die Methode *jeder* wissenschaftlichen Philosophie, die sich selbst versteht"[15] – nicht nur die der Transzendentalphilosophie. Über die Transzendentalphilosophie sagen, sie sei Aprioriforschung: das ist ungefähr so, als wolle man das Epochale des Flugzeugs kennzeichnen durch die Aussage, es sei ein Fortbewegungsmittel. Gewiß, das Flugzeug ist das; aber diese Aussage läßt (nicht allein das Spezifische, sondern) gerade das Epochale des Flugzeugs beiseite. Von der Transzendentalphilosophie sagen, sie sei Aprioriforschung: das ergibt eine Aussage, die unempfindlich bleibt dafür, *daß die epochale Leistung der Transzendentalphilosophie nicht in der Konzeption und Diskussion, sondern in einer entscheidenden ‚Modifikation' des Aprioribegriffes liegt* – nämlich (wie sich zeigen wird) in seiner ‚Vergeschichtlichung', und zwar gerade deswegen, weil sie das Apriori zentral als Möglichkeitsbedingung interpretiert und dadurch dem Nötigkeitsprinzip unterwirft. „Das a priori und das a posteriori ist für einen vollständigen Idealismus gar nicht zweierlei, sondern ganz einerlei", sagt schließlich Fichte[16]; „weil unsere Erkenntnis ursprünglich ganz und durchaus empirisch ist, ist sie ganz und durchaus a priori" – so formuliert das Schelling[17]: der Ansatz der Transzendentalphilosophie führt offenbar gerade zu einer entscheidenden ‚Veränderung' des Aprioribegriffs. Nicht als Apriorikunde, sondern als Theorie der Möglichkeitsbedingungen ist die Transzendentalphilosophie spezifisch gekennzeichnet: *nicht das macht die Definition der Transzendentalphilosophie, daß sie „Aprioriforschung" ist, sondern dieses: daß sie unter all den Aprioriforschungen diejenige ist, die Aprioritäten als „Möglichkeitsbedingungen" versteht, d. h. diejenige, die die Aprioriforschung dem ‚Nötigkeitsprinzip' unterwirft d. h. als Genealogie vollzieht.*

Die Bedeutung der dargelegten Zusammenhänge erschließt sich dem, der zu sehen bereit ist, daß all dieses auf einen *zentralen Geschichtsbezug der Philosophie* hinausläuft. Das ist im bisher Gesagten eingeschlossen; es kommt jetzt nur darauf an, das – und zwar im Interesse der besonderen Sache und Zielsetzung dieser Überlegung zunächst an *drei* Zusammenhängen – eigens ausdrücklich zu machen.

KONSEQUENTE FOLGE. Da ist erstens, *daß die „Möglichkeitsbedingungen" in einer nicht beliebigen Reihenfolge, in einem (irreversiblen) Konsequenzzusammenhang stehen.* Man kann das dadurch kennzeichnen, daß man sagt: war in der philosophischen Tradition das Inhaltsverzeichnis seit je ein Orientierungsmittel, so wird es in der Transzendentalphilosophie darüberhinaus in einer besonderen Weise zum Träger der These. Inwiefern? Und warum?

Zunächst hängt das mit der Prävalenz des Nötigkeitsprinzips in der Transzendentalphilosophie zusammen. Sie wird erzwungen durch einen Charakter, der das Prinzip Ich vom Prinzip Sein in einer besonderen Weise unterscheidet. Das ist *nicht* sein Akt-Charakter[18]; vielmehr: *das Prinzip Ich ist – im Unterschied zum esse commune – ‚Prinzip mit Alternative'.* In der metaphysischen Seinslehre ist das „nihil" – gedeutet als „ens rationis" – keine mögliche Alternative des esse, keine in Frage kommende Opposition. Wohl aber ist das „Nicht-Ich" eine solche für das „Ich", und darum wird die Anstrengung plausibel, die es kostet, und die in der Transzendentalphilosophie aufgewendet wird, das Nicht-Ich als durchs Ich „gesetzt" nachzuweisen. Das Ich ist – so paradox das klingt – nicht notwendigerweise das Prinzip der Wirklichkeit, deren Prinzip es doch ist: es ist Prinzip allererst durch die Überwindung der realen Möglichkeit und Gefahr, daß nicht das Ich – sondern ein Nicht-Ich – Prinzip wird. Das Ich – die Freiheit – ist nicht unangefochten Prinzip; es ist ein Prinzip, das durch sein mögliches Nichtsein angegriffen[19], in das ein Moment der Faktizität eingewandert ist, ein in gewisser Weise „endliches" Prinzip – und dadurch fundamtental unterschieden vom Prinzip Sein. Das Ich ist so Prinzip, daß es auch nicht Prinzip sein könnte: es muß sich erst zum Prinzip ‚machen': *Ich – das ‚ist' die Negation seiner Negation.*

Nur weil das so ist, ist die Nachfolgeform des Theodizeeproblems, ist das Problem der „transzendentalen Deduktion" kein nur ornamentales, kein ‚müßiges', ‚nur theoretisches' Problem, sondern ein wirklicher und vitaler „Streit": „das Ich des Selbstbewußtseins ... besteht nur in diesem Streit, oder vielmehr es ist selbst dieser Streit"[20], der Kampf gegen sein Nichtsein, gegen seine Unbestimmtheit und bloße Möglichkeit – ein Rechtsstreit zugleich, ein „Prozeß", in dem nur diejenige Handlung den Freispruch, die „Absolution"[21], die Legitimation erhält, die dazu beiträgt, daß das Ich Prinzip ist: nur derjenige Vollzug ist „deduziert", der *nötig* ist *für* das Prinzip-sein des Ich *gegen* seine Negation. Das bedeutet aber: mit jedem (legitimierten) Selbstvollzug des Ich, mit jener (gerechtfertigten) Möglichkeit und Bedingung, die es sich ausbildet, mit jedem (deduzierten) Mittel, das es zum Einsatz bringt, fällt – faktisch in der Form einer „Synthese"[22] – eine *Entscheidung* ‚für' das Prinzip Ich ‚gegen' seine Negation d. h. ‚gegen' die Möglichkeit und Gefahr, daß nicht das Ich (seine Freiheit) das Prinzip ist. Damit aber kommt ein Moment der *Sukzession* in diesen Zusammenhang[23]: jede dieser Entscheidungen scheidet ein ‚vorher' und ‚seitdem'. Wo aber Entscheidung ist, da ist irgendwie Zeit, da ist *Geschichte* – das gilt nicht nur auch, es gilt gerade und vor allem dann, wenn die Entscheidung *nicht* „dezisionistisch" gedeutet wird[24], wenn vielmehr – wie für die Transzendentalphilosophie – alles darauf ankommt, die jeweilige Entscheidung als eine *notwendige* zu begreifen, also die Handlung der Selbstsetzung des Ich in ihrer jeweiligen Maßnahme und ihren jeweiligen Mitteln nicht nur ‚irgendwie überhaupt', sondern gerade in ihrer *Bestimmtheit* zu „deduzieren" d. h. durch Nötigkeitsnachweis zu rechtfertigen. Das zu tun hat freilich Kant sich gescheut[25], aber es liegt in der Konsequenz des Ansatzes: so hat Fichte es sich zur eigentlichen Aufgabe gemacht – von Schelling unterstützt und von Hegel gelobt[26]. Diese Bestimmtheit der „Möglichkeitsbedingungen", der synthetisierenden Handlungen, der Kategorien, diese Bestimmtheit also der „Vermittlungen", der jeweils nötigen Maßnahme und ihrer Mittel ergibt sich – im Blick auf den Zweck, die Freiheit – aus der *Stelle*, an der sie nötig wird: sie „ist nur durch ihre Stelle bestimmt, diese ist ihre Erklärung"[27], „eine Erklärung, die sonach auf eine transzendentale Geschichte des Ichs (führt)"[28]: denn diese „Stelle" einer entscheidenden „synthetischen" Handlung ist dadurch definiert, daß das ‚vorher' und ‚seitdem' kein unbestimmtes ist – daß es für keine dieser entscheidenden Handlungen gleichgültig ist, welche Entscheidungen für die Freiheit ‚schon' gefallen sind und welche ‚noch nicht'; keine der Bedingungen ihrer Möglichkeit, keine ihrer Mittel (Vermittlungen) also, keine der „Anschauungsformen" und „Kategorien" kommt an beliebiger Stelle zum Einsatz: jede hat die ganz bestimmte Aufgabe der Antwort auf eine ganz bestimmte Lage, die dadurch entstanden ist, daß ganz bestimmte Möglichkeiten und Kategorien ‚schon' ausgebildet sind und andere ‚noch nicht', auf eine Lage zugleich, die ganz bestimmte Schwierigkeiten und Gefahren erzeugt, die zu ganz bestimmten Antinomien führt und in ganz bestimmten Antithesen formuliert werden kann und ebendarum auch ganz bestimmte Maßnahmen des Ich zugunsten seiner Freiheit fordert, um sie zu bestehen und zu bewältigen – um die Wirklichkeit nicht den Antinomien, der Unvernunft, den freigesetzten Trieben, dem losgelösten Nicht-Ich zu überlassen. Was das Ich für seine Freiheit bisher getan hat und was noch nicht – gerade das bestimmt ‚inhaltlich', was es ‚jetzt' tun muß[29]: was als ein Unumgängliches fällig ist und nötig wird[30]. Zu dieser Bestimmung gehört die „Erfahrung" mit den bisher ausgebildeten Möglichkeiten – eine in gewissem Sinn ‚schlechte Erfahrung' mit ihnen: die ihres Nicht-Zureichens. Diese *transzendentale Erfahrung*[31] zwingt zum „Übergang"[32], zum „Überschritt"[33] zu neuen und weiteren Möglichkeiten, zum Einsatz weiterer und neuer Mittel. Dieser „Überschritt" soll „nicht ein gefährlicher Sprung (sein), indessen daß er doch auch nicht ein kontinuierlicher Fortgang in derselben Ordnung der Prinzipien ist"[34]: es genügt nicht, im Bisherigen zu verharren, also *immanent* zu bleiben; es ist ebenso ausgeschlossen, aus der jeweils gegebenen Situation zu einem ‚ganz anderen' herauszuspringen, also *transzendent* zu werden: es braucht vielmehr das *transzendentale,* das „immanente Hinausgehen"[35] zu der in ‚dieser' bestimmten Situation als ‚bestimmte' fälligen und nötigen neuen Möglichkeit.

All das rechnet mit der „Geschichte des Ichs"[36] als einer *konsequenten Folge* von entscheidenden Handlungen – mit der „Geschichte dieser Handlungen" als der „Geschichte der verschiedenen Zustände, durch welche hindurch (es) allmählich zur Anschauung seiner selbst, zum reinen Selbstbewußtsein gelangt"[37]: nur so können diese Handlungen als ‚nötige' gerechtfertigt werden. Diese ‚Nötigkeit' einer entscheidenden Handlung – ‚daß' diese Maßnahme nötig ist und daß es an dieser Stelle gerade ‚diese' ist – ist ihre *Wahrheit. Diese* „transzendentale Wahrheit" aber wird durch den sogenannten „aristotelischen Wahrheitsbegriff" (Übereinstimmung der Erkenntnis mit der Gegenstandsordnung[38]) *nicht zureichend* ausgesagt – er läßt sie *unbestimmt,* darum wird er in der Transzendentalphilosophie nur, wie Kant es formuliert, „geschenkt und vorausgesetzt"[39]: das eigentlich „transzendentale" Thema ist er nicht. Denn die Transzendentalphilosophie hat es eben nicht mit der Frage zu tun, ob und wie bestimmte Grundlagenaussagen im „aristotelischen" Sinne wahr sind, sondern mit der, was sich für das Ich dadurch *ändert* und *entscheidet,* was – im Blick auf die Freiheit – dadurch *geschieht,* daß sie es sind. Für den, der diese Frage verfolgt, *bedeutet „Aprioriforschung" Geschichtsforschung:* keine Wirklichkeit soll nur „A posteriori ... inwiefern sie als gegebene betrachtet wird", jede soll „a priori ... inwiefern sie als Produkt aus den Faktoren gezogen wird"[40] begriffen werden; nichts soll als ein nur *Gegebenes* unmittelbar hingenommen, alles soll aus der „Geschichte des Selbstbewußtseins"[41], als eine *Vermittlung* des Ich, also in seiner ‚Nötigkeit' für die Freiheit erkannt werden – das, gerade das und nur das ist „transzendentale Erkenntnis"; und ebendarum will und versteht der transzendentale Ansatz „die gesamte Philosophie als das, was sie ist, nämlich als fortgehende Geschichte des Selbstbewußtseins, für welche das in der Erfahrung Niedergelegte nur gleichsam als Denkmal und Document dient"[42]: *Transzendentalphilosophie ist – ihrer Tendenz nach – Geschichtsphilosophie.*

Epochemachende Handlungen. Da ist zweitens, *daß die metaphysischen Grundbegriffe durch geschichtliche ersetzt werden.* Auch das ist die direkte Folge der Herrschaft des ‚Nötigkeitsprinzips': zur Aufwertung des ‚Nötigen' gehört die Abwertung des ‚Immerstimmenden' bzw. ‚Immerseienden'. Denn: wenn auch das Allgemeingültige und Invariante es ist, das in der Transzendentalphilosophie als das „Apriorische" auftritt – gleichwohl bedeutet seine Deutung als „Möglichkeitsbedingung" gerade nicht die Stabilisierung, sondern das Ende seiner Prävalenz. Möglichkeitsbedingungen werden für die Transzendentalphilosophie – und zwar von Kant über Fichte bis Schelling in wachsendem Maße – nicht primär durch ihre Invarianz und Allgemeingültigkeit, sondern durch ihre Nötigkeit (fürs Ich-sein des Ich) wichtig. *Durch die transzendentale Deutung des Apriori als „Möglichkeitsbe-*

dingung" ist die Bestimmung ‚Nötigkeit' dabei, der Bestimmung ‚Invarianz' den Rang abzulaufen. Denn es ist gar nicht einzusehen, warum nun Invariantes und Allgemeingültiges „Möglichkeitsbedingung" sollte sein können, und warum – wenn nicht nur Invariantes und Allgemeingültiges „Möglichkeitsbedingung" ist – gerade dieses Invariante und Allgemeingültige den Vorrang haben und primär oder gar ausschließlich philosophiefähig sein sollte. So wird die Philosophie durch ihren transzendentalen Ansatz dazu gezwungen, in wachsendem Maße auf die *nicht* immutablen, die *nicht* zeitlosen, vielmehr auf die *geschichtlichen* Bedingungen der Möglichkeit des Ich zu achten: der Weg wird frei, „empirische" Aprioris zu erkunden – historische, soziologische, psychologische, existenzielle usf. Bedingungen zu suchen. *Der transzendentalphilosophische Begriff „Bedingung der Möglichkeit" ist die Bedingung der Möglichkeit der philosophischen Wende zum Geschichtlichen*[43]. Zu dieser Wende aber gehört ein Doppeltes.

Einerseits wechseln die metaphysischen Grundbegriffe – in der Prinzipienlehre stellenlos geworden – ihr Fach. Sein, Wesen, Seiendes, Substanz und dgl.: sie geraten in andere Funktionen. Teils (*erstens*) und in geringerem Umfang behalten sie ihr Dasein innerhalb einer neu akzentuierten Kategorienlehre[44] oder gar im prinzipiellen Zusammenhang – wenn diese Arbeit richtig sieht – umso leichter, je unmittelbarer sie sich an den Akt-Potenz-Gedanken anschließen[45]. Teils *(zweitens)* werden sie zu Diskreditierungsbegriffen: Sein, Ding an sich, Substanz, Seiendes – das kennzeichnet jene Zusammenhänge, die aus der Geschichte der Freiheit herausfallen, ihr entgegentreten und dem Menschen zu Fremden und nur-Gegebenen werden, ihm die Freiheit rauben: *die metaphysischen Begriffe werden zu Kategorien der Verdinglichung und Entfremdung*[46]. Teils *(drittens)* aber – und dieser bemerkenswerte Befund zeigt sich vor allem dem, der auf den Fortgang der Dinge bei Hegel schaut – *werden die metaphysischen Begriffe zu Begriffen der menschlichen ‚Möglichkeitsverfassung':* „Sein", „Substanz", „an sich" – all das bezeichnet dann die Unmittelbarkeit, Potentialität, das, was noch nicht zur Wirklichkeit sich gebildet hat, was nur der Anlage und Möglichkeit nach ist. Darin steckt ein geheimer, ein wenig ausdrücklich gewordener Sachverhalt: in der modernen Welt ist die traditionelle und Schul-Metaphysik – für sich und ohne weiteres genommen – nur mehr die Theorie der menschlichen ‚Möglichkeit', nicht mehr die der menschlichen ‚Wirklichkeit'. „Die Metaphysik hat nichts mit der Wirklichkeit zu tun" – in der Tat: nur mehr mit der Möglichkeit.

Andererseits wird es nun gerade durch dieses ontologische Revirement zu einem dringlichen Problem, wie unter der Herrschaft des ‚Nötigkeitsprinzips' und ohne erhebliche Hilfe der metaphysischen Begriffe so etwas wie *Bleibendes* gedacht werden könne. Denn die ‚Möglichkeitsbedingungen": sie sind Mittel, Instrumente, aber doch offenbar nicht solche, die beliebig beiseite- und abgelegt werden können. Warum – wenn sie doch keine Wesensbestimmungen sind – ist das so? Dafür findet im Grunde erst Schelling den Begriff: den der „epochemachenden" Handlungen. *In der Geschichte des Selbstbewußtseins ‚bleibt' das, was in ihr „Epoche gemacht" hat*[47]: durch jede einmal ausgebildete und legitimierte – „deduzierte" –

Möglichkeit ist eine Entscheidung gefallen, die fortan nicht mehr ungeschehen gemacht werden kann[48]. Hinter diese Entscheidung kann nun niemand mehr zurück, ohne sich die Rache der dann mißachteten Entscheidung auf den Hals zu laden. Das ist jener Zug des Geschichtlichen, den schon die Mythen dort zum Ausdruck bringen, wo die mancherlei Wünsche und Flüche guter oder böser Mächte niemals rückgängig gemacht, sondern nur durch weitere Gaben – durch Zusatztaten – in ihrer Auswirkung beeinflußt werden können. Für die Transzendentalphilosophie bot sich, um das theoretisch zu formulieren, schließlich der Organismusgedanke an, der zunächst keineswegs das geheimnisvoll „Gewachsene"[49] verklären sollte, sondern etwas sehr Nüchternes zu denken erlaubte: ein „Organ" – das ist ein „Werkzeug"[50], das es nicht immer gab, das aber, nachdem es einmal ausgebildet und da ist, nicht mehr ersatzlos liquidiert werden kann. Nichts Epochales kann rückgängig gemacht, es kann nur durch Zusatzverordnungen zum Weltlauf neutralisiert, modifiziert, korrigiert werden. Und so sind die „Möglichkeitsbedingungen", die entscheidenden Handlungen und Vermittlungen als einstmals neue Möglichkeiten so in die Geschichte der Freiheit eingetreten, daß sie fortan weder ganz noch teilweise ohne das Bedürfnis des Ersatzes zurückgenommen, daß sie nicht ungerächt preisgegeben werden können: sie haben Epoche gemacht. Das Recht, der Staat, die Kunst – aber auch die „Empfindung", die „Anschauung", die „Reflexion" usf.: das sind keine ewigen Wesensbestimmungen des Menschen, aber auch keine flüchtigen Beiläufigkeiten, sondern sie sind *epochemachende Handlungen* – gewordene Potenzen, die, nachdem es sie nun einmal gibt, nicht mehr ersatzlos zum Verschwinden gebracht werden können. *Die transzendentalphilosophischen Grundbegriffe des Bleibens sind nicht mehr ‚Wesensbegriffe', sondern ‚Epochenbegriffe'.* Kant, Fichte, Schelling: sie sprechen zwar noch vom Zeitlosen, von der „Natur unseres Gemüts" und dgl., aber zugleich entwickelt sich dieser Begriff des Epochalen, den Schelling dann formuliert. 1822 sagt er rückblickend: „Zuerst in der Philosophie hatte ich hier die geschichtliche Entwicklung versucht – die ganze Philosophie war mir Geschichte des Selbstbewußtseins, die ich förmlich in Epochen abteilte"[51]. Und 1800 im „System des transcendentalen Idealismus", auf das jene Bemerkung sich bezieht, selbst: „Es kam, um diese Geschichte vollständig zu entwerfen, hauptsächlich darauf an, die einzelnen Epochen derselben und in denselben die einzelnen Momente nicht nur genau zu sondern, sondern auch in einer Aufeinanderfolge vorzustellen"[52] und „diejenigen Handlungen, die in der Geschichte des Selbstbewußtseins gleichsam Epoche machen, auf(zu)zählen, und in ihrem Zusammenhang miteinander auf(zu)stellen ... Die Philosophie ist also eine Geschichte des Selbstbewußtseins, die verschiedene Epochen hat, und durch welche jene Eine absolute Synthesis sukzessiv zusammengesetzt wird"[53]. Auch und gerade die Formulierung des Begriffs der ‚epochemachenden Handlungen' bezeugt: *Transzendentalphilosophie ist – ihrer Tendenz nach – Geschichtsphilosophie.*

Identität theoretischer und praktischer Philosophie. Da ist drittens, *aa)* *– der leitenden Absicht nach – theoretische und praktische Philosophie ‚identisch' werden:* Transzendentalphilosophie will „weder theoretisch noch praktisch, sondern *beides* zugleich"[54] sein. Auch das ist nur ein Implikat des schon dargelegten. Die Transzendentalphilosophie hat nicht mehrere „Gegenstände", sie hat nur *ein* Thema: die „Geschichte des Selbstbewußtseins", das Werden der Freiheitsbedingungen. „Das Selbstbewußtsein" – diese Formulierung Schellings wurde bereits angeführt[55] – „... ist Ein absoluter Akt, und mit diesem Einen Akt ist nicht nur das Ich selbst mit allen seinen Bestimmungen, sondern ... auch alles andere gesetzt, was für das Ich überhaupt gesetzt ist"[56]. Die Transzendentalphilosophie ist wesentlich ‚eine' Philosophie, denn sie hat nur das ‚eine' Thema „Ich", sie ist daher wesentlich Negation der Differenz auch von ‚theoretischer' und ‚praktischer' Philosophie, von „Erkenntnistheorie" und „Ethik" usf.[57].

Freilich: diese ‚eine' Philosophie – sie tritt nun gleichwohl auf als eine in sich gegliederte, als ‚zwei Philosophien': Kants Kritik als die der reinen theoretischen und praktischen Vernunft, Fichtes Wissenschaftslehre als Philosophie der „Grundlage des theoretischen Wissens"[58] und Philosophie der „Grundlage der Wissenschaft des Praktischen"[59], Schellings System als „System der theoretischen Philosophie nach den Grundsätzen des transcendentalen Idealismus"[60] und „System der praktischen Philosophie nach Grundsätzen des transcendentalen Idealismus"[61]: auch die Transzendentalphilosophie anerkennt die Unterscheidung von ‚theoretischer' und ‚praktischer' Philosophie. Aber sie deutet sie neu, nämlich dadurch, daß sie sie auf die *einzige* Unterscheidung bezieht, die an einer und derselben Handlung wirkliche und plausible Bedeutung hat: auf die Unterscheidung zwischen dem, ‚was schon getan ist', und dem, ‚was noch zu tun ist': *die Transzendentalphilosophie unterscheidet „theoretische" und „praktische" Philosophie als Philosophie des ‚Schongehandelten' und Philosophie des ‚Nochzuhandelnden' bzw. ‚Zuendehandelns' der Handlung „Ich".*

„Der gemeine Verstand" – schreibt Schelling – „hat in Sachen der Philosophie gar keine Ansprüche, als die, ... vollkommen erklärt zu werden"[62]. Und so beansprucht gerade diese „Einteilung der Transzendentalphilosophie"[63], die „zwei ursprüngliche(n) Überzeugungen" der „gemeinen Ansicht", „deren Gültigkeit sie in Anspruch nimmt"[64], vollkommen zu erklären: erstens, daß die „theoretische Philosophie" von der *Erkenntnis* handelt, und daß in der Erkenntnis vorgegeben Wirkliches ins Bewußtsein tritt; und zweitens, daß die „praktische Philosophie" vom *Handeln* handelt, und daß im Handeln als Vorsatz Bewußtes in die Wirklichkeit tritt. „Praktisch" wird Bewußtes wirklich, „theoretisch" wird Wirkliches bewußt – aber „wie *zugleich* die objektive Welt nach Vorstellungen in uns, und Vorstellungen in uns nach der objektiven Welt sich bequemen, ist nicht zu begreifen, wenn nicht ... die Tätigkeit, durch welche die objektive Welt produziert ist, ursprünglich identisch ist mit der, welche im Wollen sich äußert, und umgekehrt ... Setzt man nun ... daß dieselbe Thätigkeit, welche im freien Handeln *mit Bewußtsein* produziert, im Produzieren der Welt *ohne Bewußtsein* produktiv sei"[65] – dann vollzieht man die Grundthese der Transzendentalphilosophie: die ‚gegebene' Wirklichkeit und das ‚bewußte' Handeln ist *eine und dieselbe Tätigkeit* – mit einem Unterschied: die ‚gegebene Wirklichkeit' ist an dieser Handlung das, was schon getan ist – aber nur getan, nicht als Getanes gewußt: die ‚gegebene Wirklichkeit' ist die Handlung „Ich" als insgesamt[66] *nur wirkliche, nicht bewußte* Handlung; das ‚bewußte Handeln' hingegen ist an dieser Handlung das, was noch zu tun ist – nur gewußt, aber nicht als Gewußtes getan: das ‚bewußte Handeln' ist die Handlung „Ich" als insgesamt[67] *nur bewußte, nicht wirkliche* Handlung. Darum bestehen ‚zwei' Aufgaben für die Philosophie; eine „theoretische": die unbewußte, nur wirkliche Handlung bewußt zu machen d. h. die vergessene Handlung zu ‚erinnern'; und eine „praktische": die unwirkliche, nur bewußte Handlung wirklich zu machen d. h. die unverwirklichte Handlung zu ‚verwirklichen'. *Bewußtmachen von Unbewußtem und Wirklichmachen von Unwirklichem – das ist die transzendentale Doppelaufgabe: Transzendentalphilosophie ist „theoretisch" Erinnerungsphilosophie und „praktisch" Verwirklichungsphilosophie.* Damit wird zugleich für diese Philosophie die Zeiterstreckung, die Zukunfts/Vergangenheitserstreckung zentral: *„theoretische" Transzendentalphilosophie ist wesentlich ‚Philosophie der Vergangenheit', „praktische" Transzendentalphilosophie ist wesentlich ‚Philosophie der Zukunft'.*

Die Transzendentalphilosophie: sie versteht sich also selbst und das, was sie verstehen will, wenn sie es im Blick auf ihre Erinnerungsaufgabe an der „transzendentalen Vergangenheit"[68] und im Blick auf ihre Verwirklichungsaufgabe an der transzendentalen Zukunft versteht – also wenn sie es im Zusammenhang jener ‚einen und selben' – teils wirklichen und bewußt, teils bewußt und wirklich zu machenden – „Tätigkeit", im Zusammenhang jenes Werdens des „Ich", also *im Zusammenhang seiner Genese, seiner Geschichte* versteht. Eine Transzendentalphilosophie, die das nicht tut und von dieser Geschichte abstrahieren will, reicht nicht zu: eben darum ermuntert sie zum „Skeptizismus". In diesem Sinne provoziert für Fichte keineswegs Kants Vernunftskritik, wohl aber die Bewußtseinsphilosophie Reinholds, die das Bewußtsein nicht durch seine Geschichte, sondern aus ihm selbst in einem „Satz des Bewußtseins" verstehen will, die skeptischen Argumente von Aenesidem-Schulze: „Der Skeptizismus mußte allerdings in der Person dieses seines Repräsentanten seine Waffen insbesondere gegen die Reinholdsche Elementarphilosophie ... richten, weil dieser Schriftsteller nach dem Geständnisse der mehrsten Liebhaber der kritischen Philosophie die Begründung der Philosophie als Wissenschaft entweder schon vollendet, oder doch am vorzüglichsten vorbereitet hat"[69] – was jedoch nicht zutrifft: „so war nichts wünschenswürdiger, als daß der Skeptizismus sein Werk krönen und die forschende Vernunft bis an ihr erhabenes Ziel vortreiben möchte"[70] – zu einer Transzendentalphilosophie wirklich nach jenen „Grundsätze(n)", die „Kants Darstellung selbst zum Grunde liegen müssen, unerachtet er sie nirgends bestimmt aufgestellt hat"[71]; denn der „Satz des Bewußtseins" und das Verständnis des Bewußtseins nicht aus der Geschichte sondern aus ihm selbst, ist zugleich ein unzureichendes Kantverständnis. Unzureichendes Kantverständnis führt zum Skeptizismus – er mag nun interimistisch oder dogmatisch sich geben; zureichendes führt zur Geschichtsphilosophie: *Nicht das Bewußtsein ist Fundament und Instanz des Bewußtseins, sondern seine (gegf. unbewußte) Geschichte*[72]. Das ist die Einsicht schon und gerade der Transzendentalphilosophie: *die Transzendentalphilosophie ist – ihrer Tendenz nach – Geschichtsphilosophie.*

Resultat. Es war von *drei* Zusammenhängen die Rede, um – und zwar im Interesse der besonderen Sache dieser Überlegung – zu zeigen und eigens ausdrücklich zu machen, daß der eigentümliche Ansatz der Transzendentalphilosophie auf einen *zentralen Geschichtsbezug der Philosophie* hinausläuft. Die Transzendentalphilosophie ist ‚in gewisser Hinsicht' – nicht ohne daß da Fragen und Schwierigkeiten und Zweifel bleiben – ‚Geschichtsphilosophie': sie ist *Genealogie* als Philosophie der Vollzüge der Zugehörigkeit zum „Ich"; sie ist es im Blick auf das *Nötigkeitsprinzip;* sie ist es als Philosophie des Zwecks Ich so, daß sie zugleich Philosophie des (teils unbewußten, teils bewußten) *sukzessiven Werdens der Mittel seiner Verwirklichung* d. h. Philosophie der *Geschichte der Freiheitsbedingungen* ist. Damit erfüllt sie wesentliche Kriterien der Geschichtsphilosophie[73]. Und so bestimmt Kant die Transzendentalphilosophie als Philosophie eines – vom „gefährlichen Sprung" und „kontinuierlichen Fortgang" verschiedenen – „Überschritts" im Vollzug eines Durchlaufens von drei „Stadien der Vernunft"[74], deren „Zeitordnung ... in der Natur der menschlichen Vernunft gegründet" ist[75]. Fichte schreibt: „Die Wissenschaftslehre soll sein die pragmatische Geschichte des menschlichen Geistes"[76]. Und Schelling betont, die Transzendentalphilosophie sei „die Geschichte dieser Handlungen ... als die Geschichte des Selbstbewußtseins" und „die Geschichte des menschlichen Geistes ... als die Geschichte der verschiedenen Zustände, durch welche hindurch er allmählich zur Anschauung seiner selbst, zum reinen Selbstbewußtsein gelangt"[77]: *Transzendentalphilosophie ist – ihrer Tendenz nach – Geschichtsphilosophie.*

3. Geschichtsferne

Transzendentalphilosophie ist ihrer Tendenz nach Geschichtsphilosophie: sie ist „theoretische Philosophie" und „praktische Philosophie" so, daß beide Philosophien ‚identisch' d. h. Philosophien einer und derselben Handlung sind. Das primäre und eigentliche Verhältnis zu dieser Handlung ist aber offenbar das *Zuendehandeln* dieser Handlung. So ist da ein bestimmtes Dienstverhältnis zwischen beiden Philosophien: es leuchtet ein, daß die (theoretische) Philosophie des Schongehandelten dieser Handlung im Dienste der (praktischen) Philosophie des Nochzuhandelnden, des Zuendehandelns dieser Handlung stehen muß. Darum behauptet die Transzendentalphilosophie den *„Primat der praktischen Vernunft"*[78] *und Phi-*

losophie – unangefochten zumindest bei Kant[79] und bei Fichte[80]. Allein: dieser Vorrang der praktischen Philosophie scheint nur für die Konzeption und Intention, nicht aber für die Durchführung der Transzendentalphilosophie zu gelten. Merkwürdig ist es, daß einer primär praktischen Philosophie ein Werk der theoretischen Philosophie – Kants „Kritik der reinen Vernunft" – als das Hauptwerk gilt. Fichtes Philosophie nennt sich nicht Tätigkeitslehre, sondern „Wissenschaftslehre". Und Schellings „System des transcendentalen Idealismus" versteht sich ebenfalls als „Wissenschaft alles *Wissens*"[81]: das Prinzip ‚Verwirklichung' regiert offenbar nur die ‚Intention', den ‚Vollzug' der Transzendentalphilosophie aber – scheint es – regiert das Prinzip ‚Erinnerung'. Die „praktische" Philosophie beherrscht zwar die ‚Intention', sie beherrscht aber nicht den ‚Vollzug' der Transzendentalphilosophie. In ihrem Vollzug kehrt sich vielmehr das Bedeutungsverhältnis ihrer Philosophien um: die Erinnerungsaufgabe wird zur primären, die Verwirklichungsaufgabe zur sekundären – *faktisch* ist der Transzendentalphilosophie das Wissen der ungewußten Geschichte wichtiger als das Tun der ungetanen: *in der Transzendentalphilosophie kontrastiert mit dem ‚Primat der praktischen Philosophie' in Dingen der ‚Intention' der ‚Primat der theoretischen Philosophie' in Dingen des ‚Vollzugs'*[82].

Prävalenz der Anamnese. Dieser Tatbestand bringt einige Motive und Thesen zu zentraler Geltung, für die sich eine Untersuchung der „philosophischen Motive" der gegenwärtigen Psychologismuswiederkehr in besonderer Weise interessieren muß. Hingewiesen sei hier auf drei.

Da ist die Prävalenz der transzendentalphilosophischen Theorie des „Unbewußten": *das Ich, sein Bewußtsein, seine Welt sind Resultat einer ihm selbst ‚unbewußten' Geschichte.* Der Gedanke findet sich noch nicht bei Kant, obwohl auch Kant am Gegebenen das erkennen will, was unsere „Funktion" und „Handlung" ist, und obwohl auch schon er die „geheimsten Urteile der gemeinen Vernunft" zum Thema der Kritik erklärt[82]; aber nicht das interessiert ihn am Wirklichen, was unbewußte Tat, sondern nur das, was unbewußte Zutat des Ich ist. So hat erst Fichte die Theorie des unbewußten Produziert-seins der gegebenen Welt entwikkelt – in seiner Lehre von der unbewußt produzierenden Einbildungskraft[83]; und Schelling hat diese Theorie auf seine Weise rezipiert[84]. Schelling rekapituliert diese Theorie in seinen Münchener Vorlesungen von 1827: historisch auf Fichte und seine eigene Früh-Philosophie zurückblickend schreibt er da, seine These sei gewesen, „daß ... sowie ich für mich selbst da, ich mir bewußt bin ... ich auch die Welt als bereits – da – seiend finde, also daß auf keinen Fall das schon bewußte Ich die Welt produzieren kann. Nichts verhinderte aber, mit diesem jetzt in mir sichbewußten Ich auf einen Moment zurückzugehen, wo es seiner noch nicht bewußt war, – eine Region jenseits des jetzt vorhandenen Bewußtseins anzunehmen und eine Tätigkeit, die nicht mehr selbst, sondern nur durch ihr Resultat in das Bewußtsein kommt. Diese Tätigkeit konnte nun keine andere sein als eben die Arbeit des Zu-sich-selbst-Kommens, des sich Bewußtwerdens selbst, wo es denn natürlich ist und nicht anders sein kann, als daß diese Tätigkeit mit dem erlangten Bewußtsein aufhört und bloß ihr Resultat stehen bleibt. Dieses bloße Resultat, in welchem sie dem Bewußtsein stehen bleibt, ist dann eben die Außenwelt, der sich eben darum das Ich nicht als einer von ihm selbst produzierten, sondern nur als einer zugleich mit ihm daseienden bewußt sein kann“[85]; „angekommen also bei dem Ich bin ... erinnert es sich nicht mehr des Wegs, den es bis dahin zurückgelegt hat, denn da das Ende dieses Wegs eben erst das Bewußtsein ist, so hat es ... den Weg zum Bewußtsein selbst bewußtlos und ohne es zu wissen zurückgelegt. Hier erklärt sich die Blindheit und Notwendigkeit seiner Vorstellungen von der Außenwelt“[86]. „Ich suchte also mit einem Wort“ – schreibt Schelling – „den unzerreißbaren Zusammenhang des Ich mit einer von ihm notwendig vorgestellten Außenwelt durch eine dem wirklichen und empirischen Bewußtsein vorausgehende transzendentale Vergangenheit dieses Ich zu erklären, eine Erklärung, die sonach auf eine transzendentale Geschichte des Ichs führte“[87]. Diese Theorie hat sehr wenig das Absurde an sich, das man ihr nachzusagen gewohnt ist; das bemerkt, wer ernstnimmt, was Schelling ihre „Tendenz zum Geschichtlichen“[88] genannt hat: jede Gegenwart ist in all ihrer konkreten Bestimmtheit kein seit je Bestehendes, sondern ein Gewordenes; das unmittelbare In-ihr-Leben hat das vergessen; durchsichtig wird das dem, der sich ihrer Vergangenheit erinnert. So erkennt auch die Transzendentalphilosophie das „Gegebene“ als ein „Produziertes“, indem sie sich seiner „transzendentalen Vergangenheit“ – einer zunächst „unbewußten“ Vergangenheit – „erinnert“. Für diese Arbeit ist das wichtig: *die Transzendentalphilosophie entwickelt nicht allein eine Theorie des „Unbewußten“, sondern macht darüberhinaus – in ihrem Vollzug – dieses „Unbewußte“ (die Vorgeschichte des Bewußtseins) zu ihrem hauptsächlichen Thema.*

Damit hängt zusammen die transzendentalphilosophisch *ausgezeichnete Bestimmung der Philosophie und des Philosophen durch die Leistung der „Anamnese“*. Das hat freilich erst Schelling mit aller Deutlichkeit ausgesprochen – und je später, desto klarer. „Das Ich“ – schreibt er an der eben zitierten Stelle[89] – „findet in seinem Bewußtsein nur noch gleichsam die Monumente, die Denkmäler jenes (sc. unbewußten) Wegs (sc. zum Bewußtsein), nicht den Weg selbst. Aber eben darum ist es nun Sache der Wissenschaft, und zwar der Urwissenschaft, der Philosophie, jenes Ich des Bewußtseins mit Bewußtsein zu sich selbst, d.h. ins Bewußtsein, kommen zu lassen. Oder: die Aufgabe der Wissenschaft ist, daß jenes Ich des Bewußtseins den ganzen Weg von dem Anfang seines Außersichseins bis zu dem höchsten Bewußtsein – selbst mit Bewußtsein zurücklege. Die Philosophie ist insofern für das Ich nichts anderes als eine Anamnese, Erinnerung“: „die Natur der transzendentalen Betrachtungsart“ – schreibt er im „System des transcendentalen Idealismus“[90] – „muß also überhaupt darin bestehen, daß in ihr auch das, was in allem andern Denken, Wissen oder Handeln das Bewußtsein flieht, ... zum Bewußtsein gebracht... wird“; es soll „Objekt werden, was sonst durch nichts reflektiert wird“[91], es kommt darauf an, „das Unbewußte ... in intellektueller Anschauung zu reflektieren“[92]. „Es ist also im Menschen eines, das wieder zur Erinnerung gebracht werden muß, und ein anderes, das es zur Erinnerung bringt"[93] – und das bestimmt die Rolle des Philosophen: „Zwischen dem objektiven Ich und dem philosophischen (besteht) ungefähr das Verhältnis wie in den Sokratischen Gesprächen zwischen dem Schüler und Meister. In dem objektiven Ich war eingewickelter Weise mehr gesetzt, als es selbst wußte; die Tätigkeit des subjektiven, des philosophischen Ich (besteht) nun darin, dem objektiven Ich selbst zu der Erkenntnis und dem Bewußtsein des in ihm Gesetzten zu verhelfen, und es so endlich zur völligen Selbsterkenntnis zu bringen"[94]. „Der Prozeß unserer Selbstbildung ... besteht ... immer darin, das in uns bewußtlos Vorhandene zum Bewußtsein zu erheben"[95]: „Was wir Wissenschaft nennen, ist ... Streben nach dem Wiederbewußtsein"[96], und die „platonische Idee, daß alle Philosophie Erinnerung sei, ist in diesem Sinne wahr"[97]: *die Transzendentalphilosophie definiert sich – in ihrem Vollzug – primär als ‚Bewußtmachung des Unbewußten' d.h. durch das Vergangenheitsverhältnis der ‚Erinnerung'.*

Dazu gehört, daß für die Transzendentalphilosophie ihr *entscheidender Ertrag im ‚Loswerden' von Selbsttäuschungen liegt* – nicht im ‚Erreichen' noch ausstehender geschichtlicher Realisierungen. Es ist die prävalierende Bestimmung ihres noch bei Kant nur partiell[98], späterhin insgesamt „Dialektik" genannten Verfahrens der Anamnese[99], den „transzendentalen Schein"[100] zu entlarven: die Transzendentalphilosophie kämpft wesentlich gegen die „Illusionen"[101], die den Menschen gefangen- und vom Ich-sein fernhalten; sie untersagt ihm, sich seinem Ich-sein in die „Träume der Metaphysik"[102] zu entziehen; sie besteht auf „Wahrhaftigkeit"[103] – all das erhält im ‚Vollzug' der Transzendentalphilosophie eine besondere Wichtigkeit und zentrale Stellung. In der Tat: sobald die „transzendentale Vergangenheit"[104] zum prävalierenden Thema dieser Philosophie wird, wird das, was vorzüglich durch die Philosophie geschieht, in einer Veränderung dessen bestehen, was in Bezug auf die Vergangenheit verändert werden kann: das ist das „Bewußtsein" dieser Vergangenheit. Wenn „die Revolution im Menschen vom *Bewußtsein* seines Wesens ausgehen" soll, wie freilich erst Schelling ausdrücklich sagt[105], dann muß die Philosophie vor allem anderen dafür sorgen, daß dieses Bewußtsein kein falsches, sondern ein wahres ist: daß es nicht mehr durch „Sophistikationen der Vernunft"[106] „gezwackt" und „geäfft" wird und nicht mehr „Subjektives" für „objektiv" hält[107]. So wird für die Transzendentalphilosophie das, was von ihr zunächst nur als „Gegenprobe der Wahrheit" ihres „Resultats" gemeint war[108] – die Auflösung des Scheins, – auf die Dauer zum Hauptzweck, was Mittel war, wird zum Ziele selbst. *Weil im ‚Vollzug' der Transzendentalphilosophie – zunehmend[109] – das „theoretische" Thema ‚Vergangenheit' prävaliert, wird sie – zunehmend – aus einer ‚Theorie des Erreichens' des „Endzwecks" zu einer ‚Theorie des Loswerdens' von falschem Bewußtsein.*

Freilich: sosehr die Transzendentalphilosophie dieserart primär zur Aufhebung des „Scheins" durch eine Operation gegen das ‚Vergessen' der eigenen Urheberschaft und Vorgeschichte wird – eine Theorie des *Interesses an diesem Vergessen*[110] und an diesem Schein hat sie im Grunde noch nicht entwickelt. Kant hat zwar verlangt, bei Irrtümern „die Quelle derselben, den Schein, zu entdecken und zu erklären“ statt sie einfach nur zu „widerlegen“[111]; bemerkenswert ist auch, daß er seine ersten kritischen Untersuchungen durch eine Analyse der „Krankheiten des Kopfes“ ergänzt[112]; jedoch: zur Motivation des „transzendentalen Scheins“ sagt er im wesentlichen nur, er gründe „unhintertreiblich“ im „natürlichen Hang“ unserer Vernunft[113] und sei darum „notwendig und unvermeidlich“[114]. Eine Theorie eines ‚Interesses am Vergessen‘ hat er und hat die Transzendentalphilosophie insgesamt nicht oder doch nur rudimentär und beiläufig. Gewiß: es gibt den „Widerstand“ der dogmatischen Metaphysik gegen die Kritik[115]; und wenn Kritik so etwas wie „Aufklärung“ des Ich über sich selbst ist, dann gründet auch der schein-verfallene „Dogmatismus“ der Schul-Metaphysik in der „selbstverschuldeten Unmündigkeit“[116] d.h. letztlich in „Faulheit und Feigheit“[117]. Wo die Transzendentalphilosophie nach ‚Motiven‘ des Vergessens und Scheinens sucht, trifft sie auf die „Tätigkeit“[118]: der Mensch flieht das Bewußtsein seiner selbst aus ‚Bequemlichkeit‘, nicht aus Angst und Schrecken vorm Peinlichen und Bedrohlichen. Die vergessene Geschichte ist noch das Feld wesentlich der gelösten, noch nicht das der überwiegend ungelösten Probleme; sie ist noch das Feld der Taten und Triumphe, noch nicht das der Verlegenheiten, der verschleppten Entscheidungen, der verborgenen Wunden und allzufrischen Narben, der peinlichen Niederlagen, der destruktiven Glückswünsche, der untergründigen Begierden und heimlichen Schlechtigkeiten: *die transzendentalphilosophische Theorie des „Unbewußten“ ist noch ohne Theorie der „Verdrängung“.*

Tendenz und Vollzug. Die drei genannten Punkte haben Thesen der Transzendentalphilosophie betont, die auch schon in den vorausgehenden Abschnitten anklangen; sie haben diese Thesen durch Belegstellen koloriert; vor allem aber haben sie auf die merkwürdige Tatsache aufmerksam gemacht, daß gerade diese Theorien im Vollzuge der Transzendentalphilosophie Vorrang bekommen. Diese Tatsache läßt sich zusammenfassend formulieren: *für die Transzendentalphilosophie wird das Wissen der ungewußten Geschichte wichtiger als das Tun der ungetanen; zu ihrer primär praktischen ‚Tendenz‘ tritt ein primär theoretischer ‚Vollzug‘: die Verwirklichungsphilosophie mutiert zur Erinnerungsphilosophie, die Zukunftsphilosophie wird überwältigt durch Vergangenheitsphilosophie.*

Das ist offenbar ein gewisser Selbstwiderspruch der Transzendentalphilosophie. Nur in einem Falle wäre es keiner: dann, wenn die Handlung „Ich“ eine *fertige* Handlung, wenn das Werden der Freiheitsbedingungen eine *vollendete* Geschichte wäre. Die ‚Verwirklichungsphilosophie‘ wäre rechtens primär ‚Erinnerungsphilosophie‘ in einer *überwiegend fertigen Welt der Freiheit.* Es ist nicht Sache dieser Arbeit, zu diskutieren, ob *Hegel* rechtens die Möglichkeit hatte, Philosophie als „Erinnerung“ zu verstehen, weil er es wagte, die Wirklichkeit als diese überwiegend fertige Welt der Freiheit zu begreifen[119]. Was jedoch die Transzendentalphilosophie Kants, Fichtes, Schellings betrifft, so widerspricht in der Tat die Prävalenz der ‚Erinnerungsphilosophie‘ in ihrem Vollzuge ihrer These, daß die Wirklichkeit *keine* fertige Welt der Freiheit sei, sondern es erst werden „solle“: „Ich kann mir“ – schreibt Fichte[120] – „die gegenwärtige Lage der Menschheit schlechthin nicht denken als diejenige, bei der es nun bleiben könnte; schlechthin nicht denken als ihre ganze und volle Bestimmung“. Der Transzendentalphilosophie ist die Welt durchaus eine ‚unfertige Welt der Freiheit‘ – und *trotzdem* gibt sie der „theoretischen Philosophie“ den *faktischen* Primat. Der Transzendentalphilosophie ist die Handlung „Ich“ eine durchaus nicht ‚zuendegehandelte‘ Handlung – und *trotzdem* will sie Erinnerungsphilosophie sein. Das erzeugt eine Spannung. Offenbar macht sie das, was ihr die Hauptsache sein müßte (Verwirklichung) zur Nebensache, und das, was ihr Nebensache sein müßte (Erinnerung) zur Hauptsache: *die „theoretische“ Erinnerungsaufgabe verdrängt die „praktische“ Verwirklichungsaufgabe; der vergangenheitsbezogene ‚Vollzug‘ der Transzendentalphilosophie hemmt und durchkreuzt ihre zukunftsbezogen-geschichtsphilosophische ‚Tendenz‘, ihre Tendenz macht die Transzendentalphilosophie zur Geschichtsphilosophie, ihr Vollzug macht sie ‚geschichtsfern‘.* Impliziert diese ‚Geschichtsferne‘ der Transzendentalphilosophie eine Absage an ihre eigene geschichtsphilosophische Tendenz? Wo diese Frage dringlich wird und Grund findet, führt sie auf das Phänomen der *Ohnmacht der transzendentalen Vernunft.*

Ohnmacht der transzendentalen Vernunft

Die Transzendentalphilosophie ist (tendenziell) Geschichtsphilosophie – aber *geschichtsferne* Geschichtsphilosophie. Die transzendentale Vernunft ist (tendenziell) Geschichtsvernunft – aber *geschichtsferne* Geschichtsvernunft. Diese ‚Geschichtsferne' manifestiert sich in der *Ohnmacht* der transzendentalen Vernunft. Inwiefern?

1. Geschichtsferne Geschichtsphilosophie

Transzendentalphilosophie ist – ihrer Tendenz nach – Geschichtsphilosophie: sie ist Philosophie der Freiheit als Philosophie des Werdens ihrer Bedingungen. Das drängt zur Konkretisierung. Es ist dabei so, daß die Transzendentalphilosophie diese Konkretisierung zugleich *sucht* (S. 100f.) und *flieht* (S. 102f.).

POLITISCHE DEFINITION DER GESCHICHTE. In der konkretesten – und damit in ausgezeichneter Weise ist die Transzendentalphilosophie Geschichtsphilosophie dort, wo sie *politische Philosophie* ist[1]. Denn: die Wirklichkeit als die der Freiheitsbedingungen – das ist in konkreter, in ausgezeichneter Weise die ‚politische' Wirklichkeit des „Staates" und einer mundanen Friedensordnung, des „weltbürgerlichen Zustands"; das Werden dieser Wirklichkeit – das ist in konkreter, in ausgezeichneter Weise die ‚politische' Geschichte „in weltbürgerlicher Absicht"[2]. Darum ist die Transzendentalphilosophie – ihrer Tendenz nach – in einer fundamentalen Weise ‚politische Philosophie'.

Das verbindet sie mit der klassischen, vor allem mit der griechischen Metaphysik. Denn auch diese wurde, was sie geworden ist, auch diese fand zu sich selbst dadurch, daß die Philosophie von den Untersuchungen „peri physeos" weiterging zur Frage nach den Zusammenhängen „meta ta physika" – zunächst im konkreten Sinne der „politika"[3]: die Philosophie wurde zur Metaphysik, indem sie nicht mehr die Physik, sondern die Politik zu ihrem „Grundbuche" machte[4]. Und das nimmt die Transzendentalphilosophie jetzt – ihrer Tendenz nach – auf und gibt ihm die Wendung ins Geschichtliche. *Die Transzendentalphilosophie ist – ihrer Tendenz nach – Philosophie einer Geschichte, deren eigentliche Definition die ‚politische' Definition ist.*

Das soll kurz belegt werden. Die Transzendentalphilosophie handelt vom „Endzweck“ so, daß sie vom Werden seiner Bedingungen handelt. Und so kann der Titel „Endzweck“ auch das vollständige Gewordensein der Bedingungen menschlicher Freiheit bezeichnen. „Endzweck der Schöpfung“ – schreibt Kant in seiner dritten Kritik[5], und Hegel zitiert es[6] – „ist diejenige Beschaffenheit der Welt, die zu dem, was wir allein nach Gesetzen bestimmt angeben können, nämlich dem Endzwecke unserer reinen praktischen Vernunft, und zwar sofern sie praktisch sein soll, übereinstimmt“; diese Verfassung diskutiert er zugleich unter dem Namen des „höchsten Gutes“[7]. „Die vollkommene Übereinstimmung des Menschen mit sich selbst, und – damit er mit sich selbst übereinstimmen könne – die Übereinstimmung aller Dinge außer ihm mit seinen notwendigen praktischen Begriffen von ihnen, – den Begriffen, welche bestimmen, was sie sein sollen, – ist das letzte höchste Ziel des Menschen. Diese Übereinstimmung überhaupt ist, daß ich in die Terminologie der kritischen Philosophie eingreife, dasjenige, was Kant das höchste Gut nennt“, sagt Fichte[8]. Allein, diese Endzweck-Verfassung der „moralischen Welt“[9] ist noch keine realisierte Wirklichkeit; sie ist noch nicht zur Gegenwart geworden[10]. Die volle Verwirklichung der Freiheitsbedingungen, die Moralisierung der Welt ist eine „Aufgabe“, die nicht durch die Jetzigen erfüllt ist; und sie ist erfüllbar nicht durch den Einzelnen und Einzelne, sondern ist Sache der ganzen Menschengattung[11] und der Zukunft, um die sich darum die Transzendentalphilosophie – Kant formuliert es so – „als wachsende Geschichtserzählung des Bevorstehenden in der künftigen Zeit“[12] zu kümmern hat: also im spezifischen Sinne als Geschichtsphilosophie, als Philosophie der „moralischen, im Glauben vorausgesehenen Weltepoche, bis zu ihrer Vollendung, die wir nicht als empirische Vollendung *absehen,* sondern auf die wir nur im kontinuierlichen Fortschreiten und Annäherung zum höchsten auf Erden möglichen Guten ... *hinaussehen,* d.h. dazu Anstalt machen können“[13]. Diese Geschichtsphilosophie rechnet damit, „daß im Begriff der Geschichte der Begriff einer unendlichen Progressivität liegt“[14] und wird so zur Absage an jegliche „abderitische“ und jegliche „terroristische“ zugunsten einer „eudämonistischen Vorstellungsart der Menschengeschichte“[15], die, „das Ziel des Fortschreitens im zweiten Prospekt gesehen, auch Chiliasmus genannt werden würde“[16]. „Der Zweck des Erdenlebens der Menschheit ist der, daß sie in demselben alle ihre Verhältnisse mit Freiheit nach der Vernunft einrichte“[17], „der Mensch soll aus dem ethischen Naturzustande herausgehen, um ein Glied eines ethisch gemeinen Wesens zu werden“[18], ein Glied der moralischen Welt, ein Bürger schließlich „eines Reichs Gottes auf Erden“[19]. Es geht um Freiheit: aber – „die Freiheit muß garantiert sein durch eine Ordnung, welche so offen und unveränderlich ist wie die der Natur“[20]. „Denn die Freiheit, welche nicht durch eine allgemeine Naturordnung garantiert ist, existiert nur precär ... so, daß der Einzelne seiner Freiheit nie sicher ist. So soll es nicht sein. Die Freiheit soll keine Vergünstigung sein, oder ein Gut, das nur gleich einer verbotenen Frucht genossen werden darf“[21]. Darum ist „eine allgemeine Rechtsverfassung ... Bedingung der Freiheit, weil es ohne sie für die Freiheit keine Bürgschaft gibt“[22] – und auf diese, auf „das allmähliche Realisieren der Rechtsverfassung"[23], auf die ‚politische' Geschichte also bezieht sich im entscheidenden Punkte die Rede vom Fortschritt: „welchen Ertrag wird der Fortschritt zum Besseren dem Menschengeschlechte abwerfen? Nicht ein immer größer wachsendes Quantum der Moralität in der Gesinnung, sondern Vermehrung der Produkte der Legalität"[24]. Die Moralisierung der Menschenwelt nimmt den ‚politischen' Weg der Legalisierung der Menschenwelt – und die Philosophie der Freiheit und ihrer Bedingungen, die Philosophie des Endzwecks und seiner Verwirklichung wird darum zur politischen „Idee einer allgemeinen Geschichte in weltbürgerlicher Absicht"[25]. „Man kann" – formuliert aus diesem Grunde Kant, und er tut das bereits 1784, also noch vor dem Erscheinen der „Grundlegung zur Metaphysik der Sitten"[26] – „die Geschichte der Menschengattung im großen als die Vollziehung eines verborgenen Plans der Natur ansehen, um eine innerlich- und zu diesem Zweck, auch äußerlich-vollkommene Staatsverfassung zustande zu bringen, als den einzigen Zustand, in welchem sie alle ihre Anlagen in der Menschheit völlig entwickeln kann"[27] – eine weltbürgerliche Ordnung des „ewigen Friedens"[28]. Diesen „philosophischen Versuch" Kants, „die allgemeine Weltgeschichte nach einem Plane der Natur, der auf die vollkommene bürgerliche Vereinigung in der Menschengattung abziele, zu bearbeiten"[29], akzeptiert auch Fichte: seine Philosophie der „Bestimmung des Menschen" wird zur Theorie der „Mittel der Gründung einer vollkommenen Gesellschaft"[30], die er alsbald als den „absoluten Staat" interpretiert[31]. Und auch Schelling gibt der Geschichtsphilosophie diesen politischen Sinn und betont nachdrücklich, „daß das einzig wahre Objekt der Historie nur das allmähliche Entstehen der weltbürgerlichen Verfassung sein kann, denn eben diese ist der einzige Grund einer Geschichte"[32]: „die vollendete Welt der Geschichte wäre demnach selbst eine ideale Natur, der Staat, als der äußere Organismus einer in der Freiheit selbst erreichten Harmonie der Notwendigkeit mit der Freiheit. Die Geschichte, sofern sie die Bildung dieses Vereins zum vorzüglichsten Gegenstand hat, wäre Geschichte im engeren Sinn des Wortes"[33].

Diese Aussagen Kants, Fichtes, Schellings[34] bestätigen und unterstreichen das Gesagte: ihre Philosophie führt zur Theorie einer „Geschichte in weltbürgerlicher Absicht", deren eigentliche Definition also die ‚politische' Definition ist. *Die Transzendentalphilosophie ist – ihrer Tendenz nach – ‚politische' Geschichtsphilosophie.*

Entgeschichtlichung. Die Transzendentalphilosophie ist das ihrer Tendenz nach. *Aber diese Tendenz vermag sich nicht durchzusetzen:* das gehört ebenso entscheidend zu dieser Philosophie. An der transzendentalphilosophischen Geschichtsphilosophie ist nicht nur ihre Existenz und ihr Thesengehalt bemerkenswert; mindestens gleichwichtig ist der Tatbestand ihrer *faktisch wenig zentralen Stellung.* Bei Kant, bei Fichte, bei Schelling gerät die politisch gewendete Geschichtsphilosophie faktisch zu einer nur ‚beiläufigen' Theorie; die Geschichtsschriften sind durchweg Parerga; in den Hauptwerken bleiben geschichtsbetreffende Abschnitte – wo sie sich überhaupt finden – peripher[35]: die Transzendentalphilosophie ist in Wirklichkeit weit entfernt davon, in der konkret-politischen Geschichtsphilosophie zu ‚kulminieren'. Damit widerspricht sie ein weiteres Mal ihrer eigenen Tendenz; sie wird dadurch ein weiteres Mal in gewisser Hinsicht ihr eigenes Gegenteil. Diesen zweiten großen ‚Selbstwiderspruch' der Transzendentalphilosophie versteht diese Untersuchung als weiteres Dokument ihrer ‚Geschichtsferne': *die Transzendentalphilosophie erweist sich als eine nur ‚geschichtsferne' Geschichtsphilosophie am nachhaltigsten dadurch, daß sie – entgegen ihrer Tendenz – die ‚politische' Geschichtsphilosophie nur ‚hat' und nicht ‚ist'.* Die Transzendentalphilosophie ist Geschichtsphilosophie – ohne es in einer konkreten Weise zentral und wirklich zu sein. *Darum gehört zur Transzendentalphilosophie zugleich mit der Ausbildung der (politischen) Geschichtsphilosophie die Abkehr von der (politischen) Geschichtsphilosophie.* Es gehören zu ihr mindestens drei charakteristische Formen dieser Abkehr.

Zur Transzendentalphilosophie gehört erstens eine wachsende – eine zuerst latente, später manifeste – *Tendenz zum ‚Geschichtspessimismus'*. Die Geschichte – als Verwirklichungsfeld des „Endzwecks" – ist in der Transzendentalphilosophie gedacht als unendlicher Progress, als unendliche Annäherung, als *unendliche Aufgabe,* so daß der „letzte Endzweck völlig unerreichbar ist und ewig unerreichbar bleiben muß, wenn der Mensch nicht aufhören soll, Mensch zu sein, und wenn er nicht Gott werden soll. Es liegt im Begriffe des Menschen, daß sein letztes Ziel unerreichbar, sein Weg zu demselben unendlich sein muß. Mithin ist es nicht die Bestimmung des Menschen, dieses Ziel zu erreichen. Aber er kann und soll diesem Ziele immer näher kommen: und daher ist die Annäherung ins unendliche zu diesem Ziele seine wahre Bestimmung als Mensch"[36]. „Lassen Sie uns froh sein" – ruft Fichte[37] – „daß wir Kraft in uns fühlen, und daß unsere Aufgabe unendlich ist!" Aber die Geschichte als Bewährungsfeld unendlicher Tätigkeit ist auch das Besorgungsfeld unendlichen Ausbleibens der Zielverwirklichung. „Wenn wir den moralisch-physischen Zustand des Menschen hier im Leben auch auf dem besten Fuß annehmen, nämlich eines beständigen Fortschreitens und Annäherns zum höchsten (ihm zum Ziel ausgestreckten) Gut; so kann er doch ... mit der Aussicht in eine ewig dauernde Veränderung seines Zustandes (des sittlichen sowohl als physischen) die Zufriedenheit nicht verbinden. Denn der Zustand, in welchem er jetzt ist, bleibt immer doch ein Übel, vergleichungsweise gegen den bessern, in den zu treten er in Bereitschaft steht; und die Vorstellung eines unendlichen Fortschreitens zum Endzweck ist doch zugleich ein Prospekt in eine unendliche Reihe von Übeln, die, ob sie zwar von dem größeren Guten überwogen werden, doch die Zufriedenheit nicht stattfinden lassen, die er sich nur dadurch, daß der Endzweck endlich einmal erreicht wird, denken kann"[38]: die Lust unendlicher Tätigkeit wird zur Last unendlicher Vergeblichkeit; die Geschichte gerät aus dem Aspekt des Fortschreitens heraus und unter den Gesichtspunkt des ewigen Nicht-Ankommens: aus einem Terrain der „Hoffnung" wird sie in wachsendem Maße zu einem der Resignation. Ein entscheidender Grund dafür ist, daß die transzendentalphilosophische Geschichtsphilophie, als Theorie des „Endzwecks", nicht auch die zureichende Theorie der Mittel seiner Verwirklichung zu geben vermag[39]: sie ist die Philosophie zu weniger Mittel, eine ‚zu unmittelbare' Philosophie.

Mit der Möglichkeit seiner Verwirklichung aber wird schließlich auch der Zweck selbst problematisch. Der „weltbürgerliche Zustand" ist der eines Staates – aber in der Transzendentalphilosophie besteht wachsende Neigung, das „juridische Gemeinwesen"[40] des Staates immer weniger als *Verwirklichung*, immer mehr als *Beschränkung* der Freiheit zu interpretieren. Der Staat ist Sphäre des Rechts, deren „Gesetzgebung von dem Prinzip ausgeht: die Freiheit eines jeden auf die Bedingungen einzuschränken, unter denen sie mit eines jeden andern Freiheit nach einem allgemeinen Gesetze zusammen bestehen kann"[41]. Das ist "allgemeines Prinzip des Rechts"[42] – aber vom Rechtlichen ist das Sittliche *unterschieden:* „Legalität" ist nicht „Moralität"[43], die Rechtsverhältnisse betreffen nur das Äußere, nicht das Innere des Menschen[44] – *Recht* und *Menschlichkeit*[45] treten auseinander und entwickeln sich – innerhalb der transzendentalphilosophischen Theorie – in der Folge zu *Gegensätzen:* der Staat des Rechts ist dann nicht mehr der der Menschlichkeit, und die Geschichte, die die Menschenwelt immer staatlicher macht, macht sie zwar rechtlicher, aber dadurch nicht auch schon menschlicher – diese mögliche Konsequenz zieht nicht Kant, sondern radikal erst Schelling. Kant hat nur die grundlegenden Unterscheidungen formuliert. Fichte und Schelling nehmen sie auf und stellen sich zu ihnen. Wenn der Staat als Sphäre der Rechtlichkeit nicht zur Sphäre der Menschlichkeit wird, darf er nur als Notlösung gelten[46]; darum können Fichte und Schelling vorübergehend fordern, er müsse überflüssig werden[47]. Doch das haben sie alsbald verworfen[48]. Wo aber mit einem Staat unumgänglich zu rechnen ist, der als nur rechtlicher zugleich Menschlichkeit nicht zu geben vermag – da gibt es grundsätzlich *zwei* Möglichkeiten, sich zu ihm zu stellen: es gibt die Möglichkeit, den Staat aus einer rechtlichen zu einer moralischen Anstalt zu verwandeln, und es gibt die Möglichkeit, ihm ausdrücklich übelzunehmen, daß er keine moralische Anstalt ist. Jenes tut Fichte, dieses Schelling. Der spätere Fichte will den „absoluten Staat"[49], er will den Staat als das, was er nach Kant nicht sein kann: er soll bei Fichte als „juridisches" auch ein „ethisches Gemeinwesen"[50] sein und der Mensch durch Hingabe an den Staat Mensch: „Darin besteht eines jeglichen Bestimmung und Wert, daß er, mit allem, was er ist, hat, und vermag, sich an den Dienst der Gattung, – und da, und inwiefern der Staat, die Art des Dienstes, welchen diese Gattung in der Regel bedarf, bestimmt, – an den Dienst des Staates setze"[51]. Allein: gerade das führt nicht zur Menschlichkeit, sondern zur endgültigen Unmenschlichkeit des Staates – das hat bereits Schelling durchschaut[52]. Es ist, sagt er[53], „kein Wunder, daß alle Versuche, sie (sc. die „rechtliche Ordnung") in eine moralische umzuwandeln, sich durch ihre eigene Verkehrtheit und den Despotismus in der furchtbarsten Gestalt, die unmittelbare Folge davon, in ihrer Verwerflichkeit darstellen"[54]. Darum besteht Schelling darauf, „daß die rechtliche Ordnung nicht eine moralische ist"[55]. Aber gerade dadurch – meint er – ist sie nun zugleich eine tote Ordnung. „Sie ist anzusehen wie eine

Maschine, die auf gewisse Fälle zum Voraus eingerichtet ist, und von selbst, d. h. völlig blindlings wirkt, sobald diese Fälle gegeben sind“[56]; darum spricht er von der „Staatsmaschine“[57]: wo dieser „Mechanismus einer Verfassung seinen Zwang gegen freie Wesen richtet“[58], sieht man „den Geist eines öffentlichen Zustandes nur noch wie in Trümmern hausen“[59]. Eine ‚affirmative‘ Staatstheorie ist daher für Schelling nur mehr als ‚unbestimmte‘[60], eine ‚bestimmte‘ Staatstheorie ist für ihn nur mehr als ‚kritische‘ möglich. Diese Kritik formuliert Schelling in aller Schärfe 1810 in den „Stuttgarter Privatvorlesungen“[61]: „Die wahre politeia ist nur im Himmel“[62], jede mögliche wirkliche aber ist schlimm: die negativen Prädikate, die Fichte nur dem „gegenwärtigen Zeitalter“ zuspricht[63] werden beim späteren Schelling zu unabänderlichen Attributen jeder gesellschaftlichen Lage und Ordnung der Menschen. „Rechnen wir nun noch dazu, wieviel Laster der Staat erst entwickelt – Armut – das Böse in großen Massen, so ist das Bild der ganz zum Physischen, ja sogar zum Kampf um ihre Existenz herabgesunkenen Menschheit vollendet“[64], ”und der Staat ist daher, um es gerade heraus zu sagen, eine Folge des auf der Menschheit ruhenden Fluchs“[65]; er ist keine ‚menschliche‘ Ordnung und kann es auch nie werden: „Es ist bekannt“ – schreibt Schelling[66] – „wieviel Mühe man sich, besonders seit der französischen Revolution und den Kantischen Begriffen, gegeben hat, eine Möglichkeit zu zeigen, wie mit der Existenz freier Wesen Einheit vereinbar, also ein Staat möglich sei, der eigentlich nur die Bedingung der höchstmöglichen Freiheit der Einzelnen sei. Allein dieser ist *nicht* möglich“[67]: wo eine staatliche Ordnung das Ziel der Geschichte ist, hat sie ein äußerst fragwürdiges Ziel; die Geschichte, wo sie politisch definiert und als Bewegung einer progressiven *Legalisierung* der Menschenwelt gedeutet wird, hat jeden erfreulichen und erhebenden Charakter verloren und gerät endgültig zur schlimmen: die transzendentalphilosophische Geschichtsphilosophie verwandelt sich aus einer Fortschrittstheorie in eine Verfallstheorie. Das hat diese Überlegung im Blick, wenn sie dies als ihre These formuliert: *zur Transzendentalphilosophie gehört eine wachsende – eine zuerst latente, später manifeste – Tendenz zum Geschichtspessimismus.*

Dieser Geschichtspessimismus hat Konsequenzen, er erzwingt eine weitere charakteristische Wendung: zur Transzendentalphilosophie gehört eine wachsende – eine zuerst latente, später manifeste – *Tendenz zur ‚Umdefinition‘ der Geschichte: die wachsende Neigung zum Versuch, die ‚politische‘ Definition der Geschichte in eine von der politischen ‚verschiedene‘ Definition der Geschichte zu überführen.* Wo „das allmähliche Realisieren der Rechtsverfassung“[68] kein erreichbares und kein erfreuliches Ziel der Geschichte mehr ist, wo aber gleichwohl der Mensch weiterhin als der geschichtliche gedacht werden soll – da führt das zu Versuchen, die Geschichte nicht mehr durch ‚politische‘, sondern durch ‚andere‘ Wege und Ziele zu bestimmen.

Darum besteht in der Transzendentalphilosophie – und dies von vornherein – eine gewisse Neigung, die Geschichte zu *‚theologisieren‘:* „Das Ende aller Dinge, die durch der Menschen Hände gehen, ist selbst bei ihren guten Zwecken, Torheit: das ist, Gebrauch solcher Mittel zu ihren Zwecken, die diesen gerade zuwider sind.

Weisheit, d.i. praktische Vernunft in der Angemessenheit ihrer dem Endzweck aller Dinge, dem höchsten Gut, völlig entsprechenden Maßregeln, wohnt allein bei Gott", schreibt Kant[69]: „so scheint nichts ratsamer zu sein, als ... den Erfolg ... der Vorsehung zu überlassen. Denn, man mag so schwergläubig sein wie man will, so muß man doch, wo es schlechterdings unmöglich ist, den Erfolg ... mit Gewißheit voraus zu sehn, eine Konkurrenz göttlicher Weisheit zum Laufe der Natur auf praktische Art glauben, wenn man seinen Endzweck nicht lieber gar aufgeben will"[70]. Das ist der Grundgedanke der „Ethikotheologie" Kants in seiner „Postulatenlehre"[71], den Fichte[72] und Schelling aufnehmen: „Es ist ... eine Voraussetzung, die selbst zum Behuf der Freiheit notwendig ist, daß der Mensch zwar, was das Handeln selbst betrifft, frei, was aber das endliche Resultat seiner Handlungen betrifft, abhängig sei von einer Notwendigkeit, die über ihm ist, und die selbst im Spiel seiner Freiheit die Hand hat"[73]. „Es folgt nun" – sagt Schelling an gleicher Stelle, also bereits 1800[74] – „aus dem Bisherigen von selbst, welche Ansicht der Geschichte die einzig wahre ist. Die Geschichte als Ganzes ist eine fortgehende, allmählich sich enthüllende Offenbarung des Absoluten ... Der Mensch führt durch seine Geschichte einen fortgehenden Beweis von dem Daseyn Gottes, einen Beweis, der aber nur durch die ganze Geschichte vollendet sein kann... Wir können drei Perioden jener Offenbarung, also auch drei Perioden der Geschichte annehmen"[75]: die erste, die „tragische", in der Gott sich als „Schicksal", die zweite, in der er sich als „Natur", die dritte, in der er sich als „Vorsehung" offenbart[76]: damit ist bereits bei jenem Schelling, den man noch den ‚frühen' zu nennen gewohnt ist, die ‚politische' in eine ‚theologische' Definition der Geschichte verwandelt, die – mehr noch als beim späten Fichte[77] – beim Schelling der „Weltalter" und der „positiv" genannten Spätphilosophie[78] zur entscheidenden und einzig gravierenden wird.

Dazu gesellt sich alsbald noch eine andere Möglichkeit einer ‚Umdefinition' der Geschichte. „Erst dann" – sagt Schelling 1802 in Jena und publiziert es 1803 – „erhält die Geschichte ihre Vollendung für die Vernunft, wenn die empirischen Ursachen, indem sie den Verstand befriedigen, als Werkzeuge und Mittel einer höheren Notwendigkeit gebraucht werden. In solcher Darstellung kann die Geschichte die Wirkung des größten und erstaunenswürdigsten Drama nicht verfehlen, das nur in einem unendlichen Geiste gedichtet sein kann"[79]: die Geschichte wird als ‚ästhetisches' Phänomen bestimmt, „und der dritte und absolute Standpunkt der Historie ist demnach der der historischen Kunst"[80]. Zur ‚theologischen' Definition der Geschichte tritt die Möglichkeit, die Geschichte zu *‚ästhetisieren'*.

Wo dann dieser ‚ästhetische' Ansatz der Geschichtsphilosophie mit dem ‚theologischen' sich verbindet, wo die Geschichte zu ‚theologisch' bestimmt wird, um ganz ein ‚ästhetisches' Phänomen zu sein, und zugleich zu ‚ästhetisch', um ganz ein ‚theologisches' zu werden – da kommt es zu einem beide Möglichkeiten verbindenden Ansatz: zur „Mythologie". Die Philosophie der Geschichte wird dann das, als was schon das „älteste Systemprogramm" sie wollte[81]: die Geschichtsphilosophie wird selbst zur Mythologie[82] – sie wird es nicht bei Kant, sie wird es kaum bei

Fichte; aber ausgeprägt wird sie es beim späteren Schelling[83]. Zur ‚theologischen‘ und ‚ästhetischen‘ Definition der Geschichte tritt die Möglichkeit, die Geschichte zu ‚*mythologisieren*‘[84].

Theologisierung, Ästhetisierung, Mythologisierung der Geschichte: das müssen nicht, aber das können Möglichkeiten sein, die ‚politische‘ Definition der Geschichte abzuwehren und loszuwerden, Unternehmungen, die Geschichte ohne Blick auf das Rechtliche, den Staat und die mundane Friedensordnung zu denken und zu leben, Wege also und *Versuche, der Geschichte ihre ‚politische‘ Definition zu nehmen oder abzuschwächen,* sie zur beiläufigen zu machen. Freilich: mehr als für die Chronik der ‚klassischen‘ Transzendentalphilosophie der ‚Altkantianer‘ wird das für die Chronik ihrer gegenwärtigen Aneignung belangvoll. Gerade dort, wo das „transzendentale Motiv“ gegenwärtig in der konkreten Form eines Geschichtsdenkens angeeignet wird besteht Neigung, das Geschichtliche auf Kosten des Politischen zu denken. Die Geschichte „geschichtlich“ denken – das heißt jetzt, ihr ihre ‚politische‘ Definition ersparen. Wo die ‚theologische‘ Definition das nicht hinreichend tut[85], wo die ‚ästhetische‘ und die ‚mythologische‘ nach-romantisch suspekt geworden ist: da findet sich als ein neuer, vom ‚Politischen‘ im angegebenen Sinne durchaus entfernter Sitz des Geschichtlichen die Sprache: wo die Philosophie Transzendentalphilosophie sein will dadurch, daß sie Sprachphilosophie nicht nur ‚hat‘ sondern wesentlich ‚ist‘, gehört sie in den hier beschriebenen Zusammenhang[86]. Zur ‚theologischen‘, zur ‚ästhetischen‘, zur ‚mythologischen‘ Definition tritt dann die Möglichkeit, die Geschichte zu ‚*linguisieren*‘.

All diese genannten Phänomene sind gewichtige Zeugnisse für eine nachhaltige Schwächung des Vertrauens der Transzendentalphilosophie in die eigene Sache, in die Macht des transzendentalen Ich; sie gehören im Grunde bereits zu jenen Phänomenen, die weiter unten als Ermächtigungen des Nicht-Ich besprochen werden[87]. Das alles hat diese Überlegung im Blick, wenn sie als ihre These formuliert: *zur Transzendentalphilosophie gehört eine wachsende – eine zuerst latente, später manifeste – Tendenz zur ‚Umdefinition‘ der Geschichte: die wachsende Neigung zum Versuch, die ‚politische‘ Definition der Geschichte in eine von der politischen ‚verschiedene‘ Definition der Geschichte zu überführen.*

Mit den beiden bisher genannten Entgeschichtlichungs-Phänomenen hängt ein drittes zusammen – das deutlichste: zur Transzendentalphilosophie gehört die *Tendenz, den Selbstvollzug des Ich von der konkreten – der ‚politisch‘ definierten Geschichte ‚unabhängig‘ zu machen.* Es ist unüblich, dieses Phänomen nicht als unmittelbare Gegebenheit der Transzendentalphilosophie, nicht als hinzunehmenden Lehrbestand vor allem ihrer Kantischen Gestalt zu betrachten; doch mag es erlaubt sein, dieses Phänomen um der größeren Deutlichkeit willen hier prononciert als ein Derivat der geschichtlichen Tendenz der Transzendentalphilosophie darzustellen. Es handelt sich darum, daß die Transzendentalphilosophie, die ihrer Tendenz nach Geschichtsphilosophie d. h. die *Identität* von *theoretischer* Philosophie – die die „transzendentale Vergangenheit“ erinnern soll – und *praktischer* Philosophie – die die ‚transzendentale Zukunft‘ verwirklichen soll – ist[88], faktisch als die *Differenz* von theoretischer und praktischer Philosophie auftritt. Das trifft vor allem für Kant zu, es gilt aber auch für Fichte und Schelling[89].

Wie kommt es dazu? Woran liegt das? Wenn die beiden zuvor analysierten Phänomene irgendetwas zeigen, wenn die aufkommende Neigung zum Geschichtspessimismus und zur Entpolitisierung des Geschichtsbegriffs irgendetwas dokumentiert, dann ist es dieses: für die Transzendentalphilosophie ist die Geschichte offenbar nicht das, was sie dem transzendentalen Ansatz zufolge doch sein sollte: *die Geschichte ist kein unumstrittenes Herrschaftsgebiet des transzendentalen Ich*. Wenn die Geschichte vor seinen Augen zur schlimmen wird, wenn sie unter seiner Hand sich wandelt und sich ihrem primären Begriffe entzieht, wenn sie derart undurchsichtig und zum Schicksal wird, das dem Ich entgleitet: dann ist das transzendentale Ich nicht das, was es doch sein müßte – Herr seiner Geschichte. Darum kann es nicht riskieren, sich und seinen Selbstvollzug mit dieser Geschichte gleichzusetzen, darum muß es vermeiden, das, was es ist und sein will, von dieser Geschichte *abhängig* zu machen. Hier liegt der Grund, warum die Transzendentalphilosophie es verschmähen muß, philosophischer Empirismus zu sein[90], warum die „transzendentale Erkenntnis" zunächst nicht Erfahrung sein und zur „Wissenschaft der Erfahrung des Bewußtseins"[91] werden will, sondern sich – wie bei Kant – nur unbestimmt, oder sich – wie bei Fichte und beim frühen Schelling – als „intellektuelle Anschauung" und „Konstruktion" versteht[92]. Es muß zur Lebensfrage dieses Ich werden, die Handlung, die es ist – die Handlung seiner „Selbstsetzung" – von der wirklichen und konkret-politischen Geschichte *unabhängig* zu machen, sie – wenn anders sie doch ‚Geschichte' ist – als eine von jener Geschichte gelöste Geschichte, als *geschichtsferne Geschichte* zu verstehen. Ihr Problem ist dann dieses: wo gibt es derart geschichtsferne Geschichte, anders gesagt: wo gibt es eine Wirklichkeit, die sich erinnern läßt als Produkt menschlicher Handlung mit dem Ziele Ich, die gleichwohl verschieden und unabhängig ist von der – politisch definierten – Geschichte? Wo wird Freiheit als Ziel menschlicher Handlung durch das Mittel Ich verwirklicht, und wo geschieht das gleichwohl unabhängig von der – politisch definierten – Geschichte? Diese Frage führt nun – auf Grund des Vorbehalts der Geschichtsferne – *nicht mehr zu einer, sie führt jetzt zu zwei Antworten* – zu zwei Antworten, die außer Beziehung zueinander geraten.

Eine Wirklichkeit, die sich nachweisen läßt als Produkt und Mittel menschlicher Handlung mit dem Ziele Ich, und die gleichwohl verschieden und unabhängig ist von der – politisch definierten – Geschichte: das ist *die als exakte, als mathematische Naturwissenschaft präsente Wirklichkeit,* also das, was oben ‚Kontrollnatur' genannt wurde[93]. Diese Wirklichkeit ‚ist' nur durch die Handlung, die das Ich – Kant nennt es die „ursprünglich-synthetische Einheit der Apperzeption"[94] – als ein strikt vertretbares, im strengen Sinne ‚allen' Wissenschaftsteilnehmern gehörendes Erkenntnissubjekt konstituiert; diese Wirklichkeit – die Kant ebendarum „transzendental ideal" und die der „Erscheinungen" nennt[95] – bleibt „rein" von d.h. ‚neutral' gegenüber der (politisch definierten) Geschichte und ist gleichwohl mit dem Ziele „Ich" menschlich „erzeugt"[96] durch die „apriorische" Setzung von Kontrollbedingungen, unter denen sie „erscheint" – durch die Handlungen des Experimentierens und Mathematisierens. Darum wird für die Transzendentalphilosophie die „theoretische Vernunft" mit erstaunlicher Selbstverständlichkeit und Ausschließlichkeit zum „Verstand" der exakten Naturwissenschaften, zur Kontrollvernunft[97], zum Vermögen der *Rationalisierung*, und „Erkenntnis" gleichbedeutend mit exakt-naturwissenschaftlicher Erfahrung. Die transzendentale ‚Geschichte' wird ‚geschichtsfern' zum „Gebiet"[98] der Möglichkeitsbedingungen d. h. der *Mittel* des exakten Ich und seiner exakten Erfahrung – als ‚Reich der Mittel'[99] fürs Naturwissenschaft-treiben und -anwenden. So sehr wird sie das Reich *nur* der Mittel, daß ihr Zweck – das exakte Ich – geradezu definiert werden kann als einzig die Garantie der Anwendbarkeit dieser Mittel; alle anderen Zweckbegriffe („Ideen") stehen im Dienste dieses abstrakten Zwecks – als „regulative Prinzipien" d. h. als Instrumente des Gedeihens der exakten Wissenschaft[100]. *Die transzendental-„theoretische" Vernunft wird ‚geschichtsfern' und darum zur ‚exakten Vernunft'; ihre Theorie wird zur „Erkenntnistheorie" („Wissenschaftstheorie") d. h. zur Philosophie von Mitteln, die die Philosophie ihres konkreten Zwecks außer sich hat.*

Das ist die eine große Möglichkeit für das transzendentale d. h. für ein geschichtliches Denken, das das Geschichtliche an der Geschichte vermeidet. Dabei wird das „Ich" als „Endzweck" jener transzendentalen Geschichte teils unbestimmt, teils zum abstrakten Kontrollsubjekt, und seine Vermittlung wird zur abstrakten Handlung des Ausbildens und Einsetzens von Kontrollbedingungen.

Freiheit ist „Endzweck" menschlicher Handlung und wird durchs „Ich" verwirklicht – und sie ist und wird all dieses ‚unabhängig' von der (politisch definierten) Geschichte als das *durch moralische Gesinnung des Einzelnen verwirklichte „Sittengesetz":* für die Transzendentalphilosophie wird die „praktische Vernunft" mit erstaunlicher Selbstverständlichkeit und Ausschließlichkeit zum „Gewissen" des Einzelnen, seinem „guten Willen" zur *Moralisierung* seiner selbst und der Welt; vernünftig-„sittliche Praxis" wird gleichbedeutend mit „Moralität"[101]. Denn: indem sie ‚geschichtsfern' ist, ist die Transzendentalphilosophie nicht mehr bereit und in der Lage, den freiheitszieligen Selbstvollzug des Ich – die sittliche Praxis – der Geschichte anzuvertrauen, weder, was die ‚Verwirklichung', noch, was ihren ‚Inhalt' betrifft. So wird sie zu einer sich von der geschichtlichen Praxis und Erfahrung ablösenden Praxis. Die Transzendentalphilosophie kann und will es sich nicht leisten, den „Zweck" von seiner Realisierung in irgendeiner Weise abhängig zu machen: er muß – als „Sittengesetz" und „kategorischer Imperativ"[102] – um seiner selbst willen verbindlich sein[103]; sie gestattet ihm nicht, seinen Inhalt auf Geschichte, auf Herkommen und Hoffnung, nicht, ihn auf „Erfahrung" zu stützen; sie zwingt ihn – um den Preis des „Formalismus"[104] – „a priori" zu sein; sie erlaubt der menschlichen, vernünftigen, sittlichen Handlung nicht, sich als Geschichtsbeitrag, sie nötigt sie, sich als Selbstzweck zu verstehen – als „Pflicht um der Pflicht willen"[105]: jedes Individuum ist unmittelbar zum sittlichen Zweck, die Geschichte soll aus seinem Verhältnis zu diesem Zweck herausbleiben: der *Zweck* ist ohne Rücksicht auf die Mittel Zweck; das sittliche „Reich der Zwecke"[106] ist das *nur* der Zwecke – ohne bestimmten Bezug auf Mittel. Darum wird das „Gute" nur als die ‚Möglichkeit' seiner Wirklichkeit bedeutsam, nicht als diese selbst – und das „Moralische" wird durch die bloßen Zurüstungen zum Guten definiert: durch die Fähigkeit, sich selber auf schlimmen Wegen zu ertappen, darüber unglücklich zu sein, sich von ihnen zurückzurufen – durch das „Gewissen" und die „Wahrhaftigkeit" des Einzelnen[107]. So trennt die Transzendentalphilosophie die Tugend vom Weltlauf – nicht nur von seinen Interessenkämpfen, sondern auch von seinen Rechtlichkeiten[108], von den Rechtschaffenheiten des „bürgerlichen Lebens", von seinen politischen Institutionen und weltbürgerlichen Möglichkeiten: sie setzt ihnen das „Moralische" als ein „Innerliches" entgegen; abgetrennt vom „Erfolg" wird es zur Sache einzig der „Gesinnung". *Die transzendental-„praktische" Vernunft wird ‚geschichtsfern' und darum zur ‚moralischen Vernunft'; ihre Theorie wird zur „Ethik" d. h. zur Philosophie der Zwecke, die die Philosophie ihrer konkreten Mittel außer sich hat.*

Das ist die andere große Möglichkeit für das transzendentale d. h. für ein geschichtliches Denken, das das Geschichtliche an der Geschichte vermeidet. Dabei wird der „Endzweck" jener transzendentalen Geschichte, das Ich und seine Freiheit, zur abstrakten „Forderung", zum „Sollen", zur ohnmächtigen „Idee", und seine Vermittlung teils – als geschichtliche – beiseitegelassen, teils zur abstrakten Innerlichkeit des Einzelnen.

Jene ‚exakte Vernunft' und diese ‚moralische Vernunft', jenes Ich also und dieses Ich, das exakte und das moralische: sie sind identisch; aber diese Identität ist nicht konkret explizierbar, sie ist eine nur noch *zufällige.* Es wird unplausibel, daß jemand exakt denken müsse, *um* exakt denken zu können. Ein wechselseitiges Fundierungsverhältnis ist nicht ausgeschlossen, doch ebenfalls beiläufiger Art: beide Bestimmungen des Menschen stehen in einer gleichgültigen Beziehung, das Exakte zum Moralischen in der des „Äußerlichen", das Moralische zum Exakten in der des subjektiv-Imponderablen. Das transzendentale Geschichts-Ich „setzt" sich, es realisiert sich geschichtsunabhängig als das exakte und moralische, die transzendentale Vernunft als exakte und moralische Vernunft, die Transzendentalphilosophie als die „theoretische Philosophie" des Rationellen und die „praktische Philosophie" der Moralität in der *Beziehungslosigkeit* zueinander: als Erkenntnistheorie (Wissenschaftstheorie) und Ethik. *An die Stelle der – ‚politisch' definierten – Geschichte tritt die Rationalisierung der Natur und Moralisierung des Einzelnen. Das „transzendentale Ich" d. h. das mit seiner Geschichte Identische tritt faktisch auf als das mit einer Geschichte Nichtidentische: als das ‚geschichtsferne' und darum ‚doppelte Ich' der exakten und der moralischen Vernunft d. h. der Erkenntnistheorie und der Ethik.*

Die Transzendentalphilosophie selbst schult den Blick, das Unselbstverständliche dieser Abtrennung und Verselbständigung zu bemerken. Erkenntnistheorie (Wissenschaftstheorie) und Ethik sind keine ewigen Ressorts des Grundlagendenkens; ihre betonte Selbständigkeit ist ein geschichtliches Resultat, eine Folge des von der Transzendentalphilosophie verweigerten *wirklichen* Übergangs zur Geschichtsphilosophie. Es wird freilich gut sein, dieses Unselbstverständliche nicht unreflektiert mit dem zu verwechseln, was besser nicht wäre – das würde nur eine andere Art von Geschichtsblindheit bedeuten. Gerade wer überall nach der ‚Nötigkeit' und ‚Funktion' fragt, wird ihre Funktion als die der Entfunktionalisierung der wissenschaftlichen Sachlichkeit und privaten Würde des Einzelnen bemerken und sehen, daß es dieser Verselbständigung – wenigstens vorübergehend – bedurfte, sie geltend zu machen. Und auch das Zögern der Transzendentalphilosophie beim Übergang zur Geschichtsphilosophie: das Motiv ist ja nicht die Angst ‚vor' der Geschichte, sondern allenfalls die ‚um' all jenes, was mit der Allgemeingültigkeit, dem Immerstimmenden und Immerseienden, dem Immutablen, kurz: was mit der Metaphysik zusammenhängt. Zugleich freilich ist auf das zu achten, das sich demjenigen verschließt, der fraglos mit Erkenntnistheorie (Wissenschaftstheorie) und Ethik als gegebenen Disziplinen anfängt. Es handelt sich dabei um die entscheidende und durchaus fragwürdige Konsequenz jenes Auseinandertretens von erkenntnistheoretischer Erscheinungslehre und ethischer Freiheitslehre, um eine Folge also jener Bewegung, die das Ich zu einem doppelten und mit sich selber beziehungslosen macht – um eine auch für die besondere Sache dieser Untersuchung außerordentlich wichtige Konsequenz: um die – wie man sagen kann – *zentrale Manifestation der Ohnmacht der transzendentalen Vernunft,* um das, was man die ‚*indirekte Ermächtigung des Nicht-Ich*' nennen kann.

2. *Indirekte Ermächtigung des Nicht-Ich.*

Wer dieses Auseinandertreten von Erscheinungsphilosophie und Freiheitsphilosophie hervorhebt, setzt sich dem Einwand aus, er interpretiere die Transzendentalphilosophie im Gegensatz zu ihrer Intention und Chronologie: er betone ihren Ausgangspunkt auf Kosten ihrer Entwicklung, ihre Schwierigkeiten auf Kosten ihrer Lösungen, Kant auf Kosten von Fichte und Schelling.

Bilanz der Transzendentalphilosophie. In der Tat: die hier versuchte Deutung ist der Meinung, daß das durch Kant hervorgerufene Problem stärker war als seine Fichtesche Lösung. Dieses Problem – die Beziehungslosigkeit zwischen Erscheinungslehre und Freiheitslehre – in seiner ganzen Schärfe hat die zweite, die von Kant (anstelle einer Überlegung zum Systembegriff) wirklich publizierte Einleitung der „Kritik der Urteilskraft" geltend gemacht[109]. Ihr letzter, neunter Abschnitt[110] formuliert es mit jener Vorsicht und distinktionsreichen Behutsamkeit, die Kants Untersuchungen insgesamt auszeichnet – und so schwierig macht. Er handelt „von der Verknüpfung der Gesetzgebungen des Verstandes und der Vernunft"[111] und davon, daß diese Verknüpfung *fehlt.* „Der Verstand" – die exakte Vernunft – „ist a priori gesetzgebend für die Natur als Objekt der Sinne zu einem theoretischen Erkenntnis derselben in einer möglichen Erfahrung. Die Vernunft" – die moralische Vernunft – „ist a priori gesetzgebend für die Freiheit und ihre eigene Kausalität, als das Übersinnliche in dem Subjekte, zu einem unbedingt-praktischen Erkenntnis"[112]. Aber beide sind voneinander getrennt durch eine „Kluft"[113]: „Der Freiheitsbegriff bestimmt nichts in Ansehung der theoretischen Erkenntnis der Natur, der Naturbegriff ebensowohl nichts in Ansehung der praktischen Gesetze der Freiheit: und es ist insofern nicht möglich, eine Brücke von einem Gebiete zu dem andern hinüberzuschlagen"[114]. Das ist die Aporie, das der Befund, von dem Kants Urteilskraftkritik ausgeht. Die hier verfolgte Überlegung ist tatsächlich geneigt, diese ‚zweite Einleitung' der „Kritik der Urteilskraft" nicht sosehr als den Anstoß zur Wissenschaftslehre[115], sondern vor allem als die große – vorwegnehmende – *Bilanz* der ‚klassischen' Transzendentalphilosophie anzusehen. Das muß kein absolutes Urteil über die Transzendentalphilosophie sein; es genügt, daß es für die Sache dieser Arbeit wichtig ist, gerade diesen Zusammenhang zu betonen: die von Kant formulierten Schwierigkeiten waren stärker als Fichtes Lösung. Eben aus diesem Grunde – und das sollte nicht bagatellisiert werden, – eben *darum gehört zur Transzendentalphilosophie die Rückwendung zu Kant*[116].

NEUKANTIANISMUS. Der sogenannte *Neukantianismus*, der diese Rückwendung vollzieht, hat diese Schwierigkeit und „Kluft" dadurch anerkannt und zur Geltung gebracht, daß er die Nichtidentität von „theoretischer" und „praktischer" Philosophie, von Erscheinungslehre und Freiheitslehre, von wissenschaftstheoretischer Erkenntnistheorie und Ethik als Voraussetzung in seine Position aufgenommen hat: sie bearbeiten verschiedene „Fakta". *Die Transzendentalphilosophie bereitet sich das Schicksal ihrer Ressortierung.*

Das zeigt sich aufs deutlichste an der Marburger Schule[117]. Etwa Hermann *Cohen:* wo er Kant interpretiert[118], aber auch und gerade dort, wo er selbst ein „System der Philosophie" sucht[119], wird das System der Transzendentalphilosophie zu einer Pluralität untereinander beziehungsschwacher Philosophien. Der Systemversuch der Vernunftkritik, das System der Wissenschaftslehre, das System des transzendentalen Idealismus – das gerät hier (in einer großartigen und ehrlichen Weise) zu einer Mehrzahl von Philosophien: zur „Logik der reinen Erkenntnis", zur „Ethik des reinen Willens" – dazu tritt dann schließlich noch die „Ästhetik des reinen Gefühls". An die Stelle der *einen* geschichtlichen Wirklichkeit und des Problems ihrer „Setzung" und Beherrschung – des „System"-Problems im Sinne der klassischen Transzendentalphilosophie – tritt eine Mehrzahl gegeneinander selbständiger und untereinander beziehungsloser „Kultur"-Gebiete: das „Faktum" der Newtonschen Wissenschaft, das auf seine Möglichkeitsbedingungen befragt wird[120]; das „Faktum" des sittlichen Bewußtseins, das ebenfalls auf seine Möglichkeitsbedingungen befragt wird[121]; und so wird denn auch Kants dritte Kritik nicht rezipiert als Lösungsversuch unter dem Eindruck des Unzureichens der Transzendentalphilosophie exakter und moralischer Vernunft, sondern als Theorie der Möglichkeitsbedingungen eines dritten „Faktums"[122]. *An die Stelle des Auflösens von Gegensätzen tritt die Inventur der gegensätzlichen Wirklichkeiten unter Absehung von ihrer Gegensätzlichkeit.* Es ist dies das, was man das *typologische und pluralistische Motiv im (marburger) Neukantianismus* nennen kann: die – zumindest potentielle – Antinomie zwischen Freiheitslehre und Erscheinungslehre und das Problem ihrer Auflösung zersetzt sich zu einem Pluralismus von „Fakten" der „Kultur", die separat begründet und insgesamt inventarisiert werden. Dazu und – mindestens der Tendenz nach – zur Typologie scheint es überall dort zukommen, wo die Philosophie die Kraft zur Theorie des in der Wirklichkeit geschichtlich werdenden und gewordenen „Systems" nicht mehr aufbringt: jetzt soll jene Systasis, die in der Wirklichkeit nicht mehr begreiflich ist, wenigstens im Kopfe statthaben: wo das „System" als Bedingung des friedlichen „Zusammenbestehens" von Gegensätzlichem[123] der Theorie entfällt[124], bietet sie zum Ersatz dem Gegensätzlichen die Möglichkeit, miteinander in Eintracht theoretisch berücksichtigt zu werden: die praktische Operation des Versöhnens verwandelt sich in die theoretische des Sortierens.

Es ist nun zugleich mit allem Nachdruck zu betonen, daß diese Verwandlung kein leichtfertiges Verschleudern von Problemen ist; sie ist vielmehr die *konsequente* Möglichkeit, die dort verbleibt, wo der „System"-Versuch der Transzendentalphilosophie chancenlos wird. Durch die Interpretationsarbeit der ‚Metaphysikkantianer'[125] und ihren Angriff auf die „Marburger Schule" und ihre Kantdeutung[126] ist der Eindruck entstanden, der Neukantianismus habe mit der ‚klassischen' Transzendentalphilosophie nichts zu tun. Dieser Eindruck führt irre. Er führt zum problematischen Versuch, die Transzendentalphilosophie ohne ihre Konsequenzen zu diskutieren. Es ist – bei voller Anerkenntnis der bisherigen Verdienste und des künftigen Rechts der Arbeit der ‚Metaphysikkantianer' – an der Zeit, diesem Versuch entgegenzutreten; es ist fällig und überfällig, diese Ansicht zu korrigieren und den Neukantianismus zu rehabilitieren: die Philosophie Cohens, Natorps, Cassirers wieder anzuerkennen als die große Philosophie, die sie nun einmal ist[127]. *Der Neukantianismus ist die konsequente Gestalt der ‚klassischen' Transzendentalphilosophie ‚nach ihrem Scheitern'* – dort, wo sie es verschmähte, der fragwürdigen Verführung zur romantischen Naturphilosophie nachzugeben, und dort, wo sie zu der selbst fragwürdigen Ansicht kam, die Philosophie müsse an Hegel vorbeigehen, um wissenschaftliche Philosophie zu bleiben. Es wäre ja auch immerhin erstaunlich, wenn die klassische Zeit der Kant-Philosophie sich den Kant, den sie historisch-kritisch gesichtet und erarbeitet hat, nur ausgedacht hätte. Aber das ist nicht so. All die wesentlichen Momente, die die „Marburger Schule" zur Geltung bringt, hat sie in die klassische Transzendentalphilosophie – die sie, auch Liebmann[128] zum Trotz, als eigene Sache empfand[129] – nicht hineininterpretiert, sondern redlich in ihr gefunden und aus ihr entwickelt[130]. Ihre Überspitzungen erzwang der Druck des Mißlingens im Ansatz. Das gilt auch für die extremen Formen des Neukantianismus: auch der Fiktionalismus, auch die Als-Ob-Philosophie Vaihingers[131] knüpft an Tendenzenen an, die bereits bei Kant sich melden[132] und die Fichte gerade dort bekennt, wo er – am Ende der frühen

Wissenschaftslehre und schon unterwegs zu ihrer ‚theologischen' Korrektur – „sonnenklar" zu reden versucht[133]: Wo für die Transzendentalphilosophie die Wirklichkeit nicht mehr die vom Ich „gesetzte", die vernünftige *ist*, da versteht sie sich als Treuhänder einer Vernunft, die man – obwohl und weil es sie nicht gibt – *fingieren* muß, um leben zu können. Es gehört zu den aufschlußreichsten Tatbeständen im Schicksal der Transzendentalphilosophie, daß sie als Neukantianismus[134] am Ende nur noch die Sinngebungen des Sinnlosen[135], die Fiktionen fürs Ertragen der Wirklichkeit aus der Anstrengung der eigenen Philosophie, den illusionslosen Begriff dieser Wirklichkeit selbst aber von *Nietzsche* erwartet hat[136]: Der transzendentalphilosophische Versuch, die Wirklichkeit als die vernünftige zu erweisen, überläßt faktisch die Wirklichkeit jener Position, die sie durch die Negation der Vernunft definiert. *Die transzendentalphilosophische Theorie der Vernunft ist nicht mehr Theorie der Wirklichkeit: sie überantwortet die Wirklichkeit einem ‚Jenseits' der Vernunft.*

Indirekte Ermächtigung des Nicht-Ich. Das alles ist nun zugleich durchaus gar nichts, was die Transzendentalphilosophie nur der zweiten Hälfte des 19. Jahrhunderts bestimmt. Es wird da nur in einer besonders deutlichen Weise das durch- und zuendegespielt, was bereits die ‚klassische' Transzendentalphilosophie bewegt und beunruhigt hat: die Aporie jener „Kluft" zwischen ihrer „theoretischen" und „praktischen" Potenz. Ihre „theoretische Philosophie" ist – wurde gesagt[137] – faktisch Theorie allein der exakten Vernunft; ihre „praktische Philosophie" – wurde gesagt[138] – ist faktisch Theorie allein der moralischen Vernunft. Die exakte Vernunft erschließt die Wirklichkeit dem „theoretischen Erkenntnis", dem Wenn-so-Denken als Reich der Mittel: sie läßt sie zu als Wirklichkeit *nur* der Mittel – ohne bzw. mit unbestimmtem Zweck; die moralische Vernunft erschließt die Wirklichkeit dem „unbedingt-praktischen Erkenntnis", dem Achtunghaben als Reich der Zwecke: sie läßt sie zu als Wirklichkeit *nur* der Zwecke – ohne bzw. mit unbestimmten Mitteln. Die exakte Vernunft ist die der Mittel – aber nicht der Mittel unmittelbar für moralische Zwecke; gerade indem sie die Mittel als streng allgemeine begreift und sichert, wird ihr der Zweck dabei zum teils abstrakten, teils unbestimmten und rein privaten. Die moralische Vernunft ist die der Zwecke – aber nicht der Zwecke unmittelbar für exakte Mittel; gerade indem sie den Zweck als streng allgemeinen begreift und sichert, werden ihr die Mittel dabei zu teils unbestimmten, teils abstrakten und rein privaten. Die transzendental-„praktische" Philosophie der Zwecke hat die der Mittel außer sich, die transzendental-„theoretische" Philosophie der Mittel hat die der Zwecke außer sich: sie wird so zur Philosophie, in deren beiden Formen die Wahrheit der jeweils anderen ‚nicht vorkommt'. Das ist freilich nur mittelbar problematisch; unmittelbar problematisch sind die Konsequenzen. Die liegen darin, daß die Transzendentalphilosophie ihre *Macht* – daß jene Mittel Zweck und daß jene Zwecke Mittel haben – nur mehr *postulieren* kann, und darin, daß gerade das zu einer *Ohnmacht* der transzendentalen Vernunft führt. *Vernunft – das ist offenbar für die Transzendentalphilosophie in einer grundsätzlichen Weise faktisch das Trennen der Mittel von ihren Zwecken und das Trennen der Zwecke von ihren Mitteln.*

Das ist das, was man das *Unpragmatische* an der transzendentalen Vernunft nennen kann; denn umgekehrt gehört ja zum ‚Pragmatischen' elementar das Proportionierte und die Durchsichtigkeit der Zweck-Mittel-Bezüge. Die Transzendentalphilosophie, die ihrer Intention nach ein ‚Pragmatismus der Freiheit" war[139] und auf die „pragmatische Geschichte des menschlichen Geistes"[140] zielte (weil sie nicht Gegebenheiten, sondern Vermittlungen denken wollte) – sie wird im Vollzug zur ‚unpragmatischen' Vernunft. Freilich: gerade das hat zur Folge, daß sie weder als „theoretische" noch als „praktische" Philosophie eine Theorie zu entwickeln vermag, die die ‚pragmatischen Verhältnisse' – also die proportionierten und durchsichtigen Zweck-Mittel-Bezüge – in der Wirklichkeit als ‚vernünftig' begreift; der Transzendentalphilosphie[141] sind sie nur in der Form der Aversion dagegen präsent: in der Absage an das Subjektive des unexakten Denkens und das Subjektive der Triebe und Neigungen und – repräsentativ – in der Diskreditierung des „pragmatischen Imperativs"[142] der „Glückseligkeit"[143]. *Die transzendentale Vernunft, die sich als ‚Pragmatismus der Freiheit' formierte, wird im Vollzug zur ‚unpragmatischen' Vernunft schlechthin – und zwingt damit das ‚Pragmatische', das ‚Unvernünftige' zu sein; sie ist Vernunft ‚gegen' die ‚pragmatischen Verhältnisse' – und macht eben dadurch diese zu Verhältnissen ‚gegen' die Vernunft; indem sie die Geschichte des Ich auf das ‚Unpragmatische' reduziert, verwandelt sie das ‚pragmatisch'-Geschichtliche zum absoluten Nicht-Ich: potentiell zur Interessenwelt unter der Herrschaft der Triebnatur.* So wird ihr z. B. die Eudämonie zur „sinnlichen" Verfassung der bloßen Neigung und Lust. Die Transzendentalphilosophie etabliert gerade dadurch, daß sie – im Gegenzug zu ihrem elementar geschichtlichen Ansatz – geschichtsfern und unpragmatisch und zu dem wird, was sie ist, sich selbst ein Jenseits ihrer selbst: eine Wirklichkeit, die ihre eigene Theorie nicht erreicht – sei dies unter dem Namen des „Sinnlichen" oder des „Dinges an sich" –: eine Wirklichkeit des nicht mehr „gesetzten", sondern freigesetzten Nicht-Ich und damit der Möglichkeit nach die Herrschaft der Triebnatur. *Die transzendentale Vernunft – die exakte und die moralische: faktisch überanwortet sie die Wirklichkeit einer Herrschaft der Triebnatur.*

Das ist das denkwürdige Phänomen eines Vollzugs, der durch das, was er ist, das Gegenteil dessen erreicht, was er will. Einen solchen Vollzug wird man die ‚indirekte Form seines Gegenteils' nennen dürfen. So ist eine Kritik, die zur Befestigung des Kritisierten wird, seine „indirekte Apologie"[144]. Umgekehrt ist der affirmative Vollzug einer Position, die zur Affirmation ihrer Negation führt, die ‚indirekte Ermächtigung ihres Gegenteils'. So führt die hier versuchte Deutung der Transzendentalphilosophie zu einem Ergebnis, das sich in der folgenden Weise formulieren läßt: *die Transzendentalphilosophie ist faktisch ihr Gegenteil; die Ohnmacht des transzendentalen Ich ermächtigt das Nicht-Ich: das transzendentale Ich ist die ‚indirekte Ermächtigung des Nicht-Ich'.*

Hegels Argument. Die ‚indirekte Ermächtigung des Nicht-Ich' ist das entscheidende Zeugnis für die Ohnmacht der transzendentalen Vernunft. Sie wird zum entscheidenden Argument gegen die Transzendentalphilosophie – gegen ihren Vollzug, nicht gegen ihre Intention. Und eben dieses Argument ist es, welches *Hegel* gegen sie geltend gemacht hat – am bündigsten dort, wo er die Transzendentalphilosophie als Philosophie des *Sollens* kritisiert. Das „Sollen" – so argumentiert er – ist dasjenige Hinaussein über das „Endliche", das dieses „Endliche" gerade erst einsetzt, bestätigt, befestigt. „Das Sollen" – sagt er[145] – „ist das Hinausgehen über die Schranke (sc. des Endlichen), aber ein selbst nur endliches Hinausgehen. Es hat daher seine Stelle und sein Gelten im Felde der Endlichkeit, wo es das Ansichsein gegen das Beschränkte festhält und es als die Regel und das Wesentliche gegen das Nichtige behauptet. Die Pflicht ist ein Sollen, gegen den besonderen Willen, gegen die selbstsüchtige Begierde und das willkürliche Interesse gekehrt; dem Willen, insofern er in seiner Beweglichkeit sich vom Wahrhaften isolieren kann, wird dieses als ein Sollen vorgehalten. Diejenigen, welche das Sollen der Moral so hoch halten und darin, daß das Sollen nicht als Letztes und Wahrhaftes anerkannt wird, meinen, daß die Moralität zerstört werden solle, sowie die Räsonneurs, deren Verstand sich die unaufhörliche Befriedigung gibt, gegen Alles, was da ist, ein Sollen und somit ein Besserwissen vorbringen zu können, die sich das Sollen darum ebensowenig wollen rauben lassen, sehen nicht, daß für die Endlichkeit ihrer Kreise das Sollen vollkommen anerkannt wird. – *Aber in der Wirklichkeit steht es nicht so traurig um Vernünftigkeit und Gesetz, daß sie nur sein sollten ... so wenig als daß das Sollen an ihm selbst perennierend und, was dasselbe ist, das Endliche absolut wäre.* Die Kantische und Fichtesche Philosophie gibt sich als den höchsten Punkt der Auflösung der Widersprüche der Vernunft das *Sollen* an, was aber vielmehr nur der Standpunkt des Beharrens in der Endlichkeit, und damit im Widerspruche, ist." Hegels Argument ist also lapidar dieses: die Wirklichkeit ist vernünftiger als die transzendentale Vernunft; der Wirklichkeit zuzumuten, ihre Vernünftigkeit auf transzendentale (exakte und moralische) Vernünftigkeit zu reduzieren, bedeutet: der Wirklichkeit in entscheidenden Bezügen die Vernunft zu untersagen: *sie der Unvernünftigkeit zu überantworten.* Das ist – bei aller Anerkennung ihrer Notwendigkeit und Verdienste – die fundamentale Schwäche der Transzendentalphilosophie, sie vertreibt die Vernunft, die sie doch will. *Die Transzendentalphilosophie ist ihr eigenes Gegenteil: die genealogische Theorie des setzenden Ich ist die indirekte Ermächtigung des Nicht-Ich.* Das ist der Tatbestand, den Hegel meint, und eben das ist auch der Tatbestand dessen, was hier die *Ohnmacht der transzendentalen Vernunft* genannt wird.

3. Stand der Überlegung

Diese Ohnmacht der transzendentalen Vernunft, die sich durchs Phänomen der indirekten Ermächtigung des Nicht-Ich meldet, ist ein Grundzug der Transzendentalphilosophie. *Transzendentalphilosophie: das ist nicht nur Ich-Philosophie, sondern wesentlich Ich-Philosophie, die das Nicht-Ich (indirekt) ermächtigt.*

Die dafür verantwortlichen Zusammenhänge wurden skizziert. Die Transzendentalphilosophie macht ‚nicht mehr' das „Sein", sie macht ‚noch nicht' die „Geschichte", sie macht vielmehr die Bestimmung des Übergangs zwischen beiden – das „Ich" – zum Prinzip, und sie tut das in gewissem Sinne aus Theodizeegründen. Sie bezieht damit eine ‚Position der Unentschiedenheit'. Sie etabliert das ‚Nötigkeitsprinzip' d. h. sie fragt nach den ‚epochemachenden Handlungen' der „Geschichte des menschlichen Geistes" und ihrer ‚konsequenten Folge', sie rechnet dabei mit einer grundsätzlichen Identität theoretischer und praktischer Philosophie: sie begreift das Ich „genetisch", nämlich als die vernünftige Geschichte seiner Selbstvermittlungen. Sie faßt es aber – und all das zeigte sich der Analyse von Kants Vernunftskritik, von Fichtes Wissenschaftslehre, von Schellings System des transzendentalen Idealismus und einem kurzen Ausblick auf den Marburger Neukantianismus – sie faßt es nur als ‚geschichtsferne Geschichte'; denn die transzendentale Vernunft ist ‚ohnmächtig': sie führt zu keiner zureichenden Theorie des „Endzwecks" dieser Geschichte und der Mittel seiner Verwirklichung. Darum gehört zu ihr die beginnende und sich verstärkende Neigung zu einem Geschichtspessimismus, das zunehmende Bedürfnis, der Geschichte die ‚politische' Definition zu ersparen und sie durch eine von der politischen ‚verschiedene' – ästhetische, mythologische, theologische, linguistische etc. – Definition zu ersetzen, der wachsende Drang, Geschichtsphilosophie auf Anamnese – auf Bewußtmachung der unbewußten Vergangenheit des Ich – zu beschränken d. h. auf Kosten des Zukunftsaspekts der Verwirklichung auf den Vergangenheitsaspekt der Erinnerung zu reduzieren, die steigende Tendenz, exakte Vernunft und moralische Vernunft als isolierte Sonderbereiche geschichtsunabhängig zu machen und der offenbar unentrinnbar werdende Zwang, außerhalb ihrer Reichweite eine Wirklichkeit ohne ‚vernünftige' Vermittlungen sich selbst und einer potentiellen Herrschaft der Triebnatur zu überlassen: die Transzendentalphilosophie ist genealogische Theorie des Ich – aber sie wird faktisch zu ihrem eigenen Gegenteil.

All diese Grenzen der transzendentalen Vernunft und ihrer Philosophie lassen sich durch eine einzige These zusammenfassend charakterisieren: *die transzendentale Vernunft ist eine ‚zu unmittelbare Vernunft': sie bringt zu wenige Vermittlungen ins Spiel der Geschichte.* Denn sie ist zwar pauschal entschlossen, die Wirklichkeit als Inbegriff nicht von ‚Gegebenheiten', sondern von ‚Vermittlungen' zu begreifen; aber gerade das führt sie nicht in vollem Umfange durch. Sie will zwar die Wirklichkeit nicht als pure ‚Faktizität', sie will sie einzig als die Geschichte der ‚Vermittlungen' des Ich und seiner Freiheit akzeptieren – aber eben das gelingt ihr faktisch nur partiell: die Wirklichkeit bleibt ihr großenteils außerhalb des Vermittlungsganges, bleibt das, was nicht in diesen Prozeß der Vermittlung eingegangen und durch ihn definiert und geprägt ist: die Wirklichkeit bleibt also für die Transzendentalphilosophie zu wesentlichen Teilen das nicht zur Vermittlung Gewordene, das *Unmittelbare.* Das aber liegt offenbar nicht daran, daß die Transzendentalphilosophie „deduziert" d.h. die Wirklichkeit – das scheinbar nur „Gegebene" – als „Vermittlung" zu denken unternimmt, sondern es liegt wesentlich daran, daß die Transzendentalphilosophie *zu Weniges* „deduziert" d.h. daß sie in der Wirklichkeit zu Weniges als ‚vernünftige Vermittlung' in Anspruch nimmt – nämlich faktisch ja nur das Vermögen zu exaktem Vollzug der Naturwissenschaft und das Vermögen des Einzelnen, sich selbst moralische Vorhaltungen zu machen. Die transzendentale Vernunft ist zwar nicht ‚unmittelbare', aber sie ist *‚zu unmittelbare Vernunft':* eben dadurch begibt sie sich ihrer Macht und ermächtigt damit das, was sie nicht als vernünftige Vermittlung zu begreifen vermag, und zwar dann in der Qualität des ‚Unvernünftigen'. Darum steht ihr weiteres Schicksal – von dem in den folgenden Kapiteln die Rede sein soll – im Zeichen dieser ‚Ohnmacht' der transzendentalen Vernunft und der ‚Macht' des ihr gegenüber ‚Anderen': im Zeichen einer *‚Depotenzierung der Transzendentalphilosophie'.*

Zwischenkapitel „Depotenzierung“

Konsequenzen

Wie kommt es zur geschichtsfernen Geschichtsphilosophie (zur Transzendentalphilosophie)? Wie kommt es – aus dieser heraus – zur transzendentalphilosophischen Naturphilosophie? Wie kommt es – von dieser aus – zum (zweiten) Psychologismus?

In diesem vierten Kapitel stehen die zweite und dritte, die Frage der Genealogie transzendentalphilosophischer Naturphilosophie und die Frage der Genealogie des (zweiten) Psychologismus zur Debatte – und darum die *Depotenzierung der Transzendentalphilosophie;* genauer: es wird einiges Vorbereitende zu ihr gesagt.

1. Verhältnis zum Nicht-Ich

Diese Überlegung spricht von „Depotenzierung der Transzendentalphilosophie" und gebraucht dabei den Ausdruck „Depotenzierung". Das ist kein willkürlich gebildeter, sondern ein Ausdruck Schellings, den er im Zusammenhang seiner Naturphilosophie entwickelt hat. „Depotenzieren" ist bei Schelling der Titel für das philosophische Verfahren des Ich, sich auf diejenigen Ursprünge zu kommen, die nicht im (bewußten) Ich liegen: auf die Natur, die absolute Identität, das absolute Subjekt-Objekt usf.[1]. Sich durchschauen und dabei nicht auf sein offizielles Selbst, sondern auf ein ‚Anderes' als Antrieb kommen – das ist „Depotenzieren". So meint im Zusammenhang dieser Arbeit *‚Depotenzierung der Transzendentalphilosophie' jene Bewegung, in der die Transzendentalphilosophie auf die Ohnmacht des „Ich" und das ihm gegenüber ‚Andere' als Grund kommt*[2]. Von dieser Bewegung wird im folgenden Kapitel ausführlich die Rede sein. Es erscheint nützlich, einige allgemein charakterisierende Bemerkungen über sie voranzuschikken. Das soll in diesem kurzen Zwischenkapitel geschehen. Diese Bemerkungen können an dieser Stelle naturgemäß nur abstrakt sein[3]. Ihre Konkretisierung ist Sache des folgenden Kapitels.

Das vorangegangene dritte Kapitel handelte von Transzendentalphilosophie. Es hat zu zeigen versucht: die Transzendentalphilosophie ist – weil sie zuviel ‚Geschichtsphilosophie' ist – keine ‚Metaphysik', und sie ist – weil sie zuviel ‚Metaphysik' ist – keine ‚Geschichtsphilosophie': sie ist eine ‚Position der Unentschiedenheit'. Damit hängt es zusammen, daß die von ihr gemeinte und bestätigte Vernunft, die transzendentale Vernunft, ‚ohnmächtig' ist. Diese Ohnmacht führt sie – die Vernunft des setzenden Ich – zur indirekten Ermächtigung des Nicht-Ich. Die transzendentale Vernunft ist an sich selbst dieser Umschlag in ihr Gegenteil. Sie ist es zunächst – und davon war bisher die Rede – wider Willen: sie erleidet diesen Umschlag, reflektiert ihn nicht, stellt sich nicht zu ihm. Das aber ist eine durchaus vorläufige, eine durchaus nur transitorische Position. Es bleibt nicht dabei. Vielmehr wird dieser Umschlag ins Gegenteil zur Unruhe, die die Transzendentalphilosophie in ihr weiteres Schicksal treibt. Darum muß, wer die Transzendentalphilosophie untersucht – und besonders der, der es mit der Zielsetzung dieser Arbeit tut – dieses ihr weiteres Schicksal untersuchen. Dieses Schicksal ist dadurch geprägt, daß die Transzendentalphilosophie den Umschlag der transzendentalen Vernunft in ihr Gegenteil reflektiert, zum Thema macht, sich zu ihm stellt: dadurch, daß sie sich ein *Verhältnis* gibt zu all jenen Zusammenhängen, die in ihrem ‚klassischen' Ansatz in die offizielle Theorie nicht aufgenommen wurden.

Eine Möglichkeit, diese Stellungnahme und Reflexion zu vollziehen, bestünde für die Vernunft in der Überwindung ihrer Ohnmacht, in der Preisgabe der ‚Position der Unentschiedenheit'. Dabei sind mehrere Wege denkbar. Ein erster Weg wäre die ausdrückliche Rückkehr zur *Metaphysik:* die Wende zum Versuch, die Welt noch einmal theologisch als die Seinswelt der wesensbestimmten Seienden und Substanzen zu deuten. Ob dieser Weg eine ‚mögliche' und ob er eine ‚gute' Möglichkeit ist, steht hier nicht zur Debatte. Denn diese Möglichkeit wird diese Arbeit *nicht* untersuchen. Ein zweiter Weg wäre der wirkliche Übergang zur *Geschichtsphilosophie:* die Wende zum Versuch, die Welt wirklich und im konkreten Sinn durch eine Theorie der heilen Welt und der Mittel, sie herbeizuführen, also als Geschichte, zu begreifen und zu vollziehen. Ob dieser Weg eine ‚mögliche' und ob er ein ‚gute' Möglichkeit ist, steht hier ebenfalls nicht zur Debatte. Denn auch diese Möglichkeit wird diese Arbeit *nicht* untersuchen. Ein dritter Weg wäre die Wende zu einer gelungenen *Versöhnung* von Metaphysik und Geschichtsphilosophie, die dem Immerseienden bzw. Immerstimmenden und dem Geschichtlichen in gleicher Weise Geltung gibt. Das ist ein Weg, der wesentlich über den Ansatz Hegels führt. Auch diese Möglichkeit wird diese Arbeit *nicht* untersuchen.

Die folgenden Analysen gelten also *nicht* diesen Versuchen, aus der Lage der ohnmächtigen Vernunft heraus und in die Lage mächtiger Vernunft überzugehen. Sondern sie gelten philosophischen Versuchen unter solchen Bedingungen, die die transzentendale Vernunft zwingen, an der Verfassung ihrer Ohnmacht und der Position ihrer Unentschiedenheit *festzuhalten.* Welche Gründe es letztlich sind, die die transzendentale Vernunft in dieser Ohnmachtslage fixieren, hat diese Arbeit keineswegs geklärt und wird sie auch nicht klären; sie setzt einfach voraus, daß es diese Gründe gibt – sie bemerkt ja ihre Wirkungen – und diskutiert ihr Thema unter dieser Voraussetzung[4]. Angesichts dieser Voraussetzung analysiert sie den Fortgang und das weitere Schicksal *einzig* jener Vernunft, die in der Position der Unentschiedenheit und der Verfassung der Ohnmacht verbleibt. Aus diesem

Grunde geht es im folgenden nicht um jenen Vorgang, in dem die transzendentale Vernunft ihre Ohnmacht aufgibt, sondern ausschließlich um jenen, *in dem die transzendentale Vernunft den Konsequenzen ihrer Ohnmacht begegnet:* sie bekommt es mit den Folgen der Tatsache zu tun, daß die transzentendale Vernunft eine ‚zu unmittelbare Vernunft' ist, daß sie zu wenige Vermittlungen ins Spiel bringt, daß sie in der Wirklichkeit zu Weniges „deduziert", d.h. als ‚vernünftige Vermittlung' in Anspruch nimmt – und eben darum das Übrige der Wirklichkeit als das ‚Andere', das ‚Unmittelbare', das ‚nicht Vernünftige' und ‚Nicht-Ich' beläßt. Dieses ‚Andere' und ‚Unmittelbare' aber ist nichts Unerhebliches: schon deswegen nicht, weil die transzendentale Vernunft ihm ohne weiteres erhebliche Kompetenzen überlassen hat – so gehört zur transzendentalen Vernunft eben die Überzeugung, daß menschliches Glücklichsein (Eudämonie) zu den Kompetenzen der Unmittelbarkeit gehöre, weil es innerhalb der exakten und moralischen Vernunft keinen Ort hat[5]. Nicht zuletzt deswegen *muß* die transzendentale Vernunft auf die Dauer zum *Bestand* dieses ‚Unmittelbaren' und ‚Anderen', es *muß* ihre Philosophie auf die Dauer zur *Macht* dieses ‚indirekt ermächtigten' Nicht-Ich sich ein ausdrückliches *Verhältnis* geben. Darum wird diese Arbeit hier und im folgenden von diesem Vorgang, daß die Transzendentalphilosophie zum Bestand und zur Macht jenes ‚Anderen' sich ein Verhältnis gibt, und von den Komplikationen dieses Vorgangs, handeln – und zwar gerade im Interesse ihres besonderen Ziels.

2. *Möglichkeit*

Was nun dieses ‚Verhältnis' der transzendentalen Vernunft zum *Bestand* jenes ‚Anderen', jenes ‚Unmittelbaren', jenes indirekt ermächtigten ‚Nicht-Ich' betrifft, so kann es ganz und gar nicht anders sein als ganz und gar *zwiespältig;* es ist – und zwar ganz unvermeidlich – durchaus *ambivalent.*

Denn: der Bestand jenes ‚Anderen' ist ebenso *Folge* der transzendentalen Vernunft wie *Widerspruch* zu ihr. Er ist ‚Folge' ihres Mangels an Vermittlungen und ‚Widerspruch' zur von ihr intendierten Totalität. Weil die transzendentale Vernunft ‚zu unmittelbare' und darum ‚ohnmächtige' Vernunft ist, ‚gibt es' etwas außerhalb ihrer Reichweite, das es, weil sie doch ‚Vernunft' und damit dem ‚Prinzip Totalität'[6] verpflichtet ist, ‚nicht geben' dürfte. Darum ist dieses ‚Andere', das ‚außerhalb' der transzendentalen Vernunft bleibt, zweideutig: weder ‚ist' es durch diese Vernunft, noch ist es für sie ‚nichts': weder ist es durch sie ‚realisierbar', noch ist es für sie ‚liquidierbar'. Es ist dies die Zweideutigkeit all jener Bestände, die in dieser Philosophie unterm Namen „Ding an sich", „Inhalt", „Materie", „absolute Totalität" etc. zur Sprache kommen[7]. Darum bezieht sich die transzendentale Vernunft auf dieses ‚unrealisierbare Unliquidierbare' notwendig als auf etwas, das irgendwie ‚nicht sein' dürfte und doch ‚ist'. Es gehört zur transzendentalen Vernunft, daß für sie auf dieses ‚Andere außerhalb' die Bestimmungen ‚es ist nicht' und ‚es ist' gleichermaßen zutreffen, so daß es irgendwie zugleich ‚nicht ist' und ‚doch ist'. *Was aber irgendwie zugleich ‚nicht ist' und ‚doch ist' ist das ‚Mögliche'.* Die Position der Transzendentalphilosophie impliziert also, daß für sie das ‚Andere', das ‚außerhalb' der Reichweite ihres Vermittlungsdenkens bleibt, ausschließlich das ‚Mögliche' ist: *die transzendentale Vernunft akzeptiert das ihr gegenüber ‚Andere' nur als das ‚Mögliche' und erteilt ihm damit jene Bestimmung, unter der es fortan auftritt und Macht gewinnt.* Dieses ‚Mögliche' aber hat wesentlich *zwei* Formen.

Die erste Form betont angesichts der Tatsache, daß dieses Mögliche nicht das (offiziell) Wirkliche ist, seinen *Unwirklichkeitsgehalt: für sie ist dieses Mögliche ‚das zur Möglichkeit gemachte realiter Wirkliche':* also das, was im Zeichen des ‚nicht in Wirklichkeit' steht: das, was aus der Sphäre des Lebens – seiner Entscheidungen und Beständigkeiten – in die distanzierte des Spielens und Genießens transportiert, was aus dem Dienste der (antagonistischen) Zwecke herausgelöst und zum Zweckfreien, Unriskanten und Folgenlosen geworden ist, also all das, was aus der ‚Realität' in die Möglichkeitswelt der ‚Phantasie' und aus dem „Ernst" des Lebens in die „Heiterkeit" der Kunst und ihres schönen Scheins überführt ist; kurz: *das Mögliche ist das ‚Ästhetische'.*

Die zweite Form betont angesichts der Tatsache, daß dieses Mögliche nicht nichts ist, seinen *Wirklichkeitsgehalt:* für sie ist dieses Mögliche *‚das zur Wirklichkeit gemachte realiter Mögliche':* also all das, was im Zeichen des ‚noch nicht' steht: das noch unaktualisierte, noch nicht zur Wirklichkeit gebildete Keim- und Anlagehafte, also das Primäre und Primitive: das Unreife, Unberührte, Ursprüngliche, überhaupt das Frühe, das Kindliche, das Archaische, das Paläontologische, also jegliches Unmittelbare, das noch ‚vor' den Verwirklichungen, Stabilisierungen, Beschränkungen und Steigerungen durch Vermittlung, Kultur, Institutionen, Fortschritt, Reife und Bildung, also ‚vor' dem Geschichtlichen steht; kurz: *das Mögliche ist das ‚Natürliche'.*

‚Möglichkeit' ist demnach eine Bestimmung, die zweierlei zusammenbringt: das ‚Ästhetische' und das ‚Natürliche'; also eine Verfassung, die das Sublime und das potentiell Barbarische zusammengreift und ineinander überführbar, die also das Glückhafte mit dem Bedrohlichen und das Friedliche mit dem Gefährlichen konvertibel macht[8]. Und diese sehr zweideutige ‚Möglichkeitsverfassung' ist die jenes ‚Anderen' und ‚Unmittelbaren', sie ist die jenes ‚Nicht-Ich', zu dem – infolge ihrer Ohnmacht – die transzendentale Vernunft sich in wachsendem Maße in ein Verhältnis und in Abhängigkeit setzt: *Transzendentalphilosophie ist das (progressive) Sichabhängigmachen der Vernunft von Möglichkeitsverfassungen.* Ein Sichabhängigmachen: denn dieses ‚Andere' ist ja kein nur neutraler Bestand, sondern eine ‚Macht', die der Macht transzendentaler Vernunft widersteht und sie zur Ohnmacht bestimmt.

3. Depotenzieren und Retardieren

Was nun dieses ‚Abhängigkeitsverhältnis' der transzendentalen Vernunft zur *Macht* jenes ‚Anderen', jenes ‚Unmittelbaren', jenes indirekt ermächtigten ‚Nicht-Ich' betrifft, so kann es ebenfalls ganz und gar nicht anders sein als ganz und gar *zwiespältig;* es ist – und zwar ganz unvermeidlich – durchaus *ambivalent.*

Denn: die Macht jenes ‚Anderen' ist ebenso *Folge* der transzendentalen Vernunft wie *Widerspruch* zu ihr. Sie ist ‚Folge' ihrer Ohnmacht und ‚Widerspruch' zu der von ihr intendierten Macht. Weil die transzendentale Vernunft wenige Vermittlungen ins Spiel bringt, liegt die Ermächtigung des Unmittelbaren in ihrer Konsequenz, weil sie aber Vernunft ist, d. h. die Wirklichkeit nur als Vermittlung akzeptieren will, widerspricht diese Ermächtigung ihrer Konsequenz. Sie ist also – wenn so gesagt werden darf – für die transzendentale Vernunft zugleich etwas Gutes und etwas Schlimmes. Darum neigt die Tranzendentalphilosophie, sobald sie diese Ermächtigung des Nicht-Ich ausdrücklich macht und sich zu ihr stellt, nur ‚einerseits' dazu, aus diesem zunächst Erlittenen ein Gewolltes zu machen und diese Not zur Tugend zu erklären; ‚andererseits' aber treibt es sie dazu, dieses Gewollte als Erlittenes und diese vermeintliche Tugend als wirkliche Not zu spüren. Sie hat zur Ermächtigung des Nicht-Ich nur ‚einerseits' das Verhältnis des Wollens, ‚andererseits' aber das des Fürchtens – und dieser Zwiespältigkeit entsprechen die Grundfiguren ihres weiteren Fortgangs: es sind Figuren zugleich des ‚Anerkennens' und der ‚Negation' dieses Anerkennens; das weitere Schicksal der transzendentalen Vernunft steht nur ‚einerseits' im Zeichen einer ‚Ermächtigung' des Nicht-Ich, ‚andererseits' aber im Zeichen des ‚Aufschubs' dieser Ermächtigung: es handelt sich also nur ‚einerseits' um die ‚Entmächtigung' der transzendentalen Vernunft und ihrer Philosophie, ‚andererseits' aber um die ‚Verzögerung' dieser Entmächtigung: *zur ‚Depotenzierung' der Transzendentalphilosophie gehört deren ‚Retardierung'.*

Dieser ganze – durchaus ambivalente – Vorgang bedeutet – den Analysen des vorigen Abschnitts entsprechend – einen Vorgang im Verhältnis wesentlich zum ‚Möglichen'; denn – so wurde gesagt – Transzendentalphilosophie ‚ist' das (progressive) Sichabhängigmachen der Vernunft von Möglichkeitsverfassungen. Und so werden für jene Tendenz, die hier ‚Depotenzierung', und für jene, die hier ‚Retardierung' genannt wurde, jeweils eigene Affinitäten zu den beiden skizzierten Formen der Möglichkeitsverfassung – dem ‚Ästhetischen' und dem ‚Natürlichen' – bedeutsam und wirksam: die ‚Depotenzierung' der transzendentalen Vernunft setzt auf den ‚Wirklichkeitsgehalt' dieses Möglichen, die ‚Retardierung' dagegen sucht bei seinem ‚Unwirklichkeitsgehalt' die Unterstützung; die ‚Depotenzierung' drängt auf die ‚Wirklichkeit des realiter Möglichen', die ‚Retardierung' ruft nach der ‚Möglichkeit des realiter Wirklichen', oder kürzer und konkreter: *die ‚Depotenzierung' paktiert mit dem ‚Natürlichen', die ‚Retardierung' paktiert mit dem ‚Ästhetischen'.* Wo also die ‚Depotenzierung' die ‚Retardierung' überwiegt, wird das ‚Natürliche', und wo die ‚Retardierung' die ‚Depotenzierung' überwiegt, wird das ‚Ästhetische' dominieren und regieren. Zu einem Kompromiß und Gleichgewicht wird es dort kommen, wo ‚Depotenzierung' und ‚Retardierung' einander die Waage halten, also dort, wo das ‚Natürliche' im Lichte des ‚Ästhetischen' – also romantisch-naturphilosophisch als *Romantiknatur* – und das ‚Ästhetische' im Lichte des ‚Natürlichen' – also romantisch-ästhetisch als naturbewahrende *Geniekunst* – verstanden wird. Dagegen wird eine der ‚Depotenzierung' noch weitgehend überlegene ‚Retardierung' das ‚Ästhetische' noch weitgehend ohne Rücksicht auf das ‚Natürliche' fassen können – nämlich als das in Bezug auf Geschichte und Schöpfung *Symbolische;* umgekehrt: eine der ‚Retardierung' schon weitgehend überlegene ‚Depotenzierung' wird das ‚Natürliche' schon weitgehend ohne Rücksicht auf das ‚Ästhetische' fassen können – nämlich als *Triebnatur.* Offenbar spielt das Geschehen der – zugleich ‚retardierten' – ‚Depotenzierung' der Tranzendentalphilosophie in einem Terrain zwischen einer noch (und in abnehmendem Maße) metaphysisch und geschichtsphilosophisch relevanten Ästhetik und einer jenseits von Metaphysik und Geschichtsphilosophie (in zunehmendem Maße) gegenüber jeglichem Einfluß des Ästhetischen unbekümmerten Macht der Triebnatur.

4. Stand der Überlegung

Diese – gewiß nicht wenig abstrakte und „spekulative" – Zwischenüberlegung hat nicht nur diesen Hinweis auf den weiteren Ort der Handlung und die Vorstellung einiger weiterer dramatis personae zum Ergebnis. Sie bietet zugleich auch eine gewisse Möglichkeit, im Geschehen der Transzendentalphilosophie-Depotenzierung ‚Phasen' zu unterscheiden und damit den Aufbau und die Gliederung der folgenden konkreten Analysen zu begründen.

Denn diese Überlegung meint – verwegen genug und gewiß nicht in der Überzeugung, damit bei Lesern Geneigtheit und Sympathie zu erzeugen – eine ‚innere Konsequenz', eine Art ‚immanenter Logik' dieses retardierten Depotenzierungsgeschehens bemerken zu können. Vor allem *vier* seiner Stationen scheinen bemerkenswert; darum braucht das folgende Kapitel vier Abschnitte, um sie zu untersuchen[9]. Der *erste* hat jenen Stand des Geschehens zu analysieren, in dem die der ‚Depotenzierung' noch überlegene ‚Retardierung' das ‚Ästhetische' noch weitgehend ohne Rücksicht auf das ‚Natürliche' zu bestimmen vermag (Wende zur Ästhetik). Der *zweite* hat jenen Stand des Geschehens zu analysieren, in dem ‚Depotenzierung' und ‚Retardierung' einander die Waage halten, so daß das ‚Natürliche' unter dem Aspekt des ‚Ästhetischen' und das ‚Ästhetische' unter dem Aspekt des ‚Natürlichen' erscheint (Wende zur Naturphilosophie). Der *dritte* hat jenen Stand des Geschehens zu analysieren, in dem die ‚retardierende' Kraft des ‚Ästhetischen' erlischt und dieses ‚Ästhetische' sich aus dem Depotenzierungsgeschehen auf sich selbst zurückzieht (Entzauberung der Romantiknatur). Der *vierte* hat jenen Stand des Geschehens zu analysieren, in dem die der ‚Retardierung' nun eindeutig überlegene ‚Depotenzierung' das ‚Natürliche' ohne Rücksicht auf das ‚Ästhetische' zu bestimmen vermag: als Triebnatur (Therapeutischer Psychologismus).

Das sind vier Stationen eines hier äußerst abstrakt skizzierten, eines faktisch aber durchaus konkreten und in seiner Konkretheit düsteren und bedrohlichen Vorgangs: *die (abnehmend retardierte) ‚Depotenzierung der Transzendentalphilosophie' ist – als Geschichte des Abhängigwerdens einer ohnmächtigen Vernunft von Möglichkeitsverfassungen der Form des ‚Ästhetischen' und des ‚Natürlichen' – die Geschichte der Versuche, der Unmittelbarkeit Macht über die Vernunft zu geben, zu der die (abnehmend erfolgreichen) Versuche gehören, durch Anrufung des ‚Ästhetischen' immanent die Gefahr zu bannen, daß diese Unmittelbarkeit offen und massiv als ‚Triebnatur' auftritt und Herrschaft gewinnt.* Von diesem Vorgang handelt konkret das folgende, das fünfte Kapitel.

Tugendlehre (↔ Rechtslehre) betrifft die Pflichten, die keine äußeren Gesetze fähig.

Kant: ∅ Darstellung und Ausführung einer Ethik, sondern
Grundlegung in apriorischen Prinzip. ⇒ Metaphysik d. Sitten
in praktischer Vernunft.

Freiheit = Autonomie und eigene Gesetzgebung des Willens
usw. Mensch „er selbst" (Person, ∅ Sache) ist
als Inhalt d. Sittlichkeit.

Eudämonismus = moral. Egoismus

Kateg. Imperativ: Handle nur nach der Maxime, durch die
du zugleich wollen kannst, dass sie allgemeines Gesetz
werde (also Personen als Zweck, nicht als Mittel behand.)

Ethik betrachtet also nur Maxime & Gesinnung einer Handlung
nicht die äußere selbst

Zur Depotenzierung der Transzendentalphilosophie

Wende zur Ästhetik

Wie kommt es zur geschichtsfernen Geschichtsphilosophie (zur Transzendentalphilosophie)? Wie kommt es – aus dieser heraus – zur transzendentalphilosophischen Naturphilosophie? Wie kommt es – von dieser aus – zum (zweiten) Psychologismus?

In diesem fünften Kapitel stehen weiterhin die zweite und die dritte, die Frage der Genealogie transzendentalphilosophischer Naturphilosophie und die Frage der Genealogie des (zweiten) Psychologismus zur Debatte – und darum die *Depotenzierung der Transzendentalphilosophie:* ein Vorgang progressiver Ermächtigung des Nicht-Ich unter der Bestimmung ‚Natur', ein Vorgang also, der nicht nur *Kants* Urteilskraftkritik, sondern auch *Schillers* philosophische Schriften, nicht nur *Schellings* Naturphilosophie und Kunstphilosophie, sondern – unter vielen gleichartigen Ansätzen – auch die Psychologie von *Carus* bestimmt hat, ein Vorgang zugleich, der weitertreibt zur Entzauberung dieser Philosophien, zu den Thesen und Fragen *Schopenhauers* und *Nietzsches,* zu Erwägungen *Diltheys* und weiter bis zu bestimmten Thesen *Freuds* und anderer. Die vorangegangenen Überlegungen haben die Prämissen für die Beantwortung der jetzt zentralen Fragen schon bereitgelegt: es ist die ‚Ohnmacht' der exakten und moralischen, *es ist die ‚Ohnmacht' der transzendentalen Vernunft, die zur ‚Depotenzierung der Transzendentalphilosophie' führt – und damit auf die Probleme der transzendentalphilosophischen Naturphilosophie des (zweiten) Psychologismus.* Das soll jetzt konkreter erläutert und gezeigt werden.

1. Reflektierende Urteilskraft

Diese konkretere Untersuchung setzt zweckmäßigerweise bei jenem Tatbestand ein, der – wie die Deutung der ‚klassischen' Transzendentalphilosophie zu zeigen versuchte[1] – die ‚Ohnmacht der transzendentalen Vernunft' am eindringlichsten dokumentiert: die transzendentalphilosophische Theorie des „Ich" – gerade sie – bestätigt und befördert Bestand und wachsende Macht des „Nicht-Ich". Denn die transzendentale Vernunft ist ‚zu unmittelbare Vernunft', sie bringt nur die Mittel ‚moralische Vernunft' (und ihren „Freiheitsbegriff") und ‚exakte Vernunft' (und ihren „Naturbegriff") ins geschichtliche Spiel.

Reflektierende Urteilskraft. Die mit dieser Abstraktheit verbundenen Schwierigkeiten hat – wie gezeigt wurde[2] – bereits *Kant* in seiner (zweiten) „Einleitung" zur „Kritik der Urteilskraft" diskutiert. „Der Freiheitsbegriff" – sagt er – „bestimmt nichts in Ansehung der theoretischen Erkenntnis der Natur, der Naturbegriff ebensowohl nichts in Ansehung der praktischen Gesetze der Freiheit"[3]. Das formuliert die Fundamental-Aporie, von der die weitere Entwicklung ausgeht. Es beschreibt die Ohnmacht der transzendentalen Vernunft. Denn: als Vernunft der (moralischen) Zwecke ist diese nicht zugleich auch die Vernunft der Wirklichkeit als der ihrer Mittel; als Vernunft der (exakten) Mittel ist sie nicht zugleich auch die Vernunft der Wirklichkeit als der ihrer Zwecke. Als teils exakte, teils moralische Vernunft wird ihr das an der Wirklichkeit, was nicht das Exakte und nicht das Moralische ist, zum Unvernünftigen, zum Irrationalen: sie bezieht sich darauf „rigoristisch" durch Aversion – und spielt es gerade so (indirekt) in die Hände jener Unvernunft, der sie es doch entreißen wollte. Dieser Vorgang wurde als *indirekte Ermächtigung des Nicht-Ich* und der Triebnatur beschrieben[4]: *die Ohnmacht des transzendentalen Ich – des moralisch-exakten – ermächtigt das Nicht-Ich.*

Dieser Vorgang führt im Grunde *zwei* Probleme, zwei entscheidende Fragen der weiteren Philosophie herauf.

1) Da ist einerseits das *Unbestimmtwerden der Bedeutung der exakten Wissenschaft innerhalb der Menschenwelt*. Die exakte Wissenschaft, ihre Grundlagen, Begriffe, Methoden werden fortan immanent diskutiert; aber was sie in der Menschenwelt ist und für sie bedeutet, und was umgekehrt diese Menschenwelt für die exakte Wissenschaft bedeutet – das wird zum bloß äußerlichen Zusatzproblem, das in der wissenschaftlichen und selbst exakten Philosophie beiseite zu bleiben hat. Gerade das aber macht – unter anderem – die exakte Wissenschaft schutzlos gegenüber progressistischer Verklärung, aber schutzlos auch gegenüber der romantischen Anklage, sie sei Entfremdung und Zerstörung des Menschseins – dessen Bedingung sie doch ist, sie und die durch sie mögliche „technische" Beherrschung und Nutzung der Natur. Diesem doppelten Angriff auf die exakte Wissenschaft entgegenzutreten vermag nur eine Theorie der exakten Vernunft, die von ihrem „Sitz im Leben" und von diesem Leben und seiner Welt als ihrem Sinnesfundament nicht absieht. Das Problem einer solchen Theorie kann im Zusammenhang dieser Überlegung *nicht* verfolgt werden[5].

2) Da ist andererseits das Problem, das diese Untersuchung für ihren Zweck verfolgen muß: da ist das, was man die *Entmächtigung des Endzwecks* nennen kann. Dazu gehört nicht nur das Unbestimmtwerden und Ausfallen der Mittel seiner Verwirklichung: die transzendentalphilosophische Armut an Mitteln. Denn: indem der „Endzweck" zum *unvermittelten* wird, wird er auch zum *unbestimmten* – die Bestimmtheit eines Zwecks hängt in gewissem Sinne ab von seiner Fähigkeit, in die Wirklichkeit zu treten: Mittel sind nur durch bestimmte Zwecke bestimmt – aber auch umgekehrt: Zwecke sind nur durch bestimmte Mittel bestimmt. So tangiert die transzendentalphilosophische Armut an ‚Vermittlungen' auch die ‚Be-

stimmtheit' des Endzwecks. Gerade jener Zweck also, der alles Menschenwerk steuern und leiten soll, erleidet im gleichen Zuge ‚Irrealität' und „Formalismus": am Herunterkommen des Endzwecks zum nur noch unmittelbaren stirbt seine Verwirklichung und zugleich damit auch sein Inhalt. Je weniger Verwirklichung, desto weniger Inhalt; je weniger Inhalt, desto weniger Verwirklichung. So findet sich der Mensch der transzendentalen Vernunft – in bezug auf den Endzweck der moralisch-gewissenhafte – in einer eigentümlichen und prekären Lage. Das Gewissen distanziert ihn vom Interessendasein; daß er sich verpflichtet weiß, hält ihn heraus aus den Verflechtungen der „Sinnenwelt"; daß er Achtung haben kann, löst ihn aus der distanzlosen Hingabe an die Triebziele; der kategorische Imperativ relativiert die pragmatischen und technischen: das „Sinneswesen" ist „Vernunftwesen", der Mensch ist frei – aber wozu? Die Theorie des „Endzwecks", die auf diese Frage antworten soll, bestimmt diesen Endzweck als verschieden von Kontrollregeln und Triebzielen d. h. eben als „unbedingten" Zweck[6]: aber was er inhaltlich sei und wie er verwirklicht werden könne – das gerät ins Unbestimmte.

Dadurch wird die *Anwendbarkeit* dieser Theorie problematisch: *die Transzendentalphilosophie der praktischen Vernunft wird unpraktikabel.* Denn wie soll jetzt das „Besondere" der jeweiligen geschichtlichen Situation auf den nach Inhalt und Verwirklichungsweise unbestimmt werdenden Endzweck bezogen werden, d. h. wie kann es „beurteilt" werden? Die „reine praktische Urteilskraft"[7] erleidet das Schicksal einer von der Legislative im Stich gelassenen Exekutive; die Direktiven der transzendental-moralischen Vernunft reichen nicht aus. *Darum wird die Urteilskraft und ihre ‚Selbsthilfe' zum Helden der weiteren Transzendentalphilosophie,* und darum wird sie bei Kant fortan nicht als die durch Vernunft zureichend instruierte, die „bestimmte Urteilskraft"[8] – als „subsumierendes", als ‚anwendendes Erkennen', das das Besondere unter vorgegebenen Gesichtspunkten beurteilt – sondern als die sich selber helfende, die *„reflektierende Urteilskraft"*[9] – als nicht subsumierendes, als *‚nicht anwendendes Erkennen'*, das zum Besonderen Gesetz, Gesichtspunkt, Prinzip, Vernunft allererst suchen muß – thematisch. Es ist eine Eklipse der transzendentalen Vernunft, die auf das Problem der „reflektierenden Urteilskraft" führt, und die Theorie dieser reflektierenden Urteilskraft ist eine *Aussage über den Menschen unter der Bedingung der Ohnmacht der transzendentalen Vernunft: wo das „animal rationale" weder durch metaphysische Wesensvernunft noch durch Geschichtsvernunft, und wo es durch transzendentale d. h. durch exakte und moralische Vernunft nicht zureichend vernünftig ist – da wird es zum Wesen „reflektierender Urteilskraft" und die Theorie des Menschen zur Theorie dieser Urteilskraft.* Das bleibt unverständlich, wenn man Kants Urteilskraftkritik zur theoretischen ‚Berücksichtigung' eines ‚weiteren Gemütsvermögens' verharmlost[10]. Auch Kants Urteilskraft sucht – wie alle Grundlagenschriften Kants – Antwort auf die Frage nach dem Menschen[11]. „Was ist der Mensch?" – wenn sein „Wissen", „Tun", „Hoffen" nicht mehr in durchschaubarem Verhältnis zueinander stehen? Was ist der Mensch – wenn er weder metaphysisch durch das, was er immer ist, noch geschichtsphilosophisch durch das, was er werden wird, zureichend bestimmt werden kann? Was ist der Mensch – wenn auch die transzendentale Vernunft auf diese Frage nicht befriedigend antwortet? wenn weder die „Gesetzgebungen des (sc. exakten) Verstandes" noch die „der (sc. moralischen) Vernunft"[12] seine Wirklichkeit zureichend bestimmen? Der Mensch ist dann – scharf gesagt – ‚teleologisches Wesen unter teleologiewidrigen Bedingungen': er ist *Endzweckwesen ohne Endzweck,* er ist „Sinnenwesen", das in einer vom „Vermögen der Prinzipien"[13] allein gelassenen Weise denken und mit der Natur und seinesgleichen leben muß – *der Mensch ist das Wesen reflektierender Urteilskraft d. h. Vernunftwesen mit unzureichender Vernunft,* mit einer Vernunft nämlich, die indirekte Ermächtigung der Unvernunft ist: er ist Vernunftwesen auf der Suche nach der verlorenen Vernunft[14]. Diese These Kants hat die Form der „Kritik", seine Theorie der reflektierenden Urteilskraft wird zur „Kritik" der Urteilskraft deswegen, weil es nötig ist, den Menschen auf diese seine prekäre Verfassung und Situation aufmerksam zu machen unter Abwehr jedes Versuchs, sie auf schlechte Weise loszuwerden[15]. Zu ihr gehört – jedenfalls bei Kant – zugleich das beständige Mißtrauen in das, was sich ihm selbst als Möglichkeit des Auswegs und als Lösung zeigt und anbietet[16].

Indirekte Vernunft. *Kants Lösung liegt im* – wie er hier genannt werden soll – *Gedanken der ‚indirekten Vernunft',* einem unendlich folgenreichen Gedanken, der fortlebt und sich entwickelt: zu Hegels Begriff einer „List der Vernunft"[17], zu Schellings Konzeption einer Vergeistigung der Natur, nicht zuletzt zu Freuds Sublimierungsthese. Was ist gemeint?

Kants Lösung hat – um das noch einmal zu betonen – zur Voraussetzung, (erstens) daß für die Transzendentalphilosophie sowohl die ‚metaphysische' als auch die ‚geschichtsphilosophische' Lösungsmöglichkeit nicht zu Gebote steht, und (zweitens) daß die transzendentalphilosophische Lösung selber nicht ausreicht: denn das transzendentale Ich ist indirekte Ermächtigung des Nicht-Ich, die transzendentale Kultur ist indirekte Ermächtigung der Triebnatur: die transzendentale Vernunft ist indirekte Unvernunft. Die Urteilskraftkritik ist gewissermaßen die von Kant sofort etablierte *Notwehr* gegen diesen schlimmen Effekt[18]. Sie ist es als der Versuch, die Reflexion der eigenen Ohnmacht in die Transzendentalphilosophie aufzunehmen und unter der Bedingung der Einsicht in diese Ohnmacht nach ihrer Lösung zu suchen. Diese Lösung liegt – wie bereits angedeutet[19] – in einer *Selbsthilfe* der „Urteilskraft". Damit aber liegt ihre ‚formale' Struktur bereits fest: nicht die Vernunft, sondern die Urteilskraft d. h. das, was nicht Vernunft ist, soll jetzt das Vernünftige leisten. Das ist die Figur der ‚indirekten Vernunft'. *‚Indirekte Vernunft' – das bedeutet, die Vernunft nicht mehr von der Vernunft und ihren offiziellen Trägern, sondern von ihrem ‚Gegenteil' erwarten.* So legalisiert dieser Gedanke der ‚indirekten Vernunft' die Ermächtigung des Nicht-Ich – um der Vernunft willen, die vom Nicht-Ich erwartet wird. Die Transzendentalphilosophie Kants – jetzt also, in der „Kritik der Urteilskraft", *begünstigt* sie die Ermächtigung des Nicht-Ich. Nur wird dabei dieses eine wichtig und entscheidend: vorher war von einer unfreiwilligen und unkontrollierten, von der *indirekten* Ermächtigung des Nicht-Ich die Rede; jetzt aber wird die freiwillige und kontrollierte, die *direkte* Ermächtigung des Nicht-Ich bedeutsam. Diese ausdrückliche, freiwillige, gewollte Ermächtigung des Nicht-Ich bestimmt das weitere Schicksal der Transzendentalphilosophie; dieses Schicksal besteht in der Aufeinanderfolge der Versuche, aus der Not eine Tugend, aus dem Geschehenden ein Gewolltes zu machen: dem Nicht-Ich soll die Macht, die dem Ich entgleitet, nicht nur überlassen – sie soll ihm *gegeben* werden. Denn nur so besteht eine Chance, daß dieses Nicht-Ich nicht in der Bestimmung absoluter Triebnatur und Unvernunft, sondern ‚als trotzdem Vernunft' diese Macht übernimmt. Der Nichtvernunft wird die Macht erteilt, damit sie nicht Unvernunft, sondern Vernunft sei. Mit diesem Grundgedanken ist *Kants Urteilskraftkritik die erste große Philosophie der ‚indirekten Vernunft': die Ohnmacht des transzendentalen Ich zwingt sie dazu, die Vernunft, die dieses Ich nicht zu geben vermag, nun vom Nicht-Ich zu erwarten. Die Transzendentalphilosophie verwandelt sich in die gewollte Ermächtigung und Verklärung des Nicht-Ich – damit dieses Nicht-Ich nicht Unvernunft, sondern Vernunft d. h. von der absoluten Triebnatur verschieden sei.*

Diese Überlegung hat nun nicht vor, alle Phänomene zu verfolgen oder auch nur beiläufig in den Blick zu fassen, die diesen grundlegenden Zusammenhang vollstrecken; sie kann und muß auch gar nicht alle Bestände prüfen, an denen er sich ablesen läßt. Daß z. B. das neu ermächtigte Nicht-Ich als „Du" bedeutsam werden kann, daß – von Feuerbach[20] bis Buber[21] – im Zusammenhang des hier skizzierten Vorgangs die Ich-Du-Beziehung in eine entscheidende Rolle gerät: das bleibt hier durchaus beiseite. Nicht nur diese Wende zum „dialogischen Prinzip", auch und mehr noch die anderen Weisen der Ermächtigung des Nicht-Ich mit dem Gedanken ‚Vernunft durch Nicht-Vernunft' – also die Wende zur Ästhetik, die zur Naturphilosophie, zur Mythologie, die Wende zu gewissen irrationalen Geschichtsmächten, die Wende zum „Leben" und zur „Existenz", die Wende schließlich zur Theologie – all diese Bewegungen, ganz disparater Art und verbunden allein durch eine gewisse idealismuskritische Tendenz und das Bestreben, das „Sein" zum Maß des „Bewußtseins" zu erheben, all diese Bewegungen unterliegen einer nicht geringen Zweideutigkeit: sie stehen vor der Möglichkeit, die transzendentalphilosophische Vernunftlehre und ihre Tendenz zum Übergang zur ‚politisch' definierten Geschichtsphilosophie entweder zu *ergänzen* oder zu *ersetzen.* Auf diesen Punkt wird diese Arbeit ihre besondere Aufmerksamkeit richten.

2. Wende zur Ästhetik

Diese Untersuchung konzentriert sich – im Blick auf den Versuch der ‚Vernunft durch Nicht-Vernunft', der ‚indirekten Vernunft' also – im wesentlichen auf nur ein Phänomen: auf die transzendentalphilosophische Ermächtigung der *Natur.*

Der Vorgang dieser Ermächtigung – er führt von Kants Urteilskraftkritik zu Schellings Naturphilosophie und weiter – bedeutet eine *Wende zur Naturphilosophie.* „Naturphilosophie" meint dabei nicht die Philosophie der ‚Kontrollnatur' d. h. die Wissenschaftstheorie der (mathematischen) Naturwissenschaft; diese Überlegung gebraucht den Titel „Naturphilosophie" vielmehr in dem Sinn, den Schelling ihm gegeben hat[22]: „Naturphilosophie" ist zunächst die Philosophie der ‚Romantiknatur'[23].

ÄSTHETIKPROBLEM. Freilich: diese Wende zur Naturphilosophie kann nicht verstanden werden, wenn nicht ernstgenommen und ausdrücklich besprochen wird, was bereits bei Kant und dort schon rein buchtechnisch sich meldet; *daß zur „Naturphilosophie" die „Ästhetik" gehört.* Zur Theorie und Kritik der „teleologischen" gehört die der „ästhetischen Urteilskraft": das ist ja bei Kant nicht das Resultat einer zufälligen Anordnung von Buchdeckeln, sondern es zeigt: *zur Wende zur Naturphilosophie gehört die Wende zur Ästhetik*[24].

Diese ‚Wende zur Ästhetik' ist selbst ein allgemeines Phänomen. Es gibt eine „stets steigende problemgeschichtliche Bedeutung von Kunsttheorie und Ästhetik für das Gesamtweltbild vom XVIII. Jahrhundert an ... Es kommt ... darauf an, den gesellschaftlichen Grund aufzuzeigen, ... der der Ästhetik, dem Bewußtsein über Kunst eine weltanschauliche Bedeutung verliehen hat, die die Kunst in früheren Entwicklungen nie besitzen konnte. Das bedeutet freilich keineswegs, daß zugleich die Kunst selbst eine unvergleichliche, objektiv-künstlerische Blütezeit erlebt hätte. Im Gegenteil. Objektiv läßt sich das, was im Laufe dieser Entwicklung künstlerisch produziert wurde, ganz vereinzelte Ausnahmen abgerechnet, mit früheren Blütezeiten nicht entfernt vergleichen. Worauf es hier ankommt, ist die systemtheoretische, die weltanschauliche Bedeutung, die dem Prinzip der Kunst für diese Epoche zukommt"[25]. Denn diese Wende zur Ästhetik bedeutet ja nicht nur, daß die Philosophie ein neues und reines Spezialgebiet entdeckt hat und nun *auch* mit der Kunst, dem symbolisierenden Sinn des Schönen, mit dem Gefühl, der Phantasie, dem Geschmack, dem Genie, mit der Innerlichkeit schöner Seelen und erhabener, tragischer oder ironischer Gemüter, mit dem Erlebnis und dem Ausdruck, der Inspiration und den Formzwängen, mit dem Schöpferischen und seinen Depressionen – der Langeweile, der Schwermut – und mit all dem, was in diesen Zusammenhang gehört, sich befaßt. Entscheidend ist ja vielmehr dieses: die Philosophie solcher vermeintlich ‚speziellen' Phänomene hat eine durchaus ‚universelle' Absicht. Sie deutet die Kunst nicht, um die Kunst, sondern, um die Welt zu verstehen[25a]. Und sie deutet den Künstler nicht, um den Künstler, sondern, um den Menschen zu verstehen[25b]. Denn – das ist ihre Überzeugung – nicht mehr am Weisen oder Heiligen, also im metaphysisch-theologischen Blick auf Gott, aber auch nicht – wissenschaftstheoretisch – am Forscher oder – ethisch – am Redlichen und auch nicht am Bürger – also geschichtsphilosophisch –, sondern am künstlerischen „Genie" – also ästhetisch – sieht man, was der Mensch ist. Das Entstehen dieser Überzeugung ist das, was die ‚Wende zur Ästhetik' einleitet und ausmacht und schließlich dazu führt, *daß die Ästhetik seit dem Ende des 18. Jahrhunderts und dem Anspruch nach bis heute zur amtierenden Grundphilosophie wird:* „Die Poesie ist der Held der Philosophie. Die Philosophie erhebt die Poesie zum Grundsatz ... Philosophie ist die Theorie der Poesie" – so sagt das Novalis[26].

Diese Wende zur Ästhetik also gehört zur Naturphilosphie, geht ihr voraus. Wie kommt es zu ihr? Wie kommt es zu dieser Wende zur Ästhetik? Diese Frage hat eine besondere Schärfe, denn die Wende zur Ästhetik bedeutet für die Philosophie geradezu einen Bruch mit mindestens einer ihrer erheblichen Traditionen: mit der Tradition der Künstler- und Dichterkritik. Seit ihrer Frühzeit – zu denken ist gewiß nicht nur, aber vor allem zunächst einmal an Platon[27] – neigt Philosophie zur Künstlerkritik; sie kritisiert Künstler und Dichter[28]. Sie verklagt die Kunst als Euthanasie der Wahrheit und den Dichter als Menschen, der dichtet, anstatt zu sein. Und jetzt – scheinbar plötzlich[29] – distanziert sich Philosophie von dieser Kritik. Jetzt verzichtet sie auf den traditionellen Kampf mit dem Künstler. Jetzt lobt sie den Menschen, der dichtet, ‚um' zu sein. Jetzt inthronisiert sie die Kunst, jetzt huldigt sie der Dichtung. Jetzt verklärt sie das sogenannte „Irrationale" und limitiert ihre traditionelle Bindung an die Vernunft. Warum? Weswegen jetzt dieser philosophische Vorrang der Ästhetik? Wie kommt es dazu? Was erzwingt ihn? Wieso wird für den Menschen und seine Philosophie zu einer bestimmten Zeit die Ästhetik *nötig?* Wozu braucht er sie? Kurz: *wozu Ästhetik?*[30].

THESE. *Dieser Aufschwung der Ästhetik ist ein Phänomen im Zusammenhang der Ermächtigung des Nicht-Ich, des Versuchs ‚indirekter Vernunft'.* Er hat die nämlichen Gründe wie diese. *Die Ästhetik wird als Fundamentalphilosophie dort nötig, wo Wesensvernunft und Geschichtsvernunft als zureichende Möglichkeiten ausfallen, und wo die transzendentale d. h. wo exakte Vernunft und moralische Vernunft dem Problem des „Endzwecks" nicht gewachsen sind: da kommt in einer ausgezeichneten Weise das ‚Ästhetische' zum Zuge – als eine Verwirklichungsform ‚statt' der vernünftig-geschichtlichen Verwirklichung, aber zugleich auch ‚statt' ihrer radikalen Negation, der absoluten Triebnatur*[31].

Diese These ist nur die Konsequenz des bisher Dargelegten. Sie läßt sich auch so formulieren: *die ‚Wende zur Ästhetik' ist eine Folge der ‚Ohnmacht der transzendentalen Vernunft'.* Inwiefern ist sie das? Die transzendentale Vernunft ist ohnmächtig: sie ist – wurde gesagt[32] – teils exakte Vernunft nur der Mittel, teils moralische Vernunft nur der Zwecke; für die exakten Mittel, die sie hat, fehlt ihr der durchsichtige Bezug auf Zwecke; für die moralischen Zwecke, die sie hat, fehlt ihr der durchsichtige Bezug auf Mittel: die exakte Vernunft vermittelt nicht den ‚Endzweck', die moralische Vernunft ‚vermittelt' die Mittel nicht. Die transzendentale Vernunft ist so das Trennen der Mittel und Zwecke[33]; ‚Verwirklichung' aber heißt ‚Verbinden' der Mittel und Zwecke; ‚Verwirklichung des Endzwecks' heißt also ‚Verbinden' des Endzwecks mit Mitteln. Eben dieses Verbinden findet also die transzendentale Vernunft *nicht* in sich, nicht in der Vernunft und vernünftigen Welt: folglich allenfalls in jener Welt, die ihr die ‚nicht-Vernünftige' – die weder exakte (d. h. kontrollierbar mittelhaltige) noch moralische (d. h. durchsichtig zweckhaltige) – Welt ist: in der *„sinnlichen"* Welt, der ‚Triebnatur' der „Neigungen". Die machtlos-transzendentale Vernunft muß – der ‚Verwirklichung' und damit auch des ‚Inhalts' des Endzwecks wegen – zur „List" ihre Zuflucht nehmen d. h. mindestens zur Hoffnung, daß diese „sinnliche" Nicht-Vernunft geneigt ist, die Sache der Vernunft zu tun oder wenigstens zu fördern: sie muß versuchen, davon zu leben, daß in irgendeiner Weise die sinnliche Welt der Interessen d. h. die Triebnatur zum Sachwalter der Vernunft und ihrer Zwecke wird. Das nennt man heute eben – wo es gelingt – „Sublimierung"; es ist – wenn dieser Ausdruck erlaubt ist – eine ‚Methode Kuckucksei': was die Vernunft nicht selbst ins Leben setzen und führen kann, soll im Nest der Triebe ausgebrütet und aufgezogen werden. Es ist dies die Figur der ‚indirekten Vernunft': das, was die Vernunft nicht durch sich selbst zu sein vermag, soll sie nun durch ihr Gegenteil, durch die „Sinnlichkeit" sein. Dieser Versuch rechnet mit einer gewissen Geneigtheit dieses ‚Gegenteils'. Er hofft darauf, daß es Triebe gibt, die – als Triebe – irgendwie ‚vernünftig' sind, Interessen also, die dem Interessenziel entsagen. Wenn schon die Vernunft unvernünftig ist, muß fürs Heil der Welt die Sinnlichkeit vernünftig sein: es muß eine Sinnlichkeit geben, die keine ‚bloße' Triebnatur ist, sondern mit der Vernunft gemeinsame Sache macht – eine aisthesis also, die von der bloßen aisthesis verschieden ist. *Diese ‚vernünftige Sinnlichkeit' ist das „Ästhetische" und als dieses die erste Form der ‚indirekten Vernunft', der ‚Vernunft durch Nichtvernunft'.*

Details. Auf diese erste ‚indirekte Vernunft', auf dieses ‚Ästhetische' setzen die klassischen Transzendentalphilosophen – also Kant, Fichte und Schelling – in verschiedener Weise. Es ist darum zweckmäßig, sie gesondert zu analysieren.

Was *Kant* betrifft, so hat er den Geschäftsträger dieser ästhetischen Form der indirekten Vernunft untersucht: die „ästhetische Urteilskraft"[34] – den *Geschmack*. „Die Definition des Geschmacks, welche hier zum Grunde gelegt wird, ist: daß er das Vermögen der Beurteilung des Schönen sei"[35]. Das Schöne aber „gefällt"[36]. Daher ist der Geschmack ein Organ des Wohlgefallens oder Mißfallens, ein Lust/Unlust-Vermögen: *wo die „eudaimonia" sich ‚gegen' die Vernunft etablieren muß, etabliert sie sich als „Lust"*. Freilich: als ‚ästhetische' Lust ist sie eine von der „Sinnenlust" distanzierte Lust: ein „interesseloses Wohlgefallen"[37]; es ist nämlich „das Intelligible, worauf ... der Geschmack hinaussieht"[38]. Wo dieses „Intelligible", also die Vernunft und ihr Endzweck, außerstande ist, sich durch sich selbst Inhalt und Wirklichkeit zu geben, ruft sie dafür den Geschmack; wo sie sich nicht selbst zu bestimmen und zu verwirklichen vermag, braucht sie dafür die *Kunst:* die „schöne Kunst" d. h. die „Kunst des Genies"[39]. Freilich: diese Genie-Kunst ‚bestimmt' nicht in der Weise der Metaphysik, nicht in der Weise des Interpretierens der Welt, des Erinnerns; und sie ‚verwirklicht' nicht in der Weise der Geschichtsphilosophie, nicht in der Weise des Veränderns der Welt, des Verwirklichens: sie ist zuviel Veränderung, um Interpretation, zuviel Interpretation, um Veränderung zu sein. Sie ‚erinnert' und ‚verwirklicht' vielmehr dadurch, daß sie „das Intelligible" „versinnlicht" d.h. *symbolisiert.* Geschmack und Genie – das sind Symbolisierungsvermögen. Kant hat das im berühmten und folgenreichen § 59 der „Kritik der Urteilskraft" dargelegt[40]. Dieser Paragraph handelt „von der Schönheit als Symbol der Sittlichkeit"[41], und er entwickelt die These: „das Schöne ist das Symbol des Sittlichguten; und auch nur in dieser Rücksicht (einer Beziehung, die jedermann natürlich ist, und die auch jedermann andern als Pflicht zumutet) gefällt es, mit einem Anspruch auf jedes andern Beistimmung"[42]. Diese These und dieser Paragraph darf als Kernstück der Kantischen und als Präzedenz-These der transzendentalphilosophischen Ästhetik gelten. Das zeigt sich nicht zuletzt daran, daß er in einem gewissen Sinn sogar das älteste Stück der Ästhetik des sogenannten „kritischen" Kant ist; denn er ist – so wird man sagen dürfen – die weiterführende Aufbereitung eines Lehrstücks der „Kritik der praktischen Vernunft", der (nicht eben häufig interpretierten) „Typik der reinen praktischen Urteilskraft"[43]. Was ist – das ist die Frage dieses Lehrstücks – was ist (wenn der „Schematismus" die reine Versinnlichung des Verstandes, der exakten Vernunft, ist) die „reine Versinnlichung" der (moralischen) Vernunft? Kant benennt dort als eine solche Versinnlichung den „Typus"[44], d.h. eine „Hypotypose", die nicht „Schema" ist, sondern „Symbol"[45]. Und bereits dort klingt, vordeutend auf die „Kritik der teleologischen Urteilskraft", der Gedanke an, daß „die Natur der Sinnenwelt als Typus einer intelligibelen Natur zu brauchen" ist[46]. Es muß nun gerade da, wo das Problem der Bestimmung und Verwirklichung des Endzwecks sich transzendentalphilosophisch festläuft, diese „Typik der reinen praktischen Urteilskraft" zu zentraler Bedeutung und darum zu ausführlicher Ausarbeitung kommen. Gerade diese „hypotypotische" Weise, die Freiheit in die Erscheinung zu bringen, muß dort zum Zuge kommen, wo die anderen Weisen versagen oder unbeachtet bleiben. Gerade das muß zum Versuch führen, den Endzweck, statt ihn zu bestimmen und zu verwirklichen, vielmehr „darzustellen"[47]: die Symbolisierung für die Bestimmung und Verwirklichung der Vernunft einspringen und einstehen zu lassen. Das wird von Kant also bereits in seiner zweiten Kritik angebahnt; bereits dort hat er erwogen, der Realisierung des guten Seins durch seine Symbolisierung (Typik) aufzuhelfen. *Kants dritte Kritik ist dann die entwickelte und eindeutig gemachte Theorie dieser „Typik der reinen praktischen Urteilskraft"* – und ihr § 59 bringt die geheime Intention dieses Typik-Abschnitttes mit Nachdruck zur Geltung: *statt Realisierung Symbolisierung der Vernunft und ihres Endzwecks.*

Gerade das hat nun aber etwas tiefgreifend Zweideutiges an sich. Denn es bleibt unentschieden: wird da die Bestimmung und Verwirklichung des Endzwecks durch Symbolisierung vorbereitet und eingeleitet, oder wird sie vielmehr ersetzt und verabschiedet? Wird der Vernunftstaat und weltbürgerliche Zustand, an dessen Wirklichkeit sie hängt, wird also die politische Geschichte seines Werdens unterstützt und befördert – oder wird sie verdrängt und mißachtet? Ist die „schöne Kunst" ein Epinikion oder der Nekrolog der politischen Vernunft? Gehört der Ästhetiker zur Vorhut oder zum Trauergefolge der geschichtlichen Aufgabe? Ist das Schöne als Symbol des Sittlichguten Stimulans der Verwirklichung oder Sedativ angesichts ihrer Aussichtslosigkeit? Ist – auf diese Formel läßt sich das wohl bringen – *ist die Philosophie der Kunst Hilfe oder Hemmnis des Übergangs der Transzendentalphilosophie zur Geschichtsphilosophie? Präludiert sie der kommenden oder kompensiert sie die ausbleibende Geschichtsphilosophie? Ist die Ästhetik Instrument oder Surrogat der Geschichtsphilosophie?*

Freilich: diese Frage an Kant richten, hieße Kant überfragen. Es gehört in der Tat zur Eigenart seiner Philosophie und seiner „Ästhetik", daß sie diese Frage *unentschieden* läßt. Sie hat es (noch) nicht nötig, diese Frage zu entscheiden. Sie hat – wenn das so gesagt werden darf – sie hat (noch) zu viele Eisen im Feuer, um zu solchen Alternativfragen unmittelbaren Bezug zu haben. Die Möglichkeit einer eigenständigen Wissenschaftstheorie und die Möglichkeit einer eigenständigen Ethik – sie sind ja bei Kant nie in äußerster Schärfe in Frage gestellt; zugleich bleibt die Möglichkeit der Geschichtsphilosophie für ihn ja durchaus akut[48], und sogar die Möglichkeit der Metaphysik – einer Theorie der Schöpfungswelt der „Dinge an sich" – ist ja keineswegs völlig außer Betracht geraten[49]. Das exakte *und* moralische Denken *und* das metaphysische *und* das geschichtsphilosophische *und* das ästhetische – sie *alle* sind (noch) im Spiel. Kant hatte es (noch) nicht nötig, wie neuere Philosophen alles auf *eine* Karte zu setzen. Eindeutige Stellungnahmen auf jene Frage gibt es erst bei den Nachkantianern.

Ist das Ästhetische Instrument oder Ersatz der Geschichte, ist die Ästhetik Instrument oder Ersatz der Geschichtsphilosophie? Man kann sagen: für *Fichte* war das ‚noch' keine *Frage;* Fichtes Philosophie hat in diesem Punkte eine Position im Grunde ‚vor' der Urteilskraftkritik-Position Kants, wenn sie auch zeitlich später entstanden ist[50]. Für Fichte gab es ‚noch' keine Unentschiedenheit in jener Frage, für ihn gab es im Grunde noch keine Alternative, für ihn war das Ästhetische noch eindeutig *Instrument* der – transzendentalphilosophisch-abstrakten – Geschichte. „Ästhetische Bildung" – sagt er [51] – „hat ... eine höchst wirksame Beziehung auf die Beförderung des Vernunftszwecks"; denn: „Die schöne Kunst" – „sie macht den transzendentalen Gesichtspunkt zu dem gemeinen"[52]. Das ist ein überaus berühmter Satz. Entscheidend an ihm ist aber hier nicht dieses, daß er für die Nachkantianer zum zentralen wurde, sondern dieses, daß er es für Fichte ganz und gar *nicht* war[53]. Die „Wissenschaftslehre" hatte keine Ästhetik: der Satz steht so gewissermaßen an versteckter und jedenfalls an durchaus beiläufiger Stelle: in der „Sittenlehre im engeren Sinn", dort im Zusammenhang der „eigentlichen Pflichtenlehre" in einer „Übersicht der besonderen unmittelbaren Pflichten und zwar der nach seinem besonderen Berufe"[54]; neben Ausführungen über die Pflichten „des Gelehrten", der „moralischen Volkslehrer", der „Staatsbeamten" und der „niederen Volksklassen" macht Fichte „im Vorbeigehen einige Anmerkungen" auch über die „Pflichten des ästhetischen Künstlers"[55]: der betreffende Satz steht im Zusammenhang – wenn man so will – einer ‚Berufsethik'. Wenn anders bei Fichte Geschichte das Bewährungsfeld der Pflichterfüllung ist, gehört die Ästhetik nur an beiläufiger Stelle in das Gebiet ihrer Philosophie. Wo am „transzendentalen Gesichtspunkt" nur seine Verkündigung ein Problem, er selbst aber noch unbedroht scheint, braucht es – an untergeordneter Stelle – einer Ästhetik, um diese Verkündigung zu erleichtern (also gewissermaßen als Rhetorik), es bedarf aber keiner Ästhetik, um einer Bedrohung und Krise des „transzendentalen Gesichtspunkts" zu begegnen: es geht bei Fichte darum, ihn „zu dem gemeinen" zu machen, nicht darum, ihn überhaupt zu retten. *Fichtes im Blick auf die – transzendental verstandene – Geschichte ‚instrumentale' Bestimmung des Ästhetischen führt zu einer Bagatellisierung des Ästhetischen.*

Ist das Ästhetische Instrument oder Ersatz der Geschichte, ist die Ästhetik Instrument oder Ersatz der Geschichtsphilosophie? Man kann sagen: für *Schelling* war das eine Frage; und er führt diese Frage in wachsendem Maße zu einer eindeutigen Antwort. Schellings Philosophie hat dabei eine Position deutlich ‚nach' der Urteilskraftkritik-Position Kants, und für sie gerät das Ästhetische immer eindeutiger in die Rolle des *Ersatzes* der Geschichte.

Es war bereits Gelegenheit[56], darauf hinzuweisen, daß gerade zur Philosophie Schellings ein zunehmender *Geschichtspessimismus* gehört: „Wenn ... das einzige Objekt der Geschichte das allmähliche Realisieren der Rechtsverfassung ist, so bleibt uns auch als historischer Maßstab der Fortschritte des Menschengeschlechts nur die allmähliche Annäherung zu diesem Ziel übrig, dessen endliche Erreichung aber weder aus Erfahrung geschlossen, noch auch ... a priori bewiesen werden kann"[57]: „wir können uns" – sagt er in Bezug auf die Geschichte – „keine Zeit denken, in welcher sich die absolute Synthesis, d. h. der Plan der Vorsehung, vollständig entwickelt hätte"[58]. Die unter die Bestimmung des unendlichen Progresses geratene Geschichte wird von Schelling nicht mehr als Gelegenheit zu unermüdlicher Tätigkeit gefeiert, sondern als Terrain eines unendlichen Ausbleibens des Ziels beargwöhnt: die politisch definierte Geschichte ist aussichtslos, zukunftslos geworden. Zu den Konsequenzen gehören allerdings Versuche, die Geschichte – und in gewisser Hinsicht auch den Staat – aus ihrer politischen in andere Definitionen zu überführen[59], darunter in eine ‚ästhetische Definition': die Geschichte ist nur mehr als ästhetisches Phänomen gerechtfertigt und als dieses ist sie nicht die miserabel-wirkliche, sondern die „wahre" Geschichte: „Auch die wahre Historie beruht auf einer Synthesis des Gegebenen und Wirklichen mit dem Idealen ... da ... Historie ganz in jener und doch zugleich ideal sein soll. Dieses ist nirgends als in der Kunst möglich ... Kunst also ist es, wodurch die Historie, indem sie Wissenschaft des Wirklichen ist, zugleich über dasselbe und auf das höhere Gebiet des Idealen erhoben wird ... und der ... absolute Standpunkt der Historie ist demnach der der historischen Kunst"[60]: „wir haben die Historie auf die gleiche Stufe mit der Kunst gestellt"[61]: bei Schelling wird die Geschichtsphilosophie ersetzt durch eine Ästhetik der Geschichte: *die Ästhetik übernimmt die Stelle der Geschichtsphilosophie.* Denn nicht die Geschichte sondern einzig das Ästhetische vollendet die Geschichte: „das, was für das freie Handeln in einem unendlichen Progressus liegt, soll in der gegenwärtigen Hervorbringung (sc. im „Kunstprodukt") eine *Gegenwart* sein, in einem Endlichen wirklich, objektiv werden"[62]: das Ästhetische kompensiert die Mangelhaftigkeit der transzendental begriffenen

Geschichte. Von dorther ergibt sich „das Verhältniß ... in welchem“ bei Schelling „die Philosophie der Kunst zu dem ganzen System der Philosophie überhaupt steht“[63]: wo die Geschichte zur schlimmen Wirklichkeit und ihre Philosophie zur Negation der Geschichte führt, wird „die Kunst eben deßwegen dem Philosophen das Höchste, weil sie ihm das Allerheiligste gleichsam öffnet“[64]; nicht die geschichtliche Realisierung, sondern „die ästhetische Anschauung ist die objektiv gewordene intellektuelle“[65] und die „Kunst das einzige wahre und ewige Organon zugleich und Document der Philosophie“[66]. Nicht die Geschichte, sondern „die Kunst allein ist (es), welcher das, was der Philosoph nur subjektiv darzustellen vermag, mit allgemeiner Gültigkeit objektiv zu machen gelingen kann“[67]: so ist sie „die höchste Potenz der Selbstanschauung“[68]. *Für Schelling* – für den Nach-Fichteaner Schelling, den Schelling der Jahrhundertwende – *wird die Ästhetik zur Zentralphilosophie, weil seine Philosophie im Blick auf Staat und Geschichte resigniert.*

Ist die Ästhetik Instrument oder Ersatz der Geschichtsphilosophie? Das war die Frage. Was hat sich ergeben? *Kant* entwickelt die Ästhetik in einem *unbestimmten* Verhältnis zur Geschichtsphilosophie, genauer: zur – zögernd – geschichtszieligen Bewegung der Transzendentalphilosophie, freilich just dort, wo diese falliert. *Fichte* macht die Ästhetik in gewissem Sinn zum *Instrument* dieser Bewegung – dadurch *verliert* die Ästhetik an Bedeutung. *Schelling* macht die Ästhetik in gewissem Sinn zum *Ersatz* dieser Bewegung – dadurch *gewinnt* die Ästhetik an Bedeutung. So haben die bisherigen Analysen einen Zusammenhang gezeigt zwischen Abkehr von der Geschichtsphilosophie und Zuwendung zur Ästhetik. Ihre entscheidende Rolle spielt die Ästhetik nicht als *Stufe*, sondern als *Alternative* des Übergangs von der Transzendentalphilosophie zur Geschichtsphilosophie. *Die Stellung der Ästhetik hängt ab von der Stärke des Bedürfnisses, die Geschichtsphilosophie, statt sie auszubilden, vielmehr zu ersetzen. Die ‚Wende zur Ästhetik‘ ist ein Produkt der transzendentalphilosophischen Resignation in Dingen Geschichtsphilosophie.*

3. Position der Möglichkeit

Von der Ästhetik und der Wende zur Ästhetik war die Rede, weil letztenendes die transzendentalphilosophische Naturphilosophie interessiert. Denn – wurde gesagt[69] –: die Wende zu dieser Naturphilosophie gehört in den Zusammenhang der Wende zur Ästhetik. Diese Wende zur Ästhetik aber – das hat sich jetzt ergeben – hängt zusammen mit der Abkehr von der Geschichtsphilosophie. *Die Transzendentalphilosophie ist ‚geschichtsferne Geschichtsphilosophie‘: wo sie ihren geschichtsphilosophischen Tendenzen zugunsten ihrer Geschichtsferne entsagt – da wird sie in einer wesentlichen Weise zur Ästhetik.*

Diese Reserve gegenüber der Geschichtsphilosophie, dieses Bestehen auf der

Geschichtsferne und Entwickeln ihrer Möglichkeiten hat *Konsequenzen.* Die Absage an die Geschichte und ihre politische Definition und Philosophie ist zugleich die Absage an das, was dem Menschen seine *Wirklichkeit* gibt. Inwiefern? Für die neuere Philosophie ist die Geschichtsphilosophie das, was für die griechische Metaphysik die „episteme politike" war, die Philosophie der polis, der Stadt. Aristoteles hat die „Einsicht von unendlicher Tragweite"[70] erarbeitet, „daß die Stadt in sich die Bestimmung trägt, den Menschen zum Stande des Menschseins zu bringen. Sie ist Wirklichkeit (actualitas) seiner Natur"[71]. „Das besagt, daß die allen Menschen eigene potentiale Natur nur aktual zu werden und der Mensch als Mensch actu zum Menschsein zu kommen vermag, wenn es die Stadt gibt. Er ist das Wesen, das zur Verwirklichung seiner Natur auf sie verwiesen ist"[72]. Und was für die Griechen die Stadt, die polis, ist für die moderne Welt die Geschichte[73], was für die griechische Metaphysik die Wissenschaft der Stadt, ist für die moderne Welt die Theorie der Geschichte: denn Geschichtsphilosophie ist – kann man sagen – ‚episteme politike in weltbürgerlicher Absicht'. Sie ist also in einer ausgezeichneten Weise Theorie der ‚Verwirklichung' des Menschen. Daraus folgt: *Abkehr von der – ‚politisch' definierten – Geschichte bedeutet Absage an die ‚Verwirklichung' d. h. Hinwendung zu einer ‚Position der Möglichkeit'.*

Die Möglichkeit hat nun ein doppeltes Verhältnis zur Wirklichkeit: die Wirklichkeit *beschränkt* die Möglichkeit, und die Wirklichkeit *aktualisiert* die Möglichkeit. Die Möglichkeit ist also stets irgendwie ‚mehr' und irgendwie ‚weniger' als die Wirklichkeit. Weil die Wirklichkeit die Möglichkeit beschränkt, will die Position der Möglichkeit die Möglichkeit als ‚mehr Wirklichkeit als die Wirklichkeit'. Weil die Wirklichkeit die Möglichkeit aktualisiert, erreicht dabei die Position der Möglichkeit faktisch ‚weniger Wirklichkeit als die Wirklichkeit'. So hat eine ‚Position der Möglichkeit' der Wirklichkeit gegenüber stets dieses Zweideutige: sie besteht auf *mehr Wirklichkeit,* und sie besteht faktisch auf *Unwirklichkeit.* ‚Mehr Wirklichkeit' – das ist all das, was in der etablierten Wirklichkeit nicht zum Zuge kommt, all jenes, was in der Theorie der sich etablierenden ‚nicht vorkommt': darum gehört – angesichts der Geschichtsphilosophie – zur Möglichkeitsposition der ‚Ästhetik' stets auch das Bewahren etwa dessen, was mit dem Immerseienden zusammenhängt, des Zeitlosen, Ewigen, des immer Guten, immer Wahren, immer Schönen, des Zwecklosen, der Fülle, die sich selber immer wieder will usf. Darum hat die ästhetische Position gegenüber der geschichtsphilosophischen stets ‚irgendwie' die Stellung der Metaphysik – und hat sie nicht, weil sie nicht ist, was die Metaphysik doch war: Theorie in einem affirmativen Verhältnis zur (politischen) Wirklichkeit. *Der ästhetische Ansatz ist als ‚Position der Möglichkeit' Zuflucht und Treuhänder der durch die Geschichte und ihre Philosophie unbewältigten Probleme – aber ist es in der Form der Negation der Wirklichkeit: seine Wirklichkeitsüberbietung ist zugleich Wirklichkeitsverlust.* Die Tendenz zur Möglichkeit ist deswegen stets beides: Tendenz zu mehr und besserer, vollerer Wirklichkeit und Tendenz zur Unwirklichkeit. Darum gehört zur ‚Position der Möglichkeit' die vertraute Beziehung zu Erfüllung *und* zu Vernichtung, zu Erlösung *und* zu Zerstörung, zu

Steigerung *und* zu Tod, zum Heilen *und* zum Destruktiven, also – wie man das, wenn man so will, auch formulieren kann – der Lebenstrieb *und* der Todestrieb[74]. Beides gehört zu ihr, obwohl sie auch gern mit einem Alles-oder-Nichts-Gestus auftritt, der zu einer absoluten Alternative stilisiert, was für die ‚Position der Möglichkeit' im Grunde auswechselbar, vertauschbar ist. Denn die Möglichkeitsposition ist beides, der ästhetische Ansatz ist beides, und beides in oft komplizierten Legierungen. *Die ästhetische Position ist als ‚Position der Möglichkeit' mit dem Drang zu ‚mehr Wirklichkeit' wesentlich Verfassung der ‚Unwirklichkeit'.*

Diese Unwirklichkeit – wurde gesagt – erwächst ihr aus der Absage an die ‚politisch' definierte Geschichte und ihre Philosophie. Sie ist die eigentliche Aporie, die Unruhe der ästhetischen Position. Das soll in den beiden folgenden Abschnitten verfolgt werden: an den Konsequenzen der Transzendentalphilosophie, am weiteren Schicksal der aus der Ohnmacht des transzendentalen Ich erwachsenden Ermächtigung des Nicht-Ich. Denn: *gegen ihre eigene Unwirklichkeit ruft die ästhetische Position nach Wirklichkeit – und doch schlägt ihre Unwirklichkeit stets wieder durch: die ästhetische ‚Position der Möglichkeit' entwickelt sich zu ‚beidem': zur wirklichkeitssuchenden ‚Wende zur Naturphilosophie' (S. 145f.) ‚und' zur nichtigkeitssuchenden ‚Position des Scheiterns' (S. 179f.).*

Wende zur Naturphilosophie

Transzendentalphilosophie – wurde gezeigt – ‚ist' das Sich-abhängigmachen der Vernunft von Möglichkeitsverfassungen[1]. Ihre „Depotenzierung" etabliert offiziell die Position der *Möglichkeit*[2]. Die ‚Wende zur Ästhetik' ist deren erste Form. Sie leidet an Unwirklichkeit. Angesichts dieses ‚Mangels an Wirklichkeit' entsteht das Bedürfnis, die *Wirklichkeitstendenzen* der Möglichkeitsposition zu entwickeln. Das aber führt zwangsläufig zur „Naturphilosophie". Denn für den Menschen ist die unmittelbar als ‚Wirklichkeit' gesetzte Möglichkeit – *Natur.*

Diese Wende von der Ästhetik zur Naturphilosophie – das deutet sich damit schon an – ist eine eigenartige Bewegung. Sie ist ‚Depotenzierung' und ist ‚Retardierung': sie ist eine Bewegung, bei der sich in einem möglichst viel und möglichst wenig ändern soll. Darum ist sie eine Wende zur Wirklichkeit und bleibt doch zugleich ganz und gar eine *Bewegung im Medium ‚Möglichkeit':* ‚eine' Möglichkeitsverfassung (das Ästhetische) sucht Wirklichkeit bei einer ‚anderen' Möglichkeitsverfassung (der Natur). Das ästhetische Leben in Möglichkeiten sucht Stützung durch eine Wirklichkeit, die selbst Möglichkeit – in bezug auf die ausgebildet-geschichtliche Menschenwelt pures Noch-Nicht und bloßes „An-sich" – ist: der ästhetische Ansatz will auf seiner Wirklichkeitssuche Wirklichkeit, aber er will nicht jede Wirklichkeit, sondern: als selber ‚sinnliches' Verhältnis will er eine ‚sinnliche' Wirklichkeit; als selber ‚unmittelbares' Verhältnis will er eine ‚unmittelbare' Wirklichkeit; als selber ‚mögliches' Verhältnis will er eine nur ‚mögliche' Wirklichkeit; die phantastische Potentialität sucht die reale Potentialität – kurz: das Ästhetische sucht das Natürliche. Denn für den Menschen ist die auf ‚Möglichkeit' herabgebrachte (regredierte) Wirklichkeit oder – was dasselbe ist und schon gesagt wurde – die unmittelbar als ‚Wirklichkeit' gesetzte Möglichkeit – *Natur.*

1. Kant

„Es ist ein grenzenloses Verdienst unseres alten Kant" – schreibt Goethe an Zelter[3] – „um die Welt und, ich darf sagen, auch um mich, daß er in seiner Kritik der Urteilskraft Kunst und Natur nebeneinanderstellt". Es ist ein „Verdienst", sogar ein „grenzenloses Verdienst" – das bedeutet mindestens: dieses „Nebeneinanderstellen" ist *nicht selbstverständlich.* In der Tat: es bedarf der Betonung und ist aller Frage wert. *Bereits bei Kant gehört zur „Ästhetik" die „Naturphilosophie":* warum ist das so? So muß eigens gefragt werden – und nicht jede Antwort gibt eine zureichende Erklärung. So wird z. B. Kants Zusammenstellung von „Ästhetik" und „Teleologie"[4] durchaus unterinterpretiert, wenn sie als bloße Summierung und Sammelpublikation bisher unbehandelter ‚Restdisziplinen' seines ‚Systems' verharmlost wird.

Denn dieses „Nebeneinanderstellen" von „Kunst" und „Natur" wird im strikt geschichtlichen Sinne *nötig.* Bereits Kant etabliert nicht allein den ästhetischen Ansatz, gezwungenerweise reagiert er auch bereits auf seine Aporie: *Kant stellt zur Ästhetik die Naturphilosophie als Antwort auf die Schwierigkeiten der Ästhetik;* seine dritte Kritik – indem sie nicht nur „Kritik der ästhetischen Urteilskraft" ist, sondern ebensowohl auch „Kritik der teleologischen Urteilskraft"[5] – stellt sich dieser Aporie des Ästhetischen. Das quälende Problem der ästhetischen Position – eines Symbolisierungsvollzugs, der im Grunde *nichts* mehr zu symbolisieren scheint, sobald er sich aus dem Zusammenhang des geschichtlichen Problems löst und seiner politisch-sittlichen Rolle kündigt – ist zwangsläufig Verzweiflung über die eigenen Unwirklichkeit. Je weniger die künstlerische „Symbolisierung" sich im Dienste der politisch- bzw. sittlich-geschichtlichen Aufgabe fühlt, je weniger also dem Ästhetischen durch die soziale Macht der Geschichte Funktion und ‚Wirklichkeit' gegeben wird, umso stärker wird sein Bedürfnis, sich durch den Anschluß an eine außersoziale, außerpolitische, außergeschichtliche Macht ‚Wirklichkeit' zu verschaffen. Wo die ‚politische' Geschichte „in weltbürgerlicher Absicht" – transzendental entgeschichtlicht – in wachsendem Maße als die Disproportion von Zwecken und Mitteln und daher als aussichtslos erscheint, wo sie also in zunehmendem Maße den ästhetischen Harmoniesymbolen die ontologische Diskontierung versagt, da gilt es, nach einer Wirklichkeit intakter und wirklich ästhetischer Proportion von Zwecken und Mitteln *außerhalb* dieser Geschichte Ausschau zu halten. Sie findet sich in der *Natur:* freilich nicht in der als Interessenkampf und nicht in der durch exakte Naturwissenschaft präsenten Natur, also nicht in der ‚Triebnatur' und nicht in der ‚Kontrollnatur', sondern in der ‚Romantiknatur'. *Darum wird in Kants „Kritik der teleologischen Urteilskraft" die ‚Romantiknatur' thematisch.* Sie wird es vor allem in *drei* Zusammenhängen; diese drei Zusammenhänge stehen in einem strengen Konsequenzverhältnis zueinander; von ihnen gehören die beiden ersten noch durchaus in das Themenfeld der Ästhetik. Denn es wird

erstens die höchste Möglichkeit des Menschen in ästhetischer Position, das *Genie*[6] durch diese Natur definiert: „Genie ist die angeborene Gemütslage (ingenium), durch welche die Natur der Kunst die Regel gibt"[7], so „daß es, wie es sein Produkt zustande bringe, selbst nicht beschreiben oder wissenschaftlich anzeigen könne, sondern daß es als *Natur* die Regel gebe"[8]: Genie ist bereits bei Kant[9] definiert durch die Bezugnahme auf die Romantiknatur. Entsprechend ist „schöne Kunst ... eine Kunst, sofern sie zugleich Natur zu sein scheint"[10]: das „Produkt der schönen Kunst“ muß „von allem Zwange willkürlicher Regeln so frei scheinen, als ob es ein Produkt der bloßen Natur sei“[11]. In diesem ‚als ob‘ steckt nun ein Problem, das Problem der Begründung des Kunstschönen in der ‚wirklichen‘ Natur. Darum wird

zweitens diese Romantiknatur im Zusammenhang einer Theorie des *Naturschönen*, des „Schönen der Natur“[12] bedeutsam. Einer Theorie nur des „Schönen“ der Natur: denn „das Erhabene der Natur (wird) nur uneigentlich so genannt“[13]. Das Schönfinden aber scheint eine Wirklichkeitsbeziehung zu enthalten; darum bedarf es ihrer Prüfung, also einer „Deduktion der Geschmacksurteile, d. i. der Urteile über die Schönheit der Naturdinge“[14]. Bringt das künstlerische Genie eine Schönheit (zweckfreie Zweckmäßigkeit) zur Aussage, die in den Dingen der Welt liegt, oder ist das nicht der Fall? „Dichtet“[15] es diese Schönheit am Ende, *obwohl*, oder sogar gerade deswegen, *weil* es sie in der wirklichen Welt *nicht* gibt?[16] Diese Frage wird bei Kant nur insoweit entschieden, als für ihn „Schönheit ... kein Begriff vom Objekt“[17] ist: „Es ist kein objektives Prinzip des Geschmacks möglich“[18]. Wo – wie schon bei Kant – die Möglichkeit entfällt, die Welt ‚metaphysisch‘ als Schöpfungsordnung und jegliches „ens“ als „pulchrum“ zu begreifen[19], und wo zugleich – wie ebenfalls schon bei Kant – auch die Möglichkeit zu entgleiten beginnt, die Welt ‚geschichtsphilosophisch‘ als zielgewissen Fortschritt „in weltbürgerlicher Absicht“ und das Schöne durch sein Verhältnis zum Progressiven zu bestimmen: da bleibt zunächst einzig die Möglichkeit, „auf dasjenige Subjektive“ zu rekurrieren, „welches man in allen Menschen ... voraussetzen kann“[20], auf „das subjektive Prinzip der Urteilskraft überhaupt“[21]. Die Frage nach der ‚Wirklichkeit‘ der ästhetisch gedichteten und gefühlten Harmonie bleibt dann bestenfalls ein offenes Problem. Was also „die Frage“ betrifft: „Wie ist es möglich, die Natur als einen Inbegriff von Gegenständen des Geschmacks a priori anzunehmen? so hat diese Aufgabe Beziehung auf die Teleologie, weil es als ein Zweck der Natur angesehen werden müßte ... für unsere Urteilskraft zweckmäßige Formen aufzustellen“[22]. Gerade *diese* Frage – so darf man deuten – ist es, die bei Kant die ergänzende Untersuchung der „Teleologie“ erzwingt, von der sich allenfalls hoffen läßt, daß sie diese Frage zugunsten der Wirklichkeit einer harmonischen Welt zur Entscheidung bringt – auch wenn diese Hoffnung von vornherein „zweifelhaft“ ist[23]. Darum, eben darum also wird

drittens und vor allem Kants „Kritik der Urteilskraft“ in ihrem zweiten Teil, der „Kritik der teleologischen Urteilskraft“[24], ausdrücklich und ausführlich zur Philosophie der ‚Romantiknatur‘ – des *Organismus*. Diese Philosophie stützt die fallierende Theorie des Naturschönen durch den (mit Vorbehalten geführten) Nachweis einer „inneren Zweckmäßigkeit“[25] – wenn schon nicht (metaphysisch) des ganzen Universums, und wenn schon nicht (geschichtsphilosophisch) der ‚politischen‘ Geschichte, dann doch wenigstens: – der außergeschichtlichen Natur[26]. So hat diese Naturphilosophie ihre Bedeutung, ja, Kants „Teleologie“ wird *nötig* wesentlich als Remedium gegen die Angst, das „gedichtete“ Schöne der Welt könnte Illusion, könnte bloßer Schein, könnte Täuschung sein. Sie ruft nach einer

Natur, die diese Angst dementiert. Darum verpflichtet sie sich nicht jedem, sondern nur einem bestimmten, einem harmonieträchtigen Naturbegriff: der ‚Romantiknatur'. Denn die Natur der bloßen Interessenkämpfe und Triebbefriedigungen, also die ‚Triebnatur': sie wäre gerade die nackte und unmittelbare Bestätigung jener Angst. Die ‚Kontrollnatur' der exakt-mechanischen Naturgesetze aber: sie wäre ein zu schwaches Gegenmittel; denn: daß die Interessenkämpfe sich mit rationellen Mitteln ausstatten, das bedeutet ja keineswegs ihr Ende, sondern im Gegenteil ihre Verschärfung. Die ‚Triebnatur' ist die Natur einzig der antagonistischen Zwecke (und jedes Mittel ist ihr recht). Die ‚Kontrollnatur' ist die Natur einzig der rationellen Mittel (und jeder Zweck ist ihr recht)[27]. Es bedarf aber einer Natur der Mittel *und* der Zwecke: einer Natur derjenigen Mittel, die harmonisch auf ihre Zwecke, und eine Natur derjenigen Zwecke, die harmonisch aufeinander bezogen sind. *Das ist die Natur unter der Bestimmung des „Organismus"*. So betrachtet Kants Naturphilosophie mit Zurückhaltung und wesentlichen Vorbehalten – die Natur „in Ansehung der Technik der Natur, d. h. ihrer produktiven Kraft nach der Regel der Zwecke"[28]: sie betrachtet also das „System" der „Naturzwecke" genannten Dinge[29], wobei ein Naturzweck als „Analogon des Lebens"[30] gefaßt und als „organisiertes und sich selbst organisierendes Wesen"[31] bestimmt wird, d. h. als „organisiertes Produkt der Natur ... in welchem Zweck und wechselseitig auch Mittel ist"[32]. Dieses System der Organismen, und zwar nicht in der Eigenschaft als ‚Gegenstandsbereich der Biologie', sondern in der Eigenschaft als ‚Wirklichkeitsfundament des ästhetischen Ansatzes', nennt diese Arbeit ‚Romantiknatur'. *Kants „Kritik der teleologischen Urteilskraft" ist eine Theorie der ‚Romantiknatur' und insofern die erste ‚romantische Naturphilosophie'.*

Freilich: zu dieser Naturphilosophie Kants gehört zugleich jener entscheidende Vorbehalt, der sie von jeder romantischen Naturphilosophie auch wieder eindeutig unterscheidet, eine Skepsis und Resignation, die sich als kritische Vorsicht gibt: Kant läßt den „Begriff einer objektiven Zweckmäßigkeit" nur als „ein kritisches Prinzip der Vernunft für die reflektierende Urteilskraft" zu[33]: „so wird der Begriff der Zweckmäßigkeit der Natur in ihren Produkten ein für die menschliche Urteilskraft in Ansehung der Natur notwendiger, aber nicht die Bestimmung der Objekte selbst angehender Begriff sein, also ein subjektives Prinzip der Vernunft für die Urteilskraft, welches als regulativ (nicht konstitutiv) für unsere menschliche Urteilskraft ebenso notwendig gilt, als ob es ein objektives Prinzip wäre"[34]. Mit dieser These und all dem, was zu ihr gehört – etwa der Absage an eine menschliche intellektuelle Anschauung, die Einblick hat in die wirkliche Technik der Natur[35] – greift Kants dritte Kritik über den Problemzusammenhang dieses Paragraphen, die ‚Wende zur Naturphilosophie', hinaus und wird zur präsumptiven Kritik der romantischen Naturphilosophie, gewissermaßen zu einer Art *Romantikkritik vor der Romantik.* Dieser Tatbestand ist an dieser Stelle der Überlegung nicht zu verfolgen.

Ebensowenig ist es Sache dieser Arbeit, die Aussagen der „teleologischen" Naturphilosophie Kants im Detail zu interpretieren und auf den Fortgang ihrer Probleme bei Kant selber zu schauen[36]. Es kommt hier einzig darauf an, diesen einen fundamentalen Zusammenhang zu sehen und zu betonen: wo die Ästhetik ihre Bindung an die Geschichtsphilosophie löst, gerät sie zwangsläufig in die Bindung an die Naturphilosophie. Schon bei ihren ersten Auftritten im Zusammenhang der Transzendentalphilosophie, schon bei Kant zeigt sich das: *zur Ästhetik gehört die (mindestens latente) Bereitschaft, die Naturphilosophie zunächst in Gestalt einer Philosophie der Romantiknatur – sich zu assoziieren, sie schließlich zur Hauptphilosophie zu machen und damit im Grunde bereits zur ‚Lebensphilosophie' überzugehen.* Diese Bereitschaft bleibt unbestimmt, solange die Ästhetik ein unbestimmtes Verhältnis zur Geschichtsphilosophie hat; sie schlummert, solange Ästhetik als Instrument, sie erwacht, sobald Ästhetik als Ersatz des geschichtlich-politischen Denkens gesucht und gemeint wird. Und jedenfalls: *zur Abkehr der Ästhetik von der Geschichtsphilosophie gehört die Wende zur Naturphilosophie.*

2. *Schiller*

Diese Wende zur Romantiknatur, die Wende zur Naturphilosophie läßt sich – was überraschen mag – besonders deutlich am Denkweg Friedrich *Schillers* zeigen[37]. Er wird in einem für ihn entscheidenden Lebensabschnitt Kantianer – als Historiker, der die Geschichtsphilosophie sucht. Bei der nämlichen Suche trifft er wenig später auf Fichte. Zugleich gilt sein Interesse zentral dem ästhetischen Problem. Aber vom Beginn her sucht er die Wirklichkeitsmomente im Ästhetischen: in den Kalliasbriefen[38], auch in der Abhandlung „Über Anmut und Würde"[39] forscht er nach einem „objektiven Begriff des Schönen"[40]. Das setzt bereits eine gewisse Distanz zur Geschichte, einen Zweifel an ihrer Kraft und ihrem Sinn voraus. *Freiheit – wie kommt sie in die Erscheinung wenn nicht durch die Geschichte?* – das ist Schillers Frage[41].

Das ist die Frage auch seiner Briefe „Über die ästhetische Erziehung des Menschen"[42]. In ihnen geht Schiller – betonter noch als Kant – vom Problem des guten, des Vernunftstaates aus, in dem die Menschen Menschen, in dem sie Ich sein können und dürfen. Er fragt nach dem Weg seiner Verwirklichung. Diese Frage bekommt ihre Schärfe und Dringlichkeit unter dem Eindruck der französischen Revolution und ihrer Entwicklung unter den Jakobinern[43]: die Besserung der politischen Verhältnisse allein reicht nicht aus, die Verwirklichung braucht den Einzelnen, der aber muß zum Menschen, zum Staatsbürger *erzogen* werden: der Zweifel an der Erfüllungskraft der ‚politisch' definierten Geschichte schürt das Interesse am Pädagogischen. Der Erstdruck der Briefe trug als Motto den Rousseau-Satz „Se c'est la raison qui fait l'homme, c'est le sentiment, qui le conduit"[44], und so versichern sie: „Ausbildung des Empfindungsvermögens ist ... das ... Bedürfnis der Zeit"[45]; die fragliche Erziehung, meint Schiller, muß ästhetische Erziehung sein: „es gibt keinen anderen Weg, den sinnlichen Menschen vernünftig zu machen, als daß man den selben zuvor ästhetisch macht"[46], so daß „man, um jenes politische Problem in der Erfahrung zu lösen, durch das ästhetische den Weg nehmen muß, weil es die Schönheit ist, durch welche man zu der Freiheit wandelt"[47]. *Das Mißtrauen in die Erfüllungskraft der ‚politisch' definierten Geschichte etabliert das Ästhetische*[48]. So wird im Zusammenhang des politisch-geschichtlichen Problems das Schöne und die Kunst, das ästhetische „Spiel" wichtig[48a]: *wo der Endzweck unbestimmt und seine Verwirklichung unabsehbar wird, avancieren die zwecklosen Tätigkeiten des Menschen zu den eigentlich menschlichen*. Eine der ausgezeichneten ‚zwecklosen' Tätigkeiten ist das Spiel. Es wird sich zeigen[49], daß das Spiel nur eine Möglichkeit unter diesen Tätigkeiten ist – und jedenfalls die erfreulichste. Schillers Briefe werden also zur Theorie der fürs Politische erlösenden Kraft des ästhetischen Spiels. Aber sie finden nicht die Lösung, die sie suchen. „Der Mensch ... ist nur da ganz Mensch, wo er spielt"[50] – *nur* da, und in keiner Weise und nie im Staat. Das ist Schillers ungewolltes Ergebnis: die Theorie des künstlerischen „Spieltriebs" überspielt das politische Problem. So bleibt es beim schönen Schein und den ästhetischen Zirkeln. Der ästhetische, der „Staat des schönen Scheins", von dem abschließend die Rede ist, hat mit dem politischen kaum noch etwas gemein; prekär existiert er „dem Bedürfnis nach ... in jeder feingestimmten Seele; der Tat nach ... in einigen wenigen auserlesenen Zirkeln"[51]. Die Briefe brechen ab, ohne das Problem des politischen Vernunftstaates wieder aufzunehmen. Das ist nicht zufällig so. Vielmehr ist es Ausdruck einer entscheidenden *Resignation*[52]: das Problem der Geschichte, das Problem des Vernunftstaates scheint in wachsendem Maße unlösbar, darum wird es gern aus dem Blickfeld entlassen. Es gibt Probleme, die so verhängnisvoll unvermeidlich und zugleich in solchem Grade unlösbar sind, daß man mit ihnen nichts anderes mehr anzufangen weiß, als sie zu vergessen.

Darum bestimmt Schillers nur wenig spätere theoretische Schrift „Über naive und sentimentalische Dichtung"[53] die Rolle des Künstlers und der Kunst im wesentlichen nicht mehr im Verhältnis zur Geschichte und zum Staat, sondern im Verhältnis zur *Natur*. „Natur in dieser Betrachtungsart ist uns nichts anderes als das freiwillige Dasein, das Bestehen der Dinge nach eigenen und unabänderlichen Gesetzen"[54] – freilich: so könnte auch eine Beschreibung des vernünftigen Staates aussehen; aber Schiller betont das Außergesellschaftliche, das Asoziale und Geschichtsferne dieser Natur: „Unser Gefühl für die Natur gleicht der Empfindung des Kranken für die Gesundheit"[55]; „weil die Natur bei uns aus der Menschheit verschwunden ist und wir sie nur außerhalb dieser, in der unbeseelten Welt, in ihrer Wahrheit antreffen"[56]: diese Natur ist grundsätzlich die *ferne Natur*. Durch das Verhältnis zu dieser Natur bestimmt jetzt Schiller den Auftrag der Kunst und des Künstlers, den Begriff speziell des Dichters. Er verstärkt damit Züge, die sich bereits an Kants Genie-Definition zur Geltung brachten[57]. „Die Dichter sind überall" – schreibt Schiller – „schon ihrem Begriff nach, die Bewahrer der Natur"[58]. Kunst und Mensch werden nicht mehr im Verhältnis zum politischen Problem, zur Geschichte und ihrem Endzweck, dem vernünftigen Staat, sondern im Verhältnis zur – fernen – Natur definiert und mit der Aufgabe ihrer Vergegenwärtigung betraut[59]. Die Kunst, noch bei Kant die (symbolische) Präsenz der geschichtlich-sozialen Wirklichkeit des Guten, wird beim späten Schiller zur Präsenz der geschichtsfernen und asozialen Wirklichkeit der fernen Natur. Was ist geschehen? *Die Instanz der Geschichte ist ersetzt durch die Instanz der Natur. Die Wende zum Interesse an einer zentralen Rolle der Naturphilosophie ist damit vollzogen.* So ist zugleich die romantische Position grundsätzlich erreicht.

Zu dieser Bewegung, zu dieser temperierten Abkehr von der Geschichte gehören nun einige charakteristische Eigenheiten und Schwierigkeiten. Sie gehören allgemein zu dieser Bewegung. Und sie lassen sich auch in der Abhandlung „Über naive und sentimentalische Dichtung“ nachweisen.

Da ist *(erstens)* ein gewisser Geschichtspessimismus, ein gewisser Kulturpessimismus[60].

Da ist *(zweitens)* die Neigung zur Typenlehre – hier die zur Klassifizierung nicht nur der Dichtungsarten (scherzende, strafende Satire, Elegie, Idylle usf.), sondern auch eines „sehr merkwürdigen psychologischen Antagonism unter den Menschen ... der, weil er radikal und in der inneren Gemütsform gegründet ist, eine schlimmere Trennung unter den Menschen anrichtet, als der zufällige Streit der Interessen je hervorbringen könnte“[61] – der zwischen „Realisten“ und „Idealisten“. „Dieser Gegensatz ist ohne Zweifel so alt als der Anfang der Kultur und dürfte vor dem Ende derselben schwerlich ... beigelegt werden“[62]. Statt seiner Beilegung bleibt der Untersuchung nur, „den eigentlichen Punkt des Streites wenigstens auf eine einfachere Formel zu bringen“[63]: zum Fuß fassenden Mißtrauen in die erfüllende, die Antinomien auflösende Kraft der Geschichte gehört die Tendenz, die Frage der Schlichtung des Streits zur Frage der Sortierung und Registrierung der Streitpunkte zu entschärfen – der Tendenz nach zur Typologie. Das Denken, das von der Geschichte sich abkehrt, vermag das Problem der geschichtlichen Antinomien nur als den Anreiz zu Einteilungen festzuhalten. Die Antinomien werden statt gelöst nur klassifiziert[63a].

Und mit Antinomien hat es Schiller zu tun. Denn da ist *(drittens)* die Grundunterscheidung seiner Schrift: sie ist die milde Präsenz einer Antinomie, einer Verdoppelung. „Die Dichter“ – sagt er[64] – „sind ... die Bewahrer der Natur. Wo sie dieses nicht mehr sein können und schon in sich selbst den zerstörenden Einfluß willkürlicher und künstlicher Formen erfahren ... haben, da werden sie als die Zeugen und die Rächer der Natur auftreten. Sie werden entweder Natur sein, oder sie werden die verlorene suchen.“ „Jenes macht den naiven, dieses den sentimentalischen Dichter“[65]: angesichts der Dichteraufgabe, das, was der Geschichte mißlingt, durch Vergegenwärtigung der Natur zu erreichen, trennt sich das, was der Dichter wirklich *ist*, von dem, was er – um dieser übermenschlichen Aufgabe gewachsen zu sein – sein *müßte*. Schiller ergänzt die Insuffizienz des wirklichen, des sentimentalischen Dichters durch das Wunschbild des naiven wie später die Romantik den existierenden ‚dichtenden Dichter‘ durch den ‚gedichteten Dichter‘ und den Dichter als Thema der Reflexion. Schillers Unterscheidung registriert das

Auseinanderfallen des Könnens und Wollens. Der naive Dichter – das ist ein optativischer Irrealis: das ist also nicht Goethe, oder Goethe nur als der Inbegriff dessen, was der Dichter sein müßte und gerne wäre, was aber kein wirklicher Dichter, also auch nicht Schiller (und auch Goethe nicht) zu sein vermag. Denn den naiven Dichter gibt es nur im Wunschdenken des sentimentalischen; der naive Dichter – das ist grundsätzlich und immer nur *der andere,* ‚der, der ich nicht bin', der, den es eigentlich gar nicht gibt und geben kann, weil ihm gelingen müßte, was keinem menschlichen Dichter gelingen kann: den Menschen, statt durch Geschichte, durch Poesie zum Menschsein zu bringen[66]. Wer dieses Unmögliche will, muß mehr geben als er kann und hat. Ein Schelm, wer das tut: ein Hochstapler – kein freiwilliger zwar, sondern guten Glaubens in seine Königsrolle geraten, die er dann nicht auszufüllen vermag: ein Demetrius im Felde nicht des Fürstseins, sondern des Menschseins – das ist der Dichter[67]. Das ist seine zwiespältige Rolle dort, wo nicht mehr die Geschichte, sondern die Natur Instanz seines Wirkens ist.

Und da ist nun überdies *(viertens)* auch und vor allem noch die Schwierigkeit mit dem Begriff und der Wirklichkeit dieser Natur selbst. Es gibt – meint Schiller – „eine doppelte und sehr ungleiche Sehnsucht nach der Natur"[68]: die Sehnsucht nach einer doppelten und sehr ungleichen Natur. Es besteht die Gefahr der *Verwechslung.* „Frage dich also wohl, empfindsamer Freund der Natur, ob deine Trägheit nach ihrer Ruhe, ob deine beleidigte Sittlichkeit nach ihrer Übereinstimmung schmachtet? ... Jene Natur, die du dem Vernunftlosen neidest, ist keiner Achtung, keiner Sehnsucht wert. Sie liegt hinter dir, sie muß ewig hinter dir liegen"[69]. Denn als gegenwärtige wäre sie Triebnatur. Sie wäre, wie Schiller sagt, „gemeine"[69a], nicht „reine und unschuldige" Natur[70], sie wäre bloß „wirkliche", nicht „wahre Natur", „wirkliche menschliche Natur ist jede Niederträchtigkeit, aber wahre menschliche Natur ist sie hoffentlich nicht; denn diese kann nie anders als edel sein"[71] – aber wo ist sie zu finden? „Wirkliche Natur existiert überall, aber wahre Natur ist desto seltener"[72]. Ist sie nicht allzuleicht zu verfehlen? zu verwechseln? Ruft nicht, wer die wahre, die Romantiknatur zur Hilfe ruft, am Ende doch nur die Triebnatur? Ist da nicht die Medizin die Krankheit, gegen die sie gebraucht werden soll? Gerät er so nicht in einen Teufelskreis: setzt er diese Medizin ein – hat er die Krankheit; setzt er sie nicht ein – hat er sie auch? ‚Chaos' oder ‚status quo ante' – das wäre dann die fürchterliche Alternative. Ist Schiller ihr entgangen? Er macht die Natur zum Maßstab der Gegenwart; und er schreibt: „Also nichts von Klagen über die Erschwerung des Lebens, über die Ungleichheit der Konditionen, über den Druck der Verhältnisse, über die Unsicherheit des Besitzes, über Undank, Unterdrückung, Verfolgung" – man lese aufmerksam und denke daran, daß man Schiller liest: nichts über Ungleichheit, Unterdrückung, Verfolgung! – „allen Übeln der Kultur mußt du mit freier Resignation dich unterwerfen, mußt sie als die Naturbedingungen des einzig Guten respektieren; nur das Böse derselben mußt du ... beklagen"[73] –: erweist sich da die Natur nicht als ein zu schwaches Korrektiv? Schwach gehalten aus Furcht vor seiner Gefährlichkeit – aus der Sorge, die gerufene Natur könnte als Triebnatur auftreten? Diese Frage kann hier für Schiller offengelassen werden. Es meldet sich jedenfalls eine gewisse Unsicherheit – und in ihr die schreckliche Gefahr dieser Wende zur Romantiknatur, dieser Wende zur Naturphilosophie: daß sie die gesuchte Natur verwechselt. Es meldet sich ihre crux: *von vornherein ist dies die immanente Schwierigkeit dieser Wende zur Naturphilosophie: ihre Ermächtigung der Romantiknatur könnte zur Wiederkehr der Triebnatur führen.*

3. Schelling

Wer dieser Gefahr entgehen will, muß die Romantiknatur unverwechselbar machen. Dieser Aufgabe stellt sich Friedrich Wilhelm Joseph *Schelling* in seiner „Naturphilosophie"; denn genau das ist ihr Problem und ihre Tendenz: *einerseits: die radikale Absicht, die Natur zum Fundament zu machen; andererseits: die radikale Weigerung, diese Natur als bloße Triebnatur zuzulassen.* Das ist ein weiteres Mal die Tendenz der *indirekten Vernunft, der ‚Vernunft durch Nichtvernunft'*, die Tendenz also – einerseits: die Natur als Basis der Vernunft anzuerkennen; andererseits: diese Natur als selbst ‚vernünftige' zu verstehen; oder – einerseits: das Nicht-Ich als Fundament des Ich aufzuweisen; andererseits: dieses Nicht-Ich selbst als Ich zu begreifen; oder – einerseits: das Geschichtliche durch das Andere zur Geschichte zu bestimmen, durch die Natur; andererseits: diese Natur als das Andere zur Natur zu definieren, durch Geschichte. *Zur ‚Naturalisierung der Geschichte' gehört die ‚Historisierung der Natur'.* Das ist eine Doppeltendenz, die Konzeption einer ambivalenten, einer janusköpfigen, einer Zweifrontenaufgabe, deren Struktur jener Figur der ‚Depotenzierung' und ‚Retardierung' entspricht, die für den Vorgang der Depotenzierung der Transzendentalphilosophie insgesamt charakteristisch schien. Aus der Fülle der Zusammenhänge, der Probleme und Thesen von Schellings Naturphilosophie seien hier nur einige von denen herausgegriffen, die diese Doppeltendenz – eine Doppeltendenz, die auch weiterhin wiederbegegnen wird[75] – in besonders klarer Weise dokumentieren.

Naturalisierung der Geschichte. Da ist einerseits die *Ermächtigung der Natur* überhaupt, die zur Ausbildung dieser Naturphilosophie führt. Schelling nennt die Naturphilosophie – indem er dem Sprachgebrauch der Alten folgt – auch „höhere Physik" oder „spekulative Physik"[76]. Er konzipiert sie während seines Leipziger Aufenthaltes April 1796 bis August 1798; und was er da ausarbeitet, korrespondiert mit mancherlei ungefähr gleichzeitigen Unternehmungen, mit Bestrebungen Goethes, mit Arbeiten von Oken, Ritter, Steffens und vielen anderen[77]. Schellings Naturphilosophie knüpft dabei in nicht geringem Maße an philosophische und theologische Denktraditionen an, die – wie die Forschung hat zeigen können[78] – in seinem schwäbischen Herkunftslande lebendig waren[79]. Zugleich aber und vor allem nimmt er – und das geht den Zusammenhang dieser Überlegung an – die Probleme und Ansätze von Kants „Kritik der teleologischen Urteilskraft"[80] auf. Der „fünfte Hauptabschnitt" im „System des transcendentalen Idealismus", der – indem er die „Hauptsätze der Teleologie nach Grundsätzen des transcendentalen Idealismus" abhandelt[81] – jenem zweiten Teile der Kantischen Urteilskraftkritik entspricht, ist ja gerade deswegen so knapp und kursorisch gehalten, weil die ausführliche Durchführung seines Themas bei Schelling zum selbständigen System der Naturphilosophie sich entwickelt hat. Darum hat nicht nur die gegenwärtige Schellingdeutung – die sich freilich unter dem Eindruck eines fast ausschließlichen Interesses für den ‚späten', den offenbarungsphilosophischen und weltalterphilosophischen Schelling um die Naturphilosophie nicht eben eingehend kümmert[82] –, es hat auch die frühere Schellingdeutung den engen Zusammenhang zwischen Kants „Kritik der Urteilskraft" und Schellings Naturphilosophie durchweg anerkannt[83]: die Naturphilosophie Schellings und gerade sie ist es[89], die die Themen und Thesen derjenigen der drei Kritiken Kants ausarbeitet, die – nach der ebenso bissigen wie zutreffenden Formulierung J. E. Erdmanns – Fichte „nur bewundert"[85] hat, indem er „den Kriticismus (ausbildete) als sey er in den Kritiken der reinen und praktischen Vernunft erschöpft. Erst Schelling's Lehre erscheint als die Krone jener beiden *und* der Kritik der Urteilskraft"[86].

Darum ist die „Naturphilosophie" Hinausgehen über den „Idealismus der Wissenschaftslehre": die Ohnmacht der transzendentalen Vernunft, ihre ‚indirekte Ermächtigung des Nicht-Ich'[87] zwingt Schelling dazu, *dem Umschlag des Ich in Nicht-Ich durch seine Anerkennung Vernunft abzugewinnen.* Die Naturphilosophie wird nötig, um diesen Umschlag unter Kontrolle zu bringen – zuerst als ‚Ausarbeitung', dann als ‚Ergänzung', schließlich als ‚Fundierung' des „transzendentalen Idealismus". Von ‚Ausarbeitung' der Wissenschaftslehre ist zunächst – aber nur kurz – in den „Ideen zu einer Philosophie der Natur" von 1797 die Rede[83]. Von einer ‚Ergänzung' des „Systems des transcendentalen Idealismus" durchs komplementäre „System der Naturphilosophie" spricht Schelling bis 1800[89]. Von ‚Fundierung' des „transzendentalen Idealismus" durch „Naturphilosophie" ist die Rede, seit Schelling geneigt wird, die Naturphilosophie als den entscheidenden Schritt zur absoluten Identitätsthese zu begreifen[90]: „Es gibt einen Idealismus der Natur, und einen Idealismus des Ichs. Jener ist mir der ursprüngliche, dieser der abgeleitete" – das schreibt er 1801[91]. Darum ist bei den frühen Schelling-Anhängern (und -gegnern) und schließlich auch bei Schelling selbst „Naturphilosophie" zum Namen für seine gesamte Frühphilosophie geworden – zum Namen „des Systems, wie es in der völligen Unabhängigkeit von Fichte hervorgetreten ist"[92]. Dieser Vorgang spiegelt sich im Wandel des Gesprächsverhältnisses zu Fichte: von mitstreiterlichem Einverständnis ändert es sich über den Zustand kühl-toleranter Respektierung zu versteckter, schließlich zu offener und gereizter Polemik[93]: „denn" – schreibt Schelling über Fichte – „was ist am Ende die Essenz seiner ganzen Meinung von der Natur? Es ist die, daß die Natur gebraucht, benutzt werden soll, und daß sie zu nichts weiter da ist, als gebraucht zu werden; sein Prinzip, wonach er die Natur ansieht, ist das ökonomisch-teleologische Prinzip"[94].

„Er will sie ... nicht als lebendig haben, aber als tot will er sie allerdings haben, als etwas, darauf er einwirken, das er bearbeiten und mit Füßen treten kann“[95], „denn soweit nur immer die Natur menschlichen Zwecken dient, wird sie getötet“[96]. „Der Idealismus“ – schreibt Schelling, schon rückblickend, im Freiheitsaufsatz[97] – „wenn er nicht einen lebendigen Realismus zur Basis erhält, wird er ein ... leeres und abgezogenes System ... Die ganze neu-europäische Philosophie seit ihrem Beginn (durch Descartes) hat diesen gemeinschaftlichen Mangel, daß die Natur für sie nicht vorhanden ist, und daß es ihr am lebendigen Grunde fehlt“. „Der Charakter der ganzen modernen Zeit ist idealistisch, der herrschende Geist das Zurückgehen nach innen. Die ideelle Welt drängt sich mächtig ans Licht, aber noch wird sie dadurch zurückgehalten, daß die Natur als Mysterium zurückgetreten ist. Die Geheimnisse selbst, welche in jener liegen, können nicht wahrhaft objektiv werden, als in dem ausgesprochenen Mysterium der Natur“[98] – als durch Naturphilosophie: „denn alle Heilkraft ist nur in der Natur. Diese allein ist das wahre Gegengift der Abstraktion“[99].

Dieser ganze Vorgang der *Ausbildung und wachsenden Prävalenz der Naturphilosophie* – der freilich bei Schelling selbst nur eine Etappe ist auf dem Wege zu einer „theologischen“ Deutung des absoluten Subjekt-Objekts[100] – ist motiviert durch jene andere Bewegung, auf die hier immer wieder hingewiesen wurde: durch die wachsende ‚Tendenz zum Geschichtspessimismus‘[101] mit zunehmender Neigung zur ‚Umdefinition‘ der Geschichte: zum Versuch, die ‚politische‘ Definition der Geschichte in eine von der politischen ‚verschiedene‘ Definition der Geschichte zu überführen[10]. Nicht mehr die politische Geschichte „in weltbürgerlicher Absicht“ soll das eigentlich Geschehende der „Geschichte des menschlichen Geistes“[103] sein. Bisher wurde dieses *verstärkte Geschichtsfernwerden der Transzendentalphilosophie* als allgemeines Dokument der Ohnmacht der transzendentalen Vernunft und als Motiv nur der Wende zur Ästhetik[104] besprochen. Just diese Bewegung aber ist auch der Anstoß zur Ermächtigung der Natur. Was bereits bei Kant[105] und bei Schiller[106] sich anbahnt: es bestimmt nicht nur ‚auch‘, sondern in der gewichtigstmöglichen Weise das Denken Schellings und zwingt es auf den Weg zur Naturphilosophie. Wo die geschichtliche Vernunft nur „transzendental“ d. h. nach Ziel und Mitteln unbestimmt ist und die Menschenwelt der Vernunft solcherweis zu entbehren scheint, da entsteht die Hoffnung, daß die Natur das Fehlende ersetze. „Der Mensch“ – schreibt Schelling[107] – „ist ein ewiges Bruchstück, denn entweder ist sein Handeln nothwendig, und dann nicht frei, oder frei, und dann nicht nothwendig und gesetzmäßig. Die vollständige Erscheinung der vereinigten Freiheit und Nothwendigkeit“ – der „Erklärungsgrund der Geschichte“[108] – also „kann ... nicht ... aus der Geschichte bewiesen werden“[109], sondern „gibt mir ... allein die organische Natur“[110]; „und die Natur ... ist für uns die erste Antwort auf die Frage: wie oder wodurch jene zur Möglichkeit des Handelns postulierte absolute Harmonie der Nothwendigkeit und der Freiheit wieder uns selbst objektiv werden kann“[111]. Die Aporie der Geschichte, die im „System des transcendentalen Idealismus“ zur Formulierung jener „Aufgabe“[112] führt, deren Lösung die

Erklärungsgrund der Geschichte: vollständ. Erscheinung der vereinigten Freiheit und Nothwendigkeit

„Teleologie" der organischen Natur zu geben sucht[113], *ist die Aporie des transzendentalen Idealismus insgesamt,* die die Ausbildung der Naturphilosophie erzwingt als den Versuch, die Geschichte, die sich selber nicht zu retten vermag, durch das Andere zur Geschichte zu retten – durch die Natur. Nicht mehr das „transzendentale" d.h. nur abstrakt-geschichtliche „Ich", sondern die „Natur" ist jetzt die Lösung des Rätsels der Geschichte. *Wo es der Transzendentalphilosophie mißlingt, die geschichtlichen Hoffnungen des Menschendaseins ‚geschichtsphilosophisch' auf politische Vernunft zu gründen, erzwingt das den ‚naturphilosophischen' Versuch, sie auf die unbewußte Vernunft der „Natur" zu gründen.* Das ist gemeint, wenn hier schlagworthaft von ‚Naturalisierung der Geschichte' gesprochen wird. Wo die transzendentalphilosophische Geschichtsphilosophie Vernunft in der Geschichte nicht (zureichend) zu erkennen vermag, kommt es notgedrungen zum Versuch, diese Vernunft von der Natur zu erwarten: *die ‚Wende zur Naturphilosophie' kompensiert die transzendentalphilosophische Verzweiflung an der Geschichtsphilosophie.*

Depotenzierung. „Die Philosophie" – schreibt Schelling rückblickend 1827 – „mußte in die Tiefen der Natur hinabsteigen, ... um sich von dort aus zu den Höhen des Geistes zu erheben"[114]. Dieses „Hinabsteigen" in die „Tiefen der Natur" nennt Schelling – im doppelten Sinn eines ‚Begründens' und eines ‚Bewußtmachens des Gründens' – die *Depotenzierung* des transzendentalen Ich.

Zunächst einige Belegstellen. „Das Objektive" schreibt Schelling 1801[115] – „in seinem ersten Entstehen zu sehen, ist nur möglich dadurch, daß man das Objekt alles Philosophierens, das in der höchsten Potenz = Ich ist, *depotenziert,* und mit diesem auf die erste Potenz reduzierten Objekt von vorne an construiert. Dieß ist nur durch eine zugleich näher zu bestimmende Abstraktion möglich, und mit dieser Abstraktion versetzt man sich aus dem Gebiet der Wissenschaftslehre in das der rein theoretischen Philosophie" – der Naturphilosophie. Da nämlich „die Wissenschaftslehre ihr Objekt gleich in der Potenz aufnimmt, wo es bereits zur Identität mit dem Reflektierenden gehoben, also = Ich ist, so kann sie auch niemals über diese Identität, also im Grunde auch nie aus dem Kreis des Bewußtseins, hinaus"[116]: „Solange ich im Philosophieren mich in dieser Potenz erhalte, kann ich auch kein Objektives anders als im Moment seines Eintretens ins Bewußtsein ..., nimmermehr aber in seinem ursprünglichen Entstehen, im Moment seines ersten Hervortretens (in der *bewußtlosen* Thätigkeit) erblicken – es hat, indem es in meine Hände kommt, bereits alle die Metamorphosen durchlaufen, welche nöthig sind, um es ins Bewußtsein zu erheben"[117]. „Abstrahiere ich nun davon, was in das Objekt des Philosophierens erst durch das freie Handeln – gesetzt wird, so bleibt es als ein *rein Objektives* zurück; durch dieselbe Abstraktion versetze ich mich auf den Standpunkt des *rein theoretischen* (von aller subjektiven und praktischen Einmischung befreiten) Philosophierens: dieses rein-theoretische Philosophieren gibt zum Produkt die *Naturphilosophie*; denn durch jene Abstraktion gelange ich zum Begriff des reinen Subjekt-Objekts (= Natur), von welchem ich mich zum Subjekt-Objekt des Bewußtseins (= Ich) erst erhebe"[118], um „aus dem *reinen* Subjekt-Objekt das Subjekt-Objekt *des Bewußtseins* entstehen zu lassen"[119]. „Ich fordere" – schreibt Schelling – „zum Behuf der Naturphilosophie die intellektuelle Anschauung, wie sie in der Wissenschaftslehre gefordert ist; ich fordere aber außerdem noch die Abstraktion vom *Anschauenden* dieser Anschauung, eine Abstraktion, welche mir das rein Objektive dieses Akts zurückläßt, welches an sich bloß Subjekt-Objekt, keineswegs aber = Ich ist"[120]. Schellings Depotenzierungs-Operation will also, „um einen theoretischen Teil zu Stande zu bringen, das Ich aus seiner eigenen Anschauung herausnehmen, von dem Subjektiven in der intellektuellen Anschauung abstrahieren – mit einem Wort es als *Bewußtloses* setzen"[121] – als Natur; denn „was ich *Natur* nenne, *ist* mir eben nichts anderes als das rein-Objektive der intellektuellen Anschauung, das reine Subjekt-Objekt, was jener (sc. der Transzendentalphilosoph und Wissenschaftslehrer) = Ich setzt, weil er die Abstraktion von dem Anschauenden nicht macht, die doch notwendig ist, wenn eine rein-objektive, d.h. wirklich theoretische Philosophie zu Stande kommen soll"[122].

„Ich muthe" – schreibt Schelling zu diesen Sätzen[123] – „niemand zu, daß er mich in dieser Allgemeinheit verstehe." Und doch ist das Verständnis gerade dieser Sätze entscheidend wichtig; gerade sie formulieren die Grundthesen; Schelling selbst sagt, daß er „hier von dem rede, was (er) beabsichtige"[124]. Er redet davon, indem er von der „Depotenzierung" des transzendentalen Ich spricht und sie als „Abstraktion" vom Bewußtsein im transzendentalen Selbstbewußtsein (der intellektuellen Anschauung) und „Reduktion" dieses Selbstbewußtseins auf seinen naturhaften Ursprung charakterisiert. *Depotenzierung heißt bei Schelling das philosophisch-anamnestische Verfahren, mit dem es sich auf diejenigen Ursprünge kommt, die nicht im Ich liegen – also auf die Natur. Sich durchschauen und dabei nicht auf sein ‚offizielles' und ‚bewußtes' Ich, sondern auf ein ‚Anderes' als Antrieb kommen – das ist Depotenzieren.* Dabei erschließt sich Schelling dieses ‚Andere', diese „Natur" nicht als Quelle menschlicher Schwierigkeiten, sondern als Quelle menschlicher Möglichkeiten: *Schellings „Depotenzierung" des transzendentalen Ich erschließt die Natur noch nicht als ‚Bedrohung', sondern noch als ‚Erlösung' des Ich und seiner Geschichte.*

Diese Lehre von der Depotenzierung – das ergibt sich mit einiger Deutlichkeit aus den angeführten Stellen – *verstärkt all jene Elemente der Transzendentalphilosophie, die als Kennzeichen ihrer ‚Geschichtsferne' zu gelten haben.* Zu dieser Verstärkung dieser Kennzeichen kommt es dort, wo die Transzendentalphilosophie eine zureichende und vertrauenswürdige Geschichtsphilosophie nicht zu erreichen vermag und darum in wachsenden ‚Geschichtpessimismus' und wachsende Neigung verfällt, die Geschichte aus ihrer ‚politischen' in eine von der politischen ‚verschiedene' Definition zu überführen[125]. Dort entsteht die ‚geschichtsferne' Naturphilosophie als der Versuch, die Geschichte – wenn doch nicht mehr durch politische Zukunft – durch ihre ‚Vergangenheit' zu bestimmen, und zwar durch *eine Vergangenheit, die keine politisch-geschichtliche Vergangenheit ist: die Natur.*

Dieser Versuch – der das Depotenzierungsunternehmen d. h. eine Mnemosyne erzwingt, die nicht mehr die Geschichte, sondern die vorgeschichtliche Geschichte erinnert – dieser Versuch bringt die Elemente der ‚Geschichtsferne' in der Transzendentalphilosophie zu extremer Geltung. Da ist die Aufwertung der *theoretischen* Philosophie auf Kosten der praktischen: das Interesse an einer „rein theoretischen", einer „wirklich theoretischen" Philosophie, die Abwehr jeder „praktischen Einmischung", die Absage an jegliche Prävalenz der praktischen Philosophie[126]. Da ist jener „neue Dogmatismus", wie Schelling ihn später nennen wird[127]: die „Reduktion" des Ich auf ein (subjekt-objektives d. h. selber ideal-reales) *Nicht-Ich als Grund.* Da ist dessen Interpretation als „bewußtlose Thätigkeit" d. h. der philosophische Weg „aus dem Kreis des Bewußtseins hinaus" zur Enthüllung seiner ihm selbst *unbewußten Herkunft* (Vergangenheit), aus der es lebt. Da ist die ‚geschichtsferne' Deutung dieser unbewußten Vergangenheit als *Natur.* Da ist schließlich der *anamnestische* Charakter des philosophischen Weges ihrer Erschließung: „Die platonische Idee" – schreibt Schelling[128] – „daß alle Philosophie Erinnerung sei, ist in diesem Sinne wahr; alles Philosophieren besteht in einem Erinnern des Zustandes, in welchem wir eins waren mit der Natur." *Schellings Lehre von der Depotenzierung radikalisiert die transzendentalphilosophische Neigung, „theoretische" d. h. Erinnerungsphilosophie mit dem Pensum ‚Bewußtmachung des Unbewußten' zu sein.* Sie macht die Transzendentalphilosophie – allgemein gesprochen – endgültig und eindeutig zur ‚Herkunftsforschung'; sie bestimmt die ‚transzendentale Methode' im engeren Sinne als *Genealogie.* Die Neigung dazu – in der klassischen Transzendentalphilosophie (der Vernunftkritik, der Wissenschaftslehre, dem System des transzendentalen Idealismus) widerstand sie noch als Form bloß ihres ‚Vollzugs' der prävalierenden ‚Tendenz' zur „praktischen" Verwirklichungsphilosophie. Für die Transzendentalphilosophie – so hat diese Arbeit das oben[129] formuliert – ist das Wissen der ungewußten Geschichte wichtiger als das Tun der ungetanen; zu ihrer primär praktischen Tendenz tritt ein primär theoretischer Vollzug; die Verwirklichungsphilosophie wird überwiegend zur Erinnerungsphilosophie; die Zukunftsphilosophie wird zur Vergangenheitsphilosophie. Die ‚theoretische' Erinnerungsaufgabe verdrängt in wachsendem Maße die ‚praktische' Verwirklichungsaufgabe. Die Naturphilosophie bringt nun diesen Vorgang zum Abschluß. Sie bringt den ‚Widerspruch' zwischen ‚Tendenz' und ‚Vollzug', wie er in der ‚klassischen' Transzendentalphilosophie bestand, zur Entscheidung – und zwar zugunsten des Vollzugs. *Indem die Transzendentalphilosophie zur „Naturphilosophie" wird, macht sie gerade das zu ihrer ‚Tendenz', was in der ‚klassischen' Phase der Transzendentalphilosophie als Element nur ihres Vollzugs ‚gegen' ihre Tendenz stand: die Aufgabe einer Anamnese der unbewußten Vergangenheit des Ich.*

Dabei geht nun zugleich Schellings ‚Depotenzierungstheorie' noch in einer charakteristisch anderen Weise über Fichtes Theorie einer Anamnese der unbewußten Produktivität der Einbildungskraft hinaus, indem sie das „Unbewußte" nicht mehr primär als ichhafte Praxis – also in der Weise der Identität mit der bewußten

Tätigkeit[130] – denkt, sondern es als ‚naturhafte Tätigkeit' versteht: das bedeutet den – gerade für diese Untersuchung, d. h. im Vorblick auf Freud – entscheidenden *Schritt von der transzendentalphilosophischen Theorie des Unbewußten zur naturphilosophischen Theorie der ‚Naturbestimmtheit' dieses Unbewußten.* Freilich andererseits: was für die Transzendentalphilosophie galt[131], gilt auch für die Naturphilosophie: es gibt die Theorie des Unbewußten als der vergessenen Vergangenheit des Ich[132]; es gibt die Bestimmung der Philosophie als Anamnese dieses Vergessenen[133]: die Theorie eines ‚Interesses am Vergessen' aber gibt es *nicht:* das „Unbewußte" ist als Natur noch ganz als das „Heile" gedacht, ist noch durchaus das Wahre, Gute, Schöne und äußerstenfalls das Erhabene – also noch nichts, was das Ich seinem bewußten Blick zu entziehen hätte. Auch die „Naturphilosophie" hat noch und braucht noch keine Theorie der „Verdrängung"[134].

Historisierung der Natur. „Die Aufgabe ist: das Subjekt-Objekt so objektiv zu machen und bis zu dem Punkte aus sich selbst herauszubringen, wo es mit der Natur ... in Eines zusammenfällt"[135]. Diese Aufgabe löst die Naturphilosophie; aber diese Lösung vollstreckt die Bewegung der transzendentalen Vernunft, jenem Nicht-Ich Macht über sich und die Geschichte zu geben, das sie als von ihr unbewältigte Wirklichkeit ‚jenseits' ihrer eigenen Macht und Reichweite hatte lassen müssen[136]. Das Ich ist jetzt Ich – nicht mehr weil das Ich, sondern weil die Natur es so will: „Der Mensch ist nicht nur Idealist in den Augen der Philosophen, sondern in den Augen der Natur selbst"[137]: „Der Idealist hat Recht, wenn er die Vernunft zum Selbstschöpfer von allem macht, denn dieß ist in der Natur selbst gegründet – er hat die eigne Intention der Natur mit dem Menschen für sich, aber eben weil es die Intention der Natur ist ... wird jener Idealismus selbst wieder zum Schein; er wird selbst etwas Erklärbares – und damit fällt die theoretische Realität des Idealismus zusammen"[138]: das Selbstbewußtsein ist unterwegs, zum Epiphänomen der Natur zu werden. *Die „Depotenzierung" des transzendentalen Ich gibt dieses Ich und sein Schicksal in die Hände der Natur.*

In der Tat: die „Geschichte des menschlichen Geistes" ist vernünftig, sie ist auf Menschenglück und Menschenfreiheit aus – aber nicht mehr, weil die Vernunft, sondern weil die Natur es so will. Aber besteht Sicherheit, daß die Natur ‚es so will'? Wie – wenn die Natur es *nicht* ‚so will'? Die „eigne Intention der Natur" als Rettung – ist mit ihr zu rechnen nicht überaus riskant? So ist es: *die naturphilosophische Ermächtigung der Natur ‚begründet' nicht nur, sie ‚gefährdet' auch das Ich und seine Geschichte,* setzt sie ihrer (potentiellen) Negation aus; denn: *die naturphilosophisch ermächtigte Natur könnte als Negation des Ichs, als Zerstörung der Vernunft, als Verderben der Geschichte – sie könnte als bloße ‚Triebnatur' sich erweisen.*

Die Naturphilosophie muß mit dieser Gefahr rechnen; diese Gefahr muß sie bannen: das ist ein anderes großes Problem. Es ist die Aufgabe, die naturphilosophische Begründung des Ich im Nicht-Ich der Natur *unschädlich* zu machen. Das gelingt, wenn es glückt, *die Natur selbst ‚als Ich' d. h. ‚als Geschichte' nachzuwei-*

sen. Die naturphilosophische Wende gefährdet nichts, riskiert nichts, verspielt nichts *nur dann,* wenn die Natur, von der sie das Ich abhängig macht, selbst in der Weise des Ich ist; wenn die Natur, von der sie die vernünftige Geschichte abhängig macht, selbst als vernünftige Geschichte existiert; wenn die Natur, der sie die Welt des Geistes unterwirft, selbst in der Weise des Geistes lebt. ‚Indirekte Vernunft' d. h. Vernunft durch Nicht-Vernunft – hier also Vernunft durch Natur – ist nur dann möglich, wenn die Nicht-Vernunft als ‚vernünftig' sich erweist. Darum ist nach der ‚Naturalisierung der Geschichte' – der Naturalisierung des Ich und der Vernunft – die zweite zentrale Absicht der Naturphilosophie, die Natur ‚als Vernunft', ‚als Ich', ‚als Geist', ‚als Geschichte' zu begreifen. So kommt es, „daß die Naturwissenschaft die notwendige Tendenz hat, die Natur intelligent zu machen; eben dadurch wird sie zur Natur-Philosophie"[139], die von der Natur begreift, „daß *sie selbst* notwendig und ursprünglich die Gesetze unseres Geistes nicht nur ausdrücke, sondern selbst realisiere, und daß sie nur insofern Natur sei und Natur heiße, als sie dies tut. Die Natur soll der sichtbare Geist, der Geist die unsichtbare Natur sein. Hier also, in der absoluten Identität des Geistes in uns und der Natur außer uns, muß sich das Problem ... auflösen. Das letzte Ziel unserer weiteren Nachforschung ist daher diese Idee der Natur"[140] – die Idee einer Natur, die nicht Triebnatur, sondern selbst vernünftig-geschichtliche Natur, selbst „Ich" ist, so daß es also „keineswegs hinreicht, zu behaupten, ‚daß Thätigkeit, Leben und Freiheit allein das wahrhaft Wirkliche seyen', ... es wird vielmehr gefordert, auch umgekehrt zu zeigen, daß alles Wirkliche (die Natur, die Welt der Dinge) Thätigkeit, Leben und Freiheit zum Grunde haben, ... daß nicht allein die Ichheit alles, sondern auch umgekehrt alles Ichheit sey"[141]. „Betrachtet man die Naturphilosophie ... von ihrer philosophischen Seite, so ist sie bis auf diese Zeit der durchgeführteste Versuch von Darstellung der Lehre von ... der Identität der Natur mit der Ideenwelt"[142]. *Die Naturphilosophie gibt der Vernunft, dem Ich und der Geschichte die Bestimmung „Natur" und ‚darum' – gegen die Gefahr ihrer geschichtszerstörenden Präsenz als Triebnatur – der Natur die Bestimmung ‚Vernunft', ‚Ich' und ‚Geschichte'.* Das ist gemeint, wenn hier schlagworthaft von ‚Historisierung der Natur' gesprochen wird.

Drei wesentliche Züge dieser Historisierung der Natur und Anstrengung des Nachweises eines „Parallelismus der Natur mit dem Intelligenten"[143] seien hier eigens hervorgehoben: die Naturphilosophie begreift die Natur als Organismus, durch eine ‚latente Sublimierungstheorie' als Geschichte und dabei im Anschluß an alte metaphysische Grundbegriffe als Hylemorphismus.

1. Da ist erstens der *Organismusgedanke.* Ihre Qualifikation, Rettung und nicht Bedrohung der vernünftigen Geschichte zu sein, hat die Natur dann, wenn sie irgendwie „Ich" ist – aber ein besseres Ich als das Ich: also wenn sie besitzt, was dem „transzendentalen Ich" abgeht: „absolute Zweckmäßigkeit" d. h. das intakte Zusammenspiel von Zwecken und Mitteln und von Zwecken untereinander. Darüber aber verfügen weder ‚Triebnatur' noch ‚Kontrollnatur'. Die ‚Triebnatur' – die Natur der antagonistischen Begierden und Interessen – verfügt über kein intak-

tes Zusammenspiel der Zwecke; die ‚Kontrollnatur' – die Natur der rationell-exakten Mittel – verfügt überhaupt nicht über Zwecke. Darum knüpft Schelling an den Grundgedanken von Kants „Kritik der teleologischen Urteilskraft" an: *wirklich heile und rettende Natur ist die ‚Romantiknatur' d. h. das intakte Zweck-Mittel-Gefüge des „Organismus*"[143a].

Es muß der Naturphilosophie daran liegen, zu verhindern, daß diese rettende Natur verkannt, daß sie verwechselt wird. Darum gibt es bei Schelling Auseinandersetzung mit anderen Naturbegriffen. Es ist dabei aufschlußreich, daß seine Naturphilosophie zwar ihre sekundäre Gefährdung – die Auflösung der Romantiknatur in Kontrollnatur –, nicht aber eine solche gegen ihre primäre Gefährdung – die Auflösung der Romantiknatur in Triebnatur – entwickelt hat. Man könne das den *Diskussionsprimat der sekundären Schwierigkeit* nennen und als eine allgemeine, über Schelling hinaus bis in die gegenwärtige Existenzphilosophie hinein Wirksamkeit beweisende Denkfigur bemerken: die Rationalisierungscharaktere der modernen Welt werden zu den eigentlichen Gefahren proklamiert, weil die anderen zu bedrohlich sind, um ihnen ins Auge zu sehen. Gerade dieser ‚Diskussionsprimat der sekundären Schwierigkeit' dokumentiert also eine grundsätzliche Labilität des ganzen Ansatzes: das von ihm her lösbare Problem wird mit Nachdruck diskutiert, um das von ihm her unlösbare Problem vergessen zu können. So gibt es in Schellings Naturphilosophie offiziell nur die Argumente gegen Newton[144], Lesage[145] und ihre Art der Naturwissenschaft. Es genügt nicht, meint Schelling, die Natur unter den Erfahrungsbedingungen mathematischer Naturwissenschaft (also als Kontrollnatur), es muß dazu kommen, sie unter ihren ‚eigenen' Bedingungen zu verstehen; nicht der rechnende Verstand ist Gesetzgeber der Natur[146], sondern „die Natur ist ihre eigene Gesetzgeberin (Autonomie der Natur)"[147]. Um diese „Autonomie der Natur" zu respektieren, geht Schelling – ähnlich wie Goethe und im Gegensatz zu Fichte[148] – über die „früheren mechanistischen und atomistischen Hypothesen in der Physik"[149] hinaus zu „tieferen Ansichten der Natur, nach welchen auch sie ein Autonomisches, ein sich selbst Setzendes und Betätigendes ist"[150]. Es ist also „der Mechanismus allein bei weitem nicht das, was die Natur ausmacht"[151]; denn: „Durch die atomistische Erklärungsart erfährt man immer nur, wie es dieser oder jener Physiker machen würde, wenn *er* die Natur wäre, oder wenn *er* z. B. magnetische oder elektrische Erscheinungen hervorbringen sollte. Durch die gehörige Anwendung der dynamischen Erklärungsart erfährt man, wie es *die Natur selbst* macht"[152]: die Naturphilosophie begreift die Natur, die ‚sich selbst macht' – den lebendigen Organismus[153]. Darum kann, wie Schelling erklärt, „unsere Philosophie nicht vom Mechanismus (als dem Negativen), sondern sie muß vom Organismus (als dem Positiven) ausgehen, und so ist freilich dieser so wenig aus jenem zu erklären, daß (jener) vielmehr aus (diesem) erst erklärbar wird"[154]: naturphilosophisch „Philosophieren über die Natur heißt, sie aus dem todten Mechanismus, worin sie befangen erscheint, herausheben, sie mit Freiheit gleichsam beleben und in eigne freie Entwicklung versetzen"[155] d. h. sie als *Leben* nehmen[156] – in der Hoffnung, „die Natur werde" just dann „unserm

Bestreben, absolute Zweckmäßigkeit in ihr zu entdecken, freiwillig gleichsam entgegenkommen“[157].

Da ist zweitens eine *Vorform des Sublimierungsgedankens.* Die Naturphilosophie Schellings will die Natur ‚als Ich‘ begreifen: als die, die sich selber macht und inwiefern sie sich selber macht – als „natura naturans“[158]. Die organisch-lebendige Natur aber – zeigt Schelling – „macht“ sich selber *so, wie* das Ich sich d.h. wie es seine Geschichte macht: indem sie sich durch Beschränkung ihrer unendlichen Produktivität „potenziert“ d.h. in wachsendem Maße objektiviert, anschaut, vergeistigt, realisiert[159]. Es gibt also dieselben „Potenzen“ in der Natur wie im Ich[160] – darum kann Schelling die „natura naturans“ auch als „absoluten Erkenntnisakt“ definieren[161]. Und so wird sie auch durch eben dieselbe Methode zugänglich wie das Ich: durch die *genetische* Methode[162]; drum auch „kennt“ – wie der Transzendentalphilosoph das Ich – der Naturphilosoph „die Natur nur als thätig; – denn philosophieren läßt sich über keinen Gegenstand, der nicht in Tätigkeit zu versetzen ist“[163]: die naturphilosophisch erschlossene Romantiknatur ist – wie das Ich – „absolute Thätigkeit“[164]; Natur – das ist Selbstdarstellung „absoluter Produktivität“[165].

Freilich: diese „reine Produktivität geht ursprünglich auf Gestaltlosigkeit“[166]; sie ist ursprünglich amorph, chaotisch, destruktiv. „Die Produktivität erscheint als Produktivität nur wo ihr Grenzen gesetzt werden“[167]: wo sie gebändigt wird und zu „Produkten“ führt. „Soll es zu Produkten kommen, so muß die Produktivität aus einer unbestimmten eine bestimmte, d.h. sie muß *als reine* Produktivität aufgehoben werden“[168]. Dieses ‚Aufheben‘ der reinen Produktivität zugunsten ihres gestalthaften Wirklichwerdens geschieht nach Schelling durch *Hemmungen:* „Der eigentliche Begriff ... für eine empirische Unendlichkeit ist der Begriff einer Thätigkeit, die ins Unendliche fort gehemmt ist“[169]: auf Grund von „Hemmungen“ erreicht die Natur durch Zielverzicht Wirklichkeitsgewinn – sie erreicht durch Verzicht auf unmittelbare Unendlichkeit den Realisierungs- und Vergeistigungseffekt des Empirischwerdens. „Ist die Natur“ – so formuliert Schelling thesenhaft – „absolute Thätigkeit, so muß diese Thätigkeit als ins Unendliche gehemmt erscheinen (sonst ist keine empirische Darstellung davon möglich). (Der ursprüngliche Grund dieser Hemmung aber muß ... *in ihr selbst* gesucht werden) ... Die Natur *existiert* als Produkt nirgends, alle einzelnen Produkte der Natur sind nur Scheinprodukte, nicht das absolute Produkt, in welchem die absolute Thätigkeit sich erschöpft“[170]. Die zitierten Sätze sind keine beliebigen. Es sind die entscheidenden Grund- und Anfangssätze der geschlossensten Darstellung von Schellings Naturphilosophie, des „Ersten Entwurfs eines Systems der Naturphilosophie“[171]. Sie entsprechen den Formulierungen der ‚Begrenzungstheorie‘ im kaum später geschriebenen „System des transcendentalen Idealismus“[172]. Sie interpretieren die „Produkte“ der Natur als „Scheinprodukte“, die *statt* einer zur Selbstvernichtung führenden unmittelbaren Befriedigung in einem „unendlichen Produkt“[173] zur Durchführung kommen: als *Ersatzbildungen.* Die Natur lebt, indem sie ihr unmittelbares Objekt und Ziel aufgibt und Ersatzbildungen realisiert. Und jene Sätze motivieren diese Realisierung durch „Hemmung" des „Triebs einer unendlichen Entwicklung"[174]: durch *Triebhemmung*. Schellings These ist also diese: *die Natur verwirklicht sich in Ersatzbildungen d. h. sie steigert sich und wird geistig*[175], *weil sie „Hemmungen" hat, sich unmittelbar zu produzieren.*

Was bedeutet diese These? Was bedeutet sie für den Zusammenhang dieser Untersuchung? Offenbar dieses: *Schellings Naturphilosophie operiert in ihrer entscheidenden These mit einer Geschehensfigur, die später Freud für die Deutung sowohl pathogener „Symptome" als auch normaler „Sublimierungen" verwendet*[176]. Auf diesen Tatbestand ist mit allem Nachdruck aufmerksam zu machen – nicht, um Schellings Naturphilosophie als eine Art von Psychoanalyse, sondern, um die Psychoanalyse als eine Modifikation der Denkweise transzendentalphilosophischer Naturphilosophie sehenzulassen. Die Ähnlichkeit der zentralen Deutungsfigur in beiden Ansätzen konnte nur deswegen unbemerkt bleiben, weil die Naturphilosophie Schellings zur unbekannten Theorie geworden ist. Schellings naturphilosophische Schriften sind heute ungelesene Schriften. Grund dafür ist der eindeutige Sieg der „newtonisch"-exakten „mathematischen" Naturwissenschaft über die romantische Naturspekulation[177]. Weil die „spekulative Physik" für die exakte Physik der Gegenwart keine reale Bedeutung zu haben scheint, ist sie in den Ruf gekommen, überhaupt keine Bedeutung mehr zu haben: sie gilt allenthalben als nur mehr „historisch" interessantes Kuriosum[178]. Weil die exakten Physiker ihr die Nachfolge versagten, schien sie überhaupt keine reale Nachfolge zu haben. Das aber ist ein *Irrtum.* Es sind freilich nicht die „theoretischen" Naturwissenschaften (Physik, Chemie), es sind vielmehr „praktisch" mit dem *Menschen* befaßte Naturwissenschaften – solche der *Medizin* – die heute in den Spuren der transzendentalphilosophischen Naturphilosophie gehen: die Psychotherapie wurde zum Nachfahren der spekulativen Naturlehre, die Tiefenpsychologie ist zum Erben der „dynamischen Physik"[179] geworden. Den eigentümlichen Denkstil der Naturphilosophie Schellings: man findet ihn heute nicht mehr bei den exakten Naturwissenschaftlern wohl aber bei einer Gruppe medizin-geneigter Psychologen – in der Psychoanalyse. *Psychoanalyse* – kann man sagen – *ist eine ‚entzauberte' romantische Naturphilosophie,* darum denkt sie in der Art dieser Naturphilosophie. Diese Ähnlichkeit der Denkart beider Ansätze ist freilich im Grunde nichts so Verwunderliches. Denn: wie wohl ließe sich ‚indirekte Vernunft', wie wohl ließe sich die Vernünftigkeit der Nicht-Vernunft (der Natur) anders denken als so, daß die Natur durch Hemmung und Unterdrückung ihrer unmittelbaren Natürlichkeit ihre Vernünftigkeit lebt – also durch den Gedanken der ‚Sublimierung'?

Just diese Freud so nahestehende These Schellings ist es – und auch das ist aller Aufmerksamkeit wert –, durch die es Schelling gelingt, die Natur *geschichtlich* zu denken. „Die absolute Naturthätigkeit" – sagt Schelling – „soll als ins Unendliche gehemmt erscheinen"[180]. „Diese Hemmung der allgemeinen Naturthätigkeit (ohne welche es nicht einmal zu Scheinprodukten käme) läßt sich" – wie später für Freud – auch für Schelling nur „als das Werk entgegengesetzter Tendenzen in der Natur vorstellen"[181], die (unbewußt) zu unbefriedigenden Kompromißbildungen führen und darum weiterdrängen[182]: so erscheint die Natur als *Geschichte* von Hemmungen und Kompromißbildungen („Synthesen“, „Vereinigungen“), als „Evolution Einer in ihrem Anfangspunkte schon unendlichen Größe, die durch die ganze Reihe hindurchfließt ... die Successionen in der Reihe bezeichnen nur gleichsam die einzelnen Hemmungen (durch die Reflexion)“[183], auf Grund derer „die Natur auf(hört), reine Identität zu sein“[184], mit sich selbst in Gegensatz kommt und auf dessen Auflösung drängt. Auch schon für Schelling ist das jeweilige „Produkt ... eine nach außen gehende Thätigkeit – diese läßt sich als solche nicht unterscheiden ohne eine von außen nach innen gehende (auf sich selbst gerichtete) Thätigkeit in demselben Produkt, und diese Thätigkeit läßt sich wiederum nicht denken, wenn sie nicht von außen *zurückgedrängt* (reflektiert) wird“[185]. Gewiß: das ist bei Schelling noch keine Theorie der „Verdrängung“, wenn auch die Möglichkeit dazu sich bereits in der Formulierung meldet. Schellings Naturphilosophie ‚braucht‘ noch keine Verdrängungstheorie[186]: ihr ist die Natur noch kein Objekt der *Verheimlichung*, sondern eines noch der *Offenbarung*. Zwischen transzendentalphilosophischer „Naturphilosophie“ und „Psychoanalyse“ liegt ein *Funktionswechsel der Hemmung:* Freuds Theorie entdeckt die „Hemmung“ als den Versuch, sich und seine Natur zu *verbergen;* Schelling dagegen begreift sie noch durchaus als das Mittel der Natur, sich *wahrzuhaben:* sich anzuschauen, darzustellen, sich zum Objekt zu machen. Es ist dies ein ähnlicher Wandel wie der mit dem Begriff der „Objektivierung“ selbst, der von einer ‚instrumentalen‘ zu einer rein ‚negativen‘ Bedeutung kam. Dieser durchaus erhebliche Unterschied läßt gleichwohl eine grundsätzliche *Ähnlichkeit* des „naturphilosophischen“ und des „psychoanalytischen“ Ansatzes unangetastet. *Psychoanalyse ist ‚entzauberte‘ „Naturphilosophie“, denn bereits Schellings „Naturphilosophie“ ist in ihrer entscheidenden These eine ‚latente Sublimierungstheorie‘; beide Ansätze aber sind so etwas wie eine ‚Geschichtsphilosophie der Natur‘.*

Da ist drittens Schellings *Zwei-Prinzipien-Lehre*[187]. Sie ist die Voraussetzung der zuvor besprochenen ‚latenten Sublimierungstheorie‘; und sie ist das, indem sie einen *Grundgedanken der metaphysischen Tradition* aufnimmt und fortbildet. Weil die „Naturphilosophie“ in der transzendentalphilosophischen ‚Position der Unentschiedenheit‘ verbleibt, ist sie nicht nur ein temperiertes Ergreifen ‚geschichtsphilosophischer‘, sondern auch ein temperiertes Festhalten ‚metaphysischer‘ Denkweisen und führt zu einer Legierung beider.

Schelling faßt seine Theorie der Natur-Gestaltung zusammen, indem er sagt: „Die Bedingung aller Gestaltung ist Dualität“[188]. Er fügt hinzu: „Dieß ist der tiefere Sinn in Kants Construktion der Materie aus entgegengesetzten Kräften“[189]. Freilich: nicht nur die Zweikräftetheorie Kants aus den „Metaphysischen Anfangsgründen der Naturwissenschaft“[190] wird so von Schellings Naturphilosophie aufgegriffen und zu jener Konzeption vertieft, die schließlich – allbekannterweise – im Phänomen der „Polarität“ ihren Kronzeugen sieht[191]. Sondern: *in diesem Ansatz lebt zugleich die uralte metaphysische Konzeption des „Hylemorphismus“ fort.* „Je zwei Aktionen schränken sich durch Wechselwirkung ein auf den gemeinschaftlichen Effekt"[192] – das ist ein Theorem der metaphysischen Prinzipienlehre[193], modifiziert durch den Ausfall des Prinzips „Wesen" und die Abwertung des Substanzbegriffs zugunsten einer Aufwertung der „Genese" und ihrer „Vermittlungen". Daß „forma" und „materia prima" zum concretum des substanzhaft konstituierten ens „zusammenwachsen" – das ist zwar nur ein partieller Bestand thomistischer Prinzipienlehre[194] und läßt den esse-essentia-Komplex beiseite. Aber es ist gleichwohl eben ein Lehrbestand metaphysischer Tradition, der seit Aristoteles fester Besitz der philosophischen Überlieferung ist. Er wird zur philosophischen Fundamentaltheorie auch und erneut dort, wo das „Seyn selbst"[195] – gedacht als „Ich" oder „Natur" und jedenfalls als das „Unbedingte" – durch den „Streit"[196] dieser sich einander entgegensetzenden Prinzipien „construiert" wird: in der Transzendentalphilosophie. Und in der Tat: die Lehre von „Akt" und „Potenz" in der Anwendung als Lehre von „Form" und „Materie" – sie hat unbehelligt und ungebrochen durch jedwede Metaphysikkritik und Alleszermalmerei in Bezug auf den „Dogmatismus" der Schulphilosophien nicht nur *Kants* Vernunftkritik beherrscht, für die ja „Form" und „Materie" nur abgeleiteterweise als Formular und dessen Ausfüllung (Inhalt), ursprünglich jedoch als Akt – „Bestimmung"[197] – und Potenz – „das Bestimmbare überhaupt"[198] – gegolten haben. Auch und gerade dort, wo *Schiller* „die Abstraktion so hoch, als sie immer kann" hinauftreibt und dabei über die „zwei letzten Begriffe" „Person" und „Zustand"[199] und „die zwei Fundamentalgesetze der sinnlich-vernünftigen Natur ... Realität ... und ... Formalität"[200] auf den „Formtrieb" und den „Stofftrieb" als Prinzipien kommt[201], aktualisiert er in seiner Weise die metaphysische Lehre von „morphé" und „hyle". Die schwierige Frage, wie diese alte Konzeption auch bei *Fichte* – in der Lehre von der zunächst unbestimmten (potentiellen) „thetischen" Handlung des „Setzens" und der bestimmenden (aktualisierenden) „antithetischen" Handlung des „Entgegensetzens"[202] – wirksam ist, sei hier nur erwähnt.

Was nun *Schelling* betrifft, so werden bei ihm in diesen Fichteschen Begriffen deutlich die traditionellen Prinzipien erkennbar. Das „Ich" im Transzendentalsystem und die „Natur" im Natursystem – sie sind jeweils „ein Streit absolut entgegengesetzter Thätigkeiten"[203], sind jeweils einerseits „absolute Thätigkeit"[203a] d.h. unmittelbar unbestimmte (potentielle) Produktivität, die sich andererseits durch einen Akt der „Beschränkung" Aktualität gibt: erst in der Beschränkung *zeigt* sich nicht nur der Meister, sondern auch das Ich und die Natur. "Das Ich ist nichts anderes als ein sich selbst zum Objekt werdendes Produciren"[204], also „diese beständige Duplicität des (sc. grenzenlosen) Producirens und (sc. begrenzenden) Anschauens"[205], so „daß das Ich = ist einer Handlung, in welcher zwei entgegengesetzte Thätigkeiten sind, eine, die begrenzt wird ... und eine, die begrenzend ... ist"[206]: da ist Tradition des hylemorphistischen Prinzipiendenkens am Werk; Schelling selbst spricht von „peras" und „apeiron" und verweist auf die traditionell-metaphysische Ursachenlehre[207]. Ebenso setzt Schelling „in der Natur eine ursprüngliche Dualität schlechthin voraus"[208] als die „Bedingung ..., unter welcher allein ein Unendliches überhaupt endlich darstellbar, d.h. unter welcher überhaupt eine Natur möglich ist"[209]: einerseits die „absolute Thätigkeit", andererseits ihre „Hemmung". „Diese Hemmung der allgemeinen Naturthätigkeit ... läßt sich ... als das Werk entgegengesetzter Tendenzen in der Natur vorstellen"[210]; dabei geht die eine „Tendenz", die „reine Produktivität ... ursprünglich auf Gestaltlosigkeit"[211] und „ist ..., objektiv angesehen, das absolut Gestaltlose"[212]; Gestalt gibt ihr die andere „Tendenz", die zur „Begrenzung"[213]. Das alles – und ebenso weiterführende Thesen des späteren Schelling wie die Unterscheidung der Freiheitsschrift „zwischen dem Wesen, sofern es existiert, und dem Wesen, sofern es bloß Grund von Existenz ist"[214] – sind zweifelsfrei Aussagen, die in die Tradition jener metaphysischen Prinzipienlehre gehören, die – neben anderen – von den nicht-dinglichen Prinzipien "materia prima" und „forma" spricht[215]. Sie kommt in der Transzendentalphilosophie und der aus ihr herkommenden Naturphilosophie zu neuer Geltung. *Die Hylemorphismus-Tradition der Prinzipienlehre kommt in der Transzendentalphilosophie und ihrer Naturphilosophie so zur Geltung, wie es dort möglich ist, wo – nach einer ‚Metamorphose des esse commune'*[216] – *„Wesen" nicht mehr als erhebliches Prinzip und „Substanz" nicht mehr als erhebliche Form des Prinzipiats begriffen und gewollt werden*[217].

Es mag hier bei diesen mehr andeutenden Bemerkungen bleiben: es kann nicht Sache dieser Arbeit sein, hier – was mit nicht geringem Ertrage möglich wäre – zu im Detail präzisen Aussagen zu kommen. Immerhin ist es bemerkenswert und für die zwischen Metaphysik und Geschichtsphilosophie ‚unentschiedene' Position der aus der Transzendentalphilosophie herkommenden Naturphilosophie nicht wenig kennzeichnend, daß sie – also eine Philosophie doch, die die Natur als ‚unbewußte Vergangenheit', als ‚Vorgeschichte' des Ich begreift und sie damit irgendwie ‚geschichtlich' und jedenfalls ‚essentiafern' versteht – zugleich dieser Natur eine alte Bestimmung des bei ihr selbst mißachteten Prinzips „Wesen" gleichwohl weiter zuerkennt, nämlich die, Vereinigung von „forma" und „materia prima" zu sein. Was jedoch die besondere Sache dieser Untersuchung betrifft, so wird sie – und darum hat sie sich auf die Betrachtung von Schellings Zweiprinzipienlehre und ihrer Tradition hier eingelassen – dieser Zweiprinzipienlehre wiederbegegnen: bei Freud[218].

Mit all diesen im Blick auf den Gedanken der ‚indirekten Vernunft' unter drei Gesichtspunkten – Naturphilosophie als Organismusdenken, als latente Sublimierungstheorie und im Verhältnis zur Tradition des Hylemorphismus – skizzierten Thesen bestimmt Schelling die Natur wesentlich nicht als Triebnatur, sondern um in der Sprechweise dieser Arbeit zu reden – als *Romantiknatur.* Es ist die latente Gefahr einer Triebnatur-Herrschaft – die Gefahr also, daß die Geschichte, indem sie sich „naturphilosophisch" der Macht der Natur anvertraut, ebendadurch an die Unvernunft verlorengehen könnte – die den „naturphilosophischen" Nachweis erzwingt, daß die Natur *nicht* diese Unvernunft und daß sie *keine* Triebnatur ist, sondern Vernunft, Ich, Geist, Geschichte – kurz: Romantiknatur. *Die ‚Depotenzierung' des Ich und der Geschichte wird ‚retardiert' d.h. die Ermächtigung des Nicht-Ich (der Natur) wird unschädlich gemacht durch den „naturphilosophischen" Nachweis, daß dieses Nicht-Ich Ich und irgendwie Geschichte ist.*

Ästhetik. Die Natur – das bringt die Naturphilosophie mit diesem Nachweis zum Ausdruck – ist auf gelungene Weise das, was der Mensch auf nicht gelungene Weise ist: Harmonie, Geist, Ich, vernünftige Geschichte. Darum ernennt die Naturphilosophie die Natur zur heilenden Macht, „denn alle Heilkraft ist nur in der Natur"[219]. Heilende Macht kann die Natur aber nur dann sein, wenn sie überhaupt ‚Macht' in der menschlichen Geschichte und über die menschliche Geschichte hat. *Die Macht der Natur in der Menschengeschichte:* das ist ein letztes großes Problem im Zusammenhang der transzendentalphilosophischen ‚Wende zur Naturphilosophie'.

Es geht dabei um *Präsenz* der Natur in der Menschengeschichte. Diese ‚gegenwärtige, geschichtliche Wirksamkeit der Natur' ist ein dringliches Problem. Denn: der naturphilosophische Nachweis, daß die durch „Depotenzierung" des Ich ermächtigte Natur nicht ‚Triebnatur', sondern ‚Romantiknatur' (also nicht „rohe", sondern „reine" Natur) ist – er wäre durchaus zu *schwach*, wenn man die Romantiknatur nur als die *ferne*, wesentlich *verlorene* Natur gelten ließe. Wo der „jeweilige Ursprung" grundsätzlich zur ‚Vergangenheit' geworden ist, verfallen Gegenwart und Zukunft – also das entscheidende Terrain der Geschichte menschlicher Freiheit und menschlichen Glücks – einer Herrschaft der Triebnatur und Unvernunft: *die Verfassung der ‚fernen' Natur ist selbst eine ‚indirekte Ermächtigung der Triebnatur'*. Das ist eine ernste Schwierigkeit. Diese Schwierigkeit entsteht dort, wo die „Natur" nicht mehr metaphysisch als die perennierende, immerpräsente Macht des Wesens, sondern wo sie als eine durch die Zeit im innersten geprägte, als „historisierte" Natur auftritt und wesentlich als die unbewußte Vorgeschichte des Menschen begriffen wird – durch die Gleichsetzung von Natur und Vergangenheit. Es besteht dann die Gefahr, daß diese naturhafte Vorgeschichte die Kraft zu gegenwärtiger Wirksamkeit nicht aufbringt, die Gefahr, daß das Heilmittel der Menschengeschichte außer Reichweite der Menschengeschichte bleibt. Die Romantiknatur wird selber ‚ohnmächtig', wo sie die nur ‚vergangene' Natur ist, wo ihr eine echte Präsenz in der Menschengeschichte fehlt. Das ist das Problem.

Im Verhältnis der „Naturphilosophie" zu diesem Problem steckt nun eine merkwürdige Zweideutigkeit.

Einerseits erkennt sie, daß eine nur sentimentale Präsenz der Romantiknatur die Schwierigkeit nicht behebt. Es reicht nicht aus, daß die – „verlorene" – Romantiknatur eine bloße Gefühlspräsenz hat, eine Gegenwart nur in der „romantischen" Sehnsucht, dem Hier und Jetzt in ein ‚fernes' Paradies auszuweichen; es genügt nicht, daß diese Natur präsent wird nur als die ‚Natur für Spaziergänge und Gemütsbewegungen'; der nur sentimentale Aufbruch zur ‚unberührten Natur', die Landschaftsschwärmerei[220], der ganze Rousseauismus der Natur – sie geben der Romantiknatur keine hinreichende Geltung in der Gegenwart. *Darum will die „Naturphilosophie" die bloße Gefühlspräsenz der Romantiknatur durch eine ‚Wissenschaftspräsenz' dieser Natur überbieten und festigen: die „Naturphilosophie" ist mit Pathos Natur-„Wissenschaft"*. Die Absage an das „mechanistische" Denken, an die mathematische, die „newtonisch"-exakte Naturwissenschaft, die zu dieser Naturphilosphie gehört, ist also ganz und gar keine Absage an das Prinzip der Wissenschaftlichkeit. Im Gegenteil: die Naturphilosophie sucht eine ‚wissenschaftlichere' Wissenschaft als die nur exakte. Die bloße Unmittelbarkeit des Gefühls aber gilt ihr als Gefährdung. Schon bei Goethe gehörte aus diesem Grund zur Newtonkritik auch die entschiedene Warnung vor der „ungesunden" Sentimentalität der Romantiker[221]. Schelling – zu jener Zeit in vertrautem Austausch mit Goethe – geht hier in seinen Spuren. Schellings Naturphilosophie will keine Schule des Naturgefühls – sie will Wissenschaft sein: „meine Philosophie ist selbst nichts anderes als Naturwissenschaft"[222].

Andererseits aber erkennt sie, daß auch diese wissenschaftliche Präsenz der Romantiknatur jene Schwierigkeit nicht behebt. Die Absenz der Romantiknatur ist stärker als der wissenschaftliche Vergegenwärtigungsversuch. Es reicht also auch nicht aus, daß die – „verlorene" – Romantiknatur durch Wissenschaft in die Gegenwart geholt wird und dem vernünftig-philosophischen Blick sich präsentiert. *Die Präsenz der Natur nur als Natur ist keine zureichende (rettende) Präsenz der Natur.* Daß sie schlicht vor Augen liegt und – wenn auch nicht nur dem gefühlsseligen Schwärmen, sondern – der philosophischen Wissenschaft und ihrer „Anamnese" sich darbietet: das ist keine Präsenz der Natur, durch die die geschichtlichen Probleme des Menschen gelöst werden[223]. Darum eben verlangt die Natur eine höhere und wirksamere Präsenz, als die Naturphilosophie sie ihr gibt – die Präsenz durch die *Kunst.* Kunst ist Naturpräsenz[224]. Damit kommt die Definition der Kunst durchs Naturverhältnis, die schon Kants Geniebegriff[225] und Schillers Dichterbegriff[226] bestimmt hatte, bei Schelling erneut zum Zuge: das „Kunstprodukt"[227] ist „Synthesis von Natur und Freiheit"[228]. „Das Produkt wird mit dem Freiheitsprodukt gemein haben, daß es ein mit Bewußtseyn Hervorgebrachtes, mit dem Naturprodukt, daß es ein bewußtlos Hervorgebrachtes ist"[229]: die „Kunstanschauung"[230] „soll zusammenfassen, was in der Erscheinung der Freiheit und was in der Anschauung des Naturprodukts getrennt existiert, nämlich Identität des Bewußten und Bewußtlosen im Ich und Bewußtseyn dieser Identität"[231]. *Kunst – das ist Geschichtspräsenz der Natur als Bewußtseinspräsenz des Unbewußten.* Auch damit ist – mit Einschränkungen[232] – eine These Freuds vorweggenommen, richtiger: auch an dieser These Schellings zeigt sich, daß die späteren psychoanalytischen Ansätze in den Spuren der Transzendentalphilosophie und Naturphilosophie gehen. Denn wenigstens die *eine* Bestimmung ist ‚latent psychoanalytisch' – die der Kunst als Bewußtseinspräsenz des Unbewußten. Die Kunst, meint Schelling, „reflectirt" „die bewußte Thätigkeit als bestimmt durch die bewußtlose"[233], so daß in ihr „die bewußtlose Thätigkeit durch die bewußte bis zur vollkommenen Identität mit ihr gleichsam hindurchwirkt"[234] – erfahren als eine „Gunst" der „Natur"[235]. „Dieses unveränderlich Identische" – schreibt Schelling[236] – „was zu keinem Bewußtseyn gelangen kann und nur aus dem Produkt widerstrahlt, ist für das Producirende eben das, was für das Handelnde das Schicksal ist, d. h. eine dunkle unbekannte Gewalt ..., welche durch unser freies Handeln ohne unser Wissen, und selbst wider unsern Willen, nicht vorgestelle Zwecke realisirt ..., so wird das Unbegreifliche, was ohne Zuthun der Freiheit und gewissermaßen der Freiheit entgegen, in welcher ewig sich flieht, was in jener Produktion vereinigt ist, zu dem Bewußten das Objektive hinzubringt, mit dem dunkeln Begriff des *Genies* bezeichnet“[237]. Durchs Genie gelingt der Kunst ihre *andere* Bestimmung, Geschichtspräsenz der Natur zu sein: „Bewußte und bewußtlose Thätigkeit, sollen absolut Eins seyn im (sc. Kunst-) Produkt, gerade wie sie es im organischen Produkt auch sind, aber sie sollen auf eine andere Art Eines seyn, beide sollen Eines seyn für das Ich selbst“[238]. Indem ihr diese Einheit gelingt, löst die Kunst das Problem der Geschichte: es ist „der Widerspruch zwischen dem Bewußten und dem Bewußtlosen im freien Handeln ..., welcher den künstlerischen Trieb in Bewegung setzt, sowie es ... nur der Kunst gegeben sein kann, unser unendliches Streben zu befriedigen und auch den letzten äußeren Widerspruch in uns aufzulösen“[239]. „Das, was für das freie Handeln in einem unendlichen Progressus liegt“, wird in der Kunst „eine *Gegenwart* ..., in einem Endlichen wirklich, objektiv“[240]: die Kunst – als Geschichtspräsenz der Natur ist sie die Lösung des Rätsels der Geschichte, und sie weiß sich (philosophisch) als diese Lösung. *Darum* ernennt Schelling sie zur zentralen menschlichen Möglichkeit; darum auch kann er sagen, „daß die Kunst das einzige wahre und ewige Organon zugleich und Document der Philosophie sey, welches immer und fortwährend aufs neue beurkundet, was die Philosophie äußerlich nicht darstellen kann, nämlich das Bewußtlose im Handeln und Produciren und seine ursprüngliche Identität mit dem Bewußten. Die Kunst ist deßwegen dem Philosophen das Höchste“[241]: *die Naturphilosophie führt zur Re-Inthronisierung des Ästhetischen*[242].

4. Carus

Diese naturphilosophische Re-Inthronisierung des Ästhetischen ist aber zugleich auch die Re-Inthronisierung der Aporie des Ästhetischen[243]: die Wiederherstellung der Macht des Ästhetischen ist auch die Wiederherstellung seiner Zerbrechlichkeit und Hinfälligkeit. Darum entsteht gleichzeitig mit dieser Neu-Ermächtigung des Ästhetischen das Bedürfnis nach einer Präsenz der Natur, die von der ästhetischen Präsenz der Natur *verschieden* ist.

Wende zur Medizin. Die hier versuchte Überlegung richtet ihre Aufmerksamkeit jetzt auf dieses neue, dieses alternative Bedürfnis. Wo die „naturphilosophische“ Wissenschaftspräsenz der Natur unzureichend ist und die „ästhetische“ Präsenz der Natur fragil – da kommt es zu wachsender Bedeutung einer neuen und anderen ‚Wissenschaftspräsenz‘ der Natur, die in die geschichtlich-gegenwärtigen Belange des Menschen wirklich und mächtig eingreift. *Das ist die Präsenz der Natur durch den Arzt.* Es ist aufschlußreich, daß nicht die Naturforscher vom Fach – Physiker und Chemiker –, daß vielmehr in besonderer Weise die mit dem

Menschen „praktisch" und auch „theoretisch" befaßten Naturwissenschaftler, also gerade die über eine bloße Heiltechnik zu einer Menschensicht im ganzen hinausstrebenden *Mediziner* zu Anhängern und Mitarbeitern der romantischen Naturphilosophie geworden sind. Große Namen dieser Philosophie erinnern an das enge Verhältnis ihrer Träger zur Medizin. Schelling selbst entwickelt 1799 im „Ersten Entwurf eines Systems der Naturphilosophie" eine wirkungsreiche „Theorie der Krankheit"[244] und gibt wenig später – zusammen mit dem Arzt Marcus – die „Jahrbücher der Medicin als Wissenschaft" heraus[245]. „Die Arzneiwissenschaft ist die Krone und Blüthe aller Naturwissenschaften", schreibt er[246]. Wenn bereits „der Poet" als der „transzendentale Arzt" sich versteht[247], wird, wo er gegen seine eigene Unwirklichkeit zur Wirklichkeit der Natur sich wendet, der reale Arzt zu seinem Kooperator und schließlich zu seinem Nachfolger im Universalamte des Hüters der „transzendentalen Gesundheit"[248]. Dieses Phänomen eines Bedeutungsaufschwungs der Medizin gehört zur Wende zur Naturphilosophie. Die Romantik – was immer sie gewesen ist: die Zeit der Poesie und der Innerlichkeit, die der Sehnsucht und der unendlichen Reflexion – sie war doch gewiß auch dieses: die Zeit der Wirksamkeit Browns[249], die Zeit des „Magnetismus" in der Heilkunst, die Zeit Mesmers also[250], und dgl. mehr. Sie ist die Zeit der universell interessierten Ärzte und Mediziner und ihres Ansehens. Das ist kein Zufall. *Wenn die Geschichte als ‚Natur' begriffen wird, dann müssen die Schwierigkeiten der Geschichte als Schwierigkeiten der Natur formuliert werden – als ‚Krankheiten': der ‚Arzt' bekommt ‚philosophische Kompetenz'.* Das bedeutet teils, daß die Ärzte für viele Schwierigkeiten zuständig werden, für die es früher andere Fakultäten gab. Sie werden jetzt universell beansprucht. Dazu gehört eine Steigerung ihres Ansehens: die Ärzte werden z.B. alsbald in einer neuen, ernsten Weise literaturfähig[251]. Der Arzt wird zum Weltweisen. Damit ist verbunden, daß – in wachsendem Maße – der Weltweise als „Arzt" sich geben muß. Die Medizin liefert – in zunehmender Weise – der Philosophie die Optik und die Worte zur Formulierung ihrer Probleme. Das hat sie zwar in gewisser Weise immer schon getan[252]; jetzt aber entsteht eine besondere Disposition, der Sprache der Medizin philosophische Bedeutung einzuräumen. Was in der Philosophie zuvor in der Juristensprache der „Rechtshändel" sich aussprach[253], neigt jetzt in wachsendem Maße zum Gebrauch der Sprache der Ärzte. *Die Wende zur Naturphilosophie etabliert philosophische Geltung der Medizin.* Viele der bedeutendsten „romantischen Naturphilosophen", also etwa Eschenmayer[254], Steffens[255], Gruithuisen[256], Wagner[257], Windischmann[258], Ritter [259], der frühe Görres[260], Treviranus[261], Oken[262], Troxler[263], Schubert[264], auch Baader[265]: sie alle waren entweder selber Mediziner oder gaben der Naturphilosophie ein mehr oder minder ausdrückliches Verhältnis zur Medizin[266]. Es gibt eine große Zahl von Ärzten und theoretischen Forschern in den Fachgebieten der Medizin, die zu Teilhabern und Erben der Naturphilosophie geworden sind: da ist Marcus[267], da ist Röschlaub[268] – beide mindestens während ihrer Bamberger Zeit mit Schelling vertraut und in geistigem Austausch. Da ist Kielmeyer[269], da sind Döllinger[270], Kilian[271], Authenried[272], Burdach[273], Schelver[274], Kieser[275],

Walther[276], da ist Johannes Müller, der Lehrer des Freud-Lehrers Brücke[277], da sind viele andere mehr[278].

Einer dieser Mediziner-Naturphilosophen war Carl Gustav *Carus* (1789–1869): vergleichender Anatom[279] und Gynäkologe, Direktor der geburtshilflichen Klinik und Leibarzt des Königs in Dresden, Verfasser medizinischer Lehrbücher verschiedener Fachrichtung[280], im übrigen universell interessiert und gebildet, mit Goethe auf Distanz vertraut und sein Interpret[281], in Goethes Geist – unterm Eindruck zugleich von Schelling und Oken[282] – Naturphilosoph, dazu Malerfreund und selbst Landschaftsmaler von Rang. Zu seinen unmittelbaren medizinischen Arbeiten treten zoologische Studien [283], Untersuchungen zur Schädellehre[284] und Forschungen zur „Organphysiognomik"[285] bzw. „Gestaltenkunde"[286] – aber auch ästhetische Schriften[287], und schließlich die Arbeiten unmittelbar naturphilosophischen Charakters und die zur Psychologie. Und diese letzteren interessieren hier.

Naturalisierung der Geschichte. Die Naturphilosophie hat – nach dem Bisherigen – ihre Bedeutung nicht als philosophische Sonderdisziplin, nicht als „regionale Ontologie", sondern betrifft die Philosophie insgesamt[288]. Dadurch erhält sie eine fundamentale Bedeutung für die Theorie des Menschen, die Deutung der Geschichte, das Verständnis des Geistes. „Der Grund" – schreibt Lorenz *Oken* – „warum man in der Geistesphilosophie noch so ganz ohne Unterlage und ohne Magnetnadel herumfährt, liegt einzig am Mangel der Naturerkenntnis derer, welche über Philosophie schreiben und lehren. Wären sie doch zu dieser Einsicht zu bringen, daß es unmöglich ist, aus Beobachtungen von so schnell vorüberschwindenden Erscheinungen des Geistes ein System der Gesetze dieses Geistes zu abstrahieren! Möchten sie doch erkennen, daß der Geist nichts von der Natur Verschiedenes, nur ihre reinste Ausgeburt und daher ihr Symbol, ihre Sprache sei; gewiß, sie würden die Suche dann anders anfangen, würden nicht mehr den Irrlichtern des Geistes nachlaufen, sondern sie zuerst in der Natur zu bannen und gesetzmäßig zusammenzustellen suchen, dann erst würden sie die auflodernden Geisteslichter und die göttlichen Stimmen, die jede Materie durch die Sprache des Menschen ertönen läßt, erkennen": Naturerkenntnis fundiert Menschenerkenntnis d. h. Geschichtserkenntnis; Naturphilosophie ist nicht allein ‚Ergänzung', sondern auch und vor allem ‚Begründung' der Theorie des Menschen, seiner Geschichte und ihrer Vernunft; denn: wo der Mensch nicht durch (transzendentale) Vernunft und Geschichte Mensch und vernünftig zu sein vermag, muß er sehen, durch *Natur* vernünftig und Mensch zu sein.

Die angeführte Oken-Stelle hat Carus zitiert[289], um seinen Ansatz zu kennzeichnen; und so kann uns hier Carus beschäftigen – stellvertretend für die nicht wenig zahlreichen Versuche, die Naturphilosophie anthropologisch zu wenden und fruchtbar zu machen[290]. Diese Ausformung der Naturphilosophie zur Theorie des Menschen geschieht bei ihm am nachhaltigsten in seiner Psychologie, greifbar vor allem in den Vorlesungen von 1829/30[290] und im zusammenfassenden Werk „Psyche" von 1846[291]. Zur Psychologie, mahnt Carus, gehört Erkenntnis der „Physis"[292]; „Natur und Idee"[293] gehören zusammen, der Mensch muß von der Natur her verstanden werden; die „Seele" darf nicht abgetrennt von der Natur d. h. vom „Leben" gedacht und erforscht werden. Darum muß Psychologie mit Naturstudium sich verbinden, man „kann und muß ... sagen, die Seelenlehre ... kann ... einzig nur auf eine wohlgegründete Naturerkenntnis sich stützen"[294]. Es war ein „wahres Unheil, welches der Psychologie daraus erwuchs, daß in unserer Zeit größtenteils Männer mit ihrer Bearbeitung sich beschäftigen, welche von den Bildungsvorgängen und dem Leben des Organischen gar keine oder nur höchst unvollkommene, aus Büchern geschöpfte Begriffe hatten ... Schon Aristoteles sagt: ‚Und dieserhalb nun gehört für den Naturforscher die Betrachtung der Seele, entweder überhaupt oder als so beschaffene' "[295]: und so wird Aristoteles durch seine Untersuchungen „peri psyches" zum großen Gewährsmann von Carus[296]. „Der Irrtum und die Zerwürfnis" – stellt er fest – „trat in diese Lehren erst, als man vom Leben die Seele trennte" und ebendarum von der Seele und „vom Leben selbst die abstrusesten Begriffe einzuführen suchte"[297], welche „es verhinderte(n), als erste Wirklichkeit eines gegliederten Körpers die Seele anzuerkennen"[298] d. h. die aristotelische Definition zu akzeptieren. Aus diesem Irrweg befreit die ‚naturphilosophische' Wendung der Psychologie. „Von hier aus leuchtet daher auch gar wohl ein, wie groß eigentlich die Bedeutung des Naturstudiums sei und warum zu einer Zeit, wo der Mensch im ganzen und äußerlichen immer mehr aus dem reinen Verhältnis zur Natur herausgedrängt wird und immer mehr den Einflüssen einer eigenen künstlichen unersprießlichen Natur anheim zu fallen droht, gerade auf dem Studium der Naturwissenschaft ein so mächtiger Trost, eine so große Hoffnung beruhen muß"[299]. „Wer auf diese Dinge genauer Achtung gibt, wird sich darum leicht überzeugen, daß jenes erst in unserer Zeit hervorgetretene Bestreben, sich zeitweise wie zu einer Art von Naturadoration hinauszustürzen in Wälder und Berge, Täler und Felsen, wirklich gleichsam eine Art von Instinkt ist, um sich ein Heilmittel zu suchen gegen die Krankheit des künstlichen Lebens und die Einwirkung desselben auf geistige Entwicklung. Gewiß liegt denn auch eine eigentümliche Wahrheit und Bedeutung in diesem Bestreben"[300]: *menschliches Seelenleben und Verständnis des menschlichen Seelenlebens hängt am Geltendmachen der ‚Natur' in diesem Leben*[301].

Depotenzierung. Die Ausarbeitung dieses ‚Naturaspekts' der Seele ist es, die Carus zur Entwicklung jener Theorie führt, die für die hier versuchte Überlegung in besonderer Weise wichtig sein muß: zur Ausbildung der Theorie des *Unbewußten*. „Natur, Natura" – sagt Carus – „kommt her von φυσις, von φύω, ich bilde, wachse. – Natur also bezeichnet das Bildende, das aus sich hervor Wachsende, das sich ewig Umgestaltende oder Umbildende, oder die Bildung, welches schöne Wort in unserer Sprache sowohl das schon Gebildete als den Hergang des Bildens selbst anzeigt"[302]. Dieser „Hergang des Bildens" aber geschieht primär vor allem Bewußtsein d. h. unbewußt: „*Unbewußt* nämlich lebt sich die Monas unseres Daseins *zuerst* dar“[303] – „in folge der unbewußten Werdelust einer göttlichen Idee“[304], durch „unbewußtes Walten der Idee“[305]. „Es ist eine eigene Empfindung, die wir haben, wenn in unserem selbstbewußten Denken wir uns deutlich machen, mit welcher eigentümlichen und hohen Gesetzmäßigkeit und Schönheit in uns und anderen Lebendigen lange *vor* allem Denken das Wirklichwerden und Erhalten unserer Gestaltung geleitet wird“[306]. „Lange ehe wir uns einer Mehrheit von Vorstellungen und Gefühlen bewußt sind, lebt die Seele bewußtlos als ein Mannigfaltiges sich dar, und nur die deutliche Einsicht in die ... Lebenskreise, welche erst spät im Gewahrwerden des eigenen Ich ihren Mittelpunkt finden, kann uns vom Seelenleben überhaupt eine angemessene Vorstellung gewähren“[307]. Darum war es in der nach-aristotelischen und vor-romantischen Psychologie ein grundlegender Irrtum, daß sie eine „Scheidewand zwischen Unbewußtem und Bewußtem (errichtete), wodurch man bewogen wurde, vom Bereich der Seele abzutrennen, was gänzlich außerhalb des Bewußtseins lag. Also weil wir kein Bewußtsein davon haben, wie wir entstehen, wie wir wachsen, wie wir uns innerlich ernähren und umbilden, wohl aber ein Bewußtsein haben von allem, was in uns Sinnesempfindung, Vorstellung und Willensregung heißt, so durften nur die letztern Vorgänge allein der Seele wirklich angehören... Das Bewußtsein, das klare Denken oder mindestens das Vermögen, deutliche Sinnesvorstellungen zu haben und dadurch bestimmt zu werden, wurde im stillen so unfehlbar als Kreditiv der Seele angesehen, daß man nichts als Seele gelten lassen wollte, dem dieses Vermögen nicht zugesprochen werden konnte“[308]. Aber: „Alles Seelenleben, die gesamte Welt unseres innersten geistigen Daseins ... sie ruht auf dem Bewußtlosen und bildet sich nur aus diesem hervor“[309]; aus ihm – sei es dem vom „Schleier der Isis“ verdeckten absoluten Unbewußten der Seele (z. B. dem ihrer embryonalen Bindungsperiode Angehörigen)[310], sei es den „bereits früher einmal zum Bewußtsein gelangten, dann aber wieder unbewußt in der Seele schlummernden Gefühlen und Erkenntnissen“[311] – lebt das bewußte Seelenleben. Das zeigt sich nicht nur dem Studium von Schlaf und Traum[312], „fand sich doch“ auch „alles, was wir die freie Tat des bewußten Geistes als *Kunst* genannt haben, nur möglich, insofern zuvor vieles geistige Regen und Tun wieder völlig unbewußt geworden war“[313], „woraus sich denn klärlich ergibt, daß im Können auf gleiche Weise wie im Wissen das Hinübergreifen des Bewußten ins Unbewußte zur Höhe menschlicher Vollendung wahrhaft gehört“[314], so daß z. B. auch „alle Bewegungen des Organismus, welche dem Prinzip der Krankheit sich entgegensetzen und welche das kranke Leben wieder zum gesunden zurückzuführen streben, nur dem unbewußten Seelenleben angehören“[315]. Darum ist die große These von Carus, die sein Psyche-Buch eröffnet und in ihm leitmotivisch wiederholt wird, diese: *„Der Schlüssel zur Erkenntnis vom Wesen des bewußten Seelenlebens liegt in der Region des Unbewußtseins“*[316].

So kommt es, meint Carus, für die Psychologie wesentlich darauf an, „das unbewußte Seelenleben als Basis des bewußten“[317] zu erkennen, so daß „der Weg ..., stets den Beziehungen zwischen Bewußtem und Unbewußtem in der Einheit der Seele nachzugehen *allein* uns zu einem tieferen Verständnis des gesamten Seelenlebens bringen kann"[318]. „Nur wenn wir uns streng an die Erkenntnis hiervon halten ... und dazu gelangen ... unser Dasein geistig zu rekonstruieren von dem bewußten Sein ins Unbewußte zurück, dürfen wir hoffen das zu finden, was ich im Eingange den Schlüssel zur Erkenntnis des bewußten Seelenlebens genannt habe, nämlich das Verständnis des Unbewußten durch das Bewußtsein. Dieser Weg der Erkenntnis ist schwer, aber nicht unmöglich"[319]. Geistiges „Rekonstruieren von dem bewußten Sein ins Unbewußte zurück" – das ist eben das, was Schelling das *Depotenzieren des Ich* genannt hat[320] und was bei Freud wiederbegegnen wird[321]; es ist ein Weg der *Anamnese* des Unbewußten,: „Wenden wir uns" – schreibt Carus[322] – „ ... zu Dem, was wir im bewußten Seelenleben das Wissen, das Erkennen nennen, so verstehen wir gegenwärtig auch, indem wir auf das Hervorgehen desselben aus dem Unbewußten achten, warum Plato schon alles Erkennenlernen darstellte als ein *Erinnnern,* als ein ‚im Innern finden'; also da finden wo bisher noch kein Wissen war, und wo diese Wahrheit, dieser Gedanke doch da war wie der unbewußte Embryo in der bewußten Mutter; ein Vorgang, wegen dessen eben Sokrates so oft das Entwickeln des Gedankens, das heißt eben das Erreichen höherer Erkenntnis, als einen geburtshelferlichen Akt angesehen wissen will". *Carus' Psychologie etabliert sich – wie schon Schellings Naturphilosophie – durch Depotenzierung des bewußten Ich d. h. durch eine Anamnese der ‚Natur als unbewußter Basis'.*

Historisierung der Natur. „Wo aber irgend etwas durch Betrachtung erforscht werden soll, da wird man ohne Zweifel dann seinen Zweck am sichersten erreichen, wenn die Betrachtung dem eigensten Wesen ihres Gegenstandes möglichst gemäß ist. Ist nun rastlos fortschreitende Bildung das Wesen aller Naturerscheinung, ist, wie es sich wirklich verhält, nichts absolut Ruhendes, unbedingt Fertiges und Abgeschlossenes in der Natur"[323] und ist überdies – wie Carus es in seiner „Lehre von diesem Prometheischen und Epimetheischen des Unbewußten"[324] darlegt – in „jeder Regung und jeder Form ... etwas verborgen, wodurch zurückgedeutet werde auf ein Vergangenes, Vorherdagewesenes und wodurch vorbedeutet werde etwas weiter sich Bildendes, etwas Zukünftiges"[325]: dann ist weder die „descriptive oder beschreibende Methode"[326], noch „die analytische Naturbetrachtung"[327], noch eine schlecht-„teleologische Methode"[328] angemessen: „so müssen wir doch für eigentlich wissenschaftliche Betrachtung noch nach einer andern, das Wesen der Naturerscheinungen mehr an der Wurzel fassenden Methode uns umsehen, und eine solche ist eine genetische. Genetisch, von γένεσις, die Erzeugung, die Entstehung nennen wir aber diejenige Methode, welche in ihren Betrachtungen einen Gang nimmt, welcher möglichst gleich ist dem Gange, in welchem wir die Naturerscheinungen selbst hervortreten, entstehen sehen"[329]. „Entstehen und Verstehen bedingen sich insofern gegenseitig, als nur die Sache, der Begriff, die Lebensform, deren Entstehen wir genügend eingesehen haben, uns ... auch zum rechten Verstehen derselben das volle Vermögen geben wird"[330]. Darum redet Carus „einer streng und umsichtig angewendeten *genetischen Metho-*

de für die Psychologie"[331] das Wort: es führt „zu einer klaren und schönen Einsicht in die geistige Natur des Menschen..., wenn wir auch hier versuchten, recht Schritt vor Schritt dem Entwicklungsgange zu folgen"[332], um eine „Entwicklungsgeschichte der Seele"[333] von der physischen Organisation bis zur Vernunft[334] d.h. über die „drei Stufen der Entwicklung der Seele: Unbewußtsein, Weltbewußtsein, Selbstbewußtsein"[335] zu geben. Um „das Ergiebige einer solchen Betrachtungsweise einzusehen, dürfen wir uns ja nur überhaupt erinnern, daß die Geschichte stets der wahre Schlüssel ist zum Verständnisse so vieler und an und für sich nicht zu enträtselnder Erscheinungen ... so können wir auch von der Seele sagen: vergebens versuchen wir das ganze Wesen der Seele in einer noch so künstlichen Definition zusammenzufassen, stellen wir dagegen alle Momente ihrer Entwicklung, d.h. ihre Geschichte auf wahrhafte und treue Art zusammen, und das reine, ungetrübte Bild der Seele wird uns entgegentreten"[336]. So enthält Carus' Psychologie u.a. eine „Geschichte der Gefühle"[337] – die „Geschichte der Freude"[338], „Geschichte der Trauer"[339], „Geschichte der Liebe"[340], „Geschichte des Hasses"[341] – nicht weniger als eine „Geschichte der Erkenntnis"[342] und „Geschichte des Willens"[343]. Carus' Psychologie wird insgesamt zur „Entwicklungsgeschichte der Psyche"[344]: *die Seele und ihre ‚Natur' ist bei Carus wesentlich als ‚Geschichte' verstanden.*

Diese Geschichte der Seele ist freilich nicht die ‚geschichtliche' Geschichte der politischen Verhältnisse „in weltbürgerlicher Absicht", sondern die ‚geschichtsferne' Geschichte der „Natur". Auch Carus' Psychologie – wie vorher schon Schellings Naturphilosophie – ‚historisiert' die Natur eben deswegen, weil er zuvor die Geschichte ‚naturalisiert' hat. Carus bestimmt die menschliche Seelengeschichte wesentlich als ‚Naturgeschehen'; aber eben deswegen begreift er nun umgekehrt dieses Naturgeschehen als *vernünftige Geschichte*, die auch im Unbewußtsein „‚prometheisch' das Bewußtsein vorahnet"[344] mit seinem „Begriff der Freiheit, des Fortschreitens der Idee selbst, wie es in der Idee der Menschheit sich offenbart"[346]. Die „Entwicklungsgeschichte der Seele" ist harmonisch-vernünftige Geschichte: sie „enthält das organisch sich offenbarende göttliche Urbild"[347], so „daß alles darauf uns hinweist, daß nur ein einiges Prinzip des Lebendigen, nur ein sich aus sich selbst Bewegendes – eine Entelechie mit Aristoteles, oder eine Idee nach Plato oder eine Psyche, eine Seele, mit einem Worte ein Göttliches, nenne man es nun wie man wolle – die Grundbedingung jeglicher Lebenserscheinung und also auch jeglicher Bildung sein könne"[348]. Zu dieser „entheistischen"[349] Geschichtskonzeption der Natur mit der Absicht, „das Göttliche in unserem Innern in seiner Entfaltung aus dem Unbewußten zu Bewußtsein zu verfolgen"[350] gehört – wie schon bei Schelling – die Aufnahme des Akt-Potenz- und Form-Materie-Denkens der metaphysischen Tradition[351] und die Berufung auf Platon und Aristoteles. Das alles vollstreckt den einen und nämlichen Zusammenhang: *wenn die „Vernunft in der Geschichte" aus der ‚Natur' kommen soll, muß diese Natur selbst ‚vernünftig-geschichtlich' sein* – jede andere Lösung wäre ruinös. Darum darf die fundierende Natur nicht als ‚Triebnatur' verstanden werden, darum ist es auch unzureichend, sie als ‚Kontrollnatur' zu verstehen. Die fundierende Natur muß als organisch-heile, als ideen-geprägte, sie muß als vernünftig-geschichtliche, kurz: sie muß als *Romantiknatur* begriffen werden. Das wird zur Grundaufgabe des Naturdenkens der sich depotenzierenden Transzendentalphilosophie. Carus steht mit seiner Psychologie in ihrer Tradition. Der riskante Versuch, die transzendentalphilosophisch grundlos – ziellos und mittellos – gewordene Menschengeschichte auf Natur zu gründen, erzwingt auch bei ihm die absichernde, die ‚retardierende' Theorie vernünftiger Geschichtlichkeit dieser Natur. *Auch zu Carus' Versuch, das Geschichtliche unterm Namen der Seele durch die ‚Natur' zu bestimmen, gehört der (retardierende) Versuch, die Natur nicht als ‚Triebnatur', sondern als ‚Romantiknatur', d. h. als organisch-vernünftige ‚Geschichte' zu verstehen.*

Anthropologie. Zur ‚Naturalisierung der Geschichte' also gehört die ‚Historisierung der Natur' – das war der Vorgang bei Schelling, es ist der Vorgang auch bei Carus. Und es ist – mutatis mutandis – der Vorgang in all jenen „naturphilosophischen" Ansätzen, die man zur Romantik zu zählen pflegt. Darum hat Carus diese Überlegung beschäftigt – stellvertretend für eine Fülle gleichgerichteter Versuche, die zugleich folgenreiche, wirkungsreiche Versuche gewesen sind. Carus selbst hat mit seiner Theorie nicht geringen Einfluß gehabt. „In die neuere Naturwissenschaft hat der Begriff des Unbewußten noch wenig Eingang gefunden; eine rühmliche Ausnahme macht der bekannte Physiologe Carus, dessen Werke ‚Psyche' und ‚Physis' wesentlich eine Untersuchung des Unbewußten in seinen Beziehungen zu leiblichem und geistigem Leben enthalten. Wie weit ihm dieser Versuch gelungen ist und wieviel ich bei dem meinigen von ihm entlehnt haben könne, überlasse ich dem Urteil des Lesers. Jedoch füge ich hinzu, daß der Begriff des Unbewußten hier in seiner Reinheit frei von jedem unendlich kleinen Bewußtsein klar hingestellt ist" – das schreibt Eduard von *Hartmann*[352], der ja auch Schelling in bedeutender Weise interpretiert hat[353]. Und gewiß doch ist es aufschlußreich, daß Ludwig *Klages* und Theodor *Lessing* zu den Carus-Herausgebern gehören[354]: der Protest gegen den Geist als den Widersacher der Seele[355] und der gegen den Untergang der Erde am Geist[356] – beide berufen sich auf Carus' Lehre von der heilenden Kraft des Unbewußten, die dort in anderer Hinsicht der Konzeption Carl Gustav *Jungs* in besonderer Weise nahesteht[357]. Das ist nur ein spärlicher Hinweis auf die Wirkungsgeschichte der Psychologie von Carus. Aber dieser Hinweis deutet zugleich auf einen wichtigen und allgemeinen Zusammenhang. Er berührt das *Problem der postromantischen Wirksamkeit der romantischen Naturphilosophie.* Dieses Problem ließe sich auch an der Wirkungsgeschichte Johannes *Müllers* entwickeln[358]. Es ist für den Zusammenhang dieser Arbeit erheblich. Sachlich-inhaltlich handelt es sich, grob gesagt, um die *Frage nach Wirksamkeit und Bedeutung des Rückgriffs auf die Natur dort, wo die Präsenz dieser Natur nicht mehr als ästhetische Präsenz gesucht wird. Was bedeutet die ‚Wende zur Naturphilosophie' unter der Bedingung eines fortschreitenden Mißtrauens in die Vergegenwärtigungskraft des Ästhetischen?* – das ist die Frage.

Die „naturphilosophische" Psychologie von Carus hat Bedeutung für diese Frage. Denn im Blick auf die Naturphilosophie hat das *Mißtrauen ins Ästhetische* – von dem dieser ganze Carus-Abschnitt seinen Ausgang nahm[359] – zunächst die bescheidene und nüchterne Form, von der „spekulativen" Naturphilosophie *die Probe der Empirie* zu verlangen. Carus – obwohl er, der Goethe-Verehrer und Maler-Philosoph, von diesem Mißtrauen weitgehend unberührt geblieben scheint – gehört in diese Bewegung ‚von der Spekulation zur Empirie'. Seine „Psychologie" ist repräsentativ für eine Vielzahl von philosophischen Versuchen, deren wesentliche Anstrengung darin besteht, die romantisch-spekulative Naturphilosophie mit der „Erfahrung" zu versöhnen. Diese Versuche stehen zu einem großen Teil im Zeichen der Enttäuschung und des Mißlingens. Im Fall der unmittelbar naturzieligen, empirisch-experimentellen Wissenschaften Physik und Chemie sind sie – wenigstens zunächst – gescheitert. Unterm Eindruck nicht nur des baldigen Erfolgs der Deszendenztheorie ergaben sich – trotz der Arbeiten von *Baers*[360] – Hindernisse auch im Falle der Biologie. Im fortgehenden 19. Jahrhundert setzen sich Helmholtz und Darwin gegen Goethe und Schelling durch. Die exakten Naturwissenschaften entziehen sich der Verführungskraft romantischer Naturphilosophie.

Das bedeutet nun aber in gar keiner Weise, daß diese Naturphilosophie – auch für den Raum der Empirie – ihre Bedeutung radikal einbüßt. Das ist *nicht* der Fall. Nur: Treuhänder dieser Bedeutung wurden nicht die exakten (mathematischen) Naturwissenschaften in der Rolle unmittelbar-theoretischer Naturerkenntnis. Träger ihrer Anregungen und Motive wurden vielmehr diejenigen Disziplinen, die innerhalb der Naturwissenschaft vorwiegend ‚praktisch', mit dem ‚Menschen' befaßt sind: die der *Medizin*. Eben das wurde bereits zu Beginn des Abschnitts als philosophische ‚Wende zur Medizin' beschrieben, die – weil sie sich um den lebendigen Menschen zugunsten seiner Lebendigkeit kümmert – zum ‚grenzenlosen Experimentieren' nicht befugt ist. Die Medizin ist überdies unter den Naturwissenschaften diejenige, die über eine Verifikationsweise verfügt, die mit der „exakten" – durch Experiment und Mathematik – nicht identisch und gleichwohl auf elementare Art ‚objektiv' und überzeugend ist: den Heilerfolg. Unter seiner Protektion können alte Traditionen fortleben. Am besten und leichtesten überdauern die Motive und Anregungen der spekulativen Naturphilosophie freilich in jenen Bereichen der Medizin, die über die Heiltechnik und bloße Naturwissenschaft des Kurierens hinaus – doch von der *Natur* her – zu einer Menschensicht im ganzen streben: in der medizinisch interessierten (u. a. psychiatrisch orientierten) *Psychologie.* Schon Carus' zentrale Werke verpflichten sich diesem Titel. Über seine Funktion im Zusammenhang der ‚Depotenzierung der Transzendentalphilosophie' wird ein späterer Abschnitt reflektieren[361]. Das Bündnis zwischen den Antrieben romantischer Naturphilosophie und Medizin und Psychologie hat in der Folge Schule gemacht. In Medizin und Psychologie wirken, befestigen und erhalten sich ihre Ansätze, die in der Gegenwart nicht nur fortleben, sondern – unter dem Eindruck ihrer fast unerwarteten Relevanz für die Heilpraxis – aufleben und gedeihen und von dorther erneut auf philosophische Geltung drängen. Diese

Ansätze sammeln sich heute unter dem vieldeutigen Zaubernamen *„Anthropologie"* – und schon Carus hat (Neigungen seiner eigenen Zeit folgend) Vorlesungen über Anthropologie gehalten[362], *Carus Psychologie – das ist: transzendentalphilosophisch-romantische Naturphilosophie unterwegs zur empirisch orientierten (und medizinisch-psychologisch interessierten) „Anthropologie"*.

Freilich: diese moderne, empirisch gerichtete Anthropologie, deren Begriff hier nur ganz unbestimmt gebraucht worden ist[363], in deren Zusammenhang aber auch die philosophisch anspruchsvollen Elemente der Psychoanalyse gehören: so prinzipiell auch diese Anthropologie den Menschen jeweils durch sein *Natur*-Verhältnis (und ausgehend von diesem Natur-Verhältnis) bestimmt – sie rechnet dabei mit einer anderen, eine verwandelten Natur. *„Anthropologie" im gegenwärtigen Sinn ist (in ihrem Thema beschränkte) ‚Naturphilosophie unter der Bedingung eines veränderten Naturbegriffs'*. Sie vertraut nicht mehr auf die ästhetisch-verzauberte, auf die organisch-heile und ursprünglich-vernünftige, nicht mehr – wie dies Carus ohne Zweifel noch tut – auf die *Romantiknatur*. Sie bestimmt den Menschen vielmehr im Blick auf eine andere, eine theologisch und ästhetisch ‚nackte', eine wilde, triebhafte, eine ursprünglich-unvernünftige Natur ohne das Zeug zu unmittelbarer ästhetischer Präsenz; sie bestimmt den Menschen im Blick auf die Natur der Interessen und Begierden; sie rechnet mit der *Triebnatur*. Aber: bevor es ernsthaft und in großem Stile zu dieser Art von Anthropologie, bevor es also in durchgreifender Weise zu diesem Wandel des philosophisch fundamentalen Naturbegriffs, zu dieser Wachablösung der Romantiknatur durch Triebnatur kommen kann, *muß zuerst der ästhetische Ansatz und die poetische Blickweise der romantisch-spekulativen Naturphilosophie sich müdearbeiten:* sie muß sich zersetzen und zerstören. Davon also wird nun zu reden sein: eben darum handelt der folgende Abschnitt von der Selbstzerstörung des ästhetischen Blicks und der *Entzauberung der Romantiknatur.*

Entzauberung der Romantiknatur

Transzendentalphilosophie – wurde gezeigt – ‚ist' das Sich-abhängigmachen der Vernunft von Möglichkeitsverfassungen[1]. Ihre „Depotenzierung" etabliert offiziell die Position der *Möglichkeit*[2]. Die ‚Wende zur Ästhetik'[3] ist deren erste Form. Sie leidet an Unwirklichkeit. Gegen diesen Mangel an Wirklichkeit entwickelt die ‚Wende zur Naturphilosophie'[4] die *Wirklichkeitstendenzen* der Möglichkeitsposition. Weil dieser Versuch in Schwierigkeiten gerät, kommt es nun zugleich zu einem anderen, entgegengesetzten: zum Versuch, die *Unwirklichkeitstendenzen* der Möglichkeitsposition zu entwickeln. Davon jetzt.

1. Ästhetischer Zirkel

Die Wende zur Ästhetik und zur Naturphilosophie – sie entwickelt sich, verwandelt sich und zerstört sich unter gewissen Bedingungen. Es sind – soweit diese Arbeit in ihrer abstrakten, nur immanent Philosophisches betrachtenden Art bisher auf sie aufmerksam wurde – im wesentlichen diese: die Transzendentalphilosophie ist und ist zugleich auch nicht der Übergang von der Metaphysik zur Geschichtsphilosophie, denn sie bringt es nicht zum Stande einer wirklichen Geschichtsphilosophie. Darum gehört zur Transzendentalphilosophie ihre Ohnmacht, die Neigung zum Geschichtspessimismus, das Bedürfnis, der Geschichte die ‚politische' Definition zu ersparen, der Drang, Geschichtsphilosophie auf Anamnese zu beschränken, die Tendenz, sie durch Ästhetik zu ersetzen und durch Naturphilosophie zu fundieren. Transzendentalphilosophie (sagte diese Arbeit) „depotenziert" das vernünftige Ich: sie macht es von Möglichkeitsverfassungen, von Unmittelbarkeitsverfassungen abhängig.

Verzauberte Natur. Bisher stand diese ‚Depotenzierung der transzendentalen Vernunft' im Zeichen des *Ästhetischen;* denn auch die Wende zur Naturphilosophie erwies sich als Wende zum Ästhetischen[5]. Das muß jetzt noch genauer geklärt werden. *Romantische Naturphilosophie* – kann man sagen – *bedeutet wesentlich ‚ästhetische' Präsenz der Natur – Präsenz einer wesentlich ‚ästhetisch' bestimmten Natur:* der Romantiknatur. Dafür ist wiederum *Schelling* der Gewährsmann. Er ist es nicht nur deswegen, weil – wie gezeigt wurde[6] – seine Naturphilosophie zur Re-Inthronisierung der Ästhetik führt. Die Belege für diesen ‚ästhetischen' Charakter der Naturpräsenz in der „Naturphilosophie" lassen sich unter vier Gesichtspunkten zusammenfassen:

Das „spekulative Organ"[7] der „Naturphilosophie" ist ein ‚ästhetisches' Organ: „Der eigentliche Sinn, mit dem diese Art von Philosophie aufgefaßt werden muß" – schreibt Schelling –, „ist also der *ästhetische*, und eben darum die Philosophie der Kunst das wahre Organ der Philosophie"[8]; „denn die ästhetische Anschauung ist die objektiv gewordene intellektuelle"[9], und die intellektuelle Anschauung ist das philosophische Organ auch und gerade der „Naturphilosophie"[10]. Das Faktum der Kunst ist es, das die Möglichkeit eines intellektuell-anschauenden Philosophierens beweist. Darum ist die intellektuelle Anschauung auch Sache der Genies, Sache einiger weniger: sie ist „nichts ..., das gelehrt werden könne ... alle Versuche sie zu lehren, sind also in der wissenschaftlichen Philosophie völlig unnütz ... Zu begreifen ist auch nicht, warum die Philosophie eben zu besonderer Rücksicht auf das Unvermögen verpflichtet sey, es ziemt sich vielmehr, den Zugang zu ihr scharf abzuschneiden und nach allen Seiten hin von dem gemeinen Wissen so zu isolieren, daß kein Weg oder Fußsteig von ihm aus zu ihr führen könne. Hier fängt die Philosophie an, und wer nicht schon da ist ... der bleibe auch entfernt"[11]: zur „Naturphilosophie" und gerade zu ihr gehört das betont *Esoterische* des Ästhetischen im Sinne der Geniekunst[12]. Ja, die Philosophie ist esoterischer noch als die Kunst: „die Philosophie ist nothwendig ihrer Natur nach esoterisch, und braucht nicht geheim gehalten zu werden, sondern ist es vielmehr durch sich selbst"[13]. Gegen diesen ästhetischen Standpunkt betonter Esoterik haben sowohl Fichte[14] als auch Hegel protestiert[15]. Schelling aber vertritt ihn mit Nachdruck[16]; gegen die bloße Reflexionsform der Philosophie[17] plädiert er für Anschauung[18], Einbildungskraft[19], Sinnlichkeit[20], Unmittelbarkeit[21] in der Philosophie: Schellings Naturphilosophie ist teilweise „mehr noch aus Divination als aus bewußter Erkenntnis entsprungen"[22], und die höchste Naturphilosophie ist die Nicht-Philosophie der „unmittelbar" erkennenden „Seher": „Die Zeit wird kommen, da die Wissenschaften mehr und mehr aufhören werden, und die unmittelbare Erkenntnis eintreten. Alle Wissenschaften, als solche, sind nur erfunden aus Mangel der letzteren ... Einzelne waren und werden seyn, die der Wissenschaft nicht bedürfen, in denen die Natur sieht und die selber in ihrem Sehen Natur geworden sind. Diese sind die wahren Seher, die ächten Empiriker"[23] – die vollendeten Naturphilosophen.

Damit hängt zusammen: *die „Naturphilosophie" unterwirft sich in wesentlichen Zügen dem Vorbild der Kunst,* „so, daß man sagen kann, die Kunst sey das Vorbild der Wissenschaft, und wo die Kunst sey, soll die Wissenschaft erst hinkommen"[24]. Denn: „Die Ansicht, welche der Philosoph von der Natur künstlich sich macht, ist für die Kunst die ursprüngliche und natürliche. Was wir Natur nennen, ist ein Gedicht, das in geheimer wunderbarer Schrift verschlossen liegt. Doch könnte das Räthsel sich enthüllen, würden wir die Odyssee des Geistes darin erkennen, der wunderbar getäuscht, sich selber suchend, sich selber flieht; denn durch die Sinnenwelt blickt wie durch Worte der Sinn, nur wie durch halbdurchsichtigen Nebel das Land der Phantasie, nach dem wir trachten... Die Natur ist dem Künstler nicht mehr, als sie dem Philosophen ist, nämlich nur die unter beständigen Einschränkungen erscheinende idealische Welt“[25]. „Die objektive Welt ist nur die ursprüngliche, noch bewußtlose Poesie des Geistes“[26], und „jede Organisation ist ein Monogramm jener ursprünglichen Identität, aber um sich in diesem Reflex zu erkennen, muß das Ich sich unmittelbar schon in jener Identität erkannt haben“[27] – durch „Kunstanschauung“[28], durch „Poesie“ und „Kunst“[29]. „Wer in das Heiligtum der Natur eindringen will, nähere sich mit diesen Tönen einer höheren Welt“[30]: der „begeisterte Naturforscher lernt ... die wahren Urbilder der Formen, die er in der Natur nur verworren ausgedrückt findet, in den Werken der Kunst... sinnbildlich erkennen“[31]. Die Kunst ist die Schule der Naturforschung; die Naturphilosophie lebt also von der „Verwandtschaft der Philosophie und der Kunst“[32]; ja, die Philosophie *ist* irgendwie „Poesie“[33]. „Ob ich eine Schule will?“, fragt Schelling[34] und antwortet: „Ja, aber wie es Dichterschulen gab. So mögen gemeinschaftlich Begeisterte in gleichem Sinn fortdichten an diesem ewigen Gedicht“[35] – der Naturphilosophie. Daraus folgt, „daß die Philosophie, so wie sie in der Kindheit der Wissenschaft von der Poesie geboren und genährt worden ist, und mit ihr alle diejenigen Wissenschaften, welche durch sie der Vollkommenheit entgegengeführt werden, nach ihrer Vollendung ... in den allgemeinen Ocean der Poesie zurückfließen“ sollen[36]. „Welches aber das Mittelglied der Rückkehr der Wissenschaft zur Poesie seyn werde, ist im Allgemeinen nicht schwer zu sagen, da ein solches Mittelglied in der Mythologie existiert hat, ehe diese, wie es jetzt scheint, unauflösliche Trennung (sc. von Wissenschaft und Poesie) geschehen ist“[37].

Für dieses „Mittelglied der Rückkehr der Wissenschaft zur Poesie“ hat nun die Naturphilosophie eine besondere Bedeutung: *die „Naturphilosophie“ hat inventive Bedeutung für eine „neue Mythologie“*[38]. Schon das „Systemprogramm“ forderte: „wir müssen eine neue Mythologie haben ... eine Mythologie der Vernunft“[39]. Und darum, um „eine neue Mythologie“[40] geht es auch und gerade in der Naturphilosophie: „die Mythologie selbst aber (ist) ursprünglich nur durch die Beziehung ihrer Gestaltungen auf die Natur möglich“[41], und zwar auf jene Natur, deren „Dinge“ nicht nur „sind“, sondern zugleich auch „bedeuten“[42], so daß diese „Natur“ – die Romantiknatur – gewissermaßen die „erste Symbolik Gottes“ ist, die die „Kunst“ nur „wiederholt“[43]. „Alle Symbolik muß von der Natur aus- und zurückgehen“[44] – so auch die Mythologie. „Die Wiedergeburt einer symbolischen Ansicht der Natur wäre daher der erste Schritt zur Wiederherstellung einer wahren Mythologie“[45]. Und zu eben dieser „Wiedergeburt“ führt die Naturphilosophie. „Man hat mehrmals in neuerer Zeit den Gedanken gehört, daß es wohl möglich wäre, aus der *Physik* – natürlich, sofern sie spekulative Physik ist – den Stoff zu einer neuen Mythologie zu nehmen“[46]: Schelling selbst war es, der „behauptete, daß in der höheren spekulativen Physik die Möglichkeit einer künftigen Mythologie und Symbolik zu suchen sey“[47] und sich auch „anheischig“ machte, „die ganze

Naturphilosophie in Symbolen der Mythologie darzustellen"[48]. „Mythologie" aber „ist die nothwendige Bedingung und der erste Stoff aller Kunst"[49]. „Es wird wohl" – schreibt Schelling darum im Jahre 1800 – „am Ende dieser Arbeiten, welche ich für die spekulative Physik unternommen habe, offenbar werden, daß die durch sie in der Einen Wissenschaft der Natur bewirkte Revolution außer den unmittelbaren Früchten, die sie bringt, noch überdieß das Entscheidenste sey, was jetzt noch, nicht nur für Philosophie, sondern für das Höchste und Letzte, die Poesie, welche in der That bis jetzt ihren einzigen und absoluten Gegenstand, das schlechthin Objektive, nur in Bruchstücken dargestellt hat, vom wissenschaftlichen Gebiet aus geschehen könne"[50]

4. All das manifestiert sich zusammenfassend in jenem Tatbestand, der bereits oben[51] angedeutet wurde: *die „Naturphilosophie" führt zur Re-Inthronisierung der „Ästhetik":* gerade für die Naturphilosophie und im Zusammenhang mit ihrer Ausbildung wird die „Philosophie der Kunst" „das allgemeine Organon der Philosophie"[52].

Diese Zusammengehörigkeit von Naturphilosophie und Ästhetik wird eindrucksvoll unterstrichen durch das bei Schelling charakteristische Schicksal der Philosophie der Kunst. Der früheste, der noch gänzlich „fichtesche" Schelling unternimmt noch keine thematische Philosophie der Kunst[53]. Erst seit die „Naturphilosophie" sich ausbildet, entwickelt sich auch eine ausdrückliche Ästhetik und gewinnt zentrale Bedeutung. 1800 ist sie bereits die entscheidende Philosophie – wenn auch noch „nur" diejenige einzig des Transzendentalsystems[54]. 1801 avanciert sie endgültig zur zentralen und abschließenden ‚dritten' Philosophie ‚über' Naturphilosophie und Transzendentalphilosophie[55]. Diese Bewegung korrespondiert mit dem Aufschwung der Naturphilosophie[56]; sie korrespondiert mit jenem wachsenden ‚Geschichtspessimismus' und jener zunehmenden Neigung, die Geschichte ihrer ‚politischen' Definition zu entziehen, von der die Rede war[57]. Was zur Naturphilosophie führt – die Suche nach einer Lösung des Geschichtsproblems *außerhalb* der (politischen) Menschengeschichte – ist zugleich das, was auch in wachsendem Maße und immer wieder die Ästhetik verlangt und ihr die zentrale Rolle gibt. Das war der Vorgang bei Kant, es ist der Vorgang auch bei Schelling.

Dieser Vorgang bei Schelling aber ist dem entsprechenden bei Kant in einem Punkte entgegengesetzt. Dafür gibt es ein – scheinbar äußerliches – Indiz. In Kants „Kritik der Urteilskraft" *folgt* die Naturphilosophie der Ästhetik[58]; im „System des transcendentalen Idealismus" nicht weniger als im Gesamtsystem Schellings *geht* die „Naturphilosophie" der Ästhetik *voraus.*[59]. Bei Kant rief – angesichts der Aporie ihrer Unwirklichkeit[60] – die Ästhetik die Naturphilosophie zu Hilfe; bei Schelling sucht umgekehrt – angesichts der Aporie mangelnder Naturpräsenz[61] – die Naturphilosophie bei der Ästhetik Beistand und Vollendung. Was bedeutet das? *Den Auftrag, den bei Kant die Ästhetik an die Naturphilosophie weitergab, gibt bei Schelling die Naturphilosophie an die Ästhetik zurück.* Die skizzierte Bewegung führt also in einen Zustand *zurück,* dem zu entgehen die Naturphilosophie gerade ausgebildet wurde: sie führt *zurück in die Aporie des Ästhetischen. Die*

„naturphilosophische" Re-Inthronisierung des Ästhetischen ist auch die Re-Inthronisierung der Aporie des Ästhetischen: die Wiederherstellung der universellen Macht der Ästhetik ist auch die Wiederherstellung ihrer Zerbrechlichkeit. Damit hängt es zusammen, daß – merkwürdiger Tatbestand der Philosophie Schellings! – just in dem Augenblick, in dem die Ästhetik zu dieser zentralen Geltung kommt, ebendiese zentrale Geltung der Ästhetik auch schon wieder erlischt, und daß der unbestreitbar ästhetikwilligste Philosoph des sogenannten „deutschen Idealismus" es faktisch *nicht* zu einer wirklich durchgeführten und eine die Phasen seiner philosophischen Entwicklung sichtbar beherrschenden „Ästhetik" gebracht hat[62]. Das eben liegt an dem geschilderten Zusammenhang. Die äußerste Geltung der Ästhetik ist auch zugleich die äußerste Wirksamkeit ihrer Schwierigkeiten; und darum, eben darum ist bei Schelling der Zeitpunkt der höchsten Macht der Ästhetik notwendig identisch mit dem Zeitpunkt des Endes dieser Macht.

Dieser Hinweis auf diese *‚Krise des Ästhetischen'*[63] *durch ‚Konjunktur des Ästhetischen'* kann plausibel machen, daß und warum bei Schelling unmittelbar nach der Jahrhundertwende das Bedürfnis entstand, nach *anderen*, gewissermaßen transästhetischen Weisen geschichtlicher Geltung der Natur zu suchen. Er kann also plausibel machen, warum gerade in den Jahren der Kunstphilosophie – vom System des transcendentalen Idealismus (1800) bis zu den Kunstphilosophie-Vorlesungen (1802–1805) – der Übergang sich vollzog vom naturphilosophisch-ästhetischen zum – zunächst „identitätsphilosophischen" und später „freiheitsphilosophischen" – *‚theologischen'* Versuch, die für sich genommen zu wenig geschichtsmächtige Natur als „Grund" in Gott an dessen geschichtlicher Wirksamkeit teilnehmen zu lassen, wie es „Philosophie und Religion"[64] ansatzweise und der Freiheitsaufsatz in voller Klarheit erkennen lassen[65]. Diese Entwicklung der Dinge treibt bei Schelling zu jenen ‚theologisch' orientierten Ansätzen der Weltalterphilosophie[66] und der „positiven" Spätphilosophie[67], die zu untersuchen nicht Sache dieser Arbeit ist[68].

Ästhetischer Zirkel. All dieses hat Konsequenzen, aus ihm ergibt sich mindestens zweierlei.

Schellings Naturphilosophie (und mutatis mutandis die romantische Naturphilosophie überhaupt): sie deutet die Natur als die heile Ursprünglichkeit und geschichtsrettende Vernünftigkeit des Organismus; sie deutet diese Natur also – im Gegenzug gegen die Gefahr ihres Verständnisses als ‚Triebnatur' und als ‚Kontrollnatur' – als ‚Romantiknatur'; und sie tut das so, daß sie diese Natur ‚ästhetisch' deutet. *Die Natur der romantischen Naturphilosophie d. h. die ‚Romantiknatur' ist ‚ästhetische', ist ‚verzauberte' Natur.* Die Philosophie dieser Natur – in repräsentativer Weise also Schellings Naturphilosophie – ist, um es überspitzt zu sagen, so etwas wie ein Filialunternehmen der Kunstphilosophie; sie stilisiert die Naturwissenschaft zum Statthalter und Ersatz der – unterm Banner der Subjektivität und Geniekunst zerfallenen – Theorie des „Naturschönen"[69]: sie ist in gewissem Sinne nicht sosehr „Physik", als vielmehr *Ästhetik der Natur.*

Gewiß: Schellings Naturphilosophie und die transzendentalphilosophisch-romantische Naturphilosophie überhaupt – in dieser Bestimmung einer bloßen ‚Ästhetik der Natur' *geht sie nicht auf.* Was hier gesagt wurde, betrifft also nur ‚dominierende Züge' dieser Philosophie. In ihr steckt und aus ihr entwickelt sich ja auch die Neigung zur Aktualisierung ihres Ansatzes durch Medizin und Psychologie[70]. Vor allem aber: diese Naturphilosophie hält ja, ihrer transzendentalphilosophischen Herkunft entsprechend, fest an einer ‚Position der Unentschiedenheit' zwischen Metaphysik und Geschichtsphilosophie. Das aber bedeutet ja eben keineswegs nur, daß ihr Ansatz ‚nicht mehr' Metaphysik, ‚noch nicht' Geschichtsphilosophie ist; es bedeutet ja zugleich, daß sie durchaus ‚noch' in der Weise der Metaphysik und durchaus ‚schon' in der Weise der Geschichtsphilosophie denkt. Darum partizipiert diese Philosophie ebenso an der Tradition der Metaphysik[71] wie am Aufbruch zur Geschichtsphilosophie. Es ist also all dieses in dieser Naturphilosophie ‚auch' da: der Anschluß an die alten naturphilosophischen Lehrstücke der metaphysischen Tradition, für die z. B. Oetinger großenteils nur Vermittler, nicht aber Erfinder war[72]; dann: die Vorbereitung jener Kategorien, die für die Deutung der Geschichtlichkeit des Menschen taugen; und nicht zuletzt auch dieses: daß diese Naturphilosophie, die Wissenschaft sein will und keine Schwärmerei[73], Bezug hat auf die exakte Naturwissenschaft[74], und zwar so, daß sie das Problem ihrer Grundlegung – und zwar gerade das, das über den Aktionsradius einer formalisierenden Grundlagenforschung hinaustreibt – treuhänderisch bewahrt und zur Geltung bringt; über die Fruchtbarkeit oder Unfruchtbarkeit ihrer diesbezüglichen Ansätze hat diese Arbeit nicht zu befinden[75]. Das alles also gibt es in dieser Philosophie zweifelsfrei *auch.*

Trotzdem gilt: Schellings Naturphilosophie und die transzendentalphilosophische Naturphilosophie der Romantik insgesamt unterwirft sich einer *Dominanz des Ästhetischen.* Das Organ der Bildung und das Organ der Erfassung der Romantiknatur ist ein ‚ästhetisches' Organ: die Romantiknatur wird wesentlich ‚ästhetisch' erschlossen; ‚primär' ist diese Naturphilosophie eine ‚Ästhetik der Natur': *transzendentalphilosophisch-romantische Naturphilosophie meint wesentlich ‚ästhetische' Präsenz der Natur – Präsenz einer ‚ästhetisch' bestimmten Natur: der ‚verzauberten', der ‚Romantiknatur'. Darum ist das Schicksal des ästhetischen Ansatzes unmittelbar auch das Schicksal der Naturphilosophie.* Daraus folgt die Möglichkeit und – für diese Arbeit – die Notwendigkeit, das Schicksal des ästhetischen Ansatzes als Schicksal der Naturphilosophie darzulegen.

Dieses Schicksal des ästhetischen Ansatzes ist freilich ganz und gar kein heiteres und leichtes. Denn offenbar meldet sich eine fundamentale Schwierigkeit. Der ästhetische Ansatz beruft sich auf die Romantiknatur; die Romantiknatur aber beruft sich auf den ästhetischen Ansatz. Der naturphilosophische Versuch einer ‚Realisierung' des Poetischen endet bei der ‚Poetisierung' des Realen. Das Gefühl und die Phantasie – sie suchen ihre Realität nicht mehr in der politischen Welt der Geschichte, sie suchen ihre Realität vielmehr in der Romantiknatur; aber die Romantiknatur wird zur Realität des Menschen nicht ‚in der Wirklichkeit', sondern im Gefühl und in der Phantasie. Das ist der Versuch eines Unwirklichen, sich durch Unwirkliches Wirklichkeit zu verschaffen – eine Art Wechselreiten. Es ist eine Münchhausensituation: der Versinkende greift nach dem Rettenden, aber dieses vermeintlich Rettende ist er selbst: und er selbst ist nicht das Rettende, sondern das Versinkende. Damit zeigt sich ein *Zirkel;* er manifestiert eine grundsätzliche Aporie, dies: *die Romantiknatur, die das Ästhetische ‚verwirklichen' soll, wird selbst ‚verwirklicht' nur durch das Ästhetische. Das Ästhetische lebt auf Kredit einer Wirklichkeit, die selbst nur auf Kredit des Ästhetischen lebt* – *das ist der ‚ästhetische Zirkel'* oder jedenfalls das, was man so nennen kann[76]; und dieser Zirkel ist wirklich ein vitiosum, wirklich ruinös. Was folgt daraus? Dieses: *die Wende zur Naturphilosophie ‚löst' nicht, sie ‚verschärft' vielmehr das Problem des ästhetischen Ansatzes, radikalisiert seine Schwierigkeiten; sie ist* (kann man sagen) *die komplizierte Form seines Scheiterns.*

2. *Position des Scheiterns*

Der ästhetische Ansatz, auch und gerade dort, wo er Deckung sucht bei der Romantiknatur: er *scheitert;* richtiger: er bleibt genau in dem Maße möglich und vollziehbar, in dem er *dieses Scheitern selbst zur Position* zu machen vermag. *Der ästhetische Ansatz bleibt als ‚Position des Scheiterns' möglich; Ästhetik* (im Zusammenhang der depotenzierten Transzendentalphilosopie) *ist im Effekt ‚Ästhetik des Scheiterns'.*

Ästhetik des Scheiterns. ‚Ästhetik des Scheiterns' ist die Ästhetik im Zusammenhang des Schicksals der Transzendentalphilosophie von Beginn an mindestens ‚auch' gewesen: zur transzendentalphilosophischen Ästhetik gehörte von vornherein mindestens ‚auch' die Ästhetik des Scheiterns. Das naheliegendste Zeugnis ist die Theorie des „Erhabenen". Zur Ästhetik als Theorie des „Schönen" tritt – mit steigender Bedeutung – die Ästhetik als Theorie des Nicht-Schönen; zur Ästhetik der (poetisch-phantastischen) Übereinstimmung mit der Welt tritt in wachsendem Maße eine Ästhetik des verlorenen und mißlungenen Einklangs mit der Welt, zur Ästhetik der Harmonie eine Ästhetik der Diskrepanz. Es reicht nicht zu, das als bloße Expansion des Themenfeldes der Ästhetik, als Fortgehen zu weiteren ästhetischen Phänomenen zu deuten, die es ‚auch noch' gibt und darum bearbeitet werden müssen. Das erklärt nicht die wachsende Bedeutung und das schließliche Übermächtigwerden dieser ‚zweiten', ‚anderen Ästhetik', versteht nicht, daß es sich da in großem Stile um einen ‚zweiten Anlauf' der Ästhetik, um eine Hilfs- und Stützungsaktion für ihren fallierenden ersten handelt, nimmt nicht ernst, daß es da um das Phänomen einer ‚Verdoppelung' geht: *zum transzendentalphilosophischen Schicksal der Ästhetik und Naturphilosophie gehört diese denkwürdige ‚Verdoppelung der Ästhetik'.*

Es handelt sich dabei erneut um einen Tatbestand, der sich in einer besonders klaren Weise bei *Schiller* zeigt. Die ganze denkerische Anstrengung seiner Philosophie – und diese Philosophie ist essentiell ‚Ästhetik' – zielt, formal betrachtet, auf die Auflösung einer Entzweiung (von „Vernunft" und „Sinnlichkeit", „Ideal" und „Leben" „Seelenfrieden" und „Sinneslust" usf.) in eine Einheit. „Von dieser Entgegensetzung müssen wir ausgehen"[77] – und sie löst sich, scheint es, ästhetisch: „Die Schönheit, heißt es, verknüpft zwei Zustände miteinander, die einander entgegengesetzt sind und niemals Eins werden können"[78]. In der Tat: jede Auflösung einer Antinomie zwingt Schiller zur Aufstellung einer neuen. Das zeigt sich schon rein äußerlich daran, daß Schiller nicht nur stets von einem Gegensatz-Phänomen ausgeht, sondern stets auch mit einem Gegensatz-Phänomen und einer Doppel-Theorie endet. Zur Analyse der „Anmut" tritt die der „Würde", zur Theorie der „schönen Seele"[79] tritt die der „erhabenen Gesinnung"[80]; die Analyse des „Spieltriebs" gabelt sich in die der „schmelzenden Schönheit" und die der „energischen Schönheit"[81] bzw. des „Pathetischen"[82], des „Erhabenen"[83]; zur Theorie der „naiven" tritt die der „sentimentalischen Dichtung"[84], innerhalb der letzteren zur Ästhetik der „Elegie" die der „Satire"[85]; innerhalb der Satirentheorie gehört zur Hochschätzung der Komödie die faktische Prävalenz der Tragödie[86]; zur Erhebung der „Idylle"[87] gehört die faktisch „satirische" Position Schillers, seine faktische Produktion als tragischer Dichter; zum philosophischen Lob des „ästhetischen Scheins"[88] gehört Schillers poetisches Votum durch die Dichtung der Tragödie des Scheins – des Demetrius; usf.[89]. Was so bei Schiller sichtbar wird, manifestiert eine allgemeine Verfassung; es handelt sich um einen repräsentativen Tatbestand, um den generellen Vorgang einer *Verdoppelung der Ästhetik.*

Im Zuge dieser Verdoppelung der Ästhetik kommt es zur Ausbildung einer ‚zweiten' Ästhetik, einer Ästhetik des Scheiterns: zur Erlösungsästhetik der aufgelösten tritt die Rückzugsästhetik der ausgehaltenen Widersprüche. In wachsendem Maße drängen jene Phänomene ins Zentrum der Ästhetik, die nicht mehr als Phänomene des „Schönen" begriffen werden können: das Pathetische, das Tragische, das Komische und Lächerliche, das Groteske und das Kauzig-Humoristische, die Ironie, das Kitschige, das Häßliche, das Dionysische usf.[90] – und eben auch und zuerst das *Erhabene.* In Kants Urteilskraftkritik gehört zur „Analytik des Schönen"[91] die „Analytik des Erhabenen"[92]; jene untersucht eine „positive Lust", diese eine „negative Lust"[93]; jene „ein Gefühl der Beförderung des Lebens", diese eins zunächst einer „Hemmung der Lebenskräfte"[94]; denn die Schönheit „entdeckt uns" die als Natur gefaßte Wirklichkeit „als ein System nach Gesetzen ... einer Zweckmäßigkeit"[95], das Erhabene dagegen entdeckt sie uns gerade als „zweckwidrig"[96]: es setzt Enttäuschung durch diese Wirklichkeit voraus, es stellt sich zur Erfahrung nicht mehr ihrer Gemäßheit, sondern ihrer Wirklichkeit und Fremdheit, rechnet mit ihrer vernichtenden „Größe" oder „Macht"[97]. Im Zusammenhang dieser Diskussion des „Erhabenen" präsentiert sich bereits bei Kant die Wirklichkeit als *Natur*[98]; und es kommt bereits bei ihm zur Erfahrung, daß ein Auftreten der geschichtlichen Wirklichkeit als „Natur" ihre Widrigkeiten nicht nur nicht bannt, sondern – mindestens ebensosehr – manifestiert. *Die Ästhetik des „Erhabenen" rechnet damit, daß die Geschichte „Natur" ist und entdeckt dabei, daß diese „Natur" für die Geschichte nicht das ‚Rettende', sondern – zumindest ‚auch' – das ‚Gefährdende' ist.* Die Welt: gerade als die durch „Natur" definierte (‚naturalisierte') Geschichte hört sie für den Menschen auf, vertraut und heimelig zu sein; sie wird ich-verlassenes Nicht-Ich; der Mensch wird auf sich selbst zurückverwiesen, auf seine eigene und innere Kraft, diese Fremdheit und harte „Notwendigkeit" der Wirklichkeit zu bestehen[99] – und das ist nun nicht mehr die Kraft, diese Wirklichkeit zu einer menschlichen zu *verändern*, sondern die Kraft, diese Wirklichkeit als eine unabänderlich unmenschliche zu *ertragen*. „Wohl ihm also" – schreibt *Schiller* über den Menschen[100] – „wenn er gelernt hat, zu ertragen, was er nicht kann: Fälle können eintreten, wo das Schicksal alle Außenwerke ersteigt, auf die er seine Sicherheit gründet" – und gerade diese Fälle *sind* eingetreten, sie treten beständig ein, es sind diejenigen, die nicht nur der gegenwärtigen Situation, sondern der ganzen menschlichen Geschichte ihr Gepräge geben[101]: „Also hinweg mit der falsch verstandenen Schonung und dem schlaffen verzärtelten Geschmack, der über das ernste Angesicht der Notwendigkeit einen Schleier wirft und, um sich bei den Sinnen in Gunst zu setzen, eine Harmonie zwischen dem Wohlsein und dem Wohlverhalten *lügt*, wovon sich in der wirklichen Welt keine Spuren zeigen. Stirne gegen Stirne zeige sich uns das böse Verhängnis ... das furchtbar herrliche Schauspiel der alles zerstörenden und wieder erschaffenden und wieder zerstörenden Veränderung – des bald langsam untergehenden, bald schnell überfallenen Verderbens ... die pathetischen Gemälde der mit dem Schicksal ringenden Menschheit, der unaufhaltsamen Flucht des Glücks, der betrogenen Sicherheit, der triumphierenden Ungerechtigkeit und der unterliegenden Unschuld, welche die Geschichte in reichem Maße aufstellt"[102]: wenn die Geschichte nicht mehr als Terrain der Vernunft, die Wirklichkeit nicht mehr als Herrschaftsfeld des Ich begriffen werden kann und in *diesem* Sinne als „Natur" begriffen werden muß, also „wenn man darauf resigniert, sie zu erklären, und diese ihre Unbegreiflichkeit selbst zum Standpunkt der Beurteilung macht"[103] – dann ist die Wirklichkeit als „Äußerliches" für des Menschen „Innerlichkeit", dann ist ihre „Allgemeinheit" und „Notwendigkeit" für seine „Besonderheit" und „Freiheit" ihr „Schicksal" für seine „Menschlichkeit", kurz: dann ist die geschichtlich-natürliche Wirklichkeit für den Menschen sein Gegensatz, Widerspruch, seine *Negation.* Nicht Erfüllungen, sondern Schläge hat er von ihr zu erwarten: nicht mehr *durch* seine Wirklichkeit, einzig noch *gegen* seine Wirklichkeit ist er Mensch[104]: seine Bestimmung wird das *Scheitern.* Darum kann sein Heil und Gut nicht mehr darin liegen, sich unmittelbar mit der Wirklichkeit zu versöhnen, sondern allein darin, sich mit jener *Unwirklichkeit* zu versöhnen, in die ihn diese Wirklichkeit verstößt. *Wo die geschichtliche Wirklichkeit – als „Natur" – zur ich-fernen und unvernünftigen wird, sucht der Mensch sein Heil im (ästhetischen) Einverständnis mit seine Unwirklichkeit: in einer Position, die nicht nur Unwirklichkeit ‚ist', sondern diese Unwirklichkeit auch ‚will'.* Freilich: das ist eine Position, die im letzten Grunde und auf Dauer niemand

„sein", sondern nur „dichten" kann – sei es, ‚um' sie zu sein, sei es, ‚anstatt' sie zu sein: diese Position ist nur als ‚ästhetische' möglich. Gleichwohl ist sie geplagt durch die Frage, was das ‚Versöhnliche' in dieser Unwirklichkeit und in diesem Scheitern sei. Hier sei auf *zwei* Antworten hingewiesen.

Da ist einerseits der Versuch, *das Versöhnliche im Scheitern darin zu erblicken (und ästhetisch zu verzaubern), daß dieses Scheitern sittliche oder freie Tat des Menschen ist:* Untergang ist als Gelegenheit fürs Moralischsein akzeptabel. Das verlangt vom Menschen glückseligkeitsfreie Würde, neigungsfreie Pflicht, verlangt von ihm Größe, das Heroische – das Übermenschliche. Wenn nicht real, dann ist es wenigstens ästhetisch vollziehbar – als das *Tragische* oder *Pathetische:* als, schreibt Schiller, die Kunst, „das wirkliche Leiden in eine erhabene Rührung aufzulösen. Das Pathetische, kann man sagen, ist eine Inokulation des unvermeidlichen Schicksals, wodurch es seiner Bösartigkeit beraubt und der Angriff desselben auf die starke Seite des Menschen hingeleitet wird"[105]. *Darum gehört zu diesem ganzen Versuch einer ‚zweiten Ästhetik' und ‚Position des Scheiterns' die – wachsend – zentrale Stellung der Ästhetik des Tragischen und der Tragödientheorie.* Nicht nur bei *Schiller*[106], auch bei *Schelling* bekommt die Tragödientheorie diese entscheidende Stelle: sie ist nicht allein die Ästhetik der zentralen Kunstgattung[107], sie ist zugleich auch dasjenige Stück von Schellings Ästhetik, das – 1795 im zehnten der „Philosophischen Briefe über Dogmatismus und Kritizismus"[108] – zuerst entwickelt wurde; sie ist außerdem der – mit zwei anders gelagerten Ausnahmen[109] – einzige Teil der Vorlesungen über die „Philosophie der Kunst", den Schelling selbst für publikationswürdig gehalten hat[110]. Sein Begriff für die Unglückslage des tragischen Helden – der „schuldlose Schuldige"[111] – ist freilich bereits ein Dokument für die innere Zwiespältigkeit dieser Theorie: er bringt nicht nur zum Ausdruck, daß der Einzelne sich an der Weltordnung, sondern ebensosehr, daß die Weltordnung sich am Einzelnen vergangen hat[112]. „Versöhnung"[113] – meint Schelling – liege darin, daß der tragische Held Leidenslage und Untergang „freiwillig" auf sich nimmt[114]. Aber diese „freiwillige Sühne" hat nicht nur „versöhnlichen" Sinn, sondern mindestens ebensosehr den eines demonstrativen Martyriums. Die tragisch-kathartische „Erhebung" ist *wirklich ‚Erhebung':* ihr Sinn liegt mehr als im ‚Wofür' im ‚Wogegen': Tragik meint – im Gegensatz zur Sühne, dem ‚Leiden für' die verletzte Ordnung, und im Gegensatz zum Opfer, dem ‚Leiden für' eine bedrohte und werte Person – letztenendes eben nicht das ‚Leiden für', sondern das ‚Leiden gegen ...': ‚Leiden gegen' das Schicksal, ‚Leiden gegen' die Wirklichkeit und ihre Ordnung. Der elementare Grundsinn der tragischen „Erhebung" liegt im Aufstand, im Protest, in der „Empörung"[115]; darum die Bedeutung der Prometheus-Gestalt für die Tragödientheorie: „Prometheus" – sagt Schiller[116] – „der Held einer der schönsten Tragödien, ist gewissermaßen ein Sinnbild der Tragödie selbst". Und Schelling: „Prometheus ist das Urbild des größten Menschencharakters und dadurch auch das wahre Urbild der Tragödie"[117]. Die Tragödie ist Erhebung: Blasphemie oder Revolution, die sich verbietet, es zu sein; sie ist faktisch – in der Maske ihres Gegenteils – *Anklage* gegen die Wirklichkeit und ihre vernichtende Macht: daß sie eine Wirklichkeit ist, in der das Leiden und Tragen nötig ist. Diese Anklage *dementiert die Versöhnung:* sie dementiert letztlich die Katharsis. Daraus folgt, daß die tragische Form der Position des Scheiterns keine Chance hat, eine dauerhafte, eine haltbare Position zu sein – es sei denn, es käme zu einer „Geburt der Tragödie" aus anderem „Geiste"[118].

Darum kommt es andererseits zum *Versuch, das Versöhnliche im Scheitern nicht mehr darin zu erblicken (und ästhetisch zu genießen), daß dieses Scheitern Tat, sondern darin, daß diese Tat Scheitern ist.* Nicht mehr, weil der Untergang sittlich-freiwillige Handlung des Menschen, sondern darum, weil er Untergang ist, wird er jetzt zur eigentlich menschlichen Rolle: Der Untergang ist nicht mehr als Gelegenheit fürs Moralischsein, sondern allenfalls ist das Moralischsein als Gelegenheit für den Untergang akzeptabel. *Das Zunichtewerden als solches wird zur Definition des Menschlichen:* aus dem Scheitern als Mittel der Moralität wird das Scheitern als Zweck an sich. Nicht mehr durch Taten, sondern durch Leiden und Zugrundegehen wird der Mensch zum Menschen: das Pathetische mutiert zum Pathischen und gegebenenfalls zum Apathischen und Pathologischen. Aus der „Pflicht" zum Scheitern wird „Neigung" zum Scheitern; aus der Größe und Festigkeit im Leiden wird die Lust am Leiden – der Rausch des Untergangs, die Süße der Selbstauflösung. Der Mensch wird durch die Lust seiner Verzweiflungen, Schmerzen, Wunden, Niederlagen, Zerrissenheiten zum Menschen, durch den Enthusiasmus des Mißlingens: es definieren ihn seine Narben und Unvollkommenheiten; nur in einem will er – zum Ersatz – vollkommen sein, er will Vollkommenheit im Bemerken seiner Unvollkommenheit, will die unendliche perfekte Reflexion. Freilich will er sie nur, um besser zu sein, was er schon ist: der Gourmand seiner Insuffizienzen. So wird Menschsein Hang zum Nichts, Inklination zum Zero. Dieser transzendentale Masochismus liebt das Negiertwerden. Und so entwickelt er Neigung zu allen nur möglichen Lagen des Nichtigwerdens, des zwecklosen Leidens, Tragens, Erlöschens, Ausgeschlossenseins: er bestimmt sich durch Negation seiner geschichtlich-sozialen Existenz, wird wesentlich der Außerkommunikative und der Outlaw; er gibt sich die Bestimmungen und Verfassungen des Asozialen: als Verbrecher [119], Wahnsinniger[120], Taugenichts[121] usf. Dazu gehört jegliche Sucht des Imperfekts: die Begierde des Böseseins, die Pflege der eigenen Wunden, die Solidarität mit den Abfällen, die Sorgfalt der Defizienz, die Kultur der Laster und – transformiert ins Harmlose – des Skurilen und Kuriosen, des Kauzigen und „Humoristischen"[122]. Das Glück liegt im Unglück. In wachsendem Maße wird alles – Traditionen, Institutionen, Menschen – nur mehr als unglückliches Verhältnis, als Scheiterndes, Zugrundegehendes interessant. Die Verführungskraft des Zerfallens und Verlöschens regiert. Dazu gehört die Absage an den Alltag und überhaupt an den Tag – die Zuwendung zur Nacht, zur Zeit des Schlafes und der Träume als der eigentlich menschlichen Zeit[123]. Dabei ist der Schlaf nicht nur seiner Träume wegen[124] attraktiv: es regieren insgesamt die Formen des halben und ganzen Todes – und der Schlaf ist ein Tod wenigstens auf Zeit[125]. So hat dieser Ansatz auch ein besonders enges Verhältnis zur Krankheit[126], einen „Enthusiasmus für Krankheiten und Schmerzen"[127]. „Fängt nicht überall das Beste mit Krankheit an? halbe Krankheit ist Übel – ganze Krankheit ist Lust – und zwar höhere", sagt Novalis in einer „Poetik des Übels"[128]: „in dem Augenblick, als ein Mensch die Krankheit oder den Schmerz zu lieben anfängt, läge die reizendste Wollust in seinen Armen – die höchste positive Lust durchdränge ihn"[129]. Und weil „der Tod ... das Zentrum aller Krankheiten"[130] ist, wird das Todesverhältnis zentral[131]. Der Mensch in seinem Kerne erliegt der „Sehnsucht nach dem Tode"[132]; „Der Tod ist das romantisierende Prinzip des Lebens"[133]. Dieser „Wille zum Schwinden"[134] bekräftigt die Definition der entscheidenden Lebensvollzüge nicht mehr allein durch das Extraordinäre, sondern durch das Sterben und die Süße des Todes[135]. Der ästhetische Ansatz erleidet nicht nur, er genießt jetzt die Unwirklichkeit, in die die Wirklichkeit ihn verstößt. Er sucht und – notfalls – fingiert dieses Verstoßen-werden. Er wird süchtig nach der eigenen – und ersatzweise der fremden[136] – Destruktion; es zieht ihn zum Nichtsein: er ist wesentlich Schwermut, will wesentlich die eigene Nichtigkeit, den eigenen Untergang: er ist wesentlich – wie man es formulieren kann – *Todestrieb.*

Zur Genealogie der Verfallstheorien. Darum gehört zu dieser ästhetischen ‚Position des Scheiterns' – gerade zu ihr – das Interesse an einer Theorie, die ihr diesen Untergang durch den objektiven Gang der Geschichte garantiert. So ergibt sich an dieser Stelle Gelegenheit, einige Bemerkungen zur Genealogie der *Verfallstheorien* anzuknüpfen.

„Verfallstheorie"[137] ist eine Theorie, die die Geschichte als Bewegung des Unmenschlichwerdens der Wirklichkeit versteht. Man kann fragen: wer macht und wer braucht Verfallstheorien? Für wen werden sie nötig? Es verhält sich nämlich durchaus nicht so, daß die Verfallstheorie zu den Konsequenzen einer (oder gar jeder) Position gehört, die durch Sorge um die Substanz der Überlieferung und Tradition bewegt wird; Verfallstheorien werden zumeist gerade *nicht* von Philosophien entwickelt, die wirklich durch intaktes, ungebrochenes Verhältnis zur Herkunft definiert sind[138] – derartige Philosophien sind vielmehr zumeist in einer eigenartigen und denkwürdigen Weise ‚progressistisch'[139]. Die Verbindung zwischen Verfallstheorie und Tradition ist vielmehr das, was man eine *sekundäre Identität* nennen kann: für die Verfallstheorie wird die Herkunft bedeutsam nicht als Herkunft, sondern als etwas, was scheitert, was auf verlorenem Posten steht – darum sind intakte Überlieferungen für Verfallstheorien in der Regel bemerkenswert uninteressant und wurden von ihnen mit Leichtigkeit übersehen. Zu einer weltweiten Solidarität mit dem, was in der Wirklichkeit der Geschichte nicht zum Zuge kommt, gehört für diese Theorien nur eben ‚auch' die mit den sterbenden Traditionen. Nicht, daß das Scheiternde Substanz, sondern, daß die Substanz Scheiterndes ist, macht sie bedeutsam: nicht ihr Inhalt, sondern das Merkmal des außer Kurs Geratens stiftet die Verbindung – eine ebendarum nur sekundäre Identität. Die Herkunftsordnungen interessieren in der Verfallstheorie nicht als solche, sondern als ‚Outlaws'; sie bekümmern, weil die Wirklichkeit und Geschichte auch ihnen als fremdes und hartes Schicksal entgegentritt, als blinde Notwendigkeit, von der sie Zerstörung leiden.

Just das – der ‚Outlaw', den die Wirklichkeit als feindliche „Notwendigkeit" bedroht und vernichtet – war die Situation, der die Kunst sich stellt: in besonderer Weise die „Poesie", und vor allem die „Tragödie"[140]. Die aus der objektiven Welt verstoßene „Innerlichkeit" – sie ist ihr Thema; und ihr Problem ist eben dieses: wie der Einzelne dieses Vertriebensein besteht, wie der Mensch mit diesem Ausgestoßensein auskommt und sich „versöhnt". Und dieses war die Katharsis: der ästhetisch-tragische Mensch akzeptiert die Wirklichkeit, die ihn bedrängt und vernichtet, weil er gerade dadurch in die menschlichste Rolle gerät. Der Mensch leidet Unglück – aber das Glück dieses Unglücks ist, daß es zum Sinn der Wirklichkeit wird: kein von diesem Sinne unabhängiger Sinn darf ihr gestattet werden. Die Geschichte wird zur Bedingung des Scheiterns – aber nun muß von ihr erwartet und verlangt werden, daß sie das *wirklich* ist und daß sie auch *nur* das ist. Und *diese* Forderung macht die Verfallstheorie geltend und löst sie ein: sie expliziert damit die geschichtsphilosophischen Implikate der Position und Ästhetik des Scheiterns. Nachdem die ästhetische Subjektivität die objektive Geschichte verlassen und ihr gekündigt hat, wird sie es ihr unter gar keinen Umständen verzeihen, daß sie es ohne sie zu glücklichen Resultaten bringt – das Zeug dazu wird ihr abgesprochen. *Geschichte wird reduziert zum Ensemble der Motive fürs Verlassen der Geschichte.* So entsteht die Verfallstheorie gewissermaßen aus dem Systemzwang der ästhetisch-tragischen Position des Scheiterns. Damit hängt es zusammen, daß – obzwar das kaum reflektiert wird – auch die Verfallstheorie eine Katharsis bietet, und daß die kathartische Wirkung der Verfallstheorie darin besteht, daß man diese Theorie ‚hat'; es wird jene eigenartige Trostwirkung ihrer Redlichkeit plausibel, die triumphierende Befriedigung, mit der sie jede neue Schrecklichkeit in der Welt begrüßt, die aufzuweisen ihr gelingt[141].

Die Verfallstheorie wird so zum Nachfolger und Testamentsvollstrecker der Tragödie. Daß die Wirklichkeit als Bedingung des Scheiterns bedeutsam ist – das hat die Tragödie als etwas noch Außerordentliches dargestellt, und es lohnte sich noch, für diese Einsicht ins Theater zu gehen, weil sie außerhalb desselben noch kein unbestrittenes Hausrecht hatte. Das ändert sich unter dem Eindruck der zur Wirksamkeit gelangenden Verfallstheorien. *Die Verfallstheorie – sie macht den tragisch-ästhetischen Gesichtspunkt zu dem gemeinen.* Wo er das geworden ist, wird die tragische Kunst als Organ in wachsendem Maße überflüssig; das Zeitalter der Tragödie wird abgelöst durch das einer allgemein gewordenen Zeitkritik unter verfallstheoretischem Aspekt. Die Verfallstheorie macht schließlich die zentrale Stellung der Tragödientheorie überflüssig.

Für diese Geburt der Verfallstheorie aus dem Systemzwang der – todessehnsüchtig gewordenen – ästhetischen Subjektivität und für die Tendenz zu späterer Ablösung der ästhetischen Theorie durch Verfallstheorie im Amte der zentralen Philosophie gibt es manchen Beleg. Manifest wird dieser Zusammenhang nicht zuletzt – wenn auch in abgeschwächter und modifizierter Form – schon bei *Schel-*

ling selbst, von dem die Überlegung dieses Abschnitts ausging. Und zwar wird er manifest sowohl dadurch, daß bei ihm eine Verfallstheorie sich anbahnt, als auch durch die Gründe, warum sie sich bei ihm nicht durchzusetzen vermochte. Es wurde darauf hingewiesen[142], daß zu der Wende zur Kunstphilosophie gerade bei Schelling ein gewisser und wachsender ‚Geschichtspessimismus' gehört: der zunehmende Zweifel an der erfüllenden Kraft der weltlich-politischen Geschichte. Die Jahre der Kunstphilosophievorlesungen – die spätere Jenaer und frühere Würzburger Zeit (1802/05): es sind zugleich die Jahre der Identitätsphilosophie[143] – radikalisieren just diesen Aspekt. 1804[144] kommt es – in der schnell verfaßten Antwort auf Eschenmayers Büchlein über „die Philosophie in ihrem Übergang zur Nichtphilosophie"[145] – zur ersten Formulierung einer universellen Theorie des *Abfalls* in Bezug auf die „Abkunft der endlichen Dinge aus dem Absoluten und ihr Verhältnis zu ihm"[146]. Zwar schon 1795[147] „drückt den kritischen Philosophen" Schelling „das Rätsel der Welt, die Frage: wie das Absolute aus sich selbst herausgehen und eine Welt sich entgegensetzen könne?"; jetzt aber wird es – nicht ohne Bezug aufs Theodizeeproblem[148] – so gelöst: „vom Absoluten zum Wirklichen gibt es keinen stetigen Übergang, der Ursprung der Sinnenwelt ist nur als ein vollkommenes Abbrechen von der Absolutheit, durch einen Sprung denkbar ... er kann nur in einer *Entfernung*, in einem *Abfall* von dem Absoluten liegen"[149]. Dieser Gedanke führt bei Schelling allerdings *nicht* zu einer radikalen Verfallstheorie. In der Geschichte ist nur die eine ihrer „Hauptpartien" Verfall: „Die Geschichte ist ein Epos, im Geiste Gottes gedichtet; seine zwei Hauptpartien sind: die, welche den Ausgang der Menschheit von ihrem Centro bis zur höchsten Entfernung von ihm darstellt, die andere, welche die Rückkehr"[150]: Schellings Theorie des „Abfalls" vermeidet extrem verfallstheoretische Konsequenzen durch eine Wendung ins *Theologische*. Seine Philosophie entwickelt keine Verfallstheorie; aber sie tut es auch nur deswegen nicht, weil sie die ästhetische Position *verläßt* und zu einer anderen, zu einer theologisch-heilsgeschichtlichen Bestimmung der Geschichte und Wirklichkeit übergeht: „Philosophie und Religion" ist die erste Schrift mit dem theologischen Ansatz des ‚späten' Schelling[151]. Vieles spricht dafür, daß diese Wende Schellings zur theologisch orientierten Spätphilosophie nötig wurde, *um* der ins Nichts drängenden Konsequenz des ästhetischen Ansatzes zu entgehen. Das dokumentiert indirekt die Verführungskraft dieser Konsequenz. Es belegt, daß der folgende Konsequenzzusammenhang besteht: *die ästhetische Position ist keine Position der Wirklichkeit*[152]; *sie ‚ist' nicht nur, sie ‚will' auch ihre eigene Unwirklichkeit*[153]; *und sie ‚sieht' und ‚will' den (geschichtlichen) Lauf der Welt als die Bedingung der eigenen Unwirklichkeit* – wie es die Betrachtung der Verfallstheorien zeigt. – Schwierigkeiten entstehen dieser Position in der Frage ihrer Vollziehbarkeit. Ein Versuch zur Lösung dieser Frage und dieser Schwierigkeiten ist die Ironie.

Ironie. Die Wende zur Ästhetik führt zu einer ‚Position der Möglichkeit'[154]. Die Wende zur Naturphilosophie entwickelt diese Möglichkeit (letztenendes erfolglos) in Richtung auf Wirklichkeit[155]. Die Wende zur Ästhetik des Scheiterns[156] entwickelt diese Möglichkeit in Richtung auf Unwirklichkeit: sie ergreift und betreibt in der Möglichkeit nicht das, was sie vom Nichts unterscheidet und dem Wirklichen nähert, sondern das, was sie vom Wirklichen abhält und dem Nichts zutreibt; sie will ‚Möglichkeit', denn sie will *Selbstnegation.*

Eine derartige Position ist in der Tat schwierig. Sie scheint unvollziehbar, scheint Selbstaufhebung und Widersinn, scheint ihr eigenes unmittelbares Ende zu sein. Aber es gab sie und gibt sie; sie wurde und wird vollzogen; offenbar ist sie vollziehbar. Vollziehbar wird diese Position des Scheiterns durch *Ironie*, durch *das Verfahren, das Nichts ohne Effekt zu etablieren, durch die Kunst, die Selbstnegation zugleich zu ‚betreiben' und ‚folgenlos' zu machen:* „Sie ist" – sagt Friedrich *Schlegel*[157] – „die freieste aller Lizenzen, denn durch sie setzt man sich über sich selbst weg" – eben nicht nur über die Selbstverwirklichung, sondern auch über die Selbstvernichtung. Ironie – das ist gerade auch in dieser Beziehung die Kunst der Unentschiedenheit, der Enthusiasmus des Weder-Noch, der Extremensinn fürs Halbe. Die Welt wird zum Instrumentarium zugleich des Untergangs und seiner Vermeidung. Spätestens hier wird darum das Ästhetische das Konsequenzlose, Unverbindliche: hier *muß* es das werden, weil es sonst überhaupt nicht mehr wäre. Es mag dienlich sein, diese Position der Ironie in einer ihrer reflektiertesten, einer ihrer am meisten „durchpolemisierten" Formen zu Wort kommen zu lassen: in derjenigen Kierkegaards.

Kierkegaard, „der Magister der Ironie"[158] hat diesen Ansatz zunächst in seiner Dissertation von 1841[159] an jener Stelle besprochen, wo er die „nachfichtische Ironie" behandelt[160]; er hat es dort „mit einem der Standpunkte zu tun ..., welcher sich an den früheren Fichte anschloß, nämlich mit der Ironie Friedrich Schlegels und Ludwig Tiecks"[161]; und er hat sie dort kritisch besprochen, denn es ging bei Schlegel und Tieck „nicht darum", die Subjektivität in Erscheinung treten zu lassen ...; es ging vielmehr um eine überspannte Subjektivität, eine zweite Potenz der Subjektivität. Daraus ersieht man zugleich, daß diese Ironie durchaus unberechtigt gewesen ist, sowie daß Hegels Verhalten wider sie ganz und gar in der Ordnung ist"[162]. Freilich: von „Hegels Verhalten wider sie"[163] unterscheidet sich Kierkegaards Verhalten wider sie, und zwar dadurch, daß es im Falle Kierkegaards ein *Ironiker* ist, der sich da zu Ironikern verhält. „Es gibt" – schreibt Kierkegaard in der „Unwissenschaftlichen Nachschrift"[164] – „drei Existenzsphären: die ästhetische, die ethische und die religiöse. Diesen entsprechen zwei Grenzgebiete (Confinien): die Ironie ist das Grenzgebiet zwischen dem Ästhetischen und dem Ethischen; der Humor ist das Grenzgebiet zwischen dem Ethischen und dem Religiösen." Jedoch: die ‚romantische Ironie' Schlegels und Tiecks und die kierkegaardsche ‚Ironie der indirekten Mitteilung' – beide kommen in diesem Existenzschema (streng genommen) nicht vor[165], beide entziehen sich dieser Einweisung in ein Konfinium. Das hat gewiß einen Grund, und ein plausibler wäre dieser: just diese beiden Ironien sind für Kierkegaard die Zentralironien; und eben sie beide sind Rivalen in Bezug auf das ‚dritte', ein bei Kierkegaard theoretisch nicht vorgesehenes, aber ein von ihm selbst – einer „Dichter-Existenz mit Richtung auf das Religiöse"[166] – ständig gelebtes „Confinium": das zwischen „Ästhetischem" und „Religiösem"[167]. Das – und gewiß nicht nur das – rückt beide „Ironien", die romantische und die kierkegaardsche, in eine besondere Nähe zueinander. Und ebendas und dazu noch vieles andere – und nicht zuletzt das Votum gewichtiger Deutungen[168] – führt zur Vermutung: *Kierkegaards ‚Kritik' der romantischen Ironie ‚liquidiere' sie nicht, sondern ‚verwandle' sie in eine ‚zweite Form ihrer selbst'*. Diese Vermutung – so wenig sie für eine Zentrumserklärung der Existenz Kierkegaards taugen mag, so sehr sie also nur das im Auge haben kann, was in ihm an der Bewegung des ‚ästhetischen Ansatzes' teilnimmt –: sie findet nicht wenige Belege.

Erstens *kritisiert* er die romantische Ironie. Die Ironie, wurde gesagt, ist die Kunst, die Selbstnegation zu ‚betreiben' und zugleich ‚folgenlos' zu machen. Die von Kierkegaard kritisierte, die romantische Ironie meint damit: *‚folgenlos' für den Ironiker – nicht für die Anderen*. Es ist möglich, das als wenigstens einen Angriffspunkt der Kierkegaardschen Ironiekritik hervorzuheben.

Kritik dieser romantischen Ironie – das sind die Angriffe der Magisterdissertation und nicht nur sie[169]. „Die Ironie etabliert das Nichts" [170]; „bekanntlich gehört es mit zu den poetischsten Stellungen und Anstellungen im Leben, die von der Ironie geltend gemacht sind, ja, es ist von ihnen allen die vornehmste, daß man schlechthin zu einem Nichts wird"[171]: „das Zunichtewerden (ist) mitaufgenommen"[173]: der Ironiker „nährt lediglich den Enthusiasmus der Vernichtung in ihm"[174] – er will das Zero, will seinen eigenen Untergang, weil er die Wirklichkeit – die zu einer schlimmen Natur verdüsterte Geschichte – nicht will. Weil „der Ironiker das ewige Ich ist, welchem keine Wirklichkeit die angemessene ist"[175], hat er „das der Ironie eigentümliche Bestreben ..., alle Wirklichkeit aufzuheben und an ihre Stelle eine Wirklichkeit zu setzen, die keine Wirklichkeit ist"[176], den „ungeheuren Reservefonds der Möglichkeit"[177]: „Die Wirklichkeit der Ironie ist bloße Möglichkeit"[178] – dadurch ist der Ironiker frei von der Wirklichkeit, geschützt vor der Wirklichkeit. Ihr gegenüber besteht er auf seiner Nichtigkeit; er will diese Nichtigkeit – aber er will sie zugleich auch wieder nicht so ganz (sondern nur halb): also „auch mit dem Nichts wird es ihr (sc. der Ironie) nicht Ernst, außer insofern es ihr mit keinem Etwas ernst ist"[179]. Die romantische, ästhetische Ironie hat also auch diesen anderen Aspekt: gerade sie – das Raffinement der Selbstvernichtung – ist im „Zunichtewerden" zugleich auch das, was seine Bewegung durchkreuzt – die Pause, die Retardierung, die Kunst der Aufenthalte; sie ist, kann man sagen, nicht nur beim Leben, sondern auch beim Sterben das Bummeln: eine Technik, möglichst viele Beine zu beschäftigen, nicht, um schneller laufen, sondern, um über möglichst viele stolpern zu können und mit erheblichstem Aufwand an Chancen und Möglichkeiten nirgendwohin zu kommen: nicht zur Wirklichkeit, aber noch weniger wirklich zum Nichts. Also nicht nur die Selbstverwirklichung, gerade auch die Selbstvernichtung des Ironikers – sozusagen sein Hauptberuf – scheitert und soll auch scheitern; denn die Ironie will ja beides: sie will nicht nur Entlastung von der Wirklichkeit, sie will obendrein und vor allem auch noch

Entlastung von der wirklichen Selbstvernichtung. So ist die Ironie der unendliche Suicid, bei dem es gerade darauf ankommt, daß er nie zum Ende führt: daß der Ironiker, der unentwegt mit Anschlägen auf sich selber Beschäftigte, ebenso unentwegt alle überlebt: weil ihm selber in der Möglichkeit dauernd das Schlimmste passiert, passiert ihm in Wirklichkeit nichts – *aber dafür passiert es den Anderen: die Vernichtung, die der Ironiker für sich selber will und der er zugleich durch die Ironie entgeht, mutet er eben durch diese Ironie den Anderen zu: er wälzt sie ab* – auf die, die Scherz für Ernst genommen haben, Spiel für Leben, ein Aperçu für bare Münze, auf diejenigen also, die das vom Ironiker nicht Ernstgenommene oder aber auch sein Nichternstnehmen zu ernst genommen haben – an all diesen finden sich die Spuren davon, daß die Ironie mit Lüge und Betrug das Genus teilt: sie leben und leiden eben durch den Ironiker gerade das, was der Ironiker für sich selber nur proklamiert, und haben all jene Nichtigkeit wirklich, die der Ironiker für sich selber ebenso kunstvoll intendiert wie vermeidet. Don Giovanni, ein sinnlicher Ironiker, lebt – in der Deutung Kierkegaards[180] – letztlich seiner Verzweiflung, seiner Selbstvernichtung; aber das wirkliche Unglück, das wirkliche Leiden, die wirkliche Vernichtung treffen Zerline, Donna Elvira, Donna Anna „und in Spanien 1003“. *Die romantisch-ästhetische Ironie ist als Kunst des Zunichtewerdens faktisch die Kunst, sich beim Zunichtewerden durch Andere vertreten zu lassen. Sie ist darum faktisch durchaus nicht – was sie doch sein will, will sie nicht ruchlos sein – eine ‚Position der Unwirklichkeit‘, sondern eine Position massivster Eingriffe in die Wirklichkeit.* Eben das verlangt nach einer Reflexion, die die Romantiker vertagten oder versäumten. Der Ironiker, der Künstler der Unwirklichkeit: ihn umgibt eine Aura des Zugrunderichtens, d. h., er ist wider Willen und Wissen in einer intensiven Weise in Wirklichkeit verstrickt. Und gerade das – also das, was die Romantiker, was speziell der frühe Friedrich Schlegel sich durch die Vorstellung aus den Augen brachte, daß die Anderen zum einen Teile selber „urban“[181] also u. a. gegen's Hereinfallen auf Ironiker immun, zum anderen Teile aber nicht der Rede wert seien – das wird für Kierkegaard zum ausdrücklichen Problem. „*Mein* Leben kann ich einsetzen“ – schreibt er[182] – „mit *meinem* Leben kann ich allen Ernstes spielen – nicht mit dem eines andern“: *Kierkegaard stellt das Problem des ‚ironischen‘ „Zunichtewerdens“ als Forderung seiner ‚Unvertretbarkeit‘ d. h. als Frage, wie die Ironie den Transfer der Vernichtung über die Grenzen des „Einzelnen“ verhindern könne: das Problem der ‚Ironie‘ wird ihm zum Problem einer ‚Quarantäne‘.* Die Lösung dieses Problems jedoch liegt für Kierkegaard nicht in einer ‚Liquidierung‘, sie liegt vielmehr in einer ‚Verwandlung‘ der romantisch-ästhetischen Ironie zu einer ‚zweiten Form ihrer selbst‘.

Zweitens *verwandelt* er die romantische Ironie zu einer ‚zweiten Form ihrer selbst‘. Die Ironie, wurde gesagt, ist die Kunst, die Selbstnegation zu ‚betreiben‘ und zugleich ‚folgenlos‘ zu machen. Ihre kierkegaardsche Verwandlung zu einer ‚Ironie der indirekten Mitteilung‘ meint damit: *‚folgenlos‘ für die Anderen – nicht für den Ironiker.* Es ist möglich, das als wenigstens einen Hauptpunkt der kierkegaardschen Ironieverwandlung hervorzuheben.

Verwandlung der romantischen Ironie zu einer *zweiten Form ihrer selbst* – das bedeutet darum für Kierkegaard ihre Stilisierung zur *Quarantäne*. Diese neue, kierkegaardsche Ironie – die der „indirekten Mitteilung"[185] – *isoliert* ein „Zunichtewerden", das der „Einzelne" durchaus für sich allein leben muß: das er nicht abwälzen, nicht transferieren, nicht an Andere weitergeben und mit Anderen teilen *darf*. Kierkegaard – der „religiöse Schriftsteller"[184] – findet ein solches Zunichtewerden im Sein „vor Gott"[185] – weil er dieses Sein „vor Gott" als ein Zunichtewerden erfährt, nicht obwohl, sondern weil er das Glaubensverhältnis „vor Gott" zum eigentlich und allein „ersten" erhob. Denn er steigert dessen Ernst ins Unmenschliche. Das Gottesverhältnis wird bei Kierkegaard nicht nur das allein ernste, das für alle anderen Verhältnisse nur mehr den Unernst übrig läßt. Es wird überdies (und ebend dadurch) – bestimmt durch „schlechthinniges Paradox" und „Ärgernis"[186] – zum im Grunde *unvollziehbaren:* es erhält den nämlichen Grad von Unvollziehbarkeit, den für den unmittelbar-romantischen Ironiker das Verhältnis seiner Selbstvernichtung hatte; das gibt einmal der ‚Inversionsthese'[187] einen hohen Grad von Plausibilität; zum anderen ist es der Grund, durch den z. B. Heidegger in die Lage kam, die Resultate von Kierkegaards Analyse des Seins „vor Gott" für seine Analyse des „Seins zum Tode" fast unmittelbar zu übernehmen[188]: Kierkegaard aktualisiert am Gottesverhältnis diejenigen Züge, die es mit dem Todesverhältnis gemeinsam hat; das Glaubensverhältnis zu Gott ist ihm in der Tat so etwas wie ein „Zunichtewerden". Eben das macht dieses Verhältnis derart riskant und im Grunde unvollziehbar, daß auch der ‚vollziehendste' Glaube sich zu ihm im Verhältnis des faktischen Nichtvollzuges weiß: Glauben wird etwas, was faktisch unter Ausschluß des Glaubens, Christsein etwas, was faktisch unter Ausschluß des Christen geschieht. Zur christlichen „Existenz" in der Deutung Kierkegaards gehört unvermeidlich dieses Verschiedensein von sich selbst – diese Nichtidentität: nie der Glaubende zu sein, der man doch ist. Nicht Glauben, allein *Möglichkeit* des Glaubens ist vollziehbar. All dieses – also das, was gegenwärtige Theologien gern als den „Wagnischarakter" des Glaubens preisen und zum Gegenstande der Verkündigung, der Predigt, des Appells machen[189] – hat Kierkegaard allen Anzeichen nach ganz im Gegenteil als die Unmöglichkeit erfahren, dieses Glaubensverhältnis anderen Menschen unmittelbar zuzumuten. Die frohe Botschaft, sagt er, „endlich habe ich sie nicht mitteilen wollen, weil ich die Verantwortung nicht habe auf mich nehmen dürfen, verschiedene Gebrechliche vielleicht nahezu zur Verzweiflung zu treiben; ich rühme mich dessen nicht als einer Menschenliebe ... ich gestehe vielmehr, daß es Schwachheit ist und Mangel an rechter christlicher Liebe, welche, menschlich gesprochen, gewesen ist, und jederzeit bleibt Grausamkeit"[189a]. Darum Kierkegaards subtile, reflexionsreiche Sorge, *keine Autorität zu sein:* darum hat er sich nicht als „Apostel" sondern nur als „Genio"[190] „ohne Vollmacht"[191] verstanden und hat auf diese grausame Liebesbotschaft nur „aufmerksam machen" wollen, darum hat er sie nur „indirekt" mitgeteilt – nur „pseudonym"[192], nur als „Denkprojekt"[193], als „metaphysische Grille"[194], nur im Konjunktiv; darum hat er sich selber nie für einen Christen ausgegeben[195], darum auch hat er den Christenglauben nur „gedichtet" und das Problem nie des Christ-‚seins', sondern immer nur das des Christ-‚werdens' reflektiert[196]. Dabei ist Kierkegaards „gesamtes schriftstellerisches Werk"[197] nicht ohne den Zug, für ihn selber – aber auch und gerade für die Anderen – Entlastung und gewissermaßen Ferien zu sein von jenem Glaubensvollzuge, mit dem identisch zu sein niemals glückt: beständig im Bannkreis der „Sünde: zu dichten anstatt zu sein"[198], und doch ebenso beständig in ernstestem Bezug auf ihr Gegenteil. Darum hat Kierkegaard nicht mehr wie die Romantiker das „Eitle" scherzhaft als Ernst, sondern umgekehrt das Ernste scherzhaft als Nicht-Ernst traktiert und ist so in einer neuen Art Ironiker geworden[199]: einer der vom gelobten Lande der Rettung scherzhaft redet, obwohl er es ernsthaft sucht – *weil* er es selbst nicht zu erreichen vermag, und *damit* die Anderen an dieser verzweifelten Suche nicht teilnehmen müssen. Das ist ein kompliziertes Verhältnis: nicht zuletzt deswegen, weil sich dabei die Isolierung durch ein Mittel der Des-Isolierung, durch ein Mittel der Kommunikation – nämlich durch ausführliches Schreiben – zu realisieren sucht.

Was seine Rolle innerhalb des ‚ästhetischen Ansatzes' betrifft, so ist das eine bedeutsame und neue Wendung. Seit Kierkegaard gibt es das Phänomen einer ‚ästhetischen Selbstvernichtung mit schlechtem Gewissen', die (unendlich) damit beschäftigt ist, sich selber aus dem Verkehr zu ziehen. Kierkegaard etabliert den Versuch, die ‚Position der Unwirklichkeit' *wirklich* aus der Wirklichkeit herauszulösen. Daß das vor dem Hintergrund einer – von Kierkegaard selber subtil durchreflektierten – neuen ‚Wende zur Wirklichkeit' geschieht, ist hier nicht zu diskutieren[200]. Denn hier interessiert wesentlich nur diese eine Bewegung des ‚ästhetischen Ansatzes': Kierkegaard holt an der „Ironie" diejenige Operation nach, die Schlegel vergaß: die ‚wirkliche' Entwirklichung der romantisch-ästhetischen Existenz.

Nur dieses eine also sollte hier deutlich werden: *Kierkegaards ‚Kritik' der romantisch-ästhetischen Ironie ‚liquidiert' sie nicht, sondern ‚verwandelt' sie zu einer ‚zweiten Form ihrer selbst', es handelt sich um eine ‚Verdoppelung' dieser Ironie: neben ihre fallierende erste (schlegelsche) tritt ihre stützende zweite (kierkegaardsche) Gestalt: neben die ‚Ironie als Freiheit' tritt die ‚Ironie als Quarantäne'*. So gibt es auch ‚innerhalb' der Ironie jenes identitätsgesättigte Kontradiktionsverhältnis, das hier zunächst allgemein nur für die Relation zwischen ‚Ästhetik des Gelingens' und ‚Ästhetik des Scheiterns' behauptet wurde[201]. Offenbar ist der Weg ‚des Ästhetischen' in die Unwirklichkeit ein Weg der Selbstverdoppelungen. Repräsentativ zeigt sich das schließlich daran, daß Kierkegaard – eben indem er das, was hier beschrieben wurde, tut – in einer betonten Weise als *„Schriftsteller"* neben die romantischen *„Dichter"* tritt[202]: innerhalb des ‚ästhetischen Ansatzes' braucht der der ‚Unwirklichkeit' verschriebene „Dichter" eine andere Form seiner selbst – den „Schriftsteller" –, um das, was an dieser ‚Unwirklichkeit' ein ‚Wirklichkeitsverhältnis' ist, zu reflektieren, zu existieren, zu formulieren, zu liquidieren.

Damit sei dieser Zusammenhang, so unvollständig er hier betrachtet wurde, verlassen. Es genügt, wenn dieser Skizze der ästhetischen ‚Position des Scheiterns' ein bloßer Hinweis geglückt ist auf diesen Tatbestand: *die ‚ästhetische Position' negiert sich als Position der Wirklichkeit.*

Dieser Abschnitt: *bisher* versuchte er also einen Hinweis auf jenen Vorgang, durch den – in wachsendem Maße – das Scheitern und die Unwirklichkeit zum Thema der Ästhetik und zum Pensum jenes Menschen wird, der sich durch Ästhetik versteht; – einen Hinweis auf jene Bewegung, in der sich der ästhetische Ansatz selbst verzehrt, seine eigene Nichtigkeit lobt und lebt und sich als Wirklichkeitsposition negiert. *Jetzt* kommt es darauf an, diesen Vorgang als das zu begreifen, was er just durch all dieses wesentlich ist: als *eine Entzauberung der Romantiknatur, eine Entzauberung der transzendentalphilosophischen Naturphilosophie.*

Entzauberung der Romantiknatur. Im Grunde ist dieser Entzauberungsvorgang freilich allgemeinerer Art. Denn das Resultat der betrachteten Bewegung ist ja dieses: *die ästhetische Position ist keine Position der Wirklichkeit:* sie ist es nicht als Wende zur *Natur,* sie ist es nicht als Wende zum *Nichts* (und sie ist offenbar stets ‚irgendwie beides'). Daraus folgt – und das ist die hier vor allem anderen wichtige Konsequenz aus der betrachteten Bewegung: *die Position der Wirklichkeit ist keine ästhetische Position.*

Was in der Philosophie innerhalb ihrer Phase ‚nach' der klassischen Transzendentalphilosophie und der transzendentalphilosophisch-romantischen Naturphilosophie und Ästhetik – also zeitlich gesehen zu Beginn und seit Beginn des 19. Jahrhunderts – als Wende zur *Wirklichkeit* sich versteht, ist darum stets auch Absage an die ästhetische Subjektivität gewesen. Das gilt zunächst und vor allem von *Hegel:* er findet zu seiner Philosophie durch entschiedene Kritik der „Reflexionsphilosophie der Subjektivität"[203]; warnend spricht er von „der durch Trägheit und Eigendünkel von Genie sich verderbenden Anlage der Vernunft"[204]: „Indem jener sich auf das Gefühl, sein inwendiges Orakel beruft, ist er gegen den, der nicht übereinstimmt, fertig; er muß erklären, daß er dem weiter nichts zu sagen habe, der nicht dasselbe in sich finde und fühle; mit anderen Worten, er tritt die Wurzel der Humanität mit Füßen. Denn die Natur dieser ist, auf die Übereinkunft mit andern zu dringen, und ihre Existenz [hat sie] nur in der zustande gebrachten Gemeinsamkeit der Bewußtseine. Das Widermenschliche, das Tierische besteht darin, im Gefühle stehen zu bleiben und nur durch dieses sich mitteilen zu können"[205]. Hegel plädiert gegen die „eitel" in der bloßen Möglichkeit sich fixierende Subjektivität für die Wirklichkeit als die der Vernunft; und er tut das unter Berufung zugleich auf die theologisch-herkunftsbezogene Metaphysik und die menschheitlich-zukunftsbezogene Geschichtsphilosophie d. h. durch eine Gleichsetzung von Metaphysik und Geschichtsphilosophie[206]. Aber auch dort, wo das Wirkliche nicht mehr in der Bestimmung des „Vernünftigen" sondern des „Positiven" gesucht wird, in den „positiven Philosophien" also – der theologisch orientierten des *späten Schelling*[206a] und der physikalistisch orientierten von *Comte*[207] – ist diese Absage ans Ästhetische wenigstens ansatzweise vorhanden: in der Absage an das Prinzip der „Selbstheit"[208] und durch „subordination constante de l'imagination à l'observation"[209] und Absage an „intuition", „égoisme" und „la tendence essentiellement personelle d'une telle philosophie"[210]. Bereits hier befindet sich „die Philosophie in ihrem Übergang zur Nichtphilosophie"[211] – und nun auch und gerade dort, wo sie dies radikal ist und um der Wirklichkeit willen das Theologische und das Geschichtliche alternativ glaubt machen zu müssen, bei *Kierkegaard* und *Marx*, geschieht dies – mit entgegengesetztem Effekt – zugleich mit Hilfe einer Absage an das Ästhetische[212]. Was also die ‚ästhetische Position' durch eine wachsende Konzentration des ästhetisch lebenden Menschen auf seine eigene Nichtigkeit mehr indirekt sagt und zeigt, zeigen und sagen diese Philosophien der Wirklichkeit mit massivster Direktheit: *die Position der Wirklichkeit ist keine ästhetische Position.*

Freilich: all diese jetzt genannten Ansätze – sie bleiben in dieser Untersuchung *ausser Betracht.* Es ist nicht ihre Sache, ihnen nachzugehen. Sie verfolgt vielmehr eine Entwicklung gewissermaßen an ihnen *vorbei:* denn sie spürt – das ist zugleich ihre methodische, zetetische, heuristische Beschränktheit und Abstraktheit – einzig jenem Ansatz nach, den sie die ‚depotenzierte Transzendentalphilosophie' nennen könnte: einem Ansatz zumindest, der unter allen Umständen die transzendentalphilosophische ‚Position der Unentschiedenheit' zwischen Metaphysik und Geschichtsphilosophie wahrt. Sie wird also nur jenen Fortgang der Dinge betrachten, nur diejenige Abkehr vom Ästhetischen also, und nur diejenige Zuwendung zur Wirklichkeit, die diese Unentschiedenheit nicht verletzt. Mit anderen Worten: sie blickt auch weiterhin auf das Schicksal derjenigen Wirklichkeit, die für den Menschen – auch und gerade als Wirklichkeit – Möglichkeit ist: auf das der *Natur.*

Denn eine ‚Wende zur Wirklichkeit' unter der Bedingung jener Unentschiedenheit war die zur *Natur* und der mit ihr befaßten *Naturphilosophie.* Sie gewann zunächst den Standpunkt einer *Ästhetik* der Natur[213], erblickte diese Natur zunächst als *Romantiknatur.* Aber indem nun das Ästhetische sich auf Unwirklichkeit konzentriert, indem es sich als Wirklichkeitsblick negiert, zerstört es die Möglichkeit, diese Natur weiterhin als „ästhetisches Phänomen" zu erblicken. *Wo das Ästhetische sich als Wirklichkeitsblick auflöst, löst sich die Fähigkeit auf, die Natur ästhetisch zu sehen: die Vernichtung der ästhetischen Position ist die Vernichtung der Fähigkeit, die Natur als Romantiknatur zu erfahren.* Die Natur verliert den Charakter des „ästhetischen Phänomens" – sie verliert die Attribute der Harmonie, der Ichhaftigkeit, der Zweckmäßigkeit, des vernünftig-Geschichtlichen und organisch-Heilen: sie wird ‚*ästhetisch nackt*'. Diesen Vorgang kann man die ‚*Entzauberung der Romantiknatur*' nennen: die Romantiknatur verliert ihre ästhetischen Charaktere. Aber was wird diese Natur, wenn sie aufhört, ästhetische, also wenn sie aufhört, Romantik-Natur zu sein? Diese ästhetisch nackte Natur wird – *Triebnatur.*

Zerfall der Endzwecktheorie. Durch die Selbstvernichtung der ästhetischen Position mutiert die ‚Romantiknatur' zur ‚Triebnatur'. Damit wird sie zu einer extrem ‚natürlichen' Natur. Gerade das muß jetzt zu ihrem zentralen Charakter werden, was sie von allem ‚Geschichtlichen' in besonderer Weise ‚unterscheidet'. Das ist das *Zyklische* – also jene Bestimmung, die – nicht weniger als Schelling[214] – bereits Hegel im Auge hatte, als er in seiner Geschichtsphilosophie über die Natur sagte: „Die Veränderungen in der Natur, so unendlich mannigfach sie sind, zeigen nur einen Kreislauf, der sich immer wiederholt; in der Natur geschieht nichts Neues unter der Sonne, und insofern führt das vielförmige Spiel ihrer Gestaltungen eine Langeweile mit sich"[215]. Dieser Kreislaufcharakter, diese Wiederkehr-Verfassung, dieser „Wiederholungszwang" der Natur wird jetzt wichtig für die Deutung auch der menschlichen Wirklichkeit. Dabei bekommt diese Zyklenthese – gewissermaßen ‚post historian' und darum anders als in der frühen metaphysischen Tradition[216] – einen negativen, einen Bedrohlichkeits- und Furchtbarkeits-Aspekt. *Zur ‚Entzauberung der Romantiknatur gehört offenbar der Aufschwung einer ‚pessimistisch' gewendeten Kreislauf-Theorie der Natur und der menschlichen Wirklichkeit.*

Aber schließlich ist auch gar nichts plausibler als das. Dieses ganze fünfte Kapitel dieser Arbeit ging ja aus vom Phänomen der ‚Ohnmacht der transzendentalen Vernunft' und davon, daß sie manifest wird in einer *Entmächtigung des Endzwecks*[217], also in der wachsenden Unfähigkeit, den Sinn und Zweck der Geschichte und die Mittel seiner Verwirklichung zu bestimmen und zu besitzen. Wo Philosophie zur Transzendentalphilosophie wird und wo sie das grundsätzlich bleibt, wo sie also zu sehr Metaphysik bleibt, um wirklich zur Geschichtsvernunft, und zu sehr Geschichtsphilosophie wird, um wirklich zur metaphysischen Vernunft zu kommen, wo also derart die Position ‚geschichtsferner Geschichtsphilosophie' im Zeichen des ‚wesensfernen Wesensbegriffs' der Natur sich fixiert – da zersetzt sich der „Endzweck" und sein Vermögen, und die Theorie des Endzwecks muß sich in wachsendem Maße auflösen. *Diese ‚Entmächtigung des Endzwecks' und dieser ‚Zerfall der Endzwecktheorie' ist der entscheidende Vorgang im Zuge der ‚Depotenzierung der Transzendentalphilosophie'.* Zu ihm gehört, daß gerade das, was die Transzendentalphilosophie zu den wesentlichen Vernunftbestimmungen der Wirklichkeit erhob – Ich, Bewußtsein im Sinne von Selbstbewußtsein, Geschichte in weltbürgerlicher Absicht, Staat, Zweckmäßigkeit usf. – in wachsendem Maße in Mißkredit fällt. „Das *Ich* als Prinzip der Philosophie": es hört auf, als ‚Bestimmung', es beginnt, als ‚Negation' der wahren Wirklichkeit zu gelten. Damit hängt eine wachsende Kurseinbuße der *Vernunft* zusammen. Schon beim späteren Schelling wird sie aus dem schlechthin aktualisierenden Vermögen eines der bloßen Möglichkeit: sie gilt in Bezug auf die Wirklichkeit „als ein zerrissenes, das sich wiederherzustellen sucht, das auch *potentiell,* im Keim nämlich, aber als ein Wiederherstellbares darin liegt. Dieses Urbewußtsein selbst in seiner Potentialität, in seiner bloßen Wiederherstellbarkeit ist die *Vernunft.* Hieraus erhellt die potentielle, die bloß leidende Natur der Vernunft, aber eben daraus auch, daß die Vernunft nicht das tätige Prinzip ... sein kann"[218]; schon bald ist sie unterwegs, zum „Widersacher" der Wirklichkeit zu werden. Die Vernunft hört – im betrachteten Zusammenhange – in wachsendem Maße auf, geschichtlich als Macht der Antinomienauflösung und politisch als Macht der friedlichen Vereinigung antagonistischer Interessen d.h. als Macht der Rechtlichkeit des Staates zu gelten. Dazu gehört ein steigender Kursgewinn des *Willens*. „Es gibt in der letzten und höchsten Instanz gar kein anderes Sein als Wollen. Wollen ist Urseyn, und auf dieses allein passen alle Prädicate desselben: Grundlosigkeit, Ewigkeit, Unabhängigkeit von der Zeit, Selbstbejahung. Die ganze Philosophie strebt nur dahin, diesen höchsten Ausdruck zu finden", schreibt Schelling 1809 – und wiederholt damit eine These, die er bereits 1796 grundsätzlich formuliert hatte[219], damals aber noch kaum zur Wirkung bringen konnte. All das koinzidiert in der wachsenden Unbereitschaft, die Wirklichkeit als *Zweckzusammenhang* zu deuten. Das „teleologische Denken" gilt nicht mehr als Deutung, sondern als Verschleierung und ‚Negation' der Wirklichkeit: die Philosophie, die die Wirklichkeit als Zweckzusammenhang darstellt – und z.B. Gott ‚nur' als den Zweck begreift, der am „Ende" ist[220] – ist wesentlich „negative Philosophie", die das „Positive" außer sich hat: auch dieses Motiv hat nicht nur in der „letzten Philosophie" Schellings seine Bedeutung. Es gelingt der Philosophie nicht mehr, die Wirklichkeit und Geschichte im Zeichen der Endzweckvernunft zu begreifen – zumindest nicht mehr, sie in diesem Zeichen als die „wirkliche" Geschichte zu verstehen. Ihre ‚gerichteten' Bewegungen ‚hin zu ... ', sie müssen in wachsendem Maße als Bewegungen ‚von ... weg' gedeutet werden: also nicht mehr als *Zielbewegungen*, sondern als *Fluchtbewegungen*. Die Theorien solcher Bewegungen – wie schließlich des Menschenlebens und seiner Geschichte insgesamt – werden zunehmend aus *‚Theorien des Erreichens'* zu *‚Theorien des Entkommens und Vermeidens'*. Das alles ist grundsätzlich schon angelegt in der ursprünglichen Ohnmacht der transzendentalen Vernunft und ihrer Tendenz zur Ermächtigung des Nicht-Ich und Entmächtigung des Endzwecks. Nur kam das alles nicht sogleich zur Auswirkung: *die Transzendentalphilosophie entzog sich der unmittelbaren Wirksamkeit dieser Konsequenz durch die Wende zum Ästhetischen.* Diese ‚Wende zur Ästhetik' erwirkte Aufschub. Nicht wenig hängt der Glanz des ästhetischen Ansatzes mit dieser seiner Verzögerungspotenz zusammen. Solange er regierte, dispensierte oder kompensierte er diesen Zerfall der Endzwecktheorie. Die transzendentalphilosophische Inthronisierung der ästhetischen Position hatte retardierende Bedeutung. Mit ihrer Auflösung nimmt die Entmächtigung des Endzwecks ihren Gang. Sie trifft jetzt, nach der Auflösung der ästhetischen Ersatzposition, den von der Transzendentalphilosophie herkommenden Ansatz in ganzer Schwere.

Notgedrungen und zwangsläufig muß jetzt all das zur *Position* werden, was in der klassischen Transzendentalphilosophie nur als schlimmes *Gegenbild* auftrat. Die transzendentale „Vernunft ... sagt, daß die Dauer der Welt nur sofern einen Wert hat, als die vernünftigen Wesen dem Endzweck ihres Daseins gemäß sind, wenn dieser aber nicht erreicht werden sollte, die Schöpfung selbst ihnen zwecklos zu sein scheint: wie ein Schauspiel, das gar keinen Ausgang hat und keine vernünftige Absicht zu erkennen gibt"[221], so daß die „Hypothese des Abderitismus des Menschengeschlechts zur Vorherbestimmung seiner Geschichte"[222], die die

Menschheit „nicht an einen einzigen Zweck“ binden will, es unternimmt, ihm „die hoffnungslose Bemühung aufzulegen, den Stein des Sisyphus bergan zu wälzen, um ihn wieder zurückrollen zu lassen“[223]; dann aber wäre „unsre Erdenwelt“ – wie leider „zu allen Zeiten ... sich dünkende Weise (oder Philosophen)“ das getan haben[224] – nur „in widrigen, zum Teil ekelhaften, Gleichnissen ... vorzustellen“: „Als ein Wirtshaus ... Als ein Zuchthaus ... Als ein Tollhaus ... Als ein Kloak“[225]. So schreibt *Kant.* Und *Fichte:* „Es ertönt unwiderstehlich in meinem Innern: es muss, o es muss alles anders und besser werden. Ich kann mir die gegenwärtige Lage der Menschheit schlechthin nicht denken als diejenige, bei der es nun bleiben könne; schlechthin nicht denken als ihre ganze und letzte Bestimmung. Dann wäre alles Traum und Täuschung; und es wäre nicht der Mühe Werth, gelebt, und dieses stets wiederkehrende, auf nichts ausgehende und nichts bedeutende Spiel mit getrieben zu haben ... Ich ässe nur und tränke, damit ich wiederum hungern und dürsten, essen und trinken könnte, so lange, bis das unter meinen Füssen eröffnete Grab mich verschlänge, und ich selbst als Speise dem Boden entkeimte? Ich zeugte Wesen meines Gleichen, damit auch sie essen und trinken, und sterben, und Wesen ihres Gleichen hinterlassen könnten, die dasselbe thun werden, was ich schon that? Wozu dieser unablässig in sich selbst zurückkehrende Cirkel, dieses immer von neuem auf dieselbe Weise wieder angehende Spiel, in welchem alles wird, um zu vergehen, und vergeht, um nur wieder werden zu können, wie es schon war; dieses Ungeheuer, unaufhörlich sich selbst verschlingend, damit es sich wiederum gebären könne, sich selbst gebärend, damit es sich wiederum verschlingen könne? Nimmermehr kann dies die Bestimmung seyn meines Seyns, und alles Seyns“[226]! – Aber gerade das, gerade „dieser unablässig in sich selbst zurückkehrende Cirkel“ *wird* zur „Bestimmung ... meines Seyns, und alles Seyns“, *muß* dazu werden, wenn die Macht des Endzwecks und Geschichtsziels zerfällt und die Philosophie aufhört, Philosophie dieses Zwecks und seiner Macht zu sein, und wenn es ihr nicht mehr gelingt, sich dieser Konsequenz in eine ästhetische Position zu entziehen. „Was ist das Leben des Menschen, wenn ihr ihm nehmet, was die Kunst ihm gegeben hat? Ein ewig aufgedeckter Anblick der Zerstörung“, schreibt *Schiller* an Körner[227]: „Ich finde diesen Gedanken sogar tief, denn wenn man aus unserem Leben herausnimmt, was der Schönheit dient, so bleibt nur das Bedürfnis“[228]: *die Entzauberung der Romantiknatur etabliert die Triebnatur* – ihre Destruktionsmacht und ihre Zirkelverfassung. Das wird jetzt wirklich zur philosophischen Position und es wird das in der Konsequenz der Transzendentalphilosophie durch ihre Depotenzierung, so „daß man, während man von der Freiheit und grundlegenden Vollmacht des Ich ausgeht, nicht etwa zu einer noch höheren Geistigkeit, sondern stattdessen bloß zu Sinnlichkeit und somit zu seinem Gegenteil gelangt ... indem das Ich eine höhere Freiheit begehrt ... verfällt es eben damit dem Gesetz des Fleisches und der Triebe“[229]. Das hat *Kierkegaard* im Blick auf Schlegel geschrieben[230]; es gilt aber allgemein: diese Untersuchung kann es daher im Blick auf die Entzauberung der Romantiknatur und jene Position zitieren, die diese Entzauberung zu philosophischer Ausdrücklichkeit brachte – die Philosophie *Schopenhauers* und *Nietzsches.*

Schopenhauer und Nietzsche. *Zum Zerfall der Endzwecktheorie gehört – ‚nach' dem retardierenden Intermezzo des ästhetischen Ansatzes und unter der Voraussetzung einer fortdauernden Absage an Metaphysik und Geschichtsphilosophie – die Verwandlung der Transzendentalphilosophie in die ‚entzauberte Naturphilosophie' der Triebnatur ewiger Wiederkunft des Gleichen.* Ihre repräsentativen Sprecher wurden *Schopenhauer* und der *spätere Nietzsche.* Der Übergang zu ihnen ist auch chronologisch-biographisch gesehen kein Sprung[231]. Schopenhauer, der sich gern auf Kant beruft[232] und dessen erster philosophischer Lehrer jener Aenesidemus-Schulze war, dessen Kantkritik zur Herbeiführung des Fichteschen Kantverständnisses und der Wissenschaftslehre nicht unwesentlich beitrug[233], ist selbst Hörer Fichtes gewesen und hat die Naturphilosophie Schellings – wenn auch polternd – anerkannt[234]. Nietzsche wiederum gedenkt Schopenhauers als „des einen Lehrers und Zuchtmeisters, dessen ich mich zu rühmen habe"[235]: „Mein Vertrauen zu ihm war sofort da und ist jetzt noch dasselbe wie vor neun Jahren", schreibt er 1778[236]. Es kommt hier, versteht sich, nicht auf eine ausführliche Interpretation[237] beider Ansätze an, sondern allein darauf, beide – Schopenhauer wie Nietzsche – als Philosophen einer ‚entzauberten Naturphilosophie' der ‚Triebnatur' zu bemerken. Das aber ist möglich. Denn:

Beide Ansätze – vielleicht minder deutlich derjenige Schopenhauers, unverkennbar aber derjenige Nietzsches – *kritisieren die Metaphysik:* Schopenhauers Willensphilosophie tut das in der Form einer Unterscheidung der wahren von falscher Metaphysik, durch Polemik gegen den „Dogmatismus" vornehmlich der theologisch-spekulativen und jedenfalls „transzendenten" Metaphysik[238]; die Lebensphilosophie des späteren Nietzsche tut es durch Absage an den „Unsinn aller Metaphysik"[239], durch die „Entsagung vom Metaphysischen (als Forderung der Tugend, – als Aufforderung)"[240], durch eine radikal „antimetaphysische Weltbetrachtung"[241] und Kritik aller metaphysisch-theologischen „Hinterweltler"[242].

Beide Ansätze *verwerfen zugleich die Geschichtsphilosophie* und limitieren Relevanz und Wahrheit der Geschichte: Schopenhauer nennt die Geschichte „das gerade Gegentheil und Widerspiel der Philosophie"[243] und Geschichtsphilosophie d. h. „das Bestreben, sie als ein Ganzes mit Anfang, Mitte und Ende, nebst sinnvollem Zusammenhang, zu konstruieren, ein eitles, auf Mißverstand beruhendes" Unternehmen[244]; und er poltert gegen Hegel[245]. Nietzsche betont, auf Kosten der Sicht ihres „Nutzens", den „Nachtheil der Historie fürs Leben"[246] – zugunsten des „Unhistorischen" und „Überhistorischen"[247]: „Das Übermaß von Historie hat die plastische Kraft des Lebens angegriffen"[248] – die „historische Krankheit"[249] ist ein „Schaden, Gebreste und Mangel der Zeit"[250], ein „Übel"[251].

Beide – Schopenhauer wie Nietzsche – verachten den Fortschritt[252], beide negieren also Vernunft und Zweck in der Geschichte – damit *verwerfen sie auch jede Form einer Endzwecktheorie:* für Schopenhauer „gehört Abwesenheit alles Zieles ... zum Wesen des Willens an sich"[253], der zwar „stets (weiß), was er jetzt, was er hier will, nie aber, was er überhaupt will; jeder einzelne Akt hat einen Zweck, das gesamte Wollen keinen"[254]; und Nietzsche erhebt das zum „Grundsatz: in der gesammten Geschichte der Menschheit bisher kein Zweck, keine vernünftige geheime Leitung ..., sondern Zufall, Zufall, Zufall"[255]: die Geschichte des Menschen „ist *nicht* die Folge ... eines Zwecks, mit ihm wird *nicht* der Versuch gemacht, ein ‚Ideal von Mensch' oder ein ‚Ideal von Glück' oder ein ‚Ideal von Moralität' zu erreichen, – es ist absurd, sein Wesen in irgend einen Zweck hin *abwälzen* zu wollen. *Wir* haben den Begriff ‚Zweck' erfunden: in der Realität *fehlt* der Zweck"[256].

Dementsprechend *verwandelt sich auch für beide Ansätze Begriff und Bedeutung der Vernunft:* Schopenhauer definiert sie als das Vermögen nur der abstrakten, begrifflichen, mittelbaren Erkenntnis einzig der Schein-Welt der „Vorstellungen"[257]; für Nietzsche ist „die Vernunft ... eine blosse Idiosynkrasie bestimmter Thierarten"[258], ein Berechnungsinstrument und Machtmittel[259] „nicht zur Erkenntniss des Wahren, sondern zur Setzung und Zurechtmachung einer Welt, die uns wahr heissen soll"[260]; ihre Stellung als Vermögen des Endzwecks und Organ der Totalität hat die Vernunft eindeutig verloren.

Zugleich wird für beide Philosophen *das Bewußtsein und Ich zum Derivat.* „Dieses erkennende und bewußte Ich" – schreibt Schopenhauer – „hat ... nur eine bedingte, ja eigentlich bloß scheinbare Realität. Weit entfernt, das schlechthin Erste zu sein (wie z. B. Fichte lehrte), ist es im Grunde tertiär, indem es den Organismus voraussetzt, dieser aber den Willen"[261]; und Nietzsche ist überzeugt, daß „der Glaube an das ‚Ich' mit dem Glauben an die Logik, d. h. die metaphysische Wahrheit der Vernunft-Kategorien steht und fällt"[262]: das Ich und Bewußtsein „ist nicht die Leitung, sondern ein Organ der Leitung"[263], und „die unsinnige Überschätzung des Bewußtseins" gehört unter „die ungeheuren Fehlgriffe"[264] der Philosophie.

Zu all diesem tritt bei beiden – Schopenhauer und Nietzsche – die *Depravierung des Politischen:* Schopenhauer rechnet „die politischen" zu den „materiellen Interessen"[265], „denn das gemeine Wesen bleibt ein gemeines Wesen"[266]; „Jede Philosophie" – sagt Nietzsche – „welche durch ein politisches Ereignis das Problem des Daseins verrückt oder gar gelöst glaubt, ist eine Spaß- und Afterphilosophie"[267].

All diese Bestimmungen und Stellungnahmen – die Absage an Metaphysik und Geschichtsphilosophie, die Verzweiflung an Zweck und Vernunft in der Geschichte, die Diskreditierung des Ich und des Politischen – sind Bedingungen, unter denen eine *grundlegende Ermächtigung der Natur* unvermeidlich, unter denen sie geradezu zwangsläufig wird. Sie wird das für beide Ansätze. Für Schopenhauer ist das „Ding an sich" „der Wille, welcher die natura naturans ist"[268]; und Nietzsche verlangt, „daß man den Menschen den Muth zu ihren Naturtrieben wiedergiebt"[269], und er fordert und konstatiert eine „Vernatürlichung des Menschen im 19. Jahrhundert ... Nicht ‚Rückkehr zur Natur': denn es gab noch niemals eine natürliche Menschheit ... Zur Natur kommt der Mensch nach langem Kampfe ... Natürlicher ist unsre erste Gesellschaft ... Natürlicher ist unsre Stellung zur Erkenntniss ... Natürlicher ist unsre Stellung zur Moral ... Natürlicher ist unsre Stellung in politicis ... Natürlicher ist unsre Schätzung grosser Menschen und

Dinge ... Natürlicher ist unsre Stellung zur Natur ... Natürlicher ist unsre Stellung zur Kunst ... In summa: es giebt Anzeichen dafür, dass der Europäer des 19. Jahrhunderts sich weniger seiner Instinkte schämt; er hat einen guten Schritt dazu gemacht, sich einmal seine unbedingte Natürlichkeit, d. h. seine Unmoralität einzugestehen, ohne Erbitterung: im Gegentheil, stark genug dazu, diesen Anblick allein noch auszuhalten“[270].

Entscheidend aber ist dies: bei Schopenhauer wie bei Nietzsche *steht dieser Bedeutungsaufschwung der Natur im Zeichen eines wachsenden Mißtrauens in die für den Menschen erlösende Kraft des Ästhetischen:* die Kunst, meint Schopenhauer, „erlöst ihn nicht auf immer, sondern nur auf Augenblicke vom Leben und ist ihm so noch nicht der Weg aus demselben, sondern nur einstweilen ein Trost in demselben“[271]; und Nietzsche gewinnt seine endgültige Position auf dem Weg „einer geistigen Cur, nämlich der *antiromantischen* Selbstbehandlung, wie sie mir mein gesund gebliebener Instinct wider eine zeitweilige Erkrankung an der gefährlichsten Form der Romantik selbst erfunden, selbst verordnet hatte“[272]: durch die Absage an Wagner d. h. durch Abkehr von der Romantik[273], von ihrem Bedarf an Tröstung durch die Kunst und ihrem Vertrauen in deren rettende Kraft[274]. Diese Abkehr vom Ästhetischen erzwingt eine Verwandlung des Naturbegriffs, die Reinigung des Naturverhältnisses von jeglicher „Romantik à la Rousseau“[275], also: „‚Rückkehr zur Natur‘ immer entschiedener im umgekehrten Sinne verstanden, als es Rousseau verstand. Weg vom Idyll und der Oper!“[276]: „wir lieben sie (sc. die Natur) nicht mehr um ihrer ‚Unschuld‘, ‚Vernunft‘, ‚Schönheit‘ willen, wir haben sie hübsch ‚verteufelt‘ und ‚verdummt‘. Aber statt sie darum zu verachten, fühlen wir uns seitdem verwandter und heimischer in ihr. Sie aspiriert nicht zur Tugend: wir achten sie deshalb“[277].

Ein Symptom – nur eines, aber ein wichtiges – für die ‚Entromantisierung‘ der Natur ist der wachsende Vorrang des ‚Leiblichen‘ vorm Geiste, überhaupt die – in beiden Ansätzen – *ausgezeichnete Stellung des ‚Leibes‘:* Schopenhauer nennt „den Leib ... das unmittelbare Objekt“[278] und „die Objektivität des Willens“[279]; er wird zum eigentlichen Subjekt-Objekt[280] kraft der „Identität des Leibes und Willens“[281]; seine Erfassung ist „die unmittelbarste ... Erkenntnis ganz eigener Art“[282] und der eigentliche Schlüssel für das Verständnis der „Welt als Wille“; und Nietzsches Zarathustra „sagt: Leib bin ich ganz und gar, und nichts außerdem; und Seele ist nur ein Wort für ein Etwas am Leibe. Der Leib ist eine grosse Vernunft ... Werkzeug deines Leibes ist auch deine kleine Vernunft ... die du ‚Geist‘ nennst, ein kleines Werk- und Spielzeug deiner grossen Vernunft ... Es ist mehr Vernunft in deinem Leibe, als in deiner besten Weisheit“[283].

Zu dieser Prävalenz des Leiblichen gehört u. a. daß *die Geschlechtlichkeit zum wichtigen Thema wird:* Schopenhauer schreibt eine „Metaphysik der Geschlechtsliebe“[284]; „Grad und Art der Geschlechtlichkeit eines Menschen reicht bis in den letzten Gipfel seines Geistes hinaus“, betont ein berühmter Aphorismus Nietzsches[285], so daß z. B. „jene eigentümliche Süssigkeit und Fülle, die dem ästhetischen Zustande eigen ist, gerade von der Ingredienz ‚Sinnlichkeit‘ ihre Herkunft nehmen könnte ... – daß somit die Sinnlichkeit beim Eintritt des ästhetischen Zustandes nicht aufgehoben ist ..., sondern sich nur transfiguriert und nicht als Geschlechtsreiz ins Bewußtsein tritt"[286]: darum verlangt Nietzsche eine „Physiologie der Ästhetik"[287].

In all diesem bekundet sich zugleich mit ihrer Ermächtigung auch die Entzauberung der Natur. Für beide Ansätze – für den Ansatz Schopenhauers nicht weniger als für denjenigen Nietzsches – bedeutet diese Entzauberung, daß das ‚Natürliche' (als der entscheidende Charakter der Wirklichkeit) radikal ‚natürlich' d.h. nicht mehr nur nicht als ‚Geschichtliches', sondern überhaupt nicht mehr unter dem Aspekt der organismushaften „Zweckmäßigkeit" verstanden werden muß: die Naturtheorie hört im wesentlichen Sinne auf, „Teleologie" zu sein[288]. Wo aber „Zweckmäßigkeit" als entscheidender Gesichtspunkt abtritt, wird das ‚Natürliche' endgültig und extrem ‚ungeschichtlich': für beide Ansätze *tritt die entzauberte Natur wesentlich unter die Bestimmung des ‚Zyklischen'*. Es ist durchaus eine Verfassung der ‚Natur', die damit zum Zuge kommt; das Zyklische ist zunächst und vor allem ein Naturcharakter: „Also" – schreibt etwa schon Schelling – „schreitet keine Organisation fort, sondern kehrt ins Unendliche fort immer in sich selbst zurück"[289]. „Durchgängig und überall" – schreibt Schopenhauer – „ist das ächte Symbol der Natur der Kreis, weil er das Schema der Wiederkehr ist: diese ist in der That die allgemeinste Form in der Natur, welche sie in Allem durchführt ... und wodurch allein in dem rastlosen Strohm der Zeit und ihres Inhalts doch ein bestehendes Daseyn, d.i. eine Natur, möglich wird"[290]. Wenn also Schopenhauer „das Leben einer Kreisbahn aus glühenden Kohlen mit einigen kühlen Stellen" vergleicht, „welche Bahn wir unablässig zu durchlaufen hätten"[291], und wenn er insgesamt die „Objektivation des Willens" in der „Zeit einem endlos drehenden Kreise vergleichen" will[292], dem immerwährend „die Form der Gegenwart wesentlich"[293] ist „gleich einem immerwährenden Mittag"[294]: dann rekurriert er damit auf die Verfassung der ‚Natur', „Wiederholung ihrer selbst"[295] zu sein. Und wenn Nietzsches „Zarathustra, der Fürsprecher des Lebens"[296], zugleich „der Fürsprecher des Kreises"[297] d.h. „der Lehrer der ewigen Wiederkunft" ist[298], der als seinen „abgründlichsten Gedanken"[299] den vom „ewig rollenden Rad des Seins"[300] denkt und „das Wort (spricht) vom grossen Erden- und Menschen-Mittage"[301]: dann meint dieser Gedanke – was auch immer er darüberhinaus bedeuten mag[302] – zunächst einmal jene radikale ‚Natur'-Verfassung des Daseins, vor deren Übermacht die Vorstellungen von Zweckmäßigkeit, Vernunft und Geschichtlichkeit dieses Daseins bedeutungslos und zur Illusion werden.

Wo aber menschliches Tun und Leben derart unter die Bestimmung der ‚Zwecklosigkeit' tritt – da *wird es wesentlich entweder zum ‚Spiel' oder zur ‚Strafe'*. „Spiel" war die entscheidende Kategorie der transzendentalphilosophischen Ästhetik[303]; Schopenhauer und Nietzsche aber sehen im Blick auf das zum Spiel gewordene Leben den Fluch und jedenfalls die Schwere des *Spielenmüssens*. Bei Schopenhauer gilt „das Leben" als Spiel[304] und ebendarum als „Frohndienst"[305] und die „Welt" als eine „Strafanstalt"[306], „in der ... auch schon etwas Höllenartiges sey“[307], so daß man „den Menschen“ richtig „ansieht als ein Wesen, dessen Daseyn eine Strafe und Buße ist“[308]. Bei Nietzsche wird „das Leben“ als „Tanz“[309], als „Spiel“ verstanden: „ ‚Das Spiel‘, das Unnützliche – das Ideal des mit Kraft Ueberhäuften, als ‚kindlich‘. Die ‚Kindlichkeit‘ Gottes, παῖς παίζων“, notiert er im „Willen zur Macht“[310] und meint damit ein für den Menschen Überschweres. Denn diese Stellungnahmen Schopenhauers und Nietzsches zur einen und selben Zwecklosigkeits-Verfassung des „Lebens“ sind so gegensätzlich nicht. Gewiß: für Schopenhauer steht es im Zeichen des unbehebbaren „Mangels“[311], für Nietzsche im Zeichen des unerschöpflichen „Überflusses“[312]. Beide aber verstehen diese Zwecklosigkeits- und Wiederkehr-Verfassung des Lebens als Index seiner *Furchtbarkeit*, wie sich denn auch beide – in jeweils eigener Art – zum „Pessimismus“ bekennen[313].

Und bei beiden braucht es die *exzeptionellen Menschen*, um diese Weltverfassung zu ertragen und auszuhalten: bei Schopenhauer ist es letztgültig nur der „Heilige“, der diesem schlimmen Leben in einer ernsthaften Weise gewachsen ist – indem er sich wirklich aus ihm zurückzieht d. h. jeglichen „Willen zum Leben“ „verneint“[314]; aber auch schon bei Schopenhauer gibt es – wenn auch nur als zurückgewiesenes Gegenbild – den Menschen des „Standpunkt(s) der gänzlichen Bejahung des Willens zum Leben“[315], „dessen Lebensmut so groß“ ist, daß er „bei ruhiger Überlegung seinen Lebenslauf, wie er ihn bisher erfahren, von endloser Dauer oder von immer neuer Wiederkehr wünschte“[316], also den „Übermenschen“ Nietzsches: „das Wesen ... dem“ (wie Nietzsche sagt) der „schwerste Gedanke“ – der der ewigen Wiederkehr des Gleichen – „leicht und selig ist“[317], den Menschen, der in dieser naturhaft-grausamen Wirklichkeit lebensfähig ist: „Nur wer sein Dasein für ewig wiederholungsfähig hält, bleibt *übrig*“[318], also nur der, der zum Leben jene „Lust“ hat, die „tiefe, tiefe Ewigkeit“ will[319]. Das Übrigbleiben als Fluch oder Lust und jedenfalls als das große Pensum und der große Inhalt des Lebens[320]: auch das deutet auf eine ‚Naturverfassung‘ des Lebens und macht zugleich sichtbar, daß es hier – bei Schopenhauer nicht weniger als bei Nietzsche – zwar um die exzeptionellen Menschen geht, um derart exzeptionelle, daß Schopenhauer eigens über die Nichtidentität von Philosoph und Heiligem reflektiert[321] und Nietzsche sogar noch den „Lehrer“ des Übermenschen, Zarathustra, erst eigens ‚dichten‘ muß[322]: aber es geht *nicht* mehr um die ‚ästhetischen‘ Genies, sondern um die Genies des „Lebens“.

Denn es handelt sich insgesamt nicht mehr um das ‚gedichtete‘, sondern um das entzauberte und ‚gelebte‘ *Leben;* und dieses Leben deuten beide Ansätze zusammenfassend – nicht wenig damit an Schellings These vom „Wollen“ als „Urseyn“[323] erinnernd – als *Wille:* Schopenhauer glaubt, es sei ihm „gelungen ..., die deutliche Gewißheit mitzuteilen, daß diese Welt, in der wir leben und sind, ihrem ganzen Wesen nach und durch und durch Wille ... ist ... und ... nichts anderes sein kann als Wille, der sonach das eigentliche Ding an sich ist“[324]; „Und wißt ihr auch“ – fragt Nietzsche – „was mir ‚die Welt‘ ist? ... diese meine dionysische Welt des Ewig-sich-selber-Schaffens, des Ewig-sich-selber-Zerstörens, diese Geheimnis-

Welt der doppelten Wollüste, dies mein ‚Jenseits von Gut und Böse', ohne Ziel, wenn nicht im Glück des Kreises ein Ziel liegt, ... wollt ihr einen Namen für diese Welt? Eine Lösung für alle ihre Rätsel? ... Diese Welt ist der Wille zur Macht – und nichts außerdem! Und auch ihr selber seid dieser Wille zur Macht – und nichts außerdem!"[325].

Diese Natur-Welt des Willens ist nun zugleich – wiederum für beide Ansätze – eine Welt wesentlich des *Kampfes*: sie ist, sagt Schopenhauer, beherrscht durch „jene Eris, de(n) Kampf aller Individuen, de(n) Ausdruck des Widerspruchts, mit welchem der Wille zum Leben im Inneren behaftet ist und der durch das principium individuationis zur Sichtbarkeit gelangt"[326]; diese „dem Willen wesentliche Entzweiung mit sich selbst"[327] erzeugt „in der Natur überall Streit, Kampf und Wechsel des Sieges"[328]: „Durch die gesamte Natur läßt sich dieser Streit verfolgen, ja, sie besteht eben wieder nur durch ihn ... ist doch dieser Streit selbst nur die Offenbarung der dem Willen wesentlichen Entzweiung mit sich selbst"[329]; und „dieser allgemeine Kampf"[330], „wodurch der innere Widerstreit des Willens mit sich selbst zur fürchterlichsten Offenbarung gelangt"[331], beherrscht in extremer Weise „das Menschengeschlecht", in dem „jene Selbstentzweiung offenbart und homo homini lupus wird"[332] durch das „bellum omnium contra omnes, welches Hobbes im ersten Kapitel de cive, trefflich geschildert hat"[333]. Und Nietzsche konstatiert „den abgründlichen Antagonismus von Cultur und Civilisation"[334] und will – im Unterschied zu anderen Verfechtern dieses Gegensatzes – wirklich mit ihm ernstmachen: er ermuntert die Kultur, sich von den Zivilisationsbestimmungen zu befreien und durch „moralistischen Naturalismus"[334a] zu Naturbestimmungen sich zu erheben d.h. gegen jegliche Behauptung der Menschen-„Gleichheit" und gegen die sie realisierenden Rechts- und Friedensordnungen aufzutreten und zur Anerkenntnis der „Ungleichheit" der Menschen[335] und ihrer Bewährung in Feindschaft und Kampf[336] d.h. aus dem Banne der „Moral" zu einem „Jenseits von Gut und Böse"[337] überzugehen: Nietzsche verteidigt „jenen ewigen Grundtext homo natura"[338], der im Grund „der schreckliche Grundtext homo natura"[339] ist und auch sein soll: *es ist der – mit Hobbes gegen Rousseau gedachte – ‚Naturzustand', der – bei Nietzsche nicht weniger als bei Schopenhauer – als die Wahrheit der Wirklichkeit sich erweist: es ist die Natur der kämpfenden Triebe und Mächte, es ist die ‚Triebnatur', die zur Grunddefinition der Wirklichkeit avanciert ist.*

Mit diesen wenigen Hinweisen soll gewiß nicht alles Wichtige gesagt sein, was – selbst im begrenzten Zusammenhange dieser Untersuchung – zu den Thesen Schopenhauers und Nietzsches gesagt werden kann und gesagt werden müßte[340]. Insbesondere blieb eine ausdrückliche Diskussion von Freud-Vorwegnahmen bei Schopenhauer und Nietzsche hier durchaus beiseite[341]. Es sollte nur das Eine deutlich werden: *zum Zerfall der Endzwecktheorie und Theorie der Mittel seiner Verwirklichung, zur Preisgabe der Schätzung von Vernunft und Ich, zur Diskreditierung der ‚politisch-weltbürgerlichen' Definition der Geschichte gehört – nach dem Erlöschen der retardierenden Kraft des ‚Ästhetischen' und unter Voraussetzung einer fortdauernden Absage an Metaphysik und Geschichtsphilosophie – die philosophi-*

sche Herrschaft einer antagonistisch-zyklischen, einer jedenfalls extrem ‚natürlichen' Natur: im Zusammenhang der ‚Depotenzierung der Transzendentalphilosophie' bedeutet der Zerfall des ästhetischen Ansatzes d.h. die Entzauberung der Romantiknatur die Ermächtigung der Triebnatur. In der Konsequenz dieses Schicksals des transzendentalen Ansatzes unterwerfen sich Vernunft und Ich gerade demjenigen Nicht-Ich, das sie am meisten beherrschen wollten.

Das, nur das sollte dieser kurze Blick auf die philosophischen Ansätze Schopenhauers und Nietzsches einer bescheidenen Plausibilität approximieren – und das gerade nur zu dem einzigen Zwecke, Verständnis für ein *Problem* zu erreichen, das aus dieser philosophischen Lage notwendig folgt und in ihr in der Tat unabweisbar wird. Es handelt sich – angesichts der Philosophien Schopenhauers und Nietzsches und unter dem Eindruck ihrer Thesen – um dieses eine wesentliche Problem: wie mit dieser ermächtigten Triebnatur zu leben sei, wenn es *nicht* gelingt und *nicht* ausreicht, sie zu ‚ästhetisieren' – wenn es *nicht* genügt, sie durch Ästhetik zu deuten und „als ästhetisches Phänomen" zu „rechtfertigen"[342]: wenn sie also *nicht* durch poetische Verklärung domestiziert und zur erträglichen und bestehbaren besänftigt, wenn sie *nicht* durch Ästhetisierung humanisiert werden kann? *Die ‚Depotenzierung der Transzendentalphilosophie' etabliert die ‚Triebnatur'. Was tun mit dieser Natur? – das wird zum Fundamentalproblem dort, wo es nicht mehr gelingt, diese Natur durch ihre ‚Ästhetisierung' zu bestehen.* Durch dieses, gerade durch dieses Problem ist – zumindest ‚auch' – jene philosophische Bewegung bestimmt, die diese Überlegung den ‚zweiten Psychologismus' genannt hat[343].

Therapeutischer Psychologismus

Wie kommt es zum ‚zweiten', wie kommt es zu jenem ‚neueren Psychologismus in der Philosophie', von dem und zu dem diese ganze Überlegung ‚einige philosophische Motive' zu finden versucht?[1] Wieso wird er *nötig?* Einige, wirklich nur einige und unter gar keinen Umständen ‚alle' seiner ‚philosophischen Motive' sind jetzt beisammen; es sind jedenfalls diejenigen, die diese Arbeit zusammenzubringen sich vorgenommen hatte. Es bleibt jetzt einzig noch, zu zeigen, daß und inwiefern es Motive gerade zu diesem ‚neueren Psychologismus in der Philosophie' sind.

1. Funktion des Psychologismus

Wo – wie in der transzendentalphilosophisch ‚geschichtsfernen Geschichtsphilosophie' und unter dem Eindruck ihrer ‚Depotenzierung' in wachsendem Maße – keine Metaphysik zu sagen vermag, was der Mensch immer ist (und daß er es sich leisten kann, das, was er ist, auch immer zu bleiben), und zugleich auch keine Geschichtsphilosphie ihn zu dem zu bestimmen vermag, was der Mensch erreichen will (und wodurch er es kann) – da wird schließlich und notgedrungen das zur Definition des Menschen, wovor er sich hüten muß: seine Triebnatur. Das Scheitern ihrer ästhetischen Verzauberung enthüllt, daß sie nicht nur keine ‚Rettung', daß sie sogar die entscheidende ‚Belastung' des Menschen ist. Der Mensch, der sich von dieser Natur und seiner eigenen Natürlichkeit abhängig gemacht hat, ist also damit abhängig geworden nicht von einer Euporie, sondern von einer entscheidenden Aporie: ‚Natur' – das ist jetzt nicht mehr der Name für die ‚Lösung' seiner Probleme, sondern der für diese Probleme selbst in ihrer Ungelöstheit und Unbestimmtheit. Was tun mit diesen ungelösten Problemen? Was machen mit dieser Aporie und Belastung? Wie sich stellen zu dieser Gefährdung und Schwierigkeit? *Wie leben mit dieser Natur? Was tun mit ihr, wenn es doch ‚nicht' mehr gelingt und genügt, sie durch ihre ‚Ästhetisierung' zu bestehen?* Was machen mit ihr, wenn zugleich der Weg zur ‚Metaphysik' und ‚Geschichtsphilosophie' weiterhin blokkiert bleibt?

VON DER ENTZAUBERTEN NATURPHILOSOPHIE ZUM PSYCHOLOGISMUS. *Wie kann das vernünftige Wesen Mensch unter der Bedingung der Ohnmacht der Vernunft mit der Macht seiner Natürlichkeit leben und auskommen?* – das ist nur eine andere Formulierung desselben Problems. Es ist das Problem, das – im Zusammenhang der ‚Depotenzierung der Transzendentalphilosphie' und zumindest auch in wesentlichen seiner Tendenzen – innerhalb der Philosophie den „Psychologismus" hervortreibt.

Dieses Problem hat – wie diese Arbeit das wenigstens ansatzweise zu zeigen versuchte[2] – die Philosophien Schopenhauers und Nietzsches in Atem gehalten; ja, durch diese Philosophien kommt es allererst in voller Schärfe zum Vorschein. Freilich: es *bleibt* ein Problem auch und gerade *nach* (post) den Thesen Schopenhauers und Nietzsches. Denn die – wie man sie nennen könnte – *primären Stellungnahmen Schopenhauers und Nietzsches,* also das ‚große Nein zum Leben' Schopenhauers und das ‚große Ja zum Leben' Nietzsches: sie sind letztenendes eben *keine* wirksamen, vollziehbaren, lebbaren Lösungen. Es handelt sich um ‚unmittelbare' Stellungnahmen; schwerlich aber ist der Unmittelbarkeit durch Unmittelbarkeit beizukommen. Die Lösungsversuche Schopenhauers und Nietzsches sind unmittelbar d. h. im Sinne des Extremen ‚radikal': sie sind so radikal, daß sie über jede konkrete Bestimmtheit hinausgehen; ihre antithetischen Einstellungen neigen dazu, vor der konkreten Fragemannigfaltigkeit des geschichtlichen Daseins ununterscheidbar zu werden; quietistischer oder dionysischer Pessimismus – diese gegensätzlichen Entscheidungsmöglichkeiten werden in concreto austauschbar; ob jemand das Leben im Ganzen verneint oder enthusiastisch bejaht – ist eine derart extreme Entscheidung, daß sie den wirklichen Vollzug des Daseins im Einzelnen schließlich gar nicht berührt. Hier liegt einer der Gründe dafür, daß die Positionen Schopenhauers und Nietzsches – diese ihrer Absicht nach – „unzeitgemäßen" Philosophien par excellence – mit nur geringer Verzögerung zu Erfolgs- und Modephilosophien geworden sind[3]: alsbald feierte die bürgerliche Welt diese Philosophien, die sie radikal in Frage stellen, aber sie tat das eben gerade auch nur deswegen, weil die Kritik dieser Philosophien an ihrer Zeit so ‚extrem' und ‚radikal' war: sie lobt jene Schritte als unumgänglich, die zu groß sind, als daß man sie tun könnte. Diese merkwürdige Harmlosigkeit des Extremen, das vor lauter Tiefenentscheidungen im Konkreten nichts tangiert, dieses eigentümlich ‚Bequeme des Radikalen' zeichnet in besonderer Weise die ‚primären Stellungnahmen' Schopenhauers und Nietzsches aus und begünstigt ihre Wirkung. Daß die „Vertiefung" von Problemen und Thesen eine Form ihrer Vermeidung ist, hat vor allem Lukács betont und als Form der „indirekten Apologetik" beschrieben[4]. Freilich hat er das sehr einseitig getan. Denn jene Form des radikalen Denkens, die sich Schopenhauers und Nietzsches ‚primären Stellungnahmen' verpflichtet: sie ist eben nicht nur – wie Lukács es ausschließlich zu sehen sich bemüht – die indirekte Verteidigung des Unvernünftigen der bestehenden Wirklichkeit durch einen Protest, der nichts ändert; sie ist ja zugleich kaum weniger die indirekte Verteidigung des Vernünftigen dieser Wirklichkeit durch jenen Aufruf zu gerade denjenigen Positionen der Gegen-Vernunft, die ob ihrer Realität von der Verpflichtung zum Vollzug entbinden. Freilich: daß das keine irgendwie sichere Verteidigung und grundlegende Lösung ist – wer wird es leugnen wollen?[5]. Und so haben Schopenhauers und Nietzsches Philosophie ihre Wirksamkeit nicht gehabt als irgendeine ‚Lösung' irgendwelcher Probleme, sondern nur als Modi ihrer bequemen Vermeidung. Diese Art des Erfolges haben beide gefürchtet. Ebendarum haben sie von und zu den ‚Wenigen' gesprochen, für die ihre ‚primären Stellungnahmen' Lösungen wären. Es sind – in der Sprechweise dieser Arbeit – die ‚exzeptionellen Menschen'[6], für die diese Lösungen gelten sollen, Menschen, die teils – wie die „Heiligen" Schopenhauers – von äußerster Seltenheit, und teils – wie die „Übermenschen" Nietzsches – noch nicht vorhanden sind und allererst „gelehrt" und hervorgebracht werden müssen. Lösungen aber, die es nur für derartig ‚exzeptionelle Menschen' sind, sind jedenfalls keine vernünftig-allgemeinen Lösungen; sie sind – diese Arbeit kann sich für die Zwecke ihres Betrachtungszusammenhangs mit einer vorsichtigen, einer milden Formulierung begnügen – zumindest keine Lösungen, die die Suche nach anderen und besseren wirksam überflüssig zu machen vermöchten. Um diese *Suche nach anderen Lösungen* hat sich diese Untersuchung nunmehr zu kümmern.

Die Philosophie Schopenhauers und Nietzsches wären schwerlich die gewichtigen und bedeutenden Philosophien, die sie – trotz ihrer nicht geringen Anfechtbarkeiten – nun einmal sind, wenn es in ihnen nicht auch die Ansätze zu diesen ‚anderen Lösungen' gäbe, die – wie man sie nennen könnte – *sekundären Stellungnahmen Schopenhauers und Nietzsches,* die vornehmlich mit der ‚Art zu sehen' dieser Philosophien zusammenhängen. „Daß aus meinen Schriften ein *Psychologe* redet, der nicht seinesgleichen hat, das ist vielleicht die erste Einsicht zu der ein guter Leser gelangt", schreibt Nietzsche im „Ecce homo"[7]; und ohne Zweifel gibt es ein nicht geringes Maß an „Psychologischen Errungenschaften Nietzsches"[8]. Kaum weniger gilt das von Schopenhauer. Ihr Niveau haben diese beiden Ansätze weitestgehend durch ihre Fähigkeit und Kraft des ‚Psychologisierens'. Das ist durchaus nichts Beiläufiges; keine noch so „ontologische" Interpretation kann diesen Befund wirksam entkräften[9]. Im hier analysierten Zusammenhang der Transzendentalphilosophie-Depotenzierung kompensiert sich die Entmächtigung des Endzwecks und der Ausfall der ästhetischen Lösung duch einen Aufschwung des ‚Psychologischen' im Sinne vor allem einer Erforschung des Wunschdenkens durch eine „Kunst des Mißtrauens"[10]. Daß Hans Barth Schopenhauer und Nietzsche als Klassiker der Ideologiekritik hat deuten können[11], ist dafür nicht weniger ein Indiz als die Tatsache, daß Schopenhauer – vgl. etwa seine Theorie des „Wahnsinns"[12] – und Nietzsche – vgl. etwa seine Sublimierungsapperçus[13] – Thesen Freuds vorweggenommen haben, und daß die Freudschule das alsbald bemerkt und auch anerkannt hat[14]: die gleichen Probleme drängen zu gleichen Lösungen; das Problem, das die ermächtigte Natur bietet, treibt – nach dem Abschied der Philosophie von seiner ‚ästhetischen Lösung' – zur Behandlung durch ‚Psychologie': *wo die ‚Ästhetik' als amtierende Grundphilosophie abtritt, wird zu ihrem Nachfolger in diesem Amt der regierenden Philosophie eine ‚Psychologie'* – definiert nicht zuletzt durch die Aufgabe jener ‚Verinnerlichung der Negation', die bereits für den ästhetischen Ansatz charakteristisch ist. Dieser Vorgang etabliert eine Verfassung der Philosophie, die durch einen möglichen Sinn des Wortes *„Psychologismus"* getroffen wird; denn „Psychologismus" kann eben bedeuten: die Fundierung der Philosophie durch Psychologie. Und weil zugleich ganz bestimmte Psychologien in dieser Stellung und an diesem Orte zum Zuge kommen – nämlich jedenfalls „zurückführende" und gar im Sinne des verdächtigenden Motivierens ‚reduzierende' –, handelt es sich dabei auch um einen „Psychologismus" in der Nähe jenes prägnanten Sinns dieses Wortes, den W. Metzger ihm gegeben hat[15]. *Im Zusammenhang der ‚Depotenzierung der Transzendentalphilosophie' etabliert – unter der Bedingung fortdauernder Absagen an Metaphysik und Geschichtsphilosophie – der Zerfall der ‚ästhetischen Lösung' den „Psychologismus".*

Diese Arbeit ist weit entfernt davon, Gesamtcharakteristiken und Totalableitungen auch nur zu intendieren. Sie will nur *einen* wesentlichen Zug dieses „Psychologismus" kennzeichnen und treffen, wenn sie formuliert: der Psychologismus ist in gewisser Hinsicht (auch) ein Residuum der Naturphilosophie-Entzauberung. Denn *wo die ‚entzauberte' Natürlichkeit des Menschen zu einem wesentlichen Element der Definition seiner Wirklichkeit wird, verwandelt sich die Philosophie dieses Menschen aus „Naturphilosophie" (schließlich) zum „Psychologismus" bzw. „Anthropologismus"*[16]. Was seine *Funktion* betrifft, so ist – unter der Bedingung der Unbereitschaft zur Metaphysik oder zur Geschichtsphilosophie – *der „Psychologismus" ‚mindestens' der Versuch, die entzauberte (und gefährlich gewordene) Natur mit jenen Mitteln zu bestehen, die die ‚Ent-Ästhetisierung' der transzendentalphilosophischen Naturphilosophie überlebt haben: den ‚Depotenzierungs'-Verfahren d. h. jenen ‚genealogischen' und dem ‚Nötigkeitsprinzip' verpflichteten Begreifensweisen, die auf ‚Naturantriebe' rekurrieren und ihren Ausfall an ‚ästhetischem Blick' durch Verstärkung ihrer Mißtrauens-, ihrer Argwohnstalente kompensieren.* Gegenüber der transzendentalphilosophischen Naturphilosophie hat sich dadurch mindestens zweierlei geändert. Erstens hat die Natur und Natürlichkeit des Menschen definitiv aufgehört, das Thema einer anderen, zweiten, nur komplementären Philosophie, das Thema einer separaten „Naturphilosophie" zu sein: sie wird jetzt zum Thema wesentlich der Wissenschaft vom Menschen selbst[17]: zum Thema der zur Philosophie erhobenen Psychologien und Anthropologien, auf die sich dieser Psychologismus bzw. Anthropologismus stützt. Zweitens hat nun gerade dadurch, daß das vormals spekulativ-naturphilosophische Interesse an der Natur sich zum psychologischen bzw. anthropologischen wandelt, die Theorie dieser Natur ihre universell-kosmologische Geltung preisgegeben: sie bleibt interessant als Theorie der Natur wesentlich nur des Menschen[18]. Beides – die (wenn so gesagt werden darf) ‚Entdoppelung' von Naturphilosophie und Menschenphilosophie und die damit verbundene Einschränkung des universell-kosmologischen Anspruchs dieser Naturphilosophie – ist gleichermaßen Indiz dafür, daß diese Natur aufgehört hat, die ‚ferne Natur' d. h. die betrachtungsgeeignet-verzauberte Natur zu sein: sie ist zur ‚nahen Natur' geworden und dem Menschen und der Wissenschaft vom Menschen, auch und gerade der von seiner Seele und seinem Geist, unmittelbar auf den Leib gerückt: die Natur ist in einer neuen und unmittelbar-aufdringlichen Weise zum bevorzugten Element der Definition und Theorie des Menschen geworden.

ERSTER PSYCHOLOGISMUS. Diese ‚entzauberte Natur': sie ist zugleich das Allgemeinste und Besonderste des Menschen. Wie die Sinnlichkeit eines Menschen in Einem das ist, was ihn am meisten mit seiner Gattung gleichsetzt und zugleich am meisten nur ihm allein gehört, so ist auch insgesamt *seine ‚Natürlichkeit' zugleich das ‚Gattungshafteste' und das ‚Individuellste' des Menschen.* So ist sie ebensowohl „generalisierenden" wie „individualisierenden" Methoden zugänglich. Darum hat der hier diskutierte Psychologismus zunächst die Möglichkeit, sich auf eine Psychologie zu stützen, die jenen, oder auf eine Psychologie, die diesen Methoden anhängt. Er rekurriert entweder auf „naturwissenschaftliche" oder auf „geisteswissenschaftliche" Psychologien: ihm wird die Natur und Natürlichkeit des Menschen entweder zur Gelegenheit zu exakt-experimenteller Erforschung des Seelischen d. h. zu Aufstellung von Naturgesetzen der Seele, oder zur Gelegenheit für Erlebnisse und das Verstehen fremder Erlebnisse. Es ist das der Versuch, diese Natur im Menschen dadurch zu bestehen, daß sie ein weiteres Mal entweder als *Kontrollnatur* oder noch einmal (der Tendenz nach) als *Romantiknatur* genommen wird: also der Versuch einer Re-Rationalisierung oder der Versuch einer Re-Ästhetisierung dieser Natur. Jenes versucht jener Psychologismus, der die so genannte *erklärende Psychologie*, dieses versucht jener Psychologismus, der die so genannte *verstehende Psychologie* zur Grundlage nimmt.

Als einer der klassischen Diskussionen dieser beiden Möglichkeiten psychologischer Fundierung der Philosophie darf Wilhelm *Diltheys* 1894 erschienene Abhandlung „Ideen über eine beschreibende und zergliedernde Psychologie" gelten. Sie fixiert und begründet die „Unterscheidung der erklärenden und der beschreibenden Psychologie"[20].

Als Vertreter der *erklärenden Psychologie* nennt Dilthey Hume, Hartley, J. Mill, J. St. Mill, H. Spencer, H. Taine, W. James und in Deutschland Herbart, Fechner, Weber, Helmholtz, Münsterberg, Sigwart, Drobisch, Lotze, W. Wundt und andere[21]. Dilthey betont, „daß der erklärende Psychologe mit dem Kapitel einer begrenzten Zahl eindeutiger Elemente wirtschaftet"[22], er will „quantitative Bestimmungen nicht nur in den Außenwerken der Psychologie, sondern in ihrem Inneren selber zur Anwendung ... bringen"[23]: „das Verfahren" – schreibt Dilthey – „des erklärenden Psychologen (ist) ganz dasselbe, dessen sich auf seinem Gebiet der Naturforscher bedient. Die Ähnlichkeit im Verfahren beider wird dadurch noch größer, daß das Experiment jetzt, dank einem bemerkenswerten Fortschritt, das Hilfsmittel der Psychologie auf vielen ihrer Gebiete geworden ist"[24]; darum nennt Dilthey diese Art der Seelenwissenschaft auch einfach „die erklärende oder naturwissenschaftliche Psychologie"[25]. In den Zusammenhang dieser erklärenden Psychologie gehört etwa Mills charakteristisch-extreme Lehre einer „psychischen

Chemie“[26] nicht weniger als z. B. die – von Husserl bekämpfte[27] – radikale Logik-These des früheren Th. Lipps: die Regeln des richtigen Denkens „sind identisch mit den Naturgesetzen des Denkens selbst. Die Logik ist Physik des Denkens oder sie ist überhaupt nichts“[28].

Gegen diesen „naturwissenschaftlichen“ Ansatz der Psychologie protestiert Dilthey im Namen der „Geisteswissenschaften“ und im Interesse ihrer Grundlegung durch eine angemessene *verstehende Psychologie*[29], durch Option für eine – wie er zunächst sagte – „Realpsychologie“[30] bzw. – wie er sie dann später nennt – „beschreibende und zergliedernde Psychologie“, die Dilthey ausdrücklich als „Anthropologie“ meint und will[31]. Sie wird zur „Lehre vom Strukturzusammenhang des Seelenlebens“[32]. Dieser „Zusammenhang ... ist sui generis“[33], so „daß der äußere Naturzusammenhang nicht auf das Seelenleben übertragen werden darf“[34]. „Der Strukturzusammenhang wird *erlebt*“[35]: die „Auffassung seelischer Zustände ... entsteht aus dem *Erlebnis* und bleibt mit ihm verbunden. Der einzelne Vorgang ist von der ganzen Totalität des Seelenlebens im Erlebnis getragen, und der Zusammenhang, in welchem er in sich und mit dem ganzen des Seelenlebens steht, gehört der unmittelbaren Erfahrung an. Dies bestimmt ... die Natur des *Verstehens* unserer selbst und anderer. Wir erklären durch rein intellektuelle Prozesse, aber wir verstehen durch das Zusammenwirken aller Gemütskräfte in der Auffassung“[36]. „An dem ursprünglichen Verfahren des Verstehens muß auch die Nachkonstruktion der allgemeinen Menschennatur in der Psychologie festhalten, wenn sie gesund, lebensvoll, lebenskundig, fruchtbar für das Verständnis des Lebens bleiben soll“[37]. Dieses „ursprüngliche Verfahren des Verstehens“ aber – so minutiös es sich durchs interpretierend[38] historische[39] „Studium der Individualität“[40] realisiert – bleibt von Hause aus *ästhetisch* orientiert: Diltheys „anthropologische Forschung ist benachbart der Dichtung“[41] und „die Kunst das Organ des Lebensverständnisses“[42]: seine Lebenspsychologie strebt, „das, was die großen Dichter, insbesondere Shakespeare, in Bildern gegeben haben, ... der begrifflichen Analyse zugänglich zu machen“[43]: die geisteswissenschaftliche Psychologie Diltheys reästhetisiert die Natürlichkeit des Menschen zu dem in „Erlebnis“ und „Ausdruck“[44] präsenten „Leben“[45]. Daß nicht das ‚Leben des Lebens‘, sondern das ‚Erleben des Lebens‘ in dieser besonderen Färbung in ihr die entscheidende Rolle spielt, kennzeichnet *Diltheys philosophisch-geisteswissenschaftliche Psychologie als den Versuch, die Natur des Menschen noch einmal ästhetisch zu nehmen und sie dadurch zu bestehen.* Jedenfalls aber ist es die *Natur* – die „allgemeine Menschennatur“[46] und die unter wechselnden Erlebnis- und Ausdrucksformen ‚ewigen‘ Lebensrätsel[47] –, der diese so ‚geschichtliche‘ Philosophie und Psychologie[48] sich gestellt hat[49].

Beide Formen dieser Psychologie – die „erklärende“, die Dilthey zu limitieren versucht, und die „beschreibende und zergliedernde“, die er fördert und in Gang zu bringen sucht: sie werden dort, wo sie zur Philosophie und gar zur zentralen Philosophie erhoben werden, zu den beiden Gestalten jener philosophichen Bewegung, die das Einleitungskapitel dieser Arbeit den ‚*ersten Psychologismus*‘ genannt hat[50]. Der Titel ‚erster Psychologismus' kennzeichnet im Zusammenhang dieser Untersuchung die Phase philosophischer Fundamentalgeltung der „erklärenden" („naturwissenschaftlichen") und der „verstehenden" („geisteswissenschaftlichen")Psychologie. Beide seiner Formen rechnen mit fundamentaler Macht der *Natur* im Menschenleben gerade dann und dort, wo sie sich anschickt, als Triebnatur bedrohlich zu werden. Sie versuchen diese Natur in je anderer Weise zu bestehen: der der „erklärenden Psychologie" verpflichtete Psychologismus tut das, indem er diese Natur zur ‚Kontrollnatur'[51] zu zähmen versucht; der der „beschreibenden und zergliedernden Psychologie" verpflichtete Psychologismus tut es, indem er diese Natur noch einmal als ästhetische, als erlebnisreiches „Leben", als eine späte Art von ‚Romantiknatur'[52] zu verstehen und zu genießen sucht. Jenen könnte man den *Kontrollpsychologismus,* diesen den *Erlebnispsychologismus* nennen; jener versucht, diese Natur „naturwissenschaftlich", dieser versucht, sie „geisteswissenschaftlich" zu domestizieren: jener nimmt sie als die Gelegenheit zu experimenteller Erfahrung des Seelischen und zur Entdeckung von Naturgesetzen, dieser nimmt sie als Feld der Interpretation des verschiedenen Erlebnisses und Ausdrucks der letzthin immer gleichen Lebensprobleme; kurz: der Kontrollpsychologismus modifiziert jene Natur zur ‚Natur der Kausalvorgänge', der Erlebnispsychologismus modifiziert jene Natur zur ‚Natur der Bedeutsamkeit'[53].

Dabei kommt bei *beiden* Ansätzen in einer neuen Form *genealogische* Begreifensweise zum Zuge. Es ist also nicht so, daß sie allererst im Psychologismus auftritt, sondern: der Psychologismus – auch dieser ‚erste Psychologismus' – assimiliert sich einen Methodenimpuls, der bereits in der Transzendentalphilosophie und ihrer Naturphilosophie wirksam war[54]; freilich: er realisiert ihn jetzt so, wie es dort möglich ist, wo *nicht* mehr die ‚politisch' definierte Geschichte der Freiheit „in weltbürgerlicher Absicht" der Herkunftsbereich ist und *nicht* mehr ein definitiver, in seinen Vermittlungen durchsichtiger Endzweck den Prozeß regiert, und wo auch *nicht* mehr eine valierende Zweckmäßigkeitsverfassung und Harmonie der Natur ohne weiteres im Spiel ist. Da hat die Genealogie mit *einer der Tendenz nach ‚ateleologischen Genese'* zu rechnen. Teils – im Falle der naturwissenschaftlich-erklärenden Psychologie – werden Finalzusammenhänge verpönt; teils – im Falle der geisteswissenschaftlich-verstehenden Psychologie – mutiert der Zweckzusammenhang zum „Strukturzusammenhang"[55]: „Struktur" aber ist der Name für eine ‚zweckfreie Zweckmäßigkeit'[56], und „Strukturzusammenhang" ist der Begriff für einen Zweckzusammenhang, dessen Zweck und Zweckmäßigkeit *undurchschaubar* geworden sind[57]. Und so kommt auch das ‚Nötigkeitsprinzip'[58] nur mehr im beschränkten und veränderten Maße zum Zuge: es verlangt jetzt die Suche teils nach „Wirkursachen" einer Erscheinung, teils nach ihrer „Bedeutung"; was in der Transzendentalphilosophie und ihrer Naturphilosophie als Prinzip der transzendentalen Deduktion ‚Nötigkeitsnachweise' verlangt[59], begnügt sich jetzt teils – in den Bahnen der „erklärenden Psychologie" – mit *Kausalerklärungen,* teils – in den Bahnen der „beschreibenden und zergliedernden Psychologie" – mit *Bedeutsamkeitsverständnissen:* das ‚Nötigkeitsprinzip' erzwingt jetzt einerseits – im

,Kontrollpsychologismus' – das, was Most den „Kausalmonismus" nennt[60], der „die These (hat) ..., daß *alle* Determinanten Wirkursachen sind"[61], und andererseits – im ,Erlebnispsychologismus' – das Verständnis der „Bedeutung" der Phänomene im Strukturganzen: *die Konjunktur des naturwissenschaftlich-„kausalen" Denkens in der erklärenden Psychologie ist nicht weniger als die der „Kategorie der Bedeutung"*[62] *in der verstehenden eine Fortwirkung des ,Nötigkeitsprinzips' der Transzendentalphilosophie unter der Bedingung ihrer fortgeschrittenen ,Depotenzierung'*. Beiden Psychologismen gelingt es nicht mehr, die Phänomene als „Vermittlungen" der Freiheit, gleichwohl versuchen beide, sie weiterhin als die ,nötigen' zu rechtfertigen: so glaubt der ,Kontrollpsychologismus', sie als „Wirkungen", und es glaubt der ,Erlebnispsychologismus', sie als „Bedeutsamkeiten"[63] legitimieren zu können. *Es ist möglich, beide Versuche des ,ersten Psychologismus' – den „Kausalmonismus" der ,Kontrollpsychologismen' ebenso wie das Bedeutsamkeitsdenken der ,Erlebnispsychologismen' – als ,Reduktionsformen' der transzendentalphilosophisch-naturphilosophischen ,Genealogie' und ihres ,Nötigungsprinzips' zu erkennen*.

Vom ersten zum zweiten Psychologismus. Es ist dieser ,erste Psychologismus', gegen den die *Psychologismuskritik* sich erhoben hat. Daß sie mit *beiden* Gestalten dieses ,ersten Psychologismus' – sowohl mit dem ,Kontrollpsychologismus' als auch mit dem ,Erlebnispsychologismus' – gerechnet hat, zeigt sich eindrucksvoll an Husserls programmatischem Logos-Aufsatz[64], der den „Psychologismus" eben nicht nur als „naturalistische Philosophie"[65], sondern zugleich auch – im Blick auf Dilthey – als „Historizismus"[66] kritisiert hat. Die Argumente Husserls wurden eingangs skizziert[67]: beide Formen des ,ersten Psychologismus' wollen es zu Wesensaussagen bringen, indem sie auf „Tatsachen" rekurrieren: „Der Aberglaube der Tatsachen ist ihnen allen gemein"[68]. „Aus Tatsachen Ideen sei es begründen oder widerlegen wollen, ist Widersinn"[69]. „Es ist nun klar, daß ... jede Theorie logisch widersinnig ist, welche die ... Prinzipien aus irgendwelchen Tatsachen ableitet"[70], denn sie destruiert dadurch die Möglichkeit jener Allgemeingültigkeit, die sie doch für sich selbst in Anspruch nimmt. Der Psychologismus verkennt „Wesen" als „Tatsachen" d.h. er *verflüchtigt das Ewige:* so läßt sich Husserls Argument zusammenfassen. Es ist – könnte man sagen – das Argument gegen den Psychologismus von der *Wesensphilosophie* her.

Aber nicht nur bei Husserl und seinen Mitstreitern, also nicht nur von der metaphysisch am Immerstimmenden (streng Allgemeingültigen) und Immerseienden interessierten Wesensphilosophie her gibt es das Psychologismusproblem und die Psychologismuskritik. Auch und gerade für die *Geschichtsphilosophie,* die Philosophie des Anderswerdens, ist der Psychologismus suspekt. Der ,erste Psychologismus' macht – in beiden seiner Formen – das ,Natürliche' des Menschen zum Fundament seiner Bestimmungen: was ,Faktum' ist, begreift er als ,Natur' und spricht so dem, was anders werden kann und vielleicht auch anders werden sollte, Beständigkeit zu: der Psychologismus verkennt Tatsachen als Natur d.h. *verewigt das Flüchtige:* so verfehlt er das Geschichtliche. Indem er nämlich den Menschen derart durch seine ‚Natur' bestimmt, daß er ihn dabei durch sein ‚Gattungshaftestes' und durch sein ‚Individuellstes' definiert, stellt er seine genealogischen Fragen von vornherein so, daß sie stets teils ‚zu allgemein' und teils ‚zu individuell' fragen, um jene ‚besonderen Allgemeinheiten' zu erreichen, die in Bezug auf die Freiheit und „weltbürgerliche Verfassung" als „Vermittlungen" Funktion in einem aussichtsreichen Prozeß haben. Es gelingt ihm nicht, die Unmittelbarkeit der Natur in „Vermittlungen" aufzulösen; sie bleibt als ein extrem Unmittelbares stehen, das ewige Naturgesetze und ewige Herausforderungen zu je individueller Bewältigung spendet. Aber es genügt nicht, die Natur als dieses Unmittelbare zu belassen. Es reicht nicht aus, die Natur als dieses Unmittelbare zu „erklären" oder zu „verstehen", wo es darum ginge, sie „aufzuheben" – strikt im Hegelschen Sinne des „tollere", „conservare" und „elevare"[71], im Sinne also ihrer „Vermittlung"; denn das „Erklären" und das „Verstehen" – beide sind in Bezug auf die verwirrende Macht der Natur und menschlichen Natürlichkeit nur unzureichende Formen eines Sich-Abfindens, jedoch keine Lösungen des Problems: wie das vernünftige Wesen Mensch unter der Bedingung der Ohnmacht der Vernunft mit der Macht seiner Natürlichkeit leben und auskommen soll[72].

So gibt es ein ‚wesensphilosophisches' und ein ‚geschichtsphilosophisches' Argument der Psychologismuskritik; für beide Argumente aber ist die zum Fundament gemachte Natur (Natürlichkeit des Menschen) eine Verwirrungsquelle: der Rekurs auf sie verflüchtigt das Ewige oder verewigt das Flüchtige, d.h. er macht das Wesenhafte zu geschichtlich, das Geschichtliche zu wesenhaft: *beide Argumente kennzeichnen den Psychologismus als eine Einstellung, die den Schwierigkeiten der zum Fundament gewordenen Natur erliegt: im ‚ersten Psychologismus' bleibt die Fundamentalrolle der ‚entzauberten Natur' ein ungelöstes Problem*[73].

Ein ungelöstes Problem, ein Problem, an dessen Lösung die Philosophie verzweifelt: ihm erwächst eine doppelte Möglichkeit des Weiterlebens. Es wird entweder zum ‚ewigen Problem' erhoben und gewinnt fortan die Existenz eines scheu verehrten überphilosophischen Mysteriums, dem durch keine Lösung zunahe getreten werden darf. Oder es wird in eine „Einzelwissenschaft" strafversetzt und fortan als ‚unphilosophisches' Problem verachtet, jeder Versuch seiner Rückkehr in den Status eines philosophischen Problems wird verboten. Es verhält sich – wie es im Falle der Psychologie, Anthropologie, Soziologie u. a. durchaus zu sehen ist – geradezu so, daß die Mitnahme von solchen ‚philosophisch unlösbar scheinenden Problemen' zum Preis wird, durch den diese Wissenschaften sich ihre Emanzipation aus der Philosophie erkaufen: für die Philosophie überwiegt dann die Freude übers Loswerden eines unbewältigten Problems den Schmerz des Abschieds von einer Wissenschaft, die aufhört, eine Philosophie zu sein.

Daß Dilthey von den ewigen Lebensrätseln von Geburt, Zeugung und Tod gesprochen hat[74], zeigt, daß dem hier fraglichen Problem die erstgenannte Möglichkeit des Weiterlebens nicht fremd geblieben ist. Vorwiegend aber hat dieses Problem im Sinne der letztgenannten Möglichkeit weitergelebt: die Natürlichkeitsverfassung des Menschen mutierte – unterm Druck der psychologismuskritischen Argumente – aus einer philosophischen Frage zum Thema der empirischen Biologie, Anthropologie, Psychologie usf.; ihre Wiedererhebung zu einer Frage philosophischer Relevanz wird ungemein leicht als „Biologismus", „Anthropologismus" und – hier vornehmlich bedeutsam – als „Psychologismus" verworfen. Daß der Name „Psychologismus" – ein Ausdruck also, der zunächst durchaus als ‚wertungsfreie' Richtungsbezeichnung verstanden sein wollte[75] – im großen Stile zum pauschal gebrauchten philosophischen Diskreditierungsbegriff sich entwickelt hat, ist in nicht geringem Maße dafür ein Zeugnis. *Das Problem der Abhängigkeit des Menschen von seiner ‚Natürlichkeit' muß – unterm Druck der philosophischen Anti-Psychologismus-Argumente – die Verfassung des ‚einzel-wissenschaftlichen Problems' auf sich nehmen, um weiter diskutiert werden zu können:* als philosophisches Problem scheidet es aus; seine Rückkehr in die Verfassung eines philosophischen Problems wird u. a. als „Psychologismus" tabuiert.

Freilich: das alles hindert nicht, daß es dieses Tabu immer wieder durchbricht. *Diese hartnäckige ‚Wiederkehr des Psychologismus'* – das erste Kapitel ist davon ausgegangen und hat versucht, sie durch einige Hinweise zu dokumentieren[76] – *kontrastiert mit dem Sachverhalt, daß die faktisch gegen den Psychologismus vorgebrachten Argumente ohne jeden Zweifel im Recht sind*[77]. Der Herkunftsbereich, auf den die psychologistische Genealogie rekurriert, ist – als Sphäre der *Naturtatsachen* – in der Tat ein ruinöses Fundament. Was immer ist und gilt, will der Psychologismus auf diese Tatsachensphäre, was anders werden soll, will er auf diese Natursphäre stützen: beides ist unmöglich. Die Natur*tatsachen* sind nicht unabänderlich genug, um Wesensbestimmungen tragen zu können; die *Natur*tatsachen sind nicht veränderlich genug, um Geschichte werden zu können: daß die Aussagen des Psychologismus Tatsachenaussagen sind, verhindert ihn als Wesensphilosophie; daß sie Naturaussagen sind, verhindert ihn als Geschichtsphilosophie. Er ist sozusagen durch seine spärlichen Talente zur Geschichtsphilosophie – die damit zusammenhängen, daß er die Natürlichkeit des Menschen nicht als sein ewiges Wesen, sondern als Tatsächlichkeitsverfassung d. h. als ‚irgendwie mutabel' veranschlagt – um die Kapazität zur Metaphysik und Wesensphilosophie, und durch seine spärlichen Talente zur Metaphysik und Wesensphilosophie – die damit zusammenhängen, daß er die Natürlichkeit des Menschen eben als seine Natur d. h. als ‚irgendwie immutabel' veranschlagt – um die Kapazität zur Geschichtsphilosophie gebracht. Seine metaphysisch-wesensphilosophische Unwahrheit entsteht durch das, was er an geschichtsphilosophischer Wahrheit enthält; und seine geschichtsphilosophische Unwahrheit entsteht durch das, was er an wesensphilosophisch-metaphysischer Wahrheit bewahrt: *seine doppelte Insuffizienz hat der Psychologismus also durch eine doppelte Suffizienz:* seine Wesensferne durch Geschichtsnähe und seine Geschichtsferne durch Wesensnähe. Seine Schwächen sind die Laster seiner Tugenden. Darum ist dieser Psychologismus – in welcher Form auch immer er auftritt – jeweils näher an der Geschichte als die nur an Immerstimmenden und Immerseienden interessierte (rigorose) Metaphysik und Wesensphilosophie, und jeweils näher am Immerseienden als die nur am Geschichtlichen interessierte (rigorose) Geschichtsphilosophie. *Diese Stellung ist ein transzendentalphilosophisches Erbe im Psychologismus.* Es zwingt ihn in die gleiche Lage einer Philosophie, der weder eine ,Versöhnung' von Metaphysik und Geschichtsphilosophie, noch eine ,Entscheidung' zwischen beiden gelingt. Darum ist auch und gerade dieser Psychologismus jeweils zuviel ,Geschichtsphilosophie', um wirklich ,Metaphysik' zu sein, und zuviel ,Metaphysik', um wirklich ,Geschichtsphilosophie' zu sein: auch und gerade der „Psychologismus" bezieht auf Grund der bei ihm zentralen Stellung des ,wesensfernen Wesensbegriffs' einer ,essentiafernen' ,Natur' die Position einer ,geschichtsfernen Geschichtsphilosophie'[78]. *So steckt also in jeder seiner Unwahrheiten eine Wahrheit:* in der ,geschichtsphilosophisch' beklagten Unwahrheit der Geschichtsferne die ,wesensphilosophische' Wahrheit der Wesensnähe, und in der ,wesensphilosophisch' beklagten Unwahrheit der Wesensferne die ,geschichtsphilosophische' Wahrheit der Geschichtsnähe. Eben das gibt dem „Psychologismus" allemal die Kraft, seine Niederlagen zu überstehen und seine Vernichtungen zu überleben. *Der Psychologismus leidet an den – durch ihre ,Depotenzierung' sichtbar gewordenen und ins Tödliche gesteigerten – Insuffizienzen der Transzendentalphilosphie; aber er hat auch an ihren Wahrheiten teil: daraus nimmt er die Kraft zur Wiederkehr.* Der Psychologismus ist nicht wahr, sondern in wesentlichen Belangen unwahr, aber er hat die Wahrheiten, die seinen Gegnern fehlen. *Darum vermag die Psychologismuskritik faktisch nicht, den „Psychologismus" zum Abtreten, sondern nur, den wiederkehrenden Psychologismus zur Verwandlung zu zwingen:* der Psychologismus kehrt wieder – aber nicht als derselbe, sondern als ein anderer: nicht mehr als ,Kontrollpsychologismus' und ,Erlebnispsychologismus', also nicht mehr als ,erster Psychologismus', sondern als *,zweiter Psychologismus'*[79].

Auch dieser ,zweite Psychologismus' ist der Versuch einer Stellung zum Problem, wie das vernünftige Wesen Mensch unter der Bedingung der Ohnmacht der Vernunft mit der Macht seiner Natürlichkeit leben und auskommen könne; und er ist dies ebenso wieder und betonter noch als der Versuch, die entzauberte (und gefährlich gewordene) Natur mit jenen Mitteln zu bestehen, die die ,Ent-Ästhetisierung' der transzendentalphilosophischen Naturphilosophie überlebt haben[80]. Wo die Geschichte als Natur und die Natur – nach ihrer Entzauberung – nicht mehr als das ,Reich der Schönheiten', sondern als das ,Reich der Schwierigkeiten' erscheint, treten die Schwierigkeiten und Probleme der (naturbestimmten) Wirklichkeit und Philosophie in der Definition von Problemen und Schwierigkeiten der *Natur* auf: als *Krankheiten*, die es zu diagnostizieren und die es zu heilen gilt. Wo – angesichts der nicht mehr ästhetisch-verzauberten, sondern entzauberten Natur – nicht mehr die „Dichter" die Hüter der Natur sind, werden es die *Ärzte*. Nicht mehr die dichterische Verklärung der Natur und nicht mehr ihre Verneinung durch „Heilige" oder ihre Bejahung durch „Übermenschen", aber auch nicht mehr das „Erklären" der Gesetzmäßigkeit oder das „Verstehen" des individuellen Erlebnisses der Natur ist das entscheidende Pensum der Philosophie, sondern das *Heilen:*

die Entzauberung der transzendentalphilosophischen Naturphilosophie etabliert schließlich philosophische Geltung der ‚therapeutischen Einstellung'. Es kommt also – jetzt, unter der Bedingung der Naturphilosophie-Entzauberung und unter der Bedingung der Verwandlung des Psychologismus zum ‚zweiten', in großem Stile – jene Alternative des ästhetischen Ansatzes im Naturverhältnis zum Zuge, die dieser Überlegung zuerst im Zusammenhang ihrer Diskussion der Fragen und Thesen von Carus begegnet ist[81]: schon die transzendentalphilosophische Wende zur Naturphilosophie etablierte die philosophische Geltung der Medizin und einer mit ihr verbundenen Psychologie und Anthropologie. Sie nimmt eine alte medicina-mentis-Tradition in neuer Weise auf[82]; und nicht nur Novalis' Rede vom „Poeten" als dem „transzendentalen Arzt"[83], nicht nur Schellings Lob der Medizin[84] und nicht nur die durch häufige Personalunion zwischen Naturphilosophen und Ärzten unterstrichenen Beziehungen zwischen romantischer Naturphilosophie und Medizin[85], sondern auch die Stellungnahmen ihrer ‚entzauberten' Gestalt – also nicht weniger Schopenhauers lebensweisheitliche Aphorismen über die Gesundheit[86] als Nietzsches Reflexionen über den Philosophen als Arzt[87] – bestätigen die Fortwirkungen dieser philosophischen Neigung zum Medizinischen. Wo die Geschichte und das in ihr um der Freiheit willen verwirklichte *Recht* die Menschlichkeit nicht mehr zu definieren schien, sollte es die *Natur* tun, genauerhin ihre *humanen* Präsenzen: das war zunächst die *Kunst,* und es wird, wo diese zu schwach sich zeigt, die *Medizin;* wenn das *„Dichten"* die Kapazität verliert, der Menschlichkeit unter Naturbedingungen Präsenz zu geben, dann versucht es an seiner Stelle die *therapeutische Gestalt des Helfens.* Freilich: erst wo der ästhetische Ansatz sich philosophisch-geschichtlich disqualifiziert, kommt diese Tendenz zur medizinischen Therapie ungebrochen zur Geltung: erst wo die Triebnatur die Romantiknatur verdrängt, erst wo der Belastungscharakter der Natur ihren Erlösungscharakter eindeutig zu überwiegen beginnt, scheint es endgültig zuträglicher, die Natur, anstatt sie zu „dichten", vielmehr der ärztlichen Aufsicht zu unterstellen. *Im Zusammenhang der ‚Depotenzierung der Transzendentalphilosophie' führt die Krise des ‚Ästhetischen' zu einer Konjunktur des ‚Medizinisch-Therapeutischen'.*

Das zeigt sich eindrucksvoll am Geltungswandel bestimmter ‚Philosophien': im Amte der Grundphilosophie folgt der „Ästhetik" – dem Nachfolger der ethisch-politisch eingestellten „praktischen Philosophie" – unter dem Einfluß der Karriere der „Naturphilosophie" und auf dem Wege über den Bedeutungsgewinn der „Psychologie" deren ‚medizinische' Grenzgestalt. Dem entspricht ein Revirement der diensthabenden „Bildfelder"[88] in der Philosophensprache: die Rechtsmetaphorik der klassischen Transzendentalphilosophie tritt zurück zugunsten einer – selber durchaus traditionsreichen – medizinischen Metaphorik: wo vordem – durchaus im Sinne des „Rechtshandels" – vom „Prozeß" die Rede war und vom „Gerichtshof der Vernunft", von seinen „Deduktionen" und „Sentenzen" und von der Weltgeschichte als „Weltgericht", spricht jetzt die Philosophie von der „Krankheit" der Zeit, ihrer „Diagnose" und „Heilung", von „Inkubationszeit", von „Virulenz"; und sie sucht statt nach „Indizien" des Weltlaufs nach seinen „Symptomen"[89]. Dazu gehört ein eigenartiger Perspektivenwandel innerhalb bestimmter philosophischer Thesen, so – repräsentativ – in der Deutung des Natur-Kunst-Verhältnisses. Wo anstelle der Romantiknatur die Triebnatur dominiert, also anstelle der ‚ästhetischen' die ‚vitale' Natur: da entsteht die Möglichkeit, nicht mehr die Natur von der Kunst, ihren Poeten und Genies her, sondern umgekehrt diese von der Natur her zu verstehen; eine Diskussion z. B. der Bedeutung des „Bionegativen" fürs „Genie" wird dadurch allererst möglich[90]: der romantischen ‚Ästhetisierung der Natur' folgt jetzt die ‚Naturalisierung des Ästhetischen'. Dazu gehört insgesamt die Tendenz, nicht mehr das künstlerische Genie als exemplarischen Menschen zu verstehen, sondern den Kranken und den, der ihn heilt; wie früher das „Pathetische", wird jetzt das Pathologische zum primären Erfahrungsfelde fürs Menschliche. Daß gerade darin eine Chance zur Re-Rationalisierung der Philosophie steckt, sei hier nur beiläufig angemerkt: seit das Normale und Gesunde in wachsendem Maße zum ‚Irrationalen' wird, mutiert die ‚Rationalität' zum Attribut des Pathologischen; nicht mehr das Heile, wohl aber das Abnorme beträgt sich jetzt in gewisser Weise als ‚Vernünftiges' und rational Durchsichtiges: so bietet die Nähe zur Pathologie der Philosophie eine eigenartig-neue Chance der Rationalität[91].

All dieses nun fügt sich zusammen zum Bilde des *Versuchs, die Macht der ‚entzauberten Natur' dadurch zu bestehen, daß sie unter medizinisch-therapeutischen Aspekt rückt.* Der ‚zweite Psychologismus' nimmt in seinen wesentlichen Zügen an dieser ‚Konjunktur des Medizinisch-Therapeutischen' teil: diese gehört zu seinen Kriterien. Die Psychologie, auf die er rekurriert, ist wesentlich medizinisch orientierte Psychologie, also Psychopathologie; die Anthropologie, die er begünstigt, ist wesentlich „medizinische Anthropologie"[92]. *Der ‚zweite Psychologismus' ist – wenigstens in entscheidenden Zügen – ‚therapeutischer Psychologismus'.*

Eines der eindrucksvollsten Zeugnisse für diese ‚Wiederkehr des Psychologismus' und seine Verwandlung zum ‚zweiten Psychologismus' in Gestalt eines ‚therapeutischen Psychologismus' ist der Tatbestand einer wachsenden philosophischen Attraktivität zentraler Elemente der „Psychoanalyse" Sigmund *Freuds.*

2. *Freud*

Es geht dieser Überlegung um den wiederkehrenden, den ‚zweiten Psychologismus'. Darum kommt es hier nicht darauf an, Freuds „Psychoanalyse", es kommt einzig darauf an, die philosophische Attraktivität von Freuds Psychoanalyse zu begreifen und zu motivieren – also diejenigen ihrer Züge hervorzuheben, die ihr in der Gegenwartssituation philosophischen Glanz verleihen. Und diese Arbeit beschränkt sich darüberhinaus auf die Diskussion nur ‚einiger' dieser Züge. Es sind dies Züge, die ein Psychologe der Theorie Freuds zum Teil wohl nur ‚auch' zugestehen wird; ausschließlich auf diese Züge aber beschränkt sich die Betrachtung der hier versuchten Überlegungen – in der Hoffnung, daß unter den Psychologen die Anhänger der Theorie Freuds ihr einen philosophischen Nebenberuf wohl gönnen werden, die Gegner dieser Theorie hingegen vielleicht froh sein könnten, sie derart an die Philosophie loszuwerden. Daß diese Züge hier einzig in Freuds Theorie – und nicht in anderen Ansätzen, z. B. demjenigen von C. C. Jung – beschäftigen, hat ganz und gar äußerliche und technische Gründe: es schien ratsam, nicht ins Uferlose zu kommen; im übrigen sind ergänzende Untersuchungen leicht nachzutragen.

Darum also geht es zunächst allein um Freuds Theorie, und darum ausschließlich um diejenigen Elemente dieser Theorie, auf denen gegenwärtig ihre philosophische Anziehungskraft beruht – mit der Frage, warum diese Anziehungskraft gerade auf diesen Elementen beruhe. Nach der Überzeugung dieser Arbeit – und um diese Überzeugung plausibel zu machen, hat sie ihre bisherigen Überlegungen angestellt – *beruht die gegenwärtige philosophische Attraktivität der psychoanalytischen Theorie Freuds – ihre Geltung für den wiederkehrenden Psychologismus und Historizismus – überwiegend auf denjenigen ihrer Elemente, die ihr eine enge Beziehung zur transzendentalphilosophischen Naturphilosophie geben: also auf denjenigen Zügen dieser Theorie, die durch die ‚Depotenzierung der Transzendentalphilosophie' genealogisch definiert werden können.* Diese These – es ist nicht überflüssig, das sofort mit Nachdruck zu betonen – will Freud *nicht* zum ‚Romantiker' erklären und will seine psychoanalytische Theorie *nicht* zu einer Form von ‚Neoromantik' stilisieren: ein solches Unternehmen wäre schwerlich diskutabel[93]. Ebensowenig will sie in Zweifel ziehen, daß Freud selber diesen Zusammenhang seiner Theorie mit der transzendentalphilosophischen Naturphilosophie weder gesucht noch bemerkt hat: das zeitgenössische Medizin-Mißtrauen gegen die „Naturphilosophie" blockierte sein einschlägiges Interesse und seine Aufmerksamkeit[94]; so läßt sich dieser Zusammenhang aus den unmittelbaren „historischen Grundlagen der Psychoanalyse" d. h. aus den Beeinflussungen Freuds durch akademische Lehrer, Freunde und Lektüre auch in keiner erheblichen Weise belegen[95]. Darum auch wäre der genannten These gegenüber in der Tat äußerste Vorsicht geboten, ginge es um Deutung Freuds und seiner unmittelbaren „historischen Grundlagen".

Aber in dieser Arbeit geht es nicht unmittelbar um Freud-Deutung: nicht die Psychoanalyse und ihre Vorlagen, sondern die philosophische Attraktivität der Psychoanalyse und deren Motive interessieren. Es geht nicht um Freuds Theorie, sondern um die Gründe ihrer Assimilierbarkeit durch eine aufs neue psychologismusgeneigte Philosophie, die über dem Problem, wie das vernünftige Wesen Mensch unter der Bedingung der Ohnmacht der Vernunft mit der Macht seiner Natürlichkeit leben und auskommen könne, den Übergang zur Metaphysik oder zur Geschichtsphilosophie (oder gar zu beiden) zu realisieren versäumt. Unter dem Aspekt der Frage nach diesen Gründen – nur unter ihm – aber kann nicht allein, es ‚muß' sogar Freuds Theorie durch den Zusammenhang mit der transzendentalphilosophischen Naturphilosophie definiert und gesagt werden: *Freuds psychoanalytische Theorie ist – für die Gegenwartsphilosophie, die sie rezipiert – überwiegend so etwas wie ‚transzendentalphilosophische Naturphilosophie unter den Bedingungen eines entzauberten Naturgebriffs‘;* sie wiederholt entscheidende Operationen und Thesen dieser Naturphilosophie – unter diesen veränderten Bedingungen. Denn sie ist in einer neuen, einer abgewandelten Weise das, was auch schon jene war: Wende zur Natur ‚als‘ Wende zur Geschichte. Darum gibt es auch bei ihr noch einmal das, was es schon bei jener gab: die Figur der *indirekten Vernunft d. h. der ‚Vernunft durch Nicht-Vernunft‘.* Auch in Freuds Psychoanalyse gibt es also – wie bei Schelling[96] und bei Carus[97] – einerseits den Versuch einer Zurückführung der Geschichte und des Geschichtlichen auf Natur und andererseits den Versuch, diese Natur selbst als Geschichte und Geschichtliches zu erkennen: es gibt auch bei Freud eine ‚*Naturalisierung der Geschichte*‘ und eine ‚*Historisierung der Natur*‘.

NATURALISIERUNG DER GESCHICHTE. Zu Freuds Theorie gehört also einerseits die radikale Betonung und Ernstnahme der Naturbestimmtheit des Menschen – eben das, was kritisch Freuds „Naturalismus“ oder gar „Biologismus“ genannt wird und nicht selten mit dem gründlich fehlgehenden Vorwurf des „Pansexualismus“ getroffen werden soll[98]. Ohne Zweifel jedoch ist die Psychoanalyse ‚Triebpsychologie‘, die gerade die ‚Natur‘ im Menschlichen betont: „Wir zeigen alle noch zu wenig Respekt vor der Natur“, sagt Freud[99]; „Wir sollten uns nicht so weit überheben, daß wir das ursprünglich Animalische unserer Natur völlig vernachlässigen“[100].

Darum ist die Psychoanalyse „Trieblehre“ und „Libidotheorie“. Darin steckt zweierlei.

Erstens: Freuds Psychoanalyse ist (allgemeiner) *„Trieblehre“*[101]. „Die Triebe und ihre Umwandlungen sind das Letzte, was die Psychoanalyse erkennen kann“[102]. Ein „Trieb“, schreibt Freud, ist „ein dem belebten Organischen innewohnender Drang“; dabei ist „die Herkunft aus der somatischen Quelle das schlechtweg Entscheidende für den Trieb“, obwohl „ er uns im Seelenleben doch nicht anders als durch seine Ziele bekannt“ wird[103]. Darum sieht sich „die psychoanalytische Arbeit ... genötigt, für die Trieblehre Anlehnung bei der Biologie zu suchen“[104]. Es „erscheint uns“ – sagt Freud[105] – „der ‚Trieb‘ als ein Grenzbegriff zwischen Seelischem und Somatischem, als psychischer Repräsentant der aus dem Körperinnern stammenden, in die Seele gelangenden Reize, als ein Maß der Arbeitsanforderung, die dem Seelischen infolge seines Zusammenhanges mit dem Körperlichen auferlegt ist“[106]. Freuds Psychoanalyse – das, nur das soll hier gesagt und betont werden – ist als „Trieblehre“ Rekurs auf die *Natürlichkeit* des Menschen; und es gibt bei Freud extreme Formulierungen wie diese: „Das tiefste Wesen des Menschen besteht in Triebregungen, die elementarer Natur, bei allen Menschen gleichartig sind und auf die Befriedigung gewisser ursprünglicher Bedürfnisse zielen“[107].

Zweitens: Freuds Psychoanalyse ist (spezifischer) „*Libidotheorie*“[108], also Theorie gerade der ‚triebhaftesten Triebe‘, die in gewissem Sinne nicht durch Mangel, sondern durch Überfluß gekennzeichnet werden können. „Libido“ – schreibt Freud – „ist ein Terminus aus der Trieblehre, zur Beziehung des dynamischen Ausdrucks der Sexualität schon von A. Moll in diesem Sinne gebraucht ..., vom Referenten in die Psychoanalyse eingeführt“[109]. Freud untersucht primär diese „libidinösen“ Triebe, die er den „Ichtriebe(n) (Selbsterhaltungstriebe(n))“[110] entgegensetzt und in wachsendem Maße zugrunde legt; er betont die „ätiologische Bedeutung des Sexuallebens“[111] nicht nur für die nervösen Störungen, sondern auch für die „Kultur“: so versucht er eine „partielle Ableitung der Kunst, Religion, sozialer Ordnung von der Mitwirkung sexueller Triebkräfte“[112], wobei freilich, „was die Psychoanalyse Sexualität nannte“, in wachsendem Maße allgemeiner gefaßt wurde und schließlich „weit eher mit dem allumfassenden und alles erhaltenden Eros Platos“ sich „deckte“[113]. In den späten „Spekulationen“ Freuds[114] wird sie dann auch „Eros“ genannt und definiert dann – gemeinsam mit dem „Todestrieb“ – das „Es“[115] d.h. die entscheidende Macht im Seelischen: „Die Macht des Es drückt“ nicht allein „die eigentliche Lebensabsicht des Einzelwesens aus“[116] – sie ist auch die massivste Macht im Menschenleben überhaupt: das „Ich“ ist machtmäßig abhängig vom „Es“ und „gleicht so im Verhältnis zum Es dem Reiter, der die überlegene Kraft des Pferdes zügeln soll, mit dem Unterschied, daß der Reiter dies mit eigenen Kräften versucht, das Ich mit geborgten“[117], so „daß wir ... gelebt werden von unbekannten, unbeherrschbaren Mächten“[118]. Das faktisch-machtmäßig bestimmende Element im Menschendasein ist ein Element der *Natürlichkeit*, das Es – und ihm gilt in erster Linie die Aufmerksamkeit von Freuds Psychoanalyse. „Wenn man“ – schreibt er 1928[119] – „die Unterscheidung annimmt, welche ich kürzlich vorgeschlagen habe, die den seelischen Apparat in ein der Außenwelt zugewendetes Ich und ein unbewußtes, von seinen Triebbedürfnissen beherrschtes Es zerlegt, so ist die Psychoanalyse als eine Psychologie des Es (und seiner Einwirkungen auf das Ich) zu bezeichnen.“

Freuds Psychoanalyse und Tiefenpsychologie ist also wesentlich „Trieblehre“ und „Libidotheorie“ – und eben dadurch Betonung und Ernstnahme der Bestimmtheit des Menschen durch seine *Triebnatur;* und sie betont diese Bestimmtheit des Menschen nicht allein durch die Natur jener Triebe, die als Druck der „Lebensnot“ bzw. „Ananke“[120] agieren und für die der „Hunger“ typisch ist[121], also durch die ‚Bedürfnisnatur‘; sie betont auch und vor allem die Bestimmtheit des Menschen durch jene Triebnatur, die in der Bedürfnisnatur nicht aufgeht; durch die – wie man sagen kann – ‚Überflußtriebe‘ erotischer und aggressiver Natur, also durch die ‚Triebnatur‘ im engeren Sinne[122]. Zu dieser Aufmerksamkeit Freuds auf diese „elementaren animalischen Triebkräfte“[123] gehört die psychoanalytische Interpretationskunst, die hinter jeder sekundären Motivierung die Natürlichkeit der Triebe als Primärmotiv bemerkt, die unter jeder noch so komplizierten Maskierung die Täterschaft vor allem der „libidinösen“ Triebe aufzudecken vermag. „Diese Psychoanalyse“ – sagt Freud – „war nun in erster Linie eine Kunst der

Deutung“[124]; und diese Deutungskunst, diese Technik zur Interpretation des „Trieblebens der Seele“[125], diese Hermeneutik des Animalischen hatte – auf der Suche nach den vergessenen Antrieben – ihre eigene eindrucksvolle Entwicklung: sie expandierte, und zwar in zweifacher Richtung.

Erstens erkannte sie immer weitere Triebbestimmungen: der frühe Freud unterscheidet die „libidinösen“ „Sexualtriebe“[126] unter der Leitung des „Lustprinzips“[127] von den „Ichtrieben“ bzw. „Selbsterhaltungstrieben“[128] unterm Druck der „Ananke“[129] und unter der Leitung des „Realitätsprinzips“[130]; der ‚mittlere‘ Freud ergänzt das durch die Annahme selbst „libidinöser“, nämlich „narzißtischer“ Ichtriebe[131] und die Theorie eines „ursprünglichen Narzißmus“[132]; der späte Freud schließlich ersetzt die frühen Unterscheidungen durch die von „Lebenstrieben“[133] – dem „Eros“[134] – und „Destruktionstrieben“[135] bzw. „Todestrieben“[136], die beide in je anderer Weise „konservativer Natur“[137] sind, dem „Nirwanaprinzip“[138] unterliegen und das „Es“, „Ich“ und „Über-Ich“ aus sich entwickeln[139].

Zweitens erkannte Freud und bald auch seine Schule[140] die Täterschaft der Triebe in immer weiteren Bereichen: zunächst nur im Bereich der „nervösen Störungen“[141], bald aber auch im „normalen“ Seelenleben des Einzelnen durch „Deutung der Träume“[142] und durch „Deutung der Fehlleistungen und Zufallshandlungen“[143], schließlich aber – indem die „Psychoanalyse“ zur „Tiefenpsychologie“ wurde[144] – auch in den Bereichen der primitiven[145] und fortgeschrittenen menschlichen „Kultur“[146]: in der Geschichte also.

Von diesen beiden ‚Expansionen‘ wird noch zu sprechen sein: ihr Zusammenhang und ihre Motive müssen geklärt werden[147]. Hier aber interessiert zunächst nur dieses: beide Bewegungen rücken den Menschen und die Geschichte in wachsendem Maße unter den Gesichtspunkt und in das Herrschaftsgebiet der Triebnatur: es ist das Ensemble der Triebe, das regiert; es ist die Natur, die als Herr der menschlichen Verhältnisse sich zeigt: *als Täter der Geschichte erscheint in wachsendem Maße die Triebnatur.*

Freud selbst hat diese ‚Naturalisierung der Geschichte‘, dieses Geltendmachen der ‚Natur‘ als des normalerweise über den Erscheinungen der offiziellen Realität vergessenen An-sich des Menschenlebens u. a. mit Thesen Kants[148] und mit der Wende des Kopernikus zusammengebracht[149]. Diese Einsicht, sagt er, „haben wir Psychoanalytiker nicht zuerst und nicht als die einzigen vorgetragen“[159]: „Priorität und Originalität gehören nicht zu den Zielen, die der psychoanalytischen Arbeit gesetzt sind“[151]. In der Tat: es kommt – gerade im Zusammenhang dieser Überlegungen – entscheidend darauf an, zu sehen, daß Freud mit all dieser Ermächtigung der Natur und Naturalisierung der Geschichte *zunächst* durchaus nichts anderes tut als eben das, was die transzendentalphilosophische, die – hier trotz mancher Bedenken gegen den Namen der Kürze halber so genannte – ‚romantische‘ Naturphilosophie *auch* getan hat: er begreift das Menschen-Ich als entstanden aus der Natur, als fundiert in der Natur, als abhängig von der Natur. *Zunächst* also ist das gar nichts Neues, was Freud da tut; *zunächst* verhält es sich ganz und gar nur so: *Freud wiederholt und bekräftigt die auch schon ‚romantische‘ Ermächtigung der Natur.*

Freilich: diese Kennzeichnung reicht ohne jeden Zweifel nicht aus. Freud wiederholt die transzendentalphilosophisch-naturphilosophische, die romantische Naturermächtigung – aber in *anderer* Gestalt. Der Naturbegriff ist ein anderer. Denn die Natur, die er da ermächtigt und zur Definition und zum Fundament des Menschen-Ich macht: sie ist *nicht* mehr die ‚verzauberte', sondern die *entzauberte* Natur; sie ist nicht mehr durch Identität mit der Vernunft, sondern durch ‚Gegensatz' zur Vernunft bestimmt und geprägt; sie ist nicht mehr die harmonisch-organische Geist-Natur im Sinne von Schelling und Carus, sondern wilde und ‚ästhetisch nackte' Wille-und-Drang-Natur im Sinne Schopenhauers und Nietzsches – und auf Nietzsche und Schopenhauer hat sich Freud auch zuweilen berufen[152]. Kurz: die von Freud betonte und ermächtigte Natur ist *nicht* mehr die ‚Romantiknatur', sondern die *Triebnatur*. Darum auch versteht Freud seine Wende zur Natur nicht mehr – wie noch die transzendentalphilosophisch-romantische Naturphilosophie – als ‚Rettung' und ‚Erhebung' des Menschen, sondern als eine seiner drei großen „Kränkungen"[153], und sich selbst in gar keiner Weise mehr als den Hüter und Priester der Natur, sondern als ihren Aufklärer und Arzt. Denn: Freuds Psychoanalyse wiederholt und bekräftigt zwar die auch schon ‚romantische' Ermächtigung der Natur, gewiß, aber mit einer entscheidenden Einschränkung: *Freud widersetzt sich der ‚romantischen' ‚Verzauberung' der Natur.*

Freuds Psychoanalyse und Tiefenpsychologie wiederholt die romantische Naturermächtigung und widersetzt sich der romantischen Naturverzauberung. Aus diesen beiden Zügen – scheint es – komponieren sich die gegenwartsphilosophisch attraktiven Elemente seiner Theorie. Beide Züge sind massiv vorhanden. Da ist einerseits die schon romantische Betonung der Fundamentalrolle der Natur – und andererseits dabei die Berufung auf Thesen Darwins, der Hinweis auf des Menschen „Abstammung aus dem Tierreich und die Unvertilgbarkeit seiner animalischen Natur"[154], vor allem aber auch die spätere Entdeckung und Betonung des Zyklischen – die im Blick auf den „Wiederholungszwang" gewonnene These vom „konservativen" und „destruktiven" Zug der Triebe[155]. Da ist einerseits das (auch) romantische Geltendmachen der Liebe – und andererseits ihre versachlichende Deutung als „Sexualität" und „Libidobesetzung", die Betonung der Zugehörigkeit von „Aggressivität" und „Destruktion"[156]. Da ist einerseits die (auch) romantische These von der Lebensbedeutung der Kindheit – und andererseits ihre Entzauberung: die Zerstörung der „Legende" von der „reinen" Kindheit[157]. Da ist einerseits das urromantische Interesse am Frühen, am Primären und Primitiven, an der „Vorzeit"[158] – und andererseits ihre Parallelisierung mit dem Krankhaften und Infantilen[159]. Da sind einerseits all die romantischen Vorlieben: die Ernstnahme von Traum, Kunst, Hypnotismus, Wahnsinn, Phantasie, das Interesse fürs Komische, Abseitige, Kuriose, Abstruse und Schockende – und andererseits die ganz und gar nicht verklärende, sondern nüchtern ärztliche Einstellung zu ihnen. So behält und schärft die Psychoanalyse einerseits ohne jeden Zweifel das romantische Verständnis für die „Taugenichtse" des Lebens, für ihre Unfähigkeit, Vergangenheiten aufzugeben und in die Gegenwart und ihre Zukunftstüchtigkeit sich einzuleben – aber dieses Verständnis ist andererseits nunmehr eindeutig das für „Kranke“ (Neurotiker, Psychotiker), die geheilt und normalisiert werden sollen. All dieses unterstreicht den entscheidenden Tatbestand: *Freuds Theorie wiederholt die romantische ‚Ermächtigung‘ der Natur ohne romantische ‚Verzauberung‘ der Natur.*

Depotenzierung. Diese Ermächtigung der Natur ohne Verzauberung der Natur offenbart ihre Schwierigkeits- und Gefährlichkeitsaspekte. Das Problem des menschlichen Lebens mit seiner eigenen Natürlichkeit wird deutlich. *Aber es ist – philosophisch gesehen – das signum und die crux der Psychoanalyse Freuds, daß ihr zur Formulierung und Lösung dieses übers Romantische hinaus ins Radikale getriebenen Naturproblems, dem nicht mehr durch eine ästhetische Verzauberung der Natur beizukommen ist, gleichwohl im wesentlichen doch nur Mittel des Depotenzierungsdenkens der romantisch-transzendentalphilosophischen Naturphilosophie zu Gebote stehen: als Mittel zur Problemformulierung eine* – allerdings durch die Verdrängungstheorie radikalisierte – *Theorie des „Unbewußten“* (S. 228f.), *und als Mittel zur Problemlösung eine* – allerdings zum Revisionsprozeß radikalisierte – *Methode der ‚Anamnese‘* (S. 231f.).

Unter dem Eindruck der Transzendentalphilosophie-Depotenzierung wurden – wie diese Arbeit das zu zeigen versucht hat – Vernunft, Ich, Bewußtsein, Geschichte usf. zunehmend abhängig von der menschlichen *Möglichkeitsverfassung* immer weniger stark des ‚Ästhetischen‘, immer stärker des nur-‚Natürlichen‘. In dieser ganzen Bewegung wurde die Natur als ‚essentiaferne‘ und darum unter der Bestimmung ‚Möglichkeit‘ wichtig und mächtig – als etwas, das irgenwie ‚nicht ist‘ und ‚doch ist‘[159]: und ebendiese Verfassung zuerkennt ihr auch Freud und bringt auch er zum Ausdruck durch den Begriff des *„Unbewußten“*.

Dieser Begriff des „Unbewußten“ wird in gewisser Hinsicht zum psychoanalytischen Zentralbegriff: „Die Unterscheidung des Psychischen in Bewußtes und Unbewußtes ist die Grundvoraussetzung der Psychoanalyse und gibt ihr allein die Möglichkeit, die ebenso häufigen wie wichtigen pathologischen Vorgänge im Seelenleben zu verstehen, der Wissenschaft einzuordnen ... Die Psychoanalyse kann das Wesen des Psychischen nicht ins Bewußtsein verlegen, sondern muß das Bewußtsein als eine Qualität des Psychischen ansehen, die zu anderen Qualitäten hinzukommen oder wegbleiben mag“[161]; denn – sagt Freud – „die Gleichstellung des Seelischen mit dem Bewußten (hatte) die unerfreuliche Folge, daß die psychischen Vorgänge aus dem Zusammenhang des Weltgeschehens gerissen und allem anderen fremd gegenübergestellt wurden. Das ging doch nicht an“[161a]. Freud hat dieser These Nachdruck gegeben durch seine strikte Ablehnung des Begriffs eines „Unterbewußten“[162] und durch seine Distinktion zwischen dem „Vorbewußten“ – dem grundsätzlich Bewußtseinsfähigen und nur ‚derzeit‘ nicht Präsenten (dem „Latenten“) – und dem Bewußtseinsunfähigen, im strengen Sinne „Unbewußten“[163]. Und Freud hat seine Theorie des Unbewußten durch gewichtige Definitionen präzisiert.

Die Freud am meisten eigentümliche Definition ist die – später geringfügig modifizierte[164] – Charakteristik des Unbewußten durch die *Verdrängung:* „Unseren Begriff des Unbewußten gewinnen wir aus der Lehre von der Verdrängung. Das Verdrängte ist uns das Vorbild des Unbewußten“[165]. Dabei nennt Freud die „Verdrängungslehre ... de(n) Grundpfeiler, auf dem das Gebäude der Psychoanalyse ruht, so recht das wesentlichste Stück derselben“[166]. „In der Lehre von der Verdrängung“ – meint er – „war ich sicherlich selbständig, ich weiß von keiner Beeinflussung, die mich in ihre Nähe gebracht hätte, und ich hielt diese Idee auch lange Zeit für eine originelle, bis uns O. Rank die Stelle in Schopenhauers ‚Welt als Wille und Vorstellung‘ zeigte, in welcher sich der Philosoph um eine Erklärung des Wahnsinnes bemüht“[167]. Die trotzdem mögliche Frage nach Vorlagen und Quellen Freuds für den Verdrängungsbegriff – sie mag, wie Dorer meint,[168], auf die Herbart-Tradition führen: auf den Griesinger-Schüler und damit Herbart-Enkelschüler Theodor Meynert, der Freuds Lehrer war – gibt wenig her für die Motivierung seiner gegenwartsphilosophischen Attraktivität. Denn die Freud rezipierende Gegenwartsphilosophie schätzt an diesem Begriff, was Herbart und seine Schule nicht mit ihm gedacht haben, was aber für Freud den wesentlichen Inhalt dieses Begriffes ausmacht: „Verdrängung“ ist ein Begriff zur Formulierung einer *Selbstentfremdung* des Menschen, zur Darlegung eines Verschiedenseins und Ausgeschlossenseins des Menschen von sich selbst. Nicht seine Nähe zu den „Lokalisationstheorien“, sondern die zu den „Entfremdungstheorien“ ist das philosophisch Entscheidende an diesem Begriff: er macht die entstellte Wirksamkeit des offiziell Unwirksamen und Nichtigen (nicht innerhalb der Vorstellungen, sondern der Geschichte) begreiflich, d. h. sie – also die von Freud zunächst an den sehr speziellen Phänomenen der nervösen Störungen, der Träume, der Fehlleistungen abgelesene und entwickelte Theorie – macht es möglich, die gleichzeitige ‚Nichtigkeit‘ und ‚Wirklichkeit‘ von all jenem zu begreifen, das im offiziellen Bewußtsein und Habitus der gegenwärtig-etablierten Kultursituation d. h. Geschichtslage ‚nicht vorkommt‘. Das Verdrängte – das ist das Inoffizielle, Unetablierte, Deplacierte, Verweigerte, Unterdrückte, das nicht zur Entscheidung gebrachte[169] und uneingestanden Unerledigte: all jenes ist „verdrängt“, was die gegenwärtige Geschichtssituation nicht offiziell und direkt zum Zuge kommen läßt – seien es Wünsche, seien es Schwierigkeiten. Dazu gehört seine indirekte Präsenz durch „Ersatzbildungen“[170] – durch Neurosen, Psychosen, Fehlleistungen, Traum, Witz, Kunst, Religion, kurz: durch die „Wiederkehr des Verdrängten“[171]. Dieses Verdrängte ist also – potentiell – ein weiter Umkreis von Kräften und Möglichkeiten – vom unterdrückten Triebwunsch bis zu vergessenen Traditionen und Hoffnungen der eigenen geschichtlichen Herkunft: all jenes also, was an menschlichen Wesentlichkeiten von seinem wirklich-faktisch gelebten Leben ausgeschlossen bleibt. Durch diese *potentielle Weite des Verdrängungsbegriffs* kommt Freuds Lehre *jeder* Form von zeitkritischer Geschichtsphilosophie entgegen, die in irgendeiner Weise mit dem Entfremdungsproblem – wie immer es sich stellt – befaßt ist[172].

Aber von all diesen Möglichkeiten dieses Begriffs *aktualisiert Freud im Grunde nur einen begrenzten Ausschnitt. Nur dasjenige „Verdrängte" diskutiert er, das durch die menschliche ‚Triebnatur' definierbar ist:* also z. B. nicht jenes „Verdrängte", das im Phänomen des Musealen und des historischen Sinns[173], in Formen der Innerlichkeit oder revolutionären Formen, sondern einzig das, was durch Neurosen, bestimmte Arten von Fehlleistung, Traum, Witz[174], Kunst und bestimmte Formen von Religion seine „Wiederkehr des Verdrängten" findet. Das dokumentiert sich in den beiden anderen Definitionen oder Gleichsetzungen, durch die Freud das „Unbewußte" charakterisiert.

Da ist erstens die *Gleichsetzung des Unbewußten mit dem „Es":* „Gut" – schreibt Freud[175] – „so wollen wir ‚unbewußt' " d. h. „dem bisher so Bezeichneten einen besseren, nicht mehr mißverständlichen Namen geben. In Anlehnung an den Sprachgebrauch bei Nietzsche und infolge einer Anregung von G. Groddeck heißen wir es fortan das Es. Dieses unpersönliche Fürwort scheint besonders geeignet, den Hauptcharakter dieser Seelenprovinz, ihre Ichfremdheit, auszudrükken"[176]: „Das Unbewußte ist die allein herrschende Qualität im Es. Es und Unbewußtes gehören ... innig zusammen"[177]. Freud definiert das Unbewußte durch seinen zentralen Begriff für die ‚Triebnatur' des Menschen.

Da ist zweitens die *Gleichsetzung des Unbewußten mit der vorgeschichtlichen Vergangenheit:* „Ursprünglich war ja alles Es"[178] – das deutet auf die Zeit der maximalen Es-Bestimmtheit des Menschen, auf die Zeit seiner größten Naturnähe, auf „eine Periode seiner Vergangenheit ..., in welcher seine Libido die Befriedigung nicht vermißte, in der es glücklich war"[179], auf jene Vorzeit, in der das „Lustprinzip" bzw. „Nirwanaprinzip" noch ohne wesentliche Einschränkung durch „Realitätsprinzip", durch den Druck der „Ananke" und die Kontrolle durchs „Über-Ich"[180] geherrscht haben, auf jene Frühzeit also, in die – nach der Deutung Freuds – der Erwachsene und Kulturbürger durch Neurose[181], Traum, Kunst[182], Religion[183] zurückzukehren versucht: auf die früheste Kindheit. „Es wird uns so bekräftigt, daß das Unbewußte des Seelenlebens das Infantile ist"[184] – das ontogenetisch Infantile d. h. das Kindliche des Einzelnen, und das phylogenetisch Infantile d. h. die Frühzeit der Menschheit, wie Freud sie in „Totem und Tabu" zu analysieren und zu rekonstruieren versucht hat. Freud definiert das Unbewußte als vorgeschichtliche Vergangenheit d. h. als Natur.

Das im strengen Sinn „Unbewußte" sind also für Freud nicht primär ‚Geschichtlichkeiten', sondern ‚Natürlichkeiten' des Menschen; „verdrängt" sind – für die Psychoanalyse – nicht seine Progressionen[185], sondern seine „Regressionen"[186], und nicht einmal alle – sondern nur die in eine vorgeschichtliche Vergangenheit gehören, die also, die durch Wirksamkeiten der ‚Triebnatur' bestimmt werden müssen. Der Mensch im gegenwärtigen Kulturstande lebt „nur dadurch ..., daß er so gründlich vergessen kann" – nicht: „daß er ein Mensch doch ist"[187], sondern vornehmlich: daß er *Natur* doch ist. Im Zusammenhang dieses Rekurses auf die Natur – und nicht im unmittelbaren Blick auf geschichtliche Entfremdungsphänomene – ist für Freud auch die Theorie der „Verdrängung" entstanden: wo die Entzauberung der Natur diese zu einer solchen macht, auf die der Mensch mit

Gründen – und nicht nur mit schlechten – durch „Abwehr" reagiert[188], wird ein *Interesse am Unbewußtwerden* durchsichtig und seine Theorie – die Verdrängungslehre – möglich[189]. Und so hängt schließlich auch mit diesem betonten Rekurs der Psychoanalyse auf Natur zusammen, was allzuleicht als selbstverständlich gilt, es aber in gar keiner Weise ist: daß zwar Freuds Theorie des Unbewußten zur ‚Verdrängungstheorie' geworden, daß aber diese Verdrängungstheorie dabei in betontester Weise Theorie des ‚Unbewußten' geblieben ist; nicht jener „Grundpfeiler" und jenes „wesentlichste Stück" der Psychoanalyse, der Verdrängungsbegriff, sondern der Begriff doch des „Unbewußten" bleibt trotz allem die entscheidende Losung der psychoanalytischen Schule: *d. h. nicht jener Begriff der „Verdrängung", mit dem die Psychoanalyse Anschluß gewinnt an die entfremdungskritische Geschichtsphilosophie, sondern jener Begriff des „Unbewußten", mit dem sie Kontakt behält zur transzendentalphilosophischen Naturphilosophie, bleibt für Freuds Theorie die regierende Problemformel:* ohne es zu wissen, bekennt sie sich zur Tradition des transzendentalphilosophisch-naturphilosophischen Depotenzierungsdenkens d. h. zur Tradition jenes geschichtsfernen Geschichtsdenkens, für das die Philosophie des „unbewußten" Grundes der Natur das Zentrum der Geschichtsphilosophie ist. *Freuds Theorie des Unbewußten und der Verdrängung ist potentiell – ‚nur' potentiell, aber eben ‚doch' potentiell – eine ‚geschichtsphilosophische' Theorie, weil sie aktuell eine Theorie in den Spuren der transzendentalphilosophischen Naturphilosophie ist.*

Freuds Problemformulierung wiederholt also – unbeabsichtigt und unter den (modifizierenden) Bedingungen der Naturentzauberung – die transzendentalphilosophisch-naturphilosophische Problemformel des „Unbewußten". Das Problem auch der entzauberten Natur wird also von vornherein so angesetzt, daß die ‚eigentliche' Schwierigkeit mit dieser Natur darin liegt, daß sie „unbewußt" ist, d. h. also so, daß die ‚eigentliche' Lösung dieser Schwierigkeit im Beseitigen dieser Unbewußtheit liegt. *Darum wird auch Freuds psychoanalytische Problemlösung grundsätzlich zu einer Wiederholung der transzendentalphilosophisch-naturphilosophischen ‚Lösung durch Anamnese'.*

„Die Philosophie" – sagte Schelling – „ist insofern für das Ich nichts anderes als eine Anamnese"[190] – und die Psychoanalyse ist dasselbe; „alles Philosophiren" – sagte Schelling – „besteht in einem Erinnern des Zustandes, in welchem wir eins waren mit der Natur"[191] – und die Psychoanalyse besteht in nichts anderem: „Wir können" – schreibt Freud – „das Ziel unserer Bemühung in verschiedenen Formeln ausdrücken: Bewußtmachung des Unbewußten, Aufhebung der Verdrängung, Ausfüllung der anamnestischen Lücken, das kommt alles auf das Gleiche hinaus"[192], so „daß man die Aufgabe der psychoanalytischen Behandlung in die Formel fassen kann, alles pathogene Unbewußte in Bewußtes umzusetzen"[193] und „daß man diese Formel auch durch die andere ersetzen kann, alle Erinnerungslücken der Kranken auszufüllen, seine Amnesien aufzuheben"[194]. „Unsere Therapie" – sagt Freud – „wirkt dadurch, daß sie Unbewußtes in Bewußtes verwandelt und wirkt nur, insoweit sie in die Lage kommt, diese Verwandlung durchzuführen"[195]:

die Psychoanalyse besteht in einer Anamnese der frühen d. h. der maximal durch ‚Natur' bestimmten Vergangenheit des bewußten Ich[196] – also in einer Entsprechung jener „Depotenzierung" des Ich, durch die die transzendentalphilosophische Naturphilosophie die Natur als unbewußte Vorgeschichte des Ich in Erinnerung bringen wollte[197].

Nur diese Natur ist jetzt – bei Freud – nicht mehr die verzauberte, die Romantiknatur; sie ist die entzauberte, die Triebnatur. Der Psychoanalyse kann sie nicht mehr – wie noch der „Naturphilosophie" – als das Ensemble der Rettungen, ihr muß sie als das Ensemble auch der Bedrohungen des Ich gelten, als eine Natur, deren geschichtliche Präsentierung vor erheblichste Schwierigkeiten stellt. Darum muß die psychoanalytische Anamnese etwas werden, was die transzendentalphilosophisch-naturphilosophische Anamnese noch nicht war. Dieser konnte es genügen, die Bewußtmachung des Unbewußten – der Natur – als einen Bewunderungsakt, als einen Akt der Akklamation und Affirmation durchzuführen: solange es möglich war, die Natur als die heile und ferne zu erinnern, konnte man sie in der Erinnerung erheben und bejahen. Wo aber – nach ihrer ‚Entzauberung' – die Natur als die nahe und bedrohliche zur Erinnerung gebracht werden muß, als eine, die ohne mildernde Distanz die Natur ‚dieses Individuums' ist, als eine, die in die „Kultur" und ins Menschen-„Ich" und „Über-Ich" ganz im Gegenteil nur allzusehr eingegriffen hat und ständig eingreift, die also in der geschichtlichen Welt als der geheime Herr im Hause sich aufführt und dadurch dieses Haus in extremste Schwierigkeiten bringt: da muß die Erinnerung mehr werden als nur Erinnerung: *die psychoanalytische Anamnese wird zum Revisionsversuch*. Diese Überbietung der transzendental-naturphilosophischen Anamnese dokumentiert sich darin, daß Freud für ihren Vollzug die „idealistische" Prozeß-Metapher gleichzeitig aufgreift und abwandelt: auch die Psychoanalyse ist ein „Prozeß" – aber einer stets in der *zweiten* Instanz, in der „Revision"[198].

Und doch vermag die Psychoanalyse diese Revisionsverhandlung nur in der Form der Anamnese – als jene „theoretische" Erinnerungsaufgabe, die bereits im faktischen Vollzug der klassischen Transzendentalphilosophie prävalierte – durchzuführen. *Revisionsintention und Revisionskapazität divergieren. Darum gehört zur Psychoanalyse die Unentschiedenheit der Revisionsrichtung*[199]. Ob das „Ich", ob das „Es" primär geändert werden müsse – das bleibt unbestimmt: „Dieser Konflikt wird nicht dadurch entschieden, daß man einer dieser Richtungen zum Sieg über die gegnerische verhilft"[200]. „Keine der beiden Entscheidungen" – weder die gegen das Ich, noch die gegen das Es – „kann den inneren Konflikt beenden, jedesmal bliebe ein Anteil unbefriedigt"[201]. Und so liegt der Ertrag der psychoanalytischen Anamnese nicht in der *Lösung*, sondern wesentlich nur im *Offenlegen* von Problemen und im *Loswerden* falscher Problemstellungen. Sie betrifft einen „Widerstreit zwischen Mächten, von denen die eine" – das Ich – „es zur Stufe des Vorbewußten und Bewußten gebracht hat, die andere" – das Es – „auf der Stufe des Unbewußten zurückgehalten worden ist. Darum kann der Konflikt zu keinem Austrag gebracht werden; die Streitenden kommen so wenig zueinander wie in dem bekannten Beispiel der Eisbär und der Walfisch. Eine wirkliche Entscheidung kann erst fallen, wenn sich die beiden auf demselben Boden treffen. Ich denke, diese zu ermöglichen ist die einzige Aufgabe der Therapie"[202]. „Indem wir das Unbewußte zum Bewußten fortsetzen, … verwandeln wir den pathogenen Konflikt in einen normalen, der *irgendwie* eine Entscheidung finden muß"[203]: die psychoanalytische Anamnese korrigiert verfälschte Problemstellungen, d. h. sie offenbart Probleme und macht sie ehrlich, aber sie löst sie nicht, sondern muß es dem Einzelnen überlassen, sie jeweils „irgenwie" für sich selber zu lösen.

Zu dieser *Ohnmacht* der Psychoanalyse – minder in bezug auf den einzelnen Fall, mehr und entscheidend in bezug auf die allgemeinen Fragen der Gesamtgeschichte –, die sie mit jeder philosophischen Erinnerung teilt, der es auferlegt wird, mit ihren anamnestischen Mitteln Lösung allgemeiner Geschichtsprobleme und also Veränderung und Abhilfe zu sein: zu dieser Ohnmacht der Psychoanalyse gehört nicht nur ein wachsend skeptischer Gestus Freuds – gerade dann und dort, wo er Geschichtsproblemen sich zuwendet –, von dem noch zu reden sein wird[204]. Es kennzeichnet diese Ohnmachtslage zugleich in nicht geringem Maße, daß in ihr die Neigung erwächst, statt seiner Lösung eine Mehrzahl von Möglichkeiten grundsätzlicher „Einstellung" zum Problem zu registrieren und zu sortieren: die Neigung etwa zu jener Lehre von den „Psychologischen Typen", mit deren Hilfe C. G. Jung seine Distanzierung von der Psychoanalyse reflektierte[205]. Zu dieser Ohnmacht gehört schließlich auch jene geheime Kundigkeit im Versagen, die am Anderen analysiert, was sie für sich selber fürchtet, und eben deswegen die Beeinträchtigungen so differenziert bemerkt, *weil* sie nicht in der Lage ist, sie in geschichtlichem Ausmaß zu beheben. *So kennzeichnet es ineins den philosophischen Glanz der Psychoanalyse, ihre Beziehung zur transzendentalphilosophischen Naturphilosophie, und ihre philosophischen Grenzen, daß sie zwar die Möglichkeit entdeckt, aber auch zugleich allein auf die Möglichkeit angewiesen bleibt, die Schwierigkeiten des Menschen auf die ‚Unbewußtheit' seiner Natur zurückzuführen, und die Lösung dieser Schwierigkeiten von der Aufhebung dieser Unbewußtheit d. h. ausschließlich vom Vergangenheitsverhältnis der Anamnese zu erwarten.*

Weil Freud (wie die transzendentalphilosophische Naturphilosophie) unter der Bedingung der Naturermächtigung denkt, entwickelt er (wie diese Naturphilosophie) die Theorie des „Unbewußten"; weil Freud (im Unterschied zu dieser Naturphilosophie) zugleich unter der Bedingung der Naturentzauberung denkt, definiert er (im Unterschied zu dieser Naturphilosophie) das Unbewußte durch „Verdrängung"; weil Freud (wie diese Naturphilosophie) unter der Bedingung der Ermächtigung der Natur als einer unbewußten Vergangenheit des Ich denkt, entwickelt er (wie diese Naturphilosophie) das Verfahren einer „Anamnese"; weil Freud (im Unterschied zu dieser Naturphilosophie) zugleich unter der Bedingung der Entzauberung dieser Natur denkt, entwickelt er (im Unterschied zu dieser Naturphilosophie) dieses Verfahren als das einer Revision. *Freuds Psychoanalyse wiederholt zentrale Thesen des ‚Depotenzierungsdenkens' der transzendentalphilosophischen Naturphilosophie – unter den Bedingungen der Naturentzauberung.*

Es besteht gleichwohl kein Zweifel darüber, daß die Frage nach den ‚tatsächlichen' Quellen und unmittelbaren Vorlagen Freuds *nicht* auf die Romantik und Transzendentalphilosophie führt[206]. Wohl aber ist es die Nähe zu Thesen ihrer Naturphilosophie, die Freuds Psychoanalyse philosophischen Glanz verleiht: das für wichtige Trends der Gegenwartsphilosophie Anziehende ist – ob bewußt oder nicht – gerade dieses, daß die Psychoanalyse diejenigen Elemente der transzendentalphilosophischen Naturphilosophie (mit all ihren gleichzeitigen Beziehungen zur Natur und Geneigtheiten fürs Geschichtliche) bewahrt, die sich unter den Bedingungen der Naturentzauberung aufrechterhalten lassen, und daß sie diese Elemente in gerade jener Form bewahrt, die diesen Bedingungen Rechnung tragen. „Die Rückkehr von der Überschätzung der Bewußtseinseigenschaft wird zur unerläßlichen Vorbedingung für jede richtige Einsicht in den Hergang des Psychischen", formuliert Freud[207]; und diese These entspricht nicht nur der transzendentalphilosophischen Naturphilosophie, sie korrespondiert auch in bemerkenswerter Weise mit jenem Protest gegen ‚Bewußtseinsphilosophie' und ‚Ichphilosophie', der nicht nur zur neueren Wiederkehr des Psychologismus, sondern vor allem auch zur gegenwärtigen (weithin „idealismuskritisch" gestimmten) Wiederkehr des Historizismus gehört und – sei es ‚existenzphilosophisch', sei es ‚soziologisch', sei es ‚anthropologisch', ja, sei es hegelianisch – die oben[208] thesenhaft formulierte Einsicht ins Feld führt: nicht das Bewußtsein ist Fundament und Instanz des Bewußtseins, sondern seine – ggf. unbewußte – Geschichte; Denken ist nicht unmittelbar aus dem Denken und Gedachten zu verstehen, sondern aus seiner – ihm selbst weitgehend unbewußten – ‚Genese'. Diese Entsprechung ist jeder Aufmerksamkeit wert. Die Theorie des „Unbewußten" und seiner „Bewußtmachung" ist für diese Philosophie offenkundig gar nichts ‚Fremdes', gewiß nichts ‚Anstößiges'. Sie ist zwar jene Theorie, der die Philosophie aus der Zeit der Anfänge Freuds erbitterte „Widerstände" entgegengesetzt hat[209]; sie ist aber gewichtiger noch jene Theorie, die der Philosophie allenorts nahegelegen hat und wieder naheliegt, wo sie in betonter Form ‚genetisch' bzw. ‚geschichtlich' zu denken sucht. Darum gibt es eine Theorie des „Unbewußten" und seiner „Bewußtmachung" nicht nur bei Freud, es gibt sie faktisch – mehr oder minder ausgeprägt – überall dort, wo in der Philosophie ‚geschichtliches Denken' prävaliert, und insbesondere dort, wo dieses Denken im Begriff ist, der Hilfe oder Bedrohung durch Natur sich zu unterwerfen. Das gilt – wie gezeigt – für die Transzendentalphilosophie und für das Depotenzierungsdenken ihrer Naturphilosophie; es gilt nicht weniger für die gegenwärtige philosophische Neuzuwendung zur Geschichte und für deren Schicksale. Nur dort, wo die Philosophie – sei es im Zeichen eines „Physikalismus" oder im Zeichen der „reinen Deskription" – die geschichtliche Frage abgewehrt hat, *wurde* die Theorie des „Unbewußten" und seiner „Bewußtmachung" zur anstößigen Theorie; aber sie *hört auf*, eine anstößige Theorie zu sein, wo diese Abwehr sich abschwächt oder gar verstummt: nichts ist dafür symptomatischer als die schlechthinnige Unbereitschaft eines weiten Umfangs der gegenwärtig geschichtswilligen Philosophie, gegenüber der Theorie des Unbewußten und seiner Bewußtmachung Empörungsregungen zustande zu bringen[210].

Freilich: diese allgemeine – stillschweigende – Akzeptierung dieser Theorie und jener ihrer Thesen, die diese Arbeit als verwandt mit Thesen des Depotenzierungsdenkens der transzendentalphilosophischen Naturphilosophie zu sehen versucht hat, bedeutet nicht auch schon eine Stärke und Fähigkeit dieser Theorie, mit den Schwierigkeiten des Menschen in geschichtlichem Ausmaß fertig zu werden. Es ist nicht ausgeschlossen, daß der Glanz einer Theorie auf ihrer eigenartigen Schwäche beruht. Für den philosophischen Glanz der Theorie Freuds scheint das jedenfalls in nicht unerheblichem Maße zuzutreffen. Denn in der Tat *hat die Theorie Freuds jene Elemente des geschichtlichen Denkens geltend gemacht, die bereits den Vollzug der Transzendentalphilosophie und die Tendenz ihrer Naturphilosophie ‚geschichtsfern' und ‚ohnmächtig' machten; damit aber hängt zusammen, daß sie für den Menschen die (nun entzauberte) ‚Natur' zwar als Problem in Erinnerung bringt, aber dieses Problem nicht in geschichtlichem Ausmaß zu lösen vermag.*

Historisierung der Natur. Die Abhängigkeit des Menschen von der Natur: Freuds Theorie bringt sie in Erinnerung – gleichwohl will Freud sie nicht einfachhin akzeptieren, und doch kann er sie nicht in großem Stile aufheben. So rechnet seine Psychoanalyse wesentlich mit der Unliquidierbarkeit menschlicher Abhängigkeit von der Triebnatur. Daraus folgt aufs neue jenes Problem, das auch schon eines der transzendentalphilosophischen Naturphilosophie war: das einer ‚indirekten Vernunft'.

Es gelingt also nicht, die Natur als Täter der Geschichte auszuschalten. Darum kommt alles darauf an, zu gewährleisten – also wenigstens zu begreifen – daß die Natur in der Geschichte nicht ‚gegen' die Vernunft und Geschichte, sondern ‚im Sinne von' Vernunft und Geschichte und menschlicher „Kultur" wirkt und wirken kann. Darum muß gezeigt werden, daß und wie Natur irgendwie vernünftig-geschichtlich zu operieren vermag. Das ist das Problem einer *‚Vernunft durch Nicht-Vernunft'*, einer *‚indirekten Vernunft'* also, und demnach jenes Problem, das die transzendentalphilosophische Naturphilosophie zur ‚Historisierung der Natur' zwang[211]. Es ist in einer neuen Wendung nun auch wieder das Problem Freuds. *Es ist das zwangsläufige Problem jeder ‚ohnmächtigen' Vernunft: weil sie die Natur nicht aufheben kann, muß sie sich ihrer Mitarbeit versichern. Das aber kann nur gelingen, wenn es sich um eine trotz allem ‚vernunftfähige', ‚geschichtsfähige' Natur handelt. Darum wird Freuds Psychoanalyse zur Theorie der ‚Triebnatur als vernunftfähiger und geschichtsfähiger Macht'.*

Damit hängt zusammen, daß – gerade indem sie auf ‚Natur' rekurriert – *Freuds Psychoanalyse in erheblichem Maße ‚geschichtlich' denkt.* Es gibt dafür eine ganze Reihe von Zeugnissen. Die psychoanalytische Form der Erinnerung, der therapeutischen Anamnese ist – sagt Freud – eine „sozusagen *historische* Deutung"[212], eine „historische Symptomdeutung"[213] nämlich, also eine „historische Zurückführung"[214]; und auch allgemeinere Betrachtungen zur „Natur des Lebenden" können „nur zum geringsten Teile mechanisch erklären, dürfen die historische Erklärung nicht beiseite lassen"[215]. Mit Recht hat darum Hofstätter auf „jene generelle Tendenz in Freuds Denken" hingewiesen, „das beinahe immer nach historischen Faktizitäten, d. h. nach datierbaren Anlässen für die Ausbildung von Persönlichkeitsstrukturen, sucht"[216]. Freud formuliert lapidar, daß „alle organischen Triebe ... historisch erworben" sind[217] und betont, „daß der Charakter des Ichs ein Niederschlag der aufgegebenen Objektbesetzung ist, die Geschichte dieser Objektwahlen enthält"[218]. Daß Freuds Theorie zum nicht geringen Teile aus der „Selbstanalyse" seiner eigenen Geschichte erwuchs[219]; – daß „aus den Anfängen der Psychoanalyse"[220] nicht nur die Berührung mit, sondern auch die Abkehr von dem zyklischen, nach Periodischem suchenden Denken von Wilhelm Fliess zu berichten ist[221]; – daß die Psychoanalyse – mehr als jede andere Therapie – so von der Krankengeschichte ausgeht, daß sie sie wirklich als ‚Geschichte' nimmt; – daß Freud (nicht ohne Sorgen hinsichtlich der eigenen medizinisch-naturwissenschaftlichen Reputation) im Referat der psychoanalytischen Kasuistik die Nähe zum Geschichtenerzählen spürt[222]; – daß z. B. „in Frankreich ... das Interesse an der Psychoanalyse von den Männern der schönen Literatur ausgegangen" ist[223]; – „daß sie als die einzige unter den medizinischen Disziplinen die breitesten Beziehungen zu den Geisteswissenschaften hat"[224]; – daß schließlich, worauf noch zurückzukommen ist[225], Freuds Theorie ein (sonst nur der geschichtsgeneigten Philosophie eigentümliches) enges Verhältnis und eine ständige Bezugnahme auf die Geschichte der eigenen Konzeption pflegt: das alles und manches andere gehört zu den entschieden gewichtigen Indizien für eine ‚geschichtliche' Blickweise und Denkart der Psychoanalyse. „Nicht jede Analyse psychologischer Phänomene" – schreibt Freud[226] – „wird den Namen einer Psychoanalyse verdienen. Die letztere bedeutet mehr als die Zerlegung zusammengesetzter Erscheinungen in einfachere; sie besteht in einer Zurückführung einer psychischen Bildung auf andere, welche ihr zeitlich vorhergegangen sind, aus denen sie sich entwickelt hat. Das ärztliche psychoanalytische Verfahren konnte kein Leidenssymptom beseitigen, wenn es nicht seiner Entstehung und Entwicklung nachspürte: so ist die Psychoanalyse von allem Anfang an auf die Verfolgung von Entwicklungsvorgängen gewiesen worden. Sie hat zuerst die Genese neurotischer Symptome aufgedeckt; im weiteren Fortschritt mußte sie andere psychische Bildungen in Angriff nehmen und die Arbeit einer genetischen Psychologie an ihnen leisten" – die Arbeit einer genealogisch-geschichtlich fragenden und erkennenden Theorie, an der das Bemerkenswerte zugleich dieses ist: daß sie ‚Natürlichkeitsverfassungen' derart geschichtlich denkt. *Freuds Psychoanalyse erfährt in jener Weise ‚Natürlichkeiten geschichtlich', in der es die transzendentalphilosophische Naturphilosophie auch schon versucht hat: als Theorie und Suche einer – trotz ihrer ‚Natürlichkeit' – irgendwie ‚vernünftigen Geschichtlichkeit' der Natur.*

Diese Suche hatte die transzendentalphilosophische Naturphilosophie zur Beachtung des „Organismus" geführt[227]. Nach der ‚Entzauberung der Romantiknatur' steht diese Möglichkeit nicht mehr offen. Darum muß diese Suche zu einer neuen Lösung führen: zur Theorie zunächst der „*Triebschicksale*"[228].

Freuds These, daß Triebe „Schicksale" haben können, geht über den Evolutionsgedanken und die bei Freud ebenfalls differenziert ausgebildete Lehre von verschiedenen „Phasen"[229] oder „Organisationsstufen" bei der „Entwicklung der Libido"[230] hinaus. Sie spricht den Trieben eine geschichtlichere Verfassung zu. Die Triebe sind „also historisch bedingt"[231]: *Freuds Theorie der „Triebschicksale" ist der nach der Entzauberung der Romantiknatur möglich bleibende Versuch, Naturverhältnisse als geschichtliche Verhältnisse zu verstehen* – ohne ihnen ihren Charakter als Naturverhältnisse zu nehmen[232].

„Die Untersuchung" – schreibt Freud – „welche Schicksale Triebe im Laufe der Entwicklung erfahren können ... lehrt uns als solche Triebschicksale folgende kennen: Die Verkehrung ins Gegenteil. Die Wendung gegen die eigene Person. Die Verdrängung. Die Sublimierung"[233]. Diese Liste ist nicht vollständig[234]. „Am bedeutsamsten" – meint Freud – „erschien das Triebschicksal der *Sublimierung*, bei dem Objekt und Ziel gewechselt werden, so daß der ursprünglich sexuelle Trieb nun in einer nicht mehr sexuellen, sozial und ethisch höher gewerteten Leistung Befriedigung findet"[235]. Die Sublimierung ist „am bedeutsamsten": an ihrer Möglichkeit und ihrem Vollzug hängt für Freud die „Kultur" und letztenendes die Vernünftigkeit der Geschichte. Zugleich entspricht ihr Bauprinzip – als das einer „Verschiebung"[236] – auch generell dem der Neurosen und Psychosen: diese sind in gewissem Sinne nichts anderes als mißglückte, als *Fehlsublimierungen.* Allein schon darum kann und muß diese Überlegung dieses „bedeutsamste" Triebschicksal in den Mittelpunkt rücken. Aber nicht allein für eine allgemeine Diskussion der Psychoanalyse, auch und gerade für die speziellen Zwecke dieser Arbeit ist die Theorie der Sublimierung von zentraler Wichtigkeit; denn man kann sagen: *Freuds Sublimierungstheorie ist vom Gedanken der „List der Vernunft"[237] d. h. der ‚indirekten Vernunft', der ‚Vernunft durch Nichtvernunft'[238] diejenige Form, die die Vernunft (die sie nicht mehr vom „Ich" und der Geschichte erhofft) von der ‚Natur' erwartet und dabei nicht mehr – wie noch die transzendentalphilosophische Naturphilosophie – auf die ‚verzaubernde' Organismusidee der Natur zu bauen vermag.*

Mit anderen Worten: die Sublimierungstheorie ist ‚postromantisch' – also unter der Bedingung der Naturentzauberung d. h. im Zeichen der Prävalenz der Triebnatur – das, was ‚romantisch' – also unter Bedingungen der Naturverzauberung d. h. im Zeichen der Prävalenz der Romantiknatur – die Theorie einer durch „Hemmungen" sich „objektivierenden", „potenzierenden" und „idealisierenden" absoluten Naturproduktivität war. Die grundsätzliche Entsprechung beider Theorien im Problem wird unterstrichen durch eine *weitgehende Übereinstimmung beider Theorien in den Grundgedanken der Lösung ihres Problems.* Hier sei auf drei übereinstimmende Grundfiguren hingewiesen.

Da ist *erstens* der Gedanke des *unbestimmten Grundtriebes.* Wenn Freud eine „freie Beweglichkeit" der „Libido"[239] behauptet hat, eine ursprüngliche Unfestgelegtheit der sexuellen „Triebenergie", ihre Freizügigkeit gegenüber „Triebzielen" und „Triebobjekten"[240] – eine These, der Freuds Distinktion zwischen „Sexuellem" und „Genitalem"[241] und die damit verbundene Lösung der Sexualität aus der festen definitorischen Bindung an die „Zonen", „Ziele" und „Objekte" der „Fortpflanzung" bzw. „Arterhaltung" in erheblichem Maße vorgearbeitet, und die seine spätere Annahme eines „absoluten primären Narzißmus"[242] nicht wenig gefördert hat – wenn also Freud behauptet hat, „daß die gesamte verfügbare Energie des Eros, die wir ... Libido heissen ..., im noch undifferenzierten Ich-Es vorhanden"[243] und im Fortgang einer Polymorphie möglicher „Unterbringung" und „Besetzung" fähig ist[244]: dann zuerkennt er damit der „Libido" eben nur jenen Charakter einer ursprünglich „reinen", d.h. potentiellen, in ihrer Unmittelbarkeit unbestimmten[245] und unendlich bestimmbaren[246] reellen Produktivität, den schon Schelling der „absoluten Thätigkeit" der Natur[247] und ihrem „Trieb einer unendlichen Entwicklung"[248] zugesprochen hatte. Der naheliegende Einwand, daß es sich bei Schelling doch um ein ontologisches Grundprinzip, bei Freud aber sozusagen nur um einen ‚appetitus secundus' handle, tangiert diese Übereinstimmungs-These nicht grundsätzlich: die hier durchweg für Freud behauptete ‚Bedingung der Naturentzauberung' schließt ja gerade – wie gesagt wurde[249] – den Verzicht der jeweiligen Theorie auf ‚universell-kosmologische Geltung' ein; und nur unter dem Vorbehalt dieser Bedingung ist ja hier von Übereinstimmung die Rede.

Da ist *zweitens* der Gedanke der *Verwirklichung und Vergeistigung durch Hemmung*. Wenn für Freud erst auf Grund von „Hemmungen"[250] – auf Grund von Objekt-„Versagungen"[251] und von „Zielhemmungen"[252] speziell durch die verdrängend-zensurierenden Kultur-Instanzen des „Ich" und „Über-Ich" – die „Libido" von ins Chaotische treibenden Aktionen abläßt und – durch Objekt- und Zielwechsel – zu kulturfähigen Realisierungen findet: dann entspricht das pünktlich jener „naturphilosophischen" Konzeption Schellings, derzufolge die „absolute Naturthätigkeit" einzig durch „Hemmungen"[253] ihr ursprüngliches Ziel – die unmittelbare Unendlichkeit, die „auf Gestaltlosigkeit"[254], auf Selbstvernichtung hinauslaufen würde – zugunsten einer Reihe von „begrenzten"[255], „bestimmten", von gestalthaft-„endlichen"[256] und in zunehmendem Maße „geistiger" werdenden[257] Produktionen aufgibt und gerade dadurch Wirklichkeit und Geistigkeit gewinnt. Nicht also erst Freud ist überzeugt, daß unterm Druck von „Hemmungen" und „Verdrängungen" Naturproduktivität d.h. „der ursprünglich sexuelle Trieb nun in einer nicht mehr sexuellen, sozial oder ethisch höher gewerteten Leistung Befriedigung findet"[258] d.h. sich sublimiert: bereits auch für Schelling steigert („potenziert") sich die Natur auf Grund von „Hemmungen" zur Geistigkeit, oder – in der tiefsinnig-raunenden Sprache der Weltseelenabhandlungen Schellings –: „Durch die gänzliche Verdrängung [!] des Verbundenen, als des Verbundenen, und die Entwicklung oder Verwirklichung des Bandes, gelangt daher die Idea erst zu der vollendeten Geburt"[259]. Wirklichkeits- und Geistigkeitsgewinn durch Verzicht auf unmittelbare Natürlichkeit unterm Druck von „Hemmungen" und „Verdrängung" – das ist der beiden Theorien gemeinsamer Grundgedanke. Ein Zusatz-Indiz dieser Übereinstimmung ist die beiden Konzeptionen gemeinsame Unentschiedenheit zwischen ‚monistischem' und ‚dualistischem' Ansatz: Freud teilt ihre Unbestimmtheit in der Frage, ob und ggf. wie die hemmende Kulturinstanz aus der zu hemmenden Naturtendenz sich entwickle[260], durchaus mit der Naturtheorie Schellings, derzufolge „der ursprüngliche Grund dieser Hemmung ... doch nur wieder in ihr (sc. der Natur) selbst gesucht werden" muß[261], obwohl es sich bei hemmender und gehemmter Tendenz um eine „ursprüngliche Dualität"[262] handelt, die sich „nicht wieder ableiten läßt"[263].

Da ist *drittens* der Gedanke der *Ersatzrealisierung*. Die Theorie eines durch „Hemmungen" erzwungenen Verzichts auf unmittelbare Befriedigung muß zur Theorie dessen werden, was *statt* jener unmittelbaren Befriedigung geschieht: und auch sie führt bei Schelling und Freud zu ähnlichen Lösungen. Denn wenn Freud von der Realisierung in „Ersatzbildungen"[264] spricht und diese als „Kompromißbildungen" deutet, die den ursprünglichen Triebwunsch mit dem – unterm Hemmungsdruck – Zulässigen und Möglichen zu verbinden streben[265]: dann wiederholt auch das in gewisser Weise jene These Schellings, derzufolge die Natur es unter der Bedingung von „Hemmungen" nur zu „Scheinprodukten" bringe[266]: jedes dieser Scheinprodukte, sagt Schelling, „müßte also endlich und unendlich zugleich seyn[267]; in der Natur-„Evolution kann also nichts vorkommen, was nicht Produkt (Synthesis) wäre"[268], nichts, was nicht „als das Werk entgegengesetzter Tendenzen"[269] begriffen werden müßte.

Das sind drei (wie diese Arbeit meint) eindrucksvolle Ähnlichkeiten. Freilich: der Hinweis auf diese Ähnlichkeiten will keine simple Selbigkeit von Freuds Sublimierungslehre und Schellings transzendentalphilosophisch-naturphilosophischer Konstruktion der Natur aus einer gehemmten Urtätigkeit behaupten. Die „absolute Naturthätigkeit" Schellings und die „Libido" bei Freud – die offenbarungszielige „Hemmung" und Naturvergeistigung bei Schelling und die abwehrbedachte „Hemmung" und „Desexualisierung" bei Freud – die „Scheinprodukte" bei Schelling und die „Ersatzbildungen" bei Freud: das alles ist selbstredend jeweils nicht einfach ‚dasselbe'. Wäre es das, dann wären die umwegreichen Analysen dieser Arbeit über das Veränderungsgeschehen der Transzendentalphilosophie-Depotenzierung durchaus überflüssig gewesen. Es handelt sich vielmehr um eine ‚Identität unter dem Vorbehalt einer veränderten philosophischen Situation', um eine ‚Identität unter der Bedingung eines veränderten (entzauberten) Naturbegriffs'. Aber auch gerade diese modifizierte Identität bedarf der Aufmerksamkeit und Deutung. Eine tatsächliche, eine nachweisbare ‚Beeinflussung' Freuds durch die transzendentalphilosophische Naturphilosophie liegt nicht vor. Erklärbar ist diese Übereinstimmung im Grundgedanken also offenbar allein durch den prägenden Zwang der gleichen philosophischen Problemstelle, der entsprechenden theoretischen Funktion, der parallelen geschichtlichen Rolle: die skizzierte Übereinstimmung von Grundgedanken der „Naturphilosophie" Schellings und der Sublimierungslehre Freuds resultiert aus dem gleichen ‚ontologischen Stellenwert' beider Theorien: beide haben die nämliche Aufgabe: begreiflich zu machen, wie aus dem Gegenteil der Vernunft bzw. Geschichte – aus der Natur – Vernunft bzw. Geschichte, also Geistiges zu kommen vermag; beide Theorien lösen diese Aufgabe in ähnlicher Weise: *Freuds Sublimierungslehre wiederholt – ohne es zu wissen – die transzen-*

dentalphilosophisch-naturphilosophische Theorie einer durch „Hemmungen" sich vergeistigenden Naturproduktivität – und zwar ‚unter den Bedingungen eines veränderten (entzauberten) Naturbegriffs'[270].

Zu dieser weitgehenden Übereinstimmung beider Theorien gehört, daß sie zu ähnlichen Grundbegriffen finden: *auch noch die Psychoanalyse nimmt Teil am letztlich „hylemorphistischen" Zwei-Prinzipien-Denken der transzendentalphilosophischen Naturphilosophie.* Sie verpflichtet sich, wie Freud sagt, einer „exquisit dualistischen Auffassung des Trieblebens"[271]: „die analytische Arbeit" – schreibt er 1923 in einem zusammenfassenden Artikel[272], dessen Formulierung er 1926 in seiner „Selbstdarstellung" kaum verändert aufgreift[273] – „hat gezeigt, daß die Dynamik der Traumbildung dieselbe ist wie die der Symptombildung. Hier wie dort erkennen wir einen Widerstreit zweier Tendenzen, einer unbewußten, sonst verdrängten, die nach Befriedigung – Wunscherfüllung – strebt, und einer wahrscheinlich dem bewußten Ich angehörenden, ablehnenden und verdrängenden, und als Ergebnis dieses Konflikts eine Kompromißbildung, – den Traum, das Symptom – in welcher beide Tendenzen einen unvollkommenen Ausdruck gefunden haben. Die theoretische Bedeutung dieser Übereinstimmung ist einleuchtend. Da der Traum kein pathologisches Phänomen ist, wird durch sie der Nachweis erbracht, daß die seelischen Mechanismen, welche die Krankheitssymptome erzeugen, auch schon im normalen Seelenleben vorhanden sind ... und daß die Ergebnisse der Forschung an Neurotikern und Geisteskranken nicht bedeutungslos für das Verständnis der gesunden Psyche sein können." Daß Freud hier von „Mechanismen" spricht, dementiert nicht, sondern bestätigt: die transzendentalphilosophische Denktradition – z. B. Schelling – tut das ja auch[274]. Freuds Zwei-Tendenzen-Theorie steht keineswegs im Zusammenhang einer vorwiegend „mechanistischen" Welt- und Seelendeutung: „wir denken nicht mehr an Vermengung und Trennung von Stoffteilchen, sondern als Verlötung und Entmischung von Triebkomponenten", sagt er[275]. Vielmehr: Freuds Zwei-Tendenzen-Lehre steht – ohne sein Wissen – in der Tradition der vormals metaphysischen Lehre von Prinzipien des Seienden, und zwar – in genauer Entsprechung zu den Rezeptionsusancen der Transzendentalphilosophie und ihrer Naturphilosophie[276] – in der Tradition der Kooperation der Prinzipien „forma" und „materia prima": seit der Transzendentalphilosophie agieren sie offenkundig als geschichtliche Mächte, und eben das hat ihrem Auftreten als „Trieben" der Seele eindringlich vorgearbeitet. Auch Freuds Rede von „Trieben" darf dabei nicht irritieren: gerade die Transzendentalphilosophie hat – unterm Eindruck der Sprechweise Fichtes – die Prinzipien oder „Tendenzen"[277] gleichfalls als „Triebe" – z. B. als „Formtrieb" und als „Stofftrieb" – diskutiert[278], wenn auch nicht im strikt selben Sinne. Aber auch Freud spricht ja statt dessen von „Grundkräften"[279].

Sowohl Freuds ‚frühe' Theorie der Konflikte und Kompromisse von „Selbsterhaltungstrieben" und „Sexualtrieben" – von „Hunger und Liebe"[280] – als auch Freuds ‚späte' Lehre von dem Kämpfen und „Legierungen"[281] zwischen „Eros" und „Todestrieb" gehören in den Zusammenhang dieser Tradition des Zwei-Prinzipien-Denkens. „Unsere Auffassung" – schreibt Freud 1920 – „war von Anfang eine dualistische und sie ist es heute schärfer denn zuvor, seitdem wir die Gegensätze nicht mehr Ich- und Sexualtriebe, sondern Lebens- und Todestriebe benennen"[282]. Diesen Wandel der Konzeption übergreift die grundsätzliche Bereitschaft Freuds, mit zwei antagonistischen Prinzipien zu rechnen. Dabei entspricht das eine, indem es – hemmungslos auf Befriedigung bestehend – ins Chaotische drängt, dem unreflektierten, unmittelbaren, „potentialen" Durcheinander par excellence der „materia prima", während das andere – indem es „hemmt", „zensuriert", auf „Triebeinschränkung" und „Triebbeherrschung" besteht und derart „Verdrängung" und „Sublimierung" erreicht – dem ‚aktualisierenden' Begrenzungsprinzip der „forma" entspricht. Bereits die ersten Traumschriften operieren mit diesem Zwei-Prinzipien-Schema[283], das der ‚frühe' Stand der Psychoanalyse bis zur Theorie der Antagonie und Kompromißbildungen zwischen „Lustprinzip" und „Realitätsprinzip" entwickelt[284]. Und: „Nach langem Zögern und Schwanken" – schreibt Freud noch in einer der allerletzten Arbeiten[285] – „haben wir uns entschlossen, nur zwei Grundtriebe anzunehmen, den Eros und den Destruktionstrieb ... Das Ziel des ersten ist, immer größere Einheiten herzustellen und so zu erhalten, also Bindung, das Ziel des anderen im Gegenteil, Zusammenhänge aufzulösen und so die Dinge zu zerstören ... In den biologischen Funktionen wirken die beiden Grundtriebe gegeneinander oder kombinieren sich miteinander ... Dieses Mit- und Gegeneinanderwirken der beiden Grundtriebe ergibt die ganze Buntheit der Lebenserscheinungen. Über den Bereich des Lebenden hinaus führt die Analogie unserer beiden Grundtriebe zu dem im Anorganischen herrschenden Gegensatzpaar von Anziehung und Abstossung." Die Entsprechung dieser Thesen Freuds zu Kants Theorie der „Anziehungskraft" und „Zurückstossungskraft" in den „Metaphysischen Anfangsgründen der Naturwissenschaft[286] und zu Schellings naturphilosophischer Fortbildung dieser Lehre[287] liegt auf der Hand; daß gerade in dieser Theorie die hylemorphistische Zweiprinzipienlehre metaphysischer Tradition fortlebt, wurde oben gezeigt[288]. So setzt sich die Wirkung der metaphysischen Lehre von „Akt" und „Potenz" in ihrer Anwendung als Lehre von den Prinzipien „forma" und „materia prima" bis in Freuds Lehre von den beiden „Grundtrieben"[289] – sei es in ihre frühe, sei es in ihre späte Form – hinein fort. Also einerseits bis in die psychoanalytische Theorie der Symptombildung; denn: „Von den neurotischen Symptomen" – schreibt Freud[290] – „wissen wir ..., daß sie der Erfolg eines Konflikts sind ... Die beiden Kräfte, die sich entzweit haben, treffen im Symptom wieder zusammen, versöhnen sich gleichsam durch das Kompromiß der Symptombildung. Darum ist das Symptom auch so widerstandsfähig; es wird von beiden Seiten her gehalten." Aber nicht nur in dieser Theorie der Symptombildung wirkt insgeheim noch die metaphysisch-transzendentalphilosophische Lehre von den (mindestens) zwei Prinzipien, deren Zusammenwirken das Prinzipiat hervorbringt und erhält. Auch der allgemeinen „tiefenpsychologischen" Theorie der Seelen- und Lebensphänomene liegt sie zugrunde: „nur das Zusammen- und Gegeneinanderwirken beider Urtriebe Eros und Todestrieb erklärt die Buntheit der Lebenserscheinungen, niemals einer von ihnen allein. Wie Anteile der beiden Triebarten zur Durchsetzung der einzelnen Lebensfunktionen miteinander zusammentreten, unter welchen Bedingungen diese Vereinigungen sich lockern oder zerfallen ... das klarzustellen wäre die lohnendste Aufgabe der psychologischen Forschung"[291]; sie würde erkennen, daß „das Leben selbst ein Kampf und Kompromiß zwischen diesen beiden Strebungen" ist[292]: „aus dem Zusammen- und Gegeneinanderwirken dieser beiden ließen sich die Phänomene des Lebens erklären"[293].

All diese Stellen sind nicht mühsam gesucht – entsprechende Formulierungen finden sich in fast allen Arbeiten Freuds, nicht weniger in denen um die Jahrhundertwende wie in den späteren. Sie dokumentieren eindringlich eine latente – eine von Freud weder gesuchte noch bemerkte – Verwandtschaft der psychoanalytischen Zwei-Instanzen- bzw. Zwei-Triebe-Theorie mit dem metaphysischen Prinzipiendenken in seiner transzendentalphilosophischen-naturphilosophischen Ausprägung[2931]. Erst der ganz alte Freud hat einen Versuch gemacht, dem Zusammenhang seiner Konzeption mit philosophischer Tradition nachzuspüren. 1937 hat er „die dualistische Theorie, die einen Todes-, Destruktions- oder Aggressionstrieb als gleichberechtigten Partner neben den in der Libido sich kundgebenden Eros hinstellen will", verglichen mit „jener Lehre des Empedokles, die der psychoanalytischen Triebtheorie so nahe kommt, daß man versucht wird zu behaupten, die beiden wären identisch"[294]; denn: „Die beiden Grundprinzipien des Empedokles – φιλία und νεῖκος – sind dem Namen wie der Funktion nach das Gleiche wie unsere beiden Urtriebe Eros und Destruktion, der eine bemüht, das Vorhandene zu immer größeren Einheiten zusammenzufassen, der andere, diese Vereinigungen aufzulösen und die durch sie entstandenen Gebilde zu zerstören"[295]. Auf Vorsokratiker sich zu berufen, ist ja in der Gegenwartsphilosophie nichts Außergewöhnliches[296]. Freilich: Freud tut das nicht, weil er der metaphysischen und transzendentalphilosophisch-naturphilosophischen Tradition entgegen, sondern weil er durchaus in ihrem Sinne denkt. Was er der Lehre des Empedokles entnimmt, ist eben nicht die Elemententheorie und nicht die Zyklentheorie der Zeitalter[297], sondern die Theorie jener zwei Prinzipien, deren eines als Zerstörungskraft und Macht des gestaltlos-grenzenlosen Ur-Durcheinander zugrunde liegt, deren anderes ihm entgegenarbeitet und Zusammenhang, Einheit, Grenze, Gestalt und Wirklichkeit erteilt – also die Theorie von Prinzipien, die man in „apeiron" und „peras" bei Platon und in „hyle" und „morphe" bei Aristoteles wiederfinden[298] und dann als jene Lehre von den Prinzipien „materia prima" und „forma" weiterverfolgen kann, die die Transzendentalphilosophie und ihre Naturphilosophie festgehalten hat als Theorie der grenzenlos-unbestimmten, isoliert zu nichts und zu Chaos führenden Grundkraft, die durch eine entgegengesetzte, begrenzende Grundkraft Bestimmtheit, Gestalt und Wirklichkeit gewinnt. Und was metaphysisch die Konkretisierung – das „Zusammenwachsen" – dieser Prinzipien zum „ens", was transzendentalphilosophisch ihre – in der Sukzession der „Potenzen" sich vollziehende – „Synthesis" in „Produkten" ist, setzt sich psychoanalytisch fort in Freuds Deutung der „Symptome" und Normalphänomene als „Kompromißbildungen"[299]. *Auch noch Freuds Theorie lebt vom „hylemorphistischen" Zwei-Prinzipien-Denken der metaphysischen und transzendentalphilosophisch-naturphilosophischen Tradition.*

Mit all diesem soll nun durchaus nicht mehr gesagt sein als Folgendes: die Psychoanalyse zeigt in einigen ihrer Elemente gewisse Ähnlichkeiten mit Thesen und Zügen der transzendentalphilosophischen Naturphilosophie. Gerade auf diesen Elementen und Ähnlichkeiten – Gleichförmigkeiten unter der Bedingung eines veränderten Naturbegriffs – aber beruht zumindest ein wesentlicher Teil der philosophischen Gegenwartsgeltung der Psychoanalyse. So bleiben gerade die philosophisch erheblichen Elemente der Theorie Freuds durch ihre Reduktion auf ‚mechanistisches' Denken – wenigstens was ihre philosophische Attraktivität betrifft – unverständlich. Wenn „Mechanismus" der Name für eine Theorie ist, die alle Phänomene zu solchen der ‚Kontrollnatur'[300] zu machen d. h. „phänomenale Wirklichkeit" auf „physikalische Wirklichkeit" „zurückzuführen" bestrebt ist[301] – dann ist Freuds Theorie, jedenfalls was die fraglichen Elemente und ihre philosophische Erheblichkeit angeht, *keine* ‚mechanistische' Theorie. Gewiß: sie ist eine ‚zurückführende' Theorie. Aber es gibt zurückführende Theorien, die keine mechanistischen Theorien sind, nämlich *geschichtlich* denkende Theorien. Freuds Metapsychologie ist, scheint es, in wesentlichen Zügen eine geschichtlich denkende Theorie; ihr Verfahren ist das der „historischen Zurückführung"[302]. So gibt es bestimmte Elemente der psychoanalytischen Theorie, die durch ihre Reduktion auf ‚mechanistisches' Denken schon allein deswegen nicht aufgeklärt werden können, weil sie gerade von einem ‚mechanistischen' Ansatz her vollends unverständlich und sinnlos erscheinen müssen[303], *die aber philosophisch durchsichtig werden, wenn man ihre enge Relation zu Bestimmungen der transzendentalphilosophischen Naturphilosophie ernst nimmt.* Die transzendentalphilosophische Naturphilosophie aber ist – von Kants Urteilskraftkritik[304] bis zu Schellings Naturphilosophie[305] – wesentlich *Kritik* des „mechanistischen" Denkens gewesen. Darum überrascht es nicht, auch bei Freud Vorbehalte z. B. gegen die „mechanistische" Phase der Medizin zu lesen: „In dieser materialistischen oder besser mechanistischen Periode" – schreibt er[306] – „hat die Medizin großartige Fortschritte gemacht, aber auch das vornehmste und schwierigste unter den Problemen des Lebens in kurzsichtiger Weise verkannt." Freuds Theorie gehört in ihrer philosophischen Substanz (ohne ihr Wissen) in den Traditionszusammenhang eines – nämlich des transzendentalphilosophisch-naturphilosophischen – Denkens, für das die Reserve gegenüber dem „mechanistischen" Ansatz ebenso kennzeichnend ist wie das durchgängige Schicksal, von seinen Gegnern selbst als „Mechanismus"[307] oder wenigstens als „Determinismus" bekämpft zu werden – man denke nur an Schellings Proteste dagegen im Freiheitsaufsatz[308].

Darum wird auch gegen Freud der „Determinismus"-Vorwurf erhoben. Freuds Hartnäckigkeit im Leugnen von Zufälligkeiten ist in der Tat nicht unbeträchtlich gewesen und von ihm selbst durchaus mit der Geistesart des exakten Naturwissenschaftlers zusammengebracht worden[309]. Und doch: Freuds Bestehen auf der Unzufälligkeit, dem Motiviertsein und dem „Sinn" auch noch der geringfügigsten

Nebenhandlung: selbst darin steckt Ähnlichkeit mit der Transzendentalphilosophie und ihrer Naturphilosophie – mit ihrem Konsequenzinteresse, ihrer Unbereitschaft zur Anerkenntnis von Zufälligem. Es ist das *Nötigkeitsprinzip*[310] – also das, was für den ‚Erlebnispsychologismus‘ Diltheys als Interesse an der „Bedeutung“ und für den ‚Kontrollpsychologismus‘ als Interesse an Kausalerklärungen fortlebte[311] – das in einer neuen Wendung nun auch bei Freud regiert. So wenig sich seine Theorie dabei mit Erlebnispsychologismus und ‚verstehender Psychologie‘ gleichsetzen läßt, so wenig auch mit Kontrollpsychologismus und ‚erklärender Psychologie‘. Daß Freud „kausal“ denke – im Unterschied etwa zum „finalen“, zum „teleologischen“ Denken Adlers[312] –: das ist in nicht geringem Maße eine vereinseitigende Zwecktheorie von Ansätzen, die Psychoanalyse und Individualpsychologie zu gegensätzlichen Positionen stilisieren, um ihr Angebot an ‚versöhnenden Lösungen‘ besser placieren zu können. „Die philosophische Betrachtung hat keine andere Absicht, als das Zufällige zu entfernen“[313] – das ist Hegels klassische Formulierung der „Absicht“ des geschichtlichen Nötigkeitsdenkens, wie es in der Transzendentalphilosophie und ihrer Naturphilosophie – also dort, wo das Denken von Gegebenheiten durchs Denken von Vermittlungen ersetzt wurde – sich vorbereitet hat. *Auch und gerade Freuds Theorie gehört – eben weil auch sie darauf besteht, ‚das Zufällige zu entfernen‘ – philosophisch in diese Tradition des ‚genealogischen‘ Denkens der transzendentalphilosophischen Naturphilosophie d. h. der Geltung des ‚Nötigkeitsprinzips‘ – unter der Bedingung eines ‚entzauberten‘ Naturbegriffs.* Dafür spricht nicht zuletzt Freuds Definition jenes Verstehensverfahrens, dem er selber anhängt: der „Metapsychologie“. „Wir meinen“ – sagt er[314] – „eine Darstellung, die neben dem topischen und dem dynamischen Moment auch noch diese ökonomische zu würdigen versuche, sei die vollständigste, die wir uns derzeit vorstellen können, und verdiene es, durch den Namen einer *metapsychologischen* hervorgehoben zu werden.“ „Dynamisch“ – nämlich genetisch verfahrend[315], „topisch“ – nämlich auf die „Stelle“ eines Vorgangs im Gesamtsystem achtend[316], „ökonomisch“ – nämlich in einem nicht-pragmatistischen Sinne pragmatisch[317]: eben das sind, wenn diese Arbeit richtig gesehen hat, auch die Transzendentalphilosophie und ihre Naturphilosophie gewesen. Freuds Psychoanalyse geht in wichtigen Dingen in ihren Spuren. So nimmt auch Freud ihre Methoden-Termini auf: er hat – mit wachsendem Alter in wachsendem Maße – seine metapsychologische Theorie selber als „Spekulation“ verstanden[318] und hat dem transzendentalphilosophisch-naturphilosophischen Begriffe der „Konstruktion“ eine wichtige Stellung gegeben[319].

All dieses – Problem der indirekten Vernunft, Naturvergeistigungsdenken, Zweiprinzipiendenken, Geltung des Nötigkeitsprinzips – all dieses sind – horribile dictu – Zeugnisse für einen gewissen ‚transzendentalphilosophischen Geist‘ und jedenfalls für die *Tendenz zum Geschichtlichen* in Freuds Natur-, Trieb- und Seelenlehre. Diese ‚tendenzielle Geschichtlichkeit‘ des zugleich ‚geschichtsfernen‘ Ansatzes der Psychoanalyse wird zwar derjenige verkennen und bestreiten wollen, der sich einseitig einem ‚faktizitätstheoretischen‘ Geschichtsbegriff verschreibt und

Geschichte einzig als Terrain der Dezisionen, der verhängten Geschicke, der konkreten Ordnungen und Traditionen[320] zu verstehen bereit ist. Freilich: wer das tut, pflegt nicht nur dem Denken Freuds, sondern zugleich und vor allem auch der Transzendentalphilosophie das Zeug der Geschichtlichkeit abzusprechen[321]. Jedoch: die Monopolisierung des faktizitätstheoretischen Geschichtsbegriffs ist eine Abstraktion. Ihre Durchbrechung aber zwingt – letztenendes – zur Anerkenntnis des Zugs zur Geschichtlichkeit auch im Denken Freuds. Zu ihm gehören all die eingangs[322] diskutierten Phänomene und Belege. Eines der stärksten Indizien ist die nicht wenig bemerkenswerte Tatsache, daß kaum je eine Theorie sich selbst in so starkem Maße als und durch ihre eigene Geschichte präsent gewesen ist wie Freuds Psychoanalyse. Die Ausbildung der ganzen Theorie wird begleitet von ständigen Anstrengungen, sich Rechenschaft über die eigene Geschichte zu geben: „Die Freudsche psychoanalytische Methode“ von 1904, „Über Psychotherapie“ von 1905, „Über Psychoanalyse“ von 1910[323], „Zur Geschichte der psychoanalytischen Bewegung“ von 1914[324], Abschnitte aus dem Artikel „Psychoanalyse und Libidotheorie“ von 1923, „Kurzer Abriss der Psychoanalyse“ von 1924[325], die „Selbstdarstellung“ von 1925, „Psycho-Analysis“ von 1926[326], die „Nachschrift“ zur Selbstdarstellung von 1935 – das alles sind Überlegungen Freuds zur *Geschichte* der Psychoanalyse. Hinzu kommen viele einschlägige Reflexionen – teilweise umfangreichere – in anderen Werken Freuds[327]. *Das Selbstverständnis der Psychoanalyse ist ihr Verständnis ihrer eigenen Geschichte.* Das dokumentiert zugleich, daß Freuds Theorie in ständiger Bewegung gewesen ist, und daß sie sich auch so – als unfertig, unterwegs, in Bewegung befindlich – verstanden hat[328]. „Es scheint mir“ – schreibt Freud 1914[329] – „nicht überflüssig, den Lernenden immer wieder daran zu mahnen, welche tiefgreifenden Veränderungen die psychoanalytische Technik seit ihren ersten Anfängen erfahren hat.“ „Man versteht“ – betont er 1923 und tut das immerhin in einem Artikel im Handwörterbuch der Sexualwissenschaften[330] – „die Psychoanalyse immer noch am besten, wenn man ihre Entstehung und Entwicklung verfolgt.“ In der Tat: auch die hier versuchte Überlegung wäre durchaus unzureichend, ohne den Versuch eines Verständnisses dieser „Entwicklung“ und dieser „tiefgreifenden Veränderungen“ von Freuds Theorie.

Aporie. Was bedeutet diese „Entwicklung“ der Theorie Freuds *gerade nach* ihrer Etablierung? Was bedeutet ihre Bewegung aus einer Position im Banne des „Lustprinzips“ hin zu einer Position „jenseits des Lustprinzips“? Denn so verläuft diese „Entwicklung“. Was bedeutet sie? Wie ist diese Bewegung zu verstehen d. h. warum wurde sie nötig?

Zunächst der Versuch einer kurzen Skizze dieser Bewegung der Psychoanalyse Freuds. Ihre Periodisierung stammt von Freud selbst. Am eindruckvollsten gibt er sie in einigen Überlegungen von „Jenseits des Lustprinzips“[331]. Es handelt sich um *drei Phasen.* Eine knappe Chronologie sei hinzuversucht. Die *erste* Phase (etwa 1893–1914) reicht von den frühen Formulierungen der „Vorläufigen Mitteilung“ (1893) über die erste vollgültige theoretische Formulierung der Psychoanalyse in der „Traumdeutung" (1900) bis zu den Thesen von „Totem und Tabu" (1912). Die *zweite* Phase (etwa 1914–1920) beginnt mit der „Einführung des Narzißmus" (1914): ihr vorausgegangen war die Trennung von Adler (1911) und Jung (1913). Die *dritte* Phase (etwa 1920–1938) wird vorbereitet durch Studien über „Trauer und Melancholie" (1916) und gelangt zu einer ersten zusammenfassenden Formulierung mit „Jenseits des Lustprinzips" (1920). „An dieser Stelle" – schreibt Freud in dieser Abhandlung – „finden wird den Anlaß, die langsame Entwicklung unserer Libidotheorie zu überschauen"[332] und er stellt die genannten drei Phasen dar, und zwar so:

1) „Die Analyse der Übertragungsneurosen zwang uns zunächst den Gegensatz zwischen ‚Sexualtrieben', die auf das Objekt gerichtet sind, und anderen Trieben auf, die wir nur sehr ungenügend erkannten und vorläufig als ‚Ichtriebe' bezeichneten. Unter ihnen mußten Triebe, die der Selbsterhaltung des Individuums dienen, in erster Linie anerkannt werden ... Die Psychoanalyse hielt sich" also „vorerst an die populäre Triebunterscheidung, für die das Wort von ‚Hunger und Liebe' vorbildlich ist"[333].

2) „Der nächste Schritt erfolgte, als sich die Psychoanalyse näher an das psychologische Ich herantasten konnte, das ihr zunächst nur als verdrängende, zensurierende und zu Schutzbauten, Reaktionsbildungen befähigte Instanz bekannt geworden war ... In bedächtigerem Fortschreiten fiel es nun der psychoanalytischen Beobachtung auf, ... daß das Ich das eigentliche und ursprüngliche Reservoir der Libido sei, die erst von da aus auf das Objekt erstreckt werde ... Wenn die Libido so im Ich verweilte, wurde sie narzißtisch genannt, ... Somit war der ursprüngliche Gegensatz zwischen Ichtrieben und Sexualtrieben unzureichend geworden"[334]. „Mit der Aufstellung der narzißtischen Libido ... wandelte sich uns der Sexualtrieb zum Eros, der die Teile der lebenden Substanz zueinanderzudrängen und zusammenzuhalten sucht, und die gemeinhin so genannten Sexualtriebe erschienen als der dem Objekt zugewandte Anteil dieses Eros"[335].

3) „Den nächsten Schritt machte ich in ‚Jenseits des Lustprinzips' (1920)" – schreibt Freud, den entsprechenden Passus dieser Schrift in seiner Abhandlung über „Das Unbehagen in der Kultur" knapp zusammenfassend[336] – „als mir der Wiederholungszwang und der konservative Charakter des Trieblebens zuerst auffiel." Er zog daraus, wie er berichtet, „den Schluß, es müsse außer dem Trieb die lebende Substanz zu erhalten und zu immer größeren Einheiten zusammenzufassen, einen anderen, ihm gegensätzlichen geben, der diese Einheiten aufzulösen und in den uranfänglichen, anorganischen Zustand zurückzuführen strebe. Also außer dem Eros einen Todestrieb; aus dem Zusammen- und Gegeneinanderwirken dieser beiden ließen sich die Phänomene des Lebens erklären"[337]. Als erheblichste und problemträchtigste Manifestation des Todestriebs hat dabei Freud seine Adoption und Introjektion durchs „Über-Ich" verstanden[338] und im Zusammenhang damit das Gewissen und „das Unbehagen in der Kultur"[339]: „Ist die Kultur der notwendige Entwicklungsgang von der Familie zur Menschheit, so ist unablösbar mit ihr verbunden ... als Folge des ewigen Haders zwischen Liebe und Todestrieb die

Steigerung des Schuldgefühls"[339]. „Das Lustprinzip scheint geradezu im Dienste des Todestriebs zu stehen"[340]. Angesichts dieses Ergebnisses – meint Freud – „können wir uns nicht verhehlen: daß wir unversehens in den Hafen der Philosophie Schopenhauers eingelaufen sind, für den ja der Tod ‚das eigentliche Resultat' und insofern der Zweck des Lebens ist, der Sexualtrieb aber die Verkörperung des Willens zum Leben"[341].

Das sind – aufs knappste und mit Freuds eigenen Worten beschrieben – die drei Phasen der Entwicklung der Psychoanalyse. Was – um diese Frage zu wiederholen – was bedeutet nun diese Entwicklung der Freudschen Theorie *gerade nach* ihrer Etablierung? Was bedeutet diese Bewegung heraus aus einer Position im Banne des „Lustprinzips" hin zu einer Position „jenseits des Lustprinzips" d. h. im Banne des „Todestriebs"? Denn so verläuft diese Entwicklung. Was bedeutet sie? Wie ist diese Bewegung zu verstehen d. h. warum wurde sie nötig?

Die Antwort ergibt sich – scheint es – durch den Rekurs auf das zentrale Problem der Theorie Freuds, das diesen Fortgang von Lösung zu Lösung erzwingt, *weil keine dieser Lösungen standhält.* Es handelt sich um eben jenes Problem, das durch die ‚Depotenzierung der Transzendentalphilosophie' sich formuliert hat: um *das Problem der Macht der Natur in der Menschengeschichte.* Schon für die transzendentalphilosophische Naturphilosophie war das ein Problem[342]. Freilich: für sie ging es um die ‚heilende' Macht der verzauberten ‚Romantiknatur'; sie wurde beunruhigt durch ihre zu *geringe* Macht und *mangelnde* Gegenwart: sie suchte nach Mitteln zur Milderung der *Absenz* der Natur. Für Freuds Psychoanalyse dagegen geht es um die ‚gefährliche' Macht der entzauberten ‚Triebnatur'; sie wird beunruhigt durch ihre zu *große* Macht und *übermächtige* Gegenwart: darum sucht sie nach Mitteln zur Milderung der *Präsenz* der Natur. Unter dem Eindruck dieses Problems und dieser Unruhe gerät Freuds Theorie in Bewegung und nicht aus der Bewegung heraus. Dabei handelt es sich – wie jetzt schon mehrfach angedeutet – um eine *doppelte* Bewegung.

Erstens handelt es sich um einen Progress der Einsicht in den *Umfang* jener Macht der Natur in der Menschengeschichte. Jede der drei von Freud beschriebenen Phasen seiner Theorie markiert einen weiteren Schritt dieser Einsicht. Die erste Phase rechnet mit einer Herrschaft der Triebnatur wesentlich nur über den erotisch-privaten Bezirk des Menschen; seine Sozialverfassung, also das mit „Selbsterhaltung" beschäftigte „Ich" und das mit der Aufrichtung und Beaufsichtigung der „Tabus" befaßte „Über-Ich"[343] erschienen noch als ‚rein vernünftige' und ‚gegen' die Triebnatur arbeitende Verbots-, Zensur-, Verdrängungsinstanzen. Die weiteren Phasen erkennen dann die Wirksamkeit der Triebnatur gerade auch in jenen ‚vernünftigen' Kulturinstanzen. Die zweite Phase entdeckt den „Narzißmus", also die Macht der libidinösen Triebnatur auch und gerade im „Ich": sie analysiert die Egoismen und Prestige-Bedürfnisse[344]. Die dritte Phase entdeckt mit dem „Todestrieb" die Trends zur Destruktion (Aggression) und ihre Adoption durchs „Über-Ich", also die Wirksamkeit und Macht der Triebnatur auch und gerade im Bezirk des Gewissens[345]. Die Triebnatur – das ist das Ergebnis dieses

„inneren Fortschritts“[346] der Theorie Freuds – beherrscht nicht nur das gattungshaft-Natürliche und das Privateste des Menschen, sondern ebenso seine Öffentlichkeits-, seine Kultur-, seine Vernünftigkeitspotenzen: die Triebnatur unterwandert die ‚exakte Vernunft‘ und die ‚moralische Vernunft‘: *die Triebnatur beherrscht die Vernunft in ihrer eigensten Domäne.*

Zweitens handelt es sich um einen – dem ersten parallelen – Progress der Einsicht in den *Belastungscharakter* dieser Macht der Natur in der Menschengeschichte. Mit jedem Schritt seiner Theorie entfernt sich Freud eindeutiger von jeglichem Versuch, die Natur als die Macht der Rettung und Erlösung im Menschenleben zu deuten. Mit jedem ihrer Schritte distanziert die Psychoanalyse sich schärfer von jenen lebenslobenden Konzeptionen, die die Vernunft als Feind und den Geist als Widersacher der Natur verdammen. Ein – nur ein – Indiz dafür ist jenes Mißtrauen, das die vernunftfeindlich-lebensgeneigte Philosophie dem „Aufklärer“ und „Rationalisten“ Freud und seinem ‚mechanischen‘ Denken im Lager gerade der ‚Lebensphilosophien‘ seit je entgegengebracht hat: gegen die analytische ‚Neugier‘ nimmt sie Partei fürs Irrationale der Natur wie einst Lohengrin gegen die Neugier Elsas den Schwan nach Montsalwasch[347]. Es geht nicht an, Freuds Psychoanalyse mit diesen gegen-vernünftigen Konzeptionen z. B. von Klages oder Spengler zu verwechseln[348]. Freuds Theorie gehört – unbeschadet ihres Zusammenhangs mit der transzendentalphilosophischen Naturphilosophie – *nicht* in die nachromantische Romantik der naturanbetend lebensphilosophischen Vernunftfeindschaft; sie gehört auch *nicht* zu deren Umkehrform, der Position einer Verklärung der Natur zum Bewährungsfeld des Heroismus der Starken, für die die Natur durch ihr Schlimmsein für die Vielen gut ist für die Eliten[349]. So hat Freuds Theorie eine durchaus exzeptionelle Stellung; denn: *Freud definiert den Menschen zwar durch die ‚Natur‘ und nicht durch die ‚Vernunft‘ – aber er tut das nicht, weil die Natur ‚die Wahrheit‘ und die Vernunft ‚die Unwahrheit‘, sondern weil die Vernunft ‚ohnmächtig‘ und (infolgedessen) die Natur ‚mächtig‘ ist und weil darum die durch die Natur aufgeworfenen Probleme stärker sind als die durch Vernunft erreichbaren Lösungen.* Die „Entwicklung“ von Freuds Theorie ist Entwicklung wesentlich zur Position dieser Thesen. Es ist nötig, das zu detaillieren.

Die Bewegung der Theorie Freuds ist also erstens Progress der Einsicht: *die Natur ist nicht ‚die Wahrheit‘.* Allenfalls die Thesen der ersten Phase geben ihr einen gewissen Glanz einer Glücksverfassung, die der Neurotiker zur Gegenwart erheben will[350]. Der „innere Fortschritt“ der Psychoanalyse aber führt zur Erkenntnis, daß nicht einmal das „Es“ – zu schweigen von seiner kulturellen Realisierung – durchs „Lustprinzip“ dirigiert wird. Es ist das „Nirwanaprinzip“[351], das regiert, und es ist der „Todestrieb“, der herrscht[352]. Diese Entwicklung der Theorie Freuds zur Theorie des Todestriebes vollstreckt die Einsicht: daß die ‚Möglichkeitsverfassung‘ Natur dort, wo sie nicht zur menschlichen Wirklichkeit zu werden d. h. als Nicht-Natur aufzutreten vermag, sich jenen ihrer Züge unterwirft, die sie von der Wirklichkeit abbringen und zur Nichtigkeit treiben: den Zügen der Destruktion. Die – oben analysierte[353] – ästhetische Position des Scheiterns wäre dann nur eine maskierte und verzauberte Form dieser Destruktionsneigung gewesen; nach ihrer Auflösung tritt ihre Nichtigkeitstendenz entzaubert auf: als „Todestrieb". Fortan interpretiert Freuds Psychoanalyse die Triebnatur des Menschen nicht mehr als ‚Glücksnatur', sondern als seine Wolfsnatur: „Das gern verleugnete Stück Wirklichkeit hinter alledem" – schreibt schließlich der alte Freud[354] – „ist, daß der Mensch nicht ein sanftes, liebebedürftiges Wesen ist, das sich höchstens, wenn angegriffen, auch zu verteidigen vermag, sondern daß er zu seinen Triebregungen auch einen mächtigen Anteil von Aggressionsneigung rechnen darf. Infolgedessen ist ihm der Nächste nicht nur möglicher Helfer und Sexualobjekt, sondern auch eine Versuchung, seine Aggression an ihm zu befriedigen, seine Arbeitskraft ohne Entschädigung auszunützen, ihn ohne seine Einwilligung sexuell zu gebrauchen, sich in den Besitz seiner Habe zu setzen, ihn zu demütigen, ihm Schmerzen zu bereiten, ihn zu martern und zu töten. Homo homini lupus; wer hat nach allen Erfahrungen des Lebens und der Geschichte den Mut, diesen Satz zu bestreiten?": wo Freud vom ‚natürlichen' Menschen spricht, spricht er – im Laufe der Entwicklung seiner Theorie in zunehmendem Maße – für Hobbes und gegen Rousseau und „rechtfertigt das Urteil, daß der Glaube an die ‚Güte' der menschlichen Natur eine jener schlimmen Illusionen ist, von denen die Menschen eine Verschönerung und Erleichterung ihres Lebens erwarten, während sie in Wirklichkeit nur Schaden bringen"[355]. Sosehr ist die ‚Natur' des Menschen Wolfsnatur, daß – Freud zeigt das in der Unbehagenschrift – extreme Gewissenhaftigkeit nur die andere Form ihrer selbst ist: wo es der Aggressivität verwehrt ist, gegen Andere sich zu richten, richtet sie sich gegen das eigene Ich; Schuldgefühl ist potentielles Herfallen über Andere[356]. In diesen Aussagen steckt gewiß ‚Pessimismus'; nirgendwo aber findet sich bei Freud ein „Pessimismus der Stärke"[357], nirgendwo ein Lob des gefährlichen Lebens, nirgendwo auch Vernunftverachtung, nirgendwo eine – wie immer geartete – Absage an die Vernunft. Im Gegenteil:

Die Bewegung der Theorie Freuds ist zweitens Progress der Einsicht: *die Vernunft ist nicht ‚die Unwahrheit':* es „gehört der Intellekt – oder nennen wir ihn bei seinem uns vertrauten Namen: die Vernunft – zu den Mächten, von denen man am ehesten einen einigenden Einfluß auf die Menschen erwarten darf ... Es ist unsere beste Zukunftshoffung, daß der Intellekt – der wissenschaftliche Geist, die Vernunft – mit der Zeit die Diktatur im menschlichen Seelenleben erringen wird. Das Wesen der Vernunft bürgt dafür, daß sie dann nicht unterlassen wird, den menschlichen Gefühlsregungen und was von ihnen bestimmt wird, die ihnen gebührende Stellung einzuräumen"[358]. Allenfalls also die Thesen der ersten Phase bestimmen die Vernunft als Repressionsmacht, die Glück und Anderssein der Menschen nur verbietet und unterdrückt. Der „innere Fortschritt" der Psychoanalyse aber führt – korrespondierend mit dem Progress der Einsicht in die Aggressionscharaktere und Gefährlichkeitsaspekte der Triebnatur – in wachsendem Maße zur Erkenntnis, daß die Vernunft und ihre reale Gestalt, die „Kultur", nicht nur Lebensverzicht, sondern auch Lebensbedingung bedeutet; und es ist charakteristisch für Freud, daß er sich der lebensphilosophisch-verfallstheoretischen Unterscheidung von Kultur und Zivilisation widersetzt: „ich verschmähe es, Kultur und Zivilisation zu trennen“[359]; denn: „Seit unvordenklichen Zeiten zieht sich über die Menschheit der Prozeß der Kulturentwicklung hin. (Ich weiß, andere heißen ihn lieber: Zivilisation). Diesem Prozeß verdanken wir das Beste, was wir geworden sind“[360]. „Der ideale Zustand wäre natürlich eine Gemeinschaft von Menschen, die ihr Triebleben der Diktatur der Vernunft unterworfen haben. Nichts anderes könnte eine so vollkommene und widerstandsfähige Einigung der Menschen hervorrufen, selbst unter Verzicht auf die Gefühlsbindung zwischen ihnen“[361]. Kein Zweifel: auch für Freud ist, und zwar in wachsendem Maße, die Vernunft die optimale Bestimmung des Menschen: die Vernunft ist nicht ‚die Unwahrheit‘ sondern die Wahrheit. Dennoch verhält es sich so:

Die Bewegung der Theorie Freuds ist drittens Progress der Einsicht: *die Vernunft ist ‚ohnmächtig‘*. Dieser Progress korrespondiert mit dem Wachsen der Neigung der Psychoanalyse, als „Tiefenpsychologie“ nicht mehr nur die Pathologie des Einzelnen, sondern eine Theorie der Geschichte zu versuchen, wie das seit der „Traumdeutung“ möglich und spätestens seit „Totem und Tabu“ in Angriff genommen wurde[362]. Und dieser Progress der Einsicht in die Ohnmacht der Vernunft korrespondiert mit dem pünktlich dazugehörigen Wachsen der Gewißheit, mit dem Verfahren der „Psychoanalyse“ im Grunde eine Therapie nur für den Einzelnen, keine für „die Umkehr zu einem wahrheitsgemäßeren und würdigeren Zustand unserer Gesellschaft“[363] zu besitzen. Sie verfügt – so wurde das oben formuliert[364] – über ein Verfahren, das zwar für den Menschen die (nun entzauberte) Natur als Problem in ‚Erinnerung‘ bringt, aber dieses Problem nicht in geschichtlichem Ausmaß zu lösen vermag. So hat Freud nur zu Beginn „die zukünftigen Chancen der psychoanalytischen Therapie“[364] im Sinne ihrer „Allgemeinwirkung“[365] für wirklich beträchtlich gehalten: indem – sagt er 1910 – den Menschen „die Flucht in die Krankheit durch die indiskreten Aufklärungen der Psychoanalyse versperrt wird“[366], werden „alle die Energien, die sich heute in der Produktion neurotischer Symptome im Dienste einer von der Wirklichkeit isolierten Phantasiewelt verzehren, ... den Schrei nach jenen Veränderungen in unserer Kultur verstärken helfen, in denen wir allein das Heil für die Nachkommenden erblicken können“[367]. Aber es ist schließlich nicht nur um Schreiverstärkung zu tun. Darüberhinaus aber gibt die Psychoanalyse – scheint es – allein dem Einzelnen konkrete Hilfe; vorm Problem der Geschichte und ihres vernünftigen Ganges bleibt sie wesentlich hilflos. Die Vernunft ist – trotz psychoanalytischer Arbeit – zu schwach, um die Probleme zwischen den Menschen zu lösen. „Während die Menschheit“ – schreibt Freud 1927 – „in der Beherrschung der Natur ständige Fortschritte gemacht hat und noch größere erwarten darf, ist ein ähnlicher Fortschritt in der Regelung der menschlichen Angelegenheiten nicht sicher festzustellen ... Man sollte meinen, es müßte eine Neuregelung der menschlichen Beziehungen möglich sein, welche die Quellen der Unzufriedenheit mit der Kultur versiegen macht, indem sie auf den Zwang und die Triebunterdrückung verzichtet, so daß die Menschen sich ungestört durch inneren Zwist der Erwerbung von Gütern und dem Genuß derselben hingeben können. Das wäre das goldene Zeitalter, allein es fragt sich, ob ein solcher Zustand zu verwirklichen ist“[368]. Denn: seine Verwirklichung hängt am Progress der Kultur. Aber: was an Vernunftinstanzen in dieser Kultur von Freud diskutiert wird, reicht nicht aus, um ihre Fragen zu lösen. „Die Schicksalsfrage der Menschenart . . ., ob und in welchem Maße es ihrer Kulturentwicklung gelingen wird, der Störung des Zusammenlebens durch den menschlichen Aggressions- und Selbstvernichtungstrieb Herr zu werden“[369] bleibt für Freud durchaus offen, ihre Lösung unabsehbar, „das Unbehagen in der Kultur“ perenniert und wächst. „So sinkt mir“ – schreibt Freud – „der Mut, vor meinen Mitmenschen als Prophet aufzustehen, und ich beuge mich dem Vorwurf, daß ich ihnen keinen Trost zu bringen weiß“[370]. Die „Diktatur der Vernunft“ – sagt Freud – sie ist „der ideale Zustand . . . Aber das ist höchst wahrscheinlich eine utopische Hoffnung . . . Ungern denkt man an Mühlen, die so langsam mahlen, daß man verhungern könnte, ehe man das Mehl bekommt“[371]: das ist eine eindrucksvolle Neuformulierung der – seit den Thesen von Kant, Fichte, Schelling[372] – in der transzendentalphilosophisch-naturphilosophischen Denktradition perennierenden Aporie des ‚unendlichen Progresses‘: „Der Primat des Intellekts liegt gewiß in weiter, weiter . . . Ferne“[373], „der menschliche Intellekt“ ist – einstweilen wenigstens – „kraftlos im Vergleich zum menschlichen Triebleben“[374]: die Vernunft ist ohnmächtig.

Darum wird und bleibt für Freud die Triebnatur das primäre, nämlich das aufdringlichste Element für die Theorie des Menschen. Nicht das Heile und Wahre der Natur, sondern die Ohnmacht der Vernunft ist es, die die Triebnatur in diese zentrale Rolle bringt. Denn ‚Natur‘ ist – im menschlich-geschichtlichen Bereich – streng genommen nur der Name für diejenigen Probleme, die die Vernunft nicht aufzulösen vermag; und ‚Triebnatur‘ ist jener Name für diese Probleme, der geltend macht, daß diese Unaufgelöstheit dieser Probleme keine Tugend, sondern eine Not ist. Dieser ‚Not‘-Charakter menschlicher Naturbestimmtheit kommt durch die Bewegung der psychoanalytischen Theorie – heraus aus ihrer Position im Banne des „Lustprinzips“ hin zur Position „jenseits des Lustprinzips“ d. h. im Banne des „Todestriebs“ – zu wachsender Geltung. Dabei erschüttert diese Bewegung – besonders durch Freuds Theorie der ‚gewissenhaften‘ Transformation der Aggressivität in Schuldgefühl – das Vertrauen in die glücklichen Möglichkeiten der „Sublimierung“. Aber diese Bewegung ist im Sinne des Konsequenten nötig: es ist die Einsicht in die einstweilen perennierende Macht der Natur in der Menschengeschichte, die Freuds Psychoanalyse in diese düstere Position treibt. Die offizielle Vernunft als „Ich“ und „Über-Ich“ – metapsychologische Erben der transzendentalphilosophisch-exakten und moralischen Vernunft –: sie läßt das Problem dieser Natur nicht aufkommen. Die psychoanalytische Vernunft aber, die es aufkommen läßt und mit Nachdruck in Erinnerung bringt: sie kann es nicht lösen. Die Lösung läge darin, der ‚Möglichkeitsverfassung‘[375] Natur ‚irgendwie‘ Wirklichkeit als vernünftige Geschichte d. h. als Nicht-Natur zu verschaffen. Wo das nicht gelingt, gewinnen ihre Nichtigkeitstendenzen Macht über die Möglichkeitsverfassung der

Natur. *Das Mögliche: wo es nicht (auf eine nichtunmittelbare Weise) das Wirkliche wird, geht es auf Nichtigkeit aus – entwickelt es den „Todestrieb": die Präsenz und Macht der Natur, die keine Präsenz und Macht als Nicht-Natur ist, ist Präsenz und Macht der Destruktion.* Diese Konsequenz hat Freud mit seiner Theorie des „Todestriebs" geltend gemacht. *Weil* die Psychoanalyse – zu unnaiv, um das unmittelbare Als-Wirklichkeit-Setzen der Natur als Lösung ins Auge zu fassen, und zu ohnmächtig, um eine nicht-unmittelbare Verwirklichung zu leisten oder auch nur zu sehen – keine Theorie der ‚Verwirklichung' der Natur ist, sondern nur deren ‚Erinnerung', *muß* sie schließlich zu einer Theorie ihrer Destruktivität werden. Das nicht zur vernünftigen Geschichte Gewordene – die Natur – zeigt sich ihr jetzt endgültig nicht mehr als Reichtum, sondern als Defekt; und „Seele" bezeichnet nicht mehr länger die Kraft des Menschen, mit seiner praegeschichtlichen ‚Fülle', sondern die, mit dem Ensemble seiner praegeschichtlichen ‚Bedrohungen' auszukommen: die Seele ist – wie Adler das in anderem Bezuge formuliert hat – ein „Verteidigungsorgan"[376]; sie ist – mit einem Begriffe Freuds[377] und seiner Tochter Anna[378] – das Team der „Abwehrmechanismen": also nicht mehr eine Organisation irgendeines ‚Erreichens', sondern eine einzig des ‚Loswerdens' und ‚Vermeidens'. Dabei kommt – auch gerade bei Freud – noch einmal die Kunst und das Ästhetische ins Spiel[379], aber in einer charakteristisch neuen Wendung; die Romantik klagte über zu ‚geringe' Macht und ‚mangelnde' Gegenwart der zu ‚fernen' Natur: sie brauchte die Kunst zur Milderung der *Absenz* der Natur; die Psychoanalyse ist beunruhigt durch die zu ‚große' Macht und ‚übermächtige' Gegenwart der nur ‚allzunahen' Natur: sie braucht die Kunst als Milderung der *Präsenz* der Natur, das Schöne ist ihr nicht des Schrecklichen Ende, sondern sein erträglicher und sozialer Anfang; romantisch hütete der Dichter ‚die' Natur[380], jetzt hütet er ‚vor der' Natur[381]. All dieses zeigt die Menschenseele und ihre psychoanalytische Theorie als Kraft nicht der ‚Lösungen' ihrer Probleme, sondern als den Versuch des Menschen, mit wesentlich ungelösten Problemen auszukommen.

So ist diese Bewegung der Lehre Freuds in gewissem Sinn nur die Fortsetzung und Radikalisierung der Transzendentalphilosophie-Depotenzierung und ‚Entzauberung der Romantiknatur'. An ihrem Ende steht keine Position der ‚Lösung' ihrer Probleme, sondern eine nur der notgedrungenen Bereitschaft, mit ihnen – freilich keineswegs auf jede Weise, sondern irgendwie ‚vernünftig' – zu leben, ohne sie zu lösen. *Auch die alternativ zur ‚ästhetischen Lösung' versuchte ‚medizinisch-therapeutische Lösung' führt zu keiner ‚wirklichen Lösung'.*

Es ist gut, diese Position nicht zu verwechseln. Ist bei ihr Resignation im Spiel – Äußerungen Freuds deuten darauf hin[382] –, dann ist es jene respektable Form von Resignation, die weiß, daß Resignation keine Lösung ist. So ist Freuds Theorie – in ihrer philosophischen Rolle – „kein Wohnplatz zum beständigen Aufenthalte"[383], sondern die Position einer unbewältigten und eingestandenen Aporie, und dabei gewiß keine, der diese Aporie und das Eingeständnis ihrer Ungelöstheit eine leichte Sache ist: *Freuds Psychoanalyse ist eine Position, der die Ohnmacht der Vernunft keine Lösung bedeutet.* Dadurch unterscheidet sie sich radikal von den Philosophien des Einverständnisses mit der Vernunftohnmacht, von jenen Philosophien also, die diese Ohnmacht der Vernunft in irgendweiner Weise zur Tugend und Lösung erhoben haben. Dieser Versuchungen gibt es mindestens zwei.

1) Da sind einerseits die Philosophien der unbedingten Selbstbehauptung[384]. *Freuds Psychoanalyse unterscheidet sich grundsätzlich von jeglicher Philosophie der unbedingten Selbstbehauptung:* also von all jenen aktionsbedachten Ansätzen, denen die ‚Wolfsnatur' des Menschen und Destruktionsgier seiner Triebnatur zur Legitimation, zum Alibi wird für *jede* Institution und Aktion, die einer besonderen, innerhalb von feindlichen Gruppen lebenden Gruppe nach innen Frieden und nach außen Macht sichert. Das sind Philosophien, die Recht und Freiheit des Einzelnen der politischen Selbstbehauptung unterordnen, Versuche also, von der Misère der Aggressivität menschlicher Triebnatur durch Unterwerfung (im Sinne zugleich des unbedingten Gehorsams und der unbedingten Herrschaft bzw. Unterdrückung) sich zu entlasten. Die Selbstbehauptung wird zum absoluten Ziel. Ihre Untauglichkeit dazu beweist sie freilich nicht zuletzt durch ihre Ungeschütztheit gegen die Versuchung, das Pathos des unbedingten Überlebens durchs Pathos des unbedingten Riskierens – der „Bewährung" im „Einsatz des Lebens" zu kompensieren: die unbedingte Rettung des Überlebens weiß nichts anderes damit anzufangen, als es aufs Spiel zu setzen. – Von diesem Ansatz ist Freuds Theorie im striktestmöglichen Sinne verschieden.

2) Da sind andererseits die Positivismen. *Freuds Psychoanalyse unterscheidet sich grundsätzlich von beiden Formen des Positivismus:* also nicht weniger vom – auf die mathematische Naturwissenschaft blickenden – ‚exakten Positivismus' (etwa des Wiener Kreises und seiner Nachfolger) als vom – letztenendes theologisch inspirierten – ‚hermeneutischen Positivismus' (etwa der Heideggerschule). Daß das Faktische (Positive), das Gegebene also und Hinzunehmende – sei es das allein durch experimentelle Beobachtung, sei es das allein durch Begegnung und Verehrung (Glauben) Erreichbare – zur letzten Instanz wird, führt – in seiner konsequent-radikalen Form – zur Ausklammerung schon des *Problems* der politisch definierten d. h. auf vernünftiges Recht und weltbürgerliche Verfassung bedachten Geschichte und „Vernunft in der Geschichte". Diese in zweierlei Form „positive Philosophie"[385] weicht ihm aus in andere – für sich genommen unbestreitbar legitime – Probleme, einerseits in die Theorie der Exaktheitssicherung exakter Wissenschaft, andererseits – noch immer mit dem gebannten Blick auf das „südwestdeutsche" Problem der „Grenzen der naturwissenschaftlichen Begriffsbildung"[386] – durch Verpflichtung der Philosophie zur alleinigen Ernstnahme jener Zusammenhänge, in denen der Mensch es sich leisten kann, ein – im Sinne des Seins zu seinem „Ende": dem Tode, dem Du, dem Gott – „endliches" Wesen zu sein. Die ‚Lösung' des politisch-vernünftig d. h. weltbürgerlich definierten Geschichtsproblems besteht hier – in gegensätzlichen Formen – endgültig in seiner Herabsetzung zum philosophisch Unwesentlichen[387]. – Aber auch von einer solchen Problemabwehr ist Freuds Theorie im striktestmöglichen Sinne verschieden.

Diese beiden Hinweise – auf den Gegensatz der psychoanalytischen Theorie

Freuds zur Philosophie der unbedingten Selbstbehauptung und zu beiden Positivismen – implizieren ein Ergebnis besonderer Art nicht nur im Hinblick auf Freud, sondern im Hinblick auch und gerade auf jene Bewegung einer ‚Depotenzierung der Transzendentalphilosophie', die diese Arbeit partiell untersucht hat, und in deren Zusammenhang Freud für sie wichtig wurde. Daß eine Position als Resultat dieser Bewegung angesehen werden kann, die den beiden genannten Versuchungen nicht erliegt, ist hoch bedeutsam. Dazu folgende Überlegung.

Es besteht die Möglichkeit einer ‚wissenssoziologischen' Aussage über die Transzendentalphilosophie[388] des Inhalts, daß die Philosophie zur Phase der ‚noch unkonsolidierten bürgerlichen Welt' gehört: zu jener Lage, in welcher der Bürger ein ‚alle Menschen' umgreifendes und zugleich politisch sanktioniertes Verhältnis zur Natur überwiegend nur in der Form der exakten Wissenschaft, zu den Mitmenschen überwiegend nur in der Form der gewissenhaften Moralität zu haben vermochte[389]. *Die ‚transzendentale Vernunft'* – die Vernunft zunächst nur dieser beiden Mittel der Menschlichkeit – *ist die Vernunft der noch nicht etablierten bürgerlichen Welt*[390]. So hatte die ganze Überlegung dieser Arbeit es mit jenem merkwürdigen Tatbestand zu tun, *daß diese bürgerliche Welt* – offenbar in repräsentativer Weise – *gerade diese für sie selber ‚frühe' Vernunft perenniert und ihr auferlegt hat, jene Unmittelbarkeit und Ohnmacht festzuhalten, die zu jener frühen Phase des bürgerlichen Lebens und seiner Vernunft notwendig gehörte.* Die Explikation der mangelnden Macht und Mittel der transzendentalen Vernunft – ihre ‚Depotenzierung', die Bewegung zur Ausdrücklichkeit der Ohnmacht dieser Vernunft d.h. zur Macht ihres Gegenteils, der Natur (also das Thema dieser Arbeit): sie ist ja nur die Konsequenz, die aus jener Weigerung entsteht, zu einer geschichtlichen Vernunft und Philosophie – etwa derjenigen Hegels – fortzugehen, die dem Fortgang der Dinge dieser bürgerlichen Welt gewachsener ist. Es war nicht Sache dieser Arbeit, über Vermeidlichkeit oder Unvermeidlichkeit dieses Vorgangs zu reflektieren. Durchaus ihre Sache aber ist es, zu erkennen, daß – aufschlußreich für die bürgerliche Vernunft insgesamt – selbst diese ‚Depotenzierung der Transzendentalphilosophie' keineswegs unvermeidlich in Positionen endet, die die Ohnmacht der Vernunft und das ‚Andere' zur Vernunft zur Lösung und Tugend erklären, sondern *daß sogar ‚innerhalb' dieser Bewegung der Vernunftentmächtigung eine Position der Unzufriedenheit mit dieser Bewegung entsteht und als ihr Resultat beschrieben werden kann.* Es ist möglich, und es ist nicht überflüssig, die These vom „Weg" der bürgerlichen Philosophie „von Schelling zu Hitler"[391] und die These von ihrem Weg ‚von Schelling zu Heidegger'[392] durch die These vom Weg eines Zweigs einer bestimmten bürgerlichen Philosophie ‚von Schelling zu Freud' zu ergänzen. Zumindest zu ‚ergänzen'.

3. Resultat

Dieser ganze – hier durchaus nur partiell durchgeführte – Versuch, Freuds Psychoanalyse durch Hervorhebung derjenigen ihrer Elemente zu interpretieren, die sie mit der transzendentalphilosophischen Naturphilosophie in Verbindung bringen, hat – darauf wurde bereits hingewiesen[393] – eine sehr *begrenzte Absicht.* Es ging dieser Untersuchung in gar keiner Weise darum, „die Psychoanalyse" zu deuten. Sie hütet sich, zu leugnen, daß für Freuds Theorie auch und ebensosehr oder stärker noch ganz andere Traditionen und Ansätze bestimmend geworden sind; sie selbst wird noch Gelegenheit nehmen, auf dafür einschlägige Literatur hinzuweisen[394]. Damit soll nicht ausgeschlossen werden, daß Aufmerksamkeit auf gerade jene Elemente der Psychoanalyse, die sie mit der transzendentalphilosophischen Naturphilosophie verbinden, auch zum Freudverständnis beitragen könnte.

Aber es geht dieser Arbeit nicht um Deutung der Psychoanalyse und nicht um Sichtung ihrer unmittelbaren historischen Vorlagen. Sie sucht kein Freudverständnis um des Freudverständnisses willen. Was die Psychoanalyse als psychodiagnostisches Verfahren, was sie als Psychotherapie, was sie als Psychologie ‚ist' und ‚leistet' und unter welchen geschichtlichen Bedingungen sie in den Stand geriet, das zu sein und zu leisten – nicht das ist die Frage dieser Arbeit. Sie intendiert keinen Beitrag zur Wissenschaftstheorie und keinen zur Wissenschaftsgeschichte der Psychologie und der Psychoanalyse; teils sind ihre Aussagen dafür zu unvollständig, teils bedarf es dazu überhaupt grundsätzlich anderer Zurüstungen. Die hier versuchte Interpretation enthält also nicht nur keine psychologischen Aussagen, sie enthält darüberhinaus auch weder historische noch philosophische Aussagen über die Psychologie oder irgendeine Psychologie. An keiner Stelle der Deutung interessiert die Psychoanalyse als sie selbst – als therapeutisches Unternehmen, als Psychologie, oder gar als „Weltanschauung"[395] und dgl. Denn Freuds Theorie kümmert hier einzig und ausschließlich als „topos" der Philosophie: als sedes argumentorum et methodorum philosophiae, als Arsenal philosophischer Blickweisen, Fragestellungen, Denkmittel, Thesen. Wie es zur Psychoanalyse kam und was sie leistet oder nicht leistet – nicht das ist die Frage dieser Untersuchung, sondern allein diese: *was macht bestimmte Elemente der Theorie Freuds für die Gegenwartsphilosophie attraktiv?* Diese Arbeit hat jene Elemente der Theorie Freuds betont, die sie – ohne daß sie dadurch zu einer ‚romantischen' Position wird – mit der transzendentalphilosophischen Naturphilosophie in Verbindung bringen, weil diese Betonung dieser Elemente zu einer Antwort auf diese Frage führt – und damit zur These der hier angestellten Überlegungen: *der (oder wenigstens ein) Grund für die philosophische Attraktivität der Psychoanalyse liegt in ihrem Zusammenhang mit der transzendentalphilosophischen Naturphilosophie. Weil und insofern die Gegenwartsphilosophie selber im Zeichen der ‚Depotenzierung der Transzendentalphilosophie' denkt, ist sie aufnahmebereit für diejenigen Elemente der Theorie Freuds, die in besonderer Weise durch diese ‚Depotenzierung der Transzendentalphilosophie' definiert werden können.* Diese These ist, kann man sagen, die Pauschalformulierung der Folgerungen aus den bisherigen Überlegungen. Es scheint erforderlich, sie durch gewisse Spezifizierungen plausibler zu machen.

Einige Folgerungen

Wie kommt es zum ,zweiten', wie kommt es zu jenem ,neueren Psychologismus in der Philosophie', von dem und zu dem diese ganze Überlegung ,einige philosophische Motive' zu finden versucht? Wieso wird er *nötig?* Dieser wiederkehrende, dieser ,zweite Psychologismus' ist in nicht unwesentlichen Zügen dadurch geprägt, daß er psychoanalytischen Elementen philosophische Geltung erteilt. Wie kommt es dazu? Woher diese philosophische Attraktivität der Psychoanalyse? Das war die Frage.

1. Folgerungen

Und dies ist – in einer neuen Formulierung – die Antwort dieser Arbeit: *Freuds Psychoanalyse hat gegenwärtige philosophische Geltung als ,indirekte Präsenz' der transzendentalphilosophischen Naturphilosophie und ihrer philosophischen Motive.*

Erste Folgerung: Legitimierung. Mit dieser These fällt zumindest *eine* Entscheidung. Wenn die bisherigen Überlegungen recht haben: dann dürfte jedenfalls kein Zweifel darüber bestehen, daß die hervorgehobenen Elemente der Theorie Freuds ,philosophischer' Natur sind: daß sie das Denken jener Probleme betreffen, in das diese Untersuchung eingetreten ist, als sie ihre Deutung der ,klassischen' Transzendentalphilosophie begann – ein ,philosophisches' Denken also. *,Wenn' die dargestellte Bewegung der Transzendentalphilosophie – ihre ,Depotenzierung', die, wenn diese Arbeit richtig gesehen hat, eine Bewegung ,genealogischen' Denkens ist – ,Philosophie' ist*[1], *,dann' ist derjenige Teil psychoanalytischer Probleme, Denkweisen und Thesen, der in diese Bewegung hineingehört, ebenfalls ,Philosophie': die für die ,Wiederkehr des Psychologismus' bedeutsamen Elemente der Psychoanalyse sind – zwar unter den Bedingungen einer veränderten Situation – im nämlichen Maße und Sinne ,Philosophie' wie die („genetische") Transzendentalphilosophie und ihre Naturphilosophie.* Dieses Ergebnis – es mag im übrigen nicht die Wichtigkeit haben, die es sich hier scheinbar gibt: Ressortfragen sind selten unentbehrlich – ist freilich eine Wenn-dann-Aussage: es ist also keineswegs sicher, ob das, was sie zur Aussage bringt, philosophiehinsichtlich ,günstig für den zweiten

Psychologismus' oder vielmehr ,ungünstig für die Transzendentalphilosophie' ist. So ist dieses Ergebnis selbst nicht frei von gewissen Fragwürdigkeiten. Immerhin enthält es zweierlei.

1) Das Ergebnis enthält *mindestens* dieses: die philosophische Bedeutung des zweiten, wiederkehrenden Psychologismus ist untrennbar verbunden mit der philosophischen Bedeutung mindestens der Transzendentalphilosophie; das Urteil über die philosophische Bedeutung dieses Psychologismus kann nicht unabhängig sein vom Urteil über die philosophische Bedeutung der Transzendentalphilosophie. Daraus folgt die bündige *Aufforderung an jede künftige Psychologismuskritik, Psychologismus in der Philosophie und Transzendentalphilosophie als ,ein' Phänomen zu diskutieren:* durchaus nicht, damit der Psychologismus als die ,Wahrheit' und das Substanzielle der Transzendentalphilosophie, sondern umgekehrt: damit die Transzendentalphilosophie als die ,Wahrheit' und das Substanzielle im Psychologismus erscheint und ernstgenommen wird. Weil der Psychologismus Psychologismus ist, wird er üblicherweise vernichtet; weil er darüberhinaus auch noch die Motive der Transzendentalphilosophie bewahrt, machen ihm diese Vernichtungen so wenig aus. Denn wenn die Psychologismusneigung ein *mögliches* Element des „Widersinns" in der Transzendentalphilosophie ist – dann ist jedenfalls zugleich *die transzendentalphilosophische Substanz im philosophischen Psychologismus ein schwerlich tilgbarer Grund für die Zähigkeit seines Lebens und sein um „Widersinn" unbekümmertes und seiner Berechtigung sicheres Überleben*[2].

2) Das Ergebnis enthält *darüberhinaus* dieses: die fraglichen psychoanalytischen Elemente sind für die Philosophie durchaus nichts ,Fremdes', durchaus kein „allo genos": ihre Aneignung ist keine „metabasis" – die Philosophie bleibt durchaus bei sich selbst, indem sie sie rezipiert: sie ergreift in diesem scheinbar Fremden ihre eigene Sache und Arbeit, ihre eigenen Probleme, ihre eigene Tradition, freilich in einem bestimmten Stande und in spezifischer Lage, die ihre eigenartigen Schwierigkeiten hat. *Philosophischer Psychologismus – jedenfalls der ,zweite' – ist kein ,Gegensatz', sondern ein ,Zustand' der (depotenzierten) Transzendentalphilosophie* und darum im Maße und Sinne der Transzendentalphilosophie ,Philosophie'. Bloße Abwehr dieses Psychologismus, Negation philosophischer Relevanz psychoanalytischer Elemente, Verbot ihres philosophischen Gebrauchs zwingt die Philosophie in nicht geringem Maße, ihre eigene Leistung und Herkunft zu verschmähen und führt dazu, daß Probleme von der Philosophie abgewehrt, unterdrückt, nicht angenommen werden, die aus der eigenen Arbeit der philosophischen Tradition herkommen und zu ihrer Sache gehören. *Die Absage an den ,zweiten Psychologismus' in Form eines Verbots philosophischer Rezeption psychoanalytischer Elemente verwehrt der Philosophie eine wesentliche Selbstaneignung:* sie wird zum Unternehmen der Philosophie, sich selbst zu verbieten, und tabuiert ihre Pflicht, sich mit sich selbst und mit den Schwierigkeiten und Belastungen zu konfrontieren, die ihr aus ihrer eigenen Tradition erwachsen und aus ihrem eigenen Schicksal stammen.

Bestätigungen: Freuddeutung. Eine nicht geringe Bestätigung dieses Ergebnisses liegt darin, *daß Freuds Psychoanalyse faktisch längst als Philosophie und im Zusammenhang mit philosophischer Tradition diskutiert wird.* Es gibt über die tatsächliche philosophische Rezeption psychoanalytischer Elemente – auf die der erste Abschnitt dieser Arbeit hingewiesen hat[3] – hinaus längst auch die Reflexion dieser Rezeption, und zwar auch und gerade in der Form seiner philosophischen Genealogie. Schon aus diesem Grunde läßt sich eine ganze Reihe von – im übrigen sehr unterschiedlich eingestellten – Freud-Deutungen als ‚Bestätigung' diskutieren. Darüberhinaus aber läßt sich – scheint es – nicht nur die ‚allgemeine' These dieser Arbeit, die das ‚Philosophische' der Psychoanalyse betrifft, sondern auch ihre ‚spezielle' These, die die philosophische Attraktivität der Theorie Freuds auf ihre Ähnlichkeitsbeziehungen zur transzendentalphilosophischen Naturphilosophie zurückführt, durch eine Diskussion dieser Freud-Deutungen in ihrer ‚Fälligkeit' aufzeigen d. h. nachweisen, daß es sich dabei um diejenige These handelt, die unter den Bedingungen der Lage der Freud-Deutung und der philosophischen Gegenwartslage nunmehr *nötig* ist.

Im ersten Kapitel dieser Arbeit wurde gezeigt: *die philosophische Gegenwartssituation ist geprägt durch die ‚Wiederkehr des Historizismus'*[4] *und durch die dazugehörig-gegenläufige ‚anthropologische' Wende zur ‚Natürlichkeit' des Menschen*[5]. *Die Bewegung der Freud-Deutung spiegelt in eigenartiger Weise diese Bewegung der philosophischen Gegenwartssituation.* Wo (einerseits) die ‚Wiederkehr des Historizismus' d. h. die Neuzuwendung zur ‚Geschichtsphilosophie' vollauf mit sich selbst beschäftigt ist und mit der schwierigen Aufgabe, ins Dasein zu treten, bleibt Freud für sie als Deutungsthema weitgehend unentdeckt: die philosophische Freuddeutung bleibt jener Psychologismuskritik überlassen, die an der Psychoanalyse den „Mechanismus" ihrer Theorie verwirft (S. 259f.). Wo (andererseits) diese Bewegung definitiv in eine Natur-Theorie des Menschen und seiner Geschichte umgeschlagen ist, findet Freuds Theorie ihre Beachtung und ihren Platz im Museum der abgetanen Versuchungen (S. 260f.). Allein dort, wo die deuterohistorizistische Wende zur Geschichtsphilosophie soeben die Nötigung erfährt, die Insuffizienzen ihrer Geschichtstheorien durch eine Wende zur Natur zu kompensieren, wird – scheint es – Freud-Deutung zur unumgänglichen Sache: und zwar ebenso innerhalb der ‚soziologisch' orientierten Historizismuswiederkehr (S. 262f.) wie innerhalb der ‚existenzphilosophischen' Historizismuswiederkehr (S. 266f.). Eine Untersuchung, die aus diesem Tatbestande Konsequenzen zieht, hat sich um die vorliegende Zusammenschau von Psychoanalyse und Romantik zu kümmern (S. 267.).

Wo die ‚Wiederkehr des Historizismus', wo diese Neuzuwendung zur ‚Geschichtsphilosophie' vollauf mit sich selbst beschäftigt ist und mit der schwierigen Aufgabe, ins Dasein zu treten, bleibt Freud als Deutungs-Thema weitgehend unentdeckt. Die Freud-Deutung bleibt jener Psychologismuskritik überlassen, die an der Psychoanalyse den „Mechanismus" ihrer Theorie verwirft.

Unter diesen Arbeiten gibt es solche, die sich um philosophisch-geistesgeschichtliche Prämissen der Psychoanalyse bemühen. Sie werden zum Versuch, Freuds Theorie durch geistesgeschichtliche Ahnenforschung zu *limitieren.* Repräsentativ für ein derartiges Unternehmen historischer Motivierung von *Schranken* der Psychoanalyse ist die Arbeit von Marianne *Dorer* über „Historische Grundlagen der Psychoanalyse"[6], die unbestreitbar verdienstlich „nicht mögliche historische Zusammenhänge überhaupt ... sondern nur die ganz unmittelbaren, die konkreten psychologischen und philosophischen Grundlagen der Psychoanalyse Sigmund Freuds" herausstellen will[7]. „Das wichtigste Resultat der Untersuchung über die ... konkreten historischen Grundlagen der Psychoanalyse läßt sich ... kurz dahin formulieren, daß zwischen der Psychologie Freuds und jener Herbarts ... ein konkreter, ein realer Zusammenhang besteht. Und zwar geht diese historische Linie ... von Herbart über Griesinger zu Meynert, von Meynert aber zu Freud"[8]. Diese Überlieferungsfolge betont in wachsendem Maße die rationalistisch-mechanistisch-naturalistischen Züge aus Herbarts Psychologie[8a]. Auch Fechners Einfluß wird erwogen. „Aus diesen historischen Grundlagen der Psychoanalyse" – folgert Dorer – „wird evident Freuds Verpflichtetsein gegenüber dem deterministischen Positivismus und Materialismus des ausgehenden Jahrhunderts, gegenüber auch dem Rationalismus und Agnostizismus gegenüber den letzten Lebensproblemen, gegenüber einem Sinn des Lebens überhaupt, einer inhaltlichen, nicht nur formalen Teleologie"[9]: „Aus der zeitgeschichtlichen Abhängigkeit resultiert die Einseitigkeit"[10]: „Die Psychoanalyse möchte das Seelische in seiner Totalität erforschen; aber ihre Psychologie ist dazu nicht tragfähig genug"[11]. So führt Dorers historische Genealogie zur „Kritik ...: Daß die Psychoanalyse in der Wahl ihres Forschungsgegenstandes die Grenzen ihrer Kompetenz überschritten habe. Diese Grenzüberschreitung der Psychoanalyse bezüglich ihres Forschungsgegenstandes im Hinblick auf die Kompetenz ihrer Forschungsmethode findet ihre Erklärung in den historischen Grundlagen der Psychoanalyse"[12].

Freilich: nicht wenig entsteht angesichts dieser Arbeit – deren konkrete Resultate und Verdienste an ihrem Platze unbestritten seien[13] – der Verdacht, daß hier ein philosophisches Dogma darüber entschieden hat, welche historischen Voraussetzungen Freud zuzubilligen sind und welche nicht, nach welchen gesucht werden darf, und nach welchen nicht[14]. Insbesondere aber bleibt diese Arbeit blind für das, was oben[15] mit Nachdruck betont wurde: *nicht, daß die Psychoanalyse mit naturalistisch-mechanistischen Denkmitteln begann und sich dieser Mittel bediente, sondern, daß sie sie so veränderte, daß diese Mittel für die geschichtlichen Phänomene und die mit ihnen verbundenen Probleme empfindlich wurden, ist entscheidend für die philosophische Relevanz und Rezeption der Psychoanalyse.* Nicht also, daß Freud bei Meynert d. h. in der Herbart-Tradition begann, sondern daß er faktisch in der Nähe zu einer Tradition des Denkens endete, zu der die großen Namen der Tranzendentalphilosophie gehören, ist das philosophisch Denkwürdige an der Theorie Freuds[16].

Diese Ähnlichkeitsbeziehung von Freuds Psychoanalyse zur Transzendentalphilosophie, und zwar zu derjenigen *Fichtes,* hat Arnold Gehlen in einem Aufsatz

„Über die Geburt der Freiheit aus der Entfremdung“[17] betont. Er belegt dort die „Behauptung, daß von Fichte über Marx zu Freud ein unsichtbarer ‚roter Faden‘ läuft“[18], der durch die „Vorstellung“ definiert ist, „daß der Mensch ‚die Freiheit‘ realisiert, indem er die Verfügungsgewalt über die ihm entglittenen Produkte seiner eigenen Selbsttätigkeit wiedererlangt“[19]. Fichte deutet das „System der vom Gefühl der Notwendigkeit begleiteten Vorstellungen“ als „Resultat einer unbewußten schöpferischen Freiheit, das dem Bewußtsein entglitten ist und sich verselbständigt hat zu dem ungeheueren Zwangssystem der Erfahrungswelt“[20]. Das ist „die ... Fichtesche Formel von der ‚verlorenen Freiheit, von der Entfremdung und anscheinenden, täuschenden Selbständigkeit und Übermacht des von uns Erzeugten. In psychologischer Anwendung ist diese Fichtesche Formel, ohne daß jemand diese bemerkt hätte, weltpopulär geworden: in Freud. Denn was sind die Träume, die Ticks, die unüberwindlichen Zwänge und überhaupt das ganze neurotische Arsenal anders, als bewußtlose Produkte der Selbsttätigkeit des Ich, die sich ihm entfremden und als Übermacht gegenübertreten, und die nun die Analyse auflöst, indem sie sie ‚bewußtmacht‘, in ihrer Genesis und Entstehungsgeschichte nachvollzieht, so die Freiheit und Verfügungsgewalt des Ich über seine eigenen Nachtgeburten wiederherstellend? Und schließlich gibt es sogar metaphysisch eine volle Identität der Standpunkte: der alte Freud landet da, wo Fichte ausging. Am 22. Aug. 1938 schrieb er: ‚Räumlichkeit mag die Projektion der Ausdehnung des psychischen Apparates sein. Keine andere Ableitung wahrscheinlich. Anstatt Kants a priori – Bedingungen unseres psychischen Apparates. Psyche ist ausgedehnt, weiß nichts davon.‘ Es gibt keinen Genieblitz, der Fichte näher stünde“[21]. „Das Bedürfnis des Menschen, sich dem Joch der Umstände zu entziehen, ist fundamental und liegt im Kerne seiner Konstitution. Der Philosoph, der Politiker und der Arzt sind heutzutage wohl die bedeutendsten Vollzieher dieses Bedürfnisses und die Folge gerade dieser Männer: Fichte, Marx und Freud ist daher in sich sinnvoll“[22].

Nun ist es – ohne daß dies im zitierten Aufsatz in einer hiebfesten Weise deutlich würde[23] – gewiß nicht schrankenlose Zuneigung für Fichte, Marx und Freud, gewiß nicht akute Identifizierung mit ihren Positionen, die Gehlen dazu gebracht hat, die Verwandtschaft ihrer Konzeptionen zu erblicken und zu beleuchten. Vielmehr: indem er zur Anthropologie des „Mängelwesens“ Mensch gefunden hat, zur Affirmation seiner „Entlastungs“-Bedürfnisse und jeder Ordnung und Institution, die stabil genug ist, sie zu befriedigen, ist Gehlen seinem Selbstverständnis nach über jene Positionen hinaus, die einer riskanten und stabilitätsbedrohenden Illusion von Glück und subjektiver Freiheit nachgejagt sind: seine Naturtheorie des Menschen – meint Gehlen – antiquierte jene ruinös-untragbaren Freiheitstheorien; wenn die Entfremdung stabil ist, braucht es keine Geburt der Freiheit. Und so ist ihm Marx, vor allem aber sind ihm Fichte[24] und Freud nicht gegenwärtige Möglichkeiten, sondern *vergangene Versuchungen.* Die Verwandtschaft ihrer Konzeptionen ist eine im Grunde kompromittierende, eine zumindest limitierende Verwandtschaft: Freuds Fichtenähe interessiert Gehlen letztlich als Zeichen für Fichtes Freudnähe – und daß das Problem des „Arztes" eines der politischen Philosophen war, zeigt ihm im Grunde allein, daß das Problem jener Philosophen eins nur für Ärzte ist: diese Genealogie dient dazu, das transzendentalphilosophische Problem des Subjektseinkönnens ins Getto ‚bloßer Psychologie' bzw. Pathologie zu verbannen – das, was nach Gehlen eigentlich die Realität ist, wird dadurch frei für eine andere, für die anthropologisch-sozialpsychologische Forschung. Diese aber hat das, was die bisherige Überlegung als ‚Depotenzierung der Transzendentalphilosophie' untersucht und als Ermächtigung der Triebnatur beschrieben hat, nicht als *Problem* sondern als jeder Frage entzogene *Prämisse* ihres Denkens: so bleibt sie auch für Gehlens Deutung des Zusammenhangs zwischen Transzendentalphilosophie und Psychoanalyse nicht allein der Beiläufigkeit des kleinen – und selbstredend excellenten – Aufsatzes wegen undiskutiert[25]. Zu all diesem gehört, daß von Gehlens Voraussetzungen aus die Psychoanalyse akzeptabel ist, wenn sie unintegrierte Subjektivität soziabel macht d. h. ans Bestehende anpasst, daß sie aber gesellschaftlich „untragbar" wird, wo sie ihr „Entlarvungsprinzip" nicht nur diesem begrenzten Zwecke dienstbar machen will[26].

Gerade diese Auffasung der Psychoanalyse als einer Akkomodationstechnik[27] gilt – wie jeglicher Anpassungsphilosophie überhaupt – der Kampf des Frankfurter psychoanalytischen Linkshegelianismus, des Kreises ums Frankfurter Institut für Sozialforschung. Freud wurde für ihn zum Kronzeugen, seit nicht mehr Marx es ist[28]. Er entwickelt ein charakteristisch *verdoppeltes Freudverhältnis.*

1) Vor allem Herbert *Marcuse* hat in seinem Buch „Eros und Kultur"[29] versucht, Freud für einen solchen Protest gegen Anpassungsphilosophien, -psychologien und -soziologien, also für einen ‚Angriff' aufs herrschende Realitätsprinzip – das „Leistungsprinzip"[30] – und seine Theorien zu gewinnen. Es ist Absicht seines „Essays ..., zur *Philosophie* der Psychoanalyse beizusteuern – nicht zur Psychoanalyse selbst"[31]. Darum diskutiert Marcuse Freuds Werk als Philosophie – als politische Geschichtsphilosophie: er will „die politische und soziologische Substanz der psychologischen Begriffsbildung ... entwickeln"[32], weil „Freuds Theorie in ihrer eigentlichen Substanz ‚soziologisch' ist ... Freuds ‚Biologismus' ist Gesellschaftstheorie"[33]. Und: „Mit seiner Theorie hat er sich in die große Tradition der Philosophie eingegliedert und sich unter philosophische Kriterien gestellt"[34]. Marcuse diskutiert diese Tradition von Platon bis Nietzsche[35], mit dem Ergebnis: ihre „Vernunft ist die Vernünftigkeit des Leistungsprinzips"[36] d. h. ihre Tradition ist in wachsendem Maße die einer „Logik der Herrschaft"[37], deren „Logos der Entfremdung" dem „Logos der Befriedigung"[38] widerspricht: „Die Geschichte der Ontologie ist ein Abbild des Realitätsprinzips (sc. Leistungsprinzips), das die Welt immer ausschließlicher beherrscht: die Einsichten, die in der metaphysischen Vorstellung vom Eros enthalten waren, sind in ein untergründiges Exil vertrieben worden ... Freuds eigene Theorie folgt der allgemeinen Tendenz: in seinem Werk setzt sich die Rationalität des herrschenden Realitätsprinzips gegen die metaphysischen Spekulationen über den Eros durch"[39]. Zwar hat Freud wie niemand vor ihm die unterdrückende und verdrängende Macht des herrschenden Realitätsprinzips

(Leistungsprinzips) durchschaut und die mannigfachen Formen der „Wiederkehr des Verdrängten" – die entstellten Präsenzen des Lustprinzips in der entfremdeten Welt – analysiert; er hat „die Geschichte des Menschen" als „Umformung des Lustprinzips in das Realitätsprinzip"[40] d.h. als „Geschichte seiner Unterdrükkung"[41] und diese „Ersetzung des Lustprinzips durch das Realitätsprinzip" als „das große traumatische Ereignis in der menschlichen Entwicklung – sowohl in der Entwicklung der Art (in der Phylogenese) als in der Entwicklung des Einzelnen (der Ontogenese)" erkannt[42] – und Marcuse resümiert Freuds Analyse in zwei entsprechenden Kapiteln über den „Ursprung des unterdrückten Individuums (Ontogenese)[43] und den „Ursprung der unterdrückenden Kultur (Phylogenese)"[44]. Aber Freud hat diese seine Analyse trotz des von ihm erkannten und gedeuteten „Unbehagens in der Kultur" nicht als Aufforderung erfahren, nach einer „nicht-repressiven Triebordnung"[45] „jenseit des Realitätsprinzips"[46] Ausschau zu halten[47]. Das macht den „‚unhistorischen' Charakter der Freudschen Begriffe"[48], aber er „enthält ... die Elemente seines Gegenteils: ihre historische Substanz muß wieder erfaßt werden, ... indem man ihren eigenen Gehalt entwickelt. In diesem Sinne" – sagt Marcuse – „stellt unsere weitere Diskussion eine ‚Extrapolation' dar, die aus Freuds Theorie Gedanken und Lehrsätze ableitet, die in ihr nur in einer verdinglichten Form enthalten sind"[49], nämlich den „Versuch einer theoretischen Konstruktion einer Kultur jenseits des Leistungsprinzips"[50], die „ihrem Wesen nach eine Ordnung der Fülle (ist); notwendige Einschränkungen erwachsen aus dem ‚Überfluß' statt aus der Not"[51], also durch „Selbst-Sublimierung"[52]. Diese „Vision einer Kultur ohne Unterdrückung und Verdrängung"[53] gibt „die Hypothese einer nicht-unterdrückenden Kultur"[54], die heute durchaus schon möglich wäre – freilich „nur auf der Grundlage der Errungenschaften des Leistungsprinzips"[55] und seiner Fortschritte in der Naturbeherrschung, und nur dann, „wenn die Errungenschaften des Leistungsprinzips seine Institutionen übertreffen"[56] d.h. seine Herrschaftsformen liquidieren. Diese – in der Tradition der sozialistischen Fortschrittstheorien entwickelte – Utopie eines Zustandes gänzlicher Erfüllung aller menschlichen Hoffnungen ist heute „gesättigt mit historischer Realität"[57]. Aber „gerade weil (?) der Mensch der Erfüllung seiner Hoffnungen noch nie so nahe war, ist er noch niemals so entschieden an ihrer Erfüllung verhindert worden; gerade weil (?) wir uns die weltweite Befriedigung individueller Bedürfnisse vorstellen können, werden dieser Befriedigung die schwersten Hindernisse in den Weg gelegt"[58] – durchs „Interesse der Herrschaft"[59] an „zusätzlicher Unterdrükkung"[60]: also – mit Freud zu reden – durchs Wirken des „Todestriebs", denn „Freuds Auffassung nach ist es vor allem der Todestrieb, der jeglicher Hypothese einer verdrängungsfreien Kultur entgegensteht"[61]. Freilich: wie die „möglich gewordene Befreiung" „tatsächlicher Unterdrückung"[62] abgerungen werden könne: das bleibt bei Marcuse im Grunde ein offenes Problem; eine ‚bestimmte' Theorie, wie die „Kultur jenseits des Realitätsprinzips"[63] den ihr widerstrebenden Mächten abgerungen werden könne, fehlt: sie bleibt zumindest ‚unbestimmt': denn Marcuses – zweifellos hochbedeutsame – Diskussion des „Todestriebs"[64], den er im

Effekt als mißgeleitete Tendenz deutet, sich selber abzuschaffen, hat zum Ergebnis, daß eine Liquidierung (Absterben) des Todestriebs möglich ist unter der Bedingung jenes Weltzustandes, der die Liquidierung des Todestriebes voraussetzt[65]. Hier liegt, scheint es, die entscheidende Schwierigkeit von Marcuses Konzeption. So bleibt seine Theorie der ‚Realisierung' der „nicht-repressiven" „Ordnung der Fülle, des Überflusses"[66] *unbestimmt;* die Berufung auf „Phantasie und Utopie"[67], auf die „ästhetische Dimension"[68], auf „die orphische und narzißtische Welterfahrung"[69], und auch die Kritik an der Kritik dieser Berufung[70] – sie reichen nicht aus. Die Theorie eines Ziels ist ausgewiesen erst dadurch, daß sie zur Theorie aller Mittel seiner Herbeiführung wird[71]: Hegels Einsicht, daß es nicht genügt, das Heile nur zu wünschen – die nicht ausschließen muß, daß das Wünschen sein gutes Recht und seine wichtige Stelle hat – zwingt gerade den, dem an den Intentionen der Konzeption Marcuses liegt, ihre Unbestimmtheit und Aporien zu markieren. Eine Theorie, die dem Klassenkampf und der politischen Revolution als Realisierungsmittel entsagte, ohne zu wissen, was an ihre Stelle treten könne, hat sich hier an Freud um Rat gewandt. Der respektable Versuch, die Psychoanalyse zum Treuhänder der Wahrheit des Marxismus einzusetzen, weil der Marxismus selbst es nicht mehr ist, und Freud zum amtierenden Linkshegelianer zu küren, wo die offiziellen Linkshegelianer zu Funktionären der Repression sich gewandelt haben, tut das um den Preis der Ohnmacht seiner Vernunft: er „bleibt frei von der Kontrolle des Realitätsprinzips – um den Preis, machtlos zu werden, inkonsequent, unrealistisch"[72].

2) Die Neigung einer Philosophie für Thesen Freuds ist geradezu ein Indiz für ihre Ohnmacht. Reflektiert wird das gerade innerhalb jenes Kreises ums Frankfurter Institut für Sozialforschung, dem Marcuse „hinsichtlich (s)einer theoretischen Position ... verpflichtet" ist[73]. Es kommt wesentlich darauf an, zu bemerken, daß zur enthusiastischen Freud-Deutung Marcuses jene Ernüchterungs-Thesen *hinzugehören,* die Theodor W. *Ardorno* entwickelt hat[74]. Jene Schwierigkeit, der es Marcuse im Grunde vertrauensvoll überließ, sich selbst zu beheben, wird für Adorno unlösbar: die Bestürzung über den „Januspalast"[75] der Kultur d. h. über jenen „Doppelcharakter des Fortschritts, der stets zugleich das Potential der Freiheit und die Wirklichkeit der Unterdrückung entwickelte"[76], treibt zur radikalen Frage, „warum die Menschheit, anstatt in einen wahrhaft menschlichen Zustand einzutreten, in eine neue Art von Barbarei versinkt"[77]; und diese Frage betrifft ein „Verhängnis, das Vernunft allein nicht wenden kann"[78] – auch und gewiß nicht durch Psychoanalyse. Denn diese bringt nicht die heile Welt, sondern – „ihren besseren Möglichkeiten zum Trotz"[79] – nur „die Gesundheit zum Tode"[80] d. h. nur „Anpassung"[81] ans Bestehende und damit Anlaß zur psychoanalyse-kritischen Einsicht, „daß die zeitgemäße Krankheit gerade im Normalen besteht"[82]. Es gibt also „die repressiven Züge Freuds"[83]; an seiner „unaufgeklärten Aufklärung"[84] ist eben dies „das Fatale ..., daß er, gegen die bürgerliche Ideologie, materialistisch das bewußte Handeln auf seinen unbewußten Triebgrund verfolgte, zugleich aber in die bürgerlich Verachtung des Triebs einstimmte, die selber eben das Produkt

jener Rationalisierungen ist, die er abbaut. Er ... schwankt, theorielos und in Anpassung ans Vorurteil, ob er den Triebverzicht als realitätswidrige Verdrängung negieren oder als kulturfördernde Sublimierung preisen soll. In diesem Widerspruch lebt objektiv etwas vom Januscharakter der Kultur selber"[85]: Freud selbst „steht ... zweideutig zwischen dem Willen zur hüllenlosen Emanzipation des Unterdrückten, und der Apologie hüllenloser Unterdrückung. Die Vernunft ist ihm bloßer Überbau, nicht sowohl, wie die offizielle Philosophie es ihm vorwirft, wegen seines Psychologismus, der tief genug ins geschichtliche Moment eindringt, als vielmehr, weil er den bedeutungsfernen, vernunftlosen Zweck verwirft, an dem allein das Mittel Vernunft sich vernünftig erweisen könnte, die Lust"[86]. Die Psychoanalyse, also das „letzte großkonzipierte Theorem der bürgerlichen Selbstkritik ist zu einem Mittel geworden, die bürgerliche Selbstentfremdung in ihrer letzten Phase zur absoluten zu machen und noch die Ahnung der uralten Wunde zu vereiteln, bei der die Hoffnung eines Besseren liegt"[87]. Adorno kritisiert damit das, dem er gerade anhängt: durch die Psychoanalyse, die er in Frage stellt, hat er den eigenen Hegelianismus zur kritischen Kritik[88] geformt – zu einer ohnmächtigen Anstrengung[89], die sich nun in der Überzeugung übt, daß der Wahrheit Macht nicht anstehe: zu ihr gehört die symptomatische „Kritik der Geschichtsphilosophie"[90]: „In der Geschichtsphilosophie" – argumentiert Adorno – „wiederholt sich, was im Christentum geschah: das Gute, das in Wahrheit dem Leiden ausgeliefert bleibt, wird als Kraft verkleidet, die den Gang der Geschichte bestimmt und am Ende triumphiert"[91]. Aber: „Indem Geschichtsphilosophie die humanen Ideen als wirkende Mächte in die Geschichte selbst verlegte und diese mit deren Triumph enden ließ, wurden sie der Arglosigkeit beraubt, die zu ihrem Inhalt gehört"[92]. Im Blick auf die „besseren Möglichkeiten" der Psychoanalyse negiert Adorno das, was Marcuse – ebenfalls im Blick auf diese besseren Möglichkeiten der Theorie Freuds – gerade versucht.

Und doch entspringen beide Thesen – die These Marcuses und die These Adornos – *einem* Ansatz: ebendarum hat diese kurze Skizze hier beide Deutungen als ‚eine' besprochen. Sie gehören – gerade als konträre – zusammen: neben den Traum der heilen Welt tritt die deprimierte Position, die ihn träumt – nicht nur unter den Dichtern, auch unter den psychoanalytischen Linkshegelianern gibt es das identitätsgesättigte Kontradiktionsverhältnis des „Naiven" und „Sentimentalischen"[93]. *Marcuses „naive" und Adornos „sentimentalische" Freudrezeption* – beide gehören sie zu jener einen und selben Position eines historisch-dialektischen „Materialismus"[94], der der politischen Aktion entsagte[95] und ersatzweise zur Psychoanalyse griff und nun diese teils (Marcuse) zu einer Konzeption erhebt, die solcher Rolle gewachsen ist, teils (Adorno) ihr übelnimmt, daß sie in dieser Rolle versagt. So kommt es zur *Verdoppelung des Freudverhältnisses einer Position, der Freud zum Marx-Ersatz wurde* dort, wo der Marxisten-Marxismus die Wahrheit des Marxismus nicht mehr zu erfüllen vermag.

Dieser Marx-Aspekt der „Frankfurter" Freud-Deutung – ein Aspekt, den wohl zuerst *Kolnai* für eine Freud-Diskussion fruchtbar gemacht hat[96] – widerspricht nun in gar keiner Weise der These dieser Arbeit, die Freuds Theorie als ‚indirekte Präsenz der transzendentalphilosophischen Naturphilosophie' zu verstehen sucht. Im Gegenteil. Primär bedeutsam ist nicht, daß hier Marx der Kronzeuge war, sondern daß er es nicht blieb, und daß Freud es wurde. Dieser Weg von Marx zu Freud hat – ohne daß dieses für alle seine wesentlichen Züge zutreffen müßte – bemerkenswerte Parallelen zu dem von Fichte zu Schelling. Der Weg der ‚soziologisch' orientierten Theorie der Geschichte weg von Marx hin zu Freud ist – und sagt das teilweise ja ganz offen[97] – einer der Distanzierung von der Philosophie einer Geschichte, in der die Vernunft und Wahrheit die Macht hat: so ist er eine entfernte Art der Repetition und eine Variante jener ‚Depotenzierung der Transzendentalphilosophie', die diese Arbeit beschrieben und in deren Zusammenhang sie Freuds Theorie zu sehen versucht hat. *Die ‚soziologische' Geschichtsphilosophie* – hier repräsentiert durch den Frankfurter Linkshegelianismus – *begegnet Freud auf dem Wege zu einem „naiv" (Marcuse) oder „sentimentalisch" (Adorno) tingierten Naturverhältnis.*

Ein in manchen Zügen entsprechender Tatbestand ergibt sich für das Freudverhältnis der durch Heidegger bestimmten ‚existenzphilosophischen'[98] Geschichtsphilosophie.

Die geringe Gesprächsbereitschaft der orthodoxen Heideggerschule hat die Erarbeitung dieses Verhältnisses den ‚Außenseitern' überlassen – also Denkern, die nicht sowohl aus der Schule der phänomenologisch-fundamentalontologischen „Analytik des Daseins"[99] herkommen, als vielmehr von einer vorher ausgebildeten Freud-Beziehung ausgehend zu ihr hingefunden haben, wie dies in repräsentativer Weise für Ludwig *Binswanger* zutrifft[100]. „‚Freuds Auffassung des Menschen im Lichte der Anthropologie' war das Thema des Festvortrags, den (er) zum 80. Geburtstag (seines) unvergesslichen Lehrers und Freundes Sigmund Freud im Akademischen Verein für medizinische Psychologie in Wien zu halten hatte ... In diesem" – programmatischen – „Vortrag sollte die Lehre Freuds nicht nur in ihrer medizinisch-psychologischen, also in ihrer naturwissenschaftlichen Notwendigkeit erwiesen, sondern zugleich damit in ihrer spezifischen anthropologischen Begrenztheit charakterisiert werden"[101], und zwar im Lichte jener „phänomenologischen Anthropologie, (die) im Anschluß an Heideggers Daseinsanalytik jetzt Daseinsanalyse genannt" wurde[102]. Es handelt sich – sagt Binswanger – „bei Freud ... um die wissenschaftliche Idee des *homo natura*" oder „homo vita"[104]. Binswangers Untersuchung aber hat zum Ergebnis, „daß die Idee des homo natura Freuds eine wissenschaftliche *Konstruktion* ist, die nur möglich ist auf dem Boden einer *Destruktion* der Gesamterfahrung des Menschen vom Menschen"[105]: bei Freud unterjocht die Einsicht in die ‚Natürlichkeit' des Daseins die in seine ‚Geschichtlichkeit'. Freuds „Somatographie des Erlebens"[106] macht den „Trieb" zur „aller anthropologischen Metamorphose oder Transformation zugrundeliegenden Urform und Urgestalt"[107]: „der Naturforscher, man darf ruhig sagen: der Naturphilosoph Freud (sucht) ... die Mannigfaltigkeit des Lebens aus einem oder wenn man das form-destruierende Prinzip des Todestriebes noch hinzunimmt, aus zwei einheitlichen Prinzipien zu erklären“[108]: er „legt in seiner *Lehre* ... das Hauptgewicht nicht auf die Wandlung der Existenz, sondern auf das sich im Wandel Gleichbleibende, den Trieb. Anthropologisch muß aber *beides* berücksichtigt werden“[109]: weder ist die menschliche Geschichtlichkeit[110] der Natürlichkeit zu opfern, noch aber auch diese Natürlichkeit in der Theorie der Geschichtlichkeit preiszugeben: „Aufgabe der Anthropologie ist es, diese (sc. Idee des homo natura) wie jede andere Spezialidee des Menschen ... in das Ganze der menschlichen Existenz zurückzunehmen, ihren ‚Ort‘ in derselben zu bestimmen und ihre Bedeutung für dieselbe festzustellen“[111].

Diese Stellungnahme Binswangers ist bedeutsam. Er selber – der Psychiater, der von Freud herkam – akzentuiert in seiner Überprüfung der Theorie Freuds die – unterm Eindruck Heideggers vollzogene – Bewegung von der „Naturwissenschaft“ zur phänomenologischen Analyse der „Geschichtlichkeit“[112]. Für die Philosophie aber steckt das Entscheidende seiner Konzeption im Gegenläufigen: Binswanger hat mit seiner „Daseinsanalyse“ die Begegnung der ‚existenzphilosophischen‘ Daseinsanalytik mit der Freudschen Natürlichkeitsforschung ermöglicht; er hat der faktizitätshermeneutischen[113] Geschichtlichkeitsthese die Frage nach der menschlichen ‚Natur‘ in Ansätzen zurückgewonnen. Um das hervorzuheben, hat es der – in der kommunikationsträgen Heideggerschule bisher isolierten – Binswangerdeutung durch Wilhelm *Szilasi*[114] bedurft und seiner Arbeiten zur Theorie der „objektiven Transzendenz“[115]. „Es ist bewundernswert“ – schreibt Szilasi über Binswanger[116] – „wie er ... unter der Wirkung von zwei großen Erlebnissen: der entwicklungsgeschichtlichen Lebensschematisierung der Psychoanalyse (Freud) und der existenzanalytischen Selbsterschließung des Daseins (Heidegger) das Zwischenterritorium fand, in welchem diese neue Wissenschaft der Seele Aufenthalt nehmen konnte ... Seine Forschungsweise begeht Schritt für Schritt den Weg einer ‚natürlichen‘ Ontologie“[117], so „daß Binswanger im Grunde die transzendental objektive Erfahrung der transzendentalen Realität im Blick hat“[118] – also jene Erfahrung, die Szilasi selbst, der Binswanger philosophisch verpflichtet ist, durch seinen Weg von Husserl über Heidegger zu Schelling und im Blick auf dessen transzendentalphilosophische Naturphilosophie durchzuführen versucht[119]. Das ist wiederum der Weg von der Geschichtsphilosophie zur geschichtsphilosophischen Naturphilosophie – aufs neue eine entfernte Repetition und Variante jenes Weges von Fichte zu Schelling, den diese Arbeit als ‚Depotenzierung der Transzendentalphilosophie‘ zu sehen versucht hat. Darum darf gesagt werden: die *‚existenzphilosophische‘ Geschichtsphilosophie* – hier repräsentiert durch Binswangers Daseinsanalyse und Szilasis Binswangeranalyse – *begegnet Freud auf dem Wege zu einer „Anthropologie“ mit ‚naturphilosophischen‘ Möglichkeiten.*

Die bisherige Analyse ausgewählter Freud-Deutungen – besonders der Blick auf die hier ‚soziologisch‘ und ‚existenzphilosophisch‘ genannten Deutungen – ergibt also: *Freuds Psychoanalyse wird innerhalb der Gegenwartsphilosophie gerade dort philosophisch attraktiv, wo der wiederkehrende Historizismus die Nötigung erfährt, die Insuffizienzen seiner (sei es ‚soziologischen‘, sei es ‚existenzphilosophi-*

schen') Wende zur Geschichte durch eine Wende zur ,Natur' zu kompensieren: aus ihrer Unbereitschaft oder Unfähigkeit, „die Vernunft in der Geschichte" zu begreifen, folgt der Zwang, ,Natur' in ihr zu bemerken und Freud zu konsultieren.

Freud wird also philosophisch attraktiv im Zusammenhang einer philosophischen Wende ,von der Geschichte zur Natur'. So ist es nur die Konsequenz aus diesem Tatbestand und also ,nötig und fällig', Freud auch *ausdrücklich* in diesem Zusammenhang zu diskutieren. Nun gerät aber, scheint es, jede gegenwärtige Wende ,von der Geschichte zur Natur' in irgendeiner – mehr oder minder ausgeprägten – Weise nach dem „Typus"[120] der Wende von der geschichtsfern-geschichtlichen Transzendentalphilosophie zur transzendentalphilosophischen Naturphilosophie: sie gerät als Variante und Repetition der ,Depotenzierung der Transzendentalphilosophie'. So steht, scheint es, das Freud-Interesse der Gegenwartsphilosophie in nicht geringem Maße im Zuge einer Bewegung, die selbst – so wenig sie dies mag wahrhaben wollen – Zusammenhang hat mit der ,romantischen' Wende zur Natur. Es ist wiederum nur die Konsequenz aus diesem Tatbestand und also ,nötig und fällig', Freud auch *ausdrücklich* in diesem Zusammenhang zu diskutieren. Eben das hat die hier vorgelegte Arbeit versucht.

Dabei knüpft sie an bereits Vorliegendes an[121]. Sie macht darum auch kein Hehl daraus, daß ihre Zustimmung jenen Analysen gehört, die Freuds Psychoanalyse – und sei es unter Verzicht auf den Nachweis unmittelbarer Beeinflussung – mit der *Romantik* in Zusammenhang gebracht haben. Eine derartige Freud-Deutung muß durchaus nicht unbedingt aufklärungskritische Motive haben wie die Thesen von Carl Gustav *Jung*[122]. Das beweist in einer eindrucksvollen Art Thomas *Mann* in seiner Rede über „Die Stellung Freuds in der modernen Geistesgeschichte"[123]. „Es ist das Rührende" – schreibt er da – „daß Freud den harten Weg seiner Erkenntnis ganz allein, ganz selbständig, ganz nur als Arzt und Naturforscher gegangen ist, ohne der Trost- und Stärkungsmittel kundig zu sein, die die große Literatur für ihn bereitgehalten hätte, ohne die Begünstigungen durch persönliche Beziehungen zu ihr ... Aber ein Zusammenhang, in dem der Begriff des Unbewußten eine so entscheidende psychologische Rolle spielt, erlaubt wohl, von unbewußter Überlieferung, überpersönlichen Beziehungen zu sprechen. Es gibt eine selbständige Abhängigkeit; und von dieser Art sind offenbar die höchst merkwürdigen Beziehungen Freuds zur deutschen Romantik – Beziehungen, deren Merkmale fast auffälliger sind als die seiner unbewußten Herkunft von Nietzsche, bisher aber wenig kritische Würdigung erfahren haben"[124]. Und so deutet Mann auf Freuds Nähe vor allem zu Novalis[125]. „Was man fälschlich Freuds ,Pansexualismus' genannt hat, seine Libidolehre, ist, kurz gesagt, der Mystik entkleidete, Naturwissenschaft gewordene Romantik. Sie ist es, die ihn zum Psychologen der Tiefe, zum Erforscher des Unbewußten macht und ihn durch die Krankheit das Leben erkennen läßt; die ihn einreiht in die antirationale wissenschaftliche Gesamtbewegung von heute und ihn auch wieder aus ihr heraushebt. Denn es ist in dieser Lehre ein Element geistiger Gesinnung, das sie untauglich macht, in irgendeinem geistfeindlich-reaktionären Sinn mißbraucht zu werden"[126]. Der Psychoanalyse ist die Ohnmacht des

Geistes kein Grund zur Absage an ihn; Freuds „Antirationalismus bedeutet die Einsicht in die machtmäßige Überlegenheit des Triebes über den Geist; er bedeutet nicht das bewunderungsvolle Auf-dem-Bauch-Liegen vor dieser Überlegenheit und die Verhöhnung des Geistes ... Unverkennbar, unverkennbar ist sein ‚Interesse' für den Trieb nicht geistverleugnende und naturkonservative Liebedienerei vor diesem, sondern er dient dem in der Zukunft revolutionär erschauten Siege der Vernunft und des Geistes ... und es wäre schwer, irgendwelche reaktionäre Brauchbarkeit einer Lehre abzugewinnen, in welcher der Primat der Vernunft bündig ‚das psychologische Ideal' genannt wird"[127]: Freuds Psychoanalyse, schreibt Thomas Mann zusammenfassend, ist „diejenige Erscheinungsform des modernen Irrationalismus, die jedem reaktionären Mißbrauch unzweideutig widersteht"[128].

Zweite Folgerung: Limitierung. All diese Deutungen – so verschieden sie sind und so (abgestuft) kritisch oder zustimmend diese Arbeit im einzelnen sich zu ihnen verhält –: sie alle vermag ihre Überlegung als ihre Zeugen zu benennen, als Bestätigungen für das Recht des Versuchs, Freuds Theorie oder entscheidende ihrer Elemente als Philosophie und im Zusammenhang mit philosophischer Tradition zu diskutieren. Freilich: die Deutungen kritisieren auch. Daß sie Freuds Psychoanalyse als Philosophie diskutieren, bedeutet nicht durchweg, daß sie sie als *zureichende* Philosophie akzeptieren. Denn Eines ist ‚das Philosophische' der Psychoanalyse, ein Anderes ist die ‚Suffizienz' einer durch ihre Elemente geprägten Philosophie[129].

Daß die Disposition der Philosophie zur Rezeption von Elementen der Psychoanalyse einen repräsentativen Trend der Gegenwartsphilosophie – die ‚Wiederkehr des Psychologismus' – kennzeichnet, wurde wiederholt und mit Betonung zum Ausdruck gebracht[130]. Sie gehört, wurde gesagt, in den Zusammenhang der ‚Wiederkehr des Historizismus'; und sie gehört, wurde gesagt, so in diesen Zusammenhang, daß sie dort entsteht, wo diese ‚Wiederkehr des Historizismus' mit sich uneins und der Tendenz nach ‚geschichtsfern' wird – dort also, wo geschichtlich eingestellte Gegenwartsphilosophien zur Natur sich wenden[131]. Daraus ergibt sich: *die ‚Depotenzierung der Transzendentalphilosophie' und die gegenwartsphilosophische Rezeptionsdisposition für Psychoanalytika entwickeln sich unter gleichartigen Bedingungen: aus der Unbereitschaft und Unfähigkeit der Geschichtsphilosophie, (metaphysisch) die Vernunft ‚über' der Geschichte anzuerkennen, und aus der Unbereitschaft und Unfähigkeit der geschichtsfern werdenden Geschichtsphilosophie, (geschichtsphilosophisch) „die Vernunft ‚in' der Geschichte" zu begreifen, entsteht der Zwang, mit der ‚Natur' als Grund zu rechnen und im Zusammenhang damit auch der Zwang, psychoanalytische Kategorien zu etablieren bzw. zu rezipieren.*

Es ist möglich, all jene Philosophien, die gegenwärtig an diesem Zwang und Trend teilnehmen und nach dieser Bestimmung agieren und denken, als – mehr oder minder ausgeprägte – *Genealogien* zu charakterisieren: als *Philosophien, die dazu neigen, das philosophische Pensum durch (geschichtliche) Anamnesen zu erfüllen.* Und es ist möglich, an ihnen all jene Tendenzen zu bemerken, die diese Untersuchung als philosophische Neigungen und Attribute beschrieben hat, die als Prämissen, Formen und Konsequenzen zur ‚Depotenzierung der Transzendentalphilosophie' gehören: die schwindende Kraft zur Theorie des „Endzwecks", die beginnende und zunehmende Neigung zum ‚Geschichtspessimismus'; – das wachsende Bedürfnis, der Geschichte – und sei es in der subtilen Form der Verweigerung einer über die Gesellschaftstheorie zur Frage des Staates und seiner Ersetzungsformen hinausgehenden politischen Philosophie – die ‚politische' Definition zu ersparen und sie durch eine von der politischen ‚verschiedene' (ästhetische, pädagogische, naturtheoretische, mythologische, psychologische, linguistische usf.) Definition zu ersetzen; – die zunehmende Begabung zum schlechten Gewissen bei Totalitätsaussagen; – schließlich und vor allem die progressiv unabweisbare Nötigung, die Insuffizienzen der Wende zur Geschichte durch die Wende zur Natur zu kompensieren. Zum selben Phänomen gehört, sozusagen nach Art einer „Gegenbesetzung", die sich verstärkende Tendenz, exakte Vernunft und moralische Vernunft – extrem in der Form einerseits des exakten „Positivismus", andererseits der Philosophie ideal geltender „Werte" – als isolierte Sonderbereiche geschichtsunabhängig zu machen. *Die Neigung zur philosophischen Rezeption psychoanalytischer Elemente ist in dem Maße repräsentativ für die Gegenwartsphilosophie, wie diese Kennzeichnung der Philosophie als ‚Genealogie' – als letztenendes: wie eine gewisse prototypische Bedeutung des Vorgangs der ‚Depotenzierung der Transzendentalphilosophie' – repräsentativ ist für die Verfassung der Gegenwartsphilosophie.*

Daß sie es nicht durchweg ist, steht außer Frage. Diejenigen Philosophien aber, die diese Bestimmung der ‚Genealogie' erfüllen, die also die Anziehungskraft der psychoanalytischen Optik erfahren und mit ihrer Hilfe zur ‚Genealogie' sich bilden: was sie in der Psychoanalyse zu Lob oder Tadel suchen und finden, sind Kategorien *nicht* für Schicksale und Handlungen, die die Probleme des Menschenlebens in irgendeiner Weise definitiv zu lösen vermögen. Nicht nur: Unbewußtes, Verdrängung, Wiederkehr des Verdrängten, Regression, Fixierung, Widerstand, Kompensation, Ersatzbildung, Kompromißbildung – auch und gerade: Sublimierung, Aufhebung der Amnesien, Bewußtmachung des Unbewußten, Verinnerlichung der Destruktion und dgl.: all das meint nicht Aktionen zur wirklichen Lösung geschichtlicher Probleme, sondern Handlungen unter der Grundbedingung *unaufgelöster* Probleme d. h. innerhalb des Spielraums und unter dem Regime einer fundamentalen Beeinträchtigung des Menschen. Denn Freuds Psychoanalyse ist – auch und gerade in jenen Elementen, die zu philosophischer Geltung drängen – keine Theorie, die das heile Leben ‚hat', und keine, die über die Kunst verfügt, es zu ‚erreichen', sondern allenfalls die Technik, mit beschwichtigten Defekten auszukommen. Die Triebnatur als große Gegebenheit, die nur im Einzelnen, nicht aber im Ganzen zum Mittel eines menschlichen Existierens sich fügt, bleibt ihre bittere und von ihr selber nicht gepriesene Voraussetzung: ihr Apriori ist eine Wunde, die sie selber nicht zu heilen vermag. Aber gerade diese Wunde macht ihren Glanz aus, gerade ihre Grenze ist ihr Erfolg: *ihre gegenwärtige philosophische Attraktivität hat die Psychoanalyse gerade als die Kunst, mit ‚ungelösten' Problemen zu leben – als ‚ohnmächtige' Philosophie:* also dadurch, daß auch und gerade in ihr jenes Ohnmachtserbe einer ‚zu unmittelbaren Vernunft' wirksam ist, das – durch die Transzendentalphilosophie und ihre Depotenzierung – zum prägenden Element der Gegenwartsphilosophie geworden ist. Wo in dieser Gegenwartsphilosophie Neigung zur Diskussion und Rezeption der Psychoanalyse sich entwickelt, handelt es sich um ‚ohnmächtige' Philosophien, die in Freuds Theorie ein Spiegelbild suchen, in dem sie sich selber lieben oder hassen können; dabei hat sogar die Inkongruenz der Psychoanalyse mit der jeweils suchenden Philosophie ihre Funktion und ist geradezu nötig: sie dämpft gleichermaßen Selbstkritik wie Selbstsicherheit zur erträglichen – zu der nur eines ‚Anderen'.

So ist offenbar die philosophische Rezeption psychoanalytischer Elemente nicht nur eine philosophische Tugend, sondern ebensosehr das Indiz einer Ohnmacht. Offenbar gilt: *die Philosophie findet gegenwärtig zu ihrem eigenen fälligen Problem zwar ‚nicht ohne' Aneignung psychoanalytischer Denkweisen und Denkmittel; aber sie ‚löst' dieses Problem nicht schon ‚allein durch' diese Aneignung: sie ist keine Ermächtigung der Philosophie zu störungsfreier Bewältigung ihrer Zentralprobleme, sondern einzig die Lizenz zum Einstieg in eine ganz und gar aporetische Verfassung der Philosophie.*

2. Vorbehalte

Aus dieser Einsicht folgen gewisse Vorbehalte. Freilich: diese Vorbehalte zu formulieren ist schwierig für eine so ‚immanent' diskutierende, für eine mit der Tendenz, die sie prüft, so ‚identische' Überlegung, wie es die vorliegende ist. Sie diskutiert die Psychoanalyse und ihren philosophischen Gebrauch im Zusammenhang der Diskussion einer Bewegung der Transzendentalphilosophie. Diese aber verstand sie als Position der Unentschiedenheit zwischen Metaphysik und Geschichtsphilosophie[132]. So besteht die Möglichkeit, einen ‚Vorbehalt des unzureichenden Ergreifens der Geschichtsphilosophie' und einen ‚Vorbehalt des unzureichenden Festhaltens der Metaphysik' zu formulieren.

VORBEHALT DES UNZUREICHENDEN ERGREIFENS DER GESCHICHTSPHILOSOPHIE. Der ‚Vorbehalt des unzureichenden Ergreifens der Geschichtsphilosophie' läßt sich durch den Aufweis einer *Insuffizienz der Genealogie im Verhältnis zur (geschichtlichen) Zeit* formulieren. Wenn die Wirklichkeit ‚Geschichte' d. h. mindestens eine Handlung ist, die teils getan, teils noch zu tun ist, und wenn in dieser Handlung das Getane die Vergangenheit, das Zutuende die Zukunft definiert[133]: dann muß die durch Psychoanalyserezeption sich instrumentierende und konkretisierende Genealogie durch ihr Verhältnis zu dieser Handlung sich ausweisen und rechtfertigen. Dabei aber zeigt sich ihre *Abstraktheit*[134].

Denn die Geschichtsphilosophie verlangt ein zureichendes *Zukunftsverhältnis:* ein sich durchsichtiges und seiner sicheres Verhältnis zum „Endzweck" und zu den Mitteln, die ihm Wirklichkeit geben. Gerade das aber hat die Genealogie und hat die psychoanalytisch instrumentierte Genealogie *nicht*. Eine Philosophie, die psychoanalytische Kategorien aneignet und einsetzt, wird dadurch ausgestattet mit Kategorien wesentlich für ein *Vergangenheitsverhältnis* – für ein Verhältnis zum schon Getanen; das Zukunftsverhältnis lassen sie wesentlich *unbestimmt*[135]; denn: psychoanalytische Kategorien sind Erinnerungskategorien; sie sind Leitgedanken und Gesichtspunkte für Anamnesen. Durch Aneignung dieser Kategorien – eine Aneignung wohlgemerkt, die diese Untersuchung für wichtig und richtig hält – kommt es am Ende zu einer Philosophie, die vor lauter Erinnern vergißt, zu dem zu werden, wofür das Erinnern nur die Propädeutik sein kann. Die alte Neigung der Transzendentalphilosophie, aus „Prolegomena" die Philosophie „im Endzweck" werden zu lassen, und das, was bloß die Exposition war, schließlich zur Position zu erheben, zeigt auch hier Verführungskraft: es regt sich die Neigung, die Vorfrage zur Kulmination des Verfahrens zu machen; es meldet sich das Erbteil des transzendentalen Ansatzes, der seine Begrifflichkeit auf ein prävalierendes Zukunftsverhältnis einrichtet, faktisch aber nur das – anamnestisch durchführbare – Vergangenheitsverhältnis zu konkretisieren vermag[136]. Gerade dadurch wird die aus dem transzendentalen Ansatz herkommende Philosophie zentral zur Genealogie, und diese Tendenz vollstreckt in besonderem, in extremem Maße diejenige philosophische Genealogie, die die Blickweisen der Psychoanalyse rezipiert. Sie erhält Kategorien für ein Vergangenheitsverhältnis – das zur Zukunft bleibt kategorial unausgestattet: es bleibt ungedeutet und läuft Gefahr, zum undurchschaubaren erklärt zu werden. Die Zukunft wird ihr irrational auch dann, wenn diese Philosophie es ablehnt, sie als die zu denken, die kommt, wie der Tod kommt und wie der Dieb in der Nacht, auch dann also, wenn sie sich weigert, das Sein zur Zukunft durch das „Sein zum Tode" exemplarisch zu deuten[137], und zum einfachen und bescheidenen Verzicht auf philosophische Zukunftsaussagen wird. Denn auch so wird sie – wie durch jene anderen Modi – zur *Philosophie ohne vernünftiges Zukunftsverhältnis.* Um ein ‚abstraktes' Zukunftsverhältnis – ein gegenüber der Herkunft borniertes oder terroristisches – zu vermeiden, genügt es nicht, gar keines zu haben: ein unbestimmtes Zukunftsverhältnis ist selbst eine Form der Abstraktheit. Bloße Genealogie aber – und die nur mit Mittteln der Psychoanalyse zumal – bringt es zu keinem bestimmten. *Es ist – ‚geschichtsphilosophisch' gesehen – die Insuffizienz der (psychoanalytisch instrumentierten) ‚Genealogie', Vergangenheitsverhältnis ohne zureichendes Zukunftsverhältnis zu sein.*

Das hilflose Zukunftsverhältnis gebiert nun zugleich ein abstraktes, ein in eigentümlicher Weise verengtes *Vergangenheitsverhältnis.* Wer das Zukünftige nur wünscht oder nur fordert oder nur „angstbereit" erwartet – und selbst der, der es philosophisch unausgemacht läßt – kurz: wer das Zukünftige nicht als Vernünftiges ansieht, sagt damit indirekt von der Vergangenheit, daß sie keine Kräfte und Mittel fürs Realisieren einer vernünftigen Zukunft ausgebildet habe; er bringt im extremen Falle damit zum Ausdruck, daß die Vergangenheit – das, was bisher schon getan und geworden ist – wesentlich nur die Produktion von Hindernissen war. Was an ihren Bildungen als ‚Vermittlung' der Freiheit Positivität hätte haben können, zeigt sich so vielmehr als ‚Verstellung' der Freiheit; das Gewesene erscheint im Verhältnis zum „Endzweck" dann nicht als das Gefilde der Wege, sondern als das Terrain der Abwege: *Vergangenheit wird zum Inbegriff nicht von Leistungen, sondern von Fehlleistungen.* Darum ist die Folge eines unsicheren und abstrakten Zukunftsverhältnisses die Schärfung des Blicks für die Fehlleistungen der Vergangenheit – die Bildung des Auges für Ausflüchte, Regression, Alibi-Operationen, Surrogatbildungen und dgl.: die Schulung der „Kunst des Mißtrauens"[138]. Dieser Zusammenhang zwischen Krise der Zukunftsgewißheit und Konjunktur des Argwohns zeigt sich u. a. in jenem Tatbestand der ‚ontologischen Mißweisung', auf den diese Überlegung hingewiesen hat[139]. Es kommt zu jenem ‚bösen Blick', dem nur mehr das Verkehrte auffällt, der von ihm aber magnetisch angezogen wird. *Die ‚bewahrende Anamnese' wird ersetzt durch die ‚entlarvende Anamnese':* so neigt das auf Genealogie – auf ein Vergangenheitsverhältnis ohne zureichendes Zukunftsverhältnis – reduzierte geschichtliche Denken dazu, einzig oder primär zur *kompromittierenden Genealogie* zu werden; die Bereitschaft zur ‚legitimierenden Genealogie' stirbt ab. Die Erinnerung des in der Geschichte Intakten wird uninteressant: Geschichte reicht – konkret – in wachsendem Maße nur noch so weit, wie der Aktionsradius des Verdächtigens; was nicht verdächtigt werden kann, verliert zunehmend das Prädikat des Geschichtlichen – es gerät zur ‚Natur' oder zu ihren Inkognitoformen. *Unter der Bedingung eines hilflosen Zukunftsverhältnisses zerfällt die genealogisch-anamnestisch entdeckte Vergangenheit in Fehlleistung und Natur.* Das dokumentiert eine Grenze, einen Mangel, eine wesentliche Abstraktheit dieses Vergangenheitsverhältnisses. *Es ist – ‚geschichtsphilosophisch' gesehen – die Insuffizienz der (psychoanalytisch instrumentierten) ‚Genealogie', ohne zureichendes Zukunftsverhältnis auch kein zureichendes Vergangenheitsverhältnis zu sein.*

Diese beiden Überlegungen – die Betrachtung des Zukunftsverhältnisses und die des Vergangenheitsverhältnisses der bloßen Genealogie – lassen sich zusammenfassen: *die Reduktion der Philosophie auf ‚Genealogie'* – also auch eine durch derartige Reduktion geprägte Zusage an den ‚zweiten Psychologismus' und Erlaubnis philosophischer Rezeption psychoanalytischer Elemente – *gestattet der Philosophie eine geschichtshinsichtlich nur ‚abstrakte' Verfassung.* Diese Aussage formuliert einen ersten gewichtigen Vorbehalt – den ‚Vorbehalt des unzureichenden Ergreifens der Geschichtsphilosophie'.

VORBEHALT DES UNZUREICHENDEN FESTHALTENS DER WESENSPHILOSOPHIE. Dieser Vorbehalt ist freilich nicht der einzige. Zu ihm gesellt sich ein zweiter; denn die analysierte philosophische Bewegung der Transzendentalphilosophie-Depotenzierung war ja – von Kant bis Freud – nicht allein durch Zurückhaltung gegenüber der Geschichtsphilosophie, sondern auch durch Reserve gegenüber der ‚wesensphilosophisch' definierten Metaphysik bestimmt. Auch also von dieser her läßt sich ein Vorbehalt geltend machen. Dieser zweite, der ‚Vorbehalt des unreichenden Festhaltens der Metaphysik bzw. Wesensphilosophie' läßt sich durch den Aufweis einer *Insuffizienz im Verhältnis zum ‚Immerstimmenden' (Allgemeingültigen) bzw. ‚Immerseienden'* formulieren.

Sind ‚genealogische' Thesen strenger Allgemeinheit fähig? Erschließen ‚genealogische' Untersuchungen ‚immerstimmende Aussagen über Immerseiendes'? Diese Frage kann das – im Blick auf den ‚wesenphilosophischen' Auftrag der Philosophie bedeutsame – Genealogieproblem heißen[140]. Die eingangs skizzierten Thesen Husserls[141] versuchten eine Antwort auf dieses Problem. Diese Antwort war negativ: Genealogie – meint Husserl – kann als Tatsachenforschung keine Wesenseinsichten erbringen; die Untersuchung von Gewordenem in seinem Werden kann – als diese – zu keinen immerstimmenden Aussagen über Immerseiendes führen. Wie steht es mit diesem Argument? Es ist in nicht geringem Maße ein vergessenes Argument[142]. Und doch: jeder ‚Vorbehalt des unzureichenden Festhaltens der Wesensphilosophie' d.h. jeder Aufweis einer Insuffizienz der Genealogie im Verhältnis zum Immerstimmenden und Immerseienden – er wird notwendig zu einer mindestens partiellen Wiederholung und Bekräftigung dieses Arguments. Husserls Argument behält seine Geltung – obwohl die Meinung, über dieses Argument erhaben zu sein, in der geschichtswilligen Gegenwartsphilosophie dominiert. Man kann sagen: gerade die Selbstverständlichkeit, mit der dieses Argument überhört wird, dokumentiert die Schrumpfung der Geschichtsphilosophie zur Genealogie. Die philosophische Suche nach dem Allgemeingültigen, nach der immmerstimmenden Theorie über Immerseiendes scheint ihr einzig von der fehlerhaften Aufrichtung eines mathematischen und modern-naturwissenschaftlichen Erkenntnisideals im Reiche der Philosophie zu leben. Aber diese Meinung ist wenig zutreffend. Husserls Argument ist – fast uneingeschränkt – im Recht. Es muß nur seine Kompetenz und Unvermeidlichkeit auch und gerade fürs geschichtliche Philosophieren eigens ausdrücklich gemacht werden.

Es gibt also im geschichtlichen Philosophieren die Überzeugung, daß die Frage nach dem, was immer stimmt und ist, philosophisch irrelevant sei. Diese Überzeugung beruft sich auf die Verpflichtung der Philosophie, nicht von der Gegenwartssituation d.h. nicht von jenem Stande der Geschichte abzusehen, unter dessen Bedingungen sie selber denkt. Aber sie beruft sich darauf zu Unrecht. Gewiß: das geschichtliche Denken will nur, was es kann, und es kann nur – glaubt es – bestenfalls das ‚Fällige', das ‚jeweilige Nötige' denken und sagen. Ohne Zweifel mit Recht vollzieht sich geschichtlich-philosophisches Denken in Nötigkeitsnachweisen – im Begreifen von „Vermittlungen", in Funktionsbedeutungen, in Wirkungserklärungen, in Bedeutungsverständnissen usf. –, es vollzieht sich nicht durch Wesensschau. Und doch: der Versuch, die (idealiter immerstimmende) Theorie des Immerseienden durch die des Fälligen und Nötigen zu *ersetzen*, vergißt, daß er nicht gelingen kann, ohne das, was er ersetzen will, zugleich vorauszusetzen[143]. Denn jedes Fällige ist, will es kein Zufälliges sein, ein ‚Nötiges für ...'; die Frage ‚wofür nötig?' – eine Wozu-Frage also – dringt auf ein ‚dafür nötig', auf einen Zweck (telos), und ihre Beantwortung hängt in der Luft, solange sie nicht auf einen definitiven Zweck (Endzweck) gekommen ist: jede auf das Fällige und Nötige bedachte Philosophie lebt – mindestens insgeheim – von einer Endzweck-Theorie. Dabei meint ‚Endzweck' die Idee jener Verfassung der Menschenwelt, auf die die Geschichte hinzielen muß, damit sie einen akzeptablen („vernünftigen") Verlauf hat. Insgesamt „vernünftig" ist dieser Verlauf, scheint es, dann, wenn an jeder Stelle das endzweckhinsichtlich ‚Nötige' geschieht und geschehen ist. Freilich: um jene Instanz zu sein, die in der Lage ist, für jede Stelle und Phase dieses Verlaufs das ‚Nötige' zu definieren, muß der „Endzweck" einer sein, der dieser Endzweck – mindestens im Sinne des für den Gesamtverlauf Verbindlichen – *‚immer ist': der ‚Endzweck' muß sein ein* – mindestens in wichtigen Zügen – *„unbewegter Beweger" wenn nicht der Geschichte, dann doch wenigstens des Urteils über die Geschichte*. Durch diese Bestimmung qualifiziert sich dieser ‚Endzweck' als ‚wesensphilosophisches', als ‚metaphysisches' Thema: die Theorie des Endzwecks ist das, was selbst innerhalb der geschichtlichen Philosophie ‚Metaphysik' und ‚Wesensphilosophie' sein muß. Es ist ohne Zweifel möglich, alle ihre ‚metaphysischen' Fragen – in der Form ihrer Verwandlung zu Funktionsfragen, Bedeutungsfragen etc. – auf diese eine Frage nach dem Endzweck zu vertagen: diese Frage selbst aber bleibt auch und gerade *innerhalb* der ‚Geschichtsphilosophie' eine Frage mit einem im Sinne des ‚Wesensphilosophischen' ‚metaphysischen' Charakter – die Frage einer Theorie, die über Immerseiendes Immerstimmendes sagen wollen muß. *Innerhalb der geschichtlichen Philosophie persistiert die Verpflichtung zu einer ‚immerstimmenden' Theorie über ‚Immerseiendes' in Gestalt der Unvermeidlichkeit zumindest des Bedürfnisses einer ‚Endzwecktheorie'*.

So bedarf nicht das Interesse an einer Endzweck-Theorie, sondern es bedarf das Interesse, sie zu vermeiden, einer eigenen und ausdrücklichen Erklärung seiner Herkunft. Einen Beitrag auch und gerade dazu hat diese Arbeit versucht. Denn jener Vorgang, den sie ‚Depotenzierung der Transzendentalphilosophie' genannt hat, ist die Vorgeschichte jenes Interesses. Diese Arbeit hat diesen Vorgang vornehmlich als jene Bewegung verstanden, in deren Verlauf das zur Geschichtsphilosophie tendierende Denken der Transzendentalphilosophie die Kraft zur Endzweck-Theorie verliert[144]. Das Verlieren dieser Kraft zu dieser Theorie ist aber, wenn diese Arbeit richtig gesehen hat, eine Folge des Versuchs, sie auf eine unzureichende, *abstrakte* Weise zu gewinnen.

Eine *konkrete,* eine zureichende Weise einer Endzweck-Theorie scheint – ohne daß diese Arbeit das im Rahmen ihres Themas detailliert nachzuweisen vermöchte – im Versuche vorzuliegen, diese Theorie als Philosophie der ‚Vernunft des vermittelten Endzwecks' durchzuführen: also etwa in der Philosophie Hegels. Dieser Versuch tut mindestens zweierlei. *Erstens* akzeptiert er die Unvermeidlichkeit des Bedürfnisses einer Endzwecktheorie, d. h. er reduziert die Aversion des genealogischen Denkens gegen sogenannte „ewige Wahrheiten" auf die geschichtsphilosophisch legitime Aversion gegen jene ‚Wahrheiten an sich', die sich nicht herablassen mögen, zur ‚Ursache von Veränderungen in der wirklichen Welt' zu werden: *Wahrheiten sind nur als Zweck von Veränderungen geschichtlich relevant.* Im Zulassen dieser These und jener Aversion liegt freilich eine erste Einschränkung des Husserlschen Arguments[145]. *Zweitens* – und damit zusammenhängend – insistiert dieser Versuch einer Endzweck-Theorie durch eine Philosophie der ‚Vernunft des vermittelten Endzwecks' auf der – legitimen – Aussage über den Zweck, daß er Zweck sei nur dann, wenn es Mittel zu seiner Verwirklichung gibt: *ein geschichtlich relevanter Zweck und „Endzweck" ist nur der, für den Mittel seiner Verwirklichung („Vermittlungen") da sind oder entstehen.* Im Zulassen dieser These liegt eine zweite Einschränkung des Husserlschen Arguments[146]. Aus ihr folgt für eine Endzweck-Theorie die bündige Verpflichtung, den Endzweck durch eine Theorie der Genese seiner „Vermittlungen" auszuweisen: *die Endzweck-Theorie der ‚klassischen Geschichtsphilosophie' der ‚Vernunft des vermittelten Endzwecks' lebt von der Einsicht, daß die Theorie des Endzwecks zugleich die Theorie der (und zwar aller) „Vermittlungen" des Endzwecks d. h. die Theorie der (und zwar aller) Mittel seiner Verwirklichung zu sein habe.* Eine Philosophie des Endzwecks ohne Philosophie seiner Vermittlungen ist leer; eine Philosophie seiner Vermittlungen ohne Philosophie des Endzwecks ist blind.

Diese ‚klassische' These ist also eine These gegen *zwei* Abstraktheiten: sie ist eine These gegen die Abstraktheit eines *unvermittelten Endzweckdenkens* – gegen den Versuch, den Endzweck ohne Rücksicht auf Verwirklichungspotenzen zu denken und ihn dadurch normativistisch zum bloßen Sollen oder utopistisch zum bloßen Wunsch zu ‚verfernen'; sie ist aber ebensowohl eine These gegen die Abstraktheit eines *endzwecklosen Vermittlungsdenkens* – gegen den Versuch, Bedeutsamkeiten, Fälligkeiten, Nötigkeiten, also Vermittlungen ohne die Theorie eines definitiven und für ‚alle' Menschen verbindlichen ‚Wozu' zu begreifen. Im Zusammenhang dieser Arbeit war jenes – das vermittlungslose oder wenigstens vermittlungsarme Endzweckdenken – als die klassische *Transzendentalphilosophie* thematisch, und war dieses – das endzwecklose oder wenigstens endzweckarme Vermittlungsdenken – als *Genealogie* thematisch. Mit diesen *beiden* Abstraktheiten hat sich diese Arbeit in besonderer Weise befaßt. Denn sie hat versucht, über jenen Vorgang – die ‚Depotenzierung der Transzendentalphilosophie' – zu berichten, in dessen Verlauf die Vernunft und Philosophie aus der einen Abstraktheit in die andere umschlägt: *die Transzendentalphilosophie d. h. die Theorie eines zu wenig vermittelten Endzwecks stirbt am Fehlen einer Theorie zureichender Mittel seiner Verwirklichung – aber indem sie stirbt, bleibt nur die Theorie der vorhandenen und werdenden Mittel (Vermittlungen) übrig ohne eine Theorie des Endzwecks: die genealogische Philosophie.* Die Abstraktheit der Theorie des zu unvermittelten Endzwecks provozierte die Abstraktheit der Theorien von Vermittlungen ohne Bezug auf den Endzweck: die Transzendentalphilosophie entkommt der Aporie eines ‚leeren' d. h. ‚vermittlungslosen Endzweckdenkens' in die Genealogie, also in die Aporie eines ‚blinden' d. h. ‚endzwecklosen Vermittlungsdenkens'.

Eben diese Bewegung impliziert nicht nur den Ausfall der Endzwecktheorien, sondern sie *motiviert auch die Aversion gegen die Endzwecktheorie*, die zu einem ausgeprägten Symptom des genealogischen Denkens der Gegenwartsphilosophie sich entwickelt hat. Sie erklärt das Bedürfnis, die Endzwecktheorie, die nicht mehr geleistet werden *kann*, nun auch als eine solche zu empfinden, die nicht mehr geleistet zu werden *braucht:* das Unvermögen führt zum Lob der Enthaltsamkeit.

Genealogie – also, wie man sagen kann, der Versuch einer Geschichtsphilosophie ohne Endzwecktheorie – verwirft mit der Endzwecktheorie auch das Bedürfnis einer immerstimmenden Theorie des Immerseienden. Aber weil sie mit dieser Theorie des Immerseienden auch die Endzweck-Theorie verwirft d. h. etwas, was sie im Grunde nicht entbehren kann, gerät sie in Schwierigkeiten. Freilich: die Einsicht in diese Schwierigkeiten bedeutet nicht schon ihre Behebung oder auch nur die Gewähr ihrer Behebbarkeit. Gleichwohl: *es ist – ‚wesensphilosophisch' gesehen – die Insuffizienz der Genealogie (also auch und gerade die der psychoanalytisch instrumentierten), daß sie aus sich allein keine Endzwecktheorie und überhaupt kein Verhältnis zum Immerstimmenden und Immerseienden zu entwickeln vermag.* Diese Aussage formuliert einen zweiten gewichtigen Vorbehalt gegenüber der philosophischen Genealogie – den ‚Vorbehalt des unzureichenden Festhaltens der Wesensphilosophie'.

3. Stand der Überlegung

Mit den Überlegungen des letzten – zweiten – Punkts dieses Abschnitts hat diese Arbeit weit in den Themenbereich einer ausdrücklichen ‚Theorie der geschichtlichen Vernunft' übergegriffen. Aber diese Arbeit ist keine derartige Theorie der geschichtlichen Vernunft, sondern nur ein Parergon einer solchen.

Mit ihrem Versuch einer Formulierung des ‚Vorbehalts des unzureichenden Ergreifens der Geschichtsphilosophie' und des ‚Vorbehalts des unzureichenden Festhaltens der Wesensphilosophie' hat sie zwei – wie sie meint – fundamentale Insuffizienzen des auf ‚Genealogie' reduzierten geschichtlichen Philosophierens – und damit auch des ‚zweiten Psychologismus' – skizziert. Die Zusage an den ‚zweiten Psychologismus' d. h. die Erlaubnis einer Fundamentalrolle philosophischer Genealogie u. a. durch die philosophische Rezeption psychoanalytischer Elemente gestattet der Philosophie eine nur *abstrakte* und *aporetische* Verfassung. Durch diese Einsicht endet diese Arbeit da, wo eine philosophische Untersuchung in einer philosophisch aporetischen Situation plausiblerweise enden kann: beim bündigen *Nachweis ihrer eigenen Grenzen.* Denn die ‚Genealogie', von deren Insuffizienzen sie sprach – das ist ihr eigenes Verfahren[147].

Zugleich freilich war sie in Bezug auf dieses philosophische Verfahren der ‚Genealogie' der – kompliziert geratene und umwegreiche – *Nachweis ihrer Unvermeidlichkeit* in jeder Situation, die durch die ‚Depotenzierung der Transzendentalphilosophie' wesentlich bestimmt ist. Denn wenn diese Arbeit richtig gesehen hat, gehört der Trend zur psychologistischen Genealogie und gehört auch und gerade die gegenwärtige Neigung, sie psychoanalytisch auszustatten, zu den Konsequenzen der Transzendentalphilosophie und ihrer Depotenzierung. Indem der auf Wiederkehr bedachte Psychologismus diese Konsequenzen vollstreckt, und indem er in den Spuren der Transzendentalphilosophie und ihrer Naturphilosophie und damit auf Wegen einer zwischen Metaphysik und Geschichtsphilosophie ‚unentschiedenen' Philosophie geht, nimmt er zwar teil an der doppelten – und mit dem Fortgang ihrer Depotenzierung wachsenden – Insuffizienz dieser Philosophie und aller philosophischen ‚Genealogie': am progressiven Verlust eines zureichenden Verhältnisses einerseits zum Immerstimmenden bzw. Immerseienden, andererseits zum vernünftig-Geschichtlichen; und das Doppelargument gegen die (psychoanalytisch vermittelte) Genealogie – das Argument von der Wesensphilosophie und das von der Geschichtsphilosophie her – war im Grunde nichts anderes als die bloße Zuspitzung der Aussagen über jene ‚Unentschiedenheit'. Aber in der Teilnahme der psychologistischen Genealogie an dieser Unentschiedenheit liegt zugleich ihre Stärke. Was ihr Wahrheit und Unvermeidlichkeit gibt, ist die philosophische Unmöglichkeit einer Entscheidung – also die Notwendigkeit, nicht eines der beiden Argumente gegen diese Genealogie allein, sondern beide *zugleich* zu vollziehen. Es ist nötig, Philosophie *zugleich* als Ensemble der Hilfsmittel zur Veränderung der Welt und als das der diese Welt allgemeingültig interpretierenden Aussagen zu verstehen; und *die einzig zureichende Kritik des* (naturbedacht-genealogisch denkenden) *Psychologismus d. h. der schlechten Versöhnung von Wesensphilosophie und Geschichtsphilosophie ist ihre gute Versöhnung*. Diese gute Versöhnung – sie mag von der Philosophie Hegels erwartet werden oder nicht – liegt in einer *durchgeführten* Weise gegenwärtig *nicht* vor[148]: solange das nicht der Fall ist, bleibt eine Position *statt* jener guten Versöhnung einstweilen unvermeidlich.

So kann diese Arbeit das, was sie durch ihr faktisch geübtes Verfahren nachgerade umfänglich genug dokumentiert haben mag, nun auch ausdrücklich sagen: daß ihr angesichts dieser schwierigen, aporetischen, antinomischen Lage *die Unvermeidlichkeit psychologistischer Genealogie stärker zu sein scheint als die Insuffizienz psychologistischer Genealogie.* Es ist offenbar richtig und eine durchaus philosophische Sache, nicht nur ‚Thesen' zu vertreten, sondern auch eine ‚Antinomie' gegen den Schein ihrer Auflösung. Das hat diese Arbeit versucht. Ihre Entscheidung will nicht, und sie kann auch gar nicht die Insuffizienz der psychologistisch-genealogischen Position verharmlosen. Eben dieser Insuffizienz wegen konstatiert sie innerhalb ihres Selbstverhältnisses die Diastase von Identifizierung und Affirmation. Aber das Bewußtsein der Unzulänglichkeiten allein bringt diese nicht zum Verschwinden. So reicht eine Kritik, die nur dieses Bewußtsein erzeugt, nicht aus, um die Position wirklich zu treffen, der sie zu Leibe rückt. Hier liegt der Grund für das Unzureichende bisheriger Psychologismuskritik – die hier vorgelegte Untersuchung mit einbegriffen. Eine Kritik ist nur so stark wie ihre Kraft zur Beseitigung jener Bedingungen, die das Kritisierbare erzwangen. So ist es unbillig, vom

Psychologismus das Verschwinden zu verlangen, solange die Situation persistiert, in der er unvermeidlich wurde. Solange in Bezug auf Metaphysik und Geschichtsphilosophie weder Entscheidung noch Versöhnung gelingt, behält das genealogische Denken der geschichtsfernen Geschichtsphilosophie auch als Psychologismus eine – prekäre – Positivität: es bleibt die Unvermeidlichkeit dieses Anfechtbaren stärker als die Anfechtbarkeit dieses Anfechtbaren.

Anmerkungen

Häufiger zitierte Werkausgaben:

Folgende Autoren sind bei bloßer Angabe der Bandnummer (römische Ziffer) nach folgender Ausgabe zitiert:

Dilthey, Wilhelm: Wilhelm Diltheys Gesammelte Schriften. 12 Bde. Leipzig und Berlin: B. G. Teubner (1921 ff.).

Fichte, Johann Gottlieb: Johann Gottlieb Fichte's Sämtliche Werke. Hsg. von Immanuel Hermann Fichte. 8 Bde. Berlin (1845/46).

Freud, Sigmund: Sigm. Freud, Gesammelte Werke. Chronologisch geordnet. Unter Mitwirkung von Marie Bonaparte, Prinzessin Georg von Griechenland hsg. von Anna Freud, B. Bibring, W. Hoffer, E. Kris, O. Isakower. 17 Bde. London: Imago Publishing Co., Ltd. (1940 ff.).

Hegel, Georg Wilhelm Friedrich: Sämtliche Werke. Jubiläumsausgabe in zwanzig Bänden. Hsg. von Hermann Glockner. Stuttgart: Fr. Frommanns (1927 ff.).

Husserl, Edmund: Husserliana. Edmund Husserl, Gesammelte Werke. Auf Grund des Nachlasses veröffentlicht in Gemeinschaft mit dem Husserl-Archiv an der Universität Köln vom Husserl-Archiv (Louvain) unter Leitung von H. L. van Breda. Bisher 8 Bde. Den Haag: Martinus Nijhoff (1950 ff.).

Kant, Immanuel: Immanuel Kants Werke. In Gemeinschaft mit H. Cohen, A. Buchenau, C. Buck, A. Görland, B. Kellermann hsg. von Ernst Cassirer. 11 Bde. Berlin: Bruno Cassirer (1912/22).

Kierkegaard, Sören: Sören Kierkegaard, Gesammelte Werke. Hsg. Emanuel Hirsch. 35 Abtlgen. Düsseldorf: Eugen Diederichs (1950 ff.).

Nietzsche, Friedrich: Friedrich Nietzsche, Gesammelte Werke. Musarionausgabe. 23 Bde. München: Musarion Verlag (1920 ff.).

Novalis (Friedrich Leopold Frhr. v. Hardenberg): Werke, Briefe, Dokumente. Hsg. von Ewald Wasmuth. 4 Bde. Heidelberg: Schneider (1953 ff.).

Schelling: Friedrich Wilhelm Joseph: Friedrich Wilhelm Joseph von Schellings sämmtliche Werke. Hsg. von K. F. A. Schelling. 14 Bde. in 2 Abt. ((die Bände der zweiten Abt. sind hier als XI–XIV zitiert)). Stuttgart und Augsburg: J. G. Cotta (1856–1861).

Schiller, Friedrich: Schillers Sämtliche Werke. Säkular-Ausgabe in 16 Bänden. Hsg. von Eduard von der Hellen. Stuttgart und Berlin: J. G. Cotta Nachf. (1904).

Schopenhauer, Arthur: Arthur Schopenhauers sämtliche Werke. Hsg. von Paul Deussen. 13 Bde. München: Piper (1911 ff.).

Anmerkungen zu „Vorbemerkung“

1 Die S. 476 f. Anm. 121 diskutierten, thematisch einschlägigen Arbeiten von J. Meinertz haben den Verf. leider erst unmittelbar vor Abschluß der Reinschrift des Textes dieser Arbeit vorgelegen. Auch die soeben beginnende Berichtreihe von P. Brückner, Sigmund Freuds Privatlektüre, in: Psyche 15 (1962) bisher 881–902, kann diese Arbeit leider nicht mehr auswerten. H. G. Gadamer, Wahrheit und Methode. Grundzüge einer philosophischen Hermeneutik (1960, faktisch erst später zugänglich) hat dem Verf. erst nach Abschluß der von diesem Buche tangierbaren Interpretationen vorgelegen und konnte – gewiß zum Nachteile dieser Arbeit – für ihre vorliegende Fassung noch nicht berücksichtigt werden.

2 W. Szilasi, Macht und Ohnmacht des Geistes (1946) 9.

Anmerkungen zu „Wiederkehr des Psychologismus“

1 E. Husserl, Logische Untersuchungen. 1. Teil: Prolegomena zur reinen Logik (1900, in folg. zit. nach [4]1928). In der „Selbstanzeige“ des Werks in: Vierteljahrsschrift für wissenschaftliche Philosophie 24 (1900) 512 schreibt Husserl: „Die Prolegomena sind textlich seit Ende November 1899 gedruckt und kommen infolge zufälliger Umstände sehr verspätet zur Ausgabe.“

2 P. Natorp, Zur Frage der logischen Methode. Mit Beziehung auf Edm. Husserls ‚Prolegomena zur reinen Logik‘. In: Kantstudien 6 (1901) 271.

3 E. Husserl, Über den Begriff der Zahl (1887) 5.

4 E. Husserl. Logische Untersuchungen I. Teil VI.

5 A.a.O. VI/VII.

6 A.a.O. VII.

7 A.a.O. VIII.

8 Außer den Logischen Untersuchungen I und II vgl.: Die Idee der Phänomenologie (gelesen 1907) II bes. 59 ff.; Philosophie als strenge Wissenschaft, in: Logos 1 (1910/11) bes. 294–314; Ideen zu einer reinen Phänomenologie und phänomenologischen Philosophie 1 (1913) III bes. 40–57; Ideen ... 3 (posth.) V bes. 21–75; ferner das Nachwort zu den Ideen... (1930) a.a.O. 158 ff.; Erste Philosophie (gelesen 1923/24) VII bes. 78–101 und 157–162, VIII bes. 139 ff.; Formale und transzendentale Logik, in: Jahrbuch für Philosophie und phänomenologische Forschung 10 (1929) bes. 135–156 und 205–235; Die Krisis der europäischen Wissenschaften und die transzendentale Phänomenologie (1935 ff.) VI bes. 62 ff. 69 ff. 86 ff. 129 ff. 194–269 (= „Der Weg in die phänomenologische Transzendentalphilosophie von der Psychologie aus“); vgl. auch: Phänomenologie und Anthropologie (1931), in: Philosophy and Phenomenological Research 2 (1941) 1–14.

9 E. Husserl, Die Krisis der europäischen Wissenschaften und die transzendentale Phänomenologie (1935 ff.) VI 205.

10 E. Husserl, Philosophie als strenge Wissenschaft, in: Logos 1 (1910/11) 298.

11 E. Husserl, Logische Untersuchungen 1. Teil 110.

12 A.a.O. 123; vgl. insgesamt 110 ff.

13 Die Prolegomena „versuchen zu zeigen, daß die ausschließlich psychologische Fundierung der Logik, welcher unsere Zeit so großen Wert beimißt, auf einer Vermengung wesentlich verschiedener Problemschichten, auf prinzipiell irrigen Voraussetzungen über den Charakter und die Ziele zweier hier beteiligter Wissenschaften – der empirischen Psychologie und der reinen Logik – beruhe": Husserl, Selbstanzeige a.a.O. 511; der Psychologismus ist „am Werk, Ideen in Tatsachen auszudeuten und alle Wirklichkeit, alles Leben in ein unverständliches ideenloses Gemenge von ‚Tatsachen' zu verwandeln": Husserl, Philosophie als strenge Wissenschaft a.a.O. 336, und zwar durch eine „Naturalisierung des Bewußtseins": a.a.O. 297. „Der Aberglaube der Tatsachen ist ihnen allen gemein": a.a.O. 336.

14 E. Husserl, Logische Untersuchungen 1. Teil bes. 60–77.

15 A.a.O. 110–154; eine ausgezeichnete Form dieses skeptischen Relativismus ist der „Anthropologismus": ibid.

16 A.a.O. 123.

17 Das O. Most, Die Determinanten des seelischen Lebens 1: Grenzen der kausalen Betrachtungsweise (1939), der den Psychologismus als „Kausalmonismus" interpretiert und bestimmt sieht durch „die These..., daß *alle* Determinanten des seelischen Lebens Wirkursachen sind" (66), zusammenfaßt: „Die erste eingehende Kritik der psychologistischen *Logik* hat E. Husserl gegeben. Er weist zunächst darauf hin, daß der Psychologismus den logischen Gesetzen den Charakter *notwendiger* (apodiktischer) Wahrheit nimmt und sie zu bloßen *Tatsachengesetzen* stempelt. Die psychologistische Logik ist *empiristisch* ausgerichtet und darum unhaltbar" (ibid.); partielle Kritik an Husserls Argumentation dortselbst Anm. 1. Most plädiert gegen den primär als Psychologismus auftretenden Kausalmonismus für eine „pluralistische Determinationslehre". Die hier versuchte Analyse glaubt in der Sicht des Problems mit Most durchaus übereinzustimmen, daß sie den Psychologismus nicht als „Kausalmonismus", sondern – mit laxerem Gebrauch des Begriffs „Motiv" – als Erkenntnisgenealogie d. h. als Theorie eines Zugehörigkeitsvollzugs diskutiert, hängt mit der Verschiedenheit des leitenden Problems zusammen: der Psychologismus muß als Kausalmonismus interpretiert werden, wo es um das Freiheitsproblem geht (vgl. a.a.O. Schluß des Vorworts), als Theorie eines Zugehörigkeitsvollzugs dort, wo die Verwandtschaft mit dem Geschichtsproblem zur Debatte steht, wie in dieser Arbeit.

18 F. Nietzsche, Zur Genealogie der Moral. Eine Streitschrift (1887). Nietzsche will dort gegen die traditionellen Ansätze, die „allesamt, wie es nun einmal alter Philosophenbrauch ist, wesentlich unhistorisch (denken)" (XV 232), der Philosophie „die Richtung zur wirklichen Historie der Moral ... geben" (276), zur Erfüllung der „neue(n) Forderung: wir haben eine Kritik der moralischen Werte nötig, der Wert dieser Werte ist selbst erst einmal in Frage zu stellen – und dazu tut eine Kenntnis der Bedingungen und Umstände not, aus denen sie gewachsen, unter denen sie sich entwickelt und verschoben haben (Moral als Folge, als Symptom, als Maske, als Tartüfferie, als Krankheit, als Missverständnis; aber auch Moral als Ursache, als Heilmittel, als Stimulans, als Hemmung, als Gift), wie eine solche Kenntnis weder bis jetzt da war, noch auch nur begehrt worden ist" (275).

19 E. Husserl, Philosophie als strenge Wissenschaft a.a.O. 302.

20 Denn die nach-phänomenologische Neuzuwendung zur Geschichtsphilosophie hat eine eigene Weise ausgebildet, Husserls Psychologismus- und Genealogiekritik in einer für sie ungefährlichen und sogar bestätigenden Form zu rezipieren: Husserls Psychologis-

muskritik sei der Protest gegen das mathematisch-naturwissenschaftliche Erkenntnisideal in der Philosophie; das wird als Aufforderung zum geschichtlichen Denken in der Philosophie genommen. Dieser kunstvollen Schwächung *einer* Husserlschen Intention durch Stärkung einer *anderen* (durchaus vorhandenen) gegenüber kommt es darauf an, auch und vor allem an die Bedenken Husserls – jedenfalls des Husserl der frühen Phänomenologie – gegen alles ‚geschichtliche' Philosophieren zu erinnern, die zumindest gleichstark in Husserls Psychologismus- und (vgl. unten S. 29 f.) Historizismuskritik zu Wort kommen.

21 Natorp a.a.O. 272.

22 Der Zusatz ‚in der Philosophie' ist nicht nur hier, er war auch im Titel dieser Arbeit erforderlich und wäre streng genommen überall dort nötig, wo im Zusammenhang ihrer Untersuchungen von „Psychologismus" die Rede ist. Denn: zwar hat Husserl den „Psychologismus" als ein Gebrechen nur der Philosophie verstanden. Demgegenüber vermag W. Metzger, Psychologie. Die Entwicklung ihrer Grundannahmen seit der Einführung des Experiments ([2]1954), auf Grund eines prägnanten Psychologismusbegriffs von einem „Psychologismus" auch innerhalb der empirischen Wissenschaften – also auch und gerade in der Psychologie – zu sprechen (vgl. 11). Er definiert den „‚Psychologismus' als Folge des eleatischen Grundsatzes" (10), demzufolge „nichts unmittelbar Gegebenes ... ohne weiteres als wirklich hingenommen (werden darf), alles ... erst ‚begründet' (werden muß). Nur das Erklärbare ist wirklich... Im Sinne dieses Grundsatzes ist man in der neueren Psychologie unermüdlich beschäftigt, zu ‚beweisen' oder auf anderes, ebensowenig bewiesenes ‚zurückzuführen', was des Beweises oder der Zurückführung weder fähig noch bedürftig ist, vielmehr zunächst einmal einfach als Gegebenheit hingenommen werden muß" (8/9). „Wo diese wissenschaftliche Einstellung sich auf geistige Gehalte, Haltungen und Schöpfungen (wissenschaftliche Erkenntnisse, künstlerische Werke usw.) oder auf entscheidende, den ganzen Menschen ergreifende und formende Erlebnisse bezieht, entsteht das, was in den Geisteswissenschaften Psychologismus genannt wird (Hussersl 1910): Man ist überzeugt, daß über solche Tatbestände das Wichtigste bzw. das wissenschaftlich allein Faßbare gesagt sei, wenn man über irgend etwas hinter ihnen Liegendes, ihre Herkunft, die Bedingungen und Anlässe ihrer Entstehung, den Ort und die Art möglicherweise beteiligter Organe, Triebe, Gewohnheiten, Begegnungen einiges Einleuchtende vermutet habe" (10). Aber: „Heute weiß der Psychologe, daß der eigentliche Gegenstand der Ablehnung, dieses rasch fertige, sachblinde ‚Zurückführen', zum Wesen der Psychologie nicht mehr und nicht weniger gehört als zu dem irgendeiner anderen Wissenschaft, daß er nur deshalb hier besonders günstigen Boden fand, weil es sich um den jüngsten und daher am wenigsten gefestigten Zweig echter Forschung handelte, ... und daß der Kampf gegen den Psychologismus, der vor Jahrzehnten in der Philosophie begann, nur von der Psychologie selbst zu Ende geführt werden kann" (11). Das schließt m.E. nicht aus, daß auch in der Philosophie ein Psychologismusproblem fortbesteht und von dieser zu diskutieren ist – mit der Einschränkung, daß sie dann nicht ‚den' Psychologismus und schon gar nicht den Psychologismus in der Psychologie, sondern *einen* Psychologismus, nämlich den – oder gar nur einen – Psychologismus in der Philosophie diskutiert. Wenn also die folgende Arbeit in ihrem Texte gleichwohl ohne weiteres von ‚Psychologismus' redet, dann mit diesem Vorbehalt und im übrigen nur deswegen, weil sie 1. an den innerphilosophischen, durch Husserl vorgegebenen Sprachgebrauch anknüpft, und weil sie 2. hofft, daß das von ihr gemeinte Phänomen – eine Variante der neueren philosophischen Wende zur Geschichte – durch sie bald einen gewissen unverwechselbaren Umriß erhält. Zur Markierung – wenn auch nicht zur Diskussion – der Frage nach dem Verhältnis des von Metzger anvisierten Psychologismus zu diesem neueren Psychologismus in der Philosophie vgl. unten Anm. 109.

23 E. Husserl, Logische Untersuchungen 1 ([4]1928) VII.

24 E. Husserl, Selbstanzeige a.a.O. 511.
25 „Eine ausreichende Klärung der reinen Logik ... erfordert sehr tiefgreifende phänomenologische (d. h. ... nicht genetisch-psychologische) ... Untersuchungen": a.a.O. 512, eine „Wissenschaft ... die zwar Wissenschaft vom Bewußtsein und doch nicht Psychologie ist ... eine Phänomenologie des Bewußtseins gegenüber einer Naturwissenschaft vom Bewußtsein": Husserl, Philosophie als strenge Wissenschaft a.a.O. 302; vgl. E. Husserl, Ideen zu einer reinen Phänomenologie und phänomenologischen Philosophie 1 (1913); „In diesem Sinn ist die reine Logik die Wissenschaft von den idealen ‚Bedingungen der Möglichkeit' von Wissenschaft überhaupt, oder von den idealen Konstituentien der Idee Theorie": Selbstanzeige a.a.O. 512.
26 Vgl. unten S. 305 Anm. 30.
27 Vgl. E. Husserl, Logische Untersuchungen 2,1 (^{4}1928) 5. Untersuchung, bes. 364 ff.
28 Vgl. Natorp a.a.O. 271.
29 Bei Durchführung dieser Analogie erhebt sich freilich sogleich die Frage, ob nicht, wie bes. Hegel das Recht der Probleme und Motive dieser Schulmetaphysik gegen eine pseudoradikale vermeintliche Kantorthodoxie in Schutz nahm, auch für den Psychologismus eine ähnliche ‚Apologie auf verwandelter Basis' möglich und wirklich geworden sein könnte. Diese Untersuchung wird gerade dieser Frage ihre besondere Aufmerksamkeit widmen.
30 Vgl. u. a. O. Most a.a.O. 90–124.
31 E. Husserl, Philosophie als strenge Wissenschaft (1910/11) a.a.O. 294 ff.
32 E. Husserl, Die Krisis der europäischen Wissenschaften und die transzendentale Phänomenologie (1935 ff.) VI 211 u. ö.
33 Vgl. K. Jones, Sigmund Freud, Life and Work 1 (1954) 395: „It was actually published on November 4, 1899, but the publisher chose to put the date 1900 on the title page." Vgl. oben Anm. 1!
34 Zur Entstehungsgeschichte des Buches vgl. Jones a.a.O. 384 ff.
35 A.a.O. 384.
36 S. Freud, Selbstdarstellung (1925) XIV 70/71.
37 Vgl. S. Freud, explizierend u. a.: Metapsychologische Ergänzungen zur Traumlehre (1916) X 412–426; Vorlesungen zur Einführung in die Psychoanalyse 2 (1916/17) XI 79–246; ergänzend bzw. korrigierend u. a.: Bemerkungen zur Theorie und Praxis der Traumdeutung (1923) XIII 299–314; Neue Folge der Vorlesungen zur Einführung in die Psychoanalyse (1932) XV, dort „Revision der Traumlehre" 6–31, bes. 29 f.; vgl. 30: „Wir sagen, der Traum ist eine Wunscherfüllung; wenn Sie den letzten Einwänden Rechnung tragen wollen, so sagen Sie immerhin, der Traum ist der *Versuch* einer Wunscherfüllung."
38 Vgl. S. Freud, Inhaltsangabe der wissenschaftlichen Arbeiten des Privatdocenten Dr. Sigm. Freud. (1877–1897) (1897) I 461–488.
39 J. Brauer/S. Freud, Über den psychischen Mechanismus hysterischer Phänomene. Vorläufige Mitteilung (1893) I 81–98 (= Einleitungskap. der i. d. folg. Anm. zit. Schrift).
40 J. Brauer/S. Freud, Studien über Hysterie (1895) I 75–312.
41 S. Freud, Die Abwehr-Neuropsychosen (1894); Über die Berechtigung, von der Neurasthenie einen bestimmten Symptomkomplex als ‚Angst-Neurose' abzutrennen (1895); Obsessions et phobies, leur mécanisme psychique et leur étiologie (1895); Zur Kritik der ‚Angstneurose' (1895); Weitere Bemerkungen über die Abwehr-Neuropsychosen (1896); L'hérédité et l'étiologie des névroses (1896); Zur Ätiologie der Hysterie (1896); Die Sexualität in der Ätiologie der Neurosen (1898).
42 S. Freud, Selbstdarstellung (1925) XIV 72.
43 Ibid.
44 S. Freud, Traumdeutung (1900) II/III VII.

45 S. Freud, Selbstdarstellung (1925) XIV 73; vgl. ‚Psychoanalyse' und ‚Libidotheorie' (1923) XIII 218 u. ö.
46 Darum Freuds Unmut über die mangelnde Reaktion der „Philosophen von Beruf" auf die „Traumdeutung" im Vorwort zur 2. Auflage (1908): II/III IX.
47 S. Freud, Zum psychischen Mechanismus der Vergesslichkeit (1898); Über „Deckerinnerungen" (1899).
48 „Als die Analyse der Träume Einsicht in die unbewußten seelischen Vorgänge gab und zeigte, daß die Mechanismen, welche die pathologischen Symptome schaffen, auch im normalen Seelenleben tätig sind, wurde die Psychoanalyse *zur Tiefenpsychologie* und als solche der Anwendung auf die Geisteswissenschaften fähig": S. Freud, ‚Psychoanalyse' und ‚Libidotheorie' (1923) IIII 228.
49 S. Freud, Zur Psychopathologie des Alltagslebens (1984); Der Witz und seine Beziehung zum Unbewußten (1905).
50 Vgl. u. a. S. Freud, Der Wahn und die Träume in W. Jensens ‚Gradiva' (1907); Zwangshandlungen und Religionsübungen (1907); Der Dichter und das Phantasieren (1908); Eine Kindheitserinnerung des Leonardo da Vinci (1910); über den Gegensinn der Urworte (1910); ‚Groß ist die Diana der Epheser' (1912); Das Motiv der Kästchenwahl (1913); Dostojewski und die Vatertötung (1928); Der Humor (1928); um nur einige einschlägige Titel zu nennen; vgl. aber vor allem die – in gewisser Hinsicht auch zur zweiten Gruppe gehörenden – Moses-Arbeiten: S. Freud, Der Moses des Michelangelo (1914); Nachtrag zur Arbeit über den Moses des Michelangelo (1927); Der Mann Moses und die monotheistische Religion (1937/39); vgl. dazu K. Victorius, Der ‚Moses des Michelangelo' von Sigmund Freud. Eine Studie, in: Psyche 10 (1956) 1–10 und in: Entfaltung der Psychoanalyse (1956) 1–10.
51 S. Freud, Die ‚kulturelle' Sexualmoral und die moderne Nervosität (1908).
52 S. Freud, Totem und Tabu. Einige Übereinstimmungen im Seelenleben der Wilden und der Neurotiker (1912/13); vorausgegangen war von C. G. Jung, Wandlungen und Symbole der Libido (1912). Freuds Schrift enthält insbes. IX 169–104 eine partielle Geschichtstheorie.
53 Vgl. insbes. S. Freud, Die zukünftigen Chancen der psychoanalytischen Therapie (Vortrag 1910; publ. 1911); Das Interesse an der Psychoanalyse (1913); Zeitgemäßes über Krieg und Tod (1915); Massenpsychologie und Ich-Analyse (1921); Die Widerstände gegen die Psychoanalyse (1925); Die Zukunft einer Illusion (1927); Das Unbehagen in der Kultur (1930). Neue Folge der Vorlesungen zur Einführung in die Psychoanalyse (1933) 35. Vorlesung: Über eine Weltanschauung: Warum Krieg? (1933); zu vergleichen sind aber auch alle allgemeinen Arbeiten.
54 Ab 1902 Psychologische Mittwochsgesellschaft; ab 1908 Kongresse; 1911 Bruch mit Adler; 1913 Bruch mit Jung; um hier nur die beiden wichtigsten Sezessionen zu nennen.
55 Vgl. von Freud selbst die grundsätzliche Stellungnahme: Das Interesse an der Psychoanalyse, 2. Teil: Das Interesse der Psychoanalyse für die nicht psychologischen Wissenschaften VIII 403–420; „Frühzeitig schon stellten sich die Beziehungen zur menschlichen *Phylogenese* her. Man erkannte, wie häufig die pathologische Funktion nichts anderes ist als *Regression* zu einer früheren Entwicklungsstufe der normalen. C. G. Jung wies zuerst nachdrücklich auf die überraschende Übereinstimmung zwischen den wüsten Phantasien der Dementia-praecox-Kranken mit der Mythenbildung primitiver Völker hin; Referent machte aufmerksam, daß die beiden Wunschregungen, welche den Ödipus-Komplex zusammensetzen, sich inhaltlich voll mit den beiden Hauptverboten des *Totemismus* deckt... Und zog daraus weitgehende Schlüsse ... man gewann die Ahnung, daß staatliche Ordnung, Sittlichkeit, Recht und Religion in der Urzeit der Menschheit miteinander als Reaktionsbildung auf den Ödipus-Komplex entstanden seien. Otto Rank warf helle Lichter auf Mythologie und Literaturgeschichte durch Anwendung der psychoanalytischen Einsichten, ebenso Th. Reik auf die Geschichte der

Sitten und Religionen, der Pfarrer O. Pfister (Zürich) weckte das Interesse der Seelsorger und Lehrer": ‚Psychoanalyse' und ‚Libidotheorie' (1923) XIII 228/229. „Ich werde" – schreibt er 1914 (Zur Geschichte der psychoanalytischen Bewegung X 75) – „dieses Stück der Entwicklungsgeschichte unserer Disziplin nicht eingehend behandeln, weil eine vortreffliche Arbeit von *Rank* und *Sachs* ... vorliegt, welche gerade diese Leistungen der Analysenarbeit ausführlich darstellt" (vgl. trotzdem 75–79). Vgl. dazu: O. Rank/H. Sachs, Die Bedeutung der Psychoanalyse für die Geisteswissenschaften (1913); an Einzelarbeiten etwa: O. Rank, Der Künstler, Ansätze zu einer Sexualpathologie (1907); Die Lohengrinsage. Ein Beitrag zu ihrer Motivgestaltung und Deutung (1911); Das Inzest-Motiv in Dichtung und Sage. Grundzüge einer Psychologie des dichterischen Schaffens (1912); Psychoanalytische Beiträge zur Mythenforschung aus den Jahren 1912 bis 1914 (1917); K. Abraham, Traum und Mythos. Eine Studie zur Völkerpsychologie (1909); Th. Reik, Flaubert und seine Versuchung des Heiligen Antonius. Ein Beitrag zur Künstlerpsychologie. Mit einer Vorrede von Alfred Kerr (1912); Arthur Schnitzler als Psychologe (1913); Probleme der Religionspsychologie 1. Teil: Das Ritual (1919); Der eigene und der fremde Gott. Zur Psychoanalyse der religiösen Entwicklung (1923); Dogma und Zwangsidee. Eine psychoanalytische Studie zur Entwicklung der Religion (1927); usf.

56 So mit Wilhelm Fliess; vgl. W. Fliess, Vom Ablauf des Lebens (1906); vgl. Das Jahr im Lebendigen (1918), worin „der Verfasser versucht hat, die Zwangsläufigkeit des Lebensgeschehens darzustellen, indem er nachwies, daß in allem Lebendigen – Mensch, Tier und Pflanze – zwei Perioden von je 23 und 28 Tagen fluten und den zeitlichen Eintritt ihrer Veränderungen beherrschen von der Geburt durch das Leben bis zum Tod": a.a.O. VII. Freud war mit ihm 1887–1902 in zunehmend intensiver Gesprächsbeziehung; vgl. Jones a.a.O. I 316–350; S. Freud, Aus den Anfängen der Psychoanalyse. Briefe an Wilhelm Fliess, Abhandlungen und Notizen aus den Jahren 1887–1902, ed. M. Bonaparte, A. Freud, M. Kris (1950).

57 F. W. J. Schelling, Zur Geschichte der neueren Philosophie. Münchener Vorlesungen (1827) X 94/95.

58 A. Gehlen, Über die Geburt der Freiheit aus der Entfremdung, in: Archiv für Rechts- und Sozialphilosophie 40 (1952/53) 340.

59 „Im physiologischen Laboratorium von Ernst Brücke fand ich endlich Ruhe und volle Befriedigung, auch die Personen, die ich respektieren und zu Vorbildern nehmen konnte... Ich arbeitete in diesem Institut von 1876–1882 mit kurzen Unterbrechungen": S. Freud, Selbstdarstellung (1925) XIV 35; zum Verhältnis von Ernst Wilhelm Brücke (1819–1892) zu Helmholtz vgl. unten S. 435 Anm. 94.

60 Nach 1882 arbeitet Freud „als Aspirant ... auch länger als ein halbes Jahr bei Meynert, dessen Werk und Persönlichkeit mich schon als Studenten gefesselt hatten": a.a.O. 35; zur Meynert-Herbart-Beziehung vgl. H. Dorer, Historische Grundlagen der Psychoanalyse (1932): vgl. das Referat unten S. 259/260.

61 Insbes. S. 224–256.

62 Vgl. die zunächst wesentlich kritische Auseinandersetzung mit Freud: M. Scheler, allgemeiner: Zur Phänomenologie und Theorie der Sympathiegefühle (1913) ([3]1926 = Wesen und Formen der Sympathie), dort bes. 203 ff. und 226 ff., dazu insgesamt die kritische Diskussion der „naturalistischen Theorie" 206–243; spezieller: Über Scham und Schamgefühl (geschrieben 1913) in: Gesammelte Werke X insbes. 114 ff.

63 Vgl. u. a. M. Scheler, Phänomenologie und Erkenntnistheorie (geschr. 1913/14); Lehre von den drei Tatsachen (geschr. 1911/12).

64 Vgl. unten S. 35/36.

65 M. Scheler, Mensch und Geschichte, in: Philosophische Weltanschauung (1929), insbes. 27 ff.

66 A.a.O. 28.

67 M. Scheler, Die Stellung des Menschen im Kosmos (1927 [X]1947) 55; vgl. 52–65. Scheler versucht durch Kritik sowohl der „klassischen Theorie" (der Geist hat die Macht) als auch der „negativen Theorie" (Geist als Epiphänomen der Triebe) zugleich ihre Wahrheiten zu verbinden.

68 A.a.O. 52: „der Mensch kann seine Triebenergie zu geistiger Tätigkeit ‚*sublimieren*'." Vgl. a.a.O. 74: „den Geist ... zu verwirklichen, vermag das Leben allein"; „die *Verlebendigung des Geistes* ... allein verdient rechtmäßig ‚Sublimierung' genannt zu werden – nicht aber ein mystischer Vorgang, der den Geist aus der Triebverdrängung entspringen lassen ... soll": a.a.O. 58. Vgl. zur Freud-Diskussion auch a.a.O. 76/77.

69 Hier ließe sich auch auf die – bes. die frühen – Arbeiten Häberlins – der selbst ein persönliches Freud-Verhältnis hatte: vgl. z. B. L. Binswanger, Erinnerungen an Sigmund Freud (1956) 19/20 – hinweisen: P. Häberlin, Der Geist und die Triebe (1924) u. a.

70 Allerdings ebenfalls durchweg kritisch. Vgl. A. Gehlen, Der Mensch. Seine Natur und seine Stellung in der Welt (1940) bes. 378 ff.; A. Gehlen, Die Seele im technischen Zeitalter (1957) ist „der Überzeugung, daß die Psychoanalyse den Höhepunkt ihres Einflusses, wenigstens in Mitteleuropa, insofern hinter sich gelassen hat, als sie kaum mehr als Theorienzusammenhang weiterlebt, sondern als Blickweise": a.a.O. 94, betont zugleich, „daß die Sozialwissenschaften durch Freudsches Gedankengut weit stärker beeinflußt worden seien als durch irgendeine andere psychologische Lehrmeinung": a.a.O. 97.

71 Vgl. unten bes. S. 261/262, vor allem S. 472 Anm. 26.

72 J. P. Sartre, L'Être et le néant (1943).

73 H. Horkheimer und Th. W. Adorno, Dialektik der Aufklärung. Philosophische Fragmente (1947); Th. W. Adorno, Minima moralia. Reflexionen aus dem beschädigten Leben (1951); u. a.

74 „This essay employs psychological categories because they have become political categories" und damit philosophische Kategorien: H. Marcuse, Eros and Civilisation. A Philosophical Inquiry into Freud ([X]1956).

75 Untertitel von L'être et le néant. Vgl. auch J. P. Sartre, L'Imagination ([3]1950) Kap. IV: Husserl 139–159.

76 Th. Wiesengrund (Adorno): Die Transzendenz des Dinglichen und Noematischen in Husserls Phänomenologie. Frankfurter phil. Diss. (Masch.-Schr.) 1925 (Referent: H. Cornelius).

77 Th. W. Adorno, Zur Metakritik der Erkenntnistheorie. Studien über Husserl und die phänomenologischen Antinomien (1956).

78 A.a.O. 31: „Die wissenschaftliche Gestalt der Ursprungsphilosophie war die Erkenntnistheorie. Sie wollte das absolut Erste zum absolut Gewissen erheben durch Reflexion auf das Subjekt"; „Husserls Programm von Philosophie als strenger Wissenschaft, die Idee absoluter Sekurität, ist solchen Schlages": a.a.O. 25. Aber: „Es ist ein Fehlschluß, was dauert, sei wahrer, als was vergeht. Die Ordnung, welche die Welt zum verfügbaren Eigentum ummodelt, wird für die Welt selber ausgegeben": ibid. Das Argumentenrepertoire dieser Kritik ist – obwohl sie ihn bekämpft – demjenigen Heideggers ungemein ähnlich; allerdings: wo bei diesem das Sein, wird bei Adorno der „reale Prozeß der Gesellschaft" a.a.O. 35 gegen Husserl eingeklagt. Ihre Veränderung ist die Aufgabe, bei der psychoanalytische Mittel wichtig werden. "Ist das Zeitalter der Interpretation der Welt vorüber und gilt es sie zu verhindern, dann nimmt Philosophie Abschied ... Nicht die erste Philosophie ist an der Zeit, sondern eine letzte": a.a.O. 49.

79 Vgl. etwa M. Merleau-Ponty. Phénoménologie de la perception ([13]1945) 199 Anm. 1: „Pas plus que de la psychanalyse on ne peut se débarrasser du matérialisme historique en condamnant les conceptions ‚rédustrices' et la pensée causale au nom d'une méthode déscriptive et phénoménologique, car pas plus qu'elle il n'est lié aux formulations ‚causa-

les' qu'on a pu en donner et comme elle il pourrait être exposé dans un autre langage ... la prise de conscience est évidamment un phénomène culturel, et par là peuvent s'introduire dans la trame de l'histoire toutes les motivations psychologiques" usf. Dieser Ansatz verhält sich im nämlichen Maße kritisch zur Psychoanalyse wie derjenige Sartres; vgl. Anm. 88.

80 Vgl. die ausführliche Besprechung unten S. 262–264 und 265/266.

81 J. P. Sartre, L'Être et le néant ([18]1943) Kap. La Psychanalyse existentielle 643–663.

82 U. a. H. Horkheimer, Th. W. Adorno, H. Marcuse, zeitweilig auch J. Habermas.

83 Die – wie man sie nennen könnte – ‚Formen der Psychoanalyse unterwegs zum dialogischen Prinzip': Binswanger (vgl. die Analyse unten S. 266–267), Frankl, v. Gebsattel u. a., die jeweils eine enge Beziehung zur „Existenzphilosophie" ausbilden; ebenso vgl. den Ansatz von P. R. Hofstätter; zu dessen Freudverhältnis: Einführung in die Tiefenpsychologie ([2]1948).

84 Vgl. unten S. 262 ff.; vgl. auch insgesamt unten S. 33 ff. – Die hier erwähnten Positionen rezipieren Freud nicht weniger als z. B. Scheler ‚mit Vorbehalt'; aber handelte es sich dort um einen ‚metaphysischen' (wesensphilosophischen) Vorbehalt, so jetzt hier um einen ‚geschichtsphilosophischen'. Eine genauere Analyse der jeweils vorhandenen Freud-Kritik insbes. des existenzphilosophischen und des soziologischen Zweiges dieser Psychoanalyserezeption würde sie als *Psychologismuskritik von der Geschichtsphilosophie her* kennzeichnen müssen (im Unterschied zur Psychologismuskritik von der Wesensphilosophie her: der radikalen des frühen Husserl, und der temperierten, die auch noch den späten Scheler prägt); ihre Argumente – die wesentlich die Naturalisierung des Geschichtlichen als eine Form von Verewigung des Flüchtigen (Apologie des Bestehenden und Beständigen) kritisieren – sind unten S. 217/218 knapp zusammengefaßt. Das repräsentative Buch dieser ‚anderen Psychologismuskritik' ist noch ungeschrieben.

85 Natürlich auch – z. T. in wirklich horrend simplifizierender Art – von psychoanalytischen Autoren. Aber eben nicht nur von ihnen. Ein – von Simplifizierung gewiß weit entfernter – Gegenbeleg ist K. Jaspers, Strindberg und van Gogh. Versuch einer pathographischen Analyse unter vergleichender Heranziehung von Swedenborg und Hölderlin (1922); Jaspers ist ganz alter – vgl. E. Jones, Sigmund Freud, Life and Work II (1955) chapter IV: Opposition (vor dem Ersten Weltkrieg), bes. 123: „Pfister (had to contend) with Förster and Jaspers" – Gegner der Psychoanalyse und ist es, entfernt von allem „liebenden Kampf", geblieben; vgl. Allgemeine Psychopathologie (1913 [5]1948), kritisch bes. 299–302 und 646–648; dort 648: Jaspers „Blick zeigte sich" an der Psychoanalyse „nur das existenzlos nihilistische Prinzip, daß mir gleichzeitig wissenschaftszerstörend und philosophiezerstörend erschien. Später habe ich weder ihn (sc. Freud) noch seine Anhänger außer in gelegentlichen bestätigenden Stichproben gelesen". Vgl. auch: K. Jaspers, Zur Kritik der Psychoanalyse (1950) in: Rechenschaft und Ausblick (1951) 221–230; Vernunft und Widervernunft in unserer Zeit (1950) bes. 17–22. Jaspers bezahlt seine Opposition gegenüber dem – nicht nur psychoanalytisch – genealogischen Verfahren mit dem Beziehungslosbleiben der in seinen Philosophendarstellungen gegebenen pathographienahen Biographien zur Diskussion der jeweiligen Philosophie. Ein Beispiel ist das Schelling-Buch. Dem Protest gegen geschichtliches Denken zerfällt jede Philosophie in Pathographie und Suche nach Ähnlichkeiten einzig mit der interpretierenden Position.

86 Vgl. die Grundthese der Ästhetikvorlesungen J. Ritters: dazu unten S. 370 Anm. 24.

87 Vgl. J. Ritter, Die Aufgabe der Geisteswissenschaften in der modernen Gesellschaft, in: Jahresschrift 1961 der Gesellschaft zur Förderung der Westfälischen Wilhelms-Universität zu Münster 11–39, mit der These, „daß die Ausbildung der Wissenschaften von der Geschichte und der geschichtlichen, geistigen Welt des Menschen zu dem realen Prozeß gehört, in dem sich die moderne Gesellschaft in Europa, jetzt überall auf der Erde in der

Emanzipation aus den ihr vorgegebenen geschichtlichen Herkunftswelten konstituiert" (31) – und zwar genau im Sinne einer solchen ,Wiederkehr des Verdrängten': es „übernehmen ... die Geisteswissenschaften, das zu vergegenwärtigen, was ohne sie und da, wo der reale Prozeß der Entgeschichtlichung sich selbst ohne die Möglichkeit der Korrektur überlassen bliebe, notwendigerweise für die Gesellschaft mehr und mehr bedeutungslos werden und schließlich überhaupt aus dem Zusammenhang ihrer Welt verschwinden müßte" (33): „So kann man sagen, daß die Gesellschaft selbst die Geisteswissenschaften als das Organ hervorbringt, das ihre Abstraktheit und Geschichtslosigkeit ausgleichen kann" (34).

88 Vgl. a.a.O. 33/34: „In dieser für die moderne Gesellschaft konstitutiven und unaufhebbaren Abstraktheit und Geschichtslosigkeit ist die Zugehörigkeit der Geisteswissenschaften zu ihr begründet. Sie werden auf ihrem Boden ausgebildet, weil die Gesellschaft notwendig eines Organs bedarf, das ihre Geschichtslosigkeit kompensiert und für sie die geschichtliche und geistige Welt des Menschen offen und gegenwärtig hält, die sie außer sich setzen muß ... Darin zeigt sich die allgemeine Funktion, die die Geisteswissenschaften im Verhältnis zu der abstrakten Wirklichkeit der Gesellschaft – Organ ihrer geistigen Kompensation – übernehmen." Vgl. auch die in der Grundfigur nicht unähnlichen Überlegungen von E. Neumann, Ursprungsgeschichte des Bewußtseins (1940), über „die kompensatorische Funktion der Symbolwelt" insbes. 585 ff.

89 Vgl. etwa M. Heidegger, Sein und Zeit (1927) 276: „Das Dasein flieht vor dieser (sc. seiner Geworfenheit) in die Erleichterung der vermeintlichen Freiheit des Man-selbst. Diese Flucht wurde gekennzeichnet als die Flucht vor der Unheimlichkeit, die das vereinzelte In-der-Welt-sein im Grunde bestimmt." Und so an vielen Stellen. Vgl. auch die Kategorie des „Zurückweichens": unten Anm. 97.

90 Vgl. Th. W. Adorno, E. Prenkel-Brunswik, D. B. Levinson, H. Revitt Senford, The Authoritarian Personality (1950; = Studies in Prejudice ed. Horkheimer/Plowerman 1).

91 Grundformulierung von J. Breuer/S. Freud, Über den psychischen Mechanismus hysterischer Phänomene (1893) I 85.

92 „Wir fanden" – formulieren Breuer/Freud a.a.O. 85 – „... daß die einzelnen hysterischen Symptome sogleich und ohne Wiederkehr verschwanden, wenn es gelungen war, die Erinnerung an den veranlassenden Vorgang zu voller Helligkeit zu erwecken" – und just so attackieren die hier in Frage stehenden Philosophien die Miseren der Gegenwart durch eine mehr oder minder zur Aktion geratende Anamnese; sei es – marxistisch – in der Durchbrechung und Korrektur des notwendig falschen Bewußtseins einer Klasse, die sich ein zutreffendes Selbstverständnis zugunsten ihres Bestandes nicht leisten kann, durch revolutionäre Etablierung der unterdrückten und verleugneten Geschichtskräfte: G. Lukács, Geschichte und Klassenbewußtsein (1923); vgl. die Arbeiten von Goldmann und Lefebvre; sei es – existensphilosophisch-seinsgeschichtlich – im „Andenken" an das „Sein" auf dem Wege einer Korrektur der „Seinsvergessenheit" des „uneigentlichen" Daseins: M. Heidegger, Sein und Zeit (1927): Fundamentalontologie wird zum Entlarvungs-, zum Demaskierungsakt: „Aber *muß* denn die ontologische Interpretation überhaupt mit der vulgären Auslegung übereinstimmen? Trifft diese nicht ein grundsätzlicher ontologischer Verdacht? Wenn sich das Dasein zunächst und zumeist aus dem Besorgten her versteht und seine Verhaltungen alle als Besorgen auslegt, wird es dann nicht gerade *die* Weise seines Seins verfallend-verdeckend auslegen, die es als Ruf aus der Verlorenheit in die Besorgnisse des Man zurückholen will? Die Alltäglichkeit nimmt das Dasein als ein Zuhandenes, das besorgt, d. h. verwaltet und verrechnet wird": a.a.O. 289: gegen ihren im „Verfallen" gründenden Widerstand muß also die Daseinsanalytik wesentlich zu einer Aufdeckung und Freilegung des in der alltäglichen Uneigentlichkeit Vergessenen und Verdrängten werden – zu einer Rehabilitierung des innerhalb der Metaphysikgeschichte Inoffiziellen und Tabuierten: der Zeitlichkeit, der Existenz, der Endlichkeit, des Nichts und des Seins: all das ist ja, meint Heidegger,

innerhalb der Geschichte des Abendlandes zur Nichtigkeit verdammt worden; aber es hat zugleich – als geheime Kraft des Verleugneten – das an der isolierten „Gegenwart" orientierte Vorhandenheitsdenken (Vorstellen) zu Abwehrmaßnahmen durch den Schutzbau einer „übersinnlichen" Welt getrieben, als deren Etablierung und Zerfall Heidegger die abendländische Metaphysikgeschichte beschreibt, die so nicht geringe Ähnlichkeit mit dem Bau der Krankengeschichte einer Zwangsneurose bekommt. Dabei wird ihm Interpretation zur „Wiederholung": „Unter der Wiederholung eines Grundproblems verstehen wir die Erschließung seiner ursprünglichen, bislang verborgenen Möglichkeiten": Kant und das Problem der Metaphysik ([2]1951) 185; am interpretierten Denker interessiert ihn „das in seinem Sagen Ungesagte": Platons Lehre von der Wahrheit ([2]1954) 5, also etwa – in den Vorsokratikerinterpretationen – die Sprache, deren eigentliches Sagen und Denken gegenüber dem nur des Denkers zur Geltung gebracht werden muß; usf. Vgl. dazu unten Anm. 102 und 103. Andenken ans Ungedachte (anamnestische Freilegung eines offiziell Verleugneten) ist die kritische Grundfigur dieses Denkens, das – wie Heidegger, Was ist Metaphysik ([5]1949) 12 formuliert – als „Geschick des Seins in der Angst auszuhalten (ist), um erst das Denken an die Seinsvergessenheit zum Austrag zu bringen... Was hat das Seinsgeschick dieser Angst ... mit ... Psychoanalyse zu tun?" Offenbar doch eine ganze Menge – vorausgesetzt, man versteht diese Feststellung als Problemformulierung und nicht als billige Gleichsetzung. Mit diesem Vorbehalt vgl. auch den Versuch von J. Meinerts, Moderne Seinsprobleme in ihrer Bedeutung für die Psychologie (1948), „Die Existenzialontologie Heideggers und die Tiefenpsychologie" 12–33 in eine gewisse Verbindung miteinander zu bringen. – Nicht ohne Zusammenhang mit diesem Ansatz Heideggers – wenn auch im Protest dagegen – hat H. Blumenberg, Paradigmen zu einer Metaphorologie (1960), ebenfalls das innerhalb der Philosophien Unreflektierte ‚erinnert' und zum Thema gemacht: die Metaphern; auch das ist eine solche philosophische Gegenwartsform der anamnestischen Rehabilitierung des Inoffiziellen, des ‚ungelebten Lebens': hier die Anamnesis jener Sprache, die in der Philosophie zwar irgendwie ‚da' und eminent wirksam, aber nicht reflektiert und offiziell geworden ist. Daß das bei Blumenberg mit seriösester Behutsamkeit geschieht, sei hier ausrücklich betont und zugleich ein Zeugnis dafür, welch verschiedenartigste Philosophie die gemeinte Grundfigur beherrscht.

93 Die Heideggerschule hat zur Psychoanalyse fast durchweg nur das Verhältnis schweigsamer Verachtung; vgl. aber unten S. 266–267. Wie wenig z. Zt. in der offiziell marxistischen Philosophie eine Auseinandersetzung mit Psychoanalytika im Gange ist, zeigt exemplarisch W. Goerdt, ‚Fragen der Philosophie'. Ein Materialbeitrag zur Erforschung der Sowjetphilosophie im Spiegel der Zeitschrift ‚Voprosy Filosofi' 1947–1956 (1960), der für diesen Zeitraum in dieser repräsentativen Philosophie-Zeitschrift der Sowjetunion nur ‚eine' beiläufige Erwähnung des „Freudismus" meldet; das war offenbar innerhalb des Marxismus nicht immer so: vgl. Krise der Psychologie – Psychologie der Krise (Berlin 1932; Selbstverlag der Fachgruppe für dialektisch-materialistische Psychologie); vgl. auch S. Freud, Selbstdarstellung (1925) XIV 81: "Während der kurzen Dauer der bolschewistischen Herrschaft in Ungarn konnte *Ferenczi* noch eine erfolgreiche Lehrtätigkeit als offizieller Vertreter der Psychoanalyse an der Universität entfalten." Das sind hier freilich nur einige Hinweise zu diesem komplexen Thema.

94 Erstens in der sog. „Individualpsychologie" A. Adlers: Studie über Minderwertigkeit von Organen (1907); Über den nervösen Charakter (1910), bes. „Theoretischer Teil" 1–60; Praxis und Theorie der Individualpsychologie (1912) u. a.: Deutung der Schwierigkeiten des Menschen mit sich als Komplikationen im Zusammenhang von Soziabilitätsstörungen. Zweitens im sog. „Neofreudianismus": vgl. u. a. die Arbeiten von E. Fromm, K. Horney, H. Stack Sullivan; vgl. C. Thompson, Psychoanalysis: Evolution and Development (1951).

95 Die „Daseinsanalyse" L. Binswangers: vgl. unten S. 266/267; die „Logotherapie"

Frankls, vgl. V.E. Frankl, Der unbedingte Mensch (1949); Homo patiens. Versuch einer Pathodizee (1950); vgl. außerdem vor allem: V. E. Frhr. v. Gebsattel, Prolegomena zu einer medizinischen Anthropologie (1954); dazu: I. A. Caruso, Psychoanalyse und Synthese der Existenz. Beziehung zwischen Psychoanalyse und Daseinswerten (1952); Bios – Psyche – Person. Eine Einführung in die allgemeine Tiefenpsychologie (1957); auch: A. Görres, Methode und Erfahrungen der Psychoanalyse (1958); u. a. vgl. von demselben auch: Moral in Gegensätzen. Dialektische Legenden (1911).

96 E. Bloch, zusf.: Das Prinzip Hoffnung I (1953) 60–195.

97 Interpretationskategorie Heideggers bei der Deutung der Geschichte der Metaphysik, angewandt vor allem auf Kant, Hegel, Nietzsche, reflektiert in: Kant und das Problem der Metaphysik ([2]1951) 146 ff., begründet a.a.O. 185 und 195, Sein und Zeit (1927) 19–27.

98 Interpretationskategorie von G. Lukács, Die Zerstörung der Vernunft (1954); vgl. unten S. 362 Anm. 144.

99 Vgl. dazu noch einmal M. Heidegger, Kant und das Problem der Metaphysik ([2]1951) 182/183: daß „in jeder philosophischen Erkenntnis nicht das entscheidend werden muß, was sie in den ausgesprochenen Sätzen sagt, sondern was sie als noch Ungesagtes durch das Gesagte vor Augen legt... Um freilich dem, was die Worte sagen, dasjenige abzuringen, was sie sagen wollen, muß jede Interpretation notwendig Gewalt brauchen". Vgl. die Frage a.a.O. 220: „Werden wir die vorgelegte fundamentalontologische Interpretation der Kritik der reinen Vernunft so verstehen wollen, daß wir in ihrem Besitz uns klüger dünken als die großen Vorfahren? Oder liegt in unserem eigenen Bemühen, wenn wir es überhaupt vergleichen dürfen, am Ende nicht auch ein verborgenes Ausweichen vor etwas, was wir – und zwar nicht zufällig – nicht mehr sehen?"

100 Kritische Grundkategorie insbes. der von Marx beeindruckten Geschichtsphilosophie, gegenüber der in ihrer Funktion ähnlichen Kategorie der „Verdinglichung" – vgl. G. Lukács, Die Verdinglichung und das Bewußtsein des Proletariats, in: Geschichte und Klassenbewußtsein (1923) 92–228, nicht weniger als M. Heidegger, Sein und Zeit (1927) 437 – betont bes. seit der ersten Ausgabe der Frühschriften von K. Marx, Der historische Materialismus ed. Landshut/Mayer (1932).

101 Kritische Grundkategorie Heideggers; vgl. etwa M. Heidegger, Vorträge und Aufsätze (1954) 71: „‚Metaphysik' ist ... als Geschick der Wahrheit des Seienden gedacht, d. h. der Seiendheit, *als* einer noch verborgenen, aber ausgezeichneten Ereignung, nämlich der Vergessenheit des Seins." „Ist vollends die Metaphysik der Geschichtsgrund der abendländischen und europäisch bestimmten Weltgeschichte, dann ist diese ... nihilistisch. Aus dem Geschick des Seins gedacht, bedeutet das nihil des Nihilismus, daß es mit dem Sein nichts ist... Die Wahrheit des Seins entfällt. Sie bleibt vergessen": Holzwege (1950) 244.

102 Vgl. wiederum M. Heidegger, Kant und das Problem der Metaphysik ([2]1951) 210/211: „Alle fundamentalontologische Konstruktion, die auf die Enthüllung der inneren Möglichkeit des Seinsverständnisses zielt, muß im Entwerfen das in den Entwurf Genommene der Vergessenheit entreißen. Der fundamentalontologische Grundakt ... ist daher eine ‚Wiedererinnerung'." Vgl. a.a.O. 218 u. ö.

103 K. Löwith, Heidegger. Denker in dürftiger Zeit (1953) 92 Anm. 1: „er hört aus dem, was gesagt wird, ein Ungesagtes heraus, welches das eigentlich motivierende, wenn auch verborgene Motiv des Gesagten ist: anfängliche Verfehlungen, die vergessen worden sind und die als anfängliche alle weiteren Geschicke des Menschen im voraus entscheiden und überholen, indem sie unbewußt die ganze Lebensgeschichte bestimmen – bis ein Heilender kommt, der es wagt, die lange Geschichte dieses Geschicks zu ‚wiederholen'. Methodisch verwandt der Psychoanalyse ist auch die Art und Weise, wie Heidegger, durch eine argumentatio ex privativo, mögliche Gegenargumente von vornherein dadurch entkräftet, daß er sie in seine eigenen Voraussetzungen einbezieht. Wer

zum Beispiel bestreitet, daß das, ‚was dasteht', nur die Vormeinung eines Auslegers ist, muß sich sagen lassen, daß er zwar notwendig so denken müsse, aber nur deshalb, weil er dem ‚Man' verfallen ist, das sich weigert, über das Dastehende hinauszugehen. Die existenzialontologische Auslegung hat in jedem Falle recht, weil der Widerstand gegen sie nur beweist, daß er selbst einem ‚defizienten modus' des zu Erweisenden entspringt."

104 Im Anschluß an J. Trier von H. Weinrich, Münze und Wort, Untersuchungen an einem Bildfeld, in: Romanica. Festschrift für Gerhart Rohlfs (1958) 588–521, geprägter Ausdruck.

105 Im Unterschied z. B. zur „juristisch" orientierten Metaphernsprache des sog. Deutschen Idealismus: vgl. etwa unten S. 77/78.

106 Vgl. z. B. bereits M. Scheler, Über Ressentiment und moralisches Werturteil. Ein Beitrag zur Pathologie der Kultur (Aufsatz 1912); repräsentativ ist das eminent wirkungsreiche Buch von H. Sedlmayer, Verlust der Mitte (1948), das die moderne Kunst und Welt nach der „analogia morbi" (a.a.O. 165) denkt und entsprechend gegliedert ist: „Erster Teil: Symptome"; Zweiter Teil: Diagnose und Verlauf"; „Dritter Teil: Zur Prognose und Entscheidung"; M. Heidegger, Zur Seinsfrage (1956), diskutiert zustimmend und distanziert zugleich die „ärztliche Lagebeurteilung" (10) von E. Jünger, Über die Linie (1952) und nennt „die Haltung" von dessen nicht unrepräsentativer „Schrift eine ärztliche, was schon die Gliederung in Prognose, Diagnose, Therapie andeutet. Der junge Nietzsche nennt den Philosophen einmal den ‚Arzt der Kultur'" (9): das zwar tut Heidegger selbst nicht, aber nur wegen der Nähe des Arztes zum rationellen Besorgen vermeidet er Identifizierung. K. Jaspers, Die geistige Situation der Zeit (1931 [5]1949) versucht eine „erweckende Prognose": a.a.O. 29 und 221 ff.; insgesamt ist die Zahl zeitgenössischer Situations-‚Diagnosen' und ‚Pathologien' des gegenwärtigen Zeitalters ungemein beträchtlich; eine einschlägige Bibliographie bleibt Desiderat. Hingewiesen sei hier noch auf die interessante Studie von G. Rohrmoser, Die unbewältigte Geschichte. Bemerkungen zum Werk Friedrich Heers, in: Hochland 52 (1959/60) 273–280, die Heer auf Spuren Freuds und mehr noch Jungs ertappt: „Der Bildungsauftrag eines christlichen Historikers wird bestimmt in innerer Analogie zum Modell des psychoanalytischen Therapeuten" (275); und schließlich verrät auch Rohrmosers Kritik von „Heers Pseudomorphose in die psychoanalytische Thematik" (279) selbst eine nicht geringe Nähe zu ebendieser.

107 Vgl. M. Heidegger, Der Satz vom Grund (1957): er betont, „mit welcher Langsamkeit der Satz vom Grund zum Vorschein kommt. Man möchte die lange Zeit, die er dazu brauchte, seine Incubationszeit nennen": a.a.O. 15 und immer wieder.

108 Vgl. unten S. 35 ff.

109 Die an Freud anknüpfende Verwandlung der Psychologie ist natürlich nicht die einzige; über ihre innerpsychologische Bedeutsamkeit zu befinden ist weder Sache dieser Arbeit, noch ist es für ihren Zusammenhang erforderlich. Daß gerade die Psychoanalyse herausgegriffen wird, hat den Grund, daß für die hier versuchte Überlegung das Geschichtsproblem im Zentrum steht und daß die Psychoanalyse eine Psychologie ist, von der her zum Geschichtsproblem enge Beziehungen zu bestehen scheinen. Wenn überdies der von W. Metzger geprägte Psychologismusbegriff – vgl. oben Anm. 22 – den ‚Psychologismus in der Philosophie' mindestens insofern mitcharakterisiert, daß auch dieser philosophische Psychologismus stets an „zurückführende" Methoden sich anzuschließen die Tendenz hatte, wäre es auch von dorther plausibel, daß gerade die Psychoanalyse es ist, die für einen ‚neueren Psychologismus in der Philosophie' Bedeutung erhält: gerade sie ist ja – mit dem Ziele einer „historischen Zurückführung": S. Freud, Vorlesungen zur Einführung in die Psychoanalyse (1917) XI 279 – eine eminent „zurückführende" Psychologie. Ausdrücklich sei hier betont, daß nach Meinung dieser Arbeit das Thema ‚Bedeutung psychologischer Aspekte für die Philosophie' *umfangrei-*

cher ist als das hier allein diskutierte Sonderproblem jenes ‚neueren Psychologismus in der Philosophie'. Daß die Frage nach der philosophischen Ergiebigkeit der Psychologie gerade auch im Blick auf die aufkommende Gestaltpsychologie – vgl. W. Metzger, Psychologie, Die Entwicklung ihrer Grundannahmen seit der Einführung des Experiments ([2]1954) – gestellt werden mußte, wird also hier nicht nur nicht bestritten, sondern ausdrücklich bejaht, zumal doch „die Früchte der Klärungsarbeit, die von der experimentellen Psychologie geleistet wurde, ... den Nachbarfächern, sowohl den naturwissenschaftlichen wie den geisteswissenschaftlichen, ebenfalls zugute kommen (werden), und auch die Philosophie ... auf die Dauer kaum davon unberührt bleiben" wird: a.a.O. VI. Übrigens hat wohl auch der späte Husserl einer Verwandlung der (philosophiebedeutsamen) Psychologie in dieser Richtung eher das Wort geredet als einer Verwandlung in Richtung auf die Tiefenpsychologie. Für Husserl selbst war – vgl. oben Anm. 8 – die Stellungnahme der „Logischen Untersuchungen" ja durchaus nicht der Abbruch des Gesprächs zwischen Philosophie und Psychologie und ebensowenig Husserls letzter Beitrag zu diesem Gespräch. Vielmehr erwartete gerade auch er von einer verwandelten Psychologie philosophische Ergiebigkeit: sie soll „der Entwicklung einer echten Transzendentalphilosophie ... helfen": E. Husserl, Die Krisis der europäischen Wissenschaften und die transzendentale Phänomenologie (1935 ff.) VI 207, und eben diesem Zweck dient die schwierige Überlegung der „Krisis" III D („Der Weg in die phänomenologischen Transzendentalphilosophie von der Psychologie aus": a.a.O. 194–269). Vorphänomenologisch freilich gilt nach der Meinung Husserls, „daß die Transzendentalphilosophie ..., abgesehen von der Sorge vor dem Psychologismus, Grund genug hatte, bei der Psychologie keinen Rat zu erhoffen. Das lag an der Psychologie selbst und an dem schicksalsvollen Irrweg, der ihr durch die Besonderheit der neuzeitlichen Idee einer objektiven Wissenschaft more geometrico und darin der psychophysische Dualismus aufgenötigt worden war. Ich will im weiteren zu zeigen versuchen (so paradox diese These hier erscheinen muß), daß gerade dieser sinnverfälschende Bann, der auf der Psychologie lag und der sie bis heute verhinderte, ihre eigentümliche Aufgabe zu erfassen, die Hauptschuld daran trägt, daß die Transzendentalphilosophie aus ihrer peinlichen Situation keinen Ausweg fand": a.a.O. 206. „Man hat der Psychologie die gleiche Objektivität zugemutet wie der Physik, und eben damit ist eine Psychologie im vollen und eigentlichen Sinne ganz unmöglich gewesen; denn für die Seele, für die Subjektivität als individuelle, als Einzelperson und Einzelleben, ebenso wie als gesellschaftlich geschichtliche, als soziale im weitesten Sinne, ist eine Objektivität nach Art der naturwissenschaftlichen geradezu ein Widersinn": a.a.O. 271. „Hätte die Psychologie nicht versagt, so hätte sie eine notwendig vermittelnde Arbeit geleistet für eine konkret-handanlegende, von allen Paradoxien befreite Transzendentalphilosophie": a.a.O. 206/207. Wie das genau gemeint ist – damit befaßt sich die hier versuchte Überlegung ebensowenig, wie mit der ebenfalls von Husserl betonten Verpflichtung der Psychologie, „nach dem ihr als Universalwissenschaft vom psychischen Sein wesensmäßig allein echten Aufgabensinn zu fragen": a.a.O. 207. Wohl aber entnimmt sie Husserls Überlegungen ganz allgemein die Ermunterung zur Aufmerksamkeit auf die philosophische Bedeutung von Veränderungen der Situation in der Psychologie.

110 Vgl. unten S. 29–42 und 65/66.

Anmerkungen zu „Wesensphilosophie und Geschichtsphilosophie“

1 S. Kierkegaard, Abschließende unwissenschaftliche Nachschrift zu den Philosophischen Brocken, 1. Teil (1846) XVI 13.

2 S. Kierkegaard, Philosophische Brocken (1844) X 11.

3 M. Müller, Existenzphilosophie im geistigen Leben der Gegenwart (1949 ^{2}1958), meint *diesen* Begriff der Wesensphilosophie – Philosophie, die Immerstimmendes über Immerseiendes sagen will –, wenn er „Wesensphilosophie“ von „Daseinsphilosophie“ unterscheidet und Metaphysik als Wesensphilosophie interpretiert. Aber er hat sie unvorsichtig definiert als „Philosophie, deren Grundbegriff die essentia ist“ (15). Angesichts dieser Definition war L. Oeing-Hanhoff durchaus im Recht, die Gleichsetzung von – insbes. aquinatischer – Metaphysik und Wesensphilosophie zu bestreiten: keineswegs jede Metaphysik hat als „Grundbegriff die essentia“, gerade die entscheidenden Metaphysiker – zumindest post Christum – haben das esse thematisiert; es ist unbestreitbar, „daß in der thomistischen Metaphysik der Akt des Existierens, das Sein, einen gewissen Primat besitzt“, so daß E. Gilson sie „sogar als die einzige ‚philosophie existentielle‘ bezeichnet“: L. Oeing-Hanhoff, Wesensphilosophie und thomistische Metaphysik. Zu Etienne Gilson: ‚L'être et l'essence‘. In: Theologische Revue 50 (1954) 201–218. Freilich: auch und gerade diese „philosophie existentielle“ will über das Sein als ein Immerseiendes Immerstimmendes sagen und ist also – wie jede Metaphysik, die als Wissenschaft will auftreten können – eine Philosophie, die Immerstimmendes über Immerseiendes sagen will und in *diesem* Sinn Wesensphilosophie d. h. keine (wie im folgenden gesagt wird) Geschichtsphilosophie und somit auch keine „Daseinsphilosophie“ im Sinne Müllers (d. i. nicht primär eine „an der existentia orientierte Philosophie“: Müller a.a.O. 15, und auch nicht sosehr eine Philosophie, die die Seinsfrage stellt, sondern eine Philosophie, die der Geschichte und dem „Augenblick“ d. h. der Zeit entscheidende Bedeutung zuspricht nach Art der – wie im folgenden gesagt wird – ‚Faktizitätstheorien‘). Müller führt a.a.O. das Gespräch nur zwischen den Ansätzen, die nachfolgend ‚rigorose‘ Ansätze genannt werden (zwischen ‚Essentialismus‘ und ‚Faktizitätstheorie‘); die ‚konzilianten‘ Ansätze werden bei ihm fast ausnahmslos nicht diskutiert.

4 Darum – das ist die Konsequenz dieser These – gehört die Frage nach dem Geschichtlichen in die Historie und nicht in die Philosophie. Das impliziert die Unterscheidung zwischen „historischer“ und „systematischer“ Philosophie und den Versuch, an den Philosophien „Zeitliches“ und „Überzeitliches“ zu scheiden und (ähnlich den Tauben bei Aschenputtel) jenes ins Kröpfchen der Historie, dieses ins Töpfchen der Systematik zu tun. Es ist hier nicht zu untersuchen, ob nicht – trotz aller „systematischen“ Tinktion und Direktion philosophiehistorischer Forschung – am Pathos dieser Unterscheidung die Möglichkeit der Philosophiehistorie hängt und ob nicht mit dem Verschwinden dieser Unterscheidung – wie H. Lübbe bemerkt – die große Zeit der Philosophiehistorie notwendig vorbei ist. N. Hartmann hat versucht, die problematisch gewordene Unterscheidung historischer und systematischer Betrachtung der Philosophien durch eine Milderung zu retten: das „Übergeschichtliche“ sind nicht die „Systeme“, sondern die „Probleme“: „Denn Systeme sind zeitliche Erscheinungen, sie kommen und gehen, und eines vernichtet immer das andere; um dieser Flüchtigkeit der Systeme willen entbehrt die

Geschichte der Metaphysik des ‚sicheren Ganges einer Wissenschaft' und gleicht einem ‚Herumtappen' im Dunkeln. Aber alle Systeme drehen sich um dieselben Probleme. Probleme sind nicht erdacht wie die Gedankenbauten, die sich über ihnen erheben. Die Probleme sind das Ewige in der Flucht der Systeme": N. Hartmann, Diesseits von Idealismus und Realismus. Ein Beitrag zur Scheidung des Geschichtlichen und Übergeschichtlichen in der Kantischen Philosophie (1924), in: N. Hartmann, Kleinere Schriften 2 (1957) 284/285; vgl. dortselbst bes. 278–285: zum Problem vgl. von Hartmann außerdem vor allem: N. Hartmann, Zur Methode der Philosophiegeschichte (1909), in: Kleinere Schriften 3 (1958) 1–22; Der philosophische Gedanke und seine Geschichte (1936), in: Kleinere Schriften 2 (1957) 1–48; Zum Problem des geistigen Seins (1933) bes. 335 ff. und – allerdings nicht im Blick auf die Philosophie sprechend 396–405. Neuerdings scheint F. Alquié die Scheidung des Geschichtlichen und Übergeschichtlichen sehr radikal als Sache der philosophischen Interpretation anzusehen; dazu vgl. L. Oeing-Hanhoff, Descartes und das Problem der Metaphysik. Zu F. Alquiés Descartes-Interpretation, in: Kant-Studien 51 (1959/60) 196–217, bes. 197–200 und (kritisch) 208–217.

5 Im Sinne des S. 75 f. verwandten Begriffs. O. Most, Die Determinanten des seelischen Lebens I. Grenzen der kausalen Betrachtungsweise (1939), hat – vgl. oben S. 285 Anm. 17 – die einschlägigen Argumente jener Position, die hier „rigorose Wesensphilosophie" genannt wird, grundsätzlich entwickelt, ohne dabei die Fragen, die zu konzilianten Ansätzen weitertreiben, zu vernachlässigen. Most fragt: „Tragen alle Determinanten des seelischen Lebens kausalen Charakter? Ist die Psychologie berechtigt, die Begriffe ‚Determinante' und ‚Ursache' ineinszusetzen, oder muß sie auch akausale Determinanten anerkennen" (a.a.O. 7/8). Auf Grund seiner Überlegungen „muß eingeräumt werden, daß für das höhere seelische Leben außer kausalen Determinanten Fundierungen und Motivationen unmittelbar bedeutsam sind" (a.a.O. 274) und daß „die Erlebnisse, in denen uns Wesensverhalte als solche gegeben sind ... der kausalmonistischen Deutung des Psychischen sich entziehen" (a.a.O. 272). Es ist zu betonen, daß diese Argumente fürs Problem der Bedeutung jeder Art von Genealogie für die Philosophie, also auch für das Problem der Rolle des Geschichtlichen innerhalb der Philosophie Relevanz haben. Freilich: „Die Feststellung, daß im Bereich des Bewußtseins akausale Zusammenhänge bestehen, gehört zu den Sätzen, die – kaum ausgesprochen – neue Fragen hervortreiben" (a.a.O. IV), und zwar nicht nur die Frage nach der Freiheit, sondern auch die folgende: nicht trotz, sondern wegen der These ‚es gibt nicht nur kausale, sondern auch akausale Determinanten des seelischen Lebens' (folglich auch des philosophischen Denkens) muß – ohne daß darüber die Frage nach den akausalen Determinanten preiszugeben wäre – die Frage verfolgt werden: welche Bedeutung haben denn nun gleichwohl die „kausalen" Determinanten fürs seelische Leben bzw. welche Bedeutung hat gleichwohl die Genealogie für philosophische Aussagen? Der Kausalismus darf – auch in Bezug auf die Theorie der Philosophie – durch keinen Akausalitätsmonismus ersetzt worden; und so gestatten Mosts Analysen nicht nur, sie verlangen geradezu die Frage nach der Rolle der Genealogie in der Philosophie und den Übergang zu einer konzilianten Wesensphilosophie, zu dem etwa Scheler sich angeschickt hat, vgl. Anm. 7.

6 Kierkegaard diskutiert in den „Philosophischen Brocken" (1844) die Frage nach der Bedeutsamkeit des „Augenblicks" als Frage nach der Bedeutsamkeit des „Lehrers": in welchem Maße der Lehrer Bedeutung hat für die Wahrheit, in solchem Maße der Augenblick (das Geschichtliche). Für die konziliante Wesensphilosophie hätte die Geschichte die Bedeutung „nur" des „sokratischen" Lehrers, d. h. für Kierkegaard: im Grunde keine. „Verhält es sich so mit dem Lehren der Wahrheit, so kann es mich nur historisch interessieren, ob ich von Sokrates oder von Prodikes oder von einem Dienstmädchen gelernt habe; oder aber ... beschäftigt es mich dichterisch ... Der zeitliche Ausgangspunkt ist ein Nichts, denn im selben Augenblick, da ich entdecke, daß ich von Ewigkeit her die Wahrheit gewußt habe, nur ohne es zu wissen, im selben Nu ist jener Augenblick

im Ewigen versenkt, von ihm aufgesogen... Soll sich dies anders verhalten, so muß der Augenblick in der Zeit entscheidende Bedeutung haben, so daß ich keinen Augenblick, weder in der Zeit, noch in der Ewigkeit, ihn vergessen wollen kann, weil das Ewige, das zuvor nicht war, in diesem Augenblick wurde": S. Kierkegaard a.a.O. X 10/11 (Wortlaut Übs. Stumpf). Kierkegaard – wie auch Heidegger und seine Schule und wie insgesamt jede Faktizitätstheorie – interpretiert die ‚konziliante Wesensphilosophie' zurück auf die ‚rigorose'. Um dieser Argumentationsfigur zu entgehen, müßte die ‚konziliante Wesensphilosophie' Antworten entwickeln auf etwa folgende Fragen: was ist das für eine Art von ‚Bedeutung', die z. B. das Aufkommen der exakten Wissenschaften für die Wahrheit der Philosophie Kants, die christliche Offenbarung für die Wahrheit der Philosophie des Augustinus, die griechische Welt für die Wahrheit der Philosophie hat? Es müßte sich die Frage stellen, klären und entscheiden lassen, ob wir ‚irgendwie Griechen' sind, weil wir Philosophen, oder ob wir Philosophen sind, weil wir ‚irgendwie Griechen' sind? usf.

7 Diese maieutische Bedeutung der Geschichte scheint auch M. Scheler in seiner Überlegung der Realfaktoren und ihrer Bedeutung als Bedingungen der „Manifestationsfähigkeit" des Geistes – vgl. Die Stellung des Menschen im Kosmos (1947) 52; vgl. dazu S. 35/36 und S. 308ff. Anm. 88–95 – im Blick zu haben. Der Einwand gegen Scheler, das Problem der Mitbestimmung der realen Geschichte am Geistesleben entstehe erst dadurch, daß man zuvor den Geist von der Geschichte getrennt habe, und sei durch eine Reflexion der Bedingungen der Nötigkeit dieser Trennung zu ersetzen, scheint nicht durchweg überzeugend. Auch die Nahrungsbeschaffung wäre kein Problem, wenn man es ‚nur eben' unterlassen hätte, hungrig zu werden. Es gibt offenbar Probleme, die stärker sind als ihre „Überwindungen" und es könnte sein, daß das Problem Geist–Geschichte zu diesen stärkeren Problemen gehört. – Im Blick auf die ‚maieutische' Bedeutung der Geschichte scheint E. Gilson vorzugehen; vgl. L. Oeing-Hanhoff, Wesensphilosophie und thomistische Metaphysik. Zu Etienne Gilson: ‚L'être et l'éssence', in: Theologische Revue 50 (1954) 201–218. Gilsons „Überzeugung, daß ‚die Philosophie von ihrer Geschichte nicht trennbar ist'" (a.a.O. 202) folgt Oeing-Hanhoff in seinem eigenen Ansatz, den er – vgl. L. Oeing-Hanhoff, Descartes und das Problem der Metaphysik, in: Kant-Studien 51 (1951/60) bes. 208ff. – ausführlich reflektiert: „Die Metaphysik kann ... an dem Problem der Geschichte und der Geschichtlichkeit (nicht mehr) vorbeigehen" (a.a.O. 214), sie muß eine „Wesenserhellung der Geschichtlichkeit ... als regionale Ontologie des Geschichtlich-Seienden" (a.a.O. 215) ebenso durchführen wie die „Aufgabe einer philosophischen Bestimmung der eigenen geschichtlichen Situation" (a.a.O. 216). Wie die Ablehnung jeglicher Geschichtszieltheorie bzw. Endzwecktheorie der Geschichte (a.a.O. 215) mit der Frage nach der eigenen geschichtlichen Situation und der Konzeption sogar eines Fortschritts der Metaphysik (a.a.O. 217) zusammengehen kann, bleibt bei diesem Ansatz einstweilen offen: hier liegt zweifellos ein Zustand dieser Theorie vor, bei dem es nicht bleiben kann. – Daß Oeing-Hanhoff mit diesen Thesen sich Problemen zuwendet, die u. a. von den Analysen des Determinantenbuchs von O. Most akut werden, kann aus einem Vergleich der oben Anm. 5 angestellten Überlegungen deutlich werden.

8 Vgl. hierzu die Bedeutung der Prozeßmetapher (Prozeß = Rechtshandel) im Geschichtsdenken des sog. Deutschen Idealismus; dazu S. 77/78: juristische Grundbedeutung des dortigen Prozeßbegriffs ist eindeutig, weil er aus Kants „Deduktions"-Problematik heraus entwickelt ist und Kant nicht nur das Wort „Deduktion" wie „die Rechtslehrer" versteht, sondern auch die ganze „Kritik der reinen Vernunft" als „Prozeß" vor dem „Gerichtshof" der Vernunft ansetzt: vgl. S. 332ff. Anm. 39–43. „Die Weltgeschichte ist das Weltgericht" d. h. Geschichte ist Prozeß: geschichtliche Rede – also auch und gerade die der Geschichtsphilosophie im Sinne dieser Untersuchung – ist „Parteiendialog" (H. Lausberg), Verteidigungs- und Anklage- bzw. Angriffs-Rede mit Benennung und Einvernehmen von Belastungs- und Entlastungszeugen. Die plädierende Rede richtet

sich z. B. nach der Prozeßsituation und verlautbart keine abgelösten Sätze an sich. Dieser Prozeß ist im Geschichtsfalle unabgeschlossen, der Richterspruch steht aus; daher kann dieser ‚Prozeß ohne Richter' – dieser Prozeß mit einem ‚juge caché' – grundsätzlich in zwei Richtungen interpretiert werden: er kann zurückinterpretiert werden in die richterlose Kampfsituation (wie es einige rigorose Ansätze tun), oder er kann vorinterpretiert werden in die Rechtssituation, die ein Urteil oder einen Vergleich zuläßt (konziliante Geschichtsphilosophie). Im ersten Fall ist der Sieg, im zweiten Fall das Recht der eigenen Partei erstrebt. Jedenfalls aber scheint Geschichtlichsein mit Parteisein (primär im juristischen Sinne) zu tun zu haben; so mag von einer Dialektik des Parteiendialogs und einer Rhetorik des „genus judiciale" Aufschluß nicht nur für die Drameninterpretation (H. Lausberg), sondern auch für die Deutung der Geschichte erwartet werden können.

9 Darum gilt, scheint mir, auch von geschichtlicher Rede bzw. geschichtsphilosophischer Rede, daß ihre „Begriffe, Vorstellungen und Worte einen polemischen Sinn (haben); sie haben eine konkrete Gegensätzlichkeit im Auge, sind an eine konkrete Situation gebunden, und werden zu leeren und gespenstigen Abstraktionen, wenn diese Situation entfällt. Worte wie Staat, Republik, Gesellschaft, Klasse, ferner: Souveränität, Rechtsstaat, Absolutismus, Diktatur, Plan, neutraler oder totaler Staat usw. sind unverständlich, wenn man nicht weiß, wer in concreto durch ein solches Wort getroffen, bekämpft, negiert und widerlegt werden soll": C. Schmitt, Der Begriff des Politischen (1932) 18. So liegt die Frage nahe, wieweit die Kriterien des ‚Geschichtlichen' mit denen des „Politischen" im Sinne C. Schmitts (Freund-Feind-Unterscheidung: a.a.O. 14 und ff.) zusammenfallen. Dieser Frage vorausgehen muß die andere, wieweit sie fürs Politische wirklich zutreffen: bestritten hat das K. Löwith, Gesammelte Abhandlungen (1960) 93 ff., der den „Sinn" des Politischen „an den konkreten Zwecken und Gütern des Lebens bemißt, statt an deren nackter Voraussetzung: der Behauptung und Erhaltung der politischen Existenz": a.a.O. 105, in temperierter Form wurden C. Schmitts Kriterien gleichwohl bereits zur Deutung der „Geschichtlichkeit" benutzt von W. Kamlah, Christentum und Geschichtlichkeit (1951) 7–30, der dort zugleich die von Löwith eingeklagten Momente eingearbeitet hat. Der Begriff des Politischen in seiner Definition durchs Freund-Feind-Verhältnis scheint mir genau dann zur Charakteristik „des Geschichtlichen" brauchbar, wenn als Modell des Geschichtlichen nicht die Kampfsituation des Naturzustandes, sondern die Gegnerschaft von Parteien ‚vor Gericht' im Blick ist, d. h. wo der geschichtliche Parteienstreit nicht auf ‚Sieg', sondern auf ‚Recht' zielt (vgl. vorig. Anm.). Das ‚für und gegen sein' scheint ein zentrales Kriterium des Geschichtlichen auch und gerade dann zu sein, wenn an Zwist und Gegnerschaft nicht primär hinsichtlich des ‚Lebensdaß' sondern des ‚Lebenswie' gedacht wird; das zu tun – und an die Gerichtssituation d. h. einen ‚Kampf durch Rede' zu denken – liegt natürlich besonders dort nahe, wo es um das Geschichtliche des Denkens geht. Was die von K. Gründer, Figur und Geschichte. Johann Georg Hamanns ‚Biblische Betrachtungen' als Ansatz einer Geschichtsphilosophie (1958) herausgearbeitete Geschichtlichkeitskategorien „Faktizität", „diathetische Ordnung" (a.a.O. 83–92) und Bezogensein auf ein „Vorbild" (a.a.O. 140–158) betrifft, so sind sie offenbar nicht nur „ontologische Implikate" des theologischen Denkens, sondern solche auch des ‚für und gegen Seins'. Z. B. „Faktizität" – das besagt doch mindestens: ein Lebenswie muß nicht sein, wie es ist, aber es ‚ist nun einmal so', wie es ist d. h. es ist nicht anders als es ist, und konkret kann das doch nur heißen: es ist so, wie es ist, indem es anders ist als anderes, das es auch gibt; es ist ‚anderes gegenüber anderem' und versteht sich als ‚nicht das andere' d. h. ‚gegen' das andere. (Auf das im figuralen Leben – dem „zitathaften Leben" Th. Manns in seiner zweiten Freud-Rede – steckende Moment der Ablösbarkeit eines Gebarens aus der – polemischen, akuten – Situation und seiner – durchaus nicht immer „gespenstischen" – Personifizierung als Zeremoniell ist hier nicht einzugehen; zum Unableitbarkeitscharakter, den der Begriff der Faktizität meint, vgl. Anm. 13). Geschichtlichsein besagt also mindestens: Vollzug einer Zugehörigkeit so, daß

der Zugehörigkeitsvollziehende ‚für' das ist (und spricht), wozu er gehört, indem er ‚gegen' das je Andere ist (und spricht). Darum kann geschichtliche Rede und geschichtliches Denken – und es muß vielleicht jede Rede und jedes Denken als ‚irgendwie' geschichtlich verstanden werden – begriffen werden nur, indem man ihr ‚wofür' und ‚wogegen' begreift. Was versteht man z. B. an der aristotelischen Theoria-Lehre, wenn man nicht versteht, daß sie ‚für' die Bewahrung des Umgangs mit Göttlichem ‚gegen' die Sophistik und ‚für' die Einbeziehung dieses Umgangs in das Stadt-Dasein ‚gegen' seine Absonderung in einen separierten Gemütsbezirk gedacht ist?: vgl. J. Ritter, Die Lehre vom Ursprung und Sinn der Theorie bei Aristoteles, in: Arbeitsgemeinschaft für Forschung des Landes Nordrhein-Westfalen 1 (1952) 32–54. ‚Verstehen' geschichtlicher Rede („interpretieren") bedeutet: Offenlegen ihrer Zugehörigkeit d. h. des ‚für' und ‚gegen' Seins, das sie vollzieht. Dieser Offenlegung – und nicht einer ‚Flucht ins nur Historische', ins ‚bloße Referieren Anderer', einem Ausweichen vorm ‚eigenen Urteil' – dient beim sich als geschichtlich verstehenden Denken die Berufung auf geschichtlich bereits geortete Denker. Die Berufung z. B. auf Hegel („Hegel sagt...", „Hegel würde sagen...") bedeutet dann nämlich: eine Aussage nicht nur machen, sondern zugleich auch – in abgekürzter Redeweise – ihre Genealogie offenlegen: ‚ich sage den Satz X, aber ich *sage* ihn nicht nur, sondern ich sage zugleich dazu, daß ich ihn in derselben Frontstellung sage, in der Hegel ihn gesagt hat'. Wer so redet, redet nicht ‚versteckt' und ‚unbestimmt', er redet vielmehr offener und bestimmter als der, der nur den Satz sagt. Daher dann auch die Verlegenheit angesichts solcher Aussagen, die gewissermaßen ‚genealogielos' vorgetragen werden: sie werden diskutierbar erst dadurch, daß die Genealogie hinzugesagt wird. – Die Bestimmung des Geschichtlichseins als ‚für und gegen Sein' bedeutet zugleich die Zurückweisung der Kategorie der „Individualität" und der damit verbundenen Erlebnis- und Ausdruckskategorie als fürs Geschichtliche zu abstrakt. Diese Kategorien ‚ent-dialogisieren' die Geschichte (wobei ‚Dialog' als ‚Parteiendialog' angesetzt werden muß). „Individualität", „Ausdruck" und ihr ‚monologischer' Charakter sind so wenig unmittelbare Bestimmungen des Geschichtlichen, daß sie vielmehr als Leistung einer mühevollen Entgeschichtlichung in Angriff genommen und reflektiert werden können, wie das z. B. bei G. Benn und seiner Bestimmung der „Ausdruckswelt" als wesentlich „monologisch" geschieht.

10 Denn es bedeutet Scheidung der Geschiedenheit von der Ungeschiedenheit d. h. eines ‚jetzt da inskünftig...' vom ‚vorher, da noch nicht...' Vgl. hierzu W. Wieland, Schellings Lehre von der Zeit (1956) bes. 25 ff. Darum die Bedeutung der Entscheidungskategorie und des mit ihr zusammengebrachten Zeitproblems für die Geschichtlichkeitsdiskussion nicht nur bei Heidegger und den ‚Faktizitätstheorien', sondern auch und gerade dort, wo die Entscheidung *nicht* ‚dezisionistisch' interpretiert wird.

11 Interpretierbar als „Geworfenheit" (Heidegger) oder „Getragenheit" (O. Becker).

12 Tyche, nicht im (möglichen) Sinn der Gelingensart eines nicht durch apeiria oder episteme geleiteten Tuns (vgl. u. a. die Interpretation bei H. Lausberg, Handbuch der literarischen Rhetorik. Eine Grundlegung der Literaturwissenschaft [1960] §§ 1/2), sondern im Sinne dessen, was einem überhaupt zustößt (der Unfall; die Krankheit; der Tod; der Andere, der einem begegnet; und dgl.: Liebe und Tod eines Menschen sind in der Regel nicht interpretierbar durch seine „apeiria" in bestimmten „technai").

13 Vgl. hierzu C. Schmitt, Über die drei Arten des rechtswissenschaftlichen Denkens (1934), eine Schrift, die auch philosophisches Denken mitmeint und in diesem Sinne z. B. von Löwith (Gesammelte Abhandlungen (1960) bes. 93 ff.) auch verstanden worden ist. Das „Entscheidungsdenken" führt die Theorie der Geschichtlichkeit zur Philosophie der Dezision; das „konkrete Ordnungsdenken" führt die Philosophie der Geschichtlichkeit zur Philosophie der Institutionen bzw. der Tradition. Heidegger hat in Sein und Zeit (1927) im wesentlichen eine Dezisionsphilosophie versucht: vgl. Löwith a.a.O. bes. 68 ff. 118 ff.; vgl. unten S. 33/34. Den Ansatz des späten, „seinsgeschichtlich" denkenden

Heidegger könnte man deuten als Versuch, konkretes Ordnungsdenken mit dezisionistischen Kategorien zu begründen. „Normativismus“ wäre in der Redeweise dieser Arbeit „rigorose Wesensphilosophie“. Eine Auseinandersetzung mit dem, was hier „konziliante Wesensphilosophie“ und „konziliante Geschichtsphilosophie“ genannt wird, findet sich, soweit ich sehe, nicht in dieser Schrift Schmitts.

14 Vgl. J. Ritter, Europäisierung als europäisches Problem, in: Europäisch-asiatischer Dialog (1956) 9 ff.; Hegel und die französische Revolution (1957).

15 Vgl. unten S. 273 ff.

16 So daß in diesem Punkte gewiß auch H. Rickert, Kulturwissenschaft und Naturwissenschaft ([3]1915), recht hat mit seinen Überlegungen: „Jeder Historiker wird es als Vorwurf gegen seine Wissenschaftlichkeit empfinden, wenn man ihm sagt, daß er das Wesentliche nicht vom Unwesentlichen unterscheiden könne. Er wird daher auch ohne weiteres zugeben, daß er nur das darzustellen hat, was ‚wichtig‘, ‚bedeutsam‘, ‚interessant‘ ist ... und er wird geringschätzig auf den blicken, der froh ist, wenn er Regenwürmer findet ... Trotzdem steckt gerade darin ein *Problem*, und dies Problem kann nur dadurch gelöst werden, daß man die Beziehung der geschichtlichen Objekte auf die *Werte* zum Bewußtsein bringt“: a.a.O. 94/95 – wobei unserer Überlegung das Geltendmachen der „Werte“ als schlechte Präsenz des Bedürfnisses einer Endzwecktheorie gilt.

17 Darum kann an dieser Stelle die Antwort nur *provisorisch* sein; das Selbstverständnis dieser ganzen Überlegung ist also ein Provisorium und läßt sich darum auch von den einschlägigen Cartesianischen Regeln (der „morale provisoire“) leiten: vgl. R. Descartes, Discours de la Méthode (1637) ed. E. Gilson (1947) 22–31: der ersten Maxime (a.a.O. 22–24) entsprechend – weil man also da weitermachen soll, wo man ohnehin schon arbeitet – und weil darüberhinaus Gewißheit besteht, daß der alternative Ansatz in so guten Händen ist, daß die ‚andere Fraktion‘ einer Verstärkung nicht bedarf, hat für den Verf. der geschichtsphilosophische Ansatz Vorrang. Konsequenzregel (a.a.O. 24–25: „seconde maxime“) und Konzilianzregel (a.a.O. 25–27: „troisième maxime“) aber empfehlen Entgegengesetzes: die zweite Maxime empfiehlt den rigorosen, die dritte den konzilianten Ansatz. Darum versucht diese Arbeit in der Folge ein Verfahren, das sich diesseits von beiden hält, freilich gerade dadurch einen sehr ‚schwachen‘ Ansatz hat. Daß es gerade mit diesem ‚schwachen‘ Ansatz zusammenhängt, daß diese Arbeit ihre Überlegungen mit einer quasi ‚typologischen‘ Diskussion von ‚Höflichkeiten‘ beginnt, sei hier nur angemerkt.

18 Vgl. unten S. 277 ff.

19 „Das Affirmative ist ... Negation der Negation; duplex negatio affirmat, nach der bekannten grammatischen Regel“: G. W. F. Hegel, Geschichte der Philosophie (1822 ff.) XIX 338. Vgl. zur rechtsphilosophischen Durchführung dieses Gedankens H. Kriele, Kriterien der Gerechtigkeit. Eine immanente Kritik des Relativismus (jur. Diss. Münster 1962). Zum Zusammenhang mit dem, was diese Arbeit dann ‚Theorie des Entkommens und Vermeidens‘ nennt vgl. unten S. 201.

20 Vgl. die Anknüpfung an diese Bestimmung durch Suche nach einer ‚Situation, die Auswege nötig macht‘ unten S. 52 ff.

Anmerkungen zu „Wiederkehr des Historizismus"

1 E. Husserl, Philosophie als strenge Wissenschaft, in: Logos 1 (1910/11) 289–341.
2 A.a.O. 294–322.
3 A.a.O. 323–341.
4 Ibid., bes. 328 ff.
5 Göttinger Vorlesung Sommersemester 1907; die Einleitungsvorlesungen der Ringvorlesung sind ediert von W. Biemel unter dem Titel „Die Idee der Phänomenologie" (E. Husserl, II).
6 W. Biemel, Die entscheidenden Phasen der Entfaltung von Husserls Philosophie, in: Zeitschrift für philosophische Forschung 13 (1939) 187–213, betont 204 f.: „Husserl gibt hier erstmals eine Analyse der Erfahrungswelt ... als Lebenswelt." Vgl. zum Lebensweltproblem unten Anm. 26. Interessant ist, daß W. Schapps „Beiträge zur Phänomenologie der Wahrnehmung" (^{2}1910) offenbar an diese Phase der Phänomenologie anknüpfen; von dorther scheint die Direktion auf eine lebensweltliche Rechtsphänomenologie. W. Schapp, Die neue Wissenschaft vom Recht, Bd. 1 (1930) Bd. 2 (1952) – und Geschichtsphänomenologie – W. Schapp, In Geschichten verstrickt (1953); Philosophie der Geschichten (1959) – die sich dann kritisch gegen die „klassische" Phänomenologie absetzt, verständlich: vgl. unten S. 32 ff.
7 E. Husserl, Philosophie als strenge Wissenschaft a.a.O. 289, Sperrungen von mir. Die Stelle gibt Husserls Bestimmung des ursprünglichen und bleibenden Auftrags der Philosophie.
8 Der Kollision der Phänomenologie mit einem von der Naturwissenschaft her entwickelten philosophischen Anspruch (Psychologismus als „Naturwissenschaft vom Bewußtsein" a.a.O. 302) folgt so nach 1907 die Kollision der Phänomenologie mit einem von der Geisteswissenschaft her entwickelten philosophischen Anspruch (Historizismus): „Wie die Philosophie zu den Natur- und Geisteswissenschaften stehe, ob das spezifisch Philosophische ihrer, doch auf Natur und Geist wesentlich bezogenen Arbeit prinzipiell neue Einstellungen erfordere, mit denen prinzipiell eigenartige Ziele und Methoden gegeben seien, ob also das Philosophische uns gleichsam in eine neue Dimension führe oder sich mit den empirischen Wissenschaften in Natur- und Geistesleben in einer und derselben Ebene abspiele" (a.a.O. 289 f.) – darum geht es in diesen Kollisionen. Zur Auseinandersetzung mit Natur- und Geisteswissenschaften vgl. auch E. Husserl, Ideen zu einer reinen Phänomenologie und phänomenologischen Philosophie 1 (1913) III 136 ff. Daß beim wachsenden Interesse Husserls an den Problemen der „Lebenswelt" gleichwohl der (naturwissenschaftlich orientierte) „Psychologismus" der Hauptgegner blieb (vgl. oben S. 284 ff., Anm. 8), zeigt, wie sehr Husserl Zeit seines Lebens und Denkens an das Problem einer von der Naturwissenschaft her entwickelten Philosophie fixiert blieb.
9 E. Husserl, Philosophie als strenge Wissenschaft a.a.O. 293.
10 Vgl. a.a.O. 292/93.
11 A.a.O. 324 (= Dilthey VIII 121).
12 A.a.O. 328 ff.; vgl. 293.
13 A.a.O. 328.
14 Angesichts dieses Historizismus „erhebt sich sogleich die Frage, ob die Philosophie noch weiterhin das Ziel, strenge Wissenschaft zu sein, festhalten will, ob sie es wollen

kann und wollen muß. Was soll uns die neue ‚Umwendung' (sc. Historizismus) bedeuten? Etwa die Abwendung von der Idee einer strengen Wissenschaft?": a.a.O. 291. Husserls Antwort: „Also wohin immer die neue Umwendung der Philosophie sich richten mag, es ist außer Frage, daß sie den Willen auf strenge Wissenschaft nicht preisgeben darf, vielmehr sich dem praktischen Weltanschauungsstreben als theoretische Wissenschaft gegenüberstellen und sich von ihm vollbewußt trennen muß", a.a.O. 337. Auch in der Krisis-Arbeit, wo diese Position von Husserl nur scheinbar verlassen wird – „Philosophie als Wissenschaft, als ernstliche, strenge, ja apodiktisch strenge Wissenschaft – der Traum ist ausgeträumt": VIII 508 – geht es in Wahrheit wieder um die Verteidigung und Sicherung des Wissenschaftscharakters der Philosophie – etwa gegenüber der Konzeption Heideggers: vgl. H. Lübbe, Husserl und die europäische Krise, in: Kant-Studien 49 (1957/58) 225–237 –, nur wird der Wissenschaftsanspruch der Philosophie, der zur Zeit der „Logischen Untersuchungen", des Logos-Aufsatzes und der „klassischen Phänomenologie" als Selbstverständlichkeit vorausgesetzt wurde, beim späten Husserl zum echten, verzweifelten Problem: es bedarf äußerster Anspannung, um die Antwort Husserls durchzuhalten: „Aber nun wir selbst, wir Philosophen der Gegenwart, was können, was müssen Bestimmungen der soeben durchgeführten Art für uns bedeuten? Wollten wir hier nur eine akademische Rede hören? Können wir nur einfach wieder zurückkehren zur unterbrochenen Berufsarbeit an unseren ‚philosophischen Problemen', also zum Fortbau unserer eigenen Philosophie? ... als Philosophen dieser Gegenwart sind wir in einen peinlichen existenziellen Widerspruch hineingeraten. Den Glauben an die Möglichkeit der Philosophie als Aufgabe, also an die Möglichkeit einer universalen Erkenntnis, können wir nicht fahren lassen. In dieser Aufgabe wissen wir uns als ernstliche Philosophen berufen. Und doch, wie den Glauben festhalten, der nur Sinn hat mit Beziehung auf das eine, einzige uns allen gemeinsame Ziel, auf *die* Philosophie?": VI 15.

15 E. Husserl, Philosophie als strenge Wissenschaft a.a.O. 323.

16 A.a.O. 325.

17 A.a.O. 326.

18 Ibid.

19 Vgl. unten Anm. 30.

20 E. Husserl, Ideen zu einer reinen Phänomenologie und phänomenologischen Philosophie 1 (1913) III 110 ff.

21 Vgl. das Nachwort zu den Ideen (1930) V 138–162, dort bes. 141: das „transzendentale Ego" der Cartesianischen Meditationen.

22 E. Husserl, Philosophie als strenge Wissenschaft a.a.O. 318.

23 Vgl. bes. E. Husserl, Cartesianische Meditationen (1951) I 79 ff.; dazu Logische Untersuchungen 2,2 (^{4}1928) 32 ff., 64 ff.

24 Vgl. E. Husserl, Erfahrung und Urteil (1938, wiederherausgeg. durch L. Landgrebe 1948) 26 ff. 171 f.

25 Vgl. a.a.O. bes. Einleitung – mit der These, daß „die traditionelle Bestimmung und Vorzugsstellung des prädikativen Urteils" „ihre Probleme" habe (4) und durch eine „Theorie der vorprädikativen Erfahrung als erste(s) Stück der genetischen Urteilstheorie" (21) unterbaut werden müsse – und 1. Abschnitt: „Die vorprädikative (rezeptive) Erfahrung" (73–230).

26 E. Husserl, Die Krisis der europäischen Wissenschaften und die transzendentale Phänomenologie (1935 ff.) VI 135; Entfaltung der Lebensweltproblematik bes. in Teil 3 A („Der Weg in die Phänomenologische Transzendentalphilosophie in der Rückfrage von der vorgegebenen Lebenswelt aus" 105–193). Ausgang der Frage nach der Lebenswelt war für Husserl die Erkenntnis der „Lebenswelt als vergessenes Sinnesfundament der mathematischen Naturwissenschaft" (48) in der von W. Hissel aufgezeigten Weise (vgl. oben Anm. 6). H. Lübbe, Positivismus und Phänomenologie (Mach und Husserl), in:

Beiträge zur Philosophie und Wissenschaft. Wilhelm Szilasi zum 70. Geburtstag (1960), 161–164, hat die Verwandtschaft dieses Lebensweltproblems zu Avenarius' Frage nach einem „menschlichen Weltbegriff" und Machs Analysen dazu nachgewiesen.

26a Bes. klar: E. Husserl, Ideen zu einer reinen Phänomenologie und phänomenologischen Philosophie 1 (1913) III 93 ff.

27 E. Husserl, Ideen zu einer reinen Phänomenologie und phänomenologischen Philosophie 2 (posth.) IV 104 f.

28 E. Husserl, Die Krisis der europäischen Wissenschaften und die transzendentale Phänomenologie (1935 ff.) VI 212: „die transzendentale Geschichtlichkeit, aus der letztlich die Sinnes- und Geltungsleistung dieser Apperzeptionen herkommt"; u. ö. Vgl. die ganze Problematik des „transzendentalen Bewußtseinslebens".

29 Vgl. etwa E. Husserl, Cartesianische Meditation (1931) I 109: „Das ego konstituiert sich für sich selbst sozusagen in der Einheit einer *Geschichte* ... so ... daß die konstitutiven Systeme, durch die für das ego die und jene Gegenstände und Gegenstandskategorien sind, selbst nur im Rahmen einer gesetzmäßigen Genesis möglich sind." Vgl. ff.

30 Vgl. E. Husserl, Die Idee der Phänomenologie (1907) II bes. 1–3. Vorlesung; Ideen zu einer reinen Phänomenologie und phänomenologischen Philosophie 1 (1913) III 136 ff.; Erste Philosophie (gelesen 1923/24) 2: „Theorie der phänomenologischen Reduktion" VIII. Vgl. dazu der späte Versuch einer Überwindung des „cartesischen Weges" bei Husserl.

31 Vgl. R. Boehm, Einleitung des Herausgebers zu E. Husserl VIII XXX–XXXVII.

32 E. Husserl, Erste Philosophie (gelesen 1923/24) 1: „Kritische Ideengeschichte", VII.

33 Vgl. R. Boehm, Einleitung des Herausgebers zu E. Husserl VIII bes. XXXVII ff.: „Mit dem Verfall des cartesianischen Weges zur transzendentalen Phänomenologie löst sich auch die Idee der Ersten Philosophie selbst auf" (XXXVII/XXXVIII). „Es ist gewiß kein Zufall, daß selbst der Name der ‚Ersten Philosophie' nach 1924 in Husserls Schriften und Manuskripten mehr und mehr in den Hintergrund gerät ... schließlich vollständig – in der Krisis-Abhandlung von dem Titel ‚Transzendentalphilosophie' verdrängt wird" (XLI); „in dem Versuche zur Verwirklichung der Idee der ersten Philosophie erfährt diese selbst ihre Auflösung" (XL). Vgl. Th. W. Adorno, Zur Metakritik der Erkenntnistheorie (1956) bes. 12–49.

34 E. Husserl, Die Krisis der europäischen Wissenschaften und die transzendentale Phänomenologie (1935 ff.) VI 16.

35 E. Husserl, Erste Philosophie 2 VIII 171: „In diesem zweiten Sinne *naiv* ist dann nicht nur das natürliche Erkennen, das von der transzendentalen epoché nicht berührt ist, sondern auch das Erkennen auf dem Boden der transzendentalen Subjektivität, so lange dieses eben keiner apodiktischen Kritik unterzogen und jederlei Frage nach absoluter Rechtfertigung in der transzendentalen Erkenntnis unterlassen ist".

36 E. Husserl a.a.O. 169: „Also vor uns steht noch immer die große Aufgabe der apodiktischen Kritik der transzendentalen Erfahrung" (vgl. ff.), „die große Aufgabe einer Kritik der transzendentalen Selbsterfahrung"; E. Husserl, Cartesianische Meditationen (1931) I 67, vgl. ff. und 177–178. Zur Interpretation vgl. W. Szilasi, Einführung in die Phänomenologie Edmund Husserls (1959) 85–89 u. ff., vor allem 92–98.

37 E. Husserl, Cartesianische Meditationen (1931) I 178.

38 Th. W. Adorno, Zur Metakritik der Erkenntnistheorie. Studien über Husserl und die phänomenologischen Antinomien (1956). Es gibt verschiedene Zusammenhänge, bezüglich derer Husserl mit Adorno – dessen Analysen sich betrüblicherweise nicht nur einzig „auf das von Husserl selbst Veröffentlichte" sondern nur auf einen Teil davon „beschränkt und ... dabei den eigentlich phänomenologischen Schriften, auf denen die Restauration der Ontologie aufbaute, den Vorrang (erteilt) vor den späteren" (10) – gegen den Husserl, den Adorno bekämpft, einig wäre – gerade der Husserl, den Adorno nicht zitiert.

39 Adorno a.a.O. 10.
40 Zumeist in der Bewegung hin zum Ansatz Heideggers. Vgl. u.a. L. Landgrebe, Phänomenologie und Metaphysik (1949); E. Fink, Die phänomenologische Philosophie Edmund Husserls in der gegenwärtigen Kritik (1934); Sein – Wahrheit – Welt. Vorfragen zum Problem des Phänomen-Begriffs (1958). Und gegen diese Bewegung denkend formiert sich eine Art „orthodoxer" Phänomenologie z. B. durch R. Ingarden.
41 W. Szilasi, Einführung in die Phänomenologie Edmund Husserls (1959). Als der folgende passus geschrieben wurde, lag noch nicht vor der – seine Überlegungen durchaus bestätigende – Band: W. Szilasi, Philosophie und Naturwissenschaft (1961).
42 W. Szilasi, Einführung in die Phänomenologie Edmund Husserls (1959) 7–80; vgl. W. Szilasi, Wissenschaft als Philosophie (1945); Macht und Ohnmacht des Geistes (1946), dortselbst 251 ff. geschichtliche Besinnung auf das Problem der transzendentalen Erfahrung.
43 W. Szilasi, Einführung in die Phänomenologie Edmund Husserls (1959) 88 (Zitat aus Husserl, Cartesianische Meditationen I 68).
44 Szilasi a.a.O. 88/89. Vgl. dazu die unten S. 337 Anm. 72 zitierte Überlegung Szilasis.
45 Vgl. vor allem die Interpretation a.a.O. 92 ff. Es ist hier im übrigen auf die enge Verwandtschaft zwischen dem Ansatz Szilasis und demjenigen Husserls im Reduktion-Teil der „Ersten Philosophie" (gelesen 1923/24 VIII; vgl. dort bes. auch die – durch Szilasis Deutung gewissermaßen präsumptiv erläuterte – Einleitung des Herausgebers R. Boehm) hinzuweisen. Dieser Band, der Szilasi noch nicht vorlag, ist sozusagen die denkbar positiv ausgefallene Probe auf die Stimmigkeit der Husserl-Interpretation Szilasis.
46 Vgl. u.a. die Überlegung von Szilasi a.a.O. 142.
47 W. Schapp, In Geschichten verstrickt. Zum Sein von Mensch und Ding (1953). Vgl. 169 ff.
48 A.a.O. 103.
49 Ibid.
50 W. Schapp, Philosophie der Geschichten (1959) XIV/XV.
51 A.a.O. XV. Vgl. insgesamt oben Anm. 6.
52 H. Lübbe, Das Ende des phänomenologischen Platonismus, in: Tijdschrift voor Philosophie 16 (1954) 639–666.
53 Bes.: M. Scheler, Der Formalismus in der Ethik und die materiale Wertethik (1913); Lehre von den drei Tatsachen (1911/12); Zur Phänomenologie und Theorie der Sympathiegefühle und von Liebe und Hass mit einem Anhang über den Grund zur Annahme der Existenz des fremden Ich (1913); Phänomenologie und Erkenntnistheorie (1913/14) u.a.
54 M. Heidegger, Die Urteilslehre im Psychologismus (Freiburger phil. Diss. 1913).
55 Vgl. M. Heidegger, Sein und Zeit (1927) 72 Anm.
56 Auf die in der Heideggerschule übliche Abwehr des Titels „Existenzphilosophie" – die sich für Heidegger auf Sein und Zeit (1927) 42 stützen könnte – bzw. auf die Umdeutung dieses Titels in „Existenz-Philosophie" – vgl. M. Müller, Existenzphilosophie im geistigen Leben der Gegenwart (1949) 56 u. ff. – sei hier jedoch wenigstens hingewiesen.
57 Vgl. M. Weber, Gesammelte Aufsätze zur Wissenschaftslehre (1922); darin bes.: Die Objektivität sozialwissenschaftlicher und sozialpolitischer Erkenntnis (146–214); Der Sinn der ‚Wertfreiheit' der soziologischen und ökonomischen Wissenschaften (451–502); Wissenschaft als Beruf (524–555): Wissenschaft klärt Möglichkeiten, für die Entscheidungsfrage (Bewertungsfrage) ist sie unzuständig. Die im folgenden besprochenen K. Jaspers und K. Mannheim sind M. Weber-Schüler.
58 M. Heidegger, Die Kategorien- und Bedeutungslehre des Duns Scotus (1916).
59 A.a.O. bes. 228–241; vgl. vor allem 237/238: „Das erkenntnistheoretische Subjekt deutet nicht den metaphysisch bedeutsamen Sinn des Geistes, geschweige denn seinen

Vollgehalt. Und erst durch Hineinstellung in diesen erhält das Kategorienproblem seine eigentliche Tiefendimension und Bereicherung. Der lebendige Geist ist als solcher wesensmäßig historischer Geist im weitesten Sinne des Wortes... Der Geist ist nur zu begreifen, wenn die ganze Fülle seiner Leistungen, d. h. seine Geschichte, in ihm aufgehoben wird... Die Geschichte und deren kulturphilosophisch-teleologische Deutung muß ein bedeutungsbestimmendes Element für das Kategorienproblem werden". Vgl. dazu auch die Stellungnahme zum Kategorienproblem in Sein und Zeit (1927) 11.

60 M. Heidegger, Sein und Zeit (1927) 27 34 38.

61 A.a.O. 35 ff.

62 A.a.O. 38; „Die folgenden Untersuchungen sind nur möglich geworden auf dem Boden, den E. Husserl gelegt, mit dessen ‚Logischen Untersuchungen' die Phänomenologie zum Durchbruch kam. Die Erläuterungen des Vorbegriffs der Phänomenologie zeigen an, daß ihr Wesentliches nicht darin liegt, als philosophische ‚Richtung' wirklich zu sein. Höher als die Wirklichkeit steht die Möglichkeit. Das Verständnis der Phänomenologie liegt einzig im Ergreifen ihrer als Möglichkeit." Die Kritik des Heideggerschen Ansatzes an der klassischen Phänomenologie hat ausdrücklich gemacht u. a. M. Müller, Existenzphilosophie im geistigen Leben der Gegenwart ([3]1958), darin: Phänomenologie, Ontologie, Scholastik (107–134), vgl. bes. die „Thesen" 109/110.

63 M. Heidegger, Sein und Zeit (1927) 1 u. immer wieder.

64 A.a.O. 15 u. ö. Die Frage nach dem „Sinn von Sein" ist also *nicht* identisch mit dem Geltendmachen des Problems der Prinzipien (archai, ontia quibus) des Seienden und darum durch N. Hartmanns einschlägige Überlegungen (Zur Grundlegung der Ontologie [[3]1948] 43 ff.) m. E. die Frage Heideggers nicht erledigt.

65 Heidegger a.a.O. 397.

66 Ibid.

67 A.a.O. 403; die Stelle benutzt einen Satz Yorck v. Wartenburgs (vgl. seine Zitierung a.a.O. 399) und ist die Kernformulierung der „ontologischen Differenz".

68 M. Heidegger, Vom Wesen des Grundes (1929 [3]1949) 5 15.

69 Vgl. M. Heidegger, Was ist Metaphysik? ([5]1949) 21.

70 M. Heidegger, Sein und Zeit (1927) 25; vgl. 427.

71 Vgl. a.a.O. 207: „Wenn der Idealismus betont, Sein und Realität sei nur ‚im Bewußtsein', so kommt hier das Verständnis davon zum Ausdruck, daß Sein nicht durch Seiendes erklärt werden kann" – ohne daß daraus die nötigen Konsequenzen gezogen werden. Vgl. die gesamten Analysen a.a.O. 206–208.

72 A.a.O. 397–404.

73 A.a.O. 180 ff., 184 ff., 267 ff., 235 ff.

74 Zu diesem Entscheidungscharakter der Zeit und Zeitcharakter der Entscheidung vgl. W. Wieland, Schellings Lehre von der Zeit. Grundlagen und Voraussetzungen der Weltalterphilosophie (1956) bes. 22–56: Wieland interpretiert Schellings „Grunderfahrung" der Zeit von Heidegger her und gibt dabei eine eindrucksvolle Deutung auch des Heideggerschen Zeitverständnisses.

75 K. Jaspers, Vernunft und Existenz (1935 [2]1947) 6.

76 K. Jaspers, Allgemeine Psychopathologie (1913); Psychologie der Weltanschauungen (1919); Die geistige Situation der Zeit (1931).

77 Vor allem: K. Jaspers, Philosophie 1–3 (1931/1932); Vernunft und Existenz (1935); Von der Wahrheit (Philosophische Logik I) (1947); Der Philosophische Glaube (1948).

78 Vgl. bes. Vernunft und Existenz ([2]1947) 34–56 und Von der Wahrheit (1947) 45–222. Dabei ist ein Wandel spürbar: die „Existenz" tritt aus ihrer mit der „Vernunft" geteilten Sonderstellung (vgl. Vernunft und Existenz: 42–45 Existenz; 45–48 Vernunft; 48–49 Vernunft und Existenz; wo „die beiden großen Pole unseres Seins ... Vernunft und Existenz" sind: 48) zurück und wird zu einer „Weise des Umgreifenden, das wir sind oder sein können", unter den anderen (vgl. Von der Wahrheit 76–83), während die

Vernunft in ihrer Sonderstellung – sie ist „kein Ursprung", aber das „Band aller Weisen des Umgreifenden in uns" – verharrt (a.a.O. 113–122): Jaspers' Weg führt von der existenz-betonenden „Existenzerhellung" zur vernunft-betonenden "Philosophischen Logik".

79 Vgl. dazu die der Lehre vom „Umgreifenden" entsprechende Lehre von den „Weisen des Wahrheitssinns": Von der Wahrheit 602 ff. (dazu Vernunft und Existenz 57 ff.).

80 Zur Klärung ihres Sinnes vgl. K. Jaspers, Von der Wahrheit (1947) 190 ff., bes. 196; vgl. dazu K. Jaspers, Psychologie der Weltanschauungen ([5]1960) bes. 14/15 und 15 ff.

81 K. Jaspers, Von der Wahrheit (1947) 1954.

82 Zur hier bevorzugten Deutung dieser „Kehre" vgl. K. Gründer, M. Heideggers Wissenschaftskritik in ihren geschichtlichen Zusammenhängen, in: Archiv für Philosophie 11 (1961) H. 3/4.

83 Vgl. bes.: M. Heidegger, Holzwege (1949); Erläuterungen zu Hölderlins Dichtung (1951); Brief über den Humanismus (1949); Einführung in die Metaphysik (1953); Was heißt Denken? (1954); Vorträge und Aufsätze (1954); Der Satz vom Grund (1957); Identität und Differenz (1957) u. a.

84 Vgl. bes. M. Heidegger, Nietzsches Wort ‚Gott ist tot', in: Holzwege (1949) 193–247.

85 Deren Programm allerdings bereits seit M. Heidegger, Sein und Zeit (1927) festliegt.

86 M. Heidegger, Brief über den Humanismus (1949) 47: „Das künftige Denken ist auf dem Abstieg in die Armut seines vorläufigen Wesens".

87 Darum die – mit der Kategorie des „Zurückweichens" arbeitende – Kritik, die ‚intime Gegnerschaft' gerade zu den Ansätzen, denen das Denken Heideggers sich zunächst verbunden gefühlt hat und auch weiterhin nahe fühlt: vor allem zu den Ansätzen Kants und Nietzsches.

88 M. Scheler, Der Formalismus in der Ethik und die materiale Wertethik (1913/16 [4]1954) 402. Die weiter hier angeführten Untersuchungen thematisieren allerdings nicht dieses „überbewußte", sondern eher das, was Scheler „unterbewußt" nennt: vgl. ibid., dort auch Anm. 1; der beiden Zusammenhängen gemeinsame Zug aber ist: Infragestellung des Bewußtseins als des Zentralthemas der Philosophie.

89 M. Scheler, Die Wissensformen und die Gesellschaft (1926) V.

90 M. Scheler, Die Stellung des Menschen im Kosmos (1927 [10]1947) 48.

91 Vgl. a.a.O. 52 ff.; vgl. M. Scheler, Mensch und Geschichte, in: Philosophische Weltanschauung (1929) 15–46, bes. 27 ff.

92 M. Scheler, Die Stellung des Menschen im Kosmos ([10]1947) 53; zusammenfassende These a.a.O. 74: „der Geist ideiert das Leben – den Geist aber ... in Tätigkeit zu setzen und zu verwirklichen, vermag das Leben allein." Gegen Scheler – und u. a. seine Abwehr des Hegelschen Gedankens der „List der Vernunft" (vgl. M. Scheler, Die Wissensformen und die Gesellschaft (1926) 32; vgl. 30 ff.) – ist m. E. nicht sowohl geltend zu machen, daß ein von der Wirklichkeit isolierter „Geist" ‚mächtiger', sondern, daß er am Ende ‚ohnmächtiger' sein könnte, als Scheler ansetzt, der ihm immerhin die Kraft der „Leitung und Lenkung" zusprach (a.a.O. 31), und daß Hegel gerade dies mit seiner Lehre von der nur durch List realen Vernunft in Rechnung stellen wollte: nicht trotz, sondern *wegen* „dieser souveränen Gleichgültigkeit der Realgeschichte ... gegen die Geistesgeschichte und gegen die Forderung *ihrer* Sinnlogik" (Scheler a.a.O. 33) muß der Geist zur List greifen, um sich durchzusetzen: gerade wo seine Geschichtlichkeit nicht nur Geistesgeschichtlichkeit (aber auch nicht nur Seinsgeschichtlichkeit), sondern Realgeschichtlichkeit bedeutet – und das hatte Hegel im Blick, der im übrigen gegen die List der Vernunft, gegen die Scheler Recht hätte, am schärfsten selber gesprochen hat: G. W. F. Hegel, Phänomenologie des Geistes (1907) (ed. Hoffmeister 1949) 276–279 –, muß der Geist ein listig-‚taktisches' Gebaren annehmen, um zu leben. – Betont werden muß im übrigen der Ausfall einer Geschichtszieltheorie im immanenten Zusammenhang der Wissenssoziologie Schelers: „Von aller Geschichtsphilosophie scheidet die soziolo-

gische Dynamik ihr Ausschluß objektiv gemeinter Zweck-, Wert- und Normbetrachtung": Scheler a.a.O. 3. Als Geschichtszieltheorie hingegen lassen sich ansprechen die Thesen von M. Scheler, Die Formen des Wissens und die Bildung, in: Philosophische Weltanschauung (1929) 84–123; ihre Anwendung auf die gegenwärtige Situation versucht M. Scheler, Der Mensch im Weltalter des Ausgleichs a.a.O. 47–83.

93 M. Scheler, Die Wissensformen und die Gesellschaft (1926) 2.

94 Die von Scheler trotz allem als ‚Metaphysik' gemeint wird. Seine Wissenssoziologie steht in deren Dienst und ist so „eine ‚Soziologie des Wissens' auf der Grundlage eines philosophischen Standorts, der die erkenntnistheoretischen Lehren des Positivismus und ihre Folgerungen ablehnt und demgemäß eine metaphysische Welterkenntnis für eine ‚ewige' Forderung der Vernunft und gleichzeitig für möglich hält": M. Scheler in: Versuche einer Soziologie des Wissens – im Auftrage des Forschungsinstituts für Sozialwissenschaften in Köln hsg. von M. Scheler (1925) VI. Vgl. dazu die Kritik K. Mannheims unten Anm. 100, vgl. auch Anm. 155.

95 M. Scheler, Die Wissensformen und die Gesellschaft (1926) 2 Anm. 1.

96 K. Mannheim, Ideologie und Utopie (1928 [3]1952) 3.

97 A.a.O. 4; für die Wissenssoziologie ist kennzeichnend, „daß sie die konkret existierenden Denkweisen nicht aus dem Zusammenhang mit dem kollektiven Handeln löst"; a.a.O. 5; Wissenssoziologie ist also – kann man sagen – Existenzphilosophie der „Gruppenexistenz": a.a.O. 6.

98 A.a.O. 230.

99 A.a.O. 227.

100 Und kritisiert ihn zugleich: „Er wollte" der Wissenssoziologie „gerecht werden, aber so, daß sie die von ihm vertretene Form der Ontologie, Erkenntnistheorie und Metaphysik nicht sprengt": a.a.O. 267; „Deshalb lag es ihm auch nicht, sich den dieser neuen Denkeinstellung inhärierenden Spannungen und der aus ihnen entstehenden Dynamik und ureignen neuen Problematik anzuvertrauen": ibid.

101 Und will nachweisen, „daß diese das Entstehen der konkreten Wissensgehalte bestimmenden Seinsfaktoren keineswegs von bloß peripherer Bedeutung, von ‚bloß genetischer Relevanz' sind, sondern in Inhalt und Form, in Gehalt und Formulierungsweise hineinragen, Kapazität, Greifintensität eines Erfahrungs- und Beobachtungszusammenhanges, mit einem Wort alles, was wir als Aspektstruktur einer Erkenntnis bezeichnen werden, entscheidend bestimmen": a.a.O. 230.

102 A.a.O. 246.

103 A.a.O. 249.

104 A.a.O. 246.

105 A.a.O. 242 ff.

106 Vgl. dazu auch den symptomatischen Tatbestand, daß Mannheim – K. Mannheim, Die Strukturanalyse der Erkenntnistheorie (1922) – mit einem „Beitrag zu einer umfassenden Theorie der Systematisierungen überhaupt" und der „Logik der philosophischen Systematisierung" insbesonders (a.a.O. 5) mit der Absicht auf eine „Typologie der Erkenntnistheorien" (a.a.O. 53 ff.) das hier wichtige Problemfeld betritt: die Grundintention ist bei Mannheim wie bei Jaspers – unterm Einfluß M. Webers – eine ‚typologische'.

107 „Der wissenssoziologische Forschungsimpuls kann (?) so geleitet werden, daß er nicht zur Verabsolutierung der Seinsverbundenheit führt, sondern daß gerade in der Entdekkung der Seinsverbundenheit der vorhandenen Einsichten ein erster Schritt zur Lösung von der Seinsgebundenheit gesehen wird": K. Mannheim, Ideologie und Utopie ([3]1952) 259, „in der Richtung einer Neutralisierung der Seinsgebundenheit im Sinne des sich darüber Erhebens": ibid.

108 Der Ausdruck „Kehre" wird hier gewählt, um diese Ähnlichkeit zu betonen; vgl. oben S. 42/43.

109 Vgl. vor allem: M. Horkheimer/Th. W. Adorno, Dialektik der Aufklärung. Philosophische Fragmente (1947); Th. W. Adorno, Minima Moralia. Reflexionen aus dem beschädigten Leben (1951); Prismen. Kulturkritik und Gesellschaft (1955); ferner bes. Zur Metakritik der Erkenntnistheorie (1956) vor allen 12–49; Aspekte der Hegelschen Philosophie (1957). Vgl. auch: M. Horkheimer, Eclipse of Reason (1947).

110 Th. W. Adorno, Minima Moralia (1951) 185.

111 Durch „die Erkenntnis, warum die Menschheit, anstatt in einen wahrhaft menschlichen Zustand einzutreten, in eine neue Art von Barbarei versinkt"; Horkheimer/Adorno, Dialektik der Aufklärung (1947) 5. „Die Aporie, der wir uns bei unserer Arbeit gegenüber fanden, erwies sich somit als der erste Gegenstand, den wir zu untersuchen hatten: die Selbstzerstörung der Aufklärung. Wir hegen keinen Zweifel – und darin liegt unsere petitio principii –, daß die Freiheit in der Gesellschaft vom aufklärenden Denken unabtrennbar ist. Jedoch glauben wir genau so deutlich erkannt zu haben, daß der Begriff eben dieses Denkens, nicht weniger als die konkreten historischen Formen, die Institutionen der Gesellschaft, in die es verflochten ist, schon den Keim zu jenem Rückschritt enthalten, der heute überall sich ereignet. Nimmt Aufklärung die Reflexion auf dieses rückläufige Moment nicht in sich auf, so besiegelt sie ihr eigenes Schicksal" (a.a.O. 7); es soll also „vermieden werden, die Besinnung auf das Destruktive des Fortschritts seinen Feinden (zu) überlassen" (ibid.).

112 Vgl. etwa Th. W. Adorno, Minima Moralia (1951) 480/481: „Philosophie, wie sie im Angesicht der Verzweiflung einzig noch zu verantworten ist, wäre der Versuch, alle Dinge so zu betrachten, wie sie vom Standpunkt der Erlösung aus sich darstellten. Erkenntnis hat kein Licht, als das von der Erlösung her auf die Welt scheint... Perspektiven müßten hergestellt werden, in denen die Welt ähnlich sich versetzt, verfremdet, ihre Risse und Schlünde offenbart, wie sie einmal als bedürftig und entstellt im messianischen Lichte daliegen wird. Ohne Willkür und Gewalt, ganz aus der Fühlung mit den Gegenständen heraus solche Perspektiven zu gewinnen, darauf allein kommt es dem Denken an... Gegenüber der Forderung, die damit an ihn ergeht, ist aber die Frage nach der Wirklichkeit oder Unwirklichkeit der Erlösung selber fast gleichgültig."

113 Von dorther der Impuls zur „Kritik der Kulturkritik": vgl. Th. W.. Adorno, Prismen. Kulturkritik und Gesellschaft (1955). Vgl. zu Adorno insgesamt unten S. 262–266, insbes. S. 264 ff.

114 G. Krügers „philosophische Interpretation überhaupt verdankt ... der Phänomenologie Heideggers den entscheidenden Anstoß": Philosophie und Moral in der kantischen Kritik (1931) 8; K. Löwith, Das Individuum in der Rolle des Mitmenschen (1928) schreibt: „Der Lehrtätigkeit, welche M. Heidegger in Freiburg und Marburg entfaltete, verdankt der Verfasser seine philosophische Ausbildung": XIII.

115 Vgl. Krügers frühe Beziehung zu Gogarten; Löwiths Ebner- und Gogarten-Analysen a.a.O. 131–135 und seine Tendenz zur Aufspürung ‚theologischer' Motive im Geschichtsdenken, um nur einiges zu nennen.

116 K. Löwith, Von Hegel zu Nietzsche (1939 [3]1953) 8; Rückverweis auf diese Frage: K. Löwith, Weltgeschichte und Heilsgeschehen (1955) 7.

117 K. Löwith, Gesammelte Abhandlungen. Zur Kritik der geschichtlichen Existenz (1960) 179.

118 A.a.O. 158.

119 A.a.O. 178; vgl. K. Löwith, Weltgeschichte und Heilsgeschehen (1935), das diese These detailliert durchführt.

121 K. Löwith, Gesammelte Abhandlungen (1960) 160.

122 G. Krüger, Grundfragen der Philosophie (1958) 9.

123 G. Krüger, Die Geschichte im Denken der Gegenwart, in: Freiheit und Weltverwaltung (1958) 122.

124 A.a.O. 124.

125 G. Krüger, Grundfragen der Philosophie (1958) 10.
126 K. Löwith, Gesammelte Abhandlungen (1960) 177.
127 A.a.O. Vorbemerkung.
128 K. Löwith, Das Individuum in der Rolle des Mitmenschen. Ein Beitrag zur anthropologischen Grundlegung der ethischen Probleme (1928): die Arbeit nimmt ihren Ausgang von einer Interpretation der anthropologischen Philosophie von „Feuerbachs Grundsätze(n) der Philosophie der Zukunft" (a.a.O. 5–13): „Es kommt uns ... darauf an, Feuerbachs Grundsätze durch phänomenologische Analyse ... zu rektifizieren und zu erweitern." „Zur Abgrenzung gegen" einen „rein ontologischen Begriff von Phänomenologie wird die ‚Grundlegung der ethischen Probleme' als eine *anthropologische* bezeichnet": a.a.O. XIII; sie „impliziert" aber „als Grundstück einer *philosophischen* Anthropologie so etwas wie ‚ontologische' Ansprüche": ibid.
129 G. Krüger, Philosophie und Moral in der Kantischen Kritik (1931) bes. 37 ff., dazu den letzten Satz der „Vorbemerkung". In dieser Arbeit ist sachliches Anliegen eine Interpretation des Menschen „dadurch, daß ihm die Geschichtlichkeit als solche zum Problem wird. Seiner ‚Natur' nach transzendiert der Mensch und seine Philosophie die Geschichte": a.a.O. 4. Vgl. die Wiederholung dieser Interpretation in Krügers Platoninterpretation: Einsicht und Leidenschaft. Das Wesen des platonischen Denkens (^{2}1948), die sich „auf die Suche nach dem Seienden" begibt, „das von der Gewagtheit unseres geschichtlichen Daseins nicht mitbetroffen wird": XVIII.
130 O. F. Bollnow, Das Wesen der Stimmungen (1941).
131 E. Staiger, Die Zeit als Einbildungskraft des Dichters (1939).
132 L. Binswanger, Grundformen und Erkenntnis menschlichen Daseins (1942); Ausgewählte Vorträge und Aufsätze. Bd. 1. Zur phänomenologischen Anthropologie (1947). Vgl. unten S. 266/267.
133 Vgl. bes. die ausführliche Auseinandersetzung in M. Heidegger, Kant und das Problem der Metaphysik (1929 ^{1}951) 185–197.
134 A. Gehlen, Der Mensch. Seine Natur und seine Stellung in der Welt (1940; hier zit. nach ^{6}1958). Vgl. auch A. Gehlen, Anthropologische Forschung. Zur Selbstbegegnung und Selbstentdeckung des Menschen (1961).
135 Vgl. oben S. 17 f.
136 Vgl. H. Plessner, Die Stufen des Organischen und der Mensch. Einleitung in die philosophische Anthropologie (1928). Im Interesse – schreibt Plessner a.a.O. 37 – „einer Überwindung der fraktionierenden Betrachtungsweise des Menschen in Philosophie, Biologie, Psychologie, Medizin und Soziologie" bedarf die „Konstituierung der Hermeneutik als Anthropologie ... eines lebenswissenschaftlichen Fundaments, einer Philosophie des Lebens im nüchternen konkreten Sinne des Wortes": ibid. Also auch und gerade das Geschichtsdenken, „die Theorie der Geisteswissenschaften braucht Naturphilosophie d. h. eine nicht empirisch restringierte Betrachtung der körperlichen Welt, aus der sich die geistig-menschliche Welt nun einmal aufbaut, von der sie abhängt, mit der sie arbeitet, auf die sie zurückwirkt": a.a.O. 26. „Wenn es daher eine Wissenschaft geben soll, welche die Erfahrung des Menschen von sich, so wie er lebt und sein Leben geschichtlich verzeichnet ... begreift, dann kann und darf sich eine solche Wissenschaft nicht auf den Menschen als Person, als Subjekt geistigen Schaffens, moralischer Verantwortung, religiöser Hingegebenheit beschränken, sondern muß den ganzen Umkreis der Existenz und der mit dem persönlichen Leben in selber Höhe liegenden, zu ihm in Wesenskorrelation stehenden Natur miteinbegreifen. Tut sie das nicht, bleibt sie Geschichtsphilosophie oder Kulturphilosophie, um die Natur, die Sphäre des körperlichen Seins, der Naturwissenschaft zu überlassen, so handelt sie in schlimmster Inkonsequenz gegen ihre eigene Idee": a.a.O. 27/29. Plessner formuliert a.a.O. 25 programmatisch: „Ohne Philosophie des Menschen keine Theorie der menschlichen Lebenserfahrung in den Geisteswissenschaften. Ohne Philosophie der Natur keine Philosophie des Menschen."

137 Vgl. bes. M. Scheler, Die Stellung des Menschen im Kosmos (1927). Auf Scheler wird an dieser Stelle ohne ausführliche Besprechung nur hingewiesen, weil seine Anthropologie noch durchaus eine „Metaphysik“ des Menschen intendiert, während Gehlen „unter der Voraussetzung einer, wenn man will technischen Enthaltung von der Metaphysik“ operiert: Gehlen, Der Mensch (^{6}1958) 11.

138 Trotz der Schelerkritik bei Gehlen a.a.O. 22 ff. scheint mir Gehlens Theorie als Fortführung der Anthropologie Schelers unter Ausklammerung von dessen Geist-Philosophie charakterisierbar.

139 Vgl. Gehlen a.a.O. 37 ff.; „die Weltoffenheit ist ... grundsätzlich eine Belastung“: 38.

140 A.a.O. 11: es „soll gerade die ‚Sonderstellung‘ des Menschen bestimmt werden.“ Es ist „nämlich der Mensch ein ‚Sonderentwurf‘ der Natur“: 16.

141 A.a.O. 89; „Morphologisch ist nämlich der Mensch im Gegensatz zu allen höheren Säugern hauptsächlich durch *Mängel* bestimmt, die jeweils im exakt biologischen Sinne als Unangepaßtheiten, Unspezialisiertheiten, als Primitivismen, d. h. als Unentwickeltes zu bezeichnen sind: also wesentlich negativ“: 35.

142 A.a.O. 60 ff.

143 A.a.O. 38.

144 Ibid.; „Es ist ein höchst komplizierter, ein wunderbarer Aufbau von Leistungen erfordert, damit ein Wesen gerade von dieser leiblichen Verfassung morgen und nächste Woche und nächstes Jahr noch leben kann ... Zu diesem gehört, daß der Mensch in seinem bloßen Dasein eine Aufgabe vorfindet, daß sein Dasein seine eigene Aufgabe und Leistung wird, ganz elementar: es ist schon für ihn eine beträchtliche Leistung, nächstes Jahr noch zu leben, und zu dieser Leistung müssen die gesamten Fähigkeiten des Menschen von ihm selbst gebraucht werden ... er lebt nicht ..., er *führt* sein Leben. Nicht aus Spaß, und nicht zum Luxus des Nachdenkens, sondern aus ernster Not ... Wenn irgendeine Betrachtungsweise biologisch genannt werden darf, so dürfte es diese sein: Ein Wesen unter die Frage zu stellen, mit welchen Mitteln es eigentlich existiert. Wenn man dies tut, so gewahrt man einen außerordentlichen Bereich einer ganz neuen Wissenschaft: einer Gesamtwissenschaft vom Menschen“: a.a.O. 18.

145 „Der Mensch macht selbsttätig aus seinen elementaren Belastungen Chancen seiner Lebensfristung“ a.a.O. 67.

146 „Nur vom Gedanken eines handelnden, nicht festgestellten Wesens her bekommt man die Physis des Menschen überhaupt in den Blick, und niemals läßt die Definition als ‚Geistwesen‘ allein einen Zusammenhang gerade dieser Leibesbeschaffenheit mit dem, was man unter Vernunft oder Geist zu verstehen pflegt, sichtbar werden“: a.a.O. 34; der Mensch ist zugleich „ein Wesen der *Zucht,* Selbstzucht, Erziehung, Züchtung als In-Form-Kommen und In-Form-Bleiben gehören zu den Existenzbedingungen eines nicht festgestellten Wesens“: a.a.O. 33; vgl. 385 ff.

147 A.a.O. 412 ff.

148 A. Gehlen, Wirklicher und unwirklicher Geist (1930).

148a „So beschrieben wird die *Entlastungsleistung* dieser Vorgänge deutlich, d. h. die Ausmusterung der Belastung ins Lebensdienliche“: a.a.O. 43. Gehlen, der – vgl. S. 290 Anm. 70 – Freud kritisiert, scheint zugleich nicht geringe (und m. W. wenig bemerkte) Nähe zur Denkweise A. Adlers zu haben.

149 A. Gehlen, Urmensch und Spätkultur (1956).

149a „Die ganze ‚Haushaltung der Natur‘ schlägt also beim Menschen eine neue Richtung ein. Herder hat das geleistet, was jede philosophische Anthropologie ... zu leisten verpflichtet ist: die Intelligenz des Menschen im Zusammenhang seiner biologischen Situation, seiner Wahrnehmungs-, Handlungs- und Bedürfnisstruktur zu sehen d. h. ‚die gänzliche Bestimmung seiner denkenden Kräfte im Verhältnis seiner Sinnlichkeit und Triebe‘... Die philosophische Anthropologie hat seit Herder keinen Schritt vorwärts getan, und es ist im Schema dieselbe Auffassung, die ich mit den Mitteln moderner Wissenschaft entwickeln will. Sie braucht auch keinen Schritt vorwärts zu tun, denn dies ist die Wahrheit": Gehlen, Der Mensch ([6]1958) 90.

150 Vgl. Soziologie. Ein Lehr- und Handbuch zur modernen Gesellschaftskunde, hsg. A. Gehlen und H. Schelsky (1955).

151 Vgl. A. Gehlen, Theorie der Willensfreiheit (1933); H. Schelsky, Theorie der Gemeinschaft nach Fichtes ‚Naturrecht' von 1796 (1935) ders.: Schellings Philosophie des Willens und der Existenz, in: G. Günther und H. Schelsky, Christliche Metaphysik und das Schicksal des modernen Bewußtseins (1937) 47–108; J. Habermas, Das Absolute und die Geschichte. Von der Zwiespältigkeit in Schellings Denken (1954). Vgl. zu dieser Diskussion Gehlens auch unten S. 260–262 und S. 470f. Anm. 23 und die dort zit. Studie G. Rohrmosers.

153 Vgl. L. Feuerbach, Vorläufige Thesen zur Reform der Philosophie (1842): „Das Geheimnis der Theologie ist die Anthropologie": Kleine Philosophische Schriften ed. M. G. Lange (1950) 55; „Die Aufgabe der neueren Zeit war die Verwirklichung und Vermenschlichung Gottes – die Verwandlung und Auflösung der Theologie in Anthropologie": L. Feuerbach, Grundsätze der Philosophie der Zukunft (1843) a.a.O. 87.

154 Obwohl diese Entgegensetzung ein mögliches beiläufiges Motiv bleibt; vgl. Löwiths (aber nicht Krügers) Absage an biblisch-eschatologisches Geschichtsdenken zugunsten der ‚griechischen' Position einer Philosophie der ‚Natur'; vgl. auch Gehlens Ablehnung der theologischen Definition des Menschen von Gott her: sie „ist keine wissenschaftliche": A. Gehlen, Der Mensch ([6]1958) 9.

155 Diese Bestimmung überschreitet die Anthropologie M. Schelers, die darum in diesem Zusammenhang nicht besprochen wurde: sie meint sich als „Metaphysik". Daß wiederum gerade das zum Einwand gegen sie – wie auch gegen Heideggers Thesen – werden kann, zeigt J. Ritter, Über den Sinn und die Grenze der Lehre vom Menschen (1933): „Indem die Philosophie sich zur Anthropologie wendet, wird sie zur Metaphysik, das heißt, sie löst schließlich den Zusammenhang mit der Wissenschaft überhaupt. Sie tritt ins Reich wissenschaftsfremder Weltanschauung über... Die Philosophie gewinnt in der Anthropologie den glänzenden Schein einer Weltanschauung, aber sie verliert ihre wissenschaftliche Funktion, ihre Rolle als Förderin und Helferin entwicklungsfähiger, die bloßen Subjektivismen einschränkender Erkenntnis": a.a.O. 28/29.

156 Vgl. unten S. 46ff.

157 Die Neigung, als stillschweigende oder ausdrückliche Voraussetzung von allen und jedem „Fundamentalontologien" und „Seinsverständnisse" zu entdecken, ist längst abgelöst durch die, keine Lebenshaltung und Denkeinstellung ungeschoren zu lassen durch das Bestreben, die ihr zugrundeliegende "Anthropologie" zu ermitteln. „Hinter der heute recht allgemeinen Verwendung und Ausbreitung des Wortes" – schreibt A. Gehlen, Anthropologische Forschung (1961) 7 – „steht ... eine wichtige Zeittendenz... Es ist nämlich kein Zweifel an einer gerade in den letzten Jahrzehnten wachsenden Popularität der Fragestellung, im neuen Brockhaus gibt es sogar schon einen Abschnitt ‚Theologische Anthropologie'. Die Theologie hatte immer eine Lehre vom Menschen, aber sie nannte sie nie Anthropologie. Es ist also kein Zweifel, daß wir es mit einer gewissen Kursgängigkeit des Wortes zu tun haben; dahinter steckt eben doch eine weitverbreitete und tiefe Interessenverschiebung".

158 G. W. F. Hegel, Die Vernunft in der Geschichte (Vorlesungen über die Philosophie der Weltgeschichte, Einleitung) ed. Hoffmeister (1955) 28: „daß die Vernunft die Welt beherrscht, daß es also auch in der Weltgeschichte vernünftig zugegangen ist."

159 Es ist eine interessante Frage, warum die Marburger neukantianische Kritik der Rolle des Geschichtlichen und Psychologischen in der Philosophie auf dem Boden ihrer eigenen Schule keinen vergleichbaren Umschlag in einen neuen Historizismus und Psychologismus provoziert hat, wie es die Phänomenologie tat. Denn die Marburger Schule hat eine ausdrückliche Psychologismuskritik und Kritik des "entwicklungsgeschichtli-

chen Standpunkts“ ausgebildet – um abzusehen von der noch anders gelagerten Rolle der Psychologie im „System der Philosophie“ des späteren Cohen: vgl. H. Cohen, Logik der reinen Erkenntnis (1902) 15 f. und 519 f. –: Cohen bestimmt das „Eigentümliche der philosophischen Methode, im Unterschiede von der geschichtlichen Kenntnisnahme“, durch Reflexion der „Complication der kritischen Untersuchung mit der Psychologie, von welcher sie sich in der Behauptung des a priori unterscheidet“: Kants Theorie der Erfahrung (^{2}1885) 75, folgendermaßen: „Das Interesse der Psychologie ist auch bezüglich der Grundbegriffe der Erkenntnis ein ganz anderes als dasjenige der Methode, die wir suchen“: a.a.O. 70; gleichwohl „entsteht der kritischen Methode die Gefahr, in eine psychologische sich aufzulösen, und anstatt die Werthe der Erkenntnis abzuschätzen, ihre vermuthlichen Anfänge und Entwickelungen zu beschreiben: von Platon zu Aristoteles abzufallen“: a.a.O. 69, vgl. ff.; und gegen diese Gefahr protestierend wird der Marburger Neukantianismus ausdrücklich zur Psychologismuskritik: „Im Idealismus der Logik liegt ihr Widerspruch gegen den *Psychologismus* begründet... Das aber ist der Grundfehler des Psychologismus, daß er das allgemeine Problem der Erkenntnis vereinzelt“: H. Cohen, Logik der reinen Erkenntnis (1902) 509/510, vgl. die Überlegung 510 f. Wieso hat nun diese Psychologismuskritik und stillschweigende Historizismuskritik des Marburger Neukantianismus keinen Umschlag in einen zweiten Historizismus bzw. Psychologismus, keinen Umschlag in eine Neuzuwendung zur Genealogie und Geschichte provoziert? Grund ist wohl, daß die Marburger Schule niemals eine Philosophie als reine Wesensforschung gefordert, sondern als Theorie der Möglichkeitsbedingungen eines „Faktums“ (der exakten Wissenschaften etc.) im Grunde nicht wenig ‚geschichtlich‘ philosophiert hat – vgl. die Überlegungen unten S. 340 Anm. 10 –, was nicht zuletzt an der Bedeutung des Begriffs einer „Geschichte der wissenschaftlichen Vernunft“ für die Philosophie Cohens – vgl. Kants Theorie der Erfahrung (^{2}1885) Einleitung 1–73 – abzulesen ist.

160 Wie es repräsentativ beim frühen Heidegger der Fall ist: vgl. oben S. 33 f.; vgl. aber auch Schelers Thesen oben S. 35 f.

161 Zu der es streng genommen *keine* der hier analysierten Positionen bringt. Die oben Anm. 92 angedeuteten Thesen Schelers treten selbst nur unbestimmt auf. Gewiß also steckt – wenigstens in Bezug auf die hier besprochenen Ansätze – Wahrheit in G. Krügers Bemerkung, „daß das Denken der Gegenwart für mein größtes Problem (sc. das der Geschichte) keine Lösung und nicht einmal eine sichere Fragestellung hat. Wer dergleichen sucht, dem muß man sagen: es gibt heute keine Philosophie der Geschichte“: Die Geschichte im Denken der Gegenwart (1947), in: G. Krüger, Freiheit und Weltverwaltung (1958) 111.

162 Vgl. oben S. 34 f. und S. 36 f.; daß der Weg in die Typenlehre zu den eigentümlichen Auswegversuchen resignierender Geschichtsphilosophie gehört, wird in der Folge öfter angedeutet, kann aber im Zusammenhang dieser Arbeit nicht ausführlich untersucht werden.

163 Vgl. oben S. 38 ff.

164 Darum in denjenigen Ansätzen, die sich Naivität verbieten, die Auseinandersetzung gerade mit diesen Schwierigkeiten. Die Wende zur Natur im Zusammenhang der Neigung zur “Anthropologie“ ist nur ein Versuch. Es gibt außerdem das bedeutsame Phänomen des Versuchs eines Wiederanschlusses an die Metaphysik auf dem Boden der Geschichtsphilosophie, wie ihn durch eine Zuwendung zu Hegel J. Ritter unternimmt. Hegel und die französische Revolution (1957). In der Heideggerschule scheint ein solcher Versuch nur im Gespräch mit Thomas v. Aquin zu einer gewissen Konkretheit gediehen zu sein (G. Siewerth, K. Rahner, M. Müller, J. B. Lotz, H. Coreth u. a.) und im übrigen noch unentschieden (W. Schulz), oder er hat zur Konversion in eine ursprünglich marxistisch eingestellte Gesellschaftsproblematik etwa des Frankfurter Ansatzes geführt (H. Marcuse). Daneben gibt es die Möglichkeit, angesichts dieser Schwie-

rigkeiten den Geschichtsbegriff selbst so neuzufassen, daß er nicht nur die – vom Ausfall der Geschichtszieltheorie hart betroffene – Zukunftsgeschichtlichkeit, sondern auch die – im Phänomen nicht nur der „topoi", sondern in jeder Art von „zitathaftem Leben" (Th. Mann) d. h. (oft institutionalisierter) Wiederholung von geschichtlich vorgelebtem Leben und seiner „Figuren" (typoi) sich bekundende – Herkunftsgeschichtlichkeit mitbegreift, wie das – im Anschluß an J. Ritter – etwa K. Gründer in Betonung des aus theologischer Tradition kommenden „figuralen Denkens" versucht: K. Gründer, Figur und Geschichte. Johann Georg Hamanns ‚Biblische Betrachtungen' als Ansatz einer Geschichtsphilosophie (1958).

Anmerkungen zu „Problem“

1 E. Husserl, Phänomenologie und Anthropologie (a lecture given in Berlin, June 10, 1931), abgedruckt in: Philosophy and Phenomenological Research 2 (1941) 1–14.
2 A.a.O. 1.
3 Ibid.
4 Ibid.
5 Ibid.
6 Nachwort zu den „Ideen ...“, erstveröffentlicht im Jahrbuch für Philosophie und phänomenologische Forschung 11 (1930), wiederabgedruckt in E. Husserl V 138–162. Die zit. nachdrücklich kritischen Bemerkungen – ohne Namensnennung eindeutig auf Heidegger gemünzt – finden sich in der „Vorbemerkung“ dieses Nachworts.
7 A.a.O. 140.
8 Ibid.
9 Vgl. etwa M. Scheler, Die Wissensformen und die Gesellschaft (1926) VII f.
10 Vgl. vor allem: M. Scheler, Die Stellung des Menschen im Kosmos (1927); ferner: Die Wissensformen und die Gesellschaft (1926) bes. 6 ff.; Die Formen des Wissens und die Bildung, in: Philosophische Weltanschauung (1929) 84–123. Vgl. auch oben S. 35/36.
11 M. Scheler, Die Wissensformen und die Gesellschaft (1926) XI.
12 M. Heidegger, Sein und Zeit (1927) 217.
13 W. Schapp, Philosophie der Geschichten (1959) 326/327. – Zum Problem vgl. auch K. Mannheim, Ideologie und Utopie ([3]1952) 13–47 über die „genetische Methode“ im Zusammenhang einer Betrachtung u. a. von Gemeinsamkeiten einer Psychologie und Soziologie des Erkennens und der „Kontrolle des kollektiven Unbewußten als ... Problem unserer Zeit“: a.a.O. 30.
14 Vgl. oben bes. S. 42.
15 Vgl. Aristoteles, Metaphysik △ IV. Dortselbst 1014 b 35/36: „ἔτι δ' ἄλλον τρόπον λέγεται ἡ φύσις ἡ τῶν φύσει ὄντων οὐσία“; vgl. 1015 a 4 ff., bes. 1015 a 11–16: „καὶ τὸ εἶδος καὶ ἡ οὐσία· τοῦτο δ' ἐστὶ τὸ τέλος τῆς γενέσεως (...) ἐκ δὴ τῶν εἰρημένων ἡ πρώτη φύσις καὶ κυρίως λεγομένη ἐστὶν ἡ οὐσία ἡ τῖον ἐλόντων ἀρχὴν κινήσεως ἐν αὑτοῖσ ᾗ αὑτά.“ Thomas v. Aquin interpretiert diese Bestimmung der Natur (Commentarium in XII libros Metaphysicorum Aristoteles Stagiritas, lectio IV) als „quintus modus que ipsa forma dicitur natura“. Thomas geht andernorts weiter als an dieser Stelle, so daß für ihn „Natur schlechthin synonym (ist) mit essentia“: L. Oeing-Hanhoff, Ens et unum convertuntur (1953) 58.
16 Die folgenden Kapitel werden konkreter sprechen und drei essentiaferne Naturbegriffe unterscheiden: Triebnatur, Kontrollnatur, Romantiknatur: vgl. unten S. 55 ff.
17 Z. B. könnte man versuchen, plausibel zu machen, daß (kontinental) diese Wiederkehr des Psychologismus gerade dort gebraucht und begrüßt wird, wo in einer gewissen Phase der bürgerlichen Welt der „Staat“ durch drohende Identität mit den Interessengruppen (mit der „Gesellschaft“) gefährdet, aber dieser Gefahr nicht erlegen ist: die politische Wirklichkeit ist so intakt, daß sie sich guten Gewissens kein schlechtes Gewissen als offizielle Theorie leisten kann, und sie ist so gefährdet, daß sie sich guten Gewissens kein gutes Gewissen als offizielle Theorie gestatten kann; wo dies zutrifft, scheint es gleichermaßen unmöglich, marxistisch oder existenzialistisch ein schlechtes, oder metaphysisch

ein gutes Gewissen zu pflegen. Die Umformung des geschichtlichen Problems in ein psychologisches im zweiten Psychologismus und seine Legierung von Protest und Akkomodation erhalten hier eine Chance einzuspringen. Eine ähnliche Chance hat dieser Psychologismus dort, wo (wie offenbar in Amerika) ein vormals ungebrochenes Selbstvertrauen des „American way of life" sich anschickt, in eine Phase des Unbehagens überzuwechseln, ohne dabei zu den radikalen politischen (Marx) oder existenzphilosophisch-theologischen Ansätzen (Niebuhr, Tillich) überzugehen: Freud erhält Bedeutung, wo metaphysische Fragen ohne die metaphysischen Lösungen und geschichtsphilosophische Fragen ohne die radikalen geschichtsphilosophischen Lösungen auftreten.

18 Th. W. Adorno, Prismen. Kulturkritik und Gesellschaft (1955) 42.

19 Wobei beide Begriffe – Deutscher Idealismus ebenso wie Romantik – teils in sich, teils zur Bezeichnung der hier gemeinten philosophischen Bewegung zu unbestimmt sind. Der Titel „Deutscher Idealismus" benennt Inhomogenes: etwa zusammen mit den „romantischen" Philosophien der Innerlichkeit die durchaus gegen-romantische und romantikkritische Philosophie Hegels – das ist nicht die Voraussetzung für einen klaren Begriff. Ähnlich liegt es mit dem Begriff „Romantik". Die gemeinte philosophische Bewegung – die transzendentalphilosophische Naturphilosophie – siedelt gewissermaßen im Kernschatten der Bezeichnungskompetenzen der Titel ‚Philosophie des deutschen Idealismus' und ‚Romantik'. Freilich ist diese Bestimmung durch zwei uneindeutige Begriffe unbehaglich. Die Vereindeutigung dieser Begriffe aber ebenfalls: die Präzisierung von „Romantik" zum „subjektivierten Occasionalismus" – C. Schmitt, Politische Romantik (^{2}1925) 23, vgl. 140 f. – führt zwar zur Klärung, zugleich aber zum Ausschluß wesentlicher Romantiker aus der Romantik; die Präzisierung von „Deutscher Idealismus" zur „klassischen deutschen Philosophie" d. h. zu einer Philosophie, deren Summe Marx und deren Erbe das Proletariat ist – vgl. F. Engels, Feuerbach und der Ausgang der klassischen deutschen Philosophie (1888) –, oder zu einer Philosophie, deren Summe der späte Schelling und deren Erben Kierkegaard und Heidegger sind – vgl. W. Schulz, Die Vollendung des deutschen Idealismus in der Spätphilosophie Schellings (1955) – führte zwar ebenfalls zu einer gewissen Klärung, zugleich aber zum Ausschluß der jeweils anderen wesentlichen Probleme aus der Philosophie des deutschen Idealismus. Es ist nicht ausgeschlossen, daß die Titel „Romantik" und „deutscher Idealismus" an der Inhomogeneität der durch sie bezeichneten Phänomene zugrundegehen – ob das zu begrüßen sei, ist eine andere Frage. Diese Arbeit wird trotz dieser Vorbehalte beide Titel promisque benutzen.

20 D. h. die Möglichkeit und sogar Nötigkeit anderer Fragestellungen und anderer Untersuchungswege angesichts des nämlichen hier gemeinten Phänomens der Psychologismuswiederkehr bleibt durchaus unbestritten.

Anmerkungen zu „Antezedenzen“

1 Vgl. oben S. 27/28.
2 I. Kant, Kritik der reinen Vernunft B 867 Anm.
3 Teils als „Aufklärung“, teils als „Emanzipation“: entweder also als Befreiung exakter Wissenschaft bzw. Technik bzw. potentieller Menschheitsgesellschaft aus traditionsbedingter Blockierung ihrer Entwicklungsmöglichkeiten; oder als Abfall von christlich-abendländischer Tradition in Autonomie modernen Denkens und Seins bzw. als von langher vorbereiteter Anfang einer extremen Enthüllung des „Nihilismus“ der Metaphysik. Also teils „fortschrittstheoretisch“, teils „verfallstheoretisch“ d. h. teils als Übergang von der Entfremdung zum Selbstsein, teils als Übergang vom Selbstsein zur Entfremdung. Ersteres gegenwärtig teilweise unkritisch in positivistischen und marxistischen Theorien, differenziert und durchpolemisiert im Frankfurter psychoanalytischen (M. Horkheimer, Th. W. Adorno, H. Marcuse) und Münsteraner hermeneutischen Hegelianismus (J. Ritter), letzteres gegenwärtig u. a. in der theologisch-traditionalistischen (G. Krüger, J. Pieper) und modifiziert in der seinsgeschichtlichen (M. Heidegger) Konzeption.
4 Diese – in solcher Weise ‚zweckgebundene‘ – Situationsbeschreibung impliziert jedoch ein gewisses Ungenügen an einer Charakteristik der modernen Welt durch eine Analyse im wesentlichen der Rationalitäts- und Voraussetzungslosigkeitscharaktere der exakten Wissenschaften und ihrer – direkten (in Form von Abstraktionen) und indirekten (in Form von Kompensationen) – Folgen. Dabei bleibt die Wichtigkeit und der große Aufschlußreichtum solcher Analysen ganz und gar unbestritten. Im Versuch, über diese Analysen hinauszugehen, fühlt sich diese Arbeit ermuntert durch J. Ritters Übergang von der Untersuchung vor allem der Phänomene des erinnernden Festhaltens innerhalb der modernen Welt (historischer Sinn, Ästhetisches usf.) zur politischen Theorie: die Probleme, die nicht mehr nur durchs Erinnern gelöst werden können, können nicht nur durchs Vergessen – das methodische Vergessen der exakten Wissenschaften und des durch sie geprägten Weltverhältnisses – entstanden sein. Darum rückt die folgende Überlegung die ‚Triebnatur‘ – und zwar nicht als Produkt des abstrahierenden Blicks der exakt-methodischen Betrachtung, sondern – als eigenständigen Fundamentalcharakter der ‚modernen Welt‘ in den Mittelpunkt ihrer Betrachtung.
4a Zur Rolle der an diesen Begriff knüpfbaren (theologischen) Konzeption für die Genese der modernen Welt vgl. u. a. W. Kamlah, Die Wurzeln der neuzeitlichen Wissenschaft und Profanität (1948).
5 Vgl. Mémorial de Pascal, in: Pensées de Blaise Pascal. Nouvelle édition par Léon Brunschvicg, Tome premier (1904) 4.
6 Titel einer Abhandlung Kants (1791), vgl. S. 334 Anm. 49.
7 Vgl. v. Verf.: Skeptische Methode im Blick auf Kant (1958) § 7 74–84.
8 Vgl. oben S. 46.
9 Vgl. ibid.
10 J. Ritter, Zur Grundlegung der praktischen Philosophie bei Aristoteles. In: Archiv für Rechts- und Sozialphilosophie 46 (1960) 193; vgl. insgesamt 191 ff.; daß die Aktualität des Vernünftigseins der Menschen am Aufkommen und Fortleben der „Stadt“ (polis) d. h. einer koinonia von Freien hängt – a.a.O. die Zentralthese Ritters – wird hier jeweils

vorausgesetzt, kann aber an dieser Stelle nicht ausdrücklich besprochen werden; vgl. aber unten S. 351 Anm. 4 und S. 143 ff. u. S. 374 Anm. 70 ff.

11 A.a.O. 192.

12 Dieser dynamis-energeia-Gedanke – daß und wie er bei Aristoteles das konsequente letzte, äußerste Resultat des von Platon übernommenen ontologischen Grundansatzes ist, hat letzthin minutiös gezeigt R. Tugendhat, Ti kata tinos. Eine Untersuchung zur Struktur und Ursprung aristotelischer Grundbegriffe (1958) – ist derjenige ontologische Zentralgedanke, der die Revolution der traditionellen Metaphysik im sog. Deutschen Idealismus ungebrochen überlebt. Vgl. unten S. 90 f. Zum Wortgebrauch bei Hegel unzählige Stellen; vgl. etwa Phänomenologie des Geistes (ed. Hoffmeister 1949) 22: „Wenn der Embryo wohl an sich Mensch ist, so ist er es aber nicht für sich; für sich ist er es nur als gebildete Vernunft, die sich zu dem gemacht hat, was sie an sich ist. Dies erst ist ihre Wirklichkeit."

13 Vgl. etwa unten S. 142 ff., 123 ff.

14 Th. Hobbes, Leviathan (1651); hier zit. nach Ed. Everyman's Library (1957).

15 A.a.O. 63 ff.

16 A.a.O. 65.

17 Ibid.

18 A.a.O. 64.

19 A.a.O. 65.

20 A.a.O. 66.

21 A.a.O. 65.

22 A.a.O. 64.

23 Ibid.

24 A.a.O. 65.

25 Ibid.

26 A.a.O. 64/65.

27 A.a.O. 66.

28 A.a.O. 63.

29 A.a.O. 65.

30 A.a.O. 63.

31 A.a.O. 65.

32 R. Descartes, Discours de la Méthode (1637) ed. R. Gilson (1947) 62.

33 I. Kant, Prolegomena zu einer jeden künftigen Metaphysik, die als Wissenschaft wird auftreten können (1783) IV 44.

34 A.a.O. 70.

35 A.a.O. 46.

36 Ibid.

37 A.a.O. 71.

38 Ibid.

39 A.a.O. 72.

40 H. Cohen, Kants Theorie der Erfahrung (1871 [3]1918) 290.

41 Vgl. etwa J. J. Rousseau, Emile ou de l'éducation (1762), ed. P. et P. Richard (Paris, Garnier, o. J.) 357: „Le tableau de la nature ne m'offrait qu'harmonie et proportions, celui du genre humain ne m'offre que confusion, désordre! ... Les animaux sont heureux, leur roi seul est misérable!"

42 Novalis II, Fragment 1377(1798/99).

43 Novalis, Die Lehrlinge zu Sais (1798) I 240/241.

44 Novalis II, Fragment 453 (1799/1890).

45 Novalis, Fragment

46 R. Descartes, Meditationes de prima philosophia (1641) Med. I, 9.

47 Formulierung bezugnehmend auf J. G. Hamann, Metakritik über den Purismus der Ver-

nunft (1784), Werke (Nadler) III 281–289. Hamann deutet dort das Grundgeschehen der neuen Philosophie (kritisch) als Geschehen von drei „Reinigungen" – um auf Grund dieser Deutung dann gegen Kants Kritik der reinen Vernunft zu argumentieren. „Die erste Reinigung der Philosophie bestand nehmlich in dem theils misverstandenen, theils mislungenen Versuch, die Vernunft von aller Überlieferung, Tradition und Glauben daran unabhängig zu machen": a.a.O. 284.

48 Vgl. Hamann a.a.O. 284: „Die zweite (sc. Reinigung) ist noch transcendenter und läuft auf nichts weniger als eine Unabhängigkeit von der Erfahrung und ihrer alltäglichen Induction hinaus" und „die Vernunft ... verspricht ... mit ... Trotz den ungedultigen Zeitverwandten und zwar in kurzer Zeit, jenen allgemeinen ... Stein der Weisen, dem die Religion ihre Heiligkeit und die Gesetzgebung ihre Majestät flugs unterwerfen wird": verspricht ihn, aber kann ihn – nach Hamann – nicht geben: das Versprechen ist absurd und führt auf Absurditäten: vgl. a.a.O. 284 ff. Gegen diese bereits bei Hamann ‚klassisch' formulierte, gegenwärtig in Ansehen stehende – vgl. als repräsentativ: G. Krüger, Grundfragen der Philosophie (1958) – Kritik an einer verderblich wachsenden Reinheit d. h. Autonomie der Vernunft ist mit Nachdruck geltend zu machen, daß – unter Voraussetzung der nun einmal geschehenen Lösung der Vernunft aus der theologischen Tradition – die Reinigung der Vernunft d. h. ihr Sich-unabhängig-machen vom Interessenleben und -denken ihre wesentliche und einzige Chance ist, und daß jeder Verzicht auf diese ‚zweite Reinigung' die Vernunft um die Vernunft bringt. Darum hat bereits Hegel Hamann kritisiert: „Die Aufklärung, welche Hamann bekämpft, dieses Aufstreben, das Denken und dessen Freiheit in allen Interessen des Geistes geltend zu machen, wird, so wie die von Kant durchgeführte, allerdings zunächst nur formelle Freiheit des Gedankens, ganz von ihm verkannt, und ob ihm gleich mit Recht die Gestaltungen, zu welchen es dieses Denken brachte, nicht genügen konnten, so poltert er ganz nur so, um das Wort zu sagen, ins Gelag und ins Blaue hinein gegen das Denken und die Vernunft überhaupt, welche allein das wahrhafte Mittel jener gewußten Entfaltung der Wahrheit und des Erwachsens derselben ... sein können. Er muß so auch noch mehr dies übersehen, daß seine, obgleich orthodoxe, Koncentration, die bei der intensiven subjektiven Einheit festbleibt, mit dem, was er bekämpft, in dem negativen Resultat übereinkommt, alle weitere Entfaltung von Lehren der Wahrheit und von deren Glauben als Lehren, ja von sittlichen Geboten und rechtlichen Pflichten, für gleichgiltig anzusehen": G. W. F. Hegel, Über: Hamanns Schriften (1828) XX 253/254.

49 Vgl. I. Kant, Kritik der reinen Vernunft: er nennt „die Vernunft ... das Vermögen der Prinzipien": B 356, bzw. der „Ideen": B 366 ff., welch letzterer „reiner Vernunftbegriff überhaupt durch den Begriff des Unbedingten ... erklärt werden" kann: B 379 – all diese Bestimmungen laufen auf die hier gegebene Bestimmung hinaus.

50 Vgl. – im Anschluß an E. Souriau, Les 200000 situations dramatiques (1950) – H. Lausberg, Handbuch der literarischen Rhetorik. Eine Grundlegung der Literaturwissenschaft (1960) § 1203.

Anmerkungen zu „Position der Unentschiedenheit“

1 Vgl. oben S. 59.
2 Vgl. unten S. 100 ff.
3 Vgl. oben S. 45.
4 J. F. Fries, Neue oder anthropologische Kritik der Vernunft (1807).
5 Vgl. E. Husserl, Logische Untersuchungen 1. Teil ([4]1928) 93: Husserl spricht von einem „Psychologismus ... nur von einem anderen Genus, unter welches auch Kants formaler Idealismus – im Sinne der vorherrschenden Interpretation desselben – ... gehören“, dazu ibid. Anm. 3: “Daß Kants Erkenntnistheorie Seiten hat, die über diesen Psychologismus der Seelenvermögen als Erkenntnisquellen hinausstreben und in der Tat auch hinausreichen, ist allbekannt. Hier genügt es, daß sie auch stark hervortretende Seiten hat, die in den Psychologismus hineinreichen, was lebhafte Polemik gegen andere Formen psychologistischer Erkenntnisbegründung natürlich nicht ausschließt.“
6 A. Gehlen, Über die Geburt der Freiheit aus der Entfremdung, in: Archiv für Rechts- und Sozialphilosophie 40 (1952/53) 338–353; vgl. die Besprechung unten S. 260–262.
7 Vgl. auch unten S. 65 ff.
8 Kant ist der Meinung, „daß es eine ganz neue Wissenschaft sei, von welcher niemand auch nur den Gedanken vorher gefaßt hatte, wovon selbst die bloße Idee unbekannt war, und wozu von allem bisher Gegebenen nichts genutzt werden konnte“: I. Kant, Prolegomena zu einer jeden künftigen Metaphysik, die als Wissenschaft wird auftreten können (1783) IV 10, „und man habe also bis jetzt keine Transzendentalphilosophie: denn, was den Namen davon führt, ist eigentlich ein Teil der Metaphysik; jene Wissenschaft soll aber die Möglichkeit der letzteren zuerst ausmachen, und muß also vor der Metaphysik vorhergehen“: a.a.O. 28.
9 Zur Definition Kants vgl. außer den loci classici Kritik der reinen Vernunft B 25 – „Ich nenne alle Erkenntnis transzendental, die sich nicht sowohl mit Gegenständen, sondern mit unserer Erkenntnisart von Gegenständen, sofern diese a priori möglich sein soll, beschäftigt“ – und B 80 – „daß nicht eine jede Erkenntnis a priori, sondern nur die, dadurch wir erkennen, daß und wie gewisse Vorstellungen (Anschauungen oder Begriffe) lediglich a priori angewandt werden, oder möglich sein, transzendental (d. i. die Möglichkeit der Erkenntnis oder Gebrauch derselben a priori) heißen müsse“ – vor allem auch Prolegomena ... IV 43: daß „das Wort transzendental bei mir niemals eine Beziehung unserer Erkenntnis auf Dinge, sondern nur aufs Erkenntnisvermögen bedeutet.“
10 Im Zusammenhang mit der Methodendiskussion der Transzendentalphilosophie, allerdings (soweit ich sehe) noch nicht im sog. Deutschen Idealismus, sondern im Neukantianismus d. h. im Zusammenhang der Rückwende von Hegel zu Kant als Gegenbegriff zur „dialektischen“ Methode.
11 Terminus von M. Heidegger, Sein und Zeit (1927) 50 Anm. 1.
12 I. Kant, Welches sind die wirklichen Fortschritte, die die Metaphysik seit Leibniz'ens und Wolff's Zeiten in Deutschland gemacht hat? (geschrieben ca. 1793) VIII 251.
13 I. Kant, Kritik der reinen Vernunft B XXXVI.
14 Vgl. I. Kant, Fortschritte der Metaphysik VIII 262: “Man kann die Fortschritte der Metaphysik in diesem Zeitlaufe in drei Stadien einteilen: erstlich in das des theoretisch-dogmatischen Fortgangs, zweitens in das des skeptischen Stillestandes, drittens in das der

praktischen-dogmatischen Vollendung ihres Weges, und der Gelangung der Metaphysik zu ihrem Endzwecke.“ „Diese Zeitordnung ist in der Natur des menschlichen Erkenntnisvermögens gegründet“: a.a.O. 242. Vgl. die Abhandlung des Themas nach der a.a.O. 263–279 abgedruckten Fassung.

15 I. Kant, Kritik der reinen Vernunft B 880 ff.; Fortschritte der Metaphysik VIII 244 ff.

16 I. Kant, Brief an H. Herz (1781, undat.) IX 198.

17 J. G. Fichte, Grundlage der gesammten Wissenschaftslehre als Handschrift für seine Zuhörer (1794) I 222.

18 F. W. J. Schelling, System des transcendentalen Idealismus (1800) III 331 398 399 u. ö.

19 Vgl. oben S. 11–21 und S. 29–42.

20 Vgl. bes. E. Husserl, Cartesianische Meditationen (1931); Die Krisis der europäischen Wissenschaften und die transzendentale Phänomenologie (1935 ff.) Kant und die Idee der Transzendentalphilosophie. Erweiterte Wiedergabe der Gedanken eines Vortrages zur Kant-Feier der Universität Freiburg am 1. Mai 1924, VII 230–287. Vgl. L. Landgrebe, La phénoménologie de Husserl est-elle une philosophie transcendentale? in: Les Etudes Philosophiques 9 (1954) 315–323; H. Lübbe, Husserl und die europäische Krise, in: Kant-Studien 49 (1957/1958) 225–237: Lübbe betont erhellend, daß „die Tendenz der Husserlschen Krisis-Arbeit der der Heideggerschen Daseinsanalytik gerade entgegengesetzt, und erst durch diesen Gegensatz ... ihr philosophiegeschichtlicher Ort präzis definiert“ ist (236) – eben dadurch kommt seine Phänomenologie in die unmittelbare Nähe zur Transzendentalphilosophie und versteht sich „als die Vollendung dieses transzendentalphilosophischen Zuges der neuzeitlichen Philosophie“ (234): „die Frage, wie Philosophie unter der Bedingung der neuzeitlichen Wissenschaft möglich ist ... ist (es)..., die den späten Husserl wie sonst kaum eine Philosophie unseres Jahrhunderts mit Kant verbindet“ (230). Dabei ist „die Nähe Husserls zum neukantischen Verständnis der modernen Wissenschaft und der Transzendentalphilosophie ... unverkennbar“ (252).

21 J. Maréchal, Le point de départ de la métaphysique (1923 ff.).

22 Vgl. die Formulierungen oben S. 46 f.

23 Dabei lassen sich der Bewegung von der Metaphysik zur Geschichtsphilosophie in der Regel gehobene, der Bewegung von der Geschichtsphilosophie zur Metaphysik gedämpfte Forschungsstimmungen zuordnen: jene Bewegung versteht sich als Erschließung von Neuland, diese als Rückkehr zum vorschnell Preisgegebenen; jener Bewegung eignet in der Regel der größere Forschungselan, dieser in der Regel die größere Reflektiertheit.

24 Programmatischer Titel eines Buches von P. Wust (1920).

25 F. Paulsen, I. Kant (1898); H. Heimsoeth, Studien zur Philosophie Immanuel Kants. Metaphysische Ursprünge und ontologische Grundlagen (1956); Metaphysik der Neuzeit (1929) 87–104; M. Wundt, Kant als Metaphysiker (1924); G. Krüger, Philosophie und Moral in der Kantischen Kritik (1931); H. J. de Vleeschauwer, zusf.: L'évolution de la Pensée Kantienne (1939); G. Martin, Immanuel Kant. Ontologie und Wissenschaftstheorie (1951).

26 Vgl. den Exkurs unten S. 79–80.

27 G. Krüger, Philosophie und Moral in der Kantischen Kritik (1931) 6; denn: „Nicht nur der Neukantianismus, sondern auch die Metaphysik des deutschen Idealismus sah in Kant ausschließlich den, der die ‚Metaphysik‘ widerlegt habe“: ibid.; „Das Dogma vom ‚Kritiker‘ Kant beherrscht das ganze ‚moderne‘ Zeitalter; es kommt erst jetzt, mit diesem Zeitalter selbst, ins Wanken“: a.a.O. 9. Zur Deutung der ‚Metaphysikkantianer‘ gehört insgesamt die Tendenz, die Transzendentalphilosophie von ihren historischen ‚Voraussetzungen‘ her zu verstehen, dagegen ist die der alten und neuen Transzendentalkantianer gehalten, sich um die ‚Folgen‘ Kants zu kümmern.

28 Altkantianische Transzendentalkantianer nennt diese Arbeit die unterm Eindruck Fich-

tes stehende Philosophie und Deutung; neukantische Transzendentalkantianer nennt sie vor allem die Marburger Schule.

29 W. Szilasi, Macht und Ohnmacht des Geistes (1946) 251 ff.; Philosophie und Naturwissenschaft (1961): darin bes. die Schelling-Aufsätze. H. Höfling, Kants Ansätze zu einer Philosophie im Weltbegriff, in: Beiträge zu Philosophie und Wissenschaft, Wilhelm Szilasi zum 70. Geburtstag (1960) 105–120; G. Freudenberg, Die Rolle von Schönheit und Kunst im System der Transzendentalphilosophie (1960).

30 Vgl. zur Bibliographie dieser Deutungsbewegung: Kant und die Scholastik heute, ed. J. B. Lotz (1955) 256 ff.

31 E. Husserl, Die Krisis der europäischen Wissenschaften und die transzendentale Phänomenologie (1935 ff.) VI 74 93 u. immer wieder.

32 G. W. F. Hegel, Differenz des Fichteschen und Schellingschen Systems der Philosophie (1801) I 53. Auch Schelling spricht vom „Bedürfnis einer durch höhere Principien geleiteten Darstellung der Kantischen Philosophie“: Vom Ich als Prinzip der Philosophie (1795) I 154.

33 G. W. F. Hegel, Vorlesungen über die Geschichte der Philosophie (1805 ff.) XIX 611.

34 A.a.O. 640; seinen „Mangel, die kantische gedankenlose Inkonsequenz, durch die es dem ganzen System an spekulativer Einheit fehlt, hat Fichte aufgehoben ... Seine Philosophie ist Ausbildung ... und ... konsequentere Darstellung der kantischen Philosophie; sie geht über den Grundinhalt derselben nicht hinaus ... Fichte hat auch seine Philosophie zunächst für nichts Anderes angesehen, als für eine konsequente und systematische Vervollkommnung der kantischen“: a.a.O. 613, „Der Verfasser“ – schreibt Fichte, Über den Begriff der Wissenschaftslehre oder der sogenannten Philosophie (1794) I 30 – „weiß es, daß er nie etwas wird sagen können, worauf nicht Kant unmittelbar oder mittelbar, deutlicher oder dunkler gedeutet habe.“

35 „Schellings erste Schriften sind ganz fichtisch“: G. W. F. Hegel, Geschichte der Philosophie XIX 648; Schelling bestätigt das: „So wenig habe ich mich beeilt, ein eigenes System aufzustellen, daß ich mich begnügt, wie es auch meiner damaligen Jugend geziemte, vorerst nur das Fichtesche System begreiflich zu machen ... ich wollte damals nur Fichtes System erklären ... inwiefern er zuerst das Wort einer auf Freiheit gegründeten Philosophie aussprach, auf die Selbständigkeit des Ich ... die ganze Philosophie begründete, – ich suchte also damals zuerst nur zu zeigen, wie man sich mit dem menschlichen Ich alles gesetzt denken könne“: das geschieht in den Schriften 1794–96, und vor allem ist zusammenfassend „diese Ausführung des Fichteschen Idealismus ... enthalten in meinem anno 1800 erschienenen System des transcendentalen Idealismus“: F. W. J. Schelling. Zur Geschichte der neueren Philosophie (Münchener Vorlesungen 1827) X 99.

35a Darüber unten S. 153 ff.

36 G. W. F. Hegel, Geschichte der Philosophie XIX 534; hier findet sich die berühmte Zusammenschau Hegels von klassischer deutscher Philosophie und französischer Revolution: „In Deutschland ist dieß Prinzip als Gedanke, Geist, Begriff, in Frankreich in die Wirklichkeit hinausgestürmt“: a.a.O. 535; “Kant hat dasselbe Prinzip aufgestellt, nur mehr nach theoretischer Seite; Frankreich faßt dies nach der Seite des Willens auf. Die Franzosen sagen: Il a la tête près du bonnet; sie haben den Sinn der Wirklichkeit, des Handelns, Fertigwerdens, – die Vorstellung geht unmittelbar in Handlung über. So haben sich die Menschen praktisch an die Wirklichkeit gewendet. So sehr die Freiheit in sich konkret ist, so wurde sie doch als unentwickelt in ihrer Abstraktion an die Wirklichkeit gewendet; und Abstraktionen in der Wirklichkeit geltend machen, heißt Wirklichkeit zerstören ... In Deutschland hat dasselbe Prinzip das Interesse des Bewußtseins für sich genommen; aber es ist theoretischer Weise ausgebildet worden. Wir haben allerhand Rumor im Kopfe und auf dem Kopfe; dabei läßt der deutsche Kopf eher seine Schlafmütze ganz ruhig sitzen und operiert innerhalb seiner“: a.a.O. 552/553. Witzigste junghegelsche Wendung dieses Gedankens bei H. Heine, Einleitung zu ‚Kahldorf über den Adel in

Briefen an den Grafen M. von Moltke' (1831), Werke (ed. Elster) VII 281, vgl. ff.; Geschichte der Religion und Philosophie in Deutschland (1834), Werke IV 161 ff. Demgegenüber Deutung der Theorie der klassischen deutschen Philosophie nicht als Surrogat der revolutionären Praxis, sondern als deren Vollendung bei J. Ritter, Moralität und Sittlichkeit. Zu Hegels Auseinandersetzung mit Kants praktischer Philosophie, in: Archiv für Rechts- und Sozialphilosophie 49 (1963).

37 I. Kant, Erklärung in Beziehung auf Fichtes Wissenschaftslehre (1799) VIII 515/516: "... erkläre ich hiermit: daß ich Fichte's Wissenschaftslehre für ein gänzlich unhaltbares System halte ... Da endlich Rezensent behauptet, daß die Kritik ... nicht buchstäblich zu nehmen sei, sondern ein jeder, der die Kritik verstehen will, sich allererst des gehörigen (Beckischen oder Fichteschen) Standpunktes bemächtigen muß, weil der kantische Buchstabe eben so gut wie der aristotelische den Geist töte; so erkläre ich hiermit nochmals, daß die Kritik allerdings nach dem Buchstaben zu verstehen ... ist." Kant hat also die Unterscheidung zwischen „Geist" und „Buchstaben" – die man als Vorform der in der Kantdeutung allenthalben mächtigen Theorie seines „Zurückweichens" betrachten kann – nicht eben geschätzt und begrüßt. Freilich: zu tadeln sei der, der bei „Philosophen ... über dem Wortforschen dessen, was jene gesagt haben, dasjenige nicht sehen kann, was sie haben sagen wollen" – auch das sagt Kant: Über eine Entdeckung, nach der alle neue Kritik der reinen Vernunft durch eine ältere entbehrlich gemacht werden soll (1790) VI 71. Die einschlägigen Stellungnahmen Fichtes: bes. Zweite Einleitung in die Wissenschaftslehre (1797) I 497 Anm. sowie der ganze passus 469–491; ferner: Über Geist und Buchstabe in der Philosophie (1794) VIII 270–300.

38 Erscheinungsjahr von I. Kant, Kritik der reinen Vernunft A.

39 Erscheinungsjahr von F. W. J. Schelling, System des transcendentalen Idealismus.

40 Etwa ab 1787; vgl. unten S. 370 Anm. 18; die Kritik der Urteilskraft selbst erscheint 1790.

41 Die Wende zur Naturphilosophie während der Leipziger Zeit (Ende April 1796 bis August 1798): die „Ideen zu einer Philosophie der Natur" erscheinen 1797. Die Kunstphilosophie wesentlich in der Jenaer und Würzburger Zeit: System des transcendentalen Idealismus (1800) 6. Hauptabschnitt; Philosophie der Kunst (gelesen 1802–1805). Vgl. vorher bereits: Philosophische Briefe über Dogmatismus und Kriticismus (1795/96) Brief 10.

42 Seit der Übersiedlung aus Jena nach Berlin (zufolge des sog. Atheismusstreites): endgültig seit März 1800. Vgl. Anm. 64.

43 Frühestens ab 1801; vgl. Anm. 65.

44 Auf die Frage, ob und inwieweit auch die sog. „vorkritische" Periode Kants in diesen Abschnitt hineingehört, kann diese Arbeit nicht eingehen. Vgl. v. Verf.: Skeptische Methode im Blick auf Kant (1958). Vgl. auch unten S. 335 Anm. 52.

45 Insbes.: Prolegomena zu einer jeden künftigen Metaphysik, die als Wissenschaft wird auftreten können (1783); Welches sind die wirklichen Fortschritte, die die Metaphysik seit Leibniz'ens und Wolff's Zeiten in Deutschland gemacht hat? (geschr. ca. 1793, publ. posth. 1804).

46 Idee zu einer allgemeinen Geschichte in weltbürgerlicher Absicht (1784); Rezension von Herders Ideen zur Philosophie der Geschichte der Menschheit (1785); Mutmaßlicher Anfang der Menschengeschichte (1786); Zum ewigen Frieden (1795). Vgl. außerdem: Der Streit der Fakultäten in drei Abschnitten (1798), dortselbst: Zweiter Abschnitt. Der Streit der philosophischen Fakultät mit der juristischen. Erneuerte Frage: Ob das menschliche Geschlecht in beständigen Fortschritten zum Besseren sei? Vgl. auch: Kritik der Urteilskraft (1790) §§ 83 ff.; Die Religion innerhalb der Grenzen der bloßen Vernunft (1793) bes. Drittes Stück: Der Sieg des guten Prinzips über das böse und die Gründung eines Reichs Gottes auf Erden; Das Ende aller Dinge (1794).

47 Dazu ferner: Die Metaphysik der Sitten (1797).

48 Bes.: Rezension des Aenesidemus oder über die Fundamente der von dem Herrn Prof. Reinhold in Jena gelieferten Elementarphilosophie (1794); Über den Begriff der Wissenschaftslehre (1794); Grundriss des Eigentümlichen der Wissenschaftslehre in Rücksicht auf das theoretische Vermögen (1795); Erste Einleitung in die Wissenschaftslehre (1797); Zweite Einleitung in die Wissenschaftslehre für Leser, die schon ein philosophisches System haben (1797); Versuch einer neuen Darstellung der Wissenschaftslehre (1797); mit gewissem Vorbehalt gehört auch noch hierzu: Sonnenklarer Bericht an das größere Publikum über das eigentliche Wesen der neuesten Philosophie. Ein Versuch, die Leser zum Verstehen zu zwingen (1800).

49 U. a.: einige Vorlesungen über die Bestimmung des Gelehrten (1794); Grundlage des Naturrechts nach Prinzipien der Wissenschaftslehre (1796); Das System der Sittenlehre nach den Prinzipien der Wissenschaftslehre (1798); mit gewissem Vorbehalt auch noch: Die Bestimmung des Menschen (1800). Außerdem wird diese Arbeit in einigen Fragen auch noch als Zeugnis heranziehen: Die Grundzüge des gegenwärtigen Zeitalters (1806).

50 Ausschließlich der „Hauptabschnitte" V (Teleologie) und VI (Kunstphilosophie): III 607 ff.; vgl. außerdem an Schriften zu dieser Periode: Über die Möglichkeit einer Form der Philosophie (1794); Neue Deduktion des Naturrechts (1795).

51 D.h. Kant seit der Urteilskraftkritik, Fichte seit dem Fortgang aus Jena und dem Beginn seiner religiös tingierten Spätphilosophie, Schelling seit dem Einsatz der Naturphilosophie in Leipzig.

52 Vgl. die geistvolle Interpretation bei J. E. Erdmann, Versuch einer wissenschaftlichen Darstellung der Geschichte der neuern Philosophie Abt. 3 Bd. 2 (^{X}1931) 5: „Überhaupt wenn die größten Heroen der deutschen Philosophie die Keime ausgebildet haben, welche Kant zuerst gelegt, so haben sie zugleich ihr hinausgehen über ihn so gezeigt, daß sie nacheinander seine Hauptwerke in das System hinein verarbeiteten und so wirklich vereinigten. Wenn Fichte äußerst treffend von Reinhold's Leistungen sagt: dieselben wären erschöpfend, wenn Kant nur eine Kritik der reinen Vernunft geschrieben hätte, so wird man ganz ähnlich von der Wissenschaftslehre sagen dürfen: sie bilde den Kritizismus aus, als sei er in der reinen und praktischen Vernunft erschöpft." „Darum hat Fichte die Kritik der Urteilskraft nur bewundert ... dagegen die Kritik der reinen und praktischen Vernunft begriffen und tiefer begründet"; a.a.O. 1.

53 F. W. J. Schelling, Zur Geschichte der neueren Philosophie (1827) X 96.

54 Vgl. unten S. 111 ff.; für Fichte und Schelling war sie zugleich die erste, schärfste Formulierung der Probleme.

55 Vgl. unten S. 131–144.

56 Vgl. unten S. 145–178.

57 F. W. J. Schelling, III 612–629.

58 F. W. J. Schelling, Philosophie der Kunst (Jenaer und Würzburger Vorlesungen, posth. publ.); Vorlesungen über die Methode des akademischen Studiums (1892) 14. Vorlesung. Vgl. außerdem: Philosophische Briefe über Dogmatismus und Kritizismus (1795) Brief 10. Über Dante in philosophischer Beziehung (1803).

59 Vgl. unten S. 149–153.

60 Vgl. unten S. 169–178.

61 Vgl. unten S. 203–209.

62 Vgl. unten S. 222–256.

63 I. Kant, Die Religion innerhalb der Grenzen der bloßen Vernunft (1793).

64 Vgl. vor allem: Die Anweisungen zum seligen Leben oder auch die Religionslehre (1806); die politische Theorie dieser Spätphilosophie ist ausgeprägter noch als in den Vorlesungen über „Die Grundzüge des gegenwärtigen Zeitalters" (1806) in der aus dem Nachlaß veröffentlichten Vorlesung „Die Staatslehre oder über das Verhältnis des Urstaates zum Vernunftreiche" (gehalten 1815) greifbar; zu dieser Position gehört gleichzeitig eine Zuwendung zu pädagogischen Problemen: u. a. Reden an die deutsche Nation (1808).

65 Das „Identitätssystem“ wird üblicherweise von 1801 an gerechnet: F. W. J. Schelling, Darstellung meines Systems der Philosophie (1801), von dorther – IV 113: „das absolute Identitätssystem, welches ich hiermit aufstelle“ – die Bezeichnung.

66 Auf wann die eigentliche Wende Schellings zu seiner zweiten, späten, theologisch orientierten Philosophie zu datieren ist, ist in der Deutung kontrovers. Daß theologische Motive bereits im Identitätssystem und jedenfalls 1801 zum Zuge kommen, ist gewiß nicht von der Hand zu weisen: vgl. etwa H. Zeltner, Schelling (1954) 52. Ausdrücklich greifbar sind theologische Thesen – Theodizeemotiv, Sündenfallmotiv etc. – erstmals in der Schrift „Philosophie und Religion“ (1804), mit der Schelling C. A. Eschenmayers Schrift „Die Philosophie in ihrem Übergang zur Nichtphilosophie“ (nur Religion) (1803) beantwortete. Nach H. Fuhrmans, Schellings Philosophie der Weltalter (1954) hat die im April 1806 von Schelling vollzogene Umsiedlung nach München ... die größte Wende in Schellings Philosophieren herbeigeführt ... und man könnte vor allen anderen Teilungen, so berechtigt sie an sich sind, Schellings gesamtes Schaffen in die beiden großen Abschnitte der Vormünchener und der Münchener Zeit einteilen und würde damit ihre eigentliche Zäsur treffen, hinter der alle anderen zweitrangig sind“: 75; Fuhrmans Interesse an dieser Deutung liegt darin, Schellings – und manch andere spätromantische – Wende zur Theologie schon rein zeitlich aus der Region des Katzenjammers des frühromantischen Ästhetizismus herauszubringen und gibt in dieser Beziehung die Gegenthese zu H. Knittermeyer, Schelling und die romantische Schule (1929). Aber die an der jeweiligen Datierung interessierte inhaltlich-sachliche Konzeption und Position zu diskutieren und selbst eine Entscheidung zu fällen, ist nicht Sache dieser Arbeit. Es sei im übrigen darauf hingewiesen, daß die Schelling-Forschung (Fuhrmans, aber auch die mit der Weltalter-Philosophie befaßten Arbeiten von Habermas, Wieland u. a.) jetzt durchweg Freiheits- und Weltalterphilosophie (bis 1821) zusammengreift – Philosophische Untersuchungen über das Wesen der menschlichen Freiheit und die damit zusammenhängenden Gegenstände (1809); Stuttgarter Privatvorlesungen (1810); Weltalterfassungen von 1811 und 1813 (jeweils Fragmente) – und von der „positiven“ Spätphilosophie der beiden letzten großen Vorlesungen (Philosophie der Offenbarung; Philosophie der Mythologie) absetzt.

67 O. Liebmann, Kant und die Epigonen (1865); vgl. F. A. Lange, Die Geschichte des Materialismus und Kritik seiner Bedeutung in der Gegenwart (1866), Kant-Deutung im 2. Bd.

68 H. Cohen, Kants Theorie der Erfahrung (1871); Kants Begründung der Ethik (1877); Kants Begründung der Ästhetik (1889); Logik der reinen Erkenntnis (1902); Ethik des reinen Willens (1904); Ästhetik des reinen Gefühls (1912). P. Natorp, Die logischen Grundlagen der exakten Wissenschaften (1910); E. Cassirer, Das Erkenntnisproblem in der Philosophie und Wissenschaft der neueren Zeit (1907–1920); Substanzbegriff und Funktionsbegriff (1910); Philosophie der symbolischen Formen (1923–1929).

69 Vgl. unten bes. S. 112 ff.

70 Im Zusammenhang dessen, was P. Tillich den „existenzialistischen Protest“ nennt: P. Tillich, Schelling und die Anfänge der existenzialistischen Proteste, in: Zeitschrift für philosophische Forschung 9 (1955) 197–208. In der Schelling-Interpretation sucht an die Stelle der ‚alten‘ Schelling-als-Vorläufer-Hegels-Deutung teils die Herausnahme des späten Schellings aus dem deutschen Idealismus zu treten – am extremsten: H. Fuhrmans, Schellings letzte Philosophie. Die negative und positive Philosophie im Einsatz des Spätidealismus (1940) –, teils aber (und hier vor allem wichtig) die am eindrucksvollsten von W. Schulz formulierte These: Die Vollendung des Deutschen Idealismus in der Spätphilosophie Schellings (1955).

71 Vgl. jedoch unten S. 404 Anm. 68.

72 Vgl. jedoch unten S. 116.

73 Oben S. 64/65.

74 Vgl. oben S. 64.
75 J. G. Fichte, Grundlage der gesamten Wissenschaftslehre (1794) I 119.
76 A.a.O. 91.
77 A.a.O. 101.
78 A.a.O. 91.
79 F. W. J. Schelling, Vom Ich als Prinzip der Philosophie oder über das Unbedingte im menschlichen Wissen (1795) I 149 ff.
80 F. W. J. Schelling, Über die Möglichkeit einer Form der Philosophie überhaupt (1794) I 96.
81 Ibid.
82 F. W. J. Schelling, Vom Ich als Prinzip der Philosophie I 163.
83 Vgl. oben bes. S. 22 und S. 26 ff.
84 Vgl. die Argumentation unten S. 273 ff.

Anmerkungen zu „Metamorphose des esse commune"

1 Verf. möchte sich nicht in den Verdacht bringen, hier der Meinung Hegels gefolgt zu sein: „Das Studium der scholastischen Philosophie ist schwierig schon wegen der Sprache... Es ist nun keinem Menschen zuzumuthen, daß er diese Philosophie des Mittelalters aus Autopsie kenne, da sie ebenso umfassend als dürftig, schrecklich geschrieben und voluminös ist": Vorlesungen über die Geschichte der Philosophie XIX 149; –: sondern es soll diese Arbeit mit dem Anspruch, in Kürze etwas über die metaphysische Tradition zu sagen, nicht belastet werden. Sie verläßt sich, was die Lehre von den Prinzipien des Seienden betrifft, auf die ‚transzendentalthomistische' Interpretation. Ist diese ein zuverlässiger Zeuge? Zumindest – könnte man sagen – ist sie Partei: sie interpretiert u. a., ‚um' eine Beziehung und ein Gespräch zwischen Thomismus und klassischer deutscher Philosophie zustandezubringen. Es mögen also einige Vorbehalte am Platz sein. Weitaus problematischer aber als ein solches Sich-Verlassen auf diese Interpretation ist die völlige Enthaltsamkeit bezüglich des Gesprächs mit ihr, wie sie bislang die vom deutschen Idealismus herkommende Erforschung der Transzendentalphilosophie pflegt: ein höchst merkwürdiger und fragwürdiger Tatbestand. Was das Thomas-Verhältnis der transzendentalthomistischen Deutung betrifft: sie strebt – im Gegenzug gegen das, was E. Gilson den „cartésiano-thomisme" nennt: Réalisme thomiste et critique de la connaissance (1947) 7 – „von so manchem, was sich ‚Neuscholastik' nennt, wegzukommen, zurück zu Thomas selbst, um gerade so den Fragen näherzukommen, die heutiger Philosophie aufgegeben sind": K. Rahner, Geist in Welt (1939) V; freilich: „die Richtungen der Fragen, die an Thomas gestellt werden, sind ... bedingt von der Problematik der heutigen Philosophie... Wenn ... hier eine Thomasinterpretation am Werk ist, die von moderner Philosophie herkommt, so betrachtet der Verfasser eine solche Feststellung nicht als Mangel, sondern als einen Vorzug": a.a.O. XIII – zumal dieser Ansatz seine Fruchtbarkeit und Zuverlässigkeit auch in der im strengen Sinne „historischen" Forschung inzwischen zur Genüge ausgewiesen hat.

2 L. Oeing-Hanhoff, Ens et unum convertuntur. Stellung und Gehalt des Grundsatzes in der Philosophie des hl. Thomas von Aquin (1953), bes. II (21–110); Wesensphilosophie und thomistische Metaphysik. Zu Etienne Gilson: ‚L'être et l'essence' in: Theologische Revue 50 (1954) 201–218. – Vgl. aus dieser Deutungsgruppe: J. Maréchal, Le point de départ de la métaphysique (1923 ff.); G. Siewerth, Der Thomismus als Identitätssystem (1939); K. Rahner, Geist in Welt (1939); J. B. Lotz, Sein und Wert I (1938); M. Müller, Sein und Geist (1940); E. Gilson, Le Thomisme. Introduction à la philosophie de saint Thomas d'Aquin (^{5}1948).

3 E. Gilson, L'être et l'essence (1948).

4 Vgl. L. Oeing-Hanhoff, Wesensphilosophie und thomistische Metaphysik. Zu Etienne Gilson: ‚L'être et l'essence', in: Theologische Revue 50 (1954) bes. 206: „Als besonders bemerkenswertes Ergebnis dieser Untersuchungen kann der tiefgreifende Unterschied der thomistischen von der aristotelischen Metaphysik angesehen werden", nämlich: „daß Aristoteles das ‚ist' des Seienden oder das Sein schlechthin nicht eigens bedenkt": a.a.O. 204; dagegen legte Thomas „seiner Theologie – und der Aquinate war seinem Selbstverständnis nach Theologe – die Notwendigkeit auf, die aristotelische Philosophie in ihrem Ansatz und ihrem zentralen Problem in Frage zu stellen": ibid.; daraus erwuchs „eine

echt philosophische fruchtbare Neugestaltung der ganzen aristotelischen Philosophie": a.a.O. 206, derart, „daß erst Thomas das Seiende, den Gegenstand der Metaphysik, vom ‚ipsum esse, quo aliquid dat', vom Sein her versteht", so daß „in solcher Weise die Differenz zwischen Sein und Seiendem in den Ansatz der Metaphysik hineingenommen wird": a.a.O. 208. Es ist nötig, diese bemerkenswerte ‚Entaristotelisierung' des thomistischen Ansatzes innerhalb der neueren Thomas-Deutung gerade gegenüber jenen Positionen mit allem Nachdruck geltend zu machen, die irrigerweise darauf bestehen, daß ‚alles' durch das Christusereignis geschehene Neue ausschließlich nur *gegen* die Metaphysik und nicht vielmehr *innerhalb* ihrer sich vollzogen habe. Über dem, was post Christum durch Theologie die Metaphysik problematisiert hat, vergessen sie das, was post Christum durch die Theologie die Metaphysik gerade zu ihren zentralen Möglichkeiten gebracht hat.

5 Vgl. L. Oeing-Hanhoff, Ens et unum convertuntur (1953) 77–91. Dabei ist durchweg zu beachten, daß mit „dieser Lehre vom esse commune ... Thomas" dieses erstgeschaffene allgemeine Sein von Gott unterscheidet und „unschwer dem Irrtum derer begegnen (kann), die ‚von frivolen Gründen geführt', behaupten, ‚Gott sei jenes allgemeine Sein, wodurch ein jedes Ding formaliter ist'. Gott ist das in sich und für sich seiende absolute Sein, das sich durch seinen Selbstbesitz und seine Selbständigkeit vom esse commune unterscheidet, das gerade nicht bei sich ist, sondern nur selbständig ‚sein' kann, wenn es zu einer endlichen Natur hinzugekommen und durch sie begrenzt worden ist": a.a.O. 84/85.

6 So daß sich bei der Frage der Genealogie der Geschichtsphilosophie ihre Herkunft aus christlich-biblischen Ursprüngen nicht nur, wie K. Löwith, Weltgeschichte und Heilsgeschehen (1955), dies zu zeigen versucht hat, über den Gang des ausdrücklichen Geschichtsdenkens, sondern auch über den Gang des Prinzipienproblems zumindest das esse commune müßte verfolgen und nachweisen lassen.

7 Die traditionelle Metaphysik fragt nach dem "ens inquantum ens" bzw. nach dem „ens commune" und bei Thomas *deswegen* nach seinen Prinzipien. Vgl. Oeing-Hanhoff a.a.O. 6–20 und 24. Vgl. dazu M. Müller, Sein und Geist (1940).

8 Mit Ausnahme der „reinen Geister" d. h. der Engel.

9 Vgl. Oeing-Hanhoff a.a.O. 67–77.

10 A.a.O. 91–106.

11 Zu ihrem Schicksal innerhalb der Transzendentalphilosophie vgl. unten S. 75–77 und bes. 90/91. Wenn die „Transzendentalienlehre" der klassischen Metaphysik angewiesen ist auf diese ontologische Prävalenz des Problems „ens" und eine entscheidende Wichtigkeit der Begriffe Substanz und Wesen, dann läßt sich erwarten, daß diese „Transzendentalphilosophie der Alten" (I. Kant, Kritik der reinen Vernunft B 113) just in jenem Augenblick durch eine andersgeartete – die ‚klassische' d. h. kantisch-nachkantische – Transzendentalphilosophie ersetzt werden muß, in dem das „ens" seine ontologische Prävalenz verliert und sie an das ‚Nötige', die „Vermittlungen" abtreten muß (vgl. unten S. 84 ff.). Darum ist es durchaus sinnvoll, die Genealogie der klassischen Transzendentalphilosophie zur Frage des Schicksals der metaphysischen Transzendentalienlehre zu machen: vgl. G. Martin, Wilhelm v. Ockham (1949); Immanuel Kant. Ontologie und Wissenschaftstheorie (1951) bes. Kap. 4 114 ff.

12 Man könnte insgesamt die These wagen: die metaphysische Lehre von den Prinzipien des Seienden betont die Unselbständigkeit der Prinzipien in Bezug auf das Prinzipiat; umgekehrt betont die ‚klassische' Transzendentalphilosophie (Kants, bes. aber Fichtes und Schellings) die Unselbständigkeit der Prinzipiata in Bezug auf die Prinzipien d. h. auf die Geschichte des Ich.

13 Vgl. die von M. Heidegger, Sein und Zeit (1927) exponierte Frage nach dem „Sinn" von Sein d. h. nach dem Charakter des Feldes möglicher Antworten auf die Frage nach dem ‚ist' und Sein.

14 M. Müller, Sein und Geist. Systematische Untersuchungen über Grundproblem und Aufbau mittelalterlicher Ontologie (1940) bes. die 3. Untersuchung 136 ff.

15 A.a.O. insbes. 150–196; die dort nicht ausdrücklich auf das esse commune bezogenen Überlegungen haben aber dessen ungeachtet in Bezug auf sein Problem Geltung.

16 A.a.O. 182–192.

17 A.a.O. 176.

18 A.a.O. 164–170; vgl. 161–164; dazu auch Oeing-Hanhoff a.a.O. 53–66.

19 Müller a.a.O. 163.

20 A.a.O. 162.

21 Vgl. a.a.O. 176 ff.

22 A.a.O. 182/183.

23 Vgl. unten S. 164; vgl. auch unten Anm. 31.

24 Insbes. in dem trefflichen „Exkurs über ‚Aufhebung'" a.a.O. 170–175; es „findet sich" – sagt Müller – „die eigentümliche Dialektik ... des Substanzhaft-Begründeten und des Unsubstanzhaft-Prinzipiell-Grundhaften sowie ihrer gegenseitigen Verflochtenheit in jeder großen Philosophie ... so ... greifen wir ... aus der Philosophie der Neuzeit als ganz beliebiges Beispiel Friedrich Schiller heraus, der uns zugleich als Repräsentant des kritischen Idealismus Kants dienen kann ... Unter dem Einfluß Kants und der Fichteschen Frühschriften schildert Schiller diese Dialektik in meisterhafter Klarheit im 18. Brief seiner Schrift ‚Über die ästhetische Erziehung des Menschen'": a.a.O. 170/171. „Er begreift Sein als Gewordensein aus seinem inneren Werden heraus. Nun ist für Schiller das Schöne ebenso wie für Thomas das Seiende ein dauernd Gewordenes aus dauerndem Werden": a.a.O. 173, vgl. Anm. 1; nämlich durch eine „ontologische Geschichte": a.a.O. 174. Vgl. auch die Bemerkungen über Kant, Schiller, Fichte, Hegel und Thomas (die im einzelnen vielleicht modifiziert werden müßten) a.a.O. 175. Zum ganzen Problem ‚Sein der Prinzipien' vgl. auch Oeing-Hanhoff a.a.O. 24–66.

25 Vgl. etwa M. Müller, Klassische und moderne Metaphysik oder Sein als Sinn, in: Sinn und Sein. Ein philosophisches Symposion hsg. R. Wisser (1960) bes. 318: „Die Frage nach dem *Sein des Seins* oder nach dem *Sinn des Seins* wird in der klassischen Metaphysik nicht gestellt." Vgl. die entsprechende Aussage bezüglich des Prinzips Wesen a.a.O. 316.

26 L. Oeing-Hanhoff, Wesensphilosophie und thomistische Metaphysik a.a.O. 20.

27 Vgl. L. Oeing-Hanhoff, Ens et unum convertuntur (1953) 77: „In der Art, wie Thomas das esse versteht, liegt die Bedeutung und Originalität seiner Metaphysik. Aristoteles kennt die Konstitution des Seienden durch die Prinzipien Sein und Wesen nicht, und Avicenna – sein großer Einfluß auf die Hochscholastik ist bekannt – versteht das Seiende gerade nicht, wie Thomas, vom Akt des Seins her, sondern von der Wesenheit aus ... weshalb für ihn ... das Wirklichsein der Wesenheit ein Akzidens ist. Diese essentialistische Lehre, deren Mitte die Konzeption einer gegen Wirklichkeit oder Nichtsein indifferenten bloß möglichen Wesenheit ist und in der Sein und Wesen nicht als unselbständige Prinzipien des Seienden verstanden werden, lehnt Thomas ab. Der Aquinate hat mit seiner Lehre vom esse commune aber auch kaum Nachfolge gefunden. Selbst in seiner Schule trat schon bald eine terminologische Änderung ein: Statt esse sagte man oft existentia, und im deutschen Sprachgebiet erscheint in der Neuscholastik das unmöglich ins Lateinische zurückübersetzbare Begriffspaar Dasein–Sosein. Hinter dieser terminologischen Wandlung steht aber ... eine wesentliche Begriffsverschiebung."

28 In jenem Sinne, in dem noch wiederum jüngst H. Scholz sie für die Metaphysik verlangt hat: vgl. H. Scholz, Mathesis Universalis. Abhandlungen zur Philosophie als stenger Wissenschaft ed. H. Hermes, F. Kambartel, J. Ritter (1961), vgl. Vorwort I (J. Ritter) bes. 10–13: Aussagen, die „es möglich machten, das Seiende als Seiendes unabhängig von jeder bestimmten Gegebenheit, Erfahrung, Wirklichkeit zu denken": a.a.O. 11.

29 Vgl. bes. I. Kant, Der einzig mögliche Beweisgrund zu einer Demonstration des Daseins Gottes (1763) mit dem Grundargument: Gott existiert nicht, weil von seinem „Begriff"

her seine Nichtexistenz einen Widerspruch einschlösse, sondern umgekehrt: er läßt sich definieren und begreifen, weil er im Sinne „absoluter Position“ dem Denken zuvorkommend existiert: II 67–172, bes. 1. Abt. und dort 2. Betr.: „Von der innern Möglichkeit, insofern sie ein Dasein voraussetzt“ 81–86 mit der These: „Alle Möglichkeit ist in irgend etwas Wirklichem gegeben, entweder in demselben als eine Bestimmung oder durch dasselbe als eine Folge“: a.a.O. 84. Von dieser Analyse und These herkommend verpflichtet Kant fortan die Philosophie allgemein auf das Akzeptieren dieses – wie man sagen kann – ‚Primats der Wirklichkeit‘: darum zunächst die Hochschätzung der „Erfahrung“; und ebendarum wird das „Ich“, das „an sich“ nur in seinem „daß“ gegeben ist und zugleich wesentlich als „Akt“ bestimmt wird, zum Treuhänder dieses ‚Wirklichkeitsprimats‘ gegenüber jeglicher essentialistischen ‚Möglichkeitsphilosophie‘.

30 F. W. J. Schelling, System des transcendentalen Idealismus (1800) III 375 u. ö.; vgl. a.a.O. 388: „Das Selbstbewußtseyn, von dem wir ausgehen, ist *Ein absoluter Akt*“. „Also ist das Ich ursprünglich *nur* Thätigkeit... Das Ich also ist ursprünglich ... *unendliche Thätigkeit*“: a.a.O. 380 u. ö. Vgl. hierzu die Aussagen Oeing-Hanhoffs a.a.O. 76 über Thomas – „Das esse ist als Konprinzip der potentiellen essentia zunächst Akt: ‚Das Sein bezeichnet einen Akt‘“ – und das ibid. Anm. 7 gegebene Material. Vgl. auch a.a.O. 91.

31 Schelling a.a.O. 375. Vgl. Erster Entwurf eines Systems der Naturphilosophie (1799) III 11: „es (sc. das Unbedingte) ist das Seyn selbst“; vgl. Einleitung zu dem Entwurf eines Systems der Naturphilosophie oder über den Begriff der speculativen Physik und die innere Organisation eines Systems dieser Wissenschaft (1799) III 283: „Da alles, von dem man sagen kann, das es ist, bedingter Natur ist, so kann nur das *Seyn selbst* das Unbedingte seyn ... so ist das *Seyn selbst* ... produktive Thätigkeit *in ihrer Uneingeschränktheit gedacht*“; a.a.O. 295: „Nur von der Natur als Objekt kann man sagen, daß sie ist, nicht von der Natur als Subjekt, denn diese ist das Seyn oder die Produktivität selbst.“ Usf. Vgl. auch die schöne Überlegung F. W. J. Schelling, Vom Ich als Princip der Philosophie oder über das Unbedingte im menschlichen Wissen (1795) I 209: „Es ist auffallend, daß die meisten Sprachen den Vortheil haben, das absolute Seyn von jedem bedingten Existiren unterscheiden zu können... Aber ebenso auffallend ist es, daß der größte Theil der Philosophen diesen Vortheil, den ihnen ihre Sprache anbot, noch nicht benutzten. Fast alle gebrauchten die Worte: Seyn, Daseyn, Existenz, Wirklichkeit, beinahe ganz gleichbedeutend. Offenbar aber drückt das Wort *Seyn* das reine, absolute Gesetztseyn aus, dagegen *Daseyn* schon etymologisch ein bedingtes, eingeschränktes Gesetztseyn bezeichnet... Wer vom absoluten Ich sagen kann: es ist *wirklich*, weiß nichts von ihm. *Seyn* drückt das absolute, *Daseyn* aber *überhaupt* ein *bedingtes, Wirklichkeit* ein auf *bestimmte Art,* durch eine *bestimmte* Bedingung, bedingtes Gesetztseyn aus. Die *einzelne Erscheinung* im ganzen Zusammenhang der Welt hat *Wirklichkeit,* die *Welt* der Erscheinungen *überhaupt Daseyn,* das Absolutgesetzte aber, das Ich, ist. Ich bin! ist alles, was das Ich von sich aussagen kann.“ Vgl. hierzu insgesamt unten Anm. 38.

32 Es ist sehr verlockend, einen sich durchhaltenden und sich entwickelnden Gegensatz zwischen Seinsphilosophien bzw. Wirklichkeitsphilosophien einerseits und Wesensphilosophien (im Sinne von Essentialismen) bzw. Möglichkeitsphilosophien andererseits zu konstatieren, zu verfolgen und dabei zu bemerken, daß nicht nur Thomas v. Aquin und Kant, Fichte, Schelling gegenüber dem „Essentialismus“ der herrschend gewesenen metaphysischen Tradition in ganz ähnlicher Denk-Frontstellung sich befunden haben, sondern daß in der nämlichen Frontstellung auch das Geschichtsdenken des wiederkehrenden Psychologismus und Historizismus gegenüber dem Essentialismus der „klassischen“ Bewußtseins- und Wesensphänomenologie sich befindet.

33 Vgl. oben S. 74: die „Alternative: Gedankliches, Nur-Logisches, Abstraktes, von uns Gebildetes, d. h. also Nur-Subjektives ... einerseits oder: Existierendes, Insichseiendes, Als-Substanzseiendes“ andererseits: M. Müller, Sein und Geist (1940) 182.

34 Wobei Spinoza noch nicht bei Kant, wohl aber dann – im Anschluß an den Pantheismusstreit – für Fichte, Schelling und auch Hegel zum Philosophen des Dogmatismus schlechthin geworden ist, ehe sich – vor allem beim identitätsphilosophischen und späteren Schelling – eine Annäherung anbahnt. Der frühe Schelling sagt: „Das Princip des Dogmatismus ... setzt ein unbedingtes Ding ... wie dieß auch bei Spinoza der Fall ist... Sein System kann daher überall und bei unserer ganzen Untersuchung an die Stelle des vollendeten Dogmatismus überhaupt substituirt werden": Vom Ich als Princip der Philosophie (1795) I 170/171.

35 A.a.O. 164.

36 A.a.O. 170/171.

37 A.a.O. 166/177; vgl. F.W.J. Schelling, System des transcendentalen Idealismus (1800) III bes. 367/368.

38 Obwohl dieses Ich weiterhin den Namen „Seyn" führen kann: vgl. oben Anm. 31. Es adoptiert überhaupt in einem sehr erheblichen Maße die traditionellen Aussagen über das esse commune: vgl. z. B. mit Thomas v. Aquin, Expositio in librum Boethii De hebdomadibus 2 (zit. bei Oeing-Hanhoff a.a.O. 28 und Anm. 26): „non possumus dicere, quod ipsum esse sit." F.W.J. Schelling, Erster Entwurf eines Systems der Naturphilosophie (1799) III 11: „Das Unbedingte kann überhaupt nicht in irgend einem einzelnen Ding, noch in irgend etwas gesucht werden, von dem man sagen kann, daß es ist. Denn es ist das Seyn selbst": vgl. System des transcendentalen Idealismus (1800) III 375: „Das Dilema..: alles muß entweder etwas seyn oder nichts u.s.w. beruht auf der Zweideutigkeit des Begriffs Etwas. Soll etwas überhaupt etwas Reelles im Gegensatz gegen das bloß Eingebildete bezeichnen, so muß das Ich wohl etwas Reelles seyn, da es Princip aller Realität ist. Aber ebenso klar ist, daß es eben deßwegen, weil es Princip aller Realität ist, nicht in demselben Sinne reell seyn kann, wie das, welchem bloß abgeleitete Realität zukommt. Die Realität, welche jene für die einzig wahre halten, die der Dinge, ist eine bloß geliehene, und nur der Wiederschein jener höheren. – Das Dilema bei Licht betrachtet, heißt also ebenso viel als: alles ist entweder ein Ding oder nichts, welches sogleich als falsch einleuchtet, da es allerdings einen höheren Begriff gibt als den des Dinges, nämlich den des Handelns, der Thätigkeit. Dieser Begriff muß wohl höher seyn als der des Dings, da die Dinge selbst nur als Modifikationen einer auf verschiedene Weise eingeschränkten Thätigkeit zu begreifen sind. – Das Seyn der Dinge besteht wohl nicht in einer bloßen Ruhe oder Unthätigkeit... Da dem Ich auch keines von den Prädicaten zukommt, die den Dingen zukommen, so erklärt sich daraus das Paradoxon, daß man vom Ich nicht sagen kann, daß es ist, weil es das Seyn selbst ist. Der ewige, in keiner Zeit begriffene Akt des Selbstbewußtseyns, den wir Ich nennen, ist das, was allen Dingen das Daseyn gibt", usf. Andererseits aber kann der Titel „Seyn" zum Äquivalent für Dinglichsein werden; deshalb kann Schelling, Erster Entwurf a.a.O. bereits in der Erläuterung der zit. Stelle sagen: „Diesem nach weiß die Transcendentalphilosophie von keinem ursprünglichen Seyn... Das Seyn soll nun ebensowenig etwas Ursprüngliches seyn in der Naturphilosophie, ‚der Begriff des Seyns als eines Ursprünglichen soll aus der Naturphilosophie (eben sowie aus der Transcendentalphilosophie) schlechthin eliminiert werden'": a.a.O. 12.

39 Nämlich „transzendentale Deduktion", und Kant erläutert deren Begriff ausgehend vom Satz: „Die Rechtslehrer, wenn sie von Befugnissen und Anmaßungen reden, unterscheiden in einem Rechtshandel die Frage über das, was Rechtens ist (quid juris), von der, die die Tatsache angeht (quid facti); und indem sie von beiden Beweis fordern, so nennen sie den erstern, der die Befugnis oder auch den Rechtsanspruch dartun soll, die Deduktion": Kritik der reinen Vernunft B 116; und die „transzendentale Deduktion" ist in diesem juristischen Sinne „Deduktion", weil sie nicht das „Faktum", sondern die „Rechtmäßigkeit ... betrifft": a.a.O. 117.

40 So will bereits Kants Kritik der reinen Vernunft B 732 „die Akten dieses Prozesses" – der

Vernunft mit sich selbst – „ausführlich (abfassen), und sie im Archive der menschlichen Vernunft ... (niederlegen)", und zwar nach „der mühsamen Abhörung aller dialektischen Zeugen": a.a.O. 731.

41 Als den „oberste(n) Gerichtshof aller Rechte und Ansprüche unserer Spekulation": a.a.O. 697; Kants Vernunftkritik ist „eine Aufforderung an die Vernunft ... einen Gerichtshof einzusetzen, der sie bei ihren gerechten Ansprüchen sichere, dagegen aber alle grundlosen Anmaßungen nicht durch Machtsprüche, sondern nach ihren ewigen und unwandelbaren Gesetzen abfertigen könne; und dieser ist kein anderer als die Kritik der reinen Vernunft selbst": a.a.O. A XI/XII.

42 „Man kann die Kritik der reinen Vernunft als den wahren Gerichtshof für alle Streitigkeiten derselben ansehen; denn sie ... ist dazu gesetzt, die Rechtsame der Vernunft überhaupt nach den Grundsätzen ihrer ersten Institution zu bestimmen und zu beurteilen. Ohne dieselbe ist die Vernunft gleichsam im Stande der Natur, und kann ihre Behauptungen und Ansprüche nicht anders geltend machen oder sichern, als durch *Krieg*. Die Kritik dagegen ... verschafft uns die Ruhe eines gesetzlichen Zustandes, in welchem wir unsere Streitigkeiten nicht anders führen sollen, als durch *Prozess*. Was die Händel in dem ersten Zustande erledigt, ist ein *Sieg* ... auf den mehrentheils ein nur unsicherer Friede folgt ... im zweiten aber die *Sentenz*, die ... einen ewigen Frieden gewähren muß": a.a.O. B 779/780.

43 „Die Weltgeschichte ist das Weltgericht": F. Schiller, Resignation (1784) I 199.

44 Vgl. I. Kant, Principiorum primorum cognitionis metaphysicae Nova Dilucidatio (1755): Kant diskutiert dort die These: „Praescientiae divinae respectu actionum liberarum locus non est, nisi determinata corum rationibus suis futuritio admittatur": I 413, durch eine „confutatio dubiorum" I 406 ff., welchselbige „difficultates" I 404 ff. vor allem so formuliert werden: „quicquid in nobis accidit, eius consecutioni ita a Deo prospectum est, ut plane non possit aliud consequi. Ergo imputatio factorum nostrorum ad nos non pertinet; sed una omnium causa Deus est, qui eis nos legibus adstrinxit, ut sortem destinatam utcunque adimpleamus. Nonne sic efficitur, ut nullam peccatum Deo displicere possit? quod ubi contigit, eo simul testatur, stabilitam a Deo rerum implicitarum setiem aliud non admittere. Quidnam igitur Deus peccatores increpat de actionibus, quas ut perpetrent, iam inde usque a mundi satu atque ortu cautum est?": I 406. Vgl. zur Problemformulierung auch noch I. Kant, Der einzig mögliche Beweisgrund zu einer Demonstration des Daseins Gottes (1763) II 117f.

45 Vgl. H. Heimsoeth, Metaphysische Motive in der Ausbildung des kritischen Idealismus (1924) in: H. Heimsoeth, Studien zur Philosophie Immanuel Kants. Metaphysische Ursprünge und ontologische Grundlagen (1956) 221: „auch für Kant (ist) die Freiheit eines dependenten, der Präszienz des geistigen Urprinzips und also einer Prädetermination unterliegenden Weltwesens das eigentliche und fundamentale Rätsel"; vgl. ff.; vgl. auch: H. Heimsoeth, Kants philosophische Entwicklung, in: Blätter für deutsche Philosophie 14 (1941) 159.

46 Vgl. H. Heimsoeth, Fichte (1923): „Es ist noch nicht genug betont, daß in Fichtes Lebenswerk ein ganzer großer Umkreis von Motiven zum vollen Ausklang und zur systematischen Verkettung kommt, die seit Jahrhunderten nach Anerkennung rangen; Motive, die erwachsen aus dem Lebensgrunde einer letzten religiös bedingten Daseinserhellung": a.a.O. 8; „Die letztentscheidenden Problemantriebe in Fichtes Metaphysik muß man in umfassenderer Perspektive sehen als von Kant her oder zu Hegel hin": a.a.O. 9; denn schon vor seiner Begegnung mit Kant erfaßt Fichte das „große metaphysisch-religiöse Thema der Zeit ...: Determinismus oder Freiheit; jenes Thema, das schon den Gegensatz des großen Crusius zur Schule Wolffs bedingte, und das dann (dem Fichte dieser Jahre zunächst noch unbekannt) die große Auseinandersetzung Kants mit der Philosophie des Leibniz-Wolffschen Zeitalters wesentlich bestimmte. In immer schärferen Maße hat sich" – zwischen 1780 und 1790 – „Fichte für den Determinismus eingesetzt;

... (es) wirkte da ein strenger Glaube an das Vorherwissen, an die Vorsehungs-Vorherbestimmungsordnung Gottes zusammen mit der philosophischen Forderung der Rationalität des Wirklichen": a.a.O. 16/17 – und aus *dieser* durchs Thema und Problem der Präszienz und Prädetermination Gottes geprägten Anfangsposition – vgl. Aphorismen über Religion und Deismus (1790) – tritt Fichte heraus, als er sich seiner Freiheitsthese zuwendet: vgl. a.a.O. ff.

47 F. W. J. Schelling, Philosophische Untersuchungen über das Wesen der menschlichen Freiheit und die damit zusammenhängenden Gegenstände (1809): vgl. die Problemexposition dortselbst, die als den „Punkt der tiefsten Schwierigkeit in der ganzen Lehre von der Freiheit" die Frage nach der Möglichkeit des Bösen kennzeichnet: VII 352 und ff. In vorläufiger Form war dies als Frage nach der „Abkunft der endlichen Dinge aus dem Absoluten und ihr Verhältnis zu ihm" schon das Problem von Philosophie und Religion (1804) VI 28 und ff. Vgl. zum Problem auch: Stuttgarter Privatvorlesungen (1810) bes. VII 458: „Die Vertheidiger der Freiheit denken gewöhnlich nur daran, die Unabhängigkeit des Menschen von der Natur zu zeigen, die freilich leicht ist. Aber seine innere Unabhängigkeit von Gott lassen sie ruhen, weil dieß eben das Schwerste ist": diese menschliche „Freiheit gegenüber von Gott" (ibid.) interessiert Schelling dort wiederum im Zusammenhang der Frage des Ursprung des Bösen: vgl. a.a.O. 459.

48 Insbes. in seiner Geschichtsphilosophie: „Unsere Betrachtung ist insofern eine Theodicee, eine Rechtfertigung Gottes, welche Leibniz metaphysisch auf seine Weise in noch abstrakten, unbestimmten Kategorien versucht hat: das Übel in der Welt überhaupt, das Böse mit inbegriffen, sollte begriffen, der denkende Geist mit dem Negativen versöhnt werden ... diese Aussöhnung kann nur durch die Erkenntnis des Affirmativen erreicht werden, in welchem jenes Negative zu einem Untergeordneten und Überwundenen verschwindet, – durch das Bewußtsein, teils was in Wahrheit der Endzweck der Welt sei, teils daß derselbe in ihr verwirklicht worden sei und nicht das Böse neben ihm ebensosehr und gleich mit ihm sich geltend gemacht habe": G. W. F. Hegel, Die Vernunft in der Geschichte (ed. Hoffmeister 1955) 46. „Daß die Weltgeschichte dieser Entwicklungsgang und das wirkliche Werden des Geistes ist, unter dem wechselnden Schauspiel ihrer Geschichten, – dieß ist die wahrhafte *Theodicee*, die Rechtfertigung Gottes in der Geschichte. Nur *die* Einsicht kann den Geist mit der Weltgeschichte und der Wirklichkeit versöhnen, daß das, was geschehen ist und alle Tage geschieht, nicht nur nicht ohne Gott, sondern wesentlich das Werk seiner selbst ist": G. W. F. Hegel, Philosophie der Geschichte XI 569. Diese Theodizee-Bestimmung des Geschichtsdenkens setzt sich nicht nur nach Hegel fort – vgl. J. G. Droysen, Grundriß der Historik (1858) in: Historik ed. R. Hübner (^{3}1958) 341; bes. aber auch: Droysen, Theologie der Geschichte – Vorwort zur Geschichte des Hellenismus II (1843) a.a.O. 371: „Die höchste Aufgabe unserer Wissenschaft ist ja die Theodicee" –, sie meldet sich auch bereits in der ersten Geschichtsschrift Kants: „Eine solche *Rechtfertigung* der Natur – oder besser *der Vorsehung* – ist kein umsichtiger Bewegungsgrund, einen besonderen Gesichtspunkt der Weltbetrachtung zu wählen. Denn was hilfts, die Herrlichkeit und Weisheit der Schöpfung im vernunftlosen Naturreiche zu preisen und der Betrachtung zu empfehlen, wenn der Teil des großen Schauplatzes der obersten Weisheit, der von allen diesen den Zweck enthält – die Geschichte des menschlichen Geschlechts – ein unaufhörlicher Einwurf dagegen bleiben soll, dessen Anblick uns nötigt, unsere Augen von ihm mit Unwillen wegzuwenden und, indem wir verzweifeln, jemals darin eine vollendete vernünftige Absicht anzutreffen, uns dahin bringt, sie nur in einer andern Welt zu hoffen?": Idee zu einer allgemeinen Geschichte in weltbürgerlicher Absicht (1784) IV 165.

49 I. Kant, Über das Mißlingen aller philosophischen Versuche in der Theodizee (1791) VI 121.

50 So daß Kant auch in der Kritik der reinen Vernunft formulieren kann: "Es gibt also eine natürliche und unvermeidliche Dialektik der reinen Vernunft; nicht eine, in die sich etwa

ein Stümper aus Mangel an Kenntnissen selbst verwickelt, oder die irgend ein Sophist, um vernünftige Leute zu verwirren, künstlich ersonnen hat: sondern die der menschlichen Vernunft unhintertreiblich anhängt, und selbst, nachdem wir ihr Blendwerk aufgedeckt haben, dennoch nicht aufhören wird ihr vorzugaukeln, und sie unablässig in augenblickliche Verwirrungen zu stoßen, die jederzeit gehoben zu werden bedürfen": B 354/355.

51 I. Kant, Prolegomena zu einer jeden künftigen Metaphysik die als Wissenschaft wird auftreten können (1783) IV 91.

52 Kräftigstes Indiz ist immer noch Kants Brief an Garve vom 21. 9. 1798 X 352: „Nicht die Untersuchung vom Dasein Gottes, der Unsterblichkeit usw. ist der Punkt gewesen, von dem ich ausgegangen bin, sondern die Antinomie der r.V.: ‚Die Welt hat einen Anfang: sie hat keinen Anfang usw. bis zur vierten: Es ist Freiheit im Menschen –, gegen den: es ist keine Freiheit, sondern alles ist in ihm Naturnotwendigkeit'; diese war es, welche mich aus dem dogmatischen Schlummer zuerst aufweckte und zur Kritik der Vernunft selbst hintrieb, um das Skandal des scheinbaren Widerspruchs der Vernunft mit ihr selbst zu beheben". Unter den neueren Interpretationen hat diese Initialbedeutung der Antinomien für Kants transzendentalen Idealismus – gegen den Widerspruch durch J. Ebbinghaus und K. Reich und nicht ohne Opposition in der eigenen Schule: vgl. Joong Fang, Das Antinomienproblem im Entstehungsgang der Transzendetalphilosophie (o. J., 1957) – am nachhaltigsten herausgearbeitet G. Martin, Immanuel Kant. Ontologie und Wissenschaftstheorie (1951), der damit anknüpft an Thesen von A. Riehl, Der philosophische Kritizismus. Geschichte und System I (1876 [3]1924) bes. 339–341 und 350/351, und von B. Erdmann, Die Entwicklungsperioden von Kants theoretischer Philosophie, in: Reflexionen Kants zur Kritik der reinen Vernunft. Aus Kants handschriftlichen Aufzeichnungen hsg. von B. Erdmann II (1884), dort bes. Die systematische Bedeutung der Antinomien (XXIV–XXXIV) und Die entwicklungsgeschichtliche Bedeutung der Antinomien (XXXIV–XLIX), die seit Erdmanns Entdeckung und Auswertung der von ihm als Refl. 4 a.a.O. 4 publizierten Stelle – „Ich sah anfänglich diesen Lehrbegriff nur in einer Dämmerung. Ich versuchte es ganz ernstlich, Sätze zu beweisen und ihr Gegenteil, nicht um eine Zweifellehre zu errichten, sondern weil ich eine Illusion des Verstandes vermutete, zu entdecken worin sie stäcke. Das Jahr 69 gab mir grosses Licht" – wohlfundierte These hat letzthin eindrucksvoll bekräftigt H. Heimsoeth, Atem, Seele, Monade. Historische Ursprünge und Hintergründe von Kants Antinomie der Teilung (1960): „Daß ... die Thematik der Antinomien auch für die Genesis von Kants Philosophie eine bestimmende, ja entscheidende Bedeutung gehabt hat, darf heute als gesicherte historische Einsicht angesehen werden": a.a.O. 263 (7); vgl. 261–289 (5–33).

53 Um hier den Anm. 46 zit. Ausdruck Hegels zu verwenden.

54 Vgl. die Unterscheidung I. Kant, Kritik der Urteilskraft (1790) V 467; vgl. die entsprechende Unterscheidung zwischen „intuitus originarius" und „intuitus derivativus" Kritik der reinen Vernunft B 72.

55 G. W. F. Hegel, Encyclopädie der philosophischen Wissenschaften im Grundrisse ([3]1830) ed. Hoffmeister (1949) 72. „Das weltliche Wesen soll es nicht sein, welches den Makel des Widerspruchs an ihm habe, sondern derselbe nur der denkenden Vernunft, dem Wesen des Geistes, zukommen. Man wird wohl dawider nichts haben, daß die erscheinende Welt dem betrachtenden Geiste Widersprüche zeige": ibid. Dieser Gedanke steht bei Hegel im Zusammenhang einer Kant-Kritik und zeigt ironische Färbung.

56 Vgl. oben S. 66.

57 Denn: „Aus dem ganzen Verlaufe unserer Kritik wird man sich hinlänglich überzeugt haben: daß, wenngleich Metaphysik nicht die Grundveste der Religion sein kann, so müsse sie doch jederzeit als die Schutzwehr derselben stehen bleiben": I. Kant, Kritik der reinen Vernunft B 877.

58 Vgl. I. Kant, Grundlegung zur Metaphysik der Sitten (1785) IV 297: „eine Welt vernünf-

tiger Wesen (mundus intelligibilis) als ein Reich der Zwecke"; vgl. Kritik der reinen Vernunft B 836 ff.

59 Vgl. bes. Studien zur Philosophie Immanuel Kants. Metaphysische Ursprünge und ontologische Grundlagen (1956); Metaphysik der Neuzeit (1929) 87–104.

60 G. Krüger, Philosophie und Moral in der Kantischen Kritik (1931); Der Maßstab der Kantischen Kritik, in: Kantstudien 39 (1934) 156–187; vgl. zusf.: Grundfragen der Philosophie. Geschichte, Wahrheit, Wissenschaft (1958) bes. 141 ff. 187 ff.

61 G. Krüger, Philosophie und Moral in der Kantischen Kritik (1931) 11.

62 In zentraler Weise bei Hegel; vgl. die schöne Interpretation bei E. Gilson, L'être et l'essence (1948) 214: vgl. L. Oeing-Hanhoff, Wesensphilosophie und thomistische Metaphysik a.a.O. 212: „Kants Ding an sich erschien Hegel als ebenso abstrakt wie die Daten der Wolffschen Ontologie ... Dagegen will Hegel die volle konkrete Wirklichkeit erkennen. Wenn nun das Abstrakte durch die Widerspruchslosigkeit charakterisiert ist, dann muß das Gesetz des Konkreten der Widerspruch sein".

63 Diesen Vorgang hat in aller Deutlichkeit und Grundsätzlichkeit erst Hegel gesehen und zum Gegenstand der Kritik gemacht: G. W. F. Hegel, Glauben und Wissen (1802) faßt ihn als „das negative Verfahren der Aufklärung", das „sich dadurch einen (Kern) verschafft (hat), daß es seine Negativität selbst auffaßte, und sich theils von der Schalheit durch die Reinheit und Unendlichkeit des Negativen befreite, theils aber eben darum für positives Wissen wieder eben so nur Endliches und Empirisches, das Ewige aber nur jenseits haben kann": I 283. U. a. diese Kritik hat Hegel den Pantheismusvorwurf eingebracht; zur Auseinandersetzung damit unter Bekräftigung der skizzierten Kritik vgl. Encyclopädie der philosophischen Wissenschaften im Grundrisse (^{3}1830) ed. Hoffmeister (1949) bes. 485–488.

64 Von dorther kann und muß dann gefragt werden, was Gott und „Die Religion innerhalb der Grenzen der bloßen Vernunft" (1793) gleichwohl bedeuten können; und es ist aufschlußreich, daß die trefflichste Interpretation der Kantischen Religionsschrift von K. Barth, Die protestantische Theologie im 19. Jahrhundert. Ihre Vorgeschichte und ihre Geschichte (1947), daselbst § 7 237–278, geschrieben worden ist. Die allgemeine Interpretation konvergiert mit der der ‚Metaphysikkantianer': „Wirklicher Mensch, wirkliches Vernunftwesen, bin ich nicht schon kraft jenes Vermögens, Dinge im Raum und in der Zeit zu erkennen, sondern dieses Vermögen ... ist selber begründet in dem eigentlichen und entscheidenden Vernunftvermögen, kraft dessen ... mir selber als handelnder Person Notwendigkeit und Gesetz auferlegt wird. Gott, Freiheit, Unsterblichkeit ... können nicht in abstracto, d. h. in der isolierten Betrachtung, sie können aber in concreto, d. h. in der Tat erkannt werden. In und mit der Tat vollzieht sich ihre wirkliche Betrachtung, in der Praxis die wahre, alle Erfahrungserkenntnis begleitende, begründende und in sich schließende, aber nun auch echt und legitim übersteigende theoria. Sie haben keine Wahrheit in einer Theorie an sich": a.a.O. 246 (vgl. Krüger a.a.O. 111). Von dort aus interpretiert Barth dann die Religionsschrift: „Das Kantische Unternehmen besteht ja in einem großen Wenn-Dann-Satz: *Wenn* die Wirklichkeit der Religion sich erschöpft in dem, was als Religion innerhalb der Grenzen der bloßen Vernunft der Selbstkritik der Vernunft unterworfen ist, *dann* ist Religion das und nur das, was dem idealpraktischen Charakter der reinen Vernunft angemessen ist": Barth a.a.O. 272. Die – unterm Eindruck Schleiermachers in der Theologie nicht ergriffene: vgl. a.a.O. 274 – Chance für die Theologie läge dann darin, dieses Wenn zu einem Insofern einzuschränken und demgegenüber „die andere Seite" geltend zu machen (a.a.O. 283), nämlich „das Handeln eines mit dem Inbegriff der menschlichen Vernunft, mit dem ‚Gott in uns selbst' nicht identischen Gottes": a.a.O. 274, so „daß die Theologie sich der Philosophie gegenüber bescheiden würde, auf ihren eigenen Füßen zu stehen, daß sie ihren methodischen Ausgangspunkt ebenso bestimmt in der Offenbarung, wie jene in der Vernunft erkennen und also mit der Philosophie ein Zwiegespräch, nicht aber, selber in den

Mantel der Philosophie sich hüllend, ein quasi-philosophisches Selbstgespräch führen würde": ibid. – gegenüber allen Vermittlungsversuchen würde Gott als der ‚ganz Andere' durchgesetzt.

65 Die Komplementärkonsequenz ist, worauf besonders (in Seminarübungen 1957/58) J. Ritter hingewiesen hat, ein Neutralisierungsvorgang: die exakte, mathematische Naturwissenschaft wird theologiehinsichtlich neutral; der Fortgang ihrer Theorien hört auf, häresiefähig zu sein. Das gilt zunächst für die exakte Wissenschaft; sie kann jetzt theologisch unbehelligt und nicht behelligend ‚probierend' denken. Es gilt darüberhinaus für jeden menschlichen Bereich, der sich durch einen ähnlichen Subjektwechsel interpretieren läßt: nicht nur das Denken, sondern auch das Leben auf Probe und Widerruf wird theologiehinsichtlich neutral möglich.

66 Das hat – im Unterschied etwa zur Deutung von Krüger – Heimsoeth nie aus den Augen verloren: „Der *Metaphysiker Kant* ist nicht der *ganze Kant*", formuliert er programmatisch: H. Heimsoeth, Metaphysik der Neuzeit (1929) 86; und diesen Satz glaubt – unter gleichzeitiger Anerkenntnis der Bedeutung der Kant-als-Metaphysiker-Deutung – die hier vertretene These zu beherzigen.

67 D. h. einer der antinomienauflösenden Kraft der Vernunft sichere Philosophie kann „wieder Gott absolut vornehin an der Spitze der Philosophie als den alleinigen Grund von Allem, als das einzige principium essendi und cognoscendi" stellen, wie dies Hegel ja auch getan hat: G. W. F. Hegel, Wie der gemeine Menschenverstand die Philosophie nehme (1802) I 206.

68 Also die Antwort eines theologischen Positivismus, der Urform aller Faktizitätstheorie.

69 G. W. F. Hegel, Philosophie der Geschichte XI 569.

70 Dieses vorbehaltlose Preisgegebensein ans Gegebene erkennt unterm Namen „Zeit" und „transzendentale Einbildungskraft" M. Heidegger, Kant und das Problem der Metaphysik (1929 ^{2}1951), als den äußersten „Index der Endlichkeit" des Menschen und seine Herausarbeitung – nach Meinung dieser Arbeit durchaus unzutreffenderweise – als die eigentliche Leistung Kants.

71 Bei der Interpretation ihrer kantischen Fassung sollte darauf geachtet werden, was es bedeutet, daß bei der ersten Erläuterung des Deduktionsbegriffes von einer Deduktion der Begriffe gerade des „Glücks" und des „Schicksals" die Rede ist: Kritik der reinen Vernunft B 117.

72 Dieser modifizierte Theodizee-Sinn der Transzendentalphilosophie ist ernstgenommen bei W. Szilasi, Schellings Anfänge und die Andeutung seines Anliegens, in: Studia philosophica 14 (1955) 64: transzendentale Philosophie und Deduktion ist gedeutet als „Auseinandersetzung (sc. des reinen Ich) mit dem Schicksal des empirischen Ich ... fragende Auseinandersetzung mit dem objektiven Gott, mit dem Weltgeschehen und Geschehen der Menschheit." Zur Bestimmung der Begriffe „empirisches" und „reines Ich" vgl. a.a.O. 60: „Das empirische Vermögen erwirkt das Sichanpassen des Menschen an die Welt, das reine Vermögen erlaubt, daß er sich anpaßt, oder nicht anpaßt." Szilasi fährt a.a.O. 64/65 fort: „Das Fragen des reinen Ich ist nicht durch die Objektivität des empirischen Ich beschränkt. Es ist frei, ihr gegenüber Ja oder Nein zu sagen. Es ist nur durch das eigene, tragisch-fragende Geschehen beschränkt. Dieses ständig neu fragend-antwortende Geschehen, dieses sich fragende Vortragen in immer neue Dunkelheiten des Transzendenten, ist die Auseinandersetzung, die seit altersher *Theodizee* heißt. Rechten mit Gott, mit dem Weltgeschehen, mit dem Menschheitsgeschehen und dem eigenen empirischen Ich ist das Großartige, das dem Menschen Grund, Freiheit und Würde gibt. Das Wesen des Menschen ist die Freiheit. Es ist das Nicht-aufgehalten-sein von irgendwoher, außer von der eigenen Frageposition, die auch jeweils überwunden wird, ohne je verlegt werden zu können. Die letzte Konsequenz des transzendentalen Seinsverständnisses ist das Nicht-aufgehalten-werden-können, nicht von Gott, nicht von der eigenen empirischen Geschichte ... das fragende Rechten aus eigener Macht, wie machtlos sie auch sein

sollte... Das reine Ich rechtet mit dem Ganzen für die ‚künftige Erfahrung'... Nach Kant verbietet die Würde und Selbstachtung, zu fragen, wo keine Möglichkeit einer Antwort besteht. Nach Schelling gebietet die Würde immer neues Fragen und immer neue Antworten. Damit ist die ‚moralische Autonomie' Kants, die Unabhängigkeit, geopfert, aber in dem abhängigen Rechten mit der Gebundenheit der Weg einer monumentalen, endlosen Rechtfertigung vorgezeichnet" – der Fortgang von der ‚transzendentalen' zur ‚geschichtlichen' Vernunft (Hervorhebung von mir).

73 Vgl. insbes. die Redeweise Fichtes: etwa J. G. Fichte, Das System der Sittenlehre nach den Prinzipien der Wissenschaftslehre (1798), etwa alle fünf Lehrsätze des 2. Hauptstücks: IV 75 83 89 93 101; vgl. z. B. auch die sehr grundsätzliche Formulierung bei J. G. Fichte, Grundlage des Naturrechts nach Prinzipien der Wissenschaftslehre (1796) III 17: „Soll ein Vernunftwesen sich als solches setzen, so muß es sich eine Tätigkeit zuschreiben, deren letzter Grund schlechthin in ihm selbst liege"; usf.

74 Es ist vielleicht nicht überflüssig, ausdrücklich anzumerken, daß mit dieser Formulierung wie mit anderen – etwa auch durch Gebrauch des Säkularisierungsbegriffs – keineswegs eine ‚Verfallsbewegung', sozusagen ein ‚Sündenfall der Philosophie' beschrieben werden soll. Im Gegenteil.

75 Es ist angebracht, hier auf die vielleicht erheblichste Kritik dieser „idealistisch"-transzendentalphilosophischen Zentralvoraussetzung hinzuweisen, auf die des sogenannten ‚Personalismus', der Position des „dialogischen Prinzips" bzw. der Betonung menschlicher „Endlichkeit". Diese Kritik setzt genau an dieser Stelle an. Sie empfindet die Begründung der Verantwortung durch Urheberschaft als unzutreffend oder zu eng. Und gewiß trifft es nicht zu, daß jemand nur für das verantwortbar ist, das er getan, angerichtet, hervorgebracht, in Bezug auf das er Kausalität hat, kurz: ‚wofür er etwas kann'. Das große Gegendokument ist das „Du": es ist geradezu definierbar als ‚das, wofür jemand nichts kann und doch verantwortlich ist'. Hier stiftet nicht die Urheberschaft, es stiften keine mit der Urheberschaft vergleichbaren Akte (z. B. Herrichten, Einrichten, zu einem bestimmten Zweck Verändern usf.) die Verantwortung, sondern „dialogische" Verhältnisse, solche der „Begegnung", derart, daß in ihnen jemand sich jemandem ‚anvertraut' (sich mitteilt, ein Versprechen gibt oder annimmt, eine Sache treuhänderisch hinterlegt, sich an jemanden wendet usf.). Offenbar gibt es – mindestens – *zwei* verschiedene Weisen des Verantwortlichwerdens bzw. Verantwortlichseins. Man könnte – ohne daß dies in jeder Beziehung korrekt und befriedigend wäre – provisorisch zwischen *Urheberverantwortung* und *Treuhänderverantwortung* unterscheiden. Die Transzendentalphilosophie insistiert auf der Urheberverantwortung, der Personalismus besteht auf der Treuhänderverantwortung. Eine – empfindlich nötige – weitere Differenzierung ist im Zusammenhang dieser kurzen Überlegung natürlich nicht möglich. Hier kommt es allein auf die Abwehr jener personalistischen „Idealismuskritik" an, die die Urheberverantwortung als Negation der Treuhänderverantwortung – und entsprechend die Transzendentalphilosophie und ihren „Idealismus" als Negation des dialogischen Prinzips – zu diskreditieren versucht. Denn: in Wirklichkeit ist die Urheberverantwortung die Bedingung und Voraussetzung für Treuhänderverantwortung, wenn auch diese sich gewißlich nicht in jene auflösen läßt. Eine Ich-Du-Beziehung ist *realisierbar* überhaupt erst in einer Welt, in der jemand die Mittel hervorzubringen bzw. in Anspruch zu nehmen vermag, jenes Du, für das er zum Treuhänder wurde, zu nähren, zu kleiden, zu schützen, zu heilen, ihm sein Recht zu erwirken, ihm Bildung zu geben usf. – also all jenes ihm zuteil werden zu lassen, was in die Kompetenz der von der Transzendentalphilosophie gemeinten Urheberverantwortung fällt. Es gibt dafür den indirekten Beleg: eine der verzweiflungsvollsten Unglückssituationen des bestehenden Weltzustandes ist, daß in ihm eine Treuhänderverantwortung entsteht für jemanden, der vor seiner Urheberverantwortung nicht besteht; diese meldet sich dann in negativ-indirekter Form: verantwortlich zu sein für eine nicht hinreichende Veränderung der Verhältnisse. Die Ohnmacht vor fremden

Unglück ist nichts, was einer Heiligung unterliegen dürfte. All dieses sind freilich nur einige karge Bemerkungen zu jenem dringlichen Thema: daß der Personalismus, entfernt davon, die Transzendentalphilosophie und ihren „Idealismus" – ihre Wirklichkeitsstellung und deren entwickelte Form, die fortschrittstheoretische Geschichtsphilosophie – ‚überwunden' zu haben, vielmehr ihrer als Vorbedingung und Grundlage seiner eigenen Thesen und Tendenzen bedarf. Der Mensch ist ein viel zu endliches Wesen, als daß er es sich leisten könnte, ein endliches Wesen zu sein.

76 D. i. Ausschluß der „Heteronomie".

77 „Der Akt aber, von welchem hier die Rede ist, ist ein solcher, wodurch ich meiner nicht mit dieser oder jener Bestimmung, sondern *ursprünglich* bewußt werde, und dieses Bewußtsein heißt ... *reines* Bewußtsein oder *Selbstbewußtseyn* kat' exochén ": F. W. J. Schelling, System des transcendentalen Idealismus (1800) III 367, vgl. insgesamt 361 ff. Vgl. I. Kant, Kritik der reinen Vernunft B 132: "transzendentale Einheit des Selbstbewußtseins".

78 J. G. Fichte, u. a. Zweite Einleitung in die Wissenschaftslehre (1797) I 461 u. ö.; „in sich zurückkehrendes Handeln": a.a.O. 462; „in sich selbst zurückgehende, sich selbst bestimmende Thätigkeit": J. G. Fichte, Grundlage des Naturrechts nach Prinzipien der Wissenschaftslehre (1796) III 17 usf.

79 F. W. J. Schelling, System des transcendentalen Idealismus (1800) III 631: „Der Akt des Selbstbewußtseyns ... ist nichts anderes als ein Akt der *Selbstanschauung überhaupt*".

80 „Also das Setzen des Ich durch sich selbst ist die reine Tätigkeit desselben": J. G. Fichte, Grundlage der gesamten Wissenschaftslehre (1794) I 96 u. immer wieder.

81 „Dieses den Philosophen angemutete Anschauen seiner selbst im Vollziehen des Aktes, wodurch ihm das Ich entsteht, nenne ich *intellektuelle Anschauung*": J. G. Fichte, Zweite Einleitung in die Wissenschaftslehre (1797) I 463; vgl. F. W. J. Schelling a.a.O. III 369: „eine solche Anschauung wird ... *intellektuelle Anschauung* genannt. Eine solche Anschauung ist das *Ich*, weil *durch das Wissen des Ichs von sich selbst* das *Ich* ... erst entsteht ... das *Ich selbst* also ist ein Wissen, das zugleich sich selbst ... producirt."

82 „Wenn man uns fragt, worin das Wesen des Geistes bestehe, so antworten wir: in der Tendenz sich selbst anzuschauen. Über diese Thätigkeit können wir mit unsern Erklärungen nicht hinaus": F. W. J. Schelling, Abhandlungen zur Erläuterung des Idealismus der Wissenschaftslehre (1796/97) I 380; vgl. ff. Vgl. dazu J. G. Fichte, Erste Einleitung in die Wissenschaftslehre (1797) I 435: „Die Intelligenz, als solche, *sieht sich selbst* zu; ... und in dieser *unmittelbaren* Vereinigung des Seins und des Sehens besteht die Natur der Intelligenz."

83 „Der Begriff des Ich kommt durch den Akt des Selbstbewußtseyns zu Stande, *außer* diesem Akt ist also das Ich nichts, seine ganze Realität beruht nur auf diesem Akt, und *es ist selbst nichts als dieser Akt.*": F. W. J. Schelling, System des transcendentalen Idealismus (1800) III 366.

84 A.a.O. III 388.

85 I. Kant, Kritik der reinen Vernunft B XX und IX.

86 Vgl. G. Krüger, Die Philosophie im Zeitalter der Romantik, in: Romantik. Ein Zyklus Tübinger Vorlesungen (1948) 61: er spricht dort von „Hegels Vermessenheit", begreift dabei Hegel als Vollender der Transzendentalphilosophie.

Anmerkungen zu „Transzendentale Genealogie"

1 Daß sie es für diese Arbeit sind, hängt damit zusammen, daß die folgenden Überlegungen das Thema ‚Emanzipation', das in der Psychoanalyse zum Oedipus-Thema mutiert, ausklammern: die Tradition dieses Themas läuft im wesentlichen nicht über die transzendentalphilosophische Naturphilosophie. Damit ist natürlich in gar keiner Weise bestritten, daß es sich da um ein eminent wichtiges Thema handelt.

2 Vgl. oben S. 12f., S. 23 u. ö.

3 Vgl. die schöne Interpretation durch F. Schlegel, Fragmente, in: Athenaeum. Ersten Bandes Zweytes Stück (1797) 144: „Die Dedukzion eines Begriffs ist die Ahnenprobe seiner ächten Abstammung von der intellektuellen Anschauung ..."; bei Kant ist „Genealogie" freilich – als Terminus – noch ein polemisch gebrauchter Ausdruck, vgl. Kritik der reinen Vernunft A IX u. ö.

4 I. Kant, Kritik der reinen Vernunft B 126.

5 J. G. Fichte, Erste Einleitung in die Wissenschaftslehre (1797) I 445.

6 A.a.O. 446.

7 A.a.O. 448.

8 I. Kant, Kritik der reinen Vernunft B 3 f. – vgl. Prolegomena zu einer jeden künftigen Metaphysik, die als Wissenschaft wird auftreten können (1783) IV 49/50 – nimmt zwar einzig „Allgemeingültigkeit" und „Notwendigkeit" als die Kriterien der Erkenntnisse a priori. Die Interpretation des „a priori" als „Bedingung der Möglichkeit" bedeutet aber gerade den Schritt der Verwandlung einer Definition der „Notwendigkeit" dieser Erkenntnisse und Elemente a priori durch „Allgemeinheit" bzw. „Allgemeingültigkeit" zu ihrer Definition durch ‚Nötigkeit'. Notwendigkeit ist Nötigkeit – das ist im Grunde dann auch Fichtes Antwort auf die "Frage ... Woher das System der vom Gefühle der Notwendigkeit begleiteten Vorstellungen?": J. G. Fichte, Zweite Einleitung in die Wissenschaftslehre (1797) I 455; I 423.

9 Vgl. I. Kant, Kritik der reinen Vernunft B 5. Treffende Interpretationsformulierung bei M. Müller, Sein und Geist (1940) 22: „Aus der Unentbehrlichkeit, der allgemeinen Notwendigkeit für das Subjekt überhaupt entspringt die Geltung und damit das Sein."

10 Das hat vor allem die Deutung des „Marburger" Neukantianismus in äußerster Schärfe herausgearbeitet und in ihrer Bestimmung der "transzendentalen Methode" zur Geltung gebracht. Vgl. H. Cohen, Kants Theorie der Erfahrung (1871 [2]1885) bes. 66 ff. 13 ff. 580 ff. „Denn wenn transzendental die Untersuchung der Erkenntnisart genannt wird, sofern die letztere a priori möglich sein soll, so wird damit das a priori selbst als nur dadurch möglich bezeichnet, daß es in einer transzendentalen Erkenntnis erkannt wird ... Nicht auf den objektiven Inhalt der Erkenntnis geht die transzendentale Untersuchung aus, sondern auf den erhobenen Wertanspruch, auf die Methode ist sie gerichtet": a.a.O. 134 (Interpretation zu Kant, Kr.d.r.V. B 25); freilich: „Die Methoden hat die Wissenschaft selbst zu erfinden: der Kritik bleibt die bescheidene Aufgabe, dieselben auf den einzigen Wert zu prüfen, der ihnen für den Bestand der Wissenschaft beiwohne": a.a.O. 583, also „auf den Wert dieser Methoden richtet sich die transzendentale Frage": a.a.O. 157, und „diese den Geltungswert betreffende Gewähr empfängt das a priori aus dem Transzendentalen": a.a.O. 135: "diesen Ausweis bringt die transzendentale Methode, deren Prinzip und Norm der schlichte Gedanke ist: solche Elemente des Bewußtseins seien Elemente des erkennenden Bewußtseins, welche hinrei-

chend und notwendig [!] sind, das Faktum der Wissenschaft zu begründen und zu festigen": a.a.O. 77, d. h. also: „Die Elemente des Bewußtseins müssen als Grundlagen der Wissenschaft wirksam sein, und die Voraussetzungen der Wissenschaft sind als Grundzüge des erkennenden Bewußtseins geltend zu machen": a.a.O. 78. Die transzendentale Methode prüft also den „Wert" der apriorischen Elemente d. h. ihren Beitrag für das Faktum der Wissenschaft (seinen Bestand und seine Mehrung); die Legitimation dieser Elemente gründet in ihrer *Nötigkeit* für Bestand und Fortschritt der exakten Wissenschaft: die legitimierten Aprioria sind nötige Mittel für den als Zweck gesetzten Bestand und Fortschritt (Möglichkeit) der exakten Wissenschaft und haben ihre Legitimation als „notwendig" für diesen Zweck: „Es gibt keine Instanz ... es gibt keine Notwendigkeit über dem Gedanken: daß wir Notwendigkeit anerkennen wollen in demjenigen Gebiete unseres Bewußtseins, welches als Wissenschaft, als mathematische Naturwissenschaft ausgezeichnet ist. Woher sollte sonst Notwendigkeit kommen, wenn nicht aus dieser Fortsetzung für solchen ausgezeichneten Inhalt des Bewußseins, wenn also nicht aus dem Faktum selbst, auf welches unsere Frage gerichtet ist!... Nur das allein kann der Leitstern des Gesetzes sein: daß ein Gesetz walten solle in dem Gebiete der Erfahrung... Dieser Gedanke, der Ausgang von der Anerkennung des Faktums der mathematischen Naturwissenschaft ... macht sich zum obersten Gesetz und sucht die Mittel, zuerst dieses oberste Gesetz als solches zu formulieren, und alsdann aus der Formel derselben die einzelnen Grundsätze zu gewinnen": a.a.O. 139. Transzendentalphilosophie bedeutet also für Cohen: das Faktum der mathematischen Naturwissenschaft zum *Zweck* zu erheben und die apriorischen Elemente zu taxieren und zu legitimieren als die für *diesen* Zweck ‚nötigen' *Mittel.* Das methodische Verfahren der ‚Altkantianer' ist kein anderes – aber der Zweck ist ein anderer, nämlich nicht das„Faktum" der exakten Wissenschaft, sondern das „Ich" und seine ‚geschichtliche' Freiheit. Vgl. S. 360 Anm. 129.

11 D. h. ihrer Herauslösung aus ihrer Funktion als Möglichkeitsbedingungen des „Ich" – in Kants „Kritik der reinen Vernunft": des „Ich" als eines exakt Erfahrenden. Von dorther dann das „Resultat dieser Deduktion der Verstandesbegriffe" a.a.O. B 165 ff., das B 147/148 so formuliert ist: „Folglich haben die Kategorien keinen anderen Gebrauch [!] zum Erkenntnisse der Dinge, als nur, sofern diese als Gegenstände möglicher Erfahrung genommen werden." Es ist insgesamt aufschlußreich, wie sehr bereits bei Kant das Deduktionsproblem als das des „Gebrauchs" von Kategorien formuliert ist: ‚gebraucht' werden eben ‚Mittel'.

12 F. W. J. Schelling, Zur Geschichte der neueren Philosophie (1827) X 90.

13 Auf Grund dieser – mit Zurückhaltung zu erwägenden – ‚Pragmatisierung' der Vernunft wären ebensowohl Denkökonomik (Avenarius, Mach) wie Pragmatismus (Peirce, James, Dewey) Ausformungen und Ausarbeitungen eines von der Transzendentalphilosophie her *möglichen* Ansatzes. Demgegenüber nur zwei Vorbehalte: 1) In der Transzendentalphilosophie ist weder das Prinzip des kleinsten Kraftmaßes noch das Leistungsprinzip des modernen Pragmatismus (eine These ist soviel wert, wie die – durch Nutzen ausweisbare – Änderung in der Wirklichkeit, die durch ihre Annahme herbeigeführt wird) im Blick d. h. vorausgesetzt, ausdrücklich, leitend; weder das ‚Vereinfachte' noch das ‚Ertragreiche' – beides zusammengenommen macht das ‚Rationelle' aus – sind bei ihr führende Gesichtspunkte; weder der als Arbeits-Ersparnis noch als Arbeitsertrag definierbare Nutzen ist in der Transzendentalphilosophie Instanz. 2) Das ‚Nötigkeitsprinzip' ist also vom ‚Rationalisierungsprinzip' und insbes. vom ‚Nützlichkeitsprinzip' deutlich zu unterscheiden; es wäre demnach unangebracht, die Transzendentalphilosophie auf die Rolle eines unfreiwilligen Vorgängers für Denkökonomik bzw. Pragmatismus zu reduzieren; sie unterliegt daher auch nicht jener Kritik, die M. Scheler insbes. in „Erkenntnis und Arbeit" (Die Wissensformen und die Gesellschaft [1926] 231–486) am Pragmatismus als einer Uminterpretation des Wissens zur Arbeits-

form d. h. zum Herrschafts- und Leistungswissen geübt hat, denn nicht dies scheint das Problematische am Pragmatismus, daß auch er ein Nötigkeitsprinzip etabliert, sondern dieses: daß er es zugunsten eines zu engen Zwecks etabliert: nicht das Bestehen auf dem ‚Nötigen', sondern die Monopolisierung des Zweckzusammenhanges ‚Arbeit' bzw. ‚Nutzerwerb' kennzeichnet das Fragwürdige am Pragmatismus – und gerade von dieser Monopolisierung ist m. E. die Transzendentalphilosophie durchaus frei. Sie ist darum ‚Vorläufer' nicht primär der Denkökonomik und des Pragmatismus, sondern der Geschichtsphilosophie.

14 Vgl. oben S. 64.

15 M. Heidegger, Sein und Zeit (1927) 50 Anm. 1; Hervorhebung von mir.

16 J. G. Fichte, Erste Einleitung in die Wissenschaftslehre (1797) I 447.

17 F. W. J. Schelling, System des transcendentalen Idealismus (1800) III 528. „Insofern nämlich das Ich alles aus sich producirt, insofern ist alles, nicht etwa nur dieser oder jener Begriff, oder wohl gar nur die Form des Denkens, sondern das ganze eine und unteilbare Wissen a priori. Aber insofern wir uns dieses Producirens nicht bewußt sind, insofern ist uns nichts a priori, sondern alles a posteriori. Daß wir uns unsrer Erkenntnis als einer solchen, die apriori ist, bewußt werden, dazu gehört, daß wir uns der Handlung des Producirens überhaupt, abgesondert vom Producirten, bewußt werden": a.a.O. 528/529.

18 Vgl. oben S. 331 Anm. 30: Akt-Charakter ist dem Ich und dem esse commune gerade gemeinsam.

19 Insgeheim steckt bereits in dieser Bestimmung die Möglichkeit, daß die Geschichte des Ich nicht sowohl *Erreichen* eines Ziels, als vielmehr *Entkommen* aus einer Gefahr ist – ein Zug, den die ‚Depotenzierung der Transzendentalphilosophie' entwickelt und radikalisiert: vgl. unten S. 201, oben S. 27/28 und S. 470f. Anm. 23; es zeigt sich der Möglichkeit nach, was durch den ‚Zerfall der Endzwecktheorie' zur Wirklichkeit wird: daß das Ich, statt ‚Zielstreber' zu sein, vielmehr zum ‚Defektflüchter' wird, und daß sein höchstes ‚a priori' dann nicht mehr in einem ‚Endzweck', sondern in einer ‚Wunde' besteht.

20 F. W. J. Schelling, System des transcendentalen Idealismus (1800) III 392.

21 Vgl. die hier einschlägige Interpretation von M. Heidegger, Hegels Begriff der Erfahrung, in: Holzwege (1950) bes. 125.

22 „Indem die entgegengesetzten Thätigkeiten des Selbstbewußtseins sich in einer dritten durchdringen, entsteht ein Gemeinschaftliches aus beiden ... es ist der *fixirte* Streit ... Aber dieses Gemeinschaftliche dauert nicht fort": Schelling a.a.O. III 399/400; „Dieser Streit wird also auch nicht in einer einzigen Handlung, sondern nur *in einer unendlichen Reihe von Handlungen* vereinigt werden können": a.a.O. 393; „Dieser Fortgang von Thesis zur Antithesis und von da zur Synthesis ist also in dem Mechanismus des Geistes ursprünglich gegründet": a.a.O. 294; vgl. die ganze Überlegung a.a.O. 392–405.

23 Es handelt sich um „eine Geschichte des Selbstbewußtseyns, die verschiedene Epochen hat, und durch welche jene eine absolute Synthesis successiv zusammengesetzt wird": a.a.O. III 399. „Die Geschichte des menschlichen Geistes also wird nichts anderes seyn als die Geschichte der verschiedenen *Zustände,* durch welche hindurch er allmählich zur Anschauung seiner selbst ... gelangt": F. W. J. Schelling, Abhandlungen zur Erläuterung des Idealismus der Wissenschaftslehre (1796/97) I 382; „Die Seele wird also vorerst ein Bestreben äußern, sich vom gegenwärtigen Eindruck loszumachen. Durch dieses Streben *entsteht* ihr die Zeit ... Indem die Seele vom Gegenwärtigen sich loswindet, geht sie nothwendig zugleich auf ein Künftiges": a.a.O. 383/384; "Indem der Geist sich vom Gegenwärtigen loszuwinden bestrebt ist, wird er in diesem Handeln und durch dieses Handeln ein *Vergangenes* ... Die Seele aber, deren produktive Thätigkeit unendlich ist, strebt unaufhörlich ... vom Gegenwärtigen zum Künftigen": a.a.O. 385.

24 Nicht die Entscheidung als *Thema,* sondern die Entscheidung als *Instanz* ist das Kenn-

zeichen des Dezisionismus; für die Transzendentalphilosophie ist die Entscheidung Thema, aber nicht die Entscheidung ist Grund und Instanz der Entscheidung. – Daß der Zusammenhang zwischen Entscheidung und Zeit bes. die Freiheits- und vor allem die Weltalterphilosophie beschäftigt hat, hat eindrucksvoll gezeigt und gedeutet W. Wieland, Schellings Lehre von der Zeit (1956).

25 Vgl. I. Kant, Kritik der reinen Vernunft B 145/146: „Von der Eigentümlichkeit unsers Verstandes aber, nur vermittelst der Kategorien, und nur gerade durch diese Art und Zahl derselben Einheit der Apperzeption a priori zu Stande zu bringen, läßt sich eben so wenig ferner ein Grund angeben, als warum wir gerade diese, und keine andere Funktionen zu Urteilen haben, oder warum Zeit und Raum die einzigen Formen unserer möglichen Anschauung sind." Ebendarum wird für Kant die logische Urteilstafel „Leitfaden der Entdeckung aller reinen Verstandesbegriffe": a.a.O. 91 ff., und darum auch ist für Kant „Entdeckung" und „Deduktion" der Kategorien zweierlei, jenes ein „metaphysisches", dieses ein „transzendentales" Geschäft.

26 Vgl. G. W. F. Hegel, Enzyclopädie der philosophischen Wissenschaften im Grundrisse (ed. Hoffmeister [5]1949) 67: „Bekanntlich hat es die Kantische Philosophie sich mit der Auffindung der Kategorien sehr bequem gemacht... Der Fichteschen Philosophie bleibt das tiefe Verdienst, daran erinnert zu haben, daß die Denkbestimmungen in ihrer Notwendigkeit aufzuzeigen, daß sie wesentlich abzuleiten seien."

27 F. W. J. Schelling, Philosophie der Kunst (geles. 1802/05) V 659.

28 F. W. J. Schelling, Zur Geschichte der neueren Philosophie (1827) X 94.

29 Vgl. die präzise Deutung dieses Zusammenhangs bei W. Szilasi, Philosophie und Naturwissenschaft (1960), der dort die konsequente Folge der Maßnahmen des Ich als die seiner „transzendentalen Entwürfe" dort nur im Zuge des Fortgangs der Wissenschaft diskutiert: „Kein transzendentaler Entwurf ist willkürlich. Ihre Notwendigkeit zeigt sich darin, daß im Gange der jeweiligen Naturbetrachtung, und noch sichtbarer im Fortgang der Wissenschaft, – die verschiedenen transzendentalen Entwürfe nach einer Strukturregel aufeinander folgen. Sie sind durch eine ‚Wesensfolge' verbunden. Es ist richtig, vom Wachstum zu sprechen, weil in keinem ‚neuen' transzendentalen Entwurf die alte Verstehensgrundlage verschwindet": a.a.O. 12; diese Bewegung aber „ist ... nicht durch Variationen von beständigen Erfahrungselementen beschreibbar (wie Wahrnehmung, Empfindung, Vorstellung), sondern nur in ihrem absoluten, streng gefügten Gang verfolgbar, und zwar nur dadurch verfolgbar, daß die transzendentale Erfahrung dem Gange nicht nur folgt, sondern mit ihm identisch ist": ibid. „Damit ist gesagt, daß die spekulative Erfahrung ihren eigenen Gang hat. Sie ist eine in sich zusammenhängende Bewegung mit ihrer erfahrbaren Gangstruktur. Da diese Gangstruktur andere Übergänge hat als die zufälligen der natürlichen Erfahrung, Übergänge, die unser Herumschauen innerhalb der dinglich erfüllten Welt überschreiten, heißt dieser Gang transzendental. So sprechen wir vom transzendentalen Gang der spekulativen Erfahrung": a.a.O. 11. „Diese Erfahrung erfährt nicht Erscheinungen, sondern einen realen, notwendig-notwendigen Gang": ibid. „Der transzendentale Entwicklungsgang unseres Denkens ist aber unsere eigene Existenzweise. Sie *ist* die menschliche Natur. So erforscht die Spekulation ein Stück Natur unter dem Titel: transzendentale Bewegung des Bewußtseins": ibid. Und auf diesen Zusammenhang der „transzendentalen Bewegung" zielt gleichermaßen und mit Nachdruck P. Kaulbach, Die Metaphysik des Raumes bei Leibniz und Kant (1960), bes. 149 ff., und F. Kaulbach, Der philosophische Begriff der Erfahrung, in: Studium Generale 14 (1961) bes. 532, 536 und die Diskussion der „Erfahrung des Bewußtseins" a.a.O. 532 ff.: dort allerdings – wohl durch die kontextbedingte Konfrontierung mit der „Objekterfahrung" – unter Abschwächung ihrer Notwendigkeitscharaktere: „Das Geschehen der inneren Erfahrung ist unberechenbar und einmalig": a.a.O. 534; demgegenüber hat Hegel – der nach Kaulbach a.a.O. 532 „für die Erfahrung des Bewußtseins" gerade das „getan" hat, „was

Kant für die" „Objekterfahrung" „getan hat" – betont, daß „die philosophische Betrachtung ... keine andere Absicht [hat], als das Zufällige zu entfernen": G. W. F. Hegel, Die Vernunft in der Geschichte (ed. Hoffmeister 1955) 29.

30 Die ‚Nötigkeit' des ‚nächsten Schritts' ist definiert durch die Antinomie, der er begegnet; die Negation dieser Nötigkeitscharaktere in der Geschichte ist gleichbedeutend mit der Negation der Bedeutung des Phänomens der Antinomien in der Geschichte. Das ‚Nötige' ist solcherart, daß sein (durchaus mögliches) Ausbleiben ‚kompensiert' werden muß.

31 Dieser Ausdruck ist innerhalb der neueren Philosophie von Husserl geprägt worden; in der Transzendentalphilosophie gibt es ihn in genau dieser Formulierung noch nicht; diese Überlegung entnimmt ihn aus Interpretationen, z. B. der von W. Szilasi, Erfahrung und Wahrheit in den Naturwissenschaften (1948/49), in: Philosophie und Naturwissenschaft (1960) 25–51; zum Ausdruck gebracht werden soll durch diese Formulierung, daß auch und gerade die Transzendentalphilosophie – vgl. den Vorbehalt unten S. 108 – ihrer Tendenz nach *Erfahrungswissenschaft* ist: „Die Philosophie selbst ist Erfahrungswissenschaft, das darf sie nie vergessen": W. Szilasi, Die Beziehungen zwischen Philosophie und Naturwissenschaft (1949) a.a.O. 9.

32 Vgl. H. Knittermeyer, Der ‚Übergang' zur Philosophie der Gegenwart, in: Zeitschrift für philosophische Forschung 1 (1946) 266 ff.

33 I. Kant, Welches sind die wirklichen Fortschritte, die die Metaphysik seit Leibniz'ens und Wolff's Zeiten in Deutschland gemacht hat? (geschr. ca. 1793, publ. 1804) VIII 252.

34 Ibid.

35 Ausdruck Hegels für Dialektik: G. W. F. Hegel, Encyclopädie der philosophischen Wissenschaften im Grundrisse (^{3}1830) ed. Hoffmeister (1949) 103 (= § 81 Anm. 1).

36 F. W. J. Schelling, Zur Geschichte der neueren Philosophie (1827) X 94.

37 F. W. J. Schelling, Abhandlungen zur Erläuterung des Idealismus der Wissenschaftslehre (1796/97) I 382.

38 O. Most, Über Wesen und Reichweite menschlicher Erkenntnis (1955): „Übereinstimmung des Kritikinhaltes mit der Seinsordnung."

39 I. Kant, Kritik der reinen Vernunft B 82; vgl. Logik (ed. Jäsche 1800) VIII 364 ff.

40 J. G. Fichte, Erste Einleitung in die Wissenschaftslehre (1797) I 447.

41 F. W. J. Schelling, System des transcendentalen Idealismus (1800) III 331.

42 Zur Charakteristik des Apriorischen durch Invarianz d. h. durch Allgemeingültigkeit und Notwendigkeit – vgl. oben Anm. 8 – gehörte in der Transzendentalphilosophie die entscheidende „Anmerkung, die ihren Einfluß auf alle nachfolgende Betrachtung erstreckt, und die man wohl vor Augen haben muß, nämlich *daß nicht eine jede Erkenntnis a priori ... transzendental ... heißen müsse*": I. Kant, Kritik der reinen Vernunft B 80 (Hervorhebung von mir), „sondern nur die, dadurch wir erkennen, daß und wie gewisse Vorstellungen (Anschauungen oder Begriffe) lediglich a priori angewandt werden, oder möglich sein": ibid.: die Transzendentalphilosophie *beschränkt* die „Aprioriforschung" auf jene Aprioritäten, die als nötig für den Vollzug der Geschichte des Ich d. h. der Freiheit sich ausweisen lassen.

43 Apriori heißt jetzt etwas, was als innerhalb der Geschichte des Ich *Gewordenes* begriffen werden kann; Aposteriori heißt das, was als nur *Gegebenes* hingenommen wird: eine apriorische ist also eine *geschichtliche*, eine apostoriorische eine *ungeschichtliche* Betrachtung: vgl. die einschlägigen Analysen von J. G. Fichte, Erste Einleitung in die Wissenschaftslehre (1797) I 447–449; Die Annalen des philosophischen Tons (1797) II 471–479; F. W. J. Schelling, System des transcendentalen Idealismus (1800) III 527–531.

44 Z. B die Bestimmung „Substanz" bei I. Kant, Kritik der reinen Vernunft B 106 als Relationskategorie und B 224 ff. als Grundsatz, und zwar als Erfahrungsanalogie; vgl. dazu etwa F. W. J. Schelling, Vom Ich als Princip der Philosophie (1795) § 12 I 192–194; System des transcendentalen Idealismus (1800) III 520 usf.

45 Vgl. unten bes. S. 164–166.

46 Vgl. insbes. die Vorrede[1] zu F. W. J. Schelling, Vom Ich als Princip der Philosophie (1795), etwa I 157: die Transzendentalphilosophie ist eine „Philosophie, die als ihr erstes Princip die Behauptung aufstellt, daß das Wesen des Menschen nur in absoluter Freiheit bestehe, daß der Mensch kein Ding, keine Sache, und seinem eigentlichen Seyn nach überhaupt kein Objekt sey"; so tritt die Bestimmung „Ding" nur in diesem Entfremdungssinne auf: „Bedingen heißt die Handlung, wodurch etwas zum Ding wird, bedingt, das was zum Ding *gemacht* ist": a.a.O. 166; „Diesem nach weiß die Transcendentalphilosophie von keinem ursprünglichen Seyn, (von keinem Seyn an sich)": Erster Entwurf eines Systems der Naturphilosophie (1799) III 12 (in Kl.: handschr. Zusatz); usf.

47 Vgl. zum Folgenden auch: H. Höfling, Der Epochenbegriff in Schellings System des transzendentalen Idealismus, in: Zeitschrift für philosophische Forschung 12 (1958) 507–514.

48 Empfindung, produktive Anschauung, Reflexion etc. nicht weniger als die französische Revolution: „Denn ein solches Phänomen in der Menschengeschichte *vergißt sich nicht mehr,* weil es eine Anlage und ein Vermögen in der menschlichen Natur zum Besseren aufgedeckt hat ... Aber wenn der bei dieser Begebenheit beabsichtigte Zweck ... gegen das Ende doch fehlschlüge ..., so verliert jene philosophische Vorhersagung doch nichts von ihrer Kraft. – Denn jene Begebenheit ist zu groß, zu sehr mit dem Interesse der Menschheit verwebt und ihrem Einflusse nach auf die Welt in allen ihren Teilen zu ausgearbeitet, als daß sie nicht ... bei irgend einer Veranlassung günstiger Umstände in Erinnerung gebracht und zu Wiederholung neuer Versuche dieser Art erweckt werden sollte", um hier Kants Charakteristik der französischen Revolution als einer ‚epochemachenden Handlung' anzuführen: I. Kant, Der Streit der Fakultäten (1798) VII 401.

49 Also das, was den Organismusbegriff für bestimmte Tendenzen der historischen Rechtsschule rezipierbar machte: der Organismus ist – gegenüber allem „Gemachten" – das „Gewachsene". Die Geschichte des Funktionswechsels des Organismusgedankens von Kants Kritik der Urteilskraft – vgl. insbes. V 453 Anm. 1: „So hat man sich, bei einer neuerlich unternommenen Umbildung eines großen Volks zu einem Staat, des Worts *Organisation* häufig für Einrichtung der Magistraturen u.s.w. und selbst des ganzen Staatskörpers sehr schicklich bedient. Denn jedes Glied soll freilich in einem solchen Ganzen nicht bloß Mittel, sondern zugleich auch Zweck, und, indem es zu der Möglichkeit des Ganzen mitwirkt, durch die Idee des Ganzen wiederum seiner Stelle und Funktion nach, bestimmt sein" – bis zur historischen Rechtschule ist noch nicht geschrieben.

50 Vgl. die rückschauende Formulierung bei F. W. J. Schelling, Zur Geschichte der neueren Philosophie (1827) X 110: „Der Organismus hat eben davon seinen Namen, daß, was zuvor um seiner selbst willen zu sein schien, in ihm noch *Werkzeug,* als Organ eines Höheren ist."

51 A.a.O. 97.

52 F. W. J. Schelling, System des transcendentalen Idealismus (1800) III 331.

53 A.a.O. 398/399.

54 A.a.O. 348.

55 Vgl. oben S. 82.

56 A.a.O. 388.

57 Dazu gehört, daß ihr „Princip Princip der theoretischen und praktischen Philosophie zugleich sey", und das „ist nicht möglich, ohne daß es selbst theoretisch und praktisch zugleich sey. Da nun ein theoretisches Princip ein *Lehrsatz,* ein praktisches aber ein *Gebot* ist, so wird in der Mitte zwischen beiden etwas liegen müssen – und dieß ist das *Postulat,* welches an die *praktische* Philosophie grenzt, weil es eine bloße *Forderung* ist, an die *theoretische,* weil es eine *rein theoretische Construktion* forderte": a.a.O. 376.

58 J. G. Fichte, Grundlage der gesammten Wissenschaftslehre (1794) I 123–246.
59 A.a.O. 247–328; vgl. Das System der Sittenlehre nach den Prinzipien der Wissenschaftslehre (1798).
60 Schelling a.a.O. 388–531.
61 A.a.O. 532–604,
62 A.a.O. 351/352. „Es ist nicht etwa darum zu thun, zu beweisen, daß wahr sey, was er für wahr hält, sondern nur darum, die Unvermeidlichkeit seiner Täuschungen aufzulockern": a.a.O. 352.
63 A.a.O. 346.
64 Ibid.
65 A.a.O. 348 (erste Hervorhebung von mir); „Mit Einem Wort, über der theoretischen Gewißheit geht uns die praktische, über der praktischen geht uns die theoretische verloren... Dieser Widerspruch muß aufgelöst werden ... und die Beantwortung der Frage: wie können die Vorstellungen zugleich als sich richtend nach den Gegenständen, und die Gegenstände als sich richtend nach den Vorstellungen gedacht werden? ist ... die höchste Aufgabe der Transzendentalphilosophie": ibid.; und die Antwort: „In der theoretischen Philosophie, d. h. jenseits des Bewußtseins, entsteht mir das Objekt gerade so, wie es mir in der praktischen, d. h. diesseits des Bewußtseins, entsteht. Der Unterschied des Anschauens und des freien Handelns ist nur der, daß das Ich im letzteren für sich selbst producirend ist... Dasselbe, was in uns handelt, wenn wir frei handeln, ist dasselbe, was in uns anschaut, oder, die anschauende und die praktische Thätigkeit ist Eine, das merkwürdigste Resultat des transcendentalen Idealismus, das über die Natur des Anschauens, wie des Handelns, die größten Aufschlüsse gibt": a.a.O. 536; vgl. 535 ff.
66 „Durch die ganze theoretische Philosophie hindurch sahen wir das Bestreben der Intelligenz, ihres Handelns als solchen sich bewußt zu werden, fortwährend mißlingen": a.a.O. 536: nur die Produkte, nicht das Produzieren selbst wurde bewußt (bzw. diesen nur indirekt durch seine Produkte); als Produzieren ist es nur wirklich, nicht bewußt.
67 Nur partiell und im einzelnen hat sich diese Handlung verwirklicht, nicht totaliter; als Gesamthandlung ist sie nur bewußt, nicht wirklich.
68 F. W. J. Schelling, Zur Geschichte der neueren Philosophie (1827) X 93.
69 J. G. Fichte, Rezension des Aenesidemus oder über die Fundamente der von Herrn Prof. Reinhold in Jena gelieferten Elementar-Philosophie (verfaßt 1793, publ. 1794) I 4.
70 A.a.O. 3.
71 A.a.O.22/23.
72 Vgl. oben S. 16, 20, 32.
73 Vgl. oben S. 24 ff.
74 Vgl. I. Kant, Welches sind die wirklichen Fortschritte, die die Metaphysik seit Leibniz'ens und Wolff's Zeiten in Deutschland gemacht hat? (geschr. ca. 1793, publ. 1804) VIII 242, 262.
75 A.a.O. 242.
76 J. G. Fichte, Grundlage der gesamten Wissenschaftslehre (1794) I 222.
77 F. W. J. Schelling, Abhandlungen zur Erläuterung des Idealismus der Wissenschaftslehre (1796/97) I 382.
78 I. Kant, Kritik der reinen Vernunft (1788) V 130.
79 „In der Verbindung also der reinen spekulativen mit der reinen praktischen Vernunft zu einem Erkenntnisse führt die letztere das Primat... Der spekulativen Vernunft ... untergeordnet zu sein und also die Ordnung umzukehren, kann man der reinen praktischen gar nicht zumuten, weil alles Interesse zuletzt praktisch ist, und selbst das der spekulativen Vernunft nur bedingt und im praktischen Gebrauche allein vollständig ist": a.a.O. 132.
80 „Auf mein Tun muß alles mein Denken sich beziehen, muß sich als, wenn auch entfern-

tes, Mittel für diesen Zweck betrachten lassen; außerdem ist es ein leeres zweckloses Spiel, ist Kraft- und Zeitverschwendung und Verbildung eines edlen Vermögens, das mir zu einer ganz anderen Absicht gegeben ist“: J. G. Fichte, Die Bestimmung des Menschen (1800) II 257/258; „Von jenem Bedürfnisse des Handelns geht das Bewußtsein der wirklichen Welt aus, nicht umgekehrt vom Bewußtsein der Welt das Bedürfnis des Handelns; dieses ist das erste, nicht jenes, jenes ist das abgeleitete. Wir handeln nicht, weil wir erkennen, sondern wir erkennen, weil wir zu handeln bestimmt sind; die praktische Vernunft ist die Wurzel aller Vernunft“: a.a.O. 263.

81 F. W. J. Schelling, System des transcendentalen Idealismus (1800) III 354; bei Schelling alle drei Worte gesperrt.

82 Erst Schelling gibt diesen faktischen Primat der ‚theoretischen Philosophie‘ ausdrücklich zu; vgl. bereits: Vom Ich als Princip der Philosophie (1795) I 157: es „muß die Revolution im Menschen vom *Bewußtseyn* seines Wesens ausgehen, er muß theoretisch gut seyn, um es praktisch zu werden“; der Übergang zur Naturphilosophie steht dann wachsend im Zeichen der Suche nach einer „rein theoretischen“ Philosophie: vgl. dazu unten S. 156 ff., bes. 157/158.

82a I. Kant, Kritik der reinen Vernunft B 103; vgl. auch den Hinweis auf die „Einbildungskraft, einer blinden, obgleich unentbehrlichen Funktion der Seele, ohne die wir überall gar keine Erkenntnis haben würden, der wir uns aber nur selten einmal bewußt sind“: a.a.O. B 103.

83 „Es wird demnach hier gelehrt, daß alle Realität – es versteht sich *für uns,* wie es denn in einem System der Transzendentalphilosophie nicht anders verstanden werden soll – bloß durch die Einbildungskraft hervorgebracht werde ... daß auf jene Handlung der Einbildungskraft die Möglichkeit unsers Bewußtseins, unsers Lebens, unsers Seins für uns, d. h. unsers Seins, als Ich, sich gründet“: J. G. Fichte, Grundlage der gesammten Wissenschaftslehre (1794) I 227; „Das Angeschaute, als solches, wird produziert. Ferner ist klar, daß das Ich seiner Tätigkeit in dieser Produktion des Angeschauten, als eines solchen, sich nicht bewußt sein könne, darum, weil sie nicht reflektiert, dem Ich nicht zugeschrieben wird. (Nur in der philosophischen Reflexion, die wir jetzt anstellen, und die wir immer sorgfältig von der gemeinen notwendigen zu unterscheiden haben, wird sie dem Ich beigemessen.) Das produzierende Vermögen ist immer die Einbildungskraft“: a.a.O. 230; „Die Einbildungskraft produziert Realität; aber ... erst durch das Begreifen im Verstande wird ihr Produkt etwas Reales ... Es wird sich zeigen, daß man in der natürlichen, der künstlichen transzendentalphilosophischen Reflexion entgegengesetzten Reflexion, vermöge der Gesetze derselben, nur bis auf den Verstand zurückgehen könne, und in diesem dann allerdings etwas der Reflexion *Gegebenes,* als einen Stoff der Vorstellung antreffe; der Art aber, wie dasselbe in den Verstand gekommen, sich nicht bewußt werde. Daher unsre feste Überzeugung von der Realität der Dinge außer uns, und ohne alles unser Zutun, weil wir uns das Vermögen ihrer Produktion nicht bewußt werden“: a.a.O. 234; usf.

84 Vgl. die wundervolle Darstellung der drei „Epochen“ der „theoretischen Philosophie nach Grundsätzen des trancendentalen Idealismus“: System des transcendentalen Idealismus (1800) III 399–531; Vgl. die zusammenfassende Charakteristik a.a.O. 536/537: „In der theoretischen Philosophie, d. h. jenseits des Bewußtseyns, entsteht mir das Objekt gerade so, wie es mir in der praktischen, d. h. diesseits des Bewußtseyns, entsteht. Der Unterschied des Anschauens und freien Handelns ist nur der, daß das Ich im letzteren für sich selbst producirend ist ... Die Intelligenz wird jetzt nicht aufhören zu produciren, aber sie producirt mit Bewußtseyn, es beginnt hier also eine ganz neue Welt ... Die erste Welt, wenn es erlaubt ist so sich auszudrücken, d. h. die durch das bewußtlose Produciren entstandene, fällt jetzt mit dem Ursprung hinter das Bewußtseyn gleichsam. Die Intelligenz wird also auch nie unmittelbar einsehen können, daß sie jene Welt gerade ebenso aus sich producirt, wie diese zweite, deren Hervorbringung mit

dem Bewußtseyn beginnt." Vgl. zu den einzelnen Epochen: 1) „Der erste Akt, von welchem die ganze Geschichte der Intelligenz ausgeht, ist der Akt des Selbstbewußtseins, insofern er nicht frei, sondern noch unbewußt ist... In diesem Akt ist das Ich für uns zwar, aber nicht für sich selbst Subjekt und Objekt zugleich": a.a.O. 450; vgl. ff.; „Die Produktion ist nur darum eine völlig blinde und bewußtlose": a.a.O. 454; 2) „Nun ist das Objekt, transcendental gesehen, nichts anderes als die äußere oder produktive Anschauung selbst. Nur das Ich kann sich dieser Anschauung nicht als solcher bewußt werden": a.a.O. 462; „In der Reihe der bis jetzt abgeleiteten synthetischen Handlungen war keine anzutreffen, durch welche das Ich unmittelbar zum Bewußtseyn seiner eigenen Thätigkeit gelangt wäre": a.a.O. 506, denn: „Solange die Intelligenz nichts von ihrem Handeln Verschiedenes ist, ist kein Bewußtseyn desselben möglich": a.a.O. 506; 3) „Das eigenthümliche des Transcendentalen Idealismus ... ist eben dieß, daß er auch den sogenannten Begriffen a priori ihren Ursprung noch nachweisen kann, welches freilich nur dadurch möglich ist, daß er sich in eine jenseits des gemeinen Bewußtseyns liegende Region versetzt, anstatt daß eine auf das letztere sich einschränkende Philosophie diese Begriffe in der That nur als vorhanden und gleichsam daliegend vorfinden kann... Dadurch, daß wir den Ursprung der sogenannten Begriffe a priori jenseits des Bewußtseyns versetzen, wohin für uns auch der Ursprung der objektiven Welt fällt, behaupten wir mit derselben Evidenz und dem gleichen Rechte, unsere Erkenntniß sey ursprünglich ganz und durchaus empirisch, und sie sey ganz und durchaus a priori": a.a.O. 527/528; „insofern wir uns dieses Producirens nicht bewußt sind, insofern ist in uns nichts a priori, sondern alles a posteriori. Daß wir uns unsrer Erkenntnis als einer solchen, die a priori ist, bewußt werden, dazu gehört, daß wir uns der Handlung des Producirens überhaupt, abgesondert vom Producirten, bewußt werden": a.a.O. 529; usf.

85 F. W. J. Schelling, Zur Geschichte der neueren Philosophie (1827) X 93.

86 A.a.O. 94.

87 A.a.O. 93/94.

88 A.a.O. 94.

89 A.a.O.94/95.

90 F. W. J. Schelling, System des transcendentalen Idealismus (1800) III 345.

91 A.a.O. 351; während „die Produktion in der Kunst nach außen sich richtet, um das Unbewußte durch Produkte zu reflektiren, richtet sich die philosophische Produktion unmittelbar nach innen, um es in intellektueller Anschauung zu reflektiren"; ibid.

92 Ibid.

93 F. W. J. Schelling, Die Weltalter. Bruchstück (1814/15) VIII 201. Vgl. 2. Fassung (1803) ed. Schröter 113.

94 F. W. J. Schelling, Zur Geschichte der neueren Philosophie (1827) X 98; „Also die *ganze* Bewegung ist nur Bewegung zur Selbsterkenntniß. Der Imperativ, der Impuls der ganzen Bewegung, ist das Gnothi Seautón, Erkenne dich selbst": F. W. J. Schelling, Ueber die Natur der Philosophie als Wissenschaft (1921, zu den Erlanger Vorträgen gehörig) IX 226; vgl. dortselbst bes. auch 237–239; vgl. auch: Die Weltalter VIII 201. Daß es sich bei alldiesem um keine späte Konzeption handelt, sondern um die Philosophie-Methode auch des ‚frühen' Schelling, zeigt die Analyse des Verfahrens im System des transcendentalen Idealismus (1800): vgl. insbes. die „Allgemeine Anmerkung zur ersten Epoche" III 450–454 mit der beständigen Unterscheidung zwischen dem „für uns" und dem „für das Ich", das im Hegelschen „an sich und für uns" und „für sich" fortlebt; dabei besteht der Fortgang darin, daß das, was zunächst nur „für uns" ist, auch „für das Ich selbst" sein soll; und Schelling schreibt a.a.O. 452: "nun ist ... die Transcendental-Philosophie erst dann vollendet, wenn das Ich sich selbst ebenso zum Objekt wird, wie es dem Philosophen wird."

95 F. W. J. Schelling, Stuttgarter Privatvorlesungen (1810) VII 433.

96 F. W. J. Schelling, Die Weltalter (1814/15) VIII 201; vgl. 1. Fassung (1811) ed. Schröter 5, vgl. die leicht abgewandelte 2. Fassung (1813) a.a.O. 114.

97 F. W. J. Schelling, Allgemeine Deduktion des dynamischen Processes oder der Kategorien der Physik (1800) IV 77; vgl. auch: Zur Geschichte der neueren Philosophie (1827) X 95.

98 Als „Logik des Scheins" der „Logik der Wahrheit" d. h. der „Analytik" jeweils entgegengesetzt; vgl. die Gliederung aller drei Kritiken.

99 Auch innerhalb der nachkantischen Transzendentalphilosophie bekommt, soweit ich sehe, der Titel „Dialektik" entscheidendes Gewicht offenbar erst unterm Eindruck Hegels; erst dort kommt es z. B. bei Schelling zu Reflexionen wie dieser: Die Weltalter (1814/15) VIII 201: „Diese Scheidung, diese Verdoppelung unserer selbst" – gesagt in Bezug auf das oben Anm. 94 nachgewiesene Verfahren, das auch im Weltalterfragment zur Debatte steht –, „dieser geheime Verkehr, in welchen zwei Wesen sind, ein fragendes und ein antwortendes, ein unwissendes, das aber Wissenschaft sucht, und ein wissendes, das aber sein Wissen nicht weiß, dieses stille Gespräch, diese innere Unterredungskunst, das eigentliche Geheimniß des Philosophen, ist es, von welcher die äußere, darum Dialektik genannt, das Nachbild, und wo sie zur bloßen Form geworden, der leere Schein und Schatten ist." Das ist da bereits hegelkritisch gewendet: „Denn die von Zeit zu Zeit gehegte Meinung, die Philosophie durch Dialektik endlich in wirkliche Wissenschaft verwandeln zu können, die vollkommenste Dialektik für die Wissenschaft selber anzusehen, verräth nicht wenig Eingeschränktheit": a.a.O. 201/202.

100 Vgl. I. Kant, Kritik der reinen Vernunft B 353 ff.

101 A.a.O. 354 u. ö.

102 I. Kant, Die Träume eines Geistersehers erläutert durch Träume der Metaphysik (1766).

103 Vgl. I. Kant, Verkündigung des nahen Abschlusses eines Traktats zum ewigen Frieden in der Philosophie (1796) VI 512 f. und die schöne Interpretation von G. Krüger, Philosophie und Moral in der Kantischen Kritik (1931) 129–142 über die Wahrhaftigkeit als Tugend der Kritik.

104 F. W. J. Schelling, Zur Geschichte der neueren Philosophie (1827) X 93.

105 F. W. J. Schelling, Vom Ich als Princip der Philosophie (1975) I 157.

106 I. Kant, Kritik der reinen Vernunft B 397.

107 Definition des Scheins bei Kant: vgl. a.a.O. 250/351; vgl. Prolegomena IV 81; Logik VIII 368.

108 I. Kant, Kritik der reinen Vernunft B XX.

109 D. h. wenigstens beim Schritt von Kant und Fichte einerseits zu Schelling andererseits; vgl. unten S. 156 ff.

110 Vgl. unten S. 159 und 230 f.

111 I. Kant, Logik (ed. Jäsche 1800) VIII 369/370.

112 I. Kant, Versuch über die Krankheiten des Kopfes (1764).

113 I. Kant, Kritik der reinen Vernunft B 670.

114 A.a.O. 354.

115 „Zu fragen: ob eine Wissenschaft auch wohl möglich sei, setzt voraus, daß man an der Wirklichkeit derselben zweifle. Ein solcher Zweifel aber beleidigt jedermann, dessen ganze Habseligkeit vielleicht in diesen vermeinten Kleinode bestehen möchte; und daher mag sich der, so sich diesen Zweifel entfallen läßt, nur immer auf Widerstand von allen Seiten gefaßt machen": I. Kant, Prolegomena zu einer jeden künftigen Metaphysik, die als Wissenschaft wird auftreten können (1783) IV 4.

116 Vgl. I. Kant, Beantwortung der Frage: Was ist Aufklärung? (1784) IV 167.

117 Ibid.; hier läßt sich an Kants Theorie der „ignava ratio" erinnern: Kritik der reinen Vernunft B 717 ff.

118 Vgl. die Bedeutung der Trägheit bei Fichte: z. B. Das System der Sittenlehre nach den Prinzipien der Wissenschaftslehre (1790) IV 198–205.

119 G. W. F. Hegel, Phänomenologie des Geistes (1807) ed. Hoffmeister (1949) 563: „Indem seine (sc. des Geistes) Vollendung darin besteht, das was *er ist* ... vollkommen zu *wissen*, so ist dies Wissen sein *Insichgehen*, in welchem er sein Dasein verläßt und seine Gestalt der Erinnerung überläßt. A.a.O. 564: „die *Er-Innerung* hat sie aufbewahrt... Ihre Aufbewahrung nach der Seite ihres freien in der Form der Zufälligkeit erscheinenden Daseins, ist die Geschichte, nach der Seite ihrer begriffnen Organisation aber die *Wissenschaft* des *erscheinenden Wissens;* beide zusammen, die begriffne Geschichte, bilden die Erinnerung ... des absoluten Geistes".

120 J. G. Fichte, Die Bestimmung des Menschen (1800) II 265/266.

Anmerkungen zu „Ohnmacht der transzendentalen Vernunft"

1 ‚Politisch' im Sinne des auf die „polis" Bezüglichen d. h. modern: des Staatszieligen bzw. des auf eine mundane Friedensordnung Abzweckenden: d. i. im Blick z. B. auf die von C. Schmitt, Der Begriff des Politischen (1932) vorgeschlagene Bestimmung des „Politischen" vom Freund-Feind-Verhältnis her eine Einschränkung und Festlegung auf den speziellen Sinn der politischen Möglichkeit der „Entpolitisierung" bzw. „Neutralisierung", und zwar nicht in jeder Gestalt, sondern in der durch Staat und mundane Friedensordnungen.

2 Vgl. I. Kant, Idee zu einer allgemeinen Geschichte in weltbürgerlicher Absicht (1784).

3 Um so eine neue Wendung der ‚sachlichen' Interpretation des ursprünglich evtl. nur ‚bibliothekarisch' gemeinten Titels ‚Metaphysik' zu versuchen.

4 Gegen M. Heidegger – Vom Wesen und Begriff der Physis. Aristoteles Physik B 1, in: Il Pensiero 3 (1958) 133/134: „Die aristotelische ‚Physik' ist das verborgene und deshalb nie zureichend durchdachte Grundbuch der abendl. Philosophie." – auf Grund der Thesen J. Ritters bes. in der leider nicht publizierten Abhandlung Physis – Ethos – Ousia. Vgl. zum Ansatz der Deutung: J. Ritter, Aristoteles und die Vorsokratiker, in: Felsefe Arkivi 3 (1954) 17–37; Das bürgerliche Leben. Zur aristotelischen Theorie des Glücks, in: Vierteljahrsschrift für wissenschaftliche Pädagogik 32 (1956) 60–94; Zur Grundlegung der praktischen Philosophie bei Aristoteles, in: Archiv für Rechts- und Sozialphilosophie 46 (1960) 179–199; ‚Naturrecht' bei Aristoteles. Zum Problem einer Erneuerung des Naturrechts (1961).

5 I. Kant, Kritik der Urteilskraft (1790) V 536.

6 G. W. F. Hegel, Encyclopädie der philosophischen Wissenschaften im Grundrisse (ed. Hoffmeister [1]949) 82 = Anm. 1 zu § 60.

7 Vgl. Kant a.a.O. 531: „Das moralische Gesetz ... bestimmt uns doch auch, und zwar a priori, einen Endzweck, welchem nachzustreben es uns verbindlich macht: und dieser ist das höchste durch Freiheit mögliche Gut in der Welt. Die subjektive Bedingung, unter welcher der Mensch ... sich, unter dem obigen Gesetze, einen Endzweck setzen kann, ist die Glückseligkeit: unter der objektiven Bedingung der Einstimmung des Menschen mit dem Gesetze der Sittlichkeit, als der Würdigkeit, glücklich zu sein." Vgl. bes. I. Kant, Kritik der reinen Vernunft B 832 f. Kritik der praktischen Vernunft (1788) V 120 ff.

8 J. G. Fichte, Einige Vorlesungen über die Bestimmung des Gelehrten (1794) VI 299.

9 I. Kant, Kritik der reinen Vernunft B 836: „Ich nenne die Welt, so fern sie allen sittlichen Gesetzen gemäß wäre (wie sie es denn nach der Freiheit der vernünftigen Wesen sein kann, und nach den notwendigen Gesetzen der Sittlichkeit sein soll), eine moralische Welt."

10 Vgl. J. G. Fichte, Die Bestimmung des Menschen (1800) II 265/266.

11 Vgl. F. W. J. Schelling, System des transcendentalen Idealismus (1800) III 589: „daß es nur eine Geschichte solcher Wesen gibt, welche ein Ideal vor sich haben, das nie durch das Individuum, sondern allein durch die Gattung ausgeführt werden kann."

12 I. Kant, Der Streit der Fakultäten (1798) VII 392.

13 I. Kant, Die Religion innerhalb der Grenzen der bloßen Vernunft (1793) VI 283. Die Geschichtsphilosophie hat darum die Aufgabe, „die gesamte Zeit, und alle möglichen

Epochen derselben schlechthin a priori ... (zu) beschreiben", wie noch J. G. Fichte, Die Grundzüge des gegenwärtigen Zeitalters (1806) VII 5 sagt, und zwar um „den Gang des Menschengeschlechts (zu) berechnen; man kann die einzelnen Stufen ohngefähr angeben, über welche es schreiten muß": J. G. Fichte, Einige Vorlesungen über die Bestimmung des Gelehrten (1794) VI 327.

14 F. W. J. Schelling, System des transcendentalen Idealismus (1800) III 592; „Es ist also ein nicht bloß gutgemeinter und in praktischer Absicht empfehlungswürdiger, sondern allen Ungläubigen zum Trotz auch für die strengste Theorie haltbarer Satz, daß das menschliche Geschlecht im Fortschreiten zum Besseren immer gewesen sei und so fernerhin fortgehen werde": I. Kant, Der Streit der Fakultäten (1798) VII 401; Kant knüpft dort diese „Vorhersage" an die Erfahrung der „Teilnehmung" „in den Gemütern aller Zuschauer" an der „Revolution eines geistreichen Volks, die wir in unseren Tagen haben vor sich gehen sehen": a.a.O. 398; „ein solches Phänomen in der Menschengeschichte vergißt sich nicht mehr, weil es eine Anlage und ein Vermögen in der menschlichen Natur zum Besseren aufgedeckt hat": a.a.O. 401.

15 Kant a.a.O. 393–395; die abderitistische Vorstellung sieht die Geschichte als „ein beständig wechselndes Steigen und ebenso öfteres und tiefes Zurückfallen (gleichsam ein ewiges Schwanken)" a.a.O. 393, die Geschichte als Sisyphus-Arbeit: a.a.O.394/395; die „terroristische Vorstellungsart" sieht die „Menschengeschichte" als „Verfall ins Ärgere": a.a.O. 393; der Eudämonismus sieht sie "im beständigen Fortschreiten zum Besseren": a.a.O. 393.

16 A.a.O. 393.

17 J. G. Fichte, Die Grundzüge des gegenwärtigen Zeitalters (1806) VII 7.

18 I. Kant, Die Religion innerhalb der Grenzen der bloßen Vernunft (1793) VI 241: „in einem solchen gemeinen Wesen sind alle Gesetze ganz eigentlich darauf gestellt, die Moralität der Handlungen ... zu befördern": a.a.O. 243.

19 A.a.O. 237 ff.: „Der Sieg des guten Prinzips über das böse, und die Gründung eines Reichs Gottes auf Erden"; vgl. die Losung der Tübinger Stiftler Hegel, Schelling, Hölderlin.

20 F. W. J. Schelling, System des transcendentalen Idealismus (1800) III 593.

21 Ibid.

22 Ibid.; darum ist „das größte Problem für die Menschengattung, zu dessen Auflösung die Natur ihn zwingt ... Die Erreichung einer allgemein das Recht verwaltenden bürgerlichen Gesellschaft": I. Kant, Idee einer allgemeinen Geschichte in weltbürgerlicher Absicht (1784) IV 156.

23 Schelling a.a.O. 593.

24 I. Kant, Der Streit der Fakultäten (1798) VII 404.

25 Titel der zit. Abhandlung Kants von 1784 (IV 149–166).

26 Der ersten von Kants praktischen Grundlegungsschriften, erschienen 1785.

27 I. Kant, Idee zu einer allgemeinen Geschichte in weltbürgerlicher Absicht (1784) IV 161/162. „Das Mittel, dessen sich die Natur bedient, die Entwicklung aller ihrer Anlagen zustande zu bringen, ist der Antagonism derselben in der Gesellschaft, sofern dieser doch am Ende die Ursache einer gesetzmäßigen Ordnung derselben wird": a.a.O. 155, also der „Mechanism der menschlichen Neigungen", „durch die Zwietracht der Menschen Eintracht selbst wider ihren Willen emporkommen zu lassen": I. Kant, Zum ewigen Frieden (1795) VI 454 und 446; Auseinandersetzung mit dieser These bei Schelling, Vorlesungen über die Methode des akademischen Studiums (1803) V 309.

28 Denn „das Problem der Errichtung einer vollkommen bürgerlichen Verfassung ist von dem Problem eines gesetzmäßigen äußeren Staatenverhältnisses abhängig und kann ohne das letztere nicht aufgelöst werden": I. Kant, Ideen zu einer allgemeinen Geschichte in weltbürgerlicher Absicht (1784) IV 158; es bedarf des „Völkerbundes": a.a.O. 159; und „wenn es Pflicht, wenn zugleich gegründete Hoffnung da ist, den

Zustand eines öffentlichen Rechts ... wirklich zu machen, so ist der ewige Friede ... keine leere Idee, sondern eine Aufgabe, die, nach und nach aufgelöst, ihrem Ziele ... beständig näher kommt": I. Kant, Zum ewigen Frieden (1795) VI 474.

29 I. Kant, Idee zu einer allgemeinen Geschichte in weltbürgerlicher Absicht (1784) IV 164.

30 J. G. Fichte, Einige Vorlesungen über die Bestimmung des Gelehrten (1794) VI 506.

31 „Zu diesem absoluten Staate der Form nach, als einem durch die Vernunft geforderten menschlichen Verhältnisse sich allmählich mit Freiheit zu erheben, ist die Bestimmung des menschlichen Geschlechts": J. G. Fichte, Die Grundzüge des gegenwärtigen Zeitalters (1606) VII 148. „Es ist die Bestimmung unseres Geschlechtes, sich zu einem einigen, in allen seinen Teilen durchgängig mit sich selbst bekannten, und allenthalben auf die gleiche Weise ausgebildeten Körper zu vereinigen": Die Bestimmung des Menschen (1800) II 271; „In diesem einzig wahren Staate wird überhaupt alle Versuchung zum Bösen, ja sogar die Möglichkeit, vernünftigerweise eine böse Handlung zu beschließen, rein abgeschnitten sein, und es wird dem Menschen so nahe gelegt werden, als es ihm gelegt werden kann, seinen Willen auf das Gute zu richten": a.a.O. 276. Abgesehen ist hier von der Frühthese (Absterben des Staates: ... Bestimmung des Gelehrten VI 306), weil sie die Gesamtthese der Überlegungen dieser Stelle nicht tangiert.

32 F. W. J. Schelling, System des transcendentalen Idealismus (1800) III 591/582.

33 F. W. J. Schelling, Vorlesungen über die Methode des akademischen Studiums (1803) V 306/307.

34 Die hier einzig als Beleg für die ‚politische' Definition des in ihrer jeweiligen Geschichtsphilosophie gemeinten Geschichtsbegriffs und darum unter Absehung von den (durchaus vorhandenen) Thesendifferenzen der einzelnen Philosophen und auch ohne den Versuch ihrer Motivierung – darum auch chronologisch bewußt ‚durcheinander' – zitiert werden (unter Ausklammerung des Hinblicks insbes. auf die Eigenart der jeweiligen Spätkonzeptionen Fichtes und Schellings).

35 Vgl. bei Kant einzig Kritik der Urteilskraft (1790) §§ 83 ff.; bei Schelling, System des transcendentalen Idealismus (1800) sind die allerdings zentralen Thesen III 587 ff. sogleich durch die „Hauptsätze der Teleologie" und die „Hauptsätze der Philosophie der Kunst" überboten.

36 J. G. Fichte, Einige Vorlesungen über die Bestimmung des Gelehrten (1794) VI 299/300.

37 A.a.O. 346.

38 I. Kant, Das Ende aller Dinge (1794) VI 419/420.

39 Das ist einer der zentralen Einwände Hegels – vgl. unten S. 116 f. –, der von der marxistischen Kritik aufgenommen wurde. Kants Theorie der betr. Mittel skizziert oben Anm. 27, Hinweis auf Schellings Kritik ebenda. Der spätere Fichte beantwortet die Frage „Was soll ihn (sc. den Staat in seinem gegenwärtigen Zustande) aber, nach eingetretener Möglichkeit, antreiben, und bewegen, wirklich zu tun, was ihm bloß möglich geworden?": Die Grundzüge des gegenwärtigen Zeitalters (1806) VII 219 mit Hinweis auf die Wirksamkeit des Christentums und seine die „allgemeine Meinung" und „öffentliche Sitte" prägende und bestimmende Kraft, sowie auf einzelne Individuen, die erzieherlich in die Geschichte eingreifen: die Verlegenheit in Bezug auf die Mittel der geschichtlichen Endzweckverwirklichung ist schließlich auch das, was der Pädagogik eine besondere Bedeutung gibt: der Zweifel an der Erfüllungskraft der Geschichte verlangt das Interesse an der Bildung des einzelnen; und so ist die Zeit der sich depotenzierenden Transzendentalphilosophie zugleich die klassische Zeit der Pädagogik. Bei Fichte vgl. die Reden an die deutsche Nation (1807). Zu Schillers Stellung vgl. unten S. 149 ff. Die Unsicherheit über die Mittel des Fortschritts im Geschichtsgange macht sein Ziel unabsehbar – das führt zur Theorie des „unendlichen Progresses", die vor allem Hegel kritisch diskutiert hat: „das gute, – worin der Endzweck der Welt

gesetzt wird, ist von vornherein nur als *unser* Gutes ... bestimmt; so daß die Einheit weiter nicht geht als auf die Übereinstimmung des Weltzustandes und der Weltereignisse mit unserer Moralität... Näher wird gegen die Harmonie der Gegensatz, der in ihrem Inhalte als unwahr gesetzt ist, wieder erweckt und behauptet, so daß die Harmonie als ein nur subjektives bestimmt wird, – als ein solches, das nur sein *soll,* d. i. das zugleich *nicht Realität* hat; – als ein *Geglaubtes,* dem nur subjektive Gewißheit, nicht Wahrheit, d. i. nicht jene der Idee entsprechende Objektivität zukomme. – Wenn dieser Widerspruch dadurch verdeckt zu werden scheint, daß die Realisierung der Idee in die *Zeit,* in eine Zukunft, wo die Idee auch *sei,* verlegt wird, so ist solche sinnliche Bedingung wie die Zeit das Gegenteil vielmehr von einer Auflösung des Widerspruchs, und die entsprechende Verstandesvorstellung, der *unendliche Progress,* ist unmittelbar nichts als der personierend gesetzte Widerspruch selbst": Encyclopädie der philosophischen Wissenschaften im Grundrisse (ed. Hoffmeister ^{3}1949) 82/83; vgl. G. W. F. Hegel, Glauben und Wissen (1802) vom „unendlichen Progreß... Die praktische Vernunft, die zu ihm ihre Zuflucht nimmt ... bekennt eben durch diese Unendlichkeit des Progresses ihre Endlichkeit und Untüchtigkeit, sich für absolut geltend zu machen": I 313.

40 I. Kant, Die Religion innerhalb der Grenzen der bloßen Vernunft (1793) VI 243.

41 I. Kant, Die Metaphysik der Sitten. Metaphysische Anfangsgründe der Rechtslehre (1797) VII 31.

42 Ibid.

43 Vgl. insbes. die klar zusammenfassende Stelle a.a.O. 19.

44 Das wird besonders deutlich dort, wo darüber reflektiert wird, daß der Staat ein „juridisches" und kein „ethisches" „gemeines Wesen", kein „ethischer Staat", kein „Reich der Tugend" ist: I. Kant, Die Religion innerhalb der Grenze der bloßen Vernunft (1793) VI 239; „Denn in einem solchen (sc. ethischen) gemeinen Wesen sind alle Gesetze ganz eigentlich darauf gestellt, die *Moralität* der Wandlungen (welche etwas *Innerliches* ist, mithin nicht unter öffentlichen menschlichen Gesetzen stehen kann), zu befördern, da im Gegenteil die letzteren, welches ein juridisches gemeines Wesen ausmachen würde, nur auf die *Legalität* der Wandlungen, die ins Auge fällt, gestellt sind, und nicht auf die (innere) Moralität". Das Moralische hat sich als „das Privatleben ... von dem öffentlichen getrennt": F. W. J. Schelling, Vorlesungen über die Methode des akademischen Studiums (1803) V 313.

45 Mit diesen Ausdrücken kennzeichnet diese Antithetik Schelling u. a. in der Philosophie der Kunst (1802/05): vgl. V 699 u. ö.

46 Darum die Möglichkeit, an Thesen von Hobbes anzuknüpfen. Vgl. I. Kant, a.a.O. 241 bes. Anm. 1, trotz Kritik in anderer Hinsicht: I. Kant, Über den Gemeinspruch: Das mag in der Theorie richtig sein, taugt aber nicht für die Praxis (1793) VI 372 ff.

47 „Das Leben im Staate gehört nicht unter die absoluten Zwecke der Menschen... Der Staat geht, ebenso wie alle menschlichen Institute, die bloße Mittel sind, auf seine eigene Vernichtung aus: es ist der Zweck aller Regierung, die Regierung überflüssig zu machen": J. G. Fichte, Einige Vorlesungen über die Bestimmung des Gelehrten (1794) VI 306. A. Hollerbach, Der Rechtsgedanke bei Schelling. Quellenstudien zu seiner Rechts- und Staatsphilosophie (1957) hat 85–88 das ‚Älteste Systemprogramm des deutschen Idealismus' (1795/96) – Urheber ist Schelling – einschlägig analysiert mit dem Ergebnis: „Nicht die Vervollkommnung des Staates, sondern seine Überwindung ist das Ziel": a.a.O. 86.

48 Seit J. G. Fichte, Grundlage des Naturrechts nach Prinzipien der Wissenschaftslehre (1796), wo die Frage nicht in extenso verhandelt, aber – vgl. III 148 f. – stillschweigend entschieden ist. Und: F. W. J. Schelling, Neue Deduktion des Naturrechts (1796).

49 J. G. Fichte, Die Grundzüge des gegenwärtigen Zeitalters (1806) VII 143 u. immer wieder; d. h. er will das „Vernunftreich" im Sinne der 1813 gehaltenen Vorlesung: Die Staatslehre oder das Verhältniß des Urstaates zum Vernunftreich.

50 Im Sinne der Definition bei Kant: vgl. oben Anm. 4.
51 J. G. Fichte, Die Grundzüge des gegenwärtigen Zeitalters (1806) VII 225.
52 Vgl. F. W. J. Schelling, Vorlesungen über die Methode des akademischen Studiums (1803) V 338; Stuttgarter Privatvorlesungen (1810) VII 462.
53 F. W. J. Schelling, System des transcendentalen Idealismus (1800) III 584.
54 Vgl. dazu auch die Kritik an Fichtes Staatstheorie durch G. W. F. Hegel, Differenz des Fichteschen und Schellingschen Systems der Philosophie (1801) I 108 ff., bes. 111 ff. mit der hinreißenden Anm. zu 113.
55 Schelling a.a.O. 583.
56 A.a.O. 584.
57 A.a.O. 585.
58 A.a.O. 585.
59 F. W. J. Schelling, Vorlesungen über die Methode des akademischen Studiums (1803) V 313.
60 A. Hollerbach, Der Rechtsgedanke bei Schelling. Quellenstudien zu seiner Rechts- und Staatsphilosophie (1957), setzt als eine zweite große Phase der Staatstheorie Schellings (nach einer ersten kantisch-fichteschen) die der Identitätsphilosophie an: a.a.O. 146–178. „Aber es will scheinen, als ob Schelling" – in dieser Phase – „in der Kritik und Abwehr der mechanistischen Staatsauffassung deutlicher gewesen sei als in der Bestimmung des ‚positiven Gegenwesens'": a.a.O. 162, das sich an eine Staat-als-Organismus-These knüpft, so daß Hollerbach Hegel heranzieht, um diese Position zu verdeutlichen. Wichtig scheint gerade diese ‚Unbestimmtheit' der affirmativen d. h. für den Staat plädierenden Staatstheorie Schellings kurz nach der Jahrhundertwende.
61 Die man zur Freiheitsphilosophie und damit zur Weltalterphilosophie rechnen muß.
62 F. W. J. Schelling, Stuttgarter Privatvorlesungen (1810) VII 462.
63 Das er als Zeitalter der „vollendeten Sündhaftigkeit" charakterisiert: Die Grundzüge des gegenwärtigen Zeitalters (1806) bes. Vorlesungen 1–2 und 5–8.
64 Schelling a.a.O. 462.
65 A.a.O. 461.
66 A.a.O. 461/462.
67 „Der Staat hat einen Widerspruch in sich selbst": a.a.O. 461. Vgl. bereits F. W. J. Schelling, System des transcendentalen Idealismus (1800) III 602: „Wir können uns also keine Zeit denken, in welcher sich die absolute Synthesis, d. h. ... der Plan der Vorsehung, vollständig entwickelt hätte". Schellings späte Theorie des Staates ist wesentlich ‚theologisch' begründet: der Staat wird nötig als Zuchtmeister und Ordnungsmacht unter der Bedingung der durch den Sündenfall verderbten Menschheit: Augustinus-Tradition und Tradition des reformatorischen Ansatzes.
68 F. W. J. Schelling, System des transcendentalen Idealismus (1800) III 593.
69 I. Kant, Das Ende aller Dinge (1794) VI 420.
70 A.a.O. 421.
71 I. Kant, Kritik der praktischen Vernunft (1708) V bes. 132 ff.; Kritik der Urteilskraft (1790) V bes. 522 ff.
72 J. G. Fichte, Über den Grund unseres Glaubens an eine göttliche Weltregierung (1798).
73 F. W. J. Schelling, System des transcendentalen Idealismus (1800) III 595; vgl. den Gedanken ibid.: „Die Pflicht selbst kann mir nicht gebieten, in Ansehung der Folgen meiner Handlungen ganz ruhig zu sein, sobald sie entschieden hat, wenn nicht mein Handeln zwar von mir, d. h. von meiner Freiheit, die Folgen meiner Handlungen aber, oder das, was sich aus ihnen für mein ganzes Geschlecht entwickeln wird, gar nicht von meiner Freiheit, sondern von etwas ganz anderem und Höherem abhängig sind." In Kants Geschichtsphilosophie taucht diese Erwägung auch in Gestalt einer geradezu statistischen Überlegung zur Verträglichkeit von Freiheit der Einzelnen und Gesetzmäßigkeit im großen auf: Idee zu einer allgemeinen Geschichte in weltbürgerlicher Absicht

(1704) IV 151; dieser Gedanke bereits bei I. Kant, Der einzig mögliche Beweisgrund zu einer Demonstration des Daseins Gottes (1763) II 117f.; das verbindet sich dann mit dem Gedanken der Postulatenlehre.

74 Schelling a.a.O. 603.

73 Ibid.

76 A.a.O. 603/604.

77 Dort bes. in der Staatslehre von 1813: es ist „der vorzüglichste Teil der Geschichte die Erzählung ... von der göttlichen Vorsehung, seiner Weltregierung...: eines göttlichen Weltplanes zur sittlichen Bildung des Menschengeschlechts": IV 466.

78 Zur Periodisierung vgl. insgesamt die knappe und vorsichtige Darstellung bei H. Zeltner, Schelling (1954) 45–64. Zur Kontroverse um die Festlegung eines Wende-Jahres bezüglich des Übergangs zur ‚theologischen' Philosophie vgl. oben S. 337 Anm. 66.

79 F. W. J. Schelling, Vorlesungen über die Methode des akademischen Studiums (1803) V 310.

80 Ibid. Vgl. unten S. 141 f.

81 1795/96: „die Philosophie muß mythologisch werden", „wir müssen eine neue Mythologie haben, diese Mythologie aber muß im Dienste der Ideen stehen, sie muß eine Mythologie der Vernunft werden" (abgedruckt bei Zeltner a.a.O. 65/67).

82 Und zwar insbes. in den „Weltaltern"; vgl. VIII 582: „Vielleicht kommt der noch, der das größte Heldengedicht singt, im Geist umfassend, wie von Sehern der Vorzeit gerühmt wird, was war, was ist und was sein wird. Aber noch ist diese Zeit nicht gekommen... Verkündiger derselben, wollen wir ihre Frucht nicht brechen, ehe sie reif ist... Nicht Erzähler können wir sein, nur Forscher". Vgl. die gleichlautenden Fassungen in: Die Weltalter, Fragmente. In den Urfassungen von 1811 und 1813 hsg. von H. Schröter (1946) 9 und 119. Daß für die Weltalter „die eigentliche Geschichte, die wir uns vorgesetzt zu beschreiben, die Erzählung jener Folge freier Handlungen (ist), durch welche Gott von Ewigkeit beschlossen sich zu offenbaren": VIII 269, deutet bereits vor auf den Ansatz der letzten, der Offenbarungsphilosophie Schellings.

83 Durch ausdrückliche „Philosophie der Mythologie" (ab 1828).

84 Vgl. unten S. 181 f.

85 Die, wie G. Rohrmoser, Zur Vorgeschichte der Jugendschriften Hegels, in: Zeitschrift für philosophische Forschung 14 (1960) 182–208 zeigt, gerade in der schwäbischen theologischen Tradition – in dieser Eigenart weiterlebend bei Hegel – der ‚politischen' Geschichtsdefinition nicht absagt, sondern sie geradezu fordert und verschärft.

86 Verf. wird diesen Zusammenhang, den er bereits in seiner Arbeit: Skeptische Methode im Blick auf Kant (1958) S. 301 Anm. 11 und S. 330 Anm. 24 angedeutet hat, in einer separaten Abhandlung diskutieren. Gegen die zit. Stellen und ihre Thesen hat inzwischen K. Gründer, Langage et Histoire. Perspectives de la ‚Métacritique sur le Purisme de la Raison' de J.-G. Hamann, in: Archives de Philosophie 24 (1961) 414–425, note 43 Berufung eingelegt. In seiner Argumentation – der gewiß zuzustimmen ist, soweit sie die Insuffizienzen quasi typologischer Sortierung von Geschichtsbegriffen und die der Erstellung eines nur formalen Dachbegriffs letztlich betrifft – rumort die Unzufriedenheit damit, daß Verf. zu den theologischen Implikaten der Geschichtsphilosophie – vgl. dazu auch K. Gründer, Figur und Geschichte. J. G. Hamanns ‚Biblische Betrachtungen' als Ansatz einer Geschichtsphilosophie (1958); K. Gründer u. R. Spaemann, Art. Geschichtsphilosophie, in: LThK^2 IV (1960) Sp. 783–791 – teils stumm, teils (indem er die faktizitätstheologische Tabuierung der Theodizeefrage mißachtet) häretisch sich verhalte. Aber die Geschichtsphilosophie hat nicht nur biblisch-theologische Implikate; auch vermag Verf. sich nicht davon zu überzeugen, daß das Bemerken theologischer Implikate gleichbedeutend sein müsse mit der schrankenlosen Affirmation einer faktizitätstheoretischen Extragestalt jener Theologie, durch die sie zunächst in die Welt traten. Zudem läßt sich der Spieß umdrehen. „Pourquoi" – fragt Gründer – „en vérité l'hori-

zon de facticité transcendentale ouvert par le passage au langage doit-il de nouveau être restraint au processus contraignant...?" Zumindest doch auch zu dem Zwecke, die transzendentalphilosophischen Implikate des linguisiert-faktizitätshermeneutischen Geschichtsbegriffs herauszuarbeiten, auf die zu rekurrieren dieser selbst dort nicht umhinkann, wo er sie offiziell bekämpft: „Le licenciement" – sagt Gründer – „accompli dans la Métacritique de Hamann..., de l'attelage ‚universell'–‚necessaire' dans le concept transcendental peut être considéré comme un progrès philosophique": ist es nicht bemerkenswert, daß gerade jener Geschichtsbegriff als „progrès" sich begreift, der – als Verdammer der Nötigkeiten – den Fortschrittsbegriff endgültig zu ruinieren im Begriff ist? Aufgabe der Geschichtsphilosophie, sagt Gründer, sei das „comprendre le passé, l'antécedent, comme condition de la possibilité du présent ... dans la dimension de questions catégoriales": a.a.O. 425. Aber dieser Begriff der Geschichtsphilosophie ist selbst „quelque peu sibylline"; streng genommen hebt er ihre Überführung in Sprachphilosophie und Faktizitätshermeneutik wieder auf; denn: „Bedingung der Möglichkeit" – und nicht etwelche Zeitlosigkeiten – ist der präzise Gegenbegriff zur „Faktizität"; *entweder* untersucht man Möglichkeitsbedingungen (Vermittlungen), *oder* man sanktioniert Faktizitäten: tertium non datur. Da aber Gründer nun einmal von „condition de la possibilité" spricht, braucht er auch ein Wofür dieser Möglichkeitsbedingung; so tritt „le présent" als Ersatz und Schwundstufe dessen auf, was in dieser Arbeit die Endzwecktheorie genannt wird. Der transzendentalphilosophische Geschichtsbegriff lebt in geringerem Maße von faktizitätstheologischen Implikaten als der faktizitätshermeneutisch-linguisierte Geschichtsbegriff von den transzendentalphilosophischen des von ihm verdammten „processus contraignant". Zugleich impliziert das „licenciement" dieses „processus" manchen Abschied, der schwerfallen dürfte. Das Thema ‚Menschheit' läßt sich faktizitätstheoretisch kaum durchhalten; als Blick auf Sprachenpluralität ist das Problem geschichtlicher Antinomien nur inzureichend – in der Schwundstufe – präsent; und nur deswegen entsteht kein Verständnis für jene Art von ‚Nötigkeit', die angesichts solcher Antinomien ihre Auflösung hat (und nur von dieser Nötigkeit redet der „processus contraignant" von Fichte bis Hegel); usf. Damit sollen Schwierigkeiten der klassischen Transzendentalphilosophie und ihres Geschichtsbegriffs nicht geleugnet werden: gerade die hier versuchte Überlegung hat ja zum Ziele, sie immanent herauszuarbeiten.

87 S. 121 ff.

88 Vgl. oben S. 92–94.

89 So spricht z. B. auch F. W. J. Schelling, System des transcendentalen Idealismus (1800) III 536 vom „Gegensatz zwischen theoretischer und praktischer Philosophie"; erst die „Philosophie der *Naturzwecke,* oder die Teleologie ist also jener Vereinigungspunkt der theoretischen und praktischen Philosophie": a.a.O. 249. Zu ihrem Auftreten als ‚zwei Philosophien' vgl. oben S. 92/93 und S. 346 Anm. 58–61.

90 Bei der frühen Transzendentalphilosophie ist „Empirismus" durchweg ein polemischer Begriff; erst der spätere Schelling liest (zuletzt 1836) eine „Darstellung des philosophischen Empirismus": X 225–286.

91 Ursprünglicher Titel der Phänomenologie des Geistes von Hegel.

92 Zugleich wird das „Organ der Philosophie" zum nur geforderten: „Die intellektuelle Anschauung ist etwas, das man fordern und anmuthen *kann; wer das Vermögen einer solchen nicht hat, sollte* es wenigstens haben": F. W. J. Schelling, System des transcendentalen Idealismus (1800) III 376; damit zusammen hängt seine Tendenz zum Esoterischen: vgl. unten S. 179/180.

93 Vgl. oben S. 57.

94 I. Kant, Kritik der reinen Vernunft B 131 u. ff.

95 Expressiv verbis spricht Kant nur von der „transzendentalen Idealität" von „Raum" – a.a.O. B 44 f. – und der „Zeit" – a.a.O. B 52 f. –, woraus die der Erscheinungswirklichkeit folgt.

96 Insbes. Interpretationsbegriff der Marburger Kant-Deutung; vgl. die schöne Charakteristik bei H. Cohen, Logik der reinen Erkenntnis (1902) 26: es „kann der bildliche Ausdruck des Erzeugens die Charakteristik des Denkens" – und dieses „Denken ... ist das Denken der Wissenschaft": a.a.O. 17 – „schon deshalb nicht schädigen, weil es bei dem Erzeugen nicht sowohl auf das Erzeugniss ankommt, als vor allen auf die Thätigkeit des Erzeugens selbst. *Die Erzeugung selbst ist das Erzeugniss.* Es gilt beim Denken nicht sowohl den Gedanken zu schaffen, sofern derselbe als ein fertiges, aus dem Denken herausgesetztes Ding betrachtet wird; sondern das Denken selbst ist das Ziel und der Gegenstand meiner Thätigkeit... Durch diese ... Momente also ... begründet sich die Tendenz, das Denken als Erzeugung zu bestimmen." Usf.

97 Vgl. v. Verf. Skeptische Methode im Blick auf Kant (1958) 59 und ff.

98 Im Sinne von I. Kant, Kritik der Urteilskraft (1790) V 242.

99 Hier gebildeter Gegenbegriff zum Kantischen Begriff des „Reichs der Zwecke".

100 Vgl. I. Kant, Kritik der reinen Vernunft B 670–696.

101 Im Sinne von G. W. F. Hegel, Grundlinien der Philosophie des Rechts (1921) ed. Hoffmeister (1955) 101–141.

102 I. Kant, Grundlagen zur Metaphysik der Sitten (1785) IV insbes. 270 ff.; J. G. Fichte, bes. Das System der Sittenlehre nach den Prinzipien der Wissenschaftslehre (1798) IV bes. 54 f.; F. W. J. Schelling, System des transcendentalen Idealismus (1800) III 570 ff.

103 Vgl. I. Kant, a.a.O. 253 ff. die Bestimmung „aus Pflicht": a.a.O. 296 die Unterscheidung zwischen einem „zu bewirkenden Zwecke" und dem „selbständige(n) Zweck"; darum Kants Sorge, daß das "Gesetz nicht bloß für Menschen, sondern für alle *vernünftigen Wesen überhaupt,* nicht bloß unter zufälligen Bedingungen und mit Ausnahmen, sondern *schlechterdings notwendig* gelten müsse; so ist klar, daß keine Erfahrung, auch nur auf die Möglichkeit solcher apodiktischen Gesetze zu schließen Anlaß geben könne. Denn mit welchem Rechte können wir das, was vielleicht nur unter den zufälligen Bedingungen der Menschheit gültig ist, als allgemeine Vorschrift für jede vernünftige Natur, in unbeschränkte Achtung bringen, und wie sollen Gesetze der Bestimmung *unseres* Willens für Gesetze der Bestimmung des Willens eines vernünftigen Wesens überhaupt ... gehalten werden, wenn sie bloß empirisch wären, und nicht völlig a priori aus reiner, aber praktischer Vernunft ihren Ursprung nehmen?": a.a.O. 265, vgl. die ähnliche Überlegung a.a.O. 283, 301 u. ö.; vgl. die Anm. 106 zit. Stelle; usf. Es ist nicht zufällig, daß im Zusammenhang dieser Tendenz, das Moralische geschichtsfern zu etablieren, bereits bei Kant der „Wert"-Begriff auftaucht.

104 Vgl. außer der bekannten Schelerschen insbes. die Formalismuskritik G. W. F. Hegels, Grundlinien zur Philosophie des Rechts (1821) insbes. § 135 a.a.O. 120.

105 Ibid.: „so sehr setzt die Festhaltung des bloß moralischen Standpunkts, der nicht in den Begriff der Sittlichkeit übergeht, diesen Gewinn zu einem *leeren Formalismus* und die moralische Wissenschaft zu einer Rednerei von *der Pflicht um der Pflicht willen* herunter."

105 Vgl. Kant a.a.O. 297 f.: „eine Welt vernünftiger Wesen (mundus intelligibilis) als ein Reich der Zwecke... Ein solches Reich der Zwecke würde nun durch Maximen, deren Regel der kategorische Imperativ allen vernünftigen Wesen vorschreibt, wirklich zustande kommen, *wenn sie allgemein befolgt würden.* Allein, obgleich das vernünftige Wesen darauf nicht rechnen kann, daß, wenn es auch gleich diese Maxime selbst pünktlich befolgte, darum jedes andere ebenderselben treu sein würde, imgleichen, daß das Reich der Natur und die zweckmäßige Anordnung desselben mit ihm als einem schicklichen Gliede zu einem durch ihn selbst möglichen Reich der Zwecke zusammenstimmen, d. i. seine Erwartung der Glückseligkeit begünstigen würde, so bleibt doch jenes Gesetz: Handle nach Maximen eines allgemein gesetzgebenden Gliedes zu einem bloß möglichen Zwecke in seiner vollen Kraft, weil es kategorisch gebietend ist. Und hierin liegt das Paradoxon, ... daß gerade in dieser Unabhängigkeit der Maxime von allen solchen Triebfedern die Erhabenheit derselben bestehe".

107 Moralität besteht jetzt wesentlich in der gewissenhaften Wahrhaftigkeit: „Die Übertretung dieser Pflicht der Wahrhaftigkeit heißt die Lüge... Die Lüge ... ist der eigentliche faule Fleck in der menschlichen Natur“: I. Kant, Verkündigung des nahen Abschlusses eines Traktats zum ewigen Frieden in der Philosophie (1796) VI 513.

108 Also etwa von all jenem, was Hegel a.a.O. 142–217 unterm Namen „Sittlichkeit“ diskutiert.

109 I. Kant, Kritik der Urteilskraft (1790) V 238–268; man kann es für symptomatisch halten, daß diese auf die Aporie konzentrierte Einleitung die zuerstgeschriebene – V 177–231 –, die wesentlich eine Überlegung zum System-Begriff enthält, ersetzt hat.

110 A.a.O. 264–266.

111 A.a.O. 264.

112 Ibid.

113 Ibid.

114 Ibid.

115 Fichte beginnt die Klärung des Standpunktes der Wissenschaftslehre mit einem unvollendet gebliebenen „erklärenden Auszug aus Kants ‚Kritik der Urteilskraft‘“ (1793); gleichwohl kann man, wie J. E. Erdmann, Versuch einer wissenschaftlichen Darstellung der Geschichte der neuern Philosophie III, 2 (1853 ^{X}1931) 1, der Meinung sein, daß Fichte Kants dritte Kritik „nur bewundert“ habe.

116 Eine Geschichte dieser Rückwendung zu Kant dürfte sich freilich nicht, wie die folgende kurze Überlegung, nur auf den – gemessen an anderen Rückwendungen (Weisse, Helmholtz etc.) im Grunde schon recht ‚späten‘ – Marburger Neukantianismus beschränken, doch genügt es für die Zwecke dieser Arbeit, gewissermaßen pars pro toto zu diskutieren.

117 Vgl. oben S. 69 und S. 326 Anm. 67 und 68.

118 H. Cohen, Kants Theorie der Erfahrung (1871); Kants Begründung der Ethik (1877); Kants Begründung der Ästhetik (1887), u. a.

119 H. Cohen, Logik der reinen Erkenntnis (1902); Ethik des reinen Willens (1904); Ästhetik des reinen Gefühls (1912).

120 Vgl. H. Cohen, Kants Theorie der Erfahrung (^{1}885) 577: „Nicht von ungefähr betreiben Kants Nachfolger als ihr Hauptanliegen den Ausbau des Systems. Fichte und Schelling kündigen ein solches in ihren Titeln an. Wenn wir nun Kants System als die methodische Grundlage des Philosophierens ehren und lehren, so müssen wir in den wirksamen Grundbegriffen desselben die Berechtigung und Nothwendigkeit erkennen, dasjenige zu verwerfen, was nach ihm als Philosophie und als System sich angeboten hat ... indem die Kritik das Factum der Wissenschaft voraussetzt, auf dessen Wirklichkeit sich bezieht, von dessen Annahme ausgeht: so gewinnt sie dadurch auch eine positive Bedeutung für den Werth und Gehalt der Erfahrung.“

121 A.a.O. 579: „Auch für den Einschluss der Ethik in das System des Idealismus ist der Standpunkt der Kritik massgebend. Zwar gibt es keine Wissenschaft der moralischen Probleme, gleichwerthig mit dem Factum der mathematischen Naturwissenschaft; aber die methodische Analogie besteht doch, so daß es zwar „ein solches Faktum einer Wissenschaft für die Ethik nicht gab“, aber „als das ‚Analogon‘ eines solchen Faktums das Bewusstsein des Sittengesetzes“: H. Cohen, Kants Begründung der Ethik (1877 ^{2}1910) 373; in der entsprechenden systematischen Schrift geht Cohen dann weiter; vgl. H. Cohen, Ethik des reinen Willens (1904) 62/63: „Alle Philosophie ist auf das Faktum von Wissenschaften angewiesen. Diese Anweisung auf das Faktum der Wissenschaften gilt uns als das Ewige in Kants System. Das Analogon zur Mathematik bildet die Rechtswissenschaft. Sie darf als die Mathematik der Geisteswissenschaften, und vornehmlich für die Ethik als ihre Mathematik bezeichnet werden“: für diesen Faktum gilt es, in der Ethik die Begründung durch Klärung der Möglichkeitsbedingungen zu leisten.

122 Vgl. H. Cohen, Kants Begründung der Ästhetik (1889) 190: „Die transcendentale Methode hält sich überall an den Bestand der auf ihre Bedingungen zu prüfenden Kulturthatsachen, an das ‚Factum der Erfahrung', das ‚gleichsam Factum', das ‚Analogon eines Factums' des Sittengesetzes, und so auch an die Werke der Kunst des Genies: um in deren objectiver Einwirkung auf das dem Erkennungsvermögen und der practischen Vernunft entsprechende Gefühl die Bedingungen zu ermitteln, auf denen das ihnen beiwohnende a priori beruhe." Da für Cohen „Natur nur als Naturwissenschaft gegeben ist": Kants Theorie der Erfahrung ([3]1918) 290, entfällt für ihn ein Eingehen auf die Probleme der „Kritik der teleologischen Urteilskraft".

123 Vgl. die schöne Charakteristik des „Systems" bei F. W. J. Schelling, Ueber die Natur der Philosophie als Wissenschaft (1821, aus den Erlanger Vorträgen) IX 212/213: dort bestimmt er „Folgendes ... 1) Die äußere Möglichkeit des Systems ... ist ... der innere unauflösliche Widerstreit im menschlichen Wissen. 2) Dieser Streit muß offenbar geworden seyn, er muß sich in allen möglichen Richtungen gezeigt und ausgebildet haben. 3) Man muß einsehen, daß in diesem Streit nichts Zufälliges ... sey. 4) Man muß die Hoffnung aufgeben, diesen Streit jemals dadurch zu beendigen, daß ein System Meister werde über das andere ... so muß man sich 5) ... nicht vorstellen, eine Einheit zu finden, in welcher sie sich gegenseitig alle *vertilgen*, denn auch damit ginge ja der Begriff des Systems unter, sondern die Aufgabe ist eben, daß sie wirklich *zusammenbestehen* ... Nicht vertilgt werden sollen die Systeme, sondern zusammenbestehen, wie die verschiedenen Systeme in einem Organismus".

124 Was überall dort der Fall ist, wo – wie auch in der Marburger Schule – „System" und „Geschichte" keine Wechselbegriffe mehr sind.

125 Vgl. oben S. 66.

126 Am entschiedensten wohl durch die Kantdeutung von M. Heidegger, Kant und das Problem der Metaphysik (1929 [2]1951); das Buch enthält zwar keine ausdrückliche Polemik gegen die Marburger Schule, wohl aber – wie man sagen könnte – die Ausbildung jeder nur möglichen Gegenthese: Neudeutung der „ständig mißdeutet(en)" Kopernikanischen Wendung (21); Abwertung der Bedeutung der exakten Naturwissenschaften (20); Aufwertung der „Anschauung" (bes. 29) und der Gegebenheits-, Hinnehmens-, Endlichkeitscharaktere; usf. Vgl. die schöne Erwiderung von E. Cassirer, Kant und das Problem der Metaphysik, in: Kantstudien 36 (1931) 1–26.

127 Vgl. dazu u. a.: H. Lübbe, Die politische Theorie des Neukantianismus und des Marxismus, in: Archiv für Rechts- und Sozialphilosophie 44 (1958) 333–350.

128 O. Liebmann, Kant und die Epigonen (1865): Epigonen sind die nachkantianischen Transzendentalphilosophen, im Gegenzug zu denen „auf Kant zurückgegangen werden" muß.

129 Denn nicht eigentlich im philosophischen Verfahren – Taxierung der Möglichkeitsbedingungen d. h. der Mittel für den Zweck „Ich" –, also nicht im Einsatz des ‚Nötigkeitsprinzips' liegt die Differenz zwischen ‚altkantischer' und ‚neukantischer' Transzendentalphilosophie, sondern in der näheren Bestimmung des ‚Zwecks': vgl. oben S. 340 Anm. 10. Das hat H. Cohen, Kants Theorie der Erfahrung, ganz deutlich und mit vollem Recht zum Ausdruck gebracht: „Nicht in dem Wurf des Gedankens liegt der Fehler Hegels", sagt er a.a.O. ([3]1918) 6, einzig hierin: „Die Wissenschaft ist (sc. für Cohen) zum Leitfaden des Weltgeistes geworden. Ein solches Gängelband hatte Hegel verschmäht. Die geschichtliche Autorität Newtons hatte er verworfen, und mit ihr alle Autorität der Wissenschaft für die Philosophie": a.a.O. 10. Diese Mißachtung des Zwecks ‚exakte Wissenschaft' ist Hegels Irrtum; im übrigen aber hat er recht, so gegen Fichte und Schelling, die aber ihrerseits wieder als Bewahrer des transzendentalen Motivs, als Hüter des Nötigkeitsprinzips „eher zu loben" sind: „Fichte hat allen Nachfolgern ... das Programm gemacht, und seine Sprache ist überall nachwirkend": a.a.O. ([2]1885) 590, und „klar hat Fichte über den sachlichen Werth des a priori gedacht":

a.a.O. 581. "Hier ist ... der Punkt, an dem die Versuche zu kennzeichnen sind, welche, obwohl Kant sie nachdrücklich abgelehnt, die idealistischen Nachfolger zu ihrem Hauptgeschäft gemacht haben... In die intellektuale Anschauung ist bei Fichte wie bei Schelling eine Reihe tiefer Dispositionen für die Idealisierung des Realen und die Realisierung des Idealen verschwendet, so daß man sie objektiv zu würdigen hat, sie eine große Strecke lang eher zu loben und zu rühmen als zu tadeln hätte. Aber ein Anderes ist es, die allgemeinen Mächte schildern, die im Geiste liegen gegenüber der Gewalt der Dinge, ein Anderes aber, die Methoden zu beleuchten, an deren Gebrauch jene allgemeinen Mächte gebunden sind, sofern sie das Reale nicht bloß unter diesem Namen bezeichnen, sondern nach seiner wissenschaftlichen Eigenart bestimmen wollen. Daher weiß Hegel dieses Zauberwort der intellektualen Anschauung so übermütig zu verspotten, als Eingebung und dazu als armes Mittelchen: weil er in seinem ‚Begriffe' ein methodisch wertvolleres, wissenschaftlich bestimmteres und fruchtbareres zu handhaben sich bewußt ist, um den Zweck, der ihm mit jenen gemein ist, zu erfüllen": a.a.O. 587/588. Diesem Zweck gegenüber klagt Cohen die „Beziehung der Philosophie auf thematische Naturwissenschaft" ein: a.a.O. 579 – da liegt die entscheidende Differenz, nicht in der Geltung des Nötigkeitsprinzips. Die angeführten Stellen – die sich vermehren ließen – mögen überraschen: auf Gemeinsamkeiten von klassischer Transzendentalphilosophie bzw. deutschem Idealismus und Neukantianismus ist man nicht mehr gefaßt, seit nach der „Auferstehung der Metaphysik" die transzendentalphilosophischen Klassiker als Metaphysiker und die Neukantianer als schlechte Philosophen gelten.

130 Mit all diesem soll natürlich in gar keiner Weise das Recht und die Dringlichkeit jener Erforschung der metaphysischen Vorgeschichte Kants bestritten werden, wie sie M. Wundt, Heimsoeth, de Vleeschauwer und in jüngerer Generation Tonelli und Schepers pflegen.

131 H. Vaihinger, Die Philosophie des Als-Ob (1911).

132 Vgl. z. B. das Material a.a.O. 647–656.

133 J. G. Fichte, Sonnenklarer Bericht an das grössere Publicum, über das eigentliche Wesen der neuesten Philosophie. Ein Versuch, die Leser zum Verstehen zu zwingen (1801) II 398/399: „Dieses absolut Vorhandene nun lässt, zufolge unserer Philosophie, im wirklichen Leben sich *behandeln und beurtheilen, gleich als ob* es durch eine ursprüngliche Construction, so wie die Wissenschaftslehre eine vollzieht, entstanden sey... Dieses *gleich als ob* für ein kategorisches *dass*, diese Fiction [!] für die Erzählung einer wahren, irgend einmal zu irgend einer Zeit eingetretenen Begebenheit zu halten, ist ein grober Misverstand. Glauben sie denn, dass wir an der Construction des Grundbewusstseyns in der Wissenschaftslehre eine Historie von den Thathandlungen des Bewusstseyns, ehe das Bewusstseyn war, die Lebensgeschichte eines Mannes vor seiner Geburt, liefern wollen? Wie könnten wir doch, da wir selbst erklären, dass das Bewusstseyn nur mit allen seinen Bestimmungen zugleich ist; und kein Bewusstseyn vor allem Bewusstseyn, und ohne alles Bewusstseyn, begehren? Dies sind Misverständnisse, gegen welche man keine Vorkehrungen trifft, weil sie einem nicht beifallen, bis sie sich wirklich ereignen."

134 Zu dem ja Vaihinger auch zu rechnen ist.

135 Th. Lessing, Geschichte als Sinngebung des Sinnlosen (1920).

136 Vgl. Vaihinger a.a.O.: „Indem die ‚Philosophie des Als-Ob' diesen radikalen Kant zur Geltung bringt" (a.a.O. XIV), empfindet sie mit Nietzsche „eine tiefe Verwandtschaft der ganzen Lebens- und Weltauffassung, die teilweise auf dieselben Quellen zurückgeht: Schopenhauer und F. A. Lange. Damals, als ich Nietzsche, diesen großen Befreier, kennenlernte, faßte ich den Entschluß, mein im Pulte liegendes Werk ... doch noch bei Lebzeiten erscheinen zu lassen": a.a.O. X; Vaihingers Buch enthält einen großen Abschnitt über „Nietzsche und seine Lehre vom bewußt gewollten Schein" (a.a.O.

771 ff.); es liegt ihm zugleich daran, F. A. Lange – der für die Genese gerade auch der Marburger Schule von hoher Bedeutung war: Cohens „Kants Theorie der Erfahrung" ist ihm gewidmet – unter die Anreger Nietzsches einzureihen; im übrigen sieht er Gemeinsamkeiten im Ausgang von Schopenhauer: H. Vaihinger, Nietzsche als Philosoph (1902) hat zur These: „Nietzsches Lehre ist positiv gewendeter Schopenhauerianismus, und diese Umwendung ... Schopenhauers geschieht unter dem Einfluß des Darwinismus": 43. – Das und andere Phänomene – wie z. B. das Nietzscheverhältnis des aus der Marburger Schule herkommenden N. Hartmann – interessiert hier einzig als Zeugnis für den betonten Zusammenhang: die fiktionalistische Interpretation der transzendentalen Vernunft impliziert eine mehr oder weniger ausdrückliche Nähe zum Nietzscheschen Wirklichkeitsverständnis.

137 Vgl. oben S. 108/109.

138 Vgl. oben S. 109/110.

139 Vgl. oben S. 86.

140 J. G. Fichte, Grundlage der gesamten Wissenschaftslehre (1794) I 222.

141 D. h. der klassischen Transzendentalphilosophie im Sinne von oben S. 67/68 und sofern die Einleitung von Kants Urteilskraftkritik ihre Bilanz ist: vgl. oben S. 111/112.

142 Vgl. die Einteilung der Imperative bei I. Kant, Grundlegung zur Metaphysik der Sitten (1785) IV 271–274: die hypothetischen Imperative sind entweder „problematisch" oder „assertorisch" (272) d. h. solche der „Geschicklichkeit" (ibid.) oder der „Klugheit" (273): „Man könnte die ersteren Imperative auch *technisch* (zur Kunst gehörig), die zweiten *pragmatisch* (zur Wohlfahrt ... gehörig), nennen": a.a.O. 274: „pragmatisch ist eine Geschichte abgefaßt, wenn sie *klug* macht, d. i die Welt belehrt, wie sie ihren Vorteil besser oder wenigstens ebenso gut als die Vorwelt besorgen könne": a.a.O. 274 Anm. 1.

143 „Der hypothetische Imperativ, der die praktische Notwendigkeit der Handlung als Mittel zur Beförderung der Glückseligkeit vorstellt, ist assertorisch": a.a.O. 273, d. h. ein pragmatischer Imperativ.

144 Bzw. „indirekte Apologetik": Deutungskategorie bei G. Lukács, Die Zerstörung der Vernunft (1954 [10]1955), vgl. z. B. 242: „Die indirekte Apologetik beruht ja ganz allgemein darauf, die Wirklichkeit überhaupt (die Gesellschaft überhaupt) in solcher Weise abzulehnen, zu verneinen, daß die letzte Konsequenz dieser Verneinung zu einer Bejahung des Kapitalismus oder zumindest zu seiner wohlwollenden Duldung führe." Man kann die Triftigkeit dieser Geschichtsfigur akzeptieren ohne die bestimmte Gestalt ihrer Anwendung bei Lukács. Die in der hier versuchten Überlegung eingesetzte Kategorie der ‚indirekten Ermächtigung des Gegenteils' betrifft – im Unterschied zur „indirekten Apologetik" – keine das Kritisierte etablierende Kritik, sondern eine das Nichtaffirmierte etablierende Affirmation. Beide Kategorien sind freilich Formen der von Hegel am „Heiligen der Endlichkeit" durch die „Flucht vorm Endlichen" – G. W. F. Hegel, Glauben und Wissen (1802) I 292 und 282 – d. h. in der Auseinandersetzung mit der „Reflexionsphilosophie der Subjektivität" entdeckten Figur einer indirekten Weise der Endlichkeit.

145 G. W. F. Hegel, Wissenschaft der Logik I (1812) ed. Lasson (1948) 123/124.

Anmerkungen zu „Konsequenzen"

1 Vgl. die Diskussion des Begriffs unten S. 156 ff.

2 Verf. ist erst spät darauf aufmerksam geworden, daß es sich hiermit genau um jene Bewegung handelt, die W. Schulz, Die Vollendung des deutschen Idealismus in der Spätphilosophie Schellings (1955) als „Vermittlungsbewegung der Subjektivität durch ihr Anderes" (290) zu beschreiben sucht: in der Philosophie und insbesondere in der „Spätphilosophie Schellings ist ... diese Bewegung vollzogen, in der die sich zu sich ermächtigen wollende Subjektivität gerade durch die Erfahrung ihrer Ohnmacht zum eigentlichen Verständnis ihrer selbst kommt" (6/7); das „erweist sich" als die Bewegung der „transzendentale(n) Fragestellung, in der die Vernunft sich ihren unbegreiflichen Grund: Gott vorausdenkt, von dem her sie sich nun eingesetzt weiß zur Konstruktion des ideellen Kosmos" (8). Die Verzögerung, mit der Verf. diese Übereinstimmung in einem Grundsätzlichen bemerkte, hat allerdings ihre Gründe: für Schulz ist die Anerkenntnis dieser Abhängigkeit der Vernunft von einem ‚Anderen zur Vernunft' und damit die von ihm bei Schelling und Späteren analysierte Bewegung etwas a priori Treffliches: darum kommt er sogleich und fast ausschließlich (was freilich für eine Analyse, die vom späten Schelling primär handelt, auch ungemein naheliegt) auf ‚theologische' Bestimmungen, betrachtet Schellings Frühphilosophie als Weg zu solchen und die „Naturphilosophie" und „Philosophie der Kunst" nur beiläufig im Blick auf diese Bewegung zu einer ‚theologischen' Begründung (nicht Negation!) der Vernunft durch ihr ‚Anderes'. Ein Bedürfnis, dieses ‚Andere' zur Vernunft – insofern es über die Vernunft Macht hat und das Vernünftige und menschlich Freie von ihm abhängig wird – unter problematischeren Bestimmungen, also eben zumindest ‚auch' unter der Bestimmung ‚Natur' zu diskutieren, kommt bei Schulz, soweit ich sehe, nicht zur Geltung. Aber gerade das und damit der Mangel des Entdeckens jener Bestimmungen, die einer solchen Diskussion zufließen – wie die im Folgenden entwickelten: ‚Möglichkeit', ‚Depotenzierung und Retardierung', ‚Entzauberung der Natur', ‚Verinnerlichung und Veräußerlichung der Negation' etc. – ist m. E. eine Grenze des im übrigen subtilen und (besonders für die Diskussion der Spätphilosophie Schellings) höchst ertragreichen und vorzüglichen – übrigens von X. Tilliette, Une nouvelle interprétation de Schelling, in: Archives de Philosophie 21 (1958) 423–456 und 564–599, ausführlich und trefflich besprochenen – Buches von Schulz, das eben gerade jene Figur für den späten Schelling herausarbeitet, die die hier versuchte Überlegung – vgl. unten S. 134 f. und dann immer wieder – die der ‚indirekten Vernunft' nennt. Man kann Schulz' These gerade auch in Bezug auf „die geschichtliche Entwicklung der ‚Philosophie der Subjektivität' im 19. Jahrhundert" (Kierkegaard: 274 ff.; Nietzsche: 280 ff.; Heidegger: 287 ff.; kurz auch Marx: 273, 297 f.) als die zwar nur in einigen Grundzügen markierte aber für die Heideggerschule einstweilen repräsentative Gegenthese zu jener marxistischen Deutung der Philosophie dieses Zeitraums ansehen, die von G. Lukács, Die Zerstörung der Vernunft (1954; [10]1955 hat Untertitel: Der Weg des Irrationalismus von Schelling zu Hitler) ausführlich und eindrucksvoll entwickelt ist. Auch Lukács deutet u. a. die Bewegung, die hier ‚Depotenzierung der Transzendentalphilosophie' genannt wurde; und er deutet sie als Weg der „bürgerlichen" deutschen Philosophie in den und innerhalb des „Irrationalismus" – einer Philosophie, die ihre Wirkung in einer Nation haben konnte, die ihre politisch-ökonomische d. h. geschichtliche Verspätung als Tugend, und Wahrheit zu erfahren versuchte: a.a.O. 32–74. Diese Philosophie spielt ihre Rolle, indem sie eine insuffi-

ziente Wirklichkeit so kritisiert, daß sie sie faktisch bestätigt und befestigt, also als – wie Lukács sagt – „indirekte Apologetik" (vgl. S. 362 Anm. 144), die sich freilich im Verlaufe ihrer Entwicklung von Schelling bis Nietzsche der „direkten Apologetik" zunehmend angleicht. Gewachsen ist sie dieser ihrer Rolle in dem Maße, wie es ihr gelingt, die Schwierigkeiten dieser Wirklichkeit (der bürgerlichen Gesellschaft) zu ihrer Wahrheit, ihre Not zu ihrer Tugend zu erheben, so daß sie „das bloße Problem zur Antwort stilisiert, wobei (sie) die vergeblich prinzipielle Unlösbarkeit des Problems als höhere Form des Weltbegreifens deklariert. Dieses Stilisieren der deklarierten Unlösbarkeit zur Antwort und die Prätention, daß in diesem Ausweichen und Abbiegen vor der Antwort, in dieser Flucht vor ihr eine positive Antwort, ein ‚wahres' Erreichen der Wirklichkeit enthalten sei, ist das entscheidende Merkmal des Irrationalismus": a.a.O. 85. Diese – bei Lukács in detailierten Analysen durchgeführte – These bemerkt am Unternehmen der indirekten Vernunft nur mehr dessen Fragwürdigkeiten. Das ist zwar – angesichts der Harmlosigkeit und Vertrauensseligkeit der Heideggerschule – als Korrektiv ungemein am Platze, und es wäre zu wünschen, daß die Diskussion der These von Lukács sich nicht nur in der Bemängelung schlechten Stiles ihrer literarischen Präsenz erschöpfen würde. Andererseits impliziert auch diese These die Harmlosigkeit einer unendlichen Mißtrauensseligkeit, sobald es um Philosophien geht, die bürgerlich zu nennen Lukács für dienlich hält. Er ist mit seiner These ‚mindestens' unaufmerksam bezüglich der Möglichkeit, Konsequenzen in der Philosophie *statt* in der Wirklichkeit zu vollziehen – sowohl die schlimmen als auch die guten. In seinem Buche steckt eine zu wenig ‚wirklich' geprüfte geheime Voraussetzung: daß in der vermeintlich sozialistischen Welt die wahren, in der bürgerlichen Welt aber einzig die unwahren Philosophien unmittelbar als Reflex dieser Wirklichkeit zu gelten hätten. Jedoch: daß in der bürgerlichen Welt das Gute und Wahre wesentlich nur im Kopfe verbleibe, das Unwahre und Schlimme hingegen aus demselben sogleich und unendlich in die Wirklichkeit gerate, daß umgekehrt in der vermeintlich sozialistischen Welt das Gute und Wahre sogleich in Wirklichkeit sich umsetze, und Unwahre und Schlimme hingegen Sache nur des Kopfes bleibe – diese These vom Idealismus der Wahrheit und Realismus der Unwahrheit in der bürgerlichen, vom Realismus der Wahrheit und Idealismus der Unwahrheit in der vermeintlich sozialistischen Welt gehört doch wohl in erheblichem Maße zu den Wunschträumen – wenn nicht gar zu den Projektionen – der letzteren. Das Phänomen z. B. der *Ersparungsrelevanz* einer Philosophie bleibt so unreflektiert. Wo es hier einschlägig reflektiert wird, dürfte zweierlei unmöglich werden. Es dürfte erstens unmöglich werden, die Diskussion der Positionen der ‚depotenzierten' Transzendentalphilosophie mit der Diskussion der bürgerlichen Welt unmittelbar gleichzusetzen. Und es dürfte zweitens unmöglich werden, die Einstellung zur vermeintlich sozialistischen Welt unmittelbar zur Einstellung auch zu den Thesen von Lukács werden zu lassen: gerade dieses letztere ergibt die Chance, die Thesen – besonders die (unterm Eindruck einer auch bei Lukács wirksamen ‚ontologischen Mißweisung' – vgl. oben S. 35 und 37, unten S. 273 – wesentlich) kritischen Thesen – von Lukács so ernstzunehmen, daß sie eine gegenüber der von Heidegger herkommenden Geschichtsdeutung korrigierenden Funktion ausüben können. Demgegenüber formuliert jenes erstere einen Vorbehalt.

3 So ist das letzte Kapitel auch dann verständlich, wenn dieses Zwischenkapitel überblättert wird.

4 Vgl. zum Problem auch unten S. 254/255.

5 Vgl. oben S. 115.

6 Vgl. oben S. 59.

7 Vgl. die einschlägigen Überlegungen von G. Lukács, Geschichte und Klassenbewußtsein (1923) bes. 126 ff.

8 Dies bringt besonders treffend zur Geltung der Begriff der „Praeexistenz" bei H. v. Hofmannsthal, Ad me ipsum (geschr. 1916 ff.), in: Die neue Rundschau (1954) 358 ff.: er ist der Begriff für diese zweideutige Möglichkeitsverfassung. Hofmannsthal notiert: „Prae-

existenz. Glorreicher, aber gefährlicher Zustand" (358), und er markiert damit gerade auch die „Bängliche Seite der noch unvollkommenen Verknüpfung mit der Welt" (359): „Praeexistenz" ist „Schicksallosigkeit" (361), „Einsamkeit" (371), „Nachteil: sieht nur Totalitäten" (358). Zu ihr gehört der „Versuch diesen erhöhten Zustand zu wahren durch Supposition des quasi Gestorbenseins" (358) nicht weniger als „Bangen und Sehnsucht, diesen Zustand zu verlassen: auf welchem Weg? Verknüpfung mit dem Leben. Durchdringen aus der Praeexistenz zur Existenz" (359) auf dem „Weg zum Sozialen ... a) durch die Tat b) durch das Werk c) durch das Kind" (361) usf.

9 Unten S. 129–256.

Anmerkungen zu „Wende zur Ästhetik“

1 Vgl. oben S. 61–118.

2 Vgl. oben S. 111 f.

3 I. Kant, Kritik der Urteilskraft (1790) V 264.

4 Vgl. oben bes. S. 114 ff.

5 Dieses Problem sei hier – weil nicht diskutiert – wenigstens durch einige Bemerkungen zu seinem Schicksal innerhalb der Kantdeutung anvisiert. Es handelt sich um das Problem, wie die exakte Wissenschaft in der menschlichen „Lebenswelt“ fundiert ist und Bedeutung hat. Die neukantische Deutung und Problemdiskussion durch Hermann *Cohen* hat dieses Problem mit bewundernswürdiger Konsequenz beiseitegelassen und – ansatzweise in seinen Kant interpretierenden, radikal in seinen systematischen Arbeiten – den Phänomenbestand sorgfältig eliminiert, auf den seine Diskussion sich notwendigerweise stützen muß, und der bei Kant an die Titel „Sinnlichkeit“ und „Gegebenes“ sich knüpft: „Dem Denken ging so eine Anschauung voraus. Auch diese ist rein, also ist sie dem Denken verwandt. Aber das Denken (sc. „Das Denken der Logik ist das Denken der Wissenschaft“: 17) hat doch seinen Anfang in etwas außerhalb seiner selbst. Hier liegt die Schwäche in der Grundlegung Kants. Hier liegt der Grund für den Abfall, der alsbald in seiner Schule hereinbrach. Indem wir uns wieder auf den Boden der Kritik stellen, lehnen wir es ab, der Logik eine Lehre von der Sinnlichkeit voraufgehen zu lassen. Wir fangen mit dem Denken an. Das Denken darf keinen Ursprung haben außerhalb seiner selbst, wenn anders seine Reinheit uneingeschränkt und ungetrübt sein muß“: H. Cohen, Logik der reinen Erkenntnis (1902) 11/12. Was Kant nach Cohen zuviel in den Ansatz brachte, brachte er nach der Deutung von Martin *Heidegger* zuwenig in den Ansatz: die reine Sinnlichkeit bzw. Anschauung. So hat Heidegger gerade sie nicht ohne des „Gewaltsamen“ (7) hervorgehoben: „Für alles Verständnis der Kritik der reinen Vernunft muß man sich gleichsam einhämmern: Erkennen ist primär Anschauen“: M. Heidegger, Kant und das Problem der Metaphysik ([2]1951) 29: „Denn alles Denken hat lediglich eine Dienststellung zur Anschauung“: ibid. Zugleich hat Heidegger das Problem der exakten Wissenschaft – vgl. a.a.O. 20 – bagatellisiert und aus dem Zusammenhang der Kantdeutung eliminiert: um die Endlichkeits- und Gegebenheitsphänomene des menschlichen ‚Daseins‘ und seiner Welt zu betonen. So ist – auch gegenwärtig noch – die Deutungslage so, *daß einerseits (durch Cohen) über dem Faktum der exakten Wissenschaft das Problem ihres ‚lebensweltlichen Fundaments*‘, *daß andererseits (durch Heidegger) über diesem lebensweltlichen Fundament das Problem der exakten Wissenschaft vernachlässigt und vergessen wird.* Herausgearbeitet – aber nicht in einer intensiven Kantdeutung zur Geltung gebracht (trotz der oben S. 322 Anm. 20 erwähnten Ansätze) – hat dieses Problem in voller Schärfe der späte Edmund *Husserl:* er hat „Die Lebenswelt als vergessenes Sinnesfundament der Naturwissenschaft“ untersucht: E. Husserl, Die Krisis der europäischen Wissenschaften und die transzendentale Phänomenologie (1953 ff.) VI 48, vgl. 48–54 und ff.: „So macht denn jede gelegentliche (oder auch ‚philosophische‘) Rückbesinnung von der kunstmäßigen Arbeit auf ihren eigentlichen Sinn stets bei der idealisierten Natur halt, ohne die Besinnungen radikal durchzuführen bis zu dem letztlichen Zweck, dem die neue Naturwissenschaft mit der von ihr unabtrennbaren Geometrie, aus dem vorwissenschaftlichen Leben und seiner Umwelt hervorwachsend, von Anfang an dienen sollte, einem Zwecke, der doch in diesem Leben selbst liegen und

auf seine Lebenswelt bezogen sein mußte ... Sie finden wir als Welt aller bekannten und unbekannten Realitäten. Ihr, der Welt der wirklich erfahrenden Anschauung, gehört zu die Raumzeitform mit allen dieser einzuordnenden körperlichen Gestalten, in ihr leben wir selbst, gemäß unserer leiblich personalen Seinsweise. Aber hier finden wir nichts von geometrischen Idealitäten, nicht den geometrischen Raum, nicht die mathematische Zeit mit allen ihren Gestalten": a.a.O. 50. „In der geometrischen und naturwissenschaftlichen Mathematisierung messen wir so der Lebenswelt – der in unserem konkreten Weltleben uns ständig als wirklich gegebenen Welt – in der offenen Unendlichkeit möglicher Erfahrungen ein wohlpassendes Ideenkleid an, das der sogenannten objektivwissenschaftlichen Wahrheiten": a.a.O. 51. „Das Ideenkleid ‚Mathematik und mathematische Naturwissenschaft', oder dafür das Kleid der Symbole, der symbolisch-mathematischen Theorien, befaßt alles, was wie den Wissenschaftlern so den Gebildeten als die ‚objektiv wirkliche und wahre' Natur die Lebenswelt vertritt, sie verkleidet. Das Ideenkleid macht es, daß wir für wahres Sein nehmen, was eine Methode ist": a.a.O. 52. „Gleicht die Wissenschaft und ihre Methode nicht einer offenbar sehr nützliches leistenden und darin verläßlichen Maschine, die jedermann lernen kann, richtig zu handhaben, ohne im mindesten die innere Möglichkeit und Notwendigkeit sogearteter Leistungen zu verstehen?": ibid. Die Frage nach dieser inneren Möglichkeit und Notwendigkeit führt auf das Problem der „Lebenswelt als vergessene(m) Sinnesfundament der Naturwissenschaft": und es ist fällig, auch die Arbeit Kants zur Freilegung dieses lebensweltlichen Sinnesfundaments der exakten Wissenschaft zu würdigen – obwohl und weil Cohen das Thema ‚Lebenswelt' bei Kant nicht sah und obwohl und weil Heidegger bei Kant nur solche Züge dieser ‚Lebenswelt' entdeckte, die sie ungeeignet machte, ein ‚Sinnesfundament der Naturwissenschaft' zu sein. Zum *gegenwärtigen Stand* des Problems gehört nun zugleich die Überzeugung, daß für eine solche Würdigung die bloße Betonung der Inkompetenz exakter Wissenschaft für Probleme der Lebenswelt offenbar nicht ausreicht. Wenn Verf. richtig sieht, ist es der Schritt über dieses bloße Unterscheidungsdenken in dieser Frage hinaus zu jener Würdigung des Beitrags der kantischen Philosophie zur Freilegung eines lebensweltlichen Sinnesfundaments der exakten Wissenschaft, dem die Arbeiten von P. Kaulbach gelten. Er bringt gegenüber dem Ausgang Cohens rein vom Denken die ‚Anschauung', und gegenüber dem Ausgang Heideggers rein von der Zeit den ‚Raum' zur Geltung. Er hat diesen Schritt allgemein-theoretisch vorbereitet durch die These: es „haben beide, einerseits das rein logische, dem Verstande eigentümliche, und andererseits das nur erlebende, aller Reflexion fremde Verhalten einen Anteil an der Ermöglichung der (sc. exakt-wissenschaftlichen) theoretischen Existenz": Zur Logik und Kategorienlehre der mathematischen Gegenstände (1937) 19, d.h. „Im Logischen ist ein ihm selbst Fremdes enthalten: ein Alogisches": Philosophische Grundlegung zu einer wissenschaftlichen Symbolik (1954) 61: die „synthetische Anschauung" der exakten Wissenschaften ist fundiert in „Realanschauung", ihre Symbolik in der Anschaulichkeit der Sinn-Bilder. Und eben das ist auch bei Kant zu finden: seine „Kritik der Modelle" (a.a.O. 183) drängt „zu einer Anerkennung von Sinn-bildern hin" (a.a.O. 184) und jedenfalls zu einer Theorie exakter Wissenschaft, die in der bloß immanenten Theorie des Modelldenkens nicht aufgeht, sondern es – im Blick aufs Raumproblem und nicht zuletzt auf bei ihm fortwirkende Antriebe der sog. „vorkritischen" Periode – erlaubt, „über den abstrakten idealen Raum der mathematischen Analysis bis zum Realraum vorzustoßen": Zum Problem des Realraumes, in: Zeitschrift für philosophische Forschung 10 (1956) 398 – hin auf das konkrete Anschauungs- und Sinnesfundament des „konstruierten", nur „idealen" Raumes der exakten Wissenschaft. Kaulbach sieht also Kants Philosophie geprägt und bewegt durch die „Polarität zwischen Realität und Idealität" und die „Frage der Realität und ihr(es) Verhältnis(ses) zum bloß Logischen, Idealen": die Metaphysik des Raumes bei Leibniz und Kant (1960) 66, und er versucht, „Kant dahingehend zu interpretieren, daß (er) in allen Modellen auch noch symbolische Widerspiegelungen des konkreten Ursprungs aufsuch(t)": a.a.O. 147. Das ist hier nicht im Detail zu diskutieren; jedoch scheint es, als sei diese – inzwischen zur Theorie der „transzendentalen Bewegung": a.a.O. 148 ff. und der die „Objekterfahrung" fundierenden Erfahrungsbegriffe: Der philosophische Begriff der Erfahrung, in: Studium generale 14 (1961) 527–538 weitergegangene – Arbeit als Geltendmachen der Motive von Husserls Frage nach dem lebensweltlichen Sinnesfundament der exakten Naturwissenschaft innerhalb der Kantdeutung in ihrer Tendenz und Bedeutung vielleicht ganz zutreffend zu kennzeichen.

6 „Endzweck ist derjenige Zweck, der keines andern als Bedingung seiner Möglichkeit bedarf": I. Kant, Kritik der Urteilskraft (1790) V 514.

7 Vgl. I. Kant, Kritik der praktischen Vernunft (1788) V 73 ff.

8 Vgl. I. Kant, Kritik der Urteilskraft (1790) V 248/249.

9 Ibid.

10 Denn nicht für das Ausfüllen einer ‚Lücke im Gedankengebäude', sondern aus ‚geschichtlichen' Gründen und für die Frage nach dem Menschen angesichts einer durch den Gang der Dinge aporetisch gewordenen Situation wird Kants Urteilskraftkritik nötig. Es ist also durchaus nicht so, daß Kant ein ‚noch nicht berücksichtigtes' Vermögen ‚auch noch' hat behandeln und eine Ästhetik und Teleologie ‚auch noch' hat bearbeiten wollen – oder gar unter gewissen Symmetriezwängen hat bearbeiten müssen – und so (aus Komplementierungsgründen) schließlich auch noch eine Kritik der Urteilskraft schrieb: Kant war kein Knecht der Maxime ‚jedem Vermögen sein Buch'. Nicht das ‚System' als ein vom geschichtlichen Denkweg unabhängig vorgegebenes ewiges Denksoll bestimmt Kants Denken und die Auswahl und Reihenfolge seiner Probleme – davon kann durchaus keine Rede sein. Vielmehr umgekehrt: die Route seines Denkens legt allererst fest, was zum System gehört und was nicht. Die Vorstellung vom philosophischen System als einem Gefüge fixer Ressorts, durch die fast beliebig hindurchgewechselt werden kann, und die jeder Philosoph, der auf sich hält, komplett durchlaufen müsse, ist für Kant schlechterdings abwegig. Warum gehört denn 1790 – also zu einer Zeit, wo der Ausdruck „ästhetisch" bedeutungsmäßig im Grunde noch gar nicht festliegt (vgl. Kritik der reinen Vernunft B – 1787! – 35 Anm.) und die großen Kunstwerke und Künstlerreflexionen der deutschen Klassik gerade erst hervorgetreten, wo aber andererseits die Königlich preußische Akademie der Wissenschaften in Berlin längst die innerhalb von 10 Jahren zweite und (u. a. von Herder) heftig diskutierte sprachphilosophische Preisfrage (1769: „En supponent les hommes abondonnés à leurs facultés naturelles, sont-ils en état d'inventer le langage? et par quels moyens parviendrent-ils d'eux-mêmes à cette invention?") gestellt hatte, und wo inzwischen – obzwar noch unpubliziert – J. G. Hamann, Metakritik über den Purismus der Vernunft (1784) Sämtliche Werke (Nadler) III 280–289 die Sprachphilosophie gegen Kant eingeklagt hatte: warum also gehört dann zu dieser Zeit bei Kant (offenbar aber wiederum nicht bei allen Philosophen) nun eben gerade doch nicht die Sprachphilosophie, wohl aber die zur Ästhetik und teleologischen Naturphilosophie entwickelte Urteilskrafttheorie zum ‚System'? (Um hier die Frage nach Weg und Ort des Systembegriffs selbst beiseitezulassen). Was je zum ‚System' gehört, liegt offenbar nicht ein für allemal fest. Gerade für eine Philosophie, die – wie die kantische – im Begriff ist, sich von der „Schule" und ihrer traditionsbedingten und mindestens auch didaktisch motivierten Disziplinengliederung freizuleben und zu einem „Weltbegriff" der Philosophie fortzugehen (vgl. die Überlagerung I. Kant, Kritik der reinen Vernunft B 866 ff. mit Anm., die im Zusammenhang der Diskussion der „Architectonik der reinen Vernunft" stehen), ergibt sich das nicht aus einem immutablen philosophischen Pflichtpensum: das „System" ist nicht Instanz, sondern Produkt des Problemweges.

11 Vgl. I. Kant, Logik (ed. Jäsche 1800) VIII 343/344: „Philosophie ... (sc. „nach dem Weltbegriffe") ist ja die Wissenschaft der Beziehung alles Erkenntnisses und Vernunftgebrauches auf den Endzweck der menschlichen Vernunft, dem, als dem obersten, alle anderen Zwecke subordiniert sind und sich in ihm zur Einheit vereinigen müssen. Das

Feld der Philosophie in dieser weltbürgerlichen Bedeutung läßt sich auf folgende Fragen bringen: 1) Was kann ich wissen? 2) Was soll ich tun? 3) Was darf ich hoffen? 4) Was ist der Mensch? Die erste Frage beantwortet die Metaphysik, die zweite die Moral, die dritte die Religion, und die vierte die Anthropologie. Im Grunde könnte man aber alles dieses zur Anthropologie rechnen, weil sich die drei ersten Fragen auf die letzte beziehen."

12 I. Kant, Kritik der Urteilskraft (1790) V 264.

13 Vernunftdefinition bei I. Kant, Kritik der reinen Vernunft B 356.

14 Vgl. v. Verf.: Skeptische Methode im Blick auf Kant (1958) 97 ff., bes. 103 ff.

15 Denn zu dieser Situation gehören Fluchtversuche: der Ruf nach einem ‚mächtigen' Endzweck um jeden Preis, die Neigung, sich in den Dienst eines „heteronomen" Zwecks zu begeben, sich durch „äußere Zweckmäßigkeit" (I. Kant, Kritik der Urteilskraft V 444–447), durch „relevante Zweckmäßigkeit" (ibid.) zu bestimmen und die Menschenwelt als eine Art von Maschine anzusetzen, die (jenachdem) Gott oder der Mensch dirigieren soll und faktisch in die Hände der Triebnatur fällt. Zur Theorie der „reflektierenden Urteilskraft" gehört dieserart die Schärfung des Blicks für die Versuche, der Verlegenheitslage des Endzweckwesens ohne Endzweck auf schlechte Weise zu entkommen; zu ihr gehört die „Kritik" der Neigung zu diesen Versuchen als solchen einer Bewegung ‚aus dem Regen in die Traufe'.

16 Kants Prinzip des „Idealismus der Zweckmäßigkeit der Natur sowohl als Kunst, als dem alleinigen Prinzip der ... Urteilskraft": a.a.O. 425 – und zwar nicht nur als Prinzip der „ästhetischen Urteilskraft": ibid., sondern auch als Prinzip der „teleologischen Urteilskraft": a.a.O. B 75: 476 ff. – kann als eine derartig generelle mißtrauische Vorsichtsmaßnahme interpretiert werden und ist in der Kantischen Wendung eben das, was Kants Ästhetik und Naturphilosophie von der romantischen unterscheidet und sie – vgl. unten S. 148 – zu einer Art ‚Romantikkritik vor der Romantik' formt.

17 Dieser für Hegel entscheidende Gedanke wird im Zusammenhang dieser Arbeit nicht diskutiert. Daß er als Gedanke einer ‚indirekten Vernunft' in den Zusammenhang des Problems der „reflektierenden Urteilskraft" gehört, zeigt sich nicht zuletzt daran, daß gerade die gegenwärtige Hegelrezeption ein Denken in äußerster Nähe zur „reflektierenden Urteilskraft" etabliert. Es handelt sich um Möglichkeiten, die für Kant selber noch nicht zur Debatte standen, vor allem um zwei: um das *hermeneutische* Denken des (münsteraner) hermeneutischen Hegelianismus, und um die eigenartige Form des *dialektischen* Denkens des (frankfurter) psychoanalytischen Hegelianismus. Vgl. einerseits: J. Ritter, Hegel und die französische Revolution (1957); andererseits: Th. W. Adorno, Aspekte der Hegelschen Philosophie (1957). Jenes Denken nimmt die Hermeneutik auf aus der philosophischen d. h. gelöst aus einer rein innertheologischen Definition; dieses Denken löst die Dialektik aus ihrer Ziel-Tendenz vor allem in ihrer Anlage innerhalb der unmittelbaren Hegelschule. Beide Möglichkeiten sind Formen des ‚nicht anwendenden Erkennens' d. h. eines Erkennens und Begreifens, für das die Unterscheidung zwischen angewandtem allgemeinen Prinzip und Anwendung im Besonderen irrelevant wird – Formen also eines Erkennens, das Verwandtschaft mit Kants „reflektierender Urteilskraft" hat: beide Ansätze wenden sich – ihrer Intention nach – dem Besonderen ohne a priori mitgebrachten allgemeinen Zusammenhang zu: sie wenden das Allgemeine nicht auf das Besondere an, sondern sie arbeiten das Allgemeine aus dem Besonderen (dem Text, der Lage) heraus. Beide also versuchen, nach Art der reflektierenden Urteilskraft Vernunft zu haben: das hermeneutische Denken im Vertrauen darauf, daß das Allgemeine sich im Besonderen bis in seinen Begriff hinein durchsetze, das dialektische in der Hoffnung, daß das widerstrebende Besondere sich zugunsten des werdenden Allgemeinen zersetze. Es scheint dabei für beide Versuche an Hegels Denken dies das Faszinierende zu sein, daß in ihm *beide* Möglichkeiten, der hermeneutische und der dialektische Ansatz, *zusammen* wirksam sind. Beide aber setzen voraus Kants Gewinnung des Problems der „reflektierenden Urteilskraft".

18 Denn die Arbeit an der „Kritik der Urteilskraft" ist von Kant ja sofort nach Abschluß der Arbeit an der „Kritik der praktischen Vernunft" aufgenommen worden. Dabei stand offenbar sogleich fest, daß die Ausarbeitung des Problems der „reflektierenden Urteilskraft" zu einer Ästhetik, nicht sogleich, daß sie zu einer Theorie der Naturteleologie führen sollte. Zunächst also bringt die Beschäftigung mit dem Urteilskraftproblem nur Motive zu zentraler Geltung, die zuvor bei Kant auch schon verfolgt wurden, wenn auch nur beiläufig: die mindestens seit den 60er Jahren (1764: Beobachtungen über das Gefühl des Schönen und Erhabenen) ausdrücklichen Überlegungen Kants zur Ästhetik scheinen zunächst und auch nach ihrer weiteren Vertiefung (vgl. Brief an Herz vom 21. 2.. 1772) für ihn selber peripher; offenbar erst – *aber auch sogleich* – *nach* Abschluß der Arbeit an der „Kritik der praktischen Vernunft" entwickelt sich das Ästhetik-Problem zu dem einer dritten Kritik (Briefe u. a. an Schütz vom 25. 6. 1787, an Reinhold vom 28. 12. 1787). Und nicht sogleich, sondern erst *während* der Arbeit an dieser dritten Kritik, die noch Ende 1787 einzig eine „Kritik des Geschmacks" sein sollte (Brief an Herz vom 24. 12. 1787) wird das Problem der Naturteleologie hinzugezogen (etwa Frühjahr 1789; vgl. Brief an Reinhold vom 12. 5. 1789). Knapp zusammenfassend darüber H. Vorländers Einleitung zur Urteilskraftkritikausgabe der Philosophischen Bibliothek (^{6}1924, Abdruck 1948 IX–XIII). Insgesamt zu Kants dritter Kritik u. a.: H. Cohen, Kants Begründung der Ästhetik (1889); O. Schlapp, Kants Lehre vom Genie und die Entstehung der Kritik der Urteilskraft (1901); A. Baeumler. Kants Kritik der Urteilskraft. Ihre Geschichte und ihre Systematik. Bd. 1: Das Irrationalitätsproblem in der Ästhetik und Logik des 18. Jahrhunderts bis zur Kritik der Urteilskraft (1923) (leider nur zur Vorgeschichte des Problems); R. Odebrecht, Form und Geist. Der Aufstieg des dialektischen Gedankens in Kants Ästhetik (1930); P. Menzer, Kants Ästhetik in ihrer Entwicklung (1952); W. Biemel, Die Bedeutung von Kants Begründung der Ästhetik für die Philosophie der Kunst (1959); vgl. außerdem (siehe Bemerkung in der Vorbemerkung dieser Arbeit): H. G. Gadamer, Wahrheit und Methode. Grundzüge einer philosophischen Hermeneutik (1960) bes. 39–52.

19 Oben S. 133.

20 Dazu vgl. bes. K. Löwith, Das Individuum in der Rolle des Mitmenschen (1928) 5–13.

21 Vgl. bes. die kurze Skizze der Geschichte des dialogischen Prinzips (Jacobi, Feuerbach, Kierkegaard, Cohen, Rosenzweig, Ehrenberg, Rosenstock, Ebner, Gogarten, Litt, Löwith, Grisebach, Jaspers, Barth) im „Nachwort" von M. Buber, Die Schriften über das dialogische Prinzip (1954) 285–305.

22 Vgl. unten S. 153 ff.

23 Vgl. oben S. 57.

24 Die folgende Diskussion dieser Wende zur Ästhetik ist durchweg den Thesen der Ästhetik-Vorlesungen verpflichtet, die J. Ritter ab Wintersemester 1947/48 in Münster gehalten hat. Vgl. zur Grundthese auch schon J. Ritter, Über die Geschichtlichkeit wissenschaftlicher Erkenntnis, in: Blätter für deutsche Philosophie 12 (1938/39) 175–190, dort bes. 187/188: für diese Wende zur Ästhetik liegen die „Gründe ... im Wesen der modernen Wissenschaftsverfahren ... Sie haben sich erstens von der alten – aristotelischen – Bindung an den natürlich-geschichtlich gewordenen Lebenshorizont gelöst, so daß das ‚Axiom', es müsse das als Sein gelten, was sich ‚den meisten und am meisten zeigt' (Eth.. Nic.), für sie nicht mehr gültig ist. Das besagt zweitens positiv: die in bewußter Reduktion des Anthropomorphen entwickelten Verfahren (Quantifizierung, Experiment, statistische Darstellung usf.) sind weitgehend unabhängig von den Lebensordnungen und Bindungen, denen der Erkennende selbst in seinem Leben sonst untersteht. Und damit hängt drittens zusammen, daß sie ... auf Grund dieser Verfahren eine Entwicklung nehmen konnten, die sie auch da gültig bleiben läßt, wo ihre ursprüngliche Lebensbasis geschichtlich längst vergangen ist... Das besagt aber weiter: Was die Wissenschaften im lebendigen Dasein der Völker sind ... läßt sich mit Sicherheit *nach* der Periode

der Entstehung der modernen Wissenschaftsgesinnung aus der Art und Weise erschließen, wie diese sich im Ganzen ihrer Welt zu ihnen verhalten, wie sie sie einordnen, oder wie sie ihnen gegenüber auch diejenigen Bereiche wahren und behaupten, die durch die Verfahren der Wissenschaften nicht erfaßt werden können... So hat das physikalische Weltbild Newtons ... im Ausgang des 18. Jahrhunderts die Folge, daß in ihm nicht faßbare Bereiche des Lebens und der Natur auf andere Wege der Erfahrung verwiesen werden und das Reich neuer Ausdrucksgestalten der Poesie (Schiller) oder der Innerlichkeit, des Gefühls und Glaubens (z. B. Jakobi) entwickeln, um hier festgehalten zu werden." „Was Goethe gegen Newton im letzten bewegt, ist nicht die ‚Falschheit' der Newtonischen Farbenlehre, sondern das Ungenügen an einer Bestimmung, in der ihm wesentliche ... Zusammenhänge des Farbensehens nicht mitverstanden und mitgesehen werden": a.a.O. 188. „Was an dieser Bewegung wesentlich ist, ist die Entzweiung des Zeitalters in sich selbst, die dann auch als das eigentliche Problem des Lebens gesehen und empfunden wird, die aber nur verständlich ist, wenn man das Dasein der durch die Naturwissenschaften erschlossenen Natur als ‚entseelter Natur' sieht und die Bewegung der Subjektivität als Auseinandersetzung mit diesem Dasein versteht": ibid.

25 G. Lukács, Geschichte und Klassenbewußtsein (1923) 151.

25a Vgl. F. W. J. Schelling, Philosophie der Kunst (gelesen 1802/1805) V 368: „Ich construire demnach in der Philosophie der Kunst zunächst nicht die Kunst *als* Kunst, als dieses *Besondere,* sondern ich construire das Universum in der Gestalt der Kunst, und Philosophie der Kunst ist Wissenschaft des All in der Form oder Potenz der Kunst. Erst mit diesem Schritt erheben wir uns in Ansehung dieser Wissenschaft auf das Gebiet einer absoluten Wissenschaft der Kunst".

25b Vgl. a.a.O. 348/459: „Das unmittelbar Hervorbringende des Kunstwerks ... ist der ewige Begriff oder die Idee des Menschen in Gott... Die Idee des Menschen ist aber nichts anderes als das Wesen oder das An-sich des Menschen selbst, welches in der Seele und dem Leib objektiv wird".

26 Novalis, Werke (Wasmuth) III Fragment 1925 (1798). Als die Grundphilosophie – also nicht nur als eine „regionale Ontologie" unter anderen – ist die Ästhetik verstanden worden von den großen und repräsentativen Ästhetik-Konzeptionen: derjenigen Schillers (vgl. unten S. 149 ff.), Schellings (vgl. unten S. 140 ff., 166 ff., 179 ff.). Schlegels („Was sich tun läßt, solange Philosophie und Poesie getrennt sind, ist getan und vollendet. Also ist die Zeit nun da, beide zu vereinigen": Ideen, in: Athenaeum, Dritten Bandes erstes Stück (1800); abgedr. in: Friedrich Schlegel, Kritische Schriften ed. W. Rasch [1956] 98), auch von der in mehreren Ansätzen vor sich hin resignierenden Ästhetik Fr. Th. Vischers (vgl. W. Oelmüller, Fr. Th. Vischer und das Problem der nachhegelschen Ästhetik (1959)), in gewissem Sinn auch von der pessimistischen Erlösungsästhetik Schopenhauers (vgl. unten S. 203), vor allem aber auch von der „Artistenmetaphysik" des jungen Nietzsche (vgl. ibid.), und ebenso von der psychologisch-historischen Erlebnis-Ästhetik Diltheys (Die Einbildungskraft des Dichters. Bausteine für eine Poetik [1887]; Die drei Epochen der modernen Ästhetik und ihre heutige Aufgabe [1892]; Das Erlebnis und die Dichtung [1905]; vgl. unten S. 215). Diese hohe Einschätzung der Ästhetik liegt auch und gerade den ‚spezialwissenschaftlich' gewendeten ‚psychologischen' Ästhetiken von J. Volkelt – System der Ästhetik, 3 Bde. (1905) – und Th. Lipps – Grundlegung der Ästhetik, 3 Bde. (1914) – noch zugrunde. Auch Heidegger diskutiert diesen Anspruch der Ästhetik, wenn er die Frage aufwirft: „Ist die Kunst noch eine wesentliche und notwendige Weise, in der die für unser geschichtliches Dasein entscheidende Wahrheit geschieht, oder ist die Kunst das nicht mehr?" M. Heidegger, Holzwege (1950) 67 – und bes. in den Erläuterungen zu Hölderlins Dichtung ([2]1951) bekräftigt er, bei gleichzeitigem Versuch einer Verwandlung ihres Wesens, diesen Anspruch der Ästhetik und Kunst: „Dieses (sc. Dasein) ist im Grund ‚dichterisch' ... Dichtung ist der tragende Grund der Geschichte": a.a.O. 39. Und die große Romantik- und Ästhetik-

Kritik kritisiert Ästhetik und Kunst in dieser Bestimmung einer amtierenden Grundphilosophie und Fundamentalmacht des Menschendaseins: Hegel („Die Kunst ist nach der Seite ihrer höchsten Bestimmung für uns ein Vergangenes“: Vorlesungen über Ästhetik [1818–1826] X,1 16) nicht weniger als Kierkegaard („die Sünde, zu dichten, anstatt zu sein“: Die Krankheit zum Tode [1849] XXIV/XXV 75) und der spätere Nietzsche (vgl. unten S. 203). Vgl. auch G. Lukács, Beiträge zur Geschichte der Ästhetik (1954), dort bes. Einführung in die Ästhetik Tschernyschewskijs 135–190.

27 Politeia 376 E ff., 595 A ff.; vgl. H. G. Gadamer, Plato und die Dichter (1934). Schelling nimmt ausdrücklich auf Platons Dichterkritik Bezug: „‚Aber hat nicht selbst der göttliche Plato in seiner Republik die nachahmende Kunst verdammt, die Poeten aus seinem Vernunftstaat verbannt, nicht nur als unnütze, sondern als verderbliche Glieder, und kann irgend eine Autorität beweisender für die Unverträglichkeit der Poesie und Philosophie seyn, als dieses Urteil des Königs der Philosophen?‘ Es ist wesentlich, den bestimmten Standpunkt zu erkennen, aus welchem Plato jenes Urteil über die Dichter spricht“: er kritisiert die Dichtung als geltende Bildung d. h. als „öffentliche Form“: „Jener Gegensatz aller öffentlichen Formen gegen die Philosophie mußte nothwendig eine gleiche Entgegensetzung der letzteren gegen die erstere hervorbringen, wovon Plato weder das früheste noch das einzige Beispiel ist... Aber auch abgesehen von dieser bloß historischen, nicht philosophischen, Entgegensetzung ... was ist Platos Verwerfung der Dichtkunst, verglichen insbesondere mit dem, was er in andern Werken zum Lob der enthusiastischen Poesie sagt, anders als Polemik gegen den poetischen Realismus, eine Vorahnung der späteren Richtung des Geistes überhaupt und der Poesie insbesondere?“: F. W. J. Schelling, Vorlesungen über die Methode des akademischen Studiums (1803) V 345/346.

28 Vgl. aber E. R. Curtius, Europäische Literatur und lateinisches Mittelalter (^{2}1954) Kap. 11 („Poesie und Philosophie“) 210–220.

29 In Wirklichkeit natürlich von lang her vorbereitet. Zur Genese der modernen Rolle der Ästhetik vgl. H. v. Stein, Die Entstehung der neueren Ästhetik (1886), sowie die unten S. 375 Anm. 9 zit. Bücher.

30 Zur Form der Frage vgl. F. Nietzsche, Die Geburt der Tragödie, dortselbst den „Versuch einer Selbstkritik“ (1886) III 4: „die Griechen – wie? gerade sie hatten die Tragödie *nötig?* Mehr noch – die Kunst? Wozu – griechische Kunst...?“.

31 Diese Formulierung der These modifiziert die oben Anm. 24 skizzierte These J. Ritters nur insoweit, als sie sie an die oben S. 318 Anm. 4 angedeutete – ebenfalls durch J. Ritter inspirierte – Veränderung der Ausgangsfrage anpaßt. Wo über die Rationalisierungscharaktere der modernen Welt hinaus die Triebnatur als aporiebildend wichtig wird, muß das Ästhetische nicht allein in Bezug auf die ‚Versachlichung‘ der modernen Welt, es muß auch in Bezug auf die Triebnatur diskutiert werden.

32 Vgl. oben S. 108 ff.

33 Vgl. oben S. 115.

34 I. Kant, Der Kritik der Urteilskraft erster Teil, Kritik der ästhetischen Urteilskraft: V 269–433.

35 A.a.O. 271 Anm. 1.

36 Vgl. die „Analytik des Schönen. Erstes Moment des Geschmacksurteils der Qualität nach“ a.a.O. 271–279. „Hier wird die Vorstellung gänzlich auf das Subjekt, und zwar auf das Lebensgefühl desselben unter dem Namen des Gefühls der Lust oder Unlust bezogen“: a.a.O. 272, und darum das Geschmacksurteil und das Schöne unter der Bestimmung des „Wohlgefallens“ diskutiert: §§ 2–5 a.a.O. 272–279.

37 „Man kann sagen: daß unter allen diesen drei Arten des Wohlgefallens (sc. des Angenehmen, des Guten und des Schönen), das des Geschmacks am Schönen einzig und allein ein uninteressiertes und *freies* Wohlgefallen sei“: a.a.O. 278; „*Geschmack* ist das Beurteilungsvermögen eines Gegenstandes oder einer Vorstellungsart durch ein Wohlgefallen,

oder Mißfallen, *ohne alles Interesse*. Der Gegenstand eines solchen Wohlgefallens heißt *schön*": a.a.O. 279.

38 A.a.O. 430; vgl. 372 ff.

39 A.a.O. 382.

40 A.a.O. 428–431.

41 A.a.O. 428.

42 A.a.O. 430. Vgl. insgesamt dazu F. W. J. Schelling, Philosophie der Kunst (gelesen 1802/05) V 406: „Darstellung des Absoluten mit absoluter Indifferenz des Allgemeinen und Besonderen im Besonderen ist nur symbolisch möglich." Vgl. ff.

43 I. Kant, Kritik der praktischen Vernunft (1788) V 75–79; ein bemerkenswerter und zugleich merkwürdiger Passus: halb durch Symmetriedenken erzwungenes Verlegenheits-Pendant zum Schematismuskapitel der ersten Kritik, halb vorwegnehmende Kurzfassung der Urteilskritik. Das Problem dieses Stücks: es „ist das sittlich Gute etwas dem Objekte nach Übersinnliches, für das also in keiner sinnlichen Anschauung" – also nirgends in der „Sinnenwelt" – „etwas Korrespondierendes gefunden werden kann, und die Urteilskraft unter Gesetzen der reinen praktischen Vernunft scheint daher besonderen Schwierigkeiten unterworfen zu sein, die darauf beruhen, daß ein Gesetz der Freiheit auf Handlungen als Begebenheiten, die in der Sinnenwelt geschehen und also sofern zur Natur gehören, angewandt werden soll. Allein ... es ist bei der Subsumtion einer mir in der Sinnenwelt möglichen Handlung unter einem reinen praktischen Gesetze nicht um die Möglichkeit der *Handlung* als einer Begebenheit in der Sinnenwelt zu tun" (a.a.O. 76), sondern um ihre *Beurteilung* „Als durch (seinen) Willen möglich" (a.a.O. 77) – und dazu bedarf es einer Art Versinnlichung, eines „Typus der Beurteilung der ersteren nach sittlichen Prinzipien" (ibid.): der Typus ist ein Mittel der Beurteilung *für* die Handlung (Realisierung) – und gerät alsbald in die Gefahr, ein Mittel zu werden der Beurteilung *statt* der Handlung (Realisierung). – Ausführliche Interpretation der „Typik" (von der hier versuchten abweichend) bei G. Krüger, Philosophie und Moral in der Kantischen Kritik (1931) 79 ff.

44 „dem Gesetz der Freiheit ... kann keine Anschauung, mithin kein Schema zum Behuf seiner Anwendung in concreto untergelegt werden. Folglich hat das Sittengesetz ... nicht ein Schema der Sinnlichkeit, sondern ein Gesetz, aber doch ein solches, das an Gegenständen der Sinne in concreto dargestellt werden kann ... zum Behuf seiner Urteilskraft..., und dieses können wir daher den *Typus* des Sittengesetzes nennen": a.a.O. 77.

45 „Alle Hypotypose (Darstellung, subjectio sub adspectum) als Versinnlichung, ist zwiefach: entweder schematisch...; oder symbolisch, da einem Begriffe, den nur die Vernunft denken, und dem keine sinnliche Anschauung angemessen sein kann, eine solche unterlegt wird": I. Kant, Kritik der Urteilskraft (1790) V 423.

46 I. Kant, Kritik der praktischen Vernunft (1788) V 78.

47 Als Indiz dafür kann gelten die Flut der alsbald folgenden (ästhetischen) Symbol-Theorien und Symbol-Reflexionen, die entstehen: einmal deswegen, weil die Symbolisierung als der mögliche Ausweg erscheint zur Bestimmung und Verwirklichung des Vernunftzwecks dort, wo die Geschichte dieser Aufgabe nicht zu genügen scheint; zum anderen deswegen weil diese Symbolisierung in dieser Rolle selbst problematisch wird und das „Symbol" längst unterwegs ist auf dem Wege seiner Verwandlung zum „Symptom".

48 F. Medicus, Kants Philosophie der Geschichte (1902) sieht – mit Recht – im Blick auf V 509 ff. – sogar gerade „in den ... Darlegungen der Kr. d. Urt. ... den Höhepunkt der Kantischen Philosophie der Geschichte": 50.

49 Vgl. die Möglichkeit einer Deutung der Kritik der teleologischen Urteilskraft als der eigentlichen ‚Metaphysik' Kants: G. Krüger, Philosophie und Moral in der Kantischen Kritik (1931).

50 Und 1791 geradezu mit einem „erklärenden Auszug aus Kants ‚Kritik der Urteilskraft'"

zu sich selber gefunden hat; aber man kann Fichtes Philosophie deuten als den Versuch, das in der „Einleitung" der Kritik der Urteilskraft gestellte Problem – vgl. oben S. 111/112 und 132 – zu lösen, *ohne* die Lösungen der Kritik der Urteilskraft in Anspruch nehmen zu müssen.

51 J. G. Fichte, Das System der Sittenlehre nach den Prinzipien der Wissenschaftslehre (1798) IV 355.

52 A.a.O. 353. „Auf dem transzendentalen Gesichtspunkt wird die Welt gemacht, auf dem gemeinen ist sie gegeben, auf dem ästhetischen ist sie gegeben, aber nur nach der Ansicht, wie sie gemacht ist": ibid.

53 Auch G. W. F. Hegel, Differenz des Fichteschen und Schellingschen Systems der Philosophie (1801), findet I 118/119, daß „Fichte sich über Schönheit vortrefflich ... ausdrückt" – „aber", meint Hegel, „inkonsequent in Rücksicht auf sein System", indem er „davon überhaupt keine Anwendung auf dasselbe" mache (a.a.O. 119): es „zeigt schon die ganz subalterne Stellung, in welcher die ästhetische Bildung auftritt, wie wenig überhaupt zur Vollendung des Systems auf sie gerechnet sey": a.a.O. 118.

54 Fichte a.a.O. 353–355 – 3. Hauptstück, 3. Abschnitt 3,2 § 31: ein abgelegenes Stück.

55 Formulierungen a.a.O. 344.

56 Vgl. oben S. 104 ff.

57 F. W. J. Schelling, System des transcendentalen Idealismus (1800) III 593.

58 A.a.O. 602.

59 Vgl. F. W. J. Schelling, Vorlesungen über die Methode des akademischen Studiums (1805) V bes. 306–316: Über das Studium der Historie und der Jurisprudenz. Diese Vorlesungen, die man zu den Schriften des Identitätssystems rechnet, sind gekennzeichnet durch Umdefinitionen: die Geschichte wird aus der ‚politischen' vornehmlich in eine ‚ästhetische' Definition überführt, der Staat aus der politisch-juristischen Definition in eine unbestimmte Organismusvorstellung: a.a.O. 312, oder in die Definition „Staat als Kunstwerk": ibid. Vgl. hierzu oben S. 105 ff.

60 A.a.O. 309/310

61 A.a.O. 310.

62 F. W. J. Schelling, System des transcendentalen Idealismus (1800) III 614 Anm. 1 (handschr. Zusatz).

63 A.a.O. 624.

64 A.a.O. 628.

65 A.a.O. 625, vgl. 628.

66 A.a.O. 628.

67 A.a.O. 629.

68 A.a.O. 634; vgl. hierzu unten S. 166 ff. und 179 ff., bes. 183 ff.

69 Vgl. oben S. 136.

70 J. Ritter, Zur Grundlegung der praktischen Philosophie bei Aristoteles, in: Archiv für Rechts- und Sozialphilosophie 46 (1960) 193.

71 A.a.O. 195.

72 A.a.O. 193.

73 Die ja in der Transzendentalphilosophie als Wirklichkeit des Werdens des (Welt-)Staates definiert ist: vgl. oben S. 100 ff.

74 Um den durchaus einschlägigen Begriff Freuds – vgl. unten S. 245 ff. – bereits hier einzusetzen.

Anmerkungen zu „Wende zur Naturphilosophie“

1 Vgl. oben S. 125.
2 Vgl. oben S. 142 ff.
3 Am 29. Januar 1830.
4 Wie Kant – ähnlich wie nachher Schelling, System des transcendentalen Idealismus (1800) III 607: „Hauptsätze der Teleologie nach Grundsätzen des transcendentalen Idealismus“ – die kritische Theorie der teleologischen Urteilskraft auch nennt: „Die Teleologie, als Wissenschaft, gehört also zu gar keiner Doktrin, sondern nur zur Kritik, und zwar eines besonderen Erkenntnisvermögens, nämlich der Urteilskraft“: V 496; vgl. 495 f.
5 Kritik der ästhetischen Urteilskraft V 269–433; Kritik der teleologischen Urteilskraft V 435–568.
6 Kant a.a.O. §§ 46–30, V 382–395.
7 A.a.O. 382.
8 A.a.O. 383.
9 Natürlich bei Kant nicht zuerst. Vgl. H. Wolf, Versuch einer Geschichte des Geniebegriffs in der deutschen Ästhetik des 18. Jahrhunderts, 1. Bd. Von Gottsched bis auf Lessing (1923) (enthält auch 1–76 Grundzüge der Geschichte des Geniebegriffs in der englischen und französischen Ästhetik des 18. Jahrhunderts); E. Zilsel, Die Entstehung des Geniebegriffes. Ein Beitrag zur Ideengeschichte der Antike und des Frühkapitalismus (1926); außerdem die oben S. 370 Anm. 18 zit. Arbeiten von O. Schlapp und A. Baeumler.
10 Kant a.a.O. 381.
11 Ibid.
12 A.a.O. 352; vgl. hierzu die ganze „Deduktion der reinen ästhetischen Urteile“, d. h. „der ästhetischen Urteile über die Gegenstände der Natur“: a.a.O. 352–365 (§§ 30–38).
13 A.a.O. 353: weil es „eigentlich bloß der Denkungsart oder vielmehr der Grundlage zu derselben in der menschlichen Natur, beigelegt werden müsse“: ibid.
14 Ibid.
15 Vgl. a.a.O. 390: „es ist eigentlich die Dichtkunst, in welcher sich das Vermögen ästhetischer Ideen in seinem ganzen Maße zeigen kann.“
16 „Die Einbildungskraft (als produktives Erkenntnisvermögen) ist nämlich sehr mächtig in Schaffung gleichsam einer andern Natur, aus dem Stoffe, den ihr die wirkliche gibt. Wir unterhalten uns mit ihr, wo uns die Erfahrung zu alltäglich vorkommt“: a.a.O. 389.
17 A.a.O. 364.
18 A.a.O. 359.
19 Das „pulchrum“ gehörte traditionell teilweise unter die Transzendentalien. Die neuzeitliche Ästhetik beginnt dort, wo diese seinsmäßige Schönheit der Dinge nicht mehr realisiert zu werden vermag: vgl. J. Ritter, Ästhetik a.a.O. Daß auch in Kants „Kritik der Urteilskraft“ „metaphysische Motive“ noch wirksam sind, wird man nicht bestreiten dürfen; zugleich aber sind sie derart schwach, daß z. B. das Problem „Endzweck der Schöpfung“ (vgl. a.a.O. 514 ff.) ein wesentlich offenes Problem bleibt, weil seine Beantwortung als Beantwortung der Frage nach Gott, „wenn es theoretisch geschehen sollte, in mir Allwissenheit voraussetzen (würde), um die Zwecke der Natur in ihrem ganzen

Zusammenhange einzusehen und noch obenein alle andere mögliche Plane denken zu können": a.a.O. 521. Die Interpretation der Urteilskraftkritik Kants hat in Ansatz zu bringen, daß eine Metaphysik der Schöpfungsordnung für Kant in wachsendem Maße *keine* Möglichkeit mehr ist.

20 A.a.O. 363.

21 A.a.O. 359.

22 A.a.O. 365: der Hinweis auf diese Frage bildet den Abschluß von Kants „Deduktion der Geschmacksurteile": § 38 = a.a.O. 363–365.

23 „Aber die Richtigkeit dieser Annahme ist noch sehr zu bezweifeln": a.a.O. 365; andererseits liegt „die Wirklichkeit der Naturschönheiten der Erfahrung offen": ibid.

24 A.a.O. 435–568.

25 Im Unterschied zur „relativen Zweckmäßigkeit der Natur" (a.a.O. 444) d.h. der „äußere(n) Zweckmäßigkeit (Zuträglichkeit eines Dinges für andere)" a.a.O. 446; vgl. insgesamt § 63 = a.a.O. 444–447.

26 Dieser „Begriff einer objektiven Zweckmäßigkeit der Natur" ist freilich bei Kant eben nur „ein subjektiver Grundsatz bloß für die reflektierende Urteilskraft, mithin eine Maxime derselben, die ihr die Vernunft auferlegt": a.a.O. 476.

27 In der allgemeinen Formulierung a.a.O. 265: „Der Verstand gibt durch die Möglichkeit seiner Gesetze a priori für die Natur einen Beweis davon, daß diese von uns nur als Erscheinung erkannt werde, mithin zugleich Anzeige auf ein übersinnliches Substrat derselben, aber läßt dieses gänzlich *unbestimmt*": er läßt die Zwecke unbestimmt.

28 A.a.O. 469; also nicht als das, „was wir unserer Beobachtung oder den Experimenten so unterwerfen können, daß wir es gleich der Natur, wenigstens der Ähnlichkeit der Gesetze nach, selbst hervorbringen könnten; denn nur so viel sieht man vollständig ein, als man nach Begriffen selbst machen und zustande bringen kann. Organisation aber, als innerer Zweck der Natur, übersteigt unendlich alles Vermögen einer ähnlichen Darstellung durch die Kunst" (sc. techne, ars): a.a.O. 462. Vgl. F.W.J. Schelling, Allgemeine Deduktion des dynamischen Prozesses oder der Kategorien der Physik (1800) IV 75.

29 A.a.O. 447 ff. (= §§ 64–67); „Natur überhaupt als System der Zwecke": a.a.O. 455.

30 A.a.O. 452.

31 Ibid.

32 A.a.O. 454.

33 A.a.O. 476.

34 A.a.O. 485.

35 Vgl. bes. § 77 a.a.O. 484 ff.

36 Vgl. die These, daß es gerade die Probleme der Kritik der Urteilskraft (Naturtechnik etc.) sind, die zu den Reflexionen von Kants „opus postumum" zwingen: G. Lehmann, Kants Nachlaßwerk und die Kritik der Urteilskraft (1939).

37 Vgl. u.a.: G. Lukács, Geschichte und Klassenbewußtsein (1923) bes. 151 f.; ders., Zur Ästhetik Schillers (1935) in: Beiträge zur Geschichte der Ästhetik (1954) 11–96; B.v. Wiese, Friedrich Schiller (1959), bes. Kap. 19 „Politik und Ästhetik" 446–506; ders., Schiller und die französische Revolution, in: Der Mensch und die Dichtung (1958) 148–169. Zu Hegel treibende Elemente im Denken Schillers werden im folgenden nicht eigens analysiert; dazu vgl. G. Rohrmoser, Zum Problem der ästhetischen Versöhnung. Schiller und Hegel, in: Euphorion 53 (1959) 351–366.

38 1791 ff.: Schillers Briefe. Kritische Gesamtausgabe. Hsg. und mit Anmerkungen versehen von F. Jonas (1892/96) III, vgl. Brief v. 21.12.1792.

39 1795: XI 180–245, mit der schönheitsbezüglichen These, daß „die Person oder das freie Prinzipium im Menschen ... durch seine Dazwischenkunft der Natur die Macht entzieht, die Schönheit ihres Werks zu beschätzen": „es selbst (tritt) an die Stelle der Natur und übernimmt ... mit den Rechten derselben einen Teil ihrer Verpflichtungen ... Die

Freiheit regiert also jetzt die Schönheit. Die Natur gab die Schönheit des Baues, die Seele gibt die Schönheit des Spiels": a.a.O. 194/195.

40 Schillers Briefe a.a.O. III 232.

42 So nicht mehr die (politische) Geschichte die Freiheit zur Erscheinung bringt, fällt der Schönheit diese Aufgabe zu: so ist für die Interpretation bei Schiller nicht eigentlich dies bemerkenswert, daß er das ‚Problem' Schönheit durch die ‚Lösung' „Freiheit in der Erscheinung" (XII 90), sondern umgekehrt dieses, daß er das ‚Problem' Freiheit in der Erscheinung durch die ‚Lösung' Schönheit voranzubringen sucht.

42 1794: XII 1–120; vgl. dazu die 1793 geschriebenen Originalbriefe an den Herzog Friedrich Christian von Augustenburg: Schillers Briefe a.a.O. III 327–340, 368–412, 416–418, ferner 449–451.

43 Vgl. die Diskussion der einschlägigen Thesen zum Verhältnis von Schiller zu Faktum und Verlauf der französischen Revolution bei B. v. Wiese, Friedrich Schiller (1959) 446–459.

44 Motto des Horen-Drucks der Briefe aus J. J. Rousseau, Julie ou la nouvelle Héloise III Brief 7.

45 F. Schiller, Über die ästhetische Erziehung des Menschen (1794) XII 29.

46 A.a.O. 87.

47 A.a.O. 7.

48 Vgl. den aufschlußreichen Satz im Brief an den Herzog v. Augustenburg v. 13. 7. 1793: „Wäre das Faktum wahr – wäre der außerordentliche Fall wirklich eingetreten, daß die politische Gesetzgebung der Vernunft übertragen, der Mensch als Selbstzweck respektiert und behandelt, das Gesetz auf den Thron erhoben, und wahre Freiheit zur Grundlage des Staatsgebäudes gemacht werden, so wollte ich auf ewig von den Musen Abschied nehmen, und dem herrlichsten aller Kunstwerke, der Monarchie der Vernunft, alle meine Tätigkeit widmen. Aber dieses Faktum ist es eben, was ich zu bezweifeln wage. Ja, ich bin soweit entfernt, an den Anfang einer Regeneration im Politischen zu glauben, daß mir die Ereignisse der Zeit vielmehr alle Hoffnungen dazu auf Jahrhunderte benehmen": Schillers Briefe III 532: die Ästhetik kommt zum Zuge, weil die politische Vernunft der Geschichte scheitert.

48a F. Schiller, Über die ästhetische Erziehung des Menschen (1794) 14. Brief u. ff.: XII 52 ff. Zur Interpretation vgl. auch die Analyse bei G. Lukács, Geschichte und Klassenbewußtsein (1923) 153: „Noch klarer jedoch als die philosophischen Systematiken, bei denen das reine Gedankengebäude für den oberflächlichen Blick zuweilen jenen Lebensgrund verdeckt, aus dem ihre Probleme emporsteigen, zeigt sich in den ästhetischtheoretischen Schriften Schillers das Bedürfnis, das zu dieser Problemstellung getrieben hat, zugleich mit der Funktion, die ihrer Lösung zugemutet wird. Wenn Schiller das ästhetische Prinzip als Spieltrieb ... fixiert, ... das ästhetische Prinzip weit über die Ästhetik hinausspannt und in ihm den Schlüssel zur Lösung der Frage nach dem Sinn des gesellschaftlichen Daseins des Menschen sucht, so kommt dabei die Grundfrage der klassischen Philosophie klar zum Vorschein. Es wird auf der einen Seite erkannt, daß das gesellschaftliche Sein den Menschen als Menschen vernichtet hat. Es wird zugleich auf der anderen Seite das Prinzip aufgezeigt: wie der gesellschaftlich vernichtete, zerstückelte, zwischen Teilsystemen verteilte Mensch gedanklich wieder hergestellt werden soll. Wenn wir hier das Grundproblem der klassischen Philosophie klar erblicken können, zeigt sich zugleich mit der Großartigkeit ihres Unternehmens, mit der Zukunftsperspektive ihrer Methode die Notwendigkeit ihres Scheiterns."

49 Vgl. bes. unten S. 207 f.

50 F. Schiller, Über die ästhetische Erziehung des Menschen (1794) XII 59.

51 A.a.O. 120.

52 v. Wiese weist a.a.O. 503 auf „Schillers um 1794 einsetzende Abkehr vom politischen Tagesgeschehen" hin. „Was sich hier ereignet, ist selber noch eine politische Entschei-

dung": ibid. Als ‚Resignation' freilich möchte er dieses und weitere einschlägige Indizien bei Schiller nicht deuten, eher als bereits mitgebrachte Distanz und Reserve gegenüber der politischen Defintion der Geschichte. Das überzeugt m. E. nicht durchgängig.
53 1793: XII 161–263. Es ist auffällig, daß v. Wiese diese Schrift nicht zur Interpretation von „Politik und Ästhetik in Schillers Denken" heranzieht.
54 A.a.O. 162.
55 A.a.O. 182.
56 A.a.O. 180; oder in der Kindheit: „Unsre Kindheit ist die einzige unverstümmelte Natur, die wir in der kultivierten Menschheit noch antreffen, daher es kein Wunder ist, wenn uns jeder Fußstapfe der Natur außer uns auf unsre Kindheit zurückführt": a.a.O. 181.
57 Vgl. oben S. 146 ff.
58 A.a.O. 183. „Auch jetzt ist die Natur noch die einzige Flamme, an der sich der Dichtergeist nähret; aus ihr allein schöpft er seine ganze Macht, zu ihr allein spricht er auch in dem künstlichen, in der Kultur begriffenen Menschen": a.a.O. 187.
59 „So wie nach und nach die Natur anfing, aus dem menschlichen Leben als Erfahrung und als das (handelnde und empfindende) Subjekt zu verschwinden, so sehen wir sie in der Dichterwelt als Idee und als Gegenstand aufgehen": a.a.O. 162.
60 Bei Schiller unterm Eindruck Rousseaus, gleichwohl nur anklingend. „Solange wir bloße Naturkinder waren, waren wir glücklich und vollkommen; wir sind frei geworden und haben beides verloren": a.a.O. 177, vgl. ff.
61 A.a.O. 250.
62 Ibid.
63 A.a.O. 250/251.
63a Darum wählen moderne typologische Versuche diese Einteilung Schillers nicht ungern als Vorläufer; vgl. die vorsichtige Diskussion bei C. G. Jung, Psychologische Typen (1921 [10]1930) 95–189.
64 F. Schiller, Über naive und sentimentalische Dichtung (1795) XII 183.
65 A.a.O. 187.
66 Die Theorie des sentimentalischen Dichters ist der Versuch, die „klassische" Genietheorie, die streng genommen nur auf den naiven Dichter zutrifft – „Naiv muß jedes wahre Genie sein, oder es ist keines": a.a.O. 173 – so zu modifizieren und neben die klassische zu setzen, daß sie auf den ‚wirklichen' dichtenden Menschen zutrifft: sie ist die theoretische Formulierung der beginnenden Resignation des ästhetischen Anspruchs.
67 Mir scheint nach wie vor plausibel zu sein, daß für Schiller die Demetriusfabel interessant wurde als Szenarium der ins Historische übersetzten Dichterlage im Blick auf den Anspruch der "ästhetischen Versöhnung". Es wäre zu erwägen, inwieweit z. B. H. v. Kleists „Robert Guiskard" (der Kranke, der um des Zieles willen die eigene Krankheit verheimlichen muß) eine Variante *dieses* Themas ist.
68 A.a.O. 177.
69 A.a.O. 178.
69a A.a.O. 233.
70 A.a.O. 169.
71 A.a.O. 233.
72 Ibid.
73 A.a.O. 178.
74 Vgl. oben S. 125 u. ff.
75 Vgl. die Carus-Analyse unten S. 169 ff. und die Freud-Analyse unten S. 222 ff.
76 F. W. J. Schelling, Einleitung zu dem Entwurf eines Systems der Naturphilosophie. Oder über den Begriff der speculativen Physik und die innere Organisation eines Systems dieser Wissenschaft (1799) bes. III 274: „sie ist ... speculative Physik; der Tendenz nach ganz dasselbe, was die Systeme der alten Physiker".

77 Vgl. unten S. 170 ff.
78 Z. B. H. Schneider, Schellings und Hegels schwäbische Geistesahnen (1938).
79 Vgl. die schöne Analyse über „Die schwäbische Tradition als Mutterboden der Naturphilosophie" in J. Habermas, Das Absolute und die Geschichte. Von der Zwiespältigkeit in Schellings Denken (1954) 122–138: "Die Naturphilosophie lebt aus dem allerdings nicht geklärten Lebensverständnis der schwäbischen Tradition: a.a.O. 138, wobei Habermas besonders die Rolle Oetingers betont.
80 Vgl. neuerdings die Thesen von R. Hablützel, Dialektik und Einbildungskraft. F. W. J. Schellings Lehre von der menschlichen Erkenntnis (1954) bes. 14–19.
81 III 607–611 und die dazugehörige „Aufgabe" III 605/606.
82 Vgl. die ausführlichere Diskussion des gegenwärtigen Standes der Schelling-Forschung unten S. 404 f. Anm. 68.
83 Z. B J. E. Erdmann, Versuch einer wissenschaftlichen Darstellung der Geschichte der neuern Philosophie III,2 (1835 [10]1931) bezeichnet als Schellings „Aufgabe, Kant's Naturphilosophie zu begründen und zu ergänzen, und also für dessen ‚Metaphysische Anfangsgründe' und ‚Kritik der Urtheilskraft' zu werden, was Reinhold und Fichte für die beiden anderen Kritiken geworden waren": 254.
84 Nebst der „Philosophie der Kunst".
85 Erdmann a.a.O. 1.
86 A.a.O. 5.
87 Vgl. oben S. 114 ff.
88 Sie bestimmen die Naturphilosophie als ‚angewandte theoretische Philosophie': „Die *reine* theoretische Philosophie beschäftigt sich bloß mit der Untersuchung über die Realität unseres Wissens *überhaupt;* der *angewandten* aber, unter dem Namen einer Philosophie der Natur, kommt es zu, ein *bestimmtes* System unseres Wissens ... aus Prinzipien abzuleiten": II 4, vgl. f. Diese Bestimmung gibt der Naturphilosophie eine Stelle, die der von Kants „Metaphysischen Anfangsgründen der Naturwissenschaft" (1786) und der der sog. „Wissenschaft vom Übergang" im opus postumum entspricht.
89 So die Ortsbestimmung in F. W. J. Schelling, System des transcendentalen Idealismus (1800) § 1: III 339–342.
90 Vgl. die Ortsbestimmung in F. W. J. Schelling, Über den wahren Begriff der Naturphilosophie und die richtige Art ihre Probleme aufzulösen (1801) IV 79 ff., dazu die unten S. 156 f. zitierten Stellen.
91 A.a.O. 84; vgl. 92: „Mehrere haben, weil von Natur- und Transzendental-Philosophie als entgegengesetzten gleich möglichen Richtungen der Philosophie die Rede war, gefragt, welcher von beiden dann die Priorität zukomme. – Ohne Zweifel der Naturphilosophie, weil diese den *Standpunkt* des Idealismus selbst erst entstehen läßt und ihm dadurch eine sichere, *rein* theoretische Grundlage verschafft."
92 F. W. J. Schelling, Zur Geschichte der neueren Philosophie (1827) X 95: „Wenn man daher das ganze System Naturphilosophie nannte, so war dies eine denominatio a potiori": 107.
93 Vgl. F. W. J. Schelling, Darlegung des wahren Verhältnisses der Naturphilosophie zu der verbesserten Fichteschen Lehre. Eine Erläuterungsschrift der ersten (1806) VII 1–126; diese Streitschrift pariert die Angriffe Fichtes gegen die Naturphilosophie in den Grundzügen des gegenwärtigen Zeitalters (bes. Vorlesung 8), über das Wesen des Gelehrten und die Anweisung zum seligen Leben.
94 A.a.O. 17.
95 Ibid.
96 A.a.O. 18.
97 F. W. J. Schelling, Philosophische Untersuchungen über das Wesen der menschlichen Freiheit und die damit zusammenhängenden Gegenstände (1809) VII 356.
98 F. W. J. Schelling, Ideen zu einer Philosophie der Natur (1797) II 72/73.

99 F. W. J. Schelling, Darlegung des wahren Verhältnisses der Naturphilosophie zu der verbesserten Fichteschen Lehre (1806) VII 19.
100 Die bereits im „absoluten Identitätssystem“ – F. W. J. Schelling, Darstellung meines Systems der Philosophie (1801) IV 113 – einsetzt, wie es vor allem die in Begriffen dieses Systems formulierenden Vorlesungen über Philosophie der Kunst (1802/05) deutlich werden lassen.
101 Vgl. oben S. 103 ff., 141 ff., 151.
102 Vgl. oben S. 105 ff., 141 ff.
103 F. W. J. Schelling, Abhandlungen zur Erläuterung des Idealismus der Wissenschaftslehre (1796/97) I 382.
104 Vgl. oben S. 129 ff.
105 Vgl. oben S. 145 ff.
106 Vgl. oben S. 149 ff.
107 F. W. J. Schelling, System des transcendentalen Idealismus (1800) III 608.
108 A.a.O. 606.
109 Ibid.
110 A.a.O. 608.
111 A.a.O. 606 Anm. 1: handschr. Zusatz.
112 A.a.O. 605: „Aufgabe: zu erklären, wie das Ich selbst der ursprünglichen Harmonie zwischen Subjektivem und Objektivem bewußt werden könne“; vgl. ff.
113 Schelling spricht von der „Teleologie, in welcher allein die Auflösung des gegebenen Problems gesucht werden kann“: a.a.O. 606.
114 F. W. J. Schelling, Zur Geschichte der neueren Philosophie (1827) X 107.
115 F. W. J. Schelling, Über den wahren Begriff der Naturphilosophie und die richtige Art ihre Probleme aufzulösen (1801) IV 85.
116 Ibid.
117 A.a.O. 84/85.
118 A.a.O. 86.
119 A.a.O. 87.
120 A.a.O. 87/88.
121 A.a.O. 88.
122 A.a.O. 90.
123 A.a.O. 88.
124 Ibid.
125 Vgl. oben S. 105 ff., 141 ff.
126 „Die Naturphilosophie hat vor dem Idealismus voraus, daß sie ihre Sätze rein-theoretisch beweist und keine besonderen, praktischen Anforderungen zu machen hat, wie jener, der eben deswegen auch keine rein theoretische Realität hat“: a.a.O. 91; hier wird also das, was für Kant und Fichte der Vorzug der praktischen Philosophie war, zu ihrem Mangel erklärt.
127 F. W. J. Schelling, Philosophische Einleitung in die Philosophie der Mythologie oder Darstellung der reinrationalen Philosophie XI 374.
128 F. W. J. Schelling, Allgemeine Deduktion des dynamischen Prozesses oder der Kategorien der Physik (1800) IV 77.
129 S. 98.
130 Vgl. F. W. J. Schelling, Einleitung zu dem Entwurf eines Systems der Naturphilosophie oder über den Begriff der speculativen Physik und die innere Organisation eines System dieser Wissenschaft (1799) III 271/272: „Da die Philosophie die bewußtlose, oder, wie sie auch genannt werden kann, reele Thätigkeit als identisch setzt mit der bewußten oder individuellen, so wird ihre Tendenz ursprünglich darauf gehen, das Reelle überall auf das Ideelle zurückzuführen, wodurch das entsteht, was man Transzendentalphilosophie nennt... Wenn es nun Aufgabe der Transzendentalphilosophie

ist, das Reelle dem Ideellen unterzuordnen, so ist es dagegen Aufgabe der Naturphilosophie, das Ideelle aus dem Reellen zu erklären". Vgl. die Bestimmung der Aufgabe der Transzendentalphilosophie bes. System des transcendentalen Idealismus (1800) III 348 und 535 ff.

131 Vgl. insbes. die Bestimmungen S. 84 ff.

132 Vgl. oben S. 95 ff.

133 Vgl. oben S. 96 ff.

134 Vgl. oben S. 98; obwohl es bei Schelling den Terminus „Verdrängung" durchaus einschlägig gibt: F. W. J. Schelling, Von der Weltseele (1798) II 374/375.

135 F. W. J. Schelling, Über den wahren Begriff der Naturphilosophie und die richtige Art ihre Probleme aufzulösen (1801) IV 91.

136 Vgl. oben S. 114 ff. und S. 121 ff.

137 F. W. J. Schelling, Allgemeine Deduktion des dynamischen Processes oder der Kategorien der Physik (1800) IV 76, „die Natur hat schon von Ferne die Anlage gemacht zu dieser Höhe, welche sie durch die Vernunft erreicht. Der Philosoph selbst übersieht dieß nur, weil er sein Objekt mit dem ersten Akt schon in der höchsten Potenz, – als Ich, als mit Bewußtsein begabtes, aufnimmt, und nur der Physiker kommt hinter jene Täuschung": a.a.O. 77. „Man möchte daher allen Menschen, die in der Philosophie jetzt zweifelhaft sind und nicht auf den Grund sehen, zurufen: Kommet her zur Physik, und erkennet das Wahre!": a.a.O. 76.

138 A.a.O. 77.

139 F. W. J. Schelling, System des transcendentalen Idealismus (1800) III 341; vgl. 340/341: „Dieß und nichts anderes liegt dem Bestreben zu Grunde, in die Naturerscheinungen *Theorie* zubringen ... Die vollendete Theorie der Natur würde diejenige sein, kraft welcher die ganze Natur sich in eine Intelligenz auflöste."

140 F. W. J. Schelling, Ideen zu einer Philosophie der Natur als Einleitung in das Studium dieser Wissenschaft (1797) II 55/56.

141 F. W. J. Schelling, Philosophische Untersuchungen über das Wesen der menschlichen Freiheit und die damit zusammenhängenden Gegenstände (1809) VII 351; diese Stelle wiederholt die Formulierung der „Darstellung meines Systems der Philosophie" (1801) IV 109: während „der (sc. Fichtesche) Idealismus in der subjektiven Bedeutung" behauptet, „das Ich sey Alles, (behauptet) der in der objektiven Bedeutung umgekehrt: Alles sey = Ich, und es existiere nichts als was = Ich sey".

142 F. W. J. Schelling, Ideen zu einer Philosophie der Natur als Einleitung in das Studium dieser Wissenschaft (1797) II 69. Schelling schreibt ibid. dazu: „In Leibniz hatte sich zuletzt diese hohe Ansicht erneuert"; „Die Zeit ist gekommen, da man seine Philosophie wiederherstellen kann": a.a.O. 20.

143 F. W. J. Schelling, System des transcendentalen Idealismus (1800) III 331.

143a Vgl. oben S. 146, 152 f.

144 „Mit der Naturphilosophie beginnt, nach der blinden und ideenlosen Art der Naturforschung, die seit dem Verderb der Philosophie durch Baco, der Physik durch Boyle und Newton allgemein sich festgesetzt hat, eine höhere Erkenntnis der Natur": F. W. J. Schelling, Ideen zu einer Philosophie der Natur als Einleitung in das Studium dieser Wissenschaft (1797) II 70.

145 Zwar ist es „das System des Wiederherstellers der epikurischen Philosophie, le Sage's mechanische Physik ..., durch welche nach langem wissenschaftlichen Schlaf der speculative Geist in der Physik zuerst wieder geweckt worden ist": Einleitung zu dem Entwurf eines Systems der Naturphilosophie (1799) III 274. Aber das „dynamische System ... vertheidigt sich ... gegen jedes Unternehmen einer mechanischen Physik": F. W. J. Schelling, Ideen zu einer Philosophie der Natur (1797) II 212; vgl. insgesamt a.a.O. 200–212 „Einige Bemerkungen über die mechanische Physik des Herrn le Sage."

146 Im Sinne von I. Kant, Prolegomena zu einer jeden künftigen Metaphysik, die als Wis-

senschaft wird auftreten können (1783) IV 70: „der Verstand schöpft seine Gesetze (a priori) nicht aus der Natur, sondern schreibt sie dieser vor."

147 F. W. J. Schelling, Erster Entwurf eines Systems der Naturphilosophie. Für Vorlesungen (1799) III 17.

148 Schelling wirft ihm den „Mangel jener Anschauung, dadurch uns die Natur als selbstlebendig erscheint", vor: Darlegung des wahren Verhältnisses der Naturphilosophie zu der verbesserten Fichteschen Lehre (1806) VII 19; die ganze Schrift VII 1–126 ist eine vorzüglich klare Erläuterung der Schellingschen Intention durch ihre Entgegensetzung zu einer Theorie der ‚getöteten' Natur, die „nichts anderes (ist) als ein das Leben untergrabendes und aushöhlendes Moralisieren der ganzen Welt, einen wahren Abscheu gegen alle Natur und Lebendigkeit außer im Subjekt": a.a.O. 19; „soweit nur immer die Natur menschlichen Zwecken dient, wird sie getödtet": a.a.O. 16.

149 F. W. J. Schelling, Zur Geschichte der neueren Philosophie (1827) X 121.

150 Ibid.

151 F. W. J. Schelling, Ideen zu einer Philosophie der Natur (1797) II 40.

152 F. W. J. Schelling, Allgemeine Deduktion des dynamischen Processes oder der Kategorien der Physik (1800) IV 75. Zu dieser These gehört Schellings Kritik des Experiments, wie sie in Einleitung zu dem Entwurf eines Systems der Naturphilosophie (1799) entwickelt ist: „In die innere Construktion der Natur zu blicken wäre nun freilich unmöglich, wenn nicht ein Eingriff durch Freiheit in die Natur möglich wäre... Die Natur muß also gezwungen werden, unter bestimmten Bedingungen, die in ihr gewöhnlich entweder gar nicht oder nur durch andere modificirt existiren, zu handeln. – Ein solcher Eingriff in die Natur heißt Experiment. Die Construktion vermittelst des Experiments ist noch immer kein absolutes Selbsthervorbringen der Erscheinungen... Daß nun das Experiment niemals auf ein solches Wissen führe, ist daraus einleuchtend": III 276/277. Stattdessen ist „eine Construktion der Natur selbst" erforderlich: a.a.O. 278. Dies alles führt Schelling – in Übereinstimmung mit Goethe und Hegels Naturphilosophie – zur Absage an die newtonsche Naturwissenschaft, vgl. oben Anm. 144 und: F. W. J. Schelling, Ideen zu einer Philosophie der Natur (1797) II 197ff.: „Newtonismus" ist „mit dem Verstande rasen": a.a.O. 200.

153 „Die Organisation producirt *sich selbst,* entspringt *aus sich selbst*... Jedes organische Produkt trägt den Grund seines Daseyns in *sich selbst,* denn es ist von sich selbst Ursache und Wirkung ... sie (sc. Organisation) *organisirt sich selbst,* ist nicht etwa nur ein Kunstwerk, dessen Begriff außer ihm im Verstande des Künstlers vorhanden ist": F. W. J. Schelling, Ideen zu einer Philosophie der Natur (1797) II 40/41.

154 F. W. J. Schelling, Von der Weltseele, eine Hypothese der höheren Physik zur Erklärung des allgemeinen Organismus (1798) II 349.

155 F. W. J. Schelling, Erster Entwurf eines Systems der Naturphilosophie (1799) III 13.

156 F. W. J. Schelling, Ideen zu einer Philosophie der Natur (1797) II 46/47: „Diese Philosophie also muß annehmen, es gebe eine Stufenfolge des Lebens in der Natur. Auch in der bloß organisierten Materie sei Leben; nur ein Leben eingeschränkterer Art. Diese Idee ist so alt und hat sich bis jetzt unter den mannichfaltigsten Formen bis auf den heutigen Tag so standhaft erhalten ... daß man wohl zum voraus vermuthen kann, es müsse irgend ein Grund dieses Naturglaubens im menschlichen Geiste selbst liegen. So ist es auch. Der ganze Zauber, der das Problem vom Ursprung organisierter Körper umgibt, rührt daher, daß in diesen Dingen Nothwendigkeit und Zufälligkeit innigst vereint sind... Dadurch wurde der menschliche Geist frühzeitig auf die Idee einer sich selbst organisierenden Materie geführt und, weil Organisation nur in Bezug auf den Geist vorstellbar ist, auf eine ursprüngliche Vereinigung des Geistes und der Materie in diesen Dingen... Solange ich mit der Natur *identisch* bin, verstehe ich was eine lebendige Natur ist so gut, als ich mein eigenes Leben verstehe; begreife, wie dieses allgemeine Leben der Natur in den mannichfaltigsten Formen, in stufenmäßigen Entwicklun-

gen, in allmählichen Annäherungen zur Freiheit sich offenbaret“ usf. Darin steckt zugleich die These, „daß von Sein und Leben nur ein *unmittelbares* Wissen möglich ist und daß, was ist und lebt, ...seines Lebens durch sein Leben sich bewußt wird... Denn das Leben kann so wenig außer dem Leben als das Bewußtsein außer dem Bewußtsein vorgestellt werden“: a.a.O. 52.

157 A.a.O. 54/55.

158 Im Unterschied zur „natura naturata“: „Die Natur als Produkt (natura naturata) nennen wir Natur als Objekt (auf diese allein geht alle Empirie). Die Natur als Produktivität (natura naturans) nennen wir Natur als Subjekt (auf diese geht alle Theorie)“: F. W. J. Schelling, Einleitung zu dem Entwurf eines Systems der Naturphilosophie (1799) III 284. „Nur von der Natur als Objekt kann man sagen, daß sie *ist,* nicht von der Natur als Subjekt, denn diese ist das Seyn oder die Produktivität selbst“: a.a.O. 285.

159 F. W. J. Schelling, Zur Geschichte der neueren Philosophie (1827) X 108: „Das Subjekt hat die notwendige Tendenz zum Objektiven, diese erschöpft sich.“ In ihr herrscht – wie im Ich: vgl. F. W. J. Schelling, System des transcendentalen Idealismus (1800) III 631: „Daß ... der ganze Zusammenhang der Transcendental-Philosophie nur auf einem fortwährenden Potenziren der Selbstanschauung beruhe“ – „der gewaltige Trieb zur Bestimmtheit“: F. W. J. Schelling, Von der Weltseele (1798) II 378.

160 F. W. J. Schelling, System des transcendentalen Idealismus (1800) III 332: „es wird ... offenbar, daß dieselben Potenzen der Anschauung, welche in dem Ich sind, bis zu einer gewissen Grenze auch in der Natur aufgezeigt werden können“, so „daß den drei Momenten in der Construktion der Materie ... drei Momente in der Geschichte des Selbstbewußtseins entsprechen“: Allgemeine Deduktion des dynamischen Processes oder der Kategorien der Physik (1800) IV 76; usf.

161 F. W. J. Schelling, Ideen zu einer Philosophie der Natur (1797) unterscheidet II 67 „die Natur als der absolute Erkenntnißakt selbst (Natura naturans)“ von der „Natur als de(m) bloße(n) Leib oder Symbol desselben (Natura naturata)“.

162 Vgl. a.a.O. II 39: „Philosophie ist ... nichts anders, als eine Naturlehre unseres Geistes... Wir betrachten das System unserer Vorstellungen nicht in seinem *Seyn,* sondern in seinem *Werden.* Die Philosophie wird *genetisch,* d. h. sie läßt die ganze nothwendige Reihe unserer Vorstellungen vor unsern Augen gleichsam entstehen und ablaufen. Von nun an ist zwischen Erfahrung und Spekulation keine Trennung mehr. Das System der Natur ist zugleich das System unseres Geistes“.

163 F. W. J. Schelling, Erster Entwurf eines Systems der Naturphilosophie (1799) III 13.

164 A.a.O. 14.

165 F. W. J. Schelling, Einleitung zu dem Entwurf eines Systems der Naturphilosophie (1799) III 285, vgl. ff.

166 A.a.O. 298.

167 Ibid.

168 A.a.O. 287.

169 F. W. J. Schelling, Erster Entwurf eines Systems der Naturphilosophie (1799) III 16.

170 Ibid.; diese Sätze bei Schelling insgesamt gesperrt gedruckt; die hier gegebenen Sperrungen in Fettdruck hervorgehoben; die erste Klammer gibt eine Zusatznotiz aus Schellings Handexemplar.

171 Sie sind gekennzeichnet als „Erster“ und „Zweiter Folgesatz“ unter den „Folgesätzen für die Naturphilosophie, (die zugleich als Beantwortung unserer zweiten obigen Frage anzusehen sind)“: ibid. der Frage: „in welchem Lichte muß uns die ganze Natur erscheinen, wenn sie absolut thätig ist?“: a.a.O. 14 – und sind damit die entscheidenden Ausgangssätze der ganzen Entwicklung des Systems.

172 Vgl. F. W. J. Schelling, System des transcendentalen Idealismus (1800) III 380 ff. mit der These: „Das Ich ist ursprünglich *reines* ins unendliche gehendes *Produciren,* vermöge dessen allein es niemals zum *Produkt* käme. Das Ich also, um für sich selbst zu entste-

hen, ... muß seinem Produciren Grenzen setzen." Das ist eine andere Formulierung nur der Grundthese: „Das Seyn überhaupt ist nur Ausdruck einer gehemmten Freiheit": a.a.O. 37.

173 „Absolute Thätigkeit ist nicht durch ein endliches, sondern nur durch ein *unendliches* Produkt darstellbar": F. W. J. Schelling, Erster Entwurf eines Systems der Naturphilosophie (1799) III 14: aber im unendlichen Produkt ist es eben nicht im strengen Sinne ‚darstellbar': darum ist „Möglichkeit der Darstellung des Unendlichen im Endlichen ... höchstes Problem aller Wissenschaften": ibid.

174 A.a.O. 19.

175 „Das Verbundene, als solches (die bloße Materie), soll nichts für sich sein ... Durch die gänzliche Verdrängung des Verbundenen, als des Verbundenen, und die Entwicklung oder Verwirklichung des Bandes, gelangt daher die Idee erst zu der vollendeten Geburt": F. W. J. Schelling, Von der Weltseele (1798) II 375.

176 Vgl. unten S. 237 ff.

177 Über dessen – faktisch bestrittene – Endgültigkeit oder Nichtendgültigkeit diese Arbeit nicht zu befinden hat.

178 Vgl. selbst ein an der romantischen Naturphilosophie so interessiertes Werk wie H. Knittermeyer, Schelling und die romantische Schule (1929), das „die Geschichte dieser Philosophie als etwas *Vergangenes* hier zur Darstellung" bringt „ohne jeden Nebengedanken an eine mögliche Erneuerung derselben": 136.

179 F. W. J. Schelling, Über den wahren Begriff der Naturphilosophie und die richtige Art, ihre Probleme aufzulösen (1801) IV 82.

180 F. W. J. Schelling, Erster Entwurf eines Systems der Naturphilosophie (1799) III 17.

181 Ibid.

182 Vgl. a.a.O. 20: „Der ursprüngliche Streit ... muß ... unendlich sein; er kann sich daher nicht in irgend einem einzelnen Produkt ... enden." Vgl. Einleitung zu dem Entwurf eines Systems der Naturphilosophie (1799) III 290: „Jenes Scheinprodukt ... kann nicht ein wirklich unendliches Produkt sein, denn sonst würde die Produktivität sich in ihm wirklich erschöpfen; gleichwohl kann es auch kein endliches Produkt sein, denn es ist die Kraft der ganzen Natur, die sich darein ergießt. Es müßte also endlich und unendlich zugleich sein, es müßte nur scheinbar endlich, aber in unendlicher *Entwicklung* sein."

183 F. W. J. Schelling, Erster Entwurf eines Systems der Naturphilosophie (1799) III 17. „Wir erblicken in dem, was man Natur nennt, ... nicht das Urprodukt selbst, sondern seine Evolution": Einleitung zu dem Entwurf eines Systems der Naturphilosophie (1799) III 290. Vgl. die Überlegung a.a.O. 287: Natur ist also ‚Werden'. „Im Begriff des Werdens wird der Begriff der Allmählichkeit gedacht", so daß Natur „Evolution mit endlicher ... Geschwindigkeit" ist. „Daß die Evolution der Natur mit endlicher Geschwindigkeit geschehe und so Objekt der Anschauung werde, ist nicht denkbar ohne ein ursprüngliches Gehemmtseyn der Produktivität": ibid. So gilt: „was der atomistischen Physik Ursache der *Zusammensetzung* der Natur ist, ist der dynamischen das *Hemmende der Evolution":* a.a.O. 297. Daß diese Evolutionslehre der Naturphilosophie keine deszendenztheoretische Entwicklungslehre ist – vgl. H. Zeltner, Schelling (1954) 125 ff. –, hat Schelling betont: „Die Behauptung also, daß wirklich die verschiedenen Organisationen durch allmähliche Entwicklung auseinander sich gebildet haben, ist Mißverständnis einer Idee, die wirklich in der Vernunft liegt": Erster Entwurf eines Systems der Naturphilosophie III 63. Insgesamt aber zielt Schellings Evolutionsbegriff auf das Geschichtliche der Natur und intendiert das, was hier die ‚Historisierung der Natur' genannt wird: durch die Naturphilosophie – schreibt er a.a.O. 68 – „würde der Name Naturgeschichte eine viel höhere Bedeutung bekommen, denn alsdann würde es wirklich eine *Geschichte* der Natur selbst geben."

184 F. W. J. Schelling, Einleitung zu dem Entwurf eines Systems der Naturphilosophie (1799) III 267.

185 A.a.O. 304, die Sperrung von Schelling! Den Ausdruck „Verdrängung“ braucht Schelling wörtlich in der oben Anm. 175 zit. Weltseelen-Stelle II 375.

186 Vgl. oben S. 98, unten S. 230, 233 ff.: eine Verdrängungstheorie wird akut erst unter Bedingungen der ‚Naturentzauberung‘.

187 Bes. dieser Abschnitt verdankt wichtige Anregungen M. Müller, Sein und Geist (1940), darin: Exkurs über Aufhebung 170–175 und der Vorlesung über Schellings Naturphilosophie S.-S. 1961 von F. Kaulbach.

188 F. W. J. Schelling, Einleitung zu dem Entwurf eines Systems der Naturphilosophie (1799) III 299: vgl. 304: "In den entgegengesetzten Richtungen, die durch diese Entgegensetzung entstehen, liegt das Princip für die Construktion aller Lebenserscheinungen.“

189 A.a.O. 299. Vgl. die Diskussion „Von Attraktion und Repulsion überhaupt als Principien eines allgemeinen Natursystems“: Ideen zu einer Philosophie der Natur (1797) II 185 ff.

190 I. Kant, Metaphysische Anfangsgründe der Naturwissenschaft (1786) 2. Hauptstück: Metaphysische Anfangsgründe der Dynamik IV 400 ff.; 451/432: „Das allgemeine Prinzip der Dynamik der materiellen Natur ist: daß alles Reale der Gegenstände äußerer Sinne, was nicht bloß Bestimmung des Raums (Ort, Ausdehnung und Figur) ist, als bewegende Kraft angesehen werden müsse“; und Kant schreibt 431 zusammenfassend, „daß darin (sc. in der Dynamik) zuerst das Reelle im Raume ... in der Erfüllung desselben durch Zurückstoßungskraft, zweitens das, was in Ansehung des ersteren, als des eigentlichen Objekts unserer äußeren Wahrnehmung, negativ ist, nämlich die Anziehungskraft, ... drittens die Einschränkung der ersteren Kraft durch die zweite und die daher rührende Bestimmung des Grades einer Erfüllung des Raumes in Betrachtung gezogen, mithin die Qualität der Materie unter den Titeln der Realität, Negation und Limitation ... abgehandelt worden.“

191 F. W. J. Schelling, Von der Weltseele, eine Hypothese der höheren Physik zur Erklärung des allgemeinen Organismus (1798) II 476: „Daß in der ganzen Natur entzweite, reell-entgegengesetzte Principien wirksam sind, ist a priori gewiß; diese entgegengesetzten Principien in Einem Körper vereinigt, ertheilen ihm die *Polarität;* durch die Erscheinungen der Polarität lernen wir also nur gleichsam die engere und bestimmtere Sphäre kennen, innerhalb welcher der allgemeine Dualismus wirkt.“ Vgl. ff.

192 F. W. J. Schelling, Erster Entwurf eines Systems der Naturphilosophie (1799) III 28.

193 Im oben S. 72 ff. verwendeten Sinn dieses Wortes.

194 Vgl. L. Oeing-Hanhoff, Ens et unum convertuntur. Stellung und Gehalt des Grundsatzes in der Philosophie des hl. Thomas von Aquin (1953) II (21–110). Eine eingehende Untersuchung des Zusammenhanges – der von M. Müller a.a.O. angedeutet worden ist – steht einstweilen noch aus und dürfte zu den fruchtbarsten Resultaten führen. Generell sei angemerkt, daß die These der hier folgenden Überlegung sich nicht nur auf Einzelstellen stützt, sondern daß es möglich gewesen wäre, die Schriften bes. von Schelling gleich seitenweise zu zitieren. Darauf verzichtet diese Arbeit und gibt nur einige Belegproben.

195 F. W. J. Schelling, a.a.O. III 11: man „kann ... vom Unbedingten niemals sagen, daß es ist. Denn es ist das Seyn selbst“. Einleitung zu dem Entwurf eines Systems der Naturphilosophie (1799) III 285: „Nur von der Natur als Objekt kann man sagen, daß sie ist, nicht von der Natur als Subjekt, denn diese ist das Seyn oder die Produktivität selbst.“ System des transcendentalen Idealismus (1800) III 375/376: "Man kan nämlich vom Ich nur deswegen nicht sagen, daß es ist, weil es das Seyn selbst ist.“

196 „Es besteht nur in diesem Streit, oder vielmehr es ist selbst dieser Streit entgegengesetzter Richtungen“: System des transcendentalen Idealismus (1800) III 392.

197 I. Kant, Kritik der reinen Vernunft B 322.

198 Ibid. Vgl. die hier nicht im einzelnen zu interpretierende Gesamtüberlegung „Materie und Form“ der „Amphibolie der Reflexionsbegriffe“ a.a.O. 322/324.

199 F. Schiller, Über die ästhetische Erziehung des Menschen in einer Reihe von Briefen (1793/94) XII 39.

200 A.a.O. 42.

201 „Formtrieb" zuerst a.a.O. 44; „Stofftrieb" zunächst als „sinnlicher Trieb" a.a.O. 42, ausdrücklich ab a.a.O. 47. Die Gesamtüberlegung der beiden „Triebe" in den Briefen 11–14 beruft sich a.a.O. 46 Anm. auf Fichtes Grundlage der gesamten Wissenschaftslehre. Zur einschlägigen Interpretation Schillers vgl. M. Müller a.a.O. 70 ff.

202 Vgl. J. G. Fichte, Grundlage der gesamten Wissenschaftslehre als Handschrift für seine Zuhörer (1794), dort bes. die „Grundsätze der gesamten Wissenschaftslehre" I 91–123 (und wiederum dazu die Überlegungen Kants über „Realität, Negation und Limitation" in den Metaphysischen Anfangsgründen der Naturwissenschaft von 1786, dazu oben Anm. 190). Die Schwierigkeit der einschlägigen Interpretation dieses Stücks der Fichteschen Grundlagenschrift liegt in der Notwendigkeit einer Reflexion des in ihm andersartigen Gebrauchs der *Worte* Form und Materie. Vgl. im übrigen J. G. Fichte, Grundriß des Eigentümlichen der Wissenschaftslehre in Rücksicht auf das theoretische Vermögen als Handschrift für meine Zuhörer (1795) I 359: „Das Ich kann sich *für sich* überhaupt nicht setzen, ohne sich zu begrenzen"; „Das Ich setzt ein Begrenzendes, weil es begrenzt ist, und weil es alles, was in ihm sein soll, setzen muß. Es setzt dasselbe *als* ein Begrenzendes, mithin als ein Entgegengesetztes und Nicht-Ich, weil es seine Begrenztheit in sich erklären soll": a.a.O. 360. Fichte unterscheidet also vom Ich als zu begrenzender Tätigkeit (sc. potentia- und materia-prima-Verfassung des ‚reinen' Aktes Ich) d. h. von der „realen und begrenzten" die „entgegenzusetzende ideale und unbegrenzte Tätigkeit", die begrenzt: a.a.O. 356. Die genaue Übereinstimmung dieser Überlegungen mit denen Schellings im System des transcendentalen Idealismus liegt auf der Hand.

203 F. W. J. Schelling, System des transcendentalen Idealismus (1800) III 398. Vgl. ibid.: „Die eine, ursprünglich ins Unendliche gehende, werden wir die *reelle, objektive, begrenzbare* nennen, die andere, die Tendenz sich in jener Unendlichkeit anzuschauen, heißt die *ideelle, subjektive, unbegrenzbare.*"

203a F. W. J. Schelling, Erster Entwurf eines Systems der Naturphilosophie (1799) III 14; „Darum behaupten wir: Alles Einzelne (in der Natur) sey nur eine Form des Seyns selbst, das *Seyn selbst* aber = absoluter Thätigkeit": a.a.O. 13; „Das Selbstbewußtsein ... ist Ein absoluter Akt": System des transcendentalen Idealismus (1800) III 388.

204 A.a.O. III 370.

205 A.a.O. III 351.

206 A.a.O. III 390.

207 Vgl. F. W. J. Schelling, Darstellung des philosophischen Empirismus. Aus der Einleitung in die Philosophie (gelesen München 1836) X bes. 235–259, wo „die Existenz zweier entgegengesetzter Principien, aus deren Zusammenwirkung erst ebensowohl das Erkennbare als das Erkennende hervorgeht" (246) behauptet wird, „die auch wir als das Unbegrenzte und das Grenzen Gebende einander entgegensetzen" (245); „Im Ganzen stehen wir also hier auf demselben Standpunkt, auf welchem schon die Pythagoreer waren, welche lehrten, daß aus dem Unbegrenzten (apeiron) und dem Begrenzenden (to perainon) alles ... entstanden sei und bestehe, und zwar lehrten sie dieß ... in einem dem unseren ganz analogen Sinn, indem sie z. B. zugleich sagten, daß das Grenzenlose schlechthin nicht würde können *erkannt* werden, weßhalb sie auch von dem Begrenzenden sagen, es sei to eidopoioun (eidos heißt bekanntlich Form und Gestalt, aber auch Begriff) – das Begrenzende ist also nach den Pythagoreern das das Unbegrenzte *begreiflich* oder des Begriffs fähig Machende. Aber vorzüglich erhellt ihre Übereinstimmung mit uns aus dem Umstand, daß sie den Gegensatz zugleich aussprachen als monas und dyas, Einheit und Zweiheit, und zwar so, daß sie sagen, die Monas habe mit der Dyas alle Dinge erzeugt, die Dyas sei die Mutter, die Monas der Vater, so wie sie auch sonst von dem Verhältnis beider auf eine Weise reden, die den von uns aufgestellten

Begriffen analog sind“: 243; Schelling verweist auf Platons „Philebos“: „Offenbar nämlich ist Platon in jener Erörterung ganz und gar pythagoreisch, indem er dem apeiron das Grenze Gebende, was er peras nennt, entgegensetzt, als gemeinschaftliches Kind beider das Dritte betrachtet, das bei den Pythagoreern peperasmenon genannt wurde“: 253; usf. Dabei wird auch der Ausdruck hypokeimenon für das „B“ genannte Prinzip (das Unbegrenzte) gebracht: 247, und „als die Unterlage oder Materie des Processes bestimmt“: 248. Den Anschluß dieser Thesen an Aristoteles gewinnt u. a. in besonders eindrucksvoller Weise die Philosophische Einleitung in die Philosophie der Mythologie oder Darstellung der reinrationalen Philosophie (= Philosophie der Mythologie 2. Buch gelesen ab 1826) XI 255–572, deren Vorlesungen in ganz wesentlichem Maße Platon- und vor allem Aristoteles-Interpretationen sind. Zur Diskussion des Zusammenhangs der Schellingschen Lehre mit der Ursachenlehre des Aristoteles vgl. bes. die 17. Vorlesung a.a.O. 386–408. Dieser „späte“ Schelling ist ganz wesentlich auch der *interpretierende Schelling,* der die in seiner „frühen“ Zeit entwickelten Konzeptionen als solche der alten philosophischen Tradition erkennt. Dazu gehören dann eindrucksvolle Allgemeinbetrachtungen, wie z. B. diejenige a.a.O. 380: daß des Aristoteles „Metaphysik das Lernbuch aller Zeiten geworden“ sei. „Ich weiß nicht“, schreibt Schelling da, „ob er zur ersten Erfindung begeistern würde; aber wenn dem Trieb derselben Genüge geschehen, dann ist es Zeit, ihn zu Rathe zu ziehen. Der beste Verlauf eines der Philosophie geweihten Lebens möchte seyn, mit Platon anzufangen, mit Aristoteles zu enden ... so bin ich ... überzeugt, daß derjenige nichts Dauerhaftes schaffen wird, der sich nicht mit Aristoteles verständigt und dessen Erörterungen als Schleifstein seiner eigenen Begriffe benutzt hat.“

208 F. W. J. Schelling, Erster Entwurf eines Systems der Naturphilosophie (1799) III 16.

209 Ibid.

210 A.a.O. 17.

211 F. W. J. Schelling, Einleitung zu dem Entwurf eines Systems der Naturphilosophie (1799) III 298.

212 Ibid. „Die ... Idee eines absolut formlosen, nirgends als bestimmte Materie Darstellbaren, ist nichts anderes als Symbol der der Produktivität sich annähernden Natur“: ibid.

213 Ibid.: „Umgekehrt, wo die Gestalt überwindet, wo also die Produktivität *begrenzt* wird, tritt die Produktivität hervor; sie erscheint...“.

214 F. W. J. Schelling, Philosophische Untersuchungen über das Wesen der menschlichen Freiheit und die damit zusammenhängenden Gegenstände (1809) VII 357; Schelling sagt ibid., „die Naturphilosophie“ habe diese Unterscheidung aufgestellt und verweist in der zugehörigen Anmerkung auf die „Darstellung meines Systems der Philosophie“ (1891).

215 Vgl. oben S. 73.

216 Vgl. oben S. 72 ff.

217 Diese These gibt freilich das genaue Verhältnis nur approximativ und promisque an; dabei kann es für die Zwecke dieser Arbeit sein Bewenden haben. Hier nur einige zusätzliche Bemerkungen. Die zur Seinslehre – zur Theorie des esse commune d. i. des esse ipsus non subsistens (des Prinzips esse) – ausgebildete d. h. die thomistische Prinzipienlehre operiert wesentlich mit *vier* entia quibus „esse“, „essentia“, „forma“, „materia prima“, wobei forma und materia prima die Ingredienzen der essentia nicht-reingeistiger endlich Seiender sind. Diese Prinzipien leben in recht komplizierten Potenz-Akt-Verhältnissen miteinander. Ein sehr ausgeprägtes Potenz-Akt-Verhältnis ist das zwischen materia prima (Potenz) und forma (Akt). Ein subtiles Potenz-Akt-Verhältnis ist das zwischen esse commune (Akt) und essentia (Potenz): das esse commune ist ‚Akt‘ als erstgeschaffenes Abbild Gottes (des subsistierenden esse ipsum, das „actus purus“ ist) der, indem er der ‚potentiellen‘ essentia „zukommt“, diese ‚aktualisiert‘, allein: weil das Prinzip esse (also der nicht-subsistierende actus purus) erst durch diese „Konkretion“ zur Wirklichkeit kommt, hat er selbst die Verfassung einer gewissen ‚Potentialität‘. Mit

der ‚Metamorphose des esse commune‘ (vgl. oben S. 72 ff.) im Übergang zur Transzendentalphilosophie geschieht nun mindestens dreierlei. Erstens ist dieser „reine Akt“ in der Transzendentalphilosophie nicht mehr durch eine „similitudo Dei“ gedeckt: damit mag es zusammenhängen, daß seine traditionell minder betonte ‚Potentialität‘ zu seinem entscheidenden Charakter wird: „reiner Akt“ meint jetzt paradoxerweise vor allem ‚reine Möglichkeit‘. Zweitens: weil „essentia“ als Prinzip wesentlich ausscheidet, wird das Seins-Wesensverhältnis ersetzt durch ein materia-prima-Form-Verhältnis. Denn drittens verliert ebendieses Materia-prima-Form-Verhältnis in der Transzendentalphilosophie – auf Grund ihrer Opposition gegen das Substanz- und Wesensdenken (vgl. oben S. 75–77) – seine Funktion für die Deutung von Wesens- und Ding-Charakteren: so wird es frei für die Deutung des reinen Aktes selbst; dieser übernimmt die Potentialitätscharaktere der materia prima, und seine Verwirklichung geschieht als ‚Formierung‘. Eine differenzierte Bestimmung dieser schwierigen Veränderungen wäre freilich dringend erforderlich.

218 Vgl. unten S. 240–243.

219 F. W. J. Schelling, Darlegung des wahren Verhältnisses der Naturphilosophie zu der verbesserten Fichteschen Lehre (1806) VII 19.

220 Vgl. die unten S. 172 zitierte und Anm. 300 nachgewiesene Stelle aus Carus' Psyche, sowie insbes. dessen Neun Briefe über Landschaftsmalerei (1835).

221 Vgl. (hier im Anschluß an Thesen J. Ritters deutend) H. J. Schrimpf, Das Weltbild des späten Goethe (1956) Kap. 8 164–203, bes. 130 ff.

222 F. W. J. Schelling, Ideen zu einer Philosophie der Natur als Einleitung in das Studium dieser Wissenschaft (1797) II 6.

223 Vgl. F. W. J. Schelling, System des transcendentalen Idealismus (1800) III 610/611: „Die Natur in ihrer blinden ... Zweckmäßigkeit repräsentiert mir allerdings eine ursprüngliche Identität der bewußten und der bewußtlosen Thätigkeit, aber sie repräsentiert mir jene Identität doch nicht als eine solche, deren letzter Grund im *Ich selbst* liegt ... nun war ja aber die Aufgabe der ganzen Wissenschaft eben die, wie dem Ich selbst der letzte Grund der Harmonie zwischen Subjektivem und Objektivem objektiv werde ... Jede Organisation ist ein Monogramm jener ursprünglichen Identität, aber um sich in diesem Reflex zu erkennen, muß das Ich sich unmittelbar schon in jener Identität erkannt haben.“ Usf.

224 Bei gleichzeitiger Ablehnung der imitatio-Theorie der Kunst, „der Nachahmung der Natur als Princip der Kunst“ durch Schelling: a.a.O. 622.

225 Vgl. oben S. 146–147.

226 Vgl. oben S. 151.

227 Schelling a.a.O. III 619 (Überschrift § 2).

228 A.a.O. 619.

229 A.a.O. 612.

230 A.a.O. 611.

231 A.a.O. 612. Diese Überlegung rekurriert auf die Kunsttheorie ausschließlich des Systems des transcendentalen Idealismus (1800), Sechster Hauptabschnitt (a.a.O. 612–629), weil allein sie noch der unmittelbar ‚naturphilosophischen‘ Zeit angehört, die späteren Fassungen der Theorie – Philosophie der Kunst (Vorlesungen 1802/03 und 1804/05) und die 14. der Vorlesungen über die Methode des akademischen Studiums (1803) vor allem – aber bereits die in gewisser Hinsicht ‚theologische‘ Sprache der Identitätsphilosophie sprechen.

232 Bei Schelling fehlt, trotz der oben angeführten Stellen, eine Theorie der „Verdrängung“ der Natur: sie ist noch nicht nötig.

233 F. W. J. Schelling, System des transcendentalen Idealismus (1800) III 613.

234 Ibid.

235 A.a.O. 617, und zwar einer „höheren Natur“: a.a.O. 615; nach „der Aussage aller

Künstler... (befriedigen) sie durch Produktion derselben (sc. ihrer Werke) nur einen unwiderstehlichen Trieb ihrer Natur": a.a.O. 616.

236 A.a.O. 615/616.

237 Das „Genie ... (ist) für die Ästhetik dasselbe..., was das Ich für die Philosophie, nämlich das höchste absolut Reelle, was selbst nie objektiv wird, aber Ursache alles Objektiven ist": a.a.O. 619, denn „die ästhetische Anschauung eben ist die objektiv gewordene intellektuelle": a.a.O. 625, „die objektiv gewordene transzendentale": a.a.O. 627.

238 A.a.O. 614.

239 A.a.O. 617.

240 A.a.O. 614 Anm. 1 (Zusatz in Schellings Handexemplar).

241 A.a.O. 227/228. Darum ist „die objektive Welt ... nur die ursprüngliche, noch bewußtlose Poesie des Geistes; das allgemeine Organon der Philosophie – und der Schlußstein ihres ganzen Gewölbes – die Philosophie der Kunst": a.a.O. 349.

242 Vgl. die ausführliche Diskussion dieses Tatbestandes unten S. 151.

243 Zu dieser Aporie vgl. oben S. 143 f.

244 F. W. J. Schelling, Erster Entwurf eines Systems der Naturphilosophie (1799) III 220–240.

245 1806–1808; dort erschien von F. W. J. Schelling: Vorläufige Bezeichnung des Standpunktes der Medicin nach Grundsätzen der Naturphilosophie (1806): VII 260–283. Vgl. außerdem: Vorlesungen über die Methode des akademischen Studiums (1803), 13. Vorlesung: Über das Studium der Medicin und der organischen Naturlehre überhaupt: V 335–365.

246 F. W. J. Schelling, Vorrede zu den Jahrbüchern der Medicin als Wissenschaft (1806) VII 131.

247 Novalis III, Fragment 1833 (1798).

248 Ibid.

249 Zunächst – zu Beginn der Wirksamkeit von Marcus und Röschlaub in Bamberg – positiv, dann – nach der Einflußnahme der Naturphilosophie durch Schelling und Steffens (Schelling ist insbes. 1802/03 in Bamberg; vgl. auch die Auseinandersetzung mit der Allgemeinen Literaturzeitung zu dieser Zeit) – als kritisierte Gegenposition. Was Lesage für die Naturphilosophie (vgl. oben Anm. 145), ist der Schotte John Brown (1735–1788) für die romantische Medizin.

250 F. A. Mesmer (1734–1815); bedeutender Vermittler: K. Chr. Wolfart (1778–1832).

251 Vgl. H. R. Jauß, Die Ärztesatire in Marcel Prousts ‚Auf der Suche nach der verlorenen Zeit', in: Die Waage 4 (Aachen 1959) 109: „Die Beliebtheit des Arztes als Zentralgestalt und moderner *Held* in Roman und Film der Gegenwart läßt leicht vergessen, daß seine literarische Rolle in der Vergangenheit weniger rühmlich, nämlich lange Jahrhunderte hindurch nur vornehmlich die einer *Komödienfigur* war... Der Wandel zu einer ernsten Auffassung der literarischen Arztrolle fällt wahrscheinlich in das XIX. Jahrhundert" – ob im Zusammenhang mit der ‚romantischen' Wende zur Medizin oder – wie B. Wachsmuth, Der Arzt in der Dichtung unserer Zeit (1939) stillschweigend vorauszusetzen scheint – im Zusamenhang mit den Erfolgen der Medizin durch ihre ‚nachromantische' Wende zur exakten Naturwissenschaft, muß hier offenbleiben.

252 Vgl. etwa die Untersuchungen zu „recta ratio" bei H. Schepers, Andreas Rüdigers Methodologie und ihre Voraussetzungen. Ein Beitrag zur Geschichte der deutschen Schulphilosophie im 18. Jahrhundert 31–42; vgl. bes. die aufschlußreiche Überlegung 41 Anm. 2.

253 Vgl. oben S. 77.

254 Adam Carl August Eschenmayer (1770–1852), Schüler Kielmeyers, Physikus in Kirchheim/Teck, ab 1811 Prof. für Philosophie und Medizin in Tübingen; naturphilosophisch u. a.: Principia quasdam disciplinae naturali, imprimis chemiae, ex metaphysica

naturae substernandae (1796); Sätze aus der Naturmetaphysik auf chemische und medizinische Gegenstände angewandt (1797); Versuch, die Gesetze magnetischer Erscheinungen aus Sätzen der Naturmetaphysik, mithin a priori zu entwickeln (1797); Deduction des lebendigen Organismus, in Röschlaubs Magazin; Spontaneität = Weltseele, in: Zeitschrift für speculative Physik 2 (1801), vgl. dazu Schelling IV 79ff.; Versuch, die scheinbare Magie des thierischen Magnetismus aus physiologischen und psychischen Gesetzen zu erklären (1816); Grundriß der Naturphilosophie (1832).

255 Henrik Steffens (1773–1845), der primär Mineraloge war, Prof. der philos. Naturwissenschaft in Halle ab 1804, später Prof. in Breslau, schrieb naturphilosophisch u. a.: Zu Schellings naturphilosophischen Schriften, in: Zeitschrift für speculative Physik 1 (1800) 1–48 und 88–121; Beiträge zur inneren Naturgeschichte der Erde (1801); Grundzüge der philosophischen Naturwissenschaft (1806); Anthropologie (1822); Polemische Blätter zur Beförderung der spekulativen Physik (1829 und 1835). Vgl. F. W. J. Schelling, Vorwort zu H. Steffens nachgelassenen Schriften (1845) X 391–418.

256 Franz von Pauls Gruithuisen (1774–1852), Prof. für Chemie, Physik, Zootomie, Anthropologie, spät. für Astronomie in München; naturphilosophisch: Anthropologie oder von der Natur des menschlichen Lebens und Denkens für angehende Philosophen und Ärzte (1810); Die Naturgeschichte im Kreise der Ursachen und Wirkungen, oder die Physik historisch bearbeitet (1910); Organo-Zoonomie oder über das niedrige Lebensverhältnis als Propädeutik zur Anthropologie (1811).

257 Johann Jakob Wagner (1775–1841), ab 1803 Prof. für Philosophie in Würzburg, hat zwischendurch in Heidelberg gelesen; naturphilosophisch: Theorie der Wärme und des Lichts (1802); Von der Natur der Dinge (1803); Über das Lebensprincip (1803).

258 Carl Hieronymus Windischmann (1775–1839), 1797–1801 Arzt und Dozent für Medizin in Mainz, ab 1803 Prof. für Philosophie in Aschaffenburg, ab 1818 in Bonn (dort zugleich auch Prof. der Medizin); naturphilosophisch: Über den einzig möglichen und einzig richtigen Gesichtspunkt aller Naturforschung. Letzte Ankündigung einer Schrift über die Mechanik der Natur, in: Reils Archiv für Physiologie (1800); Begriff der Physik (1802); Ideen zur Physik (1805).

259 Johann Wilhelm Ritter (1776–1810), Pharmazeut in Liegnitz und Minden, später in München; naturphilosophisch u. a.: Beweis, daß ein beständiger Galvanismus den Lebensprocess begleite (1798); Beiträge zur näheren Kenntnis des Galvanismus 2 Bde. (1800–05); Das elektrische System der Körper (1805); Physisch-chemische Abhandlungen 2 Bde. (1806); Fragmente aus dem Nachlass eines jungen Physikers 2 Bde. (1810).

260 Jakob Joseph von Görres (1776–1848); naturphilosophisch: Aphorismen über Organonomie (1803); Exposition der Physiologie (1805); Aphorismen über Organologie I (1805).

261 Gottfried Reinhold Treviranus (1776–1837), Bremer Arzt; naturphilosophisch: De emendanda physiologica (1797); Biologie oder Philosophie der lebenden Natur für Naturforscher und Ärzte 6 Bde. (1802–22); Die Erscheinungen und Gesetze des organischen Lebens 2 Bde. (1831/33).

262 Lorenz Oken (1779–1831), ab 1807 Prof. der Medizin in Jena, später in München und Zürich; naturphilosophisch u. a.: Uebersicht des Grundrisses des Sistems der Naturfilosofie und der damit entstehenden Theorie der Sinne (o. J.: 1802); Die Zeugung (1803); Abrihs der Naturphilosophie (1805); Ueber das Universum als Fortsetzung des Sinnensystems. Ein pythagoräisches Fragment (1808); Erste Ideen zur Theorie des Lichts, der Finsterniss, der Farben und der Wärme (1808); Lehrbuch der Naturphilosophie 3 Bde. (1809–11); Hsg. Isis oder encyclopädische Zeitschrift (Jena 1817 ff.); Allgemeine Naturgeschichte für alle Stände 13 Bde. (1833–41).

263 Ignaz Paul Vital Troxler (1780–1866); Arzt in Luzern; naturphilosophisch: Versuche in der organischen Physik (1804); Über das Leben und sein Problem (1807); Elemente der Biosophie (1807); Blicke in das Wesen des Menschen (1812).

264 Gotthilf Heinrich von Schubert (1780–1960), praktischer Arzt in Altenburg, 1809–16 Direktor des Realinstituts in Nürnberg, 1819 Prof. der Naturgeschichte in Erlangen, ab 1827 dass. in München; naturphilosophisch u. a.: Ahndungen einer allgemeinen Geschichte des Lebens (I 1806, II,1 1807, II,2 1821); Ansichten von der Nachtseite der Naturwissenschaft (1808); Allgemeine Naturgeschichte oder Andeutung zur Geschichte und Physiognomik der Natur (1826); Von dem Feststehenden in der Natur (1837) dazu kommen die bedeutenden psychologischen Arbeiten: Symbolik des Traums (1814); Altes und Neues aus dem Gebiet der inneren Seelenkunde (1816); Die Geschichte der Seele (1820) Lehrbuch der Menschen- und Seelenkunde (1838).

265 Franz von Baader (1765–1841), zunächst Arzt, später Bergbaubeamter in München; naturphilosophisch u. a.: Beiträge zur Elementarphysiologie (1799); Über die Analogie des Erkenntnis- und des Zeugungstriebes, in: Jahrbücher der Medicin als Wissenschaft 3 (1808) 115–124; Über Starres und Fließendes a.a.O. 197–204; Über das pythagoräische Quadrat in der Natur, oder die vier Weltgegenden (1798); Beitrag zur dynamischen Philosophie (1809).

266 Ärzte bzw. Mediziner waren von den in Anm. 254–265 Genannten: Eschenmayer, Windischmann, Ritter (Pharmazeut), Treviranus, Oken, Troxler, Schubert, Baader; der frühe Görres studierte und praktizierte auch zeitweilig Medizin; von Steffens ist bekannt, daß er – zusammen mit Schelling – in engerem Kontakt zur Bamberger medizinischen Klinik stand. Zur literarisch greifbaren Reflexion der Stellung der Medizin vgl. von den Genannten: G. H. Windischmann, Versuch über die Medicin nebst einer Abhandlung über die sogenannte Heilkraft der Natur (1797); Über die gegenwärtige Lage der Heilkunde und den Weg zu ihrer festen Begründung (1801); Versuch über den Gang der Bildung in der heilenden Kunst (1809); Über etwas, das der Heilkunst noth tut. Ein Versuch der Vereinigung dieser Kunst mit der christlichen Philosophie (1823); I. P. V. Troxler, Ideen zur Grundlage der Nosologie und Therapie (1803); Grundriss der Theorie der Medicin (1805); J. J. Wagner, Von der Philosophie und der Medicin, ein Prodromus für beide Studien (1805); C. H. v. Schubert, Briefe über das Studium der Medicin (1805); für Gruithuisen vgl. die Anm. 256 zit. Anthropologie „für angehende Philosophen und Ärzte". Damit sind natürlich nicht im entferntesten auch nur die wichtigsten einschlägigen Titel der Zeit genannt. Vgl. auch Anm. 362.

267 Adalbert Friedrich Marcus (1753–1816), Gründer und Leiter der Bamberger Klinik und bedeutender Lehrer dortselbst; Mhsg. der Jahrbücher der Medicin als Wissenschaft (1806–1808), dort: Über die Anwendung des Eisens in der Medicin a.a.O. 1 (1806) 58–124; Versuch einer Theorie der Entzündung a.a.O. 3 (1808) 3–113; Prüfung des Brownschen Systems der Heilkunde durch Erfahrung am Krankenbett (1797–99; als Anhänger Browns geschrieben); Entwurf einer speziellen Therapie (1805/12: naturphilosophisch).

268 Andreas Röschlaub (1768–1835), lehrte ab 1796 als a.o. Prof., ab 1798 als o. Prof. Pathologie und medizinische Klinik in Bamberg, ab 1802 in Landshut, ab 1826 in München. Schrieb als Anhänger Browns: Untersuchungen über die Pathogenie 2 Bde. (1798/1800); als Anhänger der Naturphilosophie: Entwurf eines Lehrbuchs der allgemeinen Iatrie und ihrer Propädeutik (1804); Lehrbuch der besonderen Nosologie, Iatreusologie und Iatrie (1801).

269 Karl Friedrich Kielmeyer (1763–1844), ab 1792 Prof. u. a. der vergleichenden Anatomie und Physiologie an der Karlsschule, ab 1796 Prof. insbes. der Chemie in Tübingen, ab 1801 vor allem Lehrer der Pharmazie dortselbst; hielt die für den Beginn der romantischen Medizin und Naturphilosophie entscheidende Karlsschul-Rede: Über die Verhältnisse der organischen Kräfte untereinander in der Reihe der verschiedenen Organisationen, die Gesetze und Folgen dieser Verhältnisse (1793).

270 Ignaz Döllinger (1770–1841), ab 1796 Prof. der Medizin in Bamberg, ab 1803 Prof. der Anatomie und Physiologie in Würzburg, ab 1823 in München: Grundriß der Naturleh-

re des menschlichen Organismus zum Gebrauch bei seinen Vorlesungen entworfen (1805); Über den jetzigen Zustand der Physiologie, in: Jahrbücher der Medicin als Wissenschaft 1 (1806 119–142; Beiträge zur Entwicklungsgeschichte des menschlichen Gehirns (1814); Was ist Absonderung und wie geschieht sie? Eine akademische Abhandlung (1819); u. a.

271 Konrad Joseph Kilian (1771–1811), Prof. der Medizin in Bamberg, 1805 Würzburg, 1806 Leipzig, 1807 Bamberg, 1810 Petersburg: Entwurf eines System der gesammten Medicin (1802); Über die innere Organisation der Heilkunst als Einleitung in meine Zeitschrift für die gesammte Medicin (1804).

272 Johann Heinrich Ferdinand von Authenried (1772–1835), zunächst Arzt in Stuttgart und auf Reisen, ab 1797 Prof. der Anatomie, Physiologie, Chirurgie und Geburtshilfe in Tübingen: Handbuch der empirischen Physiologie 3 Bde. (1801/02); Ansichten über Natur- und Seelenleben (1836).

273 Karl Friedrich Burdach (1776–1847), zunächst Arzt in Leipzig, 1611 Prof. in Dorpat, ab 1814 in Königsberg: Propädeutik zum Studium der gesammten Heilkunst (1800); Asclepias und John Brown (1800); Handbuch der Pathologie (1808); Literatur der Heilwissenschaft (1810/11); Über die Aufgabe der Morphologie (1816); Über Psychologie als Naturwissenschaft (1828); Der Mensch nach den verschiedenen Seiten seiner Natur oder Anthropologie für das gebildete Publikum (1836); Blicke ins Leben (1844). Vgl. Rückblick auf mein Leben (1848): „Rosenkranz ... bezeichnete mich als einen empirisierten Schellingianer. Ich könnte mit dem Epitheton ... nicht unzufrieden sein; denn ... damit war nur ausgedrückt, daß ich mir die allgemeinsten Ansichten der Schellingschen Naturphilosophie angeeignet, die Erscheinungen aber erfahrungsmäßig aufgefaßt habe."

274 Franz Joseph Schelver (1778–1832), a.o. Prof. der Philosophie in Jena 1803, ab 1807 Prof. der Medizin in Heidelberg: Elementarlehre der organischen Natur (1800); Philosophie der Medicin (1809); Von dem Geheimnisse des Lebens (1815).

275 Dietrich Georg Kieser (1779–1862), zunächst Arzt in Winsen und Northeim, ab 1812 Prof. der Medizin in Jena: Aphorismen aus der Physiologie der Pflanzen (1808); Mémoires sur l'organisation des plantes (1812); Grundzüge der Pathogenie und Therapie des Menschen – als allgemeine Idee der Pathologie und Therapie I (1812); Elemente der Phytotomie I (1815); System der Medicin (1817); System des Tellurismus oder thierischen Magnetismus (1821 ff.); Elemente der Physiatrie (1855).

276 Philipp Franz von Walther (1782–1849), Prof. für innere Medizin 1803 in Bamberg, 1804 in Landshut, 1818 in Bonn, 1830 in München; Chirurg: Physiologie des Menschen mit durchgängiger Rücksicht auf die comparative Physiologie der Thiere 2 Bde. (1806/08); Historische Umrisse von Frankreichs naturwissenschaftlicher Kultur in näherer Beziehung auf Medicin und Chirurgie, in: Jahrbücher der Medicin als Wissenschaft 1 (1806); Darstellung des Bichat'schen Systems a.a.O. 2 (1807); Von der Heilkraft der Natur a.a.O. 3 (1808); Über das Verhältniß der Medicin zur Chirurgie und die Duplicität im ärztlichen Stande (1841); außerdem Aphorismen, Fragmente über das Fieber usf.

277 Johannes Müller (1801–1858), ab 1826 Prof. in Bonn, ab 1833 in Berlin für Anatomie und Physiologie, Direktor des anatomischen Theaters und anatomisch-zootomischen Museums dortselbst, Lehrer u. a. von Helmholtz, Du Bois-Reymond, Brücke, Ludwig: vgl. unten S. 435 Anm. 94. Vgl. insbes. J. Müllers Rede: Von dem Bedürfnis der Physiologie nach einer philosophischen Naturbetrachtung (1825); dazu vgl. W. Szilasi, Die Beziehung zwischen Philosophie und Naturwissenschaft (1949) in: Philosophie und Naturwissenschaft (1961) bes. 21/22. Müller-Bibliographie in: E. Du Bois-Reymond, Gedächtnisrede auf Johannes Müller, gelesen 8. Juli 1858. Abhandlungen der königlichen Akademie der Wissenschaften zu Berlin vom Jahre 1859 (1860).

278 Einschlägige Literatur: Werner, Schellings Verhältnis zur Medicin und Biologie (1909); J. L. Pagel, Einführung in die Geschichte der Medizin, bearb. K. Sudhoff ([2]1915)

344–364; das Kap. Romantische Ärzte in: R. Huch, Die Romantik II (⁵1917) 264–295; W. Leibbrand, Romantische Medizin (²1937); Heilkunde. Eine Problemgeschichte der Medizin (1954) bes. 330–249; Die spekulative Medizin der Romantik (1956); vgl. auch die einschlägigen Ausführungen bei J. B. Erdmann, Versuch einer wissenschaftlichen Darstellung der Geschichte der neuern Philosophie III,2 (1853 ¹⁰1931) bes. §§ 36, 37, 42, schließlich: Biographisches Lexikon der hervorragenden Ärzte aller Zeiten und Völker, ed. Hirsch bearb. Haberling-Vierordt (²1929–1935).

279 Die vergleichende Anatomie ist eines jener Forschungsgebiete, die durch die romantische Naturphilosophie allererst erschlossen wurden.

280 C. G. Carus, Lehrbuch der Gynäkologie (1828); System der Physiologie (1838/40 ²1847); vgl. Erfahrungsresultate aus ärztlichen Studien und ärztlichem Wirken (1859).

281 C. G. Carus, Briefe über Goethes Faust (1835); Goethe, zu dessen näherem Verständnis (1843); Goethe und seine Bedeutung für diese und künftige Zeit (1849).

282 Vgl. C. G. Carus, Natur und Idee (1861). Einleitung.

283 C. G. Carus, Lehrbuch der vergleichenden Zootomie (1818); Von den äußeren Lebensbedingungen der warm- und kaltblütigen Tiere (1824); Von dem Unterschiede zwischen descriptiver, vergleichender und philosophischer Anatomie (1826); Über den Blutkreislauf der Insekten (1827); Von den Ur-Teilen des Schalen- und Knochengerüsts (1828); Erläuterungstafeln zur vergleichenden Anatomie (1826, 1855); Erläuterungstafeln zur vergleichenden Anatomie (1826/1855); – Arbeiten, die im Zusammenhang der Forschungen des Habilitationsfachs von Carus, der vergleichenden Anatomie, stehen.

284 C. G. Carus, Grundzüge und Atlas der Kranioskopie (1841/45).

285 Nach dem Ausdruck von L. Klages im einführenden Vorwort seiner Ausgabe der „Psyche“ (1926) XIX.

286 Nach dem Ausdruck von Th. Lessing in der Einleitung seiner Ausgabe von C. G. Carus, Symbolik der menschlichen Gestalt. Ein Handbuch der Menschenkenntnis (1835; ed. Lessing 1925); vgl. C. G. Carus, Über Grund und Bedeutung der verschiedenen Formen der Hand bei verschiedenen Personen (1846); Proportionenlehre der menschlichen Gestalt (1854).

287 Bes. die berühmten Neun Briefe über Landschaftsmalerei (1835); letzte Schrift von Carus war ebenfalls eine derart „ästhetische“: Betrachtungen und Gedanken vor ausgewählten Bildern der Dresdener Galerie (1867).

288 Vgl. F. W. J. Schelling, Über den wahren Begriff der Naturphilosophie und die richtige Art ihre Probleme aufzulösen (1801) IV 88: „Es ist nicht zunächst um Naturwissenschaft es ist um eine veränderte Ansicht der ganzen Philosophie und des Idealismus selbst zu thun, die dieser früher oder später anzunehmen genöthigt sein wird. – Der Idealismus wird bleiben; er wird nur weiter zurück und in seinen ersten Anfängen aus der Natur selbst, welche bisher der lauteste Widerspruch gegen ihn zu seyn schien, abgeleitet.“

289 C. G. Carus, Vorlesungen über Psychologie (gehalten 1829/30, publ. 1831; hier zit. nach der Ausgabe von F. Arnold, Darmstadt 1958) 41.

290 Repräsentativ dafür ist etwa H. Steffens, Anthropologie (1822; hier zit. nach der Ausgabe von H. Poppelbaum, Stuttgart 1922): vgl. die ganze Einleitung 3–12, dort bes. 6: „Es ist also gewiß, daß die Idee, welche, wenn auch bewußtlos, den Darstellungen der Anthropologie … zum Grunde lag, keine andere war, als die Einheit der Natur und des menschlichen Geistes.“ Denn: „Inwiefern kann … die Erforschung der Naturbedingungen der menschlichen Erscheinung (sc. die Anthropologie), dieses Interesse erwekken? Offenbar nur durch die … Idee der Einheit des Geistes und der Natur; denn dadurch erhält das einige, was bloß Gegenstand der Naturforschung ist (als solcher das Thema einer eigenen Wissenschaft), ein jeden Menschen ansprechendes Gepräge“: a.a.O. 4/5, d. h. es wird zum Thema der Anthropologie. Also „jenes Gefühl, welches uns in die Fülle der Natur versenkt, jenes heilige, reine Frühlingsgefühl, welches das

quellende Leben der Natur als das eigene uns gibt, und alle Reichtümer als unsere, ist das Fundament der Anthropologie": a.a.O. 11. So ergibt sich für Steffens die Notwendigkeit, diesen anthropologischen „Versuch (zu) wagen, indem wir den Menschen 1. betrachten als Natur (Entwicklungsgeschichte der Erde, geologische Anthropologie); 2. als Mittelpunkt einer unendlichen Gegenwart (organische Epoche der Erde, physiologische Anthropologie); 3. als Anfangspunkt einer unendlichen Zukunft (geistige Offenbarung des Göttlichen in einem jeden, psychologische Anthropologie)": a.a.O. 12. Es ist aufschlußreich, daß auch hier das Problem der zwei Naturbegriffe auftaucht: zur „heiligenden" Natur tritt die Gefahr der „verführerischen": „Die Natur, die sich jenem Gefühle offenbart, ist reinigend, ist heiligend; denn sie offenbart sich nur des Reinen. Die verführerische Natur ist selbst nur das zerstörte Gegenbild eines zerissenen Gemüts": a.a.O. 12. Vgl. insgesamt auch unten Anm. 362.

290a Vgl. Anm. 289.

291 C. G. Carus, Psyche. Zur Entwicklungsgeschichte der Seele (1846 ^{2}1860); hier zit. nach der Ausgabe von L. Klages, Jena 1926. Vgl. auch Carus, Mnemosyne (1848); Vergleichende Psychologie oder Geschichte der Seele in der Reihenfolge der Thierwelt (1866).

292 C. G. Carus, Physis. Zur Geschichte des leiblichen Lebens (1851); vgl. auch: Organon der Erkenntnis der Natur und des Geistes (1856).

293 C. G. Carus, Natur und Idee (1861).

294 C. G. Carus, Vorlesungen über Psychologie a.a.O. 40/41.

295 C. G. Carus, Psyche a.a.O. 16.

296 Vgl. a.a.O. 4, 8, 16 ff. u. ö.

297 A.a.O. 4.

298 A.a.O. 5.

299 A.a.O. 242.

300 A.a.O. 239; vgl. hierzu Carus' Landschafts-Betrachtungen in den Neun Briefen über Landschaftsmalerei (1835); ferner: C. G. Carus, Reisen und Briefe, ausgewählt von E. v. Sydow (Leipzig o. J.), enthält: Reise nach Rügen (1818); Reise durch Deutschland, Italien und die Schweiz (1828); Paris und die Rheingegenden (1835); England und Schottland (1844).

301 Vgl. zu diesem Abschnitt oben S. 153–156, unten S. 224–228.

302 C. G. Carus, Vorlesungen über Psychologien a.a.O. 11.

303 C. G. Carus, Psyche a.a.O. 252.

304 A.a.O. 39.

305 A.a.O. 22.

306 A.a.O. 10.

307 A.a.O. 38/39.

308 A.a.O. 1; Carus verweist u. a. auf „E. Stahl, dem schon im 17. Jahrhundert der Gedanke kam: es sei nur die Seele das eigentlich Schaffende und Bildende des Organismus" – und diese unbewußt, denn: „Ihm war nämlich der Unterschied des bewußten und unbewußten Seelenlebens allerdings aufgegangen, und ganz treffend sagte er: ‚das Unbewußte und Unwillkürliche im Organismus geschehe zwar auch ratione oder λόγῳ, aber nicht ratiocinio oder λόγισμῷ', welche Erkenntnis ihn denn auch so erfüllte und befriedigte, daß er mit einer gewissen Verachtung auf die Physiologie seines Zeitgenossen F. Hoffmann herabblickte und selbst mit Leibniz in entschiedene Differenzen geriet": a.a.O. 15.

309 A.a.O. 1.

310 A.a.O. 49; die Verwandtschaft des Gedankens mit Schopenhauers Rede vom „Schleier der Maya", andererseits mit Schillers bzw. Novalis Gedanken des „Schleiers" vor dem Bildnis zu Sais und dgl. ontologischer Textilien liegt auf der Hand.

311 A.a.O. 54; „Ein ehemals Gewußtes ist also nun ein Unbewußtes und nichtsdestoweniger ist dieses Unbewußte die Basis unseres jetzigen Bewußtseins": a.a.O. 2.

312 Schlaf: a.a.O. 127 f.; Traum: a.a.O. 128 ff. – beides im Zusammenhang der Carus'schen Lehre vom „periodische(n) Rückkehren alles Bewußtseins ins Unbewußte": a.a.O. 122. Vgl. die Traumtheorie der 15. der „Vorlesungen über Psychologie" a.a.O. 314 ff.

313 C. G. Carus, Psyche a.a.O. 242. „Es ist hierdurch auch besonders, wodurch sich das beurkundet, was wir den Genius nannten, denn auf merkwürdige Weise zeichnet sich eben ein solcher höher begabter Geist dadurch aus, daß bei aller Freiheit und Klarheit seines Sichdarlebens er von dem Unbewußten, dem mysteriösen Gott in ihm, überall gedrängt und bestimmt wird": a.a.O. 158.

314 A.a.O. 13.

315 A.a.O. 66; hier besteht unmittelbare Verwandtschaft zu Thesen C. G. Jungs. Dahin gehören dann auch die Aussagen, „es sei im Unbewußten eine größere sozusagen Verallgemeinerung des Lebens herrschend ... weil nämlich das Unbewußte das Ursprüngliche und weil sein Sichdarleben am innigsten mit dem Alleben verbunden ist": a.a.O. 62.

316 A.a.O. 1, vgl. 9, 39 und immer wieder.

317 A.a.O. 1.

318 A.a.O. 55.

319 A.a.O. 3.

320 Vgl. oben S. 156 ff.

321 Vgl. unten S. 228 ff.

322 A.a.O. 14.

323 C. G. Carus, Vorlesungen über Psychologie a.a.O. 11.

324 C. G. Carus, Psyche a.a.O. 20; vgl. ff.

325 A.a.O. 21.

326 C. G. Carus, Vorlesungen über Psychologie a.a.O. 12.

327 Ibid.

328 A.a.O. 13.

329 A.a.O. 14.

330 C. G. Carus, Über Begriff und Vorgang des Entstehens. Zuerst in: Verhandlungen der Kaiserlich-Leopoldinisch-Carolinischen Akademie (1859) 139–152; abgedruckt in: C. G. Carus, Grundzüge allgemeiner Naturbetrachtung (Darmstadt 1954) 27–46; dortselbst 27.

331 C. G. Carus, Vorlesungen über Psychologie a.a.O. 24; Hervorhebung von mir.

332 Ibid.

333 Untertitel der Psyche. In der Ausgabe von Klages fortgelassen.

334 Die Carus als Theorie der „Bedingungen des Bewußtseins" und der „Geschichte seines allmählichen Erwachens" berichtet: Psyche a.a.O. 75.

335 A.a.O. 129.

336 C. G. Carus, Vorlesungen über Psychologie a.a.O. 25. „Die Natur der hier gewählten Betrachtungsart muß uns also geradezu und zunächst auf die Entwicklungsgeschichte der Psyche hinführen": a.a.O. 28, auf „die Geschichte der menschlichen Seele": ibid. Dazu gehört bei Carus eine Betonung der Bedeutung der Kindheitserinnerungen: a.a.O. 30. 165 ff. 199: bei der „Betrachtung der Seelenkrankheit" wird man „insbesondere bemerken müssen, daß, wenn man im Leben verirrter Menschen mit genetischer Betrachtungsweise verfahren will, man gewöhnlich finden wird, wie irgend eine verkehrte Richtung, welche späterhin das psychische Leben eines Menschen ganz verunstaltet, ihren ersten Keim, ihre erste Begründung größtenteils in *dieser* Periode (sc. der „Zeit der jugendlichen Unreife") nachweisen lassen wird": a.a.O. 198/199. Dann insgesamt gehört zur „Geschichte des Wachstums der Seele" die Bemerkung, „wie sehr sich auch noch auf der Stufe einer gewissen höhern Reife des Geistes die Spuren verfolgen lassen desjenigen eigentümlichen Entwicklungsganges, den gerade dieses Individuum gegangen war. Man darf sagen, daß sehr bestimmte Überreste durchlaufener Entwick-

lungsstufen in diesem Sinne sich ebenso am Geiste nachweisen lassen, wie an der leiblichen Bildung“: C. G. Carus, Psyche a.a.O. 141, denn „gleich dem durchaus Unbewußten wirken nämlich alle bereits früher einmal zum Bewußtsein gelangten, dann aber wieder unbewußt in der Seele schlummernden Gefühle und Erkenntnisse immerfort auf das bewußte Seelenleben wie auf das, was wir das absolut unbewußte Seelenleben genannt haben, ein; das Geordnete, Schöne wohltätig und fördernd, das Unschöne und Rohe störend und hindernd“: a.a.O. 54.

337 C. G. Carus, Psyche a.a.O. 161–201.

338 A.a.O. 162–167.

339 A.a.O. 167–173.

340 A.a.O. 173–194.

341 A.a.O. 194–199.

342 A.a.O. 201–215.

343 A.a.O. 215–223.

344 C. G. Carus, Vorlesungen über Psychologie a.a.O. 28.

345 C. G. Carus, Psyche a.a.O. 289.

346 Ibid.

347 A.a.O.

348 A.a.O. 7.

349 Vgl. a.a.O. 11.

350 A.a.O. 9.

351 Vgl. a.a.O. bes. 8: unter Berufung auf Aristoteles De anima; vgl. 19.

352 E. v. Hartmann, Philosophie des Unbewußten I (1869, hier zit. nach ^{12}1923) 32/33; vgl. aber VIII/IX: nach Hinweis auf Oerstedt, Der Geist in der Natur (dtsche. Übersetzung 1854) und auf Burdach, Blicke ins Leben (1844) und die Bedeutung dieser Denker, „die man“ – zusammen mit Carus – „wohl im weiteren Sinne zur Schelling'schen Schule rechnen kann“, für seine Philosophie, schreibt Hartmann: „Der dritte der Genannten, der Dresdener Arzt Carus, steht Schelling von den Dreien entschieden am nächsten und seine ‚Psyche‘ wird mit Recht als ein Vorläufer der Philosophie des Unbewußten betrachtet [Anm. mit Hinweis auf J. Volkelt, Das Unbewußte und der Pessimismus]. Zufällig habe ich jedoch diesen Autor erst kennen gelernt, als der Abschnitt A der Philosophie des Unbewußten vollendet und die Disposition des ganzen Buches in der Hauptsache schon feststand, so dass ich mehr Bestätigung als Anregung und Förderung aus seinen Schriften schöpfen konnte.“ Hartmann gibt a.a.O. V–XX („Mein Verhältnis zu früheren Philosophen“: einschlägige Diskussion von Leibniz, Kant, Schelling, Oerstedt, Burdach, Carus, Schopenhauer, Hegel, I. H. Fichte, Lotze, Fechner, Herbart) und vor allem a.a.O. 13–35 („Vorgänger in Bezug auf den Begriff der Unbewussten“: einschlägige Diskussion von Leibniz 14 ff., Hume 16 f., Kant 17 ff., Schelling 20 ff., Jean Paul 22 f., Hegel 23 f., Schopenhauer 24 ff., Herbart 28 f., Fechner 29 ff., Carus 32 f., Perty 33, Wund 33 f., Helmholtz 34, Zöllner 34, Bastian 34 f., G. Freitag 35, Carriere 35) und außerdem in den Spezialdiskussionen der einzelnen Sachprobleme in seinem Werk reiches Material. Auf seine eigenen Thesen – darunter so interessante wie z. B. a.a.O. 327: „dass die moderne Geschichtsschreibung der Philosophie bezeichnet werden muss als das zum Bewusstsein Bringen der unbewusst zwischen den verschiedenen Philosophien obwaltenden Beziehungen, in Folge deren sie unbewusst eine grosse Entwicklungsreihe bilden“ – kann hier leider nicht eingegangen werden.

353 E. v. Hartmann, Schelling's philosophisches System (1897).

354 Klages Hsg. der hier zit. Ausgabe der Psyche; Lessing ist Hsg. von: C. G. Carus, Symbolik der menschlichen Gestalt. Ein Handbuch zur Menschenkenntnis (1925).

355 L. Klages, Der Geist als Widersacher der Seele (1929–32).

356 Th. Lessing, Untergang der Erde am Geist (Europa und Asien) (1916 ^{3}1924).

357 Vgl. Anm. 315. Jung selber hat diese Verwandtschaft der These auch zum Ausdruck gebracht, vgl. etwa C. G. Jung, Symbole der Wandlung (1952 = Wandlungen und Symbole der Libido[4]) 292: „Wir wissen, daß die Individuen, so sehr sie durch die Verschiedenheit ihres Bewußtseinsinhaltes getrennt sind, um so ähnlicher werden, wenn man sie vom Standpunkt des Unbewußten betrachtet. Es ist für jeden Psychotherapeuten ein bedeutender Eindruck, wenn er inne wird, wie gleichförmig bei allem Reichtum die unbewußten Bilder sind. Verschiedenheit entsteht erst durch die Individuation. Diese Tatsache gibt einem wesentlichen Stücke der *Schopenhauer*schen, *Carus*schen und *Hartmann*schen Philosophie eine tiefe psychologische Berechtigung. Diesen philosophischen Anschauungen dient die offenkundige Gleichförmigkeit des Unbewußten als psychische Grundlage. Das Unbewußte besteht u. a. aus den ‚Resten' der archaischen undifferenzierten Psyche mit Einschluß ihrer tierischen Vorstufen." Vgl. dazu nun wiederum etwa F. W. J. Schelling, Zur Geschichte der neueren Philosophie (1827) X 93–95, die schon mehrfach zit. Stelle zur Schellingschen Theorie des Unbewußten und der philosophischen Anamnese, dort bes. 94: „Hiebei ist nur noch zu bemerken (und dieß ist ein sehr wesentlicher Punkt), *daß* das Ich, inwiefern es jenseits des Bewußtseins gedacht wird, eben darum noch nicht das individuelle ist, denn zum individuellen bestimmt es sich eben erst im zu-sich-Kommen, also das *jenseits* des Bewußtseyns oder des *ausgesprochenen* Ich bin gedachte *Ich* ist für alle menschlichen Individuen das gleiche und selbe", usf.

358 Vgl. oben Anm. 277 und unten S. 435 Anm. 94, und vgl. zugleich J. v. Uexküll, Der Sinn des Lebens. Gedanken über die Aufgaben der Biologie mitgeteilt in einer Interpretation der zu Bonn 1824 gehaltenen Vorlesung des Johannes Müller, Von dem Bedürfnis der Physiologie nach einer philosophischen Naturbetrachtung (1947): „Es sind bald 120 Jahre verflossen, seitdem Müller seine aufsehenerregende Rede gehalten hat, und doch ist die gleiche Rede geeignet, auch heute das gleiche Aufsehen zu erwecken. Denn in ihr stellt Deutschlands größter Biologe Forderungen an die Naturforscher auf, die längst vergessen, heute wieder lebendig zu werden beginnen": a.a.O. 5.

359 Vgl. oben S. 169 ff.

360 Karl Ernst von Baer (1792–1876), lehrte an der Petersburger Akademie Zoologie, Anatomie, Physiologie: Entwicklungsgeschichte der Tiere (1820): „Karl Ernst von Baer gebührt das Verdienst, die Zeit als ein Erzeugnis des Subjektes anschaulich gemacht zu haben": J. v. Uexküll und G. Kriszat, Streifzüge durch Umwelten von Tieren und Menschen (1934) 30, vgl. den dortigen Abschnitt über „Merkzeit" 30 ff.; dazu auch J. v. Uexküll, Theoretische Biologie (1920) 2. Kap. Die Zeit 45–56, die sich in bedeutsamer Weise auf Thesen v. Baers beruft.

361 Vgl. unten S. 210 ff.

362 Vgl. C. G. Carus, Vorlesungen über Psychologie a.a.O. XXXVI: dort sagt er, daß „ich nämlich bereits im Winter 1827/28 in einigen zwanzig Vorlesungen vor einem Kreise von Gelehrten, Künstlern und Staatsbeamten einen Überblick der Anthropologie gegeben hatte". Es gibt in jenen Jahren eine Unzahl von Anthropologien, die – in der Regel von Ärzten geschrieben – in populärer Weise die Natürlichkeitscharaktere des Menschenlebens untersuchen und so insgesamt – in der Art der oben Anm. 290 zit. Anthropologie von Steffens (1822) – die „Naturphilosophie" auf die Theorie des Menschen anwenden und für sie fruchtbar machen. Vorläufer war u. a. E. Platner, Neue Anthropologie für Ärzte und Weltweise. Mit besonderer Rücksicht auf Psychologie, Pathologie, Moralphilosophie und Ästhetik (1970); besonderes Gewicht gab diesem philosophischen Genre die Edition der seit ca. 1768 gehaltenen Vorlesung von I. Kant, Anthropologie in pragmatischer Hinsicht (1798 [1]1800 [3]1820 [4]1833) trotz ihrer Kritik der Anthropologie „in physiologischer Hinsicht... Die physiologische Menschenkenntnis geht auf die Erforschung dessen, was die *Natur* aus dem Menschen macht, die pragmati-

sche auf das, was *er* als freihandelndes Wesen aus sich selbst macht oder machen kann und soll": VIII 3; jene Anthropologien, die sich mit der „Natur" des Menschen primär befassen, entstehen so erst dann, als der Einfluß der „Naturphilosophie" wirksam wurde; zeitlich in gewisser Hinsicht noch vorher liegt ein Entwurf von W. v. Humboldt, Plan einer vergleichenden Anthropologie (1795); aus der Fülle der zeitlich folgenden Versuche nur einige Titel: F. D. A. Bartels, Anthropologische Bemerkungen über das Gehirn und den Schädel des Menschen mit besonderer Beziehung auf die Gallschen Entdeckungen (1806); F. v. Pauls Gruithuisen, Anthropologie oder von der Natur des menschlichen Lebens und Denkens für angehende Philosophen und Ärzte (1810); ders., Zootomie oder über das niedrige Lebensverhältnis als Propädeutik zur Anthropologie (1811); Chr. A. Heinroth, Über das Bedürfnis des Studiums der medicinischen Anthropologie (1811); I. P. V. Troxler, Blicke in das Wesen des Menschen (1811, ed. H. E. Lauer 1921); M. Geitner, Physiologie des Menschen oder Darstellung des Absoluten in den Funktionen des Geistes und den den reellen Organismus konstituierenden Organen (1812); K. G. Heumann, Von der Natur des Menschen oder Belehrung über den inneren Organismus des menschlichen Körpers und seines Geistes (1815); G. E. Schulze (= Aenesidem-Schulze), Psychische Anthropologie (1815 [1]1819); J. Ennemoser, Historisch-psychologische Untersuchungen über das Wesen der menschlichen Seele überhaupt und über die Beseelung des Kindes insbesondere (1824); ders., Über die nähere Wechselwirkung des Leibes und der Seele mit anthropologischen Untersuchungen über den Mörder Ad. Moll (1825); ders., Anthropologische Ansichten oder Beiträge zur besseren Kenntnis des Menschen 1. Teil (1828); Chr. H. Bischoff, Grundriß einer anthropologischen Propädeutik zum Studio der gerichtlichen Medicin für Rechtsbeflissene (1827); I. P. V. Troxler, Über Philosophie, Princip, Natur und Studium derselben, eine Antrittsrede zugleich als Einleitung in seine Vorträge über Anthropologie (1830); J. M. Leupold, Die gesammte Anthropologie 2 Bde. (1834); K. F. Burdach, Der Mensch nach den verschiedenen Seiten seiner Natur oder Anthropologie für das gebildete Publikum (1836); G. H. v. Schubert, Lehrbuch der Menschen- und Seelenkunde (1837); K. L. Michelet, Anthropologie und Psychologie des subjectiven Geistes (1840); J. Ennemoser, Der Geist des Menschen in der Natur oder die Psychologie in Uebereinstimmung mit der Naturkunde (1849); I. H. Fichte, Anthropologie (1856); J. F. Fries, Neue oder anthropologische Kritik der Vernunft (1807); mindestens zwischen 1823 und 1830 erscheint eine „Zeitschrift für die Anthropologie" hsg. v. F. Hasse; dazu scheint dann auch die Ausbildung des kritischen Begriffs des „Anthropologismus" zu gehören: Deumer, Der Anthropologismus und Kritizismus der Gegenwart (1844); F. Harms, Der Anthropologismus (1843); insgesamt ist wichtig, daß zu dieser Anthropologie in der Regel eine antitheologische Einstellung *nicht* gehört: sie kommt erst in der Feuerbachschen Wendung der Anthropologie zum Zuge. Das Primärmotiv scheint – abgesehen von gewissen völkerkundlichen Motiven, die aber weniger diese populäre naturphilosophisch-medizinische als vielmehr die spätere und auch gegenwärtige Anthropologie des angelsächsischen und französischen Raumes beherrschen – jeweils das Bedürfnis einer Theorie des Menschenlebens von der *Natur* her. Das hat mehr als F. W. J. Schelling – der 1840 ein „Anthropologisches Schema" erstellt: X 287–294 – offenbar Hegel zur Geltung gebracht: vgl. G. W. F. Hegel, Enzyklopädie der philosophischen Wissenschaften im Grundrisse; es ist dabei aufschlußreich, daß in der Ausgabe von 1817 der Teil C.I.A. „Die Seele" überschrieben und nur in § 307 bei der Begründung der Einteilung von der Seele d. h. des „Unmittelbaren, de(m) Naturgeist" als dem „Gegenstand der gewöhnlich so genannten Anthropologie" die Rede ist: VI 231; von der Ausgabe 1827 ab aber ist dieser Abschnitt ausdrücklich als „Anthropologie" überschrieben (ed. Hoffmeister [5]1949 333); die Einteilung (§ 387) formuliert: „Der subjektive Geist ist: A. an sich oder unmittelbar; so ist er Seele oder Naturgeist, – Gegenstand der Anthropologie.": a.a.O. 332; es scheint also eine Veränderung im Sinne der Etablierung und Befestigung des Begriffs ‚Anthropologie' zugrundezuliegen. Die Bestimmung des Gegenstands der Anthropologie als „Naturgeist" trifft aber präzis die Intention der gesamten Wende zur Anthropologie.

363 Vgl. oben S. 38 ff.

Anmerkungen zu „Entzauberung der Romantiknatur“

1 Vgl. oben S. 123 ff.
2 Vgl. oben S. 142 ff.
3 Vgl. oben S. 131 ff., bes. S. 135 ff.
4 Vgl. oben S. 145 ff.
5 Vgl. oben S. 165 ff.
6 Vgl. oben S. 169.
7 F. W. J. Schelling, Einige allgemeine Betrachtungen (Miscelle aus: Zeitschrift für spekulative Physik Bd. 1, H. 2 1800) IV 528.
8 F. W. J. Schelling, System des transcendentalen Idealismus (1800) III 351.
9 A.a.O. 625; vgl. 627.
10 „Ich fordere zum Behuf der Naturphilosophie die intellektuelle Anschauung“: F. W. J. Schelling, Über den wahren Begriff der Naturphilosophie und die richtige Art, ihre Probleme aufzulösen (1801) IV 87; unter „Abstraktion von dem Anschauenden in dieser Anschauung“: 87/88. Also: „Die intellektuelle Anschauung ... ist die Bedingung des wissenschaftlichen Geistes überhaupt und in allen Theilen des Wissens“: F. W. J. Schelling, Fernere Darstellungen aus dem System der Philosophie (gelesen 1802) IV 362; in dieser Vorlesung 351 ff. die ausführlichste Diskussion der intellektuellen Anschauung. Weil die intellektuelle Anschauung das Organ also auch der Naturphilosophie ist, können Sätze aus dem System des transcendentalen Idealismus, die sich auf die intellektuelle Anschauung beziehen, auch als Thesen zur Naturphilosophie gelten.
11 A.a.O. IV 361.
12 Auf diesen „Aristokratismus in der Erkenntnistheorie“ bei Schelling und auf seine Rolle innerhalb der neueren Philosophie überhaupt hat – plausiblerweise – mit besonderem Nachdruck hingewiesen G. Lukács, Die Zerstörung der Vernunft (^{x}1955) bes. 119/120.
13 F. W. J. Schelling, Bruno oder über das göttliche und natürliche Princip der Dinge. Ein Gespräch (1802) IV 232. Vgl. System des transcendentalen Idealismus (1800) III 351: „Man sieht nicht ein, warum der Sinn für Philosophie eben allgemeiner verbreitet seyn sollte, als der für Poesie“; denn: „Die erste (sc. intellektuelle Anschauung) ... kommt im gemeinen Bewußtseyn überhaupt nicht vor; die andere (sc. ästhetische Anschauung) ... *kann* wenigstens in jedem Bewußtseyn vorkommen. Es läßt sich aber eben daraus auch einsehen, daß und warum Philosophie *als* Philosophie nie allgemeingültig werden kann“: a.a.O. 630.
14 Vgl. J. G. Fichte, Die Grundzüge des gegenwärtigen Zeitalters (1806), 8. Vorlesung, VII 111–127: weil das gegenwärtige Zeitalter „schon durch sein Wesen zum Widerstreite gegen sich reize, und in sich selber den Grund einer Reaktion seiner selbst gegen sich selbst trage“ (112), gibt es den Versuch, „als die wahre Quelle aller Heilung und Genesung, das Unbegreifliche als solches, und um seiner Unbegreiflichkeit willen“, aufzustellen (112) – die „Schwärmerei“ (114 ff.). Und: „alle Schwärmerei ist, und wird notwendig, Naturphilosophie“ (118) d. i. u. a. „eine nur verdeckte, und nicht dafür erkannte, sinnliche Lust“ (119) und „nur die sinnliche Individualität des Menschen, bloß im Gedanken sich darstellend“ (119).
15 Vgl. G. W. F. Hegel, Phänomenologie des Geistes (1807): indem bei Hegel „die wahre Gestalt der Wahrheit in diese Wissenschaftlichkeit gesetzt wird, – oder ... an dem *Begriffe* allein das Element ihrer Existenz“ hat (ed. Hoffmeister 1949 12), weiß er sich

„in Widerspruch mit einer Vorstellung, ... welche eine so große Anmaßung als Ausbreitung in der Überzeugung des Zeitalters hat" (ibid.), zum „naturphilosophischen Formalismus" (42). Der ist „ein natürliches Philosophieren, das sich zu gut für den Begriff und durch dessen Mangel für ein anschauendes und poetisches Denken hält" und „willkürliche Kombinationen einer durch Gedanken nur desorganisierten Einbildungskraft zu Markte (bringt) – Gebilde, die weder Fisch noch Fleisch, weder Poesie noch Philosophie sind" (55), und die Ausbildung zur Wissenschaft verschmäht. „Ohne diese Ausbildung entbehrt die Wissenschaft der allgemeinen Verständlichkeit und hat den Schein, ein esoterisches Besitztum einiger Einzelner zu sein; – ein esoterisches Besitztum: denn sie ist nur erst in ihrem Begriffe oder ihr Inneres vorhanden; einiger Einzelner: denn ihre unausgebreitete Erscheinung macht ihr Dasein zum Einzelnen. Erst was vollkommen bestimmt ist, ist zugleich exoterisch, begreiflich, und fähig, gelernt und das Eigentum Aller zu sein" (16/17). Dazu gehört die Polemik gegen die „Genialität" mit der unten S. 198 zitierten und Anm. 204 und 205 nachgewiesenen zentralen Stelle. Insgesamt vgl. Hegel a.a.O. 12–19, 41–45, 54–59.

16 U. a. durch Fichtekritik – vgl. F. W. J. Schelling, Darlegung des wahren Verhältnisses der Naturphilosophie zu der verbesserten Fichteschen Lehre. Eine Erläuterungsschrift der ersten (1806): vgl. oben S. 154 Stelle; im Zusammenhang dieser Fichtekritik fällt übrigens auch bei Schelling das Wort vom Tod Gottes: „Das Gefühl, das von dieser Sittenlehre aus sich verbreitete, konnte kein anderes als jenes der Wissenschaft dieser Zeit allgemein seyn, daß Gott wesentlich, nämlich als wirklich, *todt ist*": VII 115 – und durch Hegelkritik: vgl. F. W. J. Schelling, Zur Geschichte der neueren Philosophie (1827) X 128: es war „verdienstlich", daß Hegel die „Anwandlung" hatte, „die bloß logische Natur und Bedeutung der Wissenschaft, die er vor sich fand, einzusehen"; insgesamt aber sei seine Philosophie „eine Episode".

17 Vgl. F. W. J. Schelling, Ideen zu einer Philosophie der Natur (1797) II 13: „Die *bloße* Reflexion also ist eine Geisteskrankheit des Menschen". „Darum eignet sie der Reflexion nur *negativen* Werth zu": 14.

18 Als die „wahrhaft ... Eine Erkenntniß; alle Abstraktionen lösten sich auf in die unmittelbare freundliche Anschauung; das Höchste wäre wieder Spiel und Lust der Einfalt, das Schwerste leicht, das Unsinnlichste das Sinnlichste, und der Mensch dürfte wieder frei und froh in dem Buch der Natur selber lesen, dessen Sprache ihm durch die Sprachenverwirrung der Abstraktion und der falschen Theorien längst unverständlich geworden ist": Darlegung des wahren Verhältnisses der Naturphilosophie der verbesserten Fichteschen Lehre (1806) VII 64/65. „Das wirkliche Sehen des Lebendigen kann allerdings nicht bemerkt werden in jenem tölpischen oder auch hochmüthigen Wegfahren über die Dinge; es gehört dazu der Zug innerer Liebe und Verwandtschaft deines eignen Geistes mit dem Lebendigen in der Natur, die stille, nach der Tiefe dringende Gelassenheit des Geistes, damit das bloß sinnliche Anschauen zu einem sinnigen werde": 62.

19 Schelling betont, daß „die reine Anschauung oder vielmehr die schöpferische Einbildungskraft längst die symbolische Sprache erfand, die man nur auslegen darf, um zu finden, daß die Natur um so verständlicher zu uns redet, je weniger wir über sie bloß reflektierend denken": Ideen zu einer Philosophie der Natur (1797) II 47.

20 F. W. J. Schelling, Kritische Fragmente aus den Jahrbüchern der Medicin als Wissenschaft (1806) VII 247: „Ihr klagt über ihren (sc. der Naturphilosophie) zu sinnlichen Ausdruck. Ich sage euch, er ist noch lange nicht sinnlich genug."

21 „Nun behaupte ich aber, daß vom Seyn und Leben nur ein *unmittelbares* Wissen möglich ist und daß, was *ist* und *lebt*, nur ... seines Lebens durch sein Leben sich bewußt wird": Ideen zu einer Philosophie der Natur (1797) II 52. Darum ist die Naturphilosophie „keine Theorie, sondern ein reales Leben des Geistes im und mit der Natur": Kritische Fragmente aus den Jahrbüchern der Medicin als Wissenschaft (1806)

VII 246; vgl. 247: „Im stillsten Dasein und ohne Reflexion offenbart die Pflanze die ewige Schönheit. So wäre dir am besten, schweigend und gleichsam, nicht wissend Gott zu wissen."

22 F. W. J. Schelling, Aphorismen zur Einleitung in die Naturphilosophie. Aus den Jahrbüchern der Medicin als Wissenschaft (1806) VII 144.

23 F. W. J. Schelling, Kritische Fragmente a.a.O. VII 246.

24 F. W. J. Schelling, System des transcendentalen Idealismus (1800) III 623.

25 A.a.O. 628.

26 A.a.O. 349. Vgl. F. W. J. Schelling, Über Dante in philosophischer Beziehung (1803) V 157: Schelling betont an dem „Gedicht des Dante" „die Allgemeingültigkeit und die Ewigkeit dieses Gedichts", die auf der „Durchdringung der Wissenschaft und der Poesie" beruhe. „Dieß ist aber nur denkbar, wenn das Wissen als Bild des Universums und in der vollkommenen Eintracht mit demselben, also der ursprünglichsten und schönsten Poesie, an und für sich schon poetisch ist."

27 F. W. J. Schelling, System des transcendentalen Idealismus (1800) III 611.

28 Ibid.

29 Vgl. a.a.O. 618; vgl. dazu Philosophie der Kunst (1802–05) § 64, V 461.

30 F. W. J. Schelling, Vorlesungen über die Methode des akademischen Studiums (1803) V 326; der Naturforscher soll sich durch „das eigenthümlichste Gedicht der Deutschen" – den Faust – begeistern lassen: ibid.

31 A.a.O. 351/352.

32 F. W. J. Schelling, System des transcendentalen Idealismus (1800) III 623.

33 F. W. J. Schelling, Aphorismen zur Einleitung in die Naturphilosophie. Aus den Jahrbüchern der Medicin als Wissenschaft (1806) VII 145: „Auch Poesie ist die Philosophie, aber sie sie keine vorlaute... Erst sei die Sache poetisch, eh' es das Wort ist."

34 Ibid. 35 Ibid.

36 F. W. J. Schelling, System des transcendentalen Idealismus (1800) III 629.

37 Ibid. Vgl. insgesamt die Formulierungen des „Systemprogramms" (abgedruckt u. a. bei H. Zeltner, Schelling (1954) 65–67): „Ich bin nun überzeugt, daß der höchste Akt der Vernunft ... ein ästhetischer Akt ist... Der Philosoph muß ebensoviel ästhetische Kraft besitzen, als der Dichter... Die Philosophie des Geistes (sc. im Gegensatz zur „Buchstabenphilosophie") ist eine ästhetische Philosophie... Die Poesie bekommt dadurch eine höhere Würde, sie wird am Ende wieder, was sie am Anfang war – Lehrerin der Menschheit; denn es gibt keine Philosophie, keine Geschichte mehr, die Dichtkunst allein wird alle übrigen Wissenschaften und Künste überleben."

38 F. W. J. Schelling, System des transcendentalen Idealismus (1800) III 629.

39 1796: „Ehe wir die Ideen ästhetisch, d. h. mythologisch machen, haben sie für das Volk kein Interesse; und umgekehrt ehe die Mythologie vernünftig ist, muß sich der Philosophie ihrer schämen ... die Mythologie muß philosophisch werden, um das Volk vernünftig, und die Philosophie muß mythologisch werden, um die Philosophen sinnlich zu machen."

40 F. W. J. Schelling, System des transcendentalen Idealismus (180) III 629.

41 F. W. J. Schelling, System der gesamten Philosophie und der Naturphilosophie insbesondere. Aus dem handschriftlichen Nachlaß (gel. 1804) VI 572.

42 A.a.O. 571 43 Ibid. 44 Ibid.

45 A.a.O. 572. Vgl. F. W. J. Schelling, Über das Verhältnis der Naturphilosophie zur Philosophie überhaupt (1802) V 120: „Die neue Religion, die schon sich in einzelnen Offenbarungen verkündet, ... wird in der Wiedergeburt der Natur zum Symbol der ewigen Einheit erkannt."

46 F. W. J. Schelling, Philosophie und Kunst (gel. 1802/05) V 446.

47 A.a.O. 449.

48 A.a.O. 446/447; „Aber dieß wäre doch wieder nur Gebrauch" der Naturphilosophie zur Mythologie, also zu wenig.

49 A.a.O. 405. Vgl. 405/406: „Die Mythologie ist nichts anderes als das Universum im höheren Gewand, in seiner absoluten Gestalt, das wahre Universum an sich, Bild des Lebens und des wundervollen Chaos in der göttlichen Imagination, selbst schon Poesie und doch für sich wieder Stoff der Poesie." Vgl. System der gesamten Philosophie und der Naturphilosophie insbesondere (1804) V 572: „Ein wahrer symbolischer Stoff" – seiner bedarf die Kunst (a.a.O. 571) – „ist nur in der Mythologie, die Mythologie aber nur durch die Beziehung ihrer Gestaltungen auf die Natur möglich. Das ist das Herrliche der Götter in der alten Mythologie, daß sie nicht bloße Individuen sind, historische Wesen, wie die Personen der neueren Poesie – vorübergehende Erscheinungen, sondern ewige Naturwesen, die, indem sie in die Geschichte eingreifen und in ihr wirken, zugleich ihren ewigen Grund in der Natur haben": die Mythologie beweist Geschichtsmächtigkeit der Natur – darum wird sie für Schelling wichtig. Umgekehrt findet die Naturphilosophie wegen ihrer mythologischen Potenzen eine gewisse Gnade in den Augen von denen, die an der Romantik ihre mythologischen Potenzen schätzen und die Jenenser Romantik sonst nicht geltenlassen: A. Baeumler, Einleitung zu: J. J. Bachofen, Der Mythus von Orient und Occident (1926) CLXVIff.: allerdings mit massivsten Vorbehalten.

50 F. W. J. Schelling, Über die Jenaische allgemeine Literaturzeitung (1800) III 645.

51 Vgl. oben S. 169.

52 F. W. J. Schelling, System des transcendentalen Idealismus (1800) III 551.

53 Nur gewisse Ansätze in: Philosophische Briefe über Dogmatismus und Kritizismus (Brief 10) (1795) I 336ff. und 1796 im „Systemprogramm".

54 Vgl. F. W. J. Schelling, System des transcendentalen Idealismus (1800), Einleitung § 3 D und § 4, 3 (III 349ff.) und 6. Hauptabschnitt a.a.O. 612ff.

55 Vgl. F. W. J. Schelling, Über den wahren Begriff der Naturphilosophie und die richtige Art ihre Probleme aufzulösen (1801) IV 86: „diese (sc. das Subjekt-Objekt des Bewußtseins = Ich) wird Princip des idealistischen oder, was mir gleichbedeutend ist, praktische Teile der Philosophie, jenes (sc. das „reine Subjekt-Objekt" = Natur) ist Princip des rein-theoretischen Theils, beide in ihrer Vereinigung geben das System des *objektiv* gewordenen Idealismus (das System der Kunst), mit welchem die Philosophie ... sich ... vollendet." Vgl. a.a.O. 89.

56 Vgl. oben bes. S. 154ff.

57 Vgl. oben S. 103–107; 141ff.; 155.

58 D. h.: die „Kritik der teleologischen Urteilskraft" der „Kritik der ästhetischen Urteilskraft".

59 Vgl. F. W. J. Schelling, System des transcendentalen Idealismus (1800): 5. Hauptabschnitt: „Hauptsätze der Teleologie nach Grundsätzen des transcendentalen Idealismus": III 607ff.; 6. Hauptabschnitt: „Deduktion eines allgemeinen Organs der Philosophie oder Hauptsätze der Philosophie der Kunst nach Grundsätzen des transcendentalen Idealismus": III 612ff.

60 Vgl. oben S. 145f.; 147f.

61 Vgl. oben S. 166–169.

62 Vgl. die Mitteilung des Schelling-Sohnes K. F. A. Schelling in: F. W. J. Schelling, V S. XVIf.: „Es scheint, daß Schelling niemals im Sinn hatte, die Ästhetik als Ganzes zu ediren ... (er) mochte ... bald von dieser oder jener seiner eigensten, zur Zeit der ersten Abfassung der Ästhetik besonders gehegten und in dieser ... prononcierten Ideen abgekommen seyn, so daß es ihm doch nicht möglich war die Philosophie der Kunst ohne eine theilweise gänzliche Umarbeitung zu veröffentlichen." Vgl. unten Anm. 110.

63 Die H. Knittermeyer, Schelling und die romantische Schule (1929) als „die Krisis des romantischen Geistes" (348–458) diskutiert hat: „Mit der ‚Philosophie der Kunst'

schließt die Jenaer Epoche Schellings ab. Dieser Abschluß ist zugleich der Abschluß der romantischen Philosophie überhaupt": a.a.O. 348.

64 1804: die Schrift gibt das ‚Problem', das die Freiheitsschrift auflöst.

65 F. W. J. Schelling, Philosophische Untersuchungen über das Wesen der menschlichen Freiheit und die damit zusammenhängenden Gegenstände (1809); vgl. etwa VII 375: „Gott selbst, damit er seyn kann, bedarf eines Grundes, nur daß dieser nicht außer ihm, sondern in ihm ist, und hat in sich eine *Natur*, die, obgleich zu ihm selbst gehörig, doch von ihm verschieden ist." „Dieser Grund seiner Existenz, ist nicht Gott absolut betrachtet, d. h. sofern er existiert; denn er ist ja nur der Grund seiner Existenz. Er ist die *Natur* – in Gott; ein von ihm zwar unabtrennliches, aber doch unterschiedenes Wesen": a.a.O. 358. Vgl. die ganze Überlegung 357ff.

66 Nach den Weltalterfragmenten (von 1811 und 1813 ed. Schröter; von 1813 Werke VIII) genannt; zeitlich bis 1821 gerechnet; insbes. die neueste Forschung rückt die Freiheitsschrift in den Zusammenhang dieser Philosophie.

67 F. W. J. Schelling, Philosophie der Mythologie (1828–1846); Philosophie der Offenbarung (1821–1845).

68 Zumal gerade diese Philosophie des späteren Schelling im Mittelpunkt der gegenwärtigen Schellingforschung steht. Denn der Aufschwung der Schellingforschung besonders nach 1945 und um das Jubiläumsjahr 1954 – Indizien sind die forcierte Wiederaufnahme der Jubiläumsausgabe M. Schröters, seine Weltalter-Edition (F. W. J. v. Schelling, Die Weltalter. Fragmente. In den Urfassungen von 1811 und 1813 hrg. von M. Schröter (1946)), die Erstellung einer Bibliographie (G. Schneeberger, F. W. J. v. Schelling, eine Bibliographie (1954)), einer neuen einführenden Biographie (H. Zeltner, Schelling (1954)), das Schelling-Interesse von Kongressen und Tagungen (Stuttgart 1954: vgl. Zeitschrift für philosophische Forschung 9 (1955); Ragaz 1934: vgl. Studia Philosophica 14 (1954)), die Fülle von Sammelberichten über neuere Schellingliteratur (vgl. bes.: H. Knittermeyer, Hundert Jahre nach Schellings Tod, in: Philosophische Rundschau 4 (1956) 1–57; E. Coreth, Die Ernte des Schellingjahres, in: Zeitschrift für katholische Theologie 78 (1956) 334–351; X. Tilliette, Actualité de Schelling, in: Revue de Métaphysique et de Morale 64 (1959) 356–369; vgl. auch den oben S. 363 zit. compte-rendu des Schulz-Buches durch Tilliette; ferner die Rezensionen der Schelling-Literatur durch H. Fuhrmans in den Kant-Studien) – dieser Aufschwung der Schellingforschung steht im Zeichen des „existenzialistischen Protestes" (Tillich) gegen die herkömmliche Deutung Schellings als ‚Vorläufer Hegels' (so u. a. J. E. Erdmann, Versuch einer wissenschaftlichen Darstellung der Geschichte der neuern Philosophie III, 2 (1853) 1–198; K. Fischer, Schellings Leben, Werke und Lehre (1872); R. Kroner, Von Kant bis Hegel (1921/24); G. Lukács, Der junge Hegel (1948, [10]1954) bes. 284–306 und 486–514; ders.: Die Zerstörung der Vernunft (1954, [10]1955) 103–155). Diesem Protest wird der *späte*, hegelkritische und ‚nachhegelianische' Schelling auf Kosten des frühen wichtig, und zwar (unterm Eindruck der philosophischen Fragestellung nach dem ersten Weltkrieg) insbes. seine Überwindung des „Idealismus" als einer Theorie der eigenmächtigen, selbstherrlichen, autonomen Vernunft. J. Knittermeyer, Schelling und die romantische Schule (1929), hatte das Frühwerk Schellings als den Weg des Scheiterns dieser „poietischen" Vernunft dargestellt; K. Leese, Philosophie und Theologie im Spätidealismus (1929) und G. Dekker, Die Rückwendung zum Mythos, Schellings letzte Wandlung (1930) hatten den mythologisch-theologischen Spät-Schelling thematisiert. Die beiden entscheidenden – in der These unter der gemeinsamen Voraussetzung dieses „existenzialistischen Protests" einander entgegengesetzten – Interpretationen des Schelling der „positiven Philosophie" sind H. Fuhrmans, Schellings letzte Philosophie. Die negative und positive Philosophie im Einsatz des Spätidealismus (1946) und W. Schulz, die Vollendung des deutschen Idealismus in der Spätphilosophie Schellings (1955): Fuhrmans deutet Schellings letzte Philosophie als theologisch inspirierte Absage an die („ne-

gative") Vernunft des Idealismus zugunsten der („positiven") „Freiheit Gottes"; Schulz (der eine Eingliederung Schellings in die Bewegung des sog. „Spätidealismus" scharf abwehrt: a.a.O. 167ff.) sieht in der Spätphilosophie Schellings „die transzendentale Fragestellung" am Werk, „in der die Vernunft sich ihren unbegreiflichen Grund: Gott vorausdenkt, von der her sie sich nun eingesetzt weiß zur Konstruktion des ideellen Kosmos": a.a.O. 8. Es kann hier undiskutiert bleiben, ob die Spätphilosophie Schellings primär als Vernichtung (Fuhrmans) oder als Begründung (Schulz) der Vernunft durch Gott als das ‚Andere' zur Vernunft verstanden werden muß, zumal sich in der jüngsten Schelling-Deutung eine Distanzierung von der „letzten Philosophie" Schellings zugunsten seiner vorletzten, der Weltalterphilosophie bemerkbar macht; vgl. H. Fuhrmans, Schellings Philosophie der Weltalter. Schellings Philosophie in den Jahren 1805–1821. Zum Problem des Schellingschen Theismus (1954); J. Habermas, Das Absolute und die Geschichte. Von der Zwiespältigkeit in Schellings Denken (1954); W. Wieland, Schellings Lehre von der Zeit (1856). Zu dieser Akzentuierung der Weltalter-Philosophie, die – das durch Schröters Edition neu vorliegende Material auswertend – in gewissem Sinne über die vorgenannten Arbeiten hinausgeht, scheint durchweg der Hinweis auf das „Scheitern" dieses und die Fragwürdigkeit des „letzten" Schellingschen Ansatzes wie die Distanzierung der Autoren – sei es durch Absage an den „explikativen Theismus" (Fuhrmans), an die „Zwiespältigkeit" Schellings (Habermas) oder an sein „Zurückschrecken" vor der Zeitdimension (Wieland) – von Schelling zu gehören: auch der spätere Schelling ist bereits wieder auf dem Weg, als amtierender Ahne der erheblichen Gegenwartsphilosophie abzutreten. All den genannten Arbeiten ist gemeinsam das Interesse primär oder ausschließlich für den *späten* Schelling. Ihm widersteht auch nicht der Versuch von K. Jaspers, Schelling. Größe und Verhängnis (1955), Schellings Philosophie als eine gewisse Antezipation der Konzeptionen von Jaspers („Größe") und Heidegger („Verhängnis") zu verstehen. Undementiert bleibt die Prävalenz des Interesses am ‚späten' Schelling auch durch die Versuche, Schellings „theologische Geistesahnen" zu ermitteln – vgl. etwa R. Benz, Schelling. Werden und Wirken seines Denkens (1955) – oder durch die verdienstlichen Versuche, Schellingdeutung in Schwabenforschung zu überführen: vgl. etwa H. O. Burger, Schwabentum in der Geistesgeschichte. Versuch über die weltanschauliche Einheit einer Stammesliteratur (1933) 160–176; R. Schneider, Schellings und Hegels schwäbische Geistesahnen (1938). Demgegenüber hat es die hier versuchte Überlegung eindeutig mit den *frühen,* dem u. a. für den Übergang von Kant zu Hegel interessanten Schelling zu tun – unter dem Gesichtspunkt der Frage nach einer der Möglichkeiten des transzendentalen Philosophierens unter der Bedingung des Nicht-Vollzugs dieses Übergangs. Sie interessiert sich also für den frühen Schelling, an dem sich die gegenwärtige Schellingforschung überwiegend desinteressiert zeigt. Es gibt allerdings Ausnahmen. Vgl. außer R. Hablützel, Dialektik und Einbildungskraft. F. W. J. Schellings Lehre von der menschlichen Erkenntnis (1954) und A. Massolo, Il primo Schelling (1953) vor allem die Arbeiten der Szilasi-Schule: W. Szilasi, Schellings Beitrag zur Philosophie des Lebens (1954) in: W. Szilasi, Philosophie und Naturwissenschaft (1961) 52–75; ders.: Schellings Anfänge und die Andeutung seines Anliegens (1954) a.a.O. 76–96; von Szilasi beeinflußt u. a. (leider ungedruckt): H. Höfling, Beitrag zur Klärung des Problems der Transzendenz bei Kant und Schelling. Diss. Freiburg/Br. (1953); H. Lübbe, Die Transzendentalphilosophie und das Problem der Geschichte. Untersuchungen zur Genesis der Geschichtsphilosophie (Kant, Fichte und Schelling). Habil.-Schr. Erlangen (1956).

69 Die metaphysische Tradition der transzendentalen Bestimmung „omne ens est pulchrum" hat nicht einmal in Hegels „Vorlesungen über Ästhetik" (gelesen 1818–1826) im Kapitel über „Das Naturschöne" (XII 166–212) eine Stelle behalten. So gilt, was W. Oelmüller, Fr. Th. Vischer und das Problem der nachhegelschen Ästhetik (1959) 154 so formuliert hat: „Eine von Natur schöne Welt gibt es in der klassisch-idealistischen

Ästhetik nicht mehr." Er bringt das – vgl. insges. Kap. 4 104ff. – mit der Auflösung des Verständnisses der Welt als einer Schöpfungsordnung zusammen. Dabei deutet er Kants „Kritik der Urteilskraft" als Ende der metaphysischen These von der Schöpfungs-Natur, wohingegen die hier versuchte Überlegung sie durchweg als den Anfang der romantischen Naturphilosophie verstanden hat. Oelmüller läßt das Problem dieser Naturphilosophie unbesprochen und geht also auch nicht auf die Frage ein, wieweit diese romantische Naturphilosophie zum Ersatz-Versuch der Lehre vom „Naturschönen" im Sinne der metaphysischen Tradition des „ens est pulchrum" gerät.

70 Vgl. oben S. 169ff.; 177ff. 71 Vgl. oben S. 164ff., 171.

72 Vgl. J. Habermas, Das Absolute und die Geschichte. Von der Zwiespältigkeit in Schellings Denken (1954) 122–138.

73 Vgl. oben S. 167/168, trotz der Verteidigung der „Schwärmerei" durch Schelling dort, wo Schelling von Fichte als Schwärmer angegriffen wird: F. W. J. Schelling, Darlegung des wahren Verhältnisses der Naturphilosophie zu der verbesserten Fichteschen Lehre. Eine Erläuterungsschrift der ersten (1806) VII 38ff. – immerhin mit der bestimmten Aussage: „Wenn also Schwärmerei ist: ein Unbegreifliches und Unbegriffenes frei mit dem Gedanken erschaffen, so ist die Naturphilosophie ... wenigstens dieses nicht": a.a.O. 43/44.

74 Auf experimentelle Forschung und sogar auf die mit der „newtonschen" Wissenschaft immerhin eng verbündeten Naturphilosophie Kants: Metaphysische Anfangsgründe der Naturwissenschaft (1766) usf.

75 Vgl. oben S. 132 angedeutete und S. 366 Anm. 5 mäßig konkretisierte Fragestellung.

76 Eine gewisse Äquivokation mit dem Ausdruck der „auserlesenen Zirkel" d. s. ästhetische Zirkel im Sinne Schillers wird kaum stören. Daß ‚der' ästhetische Zirkel zu ‚den' ästhetischen Zirkeln – den mancherlei Konventikeln und „Kreisen" – als einem Auswegversuche führt, mag deutlich sein. Der hier eingeführte Terminus ‚ästhetischer Zirkel' ist im übrigen nicht ohne Hinblick auf den Ausdruck „hermeneutischer Zirkel" gewählt, soll aber eine Schwierigkeit und keine Tugend bezeichnen.

77 F. Schiller, Über die ästhetische Erziehung des Menschen (1754) XII 67.

78 Ibid.

79 F. Schiller, Über Anmut und Würde (1793) XI 221ff.

80 A.a.O. 223ff.

81 F. Schiller, Über die ästhetische Erziehung des Menschen (1794) XXI 61/62: „Was also in dem Ideal-Schönen nur in der Vorstellung unterschieden wird, das ist in dem Schönen der Erfahrung der Existenz nach verschieden ... in der Erfahrung gibt es eine schmelzende und energische Schönheit." Vgl. ff.

82 F. Schiller, Über das Pathetische (1793) XI 246–274.

83 F. Schiller, Vom Erhabenen (1793) XII 293–320; Über das Erhabene (1801) XII 264–282.

84 F. Schiller, Über naive und sentimentalische Dichtung (1795): vgl. oben S. 151f.

85 Vgl. a.a.O. 193: „Satirisch ist der Dichter, wenn er die Entfernung von der Natur und den Widerspruch der Wirklichkeit mit dem Ideale ... zu seinem Gegenstande macht"; „Setzt der Dichter die Natur der Kunst und das Ideal der Wirklichkeit so entgegen, daß die Darstellung des ersten überwiegt und das Wohlgefallen an demselben herrschende Empfindung wird, so nenne ich ihn elegisch": 201.

86 Vgl. a.a.O. 197ff.; dabei wiederholen Komödie („spottende Satire") und Tragödie („pathetische Satire") die Doppelheit schön/erhaben: „Wenn die pathetische Satire nur erhabene Seelen kleidet, so kann die spottende Satire nur einem schönen Herzen gelingen": 196. Vgl. die Notiz „Tragödie und Komödie" aus dem Nachlaß XII 329/330: „Unser Zustand in der Komödie ist ... der Zustand der Götter, die sich um nichts Menschliches bekümmern, die über allem frei schweben, die kein Gesetz zwingt. Aber wir sind Menschen, wir stehen unter dem Schicksal, wir sind unter dem Zwang von

Gesetzen. Es muß also eine höhere, rüstigere Kraft in uns aufgeweckt werden, damit wir uns wieder herstellen können... Die Tragödie macht uns nicht zu Göttern, weil Götter nicht leiden können; sie macht uns zu Heroen".

87 Vgl. F. Schiller, Über naive und sentimentalische Dichtung (1795) bes. XII 221–229.

88 Vgl. F. Schiller, Über die ästhetische Erziehung des Menschen (1794) II 104ff.

89 Vgl. oben S. 152 und S. 378 Anm. 67.

90 Vgl. unten Anm. 106ff., 118, 122 u. a.

91 I. Kant, Kritik der Urteilskraft (1790) V 271–315.

92 A.a.O. 315–412, bes. 515–551. 93 A.a.O. 316. 94 Ibid. 95 A.a.O. 317.

96 A.a.O. 316. Vgl. ibid.: „Der wichtigste und innere Unterschied aber des Erhabenen und Schönen ist wohl dieser: daß ... die Naturschönheit ... eine Zweckmäßigkeit in ihrer Form, wodurch der Gegenstand für unsere Urteilskraft gleichsam vorherbestimmt zu sein scheint, bei sich führe und so an sich einen Gegenstand des Wohlgefallens ausmacht; statt dessen das, was in uns, ohne zu vernünfteln, bloß in der Auffassung, das Gefühl des Erhabenen erregt, der Form nach zwar zweckwidrig für unsere Urteilskraft, unangemessen unsers Darstellungsvermögen und gleichsam gewalttätig für die Einbildungskraft erscheinen mag, aber dennoch um desto erhabener zu sein geurteilt wird ... wie kann das mit einem Ausdrucke des Beifalls bezeichnet werden, was an sich als zweckwidrig aufgefaßt wird?" „Daraus sehen wir, daß der Begriff des Erhabenen ... überhaupt nichts Zweckmäßiges in der Natur selbst, sondern nur in dem möglichen *Gebrauche* ihrer Anschauungen, um eine von der Natur ganz unabhängige Zweckmäßigkeit in uns selbst fühlbar zu machen, anzeigt ... eine sehr nötige vorläufige Bemerkung, welche die Ideen des Erhabenen von der einer Zweckmäßigkeit der Natur ganz abtrennt": a.a.O. 317. „Zum Schönen der Natur müssen wir einen Grund außer uns suchen, zum Erhabenen aber bloß in uns": a.a.O. 3: das ist sein Vorzug, seine Stärke – es ist unangreifbarer, ist gewissermaßen ‚innerer Ring', ist Auffangstellung menschlicher Befindlichkeit. Das Schöne betrifft heiteres Wohlsein ‚wegen' der Wirklichkeit, das Erhabene verzweifeltes Wohlsein ‚trotz' der Wirklichkeit.

97 Vgl. Kants Unterscheidung des Mathematisch-Erhabenen (a.a.O. 319ff.) und Dynamisch-Erhabenen (a.a.O. 332ff.). „Der erhabene Gegenstand ist von doppelter Art. Wir beziehen ihn entweder auf unsere Fassungskraft und erliegen bei dem Versuch, uns ein Bild oder einen Begriff von ihm zu bilden; oder wir beziehen ihn auf unsere Lebenskraft und betrachten ihn als eine Macht, gegen welche die unsrige in nichts verschwindet": so gibt Schiller diesen Unterschied: Über das Erhabene (publ. 1801) XII 269.

98 Denn zwar wird „das Erhabene der Natur nur uneigentlich so genannt": I. Kant, Kritik der Urteilskraft (1790) V 353, aber nur deswegen, weil nur die Bedrohung, nicht die Erhebung aus der „Natur" kommt. Als bedrohliche Macht aber tritt die Wirklichkeit hier eben nicht in der Bestimmung ‚Geschichte', sondern in der Bestimmung ‚Natur' auf.

99 So spricht bereits F. Schiller, Über das Erhabene (1801) XII 278 von der „furchtbare(n) und zerstörende(n) Natur": vgl. a.a.O. 277/278: „da die Natur, im großen angesehen, aller Regeln ... spottet, daß sie auf ihren eigenwilligen freien Gang die Schöpfungen der Weisheit und des Zufalls mit gleicher Achtlosigkeit in den Staub tritt, daß sie das Wichtige wie das Geringe, das Edle wie das Gemeine in *einem* Untergang mit sich fortreißt, daß sie hier eine Ameisenwelt erhält, dort ihr herrlichstes Geschöpf, den Menschen, in ihre Riesenarme faßt und zerschmettert, daß sie ihre mühsamsten Erwerbungen oft in einer leichtsinnigen Stunde verschwendet und an einem Werk der Torheit oft Jahrhunderte lang baut – mit einem Wort: dieser Abfall der Natur im großen von den Erkenntnisregeln, denen sie in ihren einzelnen Erscheinungen sich unterwirft, macht die absolute Unmöglichkeit sichtbar, durch *Naturgesetze* die *Natur selbst* zu erklären und *von* ihrem Reiche gelten zu lassen, was *in* ihrem Reiche gilt, und das Gemüt wird also unwiderstehlich aus der Welt der Erscheinungen heraus in die Ideenwelt ... getrieben."

100 A.a.O.278/279.

101 Vgl. a.a.O. 277: „Die Welt, als historischer Gegenstand, ist im Grunde nichts anders als der Konflikt der Naturkräfte untereinander selbst und mit der Freiheit des Menschen, und den Erfolg dieses Kampfes berichtet die Geschichte. So weit die Geschichte bis jetzt gekommen ist, hat sie von der Natur (zu der alle Affekte im Menschen gezählt werden müssen) weit größere Taten zu erzählen, als von der selbständigen Vernunft... Nähert man sich nur der Geschichte mit großen Erwartungen von Licht und Erkenntnis – wie sehr findet man sich da getäuscht: Alle wohlgemeinten Versuche der Philosophie, das, was die moralische Welt *fordert,* mit dem, was die wirkliche *leistet,* in Übereinstimmung zu bringen, werden durch die Aussagen der Erfahrung widerlegt, und so gefällig die Natur in ihrem *organischen* Reich sich nach den regulativen Grundsätzen der Beurteilung richtet oder zu richten scheint, so unbändig reißt sie im Reich der Freiheit den Zügel ab, woran der Spekulationsgeist sie gern gefangen führen möchte."

102 A.a.O.279/280. 103 A.a.O.277.

104 Vgl. die Problemstellung bei F. W. J. Schelling, Philosophische Briefe über Dogmatismus und Kriticismus (1795), Brief 10, I 336: „Sie haben Recht, noch Eines bleibt übrig – zu *wissen,* daß es eine objektive Macht gibt, die unserer Freiheit Vernichtung droht, und mit dieser festen und gewissen Überzeugung im Herzen – *gegen* sie zu kämpfen, seiner ganzen Freiheit aufzubieten, und so unterzugehen." Der Mensch: „Die Schrecken der objektiven Welt überfallen ihn"; a.a.O. 337.

105 A.a.O. 279: Weil „es kein andres Mittel gibt, den Lebenstrieb zu beruhigen, als es zu wollen – und kein andres Mittel, der Macht der Natur zu widerstehen, als ihr zuvorzukommen und durch eine freie Aufhebung alles sinnlichen Interesses, ehe noch eine physische Macht es tut, sich moralisch zu entleiben": ibid.

106 Vgl. F. Schiller, Die Schaubühne als eine moralische Anstalt betrachtet (1784); Über den Grund des Vergnügens an tragischen Gegenständen (1791); Über die tragische Kunst (1792); Über das Pathetische (1793); Über naive und sentimentalische Dichtung: dort die Theorie der strafenden (pathetischen) Satire (1795); Über das Erhabene (1801?); Über den Gebrauch des Chors in der Tragödie (Vorrede zur Braut von Messina 1803). Vgl. auch die zentrale Stellung der Theorie des Tragischen beim jungen, beim gewissermaßen ‚vorhegelschen' Hegel.

107 Vgl. F. W. J. Schelling, Philosophie der Kunst (gelesen 1802–1805) V 687–711, Ergänzungsstelle über das Erhabene a.a.O. 466f.; „Die höchste Erscheinung der Kunst ist also, da Freiheit und Nothwendigkeit die höchsten Ausdrücke des Gegensatzes sind, der der Kunst überhaupt zu Grunde liegt – diejenige, worin die Nothwendigkeit siegt, ohne daß die Freiheit unterliegt, und hinwiederum die Freiheit obsiegt, ohne daß die Nothwendigkeit besiegt wird": a.a.O. 690 – und das ist die Tragödie, denn „Das Wesentliche der *Tragödie* ist ein wirklicher Streit der Freiheit im Subjekt und der Nothwendigkeit als objektiver, welcher Streit sich nicht damit endet, daß der eine oder der andere unterliegt, sondern daß beide siegend und besiegt zugleich in der vollkommenen Indifferenz erscheinen": a.a.O. 693. „Dieses Verhältnis ist das der Tragödie, und darum auch sie die erste und gleichsam positive Erscheinung des Dramas": a.a.O. 711.

108 F. W. J. Schelling, Philosophische Briefe über Dogmatismus und Kriticismus (1795) I 336ff. Auch dort ist die Tragödie „das Höchste in der Kunst": a.a.O. 336.

109 F. W. J. Schelling, Über Dante in philosophischer Beziehung (1803) V 152–163, sowie der erste Teil der „Einleitung" der Vorlesungen über Philosophie der Kunst, der als 14. der „Vorlesungen über die Methode des akademischen Studiums" (1803) V 344–352 publiziert wurde.

110 Vgl. die Mitteilung des Sohnes K. F. A. Schelling in V S. XVII, „daß der Verfasser" – d. i. F. W. J. Schelling – „selbst für wirklich druckwürdig nur die Abhandlung über die Tragödie erklärt hat".

111 F. W. J. Schelling, Philosophie der Kunst (gelesen 1802/05) V 699: „Daß ein Schuldloser durch Schickung unvermeidlich fortan schuldig werde, ist ... an sich das höchste denkbare Unglück ... daß dieser schuldlose Schuldige" d. h. „daß die tragische Person nothwendig eines Verbrechens schuldig sei ... Dieß ist das höchste denkbare Unglück": a.a.O. 695; tragisch ist „Ein Sterblicher, vom Verhängniß zur Schuld und zum Verbrechen bestimmt ... und doch fürchterlich bestraft für das Verbrechen, das ein Werk des Schicksals war": a.a.O. 696. Vgl. Philosophische Briefe über Dogmatismus und Kriticismus (1795) I 336: „Ein Sterblicher – vom Verhängniß zum Verbrecher bestimmt, und doch fürchterlich bestraft für das Verbrechen, das ein Werk des Schicksals war!" – seine Tat ist im Grunde ein "durch Schicksal begangene(s) Verbrechen": ibid. Die Zwiespältigkeit dieses Ansatzes zeigt sich u. a. eben darin, daß diese Tragödientheorie einerseits die allgemein-„ästhetische" Solidarität mit den Asozialen und Outlaws mitmacht, andererseits aber dafür doch die juristischen Deliktskategorien des „Verbrechers" und der „Strafe" und „Schuld" und dgl. festhält und sanktioniert.

112 Jenes – daß der tragische Einzelne sich an der Weltordnung vergeht – betont die Tragiktheorie Hegels; vgl. u. a. Phänomenologie des Geistes (1807) (ed. Hoffmeister 1949) 510ff.; dieses – daß die Weltordnung sich am tragischen Einzelnen vergeht – betont die Tragiktheorie Schopenhauers: vgl. Die Welt als Wille und Vorstellung (1819) § 51; Hegel und Schopenhauer versuchen also zwei entgegengesetzte Möglichkeiten, diesen Zwiespalt aufzulösen.

113 „des Rechts und der Menschlichkeit, der Nothwendigkeit und der Freiheit": F. W. J. Schelling, Philosophie der Kunst (1802/05) V 699: „Die tragische Wirkung beruht daher keineswegs allein oder zunächst auf dem, was man den unglücklichen Ausgang zu nennen pflegt. Die Tragödie kann auch mit vollkommener Versöhnung nicht nur mit dem Schicksal, sondern selbst mit dem Leben enden": a.a.O. 698.

114 A.a.O. 696/697: „Daß ... der Schuldige, der doch nur der Übermacht des Schicksals unterlag, dennoch bestraft wurde, war nöthig, *um* den Triumph der Freiheit zu zeigen, war Anerkennung der Freiheit, *Ehre,* die ihr gebührte. Der Held mußte gegen das Verhängniß kämpfen, sonst war überhaupt kein Streit, keine Äußerung der Freiheit; er mußte in dem, was der Nothwendigkeit unterworfen ist, unterliegen, aber um die Nothwendigkeit nicht überwinden zu lassen, ohne sie zugleich wieder zu überwinden, mußte der Held auch für diese – durch das Schicksal verhängte – Schuld freiwillig büßen. Es ist der größte Gedanke und der höchste Sieg der Freiheit, willig auch die Strafe für ein unvermeidliches Verbrechen zu tragen, um so im Verlust seiner Freiheit selbst eben diese Freiheit zu beweisen, und noch mit einer Erklärung des freien Willens unterzugehen." Vgl. den z. T. wörtlich übereinstimmenden passus der Philosophischen Briefe über Dogmatismus und Kriticismus I 336; und: „Daß dieser schuldlose Schuldige freiwillig die Strafe übernimmt, dieß ist das Erhabene in der Tragödie, dadurch erst verklärt sich die Freiheit zu der höchsten Identität mit der Nothwendigkeit": Philosophie der Kunst a.a.O. 699.

115 „Unterliegend klagt er noch das Schicksal wegen Verlustes seiner Freiheit an": F. W. J. Schelling, Philosophische Briefe über Dogmatismus und Kriticismus (1795) I 336. Vgl. die Deutung des „Prometheus des Aeschylos": Philosophie der Kunst V 708/709; dortselbst 709: das Leiden des Prometheus „äußert sich als Trotz, als Empörung, und eben dadurch *siegt* hier die Freiheit über die Nothwendigkeit, da ihm im Gefühl seines persönlichen Leidens doch nur die allgemeine Empörung gegen die unerträgliche Herrschaft des Jupiter bewegt."

116 F. Schiller in der Notiz „Tragödie und Komödie" aus dem Nachlaß XII 330.

117 F. W. J. Schelling, Philosophie der Kunst (1802/05) V 709.

118 F. Nietzsche, Die Geburt der Tragödie aus dem Geiste der Musik (1872), deren These – Tragik als Auflösung des principii individuationis – den Weg Schopenhauers – vgl. Anm. 112 – fortsetzt und bereits in den Zusammenhang des folgenden Abschnitts ge-

hört. Bei Schelling selbst erscheint die Tragödie bereits 1795 als eine im Grunde nicht ‚reale', sondern nur ‚ästhetische' Lösung, die, „auch dann noch, wenn sie vor dem Lichte der Vernunft verschwunden ist, doch für die Kunst ... aufbewahrt werden muß". F. W. J. Schelling, Philosophische Briefe über Dogmatismus und Kriticismus I 336; denn: „Hier bleibt nichts übrig als – Kampf und Untergang. Aber ein solcher Kampf ist auch nur zum Behuf der tragischen Kunst denkbar: zum System des Handelns könnte er schon deßwegen nicht werden, weil ein solches System ein Titanengeschlecht voraussetzte, ohne diese Voraussetzung aber ohne Zweifel zum größten Verderben der Menschheit ausschlüge": a.a.O. 338.

119 Vgl. die bereits zit. Beispiele im Zusammenhang der Tragiktheorie: die Kategorie des Schuldigen, Verbrechers (Verbrecher aus verlorener Ehre etc.), die Kategorien also der Illegalität und Antilegalität werden zu Kategorien des Menschlichen.

120 Vgl. A. Schöne, Interpretationen zur dichterischen Gestaltung des Wahnsinns in der deutschen Literatur (Diss. Münster 1952; Maskrpt.).

121 Vgl. die schöne Interpretation – im Blick auf J. v. Eichendorff, Aus dem Leben eines Taugenichts (1826) – bei S. Kierkegaard, Über den Begriff der Ironie mit ständiger Rücksicht auf Sokrates (1841) XXXI 287: „der Ironiker (sc. = Romantiker, vgl. a.a.O. 281 Anm.) bewahrt sich stets seine dichterische Freiheit, und wenn er spürt, daß er zu einem Nichts wird, so dichtet er dies mit... Ein ‚Taugenichts' ist daher in der Dichtung der romantischen Schule stets die poetischste Person, und dasjenige, davon die Christen in bewegten Zeiten, so häufig sprechen, nämlich, daß man ein Herr in dieser Welt werde, das hat der Ironiker auf seine Weise verwirklicht, nur daß er nichts dem Martyrium Ähnliches empfindet, denn für ihn ist es der höchste poetische Genuß."

122 Vgl. z. B. Jean Paul, Vorschule der Ästhetik (1804) bes. VI. Programm. Über das Lächerliche, und VII. Programm, Über die humoristische Dichtkunst: Jean Pauls Sämtliche Werke. Historisch-kritische Ausgabe hsg. v. d. Preußischen Akademie der Wissenschaften 1. Abt. XI (1935) 89ff. und 130ff.: er bestimmt dort „den humeur oder das romantische Komische" (122) mit Hilfe einer Theorie „des Lächerlichen als eines sinnlich angeschaueten unendlichen Unverstandes" (102) „als das umgekehrte Erhabene" (112). „Der Humor ... vernichtet nicht das Einzelne, sondern das Endliche durch den Kontrast mit der Idee. Es gibt für ihn keine einzelne Thorheit, keine Thoren, sondern nur Thorheit und eine tolle Welt; er hebt – ungleich dem gemeinen Spaßmacher mit seinen Seitenhieben – keine einzelne Narrheit heraus, sondern er erniedrigt das Große, aber – ungleich der Parodie – um ihm das Kleine, und erhöht das Kleine, aber – ungleich der Ironie – um ihm das Große an die Seite zu setzen und so beide zu vernichten, weil vor der Unendlichkeit alles gleich ist und Nichts. Vive la Bagatelle, ruft erhaben der halbwahnsinnige Swift, der zuletzt schlechte Sachen am liebsten las und machte, weil ihm in diesem Hohlspiegel die närrische Endlichkeit als die Feindin der Idee am meisten zerrissen erschien und er im schlechten Buche, das er las, ja schrieb, dasjenige genoß, welches er sich dachte" (112) usf. Vgl. die ganz ähnliche Deutung des späten Tieck durch H. Endrulst. Ludwig Tiecks Altersnovellistik und das Problem der ästhetischen Subjektivität (masch.-schr. Diss. Münster 1957).

123 „Trägt nicht alles, was uns begeistert, die Farbe der Nacht?": Novalis, Hymnen an die Nacht (1800) 4: Novalis, Schriften (ed. P. Kluckhohn und R. Samuel) I (^{2}1960) 137/159.

124 „Wir Nachtwächter und Poeten kümmern uns um das Treiben der Menschen am Tage in der Tat wenig; denn es gehört zur Zeit zu den ausgemachten Wahrheiten: Die Menschen sind, wenn sie handeln, höchst alltäglich, und man mag ihnen höchstens, wenn sie träumen, einiges Interesse abgewinnen": Nachtwachen. Von Bonaventura (1804), Anfang der 3. Nachtwache. „Doch Träume machen nicht satt": S. Kierkegaard, Über der Begriff der Ironie mit ständiger Rücksicht auf Sokrates (1841) XXXI 310: „Das ist mit der Romantik das Unglück, sie greift nicht die Wirklichkeit. Die Poesie erwacht, die großen Sehnsüchte, die heimlichen Ahnungen, die begeisternden Empfin-

dungen erwachen, die Natur erwacht, die verzauberte Prinzeß erwacht – der *Romantiker* fällt in Schlummer. In *Träumen* erlebt er das alles, und während zuvor um ihn alles geschlafen, ist nun alles wach, er aber schläft": wie Kierkegaard das ibid. witzig formuliert; so gehört schließlich zum Romantiker und scheiternden Ästhetiker auch das Verschlafen und Verkommen als Lebensform, wie W. Rehm, Gontscharow und die Langeweile, in: Experimentum Medietatis (1947) 96–183, das eindrucksvoll beschrieben hat.

125 „Heiliger Schlaf – Beglücke zu selten nicht der Nacht Geweihte in diesem irdischen Tagewerk. Nur die Toren verkennen dich und wissen von keinem Schlafe ... ahnden nicht, daß du himmelöffnend entgegentritts und den Schlüssel trägst zu den Wohnungen der Seligen, unendlicher Geheimnisse schweigender Bote": Novalis, Hymnen an die Nacht (1800) 2 a.a.O. 133/135.

126 Vgl. die schöne Formulierung von Th. Mann, Deutschland und die Deutschen, in: Neue Studien (1948) 30: „Reich und faszinierend sind die Verdienste des Romantizismus um die Welt des Schönen, auch als Wissenschaft, als ästhetische Lehre... Das Vorrecht vor der Vernunft, das sie dem Emotionellen auch in seinen entlegenen Formen als mystischer Ekstase und dionysischem Rausch, einräumte, bringt sie in eine besondere und psychologisch ungeheuer fruchtbare Beziehung zur Krankheit, – wie denn noch der Spätromantiker Nietzsche, ein selbst durch Krankheit ins Tödlich-Geniale emporgetriebener Geist, nicht genug den Wert der Krankheit für die Erkenntnis feiern konnte. In diesem Sinn ist selbst noch die Psychoanalyse, die einen tiefen Vorstoß des Wissens vom Menschen von der Seite der Krankheit her bedeutete, ein Ausläufer der Romantik."

127 Novalis, Werke (Wasmuth) II Fragment 1463 (1798/99).

128 Ibid. 129 Ibid.

130 A.a.O. II Fragment 1066 (1798/99).

131 Vgl. W. Rehm, Der Todesgedanke in der deutschen Dichtung vom Mittelalter bis zur Romantik (1928) 11. Kap. 368–456; ders.: Orpheus, Der Dichter und die Toten. Selbstdeutung und Totenkult bei Novalis – Hölderlin – Rilke (1930), bes. 99–148, 288–376, 572–669.

132 Wie Novalis die 6. Hymne an die Nacht überschreibt (im Athenäumsdruck): Novalis, Schriften (ed. P. Kluckhohn und R. Samuel) I (^{2}1960) 153; vgl. 155–157: „Gelobt sei uns die ewge Nacht, Gelobt der ewge Schlummer. Wohl hat der Tag uns warm gemacht, Und welk der ewge Kummer. Die Lust der Fremde ging uns aus, Zum Vater wollen wir nach Haus. Was sollen wir auf dieser Welt Mit unsrer Lieb' und Treue. Das Alte wird hintangestellt, Was soll uns dann das Neue. O! einsam steht und tiefbetrübt, Wer heiß und fromm die Vorzeit liebt... Zu suchen haben wir nichts mehr – Das Herz ist satt – die Welt ist leer. Unendlich und geheimnisvoll Durchströmt uns tiefer Schauer – ... Getrost, die Abenddämmrung graut Den Liebenden, Betrübten. Ein Traum bricht unsre Banden los Und senkt uns in des Vaters Schoß." Vgl. Hymne 4: „Nun weiß ich, wenn der letzte Morgen sein wird – wenn das Licht nicht mehr die Nacht und die Liebe scheucht – wenn der Schlummer ewig und nur Ein unerschöpflicher Traum sein wird. Himmlische Müdigkeit fühl ich in mir... Welche Wollust, welchen Genuß bietet dein Leben, die aufwögen des Todes Entzückungen?": a.a.O. 135/137.

133 Novalis, Werke (Wasmuth) III Fragment 1898 (1799/1800).

134 Formulierung W. Rehm, Der Todesgedanke in der deutschen Dichtung (1928) 374.

135 Exemplarisch: Wagners Tristan und Isolde: „Nimmt für Wagner die Lust das Bild von Zerstörung und Tod an, so wird im Spiegel des Werkes dafür der Tod als ‚höchste Lust' und höchstes Gut angepriesen": Th. W. Adorno, Versuch über Wagner (1952) 185, vgl. die Interpretation 182–198.

136 Diese wichtige und in großem Stil wirksame Möglichkeit einer Vertauschung des Negationsobjekts, d. h. einer ‚Veräußerlichung', eines Transfers des Zugrunderichtens kündigt sich an bereits in der Rücksichtslosigkeit des mit seiner Selbstnegation befaßten

Einzelnen, der nicht den Protest derer verstehen wird, die er in diese Negation verstrickt, sondern stets die Erwiderung bereit hat: er behandle ja niemanden schlimmer als sich selbst. Die Unermeßlichkeit seines a priori schlechten Gewissens macht es unempfindlich für die Verstöße an Anderen im einzelnen: dieser Motivations- und Alibizusammenhang zwischen En-gros-Zerknirschung und Detail-Rücksichtslosigkeit in Bezug auf Andere (nachweisbar am Ende selbst bei so subtil-empfindlichen Gewissen wie z. B. Kierkegaard) ist nicht wenig bedeutsam.

137 Begriff hier im Anschluß an J. Ritter, vgl. etwa: Die große Stadt, in: Erkenntnis und Verantwortung. Festschrift für Theodor Litt (1961) 183–195; dort der Ausdruck z. B. 186. Verfallstheorie ist das, was Kant die „terroristische Vorstellungsart" der Geschichte nannte: I. Kant, Der Streit der Fakultäten (1795) VII 393.

138 Ritter nennt a.a.O. 184–186 neben Nietzsche: Spengler, Klages, Heidegger, Jünger, außerdem Gauguin, Tolstoi. Es ist aber, scheint es, nicht das intakte, sondern das problematisch werdende Herkunftsverhältnis, das sie gemeinsam kennzeichnet.

139 Wie es z. B. für Hegel kürzlich J. Ritter, Hegel und die französische Revolution (1957) gezeigt hat. Zugleich verschreiben sich die neuesten Anhänger z. B. Thomas v. Aquins dem „Fortschritt der Metaphysik"; usf. Umgekehrt ist, wie R. Spaemann, Der Ursprung der Soziologie aus dem Geist der Restauration (1959) u. a. für de Bonald zeigt, der Traditionalismus alles andere als das Resultat eines intakten Herkunftsverhältnisses.

140 Vgl. oben S. 188 ff.

141 Es besteht hier nicht der Anspruch, das Phänomen der Verfallstheorie insgesamt genealogisch zu deuten; daß die von J. Ritter in seinen verschiedenen Arbeiten – u. a. im oben Anm. 137 zit. Aufsatz – vertretene Deutung mit dieser Überlegung nicht kritisiert, sondern (unter vollinhaltlicher Aneignung seiner Deutung) nur ergänzt werden soll, braucht wohl kaum eigens betont zu werden.

142 Vgl. oben S. 141 f., 154 f., 182.

143 Schriften der Identitätsphilosophie i. e. S. sind: Darstellung meines Systems der Philosophie (1801): Bruno oder über das göttliche und natürliche Prinzip der Dinge (1802); Vorlesungen über die Methode des akademischen Studiums (gelesen 1802, publ. 1803); Fernere Darstellungen aus dem System der Philosophie (1802); Über das absolute Identitäts-System und sein Verständnis zu dem neuesten (Reinholdischen) Dualismus (1802); vgl. dazu die aus dem Nachlass veröffentlichten Vorlesungen von 1884: Propädeutik der Philosophie; System der gesamten Philosophie und der Naturphilosophie insbesondere.

144 F. W. J. Schelling, Philosophie und Religion (1804).

145 1803. Eschenmayer – vgl. die Daten oben S. 389 Anm. 254 – hat wiederholt Konsequenzen des Schellingschen Ansatzes offenbar früher gespürt als Schelling selbst, hat sie dann aber unzureichend und extrem zur Darstellung gebracht, so daß Schelling sogleich gezwungen war, den Fortgang seiner Probleme gegen eine verwandte Tendenz zu verteidigen.

146 F. W. J. Schelling a.a.O. VI 28.

147 F. W. J. Schelling, Philosophische Briefe über Dogmatismus und Kritizismus, I 310; diese Frage setzt Schelling a.a.O. 294 gleich mit Kants Frage nach der Möglichkeit synthetischer Urteile a priori.

148 Vgl. F. W. J. Schelling, Philosophie und Religion (1804) VI 28.

149 A.a.O. 38.

150 A.a.O. 57; dieser ganze Abschnitt (50–59) ist überschrieben „Freiheit, Sittlichkeit und Seligkeit, Endabsicht und Anfang der Geschichte": 50.

151 Einen in gewisser Hinsicht ‚theologischen' Ansatz hat freilich auch schon das Identitätssystem. „Philosophie und Religion" aber gibt bereits eine Vorformulierung des Ansatzes der Freiheits- bzw. Weltalterphilosophie (Prinzipien „Selbstheit" und „Liebe", neuer Begriff der „Freiheit" usf.); mit der „positiven" Spätphilosophie hat diese

Schrift bereits gemein das Insistieren auf einem Faktizitäts-, Unableitbarkeits-, Unvordenklichkeitscharakter: desjenigen des als „Sprung" interpretierten „Abfalls". – Zur Diskussion um die Datierung der Wende zur theologischen Phase der Philosophie Schellings vgl. oben 326 Anm. 66.

152 Vgl. oben S. 187/188, unten S. 198.

153 Vgl. die Überlegungen oben S. 188–190.

154 Vgl. oben S. 142 ff.

155 Vgl. oben S. 145–178.

156 Vgl. oben S. 185–192.

157 F. Schlegel, Kritische Fragmente (zuerst 1797), in: Friedrich Schlegel, Kritische Schriften ed. W. Rasch (1956) 19.

158 S. Kierkegaard, Der Gesichtspunkt für meine Wirksamkeit als Schriftsteller. Eine unmittelbare Mitteilung, Meldung an die Geschichte (1859) XXXIII 61.

159 S. Kierkegaard, Über den Begriff der Ironie mit ständiger Rücksicht auf Sokrates (1841) XXXI.

160 A.a.O. 277 ff., vgl. auch 245–277.

161 A.a.O. 280.

162 A.a.O. 280/281. „Ich benütze in dieser ganzen Darstellung die Ausdrücke ‚die Ironie und der Ironiker'; ebenso gut könnte ich ‚die Romantik und der Romantiker' sagen. Beide Ausdrucksweisen bezeichnen wesentlich das gleiche, die eine erinnert mehr an den Namen, auf den die Partei sich selber getauft hat, die andre an den Namen, auf den Hegel sie getauft hat."

163 Vgl. bes.: G. W. F. Hegel, Vorlesungen über die Ästhetik 1, XII 99–106; Grundlinien der Philosophie des Rechts (1821) § 140 f): ed. Hoffmeister (1955) 136–139. Es handelt sich um „den von Herrn Friedr. v. Schlegel in einer früheren Periode seiner schriftstellerischen Laufbahn aufgebrachten und bis zu jener sich selbst als das Höchste wissenden Subjektivität gesteigerten Ausdruck der *Ironie*: a.a.O. 137 Anm. „Nicht die Sache ist das Vortreffliche, sondern *Ich* bin der Vortreffliche, und bin der Meister über das Gesetz und die Sache, der damit, als mit seinem Belieben, *nur spielt,* und in diesem ironischen Bewußtsein, in welchem Ich das Höchste untergehen lasse, *nur mich genieße.* – Diese Gestalt ist nicht nur die *Eitelkeit* alles ... *Inhalts,* ... sondern sie tut auch die Form, die *subjektive* Eitelkeit, hinzu, sich selbst als diese Eitelkeit alles Inhalts zu wissen": a.a.O. 139. Hegel nennt das „absolute Selbstgefälligkeit" und „Gottesdienst seiner selbst": ibid.

164 S. Kierkegaard, Abschliessende unwissenschaftliche Nachschrift zu den Philosophischen Brocken (1846) XVI,2 211.

165 Der Ironiker des Konfiniums zum Ethischen ist nicht Romantiker; „ihm ist nichts wichtig. Und weshalb nicht? Weil ihm das Ethische absolut wichtig ist": a.a.O. 214; Kierkegaards Ironie hinwiederum ist nicht die, der gerade das „Ethische", sondern die, der das „Religiöse" (das „paradox-Religiöse") absolut wichtig ist.

166 S. Kierkegaard, Die Krankheit zum Tode (1849) XXIV/XXV 75. Vgl. die ganze „psychologische Untersuchung in n-ter Potenz" a.a.O. 75–77, die ich als Kierkegaards ‚Zwischenbericht über sich selbst' glaube interpretieren zu dürfen.

167 Gelebt unter weitgehender (persönlicher – vgl. das Regine-Schicksal – und theoretischer) Ausgrenzung der von Kierkegaard unter dem Titel des „Ethischen" zusammengefaßten Zusammenhänge. Kierkegaard situiert sich zwischen „Genie" und „Apostel", deren Verhältnis und Differenz er reflektiert: S. Kierkegaard, Über den Unterschied zwischen einem Genie und einem Apostel (1847), Gesammelte Werke ed. Schrempf X 139–156 (welche Reflexion „nicht so sehr *innerhalb* des schriftstellerischen Werkes als vielmehr *zum* schriftstellerischen Werk in seiner Ganzheit seine Beziehung hat": S. Kierkegaard, Über meine Wirksamkeit als Schriftsteller (1851) XXXIII 4 Anm.); er teilt sein „gesamtes schriftstellerisches Werk" ein in „Die ästhetische Schriftstellerei" (S. Kierkegaard, Der Gesichtspunkt für meine Wirksamkeit als Schriftsteller (1859)

XXXIII 34ff.), das Übergangswerk der „Abschließenden Nachschrift“ (a.a.O. 49ff.) und „Die religiöse Schriftstellerei“ (a.a.O. 50ff.); „Ich bin wesentlich ein Dichter – und dann ein Büßer“: Tagebuchaufzeichnung Februar 1850 XXXIII 169: Kierkegaard lebt wesentlich das ‚Confinium‘ des „Ästhetischen“ und „Religiösen“.

168 Th. W. Adorno, Kierkegaard. Konstruktion des Ästhetischen (1933); Kierkegaards Lehre von der Liebe, in: Zeitschrift für Religions- und Geistesgeschichte 3 (1951) 23–38; W. Rehm, Kierkegaard und der Verführer (1949); E. Pivcevic, Ironie als Daseinsform bei Sören Kierkegaard (1960); vgl. auch E. Hirsch, Kierkegaard-Studien I (1933), darin: 2. Der Dichter 131–318; andererseits (innerhalb seiner Deutungen die zweifellos schwächste weil am wenigsten um immanentes Verständnis bemühte): G. Lukács, Die Zerstörung der Vernunft (1954) 198–243. – Zum Stand der Kierkegaard-Forschung vgl. M. Theunissen, Das Kierkegaard-Bild in der neueren Forschung und Deutung (1945–1957), in: Deutsche Vierteljahrsschrift für Literaturwissenschaft und Geistesgeschichte 32 (1958) 576–612.

169 Vgl. außerdem mindestens: Entweder-Oder, ein Lebensfragment, herausgegeben von Victor Eremita (1843); Die Krankheit zum Tode (1849) XXIV/XXV bes. 26–29 (Die Verzweiflung der Unendlichkeit ist, der Endlichkeit zu ermangeln) und 32–34 (Die Verzweiflung der Möglichkeit ist, der Notwendigkeit zu ermangeln) u. a.

170 S. Kierkegaard, Über den Begriff der Ironie mit ständiger Rücksicht auf Sokrates (1841) XXXI 266: Wortlaut nach der Übs. von H. H. Schaeder (1929) 219.

171 A.a.O. XXXI 287. 172 (irrtümlich gezählt).

173 Ibid.: Wortlaut nach der Übs. Schaeder a.a.O. 236. 174 A.a.O. XXXI 267.

175 A.a.O. 289. 176 A.a.O. 296/297. 177 A.a.O. 267. 178 A.a.O. 285.

179 A.a.O. 275: Wortlaut nach der Übs. Schaeder a.a.O. 226.

180 S. Kierkegaard, Entweder-Oder, ein Lebensfragment, herausgegeben von Victor Eremita (1843) 1. Teil I 90ff.

181 „Opfre den Grazien, heißt, wenn es einem Philosophen gesagt wird, so viel als: Schaffe dir Ironie und bilde dich zur Urbanität“: F. Schlegel, Fragmente, in: Athenaeum. Ersten Bandes Zweytes Stück (1798); abgedruckt in: Friedrich Schlegel, Kritische Schriften ed. W. Rasch (1956) 81; und: „Man soll nicht mit allen symphilosophieren wollen, sondern nur mit denen, die à la hauteur sind“: a.a.O. 55, und: „Es gibt keine große Welt als die Welt der Künstler“: F. Schlegel, Ideen, in: Athenaeum. Dritten Bandes erstes Stück (1800); abgedruckt in: Kritische Schriften a.a.O. 105. „Es ist ein sehr gutes Zeichen, wenn die harmonisch Platten gar nicht wissen, wie sie diese stete Selbstparodie zu nehmen haben, immer wieder von neuem glauben und mißglauben, bis sie schwindlicht werden, den Scherz gerade für Ernst, und den Ernst für Scherz halten“: F. Schlegel, Kritische Fragmente (1797) a.a.O. 19.

182 S. Kierkegaard, Philosophische Brocken. Auch ein Bißchen Philosophie von Johannes Climacus (1844) X 6; vgl. ibid.: „Da geht der Tanz leicht; denn die Sicht auf den Tod ist eine flinke Tänzerin, meine Tänzerin, jedweder Mensch ist mir zu schwer; und darum, ich bitte schön, ich bitte bei den Göttern: fasse niemand Neigung zu mir, denn ich tanze nicht.“ Vgl. 5f. (Wortlaut übs. Schrempf).

183 Vgl. bes. S. Kierkegaard, Abschliessende unwissenschaftliche Nachschrift zu den philosophischen Brocken. Mimisch-pathetisch-dialektische Sammelschrift. Existentielle Einsprache von Johannes Climacus (1846) XVI,1 65ff.: daß „der springende Punkt der Mitteilung gerade darauf beruht, den anderen frei zu machen. Gerade deshalb darf er (sc. der subjectiv existierende Denker) sich nicht direkt mitteilen, ja das zu tun ist sogar frevelhaft“: a.a.O. 66; „es galt nach dem größten möglichen Maßstabe in umgekehrter Richtung zu täuschen . . ., nicht um Vorteil daraus zu ziehen, sondern um sich selbst zunichte zu machten, den Eindruck seiner selbst zu schwächen“: S. Kierkegaard, Der Gesichtspunkt für meine Wirksamkeit als Schriftsteller (1859) XXXIII 52, vgl. die ganze Überlegung a.a.O. 38–65.

184 Vgl. S. Kierkegaard, Der Gesichtspunkt für meine Wirksamkeit als Schriftsteller (1859) XXXIII 21: „Der Inhalt dieser kleinen Schrift ist dann also: was ich als Schriftsteller in Wahrheit bin, daß ich bin und gewesen bin religiöser Schriftsteller, daß meine gesamte Wirksamkeit als Schriftsteller in einem Verhältnis zum Christentum steht, zu dem Fragmal (sc. Problem): ein Christ werden".

185 Vgl. über „Die Bestimmung: Vor Gott" S. Kierkegaard, Die Krankheit zum Tode (1849) XXIV/XXV 77ff. Vgl. desgl. S. Kierkegaard, Über meine Wirksamkeit als Schriftsteller (1851) XXXIII 10: „,Vor Gott', religiös, nenne ich, wenn ich mit mir selbst rede, die gesamte Wirksamkeit als Schriftsteller meine eigene Erziehung und Entwicklung".

186 Vgl. S. Kierkegaard, Philosophische Brocken (1844) X 34ff. (Kap. 3: Das schlechthinnige Paradox) und 46ff. (Beilage. Das Ärgernis am Paradox).

187 E. Pivcevic, Ironie als Daseinsform bei Sören Kierkegaard (1950) 24: „Der Mittelpunkt der Ironie ist bei den Romantikern in das dichterische Individuum hineingepflanzt. Dagegen wird jetzt versucht, den Mittelpunkt auf Gott zu übertragen ... Die Ironie des Ästhetikers wandelt sich hier in die Ironie des göttlichen Ästhetikers um." Vgl. 19ff. Dieses „Umschwungprojekt" Kierkegaards, das Pivcevic herausarbeitet, könnte man deuten als Gegenunternehmen zu Feuerbachs Projektionsthese vom „Wesen des Christentums" und der Religion. Bei Feuerbach kommt es darauf an, die menschlichen Vollkommenheiten, die der Mensch unterm Namen Gottes in ein Jenseits versetzt hat, dem Menschen zurückzugewinnen; bei Kierkegaard kommt es umgekehrt darauf an, die menschlichen Zentralgefährdungen, die er u. a. unter dem Namen „Ironie" in sich gefunden hat, an ein Jenseits, an einen ‚ganz Anderen', an Gott loszuwerden. Das bedeutet zugleich eine Re-Theologisierung des (im Sinne von C. Schmitt, Politische Romantik [^{2}1925] 23) romantisch subjektivierten Occasionalismus. Pivcevic's im übrigen vorzügliche Studie entbehrt allerdings der Untersuchung theologischer Motive und Zusammenhänge und m. E. auch einer gewissen Empfindlichkeit für jenes Problem, das diese Überlegung das der Ironie als Quarantäne nennt.

188 Vgl. M. Heidegger, Sein und Zeit (1927) 190 Anm., 235 Anm., 338 Anm. – trotz der jeweiligen Kritik.

189 Insbes. die dialektische Theologie im Anschluß an K. Barth, Der Römerbrief (^{2}1922). Der spätere Barth hat – scheint es (und obwohl dies paradox klingen mag) – diese faktische Untreue gegenüber der Intention Kierkegaards *korrigiert:* die Wende zur unendlichen Dogmatik kann vielleicht ganz schicklich verstanden werden als Wende zu *einer* neuen Form ‚indirekter Mitteilung', die mit derjenigen Kierkegaards nicht zuletzt in einer gewissen Schätzung der Ausführlichkeit übereinkommt.

189a Aus der Arbeit an der Rechenschaft (geschr. 1949) XXXIII 153; vgl. insgesamt 152–154.

190 Vgl. S. Kierkegaard, Über den Unterschied zwischen einem Genie und einem Apostel (1847): dazu oben Anm. 167. Vgl. außerdem: Tagebuchaufzeichnungen, die im Zusammenhang mit dem schriftstellerischen Selbstzeugnis stehen XXXIII 167: „Denn ich bin dermaßen Genie, daß ich nicht geradenwegs unmittelbar persönlich das Ganze auf mich nehmen kann, ohne der Weltlenkung zu nahe zu treten ... Auf der anderen Seite, ich bin nicht dermaßen der Religiöse, daß ich alles unmittelbar auf Gott zurückführen kann" (geschr. April 1849, unterstrichen).

191 Vgl. aus den zahllosen Stellen etwa: S. Kierkegaard, Über meine Wirksamkeit als Schriftsteller (1851) XXXIII 10: „,Ohne Vollmacht' aufmerksam zu machen auf das Religiöse, das Christliche, das ist die Kategorie für meine gesamte Wirksamkeit als Schriftsteller, als ein Ganzes betrachtet." Vgl. a.a.O. 4 Anm. u. ö.

192 Weil die Durchschaubarkeit des Pseudonyms zu Kierkegaards Schriftsteller-Pseudonymität nicht ‚leider', sondern bewußt und gewollt dazugehört, hat die Tatsache, daß Kierkegaard bekannterweise der Verf. der pseudonymen Schriften war, seine Verfasser-

schaft auch der nicht-pseudonymen Arbeiten berührt und ihren Charakter modifiziert (und daß er etwa die „erbaulichen Reden" ebenfalls „ohne Vollmacht" sprach, hat er selber betont): aus diesen und anderen Gründen ist es zumindest diskutabel, mit Pivcevic a.a.O. 71 zu meinen, daß „sein eigener Name nur ein Pseudonym unter den anderen ist".

193 S. Kierkegaard, Philosophische Brocken (1844), Überschrift 1. Kap. X 7.

194 A.a.O. Überschrift 3. Kap. X 34.

195 „Niemals habe ich so gekämpft, daß ich sagte: ich bin der wahre Christ": S. Kierkegaard, Über meine Wirksamkeit als Schriftsteller (1851) XXXIII 11; „Meine Taktik ist gewesen: mit Gottes Hilfe alle Mittel anwenden um es zur Klarheit zu bringen, was die Forderung des Christentums in Wahrheit ist, wenn dann auch nicht ein einziger darauf eingehen wollte, wenn auch ich selbst es aufgeben müßte, Christ zu sein": a.a.O. 12. In Bezug auf den „Dichter der Religiosität" sagt Kierkegaard – in ‚Zwischenbericht über sich selbst' der „Krankheit zum Tode" (1849) XXIV/XXV 75–77 – a.a.O. 77: „Er ist in dem Verhältnis zum Religiösen ein unglücklich Liebender, d. h. er ist in strengem Sinne kein Gläubiger; er hat nur den Anfang zum Glauben: die Verzweiflung und in dieser eine brennende Sehnsucht nach dem Religiösen ... ist es vor Gott in Ordnung mit dem Außerordentlichen, das er geworden ist?"

196 Vgl. Anm. 184, dazu insbes. S. Kierkegaard, Abschließende unwissenschaftliche Nachschrift zu den Philosophischen Brocken (1846) 2. Teil: Das subjektive Problem. Das Verhältnis des Subjekts zur Wahrheit des Christentums oder das Christwerden: XIV,1 55ff., bes. 72: „Der existierende subjektive Denker ist in seinem Existenzverhältnis zur Wahrheit ... beständig im Werden", vgl. ff. Zur Gefährdung dieses Existierens vgl. S. Kierkegaard, Über den Begriff der Ironie mit ständiger Rücksicht auf Sokrates (1841) XXXI 325: „die wahre Wirklichkeit wird, was sie ist, die Wirklichkeit der Romantik *ist rein und bloß Werden.*"

197 S. Kierkegaard, Der Gesichtspunkt für meine Wirksamkeit als Schriftsteller (1859) XXXXII 25 Anm.

198 S. Kierkegaard, Die Krankheit zum Tode (1849) XXIV/XV 75.

199 Vgl. S. Kierkegaard, Über den Begriff der Ironie mit ständiger Rücksicht auf Sokrates (1841) XXXI 252: „Es ist die allergewöhnlichste Form der Ironie, daß man mit ernster Miene etwas sagt, das doch nicht ernst gemeint ist. Die andre Form, daß man etwas zum Scherz, scherzend sagt, das ernst gemeint ist, kommt seltener vor." Vgl. ferner die schöne Bestimmung, daß Ironie „ihrem Begriff zufolge Isoliertheit ist": a.a.O. 253.

200 Vgl. dazu M. Theunissen, Der Begriff Ernst bei Sören Kierkegaard (1958).

201 Vgl. oben S. 185ff.

202 Kierkegaard ist „religiöser Schriftsteller": vgl. oben Anm. 184. Der angedeutete Zusammenhang ist eine spezielle Wendung eines Themas der zit. Ästhetik-Vorlesung J. Ritters.

203 G. W. F. Hegel, Glauben und Wissen oder die Reflexionsphilosophie der Subjektivität, in der Vollständigkeit ihrer Formen (1802); das Argument: diese Subjektivität sei im Grunde nur das „Heiligen der Endlichkeit" (I 292) durch die „Macht, welche dem Verstande durch die subjektive Schönheit gegeben wird" (I 282).

204 G. W. F. Hegel, Phänomenologie des Geistes (1807) ed. Hoffmeister (1949) 57.

205 A.a.O. 56.

206 Vgl. J. Ritter, Hegel und die französische Revolution (1957).

206a F. W. J. Schelling, Philosophie der Offenbarung (1821–1845): „daß die Philosophie der Offenbarung ... nichts anderes als eine Anwendung der positiven Philosophie selbst sey. Nach ihrem allgemein-philosophischen Inhalt fällt daher jene mit dieser zusammen": XIII 174; Schelling hat „in vorläufigen Erörterungen, positive und negative Philosophie wie *geschichtliche* und *ungeschichtliche* einander entgegengesetzt": a.a.O. 138 Anm.; er hat „gesagt, die negative werde vorzugsweise die Philosophie für die

Schule bleiben, die positive die Philosophie für das *Leben*": a.a.O. 155. Daß bei ihrer Interpretation gegenüber H. Fuhrmans, Schellings letzte Philosophie. Die negative und positive Philosophie in Einsatz des Spätidealismus (1940) wohl W. Schulz, Die Vollendung des deutschen Idealismus in der Spätphilosophie Schellings (1955) mehr im Recht ist, zeigen Formulierungen wie diese, die die Figur der ‚indirekten Vernunft' beim spätesten Schelling umschreiben: „Die *positive* Philosophie geht von dem aus, was schlechterdings außer der Vernunft, aber die Vernunft unterwirft sich diesem nur, um unmittelbar wieder in ihre Rechte zu treten": Schelling a.a.O. 171.

207 A. Comte, Cours de philosophie positive (1830–1842).

208 F. W. J. Schelling, Philosophische Untersuchungen über das Wesen der menschlichen Freiheit und die damit zusammenhängenden Gegenstände (1809), nennt – also seit der Freiheitsphilosophie – VII 389 „in dem Menschen das finstere Princip der Selbstheit und des Eigenwillens": die „Liebe" steht gegen die „Selbstheit": vgl. F. W. J. Schelling, Stuttgarter Privatvorlesungen (1810) VII 438ff.

209 A. Comte, Discours sur l'Esprit Positif (1844) ed. I. Fetscher (1956) 24.

210 A.a.O. 148/150.

211 A. C. A. Eschenmayer, Die Philosophie in ihrem Übergange zur Nichtphilosophie (1803): der Titel der kleinen Schrift formuliert programmatisch die Tendenz der Zeit. Bei Schelling kommt sie nur temperiert zur Geltung, weil beim Weg zur Theologie die philosophische Potenzenlehre in Kraft bleibt; auch bei Comte ist sie – gemessen am radikalen Ansatz von Marx – nur temperiert, weil die positive Wissenschaft selbst noch als eine Philosophie auftritt.

212 Für Kierkegaard vgl. die Überlegungen oben S 194ff. Zu Marx vgl. G. Lukács, Einführung in die ästhetischen Schriften von Marx und Engels, in: Beiträge zur Geschichte der Ästhetik (1954) 191–216.

213 Vgl. oben S. 183.

214 Vgl. die unten S. 206 zit. Stelle F. W. J. Schelling, Ideen zu einer Philosophie der Natur (1797) II 691; „sie kann ins Unendliche fort nur sich selbst reproduciren": Erster Entwurf eines Systems der Naturphilosophie (1799) III 63.

215 G. W. F. Hegel, Vorlesungen über die Philosophie der Weltgeschichte (1822–1830) XI 89.

216 Vgl. dazu K. Löwith, Weltgeschichte und Heilsgeschehen (1953) bes. 148ff.

217 Vgl. oben S. 132/133.

218 F. W. J. Schelling, Erlanger Vorträge (1821–1825) IX 236; vgl. Stuttgarter Privatvorlesungen (1810) VII 472: „Bei dem Verstand ist offenbar etwas mehr *Aktives,* Thätiges, in der *Vernunft* mehr etwas Leidendes, sich Hingebendes ... Da also im Wesen der Vernunft offenbar etwas Eingebendes, Leidendes liegt ... so werden wir sagen müssen: Vernunft sei nichts anderes als der Verstand in seiner Submission unter das Höhere, die Seele ... Die Vernunft ist nur das Aufnehmende der Wahrheit". Dazu gehört dann die etymologische Herleitung der Vernunft von ‚Vernehmen'; vgl. etwa C. G. Carus, Psyche (1846) ed. L. Klages (1926) 108: „daß das Wort *Vernunft* in unserer Sprache sinniger als irgendeiner von ‚*Vernehmen*' abzuleiten sei, d. h. vom *Vernehmen der Idee.*"

219 F. W. J. Schelling, Philosophische Untersuchungen über das Wesen der menschlichen Freiheit und die damit zusammenhängenden Gegenstände (1809) VII 350; vgl. F. W. J. Schelling, Abhandlungen zur Erläuterung des Idealismus der Wissenschaftslehre (1796/97): die „Selbstbestimmung des Geistes heißt *Wollen.* Der Geist *will,* und er ist *frei.* Daß er *will,* dafür läßt sich kein weiterer Grund angeben. Denn eben deßwegen, weil diese Handlung *schlechthin* geschieht, ist sie ein *Wollen* ... und der Akt des *Wollens* überhaupt ist die *höchste Bedingung des Selbstbewußtseyns* ... Der Geist ist ein *ursprüngliches* Wollen": I 319.

220 Vgl. Schellings Polemik gegen Hegel, etwa F. W. J. Schelling, Zur Geschichte der neueren Philosophie (1827) X 126–164, bes. 155 gegen den „Gott sofern er nur *Ende* ist, wie

er in der reinrationalen Philosophie nur Ende seyn kann, der Gott, der keine Zukunft hat, der nichts anfangen kann, der bloß als Finalursache ... ist".

221 I. Kant, Das Ende aller Dinge (1794) VI 415.

222 I. Kant, Der Streit der Fakultäten (1798) VII 394.

223 A.a.O. 394/395.

224 I. Kant, Das Ende aller Dinge (1794) VI 415 Anm. 1.

225 Ibid.

226 J. G. Fichte, Die Bestimmung des Menschen (1800) II 265/266.

227 F. Schiller, Brief an Körner vom 22. 1. 1789, Schillers Briefe ed. F. Jonas II (1892) 210.

228 Ibid.

229 S. Kierkegaard, Über den Begriff der Ironie mit ständiger Rücksicht auf Sokrates (1841) XXXI 307.

230 Bei der Interpretation der Lucinde.

231 Zumal die Analyse der ‚Ästhetik des Scheiterns' mit ihrer Kierkegaard-Interpretation bis in den Anfang der zweiten Hälfte des 19. Jahrhunderts hinein vorgegriffen hat. Die ganze Überlegung impliziert die Überzeugung, die z. B. auch Hegels „Phänomenologie des Geistes" prägt: die ‚chronologische Stelle' eines Ereignisses kann von der ‚systematischen Stelle' desselben Ereignisses (die ebenfalls eine ‚geschichtliche Stelle' ist) in dem Sinne differieren, daß das Ende einer „Gestalt des Bewußtseins" chronologisch später liegt als der Anfang der durch sie erzwungenen ‚folgenden'.

232 Vgl. z. B. A. Schopenhauer, Die Welt als Wille und Vorstellung (1819) I Vorrede[1]: dort spricht er von „der wichtigsten Erscheinung, welche seit zwei Jahrtausenden in der Philosophie hervorgetreten ist und uns so nahe liegt; ich meine die Hauptschriften Kant's", und er betont, daß „ich demnach von Dem ausgehe, was der große Kant geleistet hat": a.a.O. XXIII; „Kant's Philosophie ist also die einzige, mit welcher eine gründliche Bekanntschaft bei dem hier Vorzutragenden geradezu vorausgesetzt wird": a.a.O. XXIV.

233 Die erste Formulierung der Thesen der „Wissenschaftslehre" findet sich bekanntlich in J. G. Fichte, Rezension des Aenesidemus oder über die Fundamente der von Herrn Prof. Reinhold in Jena gelieferten Elementar-Philosophie (verfaßt 1793, publ. 1734). Zu Schopenhauers Verhältnis zu Schulze vgl. A. Hübscher, Arthur Schopenhauer. Ein Lebensbild (1938) 33/34.

234 Wenigstens partiell: „den Grundtypus, der in allen Erscheinungen sich wiederfindet ... aufzufinden, ist ein Hauptgeschäft, oder doch gewiß die löblichste Bestrebung der Naturphilosophen der Schellingschen Schule gewesen, welche sogar darin manches Verdienst haben": Schopenhauer a.a.O. I 170/171 und ähnlich öfter.

235 F. Nietzsche, Unzeitgemäße Betrachtungen 3: Schopenhauer als Erzieher (1874) VII 42.

236 A.a.O. 47.

237 Als solche vgl. u. a. für Schopenhauer: F. Nietzsche, Schopenhauer als Erzieher (1874) VII 35–132; P. Deussen, Die Elemente der Metaphysik (1877 ^{6}1919); G. Simmel, Schopenhauer und Nietzsche. Ein Vortragszyklus (1907 ^{2}1920); Th. Mann, Schopenhauer (1938) IX 528–580; G. Lukács, Die Zerstörung der Vernunft (18954 ^{10}1955) 156–198; M. Horkheimer, Die Aktualität Schopenhauers, in: XXXXII. Schopenhauer-Jahrbuch für das Jahr 1961 12–25; vgl. auch den unten S. 434 Anm. 90 zit. Aufsatz von O. Pöggeler: für Nietzsche bes.: K. Löwith, Nietzsches Philosophie der ewigen Wiederkehr des Gleichen (1935 ^{2}1956), darin Bericht „Zur Geschichte der Nietzsche-Deutung 1894–1954" 199–225; außer dort zit. Werken bes. von L. Andreas-Salomé, R. Bertram, L. Klages, A. Baeumler, K. Jaspers, den ebenfalls dort zit. Aufsätzen von M. Heidegger und dem schon zit. Buch von G. Simmel vgl.: K. Löwith, Von Hegel zu Nietzsche (1939 ^{3}1953) 192–219; Weltgeschichte und Heilsgeschehen (1953) 196–205; H. Heimsoeth, Des jungen Nietzsche Weg zur Philosophie (1943) in: H. Heimsoeth, Studien zur Philosophiegeschichte (1961) 152 179; Zur Anthropologie Friedrich Nietzsches

(1943/44) a.a.O. 180–210; Metaphysische Voraussetzungen und Antriebe in Nietzsches Immoralismus (1955); G. Lukács a.a.O. 244–317; M. Heidegger 2 Bde. (1961).

238 Vgl. zusammenfassend A. Schopenhauer, Die Welt als Wille und Vorstellung 2 (1844) Kap. 17 „Über das metaphysische Bedürfniß des Menschen“: II 175–209; er unterscheidet dort Metaphysik als Philosophie von Metaphysik als Religion, nämlich „Überzeugungslehre und Glaubenslehre“: a.a.O. 181. „Beiden Arten der Metaphysik wäre es am zuträglichsten, daß jede von der anderen rein gesondert bliebe... Stattdessen ist man schon das ganze Christliche Zeitalter hindurch bemüht, vielmehr ein Fusion beider zu bewerkstelligen, indem man die Dogmen und Begriffe der einen in die andere überträgt, wodurch man beide verdirbt“: a.a.O. 183. „Dies war der Weg der vorkantischen Dogmatik, welche eben, nach gewissen uns a priori bewußten Gesetzen, vom Gegebenen auf das Nichtgegebene ... schließen wollte. Die Unmöglichkeit einer Metaphysik auf diesem Wege that *Kant* dar... Allein es giebt noch andere Wege zur Metaphysik“ a.a.O. 202; die Welt „muß ... aus sich selbst gedeutet, ausgelegt werden“: a.a.O. 203; so verfährt Schopenhauers eigene „Metaphysik“ – sie „bleibt daher immanent und wird nicht transcendent“: ibid.

239 F. Nietzsche, Der Wille zur Macht (1884/1888) Aph. 574 XIX 67.

240 F. Nietzsche, Entwürfe und Gedanken zu den ausgeführten Teilen des Zarathustra (1862/86) XIV 139 (Überschrift eines nicht ausgeführten Kap. des 2. Teils).

241 F. Nietzsche, Der Wille zur Macht (1884/88) Aph. 1048 XIX 359.

242 Vgl. F. Nietzsche, Also sprach Zarathustra. Ein Buch für Alle und Keinen (1883ff.) „Von den Hinterweltlern“: XIII 32–35: „Leiden war's und Unvermögen – das schuf alle Hinterwelten; ... Der Leib war's, der am Leibe verzweifelte... – der hörte den Bauch des Seins zu sich reden. Und da wollte er mit dem Kopfe durch die letzten Wände, und nicht nur mit dem Kopfe – hinüber zu ‚jener Welt‘. Aber ‚jeneWelt‘ ist gut verborgen vor den Menschen, jene entmenschte unmenschliche Welt, die ein himmlisches Nichts ist; und der Bauch des Seins redet gar nicht zum Menschen, es sei denn als Mensch. Wahrlich, schwer zu beweisen ist alles Sein ... Kranke und Absterbende waren es, die verachteten Leib und Erde und erfanden das Himmlische... Doch wem dankten sie ihrer Entrückung Krampf und Wonne? Ihrem Leibe und dieser Erde“. Vgl. die knappe Zusammenfassung der Metaphysikkritik Nietzsches im Aph. 579 des Willens zur Macht XIX 69: „Zur Psychologie der Metaphysik. – Diese Welt ist scheinbar: *folglich* gibt es eine wahre Welt; – diese Welt ist bedingt: *folglich* gibt es eine unbedingte Welt; – diese Welt ist widerspruchsvoll: *folglich* gibt es eine widerspruchslose Welt; – diese Welt ist werdend: *folglich* gibt es eine seiende Welt: – lauter falsche Schlüsse (blindes Vertrauen in die Vernunft...). Zu diesen Schlüssen *inspiriert das Leiden:* im Grunde sind es *Wünsche,* es möchte eine solche Welt geben; ebenfalls drückt sich der Hass gegen eine Welt, die leiden macht, darin aus, daß eine andere imaginiert wird, eine *werthvollere: das Ressentiment* der Metaphysiker gegen das Wirkliche ist hier schöpferisch.“ Vgl. ff.

243 A. Schopenhauer, Die Welt als Wille und Vorstellung 2 (1844) II 502; vgl. dort insgesamt Kap. 38 „Über Geschichte“ 499–509. So betont auch Schopenhauer im ersten Band seines Hauptwerks: „Endlich werden wir auch hier so wenig wie im bisherigen Geschichten erzählen und solche für Philosophie ausgeben. Denn wir sind der Meinung, daß jeder noch himmelweit von einer philosophischen Erkenntnis der Welt entfernt ist, der vermeint, das Wesen derselben irgendwie, und sei es noch so fein bemäntelt, *historisch* fassen zu können, welches aber der Fall ist, sobald in seiner Ansicht des Wesens an sich der Welt irgend ein *Werden* oder Gewordensein oder Werdenwerden sich vorfindet, irgend ein Früher oder Später die mindeste Bedeutung hat und folglich, deutlich oder versteckt, ein Anfangs- und ein Endpunkt der Welt, nebst dem Wege zwischen beiden gesucht wird und das philosophische Individuum wohl noch gar seine eigene Stelle auf diesem Wege erkennt“: I 322.

244 A. Schopenhauer, Die Welt als Wille und Vorstellung 2 (1844) II 506.

245 A.a.O. 503/504: gegen „das, besonders durch die überall so geistesverderbliche und verdummende Hegelsche Afterphilosophie aufgenommene Bestreben, die Weltgeschichte als ein planmäßiges Ganzes zu fassen, oder, wie sie es nennen, ‚sie organisch zu konstruieren'"; vgl. a.a.O. 505: „Die Hegelianer, welche die Philosophie der Geschichte sogar als den Hauptzweck aller Philosophie ansehen, sind auf Plato zu verweisen, der unermüdlich wiederholt, daß der Gegenstand der Philosophie das Unveränderliche und immerdar Bleibende sei, nicht aber Das, was bald so, bald anders ist. Alle Die, welche solche Konstruktionen des Weltverlaufs, oder, wie sie es nennen, der Geschichte aufstellen, haben die Hauptwahrheit aller Philosophie nicht begriffen, daß nämlich zu aller Zeit das Selbe ist, alles Werden und Entstehen nur scheinbar ... Die Toren hingegen meynen, es solle erst etwas werden und kommen. Daher räumen sie der Geschichte eine Hauptstelle in ihrer Philosophie ein und konstruieren dieselbe nach einem vorausgesetzten Weltplane, welchen gemäß Alles zum Besten gelenkt wird, welches dann finaliter eintreten soll und eine große Herrlichkeit seyn wird. Demnach nehmen sie die Welt als vollkommen real und setzen den Zweck derselben in das armsälige Erdenglück, welches, selbst wenn noch so sehr von Menschen gepflegt und vom Schicksal begünstigt, doch ein hohles, täuschendes, hinfälliges und trauriges Ding ist, aus welchem weder Konstitutionen und Gesetzgebungen, noch Dampfmaschinen und Telegraphen jemals etwas wesentlich Besseres machen können. Besagte Geschichts-Philosophen und -Verherrlicher sind demnach einfältige Realisten, dazu Optimisten und Eudämonisten, mithin platte Gesellen und eingefleischte Philister, zudem auch eigentlich schlechte Christen" usf.

246 F. Nietzsche, Unzeitgemäße Betrachtungen 2: Vom Nutzen und Nachtheil der Historie für das Leben (1874): „Unzeitgemäß ist auch diese Betrachtung, weil ich etwas, worauf die Zeit mit Recht stolz ist, ihre historische Bildung, hier einmal als Schaden ... zu verstehen versuche": VI 230.

247 A.a.O. 321; vgl. ff.

248 Ibid. 249 Ibid.

250 A.a.O. 230.

251 A.a.O. 321.

252 Vgl. A. Schopenhauer, Die Welt als Wille und Vorstellung 2 (1844) II 506: „Sie (sc. die Geschichtsphilosophie) besteht also nicht darin, daß man die zeitlichen Zwecke der Menschen zu ewigen und absoluten erhebt, und nun ihren Fortschritt dazu ... künstlich und imaginär konstruiert"; vgl. Parerga und Paralipomena 2 (1851) Kap. 9 „Zur Rechtslehre und Politik" V 283: „noch nie ist jene falsche Vorspiegelung auf lügenhaftere und frechere Weise gemacht worden, als von den Demagogen der ‚Jetztzeit'. Diese nämlich sind ... Optimisten: die Welt ist ihnen ‚Selbstzweck' und daher an sich selbst, d.h. ihrer natürlichen Beschaffenheit nach, ganz vortrefflich eingerichtet, ein vortrefflicher rechter Hohnplatz der Glückseligkeit. Die nun hingegen schreienden kolossalen Uebel der Welt schreiben sie gänzlich den Regierungen zu: thäten nämlich nur diese ihre Schuldigkeit, so würde der Himmel auf Erden existiren, d.h. Alle würden ohne Mühe und Noth vollauf fressen, saufen, sich propagiren und krepiren können: denn dies ist die Paraphrase ihres ‚Selbstzweck' (Handschrift: und das Ziel des unendlichen ‚Fortschritts der Menschheit', den sie in pomphaften Phrasen unermüdlich verkündigen)." Es ist die Optimismus-Kritik Schopenhauers, die seine Fortschritts-Kritik impliziert. Vgl. zum anderen F. Nietzsche, Der Antichrist (1888 ed. 1902) XVII 173: „Der ‚Fortschritt' ist bloss eine moderne Idee, das heisst eine falsche Idee." Der Wille zur Macht (1884/88) Aph. 90 XVIII 68: „Die ‚Menschheit' avancirt nicht, sie existirt nicht einmal. Der Gesamt-Aspekt ist der einer ungeheuren Experimentir-Werkstätte, wo Einiges gelingt, zerstreut durch alle Zeiten, und Unsägliches missräth, wo alle Ordnung, Logik, Verbindung und Verbindlichkeit fehlt." A.a.O. Aph. 684 XIX 136: „Meine Gesamtansicht. – Erster Satz: der Mensch als Gattung ist *nicht* im Fortschritt."

253 A. Schopenhauer, Die Welt als Wille und Vorstellung 1 (1819) I 195.
254 A.a.O. 196.
155 F. Nietzsche, Aus der Zeit der Morgenröthe (1880/81) XI 105.
256 F. Nietzsche, Götzen-Dämmerung oder wie man mit dem Hammer philosophirt (1888 publ. 1889) XVII 93; „ebenso hört die Schönheit auf beim Durchdenken von Vorgängen der Geschichte; die Ordnung des *Zwecks* ist schon eine Illusion": Der Wille zur Macht (1884/88) Aph. 602 XIX 89.
257 Vgl. A. Schopenhauer, Die Welt als Wille und Vorstellung 1 (1819) I 7: „Der Hauptunterschied zwischen allen unseren Vorstellungen ist der des Intuitiven und Abstrakten. Letzteres macht nur *eine* Klasse von Vorstellungen aus, die Begriffe: und diese sind auf der Erde allein das Eigenthum des Menschen, dessen ihn von allen Thieren unterscheidende Fähigkeit zu denselben" – desgl. zum Urteilen und Schließen – „von jeher *Vernunft* genannt worden ist" – im Unterschied zum „intuitiv" erkennenden „Verstand". „Die Vernunft ist weiblicher Natur: sie kann nur geben, nachdem sie empfangen hat. Durch sich selbst hat sie nichts als die gehaltlosen Formen ihres Operirens": a.a.O. 59. Die Vernunft ist also zugleich zum Formalisierungsvermögen und damit in einer neuen Wendung ‚potentieller' Natur geworden; vgl. die Thesen Schellings oben S. 200 und Anm. 218.
258 F. Nietzsche, Der Wille zur Macht (1884/88) Aph. 515 XIX 28.
259 Vgl. a.a.O. 27: „In der Bildung der Vernunft, der Logik, der Kategorien ist das *Bedürfnis* massgebend gewesen: das Bedürfniss, nicht zu ‚erkennen', sondern zu subsumiren, zu schematisiren, zum Zweck der Verständigung, der Berechnung...". Vernunft d. h. „Logik ist der Versuch, nach einem von uns gesetzten Seins-Schema die wirkliche Welt zu begreifen, richtiger: uns formulirbar, berechenbar zu machen...": Aph. 516 a.a.O. 30. „Die *fingierte* Welt von Subjekt, Substanz, ‚Vernunft' u.s.w. ist *nöthig* –: eine ordnende vereinfachende, fälschende, künstlich-trennende Macht ist in uns. ‚Wahrheit' ist Wille, Herr zu werden über das Vielerlei der Sensationen... eine Art Werden selbst muß die *Täuschung des Seienden* schaffen": Aph. 517 a.a.O. 30/31. Usf.
260 Aph. 516 a.a.O. 29.
261 A. Schopenhauer, Die Welt als Wille und Vorstellung 2 (1844) II 314/315.
262 F. Nietzsche, Der Wille zur Macht (1884/88) Aph. 519 XIX 31.
263 Aph. 524 a.a.O. 36.
364 Aph. 529 a.a.O. 37.
265 A. Schopenhauer, Parerga und Paralipomena 1 (1851) IV 195.
266 A. Schopenhauer, Parerga und Paralipomena 2 (1851) V 79. Die Konzentration der Philosophie aufs Politische, wie sie unter dem „Einfluß" Hegels – der „unermeßlich" gewesen ist (a.a.O. 196) – geschehen ist, ist eine „Degradation der Philosophie" (195) und Ausdruck eines „Hochverraths am Edelsten der Menschheit" (197); vgl. insgesamt a.a.O. 185–198. Vgl. auch A. Schopenhauer, Parerga und Paralipomena 1 (1851) IV 174; dort sagt er vom Universitätsphilosophen: „daß er, weil vom Staat und zu Staatszwecken besoldet, um den Staat zu spotheoziren, ihn zum Gipfelpunkt alles menschlichen Strebens und aller Dinge zu machen, sich angelegen sein läßt, und dadurch ... am Ende, wie z. B. Hegel, zu der empörenden Lehre gelangt, daß die Bestimmung des Menschen im *Staat* aufgehe, ... wodurch das hohe Ziel unsres Daseyns den Augen ganz entrückt wird."
267 F. Nietzsche, Unzeitgemässe Betrachtungen 3: Schopenhauer als Erzieher (1874) VII 68; vgl. ibid. „Wie sollte eine politische Neuerung ausreichen, um die Menschen ein für allemal zu vergnügten Erdbewohnern zu machen?" Vgl. Also sprach Zarathustra (1883 ff.) „Vom neuen Götzen" XIII 58–61: „Staat? Was ist das? ... Staat heißt das kälteste aller Ungeheuer... Falsch ist alles an ihm... Viel zu viele werden geboren: für die Überflüssigen war der Staat erfunden! ... Staat nenne ich's... wo alle sich selber verlieren... Übel riecht mir ihr Götze... Geht doch dem schlechten Geruche aus dem

Wege! ... Dort, wo der Staat aufhört, da beginnt erst der Mensch, der nicht überflüssig ist"; vgl. ebenso: a.a.O. 227–230 „Vom Vorübergehen" und dazu die Interpretation von J. Ritter, Die große Stadt, in: „Erkenntnis und Verantwortung". Festschrift für Th. Litt (1961) 183–193.

268 A. Schopenhauer, Die Welt als Wille und Vorstellung 2 (1844) II 653. Vgl. auch Parerga und Paralipomena 1 (1851) „Noch einige Erläuterungen zur Kantischen Philosophie" IV 131: „daß die natura naturans, oder das Ding an sich, der Wille in unserm Herzen, die natura naturata aber, oder die Erscheinung, die Vorstellung in unserm Kopfe ist"; und auch Schopenhauer glaubt „die Versöhnung beider Wissenschaften" – „Physik und Metaphysik" – „eingeleitet und ihren Verknüpfungspunkt gefunden" zu haben und gerade dadurch für sein „philosophisches System ... einen so starken und genügenden äußern Beweis seiner Wahrheit und Richtigkeit" erhalten zu haben, „daß kein größerer möglich ist": A. Schopenhauer, Über den Willen in der Natur. Eine Erörterung der Bestätigungen, welche die Philosophie des Verfassers, seit ihrem Auftreten, durch die empirischen Wissenschaften erhalten hat (1835) III 297. Insgesamt bedürfte die aus all diesem unverkennbare Nähe der Thesen Schopenhauers zur transzendentalphilosophischen Naturphilosophie einer genaueren Untersuchung, die freilich nicht Sache dieser Arbeit ist. Indiz ist u. a. die spürbare Zurückhaltung des ja sonst außerordentlich schimpfbereiten Schopenhauer in der Polemik gegen die „Naturphilosophen der Schellingschen Schule": vgl. oben Anm. 234; weiter: die Vorbildung der Willensthese durch Schelling: vgl. unten Anm. 324; außerdem steckt gerade auch in der These, „daß in allen Ideen, d. h. in allen Kräften der unorganischen und allen Gestalten der organischen Natur, ein und derselbe Wille es ist, der sich offenbart, d. h. in die Form der Vorstellung, in die Objektität, eingeht": A. Schopenhauer, Die Welt als Wille und Vorstellung 1 (1819) I 170, in der Rede von „verschiedenen Stufen der Objektivation": a.a.O. 168, von „höhere(n) Potenzen": a.a.O. 172, in der Anerkenntnis des Phänomens der „Polarität": a.a.O. 171, nicht zuletzt in der These: „Das Streben der Materie kann daher stets nur gehemmt, nie und nimmer erfüllt und befriedigt werden": a.a.O. 195, – ein mindestens partieller Anschluß an die Thesen der transzendentalphilosophischen Naturphilosophie.

269 F. Nietzsche, Der Wille zur Macht (1884/88) Aph. 124 XVIII 93.

270 Aph. 120 a.a.O. 90/91.

271 A. Schopenhauer, Die Welt als Wille und Vorstellung 1 (1819) I 316; dazu gehört, daß man insgesamt der Meinung sein kann, Schopenhauers Theorie der „Platonischen Idee" als des „Objekts der Kunst" (a.a.O. 3. Buch: 197–316) sei durch die Gesamtkonzeption Schopenhauers nicht in zureichender Weise motiviert und passe viel eher in den Kontext der Identitätsphilosophie Schellings, mit deren Kunsttheorie (in der Fassung der Vorlesungen über Philosophie der Kunst 1802/05) sie ja auch in den Grundbestimmungen – gerade in der Lehre von den Ideen – eine nicht geringe Ähnlichkeit hat.

272 Vorrede von 1886 zu: F. Nietzsche, Menschliches, Allzumenschliches. Ein Buch für freie Geister 2: IX 5.

273 Denn „Wagner *resümirt* die Romantik": Der Wille zur Macht (1884/88) Aph. 106 XVIII 82.

274 Vgl. F. Nietzsche, Versuch einer Selbstkritik (der Geburt der Tragödie) (1886) III 9/10: „Bereits im Vorwort an Richard Wagner wird (sc. in der Geburt der Tragödie von 1872) die Kunst – und *nicht* die Moral – als die eigentlich *metaphysische* Tätigkeit des Menschen hingestellt; im Buche selbst kehrt der anzügliche Satz mehrfach wieder, daß nur als ästhetisches Phänomen das Dasein der Welt *gerechtfertigt* ist. In der Tat, das ganze Buch kennt nur einen Künstler-Sinn und -Hintersinn hinter allem Geschehen." – „Aber, mein Herr, was in aller Welt ist Romantik, wenn nicht *Ihr* Buch Romantik ist? Läßt sich der tiefe Hass gegen ‚Jetztzeit', ‚Wirklichkeit' und ‚moderne Ideen' weiter treiben, als es in Ihrer Artisten-Metaphysik geschehen ist? – welche lieber noch an das

Nichts ... als an das ‚Jetzt' glaubt? Brummt nicht ein Grundbass von Zorn und Vernichtungslust unter aller Ihrer kontrapunktischen Stimmen-Kunst und Ohren-Verführerei hinweg, eine wütende Entschlossenheit gegen alles, was ‚jetzt' ist, ein Wille, welcher nicht gar zu ferne vom praktischen Nihilismus ist ... mein Herr Pessimist und Kunstvergöttlicher ... wie? ist das nicht das echte Romantiker-Bekenntnis von 1830, unter der Maske des Pessimismus von 1850?" a.a.O. 14; und Nietzsche verlangt, „die Kunst des metaphysischen Trostes" d. h. „alle metaphysische Trösterei zum Teufel" zu schicken: a.a.O. 15.

275 F. Nietzsche, Der Wille zur Macht (1884/88) Aph. 100 XVIII 79.

276 Aph. 117 a.a.O. 88; dann: „Der ‚gute Mensch' als Naturmensch war eine reine Phantasie": Aph. 100 a.a.O. 78/79; darum spottet Nietzsche auch in: Götzen-Dämmerung oder wie man mit dem Hammer philosophirt (1888 publ. 1889) XVII 107: „Rousseau: oder die Rückkehr zur Natur in impuribus naturalibus".

277 F. Nietzsche, Der Wille zur Macht (;884/88) Aph. 120 XVIII 91.

278 A. Schopenhauer, Die Welt als Wille und Vorstellung 1 (1819) I 120.

279 Ibid. Vgl. a.a.O. 122.

280 Im Fall des Leibes sehen „wir dieses Objekt mit dem Subjekt zusammenfallen": a.a.O. 121: der Leib übernimmt hier die transzendentalphilosophisch ausgezeichnete Bestimmung des Subjekt-Objekts.

281 A.a.O. 121; vgl. 122.

282 A.a.O. 122; „In der That würde die nachgeforschte Bedeutung der mir lediglich als seine Vorstellung gegenüberstehenden Welt oder der Übergang von ihr als bloßer Vorstellung des erkennenden Subjekts, zu dem, was sie noch außerdem sein mag" – nämlich „Ding an sich" als „Wille " – „nimmermehr zu finden seyn, wenn der Forscher selbst nichts weiter als das rein erkennende Subjekt (geflügelter Engelskopf ohne Leib) wäre": a.a.O. 118; vgl. hierzu insgesamt die §§ 18–21 a.a.O. 118–130.

283 F. Nietzsche, Also sprach Zarathustra (1883 ff.) XIII 36/37 („Von den Verächtern des Leibes").

284 A. Schopenhauer, Die Welt als Wille und Vorstellung 2 (1844) Kap. 44 II 605–649.

285 F. Nietzsche, Jenseits von Gut und Böse. Vorspiel einer Philosophie der Zukunft (1886) Aph. 75 XV 91. In diesem Zusammenhang fällt auch der Ausdruck „Sublimierung": vgl. Aph. 189 a.a.O. 115: daß „gerade in der christlichen Periode Europa's und überhaupt erst unter dem Druck christlicher Werthurteile der Geschlechtstrieb sich bis zur Liebe (amour passion) sublimirt hat." Vgl. die Stellenhinweise bei K. Jaspers, Nietzsche. Einführung in das Verständnis seines Philosophierens ([2]1947) 134.

286 F. Nietzsche, Zur Genealogie der Moral (1887) XV 389.

287 Ibid.

288 Was Einzelüberlegungen zum Problem der „Zweckmäßigkeit" der Organismen – wie z. B. bei A. Schopenhauer, Die Welt als Wille und Vorstellung 1 (1819) § 28: I 182 ff. – keineswegs ausschließt. Doch gilt grundsätzlich jene Struktur, die G. Simmel, Schopenhauer und Nietzsche (1907 [2]1920) so formuliert hat: sowohl Schopenhauer als auch Nietzsche versuchen, eine charakteristische Aporie „vermittelst" des „Lebensbegriffs" zu lösen: es hat „die Philosophie Schopenhauers ... die Eingestelltheit der Existenz auf einen Endzweck und die gleichzeitige Verzagtheit seiner in eine Gesamtweltanschauung projiziert": a.a.O. 4, und „eben diese vom Zweckwillen getriebene und des Zweckes beraubte Welt ist der Ausgangspunkt Nietzsches": ibid. und seine Versuche, „das Leben selbst zum Zweck des Lebens" zu erheben: a.a.O. 5. d. h. eine selbst nicht mehr durch einen Zweck bestimmte Verfassung zum Zweck zu machen.

289 F. W. J. Schelling, Ideen zu einer Philosophie der Natur (1797) II 691; vgl. oben S. 200 und Anm. 214 und 215.

290 A. Schopenhauer, Die Welt als Wille und Vorstellung 2 (1844) II 543.

291 A. Schopenhauer, Die Welt als Wille und Vorstellung 1 (1819) I 448.

292 A.a.O. 329.
293 A.a.O. 330.
294 Ibid.
295 A.a.O. 326.
296 F. Nietzsche, Also sprach Zarathustra (1883ff.) XIII 276.
297 Ibid.
289 A.a.O. 281.
299 A.a.O. 276.
300 „Alles geht, alles kommt zurück; ewig rollt das Rad des Seins": A.a.O. 278.
301 A.a.O. 282.
302 Sei es, nach der Deutung M. Heideggers, Wer ist Nietzsches Zarathustra?, in: Vorträge und Aufsätze (1954) 124: daß „‚Ewige Wiederkunft des Gleichen' ... der Name für das Sein des Seienden" ist derart, daß es ihm „bestimmt ist, das *Wesen* der modernen Technik ans Licht zu bringen. Was ist das Wesen der modernen Kraftmaschine anderes als *eine* Ausformung der ewigen Wiederkehr des Gleichen?": a.a.O. 126; sei es, nach der Deutung K. Löwiths, Nietzsches Philosophie der ewigen Wiederkehr des Gleichen ([2]1956), daß Nietzsche mit diesen Gedanken das Naturhaft-Zyklische gegen das Geschichtliche ausspielt im Sinne einer „antichristliche(n) Wiederholung der Antike auf der Spitze der Modernität": a.a.O 113; sei es, nach der Deutung von G. Lukács, Die Zerstörung der Vernunft, ([10]1955) 316, „daß hinter der ewigen Wiederkehr ein sich selbst tröstendes, mythisches Dekret steckt, die Entwicklung könne nichts prinzipiell Neues (also keinen Sozialismus) hervorbringen"; usf.
303 Vgl. oben S. 150.
304 A. Schopenhauer, Die Welt als Wille und Vorstellung 1 (1844) II 380; vgl. a.a.O. 2 (1844) II 665: daß „das Menschenleben keinen anderen Stoff darbietet, als den zu Tragödien und Komödien" – „Aber ist denn die Welt ein Guckkasten? Zu *sehn* sind diese Dinge freilich schön; aber sie zu *seyn* ist ganz etwas Anderes": ibid. Vgl. die Überlegung A. Schopenhauer, Die Welt als Wille und Vorstellung 1 (1819) I 380; vgl. a.a.O. 390: „der Wille führt das große Trauer- und Lustspiel auf eigene Kosten auf, und ist auch sein eigener Zuschauer."
305 A. Schopenhauer, Die Welt als Wille und Vorstellung 2 (1844) II 650.
306 A. Schopenhauer, Parerga und Paralipomena 2 (1851) V 327.
307 A. Schopenhauer, Die Welt als Wille und Vorstellung 2 (1844) II 664.
308 A.a.O. 663.
309 Vgl. etwa F. Nietzsche, Also sprach Zarathustra (1883ff.) „Das Tanzlied" XIII 138–141; „Das andere Tanzlied" a.a.O. 287–291.
310 F. Nietzsche, Der Wille zur Macht (1884/88) Aph. 797 XIX 209. Darum steht am Ende der „drei Verwandlungen", Also sprach Zarathustra XIII 25–27 auch das „Kind": „Unschuld ist das Kind und Vergessen, ein Neubeginnen, ein Spiel, ein aus sich rollendes Rad, eine erste Bewegung, ein heiliges Jasagen. Ja, zum Spiele des Schaffens, meine Brüder, bedarf es eines heiligen Ja-sagens": a.a.O. 27.
311 A. Schopenhauer, Die Welt als Wille und Vorstellung 1 (1819) I 377: „Unmittelbar gegeben ist uns immer nur der Mangel, d. h. der Schmerz ... denn der Mangel, das Entbehren, das Leiden ist das Positive, sich unmittelbar Ankündigende."
312 Vgl. F. Nietzsche, Götzen-Dämmerung oder wie man mit dem Hammer philosophirt (1889) XVII 117: „der Gesamtaspekt des Lebens ist *nicht* die Nothlage, die Hungerlage, vielmehr der Reichthum, die Ueppigkeit, selbst die absurde Verschwendung".
313 Vgl. A. Schopenhauer, Die Welt als Wille und Vorstellung 1 (1819) Viertes Buch: „Pessimismus"; vgl. F. Nietzsche, Der Wille zur Macht (1884/88) Aph. 104 XIX 344–345: „Zum Pessimismus der Stärke". „Auch dieser *Pessimismus der Stärke* endet mit einer *Theodicee,* d. h. mit einem absoluten *Ja-sagen* zu der Welt – aber um der Gründe willen, auf die man zu ihr ehemals Nein gesagt hat": a.a.O. 346.

314 A. Schopenhauer, Die Welt als Wille und Vorstellung 1 (1819) § 68 I 446–471; auch der Weise und auch der künstlerisch rein Erkennende sind Ausnahmen: „die echte Freude an der Kunst ... ist, weil es schon seltene Anlagen erfordert, nur höchst Wenigen und auch diesen nur als ein vorübergehender Traum vergönnt“: a.a.O. 370.

315 A.a.O. 336.

316 A.a.O. 334.

317 F. Nietzsche, Aus der Zeit des Zarathustra (1882/86) XIV 179.

318 F. Nietzsche, Aus der Zeit der fröhlichen Wissenschaft (1881/82) XI 185.

319 F. Nietzsche, Also sprach Zarathustra (1885ff.) XIII 409 („Das Trunkne Lied“).

320 Vgl. A. Schopenhauer, Die Welt als Wille und Vorstellung 1 (1819) I 369: „Was alle Lebenden beschäftigt und in Bewegung erhält, ist das Streben nach Daseyn.“ A.a.O. 368: „demgemäß füllt die Sorge für die Erhaltung jenes Daseyns ... in der Regel, das ganze Menschenleben aus.“

321 A.a.O. 453: „Überhaupt ist es eine seltsame Anforderung an einen Moralisten, daß er keine andere Tugend empfehlen soll, als die er selbst besitzt.“

322 D. i. eine Potenzierung jener Struktur, die bereits oben S. 151/152 bei der Analyse des Verhältnisses von „sentimentalischen“ zum „naiven“ Dichter auffiel: hier ist jetzt nicht mehr nur der Übermensch, also diejenige Gestalt, die die Nachfolge des ästhetischen Genies antritt, sondern es ist darüberhinaus sogar derjenige, der diesen Übermenschen „lehrt“, ‚immer der Andere‘.

323 F. W. J. Schelling, Philosophische Untersuchungen über das Wesen der menschlichen Freiheit und die damit zusammenhängenden Gegenstände (1809) VII 350; vgl. oben Anm. 219; vgl. außerdem A. Schopenhauer, Parerga und Paralipomena 1 (1851) IV 151/152 „Kaum hatten meine Schriften auch nur die Aufmerksamkeit einzelner erregt; so ließ sich schon, hinsichtlich meines Grundgedankens die Prioritätsklage vernehmen, und wurde angeführt, daß *Schelling* ein Mal gesagt hätte, ‚Wollen ist Urseyn‘. Hierüber ist, in Betreff der Sache, selbst zu sagen, daß die Wurzel meiner Philosophie schon in der Kantischen liegt ... Daher darf man sich nicht wundern, wenn in den ebenfalls von *Kant* ausgehenden Philosophemen *Fichte's* und *Schelling's* sich Spuren des selben Grundgedankens finden lassen, wiewohl sie dort ... als ein bloßer Vorspuk meiner Lehre anzusehen sind.“

324 A. Schopenhauer, Die Welt als Wille und Vorstellung 1 (1819) I 193.

325 F. Nietzsche, Der Wille zur Macht (1884/88) Aph. 1067 XIX 373/374.

326 Schopenhauer a.a.O. I 393.

327 A.a.O. 174.

328 Ibid.

329 A.a.O. 175.

330 Ibid.

331 A.a.O. 392.

332 A.a.O. 175.

333 A.a.O. 393.

334 F. Nietzsche, Der Wille zur Macht (1884/88) Aph. 121 (überschrieben: „Cultur contra Civilisation“), XVIII 92; vgl. Aph. 122 ibid.: „Wovor ich warne...: die auflösenden und nothwendig zur décadence treibenden Mittel der Civilisation nicht mit der Cultur zu verwechseln.“

335 A.a.O. Aph. 299 XVIII 216/217; „meine Aufgabe ist, die ... naturlos gewordenen Moralwerthe in ihre Natur zurückzuübersetzen, d. h. in ihre dicht. ‚Immoralität‘.“ Ibid.

336 Vgl. F. Nietzsche, Also sprach Zarathustra (1883ff.) „Von den Taranteln“ XIII 127–130, bes. 129/130: „Mit diesen Predigern der Gleichheit will ich nicht verwechselt sein. Denn so redet *mir* die Gerechtigkeit: ‚Die Menschen sind nicht gleich.‘ Und sie sollen es auch nicht werden! Was wäre denn meine Liebe zum Übermenschen, wenn ich

anders spräche? ... immer mehr Krieg und Ungleichheit soll zwischen sie gesetzt sein: so läßt mich meine grosse Liebe reden! ... Gut und Böse, und Reich und Arm, und Hoch und Gering, und alle Namen der Werthe: Waffen sollen es sein ... Dass Kampf und Ungleiches auch noch in der Schönheit sei, und Krieg und Macht und Uebermacht: das lehrt er uns". Vgl. Nietzsches Wertschätzung des Ranges, der Vornehmheit etc.

337 Nietzsche-Zarathustra will „der Feindschaft zu Ehren Lieder singen": a.a.O. 130; „Alles Geschehen, alle Bewegung, alles Werden als ein Feststellen von Grad- und Kraftverhältnissen, als ein *Kampf*...": Der Wille zur Macht (1884/88) Aph. 552 XIX 54; „Das Leben ist eine Folge des Krieges, die Gesellschaft selbst ein Mittel zum Krieg": a.a.O. Aph. 53 YVIII 43; „dem Frieden einen höheren Werth" zuerteilen „ist antibiologisch, ist selbst eine Ausgeburt der décadence des Lebens": ibid.; „Ich will, auch in Dingen des Geistes, Krieg und Gegensätze; und mehr Krieg als je, mehr Gegensätze als je": Aus der Zarathustra- und Umwertungszeit (1882/88) XIV 353; „Das, was wir ‚Bewußtsein' und ‚Geist' nennen, ist nur ein Mittel und Werkzeug, vermöge dessen nicht ein Subject, sondern ein *Kampf sich erhalten will*": Studien aus der Umwertungszeit (1882/88) XVI 66; also „Hinter dem Bewusstsein arbeiten die *Triebe*": a.a.O. 23, usf.

338 F. Nietzsche, Jenseits von Gut und Böse. Vorspiel einer Philosophie der Zukunft (1856); vgl. Der Wille zur Macht (1884/88) Aph. 461 XVIII 329: „Und dieses Leben ruht auf unmoralischen Voraussetzungen: und alle Moral *verneint* das Leben"; denn: „‚Leben lebt immer auf Unkosten andern Lebens' – wer das nicht begreift, hat bei sich auch nicht den ersten Schritt zur Redlichkeit gethan": Aph. 369 a.a.O. 257; also nur „der ‚wilde' Mensch (oder, moralisch ausgedrückt, der *böse* Mensch) ist eine Rückkehr zur Natur": a.a.O. Aph. 684 XII 137; so nennt Nietzsche den Menschen „das beste Raubthier": Also sprach Zarathustra (1883ff.) XIII 263 („Von alten und neuen Tafeln"); überhaupt „Thier", vgl.: „der Mensch das noch nicht festgestelte Thier": Jenseits von Gut und Böse (1856) Aph. 62 XV 83, usf.

339 F. Nietzsche, Jenseits von Gut und Böse (1886) Aph. 230 XIV 180.

340 Ibid.

341 Der andere im Blick auf die hier zit. Stellen mögliche Vorbehalt liegt in der Frage, ob insbes. Nietzsche mit all diesem wirklich ‚dieses habe sagen wollen' oder nicht vielleicht doch anderes. Diese Frage ist angebracht, wenn sie auch bei einem Schriftsteller vom Range Nietzsches merkwürdig und gerade darum aufschlußreich ist. Gerade sie verführt zugleich zu einer weiteren Reflexion. Nicht wenig ist man versucht, an eine Art von ‚Gesetz der Erhaltung der Naivität' zu denken. Daß insgesamt die Philosophie dem Prozess im Methodenbewußtsein (vgl. L. Oeing-Hanhoff, Descartes und der Fortschritt der Metaphysik, Mskr. Münster 1962) mit einem Schwund an Subtilität und Kapazität in den inhaltlichen Fragen bezahlt und insgesamt das Bild des fortgehenden Versuchs bietet, mit immer kunstvoller und schärfer geschliffenen Messern immer gröber und kunstloser zu schneiden, wäre dann nur *ein* Fall der Wirksamkeit dieses – um bei der gewählten Formulierung zu bleiben – ‚Gesetzes'. Ein *anderer* zeigt sich bei Nietzsche (und nicht nur bei ihm). Daß ein zu höchstem Raffinement in allen Fragen der Verdächtigung gediehenes, in jeglicher „Kunst des Mißtrauens" aufs äußerste versiertes, im Argwohn vor allem auch gegen sich selbst wie kaum ein anderes erfahrenes und gegen das Mitsprechen und Mitdenken jedes auch noch so verborgenen Ressentiments überempfindliches Denken wie dasjenige Nietzsches plötzlich von allen guten Geistern des Selbstmißtrauens verlassen scheint, sobald es sich um Thesen zur „Geschichte in weltbürgerlicher Absicht" handelt: das scheint ein weiterer gewichtiger Beleg dafür, daß potenzierte Reflektiertheit auf einem Gebiet sich durch potenzierte Arglosigkeit auf einem anderen kompensiert. Dabei ist es kaum gleichgültig, auf welchem Gebiet die Reflektiertheit, und auf welchem die Arglosigkeit operiert. So ergibt sich die Frage nach dem – wie man sagen könnte – *Illusionsertrag der Desillusionierung:* daß Reflektiertheit in gewissen Dingen geradezu zum Alibi für Naivität in anderen

werden kann und die Konzentration der Truppen des Selbstmißtrauens und der Subtilität an einer philosophischen Front geradezu betrieben werden kann, *damit* die Naivität an einer anderen umso leichter zum Siege kommt, spräche in nicht unerheblichen Maße für die Möglichkeit einer solchen *Täuschungsfunktion der Redlichkeit.* Freilich: die Einsicht in diese Funktion spricht nicht nur nicht gegen die philosophische Pflicht zur Redlichkeit und Reflexion, sie verhindert auch schwerlich, daß gerade diese Einsicht selber zum Kapital werden kann, mit dem einschlägig gewuchert wird.

342 Vgl. unten S. 429 Anm. 13 und S. 441 ff. Anm. 152.

343 F. Nietzsche, Die Geburt der Tragödie (1872) III 46 u. ö.

344 Vgl. oben S. 21.

Anmerkungen zu „Therapeutischer Psychologismus“

1 Vgl. den ursprünglichen Untertitel dieser Arbeit: „Einige philosophische Motive eines neueren Psychologismus in der Philosophie“.
2 Vgl. oben S. 203 ff.
3 Schopenhauers zunächst ignorierte Philosophie nach den Revolutionsjahren 1848/49; Nietzsches Philosophie im großen Stile spätestens nach dem ersten Weltkrieg.
4 Vgl. G. Lukács, Die Zerstörung der Vernunft ([10]1955).
5 Wo die Wirklichkeit vernünftiger ist als ihre Philosophien, hat es nicht nur einen schlimmen, sondern auch einen guten Sinn, diese gegen-vernünftigen Philosophien in denjenigen Formen zu ergreifen, die so radikal sind, daß sie keine Folgen haben zu können scheinen. Sie sind ausgezeichnet als Philosophien, denen man anhängen kann, *statt* sie zu realisieren. Ohne Zweifel gab es diese Verfechter Nietzsches, die es waren, weil Nietzsches Philosophie – was ihre ‚primäre Stellungnahme‘ betrifft – eine Position ist, die man haben kann, ohne sie zu vollziehen, im Unterschied zum „Faschismus“, der am Ende eine Position wird, die man vollziehen muß selbst ohne sie zu haben. Freilich: daß darin kein sehr sicherer und bewahrender Unterschied liegt und daß Positionen, die man hat, um sie *nicht* zu vollziehen, leicht in den Vollzug umschlagen können, ist natürlich unbestreitbar. Das alles gilt ebenso für die ähnlich fungierenden und florierenden Revolutionstheorien innerhalb der bürgerlichen Welt. Immerhin dürfte im Zusammenhang des Themas ‚Selbstzerstörung des Bürgertums‘ Aufmerksamkeit darauf geboten sein, daß eben nicht alle, sondern primär nur die ‚radikalen‘ d. h. in einem bestimmten Sinne gerade dadurch unverbindlichen Philosophien einer Absage ans „bürgerliche Leben“ gewählt und ergriffen werden.
6 Vgl. oben S. 207.
7 F. Nietzsche, Ecco homo (1888 publ. 1908) XXI 219.
8 Vgl. L. Klages, Die psychologischen Errungenschaften Nietzsches (1926); dabei bestehen diese „Errungenschaften“ ohne Zweifel nicht allein in der bloßen Vorbereitung der von Klages gewollten Anti-Geist-Lehre und Lebenspsychologie.
9 Umgekehrt: die Neigung, nur mehr den auf einige „Grundworte“ reduzierten Nietzsche zu interpretieren, richtet sich selbst u. a. durch ihre Unfähigkeit, den „Psychologen“ Nietzsche ernst zu nehmen. Hier steckt eine der entscheidenden Schwächen der Nietzsche-Deutung der unmittelbaren Heideggerschule nicht weniger als in ihrer völlige Abstinenz in der Diskussion des Romantik- und Wagnerverhältnisses von Nietzsche.
10 F. Nietzsche, Aus der Zeit des Zarathustra (1882/85) XIV 312.
11 H. Barth, Wahrheit und Ideologie (1945); dortselbst: „Schopenhauers ‚eigentliche‘ Kritik der Vernunft“ 191–204; „Nietzsches Philosophie als ‚Kunst des Mißtrauens‘“ 205–282.
12 Vgl. A. Schopenhauer, Die Welt als Wille und Vorstellung I (1819) § 36: er erklärt den Wahnsinn „so, daß … keine gleichmäßig zusammenhängende Rückerinnerung der Vergangenheit möglich ist … in ihrer Rückerinnerung sind Lücken, welche sie (sc. die Wahnsinnigen) dann mit Fiktionen ausfüllen … der Einfluß dieser falschen Vergangenheit verhindert nun auch den Gebrauch der richtig erkannten Gegenwart“: I 226/227; „wenn … ein … Kummer, ein … schmerzliches Wissen oder Andenken so qualvoll ist, daß es schlechterdings unerträglich fällt und das Individuum ihm unterliegen würde … flüchtet (es) … sich von dem seine Kräfte übersteigenden geistigen Schmerz zum Wahnsinn … Ein schwaches Analogon jener Art des Überganges vom Schmerz zum

Wahnsinn ist dieses, daß wir alle oft ein peinigendes Andenken, das uns plötzlich einfällt, wie mechanisch, durch irgend eine laute Äußerung oder Bewegung zu verscheuchen, uns selbst davon abzulenken, mit Gewalt uns zu zerstreuen suchen": a.a.O. 227/228. Vgl. dazu die ausführlichere Theorie „Ueber den Wahnsinn" in: A. Schopenhauer, Die Welt als Wille und Vorstellung 2 (1844) Kap. 32 II 454–458: „Die eigentliche Gesundheit des Geistes besteht in der vollkommenen Rückerinnerung... Als den *zerrissenen* Faden dieser ... Erinnerung habe ich im Texte den *Wahnsinn* dargestellt": a.a.O. 454; „In jenem Widerstreben des Willens, das ihm Widrige in die Beleuchtung des Intellekts kommen zu lassen, liegt die Stelle, an welcher der Wahnsinn auf den Geist einbrechen kann. Jeder widrige neue Vorfall nämlich muß vom Intellekt assimilirt werden... Erreicht hingegen ... das Widerstreben und Sträuben des Willens wider die Annahme einer Erkenntniß den Grad, daß jene Operation nicht rein durchgeführt wird; werden demnach dem Intellekt gewisse Vorfälle oder Umstände völlig unterschlagen, weil der Wille ihren Anblick nicht ertragen kann; wird alsdann, des nothwendigen Zusammenhangs wegen, die dadurch entstandene Lücke beliebig ausgefüllt; so ist der Wahnsinn da. Denn der Intellekt hat seine Natur aufgegeben, dem Willen zu gefallen": a.a.O. 456. „Der obigen Darstellung zufolge kann man also den Ursprung des Wahnsinns ansehen als ein gewaltsames ‚Sich aus dem Sinn schlagen' irgend einer Sache, welches jedoch nur möglich ist mittelst des ‚Sich in den Kopf setzens' irgend einer andern ... so ... bleibt ... das Wesentliche des Wahnsinns ... die Unmöglichkeit einer gleichförmig zusammenhängenden Rückerinnerung": a.a.O. 456/457. Auf die Verwandtschaft dieser Theorie mit derjenigen Freuds hat zuerst O. Rank aufmerksam gemacht: vgl. unten Anm. 152. Ein Vergleich dieser Theorie des Wahnsinns mit derjenigen von F. W. J. Schelling, Stuttgarter Privatvorlesungen (1810) VII 469/470 wäre nicht uninteressant.

13 Vgl. oben S. 423 Anm. 285; vgl. aber auch z. B. F. Nietzsche, Menschliches, Allzumenschliches. Ein Buch für freie Geister. Erster Band (1876–1878) VIII 28: „Im Traum übt sich dieses uralte Stück Menschenthum in uns fort, denn es ist die Grundlage, auf der die höhere Vernunft sich entwickelt und in jedem Menschen sich noch entwickelt: der Traum bringt uns in ferne Zustände der menschlichen Cultur wieder zurück und giebt ein Mittel an die Hand, sie besser zu verstehen." Diese Stelle zitiert Freud (unkorrekt) in: Die Traumdeutung (1900) II/III 554: „Wir ahnen, wie treffend die Worte Fr. Nietzsches sind, daß sich im Traume, ‚ein uraltes Stück Menschtum fortübt, zu dem man auf direktem Wege kaum mehr gelangen kann'". – Zu Vorwegnahmen Freuds bei Nietzsche vgl. R. Brand, Freud and Nietzsche, a comparation, in: Revue de l'Université d'Ottawa 25 (1955) 225–234 (Hinweis auf diesen Aufsatz verdanke ich Dr. L. Oeing-Hanhoff, der ihn Prof. Dr. O. Most verdankt).

14 Vgl. unten Anm. 152.

15 W. Metzger, Psychologie. Die Entwicklung ihrer Grundannahmen seit der Einführung des Experiments ([2]1954) 8 ff.; vgl. oben S. 286 Anm. 22.

16 Denn diese Tendenz zum Psychologismus ist unmittelbar identisch mit derjenigen zur Fundierung der Philosophie durch „Anthropologie". Darum hat Husserl seine Psychologismuskritik auch zur „Kritik des spezifischen Relativismus und im besonderen des Anthropologismus" gemacht: Logische Untersuchungen 1 ([4]1928) 116 ff. Insges. vgl. die oben S. 38 ff. skizzierte gegenwärtige philosophische Tendenz zur „Anthropologie": sie ist die Tendenz jener Philosophien, die innerhalb der Wende zum Geschichtlichen und im Gegenzug zu ihrer philosophischen Prävalenz die menschliche und weltliche ‚Natürlichkeit' zur Geltung bringen wollen. Daß dieser Trend sich bereits innerhalb der „romantischen Naturphilosophie" anbahnt, wurde oben S. 176 ff. anläßlich der Analyse von Carus' Psychologie angemerkt.

17 Eine Verwandlung, die sich ebenfalls bereits bei Carus und Anderen innerhalb der „romantischen Naturphilosophie" anbahnt: vgl. oben das. S. 171 ff., auch dort die Steffens-Anmerkung S. 393 Anm. 290 und S. 397 f. Anm. 362.

18 Andererseits wird die ‚kosmologische' Natur zum Thema der speziellen exakten Naturwissenschaften: ein Vorgang, der sich im gleichen Zeitraum endgültig durchsetzt.

19 Um den Methodenbegriff von H. Rickert zu verwenden; vgl. zusf.: Kulturwissenschaft und Naturwissenschaft ([3]1915): die Schrift „will ... dem generalisierenden Verfahren der Naturwissenschaft das individualisierende Verfahren der Geschichte gegenüberstellen": a.a.O. 60; „Ohne auf die übrigen Beiträge zur Klarlegung dieses Punktes einzugehen, weise ich hier nur auf die Ausführungen Windelbands hin. Er stellt neben das ‚nomothetische' Verfahren der Naturwissenschaften das ‚idiographische' der Geschichte": a.a.O. 59, mit Hinweis auf W. Windelband, Geschichte und Naturwissenschaft (1894) in: Präludien ([4]1911) II 136ff.

20 W. Dilthey, Ideen über eine beschreibende und zergliedernde Psychologie (1894) V 154.

21 A.a.O. 159–167.

22 A.a.O. 159.

23 Ibid.

24 Ibid.

25 A.a.O. 155 u.ö.

26 Vgl. a.a.O. 168; dazu J. St. Mill, An Examination of Sir William Hamilton's Philosophy and of the Principal Philosophical Questions Discussed in his Writings (1865 [2]1881) 356; dazu seine prophylaktischen Einschränkungen: A System of Logic, Ratiocinative and Inductive, Being a Connected View of the Principles of Evidence, and the Methods of Scientific Investigations II (1851) Book VI Chap. 4 420–431.

27 E. Husserl, Logische Untersuchungen 1 ([4]1928) 55.

28 Th. Lipps, Die Aufgabe der Erkenntnistheorie, in: Philosophische Monatshefte 16 (1880) 530f.; vgl. die Formulierung der „Aufgabe der Erkenntnistheorie" in G. Heymans, Die Gesetze und Elemente des wissenschaftlichen Denkens. Ein Lehrbuch der Erkenntnistheorie in Grundzügen ([2]1905) 3: „Die exakte, durch empirische Untersuchung des gegebenen Denkens zu ermittelnde Feststellung und Erklärung der kausalen Beziehungen, welche das Auftreten von Überzeugungen im Bewußtsein bedingen, ist die Aufgabe der Erkenntnistheorie." Vgl. die Auseinandersetzung dieses Buchs mit der Psychologismuskritik Husserls a.a.O. 64ff.

29 Diltheys Aufsatz – in dem der Begriff „verstehende Psychologie" übrigens nicht gebraucht wird, wohl aber der Begriff des Verstehens: „Die Natur erklären wir, das Seelenleben verstehen wir": a.a.O. V 144 – begreift sich selbst im Zusammenhang der „Aufgabe einer psychologischen Grundlegung der Geisteswissenschaften": a.a.O. 139.

30 Vgl. a.a.O. 156.

31 Vgl. W. Dilthey, Das Problem der Religion (1911) VI 305: „III. Anthropologie. Das Seelenleben kann durch verschiedene Methoden aufgeklärt werden... Dem Leben selbst steht die Methode am nächsten, welche Abfolge und Koexistenz der konkreten seelischen Zustände beschreibt und zergliedert... Die anthropologische Methode beschreibt und zergliedert also die Abfolge der konkreten Gemütszustände".

32 W. Dilthey, Ideen über eine beschreibende und zergliedernde Psychologie (1894) V 215.

33 A.a.O. 213. 34 A.a.O. 196.

35 A.a.O. 206.

36 A.a.O. 172.

37 Ibid.

38 Es „hat die Kunst des Verstehens ihren Mittelpunkt in der Auslegung oder *Interpretation der in der Schrift enthaltenen Reste menschlichen Daseins*": W. Dilthey, Die Entstehung der Hermeneutik (1900) V 319.

39 „Was der Mensch sei, sagt ihm nur seine Geschichte": W. Dilthey, Traum (1903) VIII 224; u.ö.

40 W. Dilthey, Beiträge zum Studium der Individualität (1895/96).
41 W. Dilthey, Das Problem der Religion (1911) VI 305.
42 W. Dilthey, Beiträge zum Studium der Individualität (1895/96) V 274.
43 W. Dilthey, Ideen über eine beschreibende und zergliedernde Psychologie (1894) V 186.
44 Vgl. u. a. W. Dilthey, Der Aufbau der geschichtlichen Welt in den Geisteswissenschaften. Plan der Fortsetzung (1916f.), bes. VIII 191ff.
45 Vgl. u. a. W. Dilthey, Übersicht meines Systems (Entwurf zu dem in Überwegs Grundriß der Geschichte der Philosophie Bd. 3[8] veröffentlichten Paragraphen über Dilthey, o. J.) VIII: „Hinter das Leben kann das Erkennen nicht zurückgehen, d. h. es kann keinen Zusammenhang machen, der nicht in der eigenen Lebendigkeit gegeben ist."
46 Wenn auch „der Schwerpunkt der Geisteswissenschaften aus dem Erkennen des Generellen, in welchem unter Abstraktion von den Unterschieden alle einzelnen Menschen übereinstimmen, hinüberrückt in das große Problem der Individuation": W. Dilthey, Beiträge zum Studium der Individualität (1895/96) V 266, rechnet Dilthey doch grundsätzlich mit einer „Gleichartigkeit der Menschennatur": a.a.O. 259. „Wie die menschliche Natur immer dieselbe ist, so sind auch die Grundzüge der Lebenserfahrung allen gemeinsam": W. Dilthey, Die Typen der Weltanschauung und ihre Ausbildung in den metaphysischen Systemen (1911) VIII 79.
47 Vgl. a.a.O. 80/81: „Das Rätsel des Lebens... Der Mittelpunkt aller Unverständlichkeiten sind Zeugung, Geburt, Entwicklung und Tod... Diese Rätsel haben die ägyptischen und babylonischen Priester so gut beschäftigt als heute die Predigt der christlichen Geistlichen, Herakleitos und Hegel, den Prometheus des Äschylos so gut wie Goethes Faust." Vgl. auch unten Anm. 74.
48 Vgl. W. Dilthey, Die drei Grundformen der Systeme in der ersten Hälfte des 19. Jahrhunderts (1898) IV 529: „Was der Mensch sei, sagt nur die Geschichte."
49 Darum betont Dilthey z. B. durchaus und nachdrücklich und auführlich auch, daß „die Biologie ... den Gesichtskreis dieser Erörterungen zu erweitern geeignet ist": Ideen über eine beschreibende und zergliedernde Psychologie (1894) V 207; denn im „Zusammenhang unserer Triebe und Gefühle ... haben wir ... das eigentliche Zentrum des Seelenlebens vor uns. Die Poesie aller Zeiten hat hier ihr Objekt": a.a.O. 185; so muß sich auch – in Zusammenarbeit mit der Biologie – die geisteswissenschaftliche Psychologie kümmern um „die gewaltigen Triebe, welche die tierische, die menschliche gesellschaftliche und die menschliche geschichtliche Welt durchherrschen. Unter diesen bilden wieder die mächtigste Klasse die drei großen physischen Triebe... Man kann sagen, daß die gewaltigsten Kräfte der moralischen Welt Hunger, Liebe und Krieg sind; in ihnen wirken eben die stärksten Triebe: der Nahrungstrieb, die Geschlechtsliebe und Sorge für die Nachkommenschaft und die Schutztriebe. So hat die Natur für die Erhaltung des Individuums und der Art die stärksten Mittel aufgewandt... Darin beruht nun aber zunächst die moralische Erziehung der Menschheit, daß in ihren sozialen Ordnungen diese allbezwingenden Triebe reguliert werden": a.a.O. 210.
50 Vgl. oben S. 14. 51 Vgl. oben S. 56.
52 Vgl. oben S. 57.
53 Daß die „Kategorie der Bedeutung", die – wie die der „Bedeutsamkeit" – Diltheys Philosophie beherrscht (vgl. unten Anm. 62 und 63), bereits in der Naturphilosophie Schellings im Zusammenhang der Diskussion des Verhältnisses Natur/Mythologie wichtig ist, sei hier beiläufig angemerkt; vgl. insbes. F. W. J. Schelling, System der gesammten Philosophie und der Naturphilosophie insbesondere. Aus dem handschriftlichen Nachlaß (gelesen 1804) VI 571/572.
54 Vgl. oben bes. S. 84ff.
55 W. Dilthey definiert a.a.O. V 215 diese Psychologie als „Lehre vom Strukturzusammenhang des Seelenlebens".

56 Es ist wenig bemerkt, daß der bes. in der neueren Literaturwissenschaft wichtig gewordene – vgl. z. B. soeben: C. Heselhaus, Strukturen der modernen Lyrik (1960) – Strukturbegriff jene Verfassung der „Zweckmäßigkeit ohne Zweck" neu benennt, die Kant zur Definition des Schönen gemacht hatte. Bei Dilthey ist entscheidend, daß dieser von Herkunft ‚ästhetische' Charakter für die Defintion des „Lebens" zentral wird.

57 Darum die scheinbar widersprüchlichen Aussagen Diltheys; vgl. a.a.O. 207 einerseits: „Dieser seelische Strukturzusammenhang ist nun zugleich ein teleologischer. Ein Zusammenhang, welcher Lebensfülle, Triebbefriedigung und Glück zu erwirken die Tendenz hat, ist ein *Zweckzusammenhang*", und: „in der seelischen Struktur allein ist der Charakter der Zweckmäßigkeit ursprünglich gegeben": ibid.; andererseits a.a.O. 213: „Der Zusammenhang zwischen diesen verschiedenartigen, nicht auseinander ableitbaren Bestandteilen ist *sui generis.* Der Name Zweckmäßigkeit klärt die Natur desselben nicht auf, sondern drückt nur ein im Erlebnis des seelischen Zusammenhanges Enthaltenes aus, und zwar ... nur in einer begrifflichen Abbreviatur"; dazu gehört die Negation eines Zweckmäßigkeitsanblicks der Geschichte im großen, während für das Individuum und das Detail der teleologische Aspekt bei Dilthey in gewisser Hinsicht in Kraft bleibt.

58 Vgl. oben S. 84ff. 59 Vgl. oben S. 85.

60 O. Most, Die Determinanten des seelischen Lebens I. Grenzen der kausalen Betrachtungsweise (1939), bes. 10, 12ff.: „kausaler Monismus":

61 A.a.O. 66.

62 Vgl. u. a. W. Dilthey, Der Aufbau der geschichtlichen Welt in den Geisteswissenschaften. Darin: Plan der Fortsetzung, geschrieben nach 1910; VII 233: „Die Kategorie der Bedeutung bezeichnet das Verhältnis von Teilen des Lebens zum Ganzen, das im Wesen des Lebens gegründet ist. Wir haben diesen Zusammenhang nur vermittels der Erinnerung, in welcher wir den vergangenen Lebenslauf überblicken können ... In allen diesen und anderen Fällen hat der einzelne Moment Bedeutung durch seinen Zusammenhang mit dem Ganzen, durch die Beziehung von Vergangenheit und Zukunft, von Einzeldasein und Menschheit": hier ist das Fortleben der ‚genetischen' Denkungsart der Transzendentalphilosophie ebenso unverkennbar wie die von ihr herkommende regierende Rolle des Totalitätsprinzips – vgl. oben S. 59 – in der folgenden Charakteristik: „Bedeutung ist die besondere Art der Beziehung, welche innerhalb des Lebens dessen Teile zum Ganzen haben": a.a.O. 234; dabei ist der Zusammenhang des ‚Ganzen' freilich eben *nicht* mehr der ‚politisch'-geschichtliche mit Endzweck „in weltbürgerlicher Absicht" und durchsichtigem Werden meiner „Vermittlungen", sondern – „Leben".

63 „Bedeutsamkeit ist die auf der Grundlage des Wirkungszusammenhangs entstehende Bestimmtheit eines Teiles für ein Ganzes": a.a.O. 238/239.

64 E. Husserl, Philosophie als strenge Wissenschaft, in: Logos I (1910/11) 289–341.

65 A.a.O. 294–322.

66 A.a.O. 323–341; Husserl charakterisiert den „Historizismus", indem er – vgl. a.a.O. 324 – Dilthey zitiert. Zum Husserl-Dilthey-Verhältnis vgl. G. Misch, Phänomenologie und Lebensphilosophie (1931).

67 Vgl. oben S. 11–14 und 29–31.

68 Husserl a.a.O. 336.

69 A.a.O. 326.

70 E. Husserl, Logische Untersuchungen 1 (^{4}1928) 123.

71 Vgl. die Diskussion des Begriffs „Aufheben" bei G. W. F. Hegel, Die Wissenschaft der Logik 1 (1812) ed. Hoffmeister (1948) 93–95.

72 Vgl. oben S. 210.

73 Diese Arbeit beansprucht nicht, das Problem des ‚ersten Psychologismus' insgesamt und definitiv zu diskutieren; vgl. dazu die einschlägigen Untersuchungen, insbes. das zit. Buch von O. Most.

74 Vgl. oben Anm. 47 und außerdem insbes. W. Dilthey, Handschriftliche Zusätze und Ergänzungen der Abhandlung über die Typen der Weltanschauung, Vorlage B: „das Rätsel des Lebens: der einzige, dunkle, erschreckende Gegenstand aller Philosophie ... Geburt und Tod, Zeugung und Verwandtschaft mit den eigenen Kindern, den Streit der Menschen im Ringen um die Befriedigungsobjekte der Triebe und die stetige Ruhe in den Bewegungen der Gestirne, Regel des Lebens und Schuld, die sie durchbricht, die Korruptibilität jedes Glücks und des Lebens selber... Das ist schon das Rätsel des Lebens in seinen elementaren Problemen": VIII 140/141; „diese Fragen sind es, die keine Einzelwissenschaft auflöst, die eben nur einzelne Probleme im großen Rätsel des Lebens bilden. Dieses steht immer vor jedem neuen Menschen, Lösung heischend, immer als dasselbe, immer gleich unergründlich ... als eine dunkle Einheit stellt es sich dar, eine wunderbare Verschlingung von Fragen aller Art. Der Kreis der Erfahrungserkenntnis mag sich ausbreiten, wie er will, dieses Rätsel tritt nur weiter zurück, ohne daß je eine Auflösung desselben einträte": a.a.O. 145.

75 Vgl. E. Husserl, Logische Untersuchungen 1 ([4]1928) 52 Anm. 1: „Ich gebrauche die Ausdrücke Psychologist, Psychologismus u. dgl. ohne jede abschätzige ‚Färbung', ähnlich wie Stumpf in seiner Schrift ‚Psychologie und Erkenntnistheorie'."

76 Vgl. oben S. 14ff.

77 Wenn anders nämlich die Philosophie an ihrer Verpflichtung festhält, immerstimmende Aussagen über Immerseiendes zu machen (Wesensphilosophie zu sein) und die Zugehörigkeit zur ‚Geschichte der Freiheit' zu vollziehen (Geschichtsphilosophie zu sein); vgl. dazu die „Vorbehalte" gegenüber der zur ‚Genealogie' gewordenen Philosophie unten S. 271ff.

78 Vgl. die Diskussion der Transzendentalphilosophie als ‚Position der Unentschiedenheit' oben S. 63ff. und die Bestimmung des Zusammenhangs zwischen geschichtsferner Geschichtsphilosophie und wesensfernem Wesensbegriff der ‚essentiafernen Natur' oben S. 46ff. und 54ff.

79 Vgl. oben S. 14ff.

80 Vgl. oben S. 213.

81 Vgl. oben S. 169ff.

82 Vgl. S. 389 Anm. 252; diese Tradition ist bei Kant noch durchaus lebendig, nicht nur, weil er – vgl. v. Verf. Skeptische Methode im Blick auf Kant (1958) 87 Anm. 18 – sich bei Beginn seiner kritischen Wende in der vorkritischen Zeit (wohl kaum zufällig für die „Krankheiten des Kopfes" (1764: II 301ff.) interessiert und später seine Kritik der reinen Vernunft B 514 u. ö. als „Kathartikon" interpretiert; vgl. überdies die launige Schrift von I. Kant, Verkündigung des nahen Abschlusses eines Traktats zum ewigen Frieden in der Philosophie (1796), wo – abgesehen von einer wohl bedenkenswerten Reflexion über die „physischen Ursachen der Philosophie des Menschen" VI 504 – Kant „Von der physischen Wirkung der Philosophie" spricht: „Sie ist die Gesundheit (status salubritatis) der Vernunft... Da aber die menschliche Gesundheit ... ein unaufhörliches Erkranken und Wiedergenesen ist, so ist es mit der bloßen *Diät* der praktischen Vernunft (etwa einer Gymnastik derselben) noch nicht abgemacht, um das Gleichgewicht, welches Gesundheit heißt und auf einer Haaresspitze schwebt, zu erhalten; sondern die Philosophie muß (therapeutisch) als *Arzeneimittel* (materia medica) wirken, zu dessen Gebrauch dann Dispensatorien und Ärzte (welche letzte aber auch allein diesen Gebrauch zu *verordnen* berechtigt sind) erfordert werden: wobei die Polizei darauf wachsam sein muß, daß zunftgerechte Ärzte und nicht bloße Liebhaber sich anmaßen, *anzuraten, welche Philosophie man studieren solle*, und so in einer Kunst, von der sie nicht die ersten Elemente kennen, Pfuscherei treiben": VI 504/505. Kants von der juristischen Terminologie beherrschte Philosophie läßt ihre medizinische Vorstellung – wo sie massiv wird – nur als scherzhafte zu: ebendas ändert sich durch die neue philosophische Wende zur Medizin.

83 Novalis III. Fragment 1833 (1798).

84 Vgl. oben S. 389 Anm. 245 und 246 nachgewiesenen Stellen.

85 Vgl. oben S. 170/171 und S. 389f. Anm. 254–277.

86 Vgl. A. Schopenhauer, Aphorismen zur Lebensweisheit, Parerga und Paralipomena 1 (1851): es „überwiegt die Gesundheit alle äußern Güter“: IV 353, „folglich sollten wir vor Allem bestrebt sein, um den hohen Grad vollkommener Gesundheit zu erhalten, als dessen Blüthe die Heiterkeit sich einstellt“: a.a.O. 259, vgl. ff.

87 Vgl. F. Nietzsche, Vorarbeiten zu einer Schrift über den Philosophen, Pläne aus dem Frühjahr 1873: „Der Philosoph als Arzt der Cultur“ VI 65, vgl. 65–74; andererseits aus der Spätzeit: in den Plänen des Frühlings und Sommers 1888 gliedert Nietzsche den „Willen zur Macht“ mit einem grundsätzlichen Kapitel „Die *Heilkunst* der Zukunft“: XVIII 350. Zu all diesen gehört bei Nietzsche die verfallstheoretische Interpretation der Gegenwart durch Degenerations- und Krankheitsbegriffe.

88 Ausdruck von H. Weinrich: vgl. oben S. 295 Anm. 104.

89 Vgl. oben S. 20.

90 W. Dilthey, Dichterische Einbildungskraft und Wahnsinn (1886), selbst mit der These: „Das Genie ist keine pathologische Erscheinung, sondern der gesunde, der vollkommene Mensch“: VI 94, verweist zu Eingang seiner Rede (VI 91/92) auf Apperçus und Theorien, die einen Zusammenhang zwischen Genie und Wahnsinn herstellen: auf Demokrit, Plato, Aristoteles, Horaz, Schiller, Goethe, Schopenhauer, Renaudin, Lélut, Moreau. In Bezug auf die Letztgenannten sagt er: „Ist doch Frankreich nicht nur seit dem großen Pinel lange der Hauptsitz psychiatrischer Wissenschaft, sondern auch psychiatrischer Phantasien gewesen, die ganz wohl mit unseren naturphilosophischen verglichen werden können. Sie sind eine Romantik des Materialismus“: a.a.O. 91. Aber der unbestreitbare ‚Erfolg‘ und die Faszinationskraft der einschlägigen Diskussion des sog. „Genie-Problems“ insbes. seit dem Vorgang des von Dilthey Letztgenannten J. Moreau (de Tours), La psychologie morbide dans ses rapports avec la philosophie de l'histoire ou de l'influence des névropathies sur le dynamisme intellectuel (1859) und von G. Lombroso, Genio et follia (1863; danach zahlreiche Publikationen desselben Verf. zum nämlichen Thema) ist zweifellos ein untersuchungswürdiges und aufschlußreiches Phänomen. Warum wird jetzt das Ästhetische ‚medizinisch‘ diskutiert? Vgl. insbes. W. Lange-Eichbaum, Genie – Irrsinn und Ruhm (1927 [2]1935), dortselbst 437–496 Literatur zum Problem; dieses Werk: „Als Baustein einer Philosophie des Sozio-Psychopathologischen in der Geschichte erhebt es die unbequeme Forderung, den ungeheuren Ferment-Wert des Bionegativen anzuerkennen“: a.a.O. 435; vgl. ders.: Das Genie-Problem. Eine Einführung ([5]1951). Vgl. – u. a. – auch die Aufnahme der unersättlich diskutierten Thesen Lange-Eichbaums bei G. Benn, u. a.: Genie und Gesundheit (1930), in: Essays, Reden, Vorträge (1959; = Gesammelte Werke in vier Bänden ed. Wellershoff I) 84–89; Das Genieproblem (1930) a.a.O. 107–122; – um nur einige Hinweise auf die uferlose Literatur zum einschlägig arrangierten (durch die ‚Naturalisierung des Ästhetischen‘ geprägten) Problem zu geben. – Jüngst hat O. Pöggeler, Schopenhauer und das Wesen der Kunst, in: Zeitschrift für philosophische Forschung 14 (1960) 353–389, verdienstlich wenn auch seinsgeschichtlich das Thema bei Schopenhauer hervorgehoben und bis in die Gegenwart verfolgt: „Es muß grundsätzlich gefragt werden“ – schreibt er a.a.O. 382 mit vollem Recht – „unter welchen Voraussetzungen sich das Problem Genie und Wahnsinn stellt. Wir lernen es allmählich, nach dem verdeckten gesellschaftlich-geschichtlichen Hintergrund zu fragen, den die Lehren, die Anthropologisierung und Metaphysiken der verschiedenen psychiatrisch-psychoanalytischen Richtungen haben“; aber die Antwort Pöggelers ist, scheint es, nicht „gesellschaftlich-geschichtlich“, sondern nur seinsgeschichtlich: die ontologische Grundstellung des absoluten Willens treibt nicht nur die technische, sondern auch die ästhetische Welt – die mit jener „eines Wesens“ ist – in die Selbstzerstörung: a.a.O. 384ff. Mir

scheint damit nicht beantwortet, wieso gerade die ‚medizinische' Formel der Selbstzerstörung nötig und erfolgreich wurde. Das erlaubt grundsätzlich die Frage, wieweit eine von Heidegger herkommende seinsgeschichtliche Deutung die Kraft fürs Spezifische (und nicht nur für die Kompensation der Pauschalperspektivik durch Mikrotatophilologie) aufzubringen in der Lage ist – wobei Pöggelers Fragestellung zweifellos ein wichtiger Schritt in Richtung auf dieses Spezifische ist.

91 Man vgl. z.B Heideggers Thesen zur abendländischen Metaphysikgeschichte: *diese* nihilismusgezeichnete Geschichte beträgt sich mit Akuratesse konsequent, während die Seinsgeschichte insgesamt (abgesehen von der abendländischen Episode) in Dingen Konsequenz unter der Unvordenklichkeit des schickenden Seins leidet: innerhalb dieser und ähnlich gelagerter Philosophie präsentiert sich als Sinn fürs Konsequente allein der diagnostizierende Sinn des *Verdachts* – er ist gewissermaßen eine neue Art von „sensus communis": übers Verdächtige können sich heute die verschiedenen Positionen allenfalls verständigen, übers ‚positive Gegenwesen' nicht mehr.

92 Dabei meint der allgemeiner repräsentative Titel „medizinische Anthropologie" bei seinen heutigen Urhebern Spezielles: eine durch die Psychoanalyse hindurchgegangene, an der Medizin und Psychopathologie orientiert bleibende Theorie des Menschen, die phänomenologisch-personalistisch-existenzphilosophischen Thesen zuneigt. Vgl. V.E. Frh. v. Gebsattel, Prolegomena zu einer medizinischen Anthropologie (1954); die „daseinsanalytischen" Arbeiten Binswangers: vgl. unten S. 266–267; bes. aber die Thesen und Schriften V. v. Weizsäckers: Neovitalismus, in: Logos 2 (1911/12) 113–124; Kritischer und spekulativer Naturbegriff, in: Logos 6 (1916/17) 185–209; Über medizinische Anthropologie, in: Philosophischer Anzeiger 2 (1927) 236ff.; Kranker und Arzt (1929); Körpergeschehen und Neurose (1933); Der Gestaltkreis. Theorie der Einheit von Wahrnehmen und Bewegen (1940); Fälle und Probleme. Anthropologische Vorlesungen in der medizinischen Klinik (1947); Grundfragen medizinischer Anthropologie (1948); Der kranke Mensch. Eine Einführung in die medizinische Anthropologie (1951); Pathosophie (1956); u.a.; „Diese medizinische Psychologie fragte nicht, wer oder was ist der Mensch, sondern sie fragte den Kranken, wer bist du? und wer so fragte, der mußte zugleich fragen, wer ich bin?": V. v. Weizsäcker, Natur und Geist. Erinnerungen eines Arztes (1954) 63; und Weizsäcker sagt zu dieser Frage: „Die Sache begann mit naturphilosophischen Bedenken gegen Mechanismus und Materialismus": a.a.O. 143, mit „einer den kritischen mit dem spekulativen Naturbegriff vereinenden Naturphilosophie ... nicht durch einen naturphilosophischen An- oder Überbau, sondern durch eine Veränderung der Naturforschung selbst": a.a.O. 145, und „es war die Psychoanalyse, welche dem Vorstoß seine Kraft und auch gleich seine Gegnerschaft verschafft hatte": a.a.O. 151.

93 Vgl. zu diesem Punkt bes. unten S. 247ff.

94 Obwohl Freud selbst der „übermäßigen Reaktion auf eine überwundene Phase, in der die Medizin von den Anschauungen der sogenannten Naturphilosophie beherrscht wurde", kritisch begegnet: S. Freud, Die Widerstände gegen die Psychoanalyse (1925) 102; denn eben wegen dieser „übermäßigen Reaktion" gegen die „Naturphilosophie" war auch die Psychoanalyse „nicht nach dem Sinn der lebenden Ärztegeneration. Die Mediziner waren in der alleinigen Hochschätzung anatomischer, physikalischer und chemischer Momente erzogen worden. Für die Würdigung des Psychischen waren sie nicht vorbereitet": ibid.; vgl. die ganze sehr aufschlußreiche Stelle a.a.O. 102/103. Aber eben wegen dieser Einstellung der Mediziner und Naturwissenschaftler überhaupt konnte Freud Zeit seines Lebens kaum ein Interesse daran haben, Zusammenhänge der Psychoanalyse mit der Naturphilosophie zu betonen oder auch nur zu bemerken, die die Psychoanalyse in den Augen jener Männer endgültig diskreditieren mußte. Immerhin, Freud berichtet selbst „daß der Vortrag von Goethes schönem Aufsatz ‚Die Natur' in einer populären Vorlesung kurz vor der Reifeprüfung die Entscheidung gab, daß ich

Medizin inskribierte": Selbstdarstellung (1925) XIV 34. „Freud himself" – berichtet E. Jones, Sigmund Freud. Life and Work I (1954) 48 – „inspired by Goethe, who was one of the first pioneers, passed through a brief period of the pantheistic Naturphilosophie. Then, in his enthusiasm for the rival physical physiology, he swung to the opposite extreme and became for a while a radical materialist", und zwar unter dem Eindruck seines Lehrers ab 1873 Ernst Brücke. „Brücke's Institute was an important part indeed of that far-reaching scientific movement best known as Helmholtz' School of Medicine. The amazing story of this scientific school started in the early forties with the friendship of Emil Du Bois-Reymond (1818–96) and Ernst Brücke (1819–92), soon joined by Hermann Helmholtz (1821–94) and Karl Ludwig (1816–95)... These men formed a small private club which in 1845 they enlarged to the Berliner Physikalische Gesellschaft. Most of its members were young students of Johannes Müller – physicists and physiologists, banded together to destroy, once and for all, vitalism, the fundamental belief of their admired master ... Brücke [der nach Wien ging] ... in Berlin they jocularly called ‚Our Ambassador in the Far East'": Jones a.a.O. 45: Freud war also durchaus – auch während der Zeit seines „radikalen Materialismus" – Enkelschüler des von der „Naturphilosophie", von Schelling herkommenden Johannes Müller. Unmittelbar freilich stand Freud unter dem Eindruck des Helmholtz-Kreises (Brücke) einerseits und andererseits im Banne der Herbart-Tradition, vermittelt über Griesinger durch Theodor Meynert – vgl. die in der folg. Anm. zit. Arbeit von M. Dorer –: unter diesem Eindruck war das Bedürfnis, sich Tendenzen der „Naturphilosophie" zugehörig zu erklären oder auch nur zu bemerken, verständlicherweise gering.

95 Denn – vgl. vor allem die Arbeit von M. Dorer, Historische Grundlagen der Psychoanalyse (1932): vgl. Referat und Kritik unten S. 259–260 – diese unmittelbaren Beeinflussungen weisen – wenn man unten Anm. 152 skizzierte Spuren und außerdem die wohl kaum erhebliche Berührung mit Brentano zwischen 1874 und 1876: Ph. Merlan, Brentano and Freud, in: Journal of the History of Ideas 6 (1945) 375–377, ausnimmt – überwiegend auf die Herbart-Tradition. Weil dieser Einfluß bei Dorer ausführlich nachgewiesen ist, braucht hier nicht ausdrücklich darauf eingegangen zu werden. Eine gleichgründliche Durchleuchtung der Beziehungen und inhaltlichen Zusammenhänge mit dem Helmholtz-Kreis liegt noch nicht vor. Darüberhinaus geben auch Jones (a.a.O.) und die dort verarbeiteten Forschungen von S. Bernfeld und S. Cassirer Bernfeld keine Hinweise auf massivere andere Beeinflussungen, insbes. keine auf solche durch die transzendental-philosophische Naturphilosophie.

96 Vgl. oben S. 153 ff.

97 Vgl. oben S. 169 ff.

98 Vgl. S. Freud, ‚Psychoanalyse' und ‚Libidotheorie' (1923) XIII 227/228: „Das meiste, was auch in wissenschaftlichen Werken gegen die Psychoanalyse vorgebracht wird, beruht auf ungenügender Information... So ist es irrig, der Psychoanalyse ‚Pansexualismus' vorzuwerfen und ihr nachzusagen, daß sie alles seelische Geschehen von der Sexualität ableite und auf sie zurückführe. Die Psychoanalyse hat vielmehr von allem Anfang an die Sexualtriebe von anderen unterschieden, die sie vorläufig ‚Ichtriebe' genannt hat. Es ist ihr nie eingefallen, ‚Alles' erklären zu wollen, und selbst die Neurosen hat sie nicht aus der Sexualität allein, sondern aus dem Konflikt zwischen sexuellen Strebungen und dem Ich abgeleitet... Ein böses und nur durch Unkenntnis gerechtfertigtes Mißverständnis ist es, wenn man meint, die Psychoanalyse erwarte die Heilung neurotischer Beschwerden vom ‚freien Ausleben' der Sexualität. Das Bewußtmachen der verdrängten Sexualgelüste in der Analyse ermöglicht vielmehr eine Beherrschung derselben, die durch die vorgängige Verdrängung nicht zu erreichen war. Man kann mit mehr Recht sagen, daß die Analyse den Neurotiker von den Fesseln der Sexualität befreit."

99 S. Freud, Eine Kindheitserinnerung des Leonardo da Vinci (1910) VIII 210.

100 S. Freud, Über Psychoanalyse (1910) VIII 59.
101 S. Freud, Abriss der Psychoanalyse (1938) XVII 70. „Die Psychoanalyse beschäftigt sich bekanntlich mit der Aufklärung und der Beseitigung der sogenannten nervösen Störungen. Für dieses Problem mußte ein Angriffspunkt gefunden werden, und man entschloß sich, ihn im Triebleben der Seele zu suchen. Annahmen über das menschliche Triebleben wurden also die Grundlage unserer Auffassung über die Nervosität": S. Freud, Eine Schwierigkeit der Psychoanalyse (1917) XII 3/4.
102 S. Freud, Eine Kindheitserinnerung des Leonardo da Vinci (1910) VIII 209.
103 S. Freud, Jenseits des Lustprinzips (1920) XIII 38.
104 S. Freud, Triebe und Triebschicksale (1915) X 216.
105 S. Freud, ‚Psychoanalyse' und ‚Libidotheorie' (1923) XIII 232.
106 S. Freud, Triebe und Triebschicksale (1915) X 214.
107 S. Freud, Zeitgemäßes über Krieg und Tod (1915) X 331/332.
108 S. Freud, ‚Psychoanalyse' und ‚Libidotheorie' (1923) XIII 29. „In der Psychoanalyse hat sich aus einer großen Zahl von Einzelbeobachtungen und Eindrücken endlich etwas wie eine Theorie gestaltet, die unter dem Namen der Libidotheorie bekannt ist": Eine Schwierigkeit der Psychoanalyse (1917) XII 3.
109 S. Freud, ‚Psychoanalyse' und ‚Libidotheorie' (1923) XIII 229.
110 A.a.O. 230.
111 A.a.O. 219.
112 S. Freud, Die Widerstände gegen die Psychoanalyse (1925) XIV 105.
113 S. Freud, Die Widerstände gegen die Psychoanalyse (1925) XIV 105. Vgl. Massenpsychologie und Ich-Analyse (1921) XIII 99: „Der ‚Eros' des Philosophen Plato zeigt in seiner Herkunft, Leistung und Beziehung zur Geschlechtsliebe eine vollkommene Dekkung mit der Liebeskraft, der Libido der Psychoanalyse".
114 Ab S. Freud, Jenseits des Lustprinzips (1920); „Spekulation": a.a.O. XIII 23, 43 u. ö.
115 Einführung des Begriffs „Es" seit 1923 – vgl. S. Freud, Das Ich und das Es (1923) XIII 251 (vgl. auch dort Anm. 2) – „in Anlehnung an den Sprachgebrauch bei *Nietzsche* und infolge einer Anregung von *G. Groddeck*": S. Freud, Neue Folge der Vorlesungen zur Einführung in die Psychoanalyse (1935) XV 79; vgl. G. Groddeck, Das Buch vom Es. Psychoanalytische Briefe an eine Freundin (1923). „Die Kräfte, die wir hinter den Bedürfnisspannungen des Es annehmen, heissen wir *Triebe*. Sie repräsentieren die körperlichen Anforderungen an das Seelenleben ... Nach langem Zögern und Schwanken haben wir uns entschlossen, nur zwei Grundtriebe anzunehmen, den *Eros* und den *Destruktionstrieb*. (Der Gegensatz von Selbsterhaltungs- und Arterhaltungstrieb sowie der andere von Ichliebe und Objektliebe fällt noch innerhalb des Eros)": S. Freud, Abriss der Psychoanalyse (1938) XVII 70/71: so die definitive Form der Spätkonzeption nach 1920.
116 S. Freud, Abriss der Psychoanalyse (1938) XVII 70.
117 S. Freud, Das Ich und das Es (1923) XIII 253; vgl. auch die Rosselenkerstelle S. Freud, Neue Folge der Vorlesungen zur Einführung in die Psychoanalyse (1935) XV 83. Eine Geschichte der Rosselenkermetapher von Platon, Phaidros 245 A ff. gegf. über Goethe, Egmont II (Hamburger Ausgabe IV 400/401) bis zur optischen und plastischen Auslegung der Freudschen Wendung dieser Metapher durch Marino Marini ist Desiderat.
118 S. Freud, Das Ich und das Es (1923) XIII 251: Formulierung nach G. Groddeck, Das Buch vom Es (1923 [2]1926) 293, vgl. dort insges. 281 ff.; vgl. S. Freud, Eine Schwierigkeit der Psychoanalyse (1927) XII 11: „daß *das Ich nicht Herr sei in seinem eigenen Haus*"; vgl. f.; S. Freud, Hemmung, Symptom und Angst (1926) XIV 122: „Wir haben ... die Abhängigkeit des Ichs vom Es ..., seine mühsam aufrecht erhaltene Überheblichkeit entlarvt." Usf.
119 S. Freud, Kurzer Abriss der Psychoanalyse (1928) XIII 427.
120 S. Freud, Vorlesungen zur Einführung in die Psychoanalyse (1917) XI 368: „die Versa-

gung der Realität, oder wenn wir ihr ihren richtigen großen Namen geben, die *Not* des Lebens, die 'Ανάγκη."

121 Im Unterschied zur „Liebe": vgl. S. Freud, Das Unbehagen in der Kultur (1930) XIV 476: „In der vollen Ratlosigkeit der Anfänge gab mir der Satz des Dichterphilosophen *Schiller* den ersten Anhalt, daß ‚Hunger und Liebe' das Getriebe der Welt zusammenhalten. Der Hunger konnte als Vertreter jener Triebe gelten, die das Einzelwesen erhalten wollen, die Liebe strebt nach Objekten; ihre Hauptfunktion, von der Natur in jeder Weise begünstigt, ist die Erhaltung der Art. Für die Energie der letzteren, und ausschließlich für sie, führte ich den Namen Libido ein; somit lief der Gegensatz zwischen den Ichtrieben und den aufs Objekt gerichteten ‚libidinösen' Trieben der Liebe im weitesten Sinne." Vgl. zu ‚Hunger und Liebe' auch: S. Freud, Jenseits des Lustprinzips (1929) XIII 55; ‚Psychoanalyse' und ‚Libidotheorie' (1923) XIII 230 und an vielen anderen Stellen, so z. B. in minder ausdrücklicher Weise S. Freud, Drei Abhandlungen zur Sexualtheorie (1905) V 33.

122 Es scheint für den Begriff der Triebnatur insgesamt – vgl. oben S. 55/56 – bedeutungsvoll, daß sie in der Bestimmung „Bedürfnis" *nicht aufgeht* (der Grund, warum diese Arbeit durchweg nicht von ‚Bedürfnisnatur', sondern eben von ‚Triebnatur' gesprochen hat). „Die Besonderheit zunächst als das gegen das Allgemeine des Willens überhaupt Bestimmte ... ist *subjektives Bedürfnis,* welches seine Objektivität, d. i. *Befriedigung* durch das Mittel, a) äußerer Dinge ... und b) durch die Tätigkeit und Arbeit ... erlangt": G. W. F. Hegel, Grundlinien der Philosophie des Rechts (1821) ed. Hoffmeister (1955) 169/170 (§ 189), und zwar in der „bürgerlichen Gesellschaft" (a.a.O. 165ff.) als dem „System der Bedürfnisse" (a.a.O. 169ff.): die wichtige Frage ist, ob der Trieb, der im Bedürfnis nicht aufgeht (Triebnatur i. e. S.) für die Theorie dieses „Systems der Bedürfnisse" auch relevant zu sein habe und wie?

123 S. Freud, Die Widerstände gegen die Psychoanalyse (1925) XIV 106.

124 S. Freud, ‚Psychoanalyse' und ‚Libidotheorie' (1923) XIII 215.

125 S. Freud, Eine Schwierigkeit der Psychoanalyse (1917) XII 3.

126 S. Freud, ‚Psychoanalyse' und ‚Libidotheorie' (1923) XIII 220: „Der Sexualtrieb, dessen dynamische Äußerung im Seelenleben ‚Libido' genannt sei, ist aus Partialtrieben zusammengesetzt".

127 Vgl. etwa S. Freud, Vorlesungen zur Einführung in die Psychoanalyse (1917) XI 369/370: „Es scheint, daß unsere gesamte Seelentätigkeit darauf gerichtet ist, Lust zu erwerben und Unlust zu vermeiden, daß sie automatisch durch das *Lustprinzip* reguliert wird ... Von den Sexualtrieben ist es ohne weiteres evident, daß sie zu Anfang wie zu Ende ihrer Entwicklung auf Lustgewinn arbeiten; sie behalten diese ursprüngliche Funktion ohne Abänderung bei."

128 Vgl. etwa S. Freud, Triebe und Triebschicksale (1915) X 216/217: „Ich habe vorgeschlagen, von solchen Urtrieben zwei Gruppen zu unterscheiden, die der *Ich-* oder *Selbsterhaltungstriebe* und die der *Sexualtriebe.*" Vgl. auch noch S. Freud, ‚Psychoanalyse' und ‚Libidotheorie' (1923) XIII 230: „Somit konnte man zurechtkommen, wenn man den Sexualtrieben Ichtriebe *(Selbsterhaltungstriebe)* entgegenstellte."

129 Außer der Anm. 120 nachgewiesenen Stelle vgl. u. a. die schöne Formulierung S. Freud, Das Unbehagen in der Kultur (1930) XIV 460.

130 Vgl. S. Freud, Vorlesungen zur Einführung in die Psychoanalyse (1917) XI 370: „unter dem Einfluß der Lehrmeisterin Not lernen die Ichbetriebe bald, das Lustprinzip durch eine Modifikation zu ersetzen ... Das so erzogene Ich ist ‚verständig' geworden, es läßt sich nicht mehr vom Lustprinzip beherrschen, sondern folgt dem *Realitätsprinzip,* das im Grunde auch Lust erzielen will, aber durch die Rücksicht auf die Realität gesicherte, wenn auch aufgeschobene und verringerte Lust. Der Übergang von Lust- zum Realitätsprinzip ist einer der wichtigsten Fortschritte in der Entwicklung des Ichs." Vgl dazu auch S. Freud, Formulierungen über die zwei Prinzipien des psychischen Gesche-

hens (1911) VIII 237: daß „das Ich die Umwandlung vom *Lust-Ich* zum *Real-Ich* durchmacht"; usf. Vgl. dazu auch S. Freud, Die Verneinung (1925) XIV 13: die „Urteilsfunktion ... ist ... ein Interesse des endgültigen Real-Ichs, das sich aus dem anfänglichen Lust-Ich entwickelt. (Realitätsprüfung)".

131 Vgl. S. Freud, Zur Einführung des Narzißmus (1914); dazu die rückblickende Formulierung von S. Freud, ‚Psychoanalyse' und ‚Libidotheorie' (1923) XIII 224: „Ihr wichtigster theoretischer Fortschritt war wohl die Anwendung der Libidolehre auf das verdrängende Ich. Man kam dazu, sich das Ich selbst als ein Reservoir von – narzißtisch genannter – Libido vorzustellen, aus welchem die Libidobesetzung der Objekte erfließen und in welches diese wieder eingezogen werden können." A.a.O. 231: „die Selbsterhaltungstriebe waren also auch libidinöser Natur... Nun hieß man die Libido der Selbsterhaltungstriebe *narzißtische Libido* und anerkannte ein hohes Maß von solcher Selbstliebe als den primären und normalen Zustand."

132 Vgl. S. Freud, Zur Einführung des Narzißmus (1914) X 154; Triebe und Triebschicksale (1915) X 227; zusf. Formulierung S. Freud, Abriss der Psychoanalyse (1938) XVII 72/73; die Theorie ist, soweit ich sehe, nicht zu eindeutiger Klärung gekommen – vgl. z. B. die These in S. Freud, Das Ich und das Es (1923) XIII 275.

133 S. Freud, Jenseits des Lustprinzips (1920) XII 43 u. ö.

134 Vgl. a.a.O. 54: „So würde also die Libido unserer Sexualtriebe mit dem Eros der Dichter und Philosophen zusammenfallen, der alles Lebende zusammen hält." Vgl. S. Freud, Das Ich und das Es (1923) Abschn. IV über „Die beiden Triebarten": XIII 268–276, dort 268: „Sexualtriebe oder Eros"; 269: daß „der Eros das Ziel verfolgt, das Leben durch immer weitergreifende Zusammenfassung der in Partikel zersprengten lebenden Substanz zu komplizieren, natürlich es dabei zu erhalten."

135 „Die einen Triebe ... verdienten darum den Namen der ‚*Todestriebe*' und würden ... nach außen gewendet, als *Destruktions-* oder *Aggressions*-tendenzen zum Vorschein kommen": ‚Psychoanalyse' und ‚Libidotheorie' (1923) XIII 232/233; vgl. Das Ich und das Es (1923) XIII 289: „der Todestrieb würde sich ... als *Destruktionstrieb* gegen die Außenwelt und andere Lebewesen äußern." S. Freud, Abriss der Psychoanalyse (1938) XVII 71 setzt einfach gleich: „Beim Destruktionstrieb könnten wir daran denken, daß als sein letztes Ziel erscheint, das Lebende in den unorganischen Zustand zu überführen. Wir heissen ihn darum auch *Todestrieb*." Usf.

136 Im Anschluß an die Analyse des „Wiederholungszwangs" zuerst in S. Freud, Jenseits des Lustprinzips (1920), vgl. bes. 30ff. „Auf Grund theoretischer, durch die Biologie gestützter Überlegungen supponierten wir einen *Todestrieb*, dem die Aufgabe gestellt ist, das organische Lebende in den leblosen Zustand zurückzuführen": S. Freud, Das Ich und das Es (1923) XIII 268/269, vgl. ff.

137 S. Freud, ‚Psychoanalyse' und ‚Libidotheorie' (1923) XIII 233; vgl. die diese Theorie einführende zentrale Formulierung in S. Freud, Jenseits des Lustprinzips (1920) XIII 38: „Ein Trieb wäre also ein dem belebten Organischen innewohnender Drang zur Wiederherstellung eines früheren Zustandes", so daß „alle organischen Triebe konservativ ... auf Regression, Wiederherstellung von Früherem gerichtet sind": a.a.O. 39. Vgl. über die Triebe in S. Freud, Abriss der Psychoanalyse (1938) XVII 70: „sie (sind) konservativer Natur".

138 Vgl. S. Freud, Jenseits des Lustprinzips (1920) XIII 60: „Daß wir als die herrschende Tendenz des Seelenlebens ... das Streben nach Herabsetzung, Kostenerhaltung, Aufhebung der inneren Reizspannung erkannten (das *Nirwanaprinzip* nach einem Ausdruck von Barbara *Low*)".

139 Vgl. S. Freud, Das Ich und das Es (1923) XIII 289: „Das Es ... Eros und Todestrieb kämpfen in ihm ... wir könnten es so darstellen, als ob das Es unter der Herrschaft der stummen, aber mächtigen Todestriebe stünde, ... aber wir besorgen, doch dabei die Rolle des Eros zu unterschätzen." Vgl. auch Anm. 115.

140 Vgl. oben S. 288 Anm. 55. Vgl. S. Freud, Zur Geschichte der psychoanalytischen Bewegung (1914) X bes. 63ff.

141 So bestimmt S. Freud, Das Interesse an der Psychoanalyse (1913) VIII 390: „Die Psychoanalyse ist ein ärztliches Verfahren, welches die Heilung gewisser Formen von Nervosität (Neurosen) mittels einer psychologischen Technik anstrebt." Für die Zeit für die Jahrhundertwende gilt diese Absichtsbestimmung fast ausschließlich.

142 S. Freud, ‚Psychoanalyse' und ‚Libidotheorie' (1923) XIII 216; vgl. oben S. 15.

143 Ibid. „Es war ein Triumph für die Deutungskunst der Psychoanalyse, als ihr der Nachweis gelang, daß gewisse häufige seelische Akte der normalen Menschen, für die man bisher eine psychologische Erklärung überhaupt nicht in Anspruch genommen hatte, so zu verstehen seien wie die Symptome der Neurotiker ... die angenommene Kluft zwischen normalem und krankhaftem seelischen Geschehen (wurde) verringert": ibid. Vgl. oben S. 15.

144 Vgl. die S. 288 Anm. 48 zit. Stelle a.a.O. 228. „Die ‚Traumdeutung'" – schreibt Freud, Zur Geschichte der psychoanalytischen Bewegung (1914) X 64/65 (ähnlich an verschiedenen anderen Stellen) – „das Buch über den ‚Witz' u. a. hatten von vornherein gezeigt, daß die Lehren der Psychoanalyse nicht auf das ärztliche Gebiet beschränkt bleiben können, sondern der Anwendung auf verschiedenartige andere Geisteswissenschaften fähig sind". Grundsätzlichste Formulierung für diesen Zusammenhang wohl in S. Freud, Abriss der Psychoanalyse (1938) XVII 125: „Wir haben erkannt, daß die Abgrenzung der psychischen Norm von der Abnormalität wissenschaftlich nicht durchführbar ist, so daß diese Unterscheidung trotz ihrer praktischen Wichtigkeit nur ein konventioneller Wert zukommt. Wir haben damit das Anrecht begründet, das normale Seelenleben aus seinen Störungen zu verstehen."

145 S. Freud, Totem und Tabu (1912/13).

146 Bes. S. Freud, Das Unbehagen in der Kultur (1930); vgl. den Schriftenhinweis oben S. 288 Anm. 53.

147 Vgl. unten S. 245ff.

148 S. Freud, Das Unbewußte (1913) X 270: „Die psychoanalytische Annahme der unbewußten Seelentätigkeit erscheint uns ... als die Fortsetzung der Korrektur, die *Kant* an unserer Auffassung der äußeren Wahrnehmung vorgenommen hat. Wie *Kant* uns gewarnt hat, die subjektive Bedingtheit unserer Wahrnehmungen nicht zu übersehen ... so mahnt die Psychoanalyse, die Bewußtseinswahrnehmung nicht an die Stelle des unbewußten psychischen Vorganges zu setzen"; vgl. dazu auch die Bemerkung in S. Freud, Jenseits des Lustprinzips (1920) XIII 27/28 und die von L. Binswanger, Erinnerungen an Sigmund Freud (1956) 17/18 mitgeteilte Gesprächsäußerung Freuds: „Er meinte, wie Kant hinter der Erscheinung das Ding an sich postulierte, so habe er hinter dem Bewußtsein, das unserer Erfahrung zugänglich ist, das Unbewußte postuliert"; vgl. auch die a.a.O. 19 von Freud P. Häberlin gegenüber geäußerte Frage, „ob nicht Kant's ‚Ding an sich' dasselbe sei wie das, was er (Freud) unter dem ‚Unbewußten' verstehe". Diese Überlegungen Freuds sind, wie sie von seinen Gesprächspartnern genommen wurden, dilettantischer Art; aber sie berühren einen Zusammenhang, den diese Arbeit durchaus ernstgenommen hat – was ja schließlich auch nicht so arg schwer ist, wenn man Freuds Schopenhauer-Verbindungen – vgl. Anm. 152 – mitberücksichtigt.

149 In Freuds Gedanken über die „drei schweren Kränkungen" der menschlichen Eigenliebe durch die Wissenschaft: „die *kosmologische* Kränkung" durch Kopernikus; „die *biologische* Kränkung" durch Darwin; die *psychologische* Kränkung durch die Psychoanalyse: S. Freud, Eine Schwierigkeit der Psychoanalyse (1917) XII bes. 6–12; vgl. die entsprechenden Überlegungen S. Freud, Vorlesungen zur Einführung in die Psychoanalyse (1917) XI 294/295; Die Widerstände gegen die Psychoanalyse (1925) XIV 109.

150 S. Freud, Vorlesungen zur Einführung in die Psychoanalyse (1917) XI 295.

151 S. Freud, Jenseits des Lustprinzips (1920) XIII 3.

152 Es ist vielleicht nützlich, diese Hinweise kurz zu mustern; es handelt sich aber hier in gar keiner Weise etwa darum, sich um Freud vorwegnehmende Gedanken Schopenhauers und Nietzsches zu kümmern; hierfür vgl. in Bezug auf Schopenhauer: O. Rank, Schopenhauer über den Wahnsinn, in: Zentralblatt für Psychoanalyse 1 (1910) 69–71; nicht vorgelegen hat Verf. bis zur Stunde: L. Granjel, Schopenhauer und Freud, in: Actae Luso-Españolas de Neurologia et Psychologia (1950) 120 (zit. W. Leibbrand, Die spekulative Medizin der Romantik (1956) 313); vgl. in Bezug auf Nietzsche (dort nur: Menschliches, Allzumenschliches; Jenseits von Gut und Böse berücksichtigt): R. J. Brandt, Freud and Nietzsche: a Comparison, in: Revue de l'Université d'Ottawa 25 (1955) 225–234 (vgl. oben Anm. 13). Hier also nur die Musterung von Äußerungen Freuds.

a) Zu Freuds Verhältnis zu *Schopenhauer* vgl. zunächst S. Freud, Selbstdarstellung (1925) XIV 86: „Die weitgehenden Übereinstimmungen der Psychoanalyse mit der Philosophie Schopenhauers – er hat nicht nur den Primat der Affektivität und die überragende Bedeutung der Sexualität vertreten, sondern selbst den Mechanismus der Verdrängung gekannt – lassen sich nicht auf seine Bekanntschaft mit seiner Lehre zurückzuführen. Ich habe Schopenhauer sehr spät im Leben gelesen." In der Tat finden sich beim frühen Freud nur in der Traumdeutung einige – evtl. anderer Traumliteratur entnommene – Zitierungen: II/III 38/39; 69; 94; 270 Anm. 1 ist ein späterer Nachtrag nach 1913; das Literaturverzeichnis enthält: „Schopenhauer, Versuch über das Geistersehen und was damit zusammenhängt. Parerga und Paralipomena, I. Bd., 1857." Augenscheinlich hat erst der zit. Aufsatz von O. Rank (1910) Freud nicht nur auf Schopenhauers psychoanalytische Deutung des Wahnsinns (Schopenhauer-Stellen oben Anm. 12) – vgl. S. Freud, Formulierungen über die zwei Prinzipien des psychischen Geschehens (1911) VIII 230 Anm. 2 und die Bemerkung S. Freud, Zur Geschichte der psychoanalytischen Bewegung (1914) X 53 – sondern überhaupt nachhaltig auf Schopenhauer insgesamt aufmerksam gemacht; von diesem Zeitpunkt ab gibt es bei Freud die Berufung auf Thesen Schopenhauers: auf seine Betonung der „unvergleichliche(n) Bedeutung des Sexuallebens": S. Freud, Die Widerstände gegen die Psychoanalyse (1925) XIV 105; desgl. in Vorwort zur 4. Auflage (1920) der Drei Abhandlungen zur Sexualtheorie V 32; es gibt fortan den Hinweis auf Schopenhauers Vorgängerschaft in der Theorie des Unbewußten und der psychoanalytischen Trieblehre: sein „unbewußter ‚Wille' (ist) den seelischen Trieben der Psychoanalyse gleichzusetzen": S. Freud, Eine Schwierigkeit der Psychoanalyse (1917) XII 12 (zu dieser Stelle schrieb Freud, wie E. Jones, Sigmund Freud. Life and Work II (1955) 254 in Übers. mitteilt, am 25. 3. 1917 an K. Abraham: „You are right in saying that the enumeration in my last paper may give the impression of claiming a place beside Copernicus and Darwin. But I didn't want to give up the interesting train of thought on that account, and so at least put Schopenhauer in the foreground."); weiter verweist Freud fortan auf das Todesproblem bei Schopenhauer – zuerst Totem und Tabu (1912/13) IX 108 – im Zusammenhang bes. mit der eigenen Theorie des Todestriebs: S. Freud, Jenseits des Lustprinzips (1920) XIII 53; Neue Folge der Vorlesungen zur Einführung in die Psychoanalyse (1933) XV 114/115; ebenso aber zitiert Freud nun auch beiläufig die Stachelschweinparabel aus Schopenhauer, Parerga und Paralipomena 2 (1851) V 717 (§ 366): S. Freud, Massenpsychologie und Ich-Analyse (1921) XIII 110. Daß Schopenhauer als philosophischer Kronzeuge von Freud dabei sehr geschätzt wird, zeigen insbesondere die Spät-Stellen: „wir (können) uns nicht verhehlen" – schreibt er nach seiner Wendung zur späten Theorie des Todestriebs – „daß wir unversehens in den Hafen der Philosophie Schopenhauers eingelaufen sind, für den ja der Tod ‚das eigentliche Resultat' und insofern der Zweck des Lebens ist, der Sexualtrieb aber die Verkörperung des Willens zum Leben": Jenseits des Lustprinzips (1920) XIII 53.

b) Was sein Verhältnis zu *Nietzsche* betrifft, so gibt S. Freud, Selbstdarstellung (1925) XIV 85 den ein wenig undurchsichtigen Hinweis: „Nietzsche, den anderen Philosophen, dessen Ahnungen und Einsichten sich oft in der erstaunlichsten Weise mit den mühsamen Ergebnissen der Psychoanalyse decken, habe ich gerade darum lange gemieden; an der Priorität lag mir ja weniger als an der Erhaltung meiner Unbefangenheit." Die Stelle steht im Zusammenhang eines Dementis etwelcher „Annäherung" der Freudschen Theorie „an die eigentliche Philosophie" und einer – koketten – Betonung von Freuds (wie er sagt) „konstitutionellen Unfähigkeit" zur Philosophie (ibid.); sie gibt zugleich sozusagen indirekt zu, was sie direkt leugnet: Bekanntschaft mit der Philosophie Nietzsches. Gleiches gilt von der wesentlich früheren Stelle S. Freud, Zur Geschichte der psychoanalytischen Bewegung (1914) X 53: „Den hohen Genuß der Werke Nietzsches habe ich mir dann in späterer Zeit mit der bewußten Motivierung versagt, daß ich in der Verarbeitung der psychoanalytischen Eindrücke durch keinerlei Erwartungsvorstellung behindert sein wollte. Dafür mußte ich bereit sein – und ich bin es gerne –, auf alle Prioritätsansprüche in jenen häufigen Fällen zu verzichten, in denen mühselige psychoanalytische Forschung die intuitiv gewonnenen Einsichten des Philosophen nur bestätigen kann." Freuds Nietzsche-Verhältnis scheint eine Art ‚Nietzsche-Kenntnis ohne Nietzsche-Studium' gewesen zu sein; das scheinen die Zitierungen Nietzsches in etwa deutlich zu machen. Einerseits läßt er sich – vgl. S. Freud, Einige Charaktertypen aus der psychoanalytischen Arbeit (1915) X 391 – von einem „Freund" auf Nietzsches Thesen „Über den bleichen Verbrecher" im Zarathustra (wo das Stück faktisch „Vom bleichen Verbrecher" überschrieben ist) aufmerksam machen. Andererseits zitiert er Nietzsche, wenn auch in besonderer Weise: vgl. S. Freud, Traumdeutung (1900) II/III 554: „Wir ahnen, wie treffend die Worte Fr. Nietzsches sind, daß sich im Traume ‚ein uraltes Stück Menschtum fortübt, zu dem man auf direktem Wege kaum mehr gelangen kann'" (unkorrektes Zitat wohl F. Nietzsche, Menschliches, Allzumenschliches. Ein Buch für freie Geister 1 (1876) Aph. 13 („Logik des Traumes") VIII 28: „Im Traum übt sich dieses uralte Stück Menschentum in uns fort, denn es ist die Grundlage, auf der die höhere Vernunft sich entwickelte und in jedem Menschen sich noch entwickelt: der Traum bringt uns in ferne Zustände der menschlichen Kultur wieder zurück und gibt ein Mittel an die Hand, sie besser zu verstehen."): bei Freud ohne Stellenangabe, könnte – insbes., wenn man berücksichtigt, welch schöne Stellen aus diesem und dem vorangehenden Aph. Nietzsches von Freud nicht zitiert werden – aus Traumliteratur sekundär zitiert sein; weiter: die Zitierung von F. Nietzsche, Jenseits von Gut und Böse 2. Hauptstück Nr. 68 – in: S. Freud, Zur Psychopathologie des Alltagslebens (1901) IV 162 Anm. 2, wiederholt in: S. Freud, Bemerkungen über einen Fall von Zwangsneurose (1909) VII 407, dort als Wiedergabe des Zitats eines Patienten – könnte stammen aus einer Zitierung bei A. Pick, Zur Psychologie des Vergessens bei Geistes- und Nervenkranken, Archiv für Kriminal-Anthropologie und Kriminalität ed. H. Groß (zit. bei Freud IV 162 Anm. 2). Ebenso sind die Grundwort-Zitierungen kein sehr eindrucksvoller Beleg für eine intime Nietzsche-Kenntnis Freuds; vgl.: S. Freud, Massenpsychologie und Ich-Analyse (1921) XIII 138 (Übermensch);Brief an Ferenczi v. 16. 12. 1917 zit. Jones a.a.O. II 218 (ewige Wiederkehr des Gleichen); Jenseits des Lustprinzips (1920) XIII 21 (ewige Wiederkehr des Gleichen); Das Ich und das Es (1923) XIII 251 Anm. 2 (Es als Ausdruck Nietzsches, mit Hinweis auf G. Groddeck); Neue Folge der Vorlesungen zur Einführung in die Psychoanalyse (1933) XV 79 (Es als Ausdruck Nietzsches, mit Hinweis auf G. Groddeck); in einer Reflexion 1897 zit. Jones a.a.O. I 390/391 (Umwertung aller Werte). Die Annahme einer ‚Nietzsche-Kenntnis ohne Nietzsche-Studium', wie sie durch diese Stellenmusterung nahegelegt wird, läßt sich nun sehr wohl plausibel machen und genauer umreißen und definieren (die Reihenfolge der nachstehenden Punkte will keine Entscheidung über das Gewichtsverhältnis geben). ‚Freuds Nietzsche' das ist:

1) der in der – vor allem psychopathologischen – Literatur sporadisch zitierte Nietzsche; es ist:

2) der Nietzsche in der Vermittlung durch Nietzsche und Freud gemeinsam persönlich nahestehende Menschen. D. i. in der Spätzeit – seit 1911 – Lou *Andreas-Salomé:* vgl. Jones a.a.O. III 227: „Er" – nämlich Freud in einem bisher ungedruckten Brief an Arnold Zweig vom 11. 2. 1937 – „described her as the only real bond between Nietzsche and himself." (Insgesamt mußte Freuds offenbar weitgehend unpublizierter Briefwechsel mit Arnold Zweig – u. a. die Diskussion des Nietzschebuch-Planes von Zweig: vgl. auch S. Freud, Briefe 1873–1939 ed. E. L. Freud (1960) 414 – eine Hauptquelle für Freuds Nietzscheverhältnis sein). Aber auch in der Frühzeit Freuds gab es einen Studienfreund Freuds, der zugleich mit Nietzsche persönlich bekannt war: Dr. Josef *Paneth* (1857–1890; über das Verhältnis zwischen den Paneths und den Freuds geben eine Zahl von Briefen an Martha Bernays bzw. ihre Familie zwischen 22. 8. 1883 und 24. 10. 1887 Auskunft: vgl. bes. Briefe a.a.O. 102/103), wie sich aus dem bei Jones a.a.O. III 488–490 in engl. übs. abgedruckten Brief Freuds an Arnold Zweig vom 11. 5. 1934 ergibt: „A friend of mine, Dr. Paneth, had got to know him (sc. Nietzsche) in the Engadine [Anm. Jones: propably 1885] and he used to write me a lot about him": a.a.O. 489. Diese Briefe sind nicht greifbar, wohl aber (auszugsweise) Briefe, die Paneth in der nämlichen Zeit über Nietzsche an seine Braut geschrieben hat: vgl. E. Förster-Nietzsche, Das Leben Friedrich Nietzsche's II,2 (1904) 481–493. „Im Winter 1883–84 war ein ausgezeichneter junger Wiener Gelehrter Dr. Paneth in Villafranca mit physikalisch-geologischen Studien beschäftigt. Er war ein Verehrer der bis dahin erschienenen Schriften Nietzsche's, und wie es scheint, war dies auch seine in Wien lebende Braut. In den an sie gerichteten Briefen schildert er nun das Kennenlernen und die Unterhaltungen, die er mit ihm gehabt hat": a.a.O. 479/480. Nur Einiges aus diesen Briefen: „Dann fuhr ich nach Nizza und suchte Nietzsche auf... Auch sprachen wir ... einiges über die Art und Weise seiner Produktion, wobei wir übereinstimmten, daß das unbewußte Leben jedes Menschen so viel, unendlich viel reicher und wichtiger sei als das bewußte": v. 26. 12. 1883 a.a.O. 481/482. Weiter Nietzsche: „Vieles liege in einem Menschen embryonisch, was erst später zum Durchbruch käme und wirke unbewußt... Das sei ein Beweis für ein fortführendes, restloses Schaffen der Phantasie, wovon das Allerwenigste in's Bewußtsein komme": v. 3. 1. 1884 a.a.O. 484/485. „Auch sprachen wir von der Verwandtschaft des Genies mit dem Wahnsinn": v. 15. 2. 1884 a.a.O. 490. „Wir sprachen dann ziemlich viel über den Willen und das Selbstbewußtsein": v. 7. 3. 1884 a.a.O. 491. „Wir kamen dann überein, daß der ganze Fehler Schopenhauers gewesen sei, ein richtiges, psychologisches aperçu, vom Gegensatz des Willens und des Intellects, vermöge eines colossalen Anthropomorphismus auf die ganze Welt zu übertragen": v. 26. 3. 1884 a.a.O. 493 u. a.: in gewisser Hinsicht also, wie ich sagen möchte, über von der Romantik herkommende Gemeinplätze der Zeit. Immerhin ist es sehr wahrscheinlich, daß Berichte ähnlicher Art auch an Freud gegangen sind. – ‚Freuds Nietzsche' ist darüberhinaus

3) der im Gespräch des Freud-Kreises – also der seit 1902 bestehenden psychologischen Mittwochs-Gesellschaft bzw. (seit 1908) psychoanalytischen Gesellschaft – präsente Nietzsche. Jones berichtet a.a.O. II 385: „The Vienna Society hold discussions on Nietzsche's writings on April 1 and October 28, 1908. On the first occassion Hitschmann read a section of Nietzsche's Genealogie der Moral" – auf die Verwandtschaft von Nietzsches Theorie der Genese des schlechten Gewissens in dieser Schrift mit Freuds Theorie der Genese des Über-Ich weist Jones a.a.O. III 306/307 ausdrücklich hin und hält sie nicht für zufällig – „and raised several questions for discussion. Freud related, as he did on several other occasions, how he had found the abstractness of philosophy so unsympathic that he gave up studying it. Nietzsche had in no way influenced. his ideas. He had tried to read him, but found his thought so rich that he renounced

the attempt. In the second discussion Freud enlarged on Nietzsche's puzzling personality. Here he had number of stimulating suggestions to make, publication I may not forestall by repeating them here. But he several times said of Nietzsche that he had a more penetrating knowledge of himself than any other man who ever lived or was over likely to live." Zu diesem Kreis gehörten mit Hans Sachs – der 1911 in Weimar Elisabeth Förster-Nietzsche gegenüber „commented on the similarity between some of Freud's ideas and her famous brother's": Jones a.a.O. II 97 –, Theodor Reik und Otto Rank neben Hitschmann mindestens drei Mitglieder, die unermüdlich mit enormem Sammelfleiß damit beschäftigt waren, allüberall in der Welt der Geisteswissenschaften und Philosophie Anwendungsgebiete, Parallelen, Vorläufer der Psychoanalyse zu entdecken: Freud hat ihren mündlichen Berichten gewiß auch über Nietzsche schwerlich ausweichen können. Und zu diesem Kreise gehörte – bis 1911 – schließlich nicht zuletzt Alfred Adler, der ausdrücklich den Anschluß an Ideen Nietzsches suchte: „Nietzsches ‚Wille zur Macht' und ‚Wille zum Schein'" – schreibt er in Über den nervösen Charakter (1912 ³1922) 5 – „umfassen vieles von unserer Auffassung": gerade weil Adler – vgl. dazu z. B. die Deutung von C. G. Jung, Über die Psychologie des Unbewußten (⁶1948) 54ff. – als Exponent eines Nietzsche-Flügels der Psychoanalyse gelten konnte und mußte, hat der Bruch mit ihm (1911) auf Freuds Nietzsche-Verhältnis ohne jeden Zweifel blockierenden Einfluß gehabt: nicht zuletzt dieser Bruch mit Adler könnte Freuds mangelnde Bereitschaft erklären, sich zu Nietzsche zu bekennen und für Nietzsche ausführlicher zu interessieren. Freilich: welcher Nietzsche es war, der im Gespräch des Freud-Kreises präsent war – das wird man schwerlich erfahren, ohne sich um die im Freud-Kreis gelesenen (und zitierten) Nietzsche-Bücher und vor allem um die Nietzsche-Zitierungen in den Publikationen der Mitglieder dieses Freud-Kreises zu kümmern: eine Arbeit, die noch aussteht.

153 Vgl. Anm. 149.

154 S. Freud, Vorlesungen zur Einführung in die Psychoanalyse (1917) XI 295.

155 Seit S. Freud, Jenseits des Lustprinzips (1920); in dieser Schrift findet sich auch eine Deutung des „Wiederholungszwangs" und seiner Phänomene als „ewige Wiederkehr des Gleichen": XIII 21.

156 Vgl. die grundlegende Arbeit: S. Freud, Drei Abhandlungen zur Sexualtheorie (1905) und jene Modifikation dieser Theorie in der Spätzeit Freuds, die zur Einführung des Destruktions- bzw. Todestriebs führt. „Die Objektliebe selbst zeigt uns eine ... solche Polarität, die von Liebe (Zärtlichkeit) und Haß (Aggression)": S. Freud, Jenseits des Lustprinzips (1920) XIII 57, mit der extremen Folgerung und These« „Das Lustprinzip scheint geradezu im Dienste der Todestriebe zu stehen": a.a.O. 69.

157 Vgl. die zusf. Charakteristik S. Freud, Vorlesungen zur Einführung in die Psychoanalyse (1917) XI 320–33; „Die psychoanalytische Forschung ist nämlich genötigt worden, sich auch um das Sexualleben des Kindes zu kümmern": a.a.O. 321, und verletzt auch damit ein Tabu: „Das Kind gilt als rein, als unschuldig, und wer es anders beschreibt, darf als ruchloser Frevler an zarten und heiligen Gefühlen der Menschheit verklagt werden": a.a.O. 323.

158 Vgl. den Begriff bei Novalis – oben S. 411 Anm. 132 – und bei S. Freud, Zeitgemäßes über Krieg und Tod (1915) X 350: „In dieser wie in vielen anderen Hinsichten lebt der Mensch der Vorzeit ungeändert in unserem Unbewußten fort": Freud meint aber da „Den Menschen der Vorzeit", den er in Totem und Tabu (1912/13) beschrieben hat (a.a.O. 5): den „Primitiven" (1912) der „Darwinschen Urhorde": a.a.O. 171, usf.

159 Vgl. S. Freud, Totem und Tabu (1912/13): Freuds dortiger Versuch, „das Studium der Neurosenpsychologie für das Verständnis der Kulturentwicklung" fruchtbar zu machen (IX 91) untersucht die Inzestschau (5–25), das Tabu und die Ambivalenz der Gefühlsregungen (26–92) und Animismus, Magie und Allmacht der Gedanken (93–121). „Was wir" – schreibt er a.a.O. 24 – „zu ihrer Würdigung hinzufügen können, ist die Aussage,

sie sei ein exquisit infantiler Zug und eine auffällige Übereinstimmung mit dem seelischen Leben des Neurotikers."

160 Vgl. oben S. 123. 161 S. Freud, Das Ich und das Es (1923) XIII 239.

161 a S. Freud, Some Elementary Lessons in Psycho-Analysis (1938) XVII 143.

162 S. Freud, Die Traumdeutung (1900) II/III 620: „Auch von der Unterscheidung Ober- und Unterbewußtsein ... müssen wir uns fernhalten, da gerade sie die Gleichstellung des Psychischen und des Bewußten zu betonen scheint." Vgl. auch S. Freud, Das Unbewußte (1913) X 269: „Wir werden auch die Bezeichnung eines ‚Unterbewußtseins' als inkorrekt und irreführend ablehnen dürfen." Usf. Gerade hier ließe sich die Überlegung anschließen, daß den immer wieder einzeln angedeuteten Versuchen, Freuds Theorie des „Unbewußten" mit der Leibnizschen Lehre von den „petites perceptions" und „perceptions inconnues" zusammenzubringen, mit einem gewissen Vorbehalt zu begegnen ist. Schon E. v. Hartmann hatte diese Lehre als die doch nur einer Bewußtseinsphilosophie kritiseren zu müssen geglaubt; vgl. Philosophie des Unbewußten ([12]1923) I 16: „Nun kommt aber die schwache Seite von Leibniz unbewußter Vorstellung hinten nach, die schon in ihrem gewöhnlichen Namen ‚petite perception' liegt. ... Hiermit zerstörte er auf der einen Seite, was er auf der andern erbaut zu haben schien, den wahren Begriff des Unbewußten als ein dem Bewußtsein entgegengesetztes Gebiet" und reduzierte ihn „auf Vorstellungen von geringem Bewußtseinsgrad": ibid. „Der Rekurs vom Unbewußten" – schreibt Freud, Das Ich und das Es (1923) XIII 242 Anm. 1 – „auf das wenig Bemerkte und nicht Bemerkte ist also doch nur ein Abkömmling des Vorurteils, dem die Identität des Psychischen mit dem Bewußtsein ein für allemal feststeht". Vgl. die ganze Anm. Ein Zusammenhang zwischen der Theorie Freuds mit Thesen von Leibniz scheint in einer stichfesten Weise nur dann zu bestehen, wenn man auf jene Lehrgestalt der Leibniz'schen Philosophie rekurriert, die ihr durch die Interpretation des sog. Deutschen Idealismus gegeben worden ist; vgl. etwa F. W. J. Schelling, Zur Geschichte der neueren Philosophie (1827) X 48ff., wo besonders die Beziehung von Leibniz auf Spinoza betont wird.

163 Vgl. S. Freud, Die Traumdeutung (1900) II/III 619/620; knapp zusammengefaßt z. B. S. Freud, Das Ich und das Es (1923) XIII 241: „Wir sehen ..., daß wir zweierlei Unbewußtes haben, das latente, doch bewußtseinsfähige, und das Verdrängte, an sich und ohne weiteres nicht bewußtseinsfähige ... Wir heißen das Latente, das nur deskriptiv unbewußt ist, nicht in dynamischem Sinne, *vorbewußt;* den Namen *unbewußt* beschränken wir auf das dynamisch unbewußte Verdrängte".

164 Vgl. insbes. a.a.O. 244: „Wir erkennen, daß das Ubw nicht mit dem Verdrängten zusammenfällt; es bleibt richtig, daß alles Verdrängte ubw ist, aber nicht alles Ubw ist auch verdrängt. Auch ein Teil des Ichs, ein Gott weiß wie wichtiger Teil des Ichs, kann ubw sein, ist sicherlich ubw ... wir (sehen) uns so vor der Nötigung ..., ein drittes, nicht verdrängtes Ubw aufzustellen"; eben darum wird jetzt der Terminus „Es" aufgenommen, um den bisherigen Charakter des Unbewußten zu kennzeichnen.

165 A.a.O. 241.

166 S. Freud, Zur Geschichte der psychoanalytischen Bewegung (1914) X 54.

167 A.a.O. 53.

168 M. Dorer, Historische Grundlagen der Psychoanalyse (1932) bes. 81ff.; vgl. das Referat unten S. 259–260. Es besteht auch für diese Arbeit – der es nicht um die historischen Vorlagen, sondern um die philosophische Attraktivität der Psychoanalyse und ihre Genealogie geht – kein Grund, diesen eindrucksvollen Hinweis auf die Herbart-Tradition zu leugnen. Allerdings hat Dorer sich in gar keiner Weise darum gekümmert, daß die Ausdrücke „Verdrängung", „Hemmung", psychischer „Mechanismus" usf. nicht im geringsten nur Herbart zugehören, sondern ebenso bereits Ausdrücke der Transzendental- und Naturphilosophie Schellings gewesen sind. Es wäre nützlich, den Zusammenhang des Herbartschen Ansatzes mit dem Schellingschen zu untersuchen.

169 Die aitiologische Bedeutung der nicht gelungenen Entscheidung für die psychischen Störungen hat in besonders nachdrücklicher Weise betont P. R. Hofstätter, Einführung in die Tiefenpsychologie ([2]1950); bei Freud steht an dieser Stelle die Theorie der „Fixierung": „Es war eine unerledigte Situation, eine psychische Fixierung geschaffen": Totem und Tabu (1912/13) II 39; vgl. S. Freud, Vorlesungen zur Einführung in die Psychoanalyse (1917) XI 353. Die innere Verwandtschaft dieser Theorie mit dem Gedanken der „Fixierung" innerhalb der Transzendentalphilosophie kann hier nicht in extenso besprochen werden, verdiente aber eine ausführliche Beleuchtung.

170 Vgl. S. Freud, Die Verdrängung (1915) X 256: „daß die Verdrängung in der Regel eine *Ersatzbildung* schafft." Bei Freud ist diese These durchgeführt als Theorie der Symptombildung (wobei Traum, Fehlleistungen, künstlerische Produktion usf. ebenfalls dem Baugesetz der Symptombildung unterliegen), ausgehend von der Einsicht, „daß die hysterischen Symptome Sinn und Bedeutung haben, indem sie Ersatz sind für normale seelische Akte": S. Freud, ‚Psychoanalyse' und ‚Libidotheorie' (1923) XIII 212; „Das Symptom ist ein Ersatz für das, was da unterblieben ist": S. Freud, Vorlesungen zur Einführung in die Psychoanalyse (1917) XI 303/304; „Verdrängung ... ist ... die Vorbedingung für die Symptombildung ... das Symptom ist ein Ersatz für etwas, was durch die Verdrängung verhindert wurde": a.a.O. 307; „Symptome sind ... Ersatzbefriedigung für die im Leben vermißte": a.a.O. 310; sie sind als solche „Kompromißergebnisse, aus der Interferenz zweier gegensätzlicher Strebungen hervorgegangen, und vertreten ebensowohl das Verdrängte wie das Verdrängende": a.a.O. 311. Usf.

171 Nicht nur „die Periode ... der Krankheit ... ist ausgezeichnet durch die Wiederkehr der verdrängten Erinnerungen": S. Freud, Weitere Bemerkungen über die Abwehr-Neuropsychosen (1896) I 387; auch bei Dichtungsinterpretationen zeigt sich: „Das Verdrängte ... bleibt leistungs- und wirkungsfähig, es läßt eines Tages ... psychische Abfolgen entstehen, die man als Verwandlungsprodukte und Abkömmlinge der vergessenen Erinnerung auffassen kann, und die unverständlich bleiben, wenn man sie nicht so auffaßt" d. h. als „Wiederkehr des Verdrängten": S. Freud, Der Wahn und die Träume in W. Jensens ‚Gradiva' (1907) VII 60; vgl. auch: S. Freud, Psychoanalytische Bemerkungen über einen autobiographisch beschriebenen Fall von Paranoia (dementia paranoides) (1911) 304/305; Die Verdrängung (1915) X 257; bes. aber S. Freud, Der Mann Moses und die monolithische Religion (1937) XVI 233 ff.

172 Es ist die Grundfigur gegenwärtiger Geschichtsphilosophie, Apologie der unterdrückten Wahrheit zu sein: diese Figur ist zu einer so zwingenden Verpflichtung geworden, daß sie gerade auch dort angewandt wird, wo sie gar nicht zutrifft; so kann sich heute z. B. keine Verfallstheorie das Auftreten leisten, ohne zunächst die immerhin im Blick auf die faktische Lage des Gegenwartsdenkens befremdliche Behauptung einer alles andere unterdrückenden Dominanz des Fortschrittsdenkens und der aufklärerischen Motive aufzustellen; aber sie hätte keine Chance, wenn sie nicht wenigstens fiktiv die Position des Protests gegen Unterdrückung bezöge. Die Position eines (echten) Protests gegen Unterdrückung – „repression" d. h. „Verdrängung" – ist diejenige Freuds; und ebendieser Position wegen hat sie Verwandtschaft mit jeder Philosophie, die eine nämliche zu beziehen sich bemüht. So hat sie z. B. jene Nähe zur sozialistischen Entfremdungskritik, die H. Marcuse, Eros und Kultur (1957) mit Recht ausspielt und die es ihm möglich macht, Freuds Theorie für jene revolutionäre Rolle zu werben, aus der Marx für ihn ausschied: vgl. unten S. 262–264. Freilich: weil Marcuse dabei auf Möglichkeiten der Theorie Freuds rekurriert und nicht auf ihre Wirklichkeit, könnte es sein, daß er – trotz aller „Interpolation" – am Ende auf ein trojanisches Pferd gesetzt hat. Die hier versuchte Überlegung, die den Zusammenhang der Theorie Freuds mit der transzendentalphilosophischen Naturphilosophie betont, tut das nicht, um ihren Zusammenhang mit den sozialrevolutionären Theorien zu verwerfen, sondern um den Versuch seiner Herausarbeitung zu einer zusätzlichen Reflektiertheit zu zwingen. Freilich wäre

außerdem zu überlegen, ob nicht auch eine eigentümliche Wahrheit in jener Position steckt, die – wie diejenige Freuds – die Empörung übers Unterdrücktsein von Wahrheit nicht ohne weiteres in den Schluß auf die Wahrheit alles Unterdrückten überführt. Was schließlich Freuds eigenes Verhältnis zu Marx betrifft, so war es aller Nähe zum Trotz zwiespältig: zum Respekt vor dem „große(n) Kulturexperiment..., das gegenwärtig in dem weiten Land zwischen Europa und Asien angestellt wird" (S. Freud, Die Zukunft einer Illusion (1927) XIV 330) tritt das Geständnis, „daß die Bedingungen dieses Experiments mich und meinesgleichen abgehalten hätten, es zu unternehmen, aber wir sind nicht die einzigen, auf die es ankommt": S. Freud, Neue Folge der Vorlesungen zur Einführung in die Psychoanalyse (1933) XV 196; es wirkt einerseits „der großartige Versuch einer solchen Neuordnung" (ibid.), es „wirkt die Umwälzung in Russland – trotz aller unerfreulichen Einzelzüge – doch wie eine Botschaft einer besseren Zukunft": a.a.O. 196; und doch: „In seiner Verwirklichung im russischen Bolschewismus hat nun der theoretische Marxismus die Energie, Geschlossenheit und Ausschließlichkeit einer Weltanschauung gewonnen, gleichzeitig aber auch eine unheimliche Ähnlichkeit mit dem, was er bekämpft": a.a.O. 194/195, vgl. insgesamt a.a.O. 191–197. Zur grundsätzlichen Ähnlichkeit des Freudschen Ansatzes mit den entfremdungskritischen Geschichtsphilosophien vgl. oben S. 11ff. bes. S. 16–20.

173 Vgl. J. Ritter, Die Aufgabe der Geisteswissenschaften in der modernen Gesellschaft, in: Jahresschrift 1951 der Gesellschaft zur Förderung der Westfälischen Wilhelms-Universität zu Münster 11–39; zur These vgl. oben S. 291 f. Anm. 87 und 88.

174 Und zwar etwa gerade beim Witz wiederum in jener faktischen Verengung, die zwar einerseits die grundsätzliche Struktur des Lächerlichen – als Wiederkehr des Verdrängten und seinen Lust- und Erfreulichkeitscharakter als Folge der Ersparnis des Aufwandes für die Verdrängung des Zugehörigen – herausarbeitet, andererseits die Wirksamkeit dieser Struktur aber nur in Phänomenen der Wiederkehr verdrängter ‚Triebnatur' erkennt: vgl. S. Freud, Der Witz und seine Beziehung zum Unbewußten (1905). So könnte man die von J. Ritter, Über das Lachen, in: Blätter für deutsche Philosophie 14 (1940/41) 1–21 entwickelte Theorie als die Aktualisierung der potentiellen Weite der auch von Freud fürs Lächerliche gemeinten Struktur der Wiederkehr des Verdrängten interpretieren. Das Lächerliche, sagt Ritter, hat die „eigentümliche Funktion, die dem Ernst nicht zugängliche Zugehörigkeit des Anderen zu der es ausgrenzenden Lebenswirklichkeit sichtbar zu machen" (12); „Was mit dem Lachen ausgespielt und ergriffen wird, ist diese geheime Zugehörigkeit des Nichtigen zum Dasein" (10), „gleichgültig, ob dies nun in den tieferen Sinn einer Kritik an der ernsten Welt selbst und ihrer Ordnung gemeint ist oder ob es der vitalen Freude am Reichtum des Lebens und am Recht des Unsinns und Unverstands entspringt" (13). „Es ruft das Wesen herbei, das die verständige und anständige Ordnung nur als das Unverständige und Unanständige duldet, und setzt diese Ordnung selbst matt" (18). „In der Sitte, im Anstand werden unzählige Möglichkeiten menschlichen Gebarens auf diese Weise ausgegrenzt, unberührbar und unsichtbar hintergründig, ohne daß sie aber deswegen aufhören, in dieser in der Sitte begriffenen Lebensordnung fort zu existieren und wirksam zu sein" (14): sie sind im strikten Sinne verdrängt. Das Komische aber gibt ihnen Wiederkehr, das „Komische entsteht so hier in einer doppelten Bewegung, einmal im Hinausgehen über die jeweilig gegebene Ordnung zu einem von ihr ausgeschlossenen Bereich, und zweitens darin, daß dieser ausgeschlossene Bereich in und an dem ihn ausschließenden Bereich selbst sichtbar gemacht wird" (9); „und was das Komische ausmacht, ist dies, daß immer mittelbar und unmittelbar in den einen Bedeutungsbereich, der sich harmlos und einwandfrei zulässig gibt, der andere hineingespielt wird, der in jenem gerade ausgeschlossen und als nicht dazugehörig beiseitegebracht ist... Es wird der Lebensbereich des ‚Nichtanständigen' angesprochen, aber nicht direkt und als solcher; er tritt in der Maske des Anständigen und Zulässigen und d.h. in der Anspielung auf" (9). Dabei aber

– und darin liegt eine entscheidende Erweiterung gegenüber der Freudschen Optik – gilt grundsätzlich: „das Entgegenstehende und Kontrastierende ist im Ganzen des Seins und des Daseins nichts Festes, es folgt als das Andere oder als das, was nicht ist, jeweils dem, was als Sein und Wesen gesetzt und verstanden ist" (7), „es geht mit seiner Verschiedenartigkeit mit" (7).

175 S. Freud, Neue Folge der Vorlesungen zur Einführung in die Psychoanalyse (1933) XV 78/79.

176 Zur weiteren Charakteristik des Es vgl. insbes. a.a.O. 80/81: „Es ist der dunkle, unzugängliche Teil unserer Persönlichkeit... Wir nähern uns dem Es mit Vergleichen, nennen es ein Chaos, einen Kessel voll brodelnder Erregungen... Von den Trieben her erfüllt es sich mit Energie, aber es hat keine Organisation, bringt keinen Gesamtwillen auf, nur das Bestreben, den Triebbedürfnissen unter Einhaltung des Lustprinzips Befriedigung zu schaffen. Für die Vorgänge im Es gelten die logischen Denkgesetze nicht... Es gibt im Es nichts, was man der Negation gleichstellen könnte, auch nimmt man mit Überraschung die Ausnahme von dem Satz der Philosophen wahr, daß Raum und Zeit notwendige Formen unserer seelischen Akte seien ... Wunschregungen, die das Es nie überschritten haben, aber auch Eindrücke, die durch Verdrängung ins Es versenkt worden sind, sind virtuell unsterblich, verhalten sich nach Dezennien, als ob sie neu vorgefallen wären. Als Vergangenheit erkannt, entwertet und ihrer Energiebesetzung beraubt können sie erst werden, wenn sie ... bewußt geworden sind... Selbstverständlich kennt das Es keine Wertungen, kein Gut und Böse, keine Moral" usf.

177 S. Freud, Abriss der Psychoanalyse (1938) XVII 85.

178 Ibid.; das Es ist die „älteste dieser psychischen Provinzen oder Instanzen ... sein Inhalt ist alles, was ererbt, bei Geburt mitgebracht, konstitutionell festgelegt ist": a.a.O. 67/68.

179 S. Freud, Vorlesungen zur Einführung in die Psychoanalyse (1917) XI 380.

180 Bzw. „Ich-Ideal" d. h. Gewissen: vgl. die Diskussion seit S. Freud, Totem und Tabu (1912/13) II bes. 85ff. (es „entsteht wahrscheinlich auch das Gewissen auf dem Boden einer Gefühlsambivalenz ... und unter den für das Tabu und die Zwangsneurose geltend gemachten Bedingungen": a.a.O. 85) und 173ff. die Ausdrücke selber später: vgl. S. Freud, Zur Einführung des Narzißmus (1914) X 161ff.; Massenpsychologie und Ich-Analyse (1921) XIII bes. 124ff. in etwa zusf.: Das Ich und das Es (1923) XIII bes. 256–167, außerdem S. Freud, Das Unbehagen in der Kultur (1930), dazu unten S. 224ff.

181 Vgl. etwa S. Freud, Vorlesungen zur Einführung in die Psychoanalyse (1917) XI 379/380: „Sie (sc. die Symptome) schaffen also Ersatz für die versagte Befriedigung durch eine Regression der Libido auf frühere Zeiten, womit die Rückkehr zu früheren Entwicklungsstufen der Objektwahl oder der Organisation untrennbar verbunden ist. Wir haben frühzeitig gehört, daß der Neurotiker irgendwo in seiner Vergangenheit festhaftet... Das Symptom wiederholt irgendwie jene frühinfantile Art der Befriedigung, entstellt durch die aus dem Konflikt hervorgehende Zensur, in der Regel zur Empfindung des Leidens gewendet und mit Elementen aus dem Anlaß der Erkrankung vermengt." A.a.O. 381: „Das Symptom stellt wie der Traum etwas als erfüllt dar, eine Befriedigung nach Art der infantilen".

182 Vgl. S. Freud, Der Dichter und das Phantasieren (1908) VII 222: „daß die Dichtung wie der Tagtraum Fortsetzung und Ersatz des einstigen kindlichen Spielens ist." Sein und des Künstlers Medium überhaupt ist die Phantasie: „In der Phantasietätigkeit genießt also der Mensch die Freiheit vom äußeren Zwang weiter, auf die er in Wirklichkeit längst verzichtet hat... Die Schöpfung des seelischen Reichs der Phantasie findet ein volles Gegenstück in der Einrichtung von ‚Schonungen', ‚Naturschutzparks' dort, wo die Anforderungen des Ackerbaus, des Verkehres und der Industrie das ursprüngliche Gesicht der Erde rasch bis zur Unkenntlichkeit zu verändern drohen. Der Naturschutzpark erhält diesen alten Zustand, welchen man sonst überall mit Bedauern der Notwen-

digkeit geopfert hat. Alles darf darin wuchern und wachsen, wie es will, auch das Nutzlose, selbst das Schädliche. Eine solche dem Realitätsprinzip entzogene Schonung ist auch das seelische Reich der Phantasie": S. Freud, Vorlesungen zur Einführung in die Psychoanalyse (1917) XI 387; vgl. die ganze Überlegung a.a.O. 386–391.

183 Vgl. S. Freud, Die Zukunft einer Illusion (1927): diese extreme Schrift Freuds entwikkelt „die Auffassung..., daß die Religion einer Kindheitsneurose vergleichbar sei": XIV 377, in der die ihr anhängenden Menschen durch „Denkverbote" a.a.O. 371 festgehalten werden und kritisiert sie in genau dem Maße, wie diese Bestimmungen auf sie zutreffen, denn: „der Infantilismus ist dazu bestimmt, überwunden zu werden": a.a.O. 373 durch „die Erziehung zur Realität": ibid., mit der Hoffnung, daß die Menschen „das psychologische Ideal, den Primat der Intelligenz, erreichen werden": a.a.O. 371 zugunsten des „Zieles" der Kultur: „Menschliebe" und „Einschränkung des Leidens": a.a.O. 377.

184 S. Freud, Vorlesungen zur Einführung in die Psychoanalyse (1917) XI 215.

185 Vgl. die schöne Analyse „des Noch-Nicht-Bewußten oder der Dämmerung nach Vorwärts" bei E. Bloch, Das Prinzip Hoffnung (1954) 128ff. im Zusammenhang seiner Theorie des „antezipierenden Bewußtseins": es „ist Psychoanalyse in einer schon damals überalterten Klasse entstanden, in einer Gesellschaft ohne Zukunft... Und je länger, je lieber verstärkte sich das durchaus interessierte Mißtrauen gegen die Zukunft... Und dieses eben bezeichnet die Schranke, die sich, wie gesehen, auch Freud vor dem Begriff eines Noch-nicht-Bewußten, vor der Dämmerung nach Vorwärts auftut. Von daher der schlechthin unvermeidliche, schlechthin regredierende Satz: ‚Das Verdrängte ist uns das Vorbild des Unbewußten'": a.a.O. 152. Was Bloch einzuklagen vergißt, ist der Blick für den vollen Umfang entwickelter aber übersehener Gegenwart, für „das, was ist" im Sinne Hegels.

186 Vgl. Freud a.a.O. 353ff.

187 B. Brecht, Die Dreigroschenoper (1928). Das zweite Dreigroschenfinale.

188 Vgl. zum Ausdruck zuerst S. Freud, Die Abwehr-Neuropsychosen (1894) bes. I 61/62; vgl. dazu S. Freud, Zur Geschichte der psychoanalytischen Bewegung (1914) X 48: „Die erste Differenz zwischen Breuer und mir trat in einer Frage des intimeren psychischen Mechanismus der Hysterie zutage. Er bevorzugte eine sozusagen noch physiologische Theorie... Ich hatte mir die Sache weniger wissenschaftlich zurechtgelegt, witterte überall Tendenzen und Neigungen analog denen des täglichen Lebens und faßte die psychischen Spaltung selbst als Ergebnis eines Abstoßungsvorgangs auf, den ich damals ‚Abwehr', später ‚Verdrängung' benannte."

189 Vgl. oben S. 98; 159.

190 F. W. J. Schelling, Zur Geschichte der neueren Philosophie (1827) X 95.

191 F. W. J. Schelling, Allgemeine Deduktion des dynamischen Prozesses oder der Kategorien der Physik (1800) IV 77.

192 S. Freud, Vorlesungen zur Einführung in die Psychoanalyse (1917) XI 451/452.

193 A.a.O. 292.

194 Ibid.; vgl. die S. 292f. Anm. 92 zit. Formulierung der „Vorläufigen Mitteilung" von 1983 I 85; „der Arzt" – schreibt Freud, Jenseits des Lustprinzips (1920) XIII 17 – „... muß ihn (sc. den Analysierten) ein gewisses Stück seines vergessenen Lebens wiedererleben lassen und hat dafür zu sorgen, daß ein Maß von Überlegenheit erhalten bleibt, kraft dessen die anscheinende Realität doch immer wieder als Spiegelung einer vergessenen Vergangenheit erkannt wird", usf.

195 S. Freud, Vorlesungen zur Einführung in die Psychoanalyse (1917) XI 290. Und auch hier – ein wenigstens flüchtiges – Auftauchen des Sokrates-Vorbildes: „Nach unseren bisherigen Ausführungen wäre ja die Neurose die Folge einer Art von Unwissenheit, des Nichtwissens um seelische Vorgänge, von denen man wissen sollte. Das würde eine starke Annäherung an bekannte sokratische Lehren sein, denen zufolge selbst die Laster

auf Unwissenheit beruhen“: ibid. Freud korrigiert freilich diese These in dem Maße, wie er gezwungen ist, den Komplex „Übertragung“ zu diskutieren.

196 Vgl. S. Freud, a.a.O. 278: „Die Aufgabe stellt sich dann geradezu, für eine sinnlose Idee und eine zwecklose Handlung jene vergangene Situation aufzufinden, in welcher die Idee gerechtfertigt und die Handlung zweckentsprechend war“, um diese „sozusagen *historische* Deutung zu ermöglichen“: ibid., d. h. um für „die Symptome ... ihre unbewußten Vorbedingungen bewußt“ zu machen: a.a.O. 289. „In der Regel wird man bei der Analyse ... auf eine ganze Kette von Lebenseindrücken geleitet, die bei ihrer Wiederkehr ausdrücklich als bisher vergessen bezeichnet werden. Diese Kette reicht ... bis in die frühesten Lebensjahre zurück, so daß sich die hysterische Amnesie als unmittelbare Fortsetzung der infantilen Amnesie erkennen läßt, die uns Normalen die Anfänge unseres Seelenlebens verdeckt“: a.a.O. 293.

197 Vgl. oben S. 156ff.

198 Vgl. S. Freud, a.a.O. 472: „Diese Revision des Verdrängungsprozesses “; a.a.O. 455: „Es ist uns gelungen, den alten Verdrängungskonflikt wieder aufzufrischen, den damals erledigten Prozeß zur Revision zu bringen.“ U. ö.

199 Und Formulierungen wie z. B. a.a.O. 450: „Wir sind zwar keine Reformer, sondern bloß Beobachter, aber wir können nicht umhin, mit kritischen Augen zu beobachten“; ihre „Situation hatte gleichzeitig etwas Schreckhaftes und etwas Tröstliches; das erstere, weil es keine Kleinigkeit war, das ganze Menschengeschlecht zum Patienten zu haben, das andere, weil schließlich sich alles so abspielte, wie es nach den Voraussetzungen der Psychoanalyse geschehen mußte“: S. Freud, Die Widerstände gegen die Psychoanalyse (1925) XIV 109; aber eben aus dem letzteren Grunde wieder muß sich Freud dem „Vorwurf“ seiner Mitmenschen „beugen“, „daß ich ihnen keinen Trost zu bringen weiß“: S. Freud, Das Unbehagen in der Kultur (1930) XIV 506, usf.

200 S. Freud, Vorlesungen zur Einführung in die Psychoanalyse (1917) XI 449.

201 Ibid.

202 A.a.O. 449/450.

203 A.a.O. 451 (Sperrung von mir).

204 Vgl. unten S. 245ff.

205 C. G. Jung, Psychologische Typen (1921). Die Theorie Freuds schwankt zwischen der Möglichkeit, Betonung und Therapie des Menschen in seiner Sozialrolle, und der Möglichkeit, Betonung und Therapie des Menschen in seiner (privat-)erotischen Rolle zu sein; jene Möglichkeit ergreift dann die Konzeption Adlers (sog. Individualpsychologie), dieser Möglichkeit widmet sich in überwiegender Weise die Theorie Freuds. Jung aber – wie er rückblickend beschreibt: Über die Psychologie des Unbewußten (1916 [6]1948) 35ff., bes. 74ff. – betrachtet und sortiert sie als ‚Möglichkeiten‘: „Die Unvereinbarkeit der beiden ... Theorien erfordert einen übergeordneten Standpunkt, in welchem sie zu einer Einheit zusammenkommen können. Wir dürfen nämlich nicht die eine zugunsten der andern verwerfen, so bequem dieses Auskunftsmittel wäre; denn wenn man beide Theorien unvoreingenommen überprüft, so kann man nicht leugnen, daß sie beide bedeutende Wahrheiten enthalten, und so gegensätzlich diese auch sind, so darf dennoch die eine die andere nicht ausschließen ... Da nun beide Theorien in weitgehendem Maße richtig sind ... muß die Neurose offenbar zwei gegensätzliche Aspekte haben, wovon der eine durch die Freudsche, der andere durch die Adlersche Theorie erfaßt wird ... Diese Verschiedenheit kann wohl nichts anderes sein als ein *Temperamentsunterschied,* ein Gegensatz von zwei Typen menschlicher Geistesart“: a.a.O. 74/77: was Unentschiedenheit in Sachen der Problemlösung war, mutiert zur Sortierung der möglichen Lösungswege d. h. der „Einstellungstypen“ (introvertiert: Adler: extravertiert: Freud). Dabei soll hier Jung auf diesen Resignationsstandpunkt der Typologie nicht mehr festgelegt werden als z. B. oben S. 151/152.

206 Vgl. oben Anm. 94, 95, 152, 168 und unten S. 259–260.

207 S. Freud, Die Traumdeutung (1900) II/III 617.
208 Vgl. oben S. 16, 20, 94 u. ö. Z. B. die gesamte Ideologiekritik operiert ohne weiteres mit der Reduktion des Denkens auf ihm selbst unbewußte Interessen – wo auch immer sie unternommen wird. Und es gibt gegenwärtig keine der Geschichte geneigte Philosophie, die nicht irgendwo und meist zentral in diesem Sinne Ideologiekritik wäre.
209 Freud weist immer wieder auf diesen Widerstand seitens der zeitgenössischen Philosophie – d. i. für ihn im wesentlichen die Philosophie vor der Jahrhundertwende und um die Jahrhundertwende – hin; vgl. etwa zusammenfassend in: S. Freud, Das Interesse an der Psychoanalyse (1913) VIII 405–407: „Das philosophische Interesse". Dort bes. 406: „Die Philosophie hat sich allerdings wiederholt mit dem Problem des Unbewußten beschäftigt, aber ihre Vertreter haben dabei – mit wenigen Ausnahmen" (Freud bespricht in der Regel mit kritischem Respekt die Aussagen von Th. Lipps, bes. Der Begriff des Unbewußten in der Psychologie (1897); vgl. u. a. Die Traumdeutung (1900) II/III 615ff. – „eine von zwei Positionen eingenommen, die nun anzuführen sind. Entweder ihr Unbewußtes war etwas Mystisches, nicht Greifbares und nicht Aufzeigbares, dessen Beziehung zum Seelischen im Dunkeln blieb, oder sie haben das Seelische mit dem Bewußten identifiziert und dann aus dieser Definition abgeleitet, daß etwas Unbewußtes nichts Seelisches und kein Gegenstand der Psychologie sein könne."
210 So konvergieren Psychoanalyse und Philosophie – was Freud, der diese philosophische Entwicklung offenbar nicht mehr zur Kenntnis genommen hat, übersah – in ihrer kritischen Intention gegen die ‚Bewußtseinsphilosophie': man vgl. etwa die kritische Charakteristik Freuds – z. B. S. Freud, Die Widerstände gegen die Psychoanalyse (1925) XIV 103: „Das Psychische der Philosophen war nicht das der Psychoanalyse. Die Philosophen heißen in ihrer überwiegenden Mehrzahl psychisch nur das, was ein Bewußtseinsphänomen ist. Die Welt des Bewußten deckt sich ihnen mit dem Umfang des Psychischen... Die Seele hat keinen anderen Inhalt als die Bewußtseinsphänomene" – mit Heideggers Kritik der Bewußtseinsphilosophie durch eine Analytik des „In-der-Welt-seins": „Die Ideen eines ‚reinen Ich' und eines ‚Bewußtseins überhaupt' enthalten so wenig das Apriori der ‚wirklichen' Subjektivität, daß sie die ontologischen Charakterere der Faktizität und der Seinsverfassung des Daseins überspringen, bzw. überhaupt nicht sehen": Sein und Zeit (1927) 229, usf.; „Die Forderung des Primats von Bewußtsein über Sein geht zu Protest", formuliert auch Th. W. Adorno, Zur Metakritik der Erkenntnistheorie (1956) 242.
211 Vgl. oben S. 159ff. und 174ff.
212 S. Freud, Vorlesungen zur Einführung in die Psychoanalyse (1917) XI 278.
213 A.a.O. 279.
214 Ibid.
215 S. Freud, Jenseits des Lustprinzips (1920) XIII 39.
216 P. R. Hofstätter, Tiefenpsychologische Persönlichkeits-Theorien, in: Handbuch der Psychologie ed. Lersch/Sender/Thomae IV (1960) 550.
217 Freud a.a.O. 39.
218 S. Freud, Das Ich und das Es (1923) XIII 257.
219 Durchgeführt seit August 1897; vgl. E. Jones, Sigmund Freud, Life and Work I (1954) 351ff.
220 S. Freud, Aus den Anfängen der Psychoanalyse. Briefe an Wilhelm Fliess, Abhandlungen und Notizen aus den Jahren 1887–1902, ed. H. Bonaparte, A. Freud, E. Kris (1950).
221 Vgl. Jones a.a.O. 316–350; E. Kris, Einleitung zu: S. Freud, Aus den Anfängen der Psychoanalyse 5–65, bes. 42ff. Wilhelm Fliess (1858–1928), Berliner Arzt und Theoretiker der nasalen Reflexneurose: „Nach der großartigen Konzeption von W. Fließ sind alle Lebenserscheinungen – und gewiß auch der Tod – der Organismen an die Erfüllung bestimmter Termine gebunden, in denen die Abhängigkeit zweier lebender Substanzen,

einer männlichen und einer weiblichen, vom Sonnenjahr zum Ausdruck kommt": S. Freud, Jenseits des Lustprinzips (1920) XIII 47/48; es ist aufschlußreich, daß Freud just in dem Augenblick wieder an Fliess erinnert, wo er unterm Eindruck des Phänomens „Wiederholungszwang" – „ewige Wiederkehr des Gleichen": a.a.O. 21 – seine Todestriebtheorie etabliert. Zu Fliess vgl. auch oben S. 289 Anm. 56.

222 Vgl. auch die Reflexion Freuds in: Aus der Geschichte einer infantilen Neurose (1918) XII 36: „Ich kann die Geschichte meines Patienten weder rein historisch noch rein pragmatisch schreiben, kann weder eine Behandlungs- noch eine Krankengeschichte geben, sondern werde mich genötigt sehen, beide Darstellungsweisen miteinander zu kombinieren."

223 S. Freud, Selbstdarstellung (1925) XIV 88.

224 S. Freud, ‚Psychoanalyse' und ‚Libidotheorie' (1923) XIII 228; vgl. oben S. 288 Anm. 55.

225 Vgl. unten S. 244/245. Aufschlußreich ist auch, daß Freud gegen Jung folgendes Argument (ob es nun zutrifft oder nicht) gebrauchen kann: „Jung versuchte eine Umdeutung der analytischen Tatsachen ins Abstrakte, Unpersönliche und Unhistorische": Selbstdarstellung (1925) XIV 79.

226 S. Freud, Das Interesse an der Psychoanalyse (1913) VIII 411.

227 Vgl. oben S. 160ff.

228 S. Freud, Triebe und Triebschicksale (1915).

229 S. Freud, Abriss der Psychoanalyse (1938) XVII 76ff.

230 S. Freud, ‚Psychoanalyse' und ‚Libidotheorie' (1923) XIII 220/221: oral, anal etc.

231 A.a.O. 233.

232 Ersetzt also die Theorie z. B. der „Evolution" der Naturphilosophie Schellings; vgl. auch Carus' „Geschichte der Gefühle", z. B. „Geschichte der Liebe" – dazu oben S. 175 – mit Freuds Rede von einer „Entstehungs- und Beziehungsgeschichte der Liebe": S. Freud, Triebe und Triebschicksale (1915) X 232.

233 A.a.O. 219.

234 Man wird überlegen, ob man z. B. „Identifizierung" oder auch „Projektion" als „Triebschicksal" interpretieren und einer dieser Klassen subsumieren soll. Zu "Identifizierung" vgl. bes. S. Freud, Massenpsychologie und Ich-Analyse (1921) XIII insbes. 115–121; dazu dann auch das Problem der Gewissensgenese: außer den oben Anm. 180 genannten Stellen vgl. die zusf. Formulierung bei S. Freud, Neue Folge der Vorlesungen zur Einführung in die Psychoanalyse (1933) 31. Vorlesungen XV 62ff. Den Begriff der „Projektion" – vgl. u. a. S. Freud, Psychoanalytische Bemerkungen über einen autobiographisch beschriebenen Fall von Paranoia (Dementia paranoides) (1911) VIII 302/303: „Eine innere Wahrnehmung wird unterdrückt und zum Ersatz für sie kommt ihr Inhalt, nachdem er eine gewisse Entstellung erfahren hat, als Wahrnehmung von außen zum Bewußtsein", wobei Freud betont, „daß ihr (sc. dieser Projektion) ein regelmäßiger Anteil an unserer Einstellung zur Außenwelt zugewiesen ist", so „daß es sich beim Verständnis der Projektion um allgemeinere psychologische Probleme handelt"; ibid. – bespricht diese Arbeit nicht eigens. Vgl. dazu H. Heckhausen, Die Problematik des Projektions-Begriffs und die Grundannahmen des thematischen Auffassungstests, in: Psychologische Beiträge 5 (1960) 53–80; er unterscheidet dort einleuchtend drei Projektionsbegriffe (1. „exzentrische", 2. „erkenntniskritische", 3. "Projektion als allgemeinste Redeweise dafür, daß persönlichkeitsspezifische Züge in psychischen Tätigkeiten und ihren Produkten zum Ausruck kommen": 76), diskutiert sie u. a. historisch und zeigt, daß bei Freuds Projektionsbegriff ein durch 1) verwirrter Spezialfall von 3) vorliegt. Die Analyse von M. Dorer, Historische Grundlagen der Psychoanalyse (1932) – die bes. 128ff. auf Freuds Lehrer, den Gehirnanatom Th. Meynert und 131–135 auf dessen Projektionstheorie hinweist (die extrem dem Typus 1) zugehört) – macht es plausibel, daß die bei Freud um 1) spielenden und 3) verwirrenden Vorstellun-

gen einer „exzentrischen" Projektion Meynerts Thesen zum Ursprung haben: a.a.O. 148–154. Abgesehen davon aber läßt sich, wie mir scheint, 3) selbst in der speziellen Freudschen Fassung als Extremfall von 2) interpretieren und so in die hier immer wieder betonte – von Kant herkommende – transzendentalphilosophische Denktradition einrücken. Dabei läßt sich eine gewisse Neigung, 2) zu 3) zu radikalisieren, bereits bei Fichte erkennen: vgl. J. G. Fichte, Die Wissenschaftslehre. Vorgetragen im Jahre 1804 (publ. posth. 1834) II, II bes. 178ff.; dort überprüft der ‚späte' Fichte kritisch die frühe Wissenschaftslehre. Diese behaupte nur, sagt Fichte, „die absolute Projektion eines Objektes, über dessen Entstehen keine Rechenschaft abgelegt werden kann, wo es demnach in der Mitte zwischen Projektion und Projektum finster und leer ist, wie ich es ein wenig scholastisch, aber, denk' ich, sehr bezeichnend ausdrückte, die proiectio per hiatum irrationalem": 210; jedoch: „wird Nichts geduldet, das nicht genetisch eingesehen ist, so wird eben die Projektion per hiatum nicht geduldet, indem ihr Wesen eben in der Nichtgenesis besteht": 211. Diese Ohnmacht des „Ichs" der frühen Wissenschaftslehre in Anbetracht des ‚Inhalts' der Projektion bzw. „Setzung" (denn der Projektionsbegriff dieser Vorlesung ist einfach das Äquivalent des frühen Begriffs der „Setzung") will Fichte 1804 überwinden durch den Rekurs auf ein „ursprüngliches Licht"; und er sagt von diesem: „Es ist absolut immanentes *Projizieren,* also Projizieren keines Anderen, als seiner selbst, ganz und durchaus also, wie es innerlich ist": 275; vgl. ff. Diese These ist freilich nur eine – quasi theologisch ausgedeutete – Variante der Frühposition und kommt faktisch nur zur Bestätigung und Wiederholung von deren Ohnmacht.

235 S. Freud, ‚Psychoanalyse' und ‚Libidotheorie' (1923) XIII 231. Vgl. die Definition bei S. Freud, Vorlesungen zur Einführung in die Psychoanalyse (1917) XI 358; vgl. auch: Abriss der Psychoanalyse (1938) XVII 131/132: „Die von direkter Befriedigung abgedrängten Triebansprüche werden genötigt, neue Bahnen einzuschlagen, die zur Ersatzbefriedigung führen, und können während dieser Umwege desexualisiert werden, die Verbindung mit ihren ursprünglichen Triebzielen lockern. Damit greifen wir der Behauptung vor, dass vieles von unserem hochgeschätzten Kulturkreis auf Kosten der Sexualität, durch Einschränkung sexueller Triebkräfte, erworben wurde." Es ist übrigens aufschlußreich, daß eine monographische Darstellung – wie z. B. über den Begriff des „Unbewußten" (1913) X 263–303 und der „Verdrängung" (1915) X 248–261 – oder auch nur eine ausführliche Diskussion des Sublimierungsbegriffs von Freud *nicht* gegeben worden ist: das könnte damit zusammenhängen, daß die im Zusammenhang der Gewissens- und Todestriebbetrachtungen entdeckte ‚Verinnerlichung der Aggression' eine Sublimierungsleistung zunehmend in den Mittelpunkt des Interesses rückte, die nicht nur kulturermöglichend, sondern zugleich auch menschheitsgefährdend scheint und die gesamte Leistung der Sublimierung aufs höchste problematisiert hat.

236 Freud hat den Mechanismus der „Verschiebung" zunächst bei der Traumdeutung entdeckt – vgl. S. Freud, Die Traumdeutung (1900) II/III 310ff. –, später aber so allgemein gefaßt, daß der Verschiebungsbegriff zum – als solcher von Freud allerdings nicht ausdrücklich vorgestellten – Oberbegriff u. a. der Sublimierung werden kann; vgl. am deutlichsten: S. Freud, Das Ich und das Es (1923) XIII 272ff., bes. 273/274; außerdem schon: Vorlesungen zur Einführung in die Psychoanalyse (1917) XI 358.

237 Vgl. oben S. 134, 138 und S. 369 Anm. 17.

238 Vgl. oben S. 134/135.

239 Vgl. etwa S. Freud, Vorlesungen zur Einführung in die Psychoanalyse (1917) XI 358; „Die Elastizität oder freie Beweglichkeit der Libido": vgl. Abriss der Psychoanalyse (1938) XVII 73: „Ein im Leben wichtiger Charakter ist die *Beweglichkeit* der Libido, die Leichtigkeit, mit der sie von einem Objekt auf andere Objekte übergeht. Im Gegensatz hierzu steht die *Fixierung* der Libido"; „Wir haben so geschaltet, als gäbe es im Seelenleben – unentschieden, ob im Ich oder im Es – eine verschiebbare Energie, die, an sich indifferent, zu einer qualitativ differenzierten erotischen oder destruktiven Regung

hinzutreten und deren Gesamtbesetzung erhöhen kann. Ohne die Annahme einer solchen verschiebbaren Energie kommen wir überhaupt nicht aus": S. Freud, Das Ich und das Es (1923) XIII 273. Daß in der Tat diese Theorie sehr hartnäckig im Überleben ist, zeigt nicht nur der Rückverweis auf Schelling, sondern auch ihr Fortleben in der Theorie des sog. „Antriebsüberschusses" u. a. bei A. Gehlen.

240 Vgl. S. Freud, ‚Psychoanalyse' und ‚Libidotheorie' (1923) XIII 230/231.

241 S. Freud, Abriss der Psychoanalyse (1938) XVII 75: „Es ist notwendig, zwischen den Begriffen sexual und genital scharf zu unterscheiden. Der erstere ist der weitere Begriff und umfaßt viele Tätigkeiten, die mit den Genitalien nichts zu tun haben", so daß sie erst „nachträglich in den Dienst der Fortpflanzung gestellt wird": dies die „Erweiterung" des Begriffs der Sexualität in der Psychoanalyse.

242 A.a.O. 72.

243 Ibid.

244 Eben auf dem Wege der verschiedenen „Triebschicksale"; zu dieser Urtrieb-Spekulation vgl. zwar einerseits die an Freud geübte Kritik bezüglich seines ‚mechanistischen' Modells eines Libidotanks, der bei Überdruck Energiequanten abläßt und irgendwie „unterbringen" muß; andererseits die – wohl eben so kritisch gemeinten – hinweise auf die – gerade auch von Freud selbst offenbar gespürte, gefürchtete und darum immer wieder diskutierte und dementierte – Nähe dieser Konzeption zu C. G. Jungs Theorie einer praesexualen „Urlibido": vgl. z. B. die Erwägung bei S. Freud, ‚Psychoanalyse' und ‚Libidotheorie' (1923) XIII 230–232. Hier aber kommt es wesentlich darauf an, die Verwandtschaft dieser ganzen Theorie mit Thesen der transzendentalphilosophischen Naturphilosophie zu betonen.

245 Vgl. F. W. J. Schelling, Einleitung zu dem Entwurf eines Systems der Naturphilosophie oder über den Begriff der spekulativen Mystik und die innere Organisation eines Systems dieser Wissenschaft (1799) III 287: „Die Natur ist ursprünglich *nur* Produktivität, es kann also in dieser Produktivität nichts Bestimmtes seyn ... Soll es zu Produkten kommen, so muß die Produktivität aus einer unbestimmten eine bestimmte, d. h. sie muß *als reine* Produktivität aufgehoben werden."

246 Die Schelling darum „diesen *Protheus der Natur*" nennt, „der unter immer veränderter Gestalt in zahllosen Erscheinungen immer wiederkehrt": Von der Weltseele, eine Hypothese der höheren Physik (1798) II 382; vgl. hierzu insgesamt oben S. 162, 163/164, 164–166 und die dort zitierten Stellen.

247 F. W. J. Schelling, Erster Entwurf eines Systems der Naturphilosophie (1799) III 14, 16 u. ö.

248 A.a.O. 19.

249 Vgl. oben S. 214.

250 S. Freud, Hemmung, Symptom und Angst (1926) XIV 117: es sind „die Hemmungen ... Einschränkungen der Ichfunktion": der Begriff wird also von Freud, sobald er streng definiert wird, als Komplementärbegriff der „Verdrängung" (Einschränkung der Es-Funktion) behandelt. Der Schellingsche – wie übrigens auch, was Dorer gezeigt hat, der Herbartsche – Begriff der „Hemmung" ist also weiter und müßte, streng genommen, als entsprechend dem Begriff der „Verdrängung" behandelt werden, wie das im Folgenden faktisch auch getan wird. Die ursprüngliche Weite des Hemmungsbegriffs erhält sich bei Freud im Begriff der „Zielhemmung": vgl. Anm. 252.

251 Vgl. S. Freud, Vorlesungen zur Einführung in die Psychoanalyse (1917) XI 310: „die Personen erkranken an der Versagung in irgend einer Weise ... Die Symptome sind dann erst recht als Ersatzbefriedigung für die im Leben vermißte zu verstehen." Vgl. dazu auch a.a.O. 360: „Die Macht ..., welche der Menschheit eine solche Entwicklung" – zur Kultur – „aufgenötigt hat ... ist wiederum die Versagung der Realität ..., die *Not* des Lebens: die Ananke."

252 Vgl. u. a. S. Freud, ‚Psychoanalyse' und ‚Libidotheorie' (1923) XIII 232; Massenpsychologie und Ich-Analyse (1921) XIII 154 ff.
253 F. W. J. Schelling, Erster Entwurf eines Systems der Naturphilosophie (1799) III 16 und immer wieder.
254 F. W. J. Schelling, Einleitung zu dem Entwurf eines Systems der Naturphilosophie (1799) III 298.
255 Durch „Einbildung des Unendlichen ins Endliche": F. W. J. Schelling, Ideen zu einer Philosophie der Natur (1797) u. a. II 174, freilich: jedes „Produkt ist ein endliches, aber da die unendliche Produktivität der Natur in ihm sich concentrirt, muß es den Trieb zur unendlichen Entwicklung haben": Einleitung zu dem Entwurf eines Systems der Naturphilosophie (1799) III 290.
256 A.a.O. III 299: „begrenzte Produktivität"; a.a.O. 298: „Fixiert wird die Produktivität nur durch die Begrenzung"; usf.
257 Schelling nennt dies: „aus der Natur eine Intelligenz ... zu machen": System des transcendentalen Idealismus (1880) III 342, „von der Natur aufs Intelligente zu kommen": a.a.O. 340, „die Natur intelligent zu machen": a.a.O. 341; „aus dem Objektiven das Subjektive entstehen zu lassen ... aus dem reinen Subjekt-Objekt das Subjekt-Objekt des Bewußtseyns entstehen zu lassen": Über den wahren Begriff der Naturphilosophie und die richtige Art ihre Probleme aufzulösen (1801) IV 86/87; „daß *sie selbst* (sc. die Natur) nothwendig und ursprünglich die Gesetze unseres Geistes ... *selbst realisire*": Ideen zu einer Philosophie der Natur (1797) II 36; daß „die ... Natur sich bis zum Bewußtseyn potenzirte": Allgemeine Deduktion des dynamischen Processes oder der Kategorien der Physik (1800) IV 77, „und die Natur hat von Ferne schon die Anlage gemacht zu dieser Höhe, welche sie durch die Vernunft erreicht": a.a.O. 76; usf.
258 S. Freud, ‚Psychoanalyse' und ‚Libidotheorie' (1923) XIII 231.
259 F. W. J. Schelling, Von der Weltseele, eine Hypothese der höheren Physik zur Erklärung des allgemeinen Organismus (1798) II 374/375.
260 Vgl. hierzu die gegen Freud geltend gemachten Argumente von Plessner – H. Plessner, Die Stufen des Organischen und der Mensch (1928) 313 ff.; vgl. 318: „man begreift Sublimierung und Überkompensation als die eigentlich kulturschaffenden, gesellschaftsbildenden Energien, leitet diese Energien aber von dem Einfluß der Kultur und ihrer Gesellschaft ab" – und Scheler – vgl. M. Scheler, Die Stellung des Menschen im Kosmos (1927 [x]1947) 56: „Der Grundmangel jeder Art von negativer Theorie des Geistes ist die Tatsache, daß sie keine Spur Antwort auf die fundamentalen Fragen gibt: *Was* denn im Menschen regiert, was denn verneint den Willen zum Leben, was verdrängt Triebe?" –, die wesentlich darauf hinauslaufen, daß die offiziell ‚monistisch' sich gebende Sublimierungsthese faktisch und insgeheim doch ‚dualistisch' agiert (was freilich Freud nie bestritten hat: vgl. die Stellen unten S. 184 ff.).
261 F. W. J. Schelling, Erster Entwurf eines Systems der Naturphilosophie (1799) III 16.
262 Ibid.
263 Ibid.
264 S. Freud, Die Verdrängung (1915) X 256: „daß die Verdrängung in der Regel eine *Ersatzbildung* schafft." „Die von direkter Befriedigung abgedrängten Triebansprüche werden genötigt, neue Bahnen einzuschlagen, die zur Ersatzbefriedigung führen": Abriss der Psychoanalyse (1938) XVII 131.
265 „Das System erhält so den Charakter einer *Kompromißbildung* zwischen den verdrängten Sexualtrieben und den verdrängenden Ichtrieben, einer gleichzeitigen aber beiderseits unvollkommenen Wunscherfüllung für beide Partner des Konflikts": S. Freud, ‚Psychoanalyse' und ‚Libidotheorie' (1923) XIII 222.
266 Schelling a.a.O. III 16, vgl. 20 u. ö. 19.
267 F. W. J. Schelling, Einleitung zu dem Entwurf eines Systems der Naturphilosophie (1799) III 290.

268 A.a.O. 291.
269 F. W. J. Schelling, Erster Entwurf eines Systems der Naturphilosophie (1799) III 17; so daß also in jedem ihrer Scheinproduktion „entgegengesetzte Thätigkeiten ... zusammentreffen, ohne sich wechselseitig aufzuheben. Man wird leugnen müssen, daß sie in irgend einem Produkte absolut zusammentreffen": a.a.O. 19.
270 Vgl. zu diesem ganzen Abschnitt den entsprechenden Schelling-Abschnitt oben S. 161–164.
271 S. Freud, Jenseits des Lustprinzips (1920) XIII 53.
272 S. Freud, ‚Psychoanalyse' und ‚Libidotheorie' (1923) XIII 218.
273 S. Freud, Selbstdarstellung (1925) XIV 71: „daß der Traum gebaut ist wie ein neurotisches Symptom, er ist eine Kompromißbildung zwischen dem Anspruch einer verdrängten Triebregung und dem Widerstand einer zensurierenden Macht im Ich."
274 Vgl. etwa F. W. J. Schelling, System des transcendentalen Idealismus (1890) III 332: dort geht es um „die Frage ... wie und durch welchen *Mechanismus* denn die Intelligenz gerade eben das anschaue, was zu jenem Behuf nothwendig ist". Oder: Erster Entwurf eines Systems der Naturphilosophie (1799) III 255: „Sieht man ferner auf den *Mechanismus* jener Stufenfolge, so wie sie für die organische Natur bestimmt wurde, so ergibt sich folgendes" usf. (beide Sperrungen von Schelling) – um nur zwei von zahllosen Stellen zu nennen. Das nämliche läßt sich für Fichte zeigen.
275 S. Freud, Die endliche und die unendliche Analyse (1937) XVI 92.
276 Vgl. dazu den entsprechenden Schelling-Abschnitt oben S. 164–166.
277 Vgl. etwa F. W. J. Schelling, Erster Entwurf eines Systems der Naturphilosophie (1799) III 17: die Natur „läßt sich nun allerdings als das Werk entgegengesetzter Tendenzen ... vorstellen."
278 Vgl. J. G. Fichte, Grundlage der gesammten Wissenschaftslehre (1794) I 287: „ein sich selbst produzierendes Streben aber, das festgesetzt, bestimmt, etwas Gewisses ist, nennt man einen Trieb". Vgl. ff. Darauf beruft sich – bes. auf die Bestimmung der „Wechselwirkung" der Triebe – F. Schiller, Über die ästhetische Erziehung des Menschen (1795/94) XII 46 Anm.; diese Schrift entwickelt entsprechend eine Theorie der Bestimmung des Menschen „durch zwei entgegengesetzte Kräfte..., die man, weil sie uns antreiben, ihr Objekt zu verwirklichen, ganz schicklich Triebe nennt": a.a.O. 42: durch „Formtrieb" a.a.O. 44ff. und „Stofftrieb", zunächst als „sinnlicher Trieb" bestimmt: a.a.O. 42. So spricht denn auch Schelling von Trieben: vom „unendlichen Trieb": F. W. J. Schelling, Einleitung zu dem Entwurf eines Systems der Naturphilosophie (1799) III 291; dem „Trieb einer unendlichen Entwicklung": Erster Entwurf eines Systems der Naturphilosophie (1799) III 19, der durch „Hemmung" zu „Produkten" führt: vgl. a.a.O. 15ff. usf.
279 S. Freud, Abriss der Psychoanalyse (1938) XVII 71 Anm. 2: „Grundkräfte oder Triebe".
280 Vgl. oben Anm. 121.
281 S. Freud, Neue Folge der Vorlesungen zur Einführung in die Psychoanalyse (1933) XV 111: „Wir ... machen nun die Annahme..., daß alle Triebregungen, die wir studieren können, aus solchen Mischungen oder Legierungen der beiden Triebarten bestehen. Natürlich in den verschiedenartigsten Mischungsverhältnissen." U. ö.
282 S. Freud, Jenseits des Lustprinzips (1920) XIII 57.
283 Vgl. etwa zusammenfassend S. Freud, Über den Traum (1901) II/III 689: „Wir nehmen an, daß es in unserem seelischen Apparat zwei gedankenbildende Instanzen gibt, deren zweite das Vorrecht besitzt, daß ihre Erzeugnisse den Zugang zum Bewußtsein offen finden, während die Tätigkeit der ersten Instanz unbewußt ist und nur über die zweite zum Bewußtsein gelangen kann. An der Grenze der beiden Instanzen befindet sich eine Zensur, welche nur durchläßt, was ihr angenehm ist, anderes aber zurückhält. Dann befindet sich das von der Zensur Abgewiesene, nach unserer Definition, im Zustande

der Verdrängung." Der Traum kommt nun zustande „unter gewissen Bedingungen... Was in solchem Falle bewußt wird, ist ein Kompromiß zwischen dem von der einen Instanz beabsichtigten und dem von der anderen Geforderten. Verdrängung – Nachlaß der Zensur – Kompromißbildung, dies ist aber das Grundschema für die Entstehung sehr vieler anderer psychopathischer Bildungen in gleicher Weise wie für den Traum": a.a.O. 690.

284 Vgl. etwa S. Freud, Formulierungen über die zwei Prinzipien des psychischen Geschehens (1911) VIII 230–238: „Lustprinzip": a.a.O. 231; „Realitätsprinzip": a.a.O. 232; Freud spricht auch vom „Lust-Ich" und „Real-Ich": a.a.O. 235, 237.

285 S. Freud, Abriss der Psychoanalyse (1938) XVII 70/71.

286 I. Kant, Metaphysische Anfangsgründe der Naturwissenschaft (1766) 2. Hauptstück: vgl. das Kurzreferat oben S. 385 Anm. 190.

287 Vgl. oben S. 164 und S. 385 Anm. 189. Dabei ist es dann besonders aufschlußreich, daß beide Prinzipien auch und gerade bei Schelling als „bewußtlose Thätigkeit" und „bewußte Thätigkeit" agieren: nicht nur F. W. J. Schelling, System des transcendentalen Idealismus (1800) III 349, 611, 612, 613, 614 und ff.; vgl. auch: Einleitung zu dem Entwurf eines Systems der Naturphilosophie (1799) III 271, und auch sonst immer wieder.

288 Vgl. oben S. 164ff.

289 Freud ibid.

290 S. Freud, Vorlesungen zur Einführung in die Psychoanalyse (1917) XI 373; vgl. auch a.a.O. 311: „die Symptome ... sind nämlich ... Kompromißergebnisse, aus der Interferenz zweier gegensätzlicher Strebungen hervorgegangen, und vertreten ebensowohl das Verdrängte wie das Verdrängende".

291 S. Freud, Die endliche und die unendliche Analyse (1937) XVI 89.

292 S. Freud, Das Ich und das Es (1923) XIII 269.

293 S. Freud, Das Unbehagen in der Kultur (1030) XIV 478.

293a Vgl. nicht zuletzt die Bedeutung auch des Gedankens der „Polarität" – dazu oben S. 385 Anm. 191 für Freud; vgl. z. B. S. Freud, Triebe und Triebschicksale (1915) X 226: Freud meint dort, „daß das seelische Leben überhaupt von drei Polaritäten beherrscht wird, den Gegensätzen von: Subjekt (Ich) – Objekt (Außenwelt). Lust – Unlust. Aktiv – Passiv." Vgl. die Diskussion dortselbst 226ff. „Wir dürfen zusammenfassend hervorheben, die Triebschicksale bestehen im wesentlichen darin, daß die Triebregungen den Einflüssen der drei großen das Seelenleben beherrschenden Polaritäten unterzogen werden": a.a.O. 232. Dementsprechend wird der Begriff der „Polarität " in den Schriften recht häufig verwandt; vgl. z. B. S. Freud, Das Ich und das Es (1923) XIII 271: „Für den Gegensatz der beiden Triebarten" – Eros und Destruktionstrieb – „dürfen wir die Polarität von Liebe und Hass einsetzen." Vgl. auch: Jenseits des Lustprinzips (1920) XIII 57f. Der Zusammenhang zwischen den Phänomenen „Polarität" und „Ambivalenz" – ebenfalls einschlägig – kann hier nicht diskutiert werden. Man vgl. außerdem mit Schellings Theorie der „gehemmten" bzw. „retardierten" „Evolution" – z. B. Einleitung zu dem Entwurf eines Systems der Naturphilosophie (1799) III 287 bzw. Erster Entwurf eines Systems der Naturphilosophie (1799) III 17: „(retardierende) Thätigkeit" – S. Freud, a.a.O. XIII 43: „Es ist wie ein Zauderrhythmus im Leben der Organismen; die eine Triebgruppe stürmt nach vorwärts, um das Endziel des Lebens (sc. den Tod) möglichst bald zu erreichen; die andere schnellt" – Freud meint ‚jeweils' – „an einer gewissen Stelle dieses Weges zurück, um ihn von einem bestimmten Punkt an nochmals zu suchen und so die Dauer des Weges zu verlängern"; usf.

294 S. Freud, Die endliche und die unendliche Analyse (1937) XVI 91.

295 A.a.O. 92.

296 Vgl. die Arbeiten von M. Heidegger nach dem Vorgang des Vorsokratiker-Interesses

Nietzsches. Wenn Freud 1937 schreibt, er habe „unlängst unsere Theorie bei einem der großen Denker der griechischen Frühzeit“ wiedergefunden, dann ist das wohl kaum mehr auf seine durch Brentano gestiftete Beziehung zu Th. Gompertz zurückzuführen (der übrigens – wie auch andere Nicht-Analytiker, z. B. Kelsen – in der Zeitschrift „Imago“ mitgearbeitet hat); eher wäre an sein gerade zu jener Zeit – vgl. XVI 250–257 – enges Verhältnis zu dem Empedokles schätzenden Romain Rolland zu denken.

297 Obwohl doch z. B. Romain Rolland gerade auf diese akzentuiert hinweist: vgl. R. Rolland, Empedokles von Agrigrent und das Zeitalter des Hasses; übs. F. L. Götzfried (1947) (frz. Text in Münster bis zur Stunde nicht greifbar) 25 und 27: „Die Personen des Dramas: – Die Elemente und die kosmischen Kräfte. Vier Elemente: Aidoneus (die Erde), Nestis (das Wasser), Hara (die Luft), Zeus (das Feuer). Zwei Kräfte: die Liebe ... der Hass“. „Und das sind die vier Akte, durch die ... der tragische Kreislauf der Welt ewig hindurchfließt. Wie der regelmäßige Atem einer Brust, die sich hebt und senkt, so verteilt ein schwebender Rhythmus die Dauer der vier Perioden untereinander und stellt je zwei von ihnen den beiden anderen gegenüber. – Zwei Perioden der unumschränkten Macht: die Herrschaft des Hasses und die der Liebe. Zwei Perioden des Übergangs.“ Allenfalls deutet der Schluß von S. Freud, Das Unbehagen in der Kultur (1930) XIII 506 – also jener Schrift, die die Verehrung für Romain Rolland besonders betont: a.a.O. 422 und dort Anm. 1 – auf eine gewisse Nähe Freuds zu dieser Zyklenkonzeption.

298 Vgl. oben S. 386f. Anm. 207. Die Empedokleische Theorie der Prinzipien philia und neikos ist freilich in der klassischen Philosophie – z. B. Aristoteles und Hegel, der der Deutung des Aristoteles hier eng folgt – nicht als Vorläufer der Lehre von morphé und hyle gedeutet worden. Dort steht im Vordergrund die Betonung der Elementarlehre und die Kritik am „stofflichen“ Denken seiner Philosophie. Ob gegen diese ‚klassische‘ Deutung eine Vorläuferschaft der philia-neikos-Lehre für die hylemorphistische Denktradition erfolgreich eingeklagt werden könne, darf hier offenbleiben; denn für die von etwelcher Kenntnis der Deutungslage unbelastete Rezeption Freuds ist gerade aufschlußreich, daß er offensichtlich – zumindest ‚auch‘ – ‚hylemorphistische Motive‘ des Empedokleischen Denkens herausspürt und aufnimmt. Die klassische Deutung – Aristoteles, Hegel – hat Empedokles unwillig und kritisch behandelt. Freud deutet Empedokles so, wie jene ihn hätten deuten müssen, wenn sie ihn zustimmend und als Kronzeugen hätten verstehen wollen.

299 Vgl. S. Freud, ‚Psychoanalyse‘ und ‚Libidotheorie‘ (1923) XIII 222: „Das Symptom erhält so den Charakter einer *Kompromißbildung* zwischen den verdrängten Sexualtrieben und den verdrängenden Ichtrieben“ (Sperrung von Freud), und unzählige andere Stellen. Vgl. zur nämlichen These in Bezug auf den Traum oben Anm. 283. Vgl. dazu F. W. J. Schelling, Erster Entwurf eines Systems der Naturphilosophie (1799) III 28: „Je zwei Aktionen schränken sich durch Wechselwirkung ein auf den gemeinschaftlichen Effekt“, und zahllose andere Stellen. Zur metaphysischen Tradition vgl. etwa Thomas v. Aquin, Summa contra Gentiles 2, 53: „in qualibet substantia creata est compositio actus et potentiae“; dazu L. Oeing-Hanhoff, Ens et unum convertuntur (1953) bes. 24ff. und wieder M. Müller, Sein und Geist (1940) u. a. den „Exkurs über Aufhebung“ 170–175. Die hier versuchte Überlegung hat selbst nicht ohne Verwunderung – nur festgestellt, daß das dort von Müller für den deutschen Idealismus Behauptete weitgehend eben auch auf Freud zutrifft.

300 Im Sinne der Begriffsbestimmung oben S. 57.

301 Vgl. noch einmal die Psychologismus-Definition von W. Metzger, Psychologie. Die Entwicklung ihrer Grundannahmen seit der Einführung des Experiments (^{2}1954) durch das „rasch fertige, sachblinde ‚Zurückführen‘“ (a.a.O. 11) und die daran anschließende schöne Formulierung von H. Heckhausen, Die Problematik des Projektionsbegriffs und die Grundlagen und Grundannahmen des thematischen Auffassungstests, in: Psy-

chologische Beiträge 5 (1960) 76: „Verwechslung von phänomenaler und physikalischer Welt"; just diese Verwechslung definiert das, was diese Arbeit oben S. 216 den ‚Kontrollpsychologismus' genannt hat, ohne zu prätendieren, daß dies eine gute Formulierung sei.

302 S. Freud, Vorlesungen zur Einführung in die Psychoanalyse (1917) XI 279.

303 Nur wenn „mechanistisch" die Bezeichnung für einen Ansatz wird, der dadurch ausgezeichnet ist, daß er seine eigenen Begriffe nicht versteht, können beliebig viele Begriffe, die für den „mechanistischen" Ansatz und gerade für ihn unverständlich sein müssen, eben gerade darum zu den seinen erklärt werden; damit wäre aber ein verhältnismäßig problematisches und äußerliches Besitz- und Zugehörigkeitsverhältnis von Begriffen zu einem Ansatz etabliert.

304 Vgl. die „Dialektik der teleologischen Urteilskraft" in I. Kant, Kritik der Urteilskraft (1790) V 463–495 und die These einer „notwendigen Unterordnung des Prinzips des Mechanismus unter dem teleologischen in Erklärung eines Dinges als Naturzwecks" a.a.O. 496 und ff.

305 Vgl. etwa F. W. J. Schelling, Einleitung zu dem Entwurf eines Systems der Naturphilosophie (1799) III 274: „daß auf dem mechanischen oder atomistischen Wege ... die Idee einer speculativen Physik nicht zu realisiren ist." Vgl. insgesamt auch oben S. 161.

306 S. Freud, Die Widerstände gegen die Psychoanalyse (1925) XIV 102/103. „Die Mediziner" – schreibt er a.a.O. 102 – „waren in der alleinigen Hochschätzung anatomischer, physikalischer und chemischer Momente erzogen worden. Für die Würdigung des Psychischen waren sie nicht vorbereitet, also brachten sie diesem Gleichgültigkeit und Abneigung entgegen. Offenbar bezweifelten sie, daß psychische Dinge überhaupt eine exakte wissenschaftliche Behandlung zulassen. In übermäßiger Reaktion auf eine überwundene Phase, in der die Medizin von den Anschauungen der sogenannten Naturphilosophie beherrscht wurde, erschienen ihnen Abstraktionen, wie die, mit denen die Psychologie arbeiten muß, als nebelhaft, phantastisch, mystisch... Sie begnügten sich damit, die Buntheit der Krankheitserscheinungen zu klassifizieren und sie, wo immer es nur anging, auf somatische, anatomische oder chemische Störungsursachen zurückzuführen"; vgl. hierzu auch die eminente ‚antinaturalistische' Wirkung Freuds in der Medizin, auf die z. B. V. v. Weizsäcker hinweist: vgl. oben Anm. 92.

307 Vgl. die üblichen Hinweise auf den ‚mechanisch klappernden Dreitakt des dialektischen Denkens in These-Antithese-Synthese' und auf das ‚naturgesetzliche Abrollen' der Geschichte in der Philosophie des sog. Deutschen Idealismus. Die Kritik des „processus contraignant" – vgl. oben S. 356f. Anm. 86 – ist eine moderne Variante wesentlich *dieser* Kritik.

308 Im Zusammenhang der Zurückweisung des Arguments „das einzig mögliche System der Vernunft sey ... unvermeidlich Fatalismus": F. W. J. Schelling, Philosophische Untersuchungen über das Wesen der menschlichen Freiheit und die damit zusammenhängenden Gegenstände (1809) VII 338, vgl. ff.: Diskussion in Fortsetzung des Spinozismus-Streites.

309 Vgl. S. Freud, Über Psychoanalyse (1910) VIII 27/28: „Ich brachte eine hohe Meinung von der Strenge der Determinierung seelischer Vorgänge mit"; zu Freuds Theorie gehört die Betonung der „durchgehenden Sinnhaftigkeit und Determinierung auch der anscheinend dunkelsten und willkürlichsten seelischen Phänomene": S. Freud, Kurzer Abriß der Psychoanalyse (1928) XIII 413, also selbst kleiner „Fehlleistungen": vgl. Vorlesungen zur Einführung in die Psychoanalyse (1917) 21: „Wenn jemand ... den natürlichen Determinismus an einer einzigen Stelle durchbricht, hat er die ganze wissenschaftliche Weltanschauung über den Haufen geworfen." Allerdings, meint Freud a.a.O. 55, „ist es zweckmäßiger, unsere Aussage in die Form zu kleiden: die Erscheinung ist sinnreich, habe einen Sinn. Unter Sinn verstehen wir Bedeutung, Absicht, Tendenz und Stellung in einer Reihe psychischer Zusammenhänge."

310 Vgl. oben S. 84–87.
311 Vgl. oben S. 216–217.
312 Vgl. A. Adler, Über den nervösen Charakter (1912 ^{3}1922) 3: „Wo immer man mit der Analyse psychogener Krankheitszustände einsetzt, drängt sich nach kürzester Beobachtung ein- und dieselbe Erscheinung vor: daß das ganze Bild der Neurose ebenso wie alle ihre Symptome von einem fingierten Endzweck aus beeinflusst, ja entworfen sind. Dieser Endzweck hat also eine bildende, richtunggebende, arrangierende Kraft." Aber auch Freud schreibt: „Wir können aus der Analyse ganz allgemein angeben, was die Absicht der neurotischen Symptome ist": Vorlesungen zur Einführung in die Psychoanalyse (1917) XI 306.
313 G. W. F. Hegel, Die Vernunft in der Geschichte (Fassung 1820) ed. Hoffmeister (1955) 29.
314 S. Freud, Jenseits des Lustprinzips (1920) XIII 3.
315 Vgl. F. W. J. Schelling, Allgemeine Deduktion des dynamischen Processes oder der Kategorien der Physik (1800) IV 75/76: „Das Dynamische ist für die Physik eben das, was das Transcendentale für die Philosophie ist, und dynamisch erklären heißt in der Physik eben das, was transcendental erklären in der Philosophie heißt. Eine Erscheinung wird dynamisch erklärt, heißt ebensoviel als: sie wird aus den ursprünglichen Bedingungen der Construktion der Materie überhaupt erklärt... Alle dynamischen Bewegungen haben ihren letzten Grund im Subjekt der Natur selbst, nämlich in den Kräften, deren bloßes Gerüste die sichtbare Welt ist."
316 Vgl. die fürs Verfahren aufschlußreiche Stelle F. W. J. Schelling, Philosophie der Kunst (gelesen 1802/05) V 373: „Die Kunst construiren heißt, ihre Stellung im Universum bestimmen. Die Bestimmung dieser Stelle ist die einzige Erklärung, die es von ihr gibt."
317 Vgl. oben S. 86; bei Freud zielt die Frage natürlich auf den Lustertrag (früherer Freud) bzw. auf den Nirwana-Ertrag (späterer Freud) einer psychischen Aktion.
318 Vgl. S. Freud, Jenseits des Lustprinzips (1920) XIII 23: „Was nun folgt, ist Spekulation, oft weitausholende Spekulation ... psychoanalytische Spekulation": „Spekulation über die Lebens- und Todestriebe": a.a.O. 65.
319 Vgl. vor allem S. Freud, Konstruktionen in der Analyse (1937) XVI 47: „Wenn man in den Darstellungen der analytischen Technik so wenig von ‚Konstruktionen' hört, so hat dies seinen Grund darin, daß man anstatt dessen von ‚Deutungen' und deren Wirkung spricht. Aber ich meine, Konstruktion ist die weitaus angemessenere Bezeichnung... Eine Konstruktion ist es ... wenn man dem Analysierten ein Stück seiner vergessenen Vorgeschichte ... vorführt"; der Analytiker „hat das Vergessen aus den Anzeichen, die es hinterlassen, zu erraten oder, richtiger ausgedrückt, zu *konstruieren*... Seine Arbeit der Konstruktion oder, wenn man es so lieber hört, der Rekonstruktion, zeigt eine weitgehende Übereinstimmung mit der des Archäologen, der eine zerstörte und verschüttete Wohnstätte oder ein Bauwerk der Vergangenheit ausgräbt": a.a.O. 45, so daß „unsere Konstruktion nur dadurch wirkt, daß sie ein Stück verlorengegangener Lebensgeschichte wiederbringt": a.a.O. 55/56. Sagt man zuviel, wenn man betont, daß sich dieser Freudsche Begriff der „Konstruktion" in erstaunlicher Weise mit demjenigen Schellings deckt?
320 Vgl. zu diesem faktizitätstheoretischen Geschichtsbegriff oben S. 25.
321 So z. B. alle ‚idealismuskritischen' Positionen des ‚existenzphilosophischen', des ‚dialektisch-theologischen', des ‚personalistischen' und des auf ‚Tradition' bedachten Lagers der Gegenwartsphilosophie.
322 Vgl. oben S. 235–236. Man könnte außerdem auf den interessanten Tatbestand hinweisen, daß sich nach Freuds Zeugnis die Psychoanalyse gegenüber der ‚wissenschaftlichen' Position der „physiologischen" Erklärung durch Rekurs auf die alltägliche Lebenswelt etabliert hat: S. Freud, Zur Geschichte der psychoanalytischen Bewegung (1914) X 48: „Breuer ... bevorzugte eine sozusagen noch physiologische Theorie...

Ich hatte mir die Sache weniger wissenschaftlich zurechtgelegt, witterte überall Tendenzen und Neigungen analog denen des täglichen Lebens"; Selbstdarstellung (1925) XIV 47: es „bevorzugte Breuer eine sozusagen physiologische Theorie... Ich hingegen vermutete eher ein Kräftespiel, die Wirkungen von Absichten und Tendenzen, wie sie im normalen Leben zu beobachten sind."

323 Vgl. auch den im gleichen Jahr gehaltenen Vortrag: Die zukünftigen Chancen der psychoanalytischen Therapie (publ. 1911); die Aufsätze: Das Interesse an der Psychoanalyse (1913); Eine Schwierigkeit der Psychoanalyse (1917); Die Widerstände gegen die Psychoanalyse (1925) als geschichtliche Reflexionen allgemeinerer Art.

324 Geschrieben aus Anlaß der Konflikte und des Bruchs mit A. Adler (1911) und C. G. Jung (1913).

325 Zuerst englisch; deutsch 1928.

326 Zuerst englisch; deutsch 1934.

327 Vgl. z. B. S. Freud, Erinnern, Wiederholen, Durcharbeiten (1914) X 126ff.; bes. aber: Jenseits des Lustprinzips (1920) XIII 54ff.; Das Unbehagen in der Kultur (1930) XIV 476ff.; u. a.

328 Und Freud hat diese ‚Beweglichkeit' und ‚Offenheit' seiner Theorie teilweise nicht ohne Bissigkeiten und Grimmigkeiten verteidigt, so z. B. Vorlesungen zur Einführung in die Psychoanalyse (1917) XI 251/252; Freud betont in diesen Vorlesungen, er „habe es unternommen, ... von einer noch unfertigen, in Entwicklung begriffenen Sache Bericht zu geben": a.a.O. 482.

329 S. Freud, Erinnern, Wiederholen, Durcharbeiten X 126.

330 S. Freud, ‚Psychoanalyse' und ‚Libidotheorie' (zuerst in: Handwörterbuch der Sexualwissenschaften ed. H. Marcuse) XIII 211.

331 S. Freud, Jenseits des Lustprinzips (1920) XIII 54ff.

332 A.a.O. 54.

333 A.a.O. 54/55.

334 A.a.O. 55/56.

335 A.a.O. 66 Anm. 1.

336 S. Freud, Das Unbehagen in der Kultur (1930) XIV 477.

337 A.a.O. 477/478.

338 A.a.O. 482/483: „Die Aggression wird introjiziert, verinnerlicht, ... also gegen das eigene Ich gewendet. Dort wird sie von einem Anteil des Ichs übernommen, das sich als Über-Ich dem übrigen entgegenstellt, und nun als ‚Gewissen' gegen das Ich dieselbe strenge Aggressionsbereitschaft ausübt, die das Ich gerne an anderen, fremden Individuen befriedigt hätte. Die Spannung zwischen dem gestrengen Über-Ich und dem ihm unterworfenen Ich heißen wir Schuldbewußtsein: sie äußert sich als Strafbedürfnis." Darin steckt bereits Freuds These zur „Genese des Gewissens"; vgl. a.a.O. 488: „Das Gewissen ist die Folge des Triebverzichts; oder: Der (uns von außen auferlegte) Triebverzicht schafft das Gewissen, das dann weiteren Triebverzicht fordert... Die Wirkung des Triebverzichts auf das Gewissen geht dann so vor sich, daß jedes Stück Aggression, dessen Befriedigung wir unterlassen, vom Über-Ich übernommen wird und dessen Aggression (gegen das Ich) steigert": ibid. Zur Kritik dieser These sei darauf hingewiesen, daß auch sie dem Scheler-Plessnerschen Argument – vgl. oben Anm. 260 – unterliegt; andererseits sollte innerhalb der Freudschen Theorie gar nicht das Bedürfnis entstehen, das zu bestreiten. Sie selber geht – wie das besonders deutlich in der Überlegungen von Totem und Tabu (1912/13) IX, in allgemeinster Form 189, zutagetritt – auch in ihrer Gewissenstheorie von einer ‚ursprünglichen Ambivalenz' aus: „Wir haben so oft Gelegenheit gehabt, die Gefühlsambivalenz im eigentlichen Sinne, also das Zusammentreffen von Liebe und Haß gegen dasselbe Objekt, an der Wurzel wichtiger Kulturbildungen aufzuzeigen. Wir wissen nichts über die Herkunft dieser Ambivalenz": ibid. Das ist im Grunde die äußerste Aussage Freuds; denn die a.a.O. (sehr

vorsichtig eingeführte) Erwägung, „daß sie ... von der Menschheit an dem Vaterkomplex erworben wurde" sagt eben durchaus nicht mehr: wenn man das Gewissen ‚aus' der Vaterbindung erklärt, bleibt die Genese unvollständig, wenn man nicht auch die Vaterbindung selbst genetisch zu erklären vermag – und eben das geschieht doch wohl nicht. Dessenungeachtet hat Freuds Gewissenstheorie ihre zentrale Bedeutung – wenn schon nicht als eine ‚letzte Ursprungserklärung', so doch ganz gewiß – als Theorie der *Geschichte* des Gewissens; es sollte nicht zum Fehler kommen, die Enttäuschung über das Fehlen einer ‚letzthinnigen Ursprungstheorie' stillschweigend zum Ignorieren dieser Geschichtstheorie zu mißbrauchen.

339 A.a.O. 492: „Da die Kultur einem inneren erotischen Antrieb gehorcht, der sie die Menschen zu einer innig verbundenen Masse vereinigen heißt, kann sie dies Ziel nur auf dem Wege einer immer wachsenden Verstärkung des Schuldgefühls erreichen." Denn: „Je mehr ein Mensch seine Aggression meistert, desto mehr steigert sich die Aggressionsneigung seines Ideals gegen sein Ich. Es ist wie eine Verschiebung, eine Wendung gegen das eigene Ich": S. Freud, Das Ich und das Es (1923) XIII 284; im Blick auf ein gewisses Subtilitätsniveau könnte man diese Entwicklung auch als Bewegung vom ‚Gewissen-sein' zum ‚Gewissen-haben' beschreiben und durch Gegenprobe verifizieren: durch die Erfahrung, daß man schlechtes Gewissen dadurch loswerden kann, daß man Maßstab für Andere wird.

340 S. Freud, Jenseits des Lustprinzips (1920) XIII 69.

341 A.a.O. 53.

342 Vgl. hierzu bes. oben S. 166 u. ff.

343 Dessen genauere Analyse – vgl. oben Anm. 180 – dann freilich gerade die Spät-Position erzwungen hat: vgl. Anm. 338, 339.

344 Insbes. auch durch die „individualpsychologische" Variante der Psychoanalyse, die Theorie A. Adlers; seine Frühschriften: Studie über Minderwertigkeit von Organen (1907); Über den nervösen Charakter (1910); Praxis und Theorie der Individualpsychologie (1912).

345 Denn: „Was nun im Über-Ich herrscht, ist wie eine Reinkultur des Todestriebes": S. Freud, Das Ich und das Es (1923) XIII 283.

346 „Unter ‚innerem Fortschritt' verstehe ich den Fortschritt a) in unserem analytischen Wissen, b) in unserer Technik": S. Freud, Die zukünftigen Chancen der psychoanalytischen Therapie (1911) VIII 105.

347 Leitsatz der Theorie Freuds ist das „gnothi sauton" und nicht das „nie sollst du mich befragen". So scheint es auch nicht ganz unproblematisch, wenn Jung Freud mit Wagner zusammenbringt: „Wagner" – schreibt er in: Über die Psychologie des Unbewußten ([6]1948) 61 – „ist aber ein Vertreter jenes anderen Grundtriebes, den Nietzsche übersah, und auf dem Freuds Psychologie aufgebaut ist", des Eros – während Adlers Psychologie auf den „Willen zur Macht" d. h. auf den Ansatz Nietzsches rekurriert: vgl. a.a.O. 54 ff. Jungs – im übrigen excellente – Interpretation ist nur deswegen möglich, weil Jung bereit ist, all jenes, was Freud von Wagner scheidet, zu verwerfen, weil Freud in all diesem „ein typischer Vertreter der materialistischen Epoche (ist), deren Hoffnung es war, die Welträtsel einmal im Reagenzglas zu lösen": a.a.O. 52.

348 Mir ist keine Deutung bekannt, die – bei gleichzeitiger eindringlichster Betonung der innigen Verwandtschaft der Psychoanalyse Freuds mit Themen und Thesen der Romantik – gerade diese grundsätzliche Differenz seiner Theorie zu allen den Irrationalismus verklärenden und vernunftfeindlich-„reaktionären" Theorien mit solchem Nachdruck und derartiger Klarheit geltend gemacht hätte wie die meisterhafte Rede von Thomas Mann, Die Stellung Freuds in der modernen Geistesgeschichte (1929) Gesammelte Werke in zwölf Bänden X 256–280; vgl. das Referat unten S. 268/269.

349 Hier liegt der deutliche Unterschied der Position Freuds zum Ansatz Nietzsches. Bei Freud gibt es in keiner seiner Schriften ein irgendwie geartetes Lob des Esoterischen im

Sinne einer Exklusivität der Vornehmen, Starken, Genialen, der Eliten. Freud anerkennt allein eine gewisse Fach-Esoterik der Sachverständigkeit – jene der „techne", die dadurch entsteht, daß „techne" etwas ist, was nicht alle können – nämlich diejenigen nicht, die sie nicht gelernt haben. Jede von dieser Fachesoterik verschiedene Esoterik ist bei Freud – allerdings teilweise sehr behutsam – mit dem Index des Pathologischen versehen.

350 Die einer „Periode seiner (sc. des erwachsenen Menschen) Vergangenheit..., in welcher seine Libido die Befriedigung nicht vermißte, in der er glücklich war": S. Freud, Vorlesungen zur Einführung in die Psychoanalyse (1917) XI 380; der Neurotiker präsentiert sie prekär durch „Abwendung vom Realitäts- und ... Rückkehr zum Lustprinzip": a.a.O. 381.

351 Vgl. S. Freud, Jenseits des Lustprinzips (1920) XIII 60: Prinzip der Tendenz nach „Aufhebung der inneren Reizspannung": ibid.; Freud sieht dieses von den „Todestrieben" vollstreckte Prinzip als „spezielle(n) Fall" des „Fechnerschen Prinzip(s) der Tendenz zur Stabilität": a.a.O. 4.

352 Freud geht bis zur Extremform einer Theorie, „daß das gesamte Triebleben zur Herbeiführung des Todes dient. Die theoretische Bedeutung der Selbsterhaltungs-, Macht- und Geltungstriebe schrumpft ... auch diese Lebenswächter sind ursprünglich Trabanten des Todes": a.a.O. 41, „dazu bestimmt, den eigenen Todesweg des Organismus zu sichern": ibid.

353 S.185–198; die Ermächtigung der Triebnatur durch Schopenhauer und Nietzsche wäre dann so etwas wie eine (Wieder-) ‚Veräußerlichung' der Destruktionsneigung, die innerhalb der Phase der ‚Ästhetik des Scheiterns' ‚verinnerlicht' worden war; die Destruktionsarbeit, die der ‚Ästhetiker des Scheiterns' an sich selber tun muß, wird er durch Ermächtigung der Triebnatur an eine allgemeine Tendenz der Natur (die zur ewigen Rückkehr derselben aufs Gewesene) los, eine These, die auch Löwith bestätigt, wenn er in Bezug auf Nietzsche sagt: „Der Wiederkunftsgedanke ist daher zunächst keine theoretische Überzeugung, sondern eine persönliche Befürchtung gewesen, welche dann in ihr Gegenteil umschlug": K. Löwith, Nietzsches Philosophie der ewigen Wiederkehr des Gleichen (1956) 201. Demgegenüber wäre die oben S. 192–198 versuchte Kierkegaard-Interpretation die Deutung einer konsequent durchgeführten Weigerung, „Aggression" zu ‚veräußerlichen' d. h. – vgl. oben Anm. 339 – einer konsequent durchgeführten Weigerung, Gewissenhaben durch Gewissensein zu ersetzen.

354 S. Freud, Das Unbehagen in der Kultur (1930) XIV 470/471: Freud spricht von „dieser primären Feindseligkeit der Menschen gegeneinander": a.a.O. 471.

355 S. Freud, Neue Folge der Vorlesungen zur Einführung in die Psychoanalyse (1933) XV 110/111.

356 Das ist allerdings, soweit ich sehe, bei Freud nicht zu einer ausführlichen Theorie entwickelt worden, liegt aber in der Konsequenz seines Ansatzes.

357 Auch dies eine eindeutige Differenz zwischen Freud und Nietzsche. Bei Freud gibt es gewiß Pessimismus und Skepsis: L. Marcuse, Sigmund Freud. Sein Bild vom Menschen (1956) 20ff. hat zweifellos recht. Freilich: ‚heroischen' Pessimismus gibt es bei ihm nicht. Extremste Wendungen in dieser Richtung finden sich in Reflexionen aus der Zeit des ersten Weltkrieges, die – wie übrigens auch gewisse Partien der Angst-Analysen Freuds: Unterscheidung „Furcht"/„Angst", vgl. z. B. Vorlesungen zur Einführung in die Psychoanalyse (1917) XI bes. 407ff. – anmuten, als seien sie in bestimmter Hinsicht Vorwegnahmen zentraler Thesen Heideggers: S. Freud, Zeitgemäßes über Krieg und Tod (1913) X bes. 354/355: „Der Krieg ist aber nicht abzuschaffen ... Da erhebt sich denn die Frage: Sollen wir nicht diejenigen sein, die nachgeben und sich ihm anpassen? ... Wäre es nicht besser, dem Tode den Platz in der Wirklichkeit und in unseren Gedanken einzuräumen, der ihm gebührt, und unsere unbewußte Einstellung zum Tode, die wir bisher so sorgfältig unterdrückt haben, ein wenig mehr hervorzukehren?

...Das Leben zu ertragen, bleibt ja doch die erste Pflicht aller Lebenden. Die Illusion wird wertlos, wenn sie uns darin stört... Si vis vitam, para mortem. Wenn du das Leben aushalten willst, richte dich auf den Tod ein.“ Allein: es wäre undenkbar, daß Heidegger das „Sein zum Tode“ als Form einer „Anpassung“ etabliert hätte. Im übrigen hat Freud diese Position in wesentlichen Zügen nicht wiederholt, wie der Brief an Einstein vom September 1932 zeigt: Warum Krieg? XVI 13–27.

358 S. Freud, Neue Folge der Vorlesungen zur Einführung in die Psychoanalyse (1933) XV 185.

359 S. Freud, Die Zukunft einer Illusion (1927) XIV 326.

360 S. Freud, Warum Krieg? (1932) XVI 25. „Von den psychologischen Charakteren der Kultur scheinen zwei die wichtigsten: die Erstarkung des Intellekts, der das Triebleben zu beherrschen beginnt, und die Verinnerlichung der Aggressionsneigung“: a.a.O. 26.

361 A.a.O. 24. Vgl. auch die Diskussion in S. Freud, Die Zukunft einer Illusion (1927) über „das psychologische Ideal, den Primat der Intelligenz“: X 371 d.h. den „Primat des Intellekts“: a.a.O. 375 u.ö.

362 Vgl. S. Freud, Totem und Tabu (1912/13) IX 169–194; vgl. dann außerdem die oben S. 288 Anm. 53 genannten Schriften.

363 S. Freud, Die zukünftigen Chancen der psychoanalytischen Therapie (1911) VIII 115.

364 Vgl. oben S. 235.

364a A.a.O.: auf dem 2. Privatkongress der Psychoanalytiker 1910 in Nürnberg gehaltener Vortrag.

365 A.a.O. 112.

366 A.a.O. 114.

367 A.a.O. 115. Freud hofft dabei auf „die Toleranz der Gesellschaft, die sich im Gefolge der psychoanalytischen Aufklärung unabwendbar einstellt“, a.a.O. 114.

368 S. Freud, Die Zukunft einer Illusion (1927) XIV 327/328.

369 S. Freud, Das Unbehagen in der Kultur (1930) XIV 506.

370 Ibid.

371 S. Freud, Warum Krieg? (1932) XVI 24.

372 Vgl. oben S. 103ff. und Hegels Argument oben S. 353f. Anm. 39.

373 S. Freud, Die Zukunft einer Illusion (1927) XIV 377; um korrekt zu zitieren: „Der Primat des Intellekts liegt gewiß in weiter, weiter, aber wahrscheinlich doch nicht in unendlicher Ferne“; weil das „wahrscheinlich“ die Negation wieder – zumindest partiell – zurücknimmt, kommt es letztenendes doch auf den im Text gegebenen Sinn hinaus. Auch in der Transzendentalphilosophie wird ja der ‚unendliche Progress‘ zumeist ohne Resignationsformulierung benannt – ohne daß dies gegen faktische Ohnmacht der Position spräche.

374 Ibid.; vgl. dazu die oben Anm. 117 und 118 angegebenen Stellen; außerdem S. Freud, Das Ich und das Es (1923) XIII 285ff.; Hemmung, Symptom und Angst (1926) XIV 122/123: „die Abhängigkeit des Ichs vom Es wie vom Über-Ich, seine Ohnmacht und Angstbereitschaft gegen beide ... die Schwäche des Ichs gegen das Es, des Rationellen gegen das Dämonische in uns“: aber daraus, sagt Freud dort, solle man keine „Weltanschauung“ machen. Neue Folge der Vorlesungen zur Einführung in die Psychoanalyse (1933) XV 83: „Das Ich ist doch nur ein Stück Es ... In dynamischer Hinsicht ist es schwach“; vgl. ff.; dennoch: „Wo Es war, soll Ich werden“: a.a.O. 86.

375 Vgl. oben S. 123–124, 145 u.ö.

376 Vgl. A. Adler, Über den nervösen Charakter (1912 ^{3}1922) 33: „Dementsprechend ist unsere Psyche in erster Linie ein Verteidigungs- und Angriffsorgan“: das meint zwar unmittelbar nicht die hier im Gedankengang angezielte Prävalenz des ‚Entkommens‘ gegenüber dem ‚Erreichen‘, hat aber an dieser Stellung teil im Maße aller ‚Fiktionalismen‘: der Mensch muß sich gegen die Übermacht der Sinnlosigkeit durch sinngebende Angriffsakte verteidigen. Adlers Verhältnis zu Nietzsche ist immer wieder betont wor-

den. Vielleicht wichtiger noch wäre die Herausarbeitung seines Verhältnisses zum extremen Flügel des Neukantianismus, der ja – vgl. oben S. 113 – seinerseits eine besondere Nähe zu Nietzsches Wirklichkeitsbegriff gehabt hat; Adler selbst betont: „ich ... wurde durch *Vaihingers* Arbeit namhaft gefördert und in meiner Auffassung gestärkt“: a.a.O. 45. Adler rezipiert von Nietzsche genau das, was auch Vaihinger und der Fiktionalismus rezipiert hat. Das bedürfte genauerer Untersuchung.

377 Im Anschluß an den Begriff der „Abwehr“, der bei Freud ja älter ist als der Verdrängungsbegriff. Vgl. S. Freud, Die endliche und die unendliche Analyse (1937) XVI 80: daß das Ich „lernt, sich auch gegen das eigene Es defensiv einzustellen und dessen Triebansprüche wie äußere Gefahren zu behandeln... Das Ich gewöhnt sich dann..., die *innere* Gefahr zu bewältigen, ehe sie zur *äußeren* geworden ist, und tut wahrscheinlich zumeist gut daran. Während dieses Kampfes auf zwei Fronten (sc. „Außenwelt“ und „Es“) – später wird eine dritte Front hinzukommen (sc. „Über-Ich“) – bedient sich das Ich verschiedener Verfahren, um seiner Aufgabe zu genügen, allgemein ausgedrückt, um Gefahr, Angst, Unlust zu vermeiden. Wir nennen diese Verfahren *‚Abwehrmechanismen‘*.“ Vgl. dazu auch S. Freud, Das Unbehagen in der Kultur (1930) XIV 435: daß „ganz allgemein die Aufgabe der Leidvermeidung die der Lustgewinnung in den Hintergrund drängt“ und den dabei auftauchenden Ausdruck „Technik der Leidabwehr“: a.a.O. 437.

378 S. Freud, Das Ich und die Abwehrmechanismen (1936 [x]1946).

379 Vgl. dazu zunächst die nicht unbeträchtliche Anzahl von Publikationen Freuds, die sich mit Ästhetika befassen; bes.: S. Freud, Der Dichter und das Phantasieren (1908) und die Wiederholung der dort entwickelten Theorie in verschiedenen Publikationen, u. a.: S. Freud, Formulierungen über die zwei Prinzipien des psychischen Geschehens (1911) VIII bes. 234–237; Vorlesungen zur Einführung in die Psychoanalyse (1917) XI bes. 386–391; dazu kommen zahllose kurze Bemerkungen in verschiedenen Schriften. Vgl. weiterhin die interpretierenden Arbeiten: S. Freud, Der Wahn und die Träume in W. Jensens ‚Gradiva‘ (1907); Eine Kindheitserinnerung des Leonardo da Vinci (1910); Das Motiv der Kästchenwahl (1913); Der Moses des Michelangelo (1914); der Nachtrag zu dieser Arbeit (1927); Eine Kindheitserinnerung aus Dichtung und Wahrheit (1917); Dostojewski und die Vatertötung (1928). Vgl. ferner die verschiedenen Hinweise auf die Bedeutung der Psychoanalyse für die Kunst- und Geisteswissenschaften, wie z. B.: S. Freud, Das Interesse an der Psychoanalyse (1913), dort „1) Das kunstwissenschaftliche Interesse“ VIII 416/417. Außerdem gibt es eine nicht geringe Zahl von Vorreden Freuds zu einschlägigen Büchern. Schließlich muß man als hierhergehörig ansehen S. Freud, Der Witz und seine Beziehung zum Unbewußten (1905) und darf in gewisser Hinsicht sogar auf Die Traumdeutung (1900) verweisen. Hinzuziehen wird man können O. Rank, Der Künstler. Ansätze zu einer Sexualpathologie (1907), wo man insbesondere die Vergröberungen studieren und Reflexionen über Schülerschaft und Karikatur anknüpfen kann. Was Freuds Theorie selber betrifft, trägt sie zweifellos – bei ihm beim Ausgriff auf ausdrücklich philosophische Themen nicht seltene – Züge des Dilettantischen. Im übrigen reproduziert sie – in psychoanalytischer Wendung – Themen und Thesen der romantischen Genie-Ästhetik. Daß „die Produktion in der Kunst“ da ist, „um das Unbewußte durch Produkte zu reflektiren“ und „dieses Reflektirtwerden des absolut Unbewußten ... durch einen *ästhetischen Akt* der Einbildungskraft möglich ist“ – sagt F. W. J. Schelling, System des transcendentalen Idealismus (1800) III 351, und weiter: die Kunst „reflektire“ „die bewußte Thätigkeit als bestimmt durch die bewußtlose“ und sei darum „eine solche Anschauung ... in welcher die bewußtlose Thätigkeit durch die bewußte bis zur vollkommenen Identität mit ihr gleichsam hindurchwirkt“: a.a.O. 613. Eben das ist die Definition der Kunst bei Freud: Bewußtseinspräsenz des Unbewußten, Es-Präsenz in der Ich-Welt, Präsenz des Lustprinzips in der Welt des Realitätsprinzips. Dabei kommen bei Freud – wie in der Genie-Ästhetik – die

Phänomene „Spiel", „Phantasie", „Traum" („Tagtraum") noch einmal zu zentraler Geltung: vgl. S. Freud, Der Dichter und das Phantasieren (1908) VII 214: "Der Dichter tut nun dasselbe wie das spielende Kind; er erschafft eine Phantasiewelt"; so daß „die Dichtung wie der Tagtraum Fortsetzung und Ersatz des einstigen kindlichen Spieles ist": a.a.O. 222, und zwar durch die „Phantasie". Dabei ist „das Verhältnis der Phantasie zur Zeit ... sehr bedeutsam. Man darf sagen: eine Phantasie schwebt gleichsam zwischen drei Zeiten, den drei Zeitmomenten unseres Vorstellens": a.a.O. 217, so daß sie „einen Anlaß der Gegenwart benützt, um sich nach dem Muster der Vergangenheit ein Zukunftsbild zu entwerfen": a.a.O. 218. „Man darf sagen, der Glückliche phantasiert nie, nur der Unbefriedigte. Unbefriedigte Wünsche sind die Triebkräfte der Phantasien, und jede einzelne Phantasie ist eine Wunscherfüllung, eine Korrektur der unbefriedigten Wirklichkeit": a.a.O. 216. Die dazu gehörige „Schonungs"-Theorie der Phantasie und Dichtung ist bereits oben Anm. 182 dargestellt. „Mit der Einsetzung des Realitätsprinzips wurde eine Art Denktätigkeit abgespalten, die von der Realitätsprüfung frei gehalten und allein dem Lustprinzip unterworfen blieb": S. Freud, Formulierungen über die zwei Prinzipien des psychischen Geschehens (1911) VIII 234. „Die *Kunst* bringt auf einem eigentümlichen Weg eine Versöhnung der beiden Prinzipien zustande": a.a.O. 236, sie „findet ... den Rückweg aus dieser Phantasiewelt zur Realität": ibid., indem sie ihr Präsenz in der Welt dieser Realität gibt. Sie „kann dies aber nur darum erreichen, weil die anderen Menschen die nämliche Unzufriedenheit mit dem real erforderlichen Verzicht verspüren ..., weil diese bei der Ersetzung des Lustprinzips durch das Realitätsprinzip resultierende Unzufriedenheit selbst ein Stück der Realität ist": a.a.O. 237. Freilich: diese Theorie der Kunst ist wesentlich die Theorie des *frühen* Freud ‚im Banne des Lustprinzips'. Vgl. darum Anm. 381.

380 Vgl. die Geniedefinition Kants – oben S. 146/147 – und die daran anknüpfende Bestimmung von F. Schiller, Über naive und sentimentalische Dichtung (1795) XII 183: „Die Dichter sind überall, schon ihrem Begriff nach, die Bewahrer der Natur."

381 Diese Aussage würde einer zum Stande der Freudschen Spätphase „jenseits des Lustprinzips" entwickelten Theorie des Künstlers und der Kunst entsprechen. Allerdings hat Freud selbst seine frühe ästhetische Theorie nirgends auf diesen späten Stand im Banne des „Todestriebs" gebracht. So ist das, was diese Arbeit Ästhetik des Scheiterns genannt hat und was man auch die ‚Ästhetik der verinnerlichten Destruktion' nennen könnte, bei Freud nicht zu jener Ausprägung gekommen, die doch seine Spättheorie gerade verlangt. Es gibt – kann man sagen – bei Freud selbst keine ausgebildete Spät-Ästhetik ‚jenseits des Lustprinzips', sondern nur die Resignationsgestalt der ‚frühen These' im Sinne von Anm. 379. Was für die Transzendentalphilosophie die Ästhetik Schopenhauers bedeutet – die Kunst „erlöst ihn (sc. den Menschen) nicht auf immer, sondern nur auf Augenblicke vom Leben und ist ihm so noch nicht der Weg aus demselben, sondern nur einstweilen ein Trost in demselben": A. Schopenhauer, Die Welt als Wille und Vorstellung 1 (1819) I 316 – bedeutet für Freuds Theorie und ihre Entwicklung, die ja gewissermaßen auf neuer Stufe die Entzauberungsbewegung jener Transzendentalphilosophie durch den Fortgang von einer Position im Banne des Lustprinzips zu einer solchen im Banne des Todestriebs wiederholt, die Bemerkungen in S. Freud, Das Unbehagen in der Kultur (1920) XIV 439: es „vermag die milde Narkose, in die uns die Kunst versetzt, nicht mehr als eine flüchtige Entrückung aus den Nöten des Lebens herbeizuführen und ist nicht stark genug, um reales Elend vergessen zu machen." Daß gerade an dieser Stelle bei Freud dann auch der Weg der Askese diskutiert wird, unterstreicht noch die Entsprechung: vgl. insgesamt a.a.O. 437–442. Freuds Spättheorie entwickelt die Möglichkeit, die ‚frühe' Bestimmung der Kunst als einer ‚Sozialpräsenz des Es' durch ‚Sublimierung des Eros' durch die Bestimmung der Kunst als einer ‚Sozialpräsenz des Es' durch ‚Sublimierung des Todestriebs' zu ergänzen. Ansätze zu einer solchen Theorie, die man bei Freud selber vermißt, finden sich – im

Gegensatz zu H. Marcuse, der mit seiner im Blick auf Freud diskutierten Ästhetik ganz auf die ‚frühe' Theorie zurückgreift: Eros und Kultur (1956) 168–190 – in einigen Bemerkungen von Th. W. Adorno, Minima Moralia (1951), etwa 198 und bes. 201: „Jedes Kunstwerk ist eine abgedungene Untat." Daß die Erwägung einer solchen Ästhetik der verinnerlichten Destruktion die Überlegung ihres Verhältnisses zur Kritik und Geschichte nicht aus-, sondern gerade einschließt, sei dabei eigens angemerkt.

382 Vgl. bes. S. Freud, Das Unbehagen in der Kultur (1930) XIV 433ff.: die Erwägung der eudaimonia-Frage, der nach dem „Glück" und dem „Glückswert der Kultur". „Es ist" – schreibt Freud dort – "... das Programm des Lustprinzips, das den Lebenszweck setzt ... und doch ist sein Programm im Hader mit der ganzen Welt ... Es ist überhaupt nicht durchführbar, alle Einrichtungen des Alls widerstreben ihm; man möchte sagen: die Absicht, daß der Mensch ‚glücklich' sei, ist im Plan der ‚Schöpfung' nicht enthalten. Was man im strengsten Sinne Glück nennt, ... ist seiner Natur nach nur als episodisches Phänomen möglich": a.a.O. 434; „Das Programm, welches uns das Lustprinzip aufdrängt, glücklich zu werden, ist nicht zu erfüllen, doch darf man – nein, kann man – die Bemühungen, es irgendwie der Erfüllung näherzubringen, nicht aufgeben": a.a.O. 442; „Das Leben" – sagt Freud – „wie es uns auferlegt ist, ist zu schwer für uns, es bringt uns zuviel Schmerzen, Enttäuschungen, unlösbare Aufgaben": a.a.O. 432; Freud sieht sich außerstande, „Trost zu bringen": a.a.O. 506; usf.

383 I. Kant, Kritik der reinen Vernunft B 789.

384 Faschistische Theorien.

385 Zur Doppelgestalt der „positiven Philosophie" vgl. schon oben S. 199.

386 Vgl. die Problemstellung der „badischen" Philosophie von H. Rickert, Die Grenzen der naturwissenschaftlichen Begriffsbildung (1876/1902) bis zu H. G. Gadamer, Wahrheit und Methode. Grundzüge einer philosophischen Hermeneutik (1960).

387 K. Löwith, Weltgeschichte und Heilsgeschehen (1953) hat – vgl. bes. 87 – mit Recht darauf hingewiesen, daß die – zu einer eminent politischen Theorie gewendete – „positivistische" Geschichtsphilosophie Comtes im Grunde eine (metaphysische oder von der Heilgeschichte lebende geschichtsphilosophische) Grenzüberschreitung des puren „Positivismus" ist. Der radikale ‚exakte Positivismus' ist ‚sozioabstinent'. Dasselbe gilt von der radikalen Form des ‚hermeneutischen Positivismus': für M. Heidegger, Sein und Zeit (1927): das Problem „Menschheit" entgleitet, „Weltgeschichte" wird – vgl. a.a.O. 387ff. – zum Begriff primär für das nur „innerweltliche ‚Geschehen' des Zuhandenen und Vorhandenen": a.a.O. 389; „Die Verlorenheit an das Man und an das Welt-Geschichtliche enthüllte sich ... als Flucht vor dem Tode": a.a.O. 398: von einem affirmativen Sinn einer „Geschichte in weltbürgerlicher Absicht" (Kant) ist nicht mehr die Rede; sie wird bei Heidegger nicht einmal mehr als ein abzuwehrender Sinn von Geschichte erwogen, sondern entgleitet völlig. Dieser ganze Problemzusammenhang kann hier natürlich nicht detailliert besprochen werden.

388 Die diese Untersuchung aus technischen Gründen sonst ausgeklammert hat.

389 Vgl. oben S. 107–111.

390 Vgl. dazu auch J. Ritter, Moralität und Sittlichkeit. Zu Hegels Auseinandersetzung mit Kants praktischer Philosophie, in: Archiv für Rechts- und Sozialphilosophie 49 (1963) bes.

391 Vgl. G. Lukács, Die Zerstörung der Vernunft. Der Weg des Irrationalismus von Schelling zu Hitler (1954, Untertitel erst in [x]1955); vgl. oben S. 363f. Anm. 2.

392 Vgl. W. Schulz, Die Vollendung des deutschen Idealismus in der Spätphilosophie Schellings (1955), dort bes. „4. Teil: Die geschichtliche Entwicklung der ‚Philosophie der Subjektivität' im 19. Jahrhundert und die Spätphilosophie Schellings": a.a.O. 271–306; vgl. oben S. 363f. Anm. 2.

393 Oben S. 224ff.

394 Unten S. 259ff.

395 Vgl. S. Freud, Hemmung, Symptom und Angst (1926) XIV 123: „Ich bin überhaupt nicht für die Fabrikation von Weltanschauungen. Die überlasse man den Philosophen, die eingestandenermaßen die Lebensreise ohne einen solchen Baedeker, der über alles Auskunft gibt, nicht ausführbar finden ... wir (suchen) unseren Trost in der Erwägung..., daß alle diese ‚Lebensführer' rasch veralten": Freud ist hier philosophischer als die, die er Philosophen nennt. Vgl. auch S. Freud, Neue Folge der Vorlesungen zur Einführung in die Psychoanalyse (1933) XV bes. 197.

Anmerkungen zu „Einige Folgerungen"

1 Bzw. wenn sie eine Bewegung von ‚Philosophie' ist. Die im Text gewählte Formulierung impliziert die Meinung, daß gerade die ‚Bewegung' der Philosophie etwas eminent Philosophisches der Philosophie ist.

2 Vgl. oben S. 219/220, unten S. 277/278.

3 Vgl. oben bes. S. 16ff.

4 Vgl. oben bes. S. 31ff.

5 Vgl. oben bes. S. 38ff. und 45f.

6 M. Dorer, Historische Grundlagen der Psychoanalyse (1932).

7 A.a.O. 175.

8 A.a.O. 170. Zur Analyse der Freud-Herbart-Beziehungen vgl. die Untersuchung von Herbarts „Psychologie als Wissenschaft, neu gegründet auf Erfahrung, Metaphysik und Mathematik; erster synthetischer Teil" (1824), „Lehrbuch der Psychologie" und „Aphorismen zur Psychologie" bei Dorer a.a.O. 71–106, die Analyse der Theorien des Freud-Lehrers Theodor Meynert a.a.O. 128–143 und 148–154 mit der These: „Bis in Einzelheiten läßt sich die Abhängigkeit Freuds von dem Lehrgebäude Meynerts nachweisen": a.a.O. 149; „So finden sich also in Meynerts System die nächsten unmittelbaren historischen Grundlagen der Psychoanalyse": a.a.O. 154. „In den hier gesuchten historischen Zusammenhängen bedeutet Wilhelm Griesinger die Verbindung zwischen Meynert und Herbart": a.a.O. 160, vgl. 160–170 (Wilhelm Griesinger 1817–1868: Professor der Psychiatrie in Berlin: „Organisator der Nervenklinik bei der Psychiatrischen Klinik der Charité in Berlin und darüberhinaus des Anstaltswesens in Deutschland überhaupt wie ... Vorkämpfer einer psychiatrischen Schulung der Ärzte": a.a.O. 160). Dorer untersucht außerdem die Bedeutung Fechners für Freud: a.a.O. 106–112.

8a Dorer betont, „daß der Herbartianismus, den Freud in Meynert fand, nicht mehr die reine, ursprüngliche Form des Systems war": a.a.O. 178.

9 A.a.O. 179.

10 A.a.O. 183.

11 A.a.O. 182.

12 A.a.O. 184, denn: „Indem Freud vom Materialismus des ausgehenden Jahrhunderts herkommt, ist auch die Sinngrundlage seiner Theorie materialistisch": a.a.O. 183.

13 Die von Dorer unternommene Verfolgung der Herbart-Spur ist natürlich durchaus sinnvoll und aufschlußreich – insbesondere für die Abschätzung dessen, was Freud in der Veränderung seiner „historischen Grundlagen" geleistet hat.

14 Dieses Dogma lautet negativ: „Freud baut auf jener Psychologie auf, die einem extremen Materialismus zur Erklärung psychischer Phänomene gedient hatte, auf der Psychologie der Gehirnanatomie und Gehirnmechanik": a.a.O. 178. Kein Zweifel, daß Freud von dort ausging. Wenn aber Dorer die Metapsychologie gar noch von „Jenseits des Lustprinzips" als „ein Wiederaufleben hirnanatomischer Erklärungsversuche in neuer Terminologie" glaubt verstehen zu müssen (a.a.O. 151), wird man doch einige Verwunderungsregungen schwerlich komplett verdrängen können, und es werden Wünsche wach, die Dorers Untersuchung offenhält. Lückenhaftigkeit der Recherchen will Verf. dieser Arbeit ihr zuletzt vorwerfen – zumal Dorer auch für ihren eigenen Zusammenhang nicht Unpassendes übersieht, wie z. B. den Hinweis von S. Ferenczi, Aus der ‚Psychologie' von Hermann Lotze, in: Imago 2 (1913) 238–241, der freilich

nicht auf einen für Freud wirksam gewordenen Einfluß zielt. Warum aber verschmäht sie es, die doch – für den späteren Freud – sehr deutliche Schopenhauer-Spur und die – wohl auch für den frühen Freud bedeutsame – zwar undeutlichere aber keineswegs ungreifbare Nietzsche-Spur zu verfolgen? Aber der Freud mit *diesen* „historischen Grundlagen" wäre natürlich nicht mehr der radikale Materialist und Mechanist, als den Dorer ihn zeigen will.

15 S. 16.

16 Vgl. die treffliche Stellungnahme von E. Kris in der „Einleitung" zu S. Freud, Aus den Anfängen der Psychoanalyse. Briefe an Wilhelm Fliess, Abhandlungen und Notizen aus den Jahren 1887–1902, ed. M. Bonaparte, A. Freud, E. Kris (1959) 55: es „haben manche Forscher den Eindruck gewonnen, als müßten die Grundanschauungen der Psychoanalyse darum veraltet sein, weil manche ihrer Termini der wissenschaftlichen Sprache der 80er und 90er Jahre des 19. Jahrhunderts entstammen. Die Tatsache selbst steht außer Zweifel. Die Hirnphysiologie, von der Freud ausgegangen ist, ist ebenso veraltet, wie die mechanistische Psychologie Herbarts, die Freud – nach der überzeugenden Darstellung M. Dorers ... – vielfach als Ausgangspunkt gedient hat. Die der Tradition entlehnten Termini aber haben in der Psychoanalyse eine neue Bedeutung gewonnen, die vielfach mit ihrer ursprünglichen Bedeutung wenig zu tun hat ... Die Frage nach der Herkunft der Termini und Grundanschauungen ist daher nur von historischem Interesse; sie hat nichts mit der Frage zu tun, was die psychoanalytische Terminologie und die Freudschen Grundannahmen ... leisten."

17 A. Gehlen, Über die Geburt der Freiheit aus der Entfremdung, in: Archiv für Rechts- und Sozialphilosophie 40 (1952/53) 338–353. Den Hinweis auf die in diesem Aufsatz enthaltene These verdanke ich Prof. Dr. C. Schmitt, zur Auffindung dieses Aufsatzes als desjenigen dieser These verhalf mir Dr. G. Rohrmoser (8. 7. 1960).

18 A.a.O. 350.

19 A.a.O. 338/339.

20 A.a.O. 339. Vgl. dazu Th. Mann, Freud und die Zukunft (1936) IX 488: „Es kommt mir da ein Satz in den Sinn, den ein kluger, aber etwas undankbarer Sprößling dieser Lehre, C. G. Jung, in seiner bedeutenden Einleitung zum Tibetanischen Totenbuch formuliert. ‚Es ist so viel unmittelbarer, auffallender, eindrücklicher und darum überzeugender', sagt er, ‚zu sehen, wie es mir zustößt, als zu beobachten, wie ich es mache.' – Ein kecker, ja toller Satz ... Wäre dieser Satz, der das ‚Zustoßen' als ein ‚Machen' entlarvt, ohne Freud denkbar? Nie und nimmer! Er schuldet ihm alles." Es ist, meint Th. Mann, eine „Schopenhauer-Freudsche Erkenntnis ... daß ‚der Geber aller Gegebenheiten in uns selber wohnt – eine Wahrheit, die trotz aller Evidenz in den größten sowohl wie in den kleinsten Dingen nie gewußt wird, wo es doch nur zu oft so nötig, ja unerläßlich wäre, es zu wissen.' Eine große und opferreiche Umkehr ... sei wohl nötig, um zu sehen, wie die Welt aus dem Wesen der Seele ‚gegeben' wird; denn das animalische Wesen des Menschen sträube sich dagegen, sich als den Macher seiner Gegebenheiten zu empfinden" usf.: a.a.O. 481.

21 A.a.O. 340. Gehlen hat wohl recht, wenn er sagt, daß dieser Zusammenhang nicht bemerkt worden sei; denn die Formulierungen von A. Nyman, Über das ‚Unbewußte', in: Kant-Studien 34 (1929) bes. 154/155 wird man nicht als „Bemerken" interpretieren wollen.

22 A.a.O. 352.

23 Die folgenden Bemerkungen beruhen auf einer Deutung aus Kenntnis der Position Gehlens. Vgl. dazu oben S. 38–40. Als kritische Stellungnahme zu dieser Position vgl. G. Rohrmoser, Subjektivität und Selbsterhaltung. Anmerkungen zu Arnold Gehlens Kritik der Kulturkritik, in: Hochland 51 (1959) 372–378. Freilich werden im Zuge der hier versuchten Überlegungen Zusammenhänge interessant, die Rohrmoser minder interessieren – vornehmlich der Befund ‚Depotenzierung der Transzendentalphiloso-

phie'. Im Zusammenhang damit könnte man die Frage nach einer etwaigen symptomatischen Bedeutung der Tatsache stellen, daß eine besondere Neigung bei Fichte- und Schelling-Forschern zu bestehen scheint, zu Sozialpsychologen zu werden: Gehlen, Schelsky, Habermas: vgl. oben S. 313 Anm. 151. Das könnte im Zusammenhang stehen damit, daß vielleicht *jedes* gegenwärtige Bedürfnis einer empirisch (also auch soziologisch) orientierten und interessierten „Anthropologie" innerhalb der Bewegung der ‚Depotenzierung der Transzendentalphilosophie' entsteht, und zwar eben dort, wo die Philosophie unfähig wird, eine ‚Theorie des Habens' (Metaphysik) oder eine ‚Theorie des Erreichens' (Geschichtsphilosophie) zu sein und darum wesentlich zu einer ‚Theorie des Loswerdens und Entkommens' wird. Dieses Motiv zu einer ‚Theorie des Loswerdens und Entkommens' hat Gehlen wie kaum ein zweiter aufgenommen. Mit allem Nachdruck hat er es vermieden, den Menschen als Teilhaber am Sein oder als Zielstreber, mit Radikalität hat er es unternommen, den Menschen als Defektflüchter zu begreifen – als „Mängelwesen", das gegen seinen Untergang arbeitend „Entlastung" sucht: das *muß* seine wesentliche Anstrengung dort sein, wo der Mensch weder durch eine „vorhandene Wirklichkeit" der Fülle, noch durch eine gesicherte Praxis des Erreichens dieser Fülle sich zu bestimmen vermag – und wo er es verschmäht, zum bloßen Beckmesser oder Elegiker seines Versagens zu werden. Darauf, daß die Mängelwesenstruktur (als die eines Getrenntseins und Verlassenseins von heiler Natur) nicht nur Gehlens Theorie, sondern auch diejenige Sartres (die den Menschen als pour-soi, das – im Blick auf das glücklich-naturhafte en-soi – durch néantisation bestimmt ist, versteht) und auch diejenige Adornos (die den Mensch als das durch Repression beschädigte Leben nimmt) in entscheidenden Belangen prägt, wurde bereits oben S. 17/18 hingewiesen. Nicht zuletzt diese Ähnlichkeiten sind es, auf denen die Attraktivität von Gehlens Theorie beruht. Sie erregt nicht nur eminente Faszination, in ihr steckt gewiß auch mehr Wahrheit, als Rohrmoser ihr zubilligen will. Schwerlich ist allen Argumenten seiner in ihrer prognostischen Kraft erstaunlichen Studie Plausiblität abzugewinnen. ‚Rette sich, wer kann!' – gewissermaßen das ist der kategorische Imperativ der Mängelwesen-Anthropologie; aber: *nicht*, daß damit jegliches durch seine Rettungsfunktion legitimiert und damit Wahrheit funktional definiert wird (‚das Rettungsdienliche ist das Wahre'), *nicht*, daß die Selbsterhaltung d. h. das pure Überleben zur Instanz wird, und *nicht* einmal, daß die nicht daran tätige Subjektivität zur unnützen erklärt wird, ist das an Gehlens Ansatz zentral Problematische. Denn: einmal abgesehen davon, daß das Unternehmen einer Funktionsanalyse, einer Klärung der „Funktion des Wahrheitsbegriffs" jener „Gesinnung, welche Wahrheit nur funktional und pragmatisch zu begreifen vermag" (Rohrmoser a.a.O. 374), kaum geeignet ist, einen Wahrheitsbegriff zu bestreiten, der eben gerade in Funktionsanalysen sich realisiert, und daß dieses Unternehmen nicht wenig an die Verrichtung erinnert, im Glashaus mit Steinen zu werfen – also einmal abgesehen davon: ist denn der „funktionale Wahrheitsbegriff" wirklich im Unrecht und ist wirklich er es, der gewisse Unzumutbarkeiten der Gehlenschen Theorie herbeiführt? Das ist m. E. schon allein deswegen nicht überzeugend, weil z. B. die gesamte ‚klassische' Transzendentalphilosophie – und diejenige Hegels, soweit sie in der Methode von dieser abhängig ist – einem „funktionalen Wahrheitsbegriff" sich verpflichtet hat (sie ist ‚Pragmatismus ohne pragmatisches Pragma", vgl. oben S. 86). Weiter schwerlich hat irgendeine Philosophie das Recht, die Selbsterhaltung, das Überleben, das erträgliche und entlastete Leben als zu Geringes zu werten, solange es ein ungelöstes Weltproblem ist, den Menschen doch wenigstens diese zu gewährleisten. Daß Selbsterhaltung nur *ein* Zweck, nicht *der* Zweck ist, bleibt dadurch unbestritten. Schließlich: sosehr der durch funktionale Beziehung unmittelbar nur auf Selbsterhaltung geprüften Subjektivität dadurch schlimme Gewalt geschieht, so wenig ist doch dieser Gewalt durch ein Plädoyer für Funktions- und Ortlosigkeit dieser Subjektivität entgegenzutreten. Gewiß ist das unmittelbare Arbeiten am Pensum der Erhaltung und

Stabilisierung nicht die Sache der Subjektivität; aber ebenso gewiß wird sie zum wirklichen Geist nicht schon dadurch, daß sie dieses Arbeiten verschmäht. Vielmehr: eine grundlegende Schwierigkeit steckt darin, daß Gehlens um „den Menschen" bemühte Theorie nicht zu begründen vermag, daß Rettung zum Anspruch *aller* Menschen werden muß: sie enthält keine Theorie, die eine falsche Monopolisierung und Privilegierung des Gerettetwerdens ausschließt. Dieser Hinweis primär auf *diese* Schwierigkeit soll weder die zu abstrakte, zu unmittelbare Funktionalisierung, noch die Selbsterhaltung als zureichende Instanz, noch etwa gar die Beurteilung der Subjektivität im Blick auf diese Instanz als solche verteidigen, sondern verlangt nur größere Vorsicht bei ihrer Kritik und behauptet: das Abstellen der Kritik auf den hier zuletzt diskutierten Punkt läuft weniger Gefahr, unfreiwillig mit den Mängeln der Theorie Gehlens auch legitime Potenzen der kritisierenden Position mitzutreffen.

24 Dem Gehlen – vgl. A. Gehlen, Theorie der Willensfreiheit (1933) – in nicht geringem Maße verpflichtet war.

25 Es ist durchaus symptomatisch, daß Gehlen im hier diskutierten Aufsatz Freuds Zusammenhang mit Fichte diskutiert, die Thesen Schellings aber – vgl. Archiv für Rechts- und Sozialphilosophie 40 (1952/53) 341 – nur als die eines Fichteaners erwähnt und nicht als neue Wendung des Problems faßt.

26 Vgl. A. Gehlen, Die Seele im technischen Zeitalter. Sozialpsychologische Probleme in der industriellen Gesellschaft (1957) VII, 3: „Lustprinzip und Entlarvungsprinzip" a.a.O. 100–103; dortselbst 101: „Alle diese Thesen (sc. der Psychoanalyse) sind für tiefgehende Instinkte, die wohl zuletzt soziale und moralische sind, untragbar", sie sind nicht „geeignet, *Motive* (sc. mit denen man sich „selbst identifizieren und dann noch in seinen Entscheidungen ernst nehmen" kann) unseres *unmittelbaren* sozialen Verhaltens zu werden, in dem es um dauerhafte und zu stabilisierende Beziehungen zwischen Menschen geht, die miteinander leben müssen." Gehlens Kriterium ist also die stabilisierungshinsichtliche und in diesem Sinn „sozialpsychologische Verwendbarkeit der Lehre": a.a.O. 97 seine Überlegung hat das Ergebnis, „daß die Psychoanalyse als Individualpsychologie gut, als Sozialpsychologie schlecht arbeitet. Sie hat überzeugende Resultate, sofern sie Personen beschreibt, deren ‚Sozialorgan' erkrankt ist": a.a.O. 100.

27 Die die im folgenden besprochenen „Frankfurter" Deutung bes. dem „Neofreudianismus" – u. a. von E. Fromm (u. a. Man for himself (1974)). K. Horney (u. a. Neue Wege der Psychoanalyse (dtsch. 1951)), H. Stack Sullivan (u. a. Conceptions of Modern Psychiatry (1947)) – vorwirft.

28 Zur früheren Orientierung dieses Kreises vgl. die Publikationen in: Zeitschrift für Sozialforschung (1932–1939).

29 H. Marcuse, Eros and Civilization. A philosophical Inquiry into Freud (am. 1955, engl. 1956), dtsch.: Eros und Kultur. Ein philosophischer Beitrag zu Sigmund Freud (1957). Vgl. außerdem: H. Marcuse, Trieblehre und Freiheit, in: Freud in der Gegenwart. Frankfurter Beiträge zur Soziologie VI (1957) 401–424; Die Idee des Fortschritts im Lichte der Psychoanalyse a.a.O. 425–441.

30 H. Marcuse, Eros und Kultur (1957) 42: "Leistungsprinzip: die vorherrschende historische Form des Realitätsprinzips."

31 A.a.O. 15.

32 A.a.O. 9.

33 A.a.O. 13.

34 A.a.O. 15.

35 In Kap. V: „Philosophisches Zwischenspiel": Aristoteles 112f., Hegel 113ff., Schopenhauer 120, Nietzsche 120ff., Freud 125ff., Platon 126; vgl. außerdem die Diskussion Kants 170ff., Schillers 175ff.

36 A.a.O. 156.

37 A.a.O. 113; diese Konzeption stimmt zugleich bemerkenswert überein mit jener Konzeption der abendländischen Metaphysikgeschichte, wie Heidegger sie entwickelt hat, von der Marcuse ursprünglich herkommt: vgl. H. Marcuse, Hegels Ontologie und die Grundlegung einer Theorie der Geschichtlichkeit (1932) 8.
38 H. Marcuse, Eros und Kultur (1957) 113.
39 A.a.O. 126.
40 A.a.O. 20.
41 A.a.O. 19.
42 A.a.O. 22.
43 A.a.O. 29–59.
44 A.a.O. 60–80.
45 A.a.O. 192.
46 Überschrift des zweiten Teils: a.a.O. 127.
47 Merkwürdigerweise zitiert Marcuse nicht S. Freud, Die zukünftigen Chancen der psychoanalytischen Theorie (Vortrag gehalten auf dem 2. Privatkongreß der Psychoanalytiker zu Nürnberg 1910), dessen Thesen Marcuses Deutung noch am meisten entgegenkommen.
48 Marcuse a.a.O. 41: „Er hält den ‚urzeitlichen Lebenskampf' für ‚ewig' und glaubt daher, daß das Lust- und Realitätsprinzip ‚auf ewig' einander widerstreben müssen. Die Vorstellung, daß eine Kultur ohne Unterdrückung unmöglich sei, gehört zu den Grundsteinen der Freudschen Theorie. Aber seine Theorie enthält Elemente, die diese Rationalisierung durchbrechen": a.a.O. 24/25.
49 A.a.O. 41.
50 A.a.O. 156.
51 A.a.O. 189.
52 A.a.O. 188.
53 A.a.O. 191.
54 A.a.O. 138.
55 A.a.O. 154.
56 Ibid.
57 Ibid.
58 A.a.O. vgl. 12, 95, 103ff.
59 A.a.O. 129.
60 A.a.O. 42ff.: „Diese zusätzliche Lenkung und Machtausübung, die von den besonderen Institutionen der Herrschaft ausgehen, sind das, was wir als zusätzliche Unterdrükkung bezeichnen" (engl. „sur-plus-repression"): a.a.O. 42.
61 A.a.O. 134: „die eingeborene Destruktivität muß die fortwährende Unterdrückung erzeugen. Unsere Nachprüfung muß daher mit Freuds Analyse des Todestriebes beginnen": ibid.
62 A.a.O. 102.
63 A.a.O. 127ff.
64 Bes. Kap. XI „Eros und Thanatos" a.a.O. 214ff.
65 Vgl. zusf. a.a.O. 226: „Der Todestrieb wirkt unter dem Nirwanaprinzip: er strebt nach jenem Zustand ‚dauernder Befriedigung', wo keine Spannung mehr besteht – nach einem Zustand ohne allen Mangel. Diese Triebtendenz bedeutet gleichzeitig, daß die destruktiven Manifestationen mit der Annäherung an diesen Zustand abnehmen. Ist das Ziel des Todestriebs nicht die Beendigung des Lebens, sondern das Ende des Leides – das Fehlen von Spannung – dann ist, paradoxerweise, im Sinne des Triebs der Konflikt zwischen Leben und Tod um so geringer, je mehr sich das Leben dem Zustand der Befriedigung nähert". Aber widerspricht das nicht dem in der oben Anm. 58 nachgewiesenen Stelle behaupteten Zusammenhang?
66 A.a.O. 189.

67 A.a.O. 139–155.
68 A.a.O. 168–190.
69 A.a.O. 156–167; sie ist mit der des Dionysos verwandt: a.a.O. 158.
70 A.a.O. 148: Die „Verweisung realer Möglichkeiten ins Niemandsland der Utopie ist selbst ein wesentliches Element der Ideologie des Leistungsprinzips". Gewiß. Aber umgekehrt wird doch die Theorie einer heilen Welt dort, wo sie sich vorstellt ohne die Theorie des Weges, der zu ihr führt, ebenfalls nur zur indirekten Aufforderung, ihrer zu entsagen. Das utopische Bewußtsein ist nicht schon deswegen gerechtfertigt, weil es kritisiert wird, wie es nicht schon deswegen disqualifiziert ist, weil es sich kritisieren läßt.
71 Der „System"-Gedanke der klassischen Philosophie, der eben dieses verlangt, ist in der Gegenwartsphilosophie undiskutiert, also sozusagen a priori suspekt: aber dieser Protest gegen das „System" ist u. a. einer jener Punkte, der die Frankfurter Theorie mit derjenigen etwa Heideggers *verbindet.* Ob das geeignet ist, seine Wahrheit zu demonstrieren, mag hier offenbleiben.
72 Um eine Formulierung Marcuses a.a.O. 140 zu verwenden, mit der er Freuds Charakteristik der Phantasie referiert.
73 A.a.O. 10.
74 Vgl. u. a. Th. W. Adorno, Minima moralia. Reflexionen aus dem beschädigten Leben (1951), bez. Nrn. 36–40 a.a.O. 96–113. Bemerkungen über Statik und Dynamik der Gesellschaft, in: Kölner Zeitschrift für Soziologie und Sozialpsychologie 8 (1956) 321–328; Psychoanalyse und Soziologie, in: Sociologica, Frankfurter Beiträge zur Soziologie 1 (1955).
75 Th. W. Adorno, Minima moralia (1951) 276.
76 Ibid.
77 M. Horkheimer und Th. W. Adorno, Dialektik der Aufklärung. Philosophische Fragmente (1947) 5.
78 A.a.O. 267.
79 Th. W. Adorno, Minima moralia (1951) 105.
80 A.a.O. 96.
81 A.a.O. 109.
82 A.a.O. 97.
83 A.a.O. 100.
84 A.a.O. 102.
85 A.a.O. 101.
86 A.a.O. 103.
87 A.a.O. 113.
88 Ausdruck von K. Marx, vgl. Frühschriften ed. Landshut (1953) etwa 337, 338 u. ö. (Die heilige Familie).
89 „So sagt uns eine Stimme, wenn wir auf Rettung hoffen, daß Hoffnung vergeblich sei, und doch ist sie es, die ohnmächtige, allein, die überhaupt uns erlaubt, einen Atemzug zu tun": Adorno a.a.O. 224; „Die fast unlösbare Aufgabe besteht darin, weder von der Macht der anderen, noch von der eigenen Ohnmacht sich dumm machen zu lassen": a.a.O. 94; usf.
90 M. Horkheimer und Th. W. Adorno, Dialektik der Aufklärung (1947) 264–267.
91 A.a.O. 266.
92 Ibid.; „Die als Macht verkannte Ohnmacht wird durch solche Erhöhung noch einmal verleugnet": ibid. So ist „Geschichte als Korrelat einheitlicher Theorie, als Konstruierbares nicht das Gute, sondern eben das Grauen": a.a.O. 267.
93 Zur Deutung des Verhältnisses vgl. oben S. 151/152.
94 Vgl. die programmatischen Aufsätze von M. Horkheimer, Materialismus und Metaphysik, in: Zeitschrift für Sozialforschung 2 (1933) 1–33; Materialismus und Moral a.a.O. 162–197.

95 Vgl. R. Spaemann, Philosophie zwischen Metaphysik und Geschichte, in: Neue Zeitschrift für systematische Theologie 1 (1959) 311: „Aber auch an der Revolution sind die Frankfurter Soziologen seit langem irre geworden. Marx wollte die Welt, statt sie zu interpretieren, verändern. In Frankfurt ist die Hoffnung, die Welt anders als durch ihre Interpretation zu verändern, fahren gelassen. An die Stelle der Revolution tritt philosophische Kritik als eine Art gesellschaftlicher Psychoanalyse."
96 A. Kolnai, Die geistesgeschichtliche Bedeutung der Psychoanalyse in: Internationale Zeitschrift für Psychoanalyse 9 (1923) 345ff. bes. 355ff.
97 Z. B. eben in der zit. „Kritik der Geschichsphilosophie".
98 Den Titel ‚existenzphilosophisch' wiederum mit dem oben S. 306 Anm. 56 skizzierten Vorbehalt gebraucht.
99 Vgl. M. Heidegger, Sein und Zeit (1927) 13, dem zufolge „die Fundamentalontologie ... in der existenzialen Analytik des Daseins gesucht werden" muß.
100 Zur persönlichen Seite seines Freud-Verhältnisses vgl. L. Binswanger, Erinnerungen an Sigmund Freud (1956); zur Binswangerschen „Daseinsanalyse" vgl. insbes.: L. Binswanger, Grundformen und Erkenntnis menschlichen Daseins (1941 [2]1953); Ausgewählte Vorträge und Aufsätze. Bd. 1: Zur phänomenologischen Anthropologie (1947); Bd. 2: Zur Problematik der psychiatrischen Forschung und zum Problem der Psychiatrie (1955).
101 L. Binswanger, Ausgewählte Vorträge und Aufsätze Bd. 1 (1947) 10; der zit. Vortrag ist abgedruckt in diesem Bd. 159–189.
102 A.a.O. 10. Zur Selbstinterpretation der Daseinsanalyse vgl. L. Binswanger, Über die daseinsanalytische Forschungsrichtung in der Psychiatrie (1946) a.a.O. 190–217; zum Einfluß Heideggers: Über die Bedeutung der Daseinsanalytik Martin Heideggers für das Selbstverständnis der Psychiatrie (1949) a.a.O. Bd. 2 264–278; Daseinsanalytik und Psychiatrie (1950) a.a.O. Bd. 2 279–302.
103 L. Binswanger, Freuds Auffassung des Menschen im Lichte der Anthropologie (1936), Ausgewählte Vorträge und Aufsätze Bd. 1 (1947) 159.
104 A.a.O. 168. Binswanger vergleicht ibid.: „Während der Ansatz des Rousseauschen homo natura in der menschheitsbeglückenden Utopie einer allgemeinen Engelhaftigkeit des aus den Armen der allgütigen Natur kommenden Menschen liegt, sozusagen eines homo natura benignus et mirabilis, der Ansatz des homo natura von Novalis in einer magischen Idealisierung der Leiblichkeit und magischen Naturalisierung der Geistigkeit, liegt der Ansatz des homo natura von Nietzsche und von Klages auf derselben Ebene wie bei Freud." Binswanger gibt einige Zusammenhangshinweise auch auf J. Böhme, Baader und Schelling a.a.O. 161, 169, auf Locke a.a.O. 163 Anm. 1, auf Taine a.a.O. 172 Anm. 1 (Verdrängung), auf Klages a.a.O. 168ff. und bes. auf Nietzsche a.a.O. 168ff. u. a.
105 A.a.O. 175/176.
106 A.a.O. 169.
107 A.a.O. 178.
108 A.a.O. 179.
109 A.a.O. 178.
110 Zu ihrem Begriff bei Binswanger vgl. a.a.O. 184: sie ist das Feld der Entscheidungen oder des Hinnehmens der „faktische(n) Arten und Weisen, in denen das menschliche Dasein existiert, *sich selbst* versteht, auslegt und ausspricht. In der Tatsache der Möglichkeit all dieser Daseinsformen erblicken wir die *Geschichtlichkeit* des menschlichen Daseins, in ihren tatsächlichen Verwirklichungen seine *Geschichte*". Dabei sind „Hunger und Durst ... keine geschichtsbildenden Mächte": a.a.O. 167, weil Binswanger die „innere Lebensgeschichte" akzentuiert: ibid. Allerdings entradikalisiert Binswanger Heideggers Geschichtsthese vgl. L. Binswanger, Grundformen und Erkenntnis menschlichen Daseins ([2]1953) 481: „daß Existenz im Sinne Heideggers nur eine Sonder-

form des singularen Seins zum Grunde ist, wenn auch die radikalste und extremste" – zugunsten größerer Nähe zu Husserl.

111 A.a.O. 176. Binswanger bedauert, „daß die Anthropologie vielfach das Kind mit dem Bade ausgeschüttet (hat), jenen Spezialideen (sc. u. a. des homo natura) keinen Wert mehr für ihr eigenes Unternehmen beimessend. Halten wir uns von diesem für die Spezialwissenschaften vom Menschen wie für die Anthropologie gleich gefährlichen Extrem fern": a.a.O. 176.

112 A.a.O. 10: es hat sich „im Anschluß an Heideggers Daseinsanalytik ... (die) Daseinsanalyse ... als phänomenologische Erfahrungswissenschaft der naturwissenschaftlichen funktions-theoretisch-konstruierenden Erfahrungswissenschaft gegenübergestellt".

113 Vgl. M. Heidegger, Sein und Zeit (1927) 72 Anm. 1.

114 W. Szilasi, Die Erfahrungsgrundlage der Daseinsanalyse Binswangers (zuerst 1951), in: W. Szilasi, Philosophie und Naturwissenschaft (1961) 97–114. Es ist für die Tendenz der Deutung Szilasis charakteristisch, daß er seine Deutung auf den passus 178/179 der zit. Freud-Rede Binswangers konzentriert; vgl. Szilasi a.a.O. 108f. Im übrigen betont Szilasi beherzigenswert: „Binswanger beschäftigt sich oft mit der Psychoanalyse... Es wäre um die wissenschaftliche Zusammenarbeit besser bestellt, wenn seine vornehm eingehende und bewundernd kritisierende Art der Problembehandlung mehr Nachahmung fände": a.a.O. 108.

115 Vgl. außer der bereits zit. Schrift bes.: W. Szilasi, Wissenschaft als Philosophie (1945); dort verlangt er, daß „die Philosophie ... sich einer vernachlässigten Frage zuwendet, der Unverhülltheit des Realen der Objektivität, im eigenen, nicht von unseren Erkenntnisakten abhängigen Sein zur Begegnung zu bringen, nachdem sie ungeheure Fortschritte in der Betrachtung des Realen der Realität, das wir selbst sind, gemacht hat... Was an dieser Forschungsaufgabe unmittelbar betrifft, ist die schrittweise Erhellung der objektiven Transzendenz": a.a.O. 12. Allzu bescheiden will Szilasi diese Fragetendenz schon bei Heidegger erkennen: vgl. W. Szilasi, Macht und Ohnmacht des Geistes (1946) 261, wenn er auch einräumt: „In ‚Sein und Zeit' und im ‚Wesen des Grundes' ist eine ... Zweideutigkeit nicht überwunden, der entsprechend die objektive Erhellung der menschlichen Seinsmöglichkeiten ihr Licht nicht aus dem einheitlichen Grunde der unentschiedenen Transzendenz bezieht, sondern durch die existentielle Entschiedenheit des Daseins von sich allein subjektiv gewinnt": a.a.O. 262; „die Frage nach der Einheit, durch die das Dasein umschlossen und zu einem ausgezeichneten Mitwirken innerhalb der Wirklichkeit des Alls ermächtigt ist, blieb vorerst unerledigt": a.a.O. 263.

116 W. Szilasi, Philosophie und Naturwissenschaft (1961) 105.

117 Ibid. „Er entdeckt das Zwischengebiet zwischen existenzialanalytischer Ontologie und konkreter experimentierender Erfahrung. Sofern ist seine Bestrebung der des alten Kant analog: das Territorium zwischen den metaphysischen Anfangsgründen der Natur und der Physik auszumessen": ibid.

118 Ibid.

119 Vgl. W. Szilasi a.a.O., dort bes.: Schellings Beitrag zur Philosophie des Lebens (zuerst 1954) 52–75; Schellings Anfänge und die Andeutung seines Anliegens (zuerst 1954) 76–96. – Vgl. insgesamt zu Szilasi auch oben S. 32/33.

120 Im Sinne der „Figur" des figuralen Denkens.

121 Leider erst unmittelbar vor dem Abschluß der Reinschrift des Textes dieser Arbeit – und zwar am 11. 1. 1962 – haben dem Verf. vorgelegen: J. Meinertz, Philosophie, Tiefenpsychologie, Existenz. Tiefenpsychologische Keime und Probleme in der Philosophie des deutschen Idealismus und in der Existenzphilosophie (1958); Kant und die Tiefenpsychologie, in: Psyche 3 (1949) 241–282. So bleibt ihm hier nur, diese Arbeiten als nachträglich entdeckte (temperierte) Bestätigungen der auch von seiner Arbeit vertretenen These eines Zusammenhangs zwischen Tiefenpsychologie und deutschem Idealismus zu begrüßen. Meinertz Entdeckung dieses Zusammenhangs ist um so be-

merkenswerter, als er – von der Psychiatrie herkommend – nicht eigentlich Kenner jener Philosophie ist und zur Autopsie ihrer Werke – mit Ausnahme von Schriften Kants (im erstgenannten Buch 13–20) und Schleiermachers (a.a.O. 111–122) – sich offenbar im wesentlichen nicht hat bereitfinden mögen, sondern sich an Deutungen gehalten hat und dabei an solche geraten ist, die nicht eben prädestiniert scheinen, gerade diesen Zusammenhang wirksam zu beleuchten: so für Hegel (a.a.O. 21–63) an Litt, Flügge, Glockner; für Schelling (a.a.O. 64–100) an Deutungen fast ausschließlich des für diesen Zusammenhang minder ergiebigen ‚späten' Schelling: Tillich (seinen oben S. 404f. Anm. 68 zit. Aufsatz), Fuhrmans, Schulz und teilw. Jaspers; für Fichte (a.a.O. 101–110) wesentlich an N. Hartmann; insgesamt ist ab und an Kroner konsultiert. Daß trotzdem ein Zusammenhang zwischen Tiefenpsychologie und deutschem Idealismus sich zeigt, spricht eindrucksvoll für diesen Zusammenhang. Daß Meinertz bei der Art seines Vorgehens gerade Fundamentalbelege für seine These entgehen mußten (z. B. anamnestisches Verfahren der Transzendentalphilosophie, Zweiprinzipienlehre, das ganze Problem Geschichtlichkeit der Natur usf.; den Sublimierungsgedanken entdeckt er allenfalls bei Fichte, nicht aber bei Schelling usf.), daß er andere nur sehr unbestimmt anvisiert hat, wird man ihm bei der zweifellosen Verdienstlichkeit seiner Hinweise nicht verdenken wollen. Überdies denkt Meinertz einerseits bei „Tiefenpsychologie" nicht sowohl an Freud, als vielmehr an die „existenzielle" Wendung dieser Psychologie; andererseits möchte er auch den deutschen Idealismus wesentlich nur in einer „existentiellen, genauer: existenzpsychologischen Durchblutung" (11/12) gelten lassen. „Weil es sich" – schreibt er a.a.O. 11 – „um wesentliche Strukturen der ewigen menschlichen Seele handelt, so ist es unwahrscheinlich, daß sie nicht auch früher bereits mehr oder weniger deutlich, je nach dem zeitbedingten ‚Klima', zutage getreten sein sollten. Gerade heute erscheint es fruchtbar, auch philosophische Anschauungen" – und auch „die Philosophie des deutschen Idealismus im weitesten Sinne" (ibid.) – „die jahrzehntelang die geistige Atmosphäre maßgebend beeinflußt haben, für die dann aber wegen ihres spekulativen Charakters der Realismus der vorwiegend naturwissenschaftlichen Haltung nur noch wenig Interesse aufkommen ließ, auf die *psychologischen* Probleme, die in ihnen stecken, zu prüfen." Meinertz' Frage ist also, wieweit jene Philosophie schon Tiefenpsychologie, und nicht, wieweit die Tiefenpsychologie noch (jene) Philosophie ist. Weil er überdies – im Unterschied zur hier versuchten Überlegung – die betreffenden Seelenprobleme für ‚ewig' hält, interessiert sich Meinertz weder für den spezifischen Ansatz der Philosophie des deutschen Idealismus, noch für den Fortgang ihrer Probleme, noch schließlich für den Nachweis einer geschichtlichen Problemkontinuität bis zur Psychoanalyse: also für all jenes nicht, dem das Hauptinteresse der hier vorgelegten Arbeit gilt. So scheint es, daß die Arbeit von Meinertz und die hier vorgelegte einander ergänzen. Eines ist Meinertz Frage nach dem deutschen Idealismus als einer Art von Paläozoikum der Tiefenpsychologie, ein Anderes ist die hier versuchte Klärung der gegenwartsphilosophischen Attraktivität der Psychoanalyse durch Einsicht in ihre Rolle als Erbe und indirekte Präsenz der transzendentalphilosophischen Naturphilosophie.

122 Vgl. etwa C. G. Jung, „Einführung" in: W. H. Kranefeldt, Die Psychoanalyse. Psychoanalytische Psychologie (1930) 7: „Freud ist getragen von einer eigentümlichen Geistesströmung, die sich bis ins Zeitalter der Reformation zurückverfolgen läßt und die sich in unserer Zeit aus zahllosen Verkleidungen und Verhüllungen allmählich befreit und sich anschickt, zu jener Art von Psychologie zu werden, die Nietzsche mit seherischem Blick prophezeit hat – eine Entdeckung der Seele als einer neuen Tatsache. Es wird einmal klar zutage treten, auf welch verschlungenen Pfaden die moderne und die übermoderne Psychologie aus obskuren alchymischen Laboratorien durch die Zwischenstufen des Mesmerismus und Magnetismus (Justinus Kerner, Ennemoser, Eschenmayer, Baader, Passavant u. a.) ihren Weg in die philosophischen Antizipationen eines Scho-

penhauer, Carus und Hartmann gefunden hat, und wie sie sich aus dem dunklen Mutterboden der alltäglichen praktischen Erfahrung eines Liébault und des noch älteren Quimby (des geistigen Vaters der Christian Science) durch die Lehren der französischen Hypnotistenschule Freud erreicht hat. Aus vielerlei dunklen Quellen floß dieser Geistesstrom zusammen, der, im Laufe des 19. Jahrhunderts rasch an Mächtigkeit gewinnend, viele Bekenner, in deren Reihen Freud kein Vereinzelter ist, hervorgebracht hat."

123 Th. Mann, Die Stellung Freuds in der modernen Geistesgeschichte (Vortrag, gehalten auf Einladung des Clubs demokratischer Studenten am 16. 5. 1929 im Auditorium Maximum der Universität München. Erstmals in: Die Psychoanalytische Bewegung, Wien, 1. Jgg. H. 1 1929): Gesammelte Werke in zwölf Bänden X 256–280.

124 A.a.O.277/278.

125 Vgl. bes. a.a.O. 278.

126 A.a.O. 278/279.

127 A.a.O.276/277.

128 A.a.O. 280. Th. Mann deutet insgesamt mit der von Nietzsche herkommenden Formel „Reaktion als Fortschritt": „Man muß einsehen, daß das Revolutionäre sich nicht notwendig als Vernunftkult und intellektualistische Aufklärung auf Erden zu manifestieren braucht, daß Aufklärung im engeren, historischen Sinn des Wortes nur ein geistestechnisches Mittel unter anderen zur Erneuerung und Förderung des Lebens bedeuten mag und daß mit entgegengesetzten Mitteln die große und allgemeine Aufklärung gefördert werden kann": a.a.O. 267. Von Thomas Mann vgl. auch: Freud und die Zukunft. Vortrag, gehalten in Wien am 8. 5. 1936 zur Feier von Sigmund Freuds 80. Geburtstag, Gesammelte Werke IX 478ff.

129 Womit zugleich zum Ausdruck gebracht ist, daß für den Verf. sogar eine ‚falsche' Philosophie durchaus eine ‚Philosophie' sein kann und keine ‚Unphilosophie' sein muß: ‚das Philosophische' umgreift philosophisch Wahres und Falsches unter der entscheidenden Kategorie des philosophisch ‚Diskutablen'.

130 Vgl. oben S. 14ff., 32ff., 218ff., 259ff.

131 Vgl. oben S. 38ff., 45ff., 259f.

132 Vgl. oben S. 63ff.

133 Vgl. die Überlegung oben S. 92ff.

134 Im Sinne von G. W. F. Hegel, Wer denkt abstrakt? (Erscheinungsjahr ungeklärt) XX 445–450.

135 Zur folgenden Überlegung vgl. u. a. E. Bloch, Das Prinzip Hoffnung (1954ff.), bes. I 63ff., vornehmlich 128ff.

136 Vgl. oben S. 94ff., 98ff.

137 Wie Heidegger es tut: die telos-Bestimmungen der Zukunft werden bei ihm ersetzt durch jene Formen des „Endes", die nicht als telos gedeutet werden können. Vgl. M. Heidegger, Sein und Zeit (1927) bes. I,2 1. Kap. und 3. Kap. (235ff. und 301ff.). Vgl. zusf. a.a.O. 386: es „hat die Geschichte ihr wesentliches Gewicht weder im Vergangenen, noch im Heute und seinem ‚Zusammenhang' mit dem Vergangenen, sondern im eigentlichen Geschehen der Existenz, das aus der *Zukunft* des Daseins entspringt. Die Geschichte hat als Seinsweise des Daseins ihre Wurzel so wesenhaft in der Zukunft, daß der Tod als die charakterisierte Möglichkeit des Daseins die vorlaufende Existenz auf ihre *faktische* Geworfenheit zurückwirft und so erst der *Gewesenheit* ihren eigentümlichen Vorrang im Geschichtlichen verleiht. *Das eigentliche Sein zum Tode, d. h. die Endlichkeit der Zeitlichkeit, ist der verborgene Grund der Geschichtlichkeit des Daseins.*" Hier kompensiert das Zukunftspathos das Ausbleiben einer vernünftig-weltbürgerlichen Definition der Zukunft: der telos-Begriff der Zukunft ist ersetzt durch den katastrophischen End-Begriff (Todes-Begriff) der Zukunft – einer Zukunft damit, die wesentlich *keine* Kontinuität zur und Vorbereitung in der Gegenwart haben kann.

138 Ausdruck von F. Nietzsche, Aus der Zeit des Zarathustra (1882/86) XIV 312.

139 Vgl. oben S. 35 und 37.

140 Vgl. oben S. 26.

141 Vgl. oben S. 11–14 und 29–31; vgl. auch S. 217/218 und 219/220.

142 Denn die sich dem Geschichtsproblem zuwendenden und selbst ‚geschichtlich' denken wollenden Philosophien haben über der Anstrengung ihres Entstehens das Genealogieproblem vergessen; es ist ihnen abhandengekommen über der Mühe, ins Leben und Gespräch zu treten. ‚Keine Genealogie kann, für sich allein genommen, strenge Allgemeingültigkeit d. h. strenge Wissenschaft begründen und sein – auf Genealogie beschränkte Philosophie ist widersinnig': dieses – hier frei formulierte – Argument Husserls hat so in der Tat ein merkwürdiges Schicksal. Es ist ein unattraktives Argument geworden, hat seine Widerlegungskraft verloren: es trifft nicht mehr, hat sogar einen gewissen Ermunterungswert bekommen. Die Philosophie, die zur Genealogie und nur zu dieser wird, verzichtet auf strenge Wissenschaftlichkeit? wohlan! – sagt diese philosophische Bewegung: sie ist auf den rechten Weg! Denn die Forderung strenger Wissenschaftlichkeit – sie ist ja der bloße Versuch, die Philosophie mit einem ihr wesensfremden, aus der mathematischen Naturwissenschaft genommenen Wissenschaftsideal zu plagen; darum – meint diese philosophische Bewegung – hat die Philosophie ein Recht, diesen Versuch abzuwehren; darum – meint sie – braucht nicht die Genealogie, das Geschichtsdenken sich vor diesem Argument, sondern es muß sich vielmehr dieses Argument vor der Genealogie, dem Geschichtsdenken verantworten: die Frage nach dem Recht des Arguments gegen die Geneaologie muß zur Frage nach der Aitiologie des Bedürfnisses nach einem solchen Argument gegen die Genealogie werden; mit diesem Schritt hört diese philosophische Bewegung auf, das Argument gegen die genealogisch gewordene Philosophie auf sich zu *beziehen* und beginnt, zur (kompromittierenden) *Genealogie* dieses Arguments zu werden. Eine Grundüberzeugung dieses Versuchs ist die Annahme eines wesentlich ‚modernen', ‚neuzeitlichen' Ursprungs dieses Arguments. Aber diese Annahme ist problematisch. Ein – nur ein – Zeuge dafür ist *Aristoteles:* eine schöne und besonders elementare Diskussion des ‚Genealogieproblems' – wenn ihr auch mancherlei Rücksicht auf Empfindlichkeiten und Interessen abgehen mag, die zu entwickeln späteren Zeiten vorbehalten blieb – finde sich in seiner Abhandlung „De partibus animalium": „Es ist nämlich nötig" – schreibt er da – die Frage „nicht zu vergessen, ob es sich ziemt, in der Untersuchungsart der Früheren zu begreifen, wie jegliches seiner Natur nach *entstanden* ist, oder besser wie es *ist*. Das nämlich macht keinen geringen Unterschied. Man muß, so scheint es, damit beginnen, die Phänomene in ihrem Wesen zu erfassen und dann daran die Diskussion der Ursachen und des Entstehens zu knüpfen. Auch beim Bauen ist es ja so besser: ‚da dies und dies Form und Begriff des Hauses sind bzw. das Haus ein solches ist, muß dies und dies werden'. Denn das Werden dient der Ousia, nicht die Ousia dem Werden": 640 a 10–11. Übs. im Anschluß an Gohlke und Rohlfs. Diese Entscheidung des ‚Genealogieproblems' zugunsten einer philosophischen Prävalenz der Wesensfrage ist also in der Tat alt. Dessenungeachtet hat sich die ‚geschichtliche' Philosophie auf dem gekennzeichneten Wege Immunität gegenüber dem Husserlschen Argument verschafft. Das ist eine merkwürdige Entwicklung: in der Auseinandersetzung um die Frage des Rechts der Genealogie in der Philosophie ist faktisch nicht der ‚vernichtete' Historizismus und Psychologismus, sondern es ist das ‚siegreiche' Argument gegen sie auf der Strecke geblieben. „Philosophie als Wissenschaft, als ernstliche, strenge, ja apodiktisch strenge Wissenschaft – der Traum ist ausgeträumt", sagt schließlich sogar Husserl selbst: die Krisis der europäischen Wissenschaft und die transzendentale Phänomenologie (1935 ff.) VI 508: die ‚strenge Wissenschaft' ist nicht einmal ein Gesichtspunkt mehr. Das Genealogieproblem hat faktisch seine Präsenz verloren. Wieweit seine Rolle als amtierendes Zentralproblem in der gegenwärtigen Philosophie das Ideologieproblem übernommen hat, kann hier nicht diskutiert werden.

143 Variante der Struktur des „Widersinns" im Sinne von Husserl: vgl. oben S. 12 bes. die S. 285 Anm. 11 nachgewiesene Stelle und insbes. E. Husserl, Logische Untersuchungen 1 ([4]1928) 110–112.

144 Vgl. oben S. 104, 132/133, 149, 200ff., 204.

145 Husserl hat – vgl. Logische Untersuchungen 1 ([4]1928) 9–50 – exemplarisch am Beispiel der Definition der Logik als „Kunstlehre", „normative Disziplin" und „theoretische" Wissenschaft entwickelt, daß Philosophie als (rigorose) Wesenswissenschaft derart ‚theoretische' Wissenschaft zu sein habe, daß sie sich jeder Vermengung mit der „Kunstlehre" – die die „Aufgabe (hat), die unserer Macht unterliegenden Bedingungen zu erforschen, von denen die Realisierung (sc. im Falle der Logik:) gültiger Methoden abhängt": a.a.O. 27 – und einer „normativen Disziplin" – die die Aufgabe hat, „die Normen zu fixieren, nach welchen die Angemessenheit an den allgemeinen Begriff des zu realisierenden Zieles, an das Haben der die bezügliche Klasse von Werten charakterisierenden Merkmale beurteilt werden kann": a.a.O. 47 – d. h. daß sie sich jeder Vermengung mit einer „praktischen Disziplin" prinzipiell widersetzt: „Es ist nun leicht einzusehen, daß jede normative und a fortiori jede praktische Disziplin eine oder mehrere theoretische Disziplinen als Fundamente voraussetzt, in dem Sinne nämlich, daß sie einen von aller Normierung ablösbaren theoretischen Gehalt besitzen muß, der als solcher in irgendwelchen" – und nach Husserls Überzeugung im Falle der Philosophie in wesenswissenschaftlichen – „... theoretischen Wissenschaften seinen natürlichen Standort hat": a.a.O. 47. Husserls Bestehen auf der Ablösbarkeit und der Ablösung der „theoretischen" von den „praktischen Disziplinen" hat vor allem die Absicht und den Effekt einer *Absonderung der Philosophie vom Problem der Realisierung*. Es ist gerade diese ‚Absonderungstendenz', die die Philosophie dort, wo sie am meisten ‚praktisch' ist – in der Ethik –, diese Ethik (gerade im Anschluß an Husserl: bei Scheler, Hartmann etc.) – unzufrieden selbst damit, daß sie als immerhin doch auch schon erheblich ‚abgesonderte' normative Sollenslehre vollzogen wird – zur Wertphilosophie verwandelt. Der Wertbegriff hat die Funktion, die praktische Philosophie von der Befleckung durch Realisierungsprobleme rein zu halten. In dieser Funktion taucht er bereits bei Kant sporadisch auf. Der im Text dieser Arbeit vorgetragene Gedanke versucht, *diese Absonderungstendenz rückgängig zu machen:* er richtet sich gegen diesen „chorismos". Die darin implizierte Kritik auch an der Wertphilosophie stimmt freilich nicht überein mit derjenigen von Carl Schmitt, Die Tyrannei der Werte (1960): seine Kritik scheint mir – angesichts der Tatsache, daß offenbar nicht nur Werte zur Tyrannei in der Lage sind – unspezifisch. Demgegenüber scheint mir J. Ritter, ‚Naturrecht' bei Aristoteles. Zum Problem einer Erneuerung des Naturrechts (1961) 11 Anm. 31 mit seiner Kritik voll im Recht: „Die Wert-Theorie" – sagt er dort – „ist ... einerseits die Anerkenntnis des durch die Naturwissenschaft gesetzten Begriffs der Wirklichkeit, andererseits der Versuch, gleichwohl das an sich mit ihm Negierte festzuhalten." Anders gesagt: sie ist jener Versuch dieses Festhaltens, der gegenüber dem idealen Wertreich die Wirklichkeit darauf verpflichtet, nur die der Naturwissenschaften und der Triebnatur zu sein. Das eigentlich Problematische jener schon Husserlschen ‚Absonderung' liegt in deren Tendenz, die Wirklichkeit zum Reiche schlechter Faktizität zu regredieren. Dem widersetzt sich auch der im Text vorgetragene Gedankengang: er läßt die „theoretische" Disziplin im diskutierten Falle nur dann gelten, wenn sie zugleich – hier zunächst nur im Sinne der „normativen Disziplin" – „praktische Disziplin" ist.

146 Nämlich jetzt nicht mehr nur das Aufheben der ‚Absonderung' der „theoretischen" Disziplin von der „normativen" – Überführung an sich geltender Werte in Zwecke geschichtlicher Veränderung –, sondern jetzt auch das Aufheben der ‚Absonderung' jener beiden Disziplinen von der „Kunstlehre" – Überführung der Theorie der Zwecke in die Theorie ihrer Mittel. Der ‚wesensphilosophische' Auftrag der Geschichtsphilosophie darf nicht auf dem Weg einer Absonderung der Philosophie vom Problem der Realisierung erfüllt werden.

147 Vgl. oben S. 26 u. ff.

148 Denn J. Ritter, Hegel und die französische Revolution (1957) ist nur Vorbereitung ihrer Deutung von Hegel her, enthält z. B. noch nicht die Interpretation der Hegelschen Deutung des Staats und die Diskussion ihrer Gegenwartsgültigkeit: das Buch über ‚Hegel nach (post) den Nachhegelianern' ist noch ungeschrieben.

Personenregister

(Kursiv: Verweise auf den Anmerkungsteil. Auf Namen, die in den Anmerkungen aufgeführt werden, wird nur ausnahmsweise hingewiesen.)

Sachregister

Abkürzungen: Psa. = Psychoanalyse; psa. = psychoanalytisch; Philos. = Philosophie; philos. = philosophisch; transz. = transzendental.

Das Sachregister ist von jedem Ehrgeiz der Vollständigkeit frei. Versucht wurde, durch die Aufnahme für diese Arbeit wesentlicher Begriffe die vielfältigen Zusammenhänge und Entwicklungsschritte des Gedankens leichter nachvollziehbar zu machen. Außerdem berücksichtigt wurden: Begriffe, die in der philos. Arbeit Odo Marquards sonst (oder später) bedeutsam sind (oder wurden). Das Sachregister verweist nur auf den Text-Teil dieser Arbeit, nicht auch auf die Anmerkungen und nicht auf das „Vorwort 1986“.

Gerd B. Achenbach

Nachbemerkung des Herausgebers

1984 wurde diese Schriftenreihe mit dem Band „Philosophische Praxis“ eröffnet. Zum Arbeitsprogramm der Reihe sollte gehören, „die große philosophische Tradition unter die Perspektive eines neuen Interesses zu rücken“, unter die Optik eines praktischen Interesses, dessen Bestimmung es sein könnte, unsere philosophischen Sehgewohnheiten zu verändern.

Als weiteren Zweck der Reihe habe ich damals – im selben Vorwort zur 1. Auflage des ersten Bandes – die philosophische Auseinandersetzung mit jener „larviert philosophischen Psychologie“ angekündigt, „die vor hundert Jahren in Wien zur Welt gekommen ist“.

Und nun erscheint, als Band 3 der „Schriftenreihe zur Philosophischen Praxis“, jene Arbeit Odo Marquards, die – am Ende einer übersichtlich umfangreichen zweiten Inszenierung der großen deutschen Philosophie seit Kant – die Psychoanalyse als Fortsetzung der Philosophie mit anderen Mitteln vorstellt. – Gibt es also einen Zweifel daran, daß Odo Marquards Werk in der „Schriftenreihe zur Philosophischen Praxis“ den Ort gefunden hat, wo es hingehört?

Umgekehrt jedenfalls ist gewiß: Die Philosophische Praxis wäre ohne diese gründliche Arbeit nicht denkbar gewesen. Sie verdankt ihr die Fragen, die sie als Philosophie Philosophischer Praxis einmal zu beantworten hofft.

Für mich ist Odo Marquards Buch das Tor, durch das hindurch muß, wer auf den Weg der Theorie Philosophischer Praxis gelangen möchte. Und ich bin dankbar, daß es nunmehr allen offen steht.

Bergisch Gladbach, im April 1987 — Gerd B. Achenbach